Handbuch Populäre Kultur

Handbuch Populäre Kultur

Begriffe, Theorien und Diskussionen

Herausgegeben von
Hans-Otto Hügel

Verlag J. B. Metzler
Stuttgart · Weimar

Bibliografische Information Der Deutschen Bibliothek
Die Deutsche Bibliothek verzeichnet diese Publikation in der Deutschen Nationalbibliografie;
detaillierte bibliografische Daten sind im Internet über <http://dnb.ddb.de> abrufbar.

Gedruckt auf chlorfrei gebleichtem, säurefreiem und alterungsbeständigem Papier

ISBN 3-476-01759-1

© 2003 J. B. Metzlersche Verlagsbuchhandlung
und Carl Ernst Poeschel Verlag GmbH in Stuttgart
www.metzlerverlag.de
info@metzlerverlag.de
Einbandgestaltung: Willy Löffelhardt unter Verwendung
eines Photos von Agentur Corbis Stock Market, Düsseldorf
Satz: Typomedia, Scharnhausen
Druck und Bindung: Ebner & Spiegel GmbH, Ulm

Printed in Germany
April/2003

Verlag J. B. Metzler Stuttgart · Weimar

Inhalt

1. Einführung

Populäre Kultur macht Spaß – Probleme der Forschung

»Popular culture in general is a relatively new field in which scholars began to examine, conceptualize, and research in a methodical way only as recently as twenty years ago.« Nach dieser Datierung von Hinds/ Tatum (1985, S. XII), die sich vor allem an dem 1967/8 gegründeten Journal of Popular Culture (Bowling Green, USA) orientiert (ein mindestens ebenso wichtiges Datum für die Geschichte der Erforschung Populärer Kultur ist die Gründung das Birminghamer ›Centre for Contemporary Cultural Studies‹ im Jahre 1964), existiert Populäre Kultur als eigener Forschungsgegenstand nunmehr seit fast 40 Jahren. Trotzdem (oder deswegen?) gibt es weder eine allgemein anerkannte Theorie Populärer Kultur – sondern nur zahlreiche Einführungen, die verschiedene Theorien vorstellen; vgl. Storey (1993; 1997), Muckerji/Schudson (1991), Strinati (1995) – noch ist verbindlich geklärt, welche Gegenstände und/oder welche kulturellen Aktivitäten zur Populären Kultur gehören. Auch die Grundfrage, wie Populäre Kultur zur Gesamtkultur steht, ob und wie sie als eigenständiger Bereich zu fassen ist, ist umstritten. Zwar weiß die Forschung: »The term [Popular Culture] only exists and has descriptive significance because it helps us to identify one part of a field and thus, by implication, to contrast or separate it out from another« (Hall 1978, S. 2); sie hat aber immer wieder, verführt durch das Argument der großen Zahl, der Massenhaftigkeit des Populären, die Populäre Kultur mit der gesamten Kultur gleichgesetzt.

Vor allem bedarf das Verhältnis zwischen Hochkultur und Populärer Kultur noch der Klärung. Ein Common sense der Forschung besteht nur insofern, als die dichotomische Auffassung, die die Hoch- und die Populäre Kultur hierarchisch wertend trennt, falsch ist. Diese dichotomische und wertende Perspektive, von der grosso modo angenommen wird, sie sei die Ansicht einer älteren Forschungstradition der Geisteswissenschaften, war – indem man sich von ihr absetzte – geradezu ein Motor für die vor allem von der angelsächsischen Forschung vorangetriebenen Cultural Studies, die die Populäre Kultur zu ihrem ureigensten Feld erklärten. Common sense zwischen allen an der Erforschung des Populären beteiligten Disziplinen – neben den Cultural Studies sind aus deutscher Sicht vor allem Medien- und Literaturwissenschaft, Soziologie und Volkskunde/ Ethnographie, Psychologie und Publizistik zu nennen – besteht auch darin, daß Populäre Kultur irgend etwas mit ›Vergnügen‹ zu tun hat. Populäre Kultur macht Spaß! Das ist so ungefähr das einzige, in dem Forschung über und Teilnehmer an der Populären Kultur übereinstimmen. Worin dieser Spaß besteht, wie er hergestellt wird, welche kulturelle Bedeutung und sozialen oder psychologischen Funktionen er hat und bei welchen Gelegenheiten – besonders wichtig bei der Rezeption welcher Art von Texten – der Spaß zustande kommt, darüber hat die Forschung keine gesicherten Auskünfte zur Verfügung.

Weitgehend unerforscht ist auch die Geschichte der Populären Kultur. Wie in den theoretischen Arbeiten – vor allem John Fiske (1990; 1995; 1997; 2000) und (mit gewissem Abstand) Stuart Hall (1978; 1981) sowie Lawrence Grossberg (1992; 1997; 1999; 2000) haben eine begriffliche Fassung Populärer Kultur versucht – das Populäre nur unzureichend in die Dimension des Geschichtlichen verortet wird, so geht umgekehrt den wenigen Sammelbänden, die auf einen historischen Überblick angelegt sind (Cantor/Werthman 1968; Matlaw 1977; Cullen 2001), eine überzeugende theoretische Fundierung ab.

Neben der Frage nach dem Verhältnis zur Gesamtkultur hat die Frage, wie weit Populäre Kultur mit sozialen oder mit ästhetischen Kategorien beschreibbar ist, ob und inwieweit sie soziale oder ästhetische Funktion hat und entsprechend wahrgenommen wird, zentrale Bedeutung. Diese Frage wird in der angelsächsischen Tradition der Cultural Studies durchweg in soziologischem Sinne beantwortet. Eine ästhetische Perspektive ist den Cultural Studies geradezu verdächtig, einen substantiellen Kulturbegriff zu verfolgen (d.h. die Qualität der Artefakte, nicht die ihrer Rezeption als Grundlage für Kultur zu halten). Daher unterscheiden die Cultural Studies auch nicht zwischen Populärer Kultur und alltäglicher Lebensweise.

Demgegenüber wird in dieser Einführung und mit der Anlage des Handbuchs die ästhetische Funktion Populärer Kultur und folglich ihre Differenz zur alltäglichen Lebensweise betont. Gewiß sind das Ästhetische und das Soziale zwei grundsätzliche Funktionen der Kultur, vergleichbar mit den zwei Seiten einer Medaille, die stets zusammengehören. In welchem Mischungsverhältnis aber und auf welche Weise das Ästhetische und das Soziale die Legierung der Medaille bestimmen, das muß meiner Meinung nach erst noch geklärt werden. Das Interesse am Populären jedoch allzu einseitig auf das Soziale zu legen, scheint aber gänzlich verfehlt zu sein. Denn es ist wohl eher so: Wenn die Münze ausrollt und auf eine Seite fällt, hat der jeweilige populäre Gegenstand, die jeweilige populäre kulturelle Praxis eher an Bedeutung und Interesse verloren; der Reiz des Populären scheint also gerade darin zu bestehen, in der Rezeption zwischen den Registern des Sozialen und des Ästhetischen hin und her schalten zu können. Diesen doppelten, ja ambigen Reiz des Populären berücksichtigt die Forschung kaum. So wendet die Medienwissenschaft – um beispielhaft nur diese Disziplin zu nehmen – große Anstrengungen auf, um mit der Theorie der parasozialen Interaktion ästhetische Erfahrung in soziale ummünzen zu können. (Dieser Vorschlag überzeugt aber allein schon deshalb nicht, weil die entsprechenden empirischen Untersuchungen – vgl. Thallmair/Rössler (2001) – stets nur die Möglichkeit des sozialen Interesses berücksichtigen und in ihrem Untersuchungsdesign das Ästhetische außen vor lassen.)

Das Festhalten an der ästhetischen Funktion des Populären wirft das Problem auf, wie es den wertenden Vergleich mit der Kunst (der Hochkultur) aushalten kann; wie seine Eigenheit begründet werden kann, ohne es abzuwerten. (Diese Wertungsfrage stellt sich ebenfalls bei dem sozial orientierten Forschungsparadigma; denn auch die Kultursoziologie muß letztlich Fragen nach der gesellschaftlichen Funktion und Wertigkeit einer kulturellen Praxis beantworten können. Aber dieses Problem fällt bei kultursoziologischen Forschungen nicht so sehr ins Auge, weil der soziale bzw. der gegenwartsethnographische Blick zunächst beim Beschreiben des Gegebenen verharren kann.) Mit Hilfe eines schon vor bald zehn Jahren gemachten Vorschlags, Unterhaltung als ästhetisch zweideutig aufzufassen (vgl. Hügel 1993), ist dieses Problem aber lösbar und somit die Zugangsweise der Populären Kultur als durch Unter-

haltung bestimmt auffaßbar. Dieser Vorschlag erlaubt es, die Epoche der Populären Kultur zu datieren (ab Mitte des 19. Jh.) und dabei alle wichtigen historischen Fakten (technischer, mediengeschichtlicher, soziographischer und sozialer Art) zu berücksichtigen. Auch liefert diese Auffassung einen theoretischen Rahmen, in dem die zentralen Begriffe Populärer Kultur – was sind populäre Texte, was heißt populärkulturelle Praxis und Teilhabe, wie organisiert sich populärkulturelle Bedeutungsproduktion – bestimmt werden können. Dieses Konzept von der Populären Kultur wird im folgenden in Auseinandersetzung mit der Forschung begründet und entfaltet und erklärt auch die Anlage des Handbuchs.

Dabei wird zunächst die ›Geschichtlichkeit der Populären Kultur‹ erläutert, ihr Entstehen und deren historische, technische und soziale Voraussetzungen skizziert. Anschließend wird der Aufstieg der Cultural Studies dargestellt und sich mit ihren Haupttheoremen (Identifizierung von Populärer Kultur mit alltäglicher Lebensweise, Identitätsarbeit als Funktion Populärer Kultur; Vertreibung des Ästhetischen aus der Erforschung Populärer Kultur; Hoch- und Populärkultur sind in der Gegenwart durchmischte Bereiche) auseinandergesetzt, um abschließend den Vorschlag, Populäre Kultur ist eine Kultur der Unterhaltung, näher zu bestimmen.

Die Geschichtlichkeit der Populären Kultur

Zu den am häufigsten angewendeten Herangehensweisen bei der Beschäftigung mit Phänomenen der Populären Kultur gehört in Publizistik und Wissenschaft eine vergleichende Betrachtung, die das Populäre als etwas auffaßt, das bloß die Wiederholung eines alten, aus vergangener Zeit stammenden Phänomens ist. Danach gelten König Salomon und Daniel als frühe Detektive (Arnold/Schmidt 1978, S. 14), Odysseus als erster Abenteurer (Klotz 1979, S. 10); Kain ist der erste Verbrecher und demnach das 1. Buch Moses 4,3–16 die erste Kriminalerzählung, und das Buch Josua soll die erste Spionageerzählung (Kap. 6) beinhalten. Die Höhlenmalereien von Altamira gelten nach dieser Logik als die ersten Graffiti (Suter 1992, S. 9), die Olympioniken der Antike als »Vorformen der Stars« (Ludes 1997, S. 83) und Albrecht Dürer oder Jesus als Superstars.

Beliebt ist es vor allem, die populäre Erzählung (in Film wie Literatur) als modernes Märchen zu deuten. Kaum ein erfolgreicher Autor – sei es Rosamunde Pilcher, Agatha Christie oder Ian Fleming – ist dieser Zuordnung entgangen, wenn über das Geheimnis seiner Erfolge spekuliert wird, strukturalistisch oder trivial-literarisch abwertend Bau und Funktion der Texte analysiert werden: »Mit [...] Geschicklichkeit hat Fleming die Themen wiederaufgegriffen, die unsere Kindheit faszinierten: die Entdeckung des Schatzes, der nicht mehr vom Drachen bewacht wird, sondern von einer teuflischen Figur; der gefangene und schon an den Marterpfahl gebundene Held; die Schöne ..., die aus den Krallen des Monstrums befreit werden muß. All das ist kindlich, ja, kindlich ... wie die Märchen, die verschlüsselt den Konflikt zwischen Mensch und Welt, zwischen Gut und Böse, zwischen Liebe und Tod ausdrücken« (Boileau-Narcejac 1964, zit. n. Lilli 1966, S. 224 f.). Durch solche Mythisierung wird das Populäre enthistorisiert und lächerlich gemacht. Statt die Vielfältigkeit der Roman- und Filmtexte herauszustellen, die Bond etwa als Figur des Leids, als Profi und als Spieler (unter den Bedingungen seiner Zeit) beschreiben, und das Leseinteresse von der Wahrnehmung dieses ganzen Spektrums gesteuert zu sehen, wird der Text durch die Mythisierung funktionalisiert und nur auf daraufhin betrachtet, wie er die Möglichkeit zur »Evasion« (ebd., S. 222), also zur Flucht vor der Wirklichkeit bereitstellt.

Bei dem Vergleich, der das Populäre als das Alte in zeitgenössischer Verkleidung sieht, wird aus vagen Ähnlichkeiten die Gleichartigkeit erschlossen; die unterschiedlichen sozialen, historischen und medialen Zusammenhänge, die die alten Erzählungen von den populären unterscheiden, werden aber unterschätzt. So ist etwa der römische Zirkus sicher »Massenunterhaltung« in dem Sinn, daß sich Abertausende in ihm amüsierten, »als Politik« (Weber 1984) ist er aber kein Bestandteil Populärer Kultur, sondern war fest eingebunden in das Herrschaftssystem, war Herrschaftsinstrument der römischen Kaiser. Generell hatte die traditionale, die vormoderne Gesellschaft keine Möglichkeit, Populäre Kultur auszubilden. Solange feste soziale, kirchliche und ständische Ordnungen vorherrschen, geht den kulturellen Phänomenen jener Deutungsspielraum ab, der für Populäre Kultur charakteristisch ist. Selbstverständlich ist mit diesem Einwand nichts gegen den angelsächsischen Sprachgebrauch eingewendet, der Popular Culture im Sinne von Volkskultur solch einer traditionalen Gesellschaft benutzt. Zwischen Popular Culture oder Culture Populaire, die sich auf historisch Ethnographisches der Vormoderne bezieht (vergleichbar dem, was die alte Volkskunde in Deutschland untersuchte), und Popular Culture als einem kulturellen Zusammenhang moderner Gesellschaften ist aber zu unterscheiden. Wer Folk Culture und Popular Culture in die Moderne hinein verlängert, handelt zugleich mit Äpfeln und Birnen, betreibt Begriffsverwirrung

(auch wenn ich nicht übersehe, daß es in modernen Gesellschaften ebenfalls folkloristische, also vormodern strukturierte Enklaven gibt). So charakterisiert Laba (1986, S. 16) zwar durchaus richtig und einschränkend: »When popular culture is conceptualized as a socially-based structure of symbolic forms and human activities, it can be approached not as a product of technology *per se*, but of the various human interactions, expressive ressources and patterns of communication that support and are framed by involvement in the popular process.« Sie überzieht im Streben, ihrer Wissenschaftsdisziplin einen größeren Aufgabenbereich zuzuweisen jedoch ihr Argument, wenn sie das, was sie Popular Culture nennt, auch für moderne Gesellschaften reklamiert, indem sie fortfährt (ebd., S. 16 f.): »The essential connection between folklore and popular culture is in the social sphere – the impulse to, and ways in which meaning is made by people in relation to the more or less determining material conditions of life *in modern society* [Hervorhebung H.O.H.]. The social practice of folkloric communication is structured by symbolic forms in popular culture and serves as a means by which individuals and groups ritualize, organize and make sense of those forms of their day-to-day experience.«

Neben Mythologisierung, Enthistorisierung und Funktionalisierung des Populären und der Unterschätzung der unterschiedlichen sozialen Funktionen, wodurch die dem Unterhaltsamen, dem Vergnüglichen oder dem Festlichen dienenden kulturellen Praktiken in vormoderner und in moderner Zeit in eins gesetzt werden, übersehen die Verfechter der These ›das Populäre ist das Alte im neuen Gewand‹ den Fehler, die unterschiedlichen Rezeptionssituationen. So blickt Hayes (1992, S. 4 f.), beeindruckt durch die Theorie der Birmingham School, daß das Populäre (stets) das Widerständige sei, nur auf thematische Analogien zwischen dem Alten und dem Neuen: »But there is a continuity even – or especially – between the preliterate festive folk culture of the past and today's mass media popular culture. This is a continuity of the voices of rebellion, of transgression, of outlawry and perversity. These voices may be heard in the novels of Gabriel Garcia Marquez and Toni Morrison and in the films of Spike Lee, but they are heard most especially in songs of Muddy Waters, Bob Dylan, John Cougar Mellencamp, Patti Smith, U2, and Tracy Chapman as well as in much rap and heavy metal rock.« Sicherlich zeigen die Balladen um Robin Hood, die seit dem 14. Jh. überliefert werden, den Unwillen gegen despotische Beamte und Geistliche, zunächst gegen solche der normannischen Erobererschicht, und sicherlich sind sie spätestens zur

Zeit Shakespeares allgemein bekannt. Sie sind aber nicht, wie Hayes es darstellt, Stimmen populärer Rebellion, des Rechtsbruchs, des Geächtetseins und des Eigensinns, wie sie z. T. der Rock 'n' Roll hören läßt. Keine Frage, Robin Hood ist eine populäre Figur. Aber er ist es erst im Verlauf des 19. Jh. geworden! (Wobei eine wichtige Station sicher Walter Scotts Ivanhoe-Roman aus dem Jahr 1820 war.) Abgesehen von der Waghalsigkeit von Hayes' auch an anderer Stelle nicht näher präzisierter Analogie zwischen (Volks-)Ballade in der Tradition der Minstrels und der (Kunst-)Literatur wie der populären Musik des 20. Jh. sprechen die unterschiedlichen Rezeptionsbedingungen und Rezeptionshaltungen gegen die Zuordnung von vormodernen Texten zur Populären Kultur.

So verbreitet im 16. Jh. die Balladen um Robin Hood durch Einblattdrucke und Sammlungen im Verhältnis zur damaligen Gesamtproduktion von Lesestoff auch waren – für deutsche Verhältnisse ließe sich auf die Tradition der Spielmannslieder, auf die Schwanklieder des 16. und 17. Jh. sowie auf die Erzählungen um Till Eulenspiegel, auf die Tradition der Schelmenromane verweisen –, im Vergleich zur Buch- und Zeitschriftenproduktion in der zweiten Hälfte des 19. Jh. wurden diese Texte in verschwindend geringer Anzahl publiziert. Selbst wenn man davon absieht, daß die sog. Volksbücher (vgl. Kreutzer 1977, Bentzien 1979) moralisch überformt und räsonierend oder gesellschaftskritisch-satirisch waren, also apophantischen Charakter hatten, d. h. in einer bestimmten Weise gelesen werden wollten, spricht ihre wesentlich durch den Mangel an Lesestoff bedingte intensive Nutzungsweise gegen ihre Zuordnung zur Populären Kultur: »Der Leser war eigentlich stets ein bedürftiger Leser. Dementsprechend kannte er gewöhnlich nur die intensive Lektüre. […] Diese Intensität des Lesens, die dem zähen Festhalten an Gewohnheiten, Kleidersitten, einmal angeschafftem soliden Besitz usw. entsprach, das den Bürger bis zum Aufkommen der Moden, des ›Zeitgeistes‹ und der Zeitbedürfnisse am Ende des 18. Jahrhunderts selbstverständlich dünkte, wich nun der extensiven Lektüre der bildenden und belletristischen Aufklärungsliteratur« (Engelsing 1974, S. 183).

Das im Kern strukturelle Argument von Hayes – die mittelalterlichen und frühneuzeitlichen Artefakte der Volkskultur und die der heutigen Populären Kultur seien wesensverwandt – läßt sich historisch unterfüttern und absichern, indem man eine Kontinuität zwischen den beiden Kulturen konstruiert. So hat etwa Burke schon 1984 den Versuch gemacht, eine Brücke zwischen der »Volkskultur in der frühen Neu-

zeit« (Burke 1981) und der Populären Kultur der Gegenwart zu schlagen (vgl. Burke 1984, S. 5). Er erweiterte ausdrücklich den Kulturbegriff seines Buches, das Artefakte und Darstellungen als symbolische Formen von Einstellungen, Haltungen und Werten betrachtete und ihre Bedeutung für die Kulturanalyse unterstrich: »›Artifacts‹ and ›Performances‹ need to be understood in a wide sense, extending ›artifact‹ to include cultural constructs as the categories of sickness, or dirt, or kinship, or politics, and extending ›performance‹ to cover such culturally stereotyped, ritualized forms of behaviour as feasting and violence« (ebd.) Mit dieser Ausweitung ging eine Politisierung einher. Burke greift das in den Cultural Studies schon früher in Umlauf gekommene Hegemonie-Konzept von Gramsci auf. Er verwendet es ausdrücklich weniger holzschnittartig als Muchembled (1978) und hält es letztlich für brauchbar, die historische Entwicklung von »Popular Culture« zu erfassen: »His [Muchembleds] book, together with some recent work on nineteenth-century English popular culture and the theoretical debates to which it has given rise (notably Hall and Jefferson 1975; Bailey 1978; Yeo and Yeo 1981; Storch 1982) has made realize, that my own study was not political enough, and also that if the notion of cultural hegemony could be made sufficiently subtle and flexible, it might become a valuable addition to the conceptual armoury of ethnologists […] (ebd., S. 8). Auffallenderweise geht Burke bei der anschließenden historischen Skizze aber nicht mehr auf die entwicklungsgeschichtliche Kraft, die angeblich aus dem Hegemonie-Konzept abzuleiten sein soll, ein. Nach der dritten Phase der Popular Culture, die er (mit Blick auf Frankreich und England) auf 1640 bis 1789 datiert, tauchen Begriffe wie ›Politisierung der Populären Kultur‹ (vgl. ebd., S. 10) oder ›kulturelle hegemoniale Auseinandersetzung‹ nicht mehr auf; statt dessen unterstreicht Burke die Bedeutung, die Bildungs-, Technik- und vor allem Mediengeschichte für den historischen Verlauf der Populären Kultur haben.

Hält Burke strukturelle und historische Argumentation auseinander, indem er deutlich macht, daß das Strukturmodell eben nur Modell für die komplexere historische Wirklichkeit ist, vermischt Fiske die beiden Argumentationsebenen und sucht über Jahrhunderte hinweg (vgl. Fiske 2000, S. 22) den entstehungsgeschichtlichen Zusammenhang und die Gleichartigkeit der populären Vergnügungen zu beweisen. Dabei baut er ein dreigliedriges Argument auf. Demzufolge gibt es gewalttätige und betont sexuelle Vergnügungen, die die sozialen und moralischen Normen der herrschenden Klasse verletzen

(Beispiele sind die »blood sports« des 19. Jh. – Fiske 1989, S. 71 – und unter Berufung auf M. Bachtin der mittelalterliche Karneval). Diese Vergnügungen werden aus (klassen)politischen Gründen verboten. Sie seien das historische Gegenstück zu den populären Vergnügungen heute (Beispiel ist das Wrestling, ein »television carnival of bodies« ebd., S. 83), welche aber nicht mehr verboten werden, sondern als vulgär nur mehr unter ein Geschmacksurteil fallen. So dicht die Tatsache der Disziplinierung der »subordinate class« (ebd., S. 75) im 19. Jahrhundert belegt ist, so unbelegbar ist es, daß in solcher Disziplinierung auf einen kulturellen Zusammenhang verwiesen wird, der über die Jahrhunderte in gleicher Weise vonstatten ging. Dieses hier gegen Fiske ins Feld geführte Argument ist alles andere als neu, hat aber seine argumentative Kraft nicht verloren. Schon Friedrich Schiller hat in seiner Rezension von Gottfried August Bürgers Gedichten angeführt: »Wir sind weit entfernt, Hn. B. mit dem schwankenden Wort ›Volk‹ schikanieren zu wollen […]« und auch heute wird in den Diskussionen über die Popular Culture als neuer Form der althergebrachten Volkskultur zu Recht immer wieder die Notwendigkeit betont, zwischen den verschiedenen Volkskulturen zu differenzieren (vgl. Brückner 1984; Köstlin 1984). Und es sollte die Vertreter der (sozialromantisch eingefärbten) Kontinuitätsthese skeptisch stimmen, daß von »lower class« heute kaum noch die Rede sein kann; daß jedenfalls die Arbeiterkultur in Deutschland nach ihrer Blütezeit in den 1920ern (vgl. ebd., S. 27) an Bedeutung verliert und daß nach dem Krieg die vielfältige kulturelle Ausdifferenzierung von der bürgerlichen Mittelklasse aus ihren Ausgangspunkt nimmt. So daß also von ›Widerstand‹ durch Teilhabe an (irgendeiner) Kultur in den 1990er Jahren (jedenfalls) in Deutschland nicht mehr die Rede sein kann, wenn man den Begriff ernsthaft und nicht metaphorisch verwendet. Vor allem: Es bereitet für Fiskes These von der Gleichartigkeit der verschiedenen untergeordneten Klassen und somit der Gleichartigkeit ihrer Vergnügungen größere Schwierigkeiten, als er wohl annimmt (vgl. Fiske 1989, S. 101), daß es keine Institutionen gibt, die über die Epochen der Geschichte hinweg die Weisen vermitteln, nach denen der Kampf um kulturelle Bedeutungen vor sich geht. (Fiske betont selbst, daß der Widerstand gegen oder das Ausweichen vor den hegemonialen Bedeutungen der Texte sich immer wieder neu artikuliert.)

Je weniger aber die historische Rekonstruktion des Populären als antihegemoniale Kultur gelingen kann, desto fragwürdiger wird sie auch als theoretisches Konstrukt; sind doch Geschichte und Theorie in ihrer gegenseitigen Verschränkung stets zusammenzudenken, wenn (kultur)wissenschaftliche Erkenntnis gelingen soll.

Entstehung der Populären Kultur

Wird Populäre Kultur nicht mit jeder Art von Volkskultur gleichgesetzt, dann wird ihre Entstehung am häufigsten in die Jahre zwischen 1750 und 1800 datiert. Man folgt damit einer Periodisierung (z. B. Nye 1983), die zuerst an der Hochkultur gewonnen wurde, denn die Literaturwissenschaft hat »die Entstehung der moderne[n] Unterhaltungsliteratur« (Greiner 1964) in die gleiche Zeit datiert. Dabei überschätzt man aber, der zeitgenössischen Polemik folgend, die Quantitäten. Selbst um 1800 und nach einer Zuwachsrate von mehr als 1000 % innerhalb von 60 Jahren lag die Zahl der in Deutschland publizierten Romane jährlich erst bei 300 Titeln (= ca. 10 % der Gesamtproduktion von Büchern). Mit anderen Worten: Ein fleißiger Leser (unter den 25 % Alphabetisierten) und Nutzer einer gut sortierten Leihbibliothek konnte die gesamte Produktion eines Jahres zur Kenntnis nehmen. Erst im Verlauf des 19. Jahrhunderts stieg die Zahl der Leser (1830: 40 %; 1870: 74 %) und die Zahl der erschienenen Titel (1800: ca. 4.000; 1840: ca. 11.000; 1880: ca. 15.000). Vor allem aber sind die gesellschaftlichen, politischen wie soziographischen Bedingungen (Urbanisierung, Demokratisierung, Entstehen einer Mittelklasse) und die vielfältigen industriellen technischen Innovationen, die für eine populäre Kultur gegeben sein müssen, in Deutschland (und wohl auch in den USA; anders Nye 1983, S. 22) erst allmählich im Verlauf der zweiten Hälfte des 19. Jahrhunderts vorhanden. Es brauchte Zeit, um Papier-, Druck- oder Setzmaschinen auf einen Stand zu bringen, der wirklich einen Massenmarkt ermöglichte. Bis 1875 ist Deutschland alles andere als ein urbanes Land. Selbst »1875 wohnten in Landgemeinden bis 2000 Einwohner noch 60,9 %, in Großstädten erst 6,3 %; 1900 dagegen lebten nur noch 45,6 % in Landgemeinden, in Großstädten aber schon 16,2 %« (Bechtel 1967, S. 327). Gewerbefreiheit gab es umfassend auch erst mit der Gewerbeordnung des Norddeutschen Bundes von 1869, und die verspätete Industrialisierung Deutschlands dokumentiert vielleicht am besten die Tatsache, daß Deutschland 1861 »in der Industrieproduktion der [europäischen] Welt noch an letzter Stelle stand« (ebd. 356).

Überdies genügt es für eine Erklärung der Entstehung Populärer Kultur nicht, nur auf den sozialen, medialen usf. Fortschritt bzw. Wechsel zu verweisen. Wenn Populäre Kultur mehr ist, d. h. etwas anderes ist, als (Gesamt)Kultur, dann ist auch zu zeigen, welche und wie diese Entwicklungen das Populäre entstehen ließen. Schließlich vermitteln Medien (oder Technik) jede Art von Kultur.

Populäre Kultur – das steht außer Zweifel – ist keine Kultur des Zwangs. Ohne Rezeptionsfreiheit, verstanden sowohl als Freiheit, das zu Rezipierende auszuwählen, als auch den Bedeutungs- und Anwendungsprozess mitzubestimmen – also ohne ein bestimmtes Maß an bürgerlichen Freiheiten –, gibt es keine Populäre Kultur. Insofern sind das Entstehen der Massenmedien und der damit erleichterte Zugang zu Texten aller Art sowie soziale Mobilität zwar notwendige, aber keine hinreichenden Bedingungen für die Entstehung Populärer Kultur. Zeitgleich mit den Massenmedien und zeitgleich mit der steigenden sozialen Mobilität entstehen auch die Arbeiterkultur und andere sozial bestimmte Teilkulturen, z.B. solche der Kirchen (vgl. etwa die Entstehung einer eigenen katholischen Literatur um 1900). Ohne Frage ist die vom Borromäusverein (gegr. 1845) verbreitete und propagierte Literatur auch populär. Die katholischen Kriminalromane von Annie Hruschka (d.i. Erich Ebenstein, geb. 1867) unterhalten sicher in ähnlicher Weise wie die von Frank M. Braun (geb. 1895) und waren auch ähnlich weit verbreitet. Und doch war mit dem Besuch einer katholischen Leihbibliothek sicher noch ein sozialer Nebensinn verbunden, der beim Erwerb des Frank M. Braunschen Krimis in einer öffentlichen Bücherei entfiel. Das Populäre und das sozial Bestimmte – dies soll das Beispiel verdeutlichen – schließen sich also nicht aus, fallen aber auch nicht einfach in eins. Und es mag im fließenden Übergang zwischen dem Nur-Populären und dem nur sozial Bestimmten einen Punkt geben, in dem das eine das andere so überstrahlt, daß es nicht mehr wahrgenommen werden kann. Wegen der mit dem Populären unaufhebbar verbundenen Rezeptionsfreiheit stehen im Zentrum des Populären daher weniger Teilkulturen, in denen ein größerer Vergesellschaftungs- bzw. Vergemeinschaftungsdruck entsteht, als vielmehr der kulturelle Mainstream.

Die für das Populäre unumgänglich notwendige Rezeptionsfreiheit ist also nicht nur an die oben skizzierten technischen und sozialen Bedingungen geknüpft. Da das Populäre ein Bereich ist, der wesentlich *auch* ästhetisch, also jenseits sozialer Prägung funktioniert, stellt er für die Selbstorganisation einer Gesellschaft einen gewissen Luxus dar und ist folglich auch für die einzelnen am Populären Teilhabenden Luxus. Ohne ein gewisses Maß an Wohlhabenheit wird Populäre Kultur sich daher nicht entfalten können.

Zugleich ist Populäre Kultur – sonst wäre sie nicht Kultur – Teil des öffentlichen Gesprächs. Ihre Entstehung ist daher an ein Medium geknüpft, das Öffentlichkeit bereitstellt, ohne sich ihr aber zu verpflichten. Ein solches Medium war im 19. Jh. mit den Familienzeitschriften vorhanden – jedoch noch nicht mit der der Belehrung bzw. der Information dienenden Illustrierten Zeitung (ab 1842) bzw. den Magazinen für die Verbreitung nützlicher Kenntnisse (Pfennig-Magazin ab 1832). Es gab zwar auch teilkulturell überformte (katholische, protestantische, Arbeiter-)Familienzeitschriften, die erfolgreichsten Blätter waren aber die überregional agierenden bürgerlichen Periodika wie ›Daheim‹ und ›Die Gartenlaube‹. Ihr Erscheinen am 1. 1. 1853 gibt daher ein alle wichtigen sozialen, technischen, wirtschaftlichen und politischen Fakten berücksichtigendes Datum ab, hinter das für die Datierung der Entstehung Populärer Kultur in Deutschland zurückzugehen, meiner Meinung nach nicht ratsam ist. Die Familienzeitschriften bedeuten einen markanten Einschnitt in der Massenpublizistik des 19. Jh. Vor ihnen gibt es kein Zeitschriftengenre, das ihnen auch nur annähernd in Langlebigkeit und Massenbedeutung gleichkommt. Durch sie wird Lesen in Deutschland erst zu einer alltäglichen und wohlgelittenen kulturellen Praxis. Und vor allem: Die Familienblätter stellen die Unterhaltung in den Mittelpunkt ihres Programmangebots. Daher kann die Lektüre der Familienblätter als prototypische populärkulturelle Praxis verstanden werden.

Die Entdeckung der Cultural Studies

Das Studium und die Erforschung der Populären Kultur (im Deutschen sind auch Popularkultur bzw. Populärkultur gebräuchlich) hat Konjunktur. Diese ist Teil eines internationalen Wissenschaftstrends, der den Kulturwissenschaften eine besondere Aufmerksamkeit von seiten des Feuilletons und (in Deutschland) der DFG zukommen läßt. Im englischsprachigen Kulturraum mit dem zu Deutschland vergleichsweise höheren Anteil an eigenfinanzierten Ausbildungs- und Studiengängen wird geradezu von der Marktmacht der Cultural Studies gesprochen, die die etablierten Geisteswissenschaften überflügelt hat (so Rowe 1995, S. 5). Die Cultural Studies haben in England und den USA eine eigene Forschungstradition ausgebildet, die wesentlich durch das Birminghamer CCCS bestimmt wurde. Für Studierende wie für Wissenschaftler sind die Cultural Studies gleichermaßen interessant. Den einen, weil sie (auch) ihre eigene Kultur thematisieren, den anderen, weil sie ein dankbares Feld bieten, auf dem (noch) ein Bedarf an ausgebildeten Lehrkräften besteht; was, allerdings in gewisser Abstufung, auch für Deutschland gilt (siehe die Auflistung kulturwissenschaftlicher Studiengänge in Böhme 2000, S. 229 f.). Scheint der Boom der Cultural Studies einigen Kritikern (Bollenbeck 1997; Lau 2000, S. 9) nur eine Wissenschaftsmode zu sein, wie New Criticism, Strukturalismus oder Dekonstruktivismus, so ist er in Wahrheit mehr als das. Denn die kulturwissenschaftliche Perspektive, also eine Sichtweise, die die zu erforschenden Gegenstände – literarische Texte, Medienprogramme, folkloristische Bräuche, um nur drei der in Deutschland am meisten vom kulturwissenschaftlichen Paradigmenwechsel betroffenen Disziplinen anzusprechen – im Zusammenhang von Nutzungs- und Verwendungsprozessen wahrnimmt, zieht die Konsequenz aus der für alle Fächer gültigen wissenschaftstheoretischen Einsicht, daß eine wissenschaftliche Tatsache »erst im sozialen Prozeß entsteht« (Fuchs 1992, S. 15).

Die Dynamik, mit der der kulturwissenschaftliche Paradigmenwechsel sich seit den 1970ern seine Bahn brach, erklärt sich aus methodischen Umbrüchen, die in den 1960ern in den Einzelwissenschaften vonstatten gingen. So haben die Kommunikationswissenschaften schon in den frühen 1960ern begonnen zu fragen, »What do people do with the media«, statt wie früher umgekehrt dem Manipulationsverdacht nachzugehen und zu fragen, »What do the media do to people« (vgl. Katz/Foulkes 1962). Und die Literaturwissenschaften haben nur wenig später durch die Rezeptionsästhetik gelernt, daß der Text durch die Lesesituation zu kontextualisieren ist; auch wenn bei Iser (1975) zunächst nur der intendierte Leser ins Auge gefaßt wurde. Und ähnlich hat die deutsche Volkskunde begonnen, angestoßen von Bausingers ›Volkskultur in der Moderne‹ (1960), mit der Verjüngung ihrer Untersuchungsgegenstände auch ihre Untersuchungsperspektive auszudehnen auf »die Analyse […] sozialer Erfahrungsweisen wie kultureller Aneignungsformen« (Kaschuba 1986, S. 474) und sich damit zur empirischen Kulturwissenschaft zu verwandeln. (Und auch die Geschichtswissenschaft hat durch die Akzentuierung von Wirtschafts- und Sozialgeschichte und die Erfindung der Mentalitätsgeschichte eine analoge Entwicklung durchgemacht.) Selbstverständlich haben diese Methodenumbrüche nicht nur binnenwissenschaftliche, sondern auch politische und soziale Ursachen. Die Wissenschaften traten in den 1970ern – beflügelt von der Aufbruchstimmung, die die gesamte westliche Welt erfaßt hatte – aus ihrem Elfenbeinturm heraus und wandten sich, wie es die akademische Jugend forderte, der

demokratisch und egalitär sich entwickelnden Gegenwart zu.

Spürbar ist dies ebenfalls bei der Soziologie, die in der Zeit der Studentenrevolte – nicht nur in Deutschland – geradezu zu einer angesagten Disziplin wurde. Auch die Sozialwissenschaften, die sozusagen von Haus aus die Möglichkeit hatten, den Cultural Studies eine erste Heimat zu geben, erweiterten in den 1960er Jahren ihr Forschungsinteresse und entdeckten mit den sog. Bindestrichsoziologien (Technik-, Medien-, Kommunikations- und eben auch Kultursoziologie) das Feld sozialer Binnendifferenzierungen, statt (nur) den allgemeinen Gesetzen der Gesellschaft und des Sozialen nachzugehen.

Identifizierung von Populärer Kultur mit alltäglicher Lebensweise

So förderlich diese lebens-, vielleicht besser: alltagsweltliche Perspektive der Soziologie für die Cultural Studies war, so hinterließ sie für das Studium der Populären Kultur eine Frage, die bis heute nicht beantwortet ist: Wie lassen sich Studien zur Populären Kultur von den Cultural Studies im allgemeinen unterscheiden? Je mehr die Soziologie sich der Massen- und vor allem der Medienkultur öffnete und sie als untersuchungswürdig statt (wie früher) als peripher betrachtete, desto mehr wurden Phänomene der Populären Kultur »from the mass media to sport to dance crazes« der Kultur schlechthin zugeschlagen: »It is from these ›peripheral‹ networks of meaning and pleasure that culture is constructed [...]. So, the focus on popular culture has quickly become a focus on how our everyday lives are *constructed*, how culture forms its subjects« (Turner 1990, 2 f.).

Der Grund für die Identifizierung von Populärer Kultur mit Kultur ist – neben der Konnotation von populär mit allseits gebräuchlich/beliebt – eng verbunden mit der Entdeckung des Populären. Man entdeckte das Populäre, aber nur als Bestandteil des (all)täglichen Lebens: »[...] the work of the pioneers in cultural studies breaks with that literary tradition's elitist assumptions in order to examine the everyday and the ordinary: those aspects of our lives that exert so powerful and unquestioned an influence on our existence that we take them for granted. The processes that make us – as individuals, as citizens, as members of a particular class, race or gender – are cultural processes that work precisely because they seem so natural, so unexceptional, so irresistible« (Turner 1990, S. 2).

In den 1960ern und 1970ern war diese For-

schungsperspektive für die britische Soziologie angesichts ihrer wissenschaftlichen Herkunft und der damaligen Forschungslage naheliegend. Galt es doch
erst einmal, den weiten Kulturbegriff durchzusetzen:
»Culture is not artifice and manners, the preserve of
Sunday best, rainy afternoons and concert halls. It is
the very material of our daily lives, the bricks and
mortar of our most commonplace understandings,
feelings and responses. We rely on cultural patterns
and symbols for the minute, and unconscious, social
reflexes that make us social and collective beings: we
are therefore most *deeply* embedded in our culture
when we are at our most natural and spontaneous: if
you like at our most work-a-day. As soon as we think,
as soon as we see life as parts in a play, we are in a
very important sense, already, one step away from
our real and living culture« (Willis 1997, S. 185 f.).

Heute erscheint die radikale Abwehr dessen, was
Turner die elitäre literarische Forschungstradition
nennt, eher ein zähes Fortschreiben eines Gründungsmythos zu sein. Mythisch begründet kann Tur-
ners Position, dessen Buch in Handbüchern beim
Stichwort Popular Culture zur Lektüre empfohlen
wird (vgl. Hartley 1994, S. 233), deshalb genannt
werden, weil die Voraussetzungen, auf denen sie
beruht, nicht mehr überprüft, sondern nur noch
fortgeschrieben werden. Allerdings: Seinerzeit war
die Kritik an der »literary critical tradition« (ebd.)
der Forschung berechtigt, die damals einen gar nicht
zu überschätzenden Gewinn für Wissenschaft und
Kultur bedeutete; obwohl auch damals schon andere
Stimmen innerhalb der literaturwissenschaftlichen
Forschung zu vernehmen waren (vgl. die literatursoziologischen Arbeiten von Foltin 1965, Kreuzer
1967 und Waldmann 1973). Heute jedoch kommt
auch der Mangel dieser Position zum Vorschein:
Über all der Konzentration auf das Alltägliche wird
der Wert der Hochkultur übersehen, z. T. sogar geleugnet.

Vertreibung des Ästhetischen aus der Erforschung Populärer Kultur

Mit dieser Kritik soll keineswegs der Rückkehr zu
einem engeren, elitäreren oder gar substantiellen
Kulturbegriff das Wort geredet werden. Es ist aber zu
fragen, ob die Heterogenität der Gegenstände und
kulturellen Felder, die durch die Erweiterung des
Kulturbegriffs ins Bewußtsein der Forschung rückte,
nicht stärker bei Methodik und Theoriebildung der
Erforschung Populärer Kultur berücksichtigt werden
muß. Denn: Literarische oder musikalische Texte,
Programminhalte der Medien (also darstellende

Texte) und Einkaufszentren, Strände, Sportereignisse
(also die Alltagstexte) und die mit ihnen verbundenen Aneignungsweisen lassen sich wohl nur schwerlich auf die gleiche Weise als populär beschreiben
und unter einem Begriff von Populärer Kultur sub-
sumieren, wie es die Cultural Studies und die von
ihnen gestifteten Popular Cultural Studies tun.

Gewiß sind auch kulturelle Phänomene des Alltags
polyvalent bedeutungsvoll und daher polysemisch
deutbar. Einen »Martini, geschüttelt, nicht gerührt«
zu bestellen, kann nicht bloß eine intentionale, sondern auch eine symbolische kulturelle Praxis sein.
Trotzdem ist die Bar, in der die Bestellung aufgegeben wurde, nicht in gleicher Weise ein (Alltags-)Text
wie Ian Flemings Roman *Casino Royale*. Dieser ist
Darstellung von Wirklichkeit; die Bar ist Bestandteil
von Wirklichkeit. Diese simple Unterscheidung von
Darstellung von Wirklichkeit und Wirklichkeit-Sein
sollte – bei aller Diskussion um virtuelle Wirklichkeiten – nicht aufgelöst werden. Der darstellende
Text ist prinzipiell abgeschlossen (auch wenn er erst
im Leseprozeß zu Ende geführt wird). Er ist ein
Ganzes, selbst wenn er Fragment ist. Der Leser tritt
ihm daher mit dem Bewußtsein entgegen, daß es
prinzipiell möglich ist, ihn zu überblicken. Darstellende Texte – fiktionale wie dokumentarische,
denn diese betreiben ebenfalls Darstellung – geben
im Unterschied zu den Alltagstexten daher dem Rezipienten in höherem Maße die Möglichkeit, sich ihnen gegenüber neu, anders zu verhalten, mit ihnen
Bedeutungen zu produzieren, statt nur zu reproduzieren. Gewiß gibt es auch bei den sog. Alltagstexten
die Chance, eine neue Einstellung einzunehmen, und
daher kann auch der Alltagstext zu neuen Bedeutungen motivieren und Neues bewirken. (Was vor allem
daran liegt, daß es im alltäglichen Leben nicht nur
intentionales sondern (wenigstens eine Zeitlang)
auch unbestimmt gerichtetes Handeln gibt). Wegen
der ästhetischen Distanz hat der darstellende Text
aber ein entschieden größeres kreatives Potential als
der Alltagstext.

Schert man – wie es dezidiert Fiske, implizit aber
die Birmingham School generell tut – alle kulturellen
Phänomene, die Alltagstexte *und die* darstellenden
Texte, über einen Kamm, dann bleibt auf die Frage,
wie der Populäre Text kulturelle Bedeutung erhält,
nur die Antwort, die Rowe (1995, S. 7) in der Einleitung seines Buches ›Popular Cultures‹ gibt: »In this
book popular culture is treated as an ensemble of
pleasurable forms, meanings and practices, whose
constituents are neither static nor unambiguous, and
which cannot be insulated from the social processes
and structures in which they are imbedded. As in-
dicated above, the use of the term culture is in

accordance with the expanded configurational definition (Williams, 1977) which views it as more than the notion of bourgeois refinement and its legitimized texts« (ebd.).

Mit einer solchen Position wird »das in jedem Kommunikationsprozess enthaltene Soziale« (Silbermann 1989, S. 248) mit diesem gleichgesetzt und andere, nicht sozial bestimmte Weisen der Bedeutungsproduktion fallen unter den Tisch. Die Rezeption eines Textes, die wesentlich ästhetisch und individuell bestimmt auf die Lebensgeschichte des einzelnen Rezipienten ausgerichtet ist, und die sozial bestimmte Weise der Teilhabe an Alltagskultur produzieren aber nicht in gleicher Weise und nicht mit dem gleichen Ziel kulturelle Bedeutung. Gewiß ist die (Medien)-Rezeption eines Textes (z. B. die TV-Übertragung eines Fußballspiels) Bestandteil des Alltags. Das heißt aber nicht, daß alle Verarbeitungsweisen, Ziele und Gratifikationen, die die Rezeption des Textes anbietet, identisch sind mit denen, die die Teilnahme an dem sozial bestimmten kulturellen Event, z. B. dem Besuch eines Fußballspiels im Stadion, liefert. So hat die sozial bestimmte Teilhabe am Live-Ereignis sicherlich die Bestätigung von so etwas wie sozialer Identität zum Ziel, wenn der Fußballfan sich einer bestimmten Gruppe, den Anhängern eines Vereins zuordnet. Ob aber die ästhetische und individuelle Rezeption bzw. Bedeutungsproduktion etwa von TV-Serien *auch* mit diesem Schlagwort erfaßt werden kann (so etwa Mikos 1999), scheint fraglich zu sein. Empirisch gibt es jedenfalls keinen überzeugenden Beleg dafür, daß die durchgängige Rezeptionshaltung bei TV-Serien mit »in der Rezeption einzelner Programme kommt es zur Wahrnehmung des Selbst am anderen« (ebd., S. 5) zutreffend beschrieben ist. Empirisch gezeigt wurde nur, daß die befragten Zuschauer *auch* in einer solchen Weise TV-Serien wahrnehmen. Die zitierten Äußerungen der Zuschauer (vgl. Mikos 1994, S. 367–390) geben aber keine Auskunft über die Ausschließlichkeit oder wenigstens die Dominanz dieser Rezeptionsweise. So daß heute ›Identität‹ als generell gültiges Passepartout, um das Ziel populärkultureller Teilhabe zu erfassen (vgl. die zahllosen Titel in der Art von Kumar 1988), ebenso fragwürdig ist, wie es in den 1950ern die Vorstellung war, daß das, was damals Trivialliteratur genannt wurde, stets eskapistische Funktion und Wirkung hatte.

Mit der Erweiterung ihres Gegenstandsbereichs konstituierten die Cultural Studies auch ein neues Verhältnis zwischen dem Populären und der Hochkultur. »The rigid conceptual barrier between ›high‹, or estimable, culture and popular, or representative, culture has broken down. Literary and art critics have come to recognize how much high culture and popular culture have in common as human social practices.« Was Mukerji/Schudson hier (1991, S. 1) als kulturellen und wissenschaftlichen Fortschritt feiern (ähnlich unreflektiert und fast scholastisch die Gegenposition verfälschend argumentiert Storey 1993, S. 8), erschwert jedoch die begriffliche Erfassung des Populären. Denn mit der Aufgabe des Gegenbegriffs verliert der Begriff der Popular Culture wie die anderen, auf Unterscheidung kultureller Felder zielenden Termini seine Trennschärfe »to the extent that the concept of high culture – the anchor point which provided the crucial point of reference in relation to which the *differentia specifica* of other areas of culture could be constructed – has all but collapsed as a sustainable category, all of those terms (élite culture, mass culture, popular culture and so on) which derive their differential signifying power in relation to this axial concept need to be handled gingerly« (Bennett 1980, S. 18 f.). Aufwertung der populären Phänomene und die Aufgabe begrifflicher Unterscheidung gehen Hand in Hand. Denn: »The initial project for many sociologists of popular culture was to function as apologists for lowbrow cultural forms« (Rowe 1995, S. 5).

Zum Problem wird die Aufgabe der Referenzkategorie Hochkultur, wenn dadurch der Kulturwissenschaft die Möglichkeit genommen wird, kritisch Stellung zum Phänomen Populärer Kultur zu beziehen. So richtig es war und ist, die systematisch betriebene ästhetische Verachtung des Populären zurückzuweisen, da mit ihr auch die Rezipienten des Populären mißachtet werden – vgl. Hermann Brochs böses Wort vom Kitschmenschen –, so wenig hilft es, Populäre Kultur schlicht als demokratisch zu feiern und Hochkultur im gleichen Atemzug (zumindest implizit) als undemokratisch hinzustellen: »Popular culture, through its social exercise of forms, tastes and activities flexibly tuned to the present, rejects the narrow access to the cerebral world of official culture. It offers instead a more democratic prospect for appropriating and transforming everyday life« (Chambers 1993, S. 13). Genausowenig wie die von der Elite zuweilen aufgemachte Gleichung: schlechter Geschmack = mieses Volk, aufgeht, läßt sich der entgegengesetzte Satz halten: »If the people are ok, then popular culture must be ok.« Dahlgren (1992, 6 f.) verweist daher im Anschluss auch auf Stimmen, die mehr kritische Distanz zum Populären einfordern: »Modleski (1987), among others, warns of the dangers of a lack of critical distance and an all too affirmative celebration of popular culture.«

Die Forderung, das zu untersuchende kulturelle Feld auch kritisch zu würdigen und damit einen

humanistischen Standard hochzuhalten – was innerhalb der Cultural Studies nicht nur der Rezeption
von Gramsci, Foucault und seit den 1990ern verstärkt von Habermas' Idee der Bürgerschaft, sondern
auch dem positiven Erbe der Frankfurter Schule zu
verdanken ist –, hat im Forschungsalltag der Cultural
Studies wenig bewirkt. Der Stolz auf die methodische
Grundhaltung, Distanz zum Gegenstand zu haben
und auf explizite Wertungen zu verzichten, ließ kri-
tisches Sicheinlassen nicht zu. Man war mehr daran
interessiert, der eigenen Methode und Zielsetzung
Geltung zu verschaffen als von der fremden zu lernen: »The distances and intentionally nonevaluative
approach by the social sciences has come to influence
thinking about culture in the humanities« (Mukerji/
Schudson 1991, S. 1). (Womit man bestätigte, daß
Löwenthals – vgl. 1960, S. 21 – 30 Jahre alte Beobachtung über den Zustand der Kulturwissenschaft immer noch gültig ist:»Auf dem Gebiet der Populärkultur stehen sich seit geraumer Zeit die Sozialwissenschaften und die geisteswissenschaftlichen Disziplinen
argwöhnisch gegenüber, jede hält sich für den Exami-
nator und Richter der Bemühungen der anderen«.)
    So sind auch trotz des Plädoyers für Methoden-
vielfalt – »No single discipline has or will ever have a
monopoly on the study of popular culture; no discipline represents the ›best‹ approach« (Mukerji/
Schudson 1991, S. 4) – historische Forschungen, ja
eine historische Perspektive eher selten (was ebenfalls
Löwenthal schon 1960, S. 31 bemängelt), und das
Einbeziehen ästhetischer Überlegungen kommt im
Rahmen der Cultural Studies so gut wie nicht vor.
Wenn überhaupt, läßt man sich die Ästhetik der
Gegenstände von den Rezipienten erklären (vgl. Radway 1991, Jenkins 1992, Winter 1995). Damit aber
sitzt man dem methodischen Irrtum auf, man könne
die ästhetische Erfahrung der Rezipienten gleichsetzen mit dem, was sie von sich aus zu äußern
verstehen, und vergißt, daß die Rezipienten nur in
den seltensten Fällen geschult und von sich aus
gewillt sind, über ihre ästhetischen Erfahrungen reflektierend zu sprechen. Ohne vorhergehende ästhetische Analyse, die klären kann, worin der Rezep-
tionswert eines populären Artefakts liegen könnte,
läßt sich aber weder ein Fragebogen verfassen noch
ein themenzentriertes Interview führen. Wenn beispielsweise bei einer empirischen Untersuchung von
Romanheft-Lesern der Untersuchende nicht weiß, ob
das Lesen eines Heftes neben dem emotionalen Appell wegen der strukturellen Durchsichtigkeit der
Erzählung nicht auch als eine Art stets gelingendes
Sprachspiel aufgefaßt werden kann, wird die Untersuchung nur die alten Vorurteile über das Roman-
heft-Lesen bestätigen.

Mit der (berechtigten) Zurückweisung der überkommenen Vorstellung vom hierarchisch gegliederten Gegensatz von Hoch- und Populärkultur wies
man zugleich die Stellung zurück, die das Artefakt im
kulturellen Bedeutungsprozeß hat. Löwenthals Mah-
nung, die Beziehung zwischen Stimulus (d. i. das
kulturelle Artefakt) und Rezipient »is performed and
pre-structured by the historical and social fate of the
stimulus as well as of the respendent« (1950, S. 332;
dt. 1964, S. 52 f.), wurde nicht wahrgenommen. Für
die Cultural Studies ist der Rezipient Populärer Kultur – genauer: die Rezipienten (vgl. die Polemik von
Winter 2001, S. 14) – idealerweise der Souverän der
Bedeutungsproduktion. Und der kulturelle Prozeß
ist für die Cultural Studies in erster Linie von den
Rezipienten und ihren sozialen Zusammenhängen
und in zweiter Linie von den medialen und hegemonialen Institutionen bestimmt. Die Formensprache der Artefakte, bei Texten etwa der erzählerische
Zusammenhang oder ihre Wirkungsgeschichte, spielen hingegen so gut wie keine Rolle, wenn so etwas
wie Alltags-Ethnographie betrieben wird. Ästhetische
und rezeptionsgeschichtliche Untersuchungen kamen und kommen nicht in den Sinn. Daß das Artefakt und seine Wirkungs- und Rezeptionsgeschichte eine den kulturellen Prozeß von sich aus
mitbestimmende Rolle spielen, bleibt außerhalb der
Vorstellung. Die Folge ist, daß sich die Cultural
Studies, ohne es zu bemerken, mit dem methodischen Dogma der Neutralität und dem Verzicht auf
wertende Kritik von ihrem Ausgangspunkt, dem sozialen bzw. kulturellen Engagement, entfernen. So
wird denn auch in den 1990er Jahren die Erforschung der Populären Kultur – gar nicht so selten –
zu einem dezidiert ethnographischen Unternehmen,
bei dem der Forscher sich gegenüber der (eigenen)
Populärkultur zu verhalten hat wie der Ethnograph
gegenüber einer fremden Kultur, die er angeblich
allein durch seine Anwesenheit schon stört und verfälscht (vgl. Bacon-Smith 1992).
    Wertende Stellungnahmen zu populär-kulturellen
Phänomenen finden sich daher im derzeitigen Horizont der Cultural Studies nur selten oder geraten zur
bloßen Meinungsäußerung, weil sich die Cultural
Studies dem ästhetischen Argument verweigern. Und
in publizistischen wie psychologischen Untersuchungen gibt es statt ästhetisch fundierter Kritik nur
Wirkungsstudien. Diese kranken aber daran, daß
wegen der Unendlichkeit aller Kausalität die Wirkung
einer Sache bestenfalls abzuschätzen ist. (Vgl. Gottfried Benns eindringliche Verse: »leicht gesagt: verkehrte Politik./ Wann verkehrt? Heute? Nach zehn
Jahren?/ Nach einem Jahrhundert?«.) Wertungsfra-
gen sind zwar letzte Fragen, gehören aber zu den

Aufgaben der Wissenschaft – wenn sie sich ihrer sozialen Verantwortung bewußt bleibt. (Was nicht heißt, Wissenschaft habe einen bestimmten ästhetischen Geschmack zu propagieren, etwa sich gegen Trash-Kultur (vgl. Simon 1999) zu wenden. Damit würde sie in der Tat nur soziales oder ästhetisches Unverständnis demonstrieren).

Die These von der Durchmischung von Hoch- und Populärer Kultur

Die These vom Zusammenfallen von Populärer Kultur und alltäglicher Lebensweise, die methodisch und theoretisch mit dem erweiterten Kulturbegriff abgesichert war, ließ sich nach der Entdeckung der Postmoderne mit einem zweiten Argument untermauern: In der Postmoderne scheinen die Artefakte der Kunst und des Populären einander von der Formensprache her ähnlich zu werden und zugleich ähnliche Rezeptionsweisen in Gang zu setzen. Intertextualität und Selbstreferentialität, Interdependenz von Genres und Sparten, das Mit- und Ineinander von Repräsentation und Realität (vgl. die Debatten um die Virtualität der veröffentlichten Wirklichkeiten), die Bewegung »away from linearity and teleological progress towards pastiche, quotation, parody and pluralism of style« (McRobbie 1994, S. 24) – alles das läßt sich an Kunst wie an populärkulturellen Artefakten beobachten und überdies mit sozialen und kulturellen Prozessen kombinieren: »pop, music, style and fashion […] is neither as homogeneous nor as limited as he [d. i. Hebdige 1983] […] would have it. This landscape of the present, with its embracing of pastiche, its small defiant pleasure in being dressed up or ›casual‹, its exploration of fragmented subjectivity – all of this articulates more precisely with the wider conditions of present ›reality‹: with unemployment, with education, with the ›aestheticization of culture‹, and with the coming into being of those whose voices were historically drowned out by the (modernist) meta-narratives of mastery, which were in turn both patriarchal and imperialist« (ebd., S. 15). Da überdies in den frühen 1980er Jahren die gerade an wissenschaftlicher Überzeugungskraft verlierenden Strukturalisten des Intellektualismus geziehen werden konnten (vgl. Hinds/Tatum 1985, S. XIV), war eine (scheinbar) unauflösliche Verbindung aus Pop-Künstler, Postmoderne und Populärer Kultur perfekt: »Huyssen in his 1984 introduction to postmodernism draws attention to this ›high‹ structuralist preference for the works of high modernism, especially the writing of James Joyce or Mallarmé. […] He argues that this reproduces unhelpfully the old distinction between the high arts and the ›low‹, less serious, popular arts. He goes on to comment: ›Pop in the broadest sense was the context in which a notion of the postmodern first took shape […] and the most significant trends within postmodernism have challenged modernism's relentless hostility to mass culture‹« (McRobbie 1994, S. 13 f.).

Die Einheit von postmoderner Kunst und populärer Kultur ließ sich überdies als Ergebnis einer allmählichen Entwicklung in der zweiten Hälfte des 20. Jh. darstellen und damit historisch fundieren. Denn: Unsere Kultur ist gerade in den letzten fünfzig Jahren bestimmt durch ein Aufeinanderzubewegen von Hoch- und Populärer Kultur, von Kunst und Unterhaltung. Popularisierung und Verkunstung lassen sich allenthalben wahrnehmen, sind als kulturelle Techniken geradezu alltäglich geworden. So ist die These von der Vermischung der Kulturen bis in die Bild-Zeitung vorgedrungen: »Seit Jahren verschmelzen höhere und triviale Kulturen. So singen Tenöre in Fußballstadien, in Kirchen werden Rock-Konzerte gegeben. […] Eigentlich Unvereinbares soll uns Normalität suggerieren: im Alltag paßt doch alles irgendwie zusammen […] Das ist das Gleiche, wie wenn man schwere Stiefel zu Spitzenröckchen trägt. Man nennt das Hybrid-Kultur« (Bild v. 21. 11. 1998).

Solche Vermischungsprozesse haben ihre Ursache darin, daß »der Ontologie-Schwund [der Moderne] sich nun postmodern zur Herrschaft des Unbestimmten« (Bolz 1992, S. 100) verschärft hat: »Postmoderne als Programm zielt auf eine Einheit – genauer gesagt: ein *interplay* von Kunst, Wissenschaft und Lebensstil. […] Statt die vermeintliche Sinntiefe von Kunstwerken auszuloten, setzt die Postmoderne gerade auf den Reiz der Unbestimmtheit. […] Je größer die Unbestimmtheit einer Botschaft, desto größer die Chance und die Notwendigkeit der Teilnahme, der Partizipation und Performanz« (ebd., S. 101).

Werden die Funktionen der Kunst im postmodernen Kosmos daher zurückgestuft, weil »Kunst […] nicht mehr als kritische oder utopische Instanz, sondern als Stimulans des Lebens […]« funktioniert (ebd.), erbt die Populäre Kultur – sozusagen im Gegenzug – deren Aufgabe, wenn »Pop als Widerstandsmedium gegen die Disziplinargesellschaft« begriffen wird (Holert/Terkessidis 1996, S. 19). Allerdings – und dies verkompliziert die Lage – ist in den 1990er Jahren auch innerhalb des Populären ein Vermischungsprozess beobachtet worden, der als Diffusion von Mainstream und Pop-Avantgarde verstanden wird, so daß »der Rebell […] ganz natürlich zum zentralen Bild d[ies]er Konsumkultur« wurde (ebd., S. 6). Mit anderen Worten, als Binnenphänomen wiederholt sich im Populären in den 1990ern der Vermischungsprozeß von Lebensstil und Kunst, von E- und U-Kultur, den die Cultural Studies in den 1970ern/1980ern an der Gesamtkultur beobachtet hatten.

Für beide Vermischungsprozesse lassen sich sowohl auf der Ebene der Artefakte als auch auf der der Programmdiskussion leicht zahlreiche Belege finden. Und es läßt sich auch beobachten, daß mit diesen Vermischungsprozessen nicht nur ein Funktionsverlust für alle Arten von Kunst einhergegangen ist, da es in Zeiten der Stilmischung schwierig geworden ist, soziale wie programmatisch-ideologische Distinktion via Kunst zu betreiben, sondern daß der Begriff ›Kunst‹ selbst verdächtig geworden ist und im Pop-Milieu zunehmend durch andere Vokabeln wie Authentisch-Sein, Nicht-Marktkonform-Sein etc. ersetzt wird. Aus der »Gottsucher-Bande« der Künstler (Bazon Brock) wurden »Propheten ohne Glauben«, wie es ›Der Freundeskreis‹, eine Hip-Hop-Band, formuliert.

So signifikant diese und ähnliche Beobachtungen für Kunst und Kultur der Gegenwart auch sind, von heute aus gesehen scheinen Zweifel angebracht zu sein, ob die innige Verbindung von Kunst und Populärer Kultur, die die Verfechter der Postmoderne konstruieren, Bestand hat, ja, ob sie – jedenfalls in Deutschland – überhaupt jemals in vollem Umfang Gültigkeit gehabt hat. So sind nicht nur einige Haupttheoreme der Postmoderne wie die Rede vom ›fragmentierten Subjekt‹ (vgl. McRobbie 1994, 15) oder die von der nichts verbergenden Oberfläche des popkulturellen Artefakts inzwischen fragwürdig geworden (bzw. waren es schon immer: vgl. Recki 1988, Seel 1985). Gegen die These vom fragmentierten Subjekt, das postmodern betrachtet ein anthropologisches Äquivalent zur medientheoretisch behaupteten Autorenlosigkeit künstlerischer Artefakte abgab und damit gut zur kollektiven Produktion massenmedialer popkultureller Artefakte zu passen schien (und Foucault, so Mukerji/Schudson 1991, S. 47–50, zum Theoretiker der Populärkultur machte), läßt sich z. B. auf das Fortwirken traditioneller kultureller und moralischer Orientierungen und auf die Ergebnisse der Biographieforschung (vgl. Cloer 1997) verweisen. Und die These von der Geheimnislosigkeit der (vorgeblich) nur Oberfläche anbietenden Kunst führt ein Blick in nahezu jedes Werk zeitgenössischer Kunst ad absurdum. »It has no secrets, no ulterior meaning. Its ›flatness‹ is its profoundest statement, ›reminding us that which is obvious matters, that surfaces matter, that the surface is matter‹« (Chambers 1993, S. 10). Diese Aussage trifft z. B. weder auf Cindy Shermans verstörende und nur scheinbar all-

tägliche Arrangements zu noch auf die von Chambers hier anvisierten Bilder Lichtensteins, die nur in der verkleinerten Reproduktion seines Taschenbuchs harmlos wirken.

Fortexistenz des kulturellen Leitbegriffs: Kunst

Vor allem aber ist zu fragen, ob die These von der Mischung der Kultur, auch wenn sie historisch gesehen nicht völlig falsch ist, nicht doch in die Irre führt. Obwohl es sicher zutrifft, daß sich heute sowohl Stilmischungen als auch ein Funktionsverlust der Kunst beobachten lassen, bleibt zu fragen, ob damit das Ende der Kunst bzw. des Kunstbegriffs gekommen ist – oder ob die Vermischung unserer Kultur nur die Schwäche einiger traditioneller kultureller Institutionen bzw. das ästhetische Potential neu entstandener Szenen bzw. Kunstsparten und die Formulierung eines anders auftretenden Kunstbegriffs zeigt. Sicher: Theatrale Kunst findet heute vielleicht weniger im Stadttheater ihren Platz als in der Freien Szene; aber auch dort ist Kunstmachen angesagt, selbst wenn es sich als Bad Acting formuliert. Die Ungültigkeit eines bestimmten Kunstbegriffs spricht nicht prinzipiell gegen die Fortexistenz der Kunst und damit gegen die Möglichkeit einer Unterscheidung von Kunst und dem Populären, sondern erklärt vielmehr nur, warum in den letzten Jahrzehnten sich ein anders ausgerichteter Kunstbegriff durchgesetzt hat, der ein unproblematischeres Verhältnis zu Vervielfältigungs-Techniken hat, mit Adaptions- und Originalitätsfragen unbekümmerter umgeht und daher auch für die neuen Medien tauglich ist. Es mag zwar sein, daß wir auf dem Weg in eine Kultur der Vermischung von Kunst und Populärer Kultur sind – aber noch ist es, denke ich, nicht so weit, daß von einer tatsächlichen Vermischung schon die Rede sein könnte. Die Differenz zwischen der Kunst und dem Populären ist immer noch konstitutiv für unsere Kultur. Meinem Eindruck nach zeigt sich in allen Kunstsparten, Genres, Erzählformen, Medien und Szenen, daß nach wie vor Unterschiede getroffen werden (vgl. Davis 2000, S. 171). Nur die Verkäufer wollen uns das Gegenteil einreden und propagieren die angebliche Bedeutungslosigkeit des Artefakts, also dessen, was konsumiert werden soll: etwa Peter Schwenkow von der Deutschen Entertainment AG: »Die Verpackung muß so gut sein, daß ich vom Inhalt unabhängig bin.«

Allerdings ist Kunst heute nicht mehr an ein bestimmtes soziales bzw. institutionelles Umfeld gebunden. *Das* unterscheidet unsere Situation von der des 19. Jh., aber nicht, daß wir keine Kunst oder keinen Begriff der Kunst mehr hätten. Immer noch machen wir aus gutem Grund feine Unterschiede. Beim Punk z. B. unterscheiden wir sehr wohl zwischen der Gruppe ›Abwärts‹, FM Einheit, Alexander von Borsig und der kommerziellen NDW mit Nenas bunten Luftballons. Zwar vermögen wir nicht mehr an die Einheit des Wahren, Guten und Schönen zu glauben; es gibt aber immer noch einen Begriff von Kunst, der sich überraschenderweise in den verschiedensten Kunstsparten und Milieus sogar auf eine übereinstimmende Grundidee bezieht. Gleichgültig, ob im überregionalen Feuilleton (vgl. die Beispiele in Hügel 2002, S. 71), in der Boulevard-Presse, in den Musikkritiken der Visions (etwa 2001, Nr. 98, S. 89 f.) oder bei Welsch (1996, S. 167–170): Überall wird an dem Grenzen auslotenden, sich nicht anpassenden Künstler und an einem ihm hierin folgenden Publikum festgehalten. Kunst ist zwar nicht mehr aufs Kontemplative festgelegt, aber immer noch hält sich, und zwar quer durch alle Sparten und Szenen, die Idee, daß es ein Gegenteil zur Anpassung und Konformität gibt. Daß es etwas gibt, das Neues zu formulieren sucht, Grenzen austestet, unsere Sicherheiten erschüttert und stört, seine Daseinsberechtigung nicht in Publikumsanspruche, im Erfüllen von Publikumserwartungen sieht und daher unsere ungeteilte Aufmerksamkeit verlangt. Mit einem Wort, daß Kunst etwas anderes ist und etwas anderes gibt als Unterhaltung bzw. populärer Mainstream. Die These, daß Hochkultur und Populäre Kultur, Kunst und Unterhaltung sich durchmischen, stimmt also nur insoweit, als sie auf den sozialen und habituellen Rahmen zielt, unter dem wir hochkulturellen und popkulturellen Vergnügungen nachgehen. Die Vermischungsthese läßt sich aber weder auf deren ästhetische Funktion noch auf deren Rezeptionsweisen beziehen.

Das im Vergleich zu früher vielfältigere und komplexere kulturelle Angebot gibt dem Rezipienten größere Wahl- und Beurteilungsfreiheit, wie es ihm auch größere Rezipienzkompetenz und Beweglichkeit abverlangt. Weniger denn je kommt der Rezipient, der das kulturelle Angebot nutzt, mit schablonisierendem Denken und Wahrnehmungsvermögen aus. Ebensowenig der ihn beobachtende Wissenschaftler. Simple, die kulturellen Phänomene dichotomisch klassifizierend, in Schubladen steckende Betrachtungsweisen werden unserer Kultur genausowenig gerecht wie vorschnelle Gleichmacherei, die allein auf soziale wie kunstsparten- und genreeigene Rahmungen schaut. Kulturelle Analyse wie kulturelle Teilhabe verlangt heute die Fähigkeit, das Ästhetische und das Soziale gleichermaßen zu berücksichtigen und nicht

zuletzt gerade bei Populärer Kultur auch Spannungen zwischen dem sozialen Außen und dem ästhetischen Innen auszuhalten. Nur wer nicht alles gleich identisch setzt, wer Ambivalenzen, Spannungen, ja Widerspüche wahrnimmt und aushält, wird dem disparaten Zugleich unserer Kultur gerecht – und sichert damit den Reichtum unserer Kultur, deren großer Vorzug es ist, gerade durch das Mit-, Gegen- und Nebeneinander von Hoch- und Populärer Kultur vielfältig zu sein. Das Einebnen der Differenz der beiden Kulturen bedeutet demgegenüber eine Verarmung, da sie einen wesentlichen Motor unserer kulturellen Entwicklung außer Kraft setzt bzw. setzen will: Zwei Systeme zu haben, ist besser als nur eines.

Mit diesem Plädoyer für eine die soziale und die ästhetische Funktion getrennt haltende Betrachtungsweise wird keinesfalls deren gemeinsames Auftreten verkannt. Wie aber deren Zusammenwirken vor sich geht, dies müßte erst einmal voraussetzungslos geprüft und nicht einfach postuliert werden, wie es in den Cultural Studies geschieht. Gewiß entsteht Kultur, gerade Populäre Kultur, nicht im historisch und sozial luftleeren Raum – ohne den im Rechtssystem etablierten Detektiv z. B. gibt es keine Detektiverzählung. Ob aber das Soziale sich *stets* auch in der Rezeption vermittelt, ist eine andere Frage. Neben der Modellvorstellung, die das Ästhetische und das Soziale als zwei Seiten einer Medaille betrachtet (um von deren schlichten Ineinssetzen ganz zu schweigen), ist auch eine Modellvorstellung zu prüfen, die die beiden zwar als stets und unabdingbar miteinander auftretend erfaßt, sie zugleich aber auf verschiedenen Ebenen plaziert sieht und sie daher auf der Seite der Rezeption (weitgehend) für voneinander unabhängig hält. Gewiß ist eine solche Vorstellung dem marxistisch grundierten Gesellschafts- und Kommunikationsmodell der Birmingham School fremd; vielleicht hat sie aber ein höheres Beschreibungspotential.

Konzepte Populärer Kultur

Mit der Abwehr der dichotomischen Vorstellung von Hoch- und Populärkultur und der an ihre Stelle gesetzten Auffassung von der Gleichheit (nicht, wie es richtig wäre: Gleichberechtigung) jeglicher kultureller Produktion und Rezeption hatten die Cultural Studies auf die Frage, was Populäre Kultur ist, nur eine zu umfassende (Populäre Kultur ist alltägliches Leben) oder nur eine negative Antwort gegeben. Mit letzterer ist nur klar geworden, was Populäre Kultur nicht ist: Hochkultur (vgl. Storey 1993, S. 7). Beide

Antworten sind unbefriedigend, weil sie zur Eigenständigkeit populärkultureller Gegenstände und Fragestellungen nichts Entscheidendes beitragen. Diese Frage ist beileibe nicht – wie man so sagt – akademischer Natur, also folgenlos. Sie hat auch nicht nur wissenschaftspolitische Bedeutung, weil ihre Beantwortung eventuell eine neue Disziplin begründen könnte. Sie ist vielmehr von grundsätzlicher Bedeutung für die Wissenschaftstauglichkeit des Konzepts Populärer Kultur. Und die Klagen über die Schwierigkeiten, Unzulänglichkeiten, ja Untauglichkeit des Begriffs ›Populäre Kultur‹ (vgl. Hartley 1994, S. 233; Cullen 2001, S. 3) finden ihre Begründung in den Schwierigkeiten, diese Frage zu beantworten: »The historian of popular culture is in pursuit of an elusive quarry. No one knows exactly what this quarry looks like, or even who ›the people‹ are whose culture is at issue. Anyone who intervenes to serve as guide is suspect« (D. Hall 1984, S. 5).

Daher wurde und wird anstelle von Populärer Kultur in Forschung und Öffentlichkeit von ›Massenkultur‹ (Löwenthal 1964), von ›Kulturindustrie‹ (Kausch 1988) bzw. von ›Konsumentenkultur‹ oder dem ›Trivialen‹ (Seeßlen 1999) gesprochen, wenn Rezeption und Produktion unterhaltender Artefakte anvisiert sind, von ›Volkskultur‹, wenn eher traditionelles Brauchtum untersucht wird, von ›Subkultur‹ oder ›Jugendkultur‹ (zeitweilig auch von ›Gegenkultur‹), wenn es um Lebensweise, Ausdrucksformen und Unterhaltung der Jugend geht, von ›Alltagskultur‹ und ›Freizeitkultur‹ sowie von ›Erlebniskultur‹, wenn keine spezifische Altersgruppe fokussiert ist, oder von ›Medienkultur‹, wenn die in ihrer Bedeutung fürs Populäre nahezu allgemein anerkannten Vermittlungs- und Distributionsinstitutionen und -praktiken erforscht werden sollen (vgl. u.a. Kellner 1995; Narváez/Laba 1986, S. 1). Mit Begriffen wie ›Massen‹-, ›Sub‹- oder ›Jugendkultur‹ wird explizit oder implizit eine Trägerschaft des Populären ins Auge gefaßt, etwa die Jugend oder eine Gruppe, die durch eine bestimmte Lebensweise charakterisiert werden kann, oder auch nur die unbestimmt gehaltene Masse der Rezipienten oder der Kulturindustrie-Betreibenden. So präzis sich mit solchen Bezeichnungen einzelne Phänomene in den Blick nehmen lassen, so wenig sind sie zur Begründung eines allgemeinen Begriffs von Populärer Kultur tauglich. Zwar hat z.B. die Forschung mit Hilfe des Begriffs ›Jugendkultur‹ überzeugend herausgearbeitet, daß die Baby-Boomer-Generation am Ende der 1950er Jahre einen international bedeutsamen Schub für die Entwicklungsgeschichte Populärer Kultur bedeutete: »la culture populaire de masse est marquée en profondeur par les références américaines, notamment

dans la ›culture jeune‹« (Fragonard 1995, S. 37). Und ebenso konnte mit Hilfe der Idee von der Massenhaftigkeit Populärer Kultur klar gezeigt werden, »that any definition of popular culture must include a quantitative dimension« (Storey 1993, S. 7; Mukerji/ Schudson, 1985, S. 3 überziehen das Argument der großen Zahl). Für sich genommen geben diese Begriffe aber nur Akzentuierungen des Populären wieder und haben nur für diese Bedeutung.

Bleibt ein Begriff von Populärer Kultur, der sich auf eine sozial eng umrissene Trägerschaft oder gar auf Eigenschaften bestimmter Artefakte stützt, notwendig begrenzt, bekommt er allgemeine Gültigkeit, wenn er funktional als Art und Weise einer bestimmten kulturellen Praxis gedacht wird. Stuart Hall und später vor allem John Fiske (1997) sahen Teilhabe an Populärer Kultur als Akt eines Widerstandes und als Trägerschaft der Populären Kultur: ›the People‹ im Gegensatz zum ›Powerbloc‹ der dominanten Kultur. »The people versus the power-bloc: this [...] is the central line of contradiction around which the terrain of culture is polarised. Popular culture, especially, is organized around the contradiction: the popular forces versus the power-bloc« (Hall 1981, S. 238) lautet die vielfach (etwa von Rowe 1995, S. 7; Kaschuba 1986, S. 486) zitierte Leitlinie. Innerhalb der Cultural Studies hat dezidiert niemand dieser These widersprochen, jedenfalls nicht von kontinentaleuropäischer oder gar von deutscher Seite, obwohl diese Modellvorstellung für deutsche Verhältnisse nicht in dem Maße zu passen scheint wie für die sozial deutlich abgestufter gegliederten Kulturen in England und den USA (und auch in Frankreich).

Da ›the people‹ »keine dauerhafte soziale Kategorie darstellt« (Winter 2001, S. 206) und es sogar keinen determinierten Zusammenhang zwischen der gesellschaftlichen Struktur und kulturellem Verhalten gibt (vgl. ebd.), wird zwar eine Verengung des mit dieser Orientierungsmatrix gewonnenen Begriffs von Populärer Kultur vermieden. Jedoch ist der Verlust an sozialer bzw. historischer Konkretion groß, der damit für den Begriff Populäre Kultur erkauft wird. (Zumal Gleiches in noch höherem Maße für den Gegenbegriff des ›power bloc‹ gilt, der ebenso verschwommen bleibt, wie »das System« in den Diskussionen der Studentenrevolte.) Statt die Populäre Kultur auf beobachtbares kulturelles Handeln bezogen zu halten, wird sie durch diese vagen Leitbegriffe zu einer diffusen Konstruktion bzw. zu einer »unconscious rationality« (Burke 1984, S. 8). Und der Standpunkt des die Populäre Kultur als »Moment einer politischen Auseinandersetzung« Interpretierenden wird daher leicht zu einer Sache zustimmenden Glaubens (vgl. Grossberg 2000, S. 51). Die durchgängige historische Existenz eines Diskurses im Sinne des antagonistischen Zusammenspiels von ›the people‹ und ›power bloc‹ ist jedenfalls bisher nicht nachgewiesen worden.

Populäre Kultur als Kultur der Leute, die im Gegensatz zur Dominanzkultur des Machtblocks steht, erfaßt das Populäre als eine Kultur des sozialen Widerstands; Teilhabe an ihr heißt gegensinniges Lesen (realisierbar durch verschiedene Techniken, durch Widerstand etwa oder durch Ausweichen der vom power bloc nahegelegten Bedeutung). Daher ließ sich diese Idee vielfach variiert auf nahezu alle Bereiche, die man mit Populärer Kultur in den Blick nehmen kann, anwenden. Sie wurde, z.T. (etwa Fishwick 1974, S. 5) auch unabhängig von der Birmingham-School, nicht nur in der angelsächsischen Welt sondern ebenso in Frankreich (etwa Poujol/Labourie 1979) und in Deutschland (etwa Winter/Eckert 1990) in den 1980ern und frühen 1990ern vorherrschend.

Die These, Populäre Kultur ist widerständige Kultur, läßt sich so mit Folk- und Volkskultur verklärenden Vorstellungen korrelieren (etwa Muchembled 1978), die seit der Romantik in Europa ihren Platz haben, aber ebenso mit Verklärungen der Sub-, Gegen- oder Jugendkultur (etwa Roszak 1969 oder Gehret 1979). Sie ließ sich mal strenger, mal weniger streng als ideologischer oder eher als subversiver Widerstand fassen, mehr als politisch gezielter oder mehr als individuell-spontaner und ungezielter Eigensinn interpretieren. Im Horizont dieses Konzepts schafft Populäre Kultur »keine Werke – sie [...] ereignet sich in dem mehrdeutigen, nicht völlig kontrollierten Raum, den eigensinnige Aneignung kommerzieller Produkte jeweils punktuell, im Vollzug, zu eröffnen vermag« (Maase 1994, S. 29).

Für eine Hermeneutik des Populären

In Deutschland überzeugte diese Idee nicht zuletzt deswegen, weil sie mit der in den Geisteswissenschaften seit Anfang der 1970er Jahre sich durchsetzenden Rezeptionsästhetik – wenigstens in gewissen Grenzen – zusammenpaßte. Denn der Begriff »produzierbarer Text« (Fiske 1997, S. 65ff.) zielt ähnlich wie der der »Appellstruktur des Textes« darauf ab, daß »Generierung von Bedeutung [erst] im Leseakt« (Iser 1975, S. 275) geschieht, daß Texte polysem sind. Anders als Fiske hält aber Iser – durchaus noch in hermeneutischer Tradition stehend – daran fest, daß »die Leerstellen den Text adaptierfähig [machen] und es dem Leser [ermöglichen], die Fremderfahrung der Texte im Lesen zu einer privaten zu machen« (ebd.).

Der Leser macht den Text zu seinem eigenen, aber er bleibt dabei auch an den Text gebunden, wenigstens insoweit als er ihn zunächst als fremd anerkennt. Das Fremde des Textes kann zum Eigenen verwandelt werden, weil die Struktur der Fiktion »es dem Leser immer wieder von neuem erlaubt, sich auf das fiktive Geschehen einzulassen« (ebd.). Dieses Einlassen ist aber etwas fundamental anderes als einen oppositionellen Sinn herzustellen. Und mir scheint, daß die Differenz zwischen rezeptionsästhetischem und eigensinnigem Textverständnis geeignet ist, den zentralen Mangel der kulturwissenschaftlichen Hermeneutik, wie sie von der Birmingham-School entwickelt wurde, begreiflich zu machen. Die These vom widersinnigen, vom eigensinnigen populären Lesen verkennt die Produktivität eines Lesens, das auf die durch die Appellstruktur des Textes freigehaltenen Leerstellen bezogen ist. Da der produzierbare Text als Gegenmodell nur den lesbaren – in Isers Sprache apophantischen – Text kennt, konstruiert die Birmingham-School ein überzogen antithetisches Modell populärer Textrezeption, das distanziertes Sicheinlassen nicht mehr kennt. Fiske verringert letztlich das Bedeutungspotential der Texte, wenn er das populäre Lesen als ein Lesen ansieht, das darauf ausgerichtet ist, lose Enden im Text zu finden, »die sich seiner [des Textes] Kontrolle entziehen« (Fiske 1997, S. 66). Solch eigensinniges Lesen entzieht den Texten ihren historischen Kontext (anders Winter 2001, S. 205, der versucht, mit Konjekturen Fiskes Konzept zu retten) und überantwortet ihre Bedeutung an »die soziale Erfahrung, die« – wie es ausdrücklich heißt – »die Relevanz bestimmt« (ebd.). Mit anderen Worten, das subversive Lesen ist nichts anderes als die ständige Begegnung mit der eigenen Sozialität. Wozu dann noch lesen?

Die Vorstellung der Birmingham-School, populäres Lesen sei außer Kontrolle geratenes Lesen, läßt sich auch mit zeichentheoretischen und psychoanalytischen wie strukturalistischen Ideen verbinden. Vor allem Michail Bachtins »Rabelais und seine Welt« bzw. »Der Karneval und die Karnevalisierung der Literatur« (in: Bachtin 1969) und Roland Barthes' Begriff der ›Jouissance‹, des wollüstigen Lesens, haben großen Einfluß gehabt (etwa Winter 1995, S. 182). Im karnevalesken Lachen wie im »Lesen mit dem Körper« (Fiske 1997, S. 72) sieht man geradezu exemplarische Möglichkeiten des widerständigen Lesens.

Der populäre Text ist aber gerade nicht per se ein Text, der im irrationalen Übersprung direkt vom Körper gelesen wird, sondern er funktioniert auch rational, wenn man die Bedeutung erfaßt, die er von sich *und* von seiner Wirkungsgeschichte, seinem

Kontext her mitbringt. Die Bemühungen der Hörer (und nicht nur der Fans) von Popsongs um die Texte (vgl. Hügel 1995, S. 171ff.) und die zahlreichen Angebote im Internet, auf Plattencovern und Booklets, in Übersetzungen und Songbooks, die die Lyrics nachlesbar machen, sind ein Indiz, daß auch beim populären Text Bedeutungsproduktion als Realisation von Bedeutung und nicht bloß als eigenschöpferisches Herstellen von Bedeutung aufzufassen ist. Der Rezipient produziert nicht beliebig aus seiner sozialen oder gar aus seiner psychischen Befindlichkeit heraus die Bedeutung des Textes, sondern realisiert etwas, das Text *und* Kontext strukturiert anbieten. »Texte der Populären Kultur sind« nicht, jedenfalls nicht in erster Linie, wie Fiske meint, »voller Lücken, Widersprüche und Unzulänglichkeiten« (Fiske 1997, S. 82). Unzulänglich erscheinen sie nur dem, der (um die Sprache der Prager Schule zu adaptieren) den durch die innerästhetische Reihe vermittelten Kontext und die Wirkungsgeschichte der Populären Texte nicht wahrnimmt. Wir brauchen weniger eine neue Texttheorie als eine neue Wahrnehmungsfähigkeit für das Populäre, die nicht nur sein Akkumulationspotential für kulturelles Kapital, sondern auch seine ästhetisch vermittelte Erfahrung im Auge hat. Mit anderen Worten, wir brauchen eine Hermeneutik populärer Texte, die die Lese-Wirkung nicht nur im sozialen Außen (Identität, Gruppendistinktion) sieht, sondern auch im geistig Inneren begreifbar macht; eine Hermeneutik, die die besonderen Bedingungen populärer Texte berücksichtigt (andere Traditionsmechanismen und Weisen der Kontextualisierung), aber doch die Chance eröffnet, zu sehen, daß auch das Lesen eines populären Textes heißt, mit ihm ein Gespräch zu führen.

In allen bisher gemachten Vorschlägen für einen Begriff der Populären Kultur wird, so scheint es mir, bei dem zweigliedrigen Ausdruck das Substantiv betont. (Die Autoren kommen ja auch zumeist aus den Cultural Studies.) Legt man den Akzent statt auf ›Kultur‹ mehr auf ›das Populäre‹, rückt weniger die Funktion der Identitätsfindung oder der Selbstvergewisserung/Selbstinszenierung und schon gar nicht eine bestimmte Trägerschaft, sondern der Prozeß der Teilhabe in den Vordergrund. Statt eines derivaten Begriffs von Populärer Kultur, der nach ihrem Ursprung, ihrer Trägerschaft fragt, oder eines funktionalen Begriffs, der aufs Politische (Funktion: Widerstand) oder aufs Psychologische (Funktion: Entlastung) bzw. Soziale (Funktion: Identität) zielt, scheint ein prozessualer Begriff Populärer Kultur fruchtbarer zu sein. Er hat den Vorzug, den Zusammenhang zwischen Teilnehmern, Artefakt/Text und Kontext/Produktion im Blick zu halten. Ein pro-

zessualer Begriff legt die Frage nahe: Was ist das phänomenologisch für eine Praxis, die die Populäre Kultur bestimmt? Diese Frage hat die Forschung bisher nicht bzw. nur pauschal gestellt. Unreflektiert wird einfach von ›Praktiken‹ gesprochen. Und hierin scheint mir – neben der die Wirkung von populärkulturellen Traditionen bei der Kontextbildung unterschätzenden Text- und Verstehenstheorie – das größte Defizit der Forschung zu liegen. Da die Autoren der Birmingham School unter kultureller wie sozialer Praxis nur die Produktion und Reproduktion von sozialer Ordnung verstehen – und daher an kulturellen Praktiken weniger die phänomenologischen Einzelheiten, sondern mehr ihre ideologischen Implikationen interessant finden –, entwickeln weder Hall, noch Fiske, noch Grossberg einen tragfähigen Begriff von kultureller Praxis, der für die funktionale Beschreibung *einzelner kultureller Aktivitäten* tauglich ist. Die Fähigkeit, die historischen und sozialen Phänomene beschreiben zu können, ist aber die erste Aufgabe von Kulturwissenschaft.

Unterhaltung als bestimmende Zugangsweise zur Populären Kultur

Wegen der Bedeutung, die die ästhetisch-hermeneutische Praxis, also die verstehende Rezeption medialer Produkte, für die Populäre Kultur hat, schlage ich als ihre charakteristische Praxis und Zugangsweise die Unterhaltung vor. Dies ist keineswegs ein origineller Vorschlag. Daß Unterhaltung (irgendwie) eine Rolle in der Populären Kultur spielt, ist nahezu ein Gemeinplatz: »Popular Culture has emerged as one of the main sites of investigations within contemporary mass communication research and cultural studies. Most of that work is concerned with fiction, particularly in television, and with other forms of expression, which generally go under the heading of ›entertainment‹« (Dahlgren 1992, S. 1). Allerdings wird der Begriff nur selten als konstituierend für Populäre Kultur verstanden. Teils weil im angelsächsischen Sprachraum die Untersuchung von Artefakten und deren Rezeption eher unter dem Begriff der ›Mass Culture‹ vorgenommen wird (vgl. Modleski 1986; Mendelsohn 1966) oder bei historisch orientierten Studien zwischen ›Entertainment‹ und ›Leisure‹ nicht unterschieden wird (vgl. Braden 1988; Kando 1975) oder weil, wenn die Vergnügungen zur Sprache kommen, die die Populäre Kultur bereiten, diese im Horizont der Cultural Studies mehr oder weniger ausschließlich als politische gedacht werden (vgl. Göttlich/Winter 2000). Womit aber nicht übersehen werden soll, daß es gerade ein großes Verdienst der Cultural Studies ist, die politische Bedeutung des Vergnügens, d.h. das kritische, systemverändernde und kreative Potential des alltäglichen Lebens herausgearbeitet zu haben. Und auch bei dem in Deutschland gebräuchlichen dichotomischen Begriffspaar ›E- und U-Kultur‹ wird durch die Abkürzung die Wortbedeutung ›Unterhaltung‹ kaum noch realisiert.

Dezidiert und konstitutiv haben hingegen Löwenthal und in seiner Nachfolge Silbermann, der 1982 Löwenthals Arbeit von 1960 zur Grundlage für seinen Artikel ›Populäre Kultur‹ nennt, den Begriff der Unterhaltung eingesetzt. Beide problematisieren den Gegensatz von Hoch- und Populärer Kultur, um diese zu erfassen. Silbermann fragt: »Sind die Gleichungen von Kunst, Elite auf der einen Seite und Popularkultur, Unterhaltung, Massenpublikum auf der andern stichhaltig?«, und er vermutet – auch wenn er das ebenfalls in die Frageform kleidet –, daß die beiden Kulturen »in einem dynamischen Verhältnis zueinander« stehen. Wie Silbermann sieht auch Löwenthal in der Kunst den Gegenbegriff zum Populären: »The counterconcept to popular culture is art« (1950, S. 326; bis 1960 behält er in den deutschen Bearbeitungen für Popular Culture den Begriff Popularkultur bei, ab 1964 übersetzt er Popular Culture mit Massenkultur). Ihm, dessen Arbeiten wesentlich in den 1940er und 1950ern konzipiert sind, entgeht weitgehend die Dynamik dieser Entgegensetzung. Er faßt sie daher eher sozialpsychologisch als historisch auf und glaubt, »die Popularkultur geht jedoch weit über den Rahmen der Massenkommunikation hinaus […] ihre Geschichte reicht viele Jahrhunderte zurück und ist vermutlich so alt wie die menschliche Gesellschaft. […] Die Populäre Kunst als solche ist keine spezifisch moderne Erscheinung.« (1960, S. 25). Sozialpsychologisch kann seine Position deshalb genannt werden, da er die Teilnahme an der Unterhaltung ansieht »als ein Mittel […], um das Bedürfnis nach Flucht vor den inneren Schwierigkeiten zu befriedigen« (1964, S. 61). Was Löwenthal hier mit Bezug auf Montaigne und Pascal – seine frühesten Gewährsmänner – sagt, ist kennzeichnend für seine Position. Denn seine gesamte historisierende Darstellung mündet schließlich in der Aufforderung an die Literatursoziologie, »Funktionsanalyse des Inhalts« (1964, S. 268) zu betreiben. Löwenthal sieht zwar, daß im Verlauf der Geschichte die kulturellen Parameter wechseln, er betrachtet aber durchgehend die Frage der Massenkultur als eine Frage nach den sozialpsychologischen Bedürfnissen des Menschen. Dieser Zusammenhang von sozialpsychologischer und funktionalistischer Sichtweise beinhaltet ein Problem, das weder Löwenthal noch

Silbermann sehen, der Löwenthal auch, was die Aufgabenstellung der Kultursoziologie angeht, folgt. Indem Löwenthal die Massenkultur bzw. die Populäre Kultur funktionalistisch befragen möchte, macht er – ohne sich dessen bewußt zu sein – schon eine wertende Unterscheidung, nämlich zwischen der Sorte Kultur, die funktional zu untersuchen ist, und der, welche auch für sich Wert hat. Daher kann Löwenthal auch schreiben: »Mit diesem Zitat [von Nietzsche] kehren wir zurück zu den Unterschieden zwischen Massenkultur und Kunst, zwischen der unechten Befriedigung und der echten Erfahrung, die einen Schritt auf dem Weg zu größerer persönlicher Erfüllung darstellt (das ist die Bedeutung der aristotelischen Katharsis). Die Kunst lebt auf der Schwelle zur Tat« (1964, S. 43).

Die Ursache für Löwenthals Schwanken zwischen den Begriffen ›Populärkultur‹ und ›Massenkultur‹ in seinen deutschsprachigen Arbeiten liegt wohl darin, daß die Art und Weise, wie er Kunst und das Populäre gegenüberstellt, in das Dilemma führt, ästhetisch wertende und empirisch beschreibende wie funktionale Kategorien nicht mehr trennen zu können. Diesem Problem versucht er durch den terminologischen Wechsel zu entgehen. Mit der hier (im Artikel ›Unterhaltung‹) vorgeschlagenen Auffassung von Unterhaltung wird dieses Dilemma gelöst und dadurch der Begriff der Unterhaltung tauglich gemacht für eine Konstituierung der Populären Kultur.

Wird Populäre Kultur als unterhaltende Kultur verstanden, erlaubt das, sie als eigenständiges System und trotzdem im Zusammenhang mit der Gesamtkultur zu begreifen, *wenn* Unterhaltung nicht jede Art von Amüsement ist, sondern als Teilhabe an sowohl ästhetisch zweideutig produzierten als auch zweideutig rezipierten, medial vermittelten (genauer: in durch technische Speicher- und Verbreitungsmedien vermittelten) Ereignissen und Artefakten aufgefaßt wird. Unterhaltung in diesem Sinn ist eine von anderen sozialen und kulturellen Zwecken (etwa Belehrung und Information) geschiedene, selbständige Institution und Funktion und verleiht als Zentralbegriff der Populären Kultur auch dieser selbst institutionelle Selbständigkeit.

Die ästhetische Zweideutigkeit, das beständige Sowohl-als-Auch von Ernst und Unernst im Angebot, das das Artefakt macht und die Rezeption realisiert, befreit die Teilnehmer an der Populären Kultur vom Odium, minderwertig zu sein. Dadurch wird auch deutlich, daß die Teilnehmer an der Populären Kultur nicht nur als Objekte von Wirkungsforschung, sondern als historische Subjekte aufzufassen sind, die frei in ihrer Rezeption sind und nicht bloß Getriebene, die ihren Bedürfnissen nachhecheln. Zugleich wird durch die Auffassung von Unterhaltung als etwas ästhetisch Zweideutigem vermieden, daß der an der Populären Kultur Teilhabende als bloße Rezeptionsmaschine gesehen wird, die, gesteuert von ihren psychologischen und sozialen Zusammenhängen, mit den populären Phänomenen macht, was sie will (oder braucht). Solche (postmoderne) Beliebigkeit der Rezeption, die von der Forschung unberechtigterweise gefeiert wird, entmündigt in Wahrheit den Rezipienten; macht ihn zum Spielball seiner sog. Bedürfnisse, weil sie ihn loslöst von den Bindungen, die der Text offeriert. Mit anderen Worten: Mit der Konstituierung von Populärer Kultur als Kultur der Unterhaltung treten bei der Untersuchung neben die empirischen gleichberechtigt die hermeneutischen Verfahren. (Dies wird in der Forschung vielfach versprochen oder gefordert, aber so gut wie nie eingehalten. Vgl. für Beispiele aus den verschiedenen Wissenschaftsdisziplinen Winter 1995; Sturm 1989; Livingstone 1996; Schmiedke-Rindt 1998. Winter löst die ästhetische Erfahrung auf, indem er sie als Funktion der Sozialwelt begreift; bei Sturm und Livingstone sind die ästhetischen Analysen zu unzureichend, als daß sie so etwas wie ästhetische Erfahrung erfassen könnten; Schmiedke-Rindt versäumt es, die hermeneutisch-ästhetische Analyse mit den empirischen Befunden zu verbinden). Und es werden neben den Teilnehmern auch die rezipierten Texte, ihre Wirkungsgeschichte und die Weisen ihrer Produktion gleichermaßen wichtig. Der hermeneutische Blick auf die Populäre Kultur läßt nicht nur den Texten ihre wirkungsgeschichtliche Dimension, sondern billigt auch den Rezipienten populärkulturelles historisches Bewußtsein zu und befreit sie damit vom Verdacht, in der Teilnahme an Populärer Kultur nur reflexhaft auf die jeweilige Gegenwart bezogen zu sein. Die Erforschung Populärer Kultur, verstanden als eine Kultur der Unterhaltung, beschränkt sich also keinesfalls darauf, Artefakte und deren Ästhetik zu untersuchen. Sie ist eine Kulturwissenschaft in dem Sinn, daß sie gleichermaßen die Bedeutung des Unterhaltungsangebots und der Unterhaltungsrezeption in ihrem Aufeinander-bezogen-Sein wahrnimmt, das die medialen und sozialen Kontexte, in denen beide stehen, einschließt; wodurch nicht nur die intendierte, sondern auch die Rezeption des realen Nutzers ins Blickfeld kommt.

Versteht man Populäre Kultur als Kultur der Unterhaltung, fragt man nicht zuerst, warum etwas populär ist – eine Frage, die (fast zwangsläufig) den Forscher als überlegen gegenüber den populären Rezipienten darstellt (oder zum Büttel der Verkäufer macht) –, fragt auch nicht nur (die eigene Sensibilität hervorkehrend), wie ist das Populäre gebaut, sondern fragt erst einmal, was geschieht im Unterhaltungsprozeß? (Nachdem diese Frage hinreichend beantwortet ist, werden sich Antworten auf die Frage nach dem Wie und dem Warum fast automatisch ergeben.)

Versteht man Populäre Kultur als Kultur der Unterhaltung, wird es auch möglich, ihre Geschichte und nicht bloß ihren Anteil an Sozial- und Medien-Geschichte zu schreiben. Indem die Institutionen der Unterhaltung als kulturell traditionsfähig erkannt werden, wird Populäre Kultur nicht bloß als interdisziplinäres, sondern als Forschungsfeld mit einer eigenen Fragestellung sichtbar, so daß dann auch die Geschichte der Populären Kultur aus sich selbst heraus beschreibbar wird. (Etwa indem neben den Medien, die die unterhaltenden Artefakte verbreiten, auch die Medien in den Blick geraten, die die Unterhaltung rationalisierend begleiten. Im Deutschland des 19. Jahrhundert beispielsweise die ›Blätter für Literarische Unterhaltung‹). So lassen sich in Deutschland (vielleicht) folgende sechs Phasen unterscheiden, wenn man das jeweils Neue der Entwicklungsgeschichte hervorhebt:

1. Phase 1850–1870
Rezeptionshaltung: Verbürgerlichung der Unterhaltung; Unterhaltung ist ästhetisch, aber nicht sozial zweideutig.
Leitmedium: Das Familienblatt

2. Phase 1870–1890
Rezeptionshaltung: Ästhetische und soziale Distinktion fallen zusammen: Sage mir, womit Du Dich unterhältst; und ich sage Dir, was Du bist. Zunehmende Soziale Bestimmung der Unterhaltung. Nebeneinander von bürgerlichen und nicht-bürgerlichen Formen und Medien.
Leitmedien: Familienblatt, Kolportage-Roman

1. und 2. Phase
Unterhaltung besteht vor allem aus unterhaltender Lektüre, die überwiegend zu Hause geschieht.

3. Phase 1890–1920
Rezeptionshaltung: Personalisierung / Heroisierung / Ideologisierung der Unterhaltung, Entstehen von Unterhaltungskultur, d. h. Etablierung von sozialen, außerhäuslichen Gewohnheiten, Orten, Institutionen, Zeiten, die der Unterhaltung gewidmet sind.
Leitmedien: partei- und gruppengebundene Unterhaltungsblätter, Groschenheft, Stummfilm, Schallplatte, Zirkus, Revue

4. Phase 1920–1955
Rezeptionshaltung: Idolisierung; Unterhaltung wird eingebettet in eine Vielzahl kultureller, sozial sich mehr und mehr vermischender Praktiken.
Leitmedien: Film, Radio, Schallplatte, Illustrierte

5. Phase 1955–1970
Rezeptionshaltung: Verjugendlichung; Unterhaltung wird zentrale Funktion einer jugendbestimmten Populärkultur.
Leitmedien / zentrale Unterhaltungssparten: Fernsehen und Schallplatte, Musik und Film

6. Phase 1970–2000
Rezeptionshaltung: Vermischungen / Segmentierungen; Verwissenschaftlichung der alltäglichen Unterhaltungsrezeption; Steigerung des popkulturellen Gedächtnisses; interne und externe Vermischungsprozesse; Unterhaltung differenziert sich aus in Teilkulturen; Umformung des Kunstbegriffs; Neue Formen der Rezeption (Zapping).
Leitmedium / Zentrale Unterhaltungssparten: TV / Sport im TV, Pop-Konzert, deren Reiz eher ereignishaft als erzählend ist, erhalten größere Bedeutung

Populäre Kultur als Kultur der Unterhaltung gefasst, zielt auf »eine operationale Begrifflichkeit«, enthält also »Hinweise auf den genetischen Mechanismus [...] der die Phänomene [...] hervorzubringen in der Lage ist« (Baecker 2002, S. 12). Darüber hinaus ist der Begriff auch kategorial nutzbar; gibt er doch Kriterien an die Hand, wie entschieden werden kann, ob ein Phänomen zur Populären Kultur gehört oder nicht. Allerdings ist die Trennschärfe, die der so gefaßte Begriff von Populärer Kultur anbietet, nicht hoch. Nicht gelöst bleibt vor allem das Verhältnis von (alltäglicher) Lebensweise und (medial vermittelter) Unterhaltung. Unterhalten sich die jugendlichen Soap-Fans, die ihren Idolen von GZSZ nacheifern, oder betreiben sie sozial bestimmte Identifikationsarbeit? Erarbeiten sich die deutlich älteren Fans von Neil Diamond selbständig und kreativ die Ästhetik seiner Musik, oder folgen sie nur den von der Fan-Gemeinde vorgegebenen Urteilen? Löst sich der Zuschauer eines live erlebten Fußball-Spiels im Stadion von der sozialen Bestimmung (»Mein Verein«), greift er für sich und von den Umstehenden bemerkbar auf seine Kennerschaft zurück, die ihm das Spiel auch jenseits der sozialen Festlegung bedeutsam werden läßt? Die Schwierigkeiten, diese und ähnliche Fragen zu beantworten, resultieren zum einen aus der Unklarheit darüber, was Medien sind. Da deren wesentliche Eigenschaft und Funktion Kontextualisierung ist (vgl. ebd., S. 15–17), kann nicht nur jeder

Begriff, jede kulturelle Idee – Baecker gibt die Beispiele: Macht, Liebe, Geld, Recht, Fürsorge, Glauben und Kunst; sowie Sprache, Schrift, Buchdruck, Rundfunk, Fernsehen und Computer – als Medium verstanden werden, sondern es wird letztlich auch nicht mehr möglich, zwischen »Verbreitungsmedien« (hier die letztgenannten) und »Erfolgsmedien« (hier zuerst genannt) zu unterscheiden (vgl. ebd., S. 23). Die medientheoretische Erkenntnis (oder begriffliche Kapitulation) beruht letztlich darauf, daß die beiden kulturellen Handlungsfelder ›alltägliche Lebensweise‹ und (durch technische Massenmedien vermittelte) ›Unterhaltung‹ zeitlich und funktional stets parallel laufen und sich sowohl wechselseitig bei der Bedeutungsproduktion beeinflussen als auch Ziel des jeweils anderen Feldes sind. Trotz der Schwierigkeiten, die daher die genannten Beispielfragen stellen, sind sie nicht per se unbeantwortbar (wie Arbeiten zu Phänomenen der Hochkultur gezeigt haben; vgl. Gebhardt/Zingerle 1998) und sollten auch nicht resignierend und vorschnell mit einem Sowohl-als-Auch beantwortet werden.

Anlage des Handbuchs

Anlage und die behandelten Lemmata des Handbuchs folgen der hier vorgestellten und erläuterten Auffassung von Populärer Kultur als Unterhaltungskultur. Es konzentriert sich daher auf die Zeit nach 1850 und akzentuiert die Verhältnisse in Deutschland, ohne die europäischen und US-amerikanischen Zusammenhänge zu vernachlässigen (vgl. die Beiträge von europäischen und US-amerikanischen Autoren). Das *Handbuch Populäre Kultur* erfaßt daher zunächst die massenmedial durch technische Verbreitung und Speichermedien vermittelte Unterhaltung. Daher finden sich hier Artikel zu den wichtigsten Orten der Unterhaltung (u. a. Kino, Stadion, Volksfestplatz), den Medien selbst (u. a. Fotografie, Video, Zeitschrift bzw. Fernsehen, Plakat, Radio), den Geräten, die der Unterhaltung dienen (können) (u. a. Computer, Fernsehgerät, Flipper), den Distributionsinstitutionen (u. a. Buchclub, Sendeanstalt, Videothek), den Sparten (u. a. Film, Musik, Sport), den Figuren und zwar sowohl den Rezeptions- wie Funktionsfiguren, den Medien- wie Genrefiguren sowie den Erzählweisen, gleichgültig, ob sie sich in einigen Sparten zu Genres (Comedy) ausgebildet haben oder ein Produktions- und Erzählgesetz meinen, unter dem das jeweilige Unterhaltungsprodukt hergestellt wird (s. Reihe, Serie, Kollektive Produktion). Grundbegriffe, die in nahezu all diesen Rubriken eine Rolle spielen, sind sowohl thematischer

wie inhaltlicher (u. a. Heimat, Sex, Verbrechen), cha-
rakterisierender (u. a. Action, Glamour, Kult), pro-
blematisierender (Ästhetik und Moral, Infotainment)
oder wirtschaftlich-politischer Art (Charts, Design,
Zensur) oder betreffen Anforderungen, die an das
Populäre in bestimmten Zeiten gestellt werden
(s. u. a. Gender, Kitsch, Volkspädagogik). Behandeln
die Grundbegriffe einen Aspekt, der alle Felder und
Phänomene des Populären (mit)bestimmen kann, so
thematisieren die Konzepte (u. a. Alltagskultur, Jugendkultur, The People) Begriffe, die in Öffentlichkeit und/oder Wissenschaft als Synonyme für Populäre Kultur gehandelt werden, die die Populäre Kultur
(aus einer Sicht) als Ganzes verstehen lassen bzw. dies
beanspruchen. Diese Konzepte Populärer Kultur sind
daher aus der alphabetischen Reihenfolge herausgelöst und bilden für sich den ersten Abschnitt des
Handbuchs.

Der besseren Übersicht halber, und um die systematische Anlage des Handbuchs vorzustellen, die erst
diesen Namen begründet, sei die Systematik der
Artikel hier wiedergegeben:

Systematik der Artikel

1. Konzepte

Alltagskultur	Soziokultur
Erlebniskultur	Subkultur
Freizeitkultur	›The People‹
Jugendkultur	Unterhaltung
Kulturindustrie	Volkskultur
Massenkultur	

2. Grundbegriffe

Action	Gender
Ästhetik und Moral	Genre
Alltag	Gewalt
Charts	Glamour
Design	Heimat
E- und U-Kultur	Historie
Horror	Sex
Image	Spiel
Infotainment	Theatralität
Kitsch	Verbrechen
Kult	Volkspädagogik
Medien	Zensur
populär	Zukunft
Popularisierung	

3. Orte

Ausstellung	Stadion
Kabarett	Varieté
Kino	Vaudeville
Konzert	Volksfest
Museum	Zirkus

4. Speicher- und Darbietungsmedien

CD-ROM	Video
Musikkassette/Tonband	Zeitschrift
Fotografie	Zeitung
Schallplatte/CD	

5. Distributionsmedien

Fernsehen	Plakat
Flugblatt	Radio
Internet	

6. Geräte

Computer	Musikbox
Fernsehgerät	Rundfunkgerät
Flipper	Videorecorder
Kleinbildkamera	Walkman

7. Distributionswege

Buchgemeinschaft	Lesezirkel
Filmverleih	Sendeanstalt
Kolportagebuchhandel	Sortimentsbuchhandel
Leihbibliothek	Videothek
Lesegesellschaft	

8. Sparten

Film	Theater
Musik	Werbung
Sport	

9. Rezeptions- und Funktionsfiguren

Fan	Sammler
Moderator	Spielleiter
Publikum	

10. Medien- und Genrefiguren

Abenteurer	Pirat
Androide	Räuber
Clown	Rebell
Detektiv	Spion
Diva	Star
Femme fatale	Vamp
Held	Virtuose
Idol/Ikone	Westerner

11. Erzählweisen

Bilderbuch	Panorama
Comedy	Reihe
Comic	Romanheft
Fotoroman	Serie
Graffiti	TV-Show
Interaktives	Videoclip
Kollektive Produktion	Videospiel

Eröffnen die Artikel (nicht zuletzt durch die Mitarbeit von Autoren, die ganz unterschiedliche Auffassungen von Populärer Kultur haben) zu den divergierenden Konzepten der Populären Kultur einen breiten Zugang und geben sie Auskunft über vielerlei Forschungsperspektiven, Gegenstände und Themen, die unter ›Populärer Kultur‹ subsumiert werden, so wahrt das *Handbuch der Populären Kultur* doch sein Profil, indem es Stichworte nicht aufnimmt, die für sich dominant zur Alltagskultur, zur Freizeit-Kultur, zur Gegenkultur, zur Volkskultur etc. gehören. So fehlen etwa Äquivalente zu den Lemmata ›Automobile‹, ›Gardening‹, ›Popular Religion‹, ›Leisure Vehicles‹, ›Games and Toys‹, die sich in Inge 1989 bzw. Hinds/Tatum 1985 allesamt finden.

Da die Grenze etwa zwischen Alltagskultur und Lebensweise einerseits und der Populären Kultur andererseits theoretisch nicht leicht zu ziehen ist, ist sie es auch in der Gliederungspraxis des Handbuchs nicht. So ist das Stadion als Ort der Unterhaltung und der Populären Kultur aufgenommen, die Bar, der Salon und das Wohnzimmer aber nicht. Alle diese Lemmata waren ursprünglich vorgesehen, entfielen aber, teils, weil sich kein Bearbeiter fand, teils, weil sie nur eingeschränkt historische Bedeutung haben, teils und vor allem, weil die Perspektivierung der Artikel ausschließlich den Aspekt der Lebensweise thematisierte. Nicht aufgenommen wurden ferner Begriffe, wenn zu erwarten war, daß ihre Behandlung von der jeweiligen fachwissenschaftlichen Disziplin bestimmt sein würde. So fehlen etwa Arti-

kel zu einzelnen Genres und Problemen; etwa, was die Musik angeht, zu einzelnen Stilrichtungen (etwa Rock ’n’ Roll oder Jazz), was Literatur und Theater angeht, zu Kinder- und Jugendbüchern oder zum Couplet, was die Medienwissenschaft angeht, zum Dokumentarfilm oder zum Fernsehspiel. Zum Teil sind diese Stichworte in den umfassender angelegten Artikeln (Musik, Unterhaltungstheater) berücksichtigt, da es dort eher möglich ist, die populär-kulturelle Perspektive zu akzentuieren. Umgekehrt sind im *Handbuch der Populären Kultur* generell Lemmata besonders gewichtet (s. z. B. die zahlreichen Artikel zu den Genrefiguren), die es erlauben, eine kunstspartenübergreifende Perspektive einzunehmen.

Trotzdem wird der eine oder andere Leser – und sicher zu Recht – bestimmte Stichwörter vermissen. Warum etwa gibt es einen Eintrag zu ›Panorama‹, aber keinen zu den Glasbildern, die im 19. Jahrhundert mit einer (optisch verbesserten) Laterna magica erzeugt wurden, oder einen zum Bilderbuch, aber nicht zur Bildpostkarte? (Um nur die populären Bildmedien anzusprechen.) Der Herausgeber kann auf solche Nachfragen nur die Antwort geben, daß ihm Bearbeiter für diese Lemmata nicht zur Verfügung standen; oder – wie im Falle von ›Trash‹, ›Mainstream‹ und ›Kennerschaft‹ – nicht zustande kamen. Wo immer es möglich war, ist daher versucht worden, fehlende Stichwörter in die vorhandenen Artikel zu integrieren, diese also umfassender anzulegen, als es der jeweilige Eintrag erwarten läßt. So wird etwas zur Yellow-Press bei ›Comic‹ und ›Zeitung‹ gesagt. Und ›Femme fatale‹ informiert über ein viel breiter gefaßtes Frauenbild, als dies unter diesem Stichwort in einem kunst- oder literaturwissenschaftlichen Lexikon zu erwarten wäre. Die Sach-, Titel- und Namenregister erleichtern es, diese Bezüge aufzufinden, und auch die vielen historisch sich wandelnden Begriffe (etwa Amüsement s. Unterhaltung; Freizeitpark s. Volksfestplatz; Clubkultur s. Erlebniskultur; Poster s. Plakat; Halbstarke s. Rebell) zuzuordnen.

Unterstreicht die Auswahl der Lemmata die Systematik des Handbuchs, so offenbart die alphabetische Anlage den lexikalischen Charakter des Werks. Das Changieren zwischen Handbuch und Lexikon findet seine Entsprechung weiterhin in der unterschiedlichen Länge, die für die verschiedenen Lemmata ins Auge gefaßt wurde. Die Autoren waren zwar gebeten, ihre Artikel stets definitorisch-faktisch, problem- und forschungsorientiert sowie historisch zu halten, dies ließ sich, teils aus Platzmangel, teils weil im einzelnen Vorarbeiten (etwa zu einer historischen Übersicht) fehlten, nicht immer realisieren. Haben daher die das Faktische akzentuierenden Artikel stärker Lexikoncharakter, ist die Sprache aller Artikel nicht normierend lexikalisch, sondern argumentativ. Die Autoren, die aus den verschiedensten Disziplinen (Soziologie, Geschichte, Literaturwissenschaft, Medienwissenschaft, Musik und Kunstwissenschaft etc.) und Schreibtraditionen (Wissenschaft, Kunst, Journalismus) kommen, hatten die Möglichkeit, die Artikel nach ihren Gewohnheiten anzulegen. In keinem Fall haben Verlag und Herausgeber inhaltlich in die Artikel eingegriffen. Dies hat im Einzelfall sogar dazu geführt, daß im *Handbuch der Populären Kultur* ein kulturkritischer Standpunkt vertreten wird.

Populäre Kultur ist (noch) keine selbständige Wissenschaftsdisziplin. Trotzdem betritt dieses Handbuch nicht Neuland in dem Sinne, daß es neu entdeckte Themen und Phänomene beschreibt. Neu ist nur das Problembewußtsein, mit dem dieselben aufgefaßt werden. Es gibt für (nahezu) alle hier versammelten Gegenstände und Lemmata bewährte Forschungs- und Denktraditionen, die die jeweiligen Wissenschaftsdisziplinen bereitstellen. So sehr es einerseits im *Handbuch der Populären Kultur* darum geht, die Themen und Phänomene auf das Populäre hin zu perspektivieren, so erschien es daher andererseits nicht sinnvoll zu sein, sie gänzlich aus den Traditionen der einzelnen Fachdisziplinen zu lösen. Die fachwissenschaftliche als auch die populär-kulturelle Perspektive haben beide ihre Berechtigung. Der Leser findet deshalb sowohl Beiträge, die stärker eine publizistische, medienwissenschaftliche, soziologische etc. Sicht einnehmen, wie solche, die sich in einem Horizont jenseits der Fachdisziplin bewegen.

Dieses Handbuch ist nur durch die Mitarbeit und Hilfe von vielen möglich geworden. Zu danken habe ich zunächst dem Verlag und den Autoren. Dem Verleger Bernd Lutz für sein bis ins Detail gehendes

Interesse, der Lektorin des Verlags, Ute Hechtfischer, für die kritische und förderliche Lektüre des Ganzen, den Autoren für ihre Bereitschaft, die ihnen vertrauten Themen unter der für das Handbuch geltenden Perspektive darzustellen, und Udo Göttlich (Duisburg) sowie Eggo Müller (Utrecht) für Anregungen und Kritik. Hervorheben möchte ich ferner die Mitarbeiter und Hilfskräfte des Instituts für Medien- und Theaterwissenschaft der Universität Hildesheim, die mir in vieler Hinsicht geholfen haben. Maren Zindel und Barbara Hornberger für ihre Mitarbeit an der Schlußredaktion. Christian Kortmann und Mohini Krischke-Ramaswamy für die bibliographischen Recherchen, organisatorische Unterstützung, den selbständig geführten Schriftwechsel mit den Beiträgern und für vielerlei Hinweise und Verbesserungsvorschläge. Christel Gressmann danke ich für die Sorgfalt und Schnelligkeit bei den anfallenden Schreibarbeiten, Karen Heinrich und Kathrin Mayer für ihre Mitarbeit bei der Schlußbibliographie und dem Autorenverzeichnis, Julia Kastner und Mareike Thies für das Erstellen der Register und Florian Frenzel, daß er mir sein Expertenwissen zur Verfügung gestellt hat.

Dank gilt auch meinem Sohn Lennart, der mich beständig an neue Phänomene der Populären Kultur heranführt, und meiner Frau Brigitta für Übersetzungen aus dem Englischen. Vor allem aber danke ich all meinen Studierenden an der Universität Hildesheim, denn ohne die fruchtbaren Diskussionen in den Seminaren wäre dieses Buch nie zustande gekommen.

(Literatur siehe Bibliographie am Ende des Buches)

Im November 2002 Hans-Otto Hügel

2. Konzepte der Populären Kultur

Alltagskultur

›Alltag‹ und ›Kultur‹ sind Allerweltsbegriffe. Sie schaffen Orientierung im Gewebe alltagsweltlichen Handelns, denn sie bezeichnen einen je eigenen Erfahrungszusammenhang. Was ihr Kompositum bedeutet, läßt sich schrittweise erschließen, wenn die Bedeutungsfelder durchmessen werden, in die die alltägliche Rede ›Alltag‹ und ›Kultur‹ versetzt. Diesen Weg beschreiten theoretische Bemühungen, den Zusammenhang von Kultur und Alltag zu begreifen (vgl. Soeffner 1988; Kirchhöfer 2000).

Voß unterscheidet drei »Bedeutungsdimensionen von ›Alltag‹ im täglichen Erleben« (Voß 2000, S. 33–35; ähnlich Kirchhöfer 2000, S. 15–25). Alltag resp. Alltägliches bezeichnet zunächst einen Modus des Handelns. »Es geht um ›werktägliches‹, ›normales‹ oder ›gewöhnliches‹ Tun, im Kontrast zu fest-, feier- oder sonntäglichem Handeln und damit auch in Absetzung zu außergewöhnlichen und überhöhten Handlungen« (Voß 2000, S. 33). Alltag besteht in der routinierten, pragmatischen Bewegung in einer gewohnten, als unhinterfragte Normalität bewohnten Welt.

Dieser Handlungsmodus ist nicht allein Ergebnis subjektiver Wahl, sondern eingestellt auf eine auch aufgegebene und erfahrene Geordnetheit des ›Alltags‹. Institutionelle Rahmungen wie die soziale Organisation der Zeit (Werk- und Feiertage, Geschäftszeiten usf.), kontexttypische Regeln wie insbesondere Verhaltensanforderungen im Beruf und Regeln des zwischenmenschlichen Umgangs in sozialen Beziehungen wie in der Familie oder im Verein sorgen allesamt dafür, daß der Alltag eine »relative Eigengesetzlichkeit und eigenständige Bewegungsform«, Regelhaftigkeit und Zyklizität, besitzt (Kirchhöfer 2000, S. 28). ›Alltäglichkeit‹ als Handlungsmodus ist die Weise, in der die Subjekte diese Geordnetheit ihrer eigenen Lebensführung reproduzieren.

Alltag als Handlungsmodus ist eng verschwistert mit der Wahrnehmung und Aneignung der sozialen Welt im Modus der als ›natürlich‹ realisierten Einstellung, welche Regeln, Orientierungen und Deutungen nicht reflektiert, sondern als das Selbstverständliche handhabt. Zum Alltäglichen als Wahrnehmungsmodus gehört als weitere Bedeutungsschicht, daß der Alltag als »Ganzheit unseres Lebensrahmens« erfahren wird; er ist »›alles‹ was zu unserem Leben ›dazu gehört‹« Voß 2000, S. 34). Alltag ist zudem gegenwärtig, hier und jetzt, »umfasst die Welt des selbstverständlich ›Zuhandenen‹« (ebd., S. 35). In dieser Bedeutung rückt der Begriff des Alltags in die Nähe zum Begriff der Lebenswelt, wie ihn die Sozialphänomenologie versteht (Kirchhöfer 2000, S. 17). Alltag ist schließlich ›wirklich‹, darin unterschieden von Erlebnisweisen und ›Sinnprovinzen‹ wie dem Traum oder der Phantasie; er ist dabei Wirklichkeit von »mittlerer Relevanz« (Voß 2000, S. 35), vom Außergewöhnlichen existentieller Bedrohung ebenso unterschieden wie vom außerordentlichen Erleben des freien Vergnügens oder gar des Glücks.

Einen dritten Sinn hat Alltag als »Sozialmodus«. ›Alltag‹ umgrenzt soziale Zugehörigkeit und scheidet von den ›fremden‹ Welten der Anderen, die nicht zum eigenen Alltag gehören, ›die da oben‹ oder ›die da unten‹ oder ›die Fremden‹. »›Alltag‹, das sind ›Wir‹, d. h. die, die man ›kennt‹, die eigentlich immer ›da‹ sind und ›dazu gehören‹« (ebd., S. 34).

»Zusammengefaßt benennt ›Alltag‹ also einen vielleicht nicht immer sehr deutlichen, aber offensichtlich praktisch je spezifischen und jedem völlig selbstverständlich bekannten Modus des Handelns und Deutens, der sozialen Verortung und des allgemeinen Welterlebens bzw. der Existenzialerfahrung« (ebd., S. 35).

›Kultur‹ bezeichnet einen Modus des »Welterlebens und der Existenzialerfahrung«, der sich von dem Modus der Alltäglichkeit abhebt, gleichwohl aber mit ihm verschränkt ist. Soeffner nähert sich der Aufgabe, den Begriff der ›Alltagskultur‹ konzeptionell zu entwickeln, indem er die Bedeutungsschichten auseinanderlegt, die die alltägliche Rede dem Kulturellen gibt (Soeffner 1988, 4–6). ›Kultur‹ meint demnach zunächst das Gestaltete im Unterschied zum Rohen, Unbehauenen (ebd., S. 4). Der Akt der

Bearbeitung bekommt dabei noch einen zweiten Sinn, der ihn etwa vom bloßen ›Produzieren‹ unterscheidet. ›Kultur‹ bezeichnet das Selbstzweckhafte des Tätigseins; sie zeichnet Produkt und Ausübung einer schöpferischen Tätigkeit aus, die ihren eigenen, frei entfalteten Gesetzen und Regeln folgt, sich darin vom Reich des bloß Zweckmäßigen als Höheres trennt. Die entsprechende Alltagsrede legt einen besonders starken »Akzent auf das ›Geistige‹ und ›Künstlerische‹ [...] im Gegensatz zum ›Verstandesmäßigen‹ und ›Instrumentellen‹« (ebd.). Der Umgang mit sinntragenden Zeichen und Objekten im Modus der ›kulturellen Einstellung‹ legt es auf ›Verfeinerung‹ an. Er behandelt die kreative Be-Zeichnung von Sinn als Zweck für sich. Darin liegt die von kulturellem Handeln bewerkstelligte ›Überhöhung‹ von alltagsweltlich vertrautem Sinn. Diese Überhöhung ›veredelt‹ »tendenziell jeden Zug unseres Lebens« (ebd., S. 19), indem sie ihm die Aura einer von Notwendigkeiten emanzipierten Teilhabe an der freien Entfaltung von Sinn und Form beigibt. ›Kultur‹ bezeichnet schließlich drittens die Gesamtheit der Formen der Lebensführung einer Gesellschaft oder eines Milieus innerhalb einer Gesellschaft – und verweist so auf ihren Plural, das Nebeneinander verschiedener Kulturen (ebd., S. 5). In dieser Lesart wird der Begriff ›Kultur(en)‹ deskriptiv gebraucht. Hier fehlt das Moment der Überhöhung in einem ›künstlerischen‹ Sinn, das dem vorgenannten Verständnis eignet (ebd., S. 6). Allerdings wird Kultur – verstanden als Lebensart, als ›Kunst‹ der Lebensführung – zum Moment einer sozialen Konkurrenz um Geltung und Legitimation; Kulturen sind eingebettet in den Prozeß eines »ständig stattfindenden Kulturkampfes, der Auseinandersetzung um den kulturellen Konsens: um die Vorherrschaft einer konkreten Kultur und damit eines konkreten Kollektivs, das diese Kultur vertritt« (ebd., S. 15).

Diese Auseinandersetzung um die Bedeutung von Handlungsweisen und Deutungsmustern verschränkt kulturelle Einstellung und alltagspraktische Orientierungen miteinander. »So wichtig es ist, den Wahrnehmungs- und Handlungsstil in kultureller Einstellung von jenem in pragmatischer und alltagspraktischer Einstellung zu unterscheiden, so unerläßlich ist es, auf die Verknüpfung beider in unserer Welt- und Selbstdeutung zu verweisen. Zwar handeln, deuten und unterscheiden wir in der Bewußtseinsspannung ›heller Wachheit‹ pragmatisch ad hoc unter dem Druck aktueller Ereignisse und partikulärer Zwecke und Zielstrebungen, wobei wir uns von bewährten Orientierungsmustern lenken lassen und auf bisher erfolgreiche Handlungsroutinen zurückgreifen, – aber der symbolisch ausgedeutete Sinn-

horizont, in den *alle* unsere Wahrnehmungen, Deutungen und Handlungen eingebettet sind, wird durch Kultur [...] konstituiert« (ebd., S. 12).

Der Alltag ist demnach nicht einfach die Gegenwelt zur Kultur als ›höherer Sphäre‹. Der Alltag wird bestimmt durch die Textur praktisch-instrumentellen, sozialen und kommunikativen Handelns, in welche die sinngebenden Deutungen der Kultur je schon eingewoben sind. Kultur kann diese immanente Rolle im Alltag spielen, weil sie selbst »unsere spezifische Einstellung zur Welt und zu uns selbst [...] repräsentiert« (ebd., S. 3). Kultur ist Ausdruck von Lebensformen. Sie schafft Zeichen dafür, was Akteure wichtig, richtig oder erstrebenswert finden. In diesen kulturellen Zeichen bekommen die alltagsweltlichen Orientierungen für die Akteure eine selbständige Gestalt. Die Akteure können sie für sich wahrnehmen, annehmen, auf Begriffe bringen, kritisieren oder legitimieren; sie können die kulturell bezeichneten Deutungen vermöge ihrer Vorstellungskraft verändern oder fortbilden. Vermittelt durch diesen Umgang mit kulturellen Objekten, dieses ›kulturelle Handeln‹, leitet die Kultur auch die subjektive Konstruktion des Alltags an. Dafür wird sie benötigt. »Kultur gewährleistet und schafft eine weitgehend ausgedeutete Welt *für* und *durch* Interpreten« (ebd.). In ihrer Gesamtheit bewährt sich Kultur als symbolische ›Ressource‹ für die alltagsweltliche Orientierung und das durch sie geprägte praktische Handeln. Als Ressource können die einzelnen sie nur nutzen, weil sie ihnen auch vor- und aufgegeben ist. Kultur ist vergegenständlicht, ›Objekt‹ geworden in Werken und Institutionen zu ihrer Exposition und Verbreitung (ebd., S. 11).

Der zweifache semantische Bezugsrahmen des Begriffs ›Alltagskultur‹ öffnet – wegen des spannungsreichen Verhältnisses von Alltag und Kultur, die er zusammenfügt – den Blick auf mehrdeutige, dialektisch vermittelte soziale wie kulturelle Funktionen. Alltagskultur trägt einerseits dazu bei, den Tagesablauf zu organisieren, und verweist so auf gleichsam wie automatisiert funktionierende Wahrnehmungs- und Erfahrungsweisen für routiniertes praktisches Handeln in festgefügten sozialen Strukturen; Alltagskultur bezeichnet andererseits eine besondere Form des Handelns, in der der Umgang mit kulturellen Bezeichnungen für alltagsweltliche Orientierungen und damit Sinngebung und Sinnerfahrung durch kulturelles Handeln als Zweck für sich selbst realisiert wird. Die Analyse der Alltagskultur muß daher diesen doppelten Bezug zur routinierten Alltagspraxis und zum Eigensinn kulturellen Handelns rekonstruieren. Der Begriff der Alltagskultur gibt darüber hinaus auf, das Wechselspiel zwischen der Objektivität der kulturellen Gegenstände und der Subjektivität der Aneignung im Horizont alltagsweltlicher Lebensführung zu analysieren.

Alltagskultur ist dabei nicht nur die Praxis von einzelnen, sondern die von sozialen und kulturellen Kollektiven, in die sich der einzelne eingebunden weiß. Dieser kollektive, auf eine große Zahl von Akteuren bezogene Status läßt wegen des ursprünglichen Wortsinns von ↗›populär‹ (= ›dem Volk zugehörig‹) die Alltagskultur auf den ersten Blick als Synonym für Populäre Kultur erscheinen. Eine Gleichsetzung der Begriffe verbietet sich aber. Denn die Gleichzeitigkeit von routinisiertem Alltagshandeln und sinngebendem kulturellen Handeln findet sich auch in der Hochkultur. So fallen beispielsweise beim Kirchgang, der mit dem ↗Kult des Höheren dem hochkulturellen Rahmen zugerechnet werden darf, Routine und Orientierung ebenso zusammen wie beim wöchentlichen Besuch eines Fußballstadions. Und die abendliche Tagesschau mag für manche eine ähnliche Bedeutung haben wie für andere das tägliche Abendgebet. Populäre Kultur ist zwar ein Moment der Alltagskultur. Aber populäre Kultur kann – als ›besonderes Erlebnis‹ inszeniert und wahrgenommen – auch als Wirklichkeitsbereich erfahren werden, der den ›Alltag‹ transzendiert. Die Begriffe bezeichnen miteinander verbundene, aber gleichwohl unterschiedene Daseins-, Funktions- und Aneignungsweisen von ›Kultur‹.

Hinwendung der Wissenschaften zur Alltagskultur

Das wissenschaftliche Konzept der ›Alltagskultur‹ geht auf eine komplementäre Bewegung in Sozial- und Kulturwissenschaften zurück, die zu einer wechselseitigen Überlagerung ihrer analytischen Perspektiven führt. In dieser theoriegeschichtlichen Entwicklung spiegelt sich etwas von dem Wandel des Gegenstandsbereiches – dem sozialen Strukturwandel der modernen Gesellschaft.

Müller (1994) erläutert die Hinwendung der Soziologie zur Kultur als Reaktion auf den Wandel ihres Beobachtungsgegenstandes. Die »Entstrukturierung der Klassengesellschaft, die Individualisierung und Pluralisierung der Lebensstile« lenken den Blick auf erweiterte Wahlmöglichkeiten der Akteure und damit auch auf die Frage, woher sie sich die dafür nötige Orientierung besorgen, wie also die durch individualisierte Formen der Sinngebung geprägte Lebensführung kulturell vermittelt ist (ebd., S. 136). Als ›kleinsten gemeinsamen Nenner‹ neuerer kultursoziologischer Arbeiten hält Müller die Auffassung fest:

»Fast alle SoziologInnen verstehen unter ›Kulturalität‹ die symbolische Dimension sozialen Lebens, verweisen also auf die Sinn- und Bedeutungskomponente sozialen Handelns, ohne die eine Orientierung in der Gesellschaft und das Verstehen gesellschaftlicher Prozesse unmöglich wären« (ebd., S. 144; vgl. auch Hradil 1996, S. 15).

Kirchhöfer erkennt in dem Interesse an der Analyse des Alltags den Versuch der Sozialwissenschaften, sich ihres Gegenstandes neu zu vergewissern, indem sie den Prozeß der Konstitution von Formen gesellschaftlicher Lebensführung, sozialer Identität sowie sozialer Vergemeinschaftung und Distinktion aus dem Wechselspiel von sinngeleitetem individuellen Handeln und sozialen Strukturen im Rahmen des Alltags zu begreifen suchen (Kirchhöfer 2000, S. 14, 21 f.). Darauf ist denn auch der Begriff der »alltäglichen Lebensführung« hin entwickelt, wie ihn Kudera und Voß vorstellen (Kudera/Voß 2000).

Das programmatische Anliegen der ›Cultural Studies‹ stellt Johnson vor: »Aber das eigentliche Objekt der Cultural Studies ist meines Erachtens nicht der Text, sondern das *gesellschaftliche Leben subjektiver Formen* in jedem Augenblick ihrer Zirkulation, zu der auch ihre Verkörperung als Text gehört« (Johnson 1999, S. 169). Solche Kulturanalyse will die Einbettung kultureller Formen und kulturellen Handelns in die ›Textur‹ alltäglicher Lebensführung durchsichtig machen. Sowohl in der Sozial- als auch in der Kulturwissenschaft wird demnach die ›Alltagskultur‹ zu einem Schlüsselkonzept für das Verständnis moderner Gesellschaften.

Medien und Alltagskultur

Die ↗Medien spielen für die Alltagskultur eine zentrale Rolle. Denn sie sind der im Alltagsleben ohne weiteres verfügbare und umfassend genutzte Zugangsweg, über den die vergegenständlichte ›Kultur‹ als Ressource für die individuelle Orientierung und Sinngebung erschlossen wird. Im Medienhandeln vollzieht sich die für die ›Alltagskultur‹ konstitutive Vermittlung des Sinngehalts der quasi-industriell produzierten ›Objekte‹ der ↗›Massenkultur‹ mit dem Eigensinn der subjektiven Aneignung im Horizont alltagsweltlicher Orientierungen. Darüber hinaus werden im Medienhandeln alltagsweltliche Orientierungen frei von praktischen Handlungszwängen zum Inhalt eines selbstzweckhaften Erlebens. Das Medienhandeln erfüllt also auch die zweite Bestimmung der Alltagskultur, die Vermittlung der auf die Struktur der Alltagspraxis eingestellten Orientierungen des ›praktischen Sinns‹ mit der Kreativität, Selbstzweckhaftigkeit und Emphase kulturellen Handelns. Der Mediengebrauch ist kulturelles Handeln im Alltag und für den Alltag.

Bei seiner Analyse stellt sich das Problem ein, daß die komplementäre Hinwendung von Sozial- und Kulturwissenschaften zu dem Phänomen der Alltagskultur nicht zu einer Vermittlung fortgeführt wurde, die ihre theoretischen Perspektiven aneinander anschließbar machte. Einerseits verfügen namentlich die Cultural Studies über kein tragfähiges theoretisches Konzept für die Struktur des Alltags und die Logik sozialer Identität (Krotz 1995, S. 262; Weiß 2001, S. 287–300). Andererseits nutzen sozialwissenschaftliche Ansätze der Medienforschung kaum die kulturwissenschaftlichen Einsichten in den Sinngehalt und die symbolisch-ästhetische Struktur der massenkulturellen Objekte, weshalb sie deren subjektive Aneignung und Interpretation im Rahmen alltäglicher Lebensführung nur unvollkommen nachzeichnen können. Was sich in der sozialwissenschaftlich orientierten Kommunikationsforschung und in der kulturwissenschaftlich fundierten Medienwissenschaft über das Wechselspiel von Mediennutzung und alltagskultureller Orientierung findet, läßt sich daher lediglich zu einer sich ergänzenden, skizzenartigen Beschreibung zusammentragen (ausführlicher Weiß 2001).

Die Medien spielen *im* Alltag eine prominente Rolle. Denn der Umgang mit Medien belegt eine erhebliche Fläche des Alltags. Im Durchschnitt verbrachten Bundesbürger im Jahr 2000 täglich 502 Minuten mit einem Medium (Eimeren/Ridder 2001, S. 547; Ridder/Engel 2001, S. 104f.; diesem Wert liegen folgende Größen zugrunde: Tagesablauf von Menschen ab 14 Jahren in allen Bundesländern von Montag bis Sonntag, Nutzung von ⁊ Fernsehen, Hörfunk, Tageszeitungen, ⁊ Zeitschriften, Büchern, Tonträgern, ⁊ Video und ⁊ Internet). Das schiere Quantum der Medienzeit stellt vor Augen: Für viele Menschen sind bei zahlreichen Beschäftigungen im Alltag die Medien mit ›im Spiel‹. Der Gebrauch von Medien füllt auch den größten Posten an disponibler Zeit aus, die neben Berufstätigkeit, Hausarbeit und Ruhephasen zur Verfügung steht. Schon diese abstrakte quantitative Größe deutet an, daß die kulturelle Bedeutung der Medien schwerlich überschätzt werden kann. Die Fähigkeit der Medien, namentlich des ›Leitmediums‹ Fernsehen, alle kulturellen Inhalte in sich aufzunehmen, zu vermitteln und erzählend zu deuten, macht sie vollends zu der alltagskulturellen Agentur erster Ordnung. Der Alltag wird von den Medien begleitet; umgekehrt betrachtet sind die Medien überwiegend ›domestiziert‹, fester Bestandteil des häuslichen Alltags.

Das Fernsehen fügt sich in idealer Weise in einen Lebensentwurf, der die Häuslichkeit als private Gegenwelt zu Arbeit und Politik auszeichnet und zum Refugium der Selbstverwirklichung ausgestaltet. Denn das Fernsehen bringt Bilder zur Orientierung über das Geschehen in der ›Welt da draußen‹ ebenso ins Haus wie die Welt der Sensationen und theatralen Erlebnisangebote (Kiefer 1999, S. 436f.). Es erschließt Erleben und Entspannung im Rahmen häuslicher ›Gemütlichkeit‹. Das Fernsehen ist das ›häusliche‹ Medium par excellence (Ridder/Engel 2001, S. 107). Von der freien Zeit, die nach Berufs- und Hausarbeit, Schlafen und Essen verbleibt, verbringen die Bundesbürger etwa zwischen 25 und 30 Prozent mit dem Fernsehen. Das läßt sich seit 1974 so beobachten (Kiefer 1999, S. 437; Eimeren/Ridder 2001, S. 551). Fernsehen ist den Bundesbürgern zwar nicht die liebste, aber die quantitativ herausragende Beschäftigung in der ›Freizeit‹ (Eimeren/Ridder 2001, S. 552).

Seit Mitte der 1980er Jahre hat sich die Fernsehausstattung der Haushalte erweitert; sie verfügen seither oft über zwei oder mehr ⁊ Fernsehgeräte (ebd., S. 540). Zugleich erweiterten sich mit der Durchsetzung von Kabel- und Satellitenempfang im Verein mit der Einführung zahlreicher privat-kommerzieller Programme die Auswahlmöglichkeiten massiv. Das hat die Tätigkeit Fernsehen verändert. Sie dehnte sich aus – von durchschnittlich knapp zweieinhalb Stunden 1985 auf mehr als dreieinhalb Stunden ›Verweildauer‹ im Jahr 2000. Damit geht eine veränderte Plazierung des Fernsehens im Tagesablauf einher. Das Fernsehen ist nicht mehr nur abendlicher Unterhalter (ebd., S. 549). Es wird vermehrt auch über den Tag hinweg genutzt, um Zeitlücken zu füllen. Dies gilt insbesondere für ›Vielseher‹. Die finden sich unter jungen, beschäftigungslosen und gering ausgebildeten Menschen sowie unter alten Menschen mit geringen materiellen und kulturellen Ressourcen besonders häufig (Kiefer 1999, S. 444; Schulz 1997). Das Fernsehen wird nun auch zunehmend eine individuelle Beschäftigung; es versammelt sich nicht mehr die Familie um das ›elektronische Lagerfeuer‹, vielmehr wird das Erlebnis- und Orientierungsangebot des Fernsehens verstärkt individuell genutzt (Krotz 1994, S. 509f.).

Das Fernsehen erfüllt für seine Nutzer ein Bündel von Funktionen. Darin liegt seine besondere Stärke im Verhältnis zu anderen Medien. Wenn Menschen den Fernseher einschalten, dann wollen sie sich von der Erlebnisofferte des Mediums entspannen und unterhalten lassen. Für die Befriedigung dieser Alltagsbedürfnisse weisen die meisten Menschen in Deutschland dem Fernsehen eine besonders herausgehobene Bedeutung zu. Darüber hinaus befriedigt

Fernsehen das Bedürfnis, über das Geschehen in der Welt auf dem laufenden zu bleiben, ›mitreden‹ zu können, ›Denkanstöße zu bekommen‹ und sich in diesem Sinn zu ›informieren‹. Auch dafür spielt das Fernsehen für die meisten eine herausragende Rolle. Allerdings ist die Wahrnehmung der Bilder aus Politik oder szenischem Spiel für viele kaum mehr als eine ›Gewohnheit‹, die zum Alltag einfach dazugehört (Ridder/Engel 2001, S. 108).

Das ↗ Radio dient der morgendlichen Orientierung und Einstimmung auf den Tag; es fungiert darüber hinaus als ›Begleiter‹, der die Stimmung während der Verrichtung funktionaler Tätigkeiten in Beruf oder Haushalt aufhellen soll und das Gefühl der Einsamkeit vertreibt (Kiefer 1999, S. 438; Eimeren/Ridder 2001, S. 545, 549 f.; Ridder/Engel 2001, S. 111 f.). Das Radio ist ein habituell gebrauchter Bestandteil des Alltags. Die massive Ausweitung der Wahlmöglichkeiten durch die Einführung privater Programme im Verein mit der Mobilität der Empfangsmöglichkeiten (Autoradio, Kleingeräte) schaffen dafür Grundlagen. Mit der Begleitfunktion dehnt sich der Zeitraum, in dem das Radio genutzt wird, auf eine durchschnittliche ›Verweildauer‹ von dreieinhalb Stunden aus.

Für etwa dreiviertel der erwachsenen Bevölkerung der Bundesrepublik gehört die – in der Regel morgendliche – Zeitungslektüre zum (werktäglichen) Tagesablauf dazu. Zumeist wird eine regionale Abonnementzeitung genutzt (Schulz 1999, S. 412). Wer zur Tageszeitung greift, will von ihr ›Informationen‹, ›Denkanstöße‹ und die Grundlagen für das ›Mitreden‹. So ermitteln es Befragungen, die sich nach den ›Gratifikationen‹ erkundigen, welche der Mediengebrauch den Nutzern bietet. Die Tageszeitung ist – neben dem Fernsehen – das Medium für den individuellen Anschluß an das ›Zeitgespräch‹ der Gesellschaft (Ridder/Engel 2001, S. 110). Sie wird zudem – stärker als die anderen Medien – als Mittel alltagspraktischer Orientierung gebraucht (ebd.). Denn sie ist das lokale Medium, das Medium einer sozialräumlich verankerten Lebensführung. Aber nicht für alle.

Der Anteil der Zeitungsleser an der Bevölkerung ist in den letzten 20 Jahren um ca. 10 % gefallen. Auch die Zeit, die Menschen der ↗ Zeitung widmen, geht zurück, von durchschnittlich 52 Minuten 1994 auf 45 Minuten 1995. Besonders drastisch fällt der Rückgang bei den 14–29jährigen aus. 1998 gehört für nurmehr gut die Hälfte dieser Altersgruppe die Tageszeitung zum alltäglichen Medienmenü. 20 Jahre zuvor war sie für gut drei Viertel der Menschen in dieser Lebensspanne alltäglich (Schulz 1999, S. 415). Nicht nur welche Zeitung (überregionale Qualitäts-

zeitung, regionale Tageszeitung, Kaufzeitungen), sondern auch ob überhaupt eine Zeitung genutzt wird, differiert nun mit den alltagskulturellen Milieus.

Die computergestützte Netzkommunikation hat sich in wenigen Jahren rasant ausgebreitet. Im Jahr 2002 machen gut 44 % der erwachsenen bundesdeutschen Bevölkerung von den Möglichkeiten der Onlinekommunikation an durchschnittlich fünf Tagen in der Woche Gebrauch. Wer in die Netzwelt einsteigt, hält sich dort im Durchschnitt etwa zwei Stunden auf. Für diesen, wohl noch wachsenden, Teil der Bevölkerung gilt: Die Onlinekommunikation ist in den Alltag des beruflichen wie des häuslichen Lebens integriert (Eimeren/Gerhard/Frees 2002, S. 347, 357). Sie spielt darin mehrere Rollen. Sie ist Kommunikationsmittel (E-Mail) sowie Instrument der orts- und zeitsouveränen, gezielt auf individuelle Interessen zugeschnittenen Informationsrecherche für die verschiedensten Zwecke (beruflich-instrumentell, alltagspraktisch-instrumentell (Service, Ratgebung), staatsbürgerlich-politisch). Das ↗ Internet ist für seine Nutzer ein Mittel der Information, das für sie in dieser Funktionalität der Tageszeitung ebenbürtig und dem Fernsehen überlegen ist. Darüber hinaus wird die Netzwelt vermehrt zu einem Medium selbstzweckhafter Unterhaltung (Foren, Chatten, Spiele, ›zielloses Surfen‹); dies gilt vornehmlich für jüngere Netizens (ebd., S. 354 f.). Die Bewegung im Netz ist ihnen eine Quelle von ›Spaß‹. Aber auch für Internetnutzer bleibt das Fernsehen das überragende Medium der Entspannung. Und Fernsehen sowie Tageszeitung bleiben für sie wichtige Medien sozialer Anschlußkommunikation (›mitreden‹).

Diese Befunde aus der Nutzungsforschung beschreiben die Rolle der Medien im Alltag. Das Bild, das sich auf diese Weise von der Bedeutung der Medien für die Alltagskultur gewinnen läßt, ist allerdings in zweierlei Hinsicht eingeschränkt. Die Nutzungsforschung geht in der Regel von Medien oder Programmen aus und will deren Publika beschreiben. Nutzungsforschung ist überwiegend Publikumsforschung. Zwar ist hinreichend bekannt, daß sich Menschen mit verschiedenen Lebensstilen und Milieuzugehörigkeiten darin unterscheiden, welche Medien und welche Angebote aus diesen Medien sie zu ihrer individuellen alltagskulturellen Umgebung zusammenstellen. Die Versuche, solche alltagskulturellen Milieus aus der Perspektive derjenigen zu rekonstruieren, die Medien nutzen, stehen aber immer noch am Anfang (Hasebrink/Krotz 1993; Weiß 1996).

Die Ergebnisse der Nutzungsforschung können zeigen, daß und wie der Gebrauch von Medien fest im Alltag verankert ist. Welche subjektive Bedeutung das Medienhandeln für die alltägliche Lebensführung hat, weiß die Nutzungsforschung aber allein anhand der ›Gratifikationen‹ anzugeben, zu denen sich Nutzer bekennen. Da sich nicht ohne weiteres erschließt, was ein Statement wie »Ich nutze das Fernsehen, weil es mir hilft, mich im Alltag zurechtzufinden« (Ridder/Engel 2001, S. 108) im Kontext einer typischen Form alltäglicher Lebensführung eigentlich meint, ist die Aussagekraft solcher Gratifikationskataloge begrenzt. Es bleibt daher die Aufgabe, den inneren Zusammenhang zwischen alltäglicher Lebensführung und Medienhandeln zu begreifen. Dieser Aufgabe stellen sich Arbeiten, die ethnographische, sozialphänomenologische oder kulturwissenschaftliche Perspektiven einnehmen (für eine Übersicht siehe Bonfadelli 1999).

Mediatisierung des Alltags

Die Medien helfen bei der Strukturierung des Alltags. Sie werden dazu genutzt, verschiedene Etappen des Tagesablaufs (Einstimmung auf den Beruf und Orientierung über die ›Welt da draußen‹, Hausarbeit, abendliche Erholung) voneinander zu scheiden und die Übergänge zwischen ihnen herzustellen. So bildet beispielsweise die Beschäftigung mit den Nachrichten im Tagesablauf oft ein Intermezzo zwischen der Tätigkeit in Beruf oder Schule und der (abendlichen) Tagesspanne, die der Erholung und dem Erleben gewidmet ist. Das Intermezzo markiert zugleich einen Übergang zwischen diesen Sphären des Alltags. In dieser Weise trägt das medienbezogene kulturelle Handeln zur sozialen Organisation und Rhythmisierung des Alltags bei (Gauntlett/Hill 1999, S. 25–27, 65).

Dieser Funktionalität liegt zugrunde, daß insbesondere das Fernsehen und das Radio einen Modus der Adressierung an ihre Nutzer wählen, der die Gegenwärtigkeit der Ansprache und damit die lebendige ›Nähe‹ zur alltäglichen Lebensführung betont. Die Publikumsadressierung durch Nachrichtensprecher, ↗Moderatoren und ›Talkmaster‹ betont das ›Hier und Jetzt‹, in dem sich das Medium in den Alltag einschaltet (Moores 2000, S. 22). So wird es zu seinem lebendig erfahrenen Bestandteil. Dabei schließt das Medium seine individuellen Nutzer durch die Übermittlung von ›Neuigkeiten‹ auch an das ›Hier und Jetzt‹ des gesellschaftlichen Lebens an – Wahlkämpfe, Fußballmeisterschaften, Verkehrsstaus, Sommerschlußverkäufe und so fort. Es trägt so zur Synchronisation der individuellen Lebensführung mit dem ›Alltag‹ der Gesellschaft bei. Die Rolle

der Medien für die Strukturierung des Alltags spielt insbesondere für solche Menschen eine herausgehobene Rolle, bei denen eine etwa durch die Pflichten des Berufs sozial vorgegebene Organisation des Alltags entfallen ist – wie insbesondere bei Kranken, älteren Menschen oder Langzeitarbeitslosen (Neverla 1991).

Der Mediengebrauch ist darüber hinaus eingebettet in die Ausgestaltung der häuslichen Sozialbeziehungen. Diese ›social uses‹ der Medien tragen dazu bei, Rollendifferenzierungen zwischen den Geschlechtern sowie zwischen den Generationen auszuhandeln. Hurrelmann hat die Bedeutung des Fernsehkonsums für das Zusammenleben in deutschen Familien untersucht. Sie trägt ein Fülle von Beobachtungen darüber zusammen, wie der Umgang mit dem Fernsehen dazu genutzt wird, Belastungen und Konflikte zu bewältigen, die aus den sozialen Umständen der Lebensführung sowie aus spezifischen Familienkonstellationen erwachsen. »Das Medium kann für die Beziehungsgestaltung in der Familie unersetzlich werden, da es sich dafür eignet, Probleme zu kompensieren und Konflikte unter den Familienmitgliedern zu entschärfen. Es erfüllt soziale Funktionen sowohl im Hinblick auf Verbindendes wie auf Trennendes in den Familien: Fernsehen dient als Zeitkoordinator, als Gemeinsamkeitsstifter, als Lieferant von Themen und Ansichten, als Hilfe zur Konfliktvermeidung – aber auch als Mittel zur Abgrenzung von den anderen, als Status- und Rollenmerkmal, als Kampffeld um individuelle Rechte und Selbständigkeit, als Quasi-Sozialpartner in einsamen Situationen« (Hurrelmann 1999, S. 55). Für die enge Verschränkung von Mediengebrauch und Beziehungsleben findet Hurrelmann die Formel, das Fernsehen sei selbst zum »Familienmitglied« geworden.

Beispiele für die Rolle von Medien für die Eroberung eines persönlichen Freiraums lassen sich aus britischen Studien entnehmen. Danach dient der Umgang mit dem PC den Kindern dazu »to win space and privacy within the household and assert their separation and independence form their parents« (Murdock u. a. 1995; zit. n. Morley 2000, S. 91). Auch Genrepräferenzen (↗Genre) dienen der symbolischen Abgrenzung und kommunikativen Selbstbehauptung von Gender-Identitäten (Morley 2000, S. 96 f.; ↗Gender). Frauen nutzen die Romanlektüre oder die Fernsehrezeption, insbesondere von Soaps (↗Serie), um sich innerhalb der häuslichen Sphäre einen von den Pflichten der Haushaltsführung und des familiären Beziehungsmanagements entbundenen Rückzugsraum für die Beschäftigung mit ihren Träumen und Erlebnisbedürfnissen zu schaffen (vgl. Radway 1987).

Medien liefern schließlich auch Stoff und Gelegenheit zu einer kommunikativen Verständigung – über Differenzen und Gemeinschaftliches. Keppler findet in ihrer Analyse von ›Tischgesprächen‹: »Die Medien [...] fungieren primär als *Medien der Aktualisierung* gemeinsamer oder auch kontroverser Ansichten oder Einstellungen. Die Erinnerung an Gesehenes, Gehörtes oder Gelesenes ist hier der unterhaltsame Weg, auf dem das Ziel der unterhaltsamen Verständigung über Aspekte der Gegenwart aufgesucht wird« (Keppler 1994, S. 252; siehe gleichartig auch Hepp 1998, S. 83, 96). In all diesen Formen wird das kulturelle Handeln im Umgang mit medial offerierten Geschichten eingewoben in das soziale und kommunikative Handeln im Rahmen der alltäglichen Lebensführung.

Der einzelne verschafft sich durch den Gebrauch der Medien Orientierung und Erleben. Vor allem deshalb ist der Mediengebrauch die ›Kultur‹ des ›Alltags‹. Die Medien fungieren als ›Fenster zur Welt‹. Sie übermitteln ›Nachrichten‹ von Vorgängen in Politik und Gesellschaft, die sich der Wahrnehmung des einzelnen ansonsten entziehen, aber gleichwohl die individuelle Lebensführung betreffen können. Die Medien sorgen für die Durchsichtigkeit, mindestens für die Anschaubarkeit existenzprägender gesellschaftlicher Prozesse. Das Fernsehen macht seine Zuschauer gar zu Augenzeugen von Ereignissen, bei denen es um Leben und Tod, Macht und Betroffenheit, Erfolge und Niederlagen geht. Das Fernsehen bringt die Bilder dieser existentiellen Vorgänge in die ›gute Stube‹, in die Sphäre häuslicher Geborgenheit. Und es sorgt auch durch die Art seiner Darstellung für Sicherheit. Das Fernsehen übermittelt die ritualgleichen Szenen, in denen die Zuständigen symbolisch versichern, daß sie für die Erhaltung der bewährten Ordnung einstehen. Es übersetzt das Geschehen in die gewohnten Formeln, in denen sich der Alltagsverstand einen Reim auf soziale Erfahrungen zu machen versteht. Das Medium transferiert so die äußere, ferne, aber betroffen machende Welt in den Modus des Vertrauten, Verläßlichen, Routinierten – also in den Handlungs- und Erfahrungs-Modus des Alltags (Gauntlett/Hill 1999, S. 57–59; Moores 2000, S. 15; Weiß 2001, 285–334).

Vermittels der Darstellungslogik der Medien bewähren sich die alltagsweltlichen Orientierungsmuster darin, die übermittelten Welterfahrungen einzuordnen, ihnen Sinn im Rahmen der vertrauten Weltanschauung zu geben. Die Verläßlichkeit, mit der das Fernsehen diese Vergewisserung besorgt, macht es selbst zu einer Institution des Alltags. Das schlägt sich in der ›parasozialen‹ Beziehung nieder, die Zuschauer zu den ›Moderatoren‹ des Tagesge-

schehens als vertrauten Begleitern ihres Alltags entwickeln (Moores 2000, S. 113). Der Gebrauch der ›Nachrichten‹, die das Fernsehen übermittelt, wird zu einer ritualgleichen Grundform alltagskulturellen Handelns, mit der die Gewissheit und Verläßlichkeit der individuellen Orientierung in der Welt Tag für Tag erneuert wird.

Mediale Alltagskultur und Populärkultur

Der besondere Erlebnischarakter populärer ↗ Unterhaltung im ›Leitmedium‹ Fernsehen lebt von einem mehrdeutigen Bezug zum Alltag. Fernsehunterhaltung greift subjektive Orientierungen des Alltags auf und inszeniert sie so, als seien diese subjektiven Aspirationen und Orientierungen die bestimmende Kraft des szenisch entfalteten Geschehens. In dem vorgespielten ›Leben‹ behalten Zwänge, Rücksichtnahmen, Routinen nicht die Oberhand; es triumphiert der Subjektivismus eines Lebensprojekts, dem die Gestalt einer Tat, eines Gefühls, einer Geschichte gegeben wird. Darin liegt die kulturelle Überhöhung dieser ›subjektiven Formen‹. Und eben darin heben sich die medienkulturellen Erlebnisangebote von dem Erfahrungsmodus des Alltagslebens, der Erfahrung des Routinehaften, Immergleichen ab. Populäre Medienunterhaltung erschließt dem Alltagssinn das außeralltägliche Erleben – im Rahmen des Alltags.

Kellner dechiffriert in diesem Sinn die »ultra macho men« populärer amerikanischer Actionfilme (↗ Action) als ↗ Idole für den alltagsweltlichen Habitus der Selbstbehauptung in einer Konkurrenzgesellschaft. In den »male superheros«, die sich als ↗ Virtuosen der ↗ Gewalt unbedingt und vollständig durchsetzen (Kellner 1995, S. 38), kann dieser alltäglich herausgeforderte Selbstbehauptungswille sein Ideal anschauen und dessen Triumph genießen: Eine Durchsetzung gegen Widersacher, die die Schranken berechnender Fügsamkeit überspringt, den lähmenden Einspruch des Gewissens oder der Furcht ignoriert, die Gewalt bedenkenlos und unbedingt einsetzt und in der vernichtenden Überwältigung der Gegner den totalen Triumph individueller Durchsetzungsstärke wahr macht. Die Radikalisierung und Totalisierung einer alltagspraktisch vertrauten Haltung findet *neben* dem Alltag, als *kulturell* vergegenständlichter ›Tagtraum‹ statt und kann deshalb auf gefahr- und konsequenzenlose Weise mit*erlebt* werden.

In den ›Soap Operas‹ erzählt das Fernsehen Geschichten, in denen das alltagsgleiche Geschehen durch nichts anderes als die dramatische Verwicklung subjektiver Bestrebungen beherrscht scheint, die von Liebe und Erfolg, Vertrauen und Verrat, Zusammenhalt und Enttäuschung handeln. Dieses ›Als-ob‹ wurzelt in alltagsweltlichen Orientierungen. Liebes und Livingstone zeigen beispielsweise, wie Seifenopern auf die alltägliche Erfahrung der Unwägbarkeit und Fragilität des modernen Beziehungslebens anspielen. Ihr Spiel mit diesem Lebensthema setzt den immerwährenden ›Kampf‹ um ein romantisches Ideal in Szene, das Ideal des in der Liebe gefundenen ›Glücks‹ (Liebes/Livingstone 1998, S. 174 f.). Die Dramatisierung dieses gelebten Beziehungsideals gibt dem ›Als-ob‹ der Inszenierung Pathos und Tiefe. Die ›Tiefe‹ verdankt sich dem Anschein, daß ein lebendiges Geschehen augenscheinlich durch nichts anderes als ein subjektives Lebensideal bestimmt wird. Das Mit-Leben in der Rezeption kann in beschwingter Laune angesichts der vorgestellten glücklichen Fügung oder in tränenreicher Rührung angesichts der melodramatischen Verwicklungen bestehen. Indem er sich in das durch die Mediengeschichte evozierte Gefühl versenkt, läßt sich der Rezipient ganz von dem alltagsweltlichen Lebensideal erfüllen, das seinem Fühlen zugrunde liegt; er macht diese psychische Bewegung zum Inhalt einer selbstzweckhaften, von den praktischen Drangsalen und Disziplinierungen werktäglichen Handelns befreiten Tätigkeit – eben zum Inhalt kulturellen Handelns. Darin ist das Medienerleben in einem Zuge kulturelle Überhöhung und Vergewisserung alltagsweltlichen Sinns. Die populäre Kultur der Medien ist eine von praktischen Handlungszwängen und Notwendigkeiten entbundene ›Sinnprovinz‹ innerhalb des Alltags, die den *Traum* des erfüllten Alltagslebens *anschaubar* und *erlebbar* macht, ist Anschein und Vorschau einer erfüllten Lebensweise (Weiß 2001, S. 334 ff.).

Die Geschichten der Medien, namentlich des Fernsehens, geben den unerfüllten Aspirationen des Alltagslebens ebenso wie den unauslebbaren, ›bösen‹ Impulsen alltäglichen Empfindens eine kulturelle Gestalt. Vermittels dieser kulturellen Objektivation werden sie für den Rezipienten vorstellbar – Objekt und Ausdrucksmittel seiner Vorstellungskraft, seines Empfindens und seines Wissens. Die kulturellen Formen des Ausdrucks können individuell angeeignet und sowohl für die innere Selbstverständigung im Zuge der Identitätsbildung (›welcher Mensch will ich sein‹) als auch für die Selbstäußerung im Rahmen der Kommunikation mit andern genutzt werden (›was gilt, und wie komme ich darin vor‹). Kellner bietet für diesen rekursiven Prozeß die Formel vom Kreislauf medienvermittelter Kultur an (»*circuit of culture*«): »Media cultural texts articulate social experiences, transcoding them into the medium of forms like television, film, or popular music. The texts are then appropriated by audiences, which use certain resonant texts and images to articulate their own sense of style, look, and identity. Media culture provides resources to make meanings, pleasure, and identity, but also shape and form specific identities and circulate material whose appropriateness may insert audiences into specific positions (i. e. macho Rambo, sexy Madonna, disaffected Slackers, violent Beavis and Butt-Head, and so on)« (Kellner 1995, S. 150 f.).

Das Konzept der »diagnostischen Kritik«, für das Kellners Analysen populärer medienkultureller Figuren und Geschichten instruktive Beispiele geben, will daher an medienkulturellen Trends die zugrundeliegende Entwicklung in den Formen und Stilen gesellschaftlicher Lebensführung aufspüren und umgekehrt von dieser sozialen Grundlage her die kulturellen Funktionen der Medien-›Texte‹ entziffern (ebd., S. 125). Diese analytische Ambition rückt in den Blick, was die eben skizzierte Rolle des Medienerlebens bei der individuellen Vergewisserung des Alltagssinns für die Kultur einer Gesellschaft im ganzen bedeutet.

Die Entscheidung für das ›richtige Leben‹ ist in der Moderne zur Frage geworden, die die Individuen für sich beantworten müssen. Medien stellen unablässig Formen der Lebensführung modellhaft vor und – etwa in Talkshows – zur ›Debatte‹. Das Fernsehen wird daher mit seinen Offerten an die Orientierungssuche eine Form und ein Moment »institutioneller Reflexivität« (Giddens), mit der die ›posttraditionale‹ Gesellschaft die Ungewissheit moderner Lebensführung zu bewältigen sucht (Moores 2000, S. 140).

Die populäre Kultur, namentlich diejenige amerikanischer Provenienz, ist eine »Kultur der Performanz«; sie offeriert leicht lesbare, weil vermittels Handlung und Habitus szenisch codierte Muster für eine »imaginäre Selbstermächtigung« (Fluck 1998). Populärkultur stellt nicht nur das symbolische Repertoire für den »expressiven Individualismus«; sie popularisiert ihn auch als Haltung, als soziale Verkehrs- und Kommunikationsform sowie als Vor-Bild einer gelungenen Persönlichkeit. »Die amerikanische Populärkultur ist [...] zu einer privilegierten Form dieses expressiven Individualismus geworden. Ihre Wirkung und ihr Akkulturationseffekt liegen heute vor allem in der Stimulation dieses expressiven Individualismus« (ebd., S. 46 f.). Die medienvermittelte Populärkultur erweist sich so als kulturelle Ressource und als Antriebskraft für die Ästhetisierung alltäglicher Lebensführung, vermittels derer die Akteure einer ›individualisierten‹ Gesellschaft ihrem Alltag Struktur und Sinn zu sichern suchen.

Medien spielen darüber hinaus eine Schlüsselrolle bei der kulturellen Konstruktion kollektiver Identitäten und Gemeinschaften. In einem elementaren Sinn machen nämlich erst die Medien und unter ihnen vor allem das Fernsehen die Betrachtung von wichtigen Vorkommnissen in Politik und Gesellschaft zu einem *sozialen* Ereignis (Moores 2000, S. 15, 39). Wer im Fernsehen von dem Einsatz heimischer Truppen, dem Sieg einer populären Fußballmannschaft oder dem Tod einer Prinzessin erfährt, weiß im selben Augenblick, daß Millionen andere diese Erfahrung *teilen*. Und wer sich von fiktiven Fernsehgeschichten oder von Fernsehspielen vor Millionenpublikum anrühren läßt, kann sich gewiß sein, daß er über seine Medienerfahrungen ohne weiteres kommunizieren kann und obendrein viele sein Empfinden teilen werden. Indem Medien dafür sorgen, daß Ereignisse und Themen gemeinschaftlich wahrgenommen werden, schaffen sie im gesellschaftlichen Maßstab Grundlagen einer Kommunikation, aus der gemeinsamer Sinn oder Distinktion hervorgehen.

Die gemeinsame Teilhabe an medienübermittelten Ereignissen und Erlebnissen kann denn auch eine medienkulturell gestiftete Gemein*schaft*lichkeit begründen. Medien ›erfinden‹ kollektive (Zeit-)Geschichte, übermitteln Erzählungen über kollektiv geteilte, daher Gemeinsamkeit stiftende Vergangenheiten (↗›Heimat‹, ›Krieg‹) und organisieren die kollektive Teilhabe an gegenwärtigen Themen und Ereignissen – etwa des Sports und der zeremoniellen Repräsentation der Macht –, die die Zuschauerschaft als Kollektiv mit einer »collective identity« etablieren (ebd., S. 140; siehe auch Weiß 2001, 285–334).

Der Blick auf die Rolle der Medien im Alltag zeigt: Der Gebrauch der Medien, unter ihnen vor allem des Fernsehens, ist der mit Abstand wichtigste Weg zur Teilhabe an der Kultur, insbesondere an populärer Kultur. Diese Teilhabe ist ein konstitutives Moment alltäglicher Lebensführung. Sie erneuert und sichert die Orientierung in der umgebenden Sozialwelt. Gerade die unterhaltende Rezeption macht die kulturell ›überhöht‹ dargestellten Handlungsmuster und Persönlichkeitsideale des Alltagssinns zum Inhalt eines ›reinen‹, von den Anfechtungen und Einschränkungen der Alltagserfahrung bereinigten Erlebens. So erneuert sich die subjektive Gewissheit über den Sinn der Ziele und die Geltung der vertrauten Regeln alltäglicher Lebensführung auch und gerade dann, wenn die Alltagserfahrung sie gefährdet, brüchig oder mehrdeutig erscheinen läßt. Die Selbst- und Weltgewissheit erneuert sich durch das medienkulturelle Handeln im Rahmen des Alltags. Für den Mediengebrauch gilt mithin etwas von der bei Hügel (1993) in Erinnerung gerufenen Ursprungsbedeutung des Begriffs ›Unterhaltung‹: Unterhaltung mit Medien dient dem ›Unterhalt‹ der alltäglichen Lebensführung.

Literatur

Bonfadelli, H.: »Das Publikum und sein Medienalltag als Gegenstand der Medienforschung«. In: *Schweizerisches Archiv für Volkskunde* 95 (1999) S. 197–210.

Eimeren, B. v./Gerhard, H./Frees, B.: »ARD/ZDF-Online-Studie 2002: Entwicklung der Onlinenutzung in Deutschland – mehr Routine, weniger Entdeckerfreude«. In: *Media Perspektiven* 8 (2002) S. 346-362.

Eimeren, B. v./Ridder, C.-M.: »Trends in der Nutzung und Bewertung von Medien 1970 bis 2000«. In: *Media Perspektiven* 11 (2001) S. 538–553.

Fluck, W.: »›Amerikanisierung‹ der Kultur. Zur Geschichte der amerikanischen Populärkultur«. In: Wenzel, H. (Hg.): *Die Amerikanisierung des Medienalltags*. Frankfurt/New York 1998. S. 13-52.

Gauntlett, D./Hill, A.: *TV Living. Television, Culture and Everyday Life*. London/New York 1999.

Hasebrink, U./Krotz, F.: »Wie nutzen Zuschauer das Fernsehen?« In: *Media Perspektiven* 11–12 (1994) S. 515–527.

Hepp, A.: *Fernsehaneignung und Alltagsgespräche. Fernsehnutzung aus der Perspektive der Cultural Studies*. Opladen/Wiesbaden 1998.

Hradil, S.: »Sozialstruktur und Kultur. Fragen und Antworten zu einem schwierigen Verhältnis«. In: Otto G. Schenk (Hg.): *Lebensstil zwischen Sozialstrukturanalyse und Kulturwissenschaft*. Opladen 1996. S. 13–30.

Hügel, H.-O.: »Ästhetische Zweideutigkeit der Unterhaltung. Eine Skizze ihrer Theorie«. In: *montage/av* 2, 1 (1993) S. 119–141.

Hurrelmann, B.: »Familienmitglied Fernsehen«. In: Roters, G./Klingler, W./Gerhards, M. (Hgg.): *Mediensozialisation und Medienverantwortung*. Baden-Baden 1999. S. 47-58.

Johnson, R.: »Was sind eigentlich Cultural Studies«. In: Bromley, R./Göttlich, U./Winter, C. (Hg.): *Cultural Studies. Grundlagentexte zur Einführung*. Lüneburg 1999. S. 139–188.

Kellner, D.: *Media Culture. Cultural Studies, Identity and Politics between the modern and the postmodern*. London/New York 1995.

Keppler, A.: *Tischgespräche. Über Formen kommunikativer Vergemeinschaftung am Beispiel der Konversation in Familien*. Frankfurt a. M. 1994.

Kiefer, M.-L.: »Hörfunk- und Fernsehnutzung«. In: Wilke, J. (Hg.): *Mediengeschichte der Bundesrepublik Deutschland*. Köln 1999. S. 426–446.

Kirchhöfer, D.: »Alltagsbegriffe und Alltagstheorien im Wissenschaftsdiskurs«. In: Voß, G. G./Holly, W./Boehnke, K. (Hgg.): *Neue Medien im Alltag. Begriffsbestimmungen eines interdisziplinären Forschungsfeldes*. Opladen 2000. S. 13-30.

Krotz, F.: »Alleinseher im ›Fernsehfluß‹. Rezeptionsmuster aus dem Blickwinkel individueller Fernsehnutzung«. In: *Media Perspektiven* 10 (1994) S. 505–516.

Ders.: »Fernsehrezeption kultursoziologisch betrachtet«. In: *Soziale Welt* 46, 3 (1995) S. 245–265.

Kudera, W./Voß, G.G.: »Alltägliche Lebensführung - Bilanz und Ausblick«. In: Voß, G. G./Holly, W./Boehnke, K. (Hgg.): *Neue Medien im Alltag. Begriffsbestimmungen eines interdisziplinären Forschungsfeldes*. Opladen 2000. S. 11–26.

Liebes, T./Livingstone, S.: »European Soap Operas. The Diversification of a Genre«. In: *European Journal of Communication* 13, 2 (1998) S. 147-180.

Moores, S.: *Media and Everyday Life in Modern Society*. Edinburgh 2000.

Morley, D.: *Home Territories. Media, Mobility and Identity*. London/New York 2000.

Müller, H.-P.: »Kultur und Gesellschaft. Auf dem Weg zu einer neuen Kultursoziologie?« In: *Berliner Journal für Soziologie* (1994) S. 135–156.

Neverla, I.: Fernsehen als Medium einer Gesellschaft in Zeitnot. Über ›Zeitgewinn‹ und ›Zeitverlust‹ durch Fernsehnutzung. In: *Media Perspektiven* 3 (1991) S. 194–205.

Schulz, R.: »Nutzung von Zeitungen und Zeitschriften«. In: Wilke, J. (Hg.): *Mediengeschichte der Bundesrepublik Deutschland*. Köln 1999. S. 401–425.

Schulz, W.: »Vielseher im dualen Rundfunksystem. Sekundäranalyse zur Langzeitstudie Massenkommunikation«. In: *Media Perspektiven* (1997) S. 92–102.

Radway, J.: *Reading the Romance*. London 1987.

Ridder, C.-M./Engel, B.: »Massenkommunikation 2000: Images und Funktionen der Massenmedien im Vergleich«. In: *Media Perspektiven* 3 (2001) S. 102-125.

Soeffner, H-G.: »Kulturmythos und kulturelle Realität(en)«. In: Ders. (Hg.): *Kultur und Alltag*. Göttingen 1988. S. 3-20.

Voß, G.G.: »Alltag. Annäherung an eine diffuse Kategorie«. In: Ders./Holly, W./Boehnke, K. (Hgg.): *Neue Medien im Alltag. Begriffsbestimmungen eines interdisziplinären Forschungsfeldes*. Opladen 2000. S. 31-77.

Weiß, R.: »Soziographie kommunikativer Milieus. Wege zur empirischen Rekonstruktion der sozialstrukturellen Grundlagen alltagskultureller Handlungsmuster«. In: *Rundfunk und Fernsehen* 44, 3 (1996) S. 325–345.

Ders.: *Fern-Sehen im Alltag. Zur Sozialpsychologie der Medienrezeption*. Opladen/Wiesbaden 2001.

Ralph Weiß

Erlebniskultur

Konturen der Erlebnisgesellschaft

Ein zentrales Merkmal der Konsumkultur, die sich nach dem Zweiten Weltkrieg in den westlichen Industriegesellschaften entwickelt hat, stellt die Möglichkeit dar, Waren zu nutzen, um Erlebnisse und Erfahrungen zu machen. Der Wunsch, viele und intensive Erlebnisse zu haben, dominiert geradezu die individuelle Lebensführung, was zu einer Steigerung der gesellschaftlichen Individualisierung führt. Erlebnisparks, shopping malls, Erlebnisurlaub, Rave-Parties, Snowboard-Events, Stadtteil-Feste, die Liste populärkultureller und sportzentrierter Themen und Events, die einen Erlebnismarkt geschaffen haben, ließe sich endlos fortsetzen. Kultur wird zunehmend als Ereignis und als Erlebnis inszeniert und konsumiert (Gebhardt/Hitzler/Pfadenhauer 2000; Willems/Jurga 1998). Allerdings ist der Erfolg, der von der Ware versprochen bzw. von ihrem Konsum gewünscht wird, nie garantiert; nicht zuletzt, weil einer

unübersichtlichen Pluralität und Differenzierung von Angeboten die zahllosen bewußten und unbewußten Wünsche und Bedürfnisse von Konsumenten und Konsumentinnen gegenüberstehen. Ob die Suche nach solchen intensiven Erlebnissen als Flucht aus dem Alltag (vgl. Cohen/Taylor 1977) zu deuten ist oder genuin zu ihm gehört, ist in der Forschung, in der sich kulturkritische und kulturoptimistische Positionen die Waage halten, umstritten.

Gerhard Schulze (1992) hat wegen der relativ großen Bedeutung von Erlebnissen im sozialen Leben der Gegenwart die Diagnose der »Erlebnisgesellschaft« gestellt. Deren individualisierte Akteure teilen ein erlebnisorientiertes Denken und Handeln, das für Schulze in ein strategisches Handeln mündet. »Erlebnisrationalität ist die Systematisierung der Erlebnisorientierung. Das Subjekt wird sich selbst zum Objekt, indem es Situationen zu Erlebniszwecken instrumentalisiert. Erlebnisrationalität ist der Versuch, durch Beeinflussung äußerer Bedingungen gewünschte subjektive Prozesse auszulösen. Der Mensch wird zum Manager seiner eigenen Subjektivität, zum Manipulator seines Innenlebens« (Schulze 1992, S. 40). Die Angebote des Erlebnismarkts werden in Schulzes Lesart zum Auslöser für ›psychophysische Prozesse‹, deren individueller Wert der einzelne beurteilen muß. Zudem schaffen gemeinsame Erlebnisse wie die Teilhabe an Events Möglichkeiten kollektiver Selbsterfahrung. Die Wahlakte der Subjekte, die sich an kollektiv schematisierten Erlebnismustern orientieren, lassen Milieus entstehen, nach Alter und Bildung klassifizierte Gruppen, die spezifische Orientierungen und Stile im Umgang mit Erlebnissen ausgeprägt haben. Nur äußerst unscharf nimmt Schulze jedoch in seinem kultursoziologischen Entwurf die populäre Kultur wahr, deren Lebendigkeit, Dynamik und Kreativität er mit alltagsästhetischen Typisierungen wie ›Trivial- und Spannungsschema‹, die den Akteuren Erlebnisroutinen signalisieren sollen, ungewollt verdeckt. Damit reproduziert er implizit die altbekannte Abwertung des Populären. Er blendet auch aus, daß populäre Erlebnisse auch eine Bedeutungsdimension haben, die in gesellschaftlichen Machtverhältnissen verankert ist. Das Populäre ist ein Ort, an dem Bedeutungen sich verschieben, neue Bedeutungen geschaffen werden und das Bestehende transzendiert werden kann (vgl. Winter 2001).

In der populären Kultur waren Erlebnisse schon immer zentral. Das intensive Erleben des ›Jetzt‹, das sich bis zur exzessiven, karnevalesken Überschreitung von Grenzen und Hierarchien steigern kann, verbunden mit der Aufhebung der Distanz zu anderen und kollektiven Erfahrungen sind wesentliche

Elemente des populären Vergnügens. Mehr oder minder ausgeprägt wird die populäre Erlebniskultur auch von einer Kritik an bestehenden Macht- und Dominanzverhältnissen, von einer ›Lust am Widerstand‹ geprägt, die sich im kreativen Gebrauch kultureller Waren manifestiert, was vor allem die Cultural Studies gezeigt haben (vgl. Göttlich/Winter 2000). Populäre Vergnügen und Erlebnisse, so John Fiske (1989), müssen von hegemonialen unterschieden werden. Sie entstehen nämlich in Opposition zur Macht, sei diese nun gesellschaftlich, moralisch, ästhetisch oder textuell bestimmt. Die Macht versucht, populäre Vergnügen zu kontrollieren, zu disziplinieren und politisch sowie kommerziell zu vereinnahmen. Nach der Vorstellung von Fiske befinden sich populäre Erlebnisse in einem widerspenstigen Verhältnis zur hegemonialen Ordnung, sie bedrohen diese und symbolisieren Unordnung sowie Widerstand.

Die gegenwärtige Erlebniskultur hängt eng mit den kulturellen und gesellschaftlichen Veränderungen nach dem Zweiten Weltkrieg zusammen, aus denen die sogenannte Postmoderne (vgl. Featherstone 1991; Jameson 1991) entstanden ist. In unserem Kontext sind insbesondere die Intensivierung und Globalisierung der Informations- und Kommunikationsflüsse sowie der Warenflüsse (Lash/Urry 1994) von Belang, die eine transnationale Medien- und Konsumkultur hervorgebracht haben. Damit verbunden sind eine intensivierte Transformation von alltäglicher Wirklichkeit in Bilder, eine Fiktionalisierung der Erfahrung und Ästhetisierung des Alltagslebens sowie eine Konzentration auf die Gegenwart, die zu einer intensiven Augenblickserfahrung und der Suche nach lustvollen Erlebnissen führt. Freilich haben diese Entwicklungen vielfältige Ursprünge, so z. B. die Erfahrung der Großstadt in der Moderne, die Entwicklung des Warenkapitalismus im 19. Jahrhundert oder die Herausbildung einer hedonistischen Gefühlsethik im 19. Jahrhundert (vgl. Campbell 1987). In der Postmoderne kommt es jedoch zu einem qualitativen Bruch, der die Ästhetisierung der Erfahrung und eine damit verknüpfte Erlebnisorientierung ins Zentrum rücken läßt. Dies wird deutlicher, wenn wir zwei Einschätzungen kontrastieren, eine eher pessimistische, die von der Standardisierung und Warenförmigkeit der Erlebniskultur ausgeht, und eine eher optimistische, postmoderne Lesart der Entwicklungen.

Die pessimistische Lesart der Erlebniskultur

Insbesondere George Ritzer (1995) hat die heutige Konsumkultur einer kritischen Lesart unterzogen.

Ausgehend von den durchrationalisierten Schnellrestaurants von McDonalds identifiziert er eine auf Berechenbarkeit und Effizienz beruhende Kultur der Gegenwart. Im Bereich der Freizeit (↗ Freizeitkultur) ist eine riesige Bürokratie – vom Fast food über Pauschalreisen bis zur Festivalkultur – entstanden, deren standardisierte Angebote das Ziel haben, Bedürfnisse effizient zu befriedigen. Auf diese Weise werden immer mehr Bereiche des Lebens der Kontrolle durch Organisationen und deren Technologien unterworfen. Das alltägliche Leben wird eintöniger, die Lebensqualität nimmt ab, da bis auf die Konsumtion alles vorherbestimmt ist. Die angebotenen Erlebnisse erweisen sich zum Teil als Illusion. Kindergeburtstage bei McDonalds oder Formel-1-Rennen versprechen Erlebnis und Spaß, vermitteln aber oft nur Langeweile und Frustration. Der mcdonaldisierte Erlebnismarkt bietet wohl eine Vielzahl von Ersatzangeboten, in der Lesart von Ritzer erzeugt er jedoch auch weitere Enttäuschungen, die die Kunden paradoxerweise immer fester an ihn binden. Die standardisierten Erlebnisversprechen der McDonalds-Gesellschaft verstärken das ›Gehäuse der Hörigkeit‹, das bereits Max Weber im Blick hatte. Nun ist auch die Freizeit weitgehend rationalisiert.

Schon Weber und auch Georg Simmel erkannten, daß die Hinwendung zur Subjektivität, und damit zur Steigerung des eigenen Erlebens, eine Gegenbewegung zur gesellschaftlichen Durchsetzung der Zweckrationalität darstellt. Simmel (1983, S. 164) konstatierte einen »Psychologismus«, nach dem die Welt dem eigenen Innern folgend erlebt und gedeutet wird. Diese Tendenz hat sich in der Erlebniskultur der Gegenwart vertieft. Erlebnisse sind affektiv geprägte, innere Ereignisse, die zu einer »Steigerung des Seelenlebens« führen. Den damit verbundenen Narzißmus hat Christopher Lasch (1980, S. 28) früh kritisiert: »Die Menschen klagen heutzutage über einen Mangel an Empfindungen. Sie jagen starken Erlebnissen hinterher, versuchen, das schlaffe Fleisch zu neuem Leben aufzupeitschen und mühen sich, abgestumpfte Sinnesreize wiederzubeleben«. Auch Richard Sennett (1983, S. 366f.) kritisiert die subjektivistische Realitätsdeutung, in der, ausgehend vom eigenen Fühlen, soziale Situationen zu Spiegeln des Selbst werden. Seine Beschreibung nimmt den heutigen vom Erlebnishunger getriebenen Akteur vorweg: »Die ständige Steigerung der Erwartungen, so daß das jeweilige Verhalten nie als befriedigend erlebt wird, entspricht der Unfähigkeit, irgend etwas zu einem Abschluß zu bringen […] Die Stetigkeit des Selbst, die Unabgeschlossenheit und Unabschließbarkeit seiner Regungen sind ein wesentlicher Zug des Narzißmus« (Sennett 1983, S. 376). Diesen kritischen Einschätzungen der Erlebniskultur stehen optimistischere gegenüber, die auf veränderte Wirklichkeitserfahrungen, erweiterte Handlungsmöglichkeiten und neue Formen von Gemeinschaft verweisen, so z. B. die des italienischen Philosophen Gianni Vattimo und des französischen Soziologen Michel Maffesoli.

Die postmoderne Interpretation der Erlebniskultur

So bestimmt der Philosoph Gianni Vattimo (1992, S. 11) die Postmoderne vor allem als die »Gesellschaft der generalisierten Kommunikation, die Gesellschaft der Massenmedien«, die entscheidend zu einem Ende der europäisch geprägten Vorstellung von Moderne beigetragen hat. Die Vervielfältigung von Weltanschauungen, von Beobachterstandpunkten und die Pluralisierung von Wirklichkeiten führen dazu, daß weder die Welt noch die Geschichte unter einem einheitlichen Gesichtspunkt gedeutet und verstanden werden können. Auf der Ebene des Alltags schärft dies das Bewußtsein dafür, daß soziale Phänomene, Ereignisse und kulturelle Texte – z. B. die der ↗ Medien – verschieden interpretiert, nach multiplen Logiken gebraucht und erlebt werden können. Vattimo erblickt gerade in dieser Erschütterung des modernen Realitätsverständnisses neue Möglichkeiten in der Selbst- und Welterfahrung, die er als »Mobilität zwischen den *Erscheinungen*« (Vattimo 1992, S. 16) begreift. In der Postmoderne bliebe die ästhetische Erfahrung nicht auf den Bereich der Hochkultur beschränkt, sondern durch die Erfahrung der ↗›Massenkultur‹ komme es zu einer Entgrenzung von Kunst wie Alltag. Vattimo betont die Pluralität ästhetischer Erfahrungen, Geschmäcker, Praktiken und Gemeinschaften. Die globale und grenzenlose Kommunikation bringt nicht eine transparente Gesellschaft hervor, sondern diese wird komplex, opak und in gewisser Weise chaotisch.

Auch für Michel Maffesoli (1988) spielt die wichtigste Rolle im Übergang zur Postmoderne der Siegeszug der Massenmedien und die damit verbundene Transformation der Kultur. Er ist der Auffassung, daß diesen das Verdienst zukommt, die Herrschaft der bürgerlichen elitären Kultur gebrochen und die traditionelle wie die populäre Kultur aufgewertet zu haben. Die Medien, die das alltägliche Leben in Szene setzen, insbesondere das ↗ Fernsehen mit seinen polymorphen, heterogenen und vielschichtigen Bildern, werden Teil der öffentlichen Rede und zu kollektiven Ressourcen kultureller Bedeutung. Diese Bilderwelt wird in der Gegenwart zum Ausgangspunkt für

Gruppenbildungen (Maffesoli 1988, S. 171 ff.). Maffesoli bezeichnet die vor allem in den städtischen Ballungsgebieten auftretenden Mikrogruppen als (Neo-)Stämme oder ›tribes‹. Inmitten der Konsumgesellschaft stellen diese neuen Formen von Sozialität heterogene Fragmente dar, die sich durch gemeinsam geteilte Lebensstile, Erlebnisse oder Interessen auszeichnen. Sie besitzen nicht die Langlebigkeit und Beständigkeit von Stämmen im klassisch anthropologischen Sinn, werden aber von einer ›ambiance tribale‹ getragen. Für Maffesoli ist die sich in diesen Gruppen kondensierende Sozialität, die in einer oberflächlichen Betrachtung banal und flüchtig erscheinen mag, ein wichtiges Merkmal des heutigen Alltagslebens, das in den an der Klassentheorie und an den Abstraktionen der Statistik orientierten soziologischen Arbeiten, so auch bei Schulze, unentdeckt bleiben muß.

Die von den einzelnen gewählten Mikrogruppen und Spezialkulturen (vgl. Winter/Eckert 1990), die eine Vielfalt von Erfahrungen, Erlebnissen und Gefühlen ermöglichen, bringen eine transversale Struktur des Zusammenlebens im Alltag hervor, die für die Wirklichkeitserfahrung zentral wird. Die Stämme sind, so Maffesoli, Ausdruck der populären Kreativität der ›Massen‹ (Maffesoli 1990, S. 28). Die gemeinsamen Erlebnisse vor allem im Bereich der populären Kultur stellen die affektiven Grundlagen des Zusammenlebens dar. Die dionysische, Grenzen überschreitende Qualität der Kollektivität kommt zum Beispiel in den punktuellen, imaginären Trancezuständen zum Ausdruck, die durch Gemeinschaftserlebnisse in der Club- und Rave-Kultur oder bei sportlichen Veranstaltungen ausgelöst werden. Diese quasi-magische Teilnahme an Gruppenpraktiken und -ritualen führt zu einer zeitweiligen Auflösung des (individuellen) Selbst und ist wie in primitiven Gesellschaften Ausdruck des kollektiven Bewußtseins im Sinne Durkheims. Das Fortbestehen der Stämme hängt vom emotionalen Engagement der Beteiligten, von Netzwerken der Kooperation und von Gruppenritualen, in denen die symbolischen Züge der Stammeszugehörigkeit dargestellt werden, entscheidend ab. In den heutigen Großstädten vermittelt dieses Zusammensein das Erlebnis von Intimität und Gemeinschaft. Die postmodernen Stämme sind so nicht an der Verwirklichung von abstrakten Utopien interessiert, sondern am gefühlsbetonten Zusammensein und an gemeinschaftlichen Erlebnissen.

Vattimo und Maffesoli betonen die Pluralität, die Vielstimmigkeit und die Orientierung an der Gegenwart, die das postmoderne Alltagsleben auszeichnet. Die Transfiguration der Welt durch Bilder führt zu ihrer Wiederverzauberung und gleichzeitig zu einer

Aufwertung der Gefühle und der Erlebnisse. Die Prozesse der Kommerzialisierung und Mediatisierung, die die heutige Erlebniskultur hervorgebracht haben, haben auch zu einer Enthierarchisierung und Pluralisierung kultureller Aktivitäten geführt, in der neue kulturelle und ästhetische Möglichkeiten stecken und deren (politische) Bedeutung herausgearbeitet werden sollte. Dabei läßt sich die medial vermittelte Populärkultur als primärer Erfahrungshorizont der westlichen Welt am Ende des 20. Jh. bestimmen.

Erlebnis, Erfahrung und Inszenierung

In den pessimistischen Analysen zur Erlebniskultur geht oft verloren, daß Erlebnisse im Bereich der populären Kultur mit Erfahrungen verbunden sein können. Im Anschluß an den Philosophen John Dewey zeigt Richard Shusterman (1994), daß die populäre Kultur ein Medium von Erfahrung darstellt. Ihre Aneignung ist ein sozialer und ästhetischer Prozeß, in dem nicht nur die Sinne angesprochen werden, sondern Bedeutungen geschaffen und Erfahrungen gemacht werden (vgl. Winter 1995). Die außeralltäglichen Erlebnisse, die die ⁊ Fans von Splatterfilmen, Raver oder Extremsportler durchleben, müssen nicht oberflächlich bleiben. Sie ermöglichen die gemeinschaftliche Realisierung expressiver Identitätsmuster, dienen der Abgrenzung von anderen und eröffnen emotionale Allianzen. Insbesondere Events, die Ronald Hitzler (2000, S. 402) als aus dem »Alltag herausgehobene, raum-zeitlich verdichtete, performativ-interaktive Ereignisse mit hoher Anziehungskraft für relativ viele Menschen« beschreibt, erlauben vielfältige Möglichkeiten des Selbsterlebens und der Selbstinszenierung. Zum einen soll das Event Spaß machen, zum anderen ist es Bezugspunkt des individuellen Sinnbastelns, das zu einem besonderen, ›eigenen Leben‹ (Beck 1997) führen soll.

Erlebnisse werden gedeutet, auf das eigene Leben bezogen und können auch zur affektiven Ermächtigung (›empowerment‹) beitragen, die für Grossberg (1997) eine Voraussetzung für Handlungsfähigkeit und Handeln ist. Damit meint Grossberg diejenigen gefühlsmäßigen und körperlichen Zustände im Erleben populärer Kultur, so z. B. von Rockmusik, die zusätzliche Energie freisetzen und dem einzelnen das Gefühl vermitteln, eine gewisse Kontrolle über sein eigenes Leben zu haben (Grossberg 1992, S. 85). Sie sind sowohl die Voraussetzung für die Entwicklung neuer Bedeutungen, Vergnügen und die Erfindung neuer Identitäten als auch ein Schutzschild gegen die Indifferenz, die Inauthentizität und den ironischen Zynismus, die die Postmoderne auszeichnen.

Die Erlebniskultur der Gegenwart stellt also ein vielschichtiges und komplexes Phänomen dar. Auch wenn sie zum großen Teil vorstrukturiert und organisiert ist, werden ihre affektiven Qualitäten und Bedeutungen erst durch die Praktiken der Konsumenten und Konsumentinnen geschaffen, für die Erlebnisse existentiell von großer Bedeutung sind.

Literatur

Beck, U.: »Eigenes Leben«. In: Ders./Erdmann Ziegler, U./ Rautert, T.: *Eigenes Leben*. München 1997. S. 9–129.

Campbell, C.: *The Romantic Ethic and the Spirit of Modern Consumerism*. Oxford 1987.

Cohen, S./Taylor, L.: *Ausbruchsversuche. Identität und Widerstand in der modernen Lebenswelt*. Frankfurt a. M. 1977.

Featherstone, M.: *Consumer Culture & Postmodernism*. London u. a. 1991.

Fiske, J.: *Understanding Popular Culture*. London 1989.

Gebhardt, W./Hitzler, R./Pfadenhauer, M. (Hgg.): *Events. Soziologie des Außergewöhnlichen*. Opladen 2000.

Göttlich, U./Winter, R. (Hgg.): *Politik des Vergnügens. Zur Diskussion der Populärkultur in den Cultural Studies*. Köln 2000.

Grossberg, L.: *We gotta get out of this place. Popular Conservatism and Postmodern Culture*. New York 1992.

Ders.: »Re-placing Popular Culture«. In: Redhead, S. (Hg.): *The Clubcultures Reader*. Oxford 1997. S. 199–219.

Hitzler, R.: »Ein bisschen Spaß muß sein! – Zur Konstruktion kultureller Erlebniswelten«. In: Gebhardt, W./Hitzler, R./ Pfadenhauer, M. (Hgg.): *Events. Soziologie des Außergewöhnlichen*. Opladen 2000, S. 401–412.

Jameson, F.: *Postmodernism or The Cultural Logic of Late Capitalism*. London/New York 1991.

Lasch, C.: *Das Zeitalter des Narzißmus*. München 1980.

Lash, S./Urry, J.: *Economies of Signs and Space*. London u. a. 1994.

Maffesoli, M.: *Le temps des tribus*. Paris 1988.

Ders.: *Au creux des apparences. Pour une éthique de l'esthétique*. Paris 1990.

Ritzer, G.: *Die McDonaldisierung der Gesellschaft*. Frankfurt a. M. 1995.

Schulze, G.: *Die Erlebnisgesellschaft. Kultursoziologie der Gegenwart*. Frankfurt a. M./New York 1992.

Sennett, R.: *Verfall und Ende des öffentlichen Lebens. Die Tyrannei der Intimität*. Frankfurt a. M. 1983.

Shusterman, R.: *Kunst Leben. Die Ästhetik des Pragmatismus*. Frankfurt a. M. 1994.

Simmel, G.: »Rodin« [1923]. In: Ders.: *Philosophische Kultur*. Berlin 1983. S. 151–165.

Vattimo, G.: *Die transparente Gesellschaft*. Wien 1992.

Willems, H./Jurga, M. (Hgg.): *Die Inszenierungsgesellschaft*. Opladen 1998.

Winter, R.: *Der produktive Zuschauer. Medienaneignung als kultureller und ästhetischer Prozeß*. München 1995.

Winter, R.: *Die Kunst des Eigensinns. Cultural Studies als Kritik der Macht*. Weilerswist 2001.

Ders./Eckert, R.: *Mediengeschichte und kulturelle Differenzierung*. Opladen 1990.

Rainer Winter

Freizeitkultur

Freizeitkultur als Massenkultur

Früher ›hatten‹ wenige Kultur, heute können viele Kultur ›erleben‹. In der Kulturelite früherer Zeiten grenzten sich die Aristokraten von den Bürgern, die Gebildeten von den Proletariern ab. Kultiviertheit war ein Statussymbol, galt als Ausweis, Etikett und Abgrenzungsmerkmal gegenüber der Masse. Im Zuge des Wandels »von der Elite- zur Massenkultur« (Rosenmayr/Kolland 1992, S. 211) ist auch die Freizeitkultur entstanden. Freizeitkultur umschreibt heute die ganze Bandbreite vom anspruchsvollen Kulturangebot bis zur ↗Massenkultur im Umfeld von ↗Unterhaltung, Zerstreuung und Erlebniskonsum (↗Erlebniskultur). In dem Maße, in dem die moderne Industriegesellschaft nicht mehr einer Minderheit, sondern der überwiegenden Mehrheit der Bevölkerung mehr Zeit (Freizeit), mehr Geld (Wohlstand) und mehr Bildung (Kultur) zur Verfügung stellt, entwickelt sich auch ein Zeitalter der Massenfreizeit (Massentourismus, Massenmedien, Massenkultur, Massensport u.a.), in dem sich E(rnst)- und U(nterhaltungs)-Bereich vermischen (vgl. z.B. ↗Infotainment‹, ›Edutainment‹). Warenkonsum, Erlebniskonsum und Kulturkonsum lassen sich kaum mehr voneinander trennen, zumal Wirtschaft und Industrie in Produkt-Werbung und Promotions-Marketing gezielt und verstärkt mit kulturellen Elementen und kulturellem ›Zusatznutzen‹ arbeiten.

Was die Markt- und Rummelplätze in früheren Jahrhunderten waren, sind heute die Massenveranstaltungen und Großereignisse (›Events‹) im Kultur- und Unterhaltungsbereich: Eine Mischung aus Erlebnishunger und Bewegungslust, Sensation und Happening zugleich. 27 Mio. Bundesbürger strömen heute schon mindestens einmal im Jahr zu solchen Massenspektakeln, die Erlebnisse versprechen und Wir-Gefühle vermitteln. Am meisten sind derzeit Open Air Konzerte gefragt. Jeder achte Bundesbürger war in den vergangenen zwölf Monaten Besucher einer Open-Air-Veranstaltung, das sind etwa 8,2 Mio. Bundesbürger.

›Wo viel los ist, da erlebt man auch viel‹: Nach diesem Grundsatz begeben sich immer mehr Bürger auf die Suche nach neuen Erlebniszielen und sind dabei mitunter länger unterwegs als am Ort des Geschehens. Der ›Erlebniswert‹ wiegt schwerer als der Zeitaufwand. Dies trifft insbesondere für Jugendliche und Singles zu. Jeder dritte Jugendliche im Alter von 14 bis 24 Jahren (34%) und jeder vierte Single im Alter von 25 bis 49 Jahren (26%) hat in den letzten zwölf Monaten eine Open-Air-Veranstaltung besucht (Opaschowski 2001, S. 203). Jugendliche und Singles setzen Zeichen, wollen Kultur nicht konserviert, sondern ›spontan erleben‹. Die besondere Attraktivität resultiert aus dem Live-Erlebnis. Gefragt sind Leben und Erleben im Hier und Jetzt. Die Live-Atmosphäre, der Aktualitäts- und Augenblickscharakter erklärt wesentlich die besondere Faszination.

In der Freizeitgesellschaft inszeniert die Kultur ihre Festivals: Aus bloßer Opern-Musik wird schnell eine ›Klassik-Entertainment-Show‹. Eine Kulturveranstaltung wird zum ›Event‹, wenn die Medien ausführlich darüber berichten, bevor die Veranstaltung überhaupt stattgefunden hat. Solche Events werden als gesellschaftliche Ereignisse verkauft, die man erlebt haben *muß*, weil man darüber spricht. Übersättigt vom alltäglichen Kulturkonsum wirken Events auf die Besucher wie eine Konsumdroge. 5 Mio. Bundesbürger besuchen mindestens einmal im Jahr ein Musikfestival, weitere 5 Mio. suchen herausragende Kunstausstellungen auf.

Hinsichtlich der Sozialstruktur der Besucher kultureller Großveranstaltungen sind deutliche Unterschiede feststellbar. Die größte Erlebnismobilität demonstrieren die Selbständigen (59%) und leitenden Angestellten (64%), die sich solche Unternehmungen auch leisten können. Und die jungen Leute von 14 bis 34 Jahren stellen die Gruppe dar, die von diesen Veranstaltungen vor allem eins erwartet: Viel! Viele Menschen. Viel Gedränge. Und viel zu sehen. Dafür sind die Jugendlichen auch bereit, viel zu opfern: Zeit und Geld. 59% der Jugendlichen machen von dem freizeitkulturellen Angebot regelmäßig Gebrauch. Hinter der Freiheit dieses neuen Wir-Gefühls verbirgt sich die ›Lust an der Masse Mensch‹. Die Masse wird zur Bühne.

Der neue Kulturtourismus verandert das gesamte kulturelle Angebot. Flächendeckende Versorgung bis in die entlegensten Gebiete auf dem Lande und außerhalb der Städte und Ballungszentren ist immer weniger erforderlich. Denn die Menschen machen sich selbst auf den Weg zu den Highlights ihrer Wahl (Werbung: ›Michael Jackson kommt nicht nach Deutschland – wir fahren zu ihm hin. Mit dem Sonderzug nach Prag‹ oder ›José Carreras: Mallorca Classic Night. Wir fliegen Sie hin …‹). Kein Kulturereignis scheint der erlebnishungrigen Bevölkerung zu weit zu sein. Der erreichte Wohlstand hat offensichtlich ›neue Bewegungs- und Entfaltungsspielräume‹ eröffnet. Die in der Arbeitswelt geforderte berufliche Mobilität zieht jetzt auch private Mobilität nach sich. Dabei handelt es sich um eine Freizeitmobilität, in der die Erlebnisorientierung im Mittelpunkt steht. Im gleichen Maße, wie die Bürger immer höhere Ansprüche an den Erlebnischarakter von Angeboten und Veranstaltungen stellen, legen sie auch immer größere Entfernungen zurück. Die Arbeitszeitverkürzungen der letzten Jahrzehnte haben ihre Spuren hinterlassen: Weil der Mensch nicht zur Untätigkeit und Seßhaftigkeit geboren ist, sind Massenbewegungen an Wochenenden und zu Ferienzeiten die Folge.

Entmythologisierung der Kultur

Im Zuge dieser Entwicklung wird Freizeit als Kultur-Konsum-Unterhaltungszeit empfunden. Was früher nur wohlhabenden Schichten möglich war, nimmt jetzt massenhaft zu: »Die Nachfrage nach kulturell ›angereicherten‹, ästhetisch verfeinerten Gütern« (Koslowski 1987, S. 107). Damit verlagert sich auch das Prestige von materiellen Gütern (z. B. PS-Zahl des Autos) auf die symbolisch-kulturellen Qualitäten (z. B. italienisches Design des Autos, Snob-Effekt der Seltenheit, Umweltfreundlichkeit). Die Industriekultur wandelt sich zur postindustriellen Freizeitkultur.

Kulturpessimisten mögen auf den ersten Blick die freizeitindustrielle Verwertung der Kultur beklagen und sie als Kulturtourismus brandmarken. Doch dabei übersehen sie: Kultureinrichtungen sind schon immer Freizeiteinrichtungen gewesen – mit einem wesentlichen Unterschied: Sie standen früher nur einer privilegierten Schicht offen, die beides hatte, was zur Kultur nötig war: Das mäzenatische Geld und die nötige Freizeit, die damals noch ›Muße‹ hieß (vgl. Karasek 1973, S. 42). Die meisten traditionellen Kultureinrichtungen stehen heute noch da, wo sich die Adligen hinstellten. Viele Kulturmetropolen wie beispielsweise Wien, Florenz und München, das russische Ballett und die Comédie Française verdanken ihre Entstehung und Erhaltung kulturell ambitionierten Fürstenhäusern. Heute hingegen und in Zukunft sind Museums- und Konzertbesuche eine Begleiterscheinung der Massenfreizeit (insbesondere des Massentourismus). Kultur erfordert Freizeit und erstmals in der Geschichte der Menschheit kann die ganze Breite einer Gesellschaft ihre kulturellen Freizeitbedürfnisse befriedigen: Von der Akropolis in Athen über das Forum Romanum in Rom bis zum Tivoli in Kopenhagen und Euro Disney bei Paris.

Die Entstehung einer breiten Freizeitkultur trägt wesentlich zur Entmythologisierung des traditionellen Kulturverständnisses bei. Die Freizeitorientierung der Kultur schafft Voraussetzungen für den Abbau von Zwängen (z. B. Garderobenvorschriften), Ängsten (vor Überforderung) oder Sprachbarrieren (Bildungszwang). Damit wird breiten Schichten der Bevölkerung die Schwellenangst vor der Kultur genommen.

Die ›soziale Dimension‹, d. h. die Qualität des Zusammenlebens in der Familie, im Freundeskreis, in Gruppe und Verein, stellt ein wesentliches Bestimmungsmerkmal der Freizeitkultur dar. Erlebnispsychologisch gesehen werden Museums- und Konzertbesuche, Literaturstudien und Vorträge als traditionelle Kultur (reine Bildung) empfunden, wenn sie allein genossen werden. Freizeitkultur beginnt mit dem Unterhaltungswert, wenn also eine kulturelle Veranstaltung in Gesellschaft erlebt wird. Das Miteinander-Sehen, -Hören und -Reden gibt der Kultur eine interessante Facette, entstaubt Kultur und macht sie lebendiger. Bildungskultur ist dann Unterhaltungskultur. Der Verstand sorgt für die Bildungskultur, aber das Herz schlägt für die Freizeitkultur in einer Mischung aus Unterhaltung und Erlebnis.

Die wachsende Attraktivität der Freizeitkultur zeigt die ›Schwachstellen traditioneller Kulturangebote‹. Kultur wünscht man sich näher und konkreter, anfaßbarer und erfahrbarer. ›Nähe‹ ist in diesem Fall wörtlich zu nehmen: Man will sich Kultur in seinen Stadtteil, in das Wohnumfeld, ja sogar in die eigene Wohnung (z. B. durch PC, TV, ↗ Video, Bücher) holen. Das elitäre Anspruchsdenken der Hochkultur wird in der Freizeitkultur deutlich relativiert.

Neben der sozialen Komponente der Freizeitkultur (soziale Geborgenheit, gemeinsame Freude) ist der ›sinnliche Erlebnischarakter‹ fundamental: In der Freizeitkultur wollen die Menschen Kultur hautnah be-greifen und als direkte sinnliche Berührung erleben. Mit der ↗ Musik vibrieren, sich in Trance tanzen, sich beim Pop-Konzert bis zur Erschöpfung verausgaben, Zirkusluft schnuppern und immer hautnah (d. h. ›live‹) dabeisein. Freizeitkultur bekommt existentielle Bedeutung.

Imagination – Attraktion – Perfektion

Kulturveranstaltungen werden in Serie produziert, die Massen begeistern und Emotionen freisetzen. ↗ Stars, Promoter und Sponsoren machen manche Open-Air-Veranstaltung zum Massenerlebnis oder Massenevangelium mit garantiertem Gemeinschaftsgefühl. ↗ Konzerte werden ›als gesellschaftliche Ereignisse verkauft‹ die man erlebt haben muß, weil man darüber spricht. Ein VIP-Dinner danach in Anwesenheit der Superstars verspricht Exklusivität – auch wenn sich dabei bis zu 2.400 Leute in einer Halle tummeln.

Freizeitkulturelle Events leben von drei Erfolgsfaktoren:

1. *Imagination*: Illusionierung und inszenierter Kulissenzauber gehören immer dazu – so echt wie möglich.
2. *Attraktion*: Besondere Attraktionen machen das Ereignis unvergleichlich. Das Gefühl des Einmaligen und Außergewöhnlichen stellt sich ein, wozu auch das Überraschende und Unvorhersehbare gehört.
3. *Perfektion:* Die ›everything-goes‹-Devise verlangt Perfektion bis ins kleinste Detail. Alles muß perfekt geplant sein. Es gilt das Null-Fehler-Prinzip.

Ob Reichstagsverhüllung in Berlin, Gutenberg-, Goethe-, Bach-, Dürer- oder Lutherjahr: Nichts bleibt dem Zufall überlassen. Events müssen professionell gemanagt und vermarktet werden. ›Event-Management‹ und ›Erlebnis-Marketing‹ entwickeln sich zu expansiven Wachstumsfeldern für Profis. Davon profitieren Hotellerie und Gastronomie, Bahn-, Bus- und Flugtouristik sowie Reisebüros und Reiseveranstalter am meisten. Aber auch Städte und Regionen erfahren durch ›Special Events‹ eine Attraktivitätssteigerung.

Der Grad des Interesses und die Besuchsintensität werden wesentlich durch die ›Attraktivitätsmerkmale‹ einer Veranstaltung beeinflußt und bestimmt. Was freizeitkulturelle Veranstaltungen so interessant und attraktiv macht, wurden auf repräsentativer Basis 2.811 Personen ab 14 Jahren im gesamten Bundesgebiet konkret gefragt (Opaschowski 2001, S. 211). Dabei werden der Live-Charakter (etwa von Konzerten), eine besondere Atmosphäre (etwa bei Oper- und Theaterbesuchen), Abwechslung vom Alltag und allgemein der Wunsch nach Unterhaltung als Begründung für den Besuch der freizeitkulturellen Veranstaltung hervorgehoben.

• Überraschend hoch wird der ›Unterhaltungswert des Theaters‹ eingeschätzt. Das ↗ Theater mag einmal eine Bildungsveranstaltung gewesen sein, im Zeitalter der Massenfreizeit wird das Theater neben dem ↗ Kino als die Kultureinrichtung angesehen, in der man sich am besten unterhalten lassen kann. Zwei von fünf Theaterbesuchern betonen den Unterhaltungscharakter (39 %), aber nur jeder siebte bekommt hier Anregungen zum Nachdenken (14 %).

• Der Besuch freizeitkultureller Veranstaltungen wird nicht selten zum akustisch-visuellen Erlebnis. Die sinnliche Ansprache, der ›optisch-akustische Eindruck‹ der Besucher ist bei Open-Air-Konzerten am stärksten, weil hier Ton- und Licht-Effekte geradezu inszeniert werden. Ähnliche Wirkungen gehen von Pop-Konzerten und Opern-Aufführungen aus.

• Was die Freizeitkultur auch so faszinierend macht, ist der subjektive Eindruck der Besucher, ↗ Idole, Künstler und Persönlichkeiten ›zum Anfassen‹ aus unmittelbarer Nähe erleben zu können. Freizeitkultur als Anfaßkultur wird nirgends so perfekt vermittelt wie bei Pop- und Open-Air-Konzerten.

• Das Kino stirbt nicht, es lebt eher wieder auf. TV und Video können die ›Traumwelt und Illusionierung‹ nicht ersetzen. Glanz und ↗ Glamour der neuen Filmpaläste in den Großstädten (›Multiplexe‹), die zwei- bis dreitausend Besucher fassen, haben die Attraktivität der Kinos gesteigert, dem man nach wie vor den größten Unterhaltungscharakter bescheinigt.

• Freizeitkultur bietet in erster Linie Erlebnisse mit kultureller Dimension. Wissensvermittlung und Bildungsimpulse wie z. B. ›Anregungen zum Nachdenken‹ werden gezielt nur von Vorträgen und Lesungen erwartet. Jeder dritte Besucher von Vortragsveranstaltungen ist an Gedankenanstößen besonders interessiert; auch an Museen und Kunstausstellungen werden lerndidaktische Ansprüche gestellt. Bei allen übrigen Veranstaltungen aber dominiert eher das Bedürfnis nach emotionalen Erlebnissen und Sinneseindrücken.

• Die Attraktivität einer Veranstaltung wächst mit dem ›Live-Erlebnis‹. Die Live-Atmosphäre ist für die jüngere Generation bis zu 34 Jahren fast doppelt so wichtig (66 %) wie für die ältere Generation ab 55 Jahren (39 %).

• Freizeitkultur ›kommt an‹ – und zwar auf der ganz persönlichen Ebene. Wer diese Veranstaltungen besucht, kann ›persönlich bereichert‹, erfüllt und auch gebildet nach Hause zurückkehren. Ein Drittel findet hier den notwendigen Ausgleich zur Arbeit und jeder vierte gibt an, Neues kennenzulernen.

• Jeder zweite Besucher von freizeitkulturellen Veranstaltungen will erst einmal unterhalten werden – und dies nicht allein, sondern unter vielen Menschen, die man dort trifft. Die ›Schaffung einer stimmungsvollen Atmosphäre‹ läßt die Erlebnisarmut des Alltags vergessen.

Ernst und Unterhaltung

Die neue Freizeitkultur ist leichter, unterhaltsamer und erlebnisreicher. Während die Hochkultur nach dem subjektiven Empfinden der Bevölkerung für die Zukunft ›bildete‹, lebt Freizeitkultur im Hier und Jetzt (»Jetzt will ich etwas sehen, fühlen und erleben«). Freizeitkultur ist *gegenwartsbezogen* (»aktuell«) und gleichermaßen *personen- und sozialorientiert* (»menschlich«). Die Hochkultur wird vom Sokkel geholt, aber nicht gestürzt; sie lebt weiter in der Freizeitkultur. Und auch die Freizeitkultur wird ernst genommen – nur mit dem Unterschied, daß man ihr den Ernst nicht anmerkt, weil er nicht anstrengend und langweilig, sondern unterhaltsam und erlebnisreich ist.

Die neue Freizeitkultur umfaßt ›Angebote der Hochkultur‹ wie z. B. Oper, Konzert, Theater, Ballett, ↗ Museum, Kunstausstellung, Volkshochschule, Bibliothek und Literaturlesung genauso wie ›Angebote der Breitenkultur‹ wie z. B. Straßentheater, Sommerakademie, Kino, Musical, Revue/Varieté, Pop- und Open-Air-Konzerte, ↗ Kabarett, Jazzclub, Stadt- und ↗ Volksfeste.

Die neue Freizeitkultur wird manche E-Qualitäten verlieren, aber dafür neue U-Qualitäten hinzugewinnen. Traditionelle Schwellenängste und Kommunikationsbarrieren werden abgebaut; ein breiteres, teilweise völlig neues ↗ Publikum wird erreicht. In ihrer wirksamsten Form ist Freizeitkultur ›Faszination und Geselligkeit‹, Wegbereiter für ein neues Kulturverständnis im Sinne der von UNESCO und Europarat geforderten *popular culture*. Diese Breitenkultur versteht sich als zwanglose Freizeitkultur, die zur Chance für ›lustvolles Kulturerleben‹ wird.

Allerdings darf auch nicht verschwiegen werden, daß insbesondere die westliche Freizeitkultur zunehmend einen ephemeren Charakter bekommt, also das beinhaltet, was in der italienischen Kulturdiskussion *effimero* genannt wird: Gemeint ist eine ›Kultur als Eintagsfliege‹ zwischen Show- und Sensationseffekt, flüchtigem Kitzel und kurzlebigem Spektakel ohne Folgen: Ein ephemeres, also eintägiges, kurzlebiges und unverbindliches Ereignis. Hiervon ist zweifellos die Freizeitkultur bedroht, zumal es sich hier um eine weitgehend medial vermittelte Breitenkultur handelt (vgl. Rosenmayr/Kolland 1992, S. 2). Medien neigen dazu, die Einzigartigkeit des kulturellen Freizeiterlebens herauszustellen, bei dem man einfach ›dabeigewesen sein muß‹. So wird Kultur mitunter als punktuelles Freizeitereignis konsumiert, das keine nachhaltigen Spuren hinterläßt.

Kulturelle Zukunftspotentiale

Im Kulturbereich hat die Zukunft längst begonnen. Frühe Prognosen werden von der Wirklichkeit eingeholt: »Die Menschen werden in Zukunft vor Konzertkassen, Museen und Kunstausstellungen Schlange stehen wie die Nachkriegsgeneration vor Lebens-

mittelläden. Der Anteil der Kulturinteressenten kann sich bis zum Jahr 2000 fast verdoppeln« (Opaschowski 1992, S. 36 f.). Im Zeitvergleich der Jahre 1992 und 2000 (Opaschowski 2001, S. 202) ist tatsächlich eine partielle Verdoppelung des kulturellen Zukunftspotentials feststellbar. 1992 interessierten sich nur 13 Prozent der Bevölkerung für einen Museumsbesuch; im Jahr 2000 ist der Anteil der Interessenten mehr als doppelt so hoch (38 %). Allein die deutschen Museen verzeichneten im Jahr 2000 rund 100 Mio. Besucher. In Deutschland gibt es mittlerweile mehr Museumsbesucher als Einwohner. Auch das Interesse am Besuch von Kunstausstellungen hat sich im gleichen Zeitraum fast verdoppelt (1992: 20 % – 2000: 38 %).

Selbst der Markt für Musicals zeigt sich weiterhin stabil und zukunftsträchtig – trotz mancher falschen Standortwahl und zurückliegender Marketing- und Managementfehler. 1992 zeigte sich jeder fünfte Bundesbürger an einem Musicalbesuch interessiert (21 %), im Jahr 2000 ist es ein Drittel der Bevölkerung (34 %). Entsprechend schnell entwickeln sich neue Musicalproduktionen: »Tanz der Vampire«, »Ludwig II – Sehnsucht nach dem Paradies« – »Lady Di – Diana, Königin der Herzen«. Illusionierung und Verzauberung sind angesagt. Der jahrelange Musical-Boom hat seinen Zenit, nicht aber seine Marktsättigung erreicht. Im Vergleich zu Theatern und Opernhäusern können Musicals immer noch auf relativ hohe Auslastungen verweisen – allerdings mit großen Schwankungen, die zwischen 58 % und 98 % liegen.

Auch Open-Air-Konzerte sind weiterhin gefragt (1992: 14 % – 2000: 25 %) – vor allem bei der jungen Generation. Jeder dritte Jugendliche im Alter von 14 bis 29 Jahren kann sich dafür begeistern, bei den 14- bis 17-Jährigen ist es fast jeder zweite (45 %). Der sich abzeichnende Kulturboom wird sich kaum auf die klassischen Kulturbereiche Theater/Oper/Konzert auswirken. Der Zuwachs des bekundeten Interesses hält sich in Grenzen: Theater (+3 Prozentpunkte), Oper (+2) und Ballett (+4). Die Kulturwirklichkeit spricht eine deutliche Sprache: ›Öfter‹ besuchen ein Theater 15 % der Bevölkerung, eine Oper 5 % und ein Ballett 2 %.

Die Kulturlandschaft der Zukunft wird sich grundlegend verändern. Staatsbühnen und Privatbühnen werden sich einen harten Wettbewerb liefern. Staatstheater können sich dann nicht mehr auf Subventionen ausruhen oder ihren vermeintlich hohen Kunstanspruch immer dann, wenn breite Bevölkerungsschichten Zeit für Kultur haben (z. B. in der Urlaubszeit), einfach in die Ferien schicken (›Sommerpause‹). Die Theaterferien – ein Relikt der Nachkriegs-Arbeitsgesellschaft – sind überholt. Im Zeitalter der Massenfreizeit und eines sich expansiv entwickelnden Städtetourismus muß sich auch die städtische Kulturpolitik zu einer ›Freizeitkulturpolitik‹ wandeln und den Mut und politischen Willen zu einem freizeitkulturellen Gesamtkonzept haben.

Literatur

Karasek, H.: »Das Angebot der Kulturindustrie«. In: Opaschowski, H. W. (Hg.): *Freizeitpädagogik in der Leistungsgesellschaft.* Bad Heilbrunn ²1973. S. 40–47.
Koslowski, P.: *Die postmoderne Kultur. Gesellschaftlich-kulturelle Konsequenzen der technischen Entwicklung.* München 1987.
Opaschowski, H. W.: *Kathedralen des 21. Jahrhunderts. Erlebniswelten im Zeitalter der Eventkultur.* Hamburg 2000.
Ders.: *Freizeit 2001: Ein Blick in die Zukunft unserer Freizeitwelt.* Hamburg 1992.
Ders.: Deutschland 2010. Wie wir morgen arbeiten und leben. Hamburg ²2001.
Rosenmayr, L./Kolland, F. (Hgg.): *Formen kultureller Aktivitäten älterer und alter Menschen in Österreich.* Wien 1992.

Horst W. Opaschowski

Jugendkultur

Jugendkultur bezeichnet Verhaltensformen, Präsentationsstile und Richtungen der Populärkultur, mit denen sich Heranwachsende von der ›Normalkultur‹ absetzen und abgrenzen. Jugendkultur ist ein schillernder Gegenstand, besetzt von den unterschiedlichsten Projektionen, Erwartungen und Interessen. Während sie für Heranwachsende oft nur ein Mittel ist, um dem Rest der Welt zu signalisieren: ›Wir wollen in Ruhe gelassen werden‹, produzieren Soziologen, Pädagogen, Kritiker und Marktforscher unablässig neue Interpretationen. Doch während die Experten erklären, was die rätselhafte Bevölkerungsgruppe der Halbwüchsigen eigentlich denkt und fühlt, haben deren Formen und Moden schon wieder eine ganz neue, unerwartete Wendung genommen.

Der Begriff hält zunächst die Beobachtung fest, daß Heranwachsende sich neben den Institutionen, die sie zu funktionierenden, ›erfolgreichen‹ Mitgliedern der Industriegesellschaft formen sollen, neben Familie und Schule, Lehre und Verein, eigene Räume schaffen, in denen andere Regeln und Bedeutungen gelten als in der übrigen Gesellschaft. Hier sind Gleichaltrige die höchste Autorität; hier kleidet und bewegt, spricht und vergnügt man sich anders, hier schätzt man andere Kenntnisse und Fähigkeiten, ↗Spiele und Künste als Erwachsene.

Drei Merkmale werden der Jugendkultur recht übereinstimmend zugeschrieben. Erstens sind ihre Abweichungen weder zufällig noch harmlos; Jugendkultur repräsentiert und inszeniert Abgrenzung gegenüber der Erwachsenenwelt, in ihr wirkt der Wille zum Anderssein. Zweitens: Objekte und Praktiken tragen kommerziellen Charakter; ↗Musik und Outfit, Computerspiele und Discobesuche, Raves und Streetballturniere sind kapitalistische Waren, Dienstleistungen und Marketingveranstaltungen – bevor Jugendliche sie für ihre eigenen Zwecke und Ausdrucksabsichten neu arrangieren, verändern, umdeuten. Nur am Beginn neuer Trends ist es kleinen Avantgardegruppen kurzzeitig möglich, relativ unabhängig von Vermarktungsabsichten einen Stil zu kreieren. Drittens wird angenommen, daß praktisch alle Heranwachsenden Jugendkultur durchlaufen, daß ihre Erfahrung zur Normalbiographie gehört.

Jugendkultur in diesem Sinn gibt es in westlichen Gesellschaften mit hohem Wohlstand und entwickelter ↗Massenkultur seit den 1950er Jahren; zuerst wurde sie in den USA diagnostiziert. Darüber hinaus jedoch ist die Verwendung des Konzepts in der Einzahl irreführend. Real gibt es das Phänomen nur in der Mehrzahl, in Gestalt vieler Jugendkulturen, die sich voneinander bis zum Krieg der Stile unterscheiden. Die Spaltungen der Gesellschaft durchziehen auch den Raum der Jugendkultur.

Sie ist gegliedert nach Stilen – ›Paketen‹ von Praktiken, Gütern, Kleidung und Aufmachung, Treffpunkten, Ereignissen und Drogen. Herkömmlicherweise steht im Mittelpunkt des Stils eine bestimmte Richtung der Popmusik: Das Votum für Techno, Hiphop, Heavy Metal, Oi usw. mit all ihren Unterformen bestimmt, was man trägt, wie man den Körper stylt, welche Rollen für Jungen und Mädchen vorgesehen sind, wo man sich zu ↗Konzerten oder Tanzveranstaltungen trifft, welchen Freizeitsport man bevorzugt, welche Drogen von Bier bis Ecstasy mit einer gewissen Wahrscheinlichkeit konsumiert werden. Es bestimmt auch, welche anderen Jugendstile abgelehnt werden, bis hin zum absoluten Feindbild. Musik ist hier *das* Medium, das die Gemeinsamkeit des Gruppengefühls und seine symbolischen Botschaften intensiv, umfassend, unübersetzbar ausdrückt. Neuerdings formieren sich allerdings auch Stile mit anderen Zentralmedien als Musik. Mit hohem Engagement betriebene Freizeitaktivitäten wie Streetball oder Skateboarding, bestimmte Computerspiele oder Fandom können ebenfalls zum Mittelpunkt werden, um den Gleichgesinnten einen strengen Bau von Verhaltensregeln und symbolischen Codes errichten.

Zunehmende Differenzierung und wachsender Narzißmus der Stile scheinen die Jugend-Landschaft der Gegenwart zu charakterisieren. Einzelne Gruppen bezeichnen sich selbst als Stämme (tribes), Fremdwahrnehmung und Selbstdeutung werden ethnisiert. Ausgrenzung und Selbstghettoisierung von Migrantengruppen schlagen auch in Deutschland auf die Jugendkultur durch; Rassismen und Mythen kultureller Reinheit werden zum Maßstab für die Stilkonstruktion und prägen musikalische Botschaften.

Widerstand und Kommerzialisierung

Derartige Entwicklungen der 1990er Jahre haben ein lange Zeit gültiges Verständnis erschüttert. Kurz gesagt: Seit den 1960ern galt Jugendkultur vielen Sozialwissenschaftlern und der kritischen Intelligenz als im Kern progressiv. Man sah sie als unangepaßt, rebellisch, kreativ und freiheitsdurstig. »Resistance through rituals« – der Titel einer britischen Studie (Clarke u. a. 1979) wurde zum Programm; von nun an suchte man die Formensprache der Jugendstile als verschlüsselte Botschaft von Widerstand und Widersetzlichkeit zu dechiffrieren. Das Konzept von Jugendkultur als ↗ Subkultur brachte das auf den Begriff. Es richtete sich gegen Lesarten, die abweichendes Verhalten von Minderheiten kriminalisierten und zugleich die besonderen Codes der Mehrheit der Heranwachsenden als systemkonforme ›Teilkultur‹ deuteten; so werde Jugendkultur als nützliches Übungsfeld auf dem Weg zur sozialen Integration verharmlost.

Die Subkulturinterpretation las abweichende Werte und auffälliges Verhalten als Ausdruck von Klassengegensätzen und gesellschaftlichen Widersprüchen. Die soziale Herkunft und damit die Prägung durch die sogenannte Stammkultur galten als Schlüssel zum Verständnis. Eine Mittelschicht-Jugendkultur wie die der Hippies wurde als spezifisch bürgerlicher Protest gegen Normen und Zwänge der kapitalistischen Ordnung interpretiert. In Subkulturen Arbeiterjugendlicher hingegen sah man eine doppelte Abgrenzung am Werk: sowohl gegen die Arbeiterkultur der Herkunftsmilieus, die durch die Strukturveränderungen der Nachkriegszeit in die Krise geraten war, wie gegen die Normen der bürgerlichen Ordnung, die Arbeiterjugendlichen als Angehörigen einer unterprivilegierten und beherrschten Klasse keine ernsthafte Chance gab – es sei denn um den Preis totaler Anpassung an Mittelschichtwerte. Schule und Jugendpflege, Polizei und bürgerliche Öffentlichkeit mußten in den Augen dieser Jugendlichen als Institutionen erscheinen, die Selbstaufgabe und Unterordnung verlangten – und dagegen leisteten die Normen und Praxen der Subkultur Widerstand (Willis 1979, 1981).

Der Subkulturansatz wurde v. a. am Centre for Contemporary Cultural Studies (CCCS) in Birmingham entwickelt; die deutsche Forschung nahm ihn bald auf. Die entscheidende Neuerung bestand darin, Resistenz und Selbstbewußtsein nicht an den Maßstäben der Arbeiterbewegung für richtiges Klassenbewußtsein zu messen. Um die symbolischen Botschaften zu entziffern, die in Auftreten, Geschmack, Freizeitvorlieben, im Umgang mit Gütern der Konsum- und Populärkultur steckten, setzte man sie in Beziehung zu den herrschenden Regeln für zivilisiertes Auftreten und legitimen Geschmack. Klobige Arbeitsschuhe als Teil der Freizeitkleidung erschienen nun nicht als Mangel an Eleganz und Leichtigkeit, sondern als Herausforderung einer Ideologie, die die Klassenunterschiede im Vergnügen leugnete, und als Bekenntnis zu einem Wertekodex, der auf harter und gefährlicher Arbeit gründete. Jugendsubkulturen wie Skinheads oder Halbstarke zeigten in dieser Sicht ihren proletarischen Charakter nicht durch Klassenbewußtsein und politisches Engagement; sie boten – in der Praxis bestimmter Stile – symbolische Lösungen für die Lebenswidersprüche von Arbeiterjugendlichen.

Nach dem Zweiten Weltkrieg waren es in Westeuropa zunächst derartige Jugendkulturen, die mit actionorientierten Stilen (↗ Action) energiebetonte Popmusik und moderne Konsumgüter – Motorräder und Motorroller etwa – zu Ausdrucksmitteln für Selbstbehauptung und Herausforderung machten. Die hier durchaus treffende Interpretation als symbolische Inszenierung von Widerstand und Protest wurde faktisch ausgedehnt auf alle Formen von Jugendkultur, die sich seit den 1960ern in zunehmender Breite entwickelten. Mit Rock 'n' Roll, Beat, Rockmusik, Punk begann die Tradition von Musikstilen, um die sich Jugendszenen gruppierten – Stile, die rasch aufeinanderfolgten und kurz nach ihrem Auftreten schon kommerziell gepusht wurden. ›Revolution‹ und ›Provokation‹ dienten der ↗ Werbung als Parolen; das Marketing machte sich bald das Konzept des ›Stils‹ zu eigen und suggerierte Jugendlichen, welche Waren von der Underground-Schallplatte bis zur Punkfrisur sie zu kaufen hatten, um ›authentisch‹ den jeweils neuesten Stil zu zeigen (Lindner 1985).

Drei Aspekte der Entwicklung sind genauer zu betrachten:

1. ↗ Medien, Werbung, Massenproduktion, Diskotheken sorgten dafür, daß fast alle Jugendlichen teilhaben konnten an Stilwelten und Szenen, die sich symbolisch von der Erwachsenengesellschaft abgrenzten. Aber Jugendkultur als Bestandteil der

Normalbiographie hat notwendig einen anderen Charakter als die Subkulturen marginalisierter Gruppen. Von nun an stellte sich die Frage: Welches Maß an Dichte, Verpflichtungscharakter, Intensität, Außenseiterqualität müssen ein Stil oder eine Szene haben, um noch den Geist und das Gefühl des Widerständigen zu vermitteln?

2. Jugendkultur wurde rasch historisiert und reflexiv. Seit den Anfängen fand sie große öffentliche Aufmerksamkeit. Während jedoch die mediale Überzeichnung zum Bürgerschreck den Subkulturen half, Zusammenhalt und Abgrenzungskraft zu bewahren, hat die seit den 1960er Jahren aufblühende neugierig-sympathisierende Kommentierung die Verhältnisse zunehmend komplexer gemacht. Viele Kritiker traten auf mit dem Anspruch, der »sprachlosen Opposition« (Baacke 1968) zum artikulierten Bewußtsein ihres Tuns und ihrer Absichten zu verhelfen. Auf der anderen Seite waren viele Beat- und Rockmusiker intellektuell durchaus in der Lage, Selbstdeutungen für die Medien zu produzieren – ganz zu schweigen von den Managern, die systematisch am künstlerisch-rebellischen ↗Image der von ihnen vertretenen Gruppen arbeiteten. Es etablierten sich konkurrierende Deutungszentren innerhalb und außerhalb der Subkulturen: ↗Zeitschriften und Wortführer, Buchreihen und wissenschaftliche Netzwerke. Moralisierend könnte man beklagen, daß die Subkulturen ihre proletarische Unschuld verloren und intellektuell kolonisiert wurden – wüßte man nicht, daß Selbstreflexivität und fragendes Zergliedern des eigenen Tuns das Schicksal allen menschlichen Handelns in der Moderne ist. Jedenfalls dehnte sich die Spannweite von Jugendkultur extrem aus. Sie reicht mittlerweile von unbekümmerten Anhängern, die dem folgen, was gerade ›in‹ ist, über Aktivisten, die sich mit großer Hingabe vom Gefühl und der Energie eines Stils erfüllen lassen, bis zu Akademikern jeglichen Alters, die als authentische Deuter der Jugendkultur und als kritische Verwalter ihres ›eigentlichen‹ Geistes auftreten.

Eng damit verbunden war Historisierung. In zumindest rudimentärer Form hat jede/r Heranwachsende Wissen über die Geschichte von Jugendkultur als Popkultur. Das sind Legenden von Elvis, Woodstock und Jimi Hendrix, das sind Bilder von Marlon Brando als THE WILD ONE, von den Sex Pistols, Twiggy oder Madonna, das sind Klänge von Hunderten von Stücken aus der Popmusik und den Soundtracks der zweiten Hälfte des 20. Jh. Immer neue Revivals und Retromoden, Oldieparties und Neueinspielungen von Klassikern halten ein reiches künstlerisches Erbe und vielfarbige Traditionen lebendig. Prägungen von Geschmack und Habitus, die in der Jugendkultur erworben wurden, ziehen sich durch die Biographien hindurch. Bei immer mehr Rockkonzerten (↗Konzert) stehen auf der Bühne wie im Saal Menschen jenseits der 50, aber auch Halbwüchsige sind ↗Fans und Kenner der lebenden Legenden.

3. Jugendkultur ist heute kommerzialisiert bis in die kleinste Pore hinein. Allgegenwärtig ist zumindest der begründete Anfangsverdacht, hinter jeder Innovation, jedem neuen Zeichen, jedem Ausbruchsversuch stecke das Streben nach Markterfolg. Das trifft die Kreativen im Rampenlicht ebenso wie die Tänzer im Diskolicht. Im Zeitalter der Patchworkidentitäten und Erlebnisinszenierungen wird jede Handlung und jede Selbstpräsentation durchkalkuliert auf ihre Effekte hin – auch die Suche nach sprachloser Erfahrung und Authentizität der Gefühle. Immer leichter wechselt man die Szenen und die symbolischen Codes, niemand will auf eine Botschaft festgelegt werden. Was bedeuten jugendkulturelle Praxen noch?

Aktuelle Widersprüche

Diese Trends haben dazu geführt, daß die Forschung sich weitgehend vom Paradigma ›Subkultur‹ verabschiedet. Es ist mittlerweile zu bezweifeln, ob Jugendkultur als Gesamtphänomen eine Botschaft an die Gesellschaft hat, besser: eine Botschaft darstellt, die mit Opposition, Rebellion, Widerstand assoziiert werden kann. Angesichts von Neonazi-Subkultur unter Skinheads beispielsweise ist die Frage noch zuzuspitzen: Sind Feeling, Energie und Ermächtigung, die Jugendkultur vermitteln kann, beliebig zu lenken, einsetzbar auch für Rassismus, für den ↗Kult rauschhafter, nicht mehr ritualisierter ↗Gewalt, für Unterdrückung und Vernichtung?

Es gibt keine pauschale Antwort; zu differenziert ist das Feld heute. Grundsätzlich bilden Jugendkulturen keinen spielerisch freien Raum der Lebensstile, ohne Bezug auf die symbolischen Ordnungen von ›oben‹ und ›unten‹, Hand- und Kopfarbeit, Macht und Machtlosigkeit. Einige Szenen tragen durchaus noch ›klassischen‹ Subkulturcharakter. Sie sind gekennzeichnet durch relativ hohe soziale oder ethnische Homogenität, und ihre symbolische Sprache des Protests ist im Kontext von Klasse, ›Rasse‹ und Unterdrückung zu lesen. In anderen Zusammenhängen scheint der Charakter unverbindlichen Freizeitvergnügens und des individuell-narzißtischen

Sich-in-Szene-Setzens derart zu dominieren, daß die Frage nach Ritualen des Widerstands absurd klingt. Schließlich ist die Attraktivität von Stilen, die Protest als Rassismus, NS-Nachfolge und Hitlerkult ausagieren, ebenso unübersehbar wie die Tatsache, daß Jugendkulturen ethnischer Minoritäten zur Selbstermächtigung Sexismus, ›umgedrehten‹ Rassismus, Kult der Gewalt und Aggression gegen Homosexuelle kultivieren können. Unterdrückt zu sein, fördert selten sympathische Eigenschaften.

Solche Mischungen sind allerdings nicht neu; man hat sie nur bei der romantischen Identifikation mit den rebellischen Unterschicht-Subkulturen verdrängt. Gerade deswegen ist Vorsicht geboten bei Pauschalurteilen mit entgegengesetzter Tendenz. Jugendkultur ist in unserer Gesellschaft Objekt von Emotionen, Ängsten und Sensationssuche. Viele Kommentatoren haben eigene, nicht selten verklärte, jugendkulturelle Erfahrungen und neigen dazu, diese unreflektiert und unhistorisch als Maßstab anzulegen. Differenzierte Darstellungen verlangen gründlichere Kenntnis, als Umfrageergebnisse und Medienberichte sie vermitteln. Ethnographische Studien von Jugendszenen und Versuche, aus Beobachtung, Teilnahme und Selbstdeutung der Jugendlichen ein Bild ihrer Praxen und ihrer ambivalenten Beziehung zur umgebenden Welt zu gewinnen, sind allerdings selten.

So wäre auch die dominierende männliche Sicht zu korrigieren. Die Vorliebe fürs Widerständige war Vorliebe für öffentlich auffällige Aktivitäten und damit für Handlungsfelder, die in unserer Gesellschaft vor allem jungen Männern zugewiesen werden. Eher private und weniger auffällige Weisen, wie Mädchen Jugendkultur leben, wurden faktisch abgewertet, ohne sie überhaupt näher zu betrachten.

Jugendkultur ist der wichtigste Raum für Heranwachsende, um erotische Selbstdarstellung und Begegnung zu üben. Auch heute sind in dieser Hinsicht Jungen und Mädchen keineswegs gleichgestellt. Im herrschenden Geschlechterverhältnis ist das entscheidende Kapital der jungen Frauen ihr Körper. Ihre Chancen und ihr Handlungsraum hängen sehr viel stärker als bei jungen Männern davon ab, daß sie rigiden Normen von Schönheit und sexueller Attraktivität (↗ Sex) entsprechen; daran müssen sie kontinuierlich arbeiten. Mädchen stehen unter dem Druck, physische Anziehungskraft gezielt einzusetzen, um die Aussichten auf dem erotischen Markt zu verbessern – und gleichzeitig laufen sie Gefahr, als ›billig‹ und ›leicht zu haben‹ entwertet zu werden und so Lebenschancen zu verspielen (Helfferich 1994). Hier ist Jugendkultur keine Gegenwelt, sondern Verlängerung patriarchaler ›Normalität‹.

Geschichte

Am Beginn von Jugendkultur in Deutschland, um die Wende vom 19. zum 20. Jh., standen zwei Typen, die konträrer kaum sein konnten: der Wandervogel und der Halbstarke. Großstadterfahrung hat beide geprägt – mit entgegengesetztem Effekt. Die ersten Wandervögel waren Berliner Gymnasiasten, Kinder aus bürgerlichem Elternhaus, die 1896 mit einem engagierten Studenten (Homann Hoffmann) als Mentor zu längeren Wanderfahrten aufbrachen: aus der städtischen, entfremdeten, materialistischen und veräußerlichten, Zivilisation zur ehrlichen, wertbezogen selbstbestimmten, der ›inneren Wahrhaftigkeit‹ verpflichteten idealistischen Gemeinschaft in und mit der Natur – so die Selbstsicht. Gegenwelt zur wilhelminischen Selbstzufriedenheit und gelebter Protest, fand die Jugendkultur (der Begriff wurde in diesem Zusammenhang geprägt) Anklang bei Gleichaltrigen aus dem Bürgertum und erwartungsvolle Aufmerksamkeit unter der zeitkritischen Intelligenz. Die Mittelschicht-Subkultur der Jugendbewegung verkörperte für viele die Hoffnung auf den ›neuen Menschen‹ einer besseren Zukunft. Sie war nicht gefeit gegen die Verführungen des Nationalismus und des Faschismus; doch sie hat bis weit in die Nachkriegszeit hinein Menschen geprägt, die an einflußreichen Stellen engagiert und mit hohem moralischen Anspruch (›das Charakterliche entscheidet‹) wirkten.

Diese idealistische und idealisierte Jugendkultur wurde mit höchsten Erwartungen beladen, von erwachsenen Fürsprechern mehr noch als von den Beteiligten. Sie bildete, ausgesprochen und unausgesprochen, den Maßstab für jugendliche Gesellung und Stilisierung bis weit in die Nachkriegszeit hinein. Aus dieser Perspektive konnte nur erschrecken, was faktisch immer mehr Jugendliche in Bann zog und dann gar zur Norm wurde: Subkulturen, Szenen, Stile drückten ihr Nichteinverstandensein mit der Welt, die die Alten für sie bereithielten, keineswegs programmatisch-idealisch aus, sondern in der demonstrativen Auffälligkeit ihrer Regelverletzungen, ihrer Rituale und Moden, ihrer Aneignung von Konsum und Kommerzkultur. Der Halbstarke, der vor dem Ersten Weltkrieg ins Visier der Jugendfürsorger geriet, war aus deren Sicht ein arbeitsscheuer, vergnügungshungriger, auffallend sich kleidender und herausfordernd posierender »Feind der Ordnung« (Schultz 1912). Es folgten in der Zwischenkriegszeit die Subkulturen der ›Wilden Cliquen‹ und verschiedener um ›heiße Musik‹ und ›elegante Klamotten‹ nach englischem oder amerikanischem Vorbild sich gruppierender Arbeiterjugendlicher in Großstädten (Swingheinis, Stenze, Schlurfs). Ihr Pendant in den

Mittelschichten waren Jazz- und Swingfans – und beide Gruppen wurden wegen ihres Nonkonformismus und der Weigerung, sich militaristisch formieren zu lassen, vom Nationalsozialismus zu inneren Feinden erklärt.

In der Bundesrepublik begann schon gegen Ende der 1950er Jahre eine neue Entwicklung. Jugendkultur wurde zur Durchgangsphase der Normalbiographie. Subkulturelle Szenen wie die arbeiterjugendlichen Halbstarken gerieten an den Rand und Jugendkultur avancierte zum erstrangigen Marktsegment. Teenagermode und Teenagermusik wurden damals von den einen als kommerzielle Formierung einer Jugend nach amerikanischem Modell angeprangert, von anderen als weichgespültes Imitat der Halbstarken-Rebellion verachtet. Faktisch bedeutete die Teenagerwelle jedoch den Durchbruch zu Jugendstilen, die vergnügungsorientiert waren, kommerzielle Musikrichtungen und Konsumgüter rearrangierten und auch für Mädchen und Mittelschichtjugendliche attraktiv schienen.

Für die Bundesrepublik hieß Jugendkultur zumeist: Import und Adaption von internationalen Stilen, vorwiegend aus dem angelsächsischen Raum. Auch dafür gab und gibt es gegensätzliche Deutungen. Kritisch wird das Fehlen von Originalität und damit Authentizität bemängelt; die Masse der Jugendlichen in den mainstream-Szenen folge nur äußerlichen Stilvorgaben und treibe sie allenfalls manieristisch-effekthascherisch auf die Spitze. Die optimistische Lesart betont, daß viele der importierten Stil-Anregungen – von Rasta bis Rap – von unterdrückten nicht-weißen Gruppen geschaffen worden seien; im Medium von Jugendkultur öffne sich hier ein Zugang zu Erfahrungen der Dritten, kolonialisierten und postkolonialen Welt.

Auch die DDR behandelte rock-'n'-roll- und jeansbegeisterte Halbstarke der 1950er ebenso wie langhaarige Beatfans der 1960er Jahre als politische Feinde. Im schlimmsten Fall wurden sie inhaftiert und zu sozialen Außenseitern abgestempelt. Wo zur gleichen Zeit in der Bundesrepublik das ›gesunde Volksempfinden‹ Arbeitslager für ›Gammler‹ forderte, konstruierten kommunistische Dogmatiker einen Fall für die Staatsmacht. Beide Seiten bestätigten auf ihre Weise das herausfordernde Potential von Jugendkultur, das bald darauf in den Subkulturtheorien verallgemeinert wurde.

Neueren Jugendkulturen eine spezifische Internationalität zuzuschreiben, ist historisch durchaus berechtigt. In der zweiten Hälfte der 1960er Jahre, als Protestbewegungen Heranwachsender die gesamte westliche Welt bewegten, formierte sich so etwas wie eine Internationale der Jugend. Rockmusik war ihr universelles Medium, das Gefühl von Generationsgemeinsamkeit (*My Generation* – The Who) und Ablehnung des Establishments (›Traue keinem über Dreißig‹) die verbindende Einstellung, ein ebenso diffuses wie intensives Bedürfnis nach größeren Freiräumen das übereinstimmende Programm, die Neugier auf bewußtseinserweiternde Drogen grenzüberschreitend. Damals hat sich, mit einem Wort Paul Yonnets (1985, S. 141–190), die Jugend der westlichen Industriestaaten als »transnationales Volk« erfunden. Das ist kein schlechtes Bild. Zu einem Volk gehören elementare Gefühle der Zusammengehörigkeit ebenso wie innere Unterscheidungen und Auseinandersetzungen. Auch das ist mittlerweile Geschichte, teilweise nostalgisch in Retro-Moden beschworen, aber zugleich Element des kollektiven Gedächtnisses. Heute ist, mit dem diversifizierenden Grundtrend, die internationale Dimension von Jugendkultur aufgesplittert in viele Facetten. Dazu gehören auch die grenzüberschreitenden Verbindungen des weißen Faschismus, der keine Berührungsängste zeigt vor ›farbigen Flecken‹ in der Geschichte des Skinhead-Stils und seiner Musik.

Offene Perspektiven

Zu Beginn des 21. Jh. bietet sich ein höchst uneinheitliches Bild. Fast jedes Jugendmilieu kennt erbitterte Auseinandersetzungen um Authentizität. Ein harter Kern Hochengagierter pflegt jeweils die subkulturellen Traditionen, um sie zu bewahren vor der (aus ihrer Sicht) Masse der Freizeitfans, die angeblich nur Modeimpulsen folgen, unverbindlich durch die Szenen surfen oder von kommerziellen Mega-Events wie der Love-Parade angezogen werden. Im Fall Techno z. B. fällt das Urteil schwer (Muri 1999). Herrscht hier narzißtische Erlebnissuche, die Leistungskult und Warenfetischismus, Aufputschpraktiken, individualisierte Distanzierungszwänge und harmonistische Gemeinschaftsideologie der Gesellschaft blind verlängert? Oder verwandelt nüchternes und schrilles Umgehen mit derartigen Mechanismen die Szene in einen Spiegel, der der herrschenden Kultur ohne Botschaft und ohne utopischen Impuls vorgehalten wird? Fällt die Entscheidung im Kopf des Betrachters?

Wenn Jugend als sozialer Status immer diffuser wird, berührt das auch Jugendkultur. Einerseits bedeutet verlängerte Ausbildung, daß Züge einer beruflich und privat provisorischen, abhängigen Existenz bis zum Ende des dritten Lebensjahrzehnts andauern können. Andererseits konkurrieren Heranwachsende früher denn je im Feld der Freizeit (↗ Freizeitkultur) und als Konsumenten mit Erwachsenen; die Differenz scheint reduziert auf Unterschiede der Kaufkraft. Die Durchsetzung von Jugendlichkeit als soziale Norm führt immer häufiger zur Teilnahme Älterer an Jugendmusikszenen. Die Grenzen von ›Jugend‹ verschwimmen gegenüber Kindheit wie gegenüber dem Erwachsenenstatus. ›Jugend‹ erweitert sich und wird zugleich heterogener. Zu den Unterschieden von Klasse, Geschlecht, Ethnizität, Alter (zwischen 13 und 30) treten solche hinzu, die aus vielfältig differenzierten Ausbildungs- und Berufsverläufen hervorgehen. Da fällt es schwer, Gemeinsamkeiten gegenüber der Erwachsenenwelt zur Grundlage einer Jugendkultur zu machen, die mehr und anderes wäre als Marketing-Etikett für unvereinbare Modestile. Bleibt als Verbindendes nur der »Ausdruck eines Lebensgefühls von Augenblicksversessenheit, Schnelligkeit, Plötzlichkeit und Intensität«, der Menschen fast jeden Alters anzieht (Baacke/Ferchhoff 1993, S. 426)?

So sehr die Bedingungen sich verändert haben gegenüber dem, was Jugendkultur noch zu Beginn der 1960er Jahre war, so vorsichtig sollte man sein mit Pauschalurteilen über Kommerzialisierung und Verwandlung in harmlos-manieristische Lebensstilmoden. Auch in den 1980ern und 1990ern kamen die wichtigsten innovativen Impulse für die Populärmusik aus subkulturellen Jugendszenen. Stilistische Kreativität und künstlerische Energie haben keineswegs nachgelassen. Die europäische Aneignung der Hiphopkultur hat ein Feld eröffnet, in dem jugendliche Erfahrung von Ethnizität und sozialer Ausgrenzung vital und phantasievoll bearbeitet wird, mit großer ästhetischer Ausstrahlung in die Gesellschaft hinein. Und noch immer ist das Angebot eines symbolischen Kosmos, in dem Heranwachsende ihre Position gegenüber der Erwachsenenkultur suchen und praktisch demonstrieren können, anziehend. In welchem Maß Einfallsreichtum und Selbstbehauptungsstreben eigensinniger Jugendkulturen sich gegen die kommerzielle Dynamik heutiger Jugendfreizeit behaupten, bleibt also weiter zu beobachten.

Literatur

Baacke, D.: *Beat – die sprachlose Opposition*. München 1968.
Ders.: *Jugend und Jugendkulturen*. Weinheim 1999.
Ders./Ferchhoff, W.: »Jugend und Kultur«. In: Krüger, H.-H. (Hg.): *Handbuch der Jugendforschung*. Opladen 1993. S. 403–445.
Bucher, W./Pohl, K. (Hgg.): *Schock und Schöpfung. Jugendästhetik im 20. Jahrhundert*. Darmstadt 1986.
Clarke, J. et al.: *Jugendkultur als Widerstand*. Frankfurt a. M. 1979.
Diederichsen, D./Hebdige, D./Marx, O.: *Schocker. Stile und Moden der Subkultur*. Reinbek 1983.
Diederichsen, D.: *Freiheit macht arm. Das Leben nach Rock 'n' Roll 1990–1993*. Köln 1993.
Helfferich, C.: *Jugend, Körper und Geschlecht*. Opladen 1994.
Lindner, R.: Nachwort zu: Brake, M.: *Soziologie der jugendlichen Subkulturen*. Frankfurt a. M. 1981. S. 172–193.
Lindner, R.: »A propos Stil. Einige Anmerkungen zu einem Trend und seinen Folgen«. In: Ders./Wieb H.-H. (Hgg.): *Verborgen im Licht. Neues zur Jugendfrage*. Frankfurt a. M. 1985. S. 206–217.
Moser, J. (Hg.): *Jugendkulturen*. Frankfurt a. M. 2000.
Muri, G.: *Aufbruch ins Wunderland? Ethnographische Recherchen in Zürcher Technoszenen 1988–1998*. Zürich 1999.
Sander, U./Vollbrecht, R.: »Jugend«. In: Führ, C./Furck, C.-L. (Hgg.): *Handbuch der deutschen Bildungsgeschichte. Bd. VI: 1945 bis zur Gegenwart, Erster Teilband: Bundesrepublik Deutschland*. München 1998. S. 192–216.
Schultz, C.: *Die Halbstarken*. Leipzig 1912.
SPoKK (Hg.): *Kursbuch JugendKultur*. Mannheim 1997.
Willis, P.: *Spaß am Widerstand. Gegenkultur in der Arbeiterschule*. Frankfurt a. M. 1979.
Ders.: »*Profane Culture*«. Rocker, Hippies: Subversive Stile der Jugendkultur. Frankfurt a. M. 1981.
Yonnet, P.: *Jeux, Modes et Masses*. Paris 1985.
Zinnecker, J.: »Metamorphosen im Zeitraffer: Jungsein in der zweiten Hälfte des 20. Jahrhunderts«. In: Levi, G./Schmitt, J.-C. (Hgg.): *Geschichte der Jugend*, Bd. II. Frankfurt a. M. 1997. S. 460–505.

Kaspar Maase

Kulturindustrie

Der Begriff ›Kulturindustrie‹ findet allgemein Verwendung für die Bezeichnung der kulturellen Massenproduktion und wird wie der Begriff ↗ Massenkultur vorwiegend als Gegenbegriff zur Kunst und zur Kunstproduktion verwandt. In seinem theoretischen Gehalt verbindet sich der Begriff mit der Ideologiekritik und dient der Kritik eines totalen Verblendungszusammenhangs, der mit der kulturindustriellen Produktion und dem Absatz von Kulturwaren verbunden ist.

Kaum ein anderer Begriff kann in der zweiten Hälfte des 20. Jh. auf so eine breite Wirkungsgeschichte im Zusammenhang mit der Analyse von Massenkommunikationsprozessen verweisen wie derjenige der Kulturindustrie. Und auch zu Beginn dieses Jahrhunderts wird das Schlußwort des Kapitels in der Dialektik der Aufklärung, das »fortzusetzen« lautet, als Aufforderung begriffen, die Kritik weiter zu verfolgen (vgl. Zeitschrift für kritische Theorie, 2000–2002, vor allem die Beiträge von Böhme, Steinert, Prokop). Manch einer dieser ›Wiederaufgriffe‹ scheint sich jedoch über veränderte theoretische Bezüge hinwegsetzen zu wollen, indem er weiterhin dominant an der Ideologiekritik, der Verdinglichungsthese und der Analyse des Warenfetischismus wie der Massenkulturkritik orientiert bleibt. Hier ist zu fragen, ob dieses begriffliche Konzept, trotz seiner

Nützlichkeit für die Analyse der Populärkultur – wie sie z. B. Steinert in seinen Analysen vorlegt –, ohne theoretische Neufassung nicht droht, den aus den ökonomischen und technologischen Veränderungen resultierenden Wandel der Medienkultur aus dem Auge zu verlieren. Ehe auf die mit dieser möglichen Blickverengung einhergehenden Folgen in der Analyse der Populärkultur eingegangen wird, geht es zunächst um die Herleitung der begrifflichen und theoretischen Wurzeln des Kulturindustriebegriffs.

Dabei ist auf die Genese des Konzeptes in der Theoriebildung der Frankfurter Schule zurückzugreifen. Zunächst ist es wichtig zu erörtern, wie die Begriffe Massenkultur und Kulturindustrie, die zunächst zwei verschiedene Aspekte der kulturellen Entwicklung seit dem Ende des 19 Jh. bezeichnen, bei der Deutung und Anwendung des Konzepts ineinanderspielen. Während der Begriff Massenkultur die Verbreiterung der an kulturellen und medialen Angeboten partizipierenden gesellschaftlichen (Unter-) Schichten erfaßt und die Rolle der Massenkommunikationsmedien in diesem Prozeß bei der kulturellen Vergesellschaftung betont, ist die Genese des Kulturindustriebegriffs in engem Zusammenhang mit der Theoriebildung der Kritischen Theorie der »Frankfurter Schule« in der Zeit ihres amerikanischen Exils zu sehen.

Im wesentlichen wird der Begriff mit den Arbeiten Th. W. Adornos im Zusammenhang gesehen. Seine Wurzeln liegen jedoch in der Theoriearchitektur der *Dialektik der Aufklärung* (1947/1969), jenem Hauptwerk der Kritischen Theorie aus der Zeit ihres amerikanischen Exils, mit dem Adorno und Horkheimer die Kritik der Aufklärung und des Vernunftgedankens in geschichtsphilosophischer Perspektive verfolgt haben. Darüber hinaus steht das Kapitel über die Kulturindustrie – auf das die Begriffsverwendung zurückgeht – mit seinem Untertitel »Aufklärung als Massenbetrug« nicht von ungefähr in engem Zusammenhang mit dem Kapitel »Elemente des Antisemitismus: Grenzen der Aufklärung«. Hintergrund des Vergleichs von Strukturen des Antisemitismus und Strukturen der kulturindustriellen Massenproduktion von Kulturwaren bilden unzweifelhaft die Strategien der Massenbeeinflussung, die sich nicht nur in der Presse sondern ganz allgemein auch im Kinofilm oder im ↗ Radio abzuzeichnen schienen. Mit ihnen waren ganz neue Möglichkeiten der Verbreitung spezifischer Einstellungen und Haltungen verbunden; sie instrumentalisierten den Bereich der ↗ Unterhaltung ganz entscheidend für ihre Zwecke.

Für den engen Zusammenhang von Motiven des Antisemitismus und der Wirkungsweise der Kulturindustrie standen schließlich auch die Strategien von politischen Agitatoren (in Europa und den USA), die für die europäischen Beobachter nicht nur viele Gemeinsamkeiten aufwiesen, auch die jeweiligen Zielsetzungen schienen unter der Perspektive der *Dialektik der Aufklärung* auf das gleiche Ergebnis hinauszulaufen: den Massenbetrug und die blinde Subsumption unter dem Zwang gesellschaftlicher Reproduktions- und damit verkoppelter Machtverhältnisse.

Das somit wesentlich auf die Erfahrung der Massenkulturentwicklung in den 1930er und 1940er Jahren in Deutschland sowie auf die Entwicklung des kapitalistischen Mediensystems in Nordamerika konzentrierte Kulturindustriekapitel versammelt also jene kultur- und gesellschaftstheoretischen Bestimmungen, auf die es nach M. Horkheimer und Th. W. Adorno bei der Analyse der Wirkung von Massenkommunikation im Kapitalismus ankommt.

In ihrem Kritikkonzept fließen drei mit der Massenkulturentwicklung in den 1930er und 1940er Jahren verbundene Erfahrungen zusammen. Dabei tritt im Kulturindustriekapitel die Medienentwicklung in der Weimarer Republik und die in ihr geäußerte Hoffnung auf eine demokratische Entfaltung der Kommunikationsmedien sozusagen als Maßstab auf, von dem sowohl der totalitäre (in Deutschland, Spanien, Italien) als auch der monopolkapitalistische Medieneinsatz (in Nordamerika) abgerückt erscheinen.

Der Übergang von der demokratischen Phase der technologischen Entwicklung der Massenmedien zur Phase ihrer totalitären, aber auch ihrer monopolkapitalistischen Einbindung bildet somit den Ausgangspunkt der weiteren Kritik und Analyse. Während u. a. W. Benjamin und B. Brecht mit der Vorstellung einer Apparatur der Replik (Radiotheorie) noch auf neue und damals auch utopische Möglichkeiten der elektronischen Medien hinwiesen, sind diese durch die Indienststellung im totalitären Staat – sowie schließlich auch unter dem Monopolkapitalismus – nunmehr zum reinen Herrschaftsmittel verkommen.

Die europäische Erfahrung im Hintergrund, stellt auch die US-amerikanische Version des Medieneinsatzes nur eine andere Variante derselben, anscheinend unausweichlichen Anbindung des Subjekts an das System dar. Ist es im einen Fall der totalitäre Staat, so ist es im anderen die vom Monopol beherrschte Konsumsphäre, von der die Kontrolle der Individuen ausgeht. In diesem Motiv schließt sich der Kreis mit der kritisch-materialistischen Theoriebildung, die zu der Zeit in der Kritischen Theorie auf der Kapitalismuskritik Pollocks beruhte, die als Staatskapitalismusthese ausgelegt war. Mit dieser Festlegung werden aus der Warte der materialistischen Theoriebildung die für die gesellschaftliche und kulturelle Entwicklung in dieser Zeit maßgeblichen ökonomischen Ausgangsbedingungen zusammengefaßt und in ihren wesentlichen Mechanismen der Einflußnahme auf den Kulturbereich abgebildet.

Inhaltlich setzt die Analyse und Kritik in der *Dialektik der Aufklärung* noch verhalten ein, so als traue man der Kulturindustrie die beschriebenen Konsequenzen nicht voll und ganz zu. Einleitend unterscheiden die Autoren zunächst die Kunst von der industriellen Produktion kultureller Güter. So heißt es: »Einstweilen hat es die Technik bloß zur Standardisierung und Serienproduktion gebracht und das geopfert, wodurch die Logik des Werks von der des gesellschaftlichen Systems sich unterschied« (Adorno/Horkheimer 1987, S. 145).

Vor dem Hintergrund der kritisch-materialistischen Theoriebildung geht diese Interpretation und Kritik aber zentral von der Annahme einer Logik des gesellschaftlichen Systems aus, die sich in der Vorherrschaft eines ›ökonomischen Selektionsmechanismus‹ und dem davon geprägten ›Stil und Schema der Kulturindustrie‹ ausdrückt. Kulturindustrie bezeichnet hierbei die technisch industrialisierte Produktion und Distribution massen- bzw. populärkultureller Angebote verschiedenster Herkunft und Beschaffenheit über ausnahmslos alle zur Verfügung stehenden medialen Kanäle. Die Vorstellung des ökonomischen Selektionsmechanismus bildet somit für die Bestimmung der Entwicklungstendenzen der Kulturindustrie wie für die Einbindung der Rationalitätskritik den entscheidenden Ausgangspunkt.

Dieser theoretischen Position nach entspringt der Fortschritt der Kulturindustrie für Adorno den allgemeinen Gesetzen des Kapitals, die zum Monopolismus tendieren. Die mit diesem Gedanken einhergehende Vorstellung einer Einheit des Systems der Kulturindustrie schließt sowohl die Produktions- und Distributionsseite als auch die Fortschritte der Technikentwicklung als untrennbaren Zusammenhang mit ein, an dem die Rationalismuskritik in der Dialektik der Aufklärung sich entzündet.

An die Vorstellung von der Einheit des Systems der Kulturindustrie schließt dann die Annahme der Fortschreibung der Naturbeherrschung mit den Mitteln der Technik und der technischen Rationalität in der Kulturindustrie an. Von dieser Ableitung ausgehend, verbindet sie Kulturindustriekritik mit der *Dialektik der Aufklärung,* in der das Motiv der instrumentellen Rationalität den Zusammenhalt und den durchlaufenden Faden der einzelnen Teile bildet, wobei das Motiv der Naturbeherrschung in der Behandlung der Massenkultur als technologische Rationalität erscheint.

Von dieser sozialwissenschaftlichen, in der Rationalitätskritik gründenden Zurückweisung der Kulturindustrie hat sich der Begriff erst in den 1960er Jahren – als er mit den Schriften der Kritischen Theorie wiederentdeckt wurde –, abgelöst und wurde zu einem generellen Begriff zur kritischen Charakterisierung der Leistung von Medien und der Massenkommunikation in der Gegenwartsgesellschaft. Die negativ gewertete Leistung der Kulturindustrie besteht danach »[...] vor allem im Kalkül der Wirkung und der Technik von Herstellung und Verbreitung; ihrem eigentlichen Gehalt nach erschöpft sich die Ideologie in der Vergötzung des Daseienden und der Macht, von der die Technik kontrolliert wird« (Adorno/Horkheimer 1987, S. 22).

Der hinter dieser Wertung gleichfalls stehende Gegensatz von künstlerischer Technik und der technologischen Rationalität bildet bereits in den einleitenden Bestimmungen des Kulturindustriekapitels den Schnittpunkt, an dem Adorno die Aspekte seiner bis dahin verfaßten Arbeiten zur Veränderung der Kunstproduktion und der Kultur der 1920er und 1930er Jahre in die *Dialektik der Aufklärung* miteinfließen lassen konnte. Das Motiv der Technik und der technologischen Rationalität ist eines der Hauptthemen, anhand dessen auch die weiteren Arbeiten zur Massenkulturentwicklung des Instituts für Sozialforschung zusammengebunden werden können: die Technisierung der Kommunikation mit ihrem Einfluß auf Kunstproduktion und Kultur im Spätkapitalismus.

Die Behandlung der Technik in der Kulturindustrie bringt Adornos Kritik vor allem mit der Benjaminschen Behandlung derselben Thematik in dem Aufsatz »Das Kunstwerk im Zeitalter seiner technischen Reproduzierbarkeit« (frz. 1936/dt. 1955) zusammen, wobei beider Bewertung jedoch an entscheidenden Punkten auseinandergeht. Auf jeden Fall ist zwischen einer Bewertung der Technik und des technischen Fortschritts auf der einen Seite und der Argumentation mit dem Kriterium technischer Rationalität auf der anderen Seite in ihrer jeweiligen Anwendung auf die Kunst und die Massenkultur zu differenzieren.

Angesichts der theoretischen Elaboriertheit des Begriffs, der in den gesellschaftstheoretischen Analysen des Instituts für Sozialforschung in seinem Exil wurzelt, ist es nicht unwesentlich, für einige der heutzutage anzutreffenden Anwendungen eher von einem metaphorischen Gebrauch zu sprechen. Bereits Adorno machte, etwa in seinen Analysen des Jazz – die als Kulturindustriekritiken *avant la lettre* gelesen werden können –, keinen Hehl daraus, daß sich der Begriff auch zu einer metaphorischen Abgrenzung, etwa gegenüber der Organisation von Kunst und Kultur als Ware eignet. Massenkultur als Begriff umfaßt dabei alle Bereiche kultureller Produktion und Kommunikation, die nicht Kunst sind. Mit diesem Umfang tendiert der Begriff der Massenkultur heutzutage aber zur Wirkungslosigkeit und taugt nur marginal für eine Populärkulturanalyse, sofern er sich einer Differenzierung verschließt, die die Kulturwarenproduktion weitaus vielgestaltiger durchdringt als noch in den 1940er und 1950er Jahren.

Allein mit einer Analyse der Tauschabstraktion und der Warenförmigkeit ist die Kritik nicht mehr begründbar. Dadurch droht der Kulturindustriebegriff weitestgehend nur mehr zum Schibboleth einer sich als kritisch verstehenden Position herabzusinken, da er auch kaum mehr mit aktuellen medienökonomischen und gesellschaftlichen Differenzierungsprozessen verbunden ist. Auf diesem Gebiet liegen für die Medien- und Kommunikationswissenschaft sowie für die Populärkulturanalyse die größten Herausforderungen in der (Wieder-)Entdeckung und Anwendung des Kulturindustriebegriffs.

Ansätze zu einer Reformulierung können seit den 1970er Jahren festgehalten werden. Enzensbergers berühmter Aufsatz »Baukasten zu einer Theorie der Medien« erweitert den Begriff in Richtung »Bewußtseinsindustrie«, die zum »Schrittmacher der sozioökonomischen Entwicklung spätindustrieller Gesellschaften« (1970, S. 159) geworden sei. In Abwehr der Manipulationsthese betont Enzensberger nicht zuletzt im Aufgriff von Benjamins Gedanken der positiven Barbarei die Möglichkeit, die Medien im Sinne eines emanzipativen Mediengebrauchs zu Produktionsmitteln der Massen zu machen. Damit ist keine Verkehrung der kritischen Zielrichtung gemeint, sondern eine Strategie angesprochen, die Herrschaftsmittel gegen sich selbst zu wenden und die in ihnen angelegten emanzipatorischen Möglichkeiten zu ergreifen. Will man daher den Begriff Kulturindustrie für die Zwecke der Populärkulturanalyse weiterhin analytisch einsetzen – was angesichts der fortgeschrittenen industriellen Produktion von Unterhaltungsangeboten sinnvoll erscheint –, dann gilt es über eine begriffliche Rekonstruktion die mit dem Konzept gleichfalls auftretende polemische Ablehnung der Massenkultur von den Anwendungen abzugrenzen, die ein analytisches Interesse an dem Konzept verfolgen. Dies ist insbesondere Douglas Kellner (1995, 2002) in seinen unterschiedlichen Arbeiten gelungen, die eine Verbindung der Kulturindustriekritik mit Motiven der Cultural Studies leisten.

Literatur

Adorno, Th. W./Horkheimer, M.: »Dialektik der Aufklärung«. In: Horkheimer, M: *Gesammelte Schriften*, Bd. 5. Frankfurt a. M. 1987.

Enzensberger, H. M.: »Baukasten zu einer Theorie der Medien«. In: *Kursbuch 20* (1970) S. 159–186.

Göttlich, U.: *Kritik der Medien*. Opladen 1996.

Kellner, D.: *Media and Culture*. London/New York 1995.

Ders.: *Media Spectacle*. London/New York 2002.

Kausch, M.: *Kulturindustrie und Populärkultur*. Frankfurt a. M. 1988.

Steinert, H.: *Die Entdeckung der Kulturindustrie*. Wien 1992.

Ders.: *Kulturindustrie*. Münster 1999.

Wiggershaus, R.: *Die Frankfurter Schule*. Frankfurt a. M. 1988.

Zeitschrift für kritische Theorie 6–8 (2000–2002).

Williams, R.: *Culture and Society: 1780–1950*. London 1958.

Udo Göttlich

Massenkultur

›Massenkultur‹ ist die Sammelbezeichnung für Waren, Dienstleistungen und Aktivitäten, die in modernen Industriegesellschaften der ↗Unterhaltung und Vergnügung vieler dienen. Wie manche Grundbegriffe, mit denen wir die Welt zu ordnen suchen, ist auch Massenkultur nicht eindeutig zu bestimmen. Der Begriff entstand als Kampfbegriff und hat den verächtlichen Beigeschmack noch nicht verloren. Doch ohne kategoriale Unterscheidung kann man nicht vernünftig diskutieren. Daher ist es sinnvoll, die Bedeutung von ›Massenkultur‹ zu erörtern – selbst dann, wenn man am Ende den Begriff aufgeben sollte.

Massenkultur bezeichnet in modernen kapitalistischen Industriegesellschaften den Gegenpol zu ›Hoch‹- oder ›Elitenkultur‹; gemeint ist praktisch alles, was in diesem Handbuch behandelt wird. Massenkultur wird insofern zu recht als Synonym für Populäre Kultur verwendet. Sicher zählt heute der Schausport dazu. Und vieles spricht dafür, den *event*, das massenmedial und kommerziell inszenierte Ereignis mit Erlebnisqualität, einzuschließen; die Sonnenfinsternis vom August 1999 war in Westeuropa ein massenkultureller *event*. Zu überlegen ist, ob nicht auch modische Stile und Stilisierungen mit breiter Resonanz – Kleidung, Aufmachung, Trendsportarten usw. – dazugehören.

Massenkultur bezeichnet also nicht einfach eine Menge kultureller Güter und Angebote mit bestimmten gemeinsamen Eigenschaften. Sie ist auch nicht gleichzusetzen mit dem, was die Massenmedien transportieren. Im Zentrum steht eher die Art und Weise, mit kulturellen Angeboten, die auf ein großes ↗Publikum zielen, umzugehen. Für die Nutzer gibt es nur einen Maßstab: ihr Vergnügen. Schumanns *Träumerei* als Soundtrack eines Werbespots gehört zur Massenkultur, die Analyse von Star Wars im akademischen Seminar nicht. Der Klangteppich im Kaufhaus fungiert allenfalls dann als Massenkultur, wenn Menschen aufmerksam einzelnen Titeln zuhören sollten. Ein Schulbuch mit Millionenauflage ist sicher ein massenhaft verbreitetes Kulturprodukt, doch es steht unter der Devise ›Lernen‹. Und die Weihnachtsansprache des Kanzlers auf etlichen Kanälen wird trotz aller Inszenierung von den Zuschauern als politische Botschaft verstanden.

Die Nutzer suchen Ablenkung und Mitgerissenwerden, distanziertes Amüsement und ekstatische Verausgabung, unverbindliche Horizonterweiterung und Überwältigung durch Gefühle, gemeinschaftliche Hochstimmung und individuelle Körpererfahrung, geistige Herausforderung und erregenden Sinnenreiz. Was sie definitiv nicht suchen, ist die Disziplin der Hochkultur, die konzentrierte intellektuelle Anstrengung, deren Dauer und Intensität vom Anspruch eines ›Werkes‹ bestimmt wird.

Massenkultur ist Marktkultur; sie muß sich – und sei es als Werbe-Umfeld – in harter Konkurrenz und mit Aussicht auf Gewinn verkaufen lassen, im Wettbewerb der Reize ihr Publikum finden. Welcher Art die Reize sind, steht ebensowenig fest wie der Umfang der ›Massen‹, die zur Massenkultur gehören. Deren Geschichte ist die Geschichte ihrer Ausdifferenzierung, der Spezialisierung von Geschmäckern und Interessen, der Ausbildung hochsensibler Kennerschaft und der Entstehung von Fangemeinden, die sich aktiv, zum Teil mit quasiprofessionellem Engagement, Eigenwelten schaffen. Und mit moderner Technologie sind heute selbst kleine Publika gewinnbringend zu bedienen.

Wie eng allerdings der Rezipientenkreis auch immer sein mag, er ist heterogen. Er ist zwar nicht zufällig zusammengewürfelt; ↗ Genres und Stilrichtungen sprechen schwerpunktmäßig verschiedene Altersgruppen oder sexuelle Orientierungen an, Männer oder Frauen, Singles oder Familien, Produktions- oder Dienstleistungsbeschäftigte und alle Untergruppen, die sich aus der Kombination derartiger Charakteristika ergeben. Doch haben die realen Publika heute stets eine gewisse Bandbreite; schlichte Zuordnungen nach Klasse, Geschlecht, Generation stimmen immer weniger. Vor allem aber: Selbst kleine Publika sind ›Masse‹ in dem Sinn, daß sie allein durch die Präferenz für bestimmte Sendungen, ↗ Stars, Erzählweisen oder Musikstile konstituiert werden. Sie teilen keinen Lebenszusammenhang, sind keine Dorfgemeinschaft, Fabrikbelegschaft, soziale Interessengruppe. Die einzelnen, die die Kollek-

tivempfindungen einer Live-Veranstaltung genießen, kennen einander nicht und wollen daran auch nichts ändern.

Wieso spricht man – angesichts der Diversifizierung der Angebote und Interessen – von Massenkultur und nicht von kulturellem Pluralismus? Weil der Übergang von der kreativen Aneignung zur Eigenproduktion nur eine Facette darstellt, die Ausnahme und nicht die Norm. Die konkurrenzgetriebene Arbeits- und Leistungsgesellschaft absorbiert die Kräfte der meisten derart, daß Freizeit und Vergnügen notwendig von Ausspannen und Unverbindlichkeit bestimmt werden. Und in der Marktwirtschaft hängt die Chance, Kulturwaren zu verbreiten, vom Kapitaleinsatz ab. Fanzines und Einpersonenlabel ersetzen nicht die Medienmultis; Populärkultur ist in erster Linie arbeitsteilig produziertes Massenprodukt. Schließlich: Auch die innovativen Minderheiten orientieren sich an den Rezeptionsmodellen von Massenkultur in ihrer Differenz zu den Hochkulturpraxen.

Von Massenkultur ist da zu sprechen, wo Aneignung eine gewisse Alltäglichkeit (↗ Alltag) erreicht, in Gewohnheit übergeht. Mittlerweile hat die ↗ Kulturindustrie nicht nur ökonomisches Gewicht – Massenkultur ist in den westlichen Industriegesellschaften untrennbarer Teil der Lebensführung. Wo nicht gearbeitet, gelernt oder geschlafen wird, ist sie präsent. Ja, Fernsehschlaf und das ↗ Radio am Arbeitsplatz, der Hausmann bügelnd vor dem Fernseher und die Verfertigung der Schulaufgabe, die ohne Musikbegleitung nicht gelingen will, zeigen: Für die Durchdringung des Lebens scheint es keine Grenze zu geben. Das bedeutet: Neben der eigenen Erfahrung bildet Massenkultur wohl die wichtigste Quelle unseres Wissens. Was und wie wir persönlich wahrnehmen und erleben und wie wir es deuten, wird beeinflußt davon, was wir aus und in Massenkultur gelernt haben.

Das ist keine Katastrophe. In der global vernetzten Wissensgesellschaft sind wir für die meisten wichtigen Informationen und Urteile auf Institutionen angewiesen. Ob die zweite Hand, aus der wir unser Wissen beziehen, sich Kirche, Schule oder Wissenschaft, Regierung oder Verbraucherorganisation nennt, stets müssen wir Vertrauen und Mißtrauen pragmatisch kombinieren. Figuren aus soap operas und Actionfilmen (↗ Action) mögen nicht die besten Quellen sein, um sich ein realistisches Bild von Menschen und Menschlichkeit zu machen. Aber die Gesamtpalette der populären Künste ist fast so bunt wie das wirkliche Leben und unterscheidet sich damit positiv von den Vorbildern, die in den letzten Jahrhunderten Geistliche, Lehrer oder sonstige Führer der Jugend anboten. Das Eigene, das Ich, wird stets aus Fremdem und in der Auseinandersetzung mit dem Anderen entwickelt, und nichts deutet darauf hin, daß Zeichentrickfiguren und Stars aus der Marketingretorte die Beziehung zu lebenden Menschen ersetzen könnten. Wenn Eltern und Erzieher sich einfluß- und hilflos fühlen, ist es zu bequem, die böse Macht der Massenkultur anzuklagen.

Unzweifelhaft ist Massenkultur einer der großen Menschenbeeinflussungsapparate der Gegenwart. In jedem bundesdeutschen Haushalt stehen mindestens ein Radio und ↗ Fernsehgerät; über Kassettenrecorder, Autoradio, CD-Spieler und ↗ Videorecorder verfügen zwei Drittel bis vier Fünftel der Haushalte; in 50 % steht ein PC (↗ Computer), und 40 % der Bevölkerung nutzen das ↗ Internet. Tageszeitungen, Illustrierte und unterhaltende Publikumszeitschriften erreichen über 80 % (↗ Zeitung, ↗ Zeitschrift). Mit audiovisuellen ↗ Medien werden täglich gut siebeneinhalb Stunden verbracht, und jeden Tag findet sich schon weit über die Hälfte der 3–5jährigen vor dem Fernseher ein, um dort im Schnitt mehr als zwei Stunden zu verbringen (Media Perspektiven 2000, 2001; ↗ Fernsehen).

Kritik und Kontrolle

Kein Wunder also, daß immer wieder versucht wurde, Massenkultur zu kontrollieren und für Herrschaftsinteressen einzuspannen. Kein Wunder auch, daß die im weitesten Sinne politischen Wirkungen im Zentrum der Debatten über Massenkultur standen. Vor allem drei Fragen behandelte man: Nachahmung, Mentalität und Hierarchie. Das erste Thema war und ist mit Abstand das populärste. Exempelgeschichten von Menschen, die Erfundenes zum Vorbild nehmen und damit Unglück über sich und andere bringen, kursieren in Europa seit Jahrhunderten. Sie bilden geradezu ein Subgenre der populären Kultur. Der Junge, der dem genialen Verbrecher nacheifert, das Mädchen, das dem Liebesroman glaubt und zum Opfer des Verführers wird – im Bänkelsang, als Meldung im ›Vermischten‹ und als alltäglicher Gesprächsstoff haben derartige Figuren die neuere Mediengeschichte begleitet.

Heute gilt vielen das Internet als unkontrollierbarer Ort, an dem die Verführung den Kindern auflauert. Bisher jedenfalls hat kaum ein Kritiker, kaum eine wissenschaftliche, kirchliche, pädagogische, politische Autorität darauf verzichtet, das Nachahmungsargument heranzuziehen. In einem weiteren Sinne scheint das auch einleuchtend; daß die Weise der Darstellung von ↗ Gewalt und Sexualität (↗ Sex)

z. B. menschliche Beziehungen berührt, drängt sich auf. Spiegelt Massenkultur die Gesellschaft? Verstärkt der Spiegel Problematisches? Hilft er, es distanzierter zu betrachten? Oder trifft beides zu? Kann man, muß man bei der Massenkultur ansetzen, um Toleranz und Gewaltverzicht zu befördern? Keine der einfachen Antworten überzeugt. Vielleicht ist die kontroverse Debatte selbst das Wichtigste: unser Mittel, das schmerzliche Auseinanderklaffen von anerkannten Normen und Alltagsrealität bewußt zu halten.

Noch schwieriger sind die Auswirkungen auf die Mentalität zu beurteilen. Tiefe Besorgnis haben stets die populären Künste hervorgerufen. Auf sie projizierte man die Probleme, die das freie Spiel der Phantasie der rationalisierten Arbeits- und Leistungsgesellschaft bereitet. Als Domäne der Einbildungskraft kultiviert Kunst jene dunklen und hellen Möglichkeiten des Menschlichen, die im disziplinierten Alltag keinen Platz haben sollen. Im durchdringenden Licht des Realitätsprinzips erschien Kunst als irrationaler, bedrohlicher Repräsentant des »Anderen der Vernunft« (Böhme/Böhme 1983). Schon im 18. Jh. wurde der Romanlektüre vorgeworfen, sie mache lebensuntauglich und schüre Unzufriedenheit gerade bei jenen, die nicht mit irdischen Glücksgütern gesegnet sind. Im Kaiserreich bekämpfte man die Kolportageliteratur als Wegbereiter des Sozialismus und den ↗ Film als Schule des Verbrechens. Heranwachsende sollten sich körperlich abhärten und lernen, statt die Phantasie mit erfundenen Geschichten zu erregen, das war über Generationen pädagogische Maxime. Und mit dem Aufstieg der visuellen Medien kam protestantische Bilderfeindlichkeit erneut zum Tragen. Im Zentrum unserer Kultur stehe das Wort, so wird argumentiert, und die ›Bilderflut‹ sei verantwortlich für den modernen Analphabetismus.

Nur wenige verbanden mit dem Einzug der Massenkünste in den Alltag der einfachen Leute, der ›Ungebildeten‹, soziale Hoffnungen. Ernst Bloch (1962, S. 177, 181) etwa setzte auf das utopische Potential der Kunst auch in ihren massenhaft rezipierten Formen. Ihre Wirklichkeitsüberschreitung, im Werk Karl Mays etwa, bewahre »vor allem Seinwollen wie das fehlende Leben, wie buntes Glück«. Gelungene Kolportage träume »letzthin Revolution, Glanz dahinter«. Zumeist jedoch wurde das Tagtraumpotential der populären Künste als Wirklichkeitsflucht, bestenfalls als psychischer Ausgleich für reale Versagungen interpretiert. Am radikalsten formulierte den Anpassungsvorwurf die Frankfurter Schule: Massenkultur verrate den kritischen Impuls großer Kunst. Ihre Betriebsamkeit verlängere die Entfremdung der Arbeit in die Freizeit hinein. Der

Warencharakter mache alle Produkte der Kulturindustrie ähnlich; unter der Herrschaft des Monopols
suchten die Konsumenten nur, was die standardisierte Produktion schon perfektioniert habe: »die
Freiheit zum Immergleichen«. Angesichts des unablässig reproduzierten Verblendungszusammenhangs
der kapitalistischen Industriegesellschaft gelte: »Ver-
gnügtsein heißt Einverstandensein« (Horkheimer/
Adorno 1971, S. 150, 130).

Warum soviel Aufmerksamkeit für die Kritiker?
Erstens, weil es gegenwärtig scheint, als gerate mit
der Anerkennung der Massenkultur als Basiskultur
der postmodernen Gesellschaft die kritische Analyse
ins Abseits. Quasi als Wiedergutmachung für Jahrzehnte der Verteufelung fragen ernsthafte Studien
kaum noch nach Konformismus und Brutalisierung,
Einfallslosigkeit oder Verlogenheit. Dabei wäre die
große Aufgabe, praxistaugliche Maßstäbe zu entwickeln, die an einzelnen Produkten das Kreative
vom Schrott unterscheiden, die Erweiterung der
Möglichkeiten vom künstlerisch billigen Abspeisen
des Publikums. Auf der Tagesordnung steht die Ästhetik der Massenkultur, die nur eine Ästhetik der
Genres sein kann. Und da es nichts Praktischeres gibt
als eine gute Theorie, sollte sie auch der kritischen
Genußkompetenz der Nutzer zugute kommen.

Zweitens ist die Kritik bedeutsam, weil ihr Erbe
fortlebt. Sie bestimmte die veröffentlichte Meinung,
die Groschenhefte (↗Romanhefte), ↗Kino und
Schlager als ›Schmutz und Schund‹ brandmarkte.
Lehrer und Eltern bleuten Generationen von Kindern ein, daß Massenkultur eine geistige Infektions-
quelle darstelle. Ihr Konsum markierte den untersten
Platz in der kulturellen Hierarchie. Verurteilt wurden
mit den Produkten auch die Rezipienten. »Nur
dumme Menschen lesen Schundromane«, plakatierte
eine ›seriöse‹ Buchhandlung um 1910 (nach Kaisig/
Rotter 1914, S. 10). Die Arroganz derer, die sich mit
anerkannten Bildungsgütern ausgerüstet wußten,
durchzieht die Geschichte der Massenkultur. Den
Nutzern von Massenkultur sprachen die ›Gebildeten‹
jegliche Kritikfähigkeit ab; so legitimierten sie ihr
kulturelles Kapital und setzten sich an die Spitze der
geistigen Hierarchie.

Debatten über ›Vermassung‹ kreisen in Deutschland seit dem Beginn des 20. Jh. um die Frage, welche
Folgen die Mitsprache ›ungebildeter‹, ›roher‹ Unterschichten an Politik und Kultur haben werde. Es
dominierten elitäre Befürchtungen und antidemo-
kratische Affekte. Massenkultur, so die Kritiker, spe-
kuliere auf die niedrigsten Triebe der Menge und sei
zwangsläufig umso erfolgreicher, je primitiver sie
auftrete. Das Klischee diente als Argument gegen
Demokratisierung, für Privilegierung und Ermächti-

gung der Eliten. In beiden deutschen Staaten galt bis
in die 1960er Jahre hinein: Gegen kommerzielle Massenkultur sei die Führung und Erziehung der Massen
zu höherer Kultur notwendig.

Im Übergang: Qualität und Politik

Seither hat sich allerdings die Betrachtung durch-
greifend gewandelt. Massenkultur bildet faktisch den
Kern einer Gemeinkultur, an der fast alle Mitglieder
der Gesellschaft ohne Unterschied von Status und
Bildungsniveau teilhaben, wenngleich auf unterschiedliche Weise. Die alten Hierarchisierungen sind
in Öffentlichkeit und Wissenschaft erkennbar auf
dem Rückzug. Man pflegt differenziertere Sichtweisen, beurteilt z. B. die Macht des Eigentums an den
Herstellungs- und Verbreitungsmitteln nüchterner.
Politische Information und Meinungsbildung ist in
hohem Maß den Direktiven der Kapitaleigner und
dem Druck mächtiger Interessengruppen unterworfen; die Unabhängigkeit der Medien als ›vierte Gewalt‹ zu sichern, bleibt zentrale Aufgabe. Anders
jedoch im Feld der *Unterhaltung*. Auch deren Welt-
und Menschenbilder haben – mittelbar – politische
Wirkung. Ihre Herstellung ist jedoch, wenn wir die
gesamte Breite der Angebote betrachten, sehr viel
weniger plan- und regulierbar. Es geht um kreative
Prozesse; die können von Machtpositionen aus verhindert und zensiert werden, aber weder Unternehmer noch Redakteure und ihre Stäbe können populäre Kunst schaffen.

Als *Waren* unterliegen Produkte der Massenkultur
den Spielregeln der *Politischen* Ökonomie. Hat jedoch das Publikum sie in Besitz genommen, so
beginnt ihr zweites, in vieler Hinsicht eigentliches
Leben: als symbolische Güter, deren Bedeutung erst
in der Interaktion zwischen den Nutzern und den
Vorgaben geschaffen wird. Massenkultur *als Kultur*
entsteht in den Köpfen und in der Kommunikation
der Rezipienten – vieldeutig, umstritten, situativ
wechselnd, abhängig von Erfahrungen und Interessen. Hier liegt das Feld, auf dem politische Akteure
um Hegemonie kämpfen, um die Vorherrschaft von
Deutungen, die dann Handlungsbereitschaft in bestimmte Richtungen orientieren. Die Auffassungen
darüber, wie stark der ›Text‹ Einbildungskraft und
Interpretation lenkt und wie eigenständig Lesarten
und Gebrauchsweisen der Nutzer sind, gehen allerdings weit auseinander. Effekte lassen sich jedenfalls
nicht eindeutig bestimmen.

Gerade in der Wirkungsfrage aber zeigt sich das
mentale Erbe der Schundkämpfe. Wenn es um Sexualität und Gewalt geht, beherrscht das Nachah-

mungsparadigma die Köpfe. Die Bereitschaft, Massenkultur zum Sündenbock zu erklären, Angst und Hilflosigkeit angesichts gesellschaftlicher Fehlentwicklungen an den Medien abzureagieren und der Politik Zensurvollmachten zum Zweck des Jugendschutzes zu erteilen, ist ungebrochen.

Unwiderruflich gebrochen ist jedoch die Polarität zwischen Hochkultur als der einzig legitimen und Massenkultur als der un- oder antikulturellen Sphäre. Wir leben in einer Übergangsphase. Gruppen, die weiterhin über den herkömmlichen Bildungskanon verfügen, nutzen ihre Position in der Öffentlichkeit und verteidigen die Überlegenheit ihres Wissens; sie können sich dabei auf langfristig eingeprägte Verehrungsreflexe stützen. Doch das alte Muster löst sich auf – ohne daß schon ein anderes zu erkennen wäre.

Neben Diversifizierung, Spezialisierung, Pluralisierung erscheinen neue Hierarchien. Wer eine höhere Ausbildung hat, kann einen entscheidenden Vorteil mobilisieren: die Macht der Sprache und damit die Macht, den eigenen Geschmack als *den* Geschmack zu rechtfertigen. Zukünftig entscheidet über den Platz in der kulturellen Hackordnung nicht mehr, *ob* man Massenkultur nutzt. Entscheidend wird, *wie* man Populärkulturelles als Element des Lebensstils inszeniert und wie man darüber *reden* kann. Die gehobenen Feuilletons leisten Formulierungshilfe. Wo man sich früher informierte, was zu einer ↗ Ausstellung zu sagen war, findet man heute Stichworte für das Gespräch über Bundesligafußball und Popmusik. Eine neue Wissenskluft entsteht: Wer über herkömmliches Bildungswissen verfügt, hat auch die besten Chancen, zum Experten und kompetenten Genießer von Massenkultur zu werden (Frank/Maletzke/Müller-Sachse 1991, Kap. 5).

Wie immer sich allerdings die kulturelle Klassengesellschaft umstrukturiert – Hochkultur ist nicht mehr der Bezugspunkt, an dem alles andere gemessen wird. Damit löst sich auch ihr Gegenpol auf. Massenkultur wird zur leeren Begriffshülle; das damit Bezeichnete entfaltet keine oppositionelle oder demokratisierende Kraft mehr. Eine politische Reaktion auf den Wandel ist das Konzept der ›popular culture‹ in den angelsächsischen Cultural Studies. Es bezeichnet Weisen des Umgangs mit jenen Segmenten der Massenkultur, die sich herrschenden Normen, Werthierarchien und Ordnungsvorstellungen verweigern. Geschmacklosigkeit und Respektverweigerung, Parodie und Groteske, Vulgarität und andere Herausforderungen dessen, was als vernünftig und witzig gilt, artikulieren in dieser Sicht das Nicht-Einverständnis von ↗»The People« gegenüber dem dominierenden Machtblock (Fiske 1989).

›Popular culture‹ in diesem Verständnis kann nur ein kleiner Teil des Angebots sein. Für den Rest hat Nähe oder Ferne zur Hochkultur keine Bedeutung mehr. Welche Maßstäbe gibt es dann, wenn man nicht die kritische Analyse zugunsten der Losung ›Mitmachen und Spaß haben!‹ verabschieden will? Eine Antwort verlangt empirisches, auf ethnographischer Beobachtung gegründetes Wissen über den Umgang mit Massenkultur im gewöhnlichen Lebenszusammenhang. Genauer: Es geht um die wirklichen Praxen von Kunstaneignung und Unterhaltung jeglicher Art; alle bisherigen Annahmen über E und U (↗ E- und U-Kultur) stehen auf dem Prüfstand. Sinnvollerweise wird man Genres unterscheiden: Gebrauchsweisen und damit Qualitätsmaßstäbe eines Discohits sind andere als die einer Rockballade und mit jenen der täglichen Seifenoper oder des Splattervideos schon gar nicht unter einen Hut zu bringen. Quer zu den Genres können die Praktiken von ↗ Fans liegen. Sie verkörpern am prägnantesten den Eigensinn der Nutzer, bis zu dem Punkt, an dem kulturindustrielle Vorgaben nur noch den Anlaß für die Selbstinszenierung des Fantums liefern: Stadionrituale, Publikumsaktivität bei Konzerten, Trekkies u. a.

Zwei Grundfragen stellen sich neu: Qualität und Politik. Sie betreffen v. a. die populären Künste. Sie müssen sich nicht mehr vor Goethes *Faust* und Beethovens späten Streichquartetten rechtfertigen; die Frage nach dem ästhetischen Wert des Vergnügens kann nicht nach alter Konvention lauten: Wieviel Disziplin und Wissen muß man in den Nachvollzug der Werkstruktur investieren? In jedem Genre gibt es ein Kontinuum vom sofort Eingängigen zum aufwendig Durchorganisierten. Aber weder garantiert Komplexität stets intensive ästhetische Erfahrung, noch ist sie a priori dem locker Gereihten überlegen, das auch wechselnde Aufmerksamkeit belohnt. Zur Ästhetik des Schwierigen existieren ganze Bibliotheken, für die Ästhetik des Eingängigen kaum Vorarbeiten.

In einer Gesellschaft, die Macht und Anerkennung äußerst ungleich verteilt, die vor allem elaborierte Sprachfähigkeit und effektvolle Selbstanpreisung nach den Spielregeln des global business belohnt, erfahren sich große Teile der Bevölkerung mit ihrer Körperlichkeit, mit ihren Fähigkeiten und Lebensauffassungen als abgewertet, einflußlos, verachtet, jedenfalls nicht als gleichberechtigt. Solange das so ist, bleibt Populärkultur ein Politikum. Zwar scheint es keine Tabus und keine Geschmacksgrenzen mehr zu geben, keine elitäre Kulturanmaßung, die vom Thron zu stoßen wäre, und keine Chance, im glattgestylten Hochgeschwindigkeitsspektakel noch Aufmerksamkeit für irgendeine Botschaft zu gewinnen. Doch bleibt die Tatsache, daß Massenkultur für viele die wichtigste Quelle ästhetischer Erfahrung bildet. Solche Erfahrungen sind mentale Grundnahrungsmittel. In ihnen wird eigenes Fühlen und Handeln reflektiert; sie bieten Material für sinnhafte Konstruktionen von Ich und Welt. Zweifellos gibt es für die Nutzer nur einen Maßstab: sich zu vergnügen. Doch das kann in unterschiedlicher politischer und moralischer Einfärbung geschehen. Daß die Wissenschaft endlich den Eigen-Sinn des Publikums entdeckt, mindert nicht die Verantwortung der professionellen Kreativen.

Tatsache bleibt nämlich, daß Massenkultur gerade als Marktkultur Gefühlsstrukturen derer repräsentieren muß, die ansonsten ausgeschlossen sind von öffentlicher Selbstdarstellung. Nur so sind ›Subalterne‹ (Gramsci), Machtlose an die Produkte zu binden. Weil es hier um Affektmuster und Selbstbehauptungspraktiken geht, die in der aufgeklärt-liberalen Öffentlichkeit marginalisiert sind, stellt sich diese Variante des Populären meist politisch herzlich unkorrekt dar: sexistisch und gewalttätig, autoritär und antiintellektuell, Fremdes abwehrend und dumpf gemeinschaftssuchend. Da hilft weder volksromantisches Augenverschließen noch selbstgerechtes Verdammen. Politik der Massenkultur heißt, in Produktion, Vermittlung und Aneignung mitzuwirken an der Sinnbildung des Publikums, heißt, Populäres in seinen Ambivalenzen so zu artikulieren, daß es Neugier auf Menschliches, vergnügliches Vergleichen und genußvolle Umdeutung ermöglicht.

Geschichte

Die Geschichte der Massenkultur ist eine ausgesprochene Erfolgsstory: aus kleinen Anfängen, belächelt und verachtet, zur Macht – und zwar nicht auf dem breiten Königsweg allgemeiner Zustimmung, sondern gegen anhaltende Widerstände. Populäre Vergnügungen und Künste lassen sich in aller überlieferten Historie ausmachen, ebenso aufwendige Spektakel der Reichen und Mächtigen. Der Buchdruck erlaubte im 16. und 17. Jh. schon die weite Verbreitung von sensationellen ›Neuen Zeitungen‹ und Bildblättern; doch das waren Ausnahmen. Die Masse der Bevölkerung auf dem Land erlebte fahrende Künstler, Feste und Märkte sehr selten, wenn überhaupt. Vielfältigere Angebote gab es in größeren Städten. Seit dem 18. Jh. etablierten sich dort ortsfeste Unterhaltungseinrichtungen und mit ihnen ein bürgerliches und unterbürgerliches Publikum. Massenkultur ist bis heute ein städtisches Gewächs.

Zwei Entwicklungen des 18. Jh. hatten weitreichende Folgen: die Verselbständigung der Unterhaltungsbedürfnisse und ihre Stigmatisierung durch die Vertreter der Hochkultur. Die kulturellen Sphären wurden entmischt. Behörden und Aufklärer bemühten sich, aus Arbeit, Glauben, Belehrung und Bildung die Elemente von Kurzweil und Vergnügung auszuscheiden (Tanzer 1992). Theaterunternehmen bedienten die selbstbewußter und anspruchsvoller werdende Nachfrage ebenso professionell wie die Autoren der zum Inbegriff von Unterhaltung avancierenden Romane. Die Bildungselite grenzte sich in der deutschen Klassik scharf ab von populären und kommerziellen Künsten. Sinnlichkeit und Sensation, Verausgabung und Ekstase, Tagtraum und Zerstreuung, Gefühls- und Körpergenuß, rauschhaftes Verschmelzen mit der Gruppe und Bestätigung des Welt- und Selbstbildes wurden zu illegitimen, kultur- und gesellschaftsschädlichen Ansprüchen erklärt. Wertvoll war nur Kunst, deren konzentrierte Aneignung die Bildung des autonomen Subjekts beförderte; unterhaltende Elemente blieben allerdings zunächst gerechtfertigt, soweit sie höheren Zwecken untergeordnet waren.

Zwischen Verselbständigung und Abwehr entwickelten sich die populären Vergnügungen des 18. Jh. mit der kapitalistischen Industrialisierung zur Massenkultur des 19. Jh. Die Zahl der potentiellen Nachfrager vervielfachte sich: Alphabetisierung und Geldeinkünfte, Zwänge und Regelmäßigkeiten der Lohnarbeit, Reize und Tempo städtischen Lebens, durch die Arbeiterbewegung gesteigertes Selbstbewußtsein ließen ein unterbürgerliches Publikum entstehen, das in knapper Freizeit für die schwer erarbeiteten Groschen ein Maximum an Schönheit, Lust, Glück erfahren wollte. Aus Schaustellern, Gastwirten, Verlegern wurden Unternehmer, die das bewährte Know-how des Vergnügungsgewerbes sowie revolutionierte Vervielfältigungstechnologien und Transportmöglichkeiten nutzten und ein konsequent auf die Lebensweise der ›einfachen Leute‹ zugeschnittenes Marketing erprobten. So machten sie aus dem potentiellen ein reales Publikum; zu Recht verstanden sie sich als *die* Kulturpioniere ihrer Zeit.

Alle traditionellen Angebote wurden modernisiert, Bänkelsang und Tanzboden, Illusionstheater und Karussells. Ins Zentrum rückten jedoch Medien, die populäre Künste preiswert, ohne Kleidungs- und Verhaltensbarrieren und in gleichbleibender Qualität zugänglich machten, so daß sie flexibel in jeden Alltag eingefügt werden konnten. Bahnbrecher waren in Deutschland Familienblätter mit Fortsetzungsromanen, Erzählungen und sentimentalen Bildern wie die *Gartenlaube* (1853; Auflage 1875: 382.000) und

Lieferungsromane in preiswerten Heften, die meist von Kolporteuren ins Haus gebracht wurden (↗ Kolportagebuchhandel). Die Leserschaft war zunächst weithin mittel- und kleinbürgerlich, doch in Arbeiterfamilien und städtischen Unterschichten entwickelte sich unterhaltende Lektüre bald zur Gewohnheit. Indianer-, Abenteuer-, Detektiv- und Backfischgeschichten zogen bald Heranwachsende bis zum frühesten Lesealter in ihren Bann.

Erfolgreiche populäre Literatur schloß an bürgerliche wie volkskulturelle Traditionen (↗ Volkskultur) an; von den Bestsellern der angesehenen Verlage unterschied sie sich eher in der Aufmachung als in der ästhetischen oder moralischen Qualität. Das gilt für alle Linien, die in der modernen Massenkultur des 20. Jh. zusammenliefen. Das Bürgertum präferierte im 19. Jh., abgesehen von verschwindend kleinen Bildungseliten, zunehmend Unterhaltung: Komödie und Operette, ↗ Varieté und Genrebild, Schicksalsroman und Salonmusik. Man suchte Amüsement und Effekt, auch dort, wo man sich klassischen und zeitgenössischen Werken zuwandte.

So war moderne Massenkultur schon vor dem Ersten Weltkrieg nicht auf Unterschichtkultur zu reduzieren. Die Machart speiste sich aus Quellen verschiedenster geographischer, sozialer, zeitlicher Herkunft, aus der klassischen Dramatik wie der Jahrmarktsgroteske, klassischer E-Musik-Melodik wie afroamerikanischen Rhythmen, britischem ↗ Sport und proletarischer Kraftverehrung, Zauberkunststück und Ausstattungsspektakel. Und zum Publikum zählten die mondäne Bourgeoisie, die sich an ›amerikanischen Wackeltänzen‹ delektierte, der Hochadel, der kein Autorennen ausließ, die großstädtische Künstlerszene, die sich fürs Kino begeisterte, und die Gymnasiasten, die Nick-Carter-Erzählungen verschlangen. Selbstverständlich stellten die ›einfachen Leute‹ nicht nur 90 % der Bevölkerung, sondern auch die ›Masse‹ derer, die Populärkultur zum Geschäft machten.

Film, Heftliteratur, Publikumszeitschriften und Massenpresse, populäre ↗ Musik (zunehmend auf Tonträgern), Schausport (Sport), ›events‹ wie große ↗ Ausstellungen und das Varieté in allen Preislagen formierten die moderne Massenkultur, die vor 1914 schätzungsweise zwei Drittel der Deutschen erreichte und in den Städten für die Jüngeren schon Gewohnheit war. Das Angebot war profitorientiert und zunehmend standardisiert, bestimmt durch das Bemühen, im modernen Alltag die Aufmerksamkeit vieler zu gewinnen. Die Massenkünste stellten sich ein auf Schnellebigkeit und Konkurrenz kräftiger Reize, auf ein abgespanntes und zerstreutes Publikum. Unternehmer wollten am Vergnügen möglichst

vieler verdienen, nicht erziehen oder Propaganda treiben. Der Markt ermöglichte es, daß die ›einfachen Leute‹ den modernen Künsten als Massenwaren den Stempel *ihrer* Vorlieben und *ihrer* Lebensgewohnheiten aufdrückten. Das abfällige Urteil ›Kommerz‹ verdeckt daher, daß der Wettbewerb den ›Massen‹ Optionen eröffnete; ein Stück weit schüttelten sie die geistige Vormundschaft der alten Mächte ab.

Der Aufbruch zu Demokratie und allgemeinem Wahlrecht rief im 19. Jh. die ↗ Volkspädagogik auf den Plan. Kirchen, Schulbehörden und Volksbildungsorganisationen behandelten kommerzielle Unterhaltung als Konkurrenz im Kampf um die Köpfe der Massen. Zu ihrem eigenen Besten, so wurde argumentiert, solle man die ›Ungebildeten‹ unter fürsorgliche Kuratel stellen. Mit dem Erfolg der Massenkultur radikalisierte sich der Widerstand. Nach 1905 entbrannte der ›Schundkampf‹ gegen Populärliteratur und Unterhaltungskino. Hier artikulierten sich soziale Ängste der Besitzenden und geistige Führungsansprüche der Bildungsschichten. Volksschullehrer, die die Unterschichten an die große Kunst heranführen wollten, standen neben völkischen Aktivisten, die den Glauben an Gott, Kaiser und Vaterland sowie die Kriegsbereitschaft bedroht sahen. Dabei war die Unterscheidung zwischen ›Schund‹ und Nichtschund weithin willkürlich. Nicht Qualitäten der Werke gaben den Ausschlag, sondern das Ansehen der Verbreitungsmedien (Groschenheft versus Buch, Kino versus ↗ Theater) und des vermuteten Publikums.

Die Massenkultur hielt der Schundkampf nicht auf. Aber in den Köpfen hinterließ er Spuren: Vorurteile, Ängste, Reaktionsmuster. Daß hinter der Massenkultur skrupellose Profitjagd und Spekulation auf das Tierische im Menschen stecke und daß man die Jugend davor schützen müsse, wurde Alltagswissen. Nach 1918 behauptete die Rechte, der ›Liberalismus‹ (Toleranz und Weltoffenheit in der Kultur der Weimarer Republik) fördere die Vergiftung von Jugend und Deutschtum. Im Ringen um das »Gesetz zur Bewahrung der Jugend vor Schund- und Schmutzschriften« (1926) setzten sich jene durch, die (so Heinrich Mann) die Republik selbst für Schmutz und Schund hielten. Stimmungsmache gegen Nacktänze und ›Schmutzliteratur‹, ›Niggermusik‹, Jazz und frivole Schlager diskreditierte die junge Demokratie und verstärkte den Ruf nach ›Säuberung‹.

Dabei durchdrang Massenkultur den Alltag unaufhaltsam. Unterhaltungsmusik, Radio, Grammophon, Illustrierte, Schausport, ↗ Werbung und vor allem der Film (noch intensiviert durch Ton und Farbe in den 1930ern) wurden für viele im ganz wörtlichen Sinn Lebensmittel: unverzichtbar zum persönlichen Stimmungsmanagement, für Körpererfahrung und Schönheitserleben. Dem mußten auch die Nationalsozialisten Rechnung tragen. Klassikervergötzung, Volkstumspflege und die Masseninszenierungen der ›Bewegung‹ allein stellten die Menschen nicht zufrieden. Je mehr Leistung man ihnen in Arbeit, Kriegsvorbereitung und Krieg abverlangte, desto wichtiger wurde das Lebensmittel Massenkultur.

Die Vertreibung und Ermordung der Juden bedeutete auch Vernichtung künstlerischen Potentials; darunter leidet die deutsche Populärkultur bis heute. Doch die Standards der Kulturindustrie waren hoch genug, um bis zum Zusammenbruch des NS effektvolle, teilweise hervorragende Unterhaltung zu produzieren. Über Propaganda und Manipulation ist heute leicht zu urteilen. Das eigentliche intellektuelle und moralische Problem bildet die ›unpolitische‹ Massenkultur im nationalsozialistischen Verbrechensregime. Ihre Meisterwerke werden heute noch mit guten Gründen geschätzt, denn getrennt von ihrem politischen Kontext, betrachtet im Rahmen der weltweiten Unterhaltungsszene, zeigen sie keine besondere Beziehung zum Nationalsozialismus. Moralische Verdammung von Künstlern und Publikum wegen Täuschung und Selbsttäuschung verdeckt eine radikalere Einsicht: Die Komplizenschaft von Unterhaltung und Gewalt war kein einmaliges Phänomen zwischen 1933 und 1945. Sie gehört zu den möglichen Pathologien der Moderne, und sie ist so lange nicht ausgeschlossen, wie Machtzentren das Streben der Menschen nach gutem Leben in der privaten Nahwelt korrumpieren und für ihre Interessen einspannen können. Historiker des 21. Jh. werden fragen, wie die Bewohner der reichen Metropolen es in den 1990ern fertigbrachten, ihre ›Erlebnisgesellschaft‹ in einer Welt der Völkermorde und ethnischen Kriege zu genießen, inmitten von Ausbeutung, Elend und Unterdrückung. Auch hier dienten Massenkünste als Lebensmittel, und deren Spitzenleistungen zeigten – außerhalb des politischen Kontextes – ebenfalls keine Beziehung zur Barbarei.

Nach dem Zweiten Weltkrieg durchdrang Massenkultur den Alltag dann restlos, vom musikalischen Wecken bis zum Fernsehschlaf. In den 1950ern regte sich noch einmal Widerstand gegen ›Schund‹ und ›Amerikanisierung‹, doch mittlerweile ist der Status des Grundnahrungsmittels amtlich: Niemandem darf der Fernsehapparat gepfändet werden. Allerdings wurde und wird jedes neue Medium begleitet von Warnungen vor Kulturverlust, Jugendverderbnis und Suchtverhalten: Fernsehen, ⌐Videorecorder, Computerspiele, Internet. Hier hat sich das Argumentationsmuster seit den Pamphleten des 18. Jh. gegen die ›Lesewut‹ kaum verändert.

Offene Fragen

Der Aufstieg der Massenkultur bedeutete im 20. Jh. ganz eindeutig Aufstieg von Bild, Klang und Bewegung gegenüber Wort und Schrift. Vielfalt, Komplexität, sinnliche Kraft des visuell, auditiv und inszenatorisch Gestalteten haben eine noch vor kurzem unvorstellbare Qualität erreicht. Ebenso stieg die Fähigkeit der Menschen, audiovisuelle Botschaften differenziert wahrzunehmen und genußvoll zu lesen. Zugleich jedoch sind viele Angebote aufdringlich geworden bis zur Schmerzgrenze; die fortschreitende Sexualisierung von Werbung und Medien z. B. hat nichts mehr mit Emanzipation zu tun.

Mit dem relativen Bedeutungsverlust des Wortes ist ein zentrales Zukunftsproblem verbunden. In einem gewissen Sinn ist Massenkultur heute ›herrschende Kultur‹. Bekanntheitsgrad, Vorbildwirkung, Gagen und Ehrungen ihrer Protagonisten stellen die Vertreter der Hochkultur weit in den Schatten. Die politische Klasse buhlt nicht mehr um die intellektuelle und künstlerische Elite; sie ist gierig, sich in Medien, ⌐Shows, events zu präsentieren. Auch in den Bildungsschichten wirken Konsum und Kenntnis von Populärem nicht mehr rufschädigend, sondern trendy und vermitteln Distinktionsgewinne. Vor allem jedoch ist Massenkultur Basiskultur – in dem Sinn, daß fast alle an ihr teilhaben und sie den größten Teil der arbeitsfreien Zeit füllt; für die Mehrheit ist Kultur praktisch identisch mit Massenkultur.

Diese Basiskultur ist dominiert von Bild, Klang und Bewegung; doch der Zugang zu alten und neuen Informationsspeichern und die Vermittlung von Erkenntnisinstrumenten bleiben weitgehend gebunden an Schrift und Druck. Sprachkompetenz bleibt der Schlüssel zu Wissen, Berufserfolg und Macht. Hier werden Traditionen und Privilegien verteidigt gegen den kulturellen Wandel. Viel wird geredet vom bedrohlichen neuen Analphabetismus und der ›Wissenskluft‹ – aber Versuche, Lernen und Bildung von der Fixierung auf das Wort zu befreien und für die audiovisuellen Kompetenzen der Jüngeren (vom Kindergarten bis zur Universität) zu übersetzen, kommen nicht voran. Doch Lernen und Wissen, Bildung und Ausbildung sind künftig nicht mehr ohne, schon gar nicht gegen die Massenkultur und die mit ihr erworbenen Kompetenzen zu entwickeln.

Literatur

Bloch, E: *Erbschaft dieser Zeit.* Frankfurt a. M. 1962.

Böhme, H./Böhme, G.: *Das Andere der Vernunft. Zur Entwicklung von Rationalitätsstrukturen am Beispiel Kants.* Frankfurt a. M. 1983.

Bürger, C./Bürger, P./Schulte-Sasse, J. (Hgg.): *Zur Dichotomisierung von hoher und niederer Literatur.* Frankfurt a. M. 1982.

Carey, J.: *Hass auf die Massen. Intellektuelle 1880–1939.* Göttingen 1996.

Fiske, J.: *Understanding Popular Culture.* Boston 1989.

Frank, B./Maletzke, G./Müller-Sachse, K. H.: *Kultur und Medien. Angebote – Interessen – Verhalten.* Baden-Baden 1991.

Göttlich, U./Winter, R. (Hgg.): *Politik des Vergnügens. Zur Diskussion der Populärkultur in den Cultural Studies.* Köln 2000.

Hartley, J.: *Uses of Television.* London 1999.

Horkheimer, M./Adorno, T. W.: *Dialektik der Aufklärung.* Frankfurt a. M. 1971.

Kaisig, K./Rotter, K.: *Wo stehen wir? Eine Orientierung im Kampfe gegen die Schund- und Schmutzliteratur.* Leipzig 1914.

Maase, K.: *Grenzenloses Vergnügen. Der Aufstieg der Massenkultur 1850–1970.* Frankfurt a. M. 1997.

Media Perspektiven Basisdaten. Frankfurt a. M. 2000, 2001.

Naremore, J./Brantlinger, P. (Hgg.): *Modernity and Mass Culture.* Bloomington 1991.

Storey, J.: *An Introductory Guide to Cultural Theory and Popular Culture.* New York 1993.

Tanzer, G.: *Spectacle müssen seyn. Die Freizeit der Wiener im 18. Jahrhundert.* Wien 1992.

Ueding, G.: *Glanzvolles Elend. Versuch über Kitsch und Kolportage.* Frankfurt a. M. 1973.

Kaspar Maase

›The People‹

> *»People have the power!«*
> *(Patti Smith)*

Der kritische Konstruktionismus der Cultural Studies

›The people‹ ist eine der umstrittensten Kategorien der Populärkulturdebatte. Sie hat ihren Ursprung in der Tradition der Cultural Studies, die sich seit ihren Anfängen intensiv mit dem westlichen Marxismus auseinandergesetzt und im Nachkriegsengland am Centre for Contemporary Cultural Studies (CCCS) in Birmingham einen kulturtheoretisch orientierten kritischen Ansatz entwickelt haben. In ihren Analysen der Populärkultur bzw. des Alltagslebens der westlichen Konsumgesellschaften wird ›the people‹ zum Gegenbegriff von Hegemonie bzw. ›power bloc‹. Damit wird auf die widerspenstigen Praktiken gezielt, die sich gegen bestehende Machtverhältnisse wenden, Formen von Gegenmacht entwickeln und

alternative Konzeptionen von Identität entfalten. Der Begriff ›the people‹ entfaltet seine volle Bedeutung also erst dann, wenn die komplexen und kontextuell unterschiedlichen Verhältnisse von Macht/Widerstand betrachtet werden. Viele Kritiker blenden diese Zusammenhänge aus, und dann kann es leicht zu dem Mißverständnis kommen, ›the people‹ wären immer aktiv, produktiv und kreativ. Sie könnten ihre Identität frei wählen oder ihre Lebensverhältnisse autonom gestalten. Den Cultural Studies der Birmingham-Schule zu unterstellen, sie wären neoliberal orientiert (McGuigan 1992), bzw. sie würden affirmativ das »aktive Subjekt der Spaßgesellschaft« feiern (Prokop 2002, S. 139), verkennt jedoch, daß sie einen strategischen Anti-Essentialismus (Grossberg 1999) vertreten. So haben die Konsumenten in ihrer Lesart keine feststehende Identität, die sich z. B. durch Freiheit oder Kreativität charakterisieren läßt. Ebenso sind ›the people‹ nicht das ›Volk‹, das sich in populären Erfahrungen und Praktiken verwirklicht. ›The people‹ sind vielmehr eine konstruktionistische Kategorie, um Aspekte der Populärkultur, die leicht der Aufmerksamkeit entgehen können, hervorzuheben bzw. um ihr kreatives Potential deutlich zu machen. Es geht um die Feststellung von Möglichkeiten in alltäglichen Praktiken, um die Entfaltung einer Kunst des Eigensinns, um eine praktische Kritik an Machtverhältnissen und um deren Transformation (Winter 2001). Der Konstruktionismus von Cultural Studies ist kritisch orientiert, weil er bestehende Machtverhältnisse durch Analyse sichtbar machen und verändern möchte.

Die Dekonstruktion des Populären

Ein wichtiger Ausgangspunkt der Analysen zum Widerstand von ›the people‹ war Stuart Halls Artikel »Notes on deconstructing ›the popular‹« (1981), in dem er zunächst deutlich macht, daß ›the popular‹ unterschiedlich verwendet werden kann. Die herkömmliche und übliche Definition wird vom Markt vorgegeben. Eine Masse von Menschen schaut bestimmte Fernsehserien an oder hört Songs, die wegen ihrer großen Anziehungskraft als ⁊populär bezeichnet werden. Damit zusammen hängen die kulturkritischen Vorstellungen vom schlechten Geschmack der Konsumenten und ihrer Manipulation durch die ⁊Kulturindustrie, die sie ideologisch inkorporiert. Während nach dieser Auffassung die Konsumenten im großen und ganzen ›cultural dopes‹ sind, gibt es eine Gegenbewegung, welche eine authentische ›popular culture‹ im Sinne einer alternativen Kultur für möglich hält.

Hall (1981, S. 232 f.) und die vom CCCS ausgehende Tradition der Cultural Studies lehnen beide Konzeptionen ab. Zum einen weist er darauf hin, daß es keine autonome Populärkultur geben kann. Kulturelle Prozesse sind immer durch Machtstrukturen geprägt. Zum anderen begreift er ›the people‹ nicht als ›cultural dopes‹. Auch wenn die dominante Kultur versucht, deren Erfahrungen und Lebensbedingungen zu strukturieren und zu organisieren, gibt es auch Momente des Widerstands, der Widerspenstigkeit und der Verweigerung. Hall spricht in diesem Zusammenhang von einer Dialektik des kulturellen Kampfes. »A battlefield where no once-for-all victories are obtained but where there are always strategic positions to be won and lost« (Hall 1981, S. 233). Kulturelle Formen im Bereich des Populären sind weder gänzlich korrumpierend noch gänzlich authentisch. Statt dessen enthalten sie Widersprüche, Ambivalenzen, Mehrdeutigkeiten, die unterschiedlich gelesen und artikuliert werden können. Ihre Bedeutungen sind ihnen nicht eingeschrieben, sondern sie hängen von dem sozialen Feld ab, in dem sie rezipiert und angeeignet werden. In kulturellen Auseinandersetzungen, die verschiedene Gestalten annehmen können (von der Inkorporation über die Aushandlung bis zum Widerstand), kämpfen die populären Kräfte, »the people«, gegen den »power bloc« (Hall 1981, S. 238). Dieser Antagonismus bestimmt die »popular culture«, wobei Hall darauf hinweist, daß die Begriffe »popular« und »the people« auch von hegemonialen Kräften, wie die Geschichte des Thatcherismus zeigt (Hall 1988), zweckentfremdet werden können. Deshalb darf ihnen nicht eine Essenz zugeordnet werden. Ihre jeweilige Bedeutung ergibt sich aus dem spezifischen Kontext, in dem sie artikuliert werden. In der Tradition der Cultural Studies werden sie verwendet, um deutlich zu machen, daß Kulturen nicht nur Lebensweisen (Williams 1965) sind, sondern auch durch Kämpfe bestimmt werden. »Popular culture is one of the sites where this struggle for and against a culture of the powerful is engaged: it is also the stake to be won or lost in that struggle« (Hall 1981, S. 239).

De Certeaus ›Kunst des Handelns‹

Eine weitere wichtige Studie für die Diskussionen innerhalb der Cultural Studies war Michel de Certeaus' *L'invention du quotidien* (1980), die 1984 unter dem Titel *The Practice of Everyday Life* ins Englische übersetzt wurde (dt. *Kunst des Handelns* 1988). In Abgrenzung zu Bourdieus Analysen (1982), die das Eingebundensein in soziale Strukturen und die Re-produktion bestehender sozialer Ungleichheiten ins Zentrum rücken, und zu Foucaults *Mikrophysik der Macht* (1976, 1980), in der die Kategorie des Widerstandes relativ unbestimmt bleibt, möchte de Certeau die »Kombinationsmöglichkeiten von Handlungsweisen« aufzeigen, die durch kreative Gebrauchsweisen, durch »kombinierende und verwertende Konsumformen«, durch Prozesse des »Wilderns« in den Konsumwelten und technologischen Umwelten der Gegenwart eine populäre Kultur hervorbringen (De Certeau 1988, S. 12 f.), welche in der Regel unsichtbar bleibt.

Zentral für seine Analyse ist der taktische Charakter vieler Alltagspraktiken. »Die Taktik hat nur den Ort des Anderen [...] Gerade weil sie keinen Ort hat, bleibt die Taktik von der Zeit abhängig [...] Sie muß andauernd mit den Ereignissen spielen, um ›günstige Gelegenheiten‹ daraus zu machen« (De Certeau 1988, S. 23). Im Lesen, im Unterhalten, im Kochen, im Spazierengehen, im Fernsehkonsum entdeckt de Certeau listvolle Praktiken der Wiederaneignung eines durch Machtstrategien und funktionalistische Rationalität organisierten Systems. Der »gemeine Mann« ist der »Held des Alltags« (ebd., S. 9), der durch seine Operationen bzw. Umgangsweisen Widerstand leistet. Dieser wird nicht durch den subversiven Inhalt oder die formalen Qualitäten von (medialen) Texten hervorgebracht, sondern durch eine Kunst der Aneignung, die Texte in etwas Eigenes verwandelt. In taktischen Streifzügen durch das Dickicht der Lebenswelt werden differente Vergnügen und Interessen verwirklicht. Dabei betont de Certeau, daß diese Subversivität primär gelebt und erfahren wird, sie ist nicht verknüpft mit den »großen Erzählungen« der Freiheit oder des Klassenkampfes.

›The people‹ sind in seiner Lesart also keineswegs schwach, sondern fabrizieren ihre eigenen Bedeutungen und bringen die populäre Kultur hervor. »Sie metaphorisieren die herrschende Ordnung: sie ließen sie nach einem anderen Register funktionieren« (ebd., S. 81). De Certeau weist darauf hin, daß das Subjekt alltäglicher Praktiken nicht als eine Gegenkultur oder gar individualistisch verstanden werden darf, sondern es ist ein relationales Konstrukt. Die ›Künste des Handelns‹ sind nicht die spontanen Kräfte der Subordinierten oder einer unterdrückten ↗›Volkskultur‹, wie manche Lateinamerika-Studien nahelegen, sondern in den westlichen Industriegesellschaften Ausdruck der ›Marginalität einer Mehrheit‹ von Nicht-Kulturproduzenten, die sich auf listige Weise Spielräume erschließen, in denen sie sich die Produkte einer verschwenderischen Ökonomie aneignen. De Certeau beruft sich auf Witold Gombrowicz, der in *Kosmos* einen kleinen Beamten be-schreibt, der ständig die Redensart wiederholt: »Wenn man nicht das hat, was man liebt, muß man lieben, was man hat« (nach De Certeau 1988, S. 31).

Die Künste des Alltags können sich also erst im Rahmen gesellschaftlicher Machtstrukturen entfalten, sind von diesen abhängig, genauso wie die alltäglichen Vorstellungen eng mit dem Wissen verzahnt sind, das durch Institutionen legitimiert wird. Das Alltägliche wird durch die dominanten symbolischen Strukturen bestimmt, ist aber nicht identisch mit ihnen. Eine ›kriegswissenschaftliche Analyse‹ der Kultur, für die de Certeau plädiert, darf weder die Praktiken der ›Starken‹ noch die der ›Schwachen‹ isoliert betrachten. Erst eine Analyse der jeweiligen, kontextuell bestimmten Kräfteverhältnisse kann zeigen, welche Effekte Strategien bzw. Taktiken haben. Zudem weisen de Certeau selbst und im Anschluß an ihn Untersuchungen der Cultural Studies darauf hin, daß auch der Zugang zu unterschiedlichen sozialen Ressourcen und Kompetenzen eine entscheidende Voraussetzung für einen listigen und widerständigen Gebrauch sozialer Objekte sein kann.

Ian Buchanan (2000) vertritt die Auffassung, die grundlegende Hypothese von *L'invention du quotidien 1. arts de faire* sei, daß das Alltägliche eine erkennbare Form und Logik habe. Er arbeitet heraus, daß das eigentliche Thema dieses suchenden und das Feld absteckenden Buchs die Modalitäten von Praktiken seien, die nur im Rahmen einer operationalen Logik der Kultur angemessen begriffen werden könnten. De Certeau begründet eine neue Form der Kulturanalyse, die der Pluralität und Heterogenität des Alltagslebens gerecht wird. Eine weiterführende Lesart läßt sich meiner Ansicht nach durch eine Betrachtung seiner an anderer Stelle entwickelten Vorstellung von Heterologie, welche die Eigenart des Anderen bewahren möchte (vgl. Ward 2000, Teil 1), erschließen. Dann wird deutlich, daß sich die flüchtigen, widerspenstigen und schnell vorübergehenden Mikro-Praktiken einer begrifflichen Inkorporation entziehen können und so für das Nicht-Identische im Sinne Adornos stehen. Eine weitere Parallele ergibt sich zu dem Denken von Maurice Blanchot, der den Alltag als die unbegrenzte Totalität menschlicher Möglichkeiten bestimmte. De Certeau folgt ihm, wenn er die Dynamik und den Wandel hervorhebt, die dem dialektischen Identitätsdenken entfliehen. Im Rahmen einer gegebenen gesellschaftlichen Ordnung verbindet er mit dem Alltag die Prinzipien der sozialen Nicht-Bestimmtheit, der Ambivalenz und der Offenheit. Hier knüpfen viele Untersuchungen der Cultural Studies an. Gerade ihre Untersuchungen

zu Jugend- und Medienkulturen heben immer wieder hervor, wie alltägliche Konsumpraktiken, so z. B. der Bricolage-Stil jugendlicher ↗ Subkulturen, die dominanten Strukturen erfinderisch und kreativ unterlaufen, auf deren Basis sie freilich erst entstehen (Hebdige 1979). Auch die Analysen von Homi Bhabha (2000) zum Begriff der hybriden Identität zeigen, daß nicht die Opposition zum kolonialen Diskurs, sondern seine mimetische Aneignung, Neu-Verortung und Neu-Einschreibung zur Handlungsfähigkeit der Subalternen beiträgt, indem die Identifikation mit ihm allmählich untergraben wird und sich so neue Möglichkeiten eröffnen. Der utopische Charakter von de Certeaus Alltagskonzept zeigt sich darin, daß sozialer und kultureller Wandel nicht als radikaler Bruch konzipiert werden, sondern eine den sozialen Praktiken immanente Potentialität darstellen. Deren Entfaltung hängt von der jeweiligen Konfiguration der Machtverhältnisse ab. De Certeaus Analyse der ›Geographie des Möglichen‹ möchte gerade auf die Spannung zwischen dem Tatsächlichen und dem Möglichen in den alltäglichen sozialen Praktiken hinweisen.

John Fiskes Analytik des Populären

Vor allem John Fiske hat im Anschluß an Hall und de Certeau seit den 1980er Jahren eine kraftvolle, aber auch umstrittene Analyse der Populärkultur vorgelegt, in der die kreativen Praktiken und das lustvolle Vergnügen, die mit dem Konsum (medialer) Texte verbunden sind, hervorgehoben, vor dem Hintergrund von Machtverhältnissen analysiert und positiv bewertet werden (Fiske 1989a; Winter/Mikos 2001). In diesem Zusammenhang präzisiert er die Kategorie ›the people‹, die für ihn kein strukturell gegebenes soziales Phänomen darstellt. »The people, the popular, the popular forces, are a shifting set of allegiances that cross all social categories; various individuals belong to different popular formations at different times, often moving between them quite fluidly. By ›the people‹, then, I mean this shifting set of social allegiances, which are described better in terms of people's felt collectivity than in terms of external sociological factors such as class, gender, age, race, region, or what you have« (Fiske 1989b, S. 24). Dies schließt nicht aus, daß es Überschneidungen zwischen ›the people‹ und einer sozialen Kategorie wie der Klasse gibt, es existiert jedoch kein determinierter Zusammenhang zwischen der gesellschaftlichen Struktur und diesen kulturellen Verknüpfungen (vgl. Laclau/Mouffe 1991). Ergänzend konzipiert Fiske Subjektivität in einem poststrukturalistischen

Sinn als nomadische Gestalt (vgl. Grossberg 1987), die sich geschmeidig und flexibel in den Alltagswelten der komplexen, sozial differenzierten Gesellschaften der Gegenwart bewegt, Allianzen je nach Problemlage und Situation eingeht, wechselt und neu knüpft.

Im Anschluß an de Certeau ist Fiske von der Macht der Subordinierten überzeugt. So beschreibt er (1989a, S. 13–42), wie die ›shopping mall‹ zeitweilig in unzählige Räume transformiert werden kann, die zumindest temporär von den ›Schwachen‹ kontrolliert werden. Konstruiert zu Zwecken des Kommerzes, wird sie nun von den Konsumenten nach ihren eigenen Bedürfnissen genutzt. Ältere Menschen besuchen sie wegen deren Klimaanlagen, jüngere nutzen gratis die Computerspiele oder kaufen Jeans, die sie vielleicht anschließend an einigen Stellen zerreißen, um sie in Symbole einer neuen Gemeinschaft zu verwandeln. Fiske (1989a; b) führt noch weitere Beispiele dafür an, daß es seiner Ansicht nach in der postmodernen Gesellschaft keine Ordnung der Dinge gibt, die das Subjekt fest positioniert und soziale Auseinandersetzungen determiniert. Die Strategien des Systems sind nicht immer wirksamer und erfolgreicher als die Taktiken von ›the people‹. Gleichzeitig weist Fiske darauf hin, daß die ›Starken‹ verletzbar sind. Denn die ›Schwachen‹ entscheiden durch ihre taktischen Selektionen und Manöver darüber, welche Produkte kommerziell erfolgreich werden.

Zentral für Fiskes Analysen ist seine Konzeption des populären Vergnügens, das er vom hegemonialen Vergnügen abgrenzt. Es entsteht nämlich in Opposition zur Macht, sei diese nun gesellschaftlich, moralisch, ästhetisch oder textuell bestimmt. Die Macht versucht, das Vergnügen zu kontrollieren und zu disziplinieren. Nach der Vorstellung von Fiske – er knüpft dabei an den historischen Umgang mit populären und karnevalesken Vergnügen an – befinden sich populäre Vergnügen außerhalb der sozialen Kontrolle, unterminieren und bedrohen sie. In der Geschichte wurden populäre Vergnügen oft abgewertet, für illegitim erklärt und sozialer Disziplinierung unterworfen (vgl. Stallybrass/White 1986). Einerseits faßt Fiske mit diesem Begriff die affektive Kraft, eigene Bedeutungen der sozialen Erfahrung zu produzieren, andererseits das Vergnügen, der sozialen Disziplin und den Normalitätszuweisungen des ›power-bloc‹ zu entgehen. Populäre Vergnügen beruhen in der Regel auf den gemeinsamen sozialen Verbindungen, die ›the people‹ eingehen. Sie existieren nur in spezifischen, räumlich-zeitlich bestimmten sozialen Kontexten, Momenten und Praktiken. Die Populärkultur formiert sich nach Fiske an der Schnittstelle zwischen den kulturellen Ressourcen, welche die Kulturindustrie bereitstellt, und dem Alltagsleben der Konsumenten. Die kulturellen Ressourcen müssen Anknüpfungspunkte enthalten, Resonanz in den kulturellen und sozialen Bedingungen erzeugen. Wie diese Relevanz sich artikuliert, läßt sich nicht als qualitatives Merkmal von Texten bestimmen, in diesen ist sie nur als Potential vorhanden, denn die Relevanz hängt von der zeit- und ortsgebundenen Interaktion mit Texten ab. Populäres Vergnügen entsteht gerade dann, wenn die eigene soziale Erfahrung mit den Bedeutungen, die in der Auseinandersetzung mit populären Texten gewonnen werden, verknüpft werden kann.

Die politische Bedeutung der Populärkultur sieht Fiske darin, daß sie auf der Ebene der Mikropolitik des Alltags dazu beitragen kann, die Kontrolle über die unmittelbaren Lebensbedingungen zu erweitern und so den Raum der Selbstbestimmung gegenüber einschränkenden Machtverhältnissen zu vergrößern. Einer Theorie der ideologischen Inkorporation entgeht gerade die kulturelle Vielfalt im Umgang mit dem gemeinsamen gesellschaftlichen System, die Finten, Schachzüge und Tricks im ›Dickicht der Lebenswelt‹, die nicht strategisch geplant, jedoch fester Bestandteil des Repertoires der ›people‹ in ihrer Opposition zum ›power bloc‹ sind. Wie Foucault faßt Fiske Widerstand nicht als eine Essenz, sondern als Teil einer Beziehung, zu der auch die Macht gehört. Fiske kommt zu dem Schluß, daß Populärkultur nicht in den Texten zu finden, sondern in den Praktiken des Alltagslebens verankert ist.

Lawrence Grossbergs Analyse des politischen Potentials der Populärkultur

Auch Lawrence Grossberg, der auf der einen Seite sehr stark Stuart Hall und dem Projekt der British Cultural Studies (Grossberg 1999, 2000) verbunden, auf der anderen Seite von Foucault und Deleuze/Guattari (1992) inspiriert ist, macht in seinen Analysen vor allem am Beispiel von ↗ Musik das Populäre als Ort sichtbar, an dem um Macht gekämpft wird und das auch in weitergehende Auseinandersetzungen in der Gesellschaftsformation eingebunden ist (Grossberg 1984, 1992, 1997). Der populärkulturelle Erfahrungsmodus ist in der Gegenwart zentral geworden für unser Selbst- und Weltverständnis, sowie für die Möglichkeiten unserer Existenz. »Culture is never a fixed set of objects, and the meaning of ›the popular‹ as a qualifier is always shifting. The construction of the popular is always the site of an ongoing struggle; its content as well as its audience varies from one historical period to another« (Grossberg 1992, S. 77). Den Gefühlen und Affekten kommt dabei eine herausragende Bedeutung zu. Gerade deshalb ist die Untersuchung der Populärkultur so wichtig, denn sie operiert an der Schnittfläche von Körper und Emotionen. »Popular culture often inscribes its effects directly upon the body: tears, laughter, hair-tingling, screams, spine-chilling, eye-closing, erections, etc. These visceral responses, which often seem beyond our conscious control, are the first mark of the work of popular culture: it is sentimental, emotional, moody, exciting, prurient, carnivalesque, etc.« (ebd., S. 79). Die Sensibilitäten populärer Formationen sind hauptsächlich auf die Ebene des Affektes ausgerichtet, die für das Eingehen von Allianzen, die Identitätsbildung, aber auch das Wirken von Ideologien entscheidend ist.

Um allzu optimistische Einschätzungen der ›agency‹ von ›the people‹ zu korrigieren, insistiert Grossberg darauf, daß untersucht werden sollte, wie Praktiken, die zur Ermächtigung, also zu einer gewissen Verfügung über den eigenen Platz im täglichen Leben führen, mit größeren politischen Projekten und Strukturen der Macht verbunden sind. Nicht jeder Kampf ist als Widerstand zu interpretieren, und nicht jeder Widerstand fordert die existierenden Machtstrukturen heraus (ebd., S. 95 f.). Ziel von Cultural Studies ist gerade die Herstellung von Zusammenhängen zwischen den einzelnen Momenten der Selbstermächtigung von ›the people‹ und den umfassenden kulturellen und gesellschaftlichen Prozessen. So sind alltägliche Praktiken auf komplexe und widersprüchliche Weise mit Machtverhältnissen verknüpft. Der Kauf von Waren kann zum einen entfremdend sein, gleichzeitig aber auch ein neues Mittel zur Artikulation der eigenen Interessen bzw. zur Stilisierung der Identität an die Hand geben.

Vor diesem Hintergrund sieht Grossberg eine wichtige Aufgabe von Cultural Studies darin, eine Art Landkarte des alltäglichen Lebens zu entwerfen, die seine dynamische Qualität, seine strukturierte Mobilität erfaßt, um so die Möglichkeiten zur Intervention zu geben. Es geht ihm – ähnlich wie Fiske – in seinen Analysen nicht um die ästhetische Qualität oder die kulturelle Authentizität populärer Musik, sondern um ihre Effekte im Alltagsleben und um ihre politischen Möglichkeiten. So isoliert er z. B. Rockmusik nicht als ein kulturelles Phänomen, sondern betrachtet sie als Konfiguration kultureller Praktiken und Effekte, die um die Musik herum organisiert ist und die zur affektiven Ermächtigung (empowerment) beitragen kann, die eine Voraussetzung für Handlungsfähigkeit und Handeln ist. Damit meint

Grossberg diejenigen gefühlsmäßigen und körperlichen Zustände in der Rockmusik, die zusätzliche Energie freisetzen und dem einzelnen das Gefühl vermitteln, eine gewisse Kontrolle über sein eigenes Leben zu haben. Sie sind sowohl die Voraussetzung für die Entwicklung neuer Bedeutungen, Vergnügen und die Erfindung neuer Identitäten als auch ein Schutzschild gegen den Pessimismus, die Frustrationen, die Inauthentizität und den ironischen Zynismus, die die Postmoderne auszeichnen.

Grossbergs Analyse des politischen Potentials der Populärkultur hebt also deren affektive Dimension hervor. Weniger der Kampf um Bedeutung bestimmt seine Untersuchung der Rockformation als vielmehr der Sachverhalt, daß Signifikation immer auch eine Sache des Affekts, der Gefühle ist. Auch wenn er am Beispiel der Rockmusik die Möglichkeit von Fluchtlinien aus dem Alltagsleben nicht ausschließt, so ist er doch pessimistischer als Michel de Certeau und John Fiske orientiert. Er neigt eher zu der Auffassung, daß die Fluchtwege versperrt sind (vgl. Grossberg 1996). Die durch Rock freigesetzten Gefühle und Intensitäten können nur schwer ›Maßverhältnissen‹ im Sinne von Negt und Kluge (1992) unterworfen werden, die die Energien und den Eigensinn mit einem politisch wirksamen Gemeinwesen verbinden könnten. Eher machen sie die gegebenen Verhältnisse erträglicher. Trotzdem setzt Grossberg auf neue Artikulationen von Allianzen, deren Ausgangspunkt die Ängste, Gefühle und Hoffnungen von ›the people‹ sein sollen. Damit setzt er die Tradition der Cultural Studies fort, für die seit ihren Anfängen in den 1950er Jahren die Wurzeln einer lebendigen Politik in der alltäglichen Wirklichkeit verankert sind und damit in den Praktiken von ›the people‹.

Literatur

Bhabha, H. K.: *Die Verortung der Kultur.* Tübingen 2000.

Bourdieu, P.: *Die feinen Unterschiede. Kritik der gesellschaftlichen Urteilskraft.* Frankfurt a. M. 1982.

Buchanan, I.: *Michel de Certeau. Cultural Theorist.* London/Thousand Oaks/New Delhi 2000.

De Certeau, M.: *Kunst des Handelns.* Berlin 1988.

Deleuze, G./Guattari, F.: *Tausend Plateaus. Kapitalismus und Schizophrenie.* Berlin 1992.

Fiske, J.: *Reading the Popular,* London/Sidney/Wellington 1989a (dt. *Lesarten des Populären.* Wien 2000).

Ders.: *Understanding Popular Culture.* London 1989b.

Foucault, M.: *Überwachen und Strafen. Die Geburt des Gefängnisses.* Frankfurt a. M. 1976.

Grossberg, L.: »Another Boring Day in Paradise: Rock and Roll and the Empowerment of Everyday Life«. In: *Popular Music* 4 (1984) S. 225–257.

Ders.: *We gotta get out of this place. Popular Conservatism and Postmodern Culture.* New York 1992.

Ders.: »Fluchtweg. Versperrte Ausgänge« (Gespräch mit C. Höller). In: *springer,* Bd. 2, 2 (1996) S. 38–43.

Ders.: *Dancing in Spite of Myself. Essays on Popular Culture.* Durham 1997.

Ders.: »Was sind Cultural Studies?« In: Hörning, K. H./Winter, R. (Hgg.): *Widerspenstige Kulturen. Cultural Studies als Herausforderung.* Frankfurt a. M. 1999. S. 43–83.

Ders.: *What's going on? Cultural Studies und Popularkultur.* Wien 2000.

Hall, S.: »Notes on Deconstructing ›The Popular‹«. In: Samuel, R. (Hg.): *People's History and Socialist Theory.* London 1981. S. 227–240.

Ders.: *The Hard Road to Renewal. Thatcherism and the Crisis of the Left.* London 1988.

Hebdige, D.: *Subculture. The Meaning of Style.* London/New York 1979.

Laclau, E./Mouffe, C.: *Hegemonie und radikale Demokratie. Zur Dekonstruktion des Marxismus.* Wien 1991.

McGuigan, J.: *Cultural Populism.* London 1992.

Negt, O./Kluge, A.: *Maßverhältnisse des Politischen.* Frankfurt a. M. 1992.

Prokop, D.: »Dialektik der Kulturindustrie«. In: *Zeitschrift für kritische Theorie* 14 (2002) S. 121–141.

Stallybrass, P./White, A.: *The Politics and Poetics of Transgression.* London 1986.

Ward, G. (Hg.): *The Certeau Reader.* Oxford 2000.

Williams, R.: *The Long Revolution.* London 1965.

Winter, R.: *Die Kunst des Eigensinns. Cultural Studies als Kritik der Macht.* Weilerswist 2001.

Ders./Mikos, L.: *Die Fabrikation des Populären. Der John Fiske Reader.* Bielefeld 2001.

Rainer Winter

Soziokultur

›Soziokultur‹ bezeichnet im engeren kulturpolitischen Diskurs der Bundesrepublik Deutschland seit Ende der 1980er Jahre ein Praxisfeld außerhalb der etatisierten Kultur im Überschneidungsbereich von Kultur-, Bildungs- und Sozialarbeit mit den Kernbereichen Stadtteilkulturarbeit, Kulturwerkstätten, soziokulturelle Zentren (Sievers/Wagner 1992, S. 17). Allerdings geht dieser praxisorientierten Verwendung des Begriffs historisch eine theoriegeleitete Verwendung voraus, die bis heute Stellungnahmen und Positionierungen im kulturpolitischen Kontext beeinflußt und zu definitorischen Unsicherheiten geführt hat. Zu unterscheiden ist daher zwischen dem adjektivischen Begriff ›soziokulturell‹, wie er in der Soziologie und der Kultur- und Sozialanthropologie zur Anwendung kommt – und als solcher den Kulturbegriff der 1960er und 1970er Jahre maßgeblich beeinflußt hat –, und der Verwendung des Begriffs ›Soziokultur‹, worunter zunächst in Anlehnung an Theorien der Frankfurter Schule eine Art Leitformel für die ›Neue Kulturpolitik‹ der Sozialdemokratie in den 1970er Jahren verstanden wurde, bevor er dann – unter dem Einfluß der Institutionalisierung soziokultureller Aktivitäten – als Praxisbegriff Anwendung fand.

Soziologie als Leitwissenschaft

Der dominante Einfluß der Soziologie auf den geisteswissenschaftlichen Diskurs der 1960er und 1970er Jahre drang auch in die hochtradierte, alteuropäisch legitimierte Institution der Kulturpolitik ein. So wurden kulturelle Aktivitäten vom Rat für Kulturelle Zusammenarbeit des Europarats (vgl. Kirchgäßner 1983) Anfang der 1970er Jahre mit dem Präfix ›sozio‹ ausgestattet, um den Bezug zur neuen Leitwissenschaft zu kennzeichnen – mit der Folge, daß die Gleichsetzung von Kultur mit Hochkultur aufzugeben war (Simpson 1983, S. 34). Der ›kulturelle Relativismus‹ der Soziologie verwies auf Alltags- und Freizeitverhalten (↗ Alltagskultur, ↗ Freizeitkultur) als Formen kultureller Praxis mit kulturpolitischer Relevanz. Aus der Studentenbewegung wurde das Motiv der Kritik am kommerziellen Kulturkonsum übernommen und mit der Hoffnung verknüpft, durch kulturpolitische Interventionen den ›passiven Konsum der Massen‹ verändern zu können (Kirchgäßner 1983, S. 11). Ins Blickfeld der Kulturpolitik gerieten in diesem Kontext kulturelle Aktivitäten jenseits der von staatlicher Seite dafür vorgesehenen Institutionen: freie Theaterkollektive, Stadtteilinitiativen, freie Künstlergruppen, Kulturfabriken, Patientenkollektive, Frauengruppen, Hausbesetzungen, ›rote Hilfe‹.

Diese wurden in Großbritannien als ›Community development‹ und ›settlement work‹, in Italien als ›animazione‹ und in Frankreich als ›animation socio-culturelle‹ bezeichnet (vgl. dazu Boulet 1980; Kirchgäßner 1983; Röbke 1993) und wurden so zum Gegenstand kulturpolitischer Reflexion und Rekuperation. Sie versprachen durch ihre Betonung von Selbstorganisation und Selbstverantwortung, den nicht im Einflußbereich von Kulturpolitik liegenden, gleichwohl durch den neuen Kulturbegriff aufgewerteten kommerziellen Kulturkonsum einzudämmen, und erschienen den kulturpolitischen Akteuren als ein neues, für politische Intervention geeignetes Feld. Von Beginn an ist die Karriere der Begriffe ›soziokulturell‹ wie auch ›Soziokultur‹ verbunden mit der sich sowohl auf europäischer als auch auf kommunaler Ebene neu konstituierenden Kulturpolitik. Dagegen verwendeten die Akteure der ›soziokulturellen Praxis‹ zur Eigencharakterisierung zunächst weder den Begriff Soziokultur noch soziokulturell – eher wurde von Gegenkultur, ↗ Subkultur oder Emanzipationsbewegung gesprochen (Haselbach 1992, S. 103), um einer politischen Instrumentalisierung zu entgehen. Im Maße wie diese Aktivitäten zum Gegenstand kulturpolitischer Interventionen avancierten und einen gewissen Institutionalisierungsgrad erreichten, wurde das Wort ›Soziokultur‹ schließlich von allen Beteiligten verwendet und in späteren Jahren durch das Wortungetüm ›erweiterter Kulturbegriff‹ zusätzlich legitimiert.

Das Projekt Soziokultur

Systematisch verwendet taucht der Begriff ›Soziokultur‹ erstmals in der von Glaser und Stahl publizierten Schrift *Die Wiedergewinnung des Ästhetischen* auf (Glaser/Stahl 1974). In dieser einflußreichen Programmatik einer ›Neuen Kulturpolitik‹ (vgl. Röbke 1993; Göschel et al. 1995) wird Soziokultur in Anlehnung an Herbert Marcuse als ›nicht-affirmative Kultur‹ (Marcuse 1965, S. 56 ff.) gefaßt. »Desiderat ist eine […] Soziokultur, welche die Trennung zwischen der ›reinen‹ Welt des Geistes und den Niederungen der Realität […] durchbricht, um auf diese Weise die deutsch-bürgerliche Mentalität in eine staatsbürgerliche umzuwandeln, welche die Integration von Kultur in den gesellschaftlichen Gesamtraum bejaht« (Glaser/Stahl 1974, S. 24). Das Projekt einer Kulturalisierung und Politisierung des ↗ Alltags bei gleichzeitiger Veralltäglichung der Hochkultur mit dem Ergebnis von Soziokultur basiert auf der »emanzipatorische(n) Vision, daß die Beschäftigung mit den kulturellen Werten nicht mehr an bestimmte gesellschaftliche Schichten geknüpft sein darf« (ebd., S. 29). Dieses Modell, welches vor allem die Rezeptionsbedingungen für Kultur zu verändern trachtete, argumentiert mit dem Begriff Soziokultur nicht, um auf spezifische Partikularinteressen innerhalb des Feldes von Kulturpolitik aufmerksam zu machen, sondern verlangt eine Art Kommunikationsoffensive der kulturellen Institutionen in die Gesellschaft hinein, eine »demokratische Internalisierung von Kultur« (ebd., S. 34). Auf besonderes Interesse stießen in diesem Zusammenhang Sozialisationstheorien, wie etwa die ›soziokulturelle Theorie des Lernens‹ von Wygotski; sie beeinflußte mit ihrer These, daß kognitive Fortschritte in der Entwicklung der menschlichen Intelligenz durch interpersonale Prozesse und in nur geringem Maße durch intrapersonale Faktoren bestimmt seien, maßgeblich die an Prozessen der ›Bewußtseinsveränderung‹ interessierten Initiatoren der soziokulturellen Animation wie auch den Bildungsdiskurs der 1960er Jahre (Wygotski 1974).

Unberührt blieben Fragen nach einer inhaltlichen Neuausrichtung von Kultur, die im Rahmen der Frankfurter Schule u.a. zu Kontroversen zwischen Adorno und Marcuse geführt hatten (vgl. Adorno 1970, S. 374). Insgesamt kann man festhalten, daß der theoretische Referenzrahmen der Frankfurter

Schule in sehr verkürzter und augenscheinlich für die Bedürfnisse einer sozialdemokratischen kommunalen Kulturpolitik popularisierten Version verwendet wurde. Hilmar Hoffmann, einer der Protagonisten der ›Neuen Kulturpolitik‹ Anfang der 1970er Jahre, für den Soziokultur in der Diktion von Habermas als ›Medium der Verständigung und Kommunikation‹ galt (Hoffmann 1974, S. 11), hat diese Position im Nachhinein ihres ›volkspädagogischen Missionarismus‹ (↗ Volkspädagogik) wegen kritisiert (Hoffmann 1990, S. 8). Das ›Desiderat Soziokultur‹ wurde nicht als Alternative oder gar als Angriff auf den bürgerlichen Hochkulturbetrieb verstanden, sondern als neu zu konstituierender ›Spielraum‹, der auf die Partizipation breiter Bevölkerungsschichten innerhalb des vorgegebenen kulturellen Systems setzte. Aus heutiger Sicht kann man anmerken, daß sich diese Position auch einem gewissen Provinzialismus des damaligen Diskurses verdankte. Deshalb wiederholt sich in der Verwendung des Begriffs ›Soziokultur‹ bei Glaser und Stahl wie bei anderen Exponenten der ›Neuen Kulturpolitik‹ Anfang der 1970er Jahre in gewisser Weise die Abgehobenheit, die von den gleichen Autoren der bürgerlichen Kultur zum Vorwurf gemacht wurde: Die ›kommunikativen Spielräume‹ erscheinen als konfliktfreie Räume, die jeglicher sozialen Dynamik entzogen sind. Göschel spricht in diesem Zusammenhang von einem ›philosophischen, idealistischen Kunstbegriff‹, der von den Begründern der ›Neuen Kulturpolitik‹ verwendet worden sei (Göschel et al. 1995, S. 24).

Soziokultur vs. soziokulturelle Aktivitäten

Kirchgäßner referiert die 1970 geführte Diskussion zwischen Vertretern einer ›Demokratisierung der Kultur‹ und denen, die für eine ›kulturelle Demokratie‹ plädierten. Die Differenz liegt ihm zufolge darin, daß unter ›Demokratisierung‹ eine Kulturpolitik verstanden wurde, die eine breite Bevölkerungsschicht an die legitime Hochkultur heranführen und binden sollte, während unter ›kultureller Demokratie‹ ein Konzept zu verstehen war, welches die Hierarchie kultureller Hervorbringungen in Frage stellte und statt dessen Hoch- und Popularkultur in ein Verhältnis der gleichberechtigten Koexistenz führen wollte (Kirchgäßner 1983, S. 1). Auch wenn diese Konfliktlinie etwas schematisch angelegt ist, so ist sie doch geeignet, die verschiedenen Nutzungen des Begriffs ›Soziokultur‹ in seiner Entstehungsphase Anfang der 1970er Jahre zu differenzieren: In seiner substantivischen Form wird der Begriff zunächst wie eine

›Leitformel‹ (Fuchs, 1990, S. 3) im Kontext des Programms für eine ›Demokratisierung der Kultur‹ verwendet; der adjektivische Gebrauch verweist auf eine bestimmte, in den 1960er Jahren herausgebildete Praxis jenseits kultureller und staatlicher Institutionen, die einerseits um Anerkennung im Rahmen von ›kultureller Demokratie‹ jenseits der Dichotomie von Hoch- und Popularkultur kämpfte, andererseits aber um ihre Integrität fürchtete, wenn sie denn staatlich legitimiert wurde. Der Begriff ›Soziokultur‹ fungierte also zunächst innerhalb politischer Rhetorik nach Art einer ideologischen Polysemie, während ›soziokulturell‹ auf eine gegenständliche, empirische Referenz verweisen sollte. Soziokultur enthielt sozialutopische Elemente. Der Verweis auf bestimmte soziokulturelle Praxisformen war darin zwar enthalten, die auf die Zukunft gerichtete Verwendungsweise diente aber primär dazu, politische Mobilisierungseffekte im Rahmen sozialdemokratischer Politik zu erzielen.

Soziokultur in Politik und Gesellschaft

Am Schnittpunkt des theoretisch legitimierten Begriffs von Soziokultur im Sinne von Glaser und Stahl sowie den schon Ende der 1960er Jahre sichtbaren Formen ›soziokultureller Aktivität‹ steht in der BRD die Politik des Deutschen Städtetages, der auf seiner Hauptversammlung 1973 in Dortmund – wie Röbpke anmerkt – einen Paradigmenwechsel (Röbpke 1993, S. 25) bezüglich kommunaler Kulturpolitik einführte. Unter dem Einfluß von kritischen Studien zur Städtebaupolitik, wie etwa der von Mitscherlich über die ›Unwirtlichkeit der Städte‹ und der französischen ›Kritik des Alltagslebens‹ von Lefebvre, wurde mit Hilfe des ›erweiterten Kulturbegriffs‹ und der Leitformel ›Soziokultur‹ ein neues politisches Feld eröffnet. Die Re-Urbanisierung der Städte (vgl. Deutscher Städtetag, zitiert in ebd., S. 118) zielte darauf, der ›zweiten Zerstörung Deutschlands‹ durch Interessen der Verkehrslobby und wirtschaftspolitische Imperative in den 1950er Jahren Einhalt zu gebieten. Soziokulturelle Basisaktivitäten jenseits staatlicher Bevormundung erschienen in diesem Kontext als ein wichtiges Element der intendierten Urbanisierung. Kommunale Kulturpolitik erwies sich als (sozialdemokratische) Gesellschaftspolitik.

Die unterschiedlichen Interessenlagen der soziokulturellen Praxis und ihre politische Adaption in der ›Neuen Kulturpolitik‹ stehen in engem Zusammenhang mit der ›Bildungskrise‹ (Picht) der 1960er Jahre, die vor allem aus einer ›extrem engen Elitenbildung‹ resultierte (vgl. Göschel et al. 1995, S. 25).

Es ist dies das Programm der Chancengleichheit, der Deutung sozialer Konflikte als Verteilungskonflikte und also einer Kulturpolitik, die sich primär um ›Zugang und Teilhabe‹ zu zentrieren versuchte. Die ›Unterdefinition der sozialen Position‹ derjenigen, die ihre Bildungszertifikate nicht in angemessene soziale Karriereverläufe umsetzen konnten, führte zu einer Entlarvung der Hochkultur als Statuskultur des ›Establishments‹, und in diesem Sinne konnte es auf dem Hintergrund der geschilderten sozialen Dynamik auch nicht um Zugang oder Umverteilung der Ressourcen der Hochkultur gehen, sondern um die Inszenierung von ›Wertekonflikten‹. In diesem Milieu entstanden die soziokulturellen Praxisformen als Spielart von ›kultureller Demokratie‹ mit einem zum Teil sozialrevolutionären Selbstverständnis, welches mit der ›Neuen Kulturpolitik‹ nicht vereinbar erschien.

Aus soziologischer Perspektive war die sozialutopische Programmatik der ›Neuen Kulturpolitik‹ in ihrer Orientierung auf die Umverteilung kultureller Ressourcen zum Scheitern verurteilt. Im Kontext seiner Anfang der 1990er Jahre durchgeführten Evaluation von inzwischen institutionalisierter Soziokultur zeigt Göschel, daß eine »verteilungsorientierte Behandlung des Gegenstandes ›ästhetische Kultur‹ weitgehend nicht gelingt und auch nicht plausibel ist« (Göschel 1995, S. 258). In den Einrichtungen der Soziokultur wiederholt sich die selektive, vor allem von der Höhe der Bildungsqualifikationen bestimmte Nutzung kultureller Angebote, wie sie in etablierten Institutionen wie ↗Museen und ↗Theatern auch vorherrscht.

Ein weiteres Problem entstand der ›Neuen Kulturpolitik‹ dadurch, daß sie im Klima einer Erosion der Hochkultur einsetzte (DiMaggio 1995, S. 141). Die Akteure der soziokulturellen Praxis nahmen Elemente der hedonistischen, teilweise aus der Tradition der künstlerischen Avantgarden des 20. Jh. stammende Praxisformen der Studentenbewegung auf; sie arbeiteten mit Rückgriffen auf die Tradition der Arbeiterbewegung und waren schließlich entscheidend beeinflußt durch die Popkultur der 1960er Jahre. Alheit hat in Anlehnung an Elias' Theorie des Informalisierungsprozesses das ›Projekt Soziokultur‹ auf kulturelle Umbrüche in den 1950er Jahren zurückgeführt: Für ihn sind es ›überraschenderweise Arbeiterjugendliche‹, die durch *bricolage* einen lässigen, lockeren Habitus in Anlehnung an ↗Idole wie Marlon Brando, Elvis Presley, James Dean ausbildeten und mit der bewußten Parteinahme für das ›Kommerzielle‹ dieser Kultur einen Angriff auf das abgehobene, antiökonomische, vergeistigte Terrain der Hochkultur bewirkten. Für Alheit werden in diesem Prozeß die Weichen gestellt für die später von Mittelschichtjugendlichen getragene Studentenrevolte (Alheit 1992, S. 58 ff.).

Ende der 1970er Jahre verliert sich die emphatische Verwendung des Begriffs ›Soziokultur‹ als ›Leitformel‹, denn in der kulturpolitischen Praxis spielt Soziokultur nun außerhalb der etatisierten Kultur als empirisches Feld zunehmend eine Rolle (Sievers/ Wagner 1992, S. 17). Im kulturpolitischen Konzept der SPD ›Kultur von unten‹ (1985) wie auch in Verlautbarungen der Kommunalpolitischen Vereinigung der CDU (1986) und schließlich bei den Großen Anfragen an die Bundesregierung zum Thema Soziokultur und Kulturelle Bildung Ende der 1980er Jahre erweist sich der Begriff Soziokultur als ein Begriff mit empirischer Referenz, wenn auch der Geltungsbereich von Soziokultur in Teilaspekten umstritten bleibt (Sievers/Wagner 1992, S. 23). Glaser/ Stahl reagierten auf diese semantische Umorientierung und ersetzten den Begriff Soziokultur in der von ihnen ursprünglich angelegten Bedeutung durch ›Bürgerrecht Kultur‹ (Glaser/Stahl 1983).

Die langsame Entwicklung von Soziokultur zu einer kulturpolitischen Realität wurde in ihrer zweiten Phase geprägt durch den Einfluß der ›Neuen sozialen Bewegungen‹, wie sie sich in der Ökologie-, Frauen- und Friedensbewegung u. a. herausgebildet hatten (vgl. Stüdemann 1999, S. 30). Die auch als ›Alternativkultur‹ apostrophierte Bewegung kappte die Verbindung zum ›Künstlerisch-Ästhetischen‹, verzichtete weitgehend auf ein an Klassentheorien orientiertes Vokabular und orientierte sich an postmaterialistischen Werten wie Mythos, Empathie, Authentizität. Für manche Akteure mag dieser Weg, wie Stüdemann glaubt, mit der Idee einer ›sanften Machtergreifung‹ verknüpft gewesen sein (ebd., S. 30). Der Begriff Soziokultur – wenn er in diesem Kontext auch weiterhin eher in der kulturpolitischen Administration verwendet wurde – steht nun für eine zunehmend auch sozialpolitisch beachtete Praxis der Selbstorganisation, der ›Bürgerinitiative‹, der Stadtteilkultur.

In den 1990er Jahren kommt es immer wieder zu Diskussionen über die inzwischen auf kommunalpolitischer Ebene anerkannte und etablierte Soziokultur (vgl. Wagner/Sievers 1997). In dem Maße wie sie politisch legitimiert wurde, wächst die Kritik an ihren Grundlagen. Ein Effekt dieser Diskussionen besteht in der Historisierung von Soziokultur (Knoblich 2001, S. 7). Während der Begriff zunächst als theoretisches Konstrukt eine kulturpolitische Praxis neu erfinden sollte und im Maße der Etablierung einer ›Neuen Kulturpolitik‹ auch empirische Formen annahm, sind Ende der 1990er Jahre häufig Positionen anzutreffen, die soziokulturelle Praxisformen als ›antiquiert‹ charakterisieren (Roth 1999). Soziokultur bezeichnet nun eine bestimmte Phase staatlicher Kulturpolitik, die zu einem Ende gekommen ist – in dem doppelten Sinn, daß sie als kulturpolitisch liquidierbar angesehen werden kann oder aber als ›entwickelte‹ kulturelle Praxisform.

Auflösung des Konzeptes Soziokultur

Mit dem Niedergang der ›Neuen sozialen Bewegungen‹ und dem Aufkommen einer ›Politik der Lebensstile‹ (Göschel et al. 1995) änderten sich die Bedingungen für soziokulturelle Praxis. Sie geriet unabhängig von ihrer kulturpolitischen Anerkennung in eine Legitimationskrise, weil der soziale Gebrauch der soziokulturellen Infrastruktur immer weniger gegenkulturelle und politische Elemente enthielt und die Trägergruppe der Soziokultur einen Professionalisierungsschub durchlief, um damit in bestimmten, externen Segmenten des ›Marktes für symbolische Güter‹ (Bourdieu) konkurrenzfähig zu sein. In Anlehnung an Theorien über den Prozeß gesellschaftlicher Modernisierung sind die Akteure der Soziokultur der 1990er Jahre auch als ›Modernisierungsgewinner‹ charakterisiert worden (vgl. Cornel 1991). Die Institutionalisierung der Soziokultur wird nun verstanden als ein Schritt der Rationalisierung: von der Selbstverwaltung zum Sozialmanagement, von der Wahrnehmung kulturpolitischer Aufgabenstellungen wie ›Kultur für alle‹ zu einem kundenorientierten Anbieter kultureller Dienstleistungen, von der programmatischen Arbeit hin zu einem betriebswirtschaftlich kalkulierten Non-Profit Unternehmen. Damit wurde das immer schon problematische Gleichheitspostulat zwischen Produzenten und Konsumenten von Soziokultur endgültig aufgebrochen: In dieser Logik stehen sich jetzt Modernisierungsgewinner und Verlierer gegenüber (Cornel 1991; Krings 1992).

In dieser Situation versuchten die kulturpolitisch involvierten Akteure der Soziokultur Diskursanbindungen einzurichten, um sowohl die traditionelle Klientel der soziokulturellen Institutionen zu halten als auch die kulturpolitische Ressourcenversorgung zu gewährleisten: Postmodernismus, Kommunitarismus, Zivilgesellschaft und neuerdings ›sustainable development‹ sind z. B. zu solchen Bezugspunkten geworden. Die Idee von soziokulturellen Zentren als einer ›Drehpunktinstitution‹ (Flohé/Knopp 1999), die zwischen etablierter und Subkultur vermittelt, die zum subkulturellen Karrieresprungbrett werden kann, gehört auch in diesen Kontext.

Die Problematik der Soziokultur in den 1990er Jahren ergibt sich vor allem aus der Tatsache, daß die Kulturpolitik aufgrund von fiskalpolitischen Restriktionen zu einer auf Werkästhetik basierenden Politik zurückkehrte (Demirovic 1993). Der vermeintlichen Kriterienlosigkeit der postmodernen Kulturauffassung wurde mit einer ›Tendenz zum Neoklassizismus‹ begegnet – mit der Folge einer Ausgrenzung der Soziokultur, die nun vor allem auf kommunaler Ebene häufig in den Bereich der Sozialpolitik verschoben wurde. Hinzu kam, daß viele Akteure der ›freien Szene‹, die ursprünglich dem soziokulturellen Milieu zugehörten, zur Praxis einer ›professionellen ästhetischen Kultur‹ fanden und deshalb den soziokulturellen Rahmen verließen. Die Rückkehr zur Werkästhetik ist aus Sicht von Wagner und Sievers auch ein Grund für die polemischen Abgrenzungen des deutschen Feuilletons gegenüber Soziokultur in den 1990er Jahren (Wagner/Sievers 1997).

Diese Auseinandersetzungen haben eine Art ›Imageschaden‹ (↗Image) für die Soziokultur bewirkt. Thornton hat bei ihrer Analyse von Club Cultures mit dem an Bourdieu angelehnten Begriff des ›subkulturellen Kapitals‹ operiert (Thornton 1996). Analog könnte von ›soziokulturellem Kapital‹ die Rede sein und zwar vor allem, um Karriereverläufe im Kontext der durch die ›Neuen sozialen Bewegungen‹ dominierten Soziokultur zu beschreiben. Eben dieses nur im engen Rahmen der Alternativkultur einsetzbare Kapital, das seine Kraft vor allem aus der gegenkulturellen, oppositionellen Perspektive gewann, wurde nun als ›überholt‹ klassifiziert, also an einer empfindlichen Stelle symbolisch angegriffen mit entsprechenden Entwertungseffekten. Die professionalisierten Akteure der soziokulturellen Zentren definierten ihr Kapital entsprechend um: Sie agieren nun als ›Geschäftsführer‹ etc., versuchen sich also in der Logik des ökonomischen Kapitals zu positionieren.

Diese veränderten Klassifikationsstrategien ergaben sich auch aus der Tatsache, daß die Hochkultur in den 1990er Jahren zum Schauplatz einer zunehmenden Vermischung bzw. Entdifferenzierung von Kultur und Ökonomie wurde (Wuggenig 1996; Behnke/Wuggenig 1994). Die Werkzentrierung erwies sich in diesem Zusammenhang als Element eines auf die Produktion von Events zielenden Marketings, Erfolgskontrollen stellten die Besucherquote in den Vordergrund, und der Einfluß korporativer Sponsoren auf Finanzierungsstrukturen vergrößerte sich. In diesem Kontext wird Soziokultur als ein Segment des Marktes eingerichtet, versteht sich also nicht mehr als separater ›Lebenszusammenhang‹ (Negt/Kluge), der unabhängig von Strukturen des ökonomischen Feldes existieren kann. Soziokultur bedient nun ein Partikularinteresse – die Akteure des ›Projekts Soziokultur‹ sind gewissermaßen in der Wirklichkeit angekommen.

Homuth hat diese Ökonomisierung des Marktes für kulturelle Güter als eine gleichzeitige ›Kulturalisierung des Marktes‹ interpretiert (Homuth 1991). Die ›Politik der Lebensstile‹ fügt sich aus seiner Sicht nicht mehr zu einem vorgegebenen Orientierungsprogramm, in dem Kultur als Sinnressource erworben werden kann, sondern die Angebote bedürfen einer ›individuellen Konstitution‹: »Das Individuum muß sich seine Biographie nun selbst zusammenbasteln« (ebd., S. 42). Jede Option für einen bestimmten Gebrauch von Kultur kann nun verstanden werden als ein Akt der ›Selbstüberwachung‹ im ›Dienst individueller Kontrollstrategien‹: ›Subversion schlägt um in radikale Immanenz‹. So endet für Homuth im Angesicht der ›Neuen Urbanität‹ der 1990er Jahre die Soziokultur als Bestandteil von dem, was Foucault die ›Selbsttechnologien‹ genannt hat. Dieses Thema Foucaults läßt sich bereits mit frühen Dokumenten der Geschichte der Soziokultur in Verbindung bringen: mit dem französischen Begriff der ›animation socio-culturelle‹ bzw. dem Begriff der ›Animation‹, wie er von der UNESCO eingeführt wurde (zit. in Röbke 1993, S. 52). Denn die Animation, die vor allem mit der Technik der ›Nicht-Direktivität‹ arbeitet, die nicht ›führen‹, ›leiten‹ oder ›dirigieren‹ darf, suggeriert den Teilnehmern eine Selbst-Verantwortung, obwohl es sich nur um das ›scheinbar nichtdirektive Instrument der verschiedenartigsten Hierarchien‹ handelt (vgl. Boulet 1980, S. 66).

Selbstbestimmung, Selbstverantwortung – zentrale Kategorien des soziokulturellen Selbstverständnisses – erweisen sich somit als mögliche ›Selbsttechnologien‹, die nicht nur einen Beitrag zur Befreiung sozialer Gruppen zu leisten vermögen; sie sind im Lichte neuerer Regierungspolitik als Ressource der Menschenführung und Machterhaltung entdeckt worden (vgl. Lemke et al. 2000).

Literatur

Adorno, Th. W.: *Ästhetische Theorie*. Frankfurt a. M. 1970.

Alheit, P.: »Soziokultur – ein unvollendetes Projekt«. In: Sievers/Wagner 1992. S. 55–62.

Behnke, C./Wuggenig, U.: »Heteronomisierung des ästhetischen Feldes. Kunst, Ökonomie und Unterhaltung im Urteil eines Avantgardekunst-Publikums«. In: Mörth, I./Fröhlich, G. (Hgg.): *Das symbolische Kapital der Lebensstile*. Frankfurt a. M./New York 1994. S. 229–252.

Boulet, J.: *Soziokulturelle Arbeit im internationalen Vergleich*. Kassel 1980.

Cornel, H.: »Gesellschaftliche Modernisierung und Soziokultur«. In: Kulturbehörde Hamburg (Hg.): *Hauptsache Kultur*. Hamburg 1991. S. 37–46.

Demirovic, A.: »Kultur für alle – Kultur durch alle. Demokratische Kulturpolitik und soziale Transformation«. In: *Kulturpolitische Mitteilungen* 63/IV (1993) S. 30–34.

DiMaggio, P.: »Social Structure, Institutions, and Cultural Goods: The Case of the United States«. In: Bourdieu, P./Coleman, J. S. (Hgg.): *Social Theory for a Changing Society.* New York 1995. S. 133–155.

Flohé, A./Knopp, R. (Hgg.): *Drehpunkte. Kontexte und Perspektiven soziokultureller Praxis.* Essen 1999.

Fuchs, M.: »Soziokultur – eine theoretische Annäherung«. In: Institut für Bildung und Kultur e. V.: *Soziokulturelles Diskussionsforum.* Remscheid 1990. S. 2–17.

Glaser, H./Stahl, K. H.: *Bürgerrecht Kultur.* Frankfurt a. M./Berlin/Wien 1983.

Glaser, H./Stahl, K. H.: *Die Wiedergewinnung des Ästhetischen. Perspektiven einer neuen Soziokultur.* München 1974.

Göschel, A. et al.: *Die befragte Reform. Neue Kulturpolitik in Ost und West.* Berlin 1995.

Haselbach, D.: »Lust und Frust: ›unkonventionelle Beschäftigung‹«. In: Sievers/Wagner 1992. S. 101–114.

Hoffmann, H. (Hg.): *Perspektiven der kommunalen Kulturpolitik.* Frankfurt a. M. 1974.

Ders.: *Kultur als Lebensform.* Frankfurt a. M. 1990.

Homuth, K.: »Kultur plus Markt. Kulturelles Marketing und Neue Urbanität«. In: Kulturbehörde Hamburg (Hg.): *Hauptsache Kultur.* Hamburg 1991. S. 37–44.

Institut für Bildung und Kultur e. V.: *Soziokulturelles Diskussionsforum.* Remscheid 1990.

Kirchgäßner, H.: *Texte zur sozial-kulturellen Animation.* Remscheid 1983.

Knoblich, T. J.: »Das Prinzip Soziokultur – Geschichte und Perspektiven«. In: *Aus Politik und Zeitgeschichte* 11 (2001) S. 7–14.

Krings, E.: »Der Hauptfeind der Kreativität ist der Gute Wille … Über das Verhältnis von Ästhetik und Soziokultur«. In: Sievers/Wagner 1992. S. 63–72.

Lemke, T./Krasmann, S./Bröckling, U.: »Gouvernementalität, Neoliberalismus und Selbsttechnologien«. In: *Gouvernementalität der Gegenwart. Studien zur Ökonomisierung des Sozialen.* Frankfurt a. M. 2000. S. 7–40.

Marcuse, H.: *Kultur und Gesellschaft I.* Frankfurt a. M. 1965.

Röbke, T.: *Zwanzig Jahre neue Kulturpolitik.* Hagen/Essen 1993.

Roth, R.: »Soziokultur – ein Ladenhüter? Freiwilligenarbeit, Selbsthilfe, ›Neues Ehrenamt‹ und andere neueste und allerneueste Aufbrüche in die ›Bürgergesellschaft‹«. In: *Informationsdienst Soziokultur der Bundesvereinigung sozio-kultureller Zentren* Nr. 40/41 (1999). http://www.soziokultur.de/texte/ladenhut.htm.

Sievers, N./Wagner, B. (Hg.): *Bestandsaufnahme Soziokultur. Beiträge. Analysen. Konzepte.* Stuttgart 1992.

Simpson, J. A.: »Allgemeine Aspekte der sozio-kulturellen Animation«. In: Kirchgäßner 1983. S. 33–38.

Stüdemann, J.: »Soziokultur – quo vadis?« In: Flohé/Knopp 1999. S. 21–32.

Thornton, S.: *Club Cultures. Music, Media and Subcultural Capital.* Hanover/London 1996.

Wagner, B./Sievers, N.: »Überquerte Grenzen, geschlossene Gräben? Soziokultur und die Antwort der Geistesaristokratie«. In: *Ästhetik und Kommunikation* (1997) S. 60–68.

Wuggenig, U.: »Ende des ästhetischen Wohlfahrtsstaates?« In: *Kursiv* 1–2 (1996) S. 40–47.

Wygotski, L. S.: *Denken und Sprechen.* Frankfurt a. M. 1974.

Christoph Behnke

Subkultur

Sub- und Gegenkultur – konzeptuelle Fragen

Der Begriff der Subkultur wird in der sozial- und kulturwissenschaftlichen Literatur in einer weiteren und einer engeren Grundbedeutung gebraucht. Er gilt als ein eher unscharfes Konzept (vgl. Kreutz 1974, S. 151), das in der Soziologie der Devianz und der Soziologie der Jugend eine zentrale Rolle spielte. Vor allem von Autoren, die den Begriff in einer engen Bedeutung gebrauchen und ihn an Jugendsubkulturen binden, wurde der Subkulturbegriff angesichts der Entwicklung hin zu einem »Supermarkt der Stile« (Polhemus 1997) und der Absorptionskraft der postmodernen Gesellschaft bereits verabschiedet oder zumindest stark in Frage gestellt (vgl. Baacke 1993, S. 114 ff.; Muggleton 2000, S. 48).

Exemplarisch für den in der Mainstream-Soziologie gängigen Gebrauch des Begriffs der Subkultur ist dessen Verwendung in Anthony Giddens' *Sociology* (2001), dem weltweit am stärksten verbreiteten Lehrbuch dieser Disziplin. Der Begriff der Subkultur soll unterstreichen, daß die Gesellschaften des Westens kulturell diversifiziert sind und eine Reihe von Bevölkerungssegmenten umfassen, die sich durch ihre »kulturellen Muster« unterscheiden, wobei Beispiele für solche Subkulturen von ethnischen und linguistischen Gemeinschaften bis zu Gruppierungen wie Hip-Hop-Fans, Hare-Krishna-Gemeinschaften, Gruppen von Computer-Hackern oder Fußball-Hooligans reichen. Diese heute eher trivial erscheinende Einsicht über die kulturelle Ausdifferenzierung der modernen und postmodernen Gesellschaft war vor rund 50 Jahren keine Selbstverständlichkeit. So wird es als eine zentrale Einsicht der frühen Subkulturtheorie angesehen, daß sie gegenüber Theorien, die von Konsens und geteilten oder auch absoluten Werten in der Gesellschaft ausgehen, die Möglichkeit unterschiedlicher und konfligierender Werte betonte: »Subcultural theory (did) set the stage for undermining the assumptions of societal homogenity and moral absolutism« (Douglas/Waksler 1982, S. 90). Subkultur ist ein relationales Konzept, das die Existenz relativ autonomer Kulturen voraussetzt und somit gegen die Idee einer homogenen Kultur gerichtet ist, wie sie für einen Teil der Durkheimianischen Tradition charakteristisch ist und noch Robert Mertons (1957) Diagnose der amerikanischen Gesellschaft zugrunde liegt, einem wichtigen Bezugspunkt der frühen Subkulturtheorien (vgl. Haralambos/Holborn 1995, S. 393).

Der Gebrauch des Subkulturbegriffs in einem weiten und allgemeinen Sinn steht in der Tradition jenes Autors, dem die Einführung des Terminus Sub-Kultur zugeschrieben wird. Der amerikanische Soziologe Milton Gordon (1997, S. 41) bezeichnete in einem Beitrag aus dem Jahre 1947 »sub-culture« als eine »sub-division of a national culture, composed of a combination of factorable social situations as class status, ethnic background, regional or urban residence, and religious affiliation«. In ähnlicher Weise definiert Giddens heute Subkultur als »jedes Segment einer Bevölkerung, das von der umfassenderen Gesellschaft durch ihr kulturelles Muster unterscheidbar ist« (2001, S. 700). Neben den Differenzierungen nach Klassenlage, Ethnizität, Stadt und Land oder Regionen, die Milton vor Augen hatte, finden in den Illustrationen von Giddens auch kleinere Lebensstilgruppen bzw. »Kunstwelten« im Sinne von Howard S. Becker (1982) Berücksichtigung, seien diese hoch- oder populärkulturell orientiert.

Ähnlich breit wie bei Giddens, aber mit Bezug auf die »dominante« Kultur wird der Subkulturbegriff in *The Penguin Dictionary of Sociology* eingeführt. Subkultur wird darin definiert als »a system of values, attitudes, modes of behavior and life-styles of a social group which is distinct from, but related to the dominant culture of a society« (Abercrombie et al. 1988, S. 245). Eine präzisere Definition auf der Linie des breiten Subkulturkonzepts unterstreicht fünf Hauptkomponenten von Subkulturen, wobei der Gruppencharakter besonders betont und Lebensstilaspekte vernachlässigt werden. Subkulturen sind demnach (1) identifizierbare Teile der umfassenderen Gesellschaft, die sich in einigen, aber nicht in allen Hinsichten von der umfassenden Gesellschaft unterscheiden, die (2) als Teil dieser Gesellschaft zumindest einigen ihrer Regeln und Gesetze unterliegen, die (3) als Gruppen mit identifizierbaren Differenzen gegenüber der umfassenden Gesellschaft eigene Verhaltensnormen für ihre Mitglieder aufweisen, die (4) funktionierende Einheiten darstellen, d. h. zumindest für einige Zwecke in der Lage sind, als Gesamtheit zu handeln, und (5) ein Bewußtsein von sich selbst als Einheiten haben, die sich in manchen Hinsichten von der umfassenden Gesellschaft abheben (vgl. Douglas/Waksler 1982, S. 81 f.).

Subkulturen weisen allerdings sehr unterschiedliche Grade kollektiver Organisation und Kohäsion auf, von organisierten Bandenstrukturen bis zu den temporären, popkulturellen »Substream-Netzwerken« der 1990er Jahre, wie Weinzierl (2000, S. 96 ff.) sie beschreibt. Abgesehen davon besteht in der Literatur Uneinigkeit, ob Subkulturen als reale Entitäten zu betrachten sind, wozu die gesamte ältere Forschung einschließlich der Birmingham-Schule der Cultural Studies tendiert, oder aber als theoretische Konstrukte von Forschern, ähnlich wie etwa Bourdieus Klassen und Klassenfraktionen im sozialen Raum (vgl. Muggleton 2000, S. 23).

Unterscheiden sich die Werte, Normen, Lebensstile etc. der Mitglieder einer Subkultur »substantiell von jenen der Mehrheit der Gesellschaft«, dann wird bei Giddens von einer »devianten« oder »nonkonformistischen« Subkultur gesprochen, im Falle von Gruppen, welche die »vorherrschenden Werte und Normen der Gesellschaft zurückweisen«, von einer »Gegenkultur« (vgl. Giddens 2001, S. 24, 687). Diese Spezifikation führt zu der zweiten, engeren Grundbedeutung des Subkulturbegriffes, wobei in diesem Zusammenhang Überschneidungen mit dem Begriff der Gegenkultur auftreten. In den britischen Cultural Studies wiederum, die den Sprachgebrauch im Feld der Subkulturforschung seit den 1970er Jahren stark beeinflußt haben, wird das Subkulturkonzept in einer sehr speziellen Bedeutung mit einer klassentheoretischen Konnotation verwendet, da Subkulturen der »Stammkultur« der Arbeiterklasse zugeordnet werden, »Gegenkulturen« hingegen den mittleren und höheren Klassen (vgl. Clarke u. a. 1976, S. 57 ff., O'Sullivan 1997, S. 66). Als exemplarische Verkörperung einer Gegenkultur in diesem Sinne erscheint in der Literatur vielfach die in der zweiten Hälfte der 1960er Jahre entstandene Hippiebewegung (vgl. den Überblick bei Miller 1991).

Angesichts der Mehrdeutigkeit des Subkulturbegriffes schlug Yinger (1960) vor, diesen Begriff auf »Sub-Gesellschaften« zu beschränken und den Begriff der »Kontrakultur« (»Contraculture«) heranzuziehen, um emergente, aus Deprivations- und Konfliktsituationen erwachsene Kulturen von Gruppen zu charakterisieren. Gebrauchte Yinger zunächst bewußt nicht den Begriff der »Gegenkultur« (»Counterculture«), um Konnotationen mit Gegenreformation, Gegenmacht etc. zu vermeiden, so beugte er sich in einer wichtigen späteren Arbeit dem Sprachgebrauch, der sich mittlerweile durchgesetzt hatte, u. a. über populäre Arbeiten aus der Hippie-Gegenkultur der 1960er Jahre wie Theodor Roszaks *The Making of a Counter Culture* (1969). Yinger (1977, S. 833) übernahm den Ausdruck ›Gegenkultur‹ und bezog ihn auf kulturelle Muster, die den herrschenden Werten und Normen scharf entgegengesetzt sind: »A set of values and norms of a group that sharply contradicts the dominant norms and values of the society of which that group is a part«.

Gegenkulturen, ein Begriff, der sich – um eine weitere begriffliche Konfusion anzusprechen – wie das Konzept der Subkulturen sowohl auf Normen,

Werte, Themen, Lebensstile und Rituale, also auf kulturelle Muster beziehen kann, aber auch auf die sozialen Gruppen, die diese hervorbringen bzw. mit diesen identifiziert werden, zeichnen sich aus dieser Perspektive durch »Rituale der Opposition« sowie reale oder symbolische Angriffe auf eine als frustrierend empfundene soziale Ordnung aus.

Sind Reformbewegungen an der Veränderung von Austauschraten orientiert und Rebellionen an der Bekämpfung von Machtstrukturen, so tendieren ›gegenkulturelle Bewegungen‹ zur Änderung der normativen Grundlagen der sozialen Ordnung. Identifiziert werden können Gegenkulturen gemäß Yinger (1977) über epistemologische, ethische und ästhetische Kriterien, also über die Frage, ob in solchen grundlegenden kulturellen Hinsichten wie Kriterien und Methoden für Wahrheit(sfindung), Definitionen des guten Lebens und/oder ästhetischen Erfahrungen scharfe Differenzen gegenüber vorherrschenden Vorstellungen und Standards auftreten.

Was die ästhetische Dimension betrifft, so schreibt Yinger (1977, S. 841) der avantgardistisch orientierten Kunst, aber ebenfalls den neuen, in den 1960er und 1970er Jahren entstandenen Formen populärer ↗ Musik ein gegenkulturelles Potential zu. Auch in der britischen Subkulturforschung wird die besondere Bedeutung des Musikkonsums unterstrichen. Er ist ein besonders wichtiges Mittel der Identitätsbildung und der Markierung von Differenz gegenüber anderen. Musik verschafft einen Sinn für reale oder imaginäre Gemeinschaft, die im Akt des Konsums geschaffen wird (vgl. Storey 1996, S. 102).

Ein großer Teil der heute verfügbaren Literatur über Sub- und Gegenkulturen entstand zur Zeit der Blüte der neuartigen Jugendkulturen, die sich in den westlichen Gesellschaften, vor allem aber in den USA und Großbritannien, in den 1960er und 1970er Jahren herausgebildet hatten. Aus dieser Zeit stammen auch zwei nach wie vor lesenswerte deutschsprachige Studien, die auf den Sub- bzw. Gegenkulturbegriff rekurrieren, nämlich Helmut Kreuzers *Die Boheme* (1968) und Rolf Schwendters *Theorie der Subkultur* (1973). Widmet sich Kreuzer dem Spezialfall einer »Subkultur von Intellektuellen« bzw. »einer Randgruppe mit vorwiegend schriftstellerischer, bildkünstlerischer oder musikalischer Aktivität oder Ambition und mit betont un- oder gegenbürgerlichen Einstellungen und Verhaltensweisen« (1968, S. V), so bleibt Schwendters Studie vor allem als Zeitdokument und Selbstbeschreibung der Sub- und Gegenkulturen dieser Zeit einschließlich einer Typologisierung von Subkulturen in Erinnerung. Der Begriff der Subkultur ist bei Schwendter (1973, S. 11) eher breit gefaßt, wenn diese definiert wird als »Teil einer konkreten Gesellschaft, der sich in seinen Institutionen, Bräuchen, Werkzeugen, Normen, Wertordnungssystemen, Präferenzen, Bedürfnissen usw. in einem wesentlichen Ausmaß von den herrschenden Institutionen etc. der jeweiligen Gesamtgesellschaft unterscheidet«. Deshalb wird u. a. zwischen freiwilligen Subkulturen (z. B. sexuelle oder kulturelle Präferenzen, wie Musikgeschmack) und unfreiwilligen (z. B. Behinderte, Obdachlose) unterschieden, aber auch zwischen »progressiven« Subkulturen (z. B. Teile der anti-autoritären Studentenbewegung der 1960er Jahre) und »regressiven« (z. B. Hell's Angels, Charles-Manson-Kommune, Skinheads). Wenn Schwendter in der Anwendung dieser Typologie seinen persönlichen Vorlieben auch zu sehr folgte (kritisch vgl. Baacke 1993, S. 120 ff.), so ist eine Unterscheidung dieser Art doch grundsätzlich fruchtbar.

Für regressive Subkulturphänomene bietet Deutschland mit seiner Proliferation rechtsradikal orientierter Jugendsubkulturen nach der Wiedervereinigung reichhaltiges Anschauungsmaterial (vgl. Bergmann/Erb 1994). So konnte Ende der 1990er Jahre festgestellt werden, daß die »jugendkulturelle Avantgarde heute rechtsradikal auftritt« (Babias 1999, S. 19). Vor diesem Hintergrund hat sich in Deutschland im populären Gebrauch die Konnotation des Begriffs der Subkultur, der zuvor eher positiv besetzt war, verschoben (vgl. Diederichsen 1992).

Darüber hinaus sind auch andere Unterschiede zwischen Subkulturen zu berücksichtigen. So führt Short (1989, S. 840) u. a. den Grad der Gruppenzentriertheit und die Rigidität der Trennung von der umfassenderen sozialen Welt an. Hebdige (1979, S. 122) hebt das unterschiedliche Ausmaß der Bindung an Subkulturen hervor. Er trennt scharf zwischen »originals« und »hangers-on«, womit ein Aspekt der im späteren Jugendsubkulturdiskurs wichtigen Frage nach der ›Authentizität‹ von Subkulturen aufgeworfen wurde (vgl. Muggleton 2000, S. 20 ff.). So werden insbesondere im popkulturellen Diskurs ›authentische‹ bzw. ›reine‹ Subkulturen solchen gegenübergestellt, die kommerziell und kulturindustriell gesteuert sind. Auch die Kontrastierung zwischen Subkulturen, die sich an Authentizität und solchen, die sich an Artifizialität orientieren, ist in diesem Zusammenhang relevant, wofür im musiksoziologischen Diskurs etwa Simon Friths (1988, S. 461 ff.) Gegenüberstellung von »rock sensibility« und »pop sensibility« steht (vgl. auch Hinz 1998, S. 94 ff.).

Phasen der Subkulturtheorie und -forschung

In ihrem gemeinsam mit Ken Gelder unternommenen Versuch, das Feld der »Subcultural Studies« über eine Anthologie einschlägiger Texte zu fundieren, nimmt Sarah Thornton (1997, S. 6) eine Dreiteilung von Phasen der Subkulturtheorie und -forschung vor. Thornton unterscheidet eine erste Phase der Forschung zwischen 1920 und den späten 1960er Jahren, vor allem geprägt durch die Tradition der Chicagoer Schule der Soziologie. Die zweite Phase umfaßt die 1970er Jahre, dominiert durch die Subkulturforschung der Birmingham-Schule der Cultural Studies. Die dritte Phase seit den 1980er Jahren wird angesichts des Einflusses dieser Schule und des Ausbleibens der Entwicklung einflußreicher neuer Paradigmen mit Reaktionen auf die Studien der Cultural Studies identifiziert. Eine solche Einschätzung findet man auch bei Weinzierl (2000, S. 246), wenn er diese Phase als »Post-Birmingham-Subkulturforschung« bezeichnet.

Eine Würdigung der Subkulturtheorie und -forschung hat in jedem Fall die Pionierarbeiten der Chicagoer Schule zu berücksichtigen, auch aus jener Zeit, in welcher der Begriff der Subkultur noch nicht verfügbar war. Zu denken ist insbesondere an Frederic Thrashers (1927) Studie, in der auf der Basis der Beschäftigung mit rund 1300 Banden von männlichen Jugendlichen die Herausbildung von gemeinsamen Codes, Traditionen, Normen und Werten sowie Strategien der Behauptung von Territorien beschrieben wurden. Neben dieser Tradition und ihrer theoretisch besser fundierten Fortführung durch den Symbolischen Interaktionismus kann die funktionalistische Soziologie nicht übergangen werden. So betont Stanley Cohen (1997/1980, S. 149) zu Recht, daß die Subkulturtheorie das gemeinsame Produkt dieser beiden Paradigmen war, welche die Forschung rund 25 Jahre dominierten: »Traditional subcultural theory [...] is the intellectual offspring of two oddly matched but conventional strands of American sociology – functionalist anomie theory and the Chicago School«.

War die »traditionelle Subkulturtheorie« ein amerikanisches Produkt, so ist die »neue Subkulturtheorie«, wie sie von Stanley Cohen bezeichnet wurde, eine britische Entwicklung. Sie bewegte sich in einem neuartigen neomarxistischen Bezugsrahmen, der sich sowohl von den ökonomistischen Spielarten des Marxismus abhob, als auch von der Frankfurter Schule mit ihrer Präferenz für die avantgardistische Hochkultur. Es waren nicht zuletzt die Subkulturstudien der 1970er Jahre, die dazu beitrugen, das neue Paradigma der ›Cultural Studies‹ zu begründen. Eine Periodisierung der Subkulturtheorie und -forschung kann somit auch der Dominanz von Paradigmen folgen. So ist die erste Phase, die sich explizit auf den Sub- bzw. Gegenkulturbegriff stützt, von den 1950er Jahren bis Ende der 1960er Jahre geprägt durch die Vorherrschaft der funktionalistischen »Standard American Sociology« und ihrer »loyalen Opposition« (vgl. Mullins 1973), der Chicagoer Schule und dem Symbolischen Interaktionismus. Die kritische Wendung u.a. gegen diese Paradigmen führte in Großbritannien zur Herausbildung eines Gramscianisch orientierten neomarxistischen Zugangs und zur zweiten wichtigen Phase der Subkulturforschung. Dieses neue Paradigma blieb den Theorien der ersten Phase in mancher Hinsicht stark verhaftet, hob sich jedoch in seiner gesellschaftstheoretischen Ausrichtung, der Akzentuierung von Stilphänomenen und von Symbolpolitik sowie der teilweise stark textuell-semiotischen Orientierung deutlich von diesen ab. Die amerikanische Forschung zu Gegenkulturen wurde in dieser zweiten Phase, solange die spektakulären ›Gegenkulturen‹ der damaligen Zeit noch existierten, allerdings ungebrochen fortgesetzt (vgl. u.a. Keniston 1971; Musgrave 1974; Wieder/Zimmerman 1974), ohne jedoch eine vergleichbare Aufmerksamkeit wie die britische Forschung zu erzielen.

Die dritte Phase war und ist durch kritische Reaktionen auf die neue Orthodoxie geprägt. Zum Teil kamen poststrukturalistisch geprägte Zugänge auf, wie sie sich auch in den Cultural Studies nach deren Lösung vom Marxismus zunehmend verbreiteten (vgl. z.B. Holert/Terkessidis 1996), zum Teil erfolgte eine Rückwendung zum Paradigma des Symbolischen Interaktionismus und zu mikrointeraktionistischen bzw. phänomenologischen Ansätzen, einschließlich eines Revivals ethnographischer bzw. qualitativer empirischer Forschung (z.B. Lachmann 1988, Widdicombe/Wooffitt 1995, Muggleton 2000). Teilweise wurde auch auf andere soziologische Theorien zurückgegriffen, wie insbesondere auf die Feld- und Habitustheorie von Pierre Bourdieu (vgl. Thornton 1996, Diaz-Bone 2002), ungeachtet dessen Vernachlässigung des Subkulturkonzepts. Außerdem entstand eine Vielzahl von speziellen Studien und theoretischen Beiträgen zu einzelnen Subkulturen, insbesondere auch zu solchen, die über Stilphänomene und populärkulturelle Gemeinsamkeiten, wie musikalische Präferenzen, identifiziert werden können. Dazu zählen Studien und theoretische Beiträge zu Mods und Rockern (vgl. u.a. Stuart 1987), zu Rave- und Club-Kulturen (vgl. u.a. Redhead 1997), zu Heavy Metal (vgl. u.a. Arnett 1996) und zu Techno Szenen (vgl. u.a. Anz / Walder 1995) sowie zu

Punk (vgl. u. a. Coon 1982). Weitergehende Hinweise zu der in der dritten Phase der Subkulturforschung entstandenen breiten Literatur zu solchen Subkulturen finden sich in Thornton (1995), Widdicombe/Woofitt (1995), Hinz (1998), Weinzierl (2000), Muggleton (2000) und Diaz-Bone (2002). Keiner der Beiträge aus dieser Phase gewann bisher jedoch ähnliche wissenschaftliche Legitimität oder auch populäre Resonanz wie einige der exemplarischen Arbeiten aus den beiden ersten Phasen, wie insbesondere Albert Cohen (1955), Cloward/Ohlin (1960), Becker (1971), Hall/Jefferson (1976), Willis (1977, 1978) oder Hebdige (1979).

Subkultur, Funktionalismus und Symbolischer Interaktionismus

Robert Mertons (1957) anomietheoretische Taxonomie von möglichen Formen der Anpassung unter Berücksichtigung von kulturellen Zielen (gesellschaftlichen Erfolgszielen) und Mitteln ihrer Realisierung – Konformität, Innovation, Ritualismus, Rückzug, Rebellion – wird etwa im *Collins Dictionary of Sociology* von Jary/Jary (1991, S. 638) unter dem Stichwort ›Subculture‹ als Grundlage für eine typologische Unterscheidung von Subkulturen herangezogen. Die bleibende Bedeutung der funktionalistischen Subkulturtheorie wird in der soziologischen Literatur aber eher in der Weiterentwicklung von Mertons Anomietheorie gesehen (vgl. Haralambos/Holborn 1995, S. 392 ff.; Giddens 2001, S. 208 f.).

Die Anomietheorie unterstellt eine strukturelle Spannung zwischen den in der Gesellschaft (wie sie voraussetzt) ›allgemein‹ verbreiteten Erfolgszielen und den von der Position im sozialen Raum abhängigen Chancen, diese zu realisieren. Während Merton in Zusammenhang mit ›Innovation‹, also der Wahl devianter Mittel für die Zielerreichung, individuelle Reaktionen vor Augen hat, betont Albert Cohen (1955) den kollektiven Charakter von innovativen Lösungen in Form der Herausbildung von Subkulturen. Er argumentiert, daß bestimmte Gruppen in Reaktion auf ihre Probleme eigene Werte und Normen entwickeln, die Delinquenz begünstigen. Das Resultat ist eine delinquente Subkultur, die von Cohen als eine kollektive Lösung für typische gemeinsame Probleme von Unterschichtjugendlichen interpretiert wird.

Cloward und Ohlin (1960) verfeinern diese Theorie, indem sie die Idee der illegitimen Chancenstruktur entwickeln. Genauso wie die Chancen variieren, über legitime Mittel zum Erfolg zu kommen, unterscheiden sich die Möglichkeiten, über illegitime Mit-

tel ans Ziel zu gelangen. Vor diesem Hintergrund wurde versucht, das Auftreten von drei Arten von Subkulturen zu erklären. »Kriminelle Subkulturen« entstehen dort, wo es eine entsprechende Lernumwelt, d. h. ein etabliertes Muster von Kriminalität gibt. »Konfliktsubkulturen« kristallisieren sich vor dem Hintergrund von blockierten legitimen wie auch illegitimen Chancenstrukturen heraus. »Rückzugssubkulturen« werden gemäß Cloward/Ohlin (1960) von jenen gebildet, die doppelt erfolglos sind, die also weder über den Einsatz legitimer Mittel reüssieren noch als Kriminelle oder als Mitglieder von Konfliktgangs.

Der Zugang des Symbolischen Interaktionismus folgt einem anderen Verständnis von Kultur und Subkulturen als die funktionalistische Theorie. Kultur existiert nur über Interaktionsprozesse zwischen Individuen. Es erscheint daher nicht sinnvoll, eine Subkultur nach der Logik hierarchischer Unterteilung als eine abgeleitete Version einer übergreifenden Kultur aufzufassen, in Analogie etwa zur Klassifikation von Spezies und Subspezies in der Biologie (vgl. Cuche 1996, S. 49). Kultur resultiert aus den in Gruppen und ihren Interaktionen ausgelösten Prozessen. Sie wird von unten nach oben aufgebaut. Daher wird der Subkulturbegriff, der die Konnotation eines von einem Ganzen abgeleiteten Teiles hat, in der mikrointeraktionistischen Literatur auch eher selten explizit gebraucht.

Die wesentlichen Beiträge des Symbolischen Interaktionismus zur ›Subkulturforschung‹ liegen in der Analyse von Gruppenprozessen und in der Verdeutlichung der ›Karrieren‹ in Subkulturen. Vor allem zwei Beiträge sind von bleibender Bedeutung für die Subkulturforschung wie für das interaktionistische Paradigma insgesamt, nämlich Howard S. Beckers (1971, S. 36–108) Studien über Barmusiker und Marihuanaraucher. Devianz ist im Interaktionismus nicht so klar von Nicht-Devianz getrennt wie in der funktionalistischen Theorie. Sie wird bei Becker als Resultat von zwei Arten von Interaktionen verstanden. ›Novizen‹ müssen Motivationen und Konventionen lernen, seien dies die von Kunstwelten oder von Drogensubkulturen. Andererseits wird ihre ›Karriere‹ durch die Reaktionen und die Etikettierungen des sozialen Kontextes bzw. des Publikums beeinflußt.

Subkultur und britische Cultural Studies

Es war der interaktionistisch orientierte britische Soziologe Jock Young (1971), der mit einer von Becker ausgehenden Studie über Drogenkonsum als Brücke zwischen der amerikanischen und der britischen Forschung fungierte. Ähnlich wie Paul Willis, der Hauptvertreter der ethnographisch orientierten Cultural Studies, steht Young für eine Verbindung des Symbolischen Interaktionismus mit marxistischen Perspektiven. Die amerikanische Subkulturforschung, insbesondere die funktionalistische, hatte zwar Schicht und Klasse berücksichtigt, nicht aber ›Kapitalismus‹. Young knüpft an David Matzas (1967) wichtige Arbeit über »unterirdische Werte« an (wie z. B. kurzfristigen Hedonismus, Spontaneität, Abenteuer), die neben den offiziellen Werten der Gesellschaft existieren und temporär (z. B. Karneval, Freizeit) zugelassen werden. Young deutet Drogensubkulturen, die sich beständig an solchen »unterirdischen Werten« orientieren, als »Gruppen jenseits des Ethos der Produktivität« und der formalen kapitalistischen Arbeitsethik.

Auch Phil Cohen, der eine den Chicagoer Untersuchungen vergleichbare Studie in East London durchführte, bleibt in seiner für die Orientierung des Birmingham Centre for Contemporary Cultural Studies (CCCS) bahnbrechenden Arbeit teilweise den amerikanischen Theorien verhaftet. Dies wird etwa deutlich, wenn Cohen seine einflußreiche Formulierung über die bloß »magische Lösung« von Problemen durch Subkulturen auf Mertons Begriff der »latenten Funktion« stützt: »It seems to me that the latent function of subculture is this: to express and resolve, albeit ›magically‹, the contradictions which remain hidden or unresolved in the parent culture« (Cohen 1997/1972, S. 94). Jugendsubkulturen wie Mods oder Skinheads erscheinen Cohen als Symptome einer absteigenden Arbeiterklasse, die an Kohäsion verliert. Sie versuchen gemäß Cohens Deutung, Bedingungen, welche die ›Stammkultur‹ auszeichneten, wie Solidarität und Gemeinschaft, durch Sicherung subkultureller Territorien wiederherzustellen. Dem Widerspruch zwischen traditionellem Arbeiterpuritanismus und dem neuen Konsumhedonismus begegnen sie durch Rekurs auf Symbole sowohl aufsteigender (Mods) als auch marginalisierter lumpenproletarischer Schichten (Skins). Da sich diese Aktivitäten in der Freizeit abspielen, eröffnen sie keine realen Aufstiegschancen.

Diente der Subkulturbegriff in der Jugendsoziologie im Anschluß an Parsons dazu, eine relative Autonomie von Jugend und ↗›Jugendkultur‹ gegenüber Klasse und »Klassenkultur« zu behaupten (vgl. Kreutz 1974, S. 150), so wurden über die Birmingham-Schule Jugendsubkulturen nun gerade von neomarxistischer Seite besonders eng mit Klasse – den »parent cultures« – verbunden. Das Modell war letztlich aber noch komplexer – »doppelt artikuliert« – da als weitere Relation noch das Verhältnis der Sub-

kultur zur hegemonialen Kultur im Sinne von Gramsci zu berücksichtigen war. So heißt es im bedeutendsten theoretischen Statement des CCCS zur Jugendsubkultur, der Einleitung zu *Resistance through Rituals*: »Sub-culture, then, must first be related to the ›parent cultures‹ of which they are a sub set. But sub-cultures must also be analysed in terms of their relation to the dominant culture – the overall disposition of cultural power in the society as a whole« (Clarke et al. 1976, S. 9).

Dieser abstrakte theoretische Rahmen wurde durch Studien ausgefüllt (und teilweise überschritten), die in zwei Richtungen gingen – in eine ethnographisch-kulturalistische und in eine textuell-semiotische, exemplifiziert insbesondere durch Willis (1977, 1978) und Hebdige (1979). Hatte Phil Cohen den Niedergang der Arbeiterkultur und Reaktionen in Form magischer Lösungen durch Jugendsubkulturen der Arbeiterklasse einfach festgestellt, so wurde der im Titel des CCCS-Bandes (*Resistance through Rituals*) thematisierte ›Widerstand‹ zu einem zentralen Thema sowohl der ethnographischen wie auch der semiotischen Studien. Willis zeigte in *Learning to Labour* (1977), seiner wichtigsten, über die ausführliche Diskussion in Anthony Giddens' Hauptwerk (1984, S. 289–302) weithin bekannt gemachten ethnographischen Studie, wie in subkulturelle Orientierungen eingebundener ›Widerstand‹ von Arbeiterjugendlichen in der Schule letztlich zur eigenen Selbsteliminierung im Berufssystem führte.

Während Willis mit dieser Studie weder den Rahmen der Soziologie noch den eines klassentheoretischen Zugangs verläßt, erzielt Hebdige über eine neuartige Artikulation von Gramscianischem Marxismus und an Roland Barthes orientierter Semiologie einen Durchbruch, der auch von Kritikern als »eine Wasserscheide in der Subkulturanalyse« (McGuigan 1992, S. 100) eingestuft wurde. Die Studie, in der Subkulturen erstmals primär als ›Texte‹ gelesen werden, erschien zu einer Zeit, als mit Punk die Abfolge der jugendlichen Nachkriegssubkulturen (Teds, Mods, Rocker, Skinheads etc.) geendet hatte und eine längere Phase des Stilrecyclings anbrach, bevor sich mit der Gothics- und der Acid-House-Szene wieder neuartige Jugendsubkulturen herausbildeten. *Subculture. The Meaning of Style* von Hebdige sollte sich mit einer verkauften Auflage von weit über 100.000 Exemplaren zum größten populären Erfolg sowohl der Subkulturforschung als auch der Cultural Studies entwickeln und theoriehistorisch das Genre der »Pop-Theorie« begründen.

Die zentrale soziologische These der Studie entfernt sich insofern vom klassentheoretischen Ansatz, als Hebdige die Geschichte der britischen Jugendsubkulturen als Abfolge verschiedener Reaktionen auf die schwarze Immigration seit den 1950er Jahren interpretiert und diese Geschichte zugleich als eine Phantomgeschichte der ›Rassenbeziehungen‹ deutet. Neu sind auch das extensive Interesse an der »signizierenden Praxis« von Stil sowie das der Literaturtheorie und Kunstkritik entlehnte Instrumentarium der Decodierung. Punk wurde als semiotischer Guerillakrieg und symbolischer Widerstand gegen die herrschende Kultur vorgestellt. Hebdige versucht zudem, Parallelen mit avancierter selbstreferentieller Kunst herzustellen, indem er die Symbolbricolagen von Punk als verzerrte Bezüge auf sämtliche Subkulturstile der britischen Nachkriegsgeschichte entschlüsselt.

Stanley Cohen (1997/1980) brachte die Entwicklung der Subkulturforschung in einer kritischen Stellungnahme prägnant auf den Punkt. In einem Vergleich von alter und neuer Subkulturtheorie stellt er fest, daß die funktionalistische amerikanische und die teils neomarxistisch, teils poststrukturalistisch orientierte britische Subkulturforschung der 1970er Jahre sich primär für die gleiche soziale Gruppe interessieren, nämlich für städtische männliche Arbeiterklassenjugendliche. In beiden Fällen werden Devianz und Subkultur als kollektive Lösung für Probleme identifiziert. In der alten Theorie waren die strukturellen Probleme als Statusfrustration und Entfremdung eher psychologisch und subjektivistisch konnotiert, die neue Theorie hatte hingegen das Strukturproblem einer hegemonialen Kultur und einer erodierenden und Widersprüchen (Askese vs. Hedonismus) ausgesetzten Arbeiterkultur vor Augen. In der alten Theorie erschien die delinquente Subkultur als eine reale Lösung des Problems. In der neuen Theorie impliziert Subkultur hingegen magisches oder mythisches Handeln (Cohen 1972, Clarke u. a. 1976) oder wird selbst als zentrales Problem angesehen (Willis 1977).

Gegen Ende der 1970er Jahre entwickelte sich die Subkulturforschung zunehmend zu einer massiven Übung in Entzifferung, zu einer Jagd nach versteckten Codes und verborgenen, subversiven Bedeutungen. In der imaginativen Studie von Hebdige (1979) waren aus frustrierten Jugendlichen mit Aufstiegsambitionen schließlich reflexive Protokünstler und Kulturkritiker geworden. Subkulturelle Stile wurden nach der strukturalistischen Logik der Homologie als Symptome eines nationalen Zustands gedeutet und Punk im speziellen als subversive Symbolpolitik und hochcodierter Widerstand gegen die herrschende Ordnung gelesen.

Die Liste kritischer Einwände gegen die alte, vor allem aber auch die neue Subkulturtheorie ist überaus lang (vgl. u. a. Cohen 1997/1980, Weinzierl 2000, S. 246 ff., Muggleton 2000, S. 19 ff.). Was die Forschung der Cultural Studies betrifft, setzte die Kritik früh bei der Vernachlässigung weiblicher Subkulturen bzw. weiblicher Mitglieder von Subkulturen ein. Dies führte später zu entsprechenden Beiträgen und Studien, unter denen McRobbie (1991) und Thornton (1995) hervorzuheben sind. Von ethnographisch orientierten Autoren wurde die weitgehende Vernachlässigung der ›gelebten Realität‹, des Alltagslebens der Subkulturmitglieder und der ›subjektiven Bedeutungen‹ in den Studien des Birmingham-Ansatzes (mit Ausnahme von Willis) bemängelt, von konstruktivistischen Subkulturtheoretikern die realistische Epistemologie, die der Forschung der 1970er Jahre zugrunde liegt. Von mikrointeraktionistischer Seite wurde auf den synchronen Charakter der Subkulturanalysen hingewiesen, also auf die Vernachlässigung der Untersuchung von Prozessen und Karrieren. Weitere Vorwürfe laufen auf die einseitige Konzentration auf spektakuläre Jugendsubkulturen sowie auf die populistische Überakzentuierung von Widerstandspotentialen und Kreativität in solchen Kulturen hinaus, zu Lasten ihres teilweise chauvinistischen und reaktionären Charakters. Auf Grund der selektiven Wahl des Gegenstandes wurden auch die interne Homogenität und die Abgeschlossenheit von Subkulturen überschätzt. Und selbst der Studie von Hebdige über Punk wird die Überschätzung des Zusammenhangs von Subkultur mit Klasse wie auch die Übertreibung der Autonomie der Subkulturen gegenüber Kräften des Marktes vorgehalten.

Die jüngere Subkulturforschung ist teilweise Wege gegangen, die den skizzierten Einwänden nicht ausgesetzt sind, doch erzielt sie nicht mehr die breite Aufmerksamkeit, die ein Teil der Literatur der ersten und zweiten Phase gefunden hatte.

Literatur

Abercrombie, N./Hill, S./Turner, B. S.: *The Penguin Dictionary of Sociology*. London 1988.

Anz, P./Walder, P. (Hgg.): *Techno*. Zürich 1995.

Arnett, J.: *Metalheads: Heavy Metal Music and Adolescent Alienation*. Oxford 1996.

Baacke, D.: *Jugend und Jugendkulturen. Darstellung und Deutung*. München ²1993.

Babias, M.: »Pop Heil!« In: *Zitty* 17 (1999) S. 18–19.

Becker, H. S.: *Art Worlds*. London 1982.

Ders.: *Außenseiter*. Frankfurt a. M. 1971.

Bergmann, W./Erb, R. (Hgg.): *Neonazismus und rechte Subkultur*. Berlin 1994.

Clarke, J./Hall, S./Jefferson, T./Roberts, B.: »Subcultures, Cultures and Class: A Theoretical Overview«. In: Hall/Jefferson 1976. S. 9–75.

Cloward, R. A./Ohlin, L. E.: *Delinquency and Opportunity*. New York 1960.

Cohen, A.: *Delinquent Boys*. London 1955.

Cohen, P.: »Subcultural Conflict and Working-Class Community«. In: Gelder/Thornton 1997. S. 90–99.

Cohen, S.: »Symbols of Trouble«. In: Gelder/Thornton 1997. S. 149–162.

Coon, C.: 1988: The New Wave Punk Rock Explosion. London 1982.

Cuche, D.: La Notion de culture dans les sciences sociales. Paris 1996.

Diaz-Bone, R.: Kulturwelt, Diskurs und Lebensstil. Opladen 2002.

Diederichsen, D.: »The Kids are not alright. Abschied von der Jugendkultur«. In: SPEX 11 (1992) S. 28–35.

Douglas, J./Waksler, F.C.: The Sociology of Deviance. Boston/Toronto 1982.

Frith, S.: »Art Ideology and Pop Practice«. In: Nelson, C./Grossberg, L. (Hgg): Marxism and the Interpretation of Culture. Houndmills, Basingstoke 1988. S. 461–475.

Gelder, G./Thornton, S. (Hgg.): The Subcultures Reader. London/New York 1997.

Giddens, A.: Sociology. Cambridge ⁴2001.

Ders.: The Constitution of Society. Oxford/Cambridge 1984.

Gordon, M.M.: »The Concept of Sub-Culture and its Application«. In: Gelder/Thornton 1997. S. 40–43.

Hall, S./Jefferson, T. (Hgg.): Resistance Through Rituals. Youth Subcultures in Post-war Britain. London 1976.

Haralambos, M./Holborn, M.: Sociology. Themes and Perspectives. London 1995.

Hebdige, D.: Subculture. The Meaning of Style. London/New York 1979.

Hinz, R.: Cultural Studies und Pop. Zur Kritik der Urteilskraft wissenschaftlicher und journalistischer Rede über populäre Kultur. Opladen/Wiesbaden 1998.

Holert, T./Terkessidis, M. (Hgg.): Mainstream der Minderheiten. Pop in der Kontrollgesellschaft. Berlin 1996.

Jary, D./Jary, J.: Collins Dictionary of Sociology. London 1991.

Keniston, K.: Youth and Dissent: The Rise of a New Opposition. New York 1971.

Kreuzer, H.: Die Boheme. Beiträge zu ihrer Beschreibung. Stuttgart 1968.

Kreutz, H.: Soziologie der Jugend. München 1974.

Lachmann, R.: »Grafitti as Career and Ideology«. In: American Journal of Sociology 94 (1988) S. 229–250.

Matza, D.: Delinquency and Drift. New York 1967.

McGuigan, J.: Cultural Populism. London 1992.

McRobbie, A.: Feminism and Youth Culture: From Jackie to Just Seventeen. London 1991.

Merton, R.: Social Theory and Social Structure. Glencoe, Ill. 1957.

Miller, T.: The Hippies and American Values. Knoxville, TN 1991.

Muggleton, D.: Inside Subculture. The Postmodern Meaning of Style. New York 2000.

Mullins, N.: Theories and Theory Groups in Contemporary American Sociology. New York u.a. 1973.

Musgrave, F.: Ecstasy and Holiness: Counter Culture and the Open Society. Bloomington 1974.

O'Sullivan, T.: »Counterculture. Subculture«. In: O'Sullivan, T./Hartley, J./Saunders, D./Montgomery, M./Fiske, J. (Hgg.): Key Concepts in Communication and Cultural Studies. London/New York ²1997. S. 66, 307–308.

Polhemus, T.: »In the Supermarket of Style«. In: Redhead 1997. S. 130–133.

Redhead, S. (Hg.): The Clubcultures Reader. Readings in Popular Cultural Studies. Oxford-Malden 1997.

Roszak, T.: The Making of a Counter Culture. Garden City, N.Y. 1969.

Schwendter, R.: Theorie der Subkultur. [1973] Hamburg ⁴1993.

Short, J.F. Jr.: »Subculture«. In: Kuper, A./Kuper, J. (Hgg.): The Social Science Encyclopedia. London/New York 1989. S. 839–840.

Storey, J.: Cultural Studies & the Study of Popular Culture. Edinburgh 1996.

Stuart, J.: Rockers! London 1987.

Thornton, S.: »General Introduction«. In: Gelder/Thornton 1997. S. 1–7.

Dies.: Club Cultures. Music, Media and Subcultural Capital. Hanover/London 1995.

Thrasher, F.M.: The Gang. A Study of 1313 Gangs in Chicago. Chicago 1927.

Weinzierl, R.: Fight the Power. Eine Geheimgeschichte der Popkultur & die Formierung neuer Substreams. Wien 2000.

Widdicombe, S./Wooffitt, R.: The Language of Youth Subcultures. Social Identity in Action. New York u.a. 1995.

Wieder, L./Zimmerman, D.: »Generational Experience and the Development of Freak Culture«. In: Journal of Social Issues 30 (1974) S. 137–161.

Willis, P.: Profane Culture. London 1978.

Ders.: Spaß am Widerstand. Gegenkultur in der Arbeiterschule. Frankfurt a.M. 1979.

Yinger, J.M.: »Contraculture and Subculture«. In: American Sociological Review 25 (1960) S. 625–635.

Ders.: »Presidential Address: Countercultures and Social Change«. In: American Sociological Review 42 (1977) S. 833–853.

Young, J.: The Drugtakers: The Social Meaning of Drug Use. London 1971.

Ulf Wuggenig

Unterhaltung

Das Wort ›Unterhaltung‹ hat heute im Deutschen (ähnlich wie das lat. *sustentare*) eine Bedeutungsbreite, die von Unterhalt, Instandhaltung bis zu Gespräch und Zeitvertreib reicht. Ist auch im Laufe der Sprachgeschichte die Grundbedeutung des Stützenden, Erhaltenden zurückgedrängt worden, so verleiht sie der heute dominierenden kommunikativen Bedeutung immer noch einen gewissen Glanz und verweist darauf, daß – wie Hickethier (1988) getitelt hat – »Unterhaltung [...] Lebensmittel« ist.

Die Akzentuierung des kommunikativen Aspekts hat seit dem Ende des 18. Jh. zur Ausbildung zahlreicher Komposita wie ›Unterhaltungs-Bibliothek‹, ›Unterhaltungsblatt‹, ›Unterhaltungslektüre‹, ›Unterhaltungsschriftsteller‹ geführt.

Wie diese Komposita überwiegend einen »Nebensinn des Angenehmen« (Grimms Wörterbuch, Bd. 24, S. 1602) konnotieren, hat auch das Stammwort eine entsprechende Bedeutungsverschiebung vollzogen. War ursprünglich Unterhaltung »mehr als Gespräch« (Bausinger 1994, S. 18), dreht sich in der ersten Hälfte des 19. Jh. das Bedeutungsverhältnis, und bis heute gilt: »Unterhaltung bringt nichts, was zählt« (ebd., S. 19). Wenn es um Wichtiges geht, unterhalten wir uns nicht mehr, sondern führen ein Gespräch.

Mit dem Absinken der Bedeutung geht aber auch ein Bedeutungszuwachs einher. Unterhaltung wird als eine spezifische, eine angenehme Art der Kommunikation erkennbar. Dies macht den Begriff tauglich als Funktionsbezeichnung auf dem prosperierenden literarischen Markt. Während das 18. Jh. bei Buch- und Zeitschriftentiteln bezeichnenderweise die Nähe zur ›Conversation‹ betonend den Plural gebraucht, wird nun der Singular – häufig in Kombination mit ›Belehrung‹ als Titel oder Untertitel- zur Genre-Bezeichnung auf dem Zeitschriftenmarkt (etwa: *Der Bürgerfreund. Eine Wochenschrift zur Unterhaltung und Belehrung für den Bürger.* Bremen 1816 ff.).

Die Massenmedien des 20. Jh. übernahmen als Erben der Zeitschriftenkultur des 19. Jh. ›Unterhaltung‹ als Funktionsbezeichnung ihrer Programme und z. T. auch als Benennung für ihre Redaktionen. Damit war der Weg frei, um ›Unterhaltung‹ als »soziale Institution« (Seeßlen/Kling 1977, S. 11) zu begreifen, die Teil einer ausgrenzbaren Unterhaltungskultur ist (vgl. die vorwiegend formelhafte Verwendung des Begriffs in der Opposition von ↗ E- und U-Kultur) und eine eigenständige Ästhetik hat (vgl. das Stichwort von der »Unterhaltungskunst«, das in der DDR den Namen für die ↗ Zeitschrift eines gleichnamigen Komitees der SED abgab).

So deutlich die Anwendungsfelder des Begriffs sich unterscheiden lassen: Unterhaltung als Kommunikationsweise, als Funktion der Massenmedien, als soziale Institution und als ästhetische Kategorie – gemeinsam ist allen Bedeutungen das Kommunikative, das schon die Nähe zum Konkurrenzbegriff des Gesprächs signalisiert. Der kommunikative Bezug gilt auch für den reflexiven Gebrauch des Wortes; wenn ich *mich* unterhalte, spreche ich hermeneutisch mit einem Artefakt. Macht die Vielschichtigkeit des Begriffs die Unterhaltung zu einem multidisziplinären Forschungsgegenstand, verlangt der kommunikative Aspekt, der allen Bedeutungen eigen ist, eine Beachtung der verschiedenen Ebenen: Erkenntnisse, die für einen Bedeutungsbereich zutreffend sind, dürfen nicht ungeprüft auf einen anderen übertragen werden. Stellt etwa der Anthropologe fest, daß Unterhaltung verstanden als alltägliche Kommunikationsart zum Menschen gehört, erklärt das noch lange nicht den entsprechenden Programmauftrag von Massenmedien im 20. Jh.

Problemgeschichte der Unterhaltung: Der lange Weg zu ihrer Institutionalisierung

Noch komplexer wird das Problem des Unterhaltungsbegriffs, wenn man bedenkt, daß er zu einem breiten Wortfeld gehört, das von Amüsement in vielen Abstufungen bis zur Zerstreuung reicht. Am wirkungsmächtigsten ist in Kultur- und Geistesgeschichte die Formel von Horaz (65–8 v. Chr.) geworden: »Aut prodesse volunt aut delectare poetae«. Seit Horaz um 20 v. Chr. seine ›Dichtkunst‹ in den Briefen an die Pisonen niedergelegt hat, gehören die Verse 333 f. bzw. 343 f. zum Argumentationsbestand jeder Diskussion um die Unterhaltung von der neuesten Tageskritik einer Newsshow bis zu den Regeln, die für Sender des öffentlich-rechtlichen Fernsehens gelten: »Das Programm soll umfassend informieren, anregend unterhalten und zur Bildung beitragen«, schreiben die Richtlinien für die Sendungen des ZDF vom 11. 7. 1963 vor. Horaz tritt allerdings, was beim ZDF nicht erkennbar ist, weniger für ein Entweder-Oder als vielmehr für ein Zugleich und Füreinander der beiden Unterhaltungsfunktionen ein. Die Parallelität heutiger und antiker Vorstellungen, auf die in der Literatur verwiesen wird (vgl. z. B. Huter 1988, 7 f.) geht also so glatt nicht auf, wie man häufig meint. Bei näherem Hinsehen erweist sich, daß die Formel des ›Belehrens und Erfreuens‹ bei den antiken Autoren und im Sprachgebrauch der Gegenwart Unterschiedliches meint, je nachdem, was als Quelle des Vergnügens, der Lust, des Ergötzens angeführt und welche Kraft im Menschen durch sie angesprochen ist. Den Bedeutungswandel der Formel Horaz' und die Verselbständigung der Unterhaltungsfunktion zeigt die Geschichte des Begriffs:

Jakob Breitinger (1701–1775) bekräftigt in seiner *Critischen Dichtkunst* (1740, S. 7) zunächst die alte Formel: »In keiner anderen Absicht sind auch die Künste, die sämtlich in einer geschickten Nachahmung der Natur bestehen, zum allgemeinen Nutzen und Ergetzen der Menschen erfunden worden«. Später unterscheidet er unter Hinweis auf Aristoteles den »doppelten Grund des Ergetzens« (ebd., S. 84), den die Nachahmung der Natur liefert: »Diese Vorstellungen dienen, entweder den angebohrnen Vorwitz und die Begierde nach Wissenschaft zufriedenzustellen, oder das Gemüthe in Bewegung zu setzen«. Das Ersetzen des ›Delectare‹ durch das ›Movere‹ signalisiert eine sich wandelnde Auffassung. Breitinger will der Poesie das Recht auf Fantasie zurückgeben und sie nicht nur auf das empirisch oder durch Tradition Beglaubigte verpflichten. Er erlaubt ihr auch das bloß Mögliche nachzuahmen, aus dem im engeren Sinn Belehrung kaum zu ziehen ist, und erkennt: »die Sachen, die nicht weiter bequem sind, als unsern Vorwitz zu stillen, ziehen uns nicht so sehr an, als die Sachen, die vermögend sind um das Hertz zu rühren« (ebd., S. 85). Gewiß zielt der »Appell an das Herz« (Böckmann 1949, S. 573 f.) auf etwas anderes als das »Affekt-Fernsehen« (Bente 1997), schließlich redet Breitinger von Dichtung. Trotzdem bildet seine Poetik einen Markstein in der Entwicklungsgeschichte der Unterhaltung. Auf seiner Position aufbauend ermöglicht die Ausdrucksästhetik, eine neue Aufgabe des Romans zu bestimmen: »Das Herz des Lesers zu veredeln, ohne irgendein Moralprinzip in Lehrform aufzustellen« (Neue Allg. Bibliothek 1799, S. 43, 1, 44). Statt das Herz zu rühren, um es empfänglich für die Lehre zu machen, soll es nun direkt durch die Darstellung veredelt werden. Die Autonomie der Kunst, die die Generation von Goethe und Schiller durchsetzt, hat also für die Etablierung der Unterhaltung keinesfalls – wie die Wissenschaft durchweg glaubt – nur negative Folgen gehabt. Denn die Befreiung der Kunst von allen kunstfremden Zwecken ließ sich genauso für die Unterhaltung reklamieren. Nachdem die Kunst nicht mehr vor die Aufgabe gestellt war zu belehren, hatte diese Forderung generell ihre Schlagkraft eingebüßt.

So sehr dieser Wandel der ästhetischen Theorie sich langfristig positiv auf die Unterhaltung auswirkte, fiel die der Unterhaltung dienende Literatur zunächst nach dem Maßstab der Ausdrucksästhetik unter herbere Kritik. Denn die unterhaltende Literatur wurde – so lautete der Vorwurf – nicht aus innerer Notwendigkeit, sondern aus einer Laune heraus oder (noch schlimmer) des Gelderwerbs wegen geschrieben. Aus Eigenschaften der Produktionsweise wie aus sozialen und psychologischen Beobachtungen zur Leserschaft ließen sich griffige Schlagworte wie ›Modeliteratur‹, ›Fabrikautor‹, ›Romanfabrikant‹ bzw. ›Manufakturware‹, ›Lektüre bloß für reisende Handwerksburschen‹, ›für eine niedere Classe Leser‹, ›für das nach Zeittödung haschende Publikum‹ ableiten, die allesamt die der Unterhaltung dienende Literatur als Gegenpol zur Kunstliteratur erscheinen ließen. Aus Werken individueller »elender Skrebenten« wurde so am Ende des 18. Jh. »eine bestimmte Klasse« von Literatur, die schlecht war (vgl. Hügel 1987, S. 99 f.). Die damit verfestigte Zweiteilung von Kunst- und Unterhaltungsliteratur war jedoch nicht nur hinderlich für die Emanzipation der Unterhaltung. Die Unterhaltungsschriftsteller konnten entsprechend Wilhelm Buschs Diktum verfahren, daß es sich um so leichter lebe, wenn der Ruf erst einmal ruiniert sei: Die Ausgrenzung der Unterhaltung ermöglichte einer Ästhetik des Schrankenlosen, der Phantasie, der Grenzüberschreitung sich auszubreiten und weiter zu entwickeln: »Unterhaltung gewann und rettete so ein Stück Freiheit« (Bausinger 1994, S. 17). Überdies förderte die Dichotomie von Kunst und Unterhaltung das Gewahrwerden der Unterhaltungsliteratur, denn sie erhielt nicht zuletzt wegen ihres vorgeblich ephemären Charakters eigene Rubriken und Sammelbesprechungen in kritischen Journalen. In ↗ Zeitschriften, die wie Die Blätter für literarische Unterhaltung (1816–1895) für das allgemeine ↗ Publikum gedacht waren, wird Unterhaltungsliteratur im Laufe des 19. Jh. mehr und mehr unvoreingenommen und gemäß ihrer eigenen Konventionen besprochen. Sogar das Schreiben zum Gelderwerb wird akzeptiert (vgl. Bl. f. lt. Unterhaltung 1830, S. 961). Und schon 1845 stellt man anlässlich einer Kritik »Über Dickens Romane« fest, daß auch »die Unterhaltungsliteratur [...] zum ästhetischen Gebiet gehöre« (ebd. 1845, S. 885). Über die großen Realisten fanden Kritik und breites Publikum zueinander, so daß die Trennung von Unterhaltungsliteratur und Erzählkunst wenigstens partiell für einige Jahrzehnte aufgehoben wurde. Allerdings konnten die Autoren des Realismus der Unterhaltung, da sie im Medium Buch an den Werkcharakter der Kunst gebunden blieb, sozusagen nur ein historisches Gastrecht im literarischen Bewußtsein ihrer Zeit geben. Heimrecht gab ihr erst ein Medium, das durch seinen Programmcharakter die Unterhaltungsliteratur von dem Vergleich mit der Kunst befreite.

Ein solches Medium steht nach der Revolution von 1848/49 mit den Familienzeitschriften zur Verfügung. Die Familienblätter sind – anders als die ›Illustrierte Zeitung‹ (1843–1944) völlig auf Unterhaltung hin angelegt – und sie waren so erfolgreich und durch ihr wöchentliches Erscheinen so alltäglich, daß sie unterhaltendes Lesen als soziale Gewohnheit durchsetzten. Die reich illustrierte Familienzeitschrift hat als erster literarischer Zeitschriftentyp Rundschau-Charakter, bringt wie das Fernsehen heute neben Fiktion Informationen aus allen Gebieten. Marktführer wird die Zeitschrift, die noch heute Synonym für die Gattung ist: Die Gartenlaube (1853–1944). Die Emanzipation der Unterhaltung läßt sich am ersten Editorial der Gartenlaube ablesen. Der Herausgeber Ernst Keil (1816–1878) greift ganz selbstverständlich auf Horaz zurück, um ihn zugleich entscheidend zu variieren: »So wollen wir euch unterhalten und unterhaltend belehren. Über das Ganze aber soll der Hauch der Poesie schweben, wie der Duft auf die blühende Blume.« Das zweifache Herausstreichen der Unterhaltung ist so vielsagend wie die Metapher präzis ist. Die Unterhaltung dominiert das ganze Programm. Belehrung und Kunstanspruch werden nur noch aus Publicity-Gründen angeführt. Unterhaltung ist in der *Gartenlaube* nicht nur keine der Belehrung oder der Erbauung dienende Funktion, sie ist auch keine partielle Funktion mehr. Sie trägt das ganze Medium. Damit entspricht die Familienzeitschrift dem heutigen Verständnis von Unterhaltung, wie es von den Massenmedien geprägt ist. Die Familienblätter schaffen eine allgemeine, eine institutionalisierte Vorstellung von Unterhaltung. Sie realisieren Unterhaltung im Medienverbund (Schrift und Bild) wie ihre historischen Erben die audiovisuellen Medien.

Die Familienzeitschriften sind ein bürgerliches Medium mit einer großen Variationsbreite. Konfessionell, politisch, landschaftlich und sozial mit Abstufungen bis ins Kleinbürgertum (aber nicht für die Arbeiterklasse) gibt es für jeden Geschmack das passende Blatt. Allerdings bedeutet die Durchsetzung des bürgerlichen Unterhaltungsmediums noch keine allgemeine soziale Anerkennung der Unterhaltung. Die Freiheit, sich lesend zu unterhalten, gestatteten die Bürger anderen sozialen Klassen noch lange nicht. Im letzten Drittel des Jahrhunderts wird die literarische Unterhaltung sogar zum öffentlichen Problem, als sie mit dem Erfolg des Kolportage- bzw. Lieferungsromans (↗ Kolportagebuchhandel) zum erstenmal eine zahlenmäßig bedeutsame Leserschicht jenseits von Bürger- und Kleinbürgertum fand. Um der Konkurrenz der illustrierten Zeitschriften zu widerstehen, entwickelt sich seit 1850 ein neuer Typus von unterhaltenden Lieferungsromanen. Diese Romane, deren bis zu 200 und mehr wöchentliche Lieferungshefte mit einer ganzseitigen Illustration werben, werden nicht mehr nur für die (bürgerlichen) ↗ Leihbibliotheken hergestellt, sondern von jedermann gekauft und gelesen. Der »besser situierte und höher gebildete Mittelstand [...] das einfachste Dienstmädchen [oder] der unterste Fabrikarbeiter [...] kaufen nicht selten in jedem Jahr zwei bis drei Colportagen-Romane« (Glagau 1870, S. 59). Die Kolportageromane wie die mit ihnen seit der Jahrhundertwende konkurrierenden Groschenhefte sind keine Klassenliteratur »der Unterschicht« (Epstein 1930). Trotzdem setzt Ende der 1870er Jahre »eine rasch wachsende Agitation gegen die sog. ›Schmutz- und Schundliteratur‹« ein. »Diese Kampagnen waren von vornherein mehr als nur Ausdruck eines ästhetischen Unbehagens der Gebildeten an der entstehenden Popularkultur. Dahinter stand vielmehr die geradezu ›apokalyptische Angst‹ [...] die allgemein verbindliche Gültigkeit des eigenen Wertesystems zu gefährden« (Kosch/Nagl 1993, S. 42). Wenn auch diese Kampagnen ihr eigentliches Ziel, ein durchgängiges Verbot (mit Ausnahme einiger Jahre wäh-

rend des ersten Weltkriegs) nicht erreichten, hatten sie doch weitreichende Wirkung. Nicht nur die literarische Unterhaltung, auch die audiovisuelle – vgl. die parallele Argumentation zeitgenössischer Kritiker wie Ernst Schultze und Walther Conradt – bleibt in Deutschland unter einer starken gesellschaftlichen Geschmackskontrolle. Nicht Schiller, wie die Wissenschaft zumeist meint, sondern Publizisten wie diese heute fast vergessenen Literatur- und Filmkritiker sind in den ersten Jahren des 20. Jh. für den geringen Kredit der Unterhaltung in Deutschland verantwortlich. Anders als in den USA, in denen die massenmediale Unterhaltung mit dem ↗ Vaudeville in den Kneipen und Klubs der urbanen Arbeiterklasse entsteht, ohne durch Vorschriften eingeschränkt zu werden (vgl. Dyer 1992, S. 13), unterliegen in Deutschland bis weit in die zweite Hälfte des 20. Jh. Formen und Funktionen der Unterhaltung einer öffentlichen Werte- und Normendiskussion (vgl. die Kitsch-Debatte in den 1950ern, die ↗ Zensur durch die Bundesprüfstelle, die Kritik an der ↗ Kulturindustrie durch die Frankfurter Schule). Selbst die Auseinandersetzungen um das duale Rundfunksystem mit seinen Folgen, die als »Entertainisierung« (vgl. Jonas/Neuberger 1996, S. 187) oder gar als »Show-Diktatur« (Kraft 1987, S. 39) begriffen werden, lassen sich in diese Tradition einordnen. Allerdings liegt das Gesetz des Handelns heute nicht mehr auf seiten der Kulturkritik, sondern auf seiten der Unterhaltungswirtschaft. Fanden vor 100 Jahren die Unterhaltungskritiker Unterstützung bis in den Reichstag, ja bis zu »Ihrer Majestät, der Kaiserin« (Kosch/Nagl 1993, S. 42), sorgen Landes- und Bundespolitiker aller großen Fraktionen heute für das ökonomische Gedeihen der Unterhaltung wie der Unterhaltungs-Konzerne.

Unterhaltung ist im 20. Jh. geradezu definiert durch ihren ökonomischen Aspekt, der sie historisch von anderen Formen der Unterhaltung und des Unterhaltsamen unterscheidbar macht. »Entertainment is a type of performance produced for profit, performed before a generalized audience (the ›public‹), by a trained, paid group who do nothing else but produce performances which have the sole (conscious) aim of providing pleasure« (Dyer 1992, S. 17).

Der Grund für die Ökonomisierung der Unterhaltung liegt in der Aufspaltung von ↗ Freizeitkultur und Unterhaltung. Ist Unterhaltung im 19. Jh. Teil der sich entwickelnden Freizeitkultur, was der Kopf der *Gartenlaube* schön illustriert, so desintegrieren durch das Aufkommen audiovisueller Massenmedien Freizeit und Unterhaltung. Freizeitkultur und Freizeitverhalten als Teilhabe an und mit selbstgestaltetem Vergnügen geraten mehr und mehr in einen

Gegensatz zur Teilhabe an dem bloß zu verstehen-den, nachzuvollziehenden Angebot der massenme-dialen Unterhaltung. Dieser Prozeß (zu seiner Ge-schichte in den USA vgl. Braden 1988) hat dazu geführt, daß massenmediale Unterhaltung als passiv verstanden und in der Kulturkritik negativ bewertet wird. Erst in jüngster Zeit setzt sich durch die Rezep-tionsästhetik die Erkenntnis durch, daß auch Fern-sehen ein aktiver Vorgang sein kann. Zu dieser Ent-wicklung haben auch die neuen Medien ↗ Internet und Computer-Spiele beigetragen, bei denen die Trennung von aktivem und passivem Verhalten aller-dings obsolet geworden ist (Vgl. Friedman 1994).

Forschungsgeschichte – Forschungs-probleme

Entsprechend dem zeitlichen Vorsprung der Unter-haltungssparte Literatur wird Unterhaltung zuerst in der Literaturwissenschaft zu einem breit wahrge-nommenen Forschungsgegenstand. In einer ersten Phase, die von der Gründung der Bundesrepublik bis in die 1960er Jahre (vereinzelt sogar bis in die 1970er und 1980er) reicht, haben Literaturwissenschaftler wie Killy (1962), Bayer (1963), Zimmermann (1979), Wintgens (1980) bei der Beschäftigung mit Fragen der literarischen Wertung, des Groschenromans und der Trivialliteratur, historischen Studien zur Unter-haltungsliteratur der Goethezeit und literaturpäda-gogischen Fragestellungen versucht, vorgeblich all-gemein gültige Merkmale intentional der Unterhal-tung dienender Texte zu klassifizieren. Unterhaltung ist, folgt man diesen Untersuchungen, an der ästhe-tischen Struktur erkennbar. Gegen diese These und die ihr zugrundeliegenden oppositionell gedachten Wertungskategorien »architektonische und kumula-tive Strukturen; [...] ›echt geschöpfte Realitätsvoka-bel‹ und das Klischee« (Schulte-Sasse 1971, S. VII) wird in zahlreichen jüngeren Arbeiten (z.B. Fetzer 1980, S. 39–69) Kontextualisierung und Historisie-rung der Texte und der ästhetischen Beurteilungs-kriterien gefordert. Und man wendet sich seit Mitte der 1960er (vgl. die epochemachenden Arbeiten von Kreuzer 1967 und Foltin 1965, 1968) historischen und funktionalen Fragestellungen zu. Statt Unter-haltungsliteratur untersucht man nun »Literatur zum Unterhalten« (Hügel 1987, S. 85 mit Bezug auf Waldmann 1973, S. 7). Vor allem eskapistische und kompensatorische »Unterhaltungsbedürfnisse« (Dehm 1984, S. 21) werden in zahlreichen literatur-soziologisch fokussierten Studien (etwa: Langenbu-cher 1964; Nutz 1962) herausgestellt. Die der Unter-haltung dienende Literatur wird dabei in den 1970ern/1980ern zumeist auf dem Hintergrund der Kultur-Industrie-Theorie als Stabilisierungsfaktor für die herrschenden Verhältnisse angesehen und ästhe-tisch kritisiert (etwa Giesenfeld 1972), während spä-tere literatur- wie medienwissenschaftliche Unter-suchungen zunehmend eine sachlich neutralere Hal-tung einnehmen (etwa Stadler 1978; Krämer 1990). Zugleich verzichten sie aber – was bis heute gilt – darauf, die Unterhaltung begrifflich zu erfassen (etwa: Petzold/Späth 1990): »Time and again we are not told why westerns are exciting [...] but told the films [...] deal with history, society, psychology, genderroles, indeed, the meaning of life« (Dyer 1992, S. 3).

Wie die literaturwissenschaftliche setzte sich auch die psychologische Forschung zunächst für die »pro-duktorientierte Bestimmung des Unterhaltungsbe-griffs« ein. Die Basis hierfür lieferte »das Stimulus-Response-Modell der traditionellen Wirkungsfor-schung« (Stumm 1993, S. 73). Dieser Forschungsan-satz geht davon aus, »daß ein Stimulus, ein bewußt gestalteter Medieninhalt, beim Publikum generell zu der vom Kommunikator beabsichtigten Reaktion führt« (ebd., S. 74). (Dem Stimulus-Response-Mo-dell sind auch publizistische, vor allem inhaltsana-lytische Arbeiten, etwa Escher/Luger/Rest 1979, ver-pflichtet). »In den siebziger Jahren vollzog sich auf breiter Ebene ein Paradigmenwechsel zum ›Uses-and-Gratifications‹-Ansatz« (Knobloch 2000, S. 38). Nunmehr wird nicht mehr gefragt, »Was machen die Medien mit den Menschen?«, sondern: »Was machen die Menschen mit den Medien?«. Als dominante Größe unterhaltender Kommunikationsprozesse gilt seitdem der Rezipient. Bis heute gilt die Ansicht, »Unterhaltung kennzeichnet nicht so sehr eine Pro-dukteigenschaft des Programmangebots, sondern vor allem eine Form der Nutzung [...]: ›Unterhaltung‹ ist primär ein Rezeptionsbegriff«, wie Hallenberger (1990, S. 24) die Kernthese psychologischer, publizi-stischer (vgl. Fischer 1973, S. 117) und medienwis-senschaftlicher Forschung formuliert.

Mit der einseitigen Orientierung am Rezipienten ist Unterhaltung als kommunikativer Prozeß aber nicht zu erfassen. Wenn dem Rezipienten im For-schungsdesign die alleinige Deutungsmacht zuer-kannt wird, wenn »der Rezipient Alleinherrscher ist«, wie Zillmann (1994, S. 42) herausfordernd bei der Charakterisierung von »amerikanischen, empiri-schen und experimentellen Ansätzen der Forschung von Unterhaltung« schreibt, dann erhält man gar keine Kenntnis über den Unterhaltungsprozeß; be-treibt im Kern keine kulturwissenschaftlichen Stu-dien. Wenn Forschungsziel und -methodik allein den

Rezipienten im Blick haben, erfaßt man nur dessen Unterhaltungswünsche oder -dispositionen.

Bei psychologischen Arbeiten wird diese anthropologische Ausrichtung besonders deutlich, wenn sie der Mood-Management-Theorie folgen, die von Zillmann/Bryant (1986) und Zillmann (1988) entwickelt wurde. Diese besagt, »daß Personen diejenigen Angebote auswählen, die mit einer hohen Wahrscheinlichkeit positive Auswirkungen auf ihre Stimmung haben« (Vorderer 1996a, S. 316; vgl. ähnlich Bosshart 1994, S. 39). Fragwürdig erscheinen dabei nicht nur die anthropologische Grundannahme, die den Menschen als »hedonistisches Wesen« (Zillmann 1994, S. 45) begreift, die mechanistische Vorstellung, die Rezeption als einen von vornherein zeitlich begrenzten Vorgang denkt, und die Isolierung der Probanden im Experiment. Solche Experimente belegen nur, daß Menschen diejenige Selektion treffen, die ihnen am günstigsten erscheint. Das Experiment sagt nur allgemein etwas über Handlungsmotivationen aus, die bei und mit Hilfe intentionaler Unterhaltungssendungen nachgewiesen werden (vgl. den Einwand von Hasebrink/Krotz 1994, S. 268).

Die Mood-Management-Theorie ist nicht der einzige Ansatz in der jüngeren Forschungsgeschichte, die in Gefühlsansprache und -stimulation zentrale Unterhaltungsfunktionen begründet sieht. Weit verbreitet ist in Psychologie und Medienwissenschaft vor allem eine Theorie, die Unterhaltung als parasoziale Interaktion (gemeint sind fiktional stimulierte Kommunikationsaktivitäten) faßt (so schon Dehm 1984, vgl. auch Vorderer 1996b): »Parasoziale Beziehungen zwischen Fernsehzuschauern einerseits und Fernsehakteuren andererseits [...] bilden dabei eine Schnittstelle im Verhältnis zwischen Rezipient und Medien, an denen sich Emotionen und Stimmungen von Zuschauern festmachen, durch die sie ausgelöst und modifiziert werden. Insofern stellt das Erleben einer parasozialen Beziehung zu einem Fernsehakteur geradezu eine prototypische Unterhaltungserfahrung dar« (ebd., S. 690 f.). Allerdings kann der Mitvollzug der (dramatischen) Beziehungen zwischen den TV-Akteuren durch den Rezipienten kaum als indirekte Adressierung verstanden und in die Theorie der parasozialen Interaktion eingefügt werden (anders Mikos 1996, S. 102 f.). Weiterhin spricht gegen die Gültigkeit des Rezeptionsmodells der parasozialen Interaktion, daß es die Bedeutung des Zusammenspiels von Format und TV-Akteur nicht in den Blick kommen läßt.

Vorderer und Knobloch haben die These, daß »emotionale Rezeptionserlebnisse als Kern der Unterhaltungserfahrung« (Vorderer 1998, S. 691) anzusehen sind, erweitert und differenziert. Sie unterscheiden ego- und sozio-emotionales Verhalten in der Rezeption (ebd.) bzw. empathisches Nachvollziehen und Erleben eigener psychischer Prozesse (Knobloch 2000, S. 32). Die Basis aller Erkenntnis ist jedoch auch bei ihnen nur das Urteil der Rezipienten. Die ästhetische Verfaßtheit der unterhaltenden Artefakte bleibt unberücksichtigt.

Wenn überhaupt auf das Artefakt eingegangen wird, werden isolierte Details angesprochen. Durch bloß inhaltistische und vordergründige Berücksichtigung des Artefakts – von Eingehen auf seine Ästhetik oder Formensprache zu sprechen, verbietet sich bei Untersuchungen wie denen von Zillmann (1996) – rücken die neuesten motivationspsychologischen Forschungen in die Nähe publizistischer Unternehmungen, die mit inhaltsanalytischen Verfahren arbeiten. Auch in solchen Untersuchungen werden Details des Artefakts isoliert, um sie quantifizierbar zu machen. So beläßt es etwa Frey-Vor (1994) in ihrem inhaltsanalytischen Vergleich deutscher und britischer Soaps beim statistischen Erfassen diverser »Themenkategorien«, aus deren Anzahl unvermittelt auf die Rezeption geschlossen wird, wie Märki-Koepp (1994) Gefühlsformulierungen in Publikumszeitschriften auszählt, um die These von der Existenz einer »Medien-Gefühlskultur« zu belegen, die »ein die gesamte Medienproduktion durchwirkendes Grundmuster ist, das das Medienimage und die Erwartungen an das Medienangebot mitkonditioniert« (Märki-Koepp 1994, S. 113).

Die Rezipienten-Zentrierung und das mit ihr einhergehende Ausblenden der ästhetischen Verfaßtheit der Unterhaltungsangebote hat bei den zahllosen Einzeluntersuchungen zur Unterhaltung in Psychologie und Publizistik dazu geführt, daß Unterhaltungswirkungen bei einzelnen Rezipienten oder Rezipientengruppen (vgl. etwa Kepplinger/Tulius 1995) im Vordergrund des Interesses stehen. Dies hat zur Folge, daß Unterhaltsamkeit und Unterhaltung verwechselt werden. Erforscht wird nicht das, was im Deutschen Unterhaltung, sondern das, was Unterhaltsamkeit heißt. Diese Unterscheidung (vgl. Hügel 1993, S. 120) wird in zahllosen Arbeiten unterschiedlicher Methodik denn auch nicht getroffen (vgl. etwa: Bausinger 1994, S. 16; Thomas 1994, S. 70).

Mag diese Forschungslage auch bedauern, wer an einem allgemeinen Begriff von Unterhaltung interessiert ist, so ist den oben vorgestellten Arbeiten zugute zu halten, daß sie im Rahmen ihrer jeweiligen Forschungstradition in sich schlüssig sind; auch wenn Hickethiers Diktum noch immer das Richtige trifft, daß zur Frage, was »konstitutiv für Fernsehunterhaltung ist«, die empirische Forschung »bis heute nicht mehr als [...] empirisch abgesicherte

Binsenweisheiten« (zit. nach Hallenberger 1990, S. 26) vorgelegt hat. Was die These der Gefühlszentrierung von Unterhaltung anbelangt, haben die entsprechenden Ergebnisse noch nicht einmal den Wahrheitsgehalt einer Binsenweisheit, da kognitive und bildhaft-metaphorisch vermittelte Erfahrungen, die mit massenmedialer Unterhaltung gemacht werden, unterschätzt werden, wenn Unterhaltung allein oder dominant als Gefühlsansprache bzw. als affektiver Prozeß aufgefaßt wird.

Einen allgemeinen Begriff der Unterhaltung haben bisher relativ wenige Arbeiten vorgelegt. Vor allem Dehm (1984), Klein (1996 und 1998), Hallenberger (1990) und Hügel (1987 und 1993) haben versucht, den Unterhaltungsbegriff prinzipiell zu erfassen. (Zur anthropologisch fundierten Vorstellung von Bosshart 1979 und 1994 vgl. die Kritik bei Klein 1998, 179, und Hügel 1993, S. 138; nur noch von historischem Interesse sind ideologiekritische Arbeiten, die in einem weiten Horizont der Kulturindustrie-Theorie der Frankfurter Schule die »Machtdispositive des Unterhaltungssyndroms« herausarbeiten, so Müller-Sachse 1981, oder negative gesellschaftliche Wirkungen der Unterhaltung in den Mittelpunkt ihres Interesses stellen, so Prokop 1974).

Dehm (1984) faßt »Unterhaltung als Beziehung« (S. 80 u. ö.) und fragt »1. Welche Merkmale, Eigenschaften, Qualitäten hat die Beziehung Unterhaltung? […] 2. Von welchem Bedingungsfaktor ist die Beziehung Unterhaltung abhängig? […] 3. Welche Bedeutung haben Massenmedien als ein mögliches Unterhaltungsobjekt?«. So einsichtig Dehms Fragen sind, so unzureichend sind ihre Ergebnisse. Ihre Kennzeichen von Unterhaltung sind »bloße Umschreibungen« (Hallenberger 1990, S. 27). Immerhin vermeidet sie durch ihren breit gefächerten Assoziationskatalog eine zu enge Kennzeichnung und sieht Unterhaltung durch vier Dimensionen positiv charakterisiert: Kreativität/Aktivität; Information/Bedeutsamkeit; Emotionalität; Ursprünglichkeit (Dehm 1984, S. 104 f.). Jedoch desavouiert Dehm ihren Ansatz ›Unterhaltung als Beziehung‹, da sie glaubt: »Die Personen, die diese Beziehung [die Unterhaltung] eingehen, [sind] bestimmender für die Qualität der Beziehung […] als die betreffenden Objekte […]. Den Objekten und ihren Eigenschaften kommt so nur eine sekundäre Bedeutung für die Konstitution der Beziehung Unterhaltung zu« (Dehm 1984, S. 81).

Auf den ersten Blick ähnlich, weil ebenfalls auf eine Faktoren-Analyse zielend, geht Klein (1998) in seiner linguistisch-rhetorisch bestimmten Untersuchung vor. Er überträgt ein von H. P. Grice für Information entwickeltes Kategorienkonzept auf die Unterhaltung und kommt dadurch zu den »Unterhaltungs-Kategorien: Abwechslung, Unbeschwertheit, Interessantheit, Eingängigkeit« (Klein 1998, S. 182). Das klingt nur wenig neu (vgl. die von Hallenberger, 1990, S. 26, erkannte zweite Kernthese der bisherigen Forschung: »Konstitutiv für Fernsehunterhaltung ist, daß sie der Entspannung dient, Spaß, Abwechslung und Genuß bietet und nicht anstrengt«). Klein sieht jedoch die Notwendigkeit, diese Kategorien in ein »systematisches Verhältnis zueinander« (1998, S. 178) zu bringen. Allerdings bereitet die Entgegensetzung von Information und Unterhaltung und die durch sie gesetzte Dominanz emotionaler Verarbeitung der Unterhaltung mehr Schwierigkeiten als Klein glaubt, da sie unserer Medienwirklichkeit (gerade auch was ihre Rezeption angeht, vgl. Bosshart 1994, S. 38 f.) widerspricht. Immerhin vermeidet Klein, Grice folgend, eine zu enge, präskriptive Fassung und Auslegung seiner Kategorien, indem er den Begriff der Implikatur einführt. Mit ihm kann er die Systemkonformität von Ausnahmen erklären und interpretatorisch die Gültigkeit seines Kategoriensystems ausweiten. Jedoch überanstrengt er den Begriff der Implikatur, wenn er ganze ↗ Genres, die »ernste, im realen Leben belastende Themen wie Leid, Verbrechen und Tod als Unterhaltung […] behandeln« (ebd., S. 186), zu Ausnahmefällen erklärt, aber durch Implikatur ins Schema integriert. Im Grunde verkennt Klein damit ebenfalls die ästhetische Verfaßtheit unterhaltender Artefakte.

Hallenberger (1990) wie ähnlich Bleicher (1994) und beiläufig Thomas (1994) fassen Unterhaltung als ↗ Spiel. Begründet wird dies – Gewährsmänner sind Huizinga und Caillois – mit dem »eigenständigen und für die Dauer des Spiels autonomen Handlungsraum, in dem die Spieler spielspezifische Handlungsrollen einnehmen« (Hallenberger 1990, S. 32). Da das Spiel in einem eigenen Raum stattfindet, dem Zweckfreiheit, Abgeschlossenheit, Begrenztheit, Wiederholbarkeit und Bezauberung (dies die Stichworte von Bleicher 1994, S. 151) eigen sind, lassen sich in der Tat zahlreiche Parallelen mit Unterhaltung, vor allem mit szenisch organisierter Fernsehunterhaltung ziehen. Fruchtbar ist der Spiel-Ansatz auch, da mit ihm Produkt und Spieler (Rezipient), Genres und Medium in den Horizont der Unterhaltungsforschung geraten. Vor allem die dialektische Fassung des Spielbegriffs bei Hallenberger (ebd. S. 36 f.) – der Spieler ist im Spiel immer auch als »in einer eigentlichen, Nicht-Spielwelt« lebend zu denken – erlaubt Einsichten in den unterhaltenden Kommunikationsprozeß. (Etwa: Die Anbindung von Unterhaltung in die Lebenswirklichkeit der Rezipienten.) Die Metapher ›Spiel‹ verliert jedoch bei nichtfiktionaler Unterhaltung heuristisch an Wert. Auch für das Verständnis der Historizität von Unterhaltung ist sie wenig geeignet, da »der Rekurs auf notwendigerweise formale anthropologische Konzeptualisierungen von »Spiel« nicht unproblematisch ist« (Hallenberger 1990, S. 39). Vor allem: Die These ›Unterhaltung ist Spiel‹ versagt bei der Unterscheidung zwischen Unterhaltung und Kunst. Und diese Unterscheidung macht gerade das Spezifische an der Unterhaltung aus; denn, wie die geschichtliche Entwicklung gezeigt hat, treten Unterhaltung und Kunst historisch neben- und miteinander wie konkurrierend auf. Zwar offeriert auch Kunst Vergnügen, aber: »Entertainment offers certain pleasures not others« (Dyer 1992, S. 7).

Ästhetische Fundierung des Begriffs der Unterhaltung

Der Überblick über die Forschung hat gezeigt, daß »Unterhaltung [...] weder vom Produkt noch vom Produzenten noch vom Rezipienten noch vom Medium her allein bestimmt werden« kann (Rosenstein/Kreutz 1995, S. 14 mit Verweis auf Hügel 1993, S. 121). Daher liegt es nahe, sie als kommunikativen Prozeß aufzufassen, der eine Beziehung zwischen Rezipienten und Rezipiat zur Folge hat. Bemerkenswerterweise hat die Forschung den Prozeßcharakter der Unterhaltung zwar durchgängig erkannt (für Belege aus Arbeiten unterschiedlichster Richtung vgl. etwa Hallenberger 1988, S. 18; Hickethier 1979, S. 66 f.; Oehler 1982, S. 8), aber weder methodisch noch begrifflich Konsequenzen daraus gezogen. Hügel (1993) hat den Vorschlag gemacht, diese Beziehung als durch ästhetische Wahrnehmung gestiftet und bestimmt zu begreifen. Versteht man unterhaltende Rezeption als ästhetische Wahrnehmung, kommt jede Sparte der Unterhaltung in den Blick, und es wird möglich, den Kontext, ja das Zusammenspiel von Rezipient und Artefakt, von Textqualität und Erwartungshaltung des Publikums (vgl. ähnlich Dyer 1992, S. 3), von Medium und Produzent in die Untersuchung einzubeziehen, ohne daß dabei nur von einer bestimmten Rezeptionshaltung oder Rezeptionswirkung ausgegangen wird. Um den Unterhaltungsprozeß von dem der Kunst (und dem der Information) abzugrenzen – ohne zugleich eine wertende, die Unterhaltung negativ einschätzende Position einzunehmen –, faßt Hügel die spezifische Wahrnehmungsweise und Ästhetik der Unterhaltung als zweideutig. »Unterhaltung vermag danach Erfah-

rungen [...] zu vermitteln; gibt durch ihre Auswahl-Ästhetik dem Rezipienten das Anwendungsprivileg, ohne die Mitteilungskraft des Rezipiats zu vernichten; verlangt zwar keine Rezeptionshaltung, bei der der Zuschauer ein Bewußtsein von sich selbst zu entwickeln hat; im Unterschied zu bloßer Zerstreuung – bei der er bewußtlos (vielleicht von einem Kanal zum anderen zappend) gar nicht mehr mitbekommt, was vor ihm sich abspielt – erlebt der Unterhaltende sich jedoch als anwesend; er braucht zwar kein Engagement aufzubringen, läßt aber die Möglichkeit zu, daß die Unterhaltung ihm etwas sagt« (Hügel 1993, S. 137 f.).

Ästhetisch kann die so beschriebene Erfahrung genannt werden, weil Unterhaltung anders als Information nicht begrifflich vermittelt und aufgefaßt wird; von Kunstwahrnehmung unterscheidet sie sich durch ihre Rezeptions-Offenheit. Unterhaltung bietet ein Erfahrungspotential an, erzwingt aber nicht das Realisieren der Erfahrung. »Die Leichtigkeit der Unterhaltung, das ist ihre leichte Zugänglichkeit, ist Folge wie Ursache ihrer ästhetischen Zweideutigkeit, nicht billiger Kniff ihrer Verkäufer. Während Kunstrezeption ihrem Anspruch nach Unbedingtheit fordert, keine Beliebigkeit in der Wahrnehmung und im Interesse erlaubt und daher dem Rezipienten Anstrengung abverlangt, ja ihnen opponiert, erlaubt die Unterhaltungsrezeption (fast) jedes Maß an Konzentration und Interesse. Nicht ›richtiges‹ Verstehen, sondern Teilhabe ist wichtig, wenn wir uns unterhalten wollen« (Hügel 1993, S. 130). Allerdings: Das Konzept eines ästhetisch fundierten Unterhaltungsbegriffs, wie Hügel es vorstellt, enthält kein methodisches Instrumentarium, mit dem der reale Rezipient zu untersuchen ist. In Hügels Arbeiten zu Phänomenen der Unterhaltung wird, wie in allen hermeneutischen Studien, immer nur der implizite, nicht der tatsächliche Rezipient erfaßt. In welchem Maß die Lesart populärer Unterhaltung »als Kunst« (Hügel 1995) im Lesevorgang tatsächlich realisiert wird, bleibt ebenso ungeklärt wie die Frage, ob es überhaupt möglich ist, mit einer Kombination von hermeneutischen und empirischen Forschungsansätzen die jeweiligen Defizite beider Methoden aufzuheben.

Unterhaltung und populäre Kultur

Unterhaltung als ästhetisch zweideutig produzierter, realisierter und rezipierter Prozeß verstanden, verhindert das schablonisierte Denken in der Antinomie von Kunst vs. Unterhaltung bzw. U- vs. E-Kultur – einer wie Dyer bemerkt »often deadly distinction«

(Dyer 1992, S. 3) – und öffnet zugleich den Blick auf die ästhetischen wie soziologischen Differenzen der beiden Systeme, der beiden Kulturen. (An der Opposition von U- und E-Kultur wird in unterschiedlichsten Arbeiten festgehalten; vgl. Bosshart 1994, S. 34; Cupchick/Kemp 2000, S. 257 f.; Bausinger 1994, S. 15). In unserer Kultur haben wir – dies ist trotz der seit den späten 1980ern in Publizistik und Wissenschaft (vgl. Modleski 1986, S. XIII) im Zuge der ↗ Popularisierung der Postmoderne um sich greifenden Vorstellung von der Integration von Kunst und Unterhaltung festzuhalten – eine ästhetische und funktionale Trennung der beiden Bereiche. In dieser Trennung ist nicht zuletzt der Reichtum unserer Kultur zu sehen. Und nur solange die Wissenschaft an dieser Trennung auch begrifflich festhält, vermag sie, einzelne Unterhaltungs-Artefakte zu kritisieren und damit eine gesellschaftliche Funktion zu gewinnen. Unterhaltung ist – worauf Mendelssohn/ Spetnagel (1980, S. 19) (allerdings ohne unterhaltsame Freizeitaktivität und medial vermittelte Unterhaltung zu unterscheiden) hinweisen – seit ihrer institutionellen Separierung im 19. Jh. bis heute an spezifische »soziale Komponenten« gebunden, die Angebot und Verhalten der bzw. bei der Unterhaltung regeln (vgl. ähnlich Thomas', 1994, S. 70, Argumentation für die institutionalisierte Trennung der Bereiche Unterhaltung und Information). Unterhaltung ist nicht nur ein individuelles, sondern auch ein gesellschaftlich und historisch bestimmtes Phänomen. »Entertainment is not simply a way of describing something equally in all societies at all times«, betont schon Dyer (1992, S. 12). Historizität der Unterhaltung bedeutet dabei aber nicht nur, daß sie über andere soziale Institutionen (vor allem solche der Medien) am geschichtlichen Prozeß beteiligt ist, sondern daß sie selbst eine eigene institutionelle Tradition ausbildet. Und es ist die von dieser Tradition gestiftete Kultur, die wir als ↗ populär bezeichnen (für die medialen und sozialen Grundlagen vgl. Nye 1983). Wir nehmen an der populären Kultur teil, wenn und weil wir uns unterhalten.

Literatur

Bausinger, H.: »Ist der Ruf erst ruiniert ... Zur Karriere der Unterhaltung«. In: Bosshart/Hoffmann-Riem 1994. S. 15–27.

Bayer, D.: *Der triviale Familien- und Liebesroman im 20. Jahrhundert.* Tübingen 1963.

Bente, G.: »Affektfernsehen. Motive, Angebotsweisen und Wirkungen«. In: *Persönlich, intim, emotional. Formate und Wirkungen des Affektfernsehens.* Düsseldorf 1997. S. 13–51.

Bleicher, J. K.: Das Fernsehen im Fernsehen. Selbstreferentielle Sendungen im Unterhaltungsprogramm. In: Bosshart/Hoffmann-Riem 1994. S. 147–161.

Böckmann, P.: *Formgeschichte der deutschen Dichtung.* Darmstadt 1949.

Bosshart, L.: *Dynamik der Fernseh-Unterhaltung. Eine kommunikationswissenschaftliche Analyse und Synthese.* Freiburg (Schweiz) 1979.

Ders.: »Überlegungen zu einer Theorie der Unterhaltung«. In: Bosshart/Hoffmann-Riem 1994. S. 28–40.

Bosshart, L./Hoffmann-Riem, W. (Hgg.): *Medienlust und Mediennutz. Unterhaltung als öffentliche Kommunikation.* München 1994.

Braden, D. R.: *Leisure and Entertainment in America.* Detroit 1988.

Cupchick, G. C./Kemp, S.: »The Aesthetics of Media Fare«. In: Zillmann, D./Vorderer, P. (Hgg.): *Media Entertainment. The Psychology of Its Appeal.* London 2000. S. 249–264.

Dehm, U.: *Fernsehunterhaltung. Zeitvertreib, Flucht oder Zwang – Eine sozialpsychologische Studie zum Fernseherleben.* Mainz 1984.

Dyer, R.: *Only Entertainment.* London 1992.

Epstein, H.: *Der Detektivroman der Unterschicht.* Frankfurt a. M. 1930.

Escher, E./Luger, K./Rest, F.: *Fernsehanalyse. Modell einer qualitativ-quantitativen Bild-Text-Analyse zur ideologiekritischen Untersuchung von Unterhaltungssendungen.* Salzburg 1979.

Fetzer, G.: *Wertungsprobleme in der Trivialliteraturforschung.* München 1980.

Fischer, H.-D.: »Unterhaltung als Kommunikationsproblem. Anmerkungen zu einer unterschätzten Zentralfunktion der Publizistik«. In: *Das gedruckte Wort.* Düsseldorf 1973. S. 107–130.

Foltin, H. F.: »Die minderwertige Prosaliteratur. Einteilung und Bezeichnungen«. In: *DVjs* 39 (1965) S. 288–323.

Ders.: »Zur Erforschung der Unterhaltungs- und Trivialliteratur, insbesondere im Bereich des Romans«. In: Burger, H. O. (Hg.): *Studien zur Trivialliteratur.* Frankfurt a. M. 1968. S. 242–270.

Frey-Vor, G.: »Strukturen der Unterhaltung in deutschen und britischen Soap Operas. Am Beispiel von Lindenstraße (ARD) und EastEnders (BBC)«. In: Bosshart/Hoffmann-Riem 1994. S. 172–185.

Friedman, T.: *Making sense of Software. Computer Games and Interaction Textuality* 1994. In: duke.edu/simcity.txt (Internetseite 10. 11. 1997) (zit. nach Knoblauch 2000, S. 32).

Giesenfeld, G.: »Zum Stand der Trivialliteratur-Forschung«. In: *Das Argument* 14 (1972) S. 233–242.

Glagau, O.: »Der Colportage-Roman oder Gift und Dolch, Verrath und Rache«. In: *Der Salon für Literatur, Kunst und Gesellschaft* 6 (1870) S. 51–59.

Haake, W.: »Die Spielgärten der Erwachsenen. Zur Soziologie der Unterhaltung in den Massenmedien«. In: *Kölner Zeitschrift für Soziologie und Sozialpsychologie* 21 (1969) S. 543–549.

Hallenberger, G.: »Fernsehen, Unterhaltung und Spiel. Exploration eines Dreiecksverhältnisses«. In: Ders./Foltin, H.-F.: *Unterhaltung durch Spiel. Die Quizsendungen und Game Shows des deutschen Fernsehens.* Berlin 1990. S. 20–73.

Ders.: »Fernseh-Spiele. Über den Wert und Unwert von Game Shows und Quiz-Sendungen«. In: *TheaterZeitSchrift* 26 (1988) S. 17–30.

Hasebrink, U./Krotz, F.: »Zum Stellenwert von Unterhaltungssendungen im Rahmen individueller Nutzungsmuster«. In: Bosshart/Hoffmann-Riem 1994. S. 267–283.

Hickethier, K.: »Unterhaltung ist Lebensmittel. Zu den Dramaturgien der Fernsehunterhaltung und ihrer Kritiker«. In: *TheaterZeitSchrift* 26 (1988) S. 5–16.

Ders.: »Fernsehspiele und Unterhaltungsformen anderer Medien«. In: Rüden, P. v. (Hg.): *Unterhaltungsmedium Fernsehen.* München 1979. S. 40–72.

Hügel, H.-O.: »Unterhaltung durch Literatur. Kritik, Geschichte, Lesevergnügen«. In: Keck, R. W./Thissen, W. (Hgg.): *Medien zwischen Kultur und Kult. Zur Bedeutung der Medien in Kultur und Bildung*. Bad Heilbrunn 1987. S. 95–111.

Ders.: »Ästhetische Zweideutigkeit der Unterhaltung. Eine Skizze ihrer Theorie«. In: *montage/av* 2, 1 (1993) S. 119–141.

Ders.: »Populäres als Kunst. Eigenständigkeit und Intentionalität im Musikvideo«. In: Schneider, R.: *Musikvermittlung. Beiträge aus Musikpädagogik und Musikwissenschaft*. Kassel 1995. S. 166–194.

Hunter, A.: *Zur Ausbreitung von Vergnügen und Belehrung. Fernsehen als Kulturwirklichkeit*. Zürich 1988.

Jonas, M./Neuberger, C.: »Unterhaltung durch Realitätsdarstellungen: ›Reality TV‹ als neue Programmform«. In: *Publizistik* 41, 2 (1996) S. 187–202.

Kepplinger, H. M./Tullius, C.: »Fernsehunterhaltung als Brücke zur Realität. Wie die Zuschauer mit der Lindenstraße und dem Alten umgehen«. In: *Rundfunk und Fernsehen* 43 (1995) S. 139–158.

Killy, W.: *Deutscher Kitsch. Ein Versuch mit Beispielen*. Göttingen 1962.

Klein, J.: »Unterhaltung durch Information. Kategorien und Sprechhandlungsebenen. Medienlinguistische Aspekte von TV-Akzeptanzanalysen mit dem Evaluationsrecorder«. In: Hess-Lüttich E. W. B. u. a. (Hgg.): *Textstrukturen im Medienwandel*. Frankfurt a. M. 1996. S. 107–119.

Ders.: »Kategorien der Unterhaltsamkeit. Grundlagen einer Theorie der Unterhaltung mit kritischem Rückgriff auf Grice«. In: *Linguistische Berichte*. Sonderheft 8 (1998) S. 176–188.

Knobloch, S.: *Schicksal spielen. Interaktive Unterhaltung aus persönlichkeitspsychologischer und handlungstheoretischer Sicht*. München 2000.

Kosch, G./Nagl, M.: *Der Kolportageroman. Bibliographie 1850 bis 1960*. Stuttgart/Weimar 1993.

Kraft, J.: »Vorwärts in die Showdiktatur. Die Unterhaltung unterjocht alle möglichen Lebensbereiche«. In: *DIE ZEIT*, 14.8. 1987. S. 39.

Krämer, R.: »Die gekaufte ›Zukunft‹. Zu Produktion und Rezeption von Science-fiction in der Bundesrepublik Deutschland nach 1945«. In: *Archiv für die Geschichte des Buchwesens* 34 (1990) S. 117–265.

Kreuzer, H.: »Trivialliteratur als Forschungsproblem«. In: *DVjs* 41 (1967) S. 173–191.

Langenbucher, W. R.: *Der aktuelle Unterhaltungsroman. Beiträge zu Geschichte und Theorie der massenhaft verbreiteten Literatur*. Bonn 1964.

Märki-Koepp, M.: »Die Quadratur des Herzens. Gefühlsmuster in Publikumszeitschriften und soziale Orientierung. Mediengefühlskultur und soziale Orientierung«. In: Bosshart/Hoffmann-Riem 1994. S. 97–113.

Mendelssohn, H./Spetnagel, H. T.: »Entertainment as a Sociological Enterprise«. In: Tannenbaum, P. H. (Hg.): *The Entertainment Functions of Television*. Hillsdale 1980. S. 13–29.

Mikos, L.: »Parasoziale Interaktion und indirekte Adressierung«. In: Vorderer, P. (Hg.): *Fernsehen als ›Beziehungskiste‹. Parasoziale Beziehungen und Interaktionen mit TV-Personen*. Opladen 1996. S. 97–106.

Modleski, T. (Hg.): *Studies in Entertainment. Critical Approaches to Mass Culture*. Bloomington 1986.

Müller-Sachse, K. H.: *Unterhaltungssyndrom. Massenmediale Praxis und medientheoretische Diskurse*. Frankfurt a. M. 1981.

Nutz, W.: *Der Trivialroman. Seine Formen und seine Hersteller. Ein Beitrag zur Literatursoziologie*. Opladen 1962.

Nye, R. B.: »Notes on a Rationale for Popular Culture«. In: Geist, C. D./Nachbar, J. (Hgg.): *The Popular Culture Reader*. Bowling Green 1983. S. 21–29.

Oehler, K.-P.: »Theoretische Positionen zur Unterhaltung und Unterhaltungskunst in der DDR«. In: *Informationen der Generaldirektion beim Komitee für Unterhaltungskunst. Beilage zur Zeitschrift Unterhaltungskunst* 3 (1982) S. 1–12.

Petzold, D./Späth, E. (Hgg.): *Unterhaltungsliteratur. Ziele und Methoden ihrer Erforschung*. Erlangen 1990.

Prokop, D.: »Versuch über Massenkultur und Spontaneität«. In: Ders.: *Massenkultur und Spontaneität. Zur veränderten Warenform der Massenkommunikation im Spätkapitalismus*. Frankfurt a. M. 1974. S. 44–101.

Rosenstein, D./Kreutz, A.: »Zur Gattungsgeschichte der unterhaltenden Fernsehmagazine«. In: Rosenstein, D. (Hg.): *Unterhaltende Fernsehmagazine. Zur Geschichte, Theorie und Kritik eines Genres*. Opladen 1995.

Schulte-Sasse, J.: *Literarische Wertung*. Stuttgart 1971.

Seeßlen, G./Kling, B.: *Unterhaltung. Lexikon zur populären Kultur*. 2 Bde. Reinbek 1977.

Stadler, F.: *Der Heftroman. Formen und Inhalte, Geschichte, Produktion und Massenwirksamkeit, dargestellt am Beispiel des Bastei-Verlags*. Salzburg 1978.

Stumm, M.-M.: *Unterhaltungstheoreme bei Platon und Aristoteles. Eine Rückkehr zu den Ursprüngen als Beitrag zur Klärung des kommunikationswissenschaftlichen Unterhaltungsbegriffs*. Berlin 1993.

Thomas, H.: »Was unterscheidet Unterhaltung von Information?« In: Bosshart/Hoffmann-Riem 1994. S. 61–80.

Vorderer, P.: »Rezeptionsmotivation. Warum nutzen Rezipienten mediale Unterhaltungsangebote?« In: *Publizistik* 41, 3 (1996a) S. 310–326.

Vorderer, P. (Hg.): *Fernsehen als ›Beziehungskiste‹. Parasoziale Beziehungen und Interaktionen mit TV-Personen*. Opladen 1996b.

Ders.: »Unterhaltung durch Fernsehen. Welche Rolle spielen parasoziale Beziehungen zwischen Zuschauern und Fernsehakteuren?« In: Klingler, W.: *Fernsehforschung in Deutschland. Themen, Akteure, Methoden*. Baden-Baden 1998. S. 689–707.

Waldmann, G.: *Theorie und Didaktik der Trivialliteratur. Modellanalysen, Didaktikdiskussion, literarische Wertung*. München 1973.

Wintgens, H.-H.: *Trivialliteratur für die Frau. Analyse. Didaktik und Methodik zur Konformliteratur*. Baltmannsweiler 1980.

Zimmermann, H. D.: *Trivialliteratur? Schema-Literatur! Entstehung, Formen, Bewertung*. Stuttgart 1979.

Zillmann, D.: »Mood Management. Using Entertainment to full Advantage«. In: Donohew, L. u. a. (Hgg.): *Communication, Social Cognition and Affect*. Hillsdale 1988. S. 147–171.

Ders.: »Über behagende Unterhaltung in unbehagender Medienkultur«. In: Bosshart/Hoffmann-Riem 1994. S. 41–57.

Ders.: (1996) »The Psychology of Suspense in Dramatic Exposition«. In: Vorderer, P./Wulff, H. J./Friedrichsen, M. (Hgg.): *Suspense. Conceptualizations, Theoretical Analysis, and Empirical Explorations*. Mahwah 1996. S. 199–231.

Ders./Bryant, J.: »Exploring the Entertainment Experience«. In: Dies.: *Perspectives on Media Effects*. Hillsdale 1986. S. 303–324.

Hans-Otto Hügel

Volkskultur

Fund und Erfindung – zum Begriff

1970 erschien ein für die volkskundliche Diskussion um Standort und Selbstverständnis programmatischer Band mit dem Titel *Abschied vom Volksleben* (Geiger/Jeggle/Korff 1970). Vertreter des Tübinger Ludwig-Uhland-Institutes setzten sich darin kritisch mit den Traditionen des Faches auseinander. Lange Zeit hatte die Volkskunde an den aus dem 19. Jh. übernommenen, mit dem Epitheton ›Volk‹ versehenen Begriffen (z. B. Volkstracht, Volksbrauch, Volkskultur) festgehalten und mit ihnen ihren Forschungsgegenstand definiert. Infolge der durch die Studentenbewegung ausgelösten Diskussionen wurde der einstige Schlüsselbegriff ›Volk‹ seines Ideologiegehaltes überführt. Er galt nun nicht nur wegen seiner Nähe zum Jargon des Nationalsozialismus, sondern auch, weil er eine homogene Gesellschaftsstruktur ohne historischen Wandel suggeriere, als verdächtig; unterschiedliche soziale und ökonomische Teilhabe, die die gesellschaftliche Positionierung bestimme, und deren historische Dimension seien im Begriff ›Volk‹ gleichsam ausgeblendet, so die wesentlichen Kritikpunkte.

Volkskultur wurde in der volkskundlichen Forschung bis dahin nicht als ausschließlich historischer Befund verstanden. Als Hermann Bausinger 1961 exemplarisch vorführte, wie das volkskundliche Forschungsfeld in der Gegenwart zu entwickeln sei, nannte er sein Buch *Volkskultur in der technischen Welt* und verlängerte damit explizit den Begriff in die Moderne. Nach dem Zweiten Weltkrieg war die von dem Schweizer Richard Weiß 1946 als Fachdefinition vorgeschlagene Formel, daß Volkskunde die zwischen Volk und Volkskultur wirkenden Wechselbeziehungen zu untersuchen habe, soweit diese durch Tradition und Gemeinschaft bestimmt seien, beherrschend (Weiß 1946, S. 11). Auch Richard Weiß hatte in seinen Volkskulturbegriff selbstverständlich Phänomene der Gegenwart mit einbezogen, die er durch ihren Traditions- und Gemeinschaftsbezug von der in der Großstadt verorteten sogenannten ↗ Massenkultur abhob. Erst die seit Mitte der 1960er Jahre breit geführte Diskussion führte in der Volkskunde zu einer kritischen Distanz zum alten Begriffsinventar. Als zu Beginn der 1980er Jahre das Konzept ›Volkskultur‹ in der Sozialgeschichte eine Renaissance feierte, die v. a. auf der Rezeption der neueren anglo-amerikanischen, französischen und italienischen Geschichtsschreibung beruhte, waren es Volkskundler, die vor einer unkritischen »Wiederkehr der

alten Volkskultur« (Köstlin 1984, S. 25–31; vgl. Brückner 1984, S. 14–24) warnten, weil dem Begriff die definitorische Schärfe fehle und zudem die Gefahr bestehe, daß die alten Konnotationen mitschwingen würden (vgl. zu dieser Diskussion Kaschuba 1988).

Dieses neue, einer Historischen Anthropologie verpflichtete Forschungskonzept ›Volkskultur‹ umfaßte nun die ständische Gesellschaft der Frühen Neuzeit und nahm ausdrücklich jene Gruppen in den Blick, die traditionell nicht Gegenstand der Geschichtswissenschaft waren, da sie nicht an Herrschaft beteiligt waren. Wolfgang Kaschuba definierte Volk »in der Absetzung von Machtsymbolen, Herrschaftspraktiken, hegemonialem Kulturstil und in dem situativ aufscheinenden Bewußtsein eigener, anderer Erfahrungs- und Referenzsysteme« (ebd., S. 276). Volkskultur wird in der heutigen wissenschaftlichen Diskussion als eine spezifische Lebensform der Frühen Neuzeit verstanden, und eine Behandlung in einem Lexikon zur Populären Kultur des 19. und 20. Jh. würde sich mithin erübrigen.

Aber Volkskultur ist nicht nur eine wissenschaftliche Kategorie, sondern bezeichnet zugleich eine vor- und außerwissenschaftliche Vorstellung von der Lebenswelt, der Kultur bestimmter Bevölkerungsschichten. Volkskultur, das sind diesem Verständnis folgend bunte Trachten, ländliches Leben, Bräuche, Volkskunst usw., also Segmente einer traditionellen bäuerlichen Kultur, über deren Ursprung und Authentizität nicht viel nachgedacht wird, die aber in Tourismus und Unterhaltungsindustrie mit großem Erfolg vermarktet wird. Wenn also von Volkskultur als Teil einer Populären Kultur die Rede ist, dann geht es um den Blick von außen, um die Entdeckung der Volkskultur, mithin um die Frage danach, seit wann, warum und wie sich das Interesse an Volkskultur in der Moderne artikuliert.

Wenn man heute in der Volkskunde von Volkskultur spricht, dann ist stets das Spannungsverhältnis von Fund – wissenschaftlicher Analyse frühneuzeitlicher Lebenswelten – und Erfindung – dem sich seit dem 19. Jh. konstituierenden Blick auf das Land – mitgedacht. Die Geschichte der Entdeckung und Erfindung der Volkskultur im 19. und 20. Jh. steht daher in engem Zusammenhang mit der Entwicklung der bürgerlichen Gesellschaft, mit deren Verhältnis zu Moderne und Vergangenheit.

Die Volkskunde hat für den Umgang der Moderne mit der traditionellen Volkskultur den Begriff ›Folklorismus‹ aufgenommen. Er wurde 1962 von Hans Moser in die volkskundliche Diskussion eingebracht und als »Vorführung und Vermittlung von Volkskultur aus zweiter Hand« (1962, S. 177–209) umschrieben. An einer Reihe von Beispielen führt Moser vor, daß dieses Phänomen bereits seit dem späten Mittelalter zu beobachten sei, für die Zuspitzung seit dem 19. Jh. macht er v. a. den beginnenden Tourismus und die ↗›Kulturindustrie‹ verantwortlich. Die Diskussion um Begriff und Sache wurde in den folgenden 30 Jahren mit großem Engagement geführt. Hermann Bausinger (1966) kritisierte kurz nach Erscheinen der Moserschen Überlegungen v. a. die von diesem in den Vordergrund geschobene Dichotomie von *echt* und *unecht*. Um zu Kriterien der Bewertung zu gelangen, so Bausinger, nähme Moser Maß an der frühneuzeitlichen Volkskultur, die als echt angenommen würde. Damit hatte Bausinger auf das Problem der Authentizität aufmerksam gemacht. Diese Überlegungen führte Konrad Köstlin (1970, S. 243–256) weiter, indem er v. a. nach den gesellschaftlichen Funktionen fragte, die Folklorismus in der Moderne habe. Denn der selektive Rückgriff auf Volkskultur und ihre Aufbereitung in farbenfrohen und pittoresken Szenarien sage mehr über die Befindlichkeit einer modernen Gesellschaft aus als über historische Lebenswelten:»Folklorismus als Therapie? Volkskultur als Therapie?«, so die provokant gestellte Frage Köstlins (1982, S. 129–147).

Wenn man also die Volkskultur in der Moderne thematisiert, dann muß in erster Linie nach ihrer Aufbereitung und ihrer gesellschaftlichen Funktion gefragt werden. Folklorismus als kulturelle Praxis, als gesellschaftlicher Umgang mit Volkskultur in der Moderne ist ein zentrales Thema der Volkskunde, das durch die Ethnisierungsstrategien unserer Zeit, die die aus dem 19. Jh. stammende Vorstellungen wiederum aktualisieren, an Aktualität und Brisanz einmal mehr gewonnen hat.

Folklorismus ist ohne Zweifel kein singuläres ge sellschaftliches Phänomen, sondern muß heute im Kontext dessen diskutiert werden, was Gerhard Schulze (1995) für die Erlebnisgesellschaft (↗Erlebniskultur) in der Bundesrepublik während der 1980er Jahre diagnostiziert hatte. Die Frage nach den Ästhetisierungsstrategien (Welsch 1996) und die Suche nach Authentizität (Bendix 1997) als Triebkraft einer postmodernen Gesellschaft verortet den Umgang mit der alten Volkskultur wieder neu. Mit ihrem Konzept der »Kulturinszenierungen« haben Müller-Dohm und Neumann-Braun (1995) einen Vorschlag gemacht, der erst ansatzweise in der Volkskunde rezipiert worden ist, der es aber ermöglicht, weitere Bezüge herzustellen als die oben angedeuteten.

Mehr implizit als in expliziter Diskussion von Thesen und Ansätzen hat die Volkskunde die Ansätze der Cultural Studies integriert. Die Ausweitung der Forschungsfelder auf die Popularkultur (↗Medien, Mode etc.), die Auseinandersetzung mit Themen wie Identität, Globalisierung, Multikulturalismus haben dazu geführt, daß die theoretischen Positionen v. a. von Stuart Hall, Raymond Williams u. a. in die volkskundliche Forschung integriert wurden (Lindner 2000).

Die Entdeckung der Volkskultur

Mit der Wende vom 18. zum 19. Jh. verändert sich die Bewertung der Volkskultur, die nun zum Ausdruck des Nationalen stilisiert wird. Hermann Bausinger hat beschrieben, wie sich mit dem Ende der ständischen Gesellschaftsordnung die überkommenen räumlichen, zeitlichen und sozialen Horizonte auflösen und damit die in ihnen verankerten ›Güter‹, auch die Volkskultur, verfügbar werden (Bausinger 1986). Das sich konstituierende neue Bürgertum grenzt sich gegen die ständische, adelige Privilegiengesellschaft ab und gründet seine Identität nun auf der Idee der Nation. Die Rousseauschen Gedanken sprechen dem Volk schöpferische Fähigkeiten zu, ihrer mündlichen Überlieferung (Märchen, Sage, Volkslied) unterstellte man ein hohes Alter und stilisiert die ›Volkspoesie‹ zur ›Nationalpoesie‹, in der sich die Idee der Nation am unverfälschtesten ausdrücke. Dieses neue Bürgertum entdeckt das Reisen als Medium der Bildung, Welterfahrung und der Zerstreuung. Man reist auf das Land, wo man jene Bilder nationaler Eigentümlichkeit aufsuchte und zu finden glaubte. Die begeisterten Schilderungen von farbenfrohen Bräuchen, pittoresken Trachten und einem festfreudigen Landleben füllen die populären Reisebeschreibungen jener Zeit, werden beliebtes Su jet von Künstlern. Man sah, was man sehen wollte und was der Bestätigung und Verfestigung dieser Klischees diente. Die bäuerliche Bevölkerung befriedigte die Schaulust durch immer buntere und schönere Vorführungen und bestätigte die stereotypen Vorstellungen (vgl. dazu Brückner 1985; Göttsch 1990, S. 41–63). Fremdverklärung begann in Selbstverklärung überzugehen (Köstlin 1983, S. 41–68).

Auch die von Napoleons Gnaden gegründeten Königreiche nutzen die nationale Aufladung der Volkskultur zur Identitätsstiftung. So treten auf der Hochzeit des bayerischen Prinzen Ludwig 1810 zehn Kinderpaare in Tracht als Allegorie auf den Zusammenhalt des neuen Königreiches auf (Köstlin 1988, S. 301–319).

Damit war die enge Verbindung zwischen Folklorismus und Politik, die bis in die heutige Zeit nachwirkt – man denke nur an die in verschiedenen

Bundesländern stattfindenden Heimattage – begründet. Die im 19. Jh. in Bayern intensiv betriebene Trachtenpflege (vgl. Hartinger 1980/81, S. 6–18) zeitigte Wirkung, wohl kaum eine andere Region in Deutschland gilt als so ›folkloristisch‹.

Transformationen:
Volkskultur und Folklorismus

1828 beschrieb Heinrich Heine seine Reise von München nach Genua. Die Tiroler waren ihm besonders durch ihre folkloristische Selbstvermarktung in Erinnerung, was ihn zu einer der wohl frühesten ironisch pointierten Folklorismuskritiken herausforderte: »Die Tiroler sind schön, heiter, ehrlich, brav und von unergründlicher Geistesbeschränktheit [...]. Der Tiroler hat eine Sorte von lächelndem humoristischen Servilismus, der fast eine ironische Färbung trägt, aber doch grundehrlich gemeint ist [...]. Zu Hause üben die Tiroler diesen Servilismus gratis, in der Fremde suchen sie auch noch dadurch zu lukrieren. Sie geben ihre Persönlichkeit preis, ihre Nationalität. Diese bunten Deckenverkäufer, diese muntern Tiroler Bua, die wir in ihrem Nationalkostüm herumwandern sehen, lassen gern ein Späßchen mit sich treiben, aber Du mußt ihnen auch etwas abkaufen [...]« (Heine 1994, S. 258 f.).

Heine hat anschaulich illustriert, was Bausinger für das beginnende 19. Jh. mit der Auflösung der Horizonte und der Verfügbarkeit der Güter beschreibt. Volkskultur war zur Ware geworden, die losgelöst von Zeit und Raum als ↗ Unterhaltung konsumiert wurde. Der damit einhergehende Verlust des Einmaligen und Unwiederholbaren wurde kompensiert durch ein wachsendes Bedürfnis nach Echtheit, Authentizität, das durch immer neue und effektvollere Inszenierungen des Historischen befriedigt wurde. Was zu Beginn des 19. Jh. noch einer kleinen sozialen Schicht vorbehalten war, entwickelte sich in der zweiten Hälfte des 19. Jh. zum Massenvergnügen. Es entstanden eine Vielzahl von Medien und Unterhaltungsformen, die diesem Bedürfnis Rechnung trugen. Voraussetzung für diese Entwicklung war das Entstehen eines Massenpublikums und damit die Ausbildung einer Unterhaltungskultur, die den Gesetzen der Kommerzialisierung unterlag (vgl. Schwartz 1998, S. 283–318). Es waren vor allem die internationalen Industrie- und Weltausstellungen, die neue Präsentationsformen der Volkskultur entwickelten und damit nicht nur zur Verfestigung und Stereotypisierung von Bildern beitrugen, sondern auch die Darstellungsformen bis in die musealen Inszenierungen hinein prägten.

1851 wurde in London die erste Weltausstellung als internationale Industrieschau veranstaltet. Was zunächst als Ort geplant war, an dem die Industrienationen ihren technologischen und wirtschaftlichen Fortschritt dokumentierten, entwickelte sich in der Folge immer mehr zum Schauplatz nationaler Selbstdarstellung, adressiert an ein internationales ↗ Publikum (Wörner 1999). Die einzelnen Nationen präsentierten sich mit ihrer Volkskultur, um ihre kulturelle Eigenart und ihre Differenz zu den anderen Nationen zu belegen. Für diesen Effekt wurden die Ausstellungsformen immer mehr verfeinert und perfektioniert. Es wurden Trachtenpuppen aufgestellt, deren Kleidung als ›uralt‹ ausgegeben wurde, man gruppierte sie in Interieurs zu Bildern, die ›Szenen aus dem Volksleben‹ darstellten. Dafür boten sich besonders die Höhepunkte eines brauchtümlich gegliederten Lebenslauf an: Brautwerbung, Hochzeit, Taufe, Erntearbeiten usw. Die Sucht nach Authentizität präformierte nicht nur die Perspektive der Betrachter, sondern war Bestandteil der Inszenierung selbst. So waren Menschen aus Schweden Modell für die schwedischen Trachtenfiguren. Als einer Trachtenfigur die Hand abfiel, holte man eigens eine Schwedin, um an ihr Maß für den Ersatz zu nehmen (ebd., S. 155). Auch vor der ↗ Ausstellung von Menschen in einer nachgebauten Umgebung schreckte man nicht zurück. 1867 entstand auf der Pariser Weltausstellung das erste sogenannte ethnographische Dorf, das nachgebaute ländliche Häuser aus verschiedenen Ländern zeigte. Damit war die Idee des Freilichtmuseums geboren, das wie kein zweiter Museumstyp von den Anregungen der Weltausstellungen profitierte. Der Begründer des ersten Freilichtmuseums 1891 in Skansen bei Stockholm, Artur Hazelius hatte auf der Weltausstellung in Paris 1878 Ausstellungserfahrungen gesammelt, die er in Stockholm museal umsetzte. In dem von ihm gegründeten Nordiska Museet in Stockholm präsentierte er dreidimensionale Inszenierungen mit lebendigen Szenen aus dem Volksleben.

Kennzeichnend für das 19. Jh. ist die enge Verzahnung von wissenschaftlichem und vorwissenschaftlichem Interesse an Volkskultur. Hazelius erprobte seine Ausstellungsprinzipien auf den kommerziellen Weltausstellungen und entwickelte sie für das ↗ Museum weiter. Für seine musealen Inszenierungen nutzte er sogenannte ›Volkslebenbilder‹ als Vorlage, so setzte er im Nordiska Museet ein Gemälde von Amalie Lundgren, Totenbett des kleinen Kindes, dreidimensional als Diorama (↗ Panorama) um. Volksleben hatte sich als Bildthema in enger Verbindung mit der Freiluftmalerei etabliert. Aus der Enge der Akademien zogen die Maler aufs Land, um dort

ihre Motive zu suchen, die sie in Szenen aus dem
ländlichen Leben fanden. Die Bilder trafen den Publikumsgeschmack jener Zeit und waren sehr erfolgreich. Kunsthallen kauften sie an und fertigten von
ihnen Drucke als Jahresgaben für die Mitglieder der
Kunstvereine an. Diese Bilder reproduzierten die seit
der Entdeckung der Volkskultur gängigen Klischees
einer ländlichen Welt, aus der Elend und soziale
Probleme, die nicht nur in den entstehenden Großstädten, sondern auch auf dem Lande drückend waren, ausgeklammert wurden. Die Volkslebenmaler
bildeten ein ↗Genre aus, das in den Museen mit
ihren Ausstellungen in die Dreidimensionalität verlängert und mit noch mehr Authentizität ausgestattet
wurde, weil die Präsentation nicht nur wissenschaftlich legitimiert war, sondern die Objekte beim ›Volk‹
selbst gesammelt worden waren.

Mit der Entdeckung der Volkskultur um die
Wende vom 18. zum 19. Jh. begann die Verklärung
und Stilisierung ländlicher Lebenswelten zur Gegenwelt. Elemente der Volkskultur wurden selektiv aufgenommen, zu einem Szenario komponiert, das die
Alltagswelt der bürgerlichen Betrachter kontrastierte,
und so mit neuen Deutungen unterlegt. Mit der
Entwicklung moderner Reproduktions- und Ausstel-
lungsverfahren und der Herausbildung eines Massenpublikums wurden Vorstellungen, wie sie zu
Beginn des 19. Jh. als Entwürfe einer nationalen
Kultur gedacht wurden, visualisiert und popularisiert. ›Kulturinszenierungen‹, wie sie auf Weltausstellungen, in Museen, Völkerschauen und anderswo
zu sehen waren, schrieben solche Bilder fest. Die
Echtheit der einzelnen Teile suggerierte die Authentizität des Ganzen, somit konnten diese fragmentari-
schen und eklektischen Bilder sich in den Köpfen der
Betrachter zur geglaubten Wirklichkeit verselbständigen.

Heimatbewegung um 1900 und die Folgen

Es war also nicht erst die sich um 1900 institutionalisierende Heimatbewegung (↗Heimat), die die Volkskultur idealisierte und verklärte. Aber unter dem
Eindruck der rasanten ökonomischen Entwicklungen
v. a. in den letzten 30 Jahren des 19. Jh., den gesellschaftlichen Veränderungen und den damit einhergehenden Verlustängsten (vgl. Bergmann 1970) fanden
sich in der Heimatbewegung sehr heterogene Kräfte
zusammen, die die ideologische Aufrüstung des Landes vorantrieben, ein Konstrukt ›Volkskultur‹ großstädtischer, als dekadent denunzierter Lebensweise
entgegenstellten und damit Volkskultur in eine kulturpolitische Programmatik einbanden.

Die Schriften Ernst Rudorffs schärften das Bewußtsein für die Veränderungen in Natur und Gesellschaft durch Industrialisierung und Tourismus,
die als zerstörerische Kräfte gedeutet wurden (zu
Rudorff vgl. Knaut 1991, S. 20–49).

Die ideologischen Protagonisten dieser Bewegung,
hier ist besonders an Friedrich Lienhard und Adolf
Bartels zu denken, gehörten der Heimatkunstbewegung, einer literarischen Strömung, an. Das Land,
v. a. die bäuerliche Kultur, wurde als Kraftquelle für
die dekadente Großstadt (»Moloch Berlin«) propagiert, die Metaphern gesund – krank pointierten
diese Opposition (immer noch lesenswert zur Heimatkunstbewegung ist Rossbacher 1975. Auf die weiteren Implikationen der Heimatkunstbewegung wie
Antisemitismus, Technikfeindlichkeit usw. sei an dieser Stelle nur hingewiesen).

Unter dem Eindruck von Industrialisierung und
Urbanisierung begann eine intensive Sammeltätig-
keit, die sich neben der mündlichen Überlieferung
(Märchen, Sagen, Sprichwörter etc.) auch auf die
Sachkultur (Stichwort: Volkskunst) und ur- und
frühgeschichtliche Zeugnisse konzentrierte. Es waren
v. a. die Volksschullehrer, die als Bewahrer der vater-
ländischen Kultur auftraten. Sie begründeten ihre
Aktivitäten mit dem überall diagnostizierten kulturellen Verfall, der untergehenden Welt der vorindustriellen Zeit. Dabei spielten pädagogische Intentionen eine große Rolle, es ging nicht nur darum zu
dokumentieren, zu konservieren und zu museali-
sieren, sondern auch darum wiederzubeleben. Die
gesammelte ›Volkskunst‹ z. B. sollte einem durch industrielle Fertigungsweisen desorientierten Handwerk wieder auf die Sprünge helfen. Heimatpflege
und die sich um diese Zeit institutionalisierende
Volkskunde gingen dabei eine enge Verbindung ein.

Ein gutes Beispiel dafür ist der Gymnasiallehrer
Richard Wossidlo, der in Mecklenburg vor allem
mündliche Überlieferung sammelte und aufgrund
seines durchaus wissenschaftlichen Anspruches als
Begründer volkskundlicher Feldforschung gelten
kann. Um für seine Sammlungen Mitarbeiter zu
werben, verfaßte er 1900 ein Theaterstück »Winterabend in einem mecklenburgischen Bauernhaus«.
Für die Dialoge und musikalischen Einlagen verwendete er Material, daß er bei Tagelöhnern gesammelt hatte. Er selbst war zwar davon überzeugt,
daß ein solches Theaterstück dazu geeignet sei, »der
Neubelebung alter Bräuche den Boden zu ebnen«
(Göttsch 1998, S. 58). In Wahrheit trugen solche
Veranstaltungen aber dazu bei, den spielerischen
Umgang mit »Volkskultur« einzuüben, der in die
↗Freizeitkultur integriert wurde. Aufgewertet durch
die Ideologie der Heimatbewegung und mit Verweis

auf ihre »Echtheit« waren sie dazu angetan, den Bildungsansprüchen einer kleinbürgerlichen Gesellschaft Genüge zu tun.

Das Engagement sehr unterschiedlicher Persönlichkeiten in den Aktivitäten der Heimatbewegung verstärkte deren gesellschaftliche Wirkung und Akzeptanz.

Als 1904 im niedersächsischen Scheeßel das »Erste Niedersächsische Trachtenfest« (vgl. zum Scheeßeler Trachtenfest und v. a. zum Artländer Trachtenfest Böning 1999) veranstaltet wurde, waren daran neben Verwaltungsbeamten und Pastoren auch zahlreiche Museumsdirektoren und verschiedene Künstler wie der Maler Hans am Ende aus Worpswede beteiligt. Es reisten Trachtengruppen aus ganz Niedersachsen an, die sich zu einem großen Trachtenumzug mit Wagen, auf denen Paare aus den verschiedenen Landschaften in Hochzeits-, Abendmahls-, Trauertracht saßen, formierten.

Weitere Trachtenfeste, die dem gleichen Muster folgten, wurden mit großem Erfolg organisiert, nicht nur in Niedersachsen. Die Interpretamente, mit denen die Heimatbewegung die Volkskultur unterlegt hatte, spielten für den Erfolg derartiger Veranstaltungen eine große Rolle. Die Ideologie des Nationalsozialismus knüpfte daran an und forcierte die Rekonstruktion einer Urtracht, die Ausdruck rassischer Zugehörigkeit und völkischer Gesinnung zu sein hatte. Ganz ähnlich wurden auch andere Elemente der Volkskultur (Bräuche, Volkskunst) dazu mißbraucht, germanische Kontinuitäten zu behaupten und damit Expansions- und Herrschaftsansprüche zu legitimieren.

Die Vereinnahmung der Volkskultur durch den Nationalsozialismus führte nach dem Zweiten Weltkrieg nicht dazu, daß sie im öffentlichen Bewußtsein diskreditiert war. Für die Flüchtlinge und Heimatvertriebenen spielte der Rückgriff auf Volkskultur eine wichtige Rolle zur Aufrechterhaltung kultureller Identität und zur Verdinglichung eines Heimatgefühls, das die Erinnerung an die Herkunftsregion wachhielt. Als 1952 das 1. Europäische Trachtenfest in Neustadt/Holst. ausgerichtet wurde und Teilnehmer aus ganz Westeuropa dort Trachten, ↗ Musik und Tänze vorführten, diente das Fest ganz explizit dazu, Deutschland in Europa zu rehabilitieren. Volkskultur wurde als Medium der Völkerverständigung verstanden und genutzt.

Spätestens seit dieser Zeit gilt Volkskultur und ihre Präsentation in den unterschiedlichen Kontexten als Ausdruck regionaler Identität, als Beleg für die kulturelle Differenz in einer sich immer mehr vereinheitlichenden ↗ Alltagskultur. Als 1975 der erste Hessentag (vgl. dazu Bimmer 1973) durch die dortige Landesre-

gierung ausgerichtet wurde, präsentierte sich das in der Nachkriegszeit entstandene Bundesland Hessen mit seiner regional differenzierten Volkskultur, die in Umzügen und Aufführungen die Einheit dokumentierte. Andere Bundesländer folgten dem Beispiel und veranstalten z. T. bis heute Heimattage.

↗ Werbung, Tourismus, Freizeitindustrie und Massenmedien setzen bis heute sehr erfolgreich auf die Wirkung von Volkskultur. Fast täglich werden volkstümliche Hitparaden im ↗ Fernsehen präsentiert, es werden Mittelaltermärkte abgehalten, Heimatabende in Fremdenverkehrsorten veranstaltet oder für Lebensmittel mit Trachten geworben. Es lassen sich nicht alle Spielarten der Präsentation von Volkskultur an dieser Stelle aufzählen, aber sie alle folgen den Mustern, die seit dem 19. Jh. entwickelt worden sind: Tracht, Brauch, Musik, Tanz, Lieder werden als Signé eines Landes, einer Region oder eines Ortes ausgegeben und als Ware konsumiert, sie gehören zu den Angeboten einer freizeit- und erlebnisorientierten Gesellschaft.

Volkskultur und Moderne – zu den Funktionen

Unbestritten ist, daß der Folklorismus ein Phänomen der fortschreitenden Industrie- und Postindustriegesellschaft ist, daß die Nachfrage nach ihm aus der Dichotomie von Arbeit und Freizeit gespeist wird. Freizeit soll das ›ganz Andere‹ sein, das, was deutlich von der Arbeit geschieden ist, die Gegenwelt also. Doch die Suche nach dem ›Fremden‹, dem ganz Anderen erweist sich als unstillbare Sehnsucht, die sich dorthin richtet, wo noch am offensichtlichsten Gegenwelten zu existieren scheinen, nämlich auf das Land, auf die den Städten entfernt liegenden Regionen. Mit Hilfe des Folklorismus erschließt sich der städtische, an industrielle Arbeitsform und Lebenswelt gewöhnte Mensch jene Gegenwelten, die er zu seiner Erholung braucht. Die Erfahrung der ökonomischen Ungleichheit, die als Zurückgebliebenheit denunzierbare Andersartigkeit des Landes ist so verstanden auch eine, wenn auch nur ausschnitthafte Aneignung ländlicher Lebenswelten. Deshalb werden Landschaften – übrigens nicht nur in Mundart-Talk-Shows (↗ Show) – so präsentiert, als sei die Welt dort stehengeblieben, als habe sich nichts verändert. Aber die Rückkehr ist stets schon programmiert. Die Flucht ist ja nur temporär, sie dient der Erholung, der Weg zurück in die Alltagswelt ist in sie bereits eingebaut. Das Gefühl der Überlegenheit, der kulturellen Kompetenz, das sich im Vergleich Stadt – Land vordergründig aufzudrängen scheint, macht die Unausgewogenheit der eigenen Situation vergessen oder zumindest erträglicher.

Die Inszenierung von Volkskultur, die sowohl sozial (bäuerlich vs. bürgerlich) wie räumlich (Land vs. Stadt) und zeitlich (Vormoderne vs. bürgerliche Gesellschaft) exotiert wird, durchzieht als gesellschaftliche Praxis die letzten 200 Jahre. Immer perfektere Reproduktionsverfahren, massenmediale Aufbereitung und das Entstehen einer freizeitorientierten Gesellschaft haben zur Entwicklung der Kulturware ›Folklorismus‹ das Ihre beigetragen. Aber nur dort, wo Intentionen und Angebote mit gesellschaftlichen Bedürfnisstrukturen korrespondieren, kann der Folklorismus seine Wirkkraft entfalten. Der neue Umgang mit Volkskultur als kulturelle Praxis ist aufs engste mit der Herausbildung der modernen Gesellschaft verbunden. Bereits zu Beginn des 19. Jh. war das Leitthema auszumachen: Versatzstücke der ländlichen Volkskultur, reduziert auf eine exponiert bäuerliche Kultur, werden den Erfahrungen und Entfremdungen der Industrialisierung und Verstädterung entgegengesetzt und mit jenen Werten unterlegt, deren Verlust man glaubt beklagen zu müssen. Historismus, so hat Hermann Lübbe einmal geschrieben, sei eine Reaktion auf die Zerstörung, auf die Verfremdung einer vertrauten Umwelt. Die Hinwendung zu Formen des Historismus – und auch der Folklorismus gehört dazu – sei die kompensatorische Praxis der Menschen als Reaktion auf diese verunsichernde Erfahrung (vgl. Lübbe 1982).

Vergangenes wird mit Deutungen unterlegt, die die gesellschaftlichen Bedürftigkeiten widerspiegeln, die aus einer als unbefriedigend erlebten Gegenwart erwachsen. Es ist der Versuch, angesichts unübersichtlich gewordener Strukturen in unserer modernen Gesellschaft die einem durchschnittlichen Menschen nicht mehr verstehbare Komplexität auf ein erträgliches Maß zu reduzieren. Was uns jeden Tag als komplexe, unüberschaubare und damit auch verunsichernde gesellschaftliche Wirklichkeit bewußt wird, wird durch die in Entwürfen einer vormodernen Welt vorgenommene Reduktion auf ein handhabbar und überschaubar anmutendes Maß zurückgeführt.

Martin Scharfe hat den zu Stereotypen verdichteten Folklorismus als Akzeptanzkultur (Scharfe 1989, S. 20 f.) beschrieben, d. h. Funktion des Folklorismus sei es, daß wir die Gegenwart, die wir in ihrer Komplexität und Kompliziertheit kaum mehr verstehen, überhaupt auszuhalten lernen. Folklorismus, das ist die Konsequenz aus dieser Überlegung, fungiert dann als Psychopharmaka, es stellt ruhig und engt den Blick ein. Wer glaubt, in den folkloristisch aufgeputzten Vorführungen eine Welt gefunden zu

haben, die er noch versteht, der wehrt sich vermutlich nicht so schnell gegen die Zumutungen der Moderne. Folklorismus hat diesem Entwurf folgend gesellschaftsstabilisierende Funktionen.

Dagegen hat Konrad Köstlin eingewendet, daß die Kompensationsthese, wie sie von Hermann Lübbe (1982) und Odo Marquardt (1986) vorgeschlagen worden sei, suggeriere, der Mensch sei einmal ohne die Strategie der Kompensation ausgekommen, aber, so Köstlin, Kompensation sei eine kulturelle Technik, die zutiefst human sei, weil nur über sie Utopien denkbar und ausdrückbar seien. Folklore will er verstanden wissen als Teil einer Erinnerungskultur, die ihre Kraft und Perspektive aus einer erklärenden und oftmals narrativ aufbereiteten Interpretation beziehe. Damit umfasse Folklore einen Bestand an ausgewählten, im gesellschaftlichen Diskurs kanonisierten und sakralisierten Erinnerungen (Köstlin 1991, S. 46–66). Die Auswahl der Erinnerungen, an denen die historischen Wissenschaften großen Anteil haben, und ihre narrative Aufbereitung, ihre Erzählbarkeit verweisen auf die Bedürfnisstruktur der modernen Welt. Nicht jede Folklore, nicht jede Geschichte werde dabei aufgegriffen und weitererzählt, sie müsse Erklärungscharakter, Plausibilität haben. Die Geschichten suggerieren, daß die graue unübersichtliche Welt, in der wir leben, nicht alles ist, daß es Traditionen gibt, auf die man sich beziehen kann. Auf die Gefährdungen, die in solchen Deutungen enthalten sein können, weist er ausdrücklich hin. Denn die von den Wissenschaften angelegten Erinnerungsdepots werden immer größer, deren gesellschaftliche Nutzung werde beliebig, die Gefahr liege darin, wer welche Identifikationsangebote für welche Bevölkerungsteile aufbereite. Solche Warnungen zielen besonders auf die Ethnisierungsstrategien von Gesellschaften am Ende des 20. Jh. Benedict Anderson hat mit seinem Buch *Imagined Communities* nachhaltig darauf hingewiesen, wie Nationen sich ein Bild ihrer selbst schaffen, welchen Anteil Mythen an der Konstituierung nationaler Identitäten haben, und hat damit eine intensive und fächerübergreifende Diskussion in Gang gesetzt. Insbesondere Eric Hobsbawm (1998, S. 97–118) hat in einer genauen Analyse der Repräsentation der Nation herausgestellt, welche Darstellungsformen dabei eingesetzt werden. Neben Architektur, Denkmälern und Ritualen gewinnt auch und gerade der Rückgriff auf Volkskultur hier besondere Bedeutung. Denn das Ethnische gewinnt seine Konturen u. a. durch den Bezug auf ein Konstrukt ›Volkskultur‹ (vgl. dazu exemplarisch Köstlin 1994, S. 5–20), auf das die ›Erfindung‹ der Nation gegründet wird. Auch die Etablierung der Kategorie ›Ethnie‹ steht am Anfang der Moderne, neben

anderen hat J. G. Herder daran mitgewirkt. Volkskultur mit ihrer scheinbar so übersichtlichen und
wohlgeordneten Welt und ihrer nationalen Aufladung war von Beginn an geeignet, diesen Begriff zu
füllen, so wie Herder die Volkslieder als Beleg ethnischer Differenz heranzog. In den ethnischen Konflikten der Gegenwart wird das Konzept Volkskultur
instrumentalisiert und als Legitimation für Ausgrenzung, Vertreibung und Vernichtung genutzt.

Der Umgang mit Volkskultur in der Moderne ist
vielschichtig und schillernd. Die Harmlosigkeit bunter Folklorismusveranstaltungen sollte nicht darüber
hinwegtäuschen, daß solche Inszenierungen funktionalisiert werden können, da die Bilder und Deutungen, die ihnen im Laufe der letzten 200 Jahre
eingewoben worden sind, unterschiedlichen gesellschaftlichen Diskursen zur Verfügung stehen und in
ihnen genutzt werden.

Literatur

Bausinger, H.: *Volkskultur in der technischen Welt*. Stuttgart
  1986.
Ders.: »Zur Kritik der Folklorismuskritik«. In: *Populus revisus*.
  Tübingen 1966.
Bendix, R.: *In Search of Authenticity: The Formation of Folklore
  Studies*. Madison/London 1997.
Bergmann, K.: *Agrarromantik und Großstadtfeindschaft*. Mei-
  senheim am Glan 1970.
Bimmer, A. C.: *Hessentag: Ein Fest der Hessen? Anspruch und
  Wirklichkeit eines organisierten Volksfestes*. Marburg 1973.
Böning, J.: *Das Artländer Trachtenfest. Zur Trachtenbegeiste-
  rung auf dem Land vom ausgehenden 19. Jahrhundert bis zur
  Gegenwart*. Münster u. a. 1999.
Brückner, W.: »Popular Culture. Konstrukt, Interpretament,
  Realität«. In: *Ethnologia Europaea* 14 (1984) S. 14–24.
Ders. (Hg.): *Fränkisches Volksleben. Wunschbilder und Wirk-
  lichkeit*. Würzburg 1985.
Burckhardt-Seebass, C.: »Echt – gepflegt – organisiert? Hoff-
  mann-Krayers Gedanken zur Volkskultur«. In: *Kieler Blätter
  zur Volkskunde* 20 (1988) S. 49–60.
Burke, P.: *Helden, Schurken und Narren. Europäische Volks-
  kultur in der frühen Neuzeit*. Stuttgart 1981.
Dülmen, R. v./Schindler, N. (Hgg.): *Volkskultur. Zur Wiederent-
  deckung des vergessenen Alltags (16.–20. Jahrhundert)*.
  Frankfurt a. M. 1984.
Geiger, K./Jeggle, U./Korff, G. (Hgg.): *Abschied vom Volksleben*.
  Tübingen 1970.
Göttsch, S.: »Lebensbild oder Panoptikum? Zur zeitgenössi-
  schen Rezeption des Theaterstücks »Winterabend in einem
  mecklenburgischen Bauernhaus« von Richard Wossidlo«.
  In: *Kieler Blätter zur Volkskunde* 30 (1998) S. 58.
Dies.: »Die Probstei – zur Konstituierung einer regionalen
  Identität im 19. Jahrhundert«. In: *Kieler Blätter zur Volks-
  kunde* 22 (1990) S. 41–63.
Hartinger, W.: »Das Haus Wittelsbach und die Pflege der
  Volkskultur in Bayern«. In: *Bayerisches Jahrbuch für Volks-
  kunde* (1980/81) S. 6–18.
Hobsbawm, E.: »Das Erfinden von Traditionen«. In: Conrad,
  C./Kessel, M. (Hgg.): *Kultur & Geschichte. Neue Einblicke in
  eine alte Beziehung*. Stuttgart 1998. S. 97–118.
Kaschuba, W.: *Volkskultur zwischen feudaler und bürgerlicher
  Gesellschaft. Zur Geschichte eines Begriffs und seiner gesell-
  schaftlichen Wirklichkeit*. Frankfurt a. m. u. a. 1988.

Knaut, A.: »Ernst Rudorff und die Anfänge der deutschen
  Heimatbewegung«. In: Klueting, E. (Hg.): *Antimodernismus
  und Reform. Beiträge zur Geschichte der deutschen Heimat-
  bewegung*. Darmstadt 1991. S. 20–49.
Köstlin, K.: »Das ethnographische Paradigma und die Jahr-
  hundertwenden«. In: *Ethnologia Europaea* 24 (1994) S. 5–
  20.
Ders.: »Folklore, Folklorismus und Modernisierung«. In:
  Schweizerisches Archiv für Volkskunde 87 (1991) S. 46–66.
Ders.: »Zur frühen Geschichte staatlicher Trachtenpflege in
  Bayern«. In: Lehmann, A./Kuntz, A. (Hgg.): *Sichtweisen der
  Volkskunde. Zur Geschichte und Forschungspraxis einer Dis-
  ziplin*. Berlin 1988. S. 301–319.
Ders.: »Die Wiederkehr der Volkskultur. Der neue Umgang mit
  einem alten Begriff«. In: *Ethnologia Europaea* 14 (1984)
  S. 25–31.
Ders.: »Gemaltes Trachtenleben. Volkslebenbilder in der Ge-
  sellschaft des 19. Jahrhunderts«. In: *Kieler Blätter zur Volks-
  kunde* 15 (1983) S. 41–68.
Ders.: »Folklorismus als Therapie? Volkskultur als Therapie?«
  In: Hörandner, E./Lunzer, H. (Hgg.): *Folklorismus*. Neusiedl
  1982. S. 129–147.
Ders.: »Folklorismus und Ben Akiba«. In: *Rheinisches Jahrbuch
  für Volkskunde* 20 (1970). S. 243–256.
Lindner, R.: *Die Stunde der Cultural Studies*. Wien 2000.
Lübbe, H.: *Der Fortschritt und das Museum. Über den Grund
  unseres Vergnügens an historischen Gegenständen*. London
  1982.
Marquardt, O.: Über die Unvermeidlichkeit der Geisteswissen-
  schaften. In: Ders.: *Apologie des Zufälligen*. Stuttgart 1986.
  S. 98–116.
Moser, H.: »Vom Folklorismus in unserer Zeit«. In: *Zeitschrift
  für Volkskunde* 58 (1962) S. 177–209.
Muchembled, R.: *Kultur des Volks – Kultur der Eliten. Die
  Geschichte einer erfolgreichen Veränderung*. Stuttgart 1982.
Müller-Dohm, S./Neumann-Braun, K. (Hgg.): *Kulturinszenie-
  rungen*. Frankfurt a. M. 1995.
Rossbacher, K.: Heimatkunstbewegung und Heimatroman.
  Stuttgart 1975.
Scharfe, M.: »Ländliche Kultur, Provinzkultur«. In: Becker, S./
  Bimmer, A. C. (Hgg.): *Ländliche Kultur*. Göttingen 1989,
  S. 20 f.
Schulze, G.: *Die Erlebnisgesellschaft. Kultursoziologie der Gegen-
  wart*. Frankfurt a. M./New York 1995.
Schwartz, V.: »Die kinematische Zuschauerschaft vor dem
  Apparat. Die öffentliche Lust an der Realität im Paris des
  Fin de siècle«. In: Conrad, C./Kessel, M. (Hgg.): *Kultur &
  Geschichte. Neue Einblicke in eine alte Beziehung*. Stuttgart
  1998. S. 283–318.
Weiß, R.: *Volkskunde der Schweiz*. Erlenbach-Zürich 1946.
Welsch, W.: *Grenzgänge der Ästhetik*. Stuttgart 1996.
Wörner, M.: *Vergnügen und Belehrung. Volkskultur auf den
  Weltausstellungen 1851–1900*. Münster u. a. 1999.
Wossidlo, R.: *Ein Winterabend in einem mecklenburgischen
  Bauernhause. Nach mecklenburgischen Volksüberlieferungen
  zusammengestellt*. Wismar 1901.

Silke Göttsch

3. Grundbegriffe

Abenteurer

Der Abenteurer als populäre Figur entsteht 1719 mit *Robinson Crusoe* von Daniel Defoe (1660–1731). Indiz für diesen Status ist weniger die Breitenwirkung, die sein verlegerischer Erfolg signalisiert (vier rechtmäßige Auflagen und zwei Raubdrucke im Jahr des Erstdrucks). Zur populären Figur wird Robinson vielmehr, weil und als er sich »ein kulturelles Eigenleben erworben« hat, das »in der Datenbank unserer Kultur gespeichert« ist. Er hat – wie Bennett/Woollacott (1999, S. 186) schreiben – quasi realen Status, zählt zu den wenigen fiktionalen Figuren, die unabhängig von »einem besonderen und eng umrissenen Korpus von Texten« (ebd.) existieren.

So sehr von heute aus betrachtet der Titel von Defoes Roman, *The Life and Strange, Surprizing Adventures of Robinson Crusoe, of York, Mariner* gerechtfertigt erscheint, so schwierig wird das Verständnis von Robinson als Abenteurer, nimmt man Defoes Originaltext zur Hand: »Wo ist eigentlich der Abenteurer, der Held, der sich mit Hilfe seiner überragenden Eigenschaften (Geistesgegenwart, Klugheit, Spürsinn, Kaltblütigkeit u. a.) bewährt? […] Wir sehen ihn in verschiedenen Rollen, als Bäcker, Töpfer, Gärtner, […] Plantagenbesitzer, Grundstücksverwalter, Philosophen, Erzieher, Kolonialherren, aber als Abenteurer? Kaum« (Carpenter 1984, S. 11). In Defoes Text scheint Robinson eigentlich nur Abenteurer dem »Potential« (ebd.) nach zu sein. Er verdankt seinen Abenteurer-Status eher einer Bearbeitungs- und Lesetradition, die erst ab Mitte des 19. Jh. einsetzt. Denn auch die zahlreichen Adaptionen und Übernahmen von Defoes Figur zeigen keinen populären Abenteurer nach unserem heutigen Verständnis. Vielmehr sind die Robinsonaden, die gerade in Deutschland zu einem eigenen ↗ Genre wurden (vgl. Fohrmann 1981), eher auf Erziehung denn auf ↗ Unterhaltung ausgerichtet.

Während Defoes Text es schwierig macht, das Wirkungspotential der Abenteurer-Figur Robinson zu verstehen, zeigen die Illustrationen ein anderes Bild. In ihnen wird Robinson zum populären Abenteurer, der die Grenzen seines Mediums übersteigt. Die Illustrationen arbeiten von Beginn an zwei Charakteristika heraus, die den neuzeitlichen Abenteurer prägen: seine Vermittlungsleistung zwischen ↗ Heimat und Ferne *und* sein Selbstbewußtsein, seine Selbständigkeit, ja Autonomie. Auf Vermittlung von Heimat und Ferne zielte schon der fahrende Ritter, Modellfigur einer älteren Abenteurervorstellung. Für diesen Grundzug stehen im Titelkupfer der Erstausgabe das Schiff bzw. die europäischen Waffen. Der zweite Grundzug ist ein neues Element. Für ihn steht im Bild die von Robinson selbstgemachte Kleidung.

Dieses neue Bild des Abenteurers ist zwar mit Defoes Robinson ans Licht gekommen, von ihm aber weder erfunden noch durchgesetzt. Durchsetzen konnte es sich erst später. Pauschal formuliert: Erst die großen, sozialen, politischen und kulturellen Verschiebungen des 19. Jh., die Industrialisierung, Verstädterung, das Bevölkerungswachstum, gescheiterte politische Formen – kurz, die mehr und mehr als einengend empfundenen Lebensverhältnisse (vgl. Schmiedt 1984, S. 111; Sehm 1974, S. 293–315; Baumgärtner 1993, S. 42) machten die neuzeitliche Modellvorstellung vom autonomen Abenteurer attraktiv, sozusagen notwendig für die Sozialhygiene der Gesellschaft.

Die zwei Modellvorstellungen vom Abenteurer

In Wissenschaft und Publizistik werden vielfach Phänomene der Populären Kultur ahistorisiert. Man entdeckt – aus dem Wunsch heraus, im Populären das Ewig-Menschliche zu finden – in der Geschichte von Kain und Abel z. B. den Krimi oder in Alexander dem Großen den Abenteurer (vgl. Klotz 1979, S. 10; Pleticha 1978, S. 6, 8 ff.; Zweig 1974, S. 19–48).

Gegen solche ahistorische Identifizierung spricht schon die Sprachgeschichte. Sowohl das ›Abenteuer‹, das um 1200 aus dem altfranzösischen *aventura* (= Wagnis) ins Mittelhochdeutsche als *aventiure* entlehnt wird, wie das zu diesem femininen Nomen gebildete Maskulinum der *aventiuraere* (= Der Abenteurer, einer der aufs Abenteuer aus ist, sie ausübt), das zuerst um 1210 bei Gottfried von Straßburg nachgewiesen ist, erfahren einen Bedeutungswandel. Ist die ›aventiure‹ zunächst positiv besetzt als besondere, vor allem wunderbare Begebenheit, als gewagtes Beginnen mit glücklichem Ausgang, das einem Ritter zukommt, bzw. als Gedicht oder Erzählung davon, erlebt das Wort zunächst einen Bedeutungsabstieg. Im Verlauf der nächsten drei Jahrhunderte wird das Abenteuer sprachlich zur Ware von geringem Wert und entsprechend wird auch unter einem Abenteurer ein Gaukler, Narr oder Gauner verstanden (vgl. Welzig 1969, S. 439–442). Durch eine vor allem von Herder eingeleitete Rückbesinnung auf den mittelhochdeutschen Wortsinn entsteht im 18. Jh. ein Nebeneinander von hoher und niederer Bedeutung, die bis heute geblieben ist. In der Formel von der ›abenteuerlichen Politik‹ werden skrupulöse Machenschaften verurteilt, und mit ›keine Abenteuer‹ warnen Bekanntschaftsanzeigen vor der Suche nach Partnerschaften für zu kurze Zeit. Andererseits geht man als ↗ Held aus einem Abenteuer hervor, das man bestanden hat; wobei mit dem Ergebnis auch der Anlaß geadelt wird. Vor allem in der ↗ Werbung scheint ›Abenteuer‹ eines der besten Verkaufsargumente zu sein und mit den höchsten Werten verknüpft zu werden: etwa im Slogan der Zigarettenreklame: »Geschmack von Abenteuer und Freiheit«.

Dieser erneute Sprachwandel leuchtet ein, da der semantische »Kern des Wortes Abenteuer« im Unberechenbaren »der nicht voraussehbaren Konfrontation mit einer gefährlichen Situation« (Hofmann 1977, S. 73) gesehen wird. Denn das Unvorhersehbare kann als Chance oder als Risiko begriffen werden.

Modell für den auf das Unvorhergesehene ausgerichteten Abenteurer ist in unserer Kultur zumeist der allein ausziehende Ritter. Das Abenteuer stellt den Ritter vor kein grundsätzliches Problem, nur vor zeitweilige Schwierigkeiten; erfüllt er doch durch seinen Auszug die Erwartungen und Normen seiner Gesellschaft. Der Ritter gewinnt durch das Bestehen seiner Abenteuer an Ansehen und Würde. Wie Hartmann v. Aue in seinen oft zitierten Versen (527 ff.) des *Iwein* erläutert: Von ihm werden Abenteuer direkt gefordert, »verligen«, zu lange auf der Bärenhaut liegen, darf er nicht. Neben den Ritter stellt Nerlich (1977) mit dem Hinweis auf die englischen »Merchant Adventures«, die »spätestens seit der Mitte des 14. Jahrhunderts die revolutionäre Avantgarde dar-[stellen] und [...] das bis hinein in die erste Hälfte

des 17. Jahrhunderts« bleiben (ebd., S. 165 f.), einen zweiten Abenteurertyp. Dieser ist dem des Ritters in vielem entgegengesetzt.

Der mittelalterliche und früh-neuzeitliche Kaufmann, der sich Abenteurer nennt, sucht keineswegs das Risiko, »sondern jede nur denkbare Möglichkeit, das Risiko zu vermeiden und den Profit zu sichern« (ebd., S. 163). Solche Risiko-Minimierung verlangt vom Merchant Adventurer planmäßiges, zielsicheres Vorgehen, der einfache Wagemut des Spielers genügt nicht. Zur »Geschichte des Abenteuer-Denkens, zu einem historischen Abenteuer-Begriff« gehört also, zumindest für bestimmte Epochen, auch »die Geschichte des menschlich-fortschrittlichsten Sekuritätsdenkens« (ebd.). Wenn solcher Sinn, in der Negation noch, auf das Unberechenbare verweist, das die Sicherheitsberechnung und den Zusammenhalt notwendig machte, so verschiebt sich doch damit die Bedeutung des Begriffs. Statt den Anlaß zur wagemutigen Tat hervorzukehren, bezeichnet Abenteuer in diesen Zusammenhängen das Verhalten während eines zeitlich länger andauernden Unternehmens und dessen glückliches Ergebnis. Der Abenteurer der Neuzeit ist kein verkleideter Ritter, der einem säkularisierten Gral nachjagt. Bleibt man beim Ritter als dem verpflichtenden Modell für den Abenteurer, läßt sich Robinson Crusoe, trotz seiner Heilsgeschichte, nicht für die Abenteurer-Literatur reklamieren. Weder der Graf von Monte Christo noch Kara Ben Nemsi entsprechen als Abenteurer dem Ritter-Modell. Sie stellen sich nicht dem »Unberechenbaren« (Klotz 1979, S. 26); ihre Haupttugend ist nicht der Wagemut, sondern – und das macht sie erst zu Figuren der Neuzeit – sie sind hartnäckige Abenteurer, deren Aktionen von Plan und Berechnung, Risiko-Minimierung und Güterabwägung bestimmt sind.

Planung und Risikominimierung finden beim Abenteurer jedoch ihre Begrenzung durch sein (häufig) maßloses Selbstbewußtsein. Das Charisma (zum Begriff vgl. Klotz 1979, S. 17) des neuzeitlichen Abenteurers zeigt sich nicht zuletzt in seiner Begabung, sich durchzusetzen. Cosimo, *Der Baron auf den Bäumen* (1957) in Italo Calvinos (1923–1985) gleichnamigem selbstreflexiven Abenteuerroman (vgl. Hügel 2000), formuliert sein Descartes' Formel abwandelndes Lebensgesetz mit: »Ich falle nicht herunter, weil ich nicht will«. Das gesteigerte Selbst-Bewußtsein (im doppelten Sinn) gehört zu den zentralen Elementen des neuzeitlichen Abenteurers. Seine Geschichte im 19. Jh. ist nicht zuletzt durch die immer ausufernde Ich-Setzung bestimmt. Und wenn man die Entwicklung des Themas im 20. Jh. weiter verfolgt, sieht man, daß der Abenteurer, der durch sein

Selbstbewußtsein die Grenzen zum Autokraten überschreitet, seinen Abenteurer-Status verliert und zum Bösewicht mutiert, wie die Bond-Filme (↗ Spion), aber auch die historischen Diktatoren zeigen.

Selbständigkeit des Abenteurers

»Der Weg von Cooper zu Karl May«, also die Entwicklung des neuen Abenteurertypus nach Defoes Robinson (wie Eggebrecht 1985, S. 37, unter Bezug auf einen Titel von Plischke aus dem Jahre 1951 formuliert), beginnt früher als die Literaturwissenschaft meint (vgl. Eggebrecht 1985, Märtin 1983, Steinbrink 1983, deren Arbeiten diese Darstellung vieles verdankt). Überbordende Ich-Setzung und damit ein abenteuerlicher Held finden sich schon am Ende des 18. Jh. bei der Genre-Figur des edlen ↗ Räubers, der von Anfang an (vgl. Heinrich Daniel Zschokkes, 1771–1848, Abällino und Christian August Vulpius', 1762–1827, Rinaldo Rinaldini) zum Sinnbild für die Selbstbehauptung des Individuums wird.

Entsprechend ist es für den Abenteurer nicht von Belang, daß er ritterliche Regeln und Tugenden beherrscht. Wichtig ist nicht eine bestimmte Qualität der Abenteuer-Regel, sondern daß der Abenteurer sich an eigene Regeln hält. Solange er seine eigenen Regeln, d. h. in einer von ihm dominierten Welt leben kann, solange ist die Chance zum Abenteuer, d. h. zu einem selbstbestimmten Leben gegeben. Daher wird aus dem kriegerischen Helden ein Kriegs-Abenteurer, wenn er wie ›Fanfan le Tulipe‹ in dem Film von Christian Jacque (1952) im Krieg die Gelegenheiten zur Verwirklichung eigener Kampf-, ja Lebensstrategien bekommt, während in realistischen Kriegsromanen die Protagonisten keine Chance haben, Abenteurer zu werden.

Die eigene Welt, sein Reich bleibt dem Abenteurer zugleich fremd. Robinson Crusoe ist Alleinherrscher auf seiner Insel und doch mitten in der Fremde. Besitz an seiner Insel erwirbt er erst, als die Insel Kolonie geworden ist. Sich aneignen kann der Abenteurer seine Welt daher am ehesten durch eine Art Mimikry. Wenn Old Shatterhand feindliche Indianer belauscht, verschmilzt er geradezu mit der Umgebung. Die Abenteurer bewegen sich in ihrer Welt wie die sprichwörtlichen Fische im Wasser. Wo es für den normalen Sterblichen keine Balken gibt, sind sie zu Hause. Jeder Abenteurer hat einen ihm angemessenen Raum, in dem er sich schrankenlos bewegen kann. Abenteurer erfinden daher nicht selten Geräte, die ihnen helfen, ihren Raum zu beherrschen (Kapitän Nemo etwa sein Unterseeboot). Zumindest sind

sie in ihrem Raum an Schnelligkeit jedem anderen überlegen (vgl. Kara Ben Nemsi durch Rih, den arabischen Wunderhengst).

Die Kombination von Reise und Abenteuer ist nicht nur dem Zeitalter der Entdeckungen und des Kolonialismus verdankt. Reise und Abenteuer gehören zusammen, weil der Abenteurer reisend am leichtesten zeigen kann, daß er seinen Raum beherrscht, ohne ihn zu besitzen. Die Besitz-, ja Selbstlosigkeit, die der ausfahrende Ritter aus religiösen (den Heiligen Gral kann niemand besitzen) und aus standesrechtlichen Gründen einzuhalten hat, wird in der Neuzeit selbstreflexiv und ironisch gedeutet, um das Abenteuer zu perpetuieren: »The knight […] refuses a kingdom, and sets out again to aquire new glory by a series of new adventures«, schreibt John Hawksworth 1778 im Editorial zu *The Adventurer*. Entsprechend lehnt Kara Ben Nemsi jede Belohnung ab, obwohl er nur mühsam sicherstellen kann, daß die »Verhältnisse« seiner Eltern und Geschwister sich durch seine schriftstellerische Arbeit »nach und nach besser gestalten« (in: *Der Schut*). Nur die Abenteurer zweiter Ordnung – Halef, Omar und Osko – werden entlohnt und geben anschließend prompt ihre Abenteuer-Existenz auf.

Paradoxe Orientierung des Abenteurers: Bestimmung und Freiheit

In Geschichte wie Literatur realisiert der Abenteurer das Bewegungsmodell des Ritters wie die vom Merchant Adventurer beschriebene Austausch-Bewegung des Handelns. Der allein ausziehende Ritter will, so das Tafelrunden-Vorbild, in der Fremde Ehre erwerben oder wiedererwerben, um – zurückgekehrt – beim höfischen Fest weiterzumachen, wo er aufgehört hat. Oder in der Variante des Odysseus-Vorbilds (auch wenn Odysseus kein Abenteurer ist, dienen seine Taten vielfach als Inspiration für den Abenteurer): Er restauriert die zwischenzeitlich degenerierte Heimat. Demgegenüber spielen sich die Abenteuer des Merchant Adventurer als Kapitaleigner wie als in die Nachbarschaft reisender Kaufmann vor aller Augen ab. Oder sie sind, wenn der Merchant Adventurer zugleich Entdecker ist, zumindest auf das Herstellen einer Verbindung von Heimat und Ferne, auf Kolonialisierung angelegt. Für die erste Variante steht etwa der Lederstrumpf, für die zweite Robinson Crusoe.

Obwohl der Merchant Adventurer zwischen Fremde und Heimat vermittelt, zielt er nicht auf deren Identifizierung. In Maximilian Kerns (1877–1945) *Die Pfirsichblütenmänner von Kanton* bzw. dem Folgeband *Unter der Klaue des Drachen* (1905/09) gibt es auch Raum für die Vertreter der chinesischen Kultur. Auch in der exotischen Variante des Abenteuer- und Reiseromans (etwa Armands [d. i. Friedrich Armand Strubberg 1806–1889] *An der Indianergrenze*, 1859) respektiert der Abenteurer entschieden die Andersartigkeit des Fremden, ohne sich aber zu assimilieren (Kevin Costner ist in DER MIT DEM WOLF TANZT hingegen als Zwangsassimilierter kein Abenteurer). Der Abenteurer begibt sich also nicht in einen Flucht-Raum, wie z. B. von Jeglin/Petzel (1977/78, S. 11) behauptet wird; er flieht nicht vor etwas, sondern realisiert etwas Eigenes. Die Ferne oder gar das Exotische sind nicht Bedingung für das Abenteuer; auch mitten in der Heimat ist Abenteuer möglich (vgl. Monte Christo). Dies gilt aber nur, sofern für das Abenteuer-Ich in der Heimat die Chance zur Ausgrenzung gegeben ist. Daher wird das Abenteuer, jedenfalls in der Neuzeit, nie ausschließlich in der integrativen Bearbeitung oder gar Lösung anstehender sozialer oder politischer Aufgaben bestehen. *Die Abenteuer des Werner Holt* (1960/63 von Dieter Noll, geb. 1927) sind keine. Und ebensowenig machen die *Abenteuer der Gnade* (1962) oder die *Abenteuer des Helfens* (1970) den Gläubigen bzw. den Sozialarbeiter zum Abenteurer.

Solche ideologische Vereinnahmung des Abenteuers und des Abenteurers findet sich zahlreich in der Kinder- und Jugendbuch-Literatur. Seit dem späten 18. Jh. werden ununterbrochen Abenteurer pädagogisch eingesetzt, so dass im 20. Jh., vor allem wegen der vielen Bearbeitungen fast der Eindruck entsteht, der Abenteurer sei per se eine Jugend-Figur. Die pädagogische wie die literaturwissenschaftliche Forschung sieht dabei aber nur die eine Seite des Abenteuers bzw. des Abenteurers: sein Wagnis bzw. seinen wagemutigen Charakter. »Der Abenteurer gibt sich […] als Mensch zu erkennen, der die von ihm vorgefundene und als fragwürdig empfundene Ordnung – und zwar nicht weil sie diese oder jene, sondern weil sie überhaupt Ordnung ist – hinter sich zurücklässt, um wieder ins Offene zu gelangen, das freilich auch den Charakter des Bedrohlichen besitzt. Der Abenteurer sehnt sich nach dem Elementaren« (Baumgärtner 1993, S. 43). Diese im Grunde populärwissenschaftliche Einsicht hält einer anthropologisch-philosophischen wie einer historischen Reflexion nicht stand. Das Abenteuer gehört zum Menschen nicht weil es das Ursprüngliche ist, sondern weil die »Problematik unserer Weltstellung, die sie in der unlösbaren Frage nach der Freiheit des Menschen und der göttlichen Bestimmung religiös wendet – […] uns alle zu Abenteurern werden« läßt (Simmel 1983, S. 25). Der Abenteurer lebt nicht platt seinen Wunsch nach Freiheit aus. Weder macht die Freiheitssehnsucht den Abenteurer, noch ist der sich beruhigende Philister die Gegenfigur. Der Abenteurer ist keine Symbolfigur für das Aufbegehren und schon gar nicht für das Anarchische (wie Baumgärtner 1993, S. 44 glaubt). Er hält kein gestischaktionsgeladenes Plädoyer für das Prinzip menschlicher Freiheit und gegen das von menschlicher Bestimmung, sondern realisiert die Unmöglichkeit des Menschen, zwischen den beiden entgegengesetzten Prinzipien und Aufgaben zu entscheiden.

Indem der Abenteurer seine eigenen Regeln mit denen der vorgefundenen fremden Welt zu versöhnen sucht, spiegelt er den unaufhebbaren Doppelbezug des Menschen, auferlegte Bestimmungen zu realisieren *und* auf Freiheit angelegt zu sein. Da diese Versöhnung auf Dauer nicht gelingen kann, treibt es ihn fortwährend zu neuen Abenteuern, ohne daß er je aus diesem Dilemma gelöst wird. Der Abenteurer ist Spiegel *und* Maske der Welt, aus der er kommt. In dem Maße wie er diese kritisiert, bestätigt er sie auch. Er bewegt sich auf Ziele ausgerichtet und bleibt doch in formaler Betriebsamkeit stecken (vgl. ähnlich Fritze/Seeßlen/Weil 1983, S. 222). Wo immer Captain Picard aus der TV-Serie *Raumschiff Enterprise* (ab 1976) auftritt, bleibt er Abgesandter der Erde und soll doch Sachwalter aller Kulturen des Universums sein. Er bestätigt wie kritisiert in dieser Doppelrolle unsere Vorstellung von einer ↗ Zukunft, die zwischen kultureller Hegemonie und Multikulturalismus hin und her schwankt. Monte Christo ist Kritiker des Kapitalismus und zugleich der erste Kapitalist. Robinson Crusoe singt des Hohelied des freien Kleinunternehmers und schwingt sich zum Feudalherren auf, Kara Ben Nemsi ist Kritiker und Zwillingsbruder Wilhelm II., der Picaro so moralisch verkommen und korrupt wie seine Widersacher. Wegen dieser Doppelrolle ist der Abenteurer auch fürs Pädagogische so brauchbar: Erfüllt er doch die beiden gegensätzlichen Wünsche der Jugend nach einem Vorbild, das den Leser einführt in die Gesellschaft und zugleich einführt in deren Widerspruch.

Das Dilemma des Abenteurers

Bei aller Leichtigkeit sind Abenteurer keine Genies. Sie bleiben in einer Welt der Mühe und Arbeit. Der Abenteurer ist ein Lernender, nicht nur ein Begabter. Hierin ist er mit dem Profi, dem ↗ Westerner, vergleichbar. Der Erwerb der außerordentlichen Fähigkeiten wird uns in den großen Abenteuer-Erzählungen ebenso ausführlich geschildert wie die Plackerei, die mit den Abenteuern verbunden ist. Old Shatterhand muß in *Winnetou I* viel Lehrgeld zahlen und mühselig vom »Greenhorn« zum »Westmann« sich entwickeln, Edmond Dantes' Lehrmeister während vieler Jahre im Kerker von Château d'If ist der alte Abbé, wie auch Robinson Crusoes Lernen und Leiden einen breiten Raum einnehmen. Daher sind die Abenteurer-Romane häufig als Biographien angelegt. Abenteurer-Romane sind Geschichten mit einem Anfang, ohne ein Ende – Western haben ein Ende, aber keinen wirklichen Anfang.

Erst durch den Prozeßcharakter, durch die allmähliche Entfaltung des Abenteurer-Profils wird der Abenteurer mehr als ein glanzvoller Held: Er wird zum selbstbewußten Ich. Dies bindet den Abenteuerroman zugleich an den Entwicklungsroman und läßt den Abenteurer zur unterhaltsamen Variante des bürgerlichen Ichs werden oder – wenn man will – zur unernsten Variante des Künstlers (vgl. die vielen absonderlichen, ja komischen Abenteurer bei Karl May).

Macht die sinnliche Wirkung des Abenteurers – und nicht nur die Versinnlichung der Welt des Abenteuerromans (vgl. Klotz 1979) – seinen Reiz aus, so beschränkt sie zugleich seine Wirkung. »Was ist der Gladiator, wenn er aus der Arena getreten ist?«, fragt der Held eines italienischen Sandalenfilmes rhetorisch. Der Abenteurer reicht nicht über seine Welt hinaus. Er erreicht und überzeugt letztlich niemanden. Es sei denn, es gelingt durch Taten. Die Tat ist aber letztlich ein monologisches Verständigungsmedium. Ein Kommunikationsprozeß kommt gestisch nicht oder nur zeitweilig in Gang. Monte Christo ist bei der Auseinandersetzung um das Leben Maximilians, solange er dabei nur redet, erfolglos. Daher ist der Abenteurer auch alles andere als ein Ideal oder gar eine »totale Figur«, ein »beinah vollkommener« Mensch (Klotz 1979, S. 17 f.). Am Ende seines Lebens steht Monte Christo vor dem Scheitern seines Rachefeldzuges, wenn er ihn als zutiefst böse erkennt. Monte Christo überdenkt in der Sprache eines Geschäftsberichts am Romanschluß sein abenteuerliches Leben und kommt nur zu einer ausgeglichenen Bilanz: »Es gibt weder Glück noch Unglück auf dieser Welt, sondern nur die Vergleichung des einen Zustandes mit dem anderen«. Der Abenteurer, der sich als Abenteurer nur in seiner eigenen Welt bewegt, gewinnt letztlich nichts. Dies gilt für sein privates wie für sein öffentliches Leben. Bleibendes hinterläßt er nur um den Preis der Aufgabe seiner Abenteurer-Existenz: etwa, wenn er wie Robinson Crusoe sich zum absolutistischen Herrscher aufschwingt bzw. wenn er wie Monte Christo oder wie in Robert Siodmaks Film aus dem Jahre 1952 DER ROTE KORSAR mit der Geliebten davonsegelt. Als Abenteurer

bringt er es nur zum Zeitgenossen, privat zum Geliebten. Dauer ist ihm versagt. Er bleibt von Beginn an ohne ein ›Du‹, obwohl gerade er in seiner Insel-Existenz wie kaum eine andere Figur ein ›Du‹ nötig hat. Der Abenteurer schafft kein Werk, er hinterläßt keine Spur. Sein Reich, das ja niemals im Sinne von Besitz sein war, sondern ihm nur als Bewegungsraum gehörte, vergeht. Noch nicht einmal erzählerisch kann er seinem Leben einen Sinn geben. Die Identität von Schriftsteller- und Abenteurer-Ich, die Karl May versucht, geht nicht auf. Bei der moralischen bzw. kulturhistorischen Deutung der Abenteuer verläßt den Erzähler die Sprache. »Das war der geeignete Ort zum Insichschauen; aber je tiefer dieser Blick nach innen dringt, desto mehr sieht man ein, daß der Mensch nichts ist, als ein zerbrechliches Gefäß, mit Schwächen, Fehlern und – hochmutgefüllt!« (*Der Schut*). Übertragen läßt sich der ausschließlich gestisch vermittelte Sinn des Abenteurerlebens nicht, auch nicht vom Abenteurer selbst, denn: »Es gibt kein Abenteuer. Es sei denn, man erlebt es« (Seeßlen 1987, S. 10).

Öffentlichkeit und Abenteurer

Populäre Kultur ist stärker auf den gesamtgesellschaftlichen Diskurs und weniger auf Geistesgeschichte (in anderer Terminologie: auf die innerliterarische Reihe) bezogen als Hochkultur. Die Figur des populären Abenteurers bezieht sich in vielfältiger Weise auf das öffentliche Gespräch über die Ferne, die Lebensbedingungen der Heimat, die technische Entwicklung, kulturelle Stile und Moden oder politische Leitlinien und Ziele. Die binnenliterarischen oder binnenmedialen Zusammenhänge erscheinen dagegen von geringerer Bedeutung zu sein, ja überhaupt nur innerhalb einzelner Abenteurer-Typen und Muster-Erzählungen zu existieren. Daher gibt es auch bis heute weder eine geschichtliche Darstellung der Abenteurer-Literatur noch der Abenteurer-Figur.

Die Diskursbezogenheit des Abenteurers zeigt sich nicht zuletzt in den zahllosen historischen Personen, die als Abenteurer tituliert oder aufgefaßt werden. Auch deren Geschichten, etwa die der Entdecker (Christoph Columbus), großer Herrscher (Alexander der Große, Karl XII. von Schweden, Napoleon I. und III.), die von Religionsstiftern, von Künstlern und Lebenskünstlern (Mohammed, Isadora Duncan, Casanova) – um jeweils nur die in William Bolithos (1946) berühmtem Buch genannten Namen anzuführen –, haben die Geschichte der populären Abenteurer mitbestimmt. Vielfach verbindet sich auch die Geschichte der Abenteurer-Personen mit der der Abenteurer-Figuren, wenn diese in Personalunion als Abenteurer und als abenteuernde Schriftsteller auftraten. So konnten (auf deutscher Seite) etwa Charles Sealsfield (d. i. Karl Postl; 1793–1864) Friedrich Gerstäcker (1816–1872), Otto Ruppius (1819–1864), Balduin Möllhausen (1825–1905), Ernst F. Löhndorff (1899–1976), B. Traven (1882–1969) ebenso wie auf englischer Seite Frederick Marryat (1792–1848), Thomas Mayne Reid (1816–1883), Herman Melville (1819–1894), Henry Rider Haggard (1856–1925) oder auf italienischer und US-amerikanischer Emilio Salgari (1863–1911) und Jack London (1879–1916) auf eigenes Erleben beim Schreiben zurückgreifen bzw. zurückverweisen. Daß unter den hier aufgezählten deutschen Autoren die meisten Amerikareisende (Auswanderer bzw. Emigranten) waren und unter den britischen die meisten Seeleute, verweist auf die in den beiden Ländern wichtigsten Abenteuer-Diskurse, die zu thematisch entsprechenden Erzähltraditionen führten. Die an der Not der Auswanderer (etwa Karl May, *In den Cordilleren*, Kap. 2), an Tips und Berichten für Auswanderer (etwa Franz Heinrich Niklaus, *Eine Amerikafahrt im Jahre 1834*; 1901) oder an Informationen über die USA interessierten Erzählungen (etwa Balduin Möllhausen, *Tagebuch einer Reise vom Mississippi nach den Küsten der Südsee*; 1858) haben ein politisches Gegenstück in der im Abenteuerroman geführten Kapitalismuskritik (vgl. Klotz 1979, S. 19ff. u.ö.) und in der Kolonialdebatte. In Deutschland führt das Bewußtsein von der kolonialpolitisch zu kurz gekommenen Nation dazu, daß erzählerisch vorwiegend für die dem Kolonialismus Unterliegenden Partei ergriffen wird. Anders als die britischen (vgl. z. B. Henry Rider Haggards, 1856–1925, *King Salomon's Mines*, 1885, oder die berühmte *Schatzinsel,* 1883, von Robert L. Stevenson, 1850–1904) bringen die deutschen Abenteurer selten Schätze aus der Fremde mit. So gehen die Abenteurer von Maximilian Kerns Chinaromanen ebenso leer aus wie die abenteuerlichen Forscher Fritz Mühlenwegs, 1898–1961, der als Gefährte Sven Hedins, 1865–1952, schriftstellernd Roman und Leben verband.

Neben den weißen Flecken auf der Landkarte war die Technik das zweite große Abenteuerfeld des 19. Jh. Erzählerisch werden die beiden Themen häufig verbunden, wenn man etwa in 80 Tagen um die Welt oder zum Mittelpunkt der Erde reist. Dabei reflektieren die Abenteurer von Robert Kraft (vgl. *Im Panzer-Automobil um die Erde, Der Herr der Lüfte, Im Aeroplan um die Erde*) auf deutscher bzw. mit einigem zeitlichen Vorsprung Jules Verne (1828–1905) auf französischer Seite die janusköpfige Haltung der Zeit zum technischen und zivilisatorischen Fortschritt.

Zu den großen Abenteuerdiskursen des 19. und des 20. Jh. zählt auch der Krieg. Allerdings produziert er, was die Abenteurer angeht, mehr Masse als Klasse. In der Reaktion auf die Siege Preußens und die Vorbereitungen der Weltkriege I und II gibt es in Deutschland wie in den anderen europäischen Ländern jede Menge angepaßter Kriegsabenteurer. (Etwa in der traditionellen Husaren-Variante von Karl Tanera, 1849–1904, bzw. in sensationellem Anstrich von Sir John Retcliffe. Besonders häufig anzutreffen im Groschenheft (↗ Romanheft). Vgl. z. B. *Unter deutscher Flagge* 1911/16 bzw. 1933/34 oder *Jörn Farrow's U-Boot-Abenteuer* 1933–39/51–60). Da auf das öffentliche Gespräch übers Militärische wie auf alle populären Diskurse mit Angriff oder Flucht (vgl. Fiske 2000, S. 15), mit (ideologischer) Bestätigung oder mit Zurückweisung und Verdrängung reagiert wird, verweisen die unsoldatischen Helden- und Abenteurer-Figuren in den 1920ern und 1930ern noch im Negativen auf die Kriegspropaganda zurück. »The popular craving for adventure reached an extraordinary peak during the 1920s and 1930s, in pulp magazines like Doc Savage series, in Westerns, in the soaring cult of movie stars, in the creation of instant legends around figures like Robert Brooke and Lawrence in England and Lindbergh in the United States. Perhaps the catastrophic scope of World War I had something to do with it. The course of the war had been so vast and machinelike, and its results so paltry, that a certain conception of national life became suspect. One was eager to admire the heightened figure of heroes, but war, the traditional field for heroic endeavor, inspired horror« (Zweig 1974, S. 229).

In Deutschland brachte die Nachkriegszeit noch einmal Auswanderer und Entdecker hervor. Bezeichnenderweise sind diese aber nur mehr als reale Personen, nicht als fiktionale Figuren glaubwürdig (vgl. Heinz Helfgen, der wie die Arbeitslosen der Vorkriegszeit mit dem Fahrrad die Welt erkundete). Seit den 1970ern ist der Abenteurer »kultureller Standard« (Köck 1990, S. 160 ff.) der Erlebnisgesellschaft geworden. Als Extremsportler wird der (Berufs-) Abenteurer leicht zur lächerlichen Figur, wenn die von ihm erbrachte Leistung nur zu einem Eintrag ins Guiness-Buch der Rekorde taugt. Er überzeugt aber als Profi, wenn er das Abenteuer als Forschungsauftrag rechtfertigen kann (vgl. Reinhold Messner bzw. Jacques Picard und Thor Heyerdahl).

Der Abenteurer in den Bildmedien

Die sinnliche Erscheinung und Überzeugungskraft des Abenteurers, die schon die Illustrationen in der Abenteuerliteratur herausstellen, kommt bei den Film- und Fernseh-Abenteuern noch stärker zur Geltung. Das laufende Bild, das auf Bewegung organisiert ist, vermag den Abenteurer als Figur zu zeigen, für die es in der Abenteuer-Welt keine Grenzen gibt. ↗ Film und ↗ Kino sind nicht nur ein für den Abenteurer geeignetes Medium bzw. Ort; sie sind im 20. Jh. geradezu zu seinem ureigenen Feld geworden. Die zahllosen Klagen der Literaturwissenschaft über das Ende der Abenteuer im 20. Jh. sind gegenstandslos. Sie übersehen den Medienwechsel. Der Abenteurer hat nicht vor den prosaischen Zeiten kapituliert, kapitulieren mußten nur die Abenteuer-Schriftsteller gegenüber den Regisseuren. Das Ineinander von Sinnlichkeit und Abenteuer im Film ist von anderer Art als in der Literatur. Der filmische Abenteurer steht stets auf der richtigen Seite, wichtiger noch: Es gibt stets eine richtige Seite. »Mag diese patriotische oder moralische Rückbindung des Kino-Abenteurers auch mehr oder minder ernst gemeint sein, kommt er doch um solche Domestizierung kaum herum, und sei es dadurch, daß er die richtige Frau zum richtigen Ende befreit« (Fritze/Seeßlen/Weil 1983, S. 55). Die moralische Bindung des Film-Abenteurers führt auch dazu, daß er in der Mehrheit ein *swashbuckler* ist (vgl. die Genre-Aufstellung bei Taves 1993, S. 225–243). Denn der ›lächelnde Held‹ scheint dem double-binding, gebunden und selbstbestimmt zu sein, am ehesten entgehen zu können.

Wenn der Film seine Abbildungsfunktion ernst nimmt, ist es oft mit dem Abenteurer schnell zu Ende. Die Mühsal und Plackerei, die das Robinson-Leben in Wahrheit bedeuten, nehmen Abenteurern wie z. B. Tom Hanks in CAST AWAY (2000) alle Leichtigkeit. Einen Robinson mit schmerzverzerrtem Gesicht und an den Füßen blutend durch die Felsen kraxeln zu sehen, ist doch etwas anderes als davon zu lesen. Die Imagination des Lesers blendet die Schmerzen aus, auch wenn der Erzähler sie erwähnt, und macht es weiterhin möglich, den Abenteurer als Herrscher der Insel zu sehen. Nicht nur der genaue Blick auf die Topographie des Abenteuers, wie in CAST AWAY, auch die präzise soziale oder historische Verortung des Abenteurers bekommen ihm schlecht. »Die Desillusionierung durch den zweiten Weltkrieg lenkte den Blick auf die Realität, und zugleich schwand der Optimismus, sie zu meistern. Je mehr sich der Abenteuerfilm der Gegenwart annähert, was seine historische Geographie und das Denken seiner Helden anbelangt, desto mehr bekommt er melo-dramatische Züge. [...] Und der Abenteurer lernt etwas, das ihm nicht bestimmt schien, er lernt zu leiden« (ebd., S. 209). Das Bewußtsein, einer »der letzten Abenteurer« zu sein (vgl. zu Einzelheiten ebd., S. 209–241), teilen die Protagonisten neuerer Film-Blockbuster jedoch nicht. Han Solo und seine Mitstreiter in der STAR WARS-Trilogie zeigen nach wie vor die Unbekümmertheit des Abenteurers; allerdings löst sich bei ihnen das Abenteuer in ↗ Action auf.

Actionbetont sind auch die meisten Abenteurer-Serien im TV, wie schon der »Oberbegriff ›Action Adventure‹«, unter dem die entsprechenden Fernsehserien zusammengefaßt werden (vgl. Scherer u. a. 1994), zeigt. Nicht nur die Betonung der Action, die das seelenlose Gekloppe nur als Schwundstufe des Abenteuers erscheinen läßt, verhindert, daß die TV-Helden als Abenteurer erkannt werden. Zwar zeigen etliche Fernsehstars bekannte Abenteurer-Eigenschaften – MacGyver ist, was das Basteln angeht, geradezu ein besserer Robinson, und Michael Knight ist dank seines fabelhaften Superautos so beweglich auf den Straßen der USA wie Kara Ben Nemsi dank seines Superpferdes Rih in der Wüste –, MacGyver und Knight sind in den gleichnamigen ↗ Serien aber keine Abenteurer, da sie noch stärker als die Filmhelden dienstverpflichtet sind. Ihre Stellung in der Hierarchie ihrer ›Foundation‹ bleibt stets bewußt; sie zeigen gegenüber ihren Chefs kaum Unabhängigkeit. Eine Ausnahme bilden dabei ›Die Zwei‹ (Lord Sinclair und Danny White, gespielt von Roger Moore und Tony Curtis), die zwar ebenfalls im Auftrag einer Foundation tätig werden, aber dank ihres Reichtums dies sozusagen nur als Hobby zu tun scheinen. Entsprechend zeigen sie vor allem durch ihren Sprachwitz Selbständigkeit auch gegenüber der Einsatzleitung und einen Kampfstil, der in vielem an die Mantel- und Degenfiguren erinnert. Zu Abenteurern im eigentlichen Sinn werden sie aber auch nicht, weil das kurzatmige Format, das in 45 Minuten eine Geschichte zu Ende bringen muß, ihnen nicht genug Freiraum bietet.

Nur im Weltraum ist es dem ↗ Fernsehen gelungen, Abenteurer anzusiedeln. Vor allem in den ersten beiden Generationen der SF-Serie *Star Trek*. Schon der Serien-Trailer bezieht sich ausdrücklich auf das Abenteuer. »Der Weltraum – unendliche Weiten. Wir befinden uns in einer fernen Zukunft. Dies sind die Abenteuer des neuen Raumschiffs Enterprise, das viele Lichtjahre von der Erde entfernt unterwegs ist, um fremde Welten zu entdecken, unbekannte Lebensformen, neue Zivilisationen. Die Enterprise dringt dabei in Galaxien vor, die nie zuvor ein Mensch gesehen hat«. Was der Trailer ankündigt, wird vom Geschehen eingelöst. Die kollektive Neugierde ist *das* Movens des ganzen Unternehmens. Nicht von Eroberungen, sondern von friedlich verlaufenden Abenteuern wird erzählt. Zwar ist die Crew der Enterprise militärisch organisiert, dem Militärischen steht als zweites Grundprinzip aber das Interkulturelle entgegen. Die Dialektik von Militärischem und Interkulturellem gibt den Figuren ihre Selbständigkeit: Sie haben sich nicht einem vorgegebenen Gebot zu beugen, sondern müssen widersprüchlichen Anforderungen gerecht werden. Die dialektische Struktur der Serie – und dies ist mit entscheidend für ihren Charakter als Abenteurer-Erzählung – führt dramaturgisch dazu, daß Konflikte einverständig beigelegt werden. (Siehe etwa für die Classics den sich selbst zerstörenden ›↗Computer M 5‹ oder für die Next Generation den sein ›Gesetz der Edo‹ aufgebenden »Gott«). Indem in der TV-Serie die SF-Abenteurer die Konflikte auf friedliche Weise lösen, wirken sie ähnlich elegant wie die ↗Piraten oder die Swashbuckler in den Mantel- und Degen-Filmen, auch wenn ihnen die körperliche Grazie der drei Musketiere abgeht. Der Abenteurer demonstriert seinen Status durch seine Eleganz. Mit ihr zeigt er, daß das Abenteuer zu erleben allemal wichtiger ist als die Belohnung, die das bestandene Abenteuer nach sich zieht. Der Verzicht auf handstreichartige Lösungen; das Berücksichtigen der Normen der fremden wie der eigenen Kultur, macht die Enterprise-Crew zu Stellvertretern der Menschheit, zu Botschaftern, also zu Figuren, die herrschen, ohne Besitz zu erwerben, mit anderen Worten: zu echten Abenteurern.

Literatur

Baumgärtner, A. C.: »›Dem Traum folgen …‹. Das Abenteuer in der neueren Kinder- und Jugendliteratur. In: Schoter, O. (Hg.): *FS Alfred Clemens Baumgärtner*. Bochum 1993. S. 20–47.

Bennett, T./Woollacott, J.: »Das Phänomen Bond.« In: Hügel, H.-O./Moltke, J. v. (Hgg.): *James Bond. Spieler und Spion. Begleit- und Lesebuch zur Ausstellung James Bond. Die Welt des 007*. Hildesheim 1998. S. 184–191.

Carpenter, K.: »Der unendliche Robinson«. In: Carpenter, K./Steinbrink, B.: *Aufbruch und Abenteuer. Deutsche und englische Abenteuerliteratur von Robinson bis Winnetou*. Oldenburg 1984. S. 11–17.

Eggebrecht, H.: *Sinnlichkeit und Abenteuer. Die Entstehung des Abenteuerromans im 19. Jahrhundert*. Berlin 1985.

Fiske, J.: *Lesarten des Populären*. Wien 2000.

Fohrmann, J.: *Abenteuer und Bürgertum. Zur Geschichte der deutschen Robinsonaden im 18. Jahrhundert*. Stuttgart 1981.

Fritze, C./Seeßlen, G./Weil, C.: *Der Abenteurer. Geschichte und Mythologie des Abenteuer-Films. Mit einer Filmografie von Georg Seeßlen und einer Bibliografie von Jürgen Berger*. Reinbek 1983.

Hofmann, H.: »Historische Wandlungen des Erlebnisphäno-

mens ›Abenteuer‹«. In: *Weimarer Beiträge* 23, 1 (1977) S. 72–88.

Hügel, H.-O.: »Das Dilemma des Abenteurers. Zu einer Figur der Unterhaltungsliteratur«. In: Roters, G./Klinger, W./Gerhards, M. (Hgg.): *Unterhaltung und Unterhaltungsrezeption*. Baden-Baden 2000. S. 149–163.

Jeglin, R./Petzel, M.: »Anmerkungen zur Abenteuerliteratur«. In: *Mitt. d. Karl-May-Gesellschaft* 33–35 (1977/78) S. 4–9; 8–13; 33–36.

Klotz, V.: *Abenteuer-Romane. Sue, Dumas, Ferry, Retcliffe, May, Verne*. München 1979.

Köck, C.: *Sehnsucht Abenteuer. Auf den Spuren der Erlebnisgesellschaft*. Berlin 1990.

Märtin, R.-P.: *Wunschpotentiale. Geschichte und Gesellschaft in Abenteuerromanen von Retcliffe, Armand, May*. Königstein 1983.

Nerlich, M.: *Kritik der Abenteuer-Ideologie. Beitrag zur Erforschung der bürgerlichen Bewußtseinsbildung 1100–1750*. Berlin 1977.

Pleticha, H.: *Abenteuer-Lexikon. Alles über Motive, Inhalte und Autoren alter und neuer Abenteuerbücher*. Würzburg 1978.

Scherer, B. u. a.: *Morde im Paradies. Amerikanische Detektiv- und Abenteuerserien der 80er Jahre*. München 1994.

Schmiedt, H.: »Der exotische Abenteuerroman des 19. Jahrhunderts in seiner Entwicklung zur Jugendlektüre«. In: Carpenter, K./Steinbrink, B.: *Aufbruch und Abenteuer. Deutsche und englische Abenteuerliteratur von Robinson bis Winnetou*. Oldenburg 1984.

Seeßlen, G.: »Durch die Wüste in den Abend. 138 verwegene Notizen zum Abenteuer«. In: Neumann, H.-J./Seeßlen, G. (Hgg.): *Bluebox 1. Abenteuer*. Berlin 1987. S. 9–60.

Sehm, G. G.: *Der ethnographische Reise- und Abenteuerroman des 19. Jahrhunderts. Eine Gattungsbestimmung*. Hamburg 1974.

Simmel, G.: »Das Abenteuer«. In: Ders.: *Philosophische Kultur. Über das Abenteuer, die Geschichte und die Krise der Moderne. Gesammelte Essais*. Berlin 1983. S. 13–26.

Steinbrink, B.: *Abenteuerliteratur des 19. Jahrhunderts in Deutschland. Studie zu einer vernachlässigten Gattung*. Tübingen 1983.

Taves, B.: *The Romance of Adventure. The Genre of Historical Adventure Movies*. Jackson 1993.

Welzig, W.: »Der Wandel des Abenteurertums«. In: Heidenreich, H. (Hg.): *Pikarische Welt. Schriften zum europäischen Schelmenroman*. Darmstadt 1969. S. 438–454.

Zweig, P.: *The Adventurer*. London 1974.

Hans-Otto Hügel

Action

Action ist ein, wenn nicht das herausragende kommerzielle ↗Genre des ›Neuen Hollywood‹ (›New Hollywood‹) und wird daher von Thomas Schatz (1993) zu Recht als »blockbuster logic« der zeitgenössischen US-amerikanischen Kinoproduktion bezeichnet. Während die Filmkritik die Dominanz des Actiongenres unter den erfolgreichen Filmen zum Teil beklagt, hat die Forschung zur Populären Kultur das Genre wegen seiner komplexen und widersprüchlichen Thematisierung von ↗Gender- und ethnischen Diskursen als ergiebigen Untersuchungsgegenstand entdeckt. Die dynamische Darstellungsform, die Bewegung und spektakuläre Inszenierung vor Figurenzeichnung und Dialog stellt, bietet dem ↗Publikum, das durch Tricktechnik, schnelle Schnitte, rasante Kamerafahrten und Zooms in das Geschehen einbezogen wird, ein aufregendes Kinoerlebnis. Diese Besonderheiten des Actionkinos beschreibt die Regisseurin Kathryn Bigelow (NEAR DARK, 1987; POINT BREAK, 1991; STRANGE DAYS, 1995) mit:»Action movies have a capacity to be pure cinema, in that you can't recreate their kinetic, visual quality in any other medium«.

Action ist folglich Kino in Reinkultur: Seine Ästhetik ist von Geschwindigkeit und Bewegung gekennzeichnet, unabhängig davon, ob diese auf der Handlungsebene durch sorgfältig choreographierte Kämpfe und Stunts inszeniert oder durch kunstvolle Kamerabewegungen und Montage erzeugt wird. Daher stellt die Action-Dramaturgie Konflikt und Kampf in den Mittelpunkt: Gewalt stellt sowohl das zu überwindende Problem als auch das Mittel zu dessen narrativer Lösung dar. Ob Polizist, ↗Pirat, Soldat oder Einzelgänger, die Professionalität des ↗Helden beruht auf seiner (oder ihrer) Fähigkeit, Gewalt auszuüben, und – ebensowichtig – auf seiner Fähigkeit zu Action. Action fängt den Körper in der Bewegung ein; in einer Umgebung aus spektakulären Naturkatastrophen (Erdbeben, Vulkane), einstürzenden Gebäuden, Explosionen und Zerstörung verkörpert der Held durch seine aktionsbetonten, gelingenden Bewegungen ein Bild des Vollkommenen. In diesem Kontrast stecken die Widersprüchlichkeiten, um die das Actiongenre kreist, von den frühen Western (↗Westerner) und Verfolgungsfilmen über die urbane Gewalt in den Gangsterfilmen des Film Noirs bis zu den Beklemmungen der gegenwärtigen Science-fiction (↗Zukunft). Als eine Technologie und Kultur der Moderne benennt und dramatisiert das Kino die menschlichen Erfahrungen in einer sich rasch verändernden urbanen Landschaft.

Als Produkt einer ganzen Industrie für Special Effects – die die teuren, atemberaubenden Spektakel für das Massenpublikum erst ermöglicht – feiert Action gleichzeitig die individuelle menschliche Anstrengung und spricht so in einer ritualisierten Weise sowohl moderne als auch postmoderne Erfahrungen an.

Als sich das Actionkino in den 1980ern zum internationalen Kassenmagneten entwickelte, wurde die politische Bedeutung solch kostspieliger Film-Sensationen zum Gegenstand scharfer kritischer Debatten. Der Aufstieg der Bodybuilder-Stars Sylvester Stallone und Arnold Schwarzenegger schien für viele nicht nur ein Schlag gegen den Feminismus zu sein, sondern auch eine neue (von Susan Jeffords, 1994, als »hard-bodied« bezeichnete) Männlichkeit anzuzeigen, die einem politisch rechtsgerichteten, militärischen Konservativismus verbunden war, der Amerikas Niederlage im Vietnamkrieg umdeuten wollte. Solche (gender-)politischen Überlegungen paßten durchaus zu der eher generellen Kritik an den Hollywood-Spektakeln als im besten Fall oberflächlich und im schlimmsten Fall reaktionär. Zwar warben einige Wissenschaftler für eine komplexere Beurteilung der Actionfilme der 1980er (Tasker 1993; Pfeil 1995; Willis 1997), doch zumeist wurden Filme von DIE HARD (1998) bis INDEPENDENCE DAY (1994) als ein Zeichen für eine mit Sorge zu betrachtende kulturelle Entwicklung angesehen. Die Uneinigkeit der Kritik ist verständlich, da Actionfilme stark im Ton variieren, von ernsthaft bis komisch, von trostlos zynisch bis leidenschaftlich. Die Gewalt in den Actionfilmen kann vergleichsweise unblutig, sogar slapstick-artig, oder aber detailliert und grausam choreographiert sein, unabhängig von der Tatsache, daß nahezu alle Action-Filmemacher eine ironische Sensibilität für Gewalt und körperlichen Zerfall entwickelt haben, die ihre Wurzeln im Horrorfilm der 1980er hat (z. B. Filme, die wie EVIL DEAD, 1982, oder Cronenberg's THE FLY, 1986, als ›body horror‹ bezeichnet werden). Die Ernsthaftigkeit verstörter und einsamer Helden wie Sarah Connor (TERMINATOR) findet sich zwar auch noch in den Filmen der 1990er, ist aber größtenteils durch Komik und parodistische Schärfe ersetzt worden. Obwohl der ausschließlich parodistische Film LAST ACTION HERO (1993) keinen Erfolg beim Publikum hatte, behalten Filme wie CON AIR (1997) eine augenzwinkernde Haltung gegenüber dem Heldentum, das sie zugleich feiern.

Die meisten Actionfilme sind mehr oder weniger Hybridformen, die Anleihen bei den Handlungselementen und der Gestaltung von Genres wie Science-fiction, Western, ↗Horror, epischer Film, Kriegs- und Katastrophenfilm, Martial Arts, Mantel- und Degenfilm und sogar ↗Comedy machen und diese neu kombinieren. Daher sind die zeitgenössischen Actionfilme sowohl in den Erzähl-, Kostüm- und Abenteuerfilmen des klassischen Hollywood einerseits als auch den Verfolgungs- und/oder Spannungsfilmen (um ein bekanntes Beispiel zu nennen, der Klassiker THE GREAT TRAIN ROBBERY von 1903), die mit dem frühen Film und Stummfilm in Verbindung gebracht werden, andererseits verwurzelt. So kommt der Western, der als ein bestimmendes Action-Genre des klassischen Hollywood-Films gelten kann, in den letzten Jahren in den USA zwar nur gelegentlich vor, viele seiner Themen haben sich jedoch bis heute gehalten. Action findet also in ebenso vielen Genres statt, wie es fantastische Welten gibt. Und daher sollte der zeitgenössische Actionfilm weniger als ein Genre denn als ein Modus, ähnlich dem Melodrama, verstanden werden.

Variationen des Actionfilms

Für die Analyse kann das zeitgenössische amerikanische Actionkino grob in drei große Gruppen eingeteilt werden: Krimi und urbane Action; Sciencefiction und Horror; Kriegs-, Spionage- und Militärfilm (↗ Spion). Selbstverständlich gibt es Filme, die die Grenzen dieser Kategorisierung überschreiten – THE SIEGE (1998) z. B. enthält sowohl urbane als auch militärische Themen –, sowie Filme, die sich solchen Einordnungen entziehen. Die Kombinationen zwischen diesen Subgenres tragen sogar dazu bei, die charakteristische Hybridform des zeitgenössischen Actionfilms zu verstärken. Urbane Action reicht vom scharfkantigen Zynismus von Don Siegels DIRTY HARRY (1971) und den ihm nachfolgenden Filmen bis zu den LETHAL-WEAPON-Filmen (1987 ff.), die die clowneske Zuneigung der Partner Riggs (Mel Gibson) und Murthaugh (Danny Glover) herausstellen. Letztere sind Beispiele für die Filme, die Ed Guerrero (1993) als »biracial buddy movie« bezeichnet, eine mehr oder weniger zynische Zusammenstellung eines schwarzen und eines weißen ↗ Stars mit dem Ziel, das wichtige schwarze Publikum anzulocken, ohne dabei das weiße zu verlieren. Die Bedeutung ethnischer Differenzen und Konflikte in den Erzählungen vom urbanen Leben, die lange Zeit implizit in den Kriminalfilmen der 1940er und 1950er Jahre präsent gewesen waren (vgl. z. B. den Film-Noir DOA von 1950), ist in gegenwärtigen Actionfilmen zum zentralen Thema geworden. Urbane Kriminalerzählungen liefern wichtige Vorlagen für die sogenannten ›Blaxploitation‹-Filme der 1970er wie z. B. SHAFT (1973). Die Reaktionen der Kritik auf die Buddy-Movies waren verständlicherweise gemischt, da sowohl dieser Typ Comedy als auch die Kombination von afroamerikanischer Ethnizität und Verbrechen Unbehagen hervorriefen. Obwohl das Actiongenre stereotypische Darstellungen ethnischer Gruppen unterstützt, hat es dennoch – in einer Industrie, die dafür bekannt ist, daß sie immer nur auf weiße Schauspieler und Stars setzt – einige schwarze Stars hervorgebracht, z. B. auch Eddy Murphy (BEVERLY HILLS COP), Will Smith (INDEPENDENCE DAY; BAD BOYS, 1995; MEN IN BLACK, 1997) und Samuel L. Jackson (THE LONG KISS GOODNIGHT, 1996; THE NEGOTIATOR, 1998).

Die an Science-fiction und Fantasy orientierten Actionfilme behandeln die genretypischen Motive: utopische und dystopische Zukunft, Gefahren durch natürliche und menschliche Kreaturen, aufregende Abenteuer in fremden und fantastischen Welten. Bereits in Stummfilmen wie Harry Hoyts THE LOST WORLD (1925) haben Tricktechniken verschiedenster Art erstaunliche und spektakuläre Effekte erzielt. Solche Spezialeffekte sind auch – um nur einige Beispiele zu nennen – in Filmen wie THE 7TH VOYAGE OF SINDBAD (1958) oder JASON AND THE ARGONAUTS (1963) (beide Regie: Ray Harryhausen) und, um ein Beispiel aus der jüngsten Zeit zu geben, in MEN IN BLACK wichtig. Abgesehen von sensationellen Plots mit apokalyptischen Meteorattacken und Alien-Invasionen, hat Science-fiction auch einen Raum zur Verfügung gestellt, in dem alternative Machtverhältnisse gezeigt werden können (vgl. die bislang vierteilige Serie, in denen Sigourney Weaver Ellen Ripley spielt: ALIEN, 1979; ALIENS – Regie: James Cameron, 1986; ALIEN 3 – Regie: David Fincher, 1992 und ALIEN: RESURRECTION – Regie: Jean-Pierre Jeunet, 1997). Auch James Camerons Kulthit THE TERMINATOR (1984) und dessen kostspieliges Sequel TERMINATOR 2 (1991) weckten das Interesse der Kritiker (und des Publikums) durch den Einsatz einer starken Frauenfigur als Protagonistin in einem Science-fiction-Kontext.

Bei Militär- und Spionagefilmen wurde die Figur des Vietnamveteranen als entfremdeter Einzelgänger in den 1980er Jahren erstaunlich zentral. Die Filme dieser Zeit verwendeten das Motiv des heldenhaften Outsiders, das bereits in Nachkriegsfilmen wie HELL IS FOR HEROES (1962) oder THE DIRTY DOZEN (1967) aufgetreten war. Seit dem Golfkrieg werden nicht mehr die Ängste der einsamen amerikanischen Helden erzählt, sondern die ganze Darstellung folgt einer Perspektive, die optimistisch den Konflikt militärisch lösbar erscheinen läßt. Weiterhin hat es auch eine elegische Rückkehr zu den Kriegsfilmen aus der Zeit nach 1945 gegeben, z. B. mit Spielbergs SAVING PRIVATE RYAN.

Rückblickend können die kostenintensiven Actionfilme der 1980er und 1990er eher als eine zeitgenössische Neubearbeitung alter Kinotraditionen verstanden werden, statt als etwas unverwechselbar Neues. Als Klassifikations- und Produktionskategorie wird der Begriff ›Action‹ auch erst seit kurzer Zeit verwendet, während der moderne Actionfilm selbst sich nicht nur auf die Genres Krimi und Western, sondern auf das gesamte Erbe des als ›Abenteuer‹ bezeichneten populären Kinos, das bis in die Stummfilmzeit mit ihren beliebten Actionfilm-Serien reicht, beziehen kann. Wie Steve Neale (2000, S. 55) bemerkt, machen die Filme in der Action-Abenteuer-

Tradition seit den 1910er Jahren den Hauptanteil der Hollywood-Produktionen aus. In den Filmen der Stummfilm- und der klassischen Ära wurde ›Abenteuer‹ mit Spezialeffekten und spannungsvollem filmischen Schauspiel der großen Stars verbunden. Die athletische Sportlichkeit Douglas Fairbanks' in einer Reihe epischer Abenteuer, wie THE MASK OF ZORRO (1920), oder das verschwenderisch ausgestattete orientalische Spektakels THE THIEF OF BAGDAD (1924) deuten bereits auf Filme der Gegenwart hin. Der Körper des Stars – von manchen als Phänomen der zweiten Hälfte des 20. Jh. betrachtet – ist schon seit langem von entscheidender Bedeutung für die Action- und Abenteuerfilme. So lebten schon Douglas Fairbanks wie Erol Flynn von der Kombination aus Athletik, Fechtkunst und guter Laune, die mit dem Begriff ›swashbuckler‹ bezeichnet wird (vgl. Filme wie THE CHARGE OF THE LIGHT BRIGADE, 1936, oder THE ADVENTURES OF ROBIN HOOD, 1938). Die muskulösen Helden der 1980er und 1990er Jahre waren nicht nur von Fairbanks und Flynn und den zu Schauspielern gewordenen Sportstars wie Jonny Weißmüller bereits vorgeformt, sondern auch von den stattlichen Stars der Nachkriegszeit wie Charlton Heston (BEN HUR, 1959; THE TEN COMMANDMENTS, 1956; EL CID, 1969) oder Burt Lancaster, dessen humoristische Akrobatik in Filmen wie THE CRIMSON PIRATE (1952) mit Fairbanks wetteiferte.

Heutige Abenteuerfilme wenden sich vor allem an ein jüngeres Publikum. Die Familienfilme sind, wie Peter Krämer (1998) anmerkt, mit Jugend- oder Kinderstars in den Hauptrollen auf die spezifischen Ansprüche dieser Zielgruppe zugeschnitten und ihr Gewaltanteil ist den Forderungen der Zensur angepaßt. George Lucas' STAR WARS-Reihe von 1977 bis heute, Spielbergs drei INDIANA JONES-Filme (1981, 1984, 1989) oder JURASSIC PARK (1993) passen alle bis zu einem gewissen Grad in dieses Muster. Sowohl Lucas als auch Spielberg haben mit ihrer Betonung auf jugendliche Emotionalität entscheidend und nachdrücklich die Abenteuerfilme und -serien im Stil der 1930er Jahre wieder zum Leben erweckt. Die Tradition der Kostümfilme ist im Actionfilm zwar noch sichtbar – insbesondere im Fernsehen, aber auch in Filmen wie Costners ROBIN HOOD: PRINCE OF THIEVES von 1991 –, sie ist aber nicht länger kennzeichnend für das Actiongenre.

Seit Actionfilme immer mehr Gegenstand wissenschaftlichen Interesses sind, ist die Reputation der Filmemacher, die sich innerhalb dieses Genres betätigen, gestiegen. Kathryn Bigelow hat sich mit ihrer Regiearbeit bei nur relativ wenigen Filmen als Künstlerin etabliert. James Cameron ist sowohl für seine Fähigkeit, großangelegte Spektakel zu meistern, be-

kannt, als auch für seine Vorliebe für familiäre Themen. Die enthusiastischen Reaktionen auf den Western THE KILLER (1989) verschafften dem Filmemacher John Woo aus Hong Kong den Ruf als ›the mozart of mayhem‹ (›Mozart der Körperverletzung‹) und eine Karriere in den USA mit dem Film FACE/ OFF (1997), der ihm mit einem riesigen Budget eine ideale Plattform für sein Markenzeichen, die in extremer Zeitlupe gedrehten Schießereien, bot.

Der Beifall von ↗ Fans, Kritikern und Festivalpublika stellt die hier Genannten in eine Reihe mit berühmten Filmemachern, die Western, Kriminal- oder Mantel-und-Degen-Filme gedreht hatten, wie Sam Fuller (PICKUP ON SOUTH STREET, 1953), Howard Hawks (ONLY ANGELS HAVE WINGS, 1939; RIO BRAVO, 1959), Akira Kurosawa (THE SEVEN SAMURAI, 1954; YOJIMBO, 1961) oder Sam Peckinpah (THE WILD BUNCH, 1969). Und daß die ästhetischen und – wenn auch weniger häufig – die thematischen Möglichkeiten des Genres zunehmend anerkannt werden, zeigt sich auch darin, daß kürzlich eine Reihe von Independent-Filmen (Rodriguez' EL MARIACHI, 1992) bzw. Filme im Independent-Stil mit Studio-Budget (DESPERADO, 1995; JACKIE BROWN, 1997; THE MATRIX, 1999), die die Unvermitteltheit von Low-Budget-Produktionen mit Kultstil und Kultstatus verbinden, produziert wurden.

Action im TV

Action-Fernsehen hat eine fast ebenso lange Geschichte wie das Medium Fernsehen selbst, mit Volks- und Comic-Helden wie Superman, Robin Hood, Zorro, The Lone Ranger und The Green Hornet als Protagonisten von Fernsehserien. Wie William Boody (1998) gezeigt hat, bilden Western den Grundstoff des frühen Fernsehens in den USA. Ab den 1950er Jahren beherrschten Fantasy-, Krimi-, Familien-, Abenteuer- und Science-fiction-Serien das Fernsehprogramm. Das Action-Fernsehen weist eine ebenso große Bandbreite auf wie das Action-Kino: Von Zeichentrick- über Live-Actionserien, die sich hauptsächlich an Kinder wenden (wie The A-Team), zu Serien für Erwachsene wie The X-Files, JAG oder Martial Law; von Kultserien wie das Herkules-Spinoff Xena: Warrior Princess oder Buffy the Vampire Slayer zu Polizei-Serien wie NYPD Blue oder Homicide. Wie die Serie Xena zeigt, ist die Tradition des Kostümfilms, die im Kino in den Hintergrund getreten ist, im Fernsehen immer noch fester Bestandteil des Programms.

Action international

Das amerikanische Modell großangelegter Produktion von Actionfilmen ist überaus kostspielig, dennoch spielt der actionbetonte Film auch im nationalen Kino anderer Länder, z. B. in Hong Kong, Japan und verschiedenen europäischen Ländern, eine wichtige Rolle. Kriegsfilme z. B. sind Bestandteil vieler nationaler Filmlandschaften. Der italienische Western der 1960er Jahre erreichte durch das Werk Sergio Leones internationale Reputation, und auch Deutschland hat eine eigene Western-Tradition. Viele europäische Regisseure, die an großangelegten Produktionen interessiert sind – Paul Verhoeven, Wolfgang Petersen, Ridley und Tony Scott, Renny Harlin –, sind nach Hollywood gegangen. In jüngster Zeit haben Filme wie der stilvolle Thriller NIKITA (1990), der englischsprachige Fantasyfilm THE FIFTH ELEMENT (1997) und die Action-Komödie TAXI (1998) – alle produziert von dem französischen Filmemacher Luc Besson – die Möglichkeiten europäischer und transatlantischer Koproduktionen aufgezeigt. Einer von Renny Harlins ersten Actionfilmen war die US/Finnische Koproduktion BORN AMERICAN (1986), dessen während des Kalten Krieges spielende Handlung an der russisch-finnischen Grenze angesiedelt ist. Ein weiterer finnischer Film, ROMANOVIN KIVET (Aleksi Mäkelää 1993), bringt einen bekannten Schauspieler und die Geschichte einer Partnerschaft mit einer spektakulären Landschaft als Schauplatz des Action-Abenteuers zusammen. Solche Beispiele zeigen, daß Action kein begrenztes, kurzlebiges Kassenschlager-Phänomen des amerikanischen Kinos der 1980er und 1990er Jahre ist, sondern eine lange Tradition hat und lebendiger Bestandteil der Populären Kultur in verschiedenen Ländern ist.

Literatur

Arroyo, J. (Hg.): *Action/Spectacle*. London 1999.
Boddy, W.: »›Sixty Million Viewers Can't Be Wrong‹. The Rise and Fall of the Television Western«. In: Buscombe, E./Pearson, R. E. (Hgg.): *Back in the Saddle Again: New Essays on the Western*. London 1988.
Guerrero, E.: *Framing Blackness*. Philadelphia 1993.
Jeffords, S.: *Hard Bodies: Hollywood Masculinity in the Reagan Era*. New Brunswick 1994.
Krämer, P. »›Would you like your child to see this film‹? The Cultural and Social Work of the Familiy-Adventure Movie«. In: Neale, S./Murray, S. (Hgg.): *Contemporary Hollywood Cinema*. London 1998.
Neale, S.: *Hollywood and Genre*. London 2000.
Pfeil, F.: *White Guys: Studies in Postmodern Domination and Difference*. London 1995.
Schatz, T.: »The New Hollywood«. In: Collins, J./Radner, H./Preacher, A. (Hgg.): *Film Theory Goes to the Movies*. London 1993.
Tasker, Y.: *Spectacular Bodies: Gender, Genre and the Action Cinema*. London 1993.
Dies.: *Working Girls: Gender, Sexuality and Popular Culture*. London 1998.
Willis, S.: *High Contrast: Race and Gender in Contemporary Hollywood Film*. Durham 1997.

Yvonne Tasker
Übersetzung: Mohini Krischke-Ramaswamy

Alltag

Die miteinander verbundenen Konzepte ›alltägliches Leben‹ und ›Alltagsleben‹ stehen seit über einem halben Jahrhundert mal mehr, mal weniger im Brennpunkt kritischer Sozial- und Kulturtheorie. Das soll nicht heißen, daß der begriffliche Gebrauch und die Beschreibung von ›alltäglichem‹ oder von ›Alltagsleben‹ auf dasselbe hinauslaufen. Im Gegenteil, es fällt oft schwer, die unterschiedlichen Bezeichnungen und Auffassungen auseinander zu halten, die so verschiedene Autoren wie Walter Benjamin, Henri Lefebvre, Maurice Blanchot, Agnes Heller, Dorothy Smith, Michel de Certeau, Meaghan Morris und Michael Taussig gebrauchen. Nimmt man zudem die Unterschiede wahr, die in Begriffen wie ›gelebte Erfahrung‹, ›Lebenswelt‹, ›das Prosaische‹, ›das Gewöhnliche‹, ›die Welt des gesunden Menschenverstands‹, ›das intersubjektive Hier und Jetzt‹ vorliegen, dann merkt man, daß die Probleme, die sich hinter dem Begriffspaar von alltäglichem und von Alltagsleben verbergen, noch komplexer sind als die Begriffe jeweils für sich allein betrachtet.

Die zeitgenössische Forschung beruft sich häufig auf ›Alltag‹ oder auf ›alltägliches Leben‹, wenn sie die empirische Komplexität sozialer und kultureller Praktiken und Verhältnisse erfassen will. So sind ›Alltag‹ bzw. ›alltägliches Leben‹ in den Medienwissenschaften Begriffe, mit deren Hilfe man versucht, bei der Erforschung der Medienrezeption auch das in den Blick zu nehmen, was über den direkten, zeitlichen Vorgang der Medienrezeption hinaus Bedeutung hat. Janice Radway (1990) zum Beispiel versucht, den Gegenstand ihrer Analyse über die bloße Beziehung zwischen Medientext und Publikum hinaus auszuweiten auf das »sich endlos wendende, sich ewig entfaltende Kaleidoskop des täglichen Lebens«.

Hinter der Berufung auf das alltägliche Leben steht der Versuch, bei der Erforschung von Medien und Medienbeziehungen über die Ebene institutioneller Strukturen und Verhältnisse (auf der historischer Spezifität durch die Beschreibung der ökonomischen, politischen und sozialen Strukturen definiert ist) hinauszukommen auf eine Ebene – diese wird in den Sozialwissenschaften allgemein ignoriert oder für selbstverständlich gehalten –, die eng gebunden ist an private und häusliche Sphären, an die Konsumwelt und die Populärkultur, an das Sinnliche, das Körperliche und das Affektive. In einer solchen Perspektive – und dies ist vielleicht das größte Erkenntnispotential bei einer solchen Verwendung der Begriffe alltägliches Leben bzw. Alltagsleben – wird diese Ebene des Sozialen dann als ein wichtiger Ort des sozialen und politischen Wandels erkennbar. In den meisten Fällen jedoch bleiben solche Anwendungen zu wenig theoretisiert und sind oft gänzlich empirisch, wobei sie häufig beim phänomenologischen Beschreiben auf einem traditionellen marxistischen Zugang beruhen. In solchen Arbeiten verweisen ›Alltag‹ oder ›alltägliches Leben‹ auf das Gewohnheitsmäßige und oft Routinierte des tagtäglichen Lebens.

Mit ›Routine‹ allein ist aber weder das alltägliche noch das Alltagsleben ausreichend charakterisiert. Alltägliches Leben ist das, woran wir nicht denken, während wir es leben; es vereint Aktivitäten, deren Zeitlichkeit unbemerkt bleibt (wir bemerken z. B. noch nicht einmal die Zeit, die sie benötigen), und es hat daher eine – unsystematische und unvorhersehbare – Qualität von Unordnung. Zugleich hat es – trotz der Tatsache, daß es als gemeinsamer Nährboden allen menschlichen Denkens und Handelns funktioniert – aber auch etwas Geheimnisvolles; denn es bleibt immer außerhalb dessen, was wissenschaftlich, etwa durch Anwendung irgendeiner Sozialtheorie, erfaßbar ist. Es ist dem abstrakten Denken entgegengesetzt, das niemals zu einem tiefen Verständnis der Besonderheit situativen Lebens gelangen kann.

Alltägliches Leben bzw. Alltagsleben kann adäquat nur theoretisch erfaßt werden, wenn dieses zweifache Begriffskonzept in den – explizit theoretischen – Projekten verortet ist, die um dieses Begriffspaar konstruiert wurden: dem Versuch, die soziale Geographie und die Zeitlichkeit der Moderne zu erfassen, und dem Versuch, eine Theorie des Wandels zu entwerfen, die den Fatalismus vermeidet, der Theorien über Macht, Herrschaft und Determination oft begleitet. Mehr als jeder andere konzeptualisierte der französische Philosoph und Kritiker Henri Lefebvre die Frage des alltäglichen Lebens auf dem Gebiet der Theorie und versuchte diese Projekte zu vereinen.

Henri Lefebvre: la vie quotidienne – la quotidienneté – le quotidien

Lefebvre erkennt, daß die oben gegebene Beschreibung von alltäglichem Leben – er nennt es *la vie quotidienne*, was gewöhnlich mit Alltagsleben über-

setzt wird – nur eine von drei sich kreuzenden Dimensionen ist, die in Betracht gezogen werden müssen, um die Verhältnisse und die Möglichkeiten des alltäglichen Lebens vollständig würdigen zu können. Alltagsleben, so argumentiert Lefebvre, existiert und existierte immer als das »Gewöhnliche«, als der sozio-materielle Nexus menschlichen Denkens und Handelns. Aber er erkennt auch, daß Alltagsleben weder einfach rein und unschuldig noch ein Raum unbedingter authentischer Erfahrung ist. Das Alltagsleben ist immer in einem gewissen Sinn durchdrungen und organisiert von Bedeutungen, Werten und Mythen. Und doch bleibt es außerhalb der Bereiche (und Möglichkeiten) von Konzeptualisierung, Repräsentation und Administration. Soweit scheint Lefebvres Theorie vollkommen übereinzustimmen mit der üblichen Berufung auf Alltagsleben als Raum dichter Kontextualität. Lefebvre hebt allerdings hervor, daß diese Auffassung vom Alltagsleben nur verstanden werden kann, wenn es in Beziehung zu den beiden anderen Dimensionen von alltäglichem Leben gesetzt wird: dem Alltäglichen (le quotidien) und der Alltäglichkeit (la quotidienneté). Die Beziehung zwischen diesen drei Dimensionen ist konstitutiv für alltägliches Leben als Lebenskontext. Aber, so fügt Lefebvre hinzu, als Kontext muß das alltägliche Leben selbst kontextualisiert werden. Die Beziehung zwischen den drei Dimensionen ist historisch. Und so hat alltägliches Leben selbst eine Geschichte. Es ist keine feste und fortdauernde Dimension des Sozialen. Wenn alltägliches Leben eine Ganzheit ist, dann ist es eine Ganzheit, die in einer größeren, determinierenden Ganzheit verortet ist.

›Das Alltägliche‹ (le quotidien) ist das Produkt der historischen Konfrontation zwischen Alltagsleben und Moderne, oder, mit anderen Worten, es ist das Produkt der – wenn man so will – historischen Entdeckung des Alltagslebens durch und in der Moderne. Es ist die Transformation – doch nicht der vollständige Ersatz – des Alltagslebens beim Eintritt in die Moderne. Beide – das Alltägliche und die Moderne – sind einander nicht entgegengesetzt, sondern voneinander abhängig, denn die Artikulation des Alltagslebens in der Moderne hat tiefgreifende Konsequenzen für beide. Für Lefebvre ist die Moderne im wesentlichen bestimmt vom Kapitalismus; Lefebvre versteht Neokapitalismus im 20 Jh. als »bureaucratic society of controlled consumption«, die er als Subsysteme ohne System beschreibt. Lefebvre argumentiert, daß vor dem historischen Moment der Moderne (und der Einbindung des Alltagslebens in die Moderne) Alltagsleben eine bestimmte Kohärenz sowie eigene Bedeutung hatte, definiert war durch eine gewisse Einheit von Form und Funktion, konstituiert und charakterisiert von einem gewissen Stil. Dieser Stil »gave significance to the slightest object, to actions and activities, to gestures«. Der Stil bestimmte die Einheit und Ganzheit, nicht nur des Alltagslebens, sondern auch seiner Beziehung und seines Platzes innerhalb einer gesellschaftlichen Formation. Doch in der Moderne verschwindet Stil zugunsten eines reinen Funktionalismus, der das Alltägliche hervorbringt – oder besser zurückläßt – als »compound of insignificances«. Das Alltägliche ist der »recurrent sludge« oder der Rückstand des Lebens: Das, was übrigbleibt, wenn man all die besonderen und spezialisierten, die bedeutungsvollen und erkennbaren Aktivitäten abzieht. In der Moderne ist die Einheit gesellschaftlichen Lebens aufgebrochen, und das Alltägliche tritt hervor und nimmt seinen Platz ein als eine neue Art eigener Ganzheit. »Considered in their specialization and their technicality, superior activities leave a ›technical vacuum‹ between one another which is filled up by [the everyday]. [The everyday] is profoundly related to all activities, and encompasses them all with their differences and their conflicts; it is their meeting ground, their bond, their common ground. And it is in [the everyday] that the sum total of relations, which make the human ... and every human being – a whole takes shape and form« (Lefebvre 1991, S. 97).

Das Alltägliche ist Alltagsleben, das in den Status eines Konzepts erhoben ist, d. h. den Status eines programmierten Objekts (für Lefebvre durch den Kapitalismus) bekommen hat. Das Alltägliche ist das Produkt der Allgegenwart des Konsumverhaltens und der technischen Kontrolle, beides verkörpert in der Warenwelt der Marktwirtschaft. Die Trivialität und der Gleichklang, die zu den hervorstechendsten Merkmalen des Alltagslebens geworden sind, sind Ergebnis von Verdinglichung, Rationalisierung und Vergegenständlichung. Das Alltägliche ist eine gewohnte und unerträgliche Langweiligkeit, das Alltagsleben mit seiner Monotonie schiebt sich beständig in den Vordergrund und drängt sich auf. Man könnte auch sagen, das Alltägliche ist »the space time of voluntary programmed self-regulation« (ebd., 72). Mit anderen Worten, das Alltägliche ist eine bestimmte Machtstruktur und zugleich eine bestimmte Neuordnung des Alltagslebens.

Dennoch sollte man vermeiden, die historischen Beziehungen zwischen Alltagsleben und dem Alltäglichen als typisch moderne Erzählung von Verfall und Niedergang zu lesen, als zeichnete man in einer Zukunft des Massenkonsums eine Geschichte aus einer unschuldigen Vergangenheit nach, die frei von Machtverhältnissen war. Lefebvre selbst erklärt, er liefere keine Erzählung, die nostalgisch früheren Zei-

ten nachhängt, keine, die reuevoll unbeschrittenen Pfaden nachtrauert. Statt dessen versucht er, die Moderne selbst zu begreifen, indem er sich über ihre spezifische Funktionsweise und Organisation von Macht klar wird, mit der sie in die tiefsten und doch harmlosesten Räume und Spalten menschlichen Lebens eindringt. Nach ihm ist das alltägliche Leben eine Art Kolonisierung innerhalb des Nationalstaats, innerhalb der Ersten Welt, innerhalb des alltäglichen Lebens selbst. Warenwelt und Verdinglichung bedrohen nicht nur die gesamte gesellschaftliche Formation, die Trivialität des Alltäglichen droht auch, jegliche Erfahrung zu verschlingen.

Daraus schließt Lefebvre, daß die Wirkungsweisen von Macht in der Moderne, obwohl sie im Kapitalismus verankert sind, mit den Instrumenten wissenschaftlicher Kritik, die uns überlassen sind – und die, wie man hinzufügen sollte, selbst ein Produkt der Moderne sind –, nicht adäquat erfaßt werden können. Lefebvre versucht nicht, das Alltägliche mit den Begriffen der Ideologiekritik zu analysieren. Statt dessen schlägt er vor: »The solution is then to attempt a philosophical inventory and analysis of everyday life that will expose its ambiguities – its baseness and exuberance, its poverty and fruitfulness – and by these unorthodox means release the creative energies that are an integral part of it« (ebd., S. 13).

Das Alltägliche als Widerstandspotential

Es ist diese Vieldeutigkeit oder Ambivalenz des alltäglichen Lebens, und auch des Alltäglichen, die im Mittelpunkt von Lefebvres Analyse steht, denn sein Projekt besteht vor allem darin, einen Weg des Widerstands gegen die Wirkungsweisen von Herrschaft zu finden, die die Moderne und den Kapitalismus ausmachen. Dies ist die dritte Dimension seiner Theorie des alltäglichen Lebens, einer Theorie, die versucht, mit Hilfe der Analyse moderner Herrschaftsorganisationen einer fatalistischen Sichtweise vorzubeugen. Lefebvre vermeidet damit den Fehler zahlreicher Analysen, die – ob sie nun auf Marx oder Foucault gründen – nicht darüber hinauskommen, eine allgegenwärtige Logik der Macht nachzuzeichnen, die die Räume gelebter Realität zunehmend besiedeln, und die dabei wenig oder gar keinen Raum für Widerspruch und Opposition läßt. Um aber einen solchen Fatalismus zu vermeiden – der etwa formuliert: wir sind immer schon zur Unterwerfung verdammt –, ist es notwendig, daß Lefebvre die Möglichkeiten des Widerstands in einem Prinzip begründet, in einem Raum der Kreativität, der es ermöglicht, die Strukturen und Wirkungsweisen von

Macht im alltäglichen Leben ebenso in Frage zu stellen wie in den eindeutig der Machtorganisation dienenden gesellschaftlichen Institutionen. Lefebvre weist darauf hin, daß wir besonders im alltäglichen Leben selbst eine Möglichkeit finden müssen, der Macht des Alltäglichen zu widerstehen. Wir müssen im alltäglichen Leben selbst die Mittel finden, den Machtkreislauf offenzuhalten. Etwas, das im alltäglichen Leben schon vorhanden ist, etwas »irreducible« (ebd., S. 73), muß es uns ermöglichen, ins Alltägliche einzugreifen. Und es ist diese Vieldeutigkeit, die Lefebvre im alltäglichen Leben entdeckt, die den Begriff des alltäglichen Lebens auch für die zeitgenössischen Linken zu einem zentralen und starken Ausgangspunkt ihrer Gesellschaftskritik macht.

Die Vieldeutigkeiten des alltäglichen Lebens zeigen, daß man es dialektisch verstehen muß, als einen zugleich entfremdeten und befreiten Zustand. Es ist nicht die Frage einer typisch modernen, binären Opposition zwischen zwei Arten von Praktiken und Beziehungen, dem Unverdinglichten und dem Verdinglichten, sondern von Praktiken, die an einer oder an beiden Möglichkeiten teilhaben können. Das heißt, das Alltägliche ist sowohl ein entfremdeter als auch ein befreiter Zustand, der in seinen verborgenen Zufluchten die Möglichkeit von Wandel und Veränderung bereithält. Für Lefebvre verkörpert das Alltägliche eine besondere Stärke und Spannkraft, eine Basis für die Möglichkeit des Widerstands. Es verkörpert einen utopischen Impuls, da es allein schon durch seine Existenz als eine historische Artikulation selbst zugleich die Möglichkeit anderer – potentiell weniger ausbeuterischer oder wenigstens auf andere Weise ausbeuterischer – Strukturen des alltäglichen Lebens verspricht. Da ›das Alltägliche‹, wie Michael Taussig (1992, S. 141) zeigt, den Hauch einer »diffusen Gemeinschaftlichkeit« enthält, scheint es »to erase differences in much the same way as do modern European-derived notions of the public and the masses«. Taussig erkennt, daß diese Gemeinschaftlichkeit im Dienst einer bestehenden Macht benutzt werden kann. Aber er sieht auch die Möglichkeit, daß sie benutzt werden könnte, um gegen die Formen gesellschaftlicher Unterscheidungen zu kämpfen, die Herrschaft und Unterwerfung strukturieren und die bestehenden Strukturen aufrechterhalten.

Doch diese Berufung auf Gemeinschaftlichkeit weist uns auch direkt auf die Gefahr hin, daß eine Theorie des alltäglichen Lebens den fortwährenden Konflikt zwischen herrschender rechtmäßiger Kultur und einer authentischen und zwangsläufig oppositionellen Populärkultur wiederholt. Lefebvre (und ihm folgend de Certeau) versuchen, das emanzipatorische und kreative Potential der Populärkultur wie auch

des alltäglichen Konsums zurückzufordern; doch für beide folgt dieses schöpferische Potential nicht automatisch aus den Möglichkeiten der soziokulturellen Gegebenheiten der Teilnehmer an Populärkultur bzw. alltäglichem Konsum, sondern ist ein Resultat der kollektiven, strukturellen, funktionierenden Logik des alltäglichen Lebens selbst.

Alltagskultur und Banalität

Diese produktive Logik des alltäglichen Lebens und die Möglichkeiten des Widerstands, die sie eröffnet, erhellt die dritte Dimension oder die dritte konstitutive Schicht des alltäglichen Lebens: seine Alltäglichkeit (*quotidienneté*). Alltäglichkeit bezeichnet die Art und Weise, wie das Alltägliche gelebt wird; sie ist sowohl das, was über das alltägliche Leben wie über das Alltägliche hinausgeht, als auch dasjenige, was beide im Alltag zusammenhält. Meaghan Morris (1988) beschreibt die Alltäglichkeit als »pure process in excess«, als den unergründlichen Kern gewöhnlicher, *gelebter* Realität. Sie ist die Banalität, die Gewöhnlichkeit des *Gelebten*. Die Alltäglichkeit ist, wie Lefebvre verdeutlicht, phänomenologisch nicht erlebbar; unmittelbar kann man sich ihr nicht nähern. Daher kann sie auch nicht direkt erforscht werden; um sie zu untersuchen, muß man vielmehr die komplexe Architektonik des alltäglichen Lebens in den Blick nehmen. Weil Alltäglichkeit kein phänomenologisches ›Phänomen‹ ist, entzieht sie sich jedem Versuch, sie zu fixieren. Sie ist nicht wiederherstellbar, verbesserungsfähig oder wiedererlangbar. Alltäglichkeit verweist auf die Banalität des alltäglichen Lebens, auf die Tatsache, daß ›nichts passiert und alles sich verändert‹. Alltäglichkeit ist kein System, sondern eine Eigenschaft, eine Qualität – wenn man so will, eine virtuelle Realität – oder nach Lefebvre (1987, S. 9) »a denominator common to existing [sub-]systems«, including juridical, contractual, pedagogical, fiscal and police systems«, ohne aber dabei jemals die Einheit oder die Folgerichtigkeit eines Stils zu erlangen. Die Alltäglichkeit oder Banalität, der nicht zu entkommen ist, scheint der Preis dafür zu sein, daß es das Gegeben-Sein des Lebens selbst ist, die diesem einen Überschuß hinzufügt. Wenn Banalität das »transformative Potential« ist, dann ist sie der Überfluß des Gewöhnlichen, des Allgemeinen, der sich über jede Besonderheit ergießt. Wie Blanchot (1969, S. 241) sagt, »the everyday escapes. That is its definition. We cannot help but miss it if we seek it through knowledge ... It is not the implicit ... to be sure it is always already there, but that it may be there does not guarantee its actualization. On the contrary, the everyday is always un-realized in its very actualization which no event, however important or insignificant, can ever pro-duce«.

Alltäglichkeit und Banalität sind nicht gleichzu-setzen, sie sind jedoch auch nicht so etwas wie die Essenz des Lebens. Das transformative Potential der Alltäglichkeit (das Gelebte als das Banale und Ge-wöhnliche) wird erst am Ende eines Vorgangs verfüg-bar, das heißt als Ergebnis einer gelebten Praxis. So ist das Gewöhnliche auch nicht der Anfangs-, son-dern der Endpunkt des alltäglichen Lebens. Die Ba-nalität des Gelebten entsteht nicht einfach, sie ist Ergebnis einer Leistung, sie ist etwas, das stets in Entstehung begriffen ist. Nur so macht sich Alltäg-lichkeit in unseren Handlungsweisen und Methoden bemerkbar, und nur so »[we] can reorganize the place from which discourse is produced« (de Certeau 1984). Alltäglichkeit ist sowohl Rückstand als auch Ausweg: Sie entzieht sich jeglicher Abstraktion, jeg-lichem Anspruch auf Kohärenz und Regelmäßigkeit, sogar während sie »brings us back to existence in its spontaneity and as it is lived« (Blanchot 1969).

Forschungskonzepte

Indem diese komplexe Architektur des ›alltäglichen Lebens‹ und die konstitutiven Beziehungen zwischen seinen drei Schichten oder Dimensionen verständlich werden, lassen sich in Sozial- und Kulturtheorie viele (überflüssige) allgemeine Umschreibungen (empiri-scher wie phänomenologischer Art) des Begriffs ›all-tägliches Leben‹ ebenso vermeiden wie unzurei-chende Strategien wissenschaftlicher Kritik, die mit Hilfe des Begriffs alltägliches Leben die Konturen der Moderne im theoretischen Diskurs nachzeichnen wollen. Wie schon Seigworth feststellt, ist es nicht die Aufgabe der Kritik, das alltägliche Leben in einem Akt theoretischer Transformation zu durchdringen (dies wäre auch gar nicht möglich). Und es ist auch nicht Aufgabe der Wissenschaft (und wieder: es wäre ihr auch gar nicht möglich), das alltägliche Leben als einen Gegenstand zu erfassen, der für theoretische Überlegungen und politische Intervention sich eig-net. Folgt die Theorie der erstgenannten Strategie, würde sie sich das Privileg herausnehmen, im Namen des alltäglichen Lebens zu sprechen. Beim Befolgen der zweiten Strategie würde die Theorie versuchen, sich direkt auf die Ebene alltäglichen Lebens zu begeben und würde dadurch aber nur in Mysti-zismus versinken. Seigworth warnt aber auch vor einer Überhöhung des alltäglichen Lebens, indem man es letzten Endes als erlösend betrachtet – und

diese Haltung ist in den Wissenschaften am häu-figsten zu beobachten.

Weiterhin sollte man auch nicht davon ausgehen, daß die analytischen und politischen Implikationen bei der Theoretisierung des Alltags durchsichtig wer-den oder daß es eine ›richtige‹ kritische Praxis des alltäglichen Lebens gibt (besonders im Zusammen-hang mit anderen kulturellen, sozialen und politi-schen Belangen). So offenbart schon ein kursorischer Überblick über etliche – durchaus scharfsinnige – Analysen zeitgenössischer Sozial- und Kulturkritik, die mit dem Konzept ›alltägliches Leben‹ arbeiten, enorme Lücken und Ungereimtheiten.

Abschließend möchte ich hier zwei verschiedene Vorgehensweisen kritischer Arbeit in Betracht ziehen – ich halte sie zwar für zwangsläufig konkurrierende Modelle –, die für die Theoretisierung des alltägli-chen Lebens zur Verfügung stehen; obwohl ihre Diffe-renz nicht sehr groß ist; sie liegt vor allem darin, die Praxis des Theoretikers/Analysten in die Gleichung einzuführen, aus der die kritische Analyse besteht. Diese zwei kritischen Vorgehensweisen verstehen den konzeptuellen Apparat des alltäglichen Lebens als einen, der für das Problem des Wandels, des Wider-stands und des Fatalismus entweder eine theoretische (im Extremfall könnte man sie auch metaphysisch nennen) oder eine rhetorische Lösung bereithält.

Der erste Forschungsansatz betrachtet die Theorie des alltäglichen Lebens als Werkzeug für eine neue Interpretation der Wirklichkeit gelebten Lebens in der Moderne. Er liefert, wenn man so will, eine neue Metaphysik des Kontexts. Für eine solche kritische Praxis ist alltägliches Leben sowohl ein moderner Machtapparat – ein administratives Instrument der Kontrolle, Vereinzelung und Vergegenständlichung – als auch ein aktiver und produktiver Schauplatz po-pulärer Kreativität. Er sieht die Produktion und Pro-duktivität des Gewöhnlichen (der Banalität) sowohl als einen Apparat der Macht als auch einen des Widerstands, oder noch genauer, als moderne Ma-schinerie des Wandels. Zieht man z.B. Foucaults Modellvorstellung von der Entstehungsgeschichte der »Herrschaft der Sexualität« heran, dann ist Se-xualität, wie sie in der Moderne gelebt wird, das Produkt eines diskursiven Apparats, ein Zusammen-spiel diskursiver und nichtdiskursiver Praktiken, die in einer spezifischen Machttechnologie organisiert sind. Dieser Apparat funktioniert nicht als Form der Unterdrückung (was nämlich voraussetzen würde, es gäbe eine unschuldige oder eine natürliche Form der Sexualität), und er funktioniert auch nicht als ein Bündel von Vorschriften (dies würde nämlich vor-aussetzen, daß Sexualität nicht außerhalb des dis-kursiven Apparats existiert). Vielmehr verarbeitet der diskursive Apparat in der Moderne die Sexualität als eine, die bereits wiederverarbeitet ist. Sexualität ist immer schon organisiert nach den Anforderungen eines Machtschemas, durch das Hindurchgehen durch irgendeinen diskursiven Apparat.

Folglich kann man Alltagsleben als immer schon organisierte Soziomaterialität gelebter Erfahrung betrachten und das Alltägliche als einen spezifischen diskursiven Apparat, der das Alltagsleben neu organisiert nach den Anforderungen der Denk- und Konstruktionsschemata der Moderne.

Die Geographie des alltäglichen Lebens

Ich schlage also vor, dem erstgenannten Vorgehen zu folgen, daß man das alltägliche Leben als Terrain auslegt, auf dem die manchmal verwandten, manchmal konkurrierenden Anforderungen und Darstellungen von Macht (Betriebslogiken, wenn man so will) der Moderne ihre produktiven und manchmal weniger produktiven Beziehungen austragen. So gesehen beinhaltet alltägliches Leben die Produktion und Erfassung eines gelebten Raumes oder, wie ich es andernorts (vgl. Grossberg 2000) bezeichnet habe, einer strukturierten Mobilität. Solch ein gelebter Raum ist einer Karte von ermächtigenden und ermächtigten, behindernden und verhinderten Gewohnheiten, von Schauplätzen und Wegen vergleichbar. Diese Karte produziert/beschreibt, wie Menschen sich durch das Material und die diskursiven Räume bewegen, und gibt die Art und Weise wieder, wie sie sich an bestimmten Orten, entlang bestimmter Wege binden. Ein gelebter Raum bzw. seine Geographie beschreibt Alltagsleben in bezug darauf, wie Menschen sich über die Oberfläche des alltäglichen Lebens bewegen und wie sie sich durch spezifische Praktiken und Beziehungen an bestimmten Schauplätzen verankern und dabei Orte und stabile Bindungen errichten bzw. eingehen. Solch eine gelebte Geographie liefert eine Karte von Bindungen und Zugehörigkeiten, von Identifikationen und Distanzen, von Identitäten und Differenzen, von Orten und Vektoren, die sie verbinden. Solche Karten schaffen ein weitverbreitetes Feld von Orten als zeitweilige Momente der Stabilität. An diesen Orten können Menschen anhalten und sich ihr »Selbst« in Gewohnheiten »einrichten«. Solche Karten sind immer gekennzeichnet von verschiedenen Graden und Mustern von Mobilität und Stabilität.

Eine solche Karte fixiert nicht endgültig, wie und ob eine (kulturelle) Praxis an einem bestimmten Ort ausgeübt wird oder wie die Menschen sich weiterbewegen; denn sie kann nicht vollständig erfassen, was Menschen an einem bestimmten Schauplatz tun, weil das bei den verschiedenen Arten von Bindung differiert. Eine solche Karte stellt nur die Grenzlinien dar, die die Möglichkeiten der Menschen beständig strukturieren und einschränken. Sie markiert die Kreuzungen, die die vieldeutigen Möglichkeiten des Geschwindigkeits- oder Richtungswechsels bestimmen, und die Adressen, bei denen die Menschen zeitweise für bestimmte Aktivitäten unterkommen können. Eine gelebte Geographie definiert den ständigen Wandel von Orten in Räume und von Räumen in Orte, das ständige Pendeln in dem verbreiteten System von Stabilitäten, in dem Menschen ihr alltägliches Leben verbringen. Sie definiert die Schauplätze, die Menschen besetzen können, die Bindungen, die sie auf ihnen eingehen, und die Flächen, auf denen Menschen sich vernetzen und verändern können, um einen beständigen wohnlichen Raum für sich zu erschaffen.

Bei solch einer gelebten Geographie geht es im gewissen Sinn also um die Herstellung von Handlungsfähigkeit. Dabei hängt Handlungsfähigkeit nicht von der Macht eines Individuums (oder einer Gruppe) ab. Es geht vielmehr um die Zugangsmöglichkeit zu bestimmten Orten – Orte, an denen bestimmte Arten von Handlungen, die bestimmte Wirkungen haben, möglich sind –, Orte, an denen man sich für die verschiedenen ›Kräfte‹ und Vektoren, die die Welt gestalten, einsetzen und sie beeinflussen kann. Nicht jeder hat Zugang zu denselben Karten, und auch innerhalb einer spezifischen Karte hat nicht jeder denselben Zugang zu denselben Orten. Auch kann sich nicht jeder entlang derselben, den Raum durchquerenden Vektoren bewegen. Nicht alle Räume sind gleich oder gleichermaßen zugänglich, und die Frage nach dem Verhältnis zwischen Ort und Raum ist immer mit eingeschlossen in die Verhältnisse von Macht und Kontrolle. Gelebte Geographien befassen sich mit gewöhnlichen Praktiken als Maschinerie für das Leben und Überleben; sie erzeugen und organisieren das Alltägliche, sie bieten sogar Verfahrensweisen und erzeugen Zustände, um Navigationsmöglichkeiten für den eigenen Weg zu finden. Sie erstellen die eigentliche Ordnung, »the various time/spaces in which the labor, as well as the pleasure of everyday living is carried out« (Morris 1992). Die kritische Analyse des alltäglichen Lebens befaßt sich also mit der Erkundung der Konsequenzen und Möglichkeiten neuer Formen der Mobilität und Stabilität; sie befaßt sich mit den Modalitäten der Eingliederung und Zugehörigkeit.

Die Praxis des Analysten als bestimmender Faktor der Forschung

Die zweite Vorgehensweise liefert eine andere Sicht auf die Implikationen des Begriffs ›alltägliches Leben‹ für die kritische Praxis. Eine solche Auffassung, die Michel de Certeau, Meaghan Morris und Rachel Hall folgt, anerkennt zuallererst, daß die Theorie selbst – eine kritische Theorie des alltäglichen Lebens inbegriffen – immer innerhalb ihrer eigenen historischen und diskursiven Räume funktioniert. So kann alltägliches Leben als diskursive Antwort auf die Ordnung des Diskurses verstanden werden, als Wahrheitserzählung in der Moderne, was de Certeau »die Ökonomie des Schriftlichen« nennt:»both the motor force of modernity and its procedures – not a singular driving force – rather, a set of relations and a way of producing and reflecting and containing and organizing proper to modernity« (R. Hall 2000). Diese moderne Ökonomie des Diskursiven hatte und hat starke Auswirkungen, wie Morris gezeigt hat. Vermutlich ist es sogar die Ökonomie des Schriftlichen, die in den Sozial- und Kulturwissenschaften als scheinbar unausweichliche Folge unserer politischen Überlegungen bei der Erforschung des Alltäglichen nur die Wahl läßt zwischen einem Fatalismus, der den Alltag als etwas Unveränderbares betrachtet, und einer Sicht, die ihn unverdientermaßen feierlich überhöht.

Zumindest produziert sie eine semantische/rhetorische Distanz zwischen dem (theoretischen) Schreiben und dem alltäglichen Leben als einem Schauplatz des Banalen oder des Gewöhnlichen und erzeugt dabei eine Differenz zwischen dem Theoretiker und den banalen Gegenständen des alltäglichen Lebens. In gewisser Weise befähigt also die Theorie der modernen Ökonomie des Diskursiven dazu, sich aus dem alltäglichen Leben herauszuschreiben, wenn das alltägliche Leben als Theorie beschrieben wird; wobei wohlgemerkt dies eine abstrakte Umkehrung ist, die unter dem Vorzeichen steht, das Gewöhnliche als das Konkrete (was gerade das Gegenteil von Abstraktion ist) zu nehmen. Diese Distanz, diese Differenz zwischen der Theorie und ihrem Gegenstand ist absolut notwendig, weil sie, zumindest teilweise, der Autorität der Theorie den eigentlichen Boden bereitet. Als Gegenstand von Forschung beinhaltet alltägliches Leben in seiner Banalität immer das Problem, daß es dem Autor nur gestattet ist, Raum für seine Praxis zu schaffen, indem er oder sie sich von den alltäglichen Gegenständen seiner Forschung distanziert. Gleichzeitig setzt die akademische Forschung der Populärkultur auf eine Verdrängung des Banalen zugunsten der Ökonomie des Schriftlichen. Um diesen

Widersprüchen zu entgehen, erfindet die Theorie das Gewöhnliche neu als etwas Anderes. Das Andere, so behauptet die Theorie, ist immer schon durch die Geschichte, durch die Macht unterdrückt, doch als neu erfunden kann es durch die Theorie in den Diskurs zurückgeholt werden. Aber da das Gewöhnliche niemals Kenntnis des Diskurses (als Theorie) erlangen kann, erlangt es kein Verständnis seiner selbst; es versteht nicht, was es aussagt. Allein durch die Würde der Theorie, die es erschaffen und ihm eine Stimme gegeben hat, kann es verständlich werden, sogar für sich selbst.

Diese Beziehungen – zwischen Diskurs und Materialität, zwischen Theorie und alltäglichem Leben, zwischen Autorität und Banalität, zwischen Fatalität und feierlicher Überhöhung – muß die Kulturkritik in Frage stellen. Noch deutlicher muß sie die Art und Weise in Frage stellen, wie diese Beziehungen in der diskursiven Ökonomie der Moderne rhetorisch konstruiert und verhandelt werden. Es genügt nicht, einfach die Polarität dieser Oppositionen zu verkehren oder die Opposition zu negieren (zu dekonstruieren) in einem magischen Anspruch, den Zwischenraum als Ort neuer und angemessener Antworten neu verfaßt zu haben. Die wissenschaftliche Kritik kann nicht wählen zwischen Diskurs und Materialität, zwischen Theorie und alltäglichem Leben, zwischen Autorität und Banalität oder zwischen Fatalität (was de Certeau das Polemologische nennt) und Utopie. Statt dessen muß Wissenschaft in einem Zwischenraum wirken, in der Offenheit der Räume, in der Distanz, die durch solche Offenheit geschaffen wurde, und durch eine Art rhetorisches Pendeln und Oszillieren, das eine unaufhörliche Bewegung zwischen den Oppositionen ermöglicht. So kann entlang der Theorie des alltäglichen Lebens (dieses verstanden in seiner Kontextualität, Kraft und seinem Veränderungspotential) eine neue Schreibpraxis entstehen. Es ist Hall zufolge die Praxis des Schreibens selbst, durch die die Projekte von Lefebvre, de Certeau und Morris am besten charakterisiert sind. Nach de Certeaus Auffassung müssen wir Erzählungen verfassen und sie als diskursive Praktiken verstehen, die zwischen Orten und Räumen pendeln (letztere als praktizierte wie gelebte Orte verstanden), als narrative Praktiken, die Orte in Räume verwandeln und Räume in Orte. Keine Bewegung zwischen Gegensätzen und Widersprüchen, sondern eine virtuelle Bewegung von Möglichkeiten, die nebeneinander bestehen, zueinander gehören.

Jeder dieser beiden Wege verlangt nicht nur, daß man die Alterität des alltäglichen Lebens im Kern der Theorie anerkennt, sondern auch eine Alterität im Kern des alltäglichen Lebens – doch in keinem Fall kann man weiter über eine solche Alterität im Sinne von Differenz, Distanz, Spaltung oder Negativität sprechen. Theorie wie alltägliches Leben existieren immer und ausschließlich in Alteritätsräumen. Dies hebt die kritische Praxis auf die Ebene einer weiteren Alterität – einer Alterität der Alternativen, der Vorstellung, des Virtuellen. Und das verlangt, welchen Weg man auch immer verfolgt, daß die Theorie sich mit dem alltäglichen Leben bewegt, jenseits der Grenzen ihrer eigenen Alltäglichkeit. Solche Bewegungen sind, so könnte man sagen, die eigentliche Bedingung der Möglichkeit von Kritik, die fähig ist, über und für eine alternative Zukunft zu sprechen, die weiterhin alltäglich und banal bleibt. Vielleicht wird man letztendlich nicht wählen müssen zwischen diesen beiden Wegen, denn Banalität liegt in dem Raum dazwischen.

Literatur

Blanchot, M.: *The infinite conversation*. Minneapolis 1969.
de Certeau, M.: *The Practice of Everyday Life*. Berkeley 1984.
Gardiner, M. E.: *Critiques of Everyday Life*. London 2000.
Grossberg, L.: *We gotta get out of this place: Popular Conservatism and Postmodern Culture*. New York/London 1992.
Hall, R.: »*Beyond the Apocalyptic now in Feminist and Cultural Theory*« (unpublished 2000).
Jehle, P.: »Alltäglich/Alltag«. In: Barck, K./Fontius, M. et al. (Hgg.): *Ästhetische Grundbegriffe*. Bd. 1. Stuttgart/Weimar 2000. S. 104–132.
Lefebvre, H.: *Everyday Life in the Modern World*. London 1971.
Ders.: »The Everyday and Everydayness«. In: *Yale French Studies* 73 (1987) S. 7–11.
Ders.: *Critique of Everyday Life*. London 1991.
Morris, M.: »Banality in cultural studies«. In: *Discourse* 10 (1988) S. 3–29.
Ders.: »On the Beach«. In: Grossberg, L./Nelson, C./Treichler, P. (Hgg.): *Cultural Studies* 1990. S. 450–473.
Radway, J.: »Mail-Order Culture and Its Critics. The Book-of-the-Month Club. Commodification and Consumption, and the Problem of Cultural Authority«. In: Grossberg, L./Nelson, C./Treichler, P. (Hgg.): *Cultural Studies* 1990. S. 512–527.
Seigworth, G. J.: »Banality for Cultural Studies«. In: *Cultural Studies* 14, 2 (2000) S. 227–268.
Taussig, M.: *The Nervous System*. New York/London 1992.

Lawrence Grossberg
Übersetzung: Ilia Papatheodorou

Androide

Antike Androiden

Das Wort ›Androide‹ bezeichnet einen Automaten in menschlicher Gestalt. In der Antike verband man mit der Vorstellung von künstlichen Wesen in erster Linie derartige Automaten. Der Gedanke, lenkbare und

jederzeit verfügbare Sklaven zu schaffen, indem man Gestalt und Bewegung der Menschen technisch nachahmt, knüpfte unmittelbar an die Sage von Prometheus als Menschenbildner an, dem Zeus zur Strafe für sein rebellisches Tun das künstliche Weib Pandora schickte, die Hephaistos in göttlichem Auftrag geschmiedet hatte.

Fast alle Autoren der Antike erwähnen lebende Statuen, wahrsagende Bildersäulen, in denen Götter vermutet werden, die aber meistens das Werk betrügerischer Priester waren. Lukian, der in seinen Werken die sonderbarsten Automaten und orakelnden Statuen erwähnt, gibt durch satirische Untertöne dem Leser zu verstehen, was er von derlei Erscheinungen hält, und sein deutscher Übersetzer Wieland weist darauf hin, daß so mancher komplizierte Automat nur eine »aus Kork, Schwamm und Baumwolle zusammengestoppelte große Drahtpuppe« war. Dank virtuoser Kunstfertigkeit und Geschäftstüchtigkeit der Priester waren die Götterbilder in den Tempeln immer in Aktion: »Je gröber und unverschämter sie dabei zu Werke gingen, je gewisser konnten sie des Erfolges sein; denn nur eine feine, auf künstliche und wissenschaftliche Kombinationen gegründete Taschenspielerei macht den Unglauben und die beobachtende Aufmerksamkeit rege« (Lukian 1974).

Nicht nur in kirchlichen, auch in weltlichen Angelegenheiten wurden Automaten eingesetzt; einer der wirksamsten war die »eiserne Jungfrau« des Tyrannen Nabis von Sparta (200 v. Chr.), die alle Bürger, die keinen Tribut zahlen wollten, liebevoll umarmte und mit ihren Stacheln durchbohrte, wenn sie nicht rechtzeitig doch noch Geld herausrückten.

Künstliche Menschen im Mittelalter

Im Mittelalter hat die Vorstellung von drohenden und strafenden Statuen große Bedeutung gehabt. Gerbert von Aurillac, ein hervorragender Mathematiker und Astronom, der als Sylvester II. den Papstthron bestieg, soll nicht nur einen sprechenden Kopf und andere Automaten hergestellt haben, sondern auch selbst einmal dem Fingerzeig einer Statue gefolgt sein, die auf ein Gewölbe deutete, in dem man Edelsteine fand. Als einer der Schatzsuchenden aus dem Gefolge des Papstes zugreifen wollte, schoß die Statue einen Pfeil ab, der den Dieb durchbohrte.

Die Uhrwerk- und Automatenmechanismen der Antike wurden von den Arabern wesentlich verbessert, sie wurden immer kunstvoller und komplizierter, und schließlich gelangte die Nachricht von den Werken der Automatenbauer an die europäischen Höfe. »Wann und wo die arabische Mechanik in Europa Fuß zu fassen begann, läßt sich nicht genau feststellen. Viel spricht dafür, daß einer der wichtigsten Berührungspunkte für den abendländisch-orientalischen Kulturaustausch der Hof Friedrichs II. auf Sizilien war, wo am Ende des zwölften und zu Beginn des 13. Jh. jüdische, christliche und mohammedanische Automatenbauer und Gelehrte versammelt waren und miteinander friedlich wetteifernd brüllende Löwen (wie einst am Thron Salomons) und goldene Singvögel (wie in Bagdad) konstruierten« (Swoboda 1967, S. 40).

In den Dichtungen und Chroniken des Mittelalters finden sich zahlreiche Hinweise auf die orientalischen Wunderwerke magischer und mechanischer Kunstfertigkeit. Den bedeutendsten Wissenschaftlern der Zeit, die sich in ihren Büchern mit dem mechanischen Schrifttum und den Erfindungen auseinandersetzten, wurden Zauberkunststücke angedichtet, durch Legendenbildung wurde ihnen die Herstellung künstlicher Menschen mehr oder weniger untergeschoben. Sehr populär war der »eiserne Mann« des Albertus Magnus, ein Androide, der dem Gelehrten und Kirchenmann als Türhüter gedient haben soll. Er soll die Besucher nach ihren Wünschen gefragt und auf Grund ihrer Antwort selbst entschieden haben, wer bei seinem Meister eintreten dürfe und wer nicht. Thomas von Aquin, so wird berichtet, habe den Automaten, als er ihn unerwartet sah und sprechen hörte, für Teufelswerk gehalten und zerschlagen. Eberhard David Hauber, ein Mann des 18. Jh., in dem die Automatentechnik triumphierte, bedauerte den Scholastiker, der »solche Maschine zerschlagen hat«, da er offenbar nur etwas von Metaphysik, aber nichts von Physik und Mechanik gewußt habe (vgl. Hauber 1738–1744).

Die Mensch-Maschine der Neuzeit

Mit dem Jahr 1738, in dem Jacques de Vaucanson seinen »Flötenspieler« schuf und vorführte, begann die Welle der Automatenkonstruktionen und die technische Vervollkommnung menschenähnlicher, künstlicher Wesen. Bis zu diesem Zeitpunkt war die Erschaffung eines tatsächlich menschenähnlichen Wesens ohne Taschenspielertricks und schwarze Magie undenkbar, die verschiedenen Automaten und Statuen waren lediglich der Anlaß zu phantastischer Legendenbildung. Das 18. Jh. nun, das Zeitalter der Mechaniker, auch die Ära der Androiden genannt, sah im Menschen eine nach bekannten Gesetzen arbeitende Maschine. Anders als im Mittelalter entfaltete sich nun die Automatenbaukunst auf dem Boden eines Weltbilds, das ihr besser entsprach: dem des Rationalismus und philosophischen Materialismus.

Die entscheidenden philosophischen Grundlagen für ein mechanisches Weltbild und das auf ihm basierende Maschinen-Zeitalter lieferten die Philosophen René Descartes und Julien Offray de La Mettrie. Descartes wandte die Gesetze der Mechanik und Chemie auf den lebenden Körper an und versuchte, das Wesen des Lebens mechanistisch zu erklären: »und ebenso, wie eine aus Rädern und Gewichten zusammengesetzte Uhr nicht weniger genau alle Gesetze der Natur beobachtet, wenn sie schlecht angefertigt ist und die Stunden nicht richtig anzeigt, als wenn sie in jeder Hinsicht dem Wunsche des Anfertigers genügt, so verhält sich auch der menschliche Körper, wenn ich ihn als eine Art von Maschine betrachte, die aus Knochen, Nerven, Muskeln, Adern, Blut und Haut so eingerichtet und zusammengesetzt ist, daß, auch wenn gar kein Geist in ihr existierte, sie doch genau dieselben Bewegungen hätte, die jetzt in ihm nicht durch die Herrschaft des Willens und also nicht durch den Geist erfolge« (Descartes 1965, S. 72). Jedoch hob Descartes den Menschen dann aus der Natur heraus, indem er ihm Seele zusprach und seine Zugehörigkeit zum Reich Gottes konstatierte, ein Zugeständnis an die Kirche und die Theologen, deren Verdammungsurteil er fürchtete. Die Tiere waren für den Philosophen Maschinen ohne Seele, bloße Automaten. Ihren Organismus verglich er mit hydraulischen Systemen, und er war der Meinung, daß der Mensch eines Tages Wesen beziehungsweise Maschinen konstruieren könne, die die Organe und das äußere Aussehen eines Tieres hätten. Auf Grund seiner theoretischen Erwägungen kam Descartes bald in den Verdacht, ein Automatenkonstrukteur zu sein. Man behauptete, daß er eine menschenähnliche Puppe namens Francine gebastelt habe, die er ständig mit sich führte und die ein Kapitän während einer stürmischen Überfahrt über Bord werfen ließ, um das Schiff vor dem Untergang zu bewahren. Den Automaten habe Descartes aus Schmerz über den Verlust und an Stelle seiner im Alter von fünf Jahren gestorbenen Tochter gebaut, die Francine hieß. Julien Offray de La Mettrie dachte die Gedanken Descartes', angeregt durch die Automatenkunst Jacques de Vaucansons, konsequent zu Ende. In seiner Schrift *Naturgeschichte der Seele* (1745), die öffentlich verbrannt wurde, verzichtete er auf die philosophische Annahme einer Seele, weil für ihn alle geistigen Funktionen aus organischen abgeleitet werden können. Wenn das Tier eine Maschine sei, erklärte er 1748, die These von der Verzichtbarkeit der Seele noch weiter zuspitzend, dann sei auch der Mensch eine Maschine, deren Mechanismus eben nur noch etwas komplizierter sei: »Der Mensch ist ein Tier – oder eine Vereinigung von Triebfedern, welche sich durch gegenseitigen Einfluß verstärken« (La Mettrie 1994, S. 86).

La Mettrie hat das im Titel seiner Streitschrift angesprochene Programm eines radikalen Organomechanizismus in Völlerei und Suff, Manie und Depression auch zu leben versucht. Theoretisch konnten ihn seine Gegner nicht schlagen, vergönnt war ihnen aber der Triumph, daß der den Menschen als Automaten feiernde Sensualist, offenbar durch übermäßiges Fressen und Saufen, unter nie ganz geklärten Umständen am Hofe seines letzten Schutzherrn, Friedrichs des Großen von Preußen, vom Tod ereilt wurde. La Mettrie fand in Marquis de Sade seinen konsequentesten Fortdenker. Als künstlerischer »Mensch in der Revolte« entdeckte er, wie Michael Pfister und Stefan Zweifel in ihrer die Philosophien de Sades, La Mettries, Diderots und Hegels zu einer unkonventionellen Denkfamilie vereinigenden Abhandlung *Pornosophie und Imachination* ausführen, »die singuläre Kraft der Wunschmaschine, in der alles ineinanderfließt: Philosophie und Pornographie, Freiheit und Notwendigkeit, Aufklärung und Gegenaufklärung. Das Modell des ›Menschen als Maschine‹ und die freischwebende Imagination verdichten sich zur Imachination, die das Räderwerk der alles erfassenden Sinnmaschine heiß- und leer-laufen lässt« (Pfister/Zweifel 2002, S. 18).

Die These La Mettries, daß der menschliche Körper einer Uhr entspreche, führte dazu, daß Uhrmacher sich die Herstellung des perfekten künstlichen Menschen zum Ziel setzten. La Mettries Schrift *Der Mensch eine Maschine* betrachteten die Automatenbauer des 18. und 19. Jh. als Anregung zur Vervollkommnung der mechanischen Menschenkonstruktionen. Der hölzerne »Flötenspieler« von Vaucanson war nahezu lebensgroß und spielte wie ein Mensch, Lippen, Finger und Zunge bewegend, zwölf Melodien auf einer Querflöte. Im Innern der Figur befand sich keine Spieluhr, sondern ein von Uhrwerken betriebenes Blasebalgsystem, das Luft erzeugte, die in der Flöte zu Tönen umgewandelt wurde. Mit seiner »Ente« machte sich Vaucanson dann auch noch an die mechanische Nachbildung von biologischen Vorgängen. In einem Brief erläuterte er sein Modell einer ›anatomie mouvante‹: »Alle Bewegungen des Tieres sind naturgetreu nachgeahmt; das Futter wird, wie im Körper, durch Aufweichung gelöst und verdaut [...] Die Verdauungsprodukte werden durch Rohre, die den Därmen entsprechen, bis zum After geführt [...] Sobald der Apparat einmal aufgezogen ist, läuft der ganze Vorgang ab,

ohne daß man ein einziges Mal Hand anlegt« (Vaucanson nach Swoboda 1967, S. 93).

Was nach Vaucanson kam, die Androiden von Vater und Sohn Jacquet-Droz, der *Schachtürke* des Wolfgang von Kempelen oder die Automaten Maelzels, waren Verbesserungen, Verfeinerungen, Variationen. Sie bedeuteten nichts prinzipiell Neues. Überall, wo sie vorgeführt wurden, erregten die Androiden ungeheures Aufsehen. Die Erfinder oder die Schausteller, die mit den Automaten herumzogen, wurden vielfach noch der Hexerei und der Schwarzkunst beschuldigt. Die ›Teufelsdinger‹ wurden zerschlagen und verbrannt. Im Unterschied zu den kunstvollen Erzeugnissen der Feinmechaniker Jacquet-Droz gab es selbstverständlich auch Trickautomaten wie den *Schachtürken*, in dem aller Wahrscheinlichkeit nach ein Mensch verborgen war. Sein Erbauer von Kempelen enthüllte sein Konstruktionsgeheimnis nicht und wandte sich der Herstellung von Sprachmaschinen und dem Bau hydraulischer Systeme zu. Johann Nepomuk Maelzel übernahm es dann nach dem Tod von Kempelens, den Schachspieler auf dem Jahrmarkt auszuschlachten. In seiner Erzählung *Maelzels Schachspieler* behandelt Poe die Frage, ob der *Schachtürke*, den Maelzel auch in Amerika vorführte, eine reine Maschine ist oder ob sich in ihm ein Mensch befindet. Was zunächst wie eine bloße Reportage über ein merkwürdiges Phänomen angelegt ist, gerät unversehens zu einer geschickt und spannungsreich komponierten Studie in kriminalistischer Logik, mit der Poe geradezu das Modell einer Erzähltradition stiftet, die das Androidenthema als Thriller behandelt.

Da die Zuschauer immer schnell bereit waren, an ›Wunder‹ zu glauben, wurden die Automaten vielfältig. Sie eroberten die Jahrmärkte, fielen in die Hände von Schaustellern und Trickbetrügern. Die künstlichen Wesen, die zu Beginn des 19. Jh. den Beifall des ganzen ↗ Publikums fanden, wurden meistens an Fäden und Drähten gelenkt und waren mit magischem Beiwerk versehen; es handelte sich um Mischformen von Automaten- und Marionettentheater, die – technisch betrachtet – sogar einen Rückschritt bedeuteten gegenüber den Konstruktionen Vaucansons. Die Erzeugnisse des Kunstmechanikers Enslen zum Beispiel, dessen Seiltänzer und Flötenspieler E. T. A. Hoffmann in seiner Novelle *Die Automate* als einen der vollkommensten und höchst skurrilen Automaten erwähnt, waren solche Marionettenandroiden.

Künstliche Menschen in der Literatur

Die Dichter interessierten sich für die Automaten erst in dem Moment, in dem sie ›perfekt‹ und damit verwechselbar mit dem Menschen waren. Bei Jean Paul und E. T. A. Hoffmann erscheint der künstliche Mensch als ein zentrales Motiv und Anlaß zur kritischen Auseinandersetzung. Jean Paul jedoch geht es nicht so sehr um die künstlerische Ausgestaltung des Themas, er veranstaltet vielmehr polemische Plaudereien und satirische Exkurse wider »das Elend, das Herr von Kempele(n) über uns durch seine Sprachmaschine bringt«. Anhand der Jahrmarktssensationen, die die Gemüter bewegen und Begeisterung hervorrufen, zieht er Rückschlüsse auf die Gesellschaft und die Menschen seiner Zeit (Paul 1976, S. 177).

E. T. A. Hoffmann hatte nicht die gleiche Distanz zu dem Thema. Als Sammler von Marionetten und Puppen war Hoffmann überzeugt davon, daß zwischen Automaten und Menschen eine geheimnisvolle Beziehung bestand. Er wehrte sich gegen die mechanistische Auffassung von der Welt als gewaltigem Maschinengetriebe. Deshalb interessierte er sich auch nicht für die Geheimnisse, das Technische der wirklichen Automaten, sondern viel mehr für die psychischen Wirkungen auf die Menschen, die von künstlichen Wesen fasziniert wurden. Deshalb ist er auch der eigentliche Wegbereiter für das Androidenthema in der Populärkultur des 20. Jh. Automaten bereiteten dem Dichter einen Alpdruck, er lehnte sie ausdrücklich ab. In der Novelle *Die Automate* erklärt Ludwig:»Mir sind alle solche Figuren, die dem Menschen nicht sowohl nachgebildet sind, als das Menschliche nachäffen, diese wahren Standbilder eines lebendigen Todes oder eines toten Lebens, im höchsten Grade zuwider« (Hoffmann 1963, S. 330).

Was den Automaten unheimlich macht, sind die dämonischen Kräfte, die seinem Erfinder oder dem, der ihn bedient, innewohnen. Nicht der Mechanismus des wahrsagenden Türken beeindruckt Ferdinand, sondern das Orakel verfolgt ihn. Das Grauen beruht in der Vorspiegelung des Lebens, wo doch kein Leben ist. Erst durch einen zauberkundigen oder hellseherischen Erfinder gewinnt der Automat ein Scheinleben.

›L'Homme Machine‹, das materialistische Stichwort La Mettries, das um 1750 ausgesprochen entzaubernd wirkte, brachte im 19. Jh. neuen Schauder hervor, der sogar tragische Konflikte heraufbeschwor. Ein Stück Golemsage mischte sich mit dem Uhrengleichnis, mit der Vorstellung vom Körper als ›gangbar Uhrwerk‹, die sich schon in barocken Dramen findet.

Jules Verne, ein Bewunderer Hoffmanns, versuchte 1854 in seiner Erzählung *Meister Zacharius*, die Tragödie eines dem Materialismus ergebenen Mechanikers zu skizzieren, den Erfinder selbst als Opfer seiner Erfindungen darzustellen. Meister Zacharius erscheinen Seele *und* Körper als ›sinnreiche Mechanik‹. Seine eigene Seele identifiziert sich schließlich mit den Triebfedern seiner Uhren, die plötzlich der Reihe nach stehen bleiben, und aus der letzten, die mit Donnergetöse zerbirst, hüpft eine Feder, hinter der der Meister wie hinter seinem Leben herrennt, mit der aber ein Dämon in der Erde versinkt. Der Uhrmacher stirbt, und seine Angehörigen versuchen durch Gebet, die Seele des ›durch die Wissenschaft Verdammten‹ zu retten. Das wissenschaftliche Prinzip des alten Uhrmachers hat sich in dem Dämon, einem Zwerg, der wie eine Uhr aussieht und in dessen Brust man es ticken hört, anschaulich verwirklicht (Verne 1974, S. 264–309).

Die Uhr, die Maschine soll etwas sein, was der Mensch gemacht hat und was er beherrscht. Es zeigt sich, daß aber auch die Maschine ihren Meister beherrschen kann. In der Geschichte *Moxons Herr und Meister* von Ambrose Bierce, die von Poes Erzählung *Maelzels Schachspieler* beeinflußt ist, verliert der Android, der immer mit seinem Schöpfer Schach spielt, eines Tages seine gute Laune und wird gewalttätig. Der Erfinder wird von seinem Geschöpf umklammert und vernichtet. Der Kampf hat zur Folge, daß sich auf das gemalte Gesicht des Würger-Automaten ein Ausdruck friedlichen und tiefen Nachdenkens legt, wie bei der Lösung eines Schachproblems.

Als der letzte große Nachfahr der Romantik veröffentlichte 1886 Auguste Villiers de L'Isle-Adam seinen Roman *L'Eve future*, in dem er den Materialismus kritisiert und eine moderne Legende ins Metaphysisch-Künstlerische transponiert. Die Eva der Zukunft ist eine Andreïde, eine Schöpfung des vielseitig begabten amerikanischen Erfinders Edison. Sie ist dessen Freund, dem melancholischen Engländer Lord Ewald, zugedacht, der mit seiner Geliebten Alicia nicht so recht glücklich ist. Das künstliche Wesen Hadaly übertrifft die Liebesfähigkeit seiner Geliebten in jeder Beziehung: Sie ist nicht mehr Wirklichkeit, sondern Ideal. »Die künstliche Alicia schien somit natürlicher, als die wirkliche.« Das ›Künstliche‹ wird gegen die ›Wirklichkeit‹ gestellt.

Erwähnenswert ist noch eine Erzählung des Prager Schriftstellers Karl Hans Strobl, der wie Hanns Heinz Ewers nahezu alle phantastischen Motive des Volksglaubens literarisch aufgearbeitet hat in *Der Automat von Horneck*. Ein österreichischer Adliger will auf seinem mährischen Schloß den mittelalterlichen Burgherrn spielen und möchte gern im Keller das

Gestöhn und Kettengeklirr eines Gefangenen hören. Da man Menschen nicht mehr so ohne weiteres einsperren kann, gibt der Schloßherr einen künstlichen Menschen in Auftrag. Er legt dem Automaten Ketten an und läßt ihn auspeitschen. Eines Tages ruft der Beschließer seinen Herrn in den Keller: Das Gesicht des Androiden, der bisher rührend hilflos ausgesehen hat, zeigt einen grausam verzerrten Ausdruck. Der Beschließer läßt nun den Schloßherrn, der ihn tödlich gekränkt hat, mit dem Ungeheuer allein und wirft die Tür zu. Am Abend findet man den Grafen wahnsinnig in den Ketten des Automaten, und im gräflichen Bett entdeckt man, »mit harmlosem und zufriedenem Gesichtsausdruck«, den künstlichen Menschen (Strobl 1904).

Diese Geschichte ist ein Vorgriff auf Aspekte des Androidenthemas, die die Science-fiction-Literatur in erster Linie untersucht. Gezeigt wird, daß die Automaten imstande sind, den Menschen zu ersetzen. Und der Mensch hat dann gefälligst die Rolle zu spielen, die er dem Automaten zuweisen wollte. Skrupellos programmierte Automaten reagieren skrupellos. Nach erfolgreicher Auflehnung spielen die Sklaven die Herren. Bradburys berühmte Erzählung *Marionetten E. V.* ist eine modernere und konsequentere Variante jener Automatengeschichte von Strobl.

Film-Androiden

Unzählige Horror- und Science-fiction-Filme haben die Androiden- und Roboter-Thematik abgehandelt, die Bandbreite markieren etwa Klassiker der Filmgeschichte wie Fritz Langs METROPOLIS und Chaplins MODERN TIMES. Für die speziellen ›Androiden‹-Filme bilden meistens die Verfilmungen von Mary Shelleys Roman *Frankenstein* die das Grundmuster liefernde Folie. Dessen ›romantischer‹ Kern wirkte noch auf die großartige Verkörperung des Monstrums durch Boris Karloff in den Filmen FRANKENSTEIN und FRANKENSTEINS BRAUT von James Whale bestimmend nach. Daß das künstliche Wesen am Ende von bewegenderen menschlichen Empfindungen getrieben ist als sein Schöpfer und sein ›Böses‹ auf die Unmenschlichkeit oder den Wahn des Erfinder-Konstrukteurs zurückzuführen ist, bleibt in der Regel auch das zentrale Motiv der Androidenfilme, in denen vorwiegend alle Spielarten moderner Reproduktionsbiologie ausgekostet werden.

Daß ein Roboter menschlicher sein kann als seine Erbauer, ist auch das Leitmotiv des im Jahre 2000 in den USA gedrehten Films BICENTENNIAL MAN (DER 200 JAHRE MANN) von Chris Columbus mit Robin

Williams in einer technisch ausgeklügelten Maske. Die von diesem Schauspieler verkörperte Kunstfigur, der gekaufte Roboter Andrew, ist der perfekteste Dienstbote und die idealste Lebenshilfe für eine in jeder Hinsicht verwöhnte, moderne amerikanische Durchschnittsfamilie, deren herzerweichende Gefühle und Songs den Roboter in den Traum wiegen, ›Freiheit‹ zu erhalten und eine Galatea. Das Muster des Films DER ANDROID von Aaron Lipstadt (1983) taucht in zahllosen Varianten immer wieder auf: Ein Wissenschaftler, in diesem Fall Dr. Daniel, gespielt von Klaus Kinski, arbeitet auf einer Raumstation an der Konstruktion des perfekten Androiden Cassandra; ihr nicht ganz so perfekter Vorgänger ist Max 404, inzwischen Assistent von Dr. Daniel. Drei entwichene Sträflinge landen auf der Station und bringen den unter seiner Minderwertigkeit leidenden Androiden Max auf ihre Seite, indem sie ihm versprechen, ihn mit auf die Erde zu nehmen. Das Vorhaben scheitert, weil sich die Sträflinge zerstreiten. Nur der brutalste von ihnen überlebt, wird aber dann von Max, den Dr. Daniel entsprechend umprogrammiert, getötet. Am Ende allerdings verbinden sich Cassandra und Max gegen ihren sich zunehmend unerträglicher aufführenden Schöpfer.

Eine beängstigende, die Genmanipulation vorwegnehmende Zukunftsvision vermittelte bereits 1976 der Film DEMON SEED (DES TEUFELS SAAT), in dem der seine künstliche Intelligenz ständig verbessernde Android Proteus sich der Frau seines Erfinders Alex Harris nähert, um ihr mit Hilfe künstlicher Genmanipulation ein Kind zu machen und auf diese Weise seine Fortpflanzung zu sichern. Die Frau bringt bereits nach 28 Tagen ein ›Kind‹ zur Welt, das ganz nach dem Willen des Androidenvaters das universelle Wissen und die Logik eines Computerwesens mit den besten Eigenschaften eines Menschen verbinden soll. So wird Susan Harris Stammutter einer neuen Generation von Computermenschen oder Menschencomputern.

1981 drehte Ridley Scott den im Jahr 2019 spielenden Film THE BLADE RUNNER, in dem genetische Manipulation bereits als eine der größten Industrien der Erde gezeigt wird. Diesen genetisch fabrizierten Androiden, vor allen Dingen die kräftigen Super-Replicanten Nexus 6 der Tyrell Corporation, die äußerlich überhaupt nicht mehr von den normalen Menschen zu unterscheiden sind – sie haben lediglich keine Gefühle und keine Vergangenheit sowie nur eine auf wenige Jahre begrenzte Lebensdauer –, ist der Aufenthalt auf der Erde untersagt; sie werden zu harter Sklavenarbeit auf andere Planeten gebracht. Es kommt immer wieder zu ›Pannen‹. Vier dieser Nexus-6-Wesen zum Beispiel gelingt es, ihre Bewacher zu überwältigen; sie müssen nun von der für diese Aufgabe geschulten Polizeieinheit, den Blade Runners, gefunden werden. Doch selbst der ↗ Star dieser Blade Runners, gespielt von Harrison Ford, geht einer Meisterschöpfung der Firma Tyrell auf den Leim: Auch die hübsche Sekretärin Rachael ist nämlich nach dem Motto des Firmenchefs: ›More human than human‹ entstanden.

Industrielle Produktion

Androiden sind im 20. Jh. aus der Fiktion in die Wirklichkeit hineingewachsen. Die Industrieroboter, wie der sogenannte »Stanford-Arm«, 1969 für die Mikrochirurgie entwickelt, der in der Autoindustrie zum Einsatz kommende »Puma« oder der bei Operationen verwendete »Caspar«, der Prothesenlager in menschliches Mark fräst, bilden einen Übergang zur technischen Nachschöpfung von Tieren. Roboter werden mittlerweile nicht nur in Form von netten Automaten und possierlichen Hausgenossen, denen Sensoren und lernfähige Algorithmen die Fähigkeit verleihen, Hund, Katze oder irgendein Vögelchen zu sein, massenweise hergestellt, sie werden auch zunehmend für die Erforschung und Simulation menschlichen Verhaltens und menschlicher Emotionen eingesetzt. Androide Roboter haben fast allen magischen Beigeschmack abgestreift. Der Mensch ist virtuell erfaßbar, und vom virtuellen Menschen kann eben alles, was den Menschen als Konstruktion ausmacht, sein Bewegungsapparat und seine Sprache, auf mechanische Roboter übertragen werden. Den Technikern kommt also heute immer weniger die Rolle des Schöpfergottes zu; die Zukunft gehört den Gentechnikern und den Biologen. Weniger der auf chemischem Wege erzeugte Homunculus, sondern künstliche Menschen, wie sie ein Dr. Frankenstein erschaffen wollte, werden in Zukunft die Geschöpfe sein, mit denen die Anthropotechniker unser Glück gestalten und unsere Alpträume erfüllen werden. Der Übergang vom mechanischen zum biomechanischen Androiden wird die für sicher geltenden Grenzen zwischen Natur und Technik dann endgültig verwischen.

Literatur

Bierce, A.: Moxons Herr und Meister. In: Ders.: *Mein Lieblingsmord*. Erzählungen. Frankfurt a. M. 1963.
Descartes, R.: *Meditationen*. Berlin 1965. 6. Meditation, Abschnitt 33. S. 72.
Hagen, F. H. v. d.: »Der Zauberer Virgilius«. In: Ders.: *Gesamtabenteuer*. 2 Bde. Darmstadt 1961. S. 509 f.
Hauber, E. D.: *Bibliotheca, Acta et Scripta Magica. Gründliche Nachrichten, Auszüge und Urteile von solchen Büchern und Handlungen, welche die Macht des Teufels in leiblichen Dingen betreffen*. Lemgo 1738–1744.
Hoffmann, E. T. A.: »Die Automate«. In: Ders.: *Die Serapionsbrüder*. München 1963.
Goethe, J. W.: »Tag- und Jahreshefte«. In: *Artemis-Gedenkausgabe*. Bd. 11. Zürich 1950.
La Mettrie, J. O. d.: »Der Mensch eine Maschine«. In: Völker, K. (Hg.): *Künstliche Menschen. Dichtungen und Dokumente über Golems, Homunculi, Androiden und liebende Statuen* [1971]. Frankfurt 1994.
Lukian: »Von der syrischen Göttin«. In: Wieland, C. M. (Hg.): *Werke in drei Bänden*. 3. Bd. Berlin/Weimar 1974.
Mayer, E. (Hg.): *Pausanias, Beschreibung Griechenlands*. Zürich 1967. S. 101 f.
Jean Paul: »Unterthänigste Vorstellung unser, der sämtliche Spieler und redenden Damen in Europa entgegen und wider die Einführung der Kempelischen Spiel- und Sprachmaschinen«. In: *Sämtliche Werke*. Hg. N. Müller, Abteilung II, 2. Bd. München 1976.
Jean Paul: »Personalien vom Bedienten- und Maschinenmann«. In: *Werke*. Hg. N. Miller. Bd. 4. München 1962.
Pfister, M./Zweifel, S.: *Pornosophie & Imachination. Sade – La Mettrie – Hegel*. München 2002.
Schönberger, O. (Hg): *Philostratos, Die Bilder*. München 1968. S. 105.
Strobl, K. H.: »Der Automat von Horneck«. In: Ders.: *Die Eingebungen des Arphaxat*. Minden 1904.
Swoboda, H.: *Der künstliche Mensch*. München 1967.
Verne, J.: »Meister Zacharius«. In: Völker, K. (Hg.): *Künstliche Menschen*. München 1971.
Villiers de L'Isle-Adam, A.: *Edisons Weib der Zukunft*. Deutsch von A. Kolb. München 1909.

Klaus Völker

Ansager ↗ Spielleiter

Ästhetik und Moral

Ästhetik (von griech. *aisthetike* [episteme]), eigentlich die Lehre von der sinnlichen Wahrnehmung/Erkenntnis, wurde durch A. G. Baumgartens *Aestetica* (1750/58) zum Begriff für die Theorie oder Wissenschaft vom Kunstschönen. Mit ›Ästhetik‹, ›ästhetisch‹ bezeichnet man im allgemeinen Sprachgebrauch nicht nur die Theorie der Sache, sondern die Sache selbst. So spricht man von der Ästhetik eines Kunstwerks, von Kunstwerken als ästhetischen Gegenständen. Das Kunstschöne wird seit der Antike als das in besonderer Weise Vollkommene verstanden, im 18. Jh. durch Baumgarten als »perfectio cognitionis sensivae« (sinnlich erkannte Vollkommenheit), durch K. Ph. Moritz als das »in sich selbst Vollendete«. In der Moderne ist Harmonie, Ganzheit aber nicht ausschließliches Signum der Ästhetik. Vielmehr gibt es im Bereich der »nicht mehr schönen Künste« (Jauß 1968) auch die Ästhetik des Häßlichen, des Schrecklichen, des Fragments, der Dissonanz etc. Gebräuchlich ist zudem die Verwendung des Begriffs im außerkünstlerischen Bereich, etwa wenn man von einer Ästhetik der ↗Werbung oder einer Ästhetik des ↗Kitsches spricht. Der gemeinsame Nenner alles dessen, was in irgendeiner Weise ästhetisch anmutet, ist die ›reizende‹, ›gefällige‹ Gestaltung, ein Mehrwert an Arrangement, der auch in der Ästhetik des Alltagslebens die reine Zweckbestimmung übersteigt. In diesem sehr weiten Sinn wird der Begriff auf die Bedeutung des Dekorativen und auf eine Wirkungskategorie reduziert.

Auch der Begriff der Moral kann in einem engeren und weiteren Sinne verstanden werden: im engeren Sinne als Synonym für ›Ethik‹ = Lehre/Theorie bzw. Erscheinungsform des sittlich Guten, im weiteren Sinn als Bezeichnung für die Gesamtheit der in einer Gesellschaft geltenden Normen und Konventionen. Eine Bedeutungskomponente des Begriffs ist das Gerichtetsein auf Zwecke, etwa den des allgemeinen Wohls, der Erziehung, der Bildung zur Menschlichkeit, wodurch sich eine Beziehung von Moral und »Nützlichkeit« oder auch »Engagement« ergibt. Ob das Schöne auch immer das Gute vermittelt bzw. ›nützlich‹ ist oder Ästhetik und Moral nicht vielmehr divergieren, ist eine Streitfrage, die spätestens seit dem 18. Jh. virulent ist. Diese Frage läßt sich auf drei Ebenen betrachten: der der Reflexion, der Rezeption und der Produktion.

Ästhetik und Moral als Problem der philosophisch-kunsttheoretischen Reflexion

Besonders das durch Platon (*Symposion, Phaidros*) geprägte Bildungsideal der Kalokagathie (wörtl. ›Schöngutheit‹) zeigt, daß in älterer Zeit die Wertsphären des Ästhetischen und Ethischen nicht als getrennt gedacht wurden. Wie die Antike geht auch das Mittelalter prinzipiell von einer Identität des Schönen mit dem Guten (und Wahren) aus, wobei der Kunst sowohl eine metaphysische wie moralische Zweckbestimmung zugeschrieben wird. Die stark weltlich ausgerichtete Kunst der Renaissance fordert zwar den moralisch-religiösen Protest eines Savonarola heraus; daß die Kunst durch Schönheit erfreut und moralisch zugleich nützt, ist aber Diktum bis ins 18. Jh., mit einer frühaufklärerischen Akzentuierung des ›prodesse‹ als Endzweck und des ›delectare‹ als Mittel zum Zweck. Aus der Opposition gegen diese Instrumentalisierung der Kunst wie aus der Besinnung auf deren Eigenwert erwächst jedoch die Tendenz, Ästhetik und Moral grundsätzlich zu unterscheiden. Bereits bei Baumgarten deutet sich der Bruch der Identität des Schönen, Guten und Wahren an, denn das Schöne, verstanden als Erfühltes und

Erlebtes, entzieht sich dem begreifenden Erkennen (Janke 1974, S. 1262). Mit der Entdeckung der sog. vermischten Empfindungen, d.h. der subjektiven Lust an Gegenständen, die objektiv Unlust erregen, wie z.B. dem Leiden, dem Schrecken, dem ›Erhabenen‹, wird die Kluft noch deutlicher insofern, als sich hierbei das moralisch Fragwürdige oftmals als das ästhetisch Genußvolle erweist.

Die eigentliche Ausdifferenzierung der Wertsphären leistet aber Kant mit seinen drei Kritiken, wobei die *Kritik der Urteilskraft* (1790) die Differenz des Ästhetischen gegenüber dem Ethischen (und der begrifflichen Erkenntnis), d.h. auch die Autonomie der Kunst, philosophisch begründet. Während das Wohlgefallen am Guten hiernach mit Interesse verbunden ist, gefällt das Schöne »ohne alles Interesse« (§ 5). »Schönheit ist Form der Zweckmäßigkeit eines Gegenstandes, sofern sie, ohne Vorstellung eines Zwecks, an ihm wahrgenommen wird« (§ 17). Trotz dieser scharfen Abgrenzung vom moralischen Interesse und Zweck läßt sich nicht behaupten, daß Ästhetik und Moral bei Kant völlig verschiedenen Welten angehören. Sie konvergieren mindestens zweifach. Zum einen mit Kants Bestimmung »Von der Schönheit als dem Symbol der Sittlichkeit« (§ 59). Die symbolische Beziehung besagt hier, daß eine Analogie von ästhetischem Geschmack und Moral besteht, da beide aus autonomer Selbstbestimmung hervorgehen. Zum anderen kommt es im Geschmacksurteil zum freien Spiel der Erkenntniskräfte (§ 9). In diesem Spiel, in dem die Einbildungskraft für die Zusammensetzung der Anschauungen, der Verstand für die Einheit der Vorstellungen sorgt, erlebt sich der Mensch lustvoll in Übereinstimmung mit sich selbst, versöhnt er seine Gespaltenheit in Geist und Sinnlichkeit. In dieser Hinsicht ist dem Ästhetischen etwas Ethisches immanent.

Auch nach Ansicht der Kunsttheorie der Klassik hat die Kunst die Aufgabe, die Ganzheit des Menschen wiederherzustellen, die durch die »getrennte Wirksamkeit unserer Geisteskräfte« und die »Absonderung der Berufsgeschäfte« verlorengegangen ist (Schiller 1960, S. 971). Dieses von Schiller schon 1789 vertretene ethisch-ästhetische Humanitätspostulat wird von ihm unter dem Einfluß Kants, aber über Kant hinausgehend im Ideal der Anmut und dem Projekt einer ästhetischen Erziehung weiterentwickelt. Während das Schöne Geist und Sinnlichkeit versöhnt, kommt es angesichts des Erhabenen zu einer Selbstbehauptung des Geistes gegenüber der Sinnlichkeit. In der Schrift *Vom Erhabenen* (1793) heißt es: »*Erhaben* nennen wir ein Objekt, bei dessen Vorstellung unsre sinnliche Natur ihre Schranken, unsre vernünftige Natur aber ihre Überlegenheit, ihre Freiheit von Schranken fühlt« (Schiller 1960, S. 489). Damit ist das Gefühl des Erhabenen nicht mehr nur eine vermischte Empfindung, sondern ein ästhetisch hervorgerufenes Erlebnis der menschlichen Moralität und Freiheit.

Wie bei Schiller das Reich der Freiheit, des Spiels und der Harmonie soll die Kunst in der Romantik und in der Philosophie des Idealismus das ›Reich Gottes‹, die Goldene Zeit begründen. Entschiedener denn je wird daher das Schöne vom Nützlichen getrennt (z. B. von A. W. Schlegel), dafür aber für die Kunst ein metaphysischer (nicht so sehr moralischer) Auftrag reklamiert.

Diese metaphysische Ansicht der Kunst verfällt in der Folge in einem Prozeß, der generell einen ›Zerfall der Ästhetik‹ herbeiführt, indem sich eine Vielfalt von Methoden und Schulen gemäß psychologischen, soziologischen, positivistischen und sonstigen Ansätzen entwickelt. Einen (vorläufigen) Schlußstrich unter jeglichen Versuch, Ästhetik und Moral bzw. Metaphysik einander anzunähern, zieht Nietzsche: »An einem Philosophen ist es eine Nichtswürdigkeit zu sagen ›das Gute und das Schöne sind eins‹; fügt er gar noch hinzu ›auch das Wahre‹, so soll man ihn prügeln. Die Wahrheit ist häßlich. Wir haben die *Kunst*, damit wir *nicht an der Wahrheit* zugrunde gehn« (1962, Bd. III, S. 832).

Auf andere Weise betont Kierkegaard die Divergenz. Ästhetik und Ethik werden von ihm in *Entweder – Oder* (1843) zu entgegengesetzten Lebensanschauungen und Lebensformen umgedeutet. Der erste Teil, der die Papiere des Ästhetikers A enthält, kennzeichnet dessen Existenz als bindungs- und verantwortungslosen Genuß des »Interessanten«, wie er im »Tagebuch des Verführers« konkret wird; der zweite Teil, die Papiere des Ethikers B enthaltend, hebt demgegenüber das verpflichtende Ethos des Zusammen- und Erwerbslebens (Ehe, Freundschaft, Beruf, Arbeit) hervor, sagt aber auch, daß das Ethische Anteil am Ästhetischen habe, insofern in ihm eine höhere, die wahre Schönheit zur Geltung komme.

Im 20. Jh. gelangt die Reflexion über Ästhetik noch einmal durch Theodor W. Adorno zu einem Höhepunkt. In seiner *Ästhetischen Theorie* (1970) gehen Kants Bestimmung des Kunstwerks als Zweckmäßigkeit ohne Zweck und Hegels Dialektik eine Verbindung ein, wobei nun der autonomen Kunst auch Bezüge zu Politik und Gesellschaft und ein emanzipatorisches Moment zugesprochen werden. Da dieses Moment als rein ästhetisch (durch die Form und die Form-Inhalts-Identität) vermittelt angesehen wird, wendet sich Adorno schon in dem Essay »Engagement« (1962) gegen ein eher inhaltlich bestimmtes

und tendenzhaftes Wirken- und Verändernwollen, wie es in Sartres Begriff der »littérature engagée« zum Ausdruck kommt (*Was ist Literatur?*). Man bemerkt spätestens hier, daß sich hinter der Debatte über Ästhetik und Moral bzw. Engagement häufig ein Streit über den Vorrang von Form und Inhalt verbirgt. Es ist weiterhin deutlich, daß in dieser Debatte auch immer Ferne und Nähe der Kunst zum Leben, zur Realität ausgemessen werden.

Die Ansichten der Postmoderne über die Beliebigkeit von Stilen, Formen, Methoden signalisieren zunächst einen moralischen Indifferentismus, doch wird neuerdings nach Anknüpfungspunkten zwischen Ästhetik und Ethik gesucht, teilweise in dem Rückgang auf die ursprüngliche Bedeutung von aisthesis = Wahrnehmung (Gamm/Kimmerle 1990; Wulf u. a. 1994; Hoffmann/Hornung 1996). In diese Richtung tendieren auch ökologische Ansätze (z. Lippe 1987; Böhme 1989). Eine ökologisch motivierte Ästhetik betrachtet den Menschen als Teil der natürlichen Umwelt und macht ihm seine eigene Natürlichkeit als sinnlich-leibliches Wesen bewußt. (Natur-)Schönheit wird hierbei als ökologische Dimension mit dem Aspekt des Gutseins im Sinne von Zuträglichkeit für das menschliche Befinden begriffen.

Ästhetik und Moral als Problem der Rezeption

Kunstwerke und genauso populäre Artefakte hängen, wie die Rezeptionsästhetik verdeutlicht hat, von Erwartungen des ↗ Publikums ab, und sie lösen zu verschiedenen Zeiten und in verschiedenen sozialen Gruppen unterschiedliche Wirkungen und Wertungen aus. Sie werden von normorientierten ›Kunstrichtern‹ kontrolliert und u. a. an äußeren Zwecken und kunstfremden Maßstäben gemessen. Staatlicherseits wacht vielfach eine ↗ Zensur darüber, daß sie das System und die geltenden Konventionen nicht in Frage stellen. Verbote von Werken und Behinderungen von Künstlern durchziehen ihre Geschichte über weite Strecken. Politisch, religiös und moralisch motivierte Verurteilungen sind mitunter schwer auseinanderzuhalten, wie z. B. beim Beschluß der deutschen Bundesversammlung vom 10. Dezember 1835 gegen das Junge Deutschland, wo u. a. gegenüber Heinrich Heine der Vorwurf des Immoralismus, des Atheismus und der politischen Subversion erhoben wurde. Gerade damals, im bürgerlichen Zeitalter, nimmt das beschränkte Kunstverständnis des Bürgers in vielerlei Weise Anstoß an Tabuverletzungen. Auf der Basis unterschiedlicher Voraussetzungen treffen sich die Ankläger dennoch im Konsens über die Werte und Institutionen, die es gegen ›zersetzende‹ Tendenzen zu verteidigen gilt: Eigentum und Leben des einzelnen, Ehe und Familie, Achtung vor Staat und Obrigkeit, Respekt vor Gott (Heitmann 1970, S. 61ff.). Bis heute werden v. a. Verletzungen der Sexualmoral geahndet, man denke etwa an die Prozesse gegen A. Schnitzlers *Reigen*, D. H. Lawrences *Lady Chatterley's Lover* (Marcuse 1962) oder die Zensur der ›four-letter words‹ in popmusikalischen Texten in den USA. Die Erfahrung des Terrors, mit dem die totalitären Ideologien des Faschismus und Kommunismus ihre ›Moral‹ gegen ›dekadente‹ und ›entartete‹ Kunst durchzusetzen suchten, hat freilich toleranzfördernd gewirkt (Heitmann 1970, S. 335), abgesehen davon, daß die demokratische Verfassung die Freiheit der Kunst garantiert.

Ästhetik und Moral als Problem der darstellerischen Praxis

Besonders in pädagogisch engagierten Zeitaltern wie der Aufklärung ist es Bestreben der Kunst, zumal der Dichtung, den Zweck des Vergnügens an der ästhetischen Gestalt mit einer moralischen Botschaft und Lehre zu verbinden. Prototyp dieser Absicht und Kombination ist die Aesopische Fabel. Aber auch ohne ausgesprochene Lehrabsicht hat die Kunst einen moralischen Aspekt, da sie, mit Schiller gesprochen, Freiheit in der Erscheinung und Ausdruck der menschlichen Moralität ist. Dieses ästhetische Erscheinen des Ethischen wird durch die Form, genauer: durch die ›Vertilgung‹ des Stofflichen in der Form-Inhalts-Identität gewährleistet. Auf diese Weise wird auch das moralisch Anstößige gewissermaßen neutralisiert, ohne daß damit ausgeschlossen wäre, daß der Rezipient bei einer erotischen Szene zum lüsternen Voyeur oder bei der Darstellung eines Verbrechens zum geheimen Komplizen wird. Solche Wirkungen kann die Kunst nicht verhindern. In manchen ↗ Genres, wie z. B. der Komödie, ist moralische Freizügigkeit im übrigen seit jeher legitim, zumal sie als Entlastung vom moralischen Druck des ↗ Alltags dient.

Auf der inhaltlichen Ebene stellt sich ein moralischer Aspekt immer insofern ein, als Kunst (und hier besonders Literatur, ↗ Theater, ↗ Film) jenseits didaktischer Absichten ein Forum der Diskussion über das rechte Tun und Lassen zu sein pflegt, menschliche Handlungen und Verhaltensweisen auch dann zu moralischen Wertungen herausfordern, wenn sie nicht so gemeint sind.

Wie stellt sich das Problem von Ästhetik und Moral in den Genres der sog. Unterhaltungskultur dar? Während eine bis in die Antike zurückreichende Tradition als Wirkungsabsicht literarischer Texte die Einheit des ›prodesse‹ und ›delectare‹ voraussetzt, beginnt sich gegen Ende des 18. Jh. die delectare-Absicht zu verselbständigen. Im Zusammenhang mit der massenhaften Produktion und Verbreitung besonders ›trivialer‹ Romanliteratur etabliert sich ↗ Unterhaltung als autonome Funktion, die sich allerdings erst später, im 19. Jh. mit dem Aufkommen der Familienzeitschriften (Beispiel: *Die Gartenlaube*), im 20. Jh. besonders mit dem ↗ Fernsehen, die ihr gemäßen ↗ Medien zueignet (Hügel 1987). Sie provoziert jedoch von Beginn an im Bürgertum und bei den Gebildeten eine sowohl ästhetisch wie moralisch motivierte Aversion und Kritik, bis hin zu Neil Postmans Verdikt »Wir amüsieren uns zu Tode« (1985), und sie führt zu einer scharfen Dichotomie zwischen hoher Kunst und Unterhaltungskunst (↗ E- und U-Kultur) mit der falschen Vorstellung, daß ästhetisch gut Gemachtes und mit der Würde des Menschen Verträgliches nur in der ersteren zu Hause sei.

Moral, ein Kodex und Anspruch, mit dem sich die Unterhaltungskultur bis heute auseinanderzusetzen hat, ist auch innerhalb der Populären Kultur ein Maßstab. In den Auseinandersetzungen zwischen Mainstream und popkünstlerischen ↗ Subkulturen werden angemessene Formensprachen verlangt, die das moralisch Gute oder das politisch Richtige erfassen. Sie sollen die – wie es heißt – autonome, authentische oder widerständige Rezeption und in deren Folge eine ebensolche kulturelle Praxis garantieren. Die populärkulturelle Rezeption wird so als Kampf um Bedeutungen und Identitäten aufgefaßt, in den ↗ ›the people‹ und der ›power bloc‹ verwickelt sind.

Literatur

Adorno, Th. W.: »Engagement«. In: Ders.: *Noten zur Literatur III*. Frankfurt a. M. 1965. S. 109–135.

Ders.: *Ästhetische Theorie*. Frankfurt a. M. 1973.

Assunto, R.: *Die Theorie des Schönen im Mittelalter*. Köln 1987.

Baumgarten, A. G.: *Aesthetica*. Frankfurt/Oder 1750/58.

Böhme, G.: *Für eine ökologische Naturästhetik*. Frankfurt a. M. 1989.

Früchtl, J.: *Ästhetische Erfahrung und moralisches Urteil. Eine Rehabilitierung*. Frankfurt a. M. 1996.

Gamm, G./Kimmerle, G. (Hgg.): *Ethik und Ästhetik. Nachmetaphysische Perspektiven*. Tübingen 1990.

Handke, P.: *Prosa Gedichte Theaterstücke Hörspiele Aufsätze*. Frankfurt a. M. 1969.

Heftrich, U.: »Nietzsches Auseinandersetzung mit der ›Kritik der ästhetischen Urteilskraft‹«. In: *Nietzsche-Studien* 20 (1991) S. 238–266.

Heitmann, K.: *Der Immoralismus-Prozeß gegen die französische*

Literatur im 19. Jahrhundert. Bad Homburg v.d.H./Berlin/
Zürich 1970.

Hoffmann, G./Hornung, A. (Hgg.): *Ethics and Aesthetics. The
Moral Turn of Postmodernism.* Heidelberg 1996.

Hügel, H.-O.: »Unterhaltung durch Literatur: Kritik, Geschichte, Lesevergnügen«. In: Keck, R.E./Thissen, W.
(Hgg.): *Medien zwischen Kultur und Kult.* Bad Heilbrunn
1987, S. 95–111.

Janke, W.: »Das Schöne«. In: Krings, H./Baumgartner, H.-M./
Wild, C. (Hgg.): *Handbuch philosophischer Grundbegriffe.*
Bd. 5. München 1974. S. 1260–1276.

Jauß, H.R. (Hg.): *Die nicht mehr schönen Künste. Grenzphänomene des Ästhetischen.* München 1968.

Kuhn, H.: »Ästhetik«. In: Friedrich, W.-H./Killy, W. (Hgg.):
Das Fischer Lexikon. Literatur II, 1. Frankfurt a.M. 1965.
S. 48–58.

Lippe, R.z.: *Sinnenbewußtsein. Grundlegung einer anthropologischen Ästhetik.* Reinbek 1987.

Marcuse, L.: *Obszön. Geschichte einer Entrüstung.* München
1962.

Moritz, K.P.: *Beiträge zur Ästhetik.* Mainz 1989.

Nietzsche, F.: *Werke in drei Bänden.* München 1962.

Recki, B.: »›Was darf ich hoffen?‹ Ästhetik und Ethik im
anthropologischen Verständnis bei Immanuel Kant«. In:
Allgemeine Zeitschrift für Philosophie 19 (1994) S. 1–18.

Sartre, J.-P.: *Was ist Literatur? Ein Essay.* Reinbek 1958.

Schiller, F.: *Sämtliche Werke.* Bd. V: Theoretische Schriften,
Erzählungen. München 1960.

Tilghman, B.R.: *Wittgenstein, Ethics and Aesthetics. The View
from Eternity.* London 1991.

Vossenkuhl, W.: »Schönheit als Symbol der Sittlichkeit. Über
die gemeinsame Wurzel von Ethik und Ästhetik bei Kant«.
In: *Philosophisches Jahrbuch* 99 (1992) S. 91–104.

Wulf, C./Kamper, D./Gumbrecht, H.U. (Hgg.): *Ethik der Ästhetik.* Berlin 1994.

Lothar Pikulik

Ästhetisierung ↗ Theatralität, Erlebniskultur

Ausstellung

Die Ausstellung gehört grundsätzlich zur Wirkungs-
und Sozialgeschichte der Kunst. Sie bedeutet deren
private und öffentliche Schaustellung und ist gleichermaßen mit dem ↗ Kult, dem Handel und dem
Sammeln von Kunst als Objekt der Verehrung, als
Ware und Werk eines besonderen Könnens verknüpft. Werke der Kunst sind zum Schauen und
Gebrauch bestellt und bestimmt. Vom antiken Tem-
pelschatz der Athener über die Messe-, Markt- und
Verkaufsausstellung bis zur sakralen Heiltums- und
profanen Kunst- und Wunderkammer in Mittelalter
und Neuzeit spannt sich ein weiter Bogen des Ver-
triebs, des Sammelns und Zeigens von Kunst. Deren
Entstehungsort, Atelier und Werkstatt, war dabei von
Beginn an nicht ausgenommen. Auch dort standen
die Werke zur Ansicht, zum Kunstgespräch und zum

Erwerb bereit, wurde mittels Ausstellung einzelner
Werke privates Können öffentlich demonstriert. Der
Begriff der ›Ausstellung‹, dessen kommerzielle Version vom Ladentisch über das Schaufenster bis zur
Warenmesse in eigens dafür errichteten temporären
oder auch permanenten Bauten reicht, erweist sich
damit als universell konstitutiv für das Verständnis
und die Entwicklung von Kunst und Werk weit über
diese hinaus. Er dominiert in seiner stationären und
weltlichen Fassung – neben der immobilen Präsentation in Kirchen, Schlössern, Palästen oder öffentlichen Räumen in Architektur und Platzgestaltung – in
neuerer Zeit sogar das Allgemeininteresse am Umgang mit Kunst aus historischen und ästhetischen
Gründen insofern, als die Entstehung und Geschichte des Museums ohne ihn nicht zu denken
ist.

Geschichte

Aus den Schatzkammern privaten Sammelns seit der
Renaissance hervorgegangen, hatte das Museum im
18. Jh. zu seinen ersten selbständigen baulichen Ver-
wirklichungen gefunden, um im 19. Jh. dann typen-
differenziert seine eigentliche Gründungsphase zu
erleben – zur selben Zeit, da auch das Ausstellungswesen als temporäre und ephemere Einrichtung sich
ebenso umfassend wie spezialistisch institutionalisierte, ein Prozeß, der in Aufklärung, politischer
Emanzipation der bürgerlichen Gesellschaft sowie in
der Industrialisierung gründete. Die Organisationsform öffentlicher Präsentation von Kunst zu jeder-
manns Anschauung, Erkenntnis und Erwerb fand
erst hier zu ihrer heute noch gültigen systematisier-
ten Praxis und Definition: »Die Kunstausstellung ist
ein zeitlich begrenzter und örtlich nicht gebundener
Schauzusammenhang von Kunstgegenständen, der,
nach bestimmten Gesichtspunkten ausgewählt, zu
einem besonderen Zweck oder aus einem gegebenen
Anlaß gezeigt wird« (Koch 1967). Sie lebt von der
Autonomie des Objekts nach Maßgabe von Absichten und Themen, die sie eigens dazu entwickelt.

Die Ausstellung fungiert damit zugleich als Be-
gegnungs- und Sozialforum der Kontaktnahme und
Vermittlung zwischen Kunst und Gesellschaft. Als
eigenständiges Medium verbindet sie mit dem darin
manifest gewordenen Produkt nicht nur den Künstler als Hersteller mit den Rezipienten des von ihm
geschaffenen Werks, als organischem Ganzen kommt
ihr ein eigenes inszeniertes Leben zu, das individuell
und kollektiv Erlebnis, Wissen und Kritik ermöglicht. Sowohl für die Vermittlung historischer, im
besonderen Maße aber für die Verbreitung der Ge-

genwartskunst erweist sich die temporäre und mobile Inszenierung als Basis öffentlichen Kunsturteils, das seit dem 19. Jh. mit zunehmendem Wettbewerb oft über Wohl und Wehe, über Akzeptanz und Existenz von Kunst und Künstlern entscheidet.

Vielerorts hat die Ausstellung heute als Medienereignis und als Museum auf Zeit in der öffentlichen Gunst der permanenten Sammlung den Rang abgelaufen. Sie beherrscht als zeitgemäße Form eines globalen ›Kunstzappings‹ für den interessierten und eiligen Besucher Kunstleben und Kunstbetrieb. Sie ist längst Teil einer wettbewerbsorientierten ↗ Kultur- und Freizeitindustrie (↗ Freizeitkultur). Um so mehr stehen gerade darum Grenzen und Möglichkeiten des Mediums Ausstellung zwischen Original und Reproduktion, zwischen Selbstwert und Inszenierung, zwischen Notwendigkeit des physischen Erhalts und zeitgemäßer Aktualisierung der Kunst kritisch zur Diskussion.

Kunstausstellungen in älterer Zeit

Öffentliche Schaustellungen von Kunst kannte bereits die griechische und römische Antike. Vasenbilder, Künstleranekdoten und legendenhaft instrumentierte historische Berichte legen davon Zeugnis ab. Das bezieht sich nicht nur auf die Schatzhäuser und Kulthandlungen, auf Prozessionen, Beute- und Triumphzüge, sondern auch auf Festtagsdekorationen, Verkaufsmärkte und den privat-öffentlich ausgetragenen Wettstreit zwischen Künstlern. Insbesondere die römische Kunstindustrie nutzte dabei die Ausstellung als Mittel der Politik und eines schwunghaften Handels, der das Sammeln und den Besitz von Kunst durch die reproduktive Fabrikation berühmter Originale und über Verkaufsausstellungen öffentlichen Wettbewerbs privatisieren, die Kunst und ihre Ausstellung damit ästhetischer Autonomie zuführen ließ.

Im Mittelalter sorgte vor allem der Bilder- und Reliquienkult für Prozessionen, religiöse Handlungen, Ausstattungen von Kirchen und Klöstern und deren Schatzkammern für eine Schaustellung des Kunst- und Handwerks in religiöser Bindung und nach göttlichem Plan. Die dabei entstehenden Heiltumssammlungen folgten bereits einer nicht nur liturgischen Zwecken gehorchenden Präsentation, die im Zuge der Wallfahrtspraxis sogar gedruckte Führer und Kataloge bzw. systematisierte Aufstellungspläne nach sich zog. Trotz Messen und Märkten kam der profanen Kunstausstellung jedoch noch kein sonderliches Gewicht zu.

Das ändert sich erst mit der Neuzeit, mit der Emanzipation von Kunst und Künstlern aus alleiniger kirchlicher Bindung und der gesellschaftlichen Neubewertung künstlerischer Funktion. Das Sammeln und Wissen um Kunst und Natur, profane Ausstattungspraxis und die Individualisierung im Verhältnis zwischen Künstler, Kunst und Auftraggeber ließen nicht nur Markt und Handel völlig neue Dimensionen erlangen, es hatte auch den Wettbewerb individualisierter Kunst zur Folge, die nunmehr zudem historisch und theoretisch bedacht und systematisiert wurde. Die neue Selbstbestimmung, Lehrbarkeit und Freiheit der Kunst trug einerseits zu ihrem Waren- und privaten Sammelcharakter bei, sie sorgte andererseits aber auch für neue Organisations- und Vertriebsfunktionen. So wurde zum einen über das Zunftwesen die Verkaufsausstellung zur reglementierten Einrichtung im Schatten der Kirchen, in Rathausarkaden, auf Straßen und bei Kirmesveranstaltungen in den aufblühenden Städten besonders des Nordens (Brügge, Antwerpen, Utrecht z.B.), erhielten Messen wie die in Frankfurt a.M., Leipzig u.a. auch von Künstlern regen Zulauf. Zum anderen wurde die Ausstellung in der Werkstatt oder im Kabinett des fürstlichen und patrizischen Sammlers zwischen Florenz und Basel zum Forum für die Begegnung mit Kunst. Sie sorgte so für die Entstehung des neuzeitlichen Kunsturteils von Liebhabern und Kennern.

Auch in den romanischen Ländern entwickelte sich die autonome Ausstellung aus kleinen Anfängen über Markt und Handel mit der Differenzierung des Zunftwesens und im Zuge wissenschaftlicher und damit akademischer Lehrbarkeit der Kunst. Im Rahmen öffentlicher Auftragskonkurrenzen mit Jury und Preiszuschlag kam es überdies zu Ausstellungen einzelner Werke und Künstler in Atelier und Öffentlichkeit (z.B. Leonardo, Tizian). Zu größeren öffentlichen Ereignissen wurden aber die kirchlichen Prozessionen und politischen Festtage in den Stadtstaaten, wie z.B. in Venedig, Bologna, Florenz und Rom. Hier entstanden auch die ersten Leihgabenausstellungen größeren Umfangs mit Meisterwerken und zeitgenössischer Kunst. Die Kunstausstellung wurde Teil der Festdekoration. Mit dem Entstehen von Künstlerzusammenschlüssen und Kunstakademien erlangte sie dabei einen neuen Status offizieller Kompetenz. Die europaweit wirksamste Institutionalisierung erfolgte freilich nach Gründung der Maler- und Bildhauerakademie unter Ludwig XIV. 1648 in Paris. Die 1663 verfügten Statuten sahen eine Biennale der Akademiemitglieder zunächst im Hotel Brion, später im Louvre vor, was anfangs allerdings nur unregelmäßig eingehalten wurde. Erstmals entwickelte sich dabei eine eigene Ausstellungstechnik nach Rang und Gegenstand von Kunst und Künstlern mit öffentlichem Kunsturteil und gedrucktem Katalog. Aufnahmestücke, Konkurrenzen und Meisterwerke gaben den Inhalt ab und führten schließlich nach Phasen des Niedergangs zur Einrichtung des akademiegetragenen ›Salons‹, benannt nach dem seit 1737 dafür vorgesehenen *Salon Carré* im Louvre. Mit wechselndem Schicksal hielt er sich als europaweit bedeutsamste Einrichtung bis 1848, um danach grundlegend reformiert zu werden.

Kunstausstellungen in neuerer Zeit

Mit der zweiten Hälfte des 18. Jh. griff das Ausstellungswesen in ganz Europa um sich. Veranstalter waren die nach französischem Vorbild überall entstandenen und weiterhin entstehenden Akademien und Künstlerschaften, die sich, vom reinen Staats- und Kirchendienst befreit, mit ihren Ergebnissen der allgemeinen Öffentlichkeit zu Urteil, Verkauf und Auftrag stellten. Die Entstehung und Verbreitung der Kunstkritik (z. B. Diderot) und ihre regulierende Macht wurden dabei ebenso evident, wie die Ausstellung zum zentralen Medium der Kunstbegegnung für die Allgemeinheit wurde, die Hunderten von Werken mit Tausenden von Besuchern entsprach und mit eigenem Geschmacksurteil über Inhalte und stilistische Entwicklungen befand. Neben wenigen historischen Arbeiten handelte es sich um Leistungs- und Wettbewerbsveranstaltungen zur zeitgenössischen Kunst – ob in Bologna, Parma und Turin, ob in Lyon, Marseille oder Lille, ob in Madrid, Valencia und Sevilla, ob in Berlin, Dresden, Kassel oder Wien. Es blieb dem 19. Jh. vorbehalten, nicht nur erstmals historisch-retrospektive Ausstellungen zu veranstalten (London 1813 für Reynolds), auch gruppen- und gattungsbezogene, Antiquitäten- und Sammler-Ausstellungen traten neben die nach wie vor dominierenden Überblicksausstellungen des zeitgenössischen Kunstgeschehens.

Die Internationalisierung setzte um die Mitte des Jahrhunderts ebenso ein, wie die vor allem politisch-ökonomisch orientierten Welt-, Industrie- und Kunstgewerbeausstellungen das Spektrum erheblich erweiterten. Sie führten zu einer enzyklopädischen Vielfalt von Ausstellungstypen und zu einer eigens entwickelten Ausstellungsarchitektur als Bauaufgabe eigenen Rechts (Paxton, sog. Kristallpalast, Weltausstellung London 1851). Die kulturgeschichtliche Synopse als Schauzusammenhang der Welt in ihren Erscheinungen von Natur, Mensch und Produktion bot dabei nicht nur ein Panorama der Warenwelt, der Technik, des Handwerks und der Künste, die Welt-

ausstellungen waren zugleich Anlaß, die Lebens- und ↗ Alltagskultur zu nobilitieren und zu popularisieren. Exorbitant den Themen und Teilnehmern nach, bewegten sie Massen von Ausstellungsgütern und -besuchern. Die erste Weltausstellung in London 1851 wurde von 6 Millionen Menschen besucht, 42.000 täglich. Die Pariser Weltausstellung von 1900 zählte an Ausstellern allein 100.000. Sie hoben damit nicht nur die Themenpark- und Erlebnisphilosophie (↗ Volksfest, ↗ Erlebniskultur) von heute aus der Taufe, die 38 Ausstellungen bis Hannover 2000 bestritten mit der Spannweite von der Volkskunst bis zum Industriedesign, von der Hütte bis zum Kunstpalast auch Wege einer globalen multikulturellen Multimedialität. Das Ausstellungswesen lief hier periodisch zu gigantischen Höchstformen einer repräsentativen Darstellung der Produktivkräfte der Geschichte auf, die gleichermaßen retrospektiv wie innovativ in Erscheinung traten und mit der Entstehung der Kultur- und Industrieausstellung national wie regional auch die Warenmessen zwischen Kommerz und ↗ Unterhaltung nach sich zogen. Kunst- und Kunstgewerbeausstellungen vor und um die Jahrhundertwende blieben davon nicht unberührt.

Das heutige Ausstellungsleben, das im Kern auf dem des 19. Jh. beruht, hat sich neuerlich vervielfacht. Zu den Museen, Kunsthallen und Verkaufsgalerien sind längst der öffentliche Raum, Parklandschaften und private Veranstalter getreten. Banken, Firmen, Kirchen, Kellerlokale u. a., kunst- und kulturhistorische Ausstellungen von der Retrospektive und Monographie über Epochen-, Gattungs-, Themen- und Meisterwerks-Präsentationen bis zum Experiment junger und neuer Kunst gehören zu einer weltweit vernetzten, mit Original und Reproduktion multimedial operierenden Kultur- und Unterhaltungsindustrie. Eigene Darstellungs- und Inszenierungsformen mit Elementen der Bühnenkunst, der Multivision, filmischer und musikalischer Elektronik bereiten dabei auch Trivialstoffe der populären Unterhaltungsindustrie szenisch auf und machen selbst vom »Abenteuer Wissenschaft« Gebrauch – vom Dinosaurier bis James Bond, von »Star Trek« bis zu »Körperwelten«.

Mehr und mehr ist das einstige Primat vergleichender Wissenschaft im Dienste der Aufklärung der Erlebnisinszenierung und der Ökonomie der Vermarktung gewichen. Die Kunstausstellung ist damit mehr noch als das Museum, dem sie politisch mittlerweile oft genug als Spiegel quantitativ meßbaren Erfolgs in Verkennung unterschiedlicher Aufgaben vorgehalten wird, zum Inbegriff des Kunstlebens avanciert – mit eben den medialen Gewohnheiten, die den visuellen Kulturbegriff von heute auszeichnen: kurzzeitige Impression, tauschbare Vielfalt inszenierten Angebots, touristische Mobilität von Bild und Betrachter, an deren Ende – mit Hilfe der digitalen Replik – die hausgemachte interaktive virtuelle Ausstellung per Internet steht.

Literatur

Bätschmann, O.: *Ausstellungskünstler. Kult und Karriere im modernen Kunstsystem.* Köln 1997.
Erber-Groiß, M./Heinisch, S./Ehalt, H.C./Konrad, H. (Hgg.): *Kult und Kultur des Ausstellens.* Wien 1992.
»Exhibition«. In: *The Dictionary of Art*, Bd. 10. New York 1996. S. 675 ff.
»Exhibitions«. In: *Encyclopedia of World Art*, V. New York/Toronto/London 1962. S. 282 ff.
Greenberg, R./Ferguson, B.W./Naime, S. (Hgg.): *Thinking About Exhibitions.* London 1996.
Koch, G.F.: *Die Kunstausstellung. Die Geschichte von den Anfängen bis zum Ausgang des 18. Jahrhunderts.* Berlin 1967.
Klüser, B./Hegewisch, K. (Hgg.): *Die Kunst der Ausstellung. Eine Dokumentation dreißig exemplarischer Kunstausstellungen dieses Jahrhunderts.* Frankfurt a.M./Leipzig 1991.
»Kunstausstellung«. In: *Lexikon der Kunst*, II. Leipzig 1976. S. 775 ff.
Loers, V.: *Aus … stellung. Die Krise der Repräsentation.* Regensburg 1994.
Luckhurst, K.W.: *The Story of Exhibitions.* London/New York 1951.
Mai, E.: *Expositionen. Geschichte und Kritik des Ausstellungswesens.* München 1986.

Ekkehard Mai

Bilderbogen ↗ Flugblatt

Bilderbuch

Unter einem Bilderbuch versteht man formal ein in der Regel höchstens 32 Seiten umfassendes Buch, das mindestens zur Hälfte aus Bildern besteht. Meistens enthält es aber wesentlich weniger Text, wenn es nicht als ›textloses Bilderbuch‹ ganz ohne Worte auskommt. Nach Fachmeinung ist »der bildnerische Teil dem Textteil mindestens gleichwertig« (Baumgärtner 1990, S. 4), oder noch weitergehend: Die illustrative Aussage hat den Vorrang, der Text fungiert oft nur als Verständnishilfe und ist in diesem Fall für die Kinder oder vorlesenden Erwachsenen ein »beigeordnetes Hilfsmittel« (Maier 1993, S. 16).

Im Unterschied zu Bilderalben und Bildbänden verschiedenster Art, die gewöhnlich nur aus einer Ansammlung von Bildern mit einem Begleittext bestehen, sind die eine oder mehrere Geschichten (›Bilderbuchgeschichten‹ genannt, z.B. im *Struwwelpeter*) erzählenden Illustrationen eines Bilderbuches fast immer als inhaltlich zusammenhängende und aufeinan-

der Bezug nehmende Bildfolge konzipiert. Solche Bilderbücher mit durchgehender Handlung werden von manchen Pädagogen ›Szenenbilderbuch‹ genannt.

Der Begriff Bilderbuch hatte in den zurückliegenden Epochen allerdings unterschiedliche Bedeutungen. In der frühen und jüngeren Neuzeit, also etwa zwischen 1450 und 1700, verstand man darunter überhaupt jedes Bilder enthaltende Buch. Die Verbindung des Begriffs mit einem ausschließlich kindlichen Lesepublikum gab es noch nicht, da die Abgrenzung zwischen Büchern für junge Leser und für erwachsene leseschwache oder leseunkundige Nutzer, zwischen Büchern für den Unterricht und für die freie Lektüre in dieser Zeit nicht eindeutig war. Erst ab Mitte des 19. Jh. fand die Verengung des Begriffs durch die Zuordnung zu einer bestimmten jüngeren Altersgruppe statt. Heute wird in Deutschland das Bilderbuch fast ausschließlich als Kinderbilderbuch betrachtet, das sich an zwei- bis achtjährige Kinder richtet. Vor allem aus dem Ausland (Frankreich, Großbritannien) kommen aber auch Bilderbücher für Jugendliche und Erwachsene auf den Markt.

Bilderbücher, die konkrete Dinge abbilden oder in erzählender Form sachliche Inhalte vermitteln oder Probleme des kindlichen ↗ Alltags behandeln, werden ›Sachbilderbücher‹ genannt. Sachbilderbücher in diesem Sinn sind auch die ›Bilderbücher für Kleinkinder‹ (im pädagogischen Umfeld auch ›Elementarbilderbuch‹, früher ›Kleinkinderbilderbuch‹ genannt), die reale Dinge aus der Erfahrungswelt des Kleinkindes abbilden.

Die äußere Erscheinung des Bilderbuches variiert stark: Es gibt ›Miniaturbücher‹ (etwa die Serie der *Pixi-Bücher* des Carlsen Verlages oder verkleinerte Ausgaben großer Bilderbücher), übergroße Formate, auf dicke, kaschierte Pappe als sogenannte ›unzerreißbare Bücher‹ gedruckte Kleinkinderbücher, ›Verwandlungs-‹ und ›Bewegungsbilderbücher‹ (auch Klapp- und Ziehbilderbücher genannt) mit beweglichen Teilen, Bücher mit akustischen, ja sogar olfaktorischen Effekten, ›Stoffbilderbücher‹, auf mit Schaumstoff gefülltem Kunststoff gedruckte, abwaschbare Bilderbücher und Bilderbücher mit beigegebenen Spielsachen. Durch Prägungen und Anbringen anderer Materialien (Stoffe, Kunststoffe, Federn, Fellteile, Sand usw.) werden ertastbare Elemente hinzugefügt, die sich als ›Reliefbilderbücher‹ vor allem an blinde und anderweitig behinderte Kinder wenden.

Die Technik der heutzutage fast ausschließlich im Offsetdruckverfahren reproduzierten Illustrationsvorlagen ist ebenso variationsreich und umfaßt nahezu alle Kunsttechniken: Aquarell, Bleistift- oder Federzeichnung, Gouache etc., aber auch Bilder aus Knetmasse und anderen reliefbildenden Materialien sowie fotographische und holographische Illustrationen.

Historische Entwicklung

Vorformen des Bilderbuches waren die im späten 14. Jh. aufkommenden ›Einblattdrucke‹ (seit dem 19. Jh. auch ›Bilderbogen‹ genannt) und (seit etwa 1450, dem Beginn des Buchdrucks) ↗›Flugblätter‹, die zwar nicht für Kinder gedacht, aber von ihnen sicher mit Freude betrachtet wurden. Auch die ›Armenbibeln‹ (Biblia pauperum) des späten Mittelalters sind als Vorform des Bilderbuches anzusehen, da sie ohne Zweifel auch für leseunkundige Laien gedacht waren.

Als erste Bilderbücher für Kinder müssen die schon kurz nach Erfindung des Buchdrucks verbreiteten Fibeln und ABC-Bücher angesehen werden, die mit einem Bildholzschnitt oder mehreren ausgestattet waren. Auch Erbauungsbücher und Tugendlehren aus dieser Zeit wurden durch Bilder attraktiver. Zu den frühesten Bilderbüchern, also Büchern mit besonders reichem Bildteil, die sich zumindest auch an ein jugendliches ↗ Publikum wendeten, gehören *der sele troste* mit zehn kolorierten Holzschnitten, 1478 in Augsburg gedruckt, und von Geoffroy de Latour-Landry *Der Ritter vom Turn: von den Exempeln der gotsforcht und erberkeit*, gedruckt in Basel 1493, mit 45, vermutlich von Albrecht Dürer entworfenen Holzschnitten.

Die meisten frühen Bilderbücher waren von ihrem Inhalt her nach heutigem Verständnis illustrierte Sachbücher. Unter ihnen war der *Orbis sensualium pictus* des Johann Amos Comenius von 1658 und seine zahlreichen Nachauflagen ein Höhepunkt und der Beginn einer langen Reihe von Sachbüchern mit ähnlicher Intention oder von Nachahmungen. Die Illustrationen im *Orbis pictus* und anderen unterweisenden Schriften hatten in erster Linie Signalfunktion. Sie wollten nicht als realistische Abbildungen der Wirklichkeit mißverstanden werden, sondern sollten auf den Inhalt aufmerksam machen und das Lernen optisch unterstützen. Im Vorwort zum *Orbis pictus* begründet Comenius die Bildbeigaben damit, daß das Wissen, was vermittelt werden solle, nicht diffus bleiben, sondern klar erkennbar sein müsse. Kinder wurden von ihm zum Abmalen oder Ausmalen der Illustrationen animiert (Brüggemann/Brunken 1987, S. 126). Diese mnemotechnische Funktion des Bildes wurde schon von Martin Luther angewandt, der den Abdruck von 51 Holzschnitten in seinem *Betbuchlin* (1529) rechtfertigt, weil sich mit ihrer Hilfe die biblischen Geschichten für die »kinder

und einfeltigen« besser einprägen (ebd., S. 122). Neben ihrer Funktion als Gedächtnishilfe war die Illustration schon in der Anfangszeit des Buchdrucks natürlich auch Lockmittel für den potentiellen Käufer.

Das 18. und beginnende 19. Jh. brachte neben Fibel- und Fabelillustrationen eine Reihe bedeutender Sachbilderbücher hervor. 1770 bis 1774 erschien J. B. Basedows *Elementarwerk* mit zahlreichen Kupferstichen von Daniel Chodowiecki, das die Lebenswelt der Kinder gehobener Gesellschaftsschichten genau abbildete.

1790, 1792–1830 gab Friedrich Bertuch in Weimar ein zwölf Bände umfassendes *Bilderbuch für Kinder* heraus, das eine Vorstellung von der Welt in ihrem damaligen Zustand geben sollte. Beim Entwurf der Kupfertafeln wurde sehr auf die Genauigkeit der Wiedergabe und die richtigen Größenverhältnisse der auf jeweils einer Tafel abgebildeten Gegenstände, Pflanzen und Tiere geachtet. Die Eltern wurden im Vorwort ermuntert, den Kindern zu gestatten, die Bilder zur spielerischen Vertiefung des Wissens auszuschneiden und die einfarbigen zu kolorieren.

Fiktionale, sogenannte ›poetische‹ Bilderbücher, die in der Regel Volks- und Kinderlieder, Kinderreime und Märchen enthielten, tauchen erst um 1830 auf. Beispiele sind *Die Ammenuhr* (1845) mit Xylographien von Ludwig Richter und anderen und *Het Wettlopen tüschen den Haasen un den Swinegel* von Gustav Süß (1855). Das etwas später entstandene ›Genre-Bilderbuch‹ (↗ Genre) enthielt Begebenheiten des Familien- und Alltagslebens, meist in idealisierter Form. Als erstes modernes Bilderbuch, in dem eine Geschichte in mehreren »Szenenbildern« erzählt wird, kann Heinrich Hoffmanns *Struwwelpeter* (1845) angesehen werden. Modern war damals auch, daß sich Hoffmann bemühte, durch absichtlich laienhafte, quasi unter dem Erzählen skizzierte Illustrationen dem angenommenen eingeschränkten kindlichen Bildverständnis möglichst nahe zu sein.

Waren manche Illustrationen in den Bilderbüchern des 18. Jh. in Stil und Qualität auch auf der Höhe ihrer Zeit und konnten sie neben ihrer informativen auch geschmacksbildende Funktion haben, ist das Bilderbuch als erklärtes Mittel zur ästhetischen Erziehung doch eine Entwicklung des späten 19. Jh. Zu Beginn des Jahrhunderts hatten die Erfindung der Lithographie (1797) und die Durchsetzung der Xylographie, die beide den Druck hoher Auflagen ermöglichten, eine Umwälzung in den gedruckten Medien zur Folge, was sich vor allem in der explosionsartigen Vermehrung der Illustrationen im Buch ausdrückte. Die neuen Reproduktionstechniken hatten erhebliche stilistische Konsequenzen durch die Möglichkeit des Künstlers, direkt auf den Stein oder auf den Holzstock zu zeichnen. Theodor Hosemanns und Otto Speckters lithographische Kinderbuchillustrationen sind frühe Beispiele für diese neue Art autonomer künstlerischer Illustration.

Die neuen Drucktechniken verbilligten und vermehrten aber auch die Produktion. Künstlerisch hochwertige Bilderbücher blieben allerdings teuer und waren für die Kinder wohlhabender Bürger gedacht. Die durch die neuen Reproduktionstechniken besonders geförderte Flut von bebilderten Publikationen, die im Verlauf des 19. Jh. auf den Markt drängte, war von vornherein auf die Produktion von billigen Büchern ausgerichtet. Niedrigere Preise bedeuteten billigere Ausstattung, was für die Masse der Bilderbücher hieß: zweitrangige oder laienhafte Illustratoren. Solche Illustratoren konnten, ja durften keinen eigenen Stil entwickeln und hatten sich inhaltlich an das zu halten, was nach der Erfahrung der Verleger gern gekauft wurde. Darüber hinaus wurde es durch den Handel mit französischen und englischen Klischees möglich, auch reich illustrierte Bücher zu billigen Preisen anzubieten. »Reich illustriert« war allerdings nur quantitativ zu sehen – diese Bilder waren in der Regel auf schlechtem (holzhaltigen) Papier schlecht gedruckt und paßten inhaltlich häufig nur vage zum Text.

Die ab 1837 auftauchende, aber erst ab etwa 1875 weitverbreitete, mit vielen Farbplatten arbeitende Chromolithographie hatte inzwischen die mit einer Tonplatte versehene oder kolorierte Lithographie verdrängt und war eine beliebte Technik, auf preiswerte Weise viel Farbe ins Buch zu bringen. Konnten mit ihr bei sorgfältiger Bearbeitung hervorragende Ergebnisse erzielt werden, waren schnell und schlecht hergestellte chromolithographische Bilder um so greller und primitiver. Vorlagen durchaus professioneller Illustratoren (z. B. Eugen Klimsch und Carl Offterdinger) wurden so bis zur Unkenntlichkeit vergröbert. Die künstlerische Bescheidenheit der bildnerischen Ausstattung wurde durch spielerische Effekte kompensiert – es gab Bilderbücher mit ausgestanzten Konturen und Reliefprägungen (häufig Tiere, Osterhasen, Nikoläuse, die Zehn kleinen Negerlein, Engel und ähnliches), Bewegungsbilderbücher mit Zieh- und Klappmechanismen, Bücher mit Kautschukköpfen, Uhrenbücher mit Zifferblättern. Produzenten waren die Verlage Schreiber in Esslingen, Stroefer in Nürnberg, Loewe in Stuttgart und andere. Verkaufsfördernde Formen und Zutaten traten allerdings nicht nur in Verbindung mit niedrigem künstlerischen Niveau auf. Der Stroefer Verlag importierte zum Teil hervorragende englische Illustrationen, und

für Schreiber schuf Lothar Meggendorfer seine berühmten Ziehbilderbücher.

Schon nach 1850 tauchten Bilderbücher auf (meistens als sogenannte unzerreißbare Pappbilderbücher), die weder Verlags-, noch Autoren- oder Illustratorennamen trugen, sondern in der Regel nur numeriert waren. Für sie bürgerte sich in der Forschung nach 1945 der Ausdruck ›Kaufhausbilderbuch‹ ein, weil sie vorzugsweise nicht in Buchhandlungen, sondern in Schreib- und Spielwarenläden und Kaufhäusern angeboten werden. Sie existieren bis heute und sind in hohen Auflagen gedruckte, billige Mitnahmeware. Ihr künstlerisches Niveau ist nicht von vornherein als niedrig zu bezeichnen. Oft haben ihre Illustratoren erkennbar größere Vorbilder kopiert. Zur ›Ehre‹ des Kaufhausbilderbuches kommen aber auch etliche klassische, weil beliebte und tantiemenfreie Bilderbücher, wie Heinrich Hoffmanns Struwwelpeter, viele von Wilhelm Buschs Bildergeschichten, vor allem natürlich Max und Moritz, und immer wieder Elsa Beskows Hänschen im Blaubeerenwald (erste Auflage 1903) und Sibylle von Olfers' Wurzelkinder (erste Auflage 1906).

Schon vor der künstlerischen Erneuerungsbewegung des Jugendstils bewahrten trotz aller Massenware Künstler wie Fedor Flinzer, Woldemar Friedrich, Oskar Pletsch, Viktor Paul Mohn dem Bilderbuch ein hohes Niveau. Mit dem Jugendstil etablierte sich in Theorie und Praxis die Illustration in klaren, im Detail reduzierten Konturen und mit homogenen Farbflächen als der kindlichen Bildauffassung besonders gemäß. Ernst Kreidolf schuf mit den Blumenmärchen 1898 eines der ersten modernen deutschen Bilderbücher. Ihm folgten Gertrud Caspari, Konrad Ferdinand von Freyhold und viele andere Künstler des modernen Bilderbuches.

Nach der gegen 1910 abklingenden Stilrichtung des Jugendstils entfernte sich das Bilderbuch stilistisch zusehends von den nunmehr aktuellen Kunstrichtungen. Bilderbücher mit expressiver Bildsprache waren seltene Ausnahmen. Eher wirkten realistische Bildkonzepte der Neuen Sachlichkeit in den 1920er und 1930er Jahren auf die Bilderbuchkunst (Fritz Koch-Gotha, Fritz Kredel, Else Wenz-Viëtor, Marigard Bantzer, Susanne Ehmcke). Auch der Exotismus des Art Deco hatte seine Entsprechungen im Bilderbuch (Elsa Eisgruber). Die mit impressionistischen Mitteln arbeitende symbolistische Malerei ist ansatzweise in den Bilderbüchern von Hanns Pellar, spätromantische Vorstellungen in denen von Paul Hey, Karl Mühlmeister und anderen wiederzufinden.

Der breite Strom der Bilderbuchproduktion bewegte sich allerdings abseits der Stilwandlungen. Dem Naturalismus angenäherte oder gefällig glatte, oft laienhafte Bilder mit entsprechenden Texten führten dem Kind eine heile, zeitlose Welt vor, in der Autos und andere Objekte moderner Technik eher eine spielzeughafte Funktion hatten. Wie schon im 19. Jh. spielten sich die meisten Bilderbuchgeschichten im ländlichen Raum ab, Tiere in menschlicher Kostümierung führten die ideale Familie und ihr intaktes Sozialleben vor (zum Beispiel *Die Häschenschule* von Fritz Koch-Gotha, 1924). Diese Richtung setzte sich auch in den 1930er Jahren fort. In der Zeit des Nationalsozialismus war inhaltlich ein gewisser Eskapismus vor der politischen Wirklichkeit zu beobachten, während Bilderbücher mit ausgesprochen nazistischen oder antisemitischen Tendenzen (Stürmer Verlag) zu den großen Ausnahmen gehörten.

Die Kinderliteratur nach 1945 machte in der Bundesrepublik Deutschland eine mehrjährige Anlaufphase durch, ehe sie zur modernen Nachkriegsliteratur wurde. Das anspruchsvolle Bilderbuch dagegen gehörte, wie schon zur Jahrhundertwende, ab etwa 1948 durchaus zur künstlerischen Avantgarde. Abstrakte Tendenzen in Form nicht perspektivisch angelegter, stark stilisierter Zeichnungen mit fleckenartiger Farbgebung umsetzend, fügten sich Illustratoren wie Richard Seewald oder Gerhard Oberländer in die Kunstrichtungen der 1950er Jahre ohne Probleme ein. Sehr bald nahmen auch in Lizenz übernommene Titel aus dem Ausland eine wichtige Stellung ein (anfangs von Alois Carigiet, Hans Fischer, Felix Hoffmann, Roger Duvoisin, später Tomi Ungerer, Leo Lionni, Eric Carle, Maurice Sendak und vielen anderen).

Es gab aber auch Illustratoren, die sich, mehr oder weniger bewußt, von den herrschenden Stilrichtungen fernhielten. Bewußte oder, seltener, echte Naivität in der Illustration galt wieder als besonders kindgemäß (Marlene Reidel, Ali Mitgutsch, Lilo Fromm, der frühe Janosch). Auch der Jahrhundertwende entstammende Bildauffassungen, vor allem die klare Kontur und homogene Farbgebung, wurden wieder gepflegt (Eva-Johanna Rubin).

In der DDR verlief die Entwicklung des Bilderbuchs anders. Trotz unzureichender Reproduktionstechniken und Papiermangel entwickelte sich eine reiche Kinder- und Bilderbuchproduktion, die dank staatlicher Subventionen für eine breite Bevölkerungsschicht erschwinglich war. Die Illustratoren waren stilistisch von den buchkünstlerischen Traditionen der Zeit vor 1933 geprägt (Elizabeth Shaw, Werner Klemke, Hans Baltzer, Egbert Herfurth), adaptierten aber auch Darstellungsweisen des 19. und frühen 20. Jh. (Gerhard Goßmann, Klaus Ensikat) und waren zwischendurch erstaunlich experimen-

tierfreudig (Ruth Knorr, Gisela Neumann, Albrecht von Bodecker, Hans Ticha, Eva Natus-Šalamoun).

In der Bundesrepublik hatten das Aufbrechen traditioneller pädagogischer Vorstellungen in der Folge der studentischen Protestbewegungen und das Aufkommen der Pop-art zwischen 1969 und 1972 eine kurze Blüte des in zahlreichen Stilvarianten experimentierenden Bilderbuches zur Folge (Helga Aichinger, Heinz Edelmann, Liselotte Schwarz, Jürgen Spohn und andere), die von einer kritisch realistischen Phase abgelöst wurde (z. B. Jörg Müller). Diese wiederum erzeugte offenbar schnell Überdruß beim Publikum, so daß etwa ab 1989 auf sie eine Welle der phantastischen Illustration folgte, an der die aus dem Ausland übernommenen Produktionen, wie schon in der experimentellen Phase, einen erheblichen Anteil hatten. Heute herrscht eine ziemliche Stilvielfalt. Neben perfektionistisch naturalistischen Illustrationen finden sich stark vom Werbedesign (↗Werbung, ↗Design) oder vom ↗Comic beeinflußte Illustrationen, aber auch Bilderbücher, die vergangene Stilarten, etwa des Surrealismus oder der 1920er Jahre, weiterentwickeln und sich durchaus wieder an den Spielarten der zeitgenössischen Kunst orientieren.

Literatur

Alt, R.: *Herkunft und Bedeutung des Orbis pictus: ein Beitrag zur Geschichte des Lehrbuchs.* Berlin 1970. S. 47.
Baumgärtner, A. C.: »Das Bilderbuch«. In: Petzhold/Erler 1990. S. 4–22.
Brüggemann, T./Brunken, O. (Hgg.): *Handbuch zur Kinder- und Jugendliteratur. Vom Beginn des Buchdrucks bis 1570.* Stuttgart 1987.
Doderer, K. (Hg.): *Lexikon der Kinder- und Jugendliteratur.* 4 Bde. Weinheim/Basel 1975–1982.
Doderer, K./Müller, H. (Hgg.): *Das Bilderbuch: Geschichte und Entwicklung des Bilderbuches in Deutschland von den Anfängen bis zur Gegenwart.* Weinheim/Basel 1973.
Hoffmann, D./Thiele, J. (Hgg.): *Künstler illustrieren Bilderbücher.* Oldenburg 1986.
Kaminski, W.: »Die Bilderwelt der Kinder«. In: Wild, R. (Hg.): *Geschichte der deutschen Kinder- und Jugendliteratur.* Stuttgart 1990. S. 317–324.
Ders.: *Einführung in die Kinder- und Jugendliteratur: Literarische Phantasie und gesellschaftliche Wirklichkeit.* Weinheim/München 1987.
Maier, K. E.: *Jugendliteratur: Formen, Inhalte, pädagogische Bedeutung.* Bad Heilbrunn 1993.
Petzhold, B./Erler, L. (Hgg.): *Bilderbücher im Blickpunkt verschiedener Wissenschaften und Fächer.* Bamberg 1990.
Schug, A. (Hg.): *Die Bilderwelt im Kinderbuch: Kinder- und Jugendbücher aus fünf Jahrhunderten.* Köln 1988.
Thiele, J. (Hg.): *Bilderbücher entdecken: Untersuchungen, Materialien und Empfehlungen zum kritischen Gebrauch einer Buchgattung.* Oldenburg 1985.
Thiele, J.: *Das Bilderbuch: Ästhetik, Theorie, Analyse, Didaktik, Rezeption.* Oldenburg 2000.

Andreas Bode

Buchgemeinschaft

Buchgemeinschaften bieten eine besondere Distributionsform für Bücher an. Sie verpflichten ihre Mitglieder zu einer festen Abnahme kostengünstiger Titel bzw. zu regelmäßigen Teilzahlungen und halten dafür ein überschaubares Angebot (in der Regel unter 500 Titel) und eine spezifische Ausrichtung des Verlagsprogramms bereit, meist mit Lizenzausgaben bereits anderweitig erfolgreicher Titel. Es gibt die Form eines direkten Abonnements monatlicher, vierteljährlicher oder jährlicher Mitgliedsbeiträge oder die Alternative einer Garantieabnahme. Dabei werden entweder vierteljährlich sog. Hauptvorschlagsbände (die daher mit einer hohen Auflage produziert werden können), oder es besteht die Möglichkeit eines freien Bezuges einer bestimmten Menge von Titeln (meist vier im Jahr) angeboten. Eine regelmäßig erscheinende Mitgliederillustrierte informiert über die Neuerscheinungen und Sonderaktionen, Treueangebote etc.

Die Anfänge

Im deutschsprachigen Gebiet findet sich die Idee einer Buchgemeinschaft zunächst bei engagierten ⁊ Lesegesellschaften in der zweiten Hälfte des 19. Jh. und vor allen Dingen im Zusammenhang mit den Volksbildungsbestrebungen (⁊ Volkspädagogik) in den Arbeiterbildungsvereinen. So entstand 1891 ein »Verein der Bücherfreunde«, der meist als erste deutsche Buchgemeinschaft genannt wird. Die Idee einer sog. »Emporlesebibliothek« von Hugo Storm aus dem Jahre 1908 ist in diesem Zusammenhang bezeichnend: Die Idee nämlich, durch eine bestimmte Auswahl von kostengünstigen Titeln gerade die Arbeiterschaft zu mehr gesellschaftlicher und sozialer Mitverantwortung und zur Bildung zu führen. (Eine Idee, die August Scherl mit seiner *Bibliothek August Scherl*, allerdings ohne explizite sozialpolitische Zielsetzung, im gleichen Jahr realisierte.)

Der Deutschnationale Handlungsgehilfen-Verband, zu dem auch die Verlage Albert Langen, Georg Müller und die Hanseatische Verlagsanstalt gehörten, begründete 1916 die Deutschnationale Hausbücherei, die mit belletristischen Werken konservativ-nationales Gedankengut verbreitete.

Die entscheidende Gründungsphase für Buchgemeinschaften war die hochdifferenzierte kulturelle und literarische Situation in der Weimarer Republik. Auf dem Hintergrund einer lang anhaltenden Buch- und Kulturkrise (aufgrund der ideologischen Zersplitterung nach rechts und links) entstanden im allgemeinen Verlagsgeschäft Bestrebungen, spezielle Zielgruppen mit einem spezifisch ausgerichteten Verlagsprogramm zu bedienen. In den 1920er Jahren erfolgte eine Neustrukturierung der Buch- und Verlagslandschaft, zum Beispiel Verbreitung von Sonderausgaben, preiswerten Reihen und durch generelle Werbefeldzüge für das Buch. Während der durchschnittliche Ladenverkaufspreis für gebundene Bücher bei 6,08 Mark lag, konnten die Buchgemeinschaften mit einem Monatsbeitrag von ca. 1 Mark und einem Buchpreis von ca. 2,50/3,00 Mark auch finanziell eine interessante Alternative bieten. Nicht nur der Gedanke der Arbeiterbildung, sondern auch der Trend, sich beim sozialen Aufstieg in das Angestellten-Milieu mit dem Nimbus einer wohlsortierten und gut gestalteten häuslichen Bibliothek zu umgeben, war der Antrieb für viele Abonnenten der Buchgemeinschaften. Die gediegene äußere Gestaltung von Buchgemeinschafts-Editionen wurde zu einem Angelpunkt des rapide steigenden Publikumsinteresses.

1924 bis 1926 kam es zur Gründung von drei Buchgemeinschaften, die sich der Arbeiterbildung verschrieben hatten. Die namensgebende Gesellschaft, die »Deutsche Buch-Gemeinschaft« (DBG) wurde im April 1924 in Berlin von Paul Leonhard gegründet. Statt der Abnahme eines Pflichtbandes bot sie ihren Mitgliedern die Auswahl unter ca. 70 Titeln an, zumal aus Büchern des Tempel-Verlages, deren Rechte sie erworben hatte. Später kooperierte die DBG mit dem Henry Goverts-Verlag (seit 1937) und seit 1970 mit dem »Bertelsmann Lesering«.

1924 wurde auch der »Bücherkreis« gegründet (bis 1933), der eng mit dem SPD-Parteiverlag J.H.W. Dietz verbunden war. Er vertrieb (teuer) auch sämtliche Titel im freien Buchhandel. Für 1 Mark im Monat erhielten die Mitglieder vierteljährlich einen Auswahlband. Bis 1933 erschienen 66 verschiedene Titel mit über 1 Mio. Exemplaren. Der Bücherkreis verfügte 1927 über 45.000 Mitglieder. Er hatte ein gemäßigt proletarisches Programm und gestaltete die Bücher typographisch, nach Ausstattung und Einbandgestaltung vorbildlich mit Hilfe führender Typographen der Weimarer Republik (u. a. Jan Tschichold).

Ebenfalls 1924 gründete der Vorsitzende des Bildungsverbandes der Deutschen Buchdrucker, Bruno Dreßler, die »Büchergilde Gutenberg«, die sich sowohl der Aufklärung und Bildung der Arbeiterschaft wie dem gut gestalteten künstlerischen Buch verschrieben hatte. Zu den bevorzugten Autoren gehörten Jack London, Oskar Maria Graf und der geheimnisumwitterte B. Traven. Da die Büchergilde Gutenberg auf die Gewerkschaftsmitglieder zurückgreifen konnte, gewann sie bis zum Jahr 1930 80.000 Mitglieder.

Die von Willi Münzenberg 1926 gegründete »Universum-Bücherei für Alle« war KPD-nah und veröffentlichte u.a. Titel von Johannes R. Becher, Kurt Tucholsky oder Anna Seghers (1932: 40.000 Mitglieder). Zu den religiös-konfessionell orientierten Buchgemeinschaften gehörten die »Bonner Buchgemeinde des Borromäus-Vereins« (gegründet 1925), die »Deutsch-Evangelische Buchgemeinschaft« (1925) und der »Heine-Bund«, der sich an die jüdischen Bürger wandte. Mit 600.000 Mitgliedern war der konservative »Volksverband für Bücherfreunde« (gegr. 1919) die größte Buchgemeinschaft, gefolgt von einer halben Mio. Mitglieder der »Deutschen Buch-Gemeinschaft«. Insgesamt besaßen die Buchgemeinschaften um 1930 etwa 1,4 Mio. Mitglieder.

Der im »Börsenverein für den Deutschen Buchhandel« organisierte Buchhandel versuchte durch zahlreiche Belieferungsverbote, Prozesse etc., den Aufstieg der Buchgemeinschaften zu verhindern, was ihm jedoch in keinem Fall gelang.

Trotz des Verbotes der linksorientierten und jüdischen Buchgemeinschaften lebte die Idee der Buchgemeinschaften im Dritten Reich weiter, die um 1940 ca. 1,7 Mio. Mitglieder besaßen.

Aufbauphase nach 1945

Die Buchgemeinschaften spielten nach dem Zweiten Weltkrieg eine wichtige Rolle beim Wiederaufbau von Privatbibliotheken. Eine führende Rolle nahmen der 1950 von Reinhard Mohn gegründete »Bertelsmann-Lesering« ein, daneben der »Europäische Buchclub« (1962 vom Bertelsmann-Lesering übernommen, seit 1971 unter dem Namen »Europäische Bildungsgemeinschaft«), der 1946 von Georg von Holtzbrinck gegründete »Deutsche Bücherbund« und die nach den Jahren im Schweizer Exil wiedergegründete »Büchergilde Gutenberg« sowie die im Jahr 1949 für akademische Lese- und Forschungsinteressen gegründete »Wissenschaftliche Buchgemeinschaft«, seit 1955 »Wissenschaftliche Buchgesellschaft (WB)«. 1952 konkurrierten 38 Buchgemeinschaften. Gründend auf dem Wertebewußtsein der 1950er und 1960er Jahre, die das Lesen im Familienverbund und den Erwerb einer hauseigenen Bibliothek als hohen kulturellen Wert ansahen, konnten gerade die bürgerlichen Lesegesellschaften mehrere Mio. Mitglieder werben. In den 1960er Jah-

ren spielten die Buchgemeinschaften als ›Kulturvermittler‹ eine besondere Rolle, die zur Popularisierung des Lesens und zum regelmäßigen Bucherwerb anhielten. Sie halfen mit, die Schwellenangst vor dem Buchhandel zu überwinden und die bildungsinteressierten Mittelschichten mit Büchern und Literatur zu versorgen. Die Hauptauswahlbände, die quartalsweise zugesandt wurden, hatten Auflagenhöhen von 400.000 bis zu 1 Mio. Exemplaren. Auf diese Weise wurden Bücher von Heinrich Böll, Heinz G. Konsalik, Johannes Mario Simmel oder auch von Alexander Solschenizyn in mehreren hunderttausend Exemplaren verbreitet, aber auch die Werke von Günter Grass fanden in Buchgemeinschaften erheblichen Widerhall. Da in der Regel keine Originaltitel vertrieben wurden, lebten die Buchgemeinschaften von Lizenzausgaben, die wiederum für die etablierten Verlage eine lukrative Möglichkeit waren, die »Nebenrechte« zu verwerten.

Die Hochblüte

Der wirtschaftlich rasch führende Bertelsmann-Lesering konnte bereits im ersten Jahr (1950/51) einhunderttausend Mitglieder werben, bis 1959 2,5 Mio., die für einen vierteljährlichen Beitrag zwei Bände im Quartal auswählen konnten. Die ↗ Werbung erfolgte über ambulante Werber und in den 1950er Jahren über ›Werbewagen‹, schließlich vermehrt über sog. Freundschaftswerbung der Mitglieder. Die nicht immer feinfühligen Werbemethoden der Werber brachten zeitweise die gesamte Branche in Verruf und tragen noch heute zu Vorurteilen gegenüber Buchgemeinschaften bei. Bertelsmann eröffnete ab 1964 »Club-Center«, die als eine Art Sortiment für die Buchgemeinschaftsmitglieder fungierten, daneben gründeten sie »Partner-Club-Center«, die in der räumlichen Nähe mit einer Buchhandlung agierten. Diese Strategie wurde in der zweiten Hälfte der 1990er Jahre durch die »Bertelsmann-Boulevard«-Konzeption wieder aufgenommen, die ein – äußerlich – gemeinsames Ladengeschäft (mit getrennten Bereichen für Sortiment und Buchgemeinschaft im Inneren) vorsieht, von dem sich Bertelsmann zur Zeit (2001) aber bereits wieder trennt.

Die Club-Center führten auch zur vermehrten Aufnahme von Nicht-Print-Produkten, so ↗ Schallplatten, Fotoartikel, Reiseangebote, späterhin vermehrt ↗ Videos und Musik-CDs. Der Umsatz-Anteil der Bücher rutschte immer mehr nach unten und belief sich 1997 auf nur noch knapp 50 %.

Während die Buchgemeinschaften in den 1960er Jahren bis zu 8,7 % des Gesamt-Jahresumsatzes des deutschen Buchmarktes erwirtschafteten, fiel in den 1990er Jahren ihr Anteil dramatisch auf heute (2001) 3,4% des Umsatzes zurück, d. h. auf etwa 650 Mio. von 19 Mrd. DM. Im Vergleich: Allein die Verlage setzen etwa 17% im Direktvertrieb ab, die Warenhäuser ca. 5%. Der kurzfristige Aufschwung einer halben Mio. neuer Mitglieder nach der Wiedervereinigung 1990 erwies sich als eine Seifenblase.

Die in Deutschland noch gültige Preisbindung für Bücher sichert durch das starre Preisgefüge die Existenz von Buchgemeinschaften, die mit dem Argument des preiswerteren Bezugs im Vergleich zur Originalausgabe werben können. Dafür wurde bereits 1952 mit dem Buchhandel ein Abstand von zwei Jahren (sog. »Hamburger Abkommen«) zwischen Original- und Buchgemeinschafts-Ausgabe vereinbart (vom Bundeskartellamt 1958 aufgehoben). Da die Frist ohnehin häufig unterlaufen wurde, einigte man sich 1995 (sog. »Potsdamer Abkommen«) auf einen Mindestabstand von 6 Monaten, der aber bei besonders aktuellen Sachtiteln (Berichterstattung über Olympiade, Fußball-WM u. a.) auf 3 Monate verkürzt werden kann. Schon in den 1920er Jahren wurden auch Originaltitel herausgegeben, was die Publikums-Buchgemeinschaften in den 1980er und 1990er Jahren in Einzelfällen mit großem Werbeaufwand wiederum versuchten, ohne damit durchschlagenden Erfolg zu verzeichnen. Die »Wissenschaftliche Buchgesellschaft« gibt dagegen bis heute Originalausgaben in großer Zahl auf Subskriptionsbasis heraus (die im allgemeinen Sortiment teurer verkauft werden).

Die Bertelsmann-Buchgemeinschaften, die nach der Übernahme des »Deutschen Bücherbundes« 1991 ein Fast-Monopol von 97% (1992) bilden, finden bei veränderten soziologischen Rahmenbedingungen immer weniger Nachfrage. Das Lesen und die gemeinsame Buchauswahl im Familienverbund gehören seit den 1980er Jahren nicht mehr zu den vorrangigen Werten der bürgerlichen Haushalte. Auch ist ein allgemein-verbindlicher Literaturkanon heute obsolet geworden. Vergleichbares gilt für die Bibliothek als Statussymbol, mit dem in den 1970er Jahren noch geworben wurde. Damit geht ein generelles Desinteresse an vorgeschriebenen Auswahlbänden wie an jeder Form von Abnahmeverpflichtung einher. Dem ↗ Publikum entstehen durch neue Distributionswege (überschaubares, monatliches Katalog-Angebot ohne Abnahmeverpflichtung wie z. B. bei »Weltbild plus«) genügend Möglichkeiten, ein überschaubares Angebot aus regelmäßig erscheinenden Katalogen auch ohne Abnahmeverpflichtung zu erwerben. Darüber hinaus hat der etablierte Buchhandel durch die Einrichtung von Erlebnis-Buchkaufhäusern etc. vieles dazu getan, die Schwellenangst vor dem Buchhandel abzubauen und diese Käuferschichten für sich selbst zu gewinnen. In den letzten zehn Jahren (1990–2000) nahmen daher die Mitgliederzahlen von Buchgemeinschaften um ein Viertel, von 6 auf 4,5 Mio., deutlich ab. Die hektischen Aktivitäten bei Bertelsmann mit verschiedenen neuen Vertriebsmodellen zeigen, daß sich die Buchgemeinschaften (zumindest in den deutschsprachigen Ländern) in einer dramatischen Krise befinden.

Zukunftsversprechend scheinen heute die Buchgemeinschaften zu sein, die sich an eine bestimmte Zielgruppe wenden, so z. B. die an akademischer Literatur und ausgewählten qualitätsvollen Sachtiteln interessierten Mitglieder der »Wissenschaftlichen Buchgesellschaft« oder Buchgemeinschaften wie die – nach ebenfalls drastischem Mitgliederschwund von 300.000 in den 1960er Jahren – am Ende der 1990er Jahre wirtschaftlich wieder gesicherte und neu konstituierte »Büchergilde Gutenberg«, die anspruchsvolle, gesellschaftlich engagierte Literatur in besonderer bibliophiler Gestaltung anbietet und 130.000 Mitglieder an sich binden konnte.

Literatur

Börsenverein des Deutschen Buchhandels (Hg.): *Buch und Buchhandel in Zahlen*. Ausg. 1989/90. Frankfurt a. M. 1990; Ausg. 2000. Frankfurt a. M. 2000.

Das Buch stiftet Gemeinschaft. Berlin/W. u. a. 1964.

125 Jahre Bertelsmann. Gütersloh 1960.

1835–1985: 150 Jahre Bertelsmann. München 1985.

60 Jahre Deutsche Buch-Gemeinschaft. Darmstadt 1984.

60 Jahre Büchergilde Gutenberg. Frankfurt a. M. 1984.

Bigler, R.: *Literatur im Abonnement. Die Arbeit der Buchgemeinschaften in der Bundesrepublik Deutschland*. Gütersloh 1975.

Dragowski, J.: *Die Geschichte der Büchergilde Gutenberg in der Weimarer Republik 1924–1933*. Essen 1992.

Füssel, S.: »Das Buch in der Medienkonkurrenz der zwanziger Jahre«. In: *Gutenberg-Jahrbuch* 71 (1996) S. 322–340.

Glotz, P.: »Bücher für viele. Der Beitrag der Buchgemeinschaften zur Arbeitnehmerbildung«. In: *Bertelsmann-Texte* 4. Gütersloh 1975. S. 3ff.

Hiller, H.: *Buchgemeinschaften im Streit der Meinungen*. München 1964.

Hutter, M./Langenbucher, W. R.: *Buchgemeinschaften und Lesekultur*. Berlin 1980.

Kollmannsberger, M.: *Buchgemeinschaften im deutschen Buchmarkt. Funktionen, Leistungen, Wechselwirkungen*. Wiesbaden 1995.

Kraus, N.: *Der Heine-Bund*. Magisterarbeit (masch.). Mainz 1997.

Lorenz, H.: *Die Universum-Bücherei. Geschichte und Bibliographie einer proletarischen Buchgemeinschaft. 1926–39*. Berlin 1996.

Meinfelder, P. R.: *Die Entwicklung der Arbeiterbuchgemeinschaften in der Weimarer Republik und ihr Beitrag der zweiten*

Kultur, unter Berücksichtigung ihrer verlegerischen und buch-gestalterischen Leistung. Diss. phil. (masch.) Jena 1991.

Möbius, K.: »Die evangelischen Buchhändler-Vereine«. In: *Der evangelische Buchhandel.* Stuttgart 1961. S. 23–48.

Scholl, B.: *Buchgemeinschaften in Deutschland 1918–1933.* Diss. phil. Egelsbach 1994.

Weissbach, F.: »Buchgemeinschaften als Vertriebsform im Buchhandel«. In: *Berichte des Instituts für Buchmarktforschung* 37ff. (1967) S. 17–101.

Wittmann, R.: *Geschichte des Deutschen Buchhandels.* München 1999.

Van Melis, U.: *Der Bücherkreis. Eine Studie zu den Buchgemeinschaften in der Weimarer Republik.* Stuttgart 2001.

Stephan Füssel

CD-ROM

CD-ROM (Compact Disc – Read Only Memory = das Gespeicherte lesen) ist eine Speichertechnologie für digitale Daten, die primär lesenden Zugriff erlaubt. Die CD-ROM speichert sowohl ↗Musik als auch andere Arten digitaler Daten (Stand- und bewegte Bilder, Sprache, Schrift) und ermöglicht die enge Verbindung von Unterhaltungs- und Computertechnologie. Die Musik-CD (↗Schallplatte/CD) verändert seit Ende der 1980er Jahre den Musikvertrieb, während sich die Daten-CD seit Mitte der 1990er Jahre als wichtigster Datenträger für die Weitergabe digital verschlüsselter Information etabliert, was dazu führt, daß die CD-ROM gerade im Zusammenhang mit dem Schlagwort ›Multimedia‹ häufig genannt wird. Durch die Möglichkeit der Verteilung großer Datenmengen trägt die Technologie der CD-ROM zu zahlreichen Innovationen in Technik und Kultur bei. Die Daten-CD konnte sich insbesondere durchsetzen, weil sie schon zur Zeit ihrer Einführung relativ große Mengen an Daten speichern konnte und weil die Herstellungskosten sehr niedrig liegen. Die Vielzahl der potentiellen Anwendungen und der hohe Grad der Standardisierung unterstützen ihren Siegeszug und ließen für Sonderlösungen wie die Standards CD-V für ↗Video oder CD-ROM-XA für synchronisierte Audio- und Video-Daten (vgl. Klußmann 2000) wenig Raum. Seit Ende der 1990er Jahre erleichtern weit verbreitete Schreibgeräte (CD-Brenner) die Verbreitung von CD-ROMs in kleinen Auflagen. Zu Beginn des neuen Jahrtausends zeichnet sich trotzdem bereits eine langsame Ablösung durch die DVD-Technologie und durch die Verteilung von Daten über Netzwerke (↗Internet) ab.

Technologie

Die etwa 12 cm große, flache Scheibe CD-ROM zählt zu den optischen Datenspeichern und basiert auf der Lasertechnologie. In den Lesegeräten (Laufwerken) rotiert diese Scheibe, und ein Laserstrahl läuft über die untere Fläche. Ein von einem Spiegel gesteuerter Motor lenkt den Strahl auf die gewünschte Position. Auf der Unterseite der Kunststoffscheibe verläuft eine Rille von innen nach außen, auf der Vertiefungen (pits) und Erhöhungen (lands) die Daten codieren. Fällt der Laserstrahl auf eine Vertiefung, dann weist das reflektierte Licht eine andere Wellenlänge auf als bei einer Erhöhung. Diese Veränderung registriert das Lesegerät. Die pits und lands repräsentieren jedoch nicht direkt die digitale Information. Vielmehr stehen jeweils vierzehn Einheiten für acht digitale Bits zur Verfügung, so daß das Lesegerät eine Übersetzung leisten muß (EFM, Eight to Fourteen Modulation). Die an sich redundanten Teile dienen der Sicherheit und garantieren die Integrität der Daten (zu weiteren technischen Einzelheiten vgl. Bertelsmann 1994, S. 91 ff.; Hahn 1994, S. 217 ff.). Diese Redundanz schließt Lesefehler weitgehend aus. Nicht zuletzt deshalb stellt die Lesegeschwindigkeit das entscheidende Qualitätskriterium von CD-ROM-Laufwerken dar. Nachdem Lesegeräte für Musik-CDs weit verbreitet waren, etablierten sich die Lesegeräte für ↗Computer (PCs). Diese konnten auch das Format der digitalisierten Musik interpretieren und als Abspielgeräte für Musik eingesetzt werden. Besonders für Daten-CDs gilt die Geschwindigkeit des Lesevorgangs als entscheidendes Qualitätskriterium. Zwar läuft der Datenzugriff auch bei sehr schnellen CD-ROM-Laufwerken weitaus langsamer ab als bei Festplattenspeichern, jedoch reicht diese Geschwindigkeit für viele Anwendungen aus und ist oft höher als die Zugriffsgeschwindigkeit auf Daten in Netzwerken.

CD-ROMs werden vorwiegend durch mechanisches Pressen produziert, wofür zunächst ein Master erstellt wird. Nach mehreren Arbeitsschritten preßt der Master flüssigen Kunststoff in die gewünschte Form. Die sogenannten CD-Brenner hingegen erzeugen durch eine erhöhte Intensität des Laserstrahls eine Veränderung auf der Struktur der organischen Oberfläche der leeren CDs (Rohlinge). Dadurch verändern sich die Reflexionseigenschaften und der Lesevorgang funktioniert völlig analog zu den gepreßten CDs. Bei mehrfachem Schreiben läßt sich die CD erst nach dem Abschließen in anderen Laufwerken lesen, so daß das einmalige Beschreiben die Regel ist. Zur Haltbarkeit und Beständigkeit von CD-ROMs liegen noch wenig Erfahrungen vor. Jedoch läßt die generelle Kurzlebigkeit der modernen Technologien Zweifel an der langfristigen Haltbarkeit des CD-Materials aufkommen, für das übrigens auch die Musikfirmen keine Garantie übernehmen. Für die

Sicherung des kulturellen Erbes etwa in Bibliotheken erscheint die CD-ROM daher momentan kaum geeignet.

Nutzung als Audio- und Daten-CD

Die CD-ROM als Audio-CD verdrängte nach ihrer Einführung sehr schnell die Schallplatte ebenso wie die ↗ Musikkassette in Nischenmärkte. Sie etablierte sich als der Standardvertriebsweg für Musik und andere Audio-Produkte wie Hörbücher (vgl. Hoppe 2001). Weltweit liegt der Anteil der CD unter den Musikträgern bei 72% und in Deutschland sogar bei 85% (vgl. IFPI 2002). Im Jahr 2000 kaufte der durchschnittliche deutsche Haushalt sechs Musik-CDs pro Jahr, in den USA liegt der Absatz sogar bei neun (vgl. IFPI 2002).

Die CD-ROM kann Informationen beliebigen Inhalts in digitaler Form aufnehmen. Die Kapazität von 650 Megabyte (MB) war zu Beginn der Einführung höher als die der damals üblichen Festplatten und entspricht etwa 250.000 getippten Seiten Text (vgl. Jacsó 1997), 3000 bildschirmfüllenden Bildern oder Graphiken oder 150 Musiktiteln bzw. 1000 Minuten im MP3-Format. Bei bewegten Bildern hängt die Länge der Sequenz sehr stark von dem gewählten Kompromiß zwischen Qualität und Datenmenge ab, so daß generelle Aussagen schwierig sind. Gleichwohl erlauben neue Komprimierverfahren das Kopieren eines Spielfilms von DVD auf CD mit befriedigender Qualität. Trotz der Popularität des Zugriffs auf Informationen im Internet bleibt die Daten-CD attraktiv für Anwendungen mit großen Datenmengen, die keine Tagesaktualität erfordern.

Vor allem Software wurde zunehmend nicht mehr auf Disketten, sondern auf CD-ROM vertrieben, so daß sich ein PC seit Mitte der 1990er Jahre kaum mehr ohne CD-ROM-Laufwerk betreiben ließ. Bereits das Betriebssystem, die Basissoftware für Computer, wird meist von CD installiert oder von dort aufgerufen. Auch zahlreiche Datenbanken, die online zugänglich sind, werden als CD-ROM Version vertrieben. Die Palette reicht von Gratis-Buchkatalogen über günstige digitale Telefonbücher bis zu sehr teuren Spezialdatenbanken. Dazu zählen auch zahlreiche bibliographische Datenbanken, die zusammen mit Recherchesoftware auf CD-ROM vertrieben werden. Beispiele sind die WISO-Reihe mit über zwei Millionen Nachweisen von Beiträgen aus der wissenschaftlichen Fachliteratur (vgl. GESIS 2001) und die Diss-CD der Deutschen Bibliothek mit Recherchesoftware und Nachweisen zu den Dissertationen und Habilitationsschriften der Jahre 1945 bis 1997 (vgl.

DDB 2002b). Durch diese und ähnliche Angeboten trugen CD-ROMs auch zur Etablierung von digitalen Bibliotheken bei (vgl. Borgman 2000). Vollständige Lexika ließen sich auf eine CD-ROM pressen und so komprimiert als digitales Produkt vertreiben. In den Geisteswissenschaften erschienen z. B. zahlreiche Werkausgaben auf CD mit Such- und Indexfunktionen, die vor allem die wissenschaftliche Benutzung bereichern, so daß inzwischen bedeutende Teile der deutschen Literatur auf diesem Medium vorliegen (vgl. Füssel 2001). Ebenso liegen Texte antiker griechischer und lateinischer Autoren auf CD-ROM vor. Zwar erlaubt die einmal ausgelieferte CD-ROM keine nachträglichen Veränderungen, jedoch kann eine Software bei entsprechender Installation die Daten auf der CD nutzen und Eingaben des Benutzers auf der Festplatte abspeichern. Ein derartiger kombinierter Einsatz erweitert die Anwendungsmöglichkeiten der CD-ROM und führt zum individualisierten, benutzerangepaßten Gebrauch, denn grundsätzlich kann der Benutzer beliebige Sequenzen bewegter Bilder und Töne wie Textseiten kombinieren und sequentiell oder parallel abspielen.

Multimedia

Die CD-ROM ermöglichte auch völlig neue Produkte und führte zu neuen Ausdrucksformen. Es können auch sogenannte multimediale Inhalte realisiert werden, bei denen digitale Texte, Graphik, Audio und/oder ↗ Video kombiniert werden.

Entscheidend für Multimedia ist jedoch die Interaktivität (↗ Interaktives) und die dadurch ermöglichte Dynamik. Damit weisen Multimedia-Programme über die seit Jahrhunderten übliche einfache Kombination von Bild und Text hinaus. Bereits die Interaktion mit Texten erlaubt sogenannte Hypertext-Romane, welche die strenge lineare Ordnung der Bausteine aufheben. Jeder Leseprozeß konstruiert einen neuen Weg durch das Angebot der CD-ROM. Das Einbinden von Graphiken ermöglicht kritische literarische Werkausgaben mit eingescannten Manuskript-Seiten, künstlerische Projekte wie Bildessays oder Image-CDs zu Werbezwecken. Die Integration kontinuierlicher Medien wie Video und Audio eröffnet weitere Möglichkeiten. Entsprechende Interaktionsangebote erlauben in der Medienwissenschaft Einzelbildanalysen, bei denen das bewegte Bild beliebig angehalten wird. Eine wirtschaftlich bedeutende Anwendung stellten schon früh Spiele auf CD-ROM dar, welche die Kombination von Bildern, Video, Audio und Text und damit die Interaktion sehr intensiv nutzen.

Auch Künstler nutzen den Datenträger CD-ROM für den Vertrieb von Arbeiten; ob es aber eine eigenständige CD-ROM-Kunst gibt, bleibt umstritten. Gleichwohl entstehen schon Mitte der 1990er Jahre interessante Kunstwerke im Spannungsfeld zwischen Computerprogramm, ↗Film, Buch, Hörspiel und ↗Spiel (für einige Beispiele vgl. Huhtamo 1996). Die Eigenschaften der CD-ROM schlagen sich auch in Ausbildungsangeboten zum CD-ROM-Entwickler nieder, die nicht nur Kompetenzen in der Software-Programmierung, sondern eben auch künstlerische Fähigkeiten benötigen, um CD-ROMs zu erstellen. Große Datenmengen fallen beim Privatanwender etwa bei dem Kopieren von Musik-Dateien an. Bei digitaler ↗Fotografie, privaten Videos und bei der Datensicherung ermöglicht der CD-Brenner das Erzeugen und Gestalten von eigenen CD-ROMs.

Verbreitung und rechtliche Aspekte

Die niedrigen Herstellungskosten führten zu Verteilungsformen, bei der CD-ROMs Büchern oder ↗Zeitschriften beigelegt wurden oder CDs kostenlos verschickt oder verteilt wurden. Häufig wurden die Inhalte im HTML-Format des Internets gestaltet, das die Integration von multimedialen Elementen erlaubt. Ein Verzeichnis von Daten-CD-ROMs aus dem Jahr 1994 enthielt über 7000 Titel (vgl. Jacsó 1997). Für 1998 werden bereits über 28 000 Titel registriert (vgl. Nicholls 1998). Allein in der Deutschen Bibliothek sind bis 2001 über 44 000 elektronische Publikationen katalogisiert, wobei es sich in erster Linie um CD-ROMs handelt (vgl. DDB 2002a). Aufgrund der Verbreitung der CD-Brenner sind in den letzten Jahren auch Kleinstauflagen möglich, so daß Institutsberichte oder Seminarunterlagen als CD-ROM-Publikation realisiert werden.

Im Jahr 1995 wurden weltweit bereits 34 Millionen CD-ROM-Laufwerke für Computer verkauft (vgl. Klußmann 2000, S. 120). Die Verbreitung der CD-Brenner schreitet seit ihrer Einführung Mitte der 1990er Jahre stark voran. Nach einer Umfrage haben 2001 bereits 23 % der Bevölkerung in Deutschland Zugriff auf ein derartiges Gerat. Die Kosten für einen bespielbaren Rohling, also eine leere CD, betragen weit unter einem Euro. Nach einer Untersuchung der Gesellschaft für Konsumforschung (GfK) wurden 2001 in Deutschland allein für das Bespielen mit Musik über 180 Millionen Rohlinge erworben (vgl. IFPI 2002).

Die Digitalisierung im Rahmen der Einführung der CD-ROM erleichtert nicht nur das Kopieren, sondern erlaubt die Vervielfältigung ohne Qualitätsverlust. Dies führt zu rechtlichen Problemen, insbesondere dem Verkauf nicht lizensierter und damit illegaler Kopien (Raubkopien). Die Verbreitung von CD-Brennern verschärft dieses Problem ebenso wie die Einführung des Komprimierungsstandards MP3 für Musik-Dateien. Im Internet erhält dieses Problem eine ganz neue Dynamik, wie etwa die rechtlichen Auseinandersetzungen um die Musiktauschbörse Napster gezeigt haben (vgl. Röttgers 2001). Zunächst betraf es das Kopieren von Musik-CDs, bei denen zwar das Anfertigen einzelner Kopien für den privaten Gebrauch erlaubt ist, jedoch nicht deren gewerbsmäßiger Vertrieb. Die Musik-Industrie beklagt vor allem das private Kopieren von Audio-CDs, das angeblich zu einem Rückgang des Absatzes bei Musik-CDs führt (vgl. IFPI 1997). Verwertungsgesellschaften, die in Deutschland die Inhaber der Urheberrechte vertreten, haben aber schon eine Abgabe auf CD-Brenner durchgesetzt (vgl. Gema 2002) und fordern deren Ausweitung auf CD-Rohlinge und sämtliche PC-Systeme. Kritiker betrachten dies als die Übertragung veralteter Gesetze auf die digitale Welt, in der sie längst nicht mehr adäquat sind.

Kopien von Daten-CDs führen ebenfalls häufig zu Verletzungen des Urheberrechts. Der Vertrieb der Software ist häufig an den Verkauf des Datenträgers geknüpft. Wird dieser kopiert und die Software auf einem weiteren PC ohne Lizenz ausgeführt, so gilt dies meist als Verstoß gegen das Urheberrecht. Auf den potentiellen Mißbrauch reagiert die Industrie u. a. mit zahlreichen Kopierschutzmechanismen für CD-ROMs, die meist auf der Ebene der Software eingreifen.

Konvergenz

Die CD-Rom symbolisiert geradezu das Zusammenwachsen von Unterhaltungselektronik und Computertechnologie und zeigt gleichzeitig die Grenzen dieser Konvergenz (vgl. Briggs/Burke 2002). Die Lesegeräte wurden zunächst in dezidierte Musikanlagen integriert. Später wurde die gleiche Technologie in PCs verwendet, wodurch das Abspielen von Musik-CDs in Computern möglich wurde. Trotzdem blieben die Vertriebswege für Geräte und Datenträger getrennt. Die gewünschte Nutzungsart gibt dann den Ausschlag, ob ein Kunde eine CD-ROM im Musikladen oder im Computergeschäft erwirbt. Nach der Einführung des Komprimierungsstandards MP3, der die Speicherung mehrerer Musik-CDs auf einer Daten-CD erlaubt, gewann die Daten-CD an Bedeutung für das Hören von Musik. Neue Abspielgeräte kamen auf den Markt, die spezifische Musik-CDs, MP3-Dateien von Daten-CDs ebenso wie die Daten aus der neuen DVD-Technologie abspielen können.

Literatur

Bertelsmann Lexikon Informatik – EDV – Computertechnik. 1994.

Borgman, C.: *From Gutenberg to the Global Information Infrastructure: Access to Information in the Networked World.* Cambridge 2000.

Briggs, A./Burke, P.: *A Social History of the Media: From Gutenberg to the Internet.* Cambridge 2002.

Die Deutsche Bibliothek. *Jahresbericht 2001.* http://www.ddb.de/produkte/jahresbericht–2001.htm. 2002a.

Die Deutsche Bibliothek. *CD-ROM/DVD-Ausgaben.* 2002b. http://ddb.de/produkte/cd-rom.htm.

Gema: *Einigung über Urhebervergütung für CD-Brenner.* Pressemitteilung vom 1. 8. 2002. http://www.gema.de/kommunikation/pressemitteilungen/pm20020801.shtml

Füssel, S.: »Geisteswissenschaften und digitale Medien: Von der Medienkonkurrenz zur Mediensymbiose«. In: *Wissenschaftspublikation im digitalen Zeitalter.* 2001. http://www.ddb.de/produkte/wisspubl2.htm

Gesellschaft sozialwissenschaftlicher Infrastruktureinrichtungen. *CD-ROM »WISO III«.* 2001. http://www.gesis.org/Information/Recherche/cd.htm.

Hahn, H.: *Das große CD-ROM Buch.* Düsseldorf 1994.

Hoppe, A.: »Von der Rillenplatte zur Compact Disc«. In: Bullerjahn, C./ Erwe, H.-J.: *Das Populäre in der Musik des 20. Jahrhunderts: Wesenszüge und Erscheinungsformen.* Hildesheim u. a. 2001.

Huhtamo, E.: *Gibt es eine Kunst im CD-ROM-Bereich?* Vortrag FILMWINTER ›96. http://www.lf.net/wanda/hutamo.html

IFPI Deutschland/Bundesverband Phono. http://www.ifpi.de

Jacsó, P: »CD-ROM«. In: Feather, J./Sturges, P.: *International Encyclopedia of Information and Library Science.* London/New York 1997. S. 51 ff.

Klußmann, N.: *Lexikon der Kommunikations- und Informationstechnik.* Heidelberg 2000.

Nicholls, P.: »Multimedia and CD-ROM Directory 1998«. In: *Information Today* 15 (8). http://www.infotoday.com/it/sep98/ab12.htm.

Röttgers, J.: *Gelb-rote Karte für Napster. Telepolis: Magazin der Netzkultur.* http://www.heise.de/tp/deutsch/inhalt/musik/4904/1.html 2001

Thomas Mandl

Charts

Etymologisch geht das engl. Wort *chart*, genauso wie im Deutschen das Wort ›Karte‹, auf das lat. Wort *charta* zurück, das soviel wie ›steifes Blatt Papier‹ bedeutet. Chart ist ursprünglich mit Seekarte, Schaubild, graphische Darstellung oder Diagramm zu übersetzen; im modernen Sprachgebrauch hat sich ›Charts‹ inzwischen als Synonym für musikalische Ranglisten und Hitlisten im allgemeinen eingebürgert. Gemeint ist eine Zusammenstellung der zu einem bestimmten Zeitpunkt beliebtesten Hits bzw. eine Liste mit Spitzenschlagern. Mit dem Wort ›Charts‹ hängen also die Begriffe ›Hit‹ (engl. für ›Treffer‹) und (Spitzen-)Schlager eng zusammen: Beide bezeichnen Songs oder Musikproduktionen, die im Singleformat angeboten werden und überdurchschnittliche Resonanz beim ↗Publikum verzeichnen können. Sie lassen keine Rückschlüsse auf Repertoirekategorien zu, sondern dokumentieren lediglich den Grad der Beliebtheit eines Stückes beim Publikum (vgl. Kneif/Halbscheffel 1991). Im musikwirtschaftlichen Zusammenhang werden erweiternd alle Ranglisten von Musiktiteln, von bespielten Tonträgern, Musiknoten, Musikvideos (↗Videoclip) oder auch Multimediaprodukten, die Auskunft über die meßbare Beliebtheit des Produkts geben, als Charts bezeichnet. Das Kriterium der Beliebtheit bezieht sich dabei auf höchst unterschiedliche Indikatoren: So können Verkäufe, Sendeeinsätze, öffentliche Aufführungen, Meinungen und Beurteilungen von ↗Fans und Fachleuten Bemessungsgrundlage sein. Im Gegensatz zu den Charts im literarischen Bereich, wo man Unterscheidungen zwischen Bestseller- und Besten-Kritiker-Listen antrifft, konzentrieren sich die Ranglisten im popmusikalischen Bereich auf quantitative Kriterien. Charts aspektualisieren das Musikgeschehen: Sie stellen einen nach inhaltlichen und zeitlichen Kriterien ausgewählten, ordinal gegliederten Ausschnitt des Musikmarktes dar.

Funktion und Stellenwert der Charts

Die Bedeutung der Charts für den Musikmarkt kann nicht überschätzt werden: Sie übernehmen die Funktion eines für alle Beteiligten hilfreichen Orientierungssystems innerhalb des heute vielfältigen Musikgeschehens. Sie geben Auskunft über den momentanen Musikgeschmack und sind Barometer für musikstilistische Trends. Zugleich initiieren sie das öffentliche Gespräch über die populärmusikalischen Produkte und machen so aus einem Wirtschafts- ein Kulturgut. Auf diese Weise gelten sie als Grundlage für Selektionsentscheidungen der Konsumenten, wobei der Chart-Begriff je nach Zielgruppe unterschiedlich konnotiert ist: Steht er z. B. bei Kindern und Jugendlichen zwischen etwa 12 und 15 Jahren für die ↗Musik, die momentan ›angesagt‹ ist, so ist der Begriff bei Älteren durchgängig negativ besetzt. Er wird entweder gleichgesetzt mit Mainstream und Kommerzmusik, denen es an Authentizität und Originalität mangele, oder aber mit Titeln, die im ↗Radio häufig zu hören sind und die als ›nervend‹, lästig und langweilig eingeschätzt werden (vgl. Oehmichen

1998, S. 64). Für die musikproduzierende und -distribuierende Branche stellt das Chart-System in seiner Funktion als Marktforschungsinstrument eine unabdingbare Grundlage für Management-Entscheidungen dar, ähnlich den Einschaltquoten im TV-Bereich. In der Produktion werden die Charts regelmäßig und aufmerksam verfolgt, um betriebliche Aktionsparameter auf neue Entwicklungen abzustimmen. Für den Handel legen die Charts die Grundlage für Dispositionsentscheidungen, welche wiederum die Produktpräsenz in den Verkaufsregalen bestimmt. Die Charts liefern insofern die nötigen Informationen, um eine bedarfs- und flächendeckende Bereitstellung gerade beliebter Tonträger zu garantieren.

Zusammenstellung und Ermittlung der Charts

Wie bereits erwähnt, existieren in der Praxis viele mögliche Bemessungsgrundlagen, um Charts zu ermitteln. Prinzipiell sind Charts dann aussagekräftig, wenn sie inhaltlich und zeitlich einer präzisen Begrenzung unterliegen. Eine häufig verwendete inhaltliche Eingrenzung besteht darin, die Chart-Ermittlung auf spezielle Repertoirekategorien zu beziehen. Innerhalb der musikproduzierenden Industrie sind zur Zeit folgende Genreunterteilungen üblich: Zunächst wird zwischen Pop und Klassik (entspricht U- vs. E-Musik) unterschieden. Innerhalb der Unterhaltungsmusik werden deutsche und internationale Produktionen sowie die Kategorien ›Pop‹, ›Rock‹, ›Dance‹, ›Schlager und Volksmusik‹, ›Kinderprodukte‹, ›Country und Folk‹, ›Jazz‹ und ›Sonstige‹ differenziert. Der Marktanteil des Deutschpops rangierte laut Media-Control zwischen 1987 und 1991 um die 25 %. Geprägt wird der Musikmarkt von der Pop- und Rockmusik, die 1996 40,1 % resp. 16,6 % auf sich vereinen konnte. Problematisch gestaltet sich allerdings die Zuordnung von Musikstücken zu den diversen ↗ Genres, da oft Mehrfachklassifizierungen möglich wären und die Genregrenzen alles andere als eindeutig sind. Eine weitere, weniger problematische Differenzierung wird über das Tonträgerformat vorgenommen (↗ Musikkassette/Tonband; ↗ Schallplatte/CD): Üblicherweise werden Longplay- (Alben) und Single-Formate unterschieden.

Entscheidend für die Ermittlung der Charts ist jedoch die methodische Umsetzung und damit zunächst die Frage der Datenerhebung: Wie erhält man verläßliche, gültige und mit vertretbarem Aufwand erfaßbare Daten, die Auskunft über die Beliebtheit von Tonträgern geben? Folgende Datenquellen spielen für die Ermittlung von Musik-Charts eine herausragende Rolle (vgl. Zombik 1997a, 141 f.): Erfassung der Tonträger-Käufe, Erfassung der Radioausstrahlung (Airplay-Einsätze), Erfassung der Titel-Einsätze in Diskotheken, Erfassung von Meinungen, Bewertungen und Verhaltensweisen der Endverbraucher sowie Erfassung der Bewertung von Experten. Im Zentrum der Messung stehen heute jedoch vor allem die Kriterien ›Verkäufe von Tonträgern‹ und ›Häufigkeit der Radioausstrahlung‹, da ersteres unmittelbar Aufschluß über das Kaufverhalten der Endverbraucher und damit über den wirtschaftlichen Erfolg der Branche gibt und letzteres als entscheidender Multiplikator gilt, der Kaufimpulse zu setzen vermag.

Die professionelle Chart-Ermittlung erfolgt in Deutschland seit 1977. Die offiziellen deutschen Charts, die Top-100-Singles und die Top-100-Longplays, werden seither im Auftrag des Bundesverbandes der phonographischen Wirtschaft vom Baden-Badener Marktforschungsunternehmen Media Control verläßlich ermittelt. Die Auswertungen finden wöchentlich statt und werden regelmäßig in verschiedenen Foren veröffentlicht. Bei der Chart-Ermittlung der in einem bestimmten Zeitraum bestverkauften Singles und Alben wird auf das Instrument der direkten Befragung des Tonträger-Fachhandels zurückgegriffen, zu dem alle durch Großhändler belieferten Fachgeschäfte und -abteilungen zählen (nicht berücksichtigt werden damit Schallplatten-Clubs, Verbrauchermärkte und Rack-Jobber). Erfolgte dies bis vor kurzem noch durch den Einsatz von Fragebögen, so findet die Erfassung seit 1997 vollständig auf elektronischer Basis statt. Dies geschieht mit Hilfe von PhonoNet, eines Bestellsystems der durch den Bundesverband Phono 1991 gegründeten gleichnamigen Firma, das Verkaufszahlen aus computergestützten Kassensystemen in ca. 1500 Verkaufsstätten ermittelt (für weitere Details vgl. Gorny/ Stark 1998).

Auf Grundlage dieser Daten erstellt die Firma Media Control wöchentlich eine repräsentative Stichprobe als verkleinertes Abbild des Absatzes durch den Tonträgerfachhandel. Die Verkaufszahlen werden addiert und bilden das Kriterium für die Rangfolge der Longplays (Top-100-Longplays) bzw. der Single-Positionen 1–50 (Top-50-Singles). Die offiziellen Top-100-Longplays gliedern sich in Angaben zu Alben und Compilations. Zu Letzteren zählt der Bundesverband Phono alle Veröffentlichungen, die drei oder mehr Titel verschiedener Künstler enthalten, ausgenommen Soundtracks und Produktionen mit Projektcharakter, wie etwa Konzertveröffentlichungen (↗ Konzert).

Bei der Ermittlung der übrigen 50 Positionen im Single-Bereich (51–100) wird darüber hinaus die Radioausstrahlung berücksichtigt, da das geschrumpfte Verkaufsniveau bei den Singles (von 50 Millionen im Jahr 1989 auf 25 Millionen im Jahr 1991) eine statistisch gesicherte Bemessungsgrundlage nicht länger garantieren konnte. Obwohl sich der Single-Markt seit 1991 wieder erholt (1995 wurden etwa 44 Millionen Singles verkauft), blieb das Airplay-Erfassungssystem eine wesentliche Grundlage für die Single-Charts, da es wichtige Informationen über die momentane Popularität eines Titels zu vermitteln vermag. Technisch gesehen erfolgt die Ermittlung der Airplay-Einsätze durch ein computergestütztes Erfassungs- und Auswertungsverfahren der Media Control: Nach den Kriterien ›relevante Hörerreichweite‹ und ›relevante Programmstrukturen‹ werden Rundfunkstationen ausgewählt, in deren Programmangebot computergestützt bestimmte, vorher ausgewählte Titel beobachtet und gezählt werden. Beobachtet werden alle Titel, die sich in der Vorwoche in den Top-100-Single-Charts befanden, sowie solche, die innerhalb einer Mindestbeobachtungsdauer von vier Wochen wenigstens 5 % der Händlermeldungen über verkaufte Tonträger auf sich vereinen konnten. Zunächst entstehen aus beiden Erfassungssystemen, ›Verkauf‹ und ›Radioausstrahlung‹, getrennte Chartlisten. Die Zusammenführung zu den offiziellen Top-100-Singles erfolgt schließlich dadurch, daß die ersten 50 Positionen den Verkauf an Tonträgern repräsentieren und die Positionen 51–100 gewichtet zusammengefaßt werden (zur genaueren Verfahrensweise vgl. Deutsche Landesgruppe der IFPI 1999 sowie Zombik 1997b, 153 f.). Neben den Longplay- und Single-Charts werden innerhalb des Bundesverbandes Phono des weiteren die Top-5-Compilations sowie monatlich die Top-20-Klassik-Charts ermittelt. Das System der Chart-Ermittlung unterliegt strengen Anpassungsverfahren: Um Neuerscheinungen zeitnah zu erfassen, existieren diverse Bereinigungs- und Re-Entry-Regeln, die Vorschriften darüber enthalten, wann ein Titel oder ein Album nicht mehr in den Charts geführt werden darf bzw. welche Kriterien erfüllt sein müssen, daß eine ehemals chartplazierte Veröffentlichung den nochmaligen Sprung in die Charts schafft (zu Details vgl. Deutsche Landesgruppe der IFPI 1999). Darüber hinaus führt die Media Control allgemeine händler- und titelbezogene Tests und Kontrollen durch, um die Verläßlichkeit der Chart-Ermittlung sicherzustellen und Fällen von Chart-Manipulation vorzubeugen.

Kritik am Chartsystem

Charts sind nicht nur Instrumente der Marktforschung, sondern auch der aktiven Marktgestaltung. Die Macht der Charts führt zu spezifischen Problemen: Da es sich bei den Hitlisten hauptsächlich um verkaufsbasierte Daten handelt, repräsentieren die Charts lediglich das Kaufverhalten der Endverbraucher. Unberücksichtigt bleiben z. B. Gruppen, die sich die Anschaffung vieler Tonträger nicht leisten können, womit aber gerade jene Bevölkerungsgruppe, der Trendsetterfunktion innerhalb musikstilistischer Bewegungen zugesprochen wird, nämlich die Gruppe der 14–19jährigen, unterrepräsentiert bleibt. Darüber hinaus bergen Charts die Gefahr, zum dominierenden Maßstab des Handels zu werden: Die Konzentration auf die aktuellen Charts verstellt den Blick auf breitere Entwicklungen innerhalb des Musikmarktes und bremst Innovationen, die unerläßlich sind für einen anhaltenden ökonomischen Erfolg. Die Charts – so zumindest die Darstellung innerhalb musikwirtschaftlicher Interessenverbände – lavieren zwischen den Funktionen Trendspiegel und beharrender Kraft auf bereits finanziell Erfolgreichem. So raten Marktexperten zu einem Kompromiß, der zwischen der Konzentration auf Chart-Erfolge und der Förderung neuer, kreativer Talente und Ideen vermitteln solle, denn eine prosperierende Musikindustrie brauche eine lebendige Musikkultur. Daß dies bislang nicht der Fall ist, zeigt die anhaltende Benachteilung der Independent Labels (Indies): Das Media-Chart-System läßt die Indies nur unter erschwerten Bedingungen in der Liste der ersten Hundert auftauchen, was dazu führt, daß die Radio-DJs in ihren Pools hauptsächlich Künstler der Major Labels (Majors) finden und diese via Radioausstrahlung promoten. Letztlich fungieren die Charts als werbeökonomische Instrumente und repräsentieren das Kaufverhalten von Endkonsumenten. So beziehen die Charts ihre Aussagekraft nahezu ausschließlich aus Angaben darüber, wie oft ein bestimmter Musiktitel gekauft wurde, und trotz einiger Einrichtungen, die sich explizit den inhaltlichen und ästhetischen Kriterien kultureller Güter widmen (z. B. Music-Awards, Oscar u. ä.), basieren Erfolg und Popularität von Musikstücken und Künstlern v. a. auf quantitativen Kriterien.

Literatur

Deutsche Landesgruppe der IFPI/ Bundesverband der phonographischen Wirtschaft: *Kurze Einführung in die offiziellen deutschen Charts.* Quelle: www.ifpi.de/service/se-charts.
Gorny, D./Stark, J.: »Wem nutzen die Charts? Ein Interview mit Heinz Canibol, Vorsitzender des Chart-Ausschusses«.

In: Dies. (Hgg.): *Jahrbuch pop & kommunikation 98/99*. München/Düsseldorf 1998. S. 94–97.

Kneif, T./Halbscheffel, B.: *Sachlexikon Rockmusik*. Reinbek 1991.

Oehmichen, E.: »Medienforschung als Programmberatung. Zur Entwicklung eines neuen öffentlich-rechtlichen Jugendradios«. In: *Media Perspektiven* 2 (1998) S. 61–69.

Zombik, P.: »Die Bedeutung der Charts für die Musikwirtschaft«. In: Moser, R./Scheuermann, A. (Hgg.): *Handbuch der Musikwirtschaft*. Starnberg/München 1997a. S. 138–146.

Ders.: »Die offiziellen deutschen Charts«. In: Moser, R./Scheuermann, A. (Hgg.): *Handbuch der Musikwirtschaft*. Starnberg/München 1997b. S. 147–158.

Klaus Neumann-Braun/Axel Schmidt

Clown

Etymologisch wurzelt das Wort Clown als Äquivalent für Narr, Mime, Jester oder Zani im 16. Jh. Es läßt sich auf *Colonus* und *clod* zurückführen, was Bauer bedeutet. Das Isländische kennt das Wort *Klünne*, das Friesische *Klönne* und im Dänischen wird *Klunes* und *Clods* synonym für Clown gebraucht. Der Clown als ›Country Yokel‹, wie er aus Shakespeares pastoraler Komödie *As You Like it* bekannt ist, wird zu einer universellen Stereotype des Komischen.

Der Clown ist eine historische Figur: Oleg Popow, Charlie Rivel, der große Grock, Auriol, Delprini, die Fratellinis – sie alle haben Ahnen. Der Clown kennt keine nationalen und geographischen Grenzen. Er verwandelt die Arena zur Weltbühne. Er ist eine transkulturelle Figur. Seine Kunst ist im historischen Verlauf erstritten und erworben worden.

Schelmenfiguren der Frühzeit

Schon die indianischen Kulturen im vorkolumbianischen Amerika kannten clowneske Figuren: Trickster, Schelmengestalten, die Schöpfer und Zerstörer zugleich waren, so wie z. B. der Koshare bei den Tehua-Indianern. Der Koshare stand zwischen den Welten: Er lag im Kampf mit der irdischen Ordnung und legte zugleich für die Mitglieder des Stammes Fürsprache bei den Göttern ein.

Der indianische Schelm erscheint ursprünglich als Gottheit mit gespaltener Seele. In den indianischen Mythen schildert ein Zyklus den Trickster, wie er zwischen Wasserlilien das sich spiegelnde Bild der Lilien für die Blumen selbst hält: Ein Hinweis auf ein clowneskes Wirklichkeitsempfinden.

Wakdjunkaga, die Schelmenfigur in den indianischen Mythenzyklen der Winnebago, einem siouxsprachigen Stamm aus Nebraska, besaß ein gutmütiges Naturell, wollte weniger zerstören, eher aufbauen.

Die Anhänger des Peyoter-Ritus pflegten einen Schelmenritus, der das satanische Element stärker betonte. Herehgunina war der Name für den großen bösen Geist bei Winnebado, dessen Bestehen zweifelhaft ist. Der Schelm als teuflischer Widersacher tritt hier als Grundfigur auf.

In den indianischen Kulturen, die strengen Moral-Codices unterworfen waren, herrschte unter den Clowns zuweilen eine prächtige phallische Symbolik. Falsche, aufschwellende Genitalien wie Bauchläden vor sich tragend, hatten sie die Aufgabe eines Ventils. Das evozierte Gelächter über Tabus hatte eine befreiende Wirkung. Das Übernatürliche verdeutlicht sich in den schamanenhaften Zügen und paart Gegensätzliches: Akrobatik wechselt mit atavistischen Gelüsten zum Aufruhr. Gottesfigur, phantastisches Getier, menschliches Wesen, Possenreißer, Verneiner, Bejaher, Vernichter und Schöpfer – der Schelm der indianischen Mythenzyklen birgt in sich jene berstende Dichte und metaphorische Vielfalt, die allen großen Clowns eigen ist.

Beide Seiten der clownesken Doppelnatur, das wunderwirkende Element und das diabolische, lassen sich auch in anderen Kulturen wiederfinden. In der Astrologie der Renaissance steht das Hermes-Zeichen stellvertretend für den Komödianten und die Jester-Figur. Das hölzerne Schwert des Harlekins steht analog zu dem Caduceus, dem von zwei Schlangen umwundenen Heroldstab Merkurs, des römischen Pendants zum griechischen Hermes. Hermes bewegt sich weit außerhalb der gesetzten und gesetzlichen Grenzen, wie jeder Schelm. Er schwankt in einem hermetischen Zwischenreich, einer Art Niemandsland.

Jeder dieser Schelme verkörpert das Prinzip der Unordnung. Er ist der Geist einer Gestalt, die unter verschiedenen Bedingungen wiederkehrt und neben der Güte auch die Schadenfreude kennt. Ihr übermächtig Phallisches hebt dabei die Eindeutigkeit des Geschlechts auf, scheint schon auf die eigentümliche Geschlechtsneutralität des späteren Clowns zu verweisen.

Die dorische Epoche Griechenlands kannte clowneske Gestalten, die ›deikelistai‹, die als Mimos einem Vorläufer der Pantomimen verwandt sind. Sie trugen als Widersacher, die eigene Mythologie parodierend, zuweilen steife Phalli und verschanzende Masken. Elemente dorischer Mimen tauchen im 3. Jh. v. Chr. wieder in der Phlyaken-Komödie im südlichen Italien auf und initiierten ein spezifisch italienisches Spiel, die sogenannte Fabula Atellana, welche später als »Attelanenfarce« wesentliche Grundcharaktere des Clownesken in sich trug: Bucco, den bulläugigen Prahler, Pappus, den greisen Narren, Maccus, den Unbeholfenen, und Dossenus, den spritzig-witzigen Gegenspieler des Stupidus.

In der römischen Kultur wurde die Straße zum Mittelpunkt clownesken Spiels. Die Ludi scenici zeigten den komischen Überfluß an seiner Quelle im Alltagsleben, sahen den Stupidus als Grundfigur, meterlange Posaunen schmetternd, der an die attischen Mimen erinnerte.

Narren

Die wachsenden Zweifel an einer Quantifizierbarkeit der Gottesfigur lassen Cusanus zu einem negativen theologischen Diktum kommen und münden in die Wertschätzung eines »wissenden Nichtwissens«. Laien, Tölpel, Narren sind säkularisierter Ausdruck dieser Auffassung. Sie gewinnen sozialrevolutionären Charakter mit dem in ihrem Verhalten unverdeckt angesetzten Angriff auf bestehende Ordnungen. Die Polemik kürt den unwissenden Tölpel und verleiht ihm den Status des Weisen. Zur literarischen Geltung kommt das Narrenphänomen, als der humanistische Gelehrte Sebastian Brant 1494 sein *Narrenschiff* veröffentlicht, welches Träger einer Fahrt ins Ungewisse war und in seiner Symbolik zu christlicher Rechtschaffenheit mahnte. Der Narr steht hier stellvertretend für die Menschheit. Hieronymus Bosch entwirft um 1510–16 eine eigene Version des *Narrenschiffes*: der Narr als Gegenspieler, als Widersacher einer Ordnung gewinnt auch hier Konturen. (Im 20. Jh. erinnert Rimbauds *Bateau ivre* an die Metapher des ›Narrenschiffes‹ und verweist auf das immer wiederkehrende Problemfeld von göttlicher Ordnung und diabolischer Gegenwelt.)

Die Verbindung zwischen beiden Welten demonstrieren die Narrenfeste, die in verschiedenen Ausgestaltungen immer wiederkehren. Zwischen dem 12. und dem 17. Jh. sanktioniert die katholische Kirche in Europa in Intention und Praxis eine Messe des Teufels als eine blasphemische Parodie der heiligen Messe. Der niedere Klerus durfte während dieser Zeit in der Hierarchie aufrücken, ernannte eigene Päpste, behängte die Leiber mit Frauenkleidern und fabulierte allerlei Obszönes. Das Konzil 1633 verbot Ausschweifungen dieser Art.

Den ketzerischen Charakter der Narrenfeste unterstreicht Goethe, der vom Fenster seiner Wohnung am Corso N 20 den römischen Karneval beobachtete und die Nivellierung der Standesunterschiede als entscheidendes Prägemerkmal erkannte: »Freiheit und Gleichheit [können] nur in dem Taumel des Wahnsinns genossen werden«.

Als das Clowneske aus den Kirchen verdrängt wurde, begann es sich zu säkularisieren. In Frankreich entstanden im 15.–16. Jh. sogenannte sociétés joyeuses. Sie wuchsen bald zu mächtigen, korrigierenden Kräften, die der Korruption entgegentraten und sich um politische Balance bemühten. Diese Tradition setzen später die Narrenorden fort, die im Mittelalter große Bedeutung hatten, zwischendurch an Macht verloren und gegen Ende des 18. Jh. wieder erstarkten. Die sociétés joyeuses tragen bereits die Insignien der politisch-gesellschaftlichen Bedrohung, obwohl in ihnen die repräsentativen Stände vertreten waren.

Wie der indianische Widersacher in burlesker Verzerrung der Rituale die Stammesautorität verspottet, so betreibt der Hofnarr eine hintergründige Inversion des Staates. Auch der Hofnarr war als feste Institution an jedem Königshof eine Weltfigur. Cortez stieß bei den Azteken um 1520 auf Narren, die eine ähnliche Funktion hatten wie die gnomigen Zwerge am Hofe Montezumas II, von denen er einige Papst Clemens VII. nach Europa schickte. Chinesische Herrscher kannten den Hofnarren ebenso wie afrikanische Potentaten. Bekannt war der Pygmäe, der im Palast des Pharao Dadkeri Assi im Ägypten der 5. Dynastie Grimassen schnitt. Der islamische Hof von Haroun al Rashid kannte die Höflichkeit des Narren Bulhul. Nasr ed Din, Narr des Tamburlaine, des mächtigen Herrschers der Mongolen im 15. Jh., genoß den Ruf, als spirituelles Medium Unendlichkeitserfahrung zu vermitteln. Der Hofnarr Johann Dominicus Caaijesius am Hofe Ferdinands I. hatte in Pisa zum Doktor der Rechte promoviert. Brusquet mit seiner Nerzkappe, einer der berühmtesten Fous du Roi Frankreichs, erwarb sogar in gewissem Sinne Erbrecht: Er diente Heinrich II., Franz II. und auch Carl IX.

Das Verhältnis des Hofnarren zu seinem Fürsten trägt besondere Züge und ist durch eine wechselseitige Bedürftigkeit gekennzeichnet. Der Hofnarr besaß reflektive, kommentierende Züge, er war als Institution in der höfischen Gesellschaft verankert, stand gewissermaßen zu Diensten, war aber gleichzeitig Vertrauensperson.

Die Zeit des beginnenden Mittelalters, die Phase des sozialen Umbruchs, bringt eine voranschreitende Entgrenzung des Clownesken mit sich. Histrione, Mime, Jester, Narr, Zani, Jongleur in Westeuropa oder Skomorochi in Russland – sie alle unternahmen ihre Beutezüge im Reich des Singulären. Die Jahrmärkte werden zur Heimat der Clowns, sie zeigen sich als Artisten, spielen Troubadoure, tanzen auf dem Seil, schlucken und speien Feuer, teilen mit Straßenräubern und Pilgern das Stigma der Unbehaustheit und Ausgestoßenheit. Dabei besteht eine deutliche Affinität zwischen der mittelalterlichen Vorstellung des ›wilden Mannes‹ und der Narrenfigur, die zu Anlaß der Fastnachtsumzüge der Patriziergesellschaften in Basel bis in die Gegenwart tradiert wird.

Das Mittelalter bestätigt die Typologie des Clownesken. Der Clown verkörpert eine Gegenfigur und führt als Gottesleugner einen Angriff auf das bestehende Ordnungsgefüge. Der Narr bleibt unbehaust, bleibt Meister der Leere. Er gewinnt Züge des Göttlichen und des Menschlichen, erscheint als ein Wesen von originärer Potenz, kraft seines osmotischen Durchschreitens der Seinsgrenzen. Schon die populäre römische Komödie kannte Spuren des Dualismus, der später in die Zweiteilung von Weißclown und August mündet. Dort balgten sich die zwei Zani, Arlecchino und Brighella. Die clowneske Dialektik zwischen Opfer und Täter wird spürbar.

Auch die Commedia dell'arte persifliert Standesdünkel und soziale Hierarchie. Brighellas weißliches Kostüm spielt auf die Diener-Livree an. Pantalone karikiert den Kaufmann von Venedig mit prallem roten Dukatenwams. Dottore schimpft über die Bologneser Professoren mit ihrem Unwissen. Zunächst bietet England Harlekin, Pantalone und Columbine eine Heimat, bis sich die Auftritte der Dialogform öffnen. Joseph Grimaldi, einer der Ahnherren der Clowns, ist eine berühmte Figur der englischen Christmas-Pantomime, in der Spuren des Märchens und der Harlekinade der Opéra comique zusammentreffen und die in den Londoner Nationaltheatern Covent Garden und Drury Lane aufgeführt wird.

Die Verwandtschaft eines Arlecchino oder Pierrot mit den heutigen Clowns ist bereits an den Kostümen zu erkennen. Die weißgeschminkte Maske des Weißclowns geht zurück auf den Pierrot der zweiten Hälfte des 16. Jh., der damals als einzige clowneske Figur weiß geschminkt war und keine Maske trug. Die eigentliche Kopfbedeckung des weißen Clowns, die bis zum heutigen Tag sein signifikantes Merkmal ist, erinnert an Pulchinella. Das bunte, teils zu weite, teils zu enge Lumpengewand des August erinnert an das trikotähnliche Kostüm des Arlecchino des 16. Jh.

Der weiße Clown steht für die Norm der Gesellschaft, der Stupidus für den Protest. Der weiße Clown erscheint als Galan im flitterbesetzten Paillettenkleid mit spitzen Ärmelaufschlägen, Seidenstrümpfen und eleganten Halbschuhen und mit einem biegsamen Stöckchen in der Hand. Der August wirkt dagegen wie ein Zwerg in einem schlechtsitzenden Frack, in lohfarbenen Handschuhen mit überlangen Fingern, die aus den zu kurz geratenen

Ärmeln gucken, in dutzendfach geflickten Hosen, mit großem Karo gemustert, und von der Zeit durchlöcherten Schuhen.

Arlecchino war flink im Handeln und Denken, hatte eine schnelle Mimik und entwich meist ohne Bestrafung. Sein Gegenüber war der linkisch plumpe Brighella. Behäbig, fett und kehlig glucksend stand er meist am falschen Fleck und bezog Prügel. Der weiße Clown, der in vielen Zügen einem Renegaten gleicht, bemüht sich, die Sottisen des dummen August, des Häretikers, zu verhindern, der seinen Namen 1864 durch den Berliner Akrobaten Tom Belling erhielt, den das ↗Publikum mit dem Ruf »August, August!« empfing.

Der moderne Clown

Der Clown der Moderne stellt die Widersprüchlichkeit heraus, die ihn durch alle Epochen und Kulturen begleitet hat. Dies gilt für die Figuren Rouaults, der das Bild des tragischen Clowns schuf, für Picassos Harlekine, Pierrot und Clowns, für die Engel Chagalls, für die surrealen Harlekine Mirós, für den »Narr in der Tiefe« und »Pierrot prisonnier« Toulouse Lautrecs etc. Arnold Schönberg komponierte seinen esoterischen »Pierrot Lunaire«; Igor Strawinsky ließ Petruschka im Zentrum seines gleichnamigen Balletts wirbeln, Hofmannsthal und Strauss führten in der »Ariadne auf Naxos« neben Zerbinetta, einer der Nachfahren Colombinas, Herlekin, Truffaldin, Scaramuccio und Brighella ein.

Den Clown als Figur der Literatur zeichnet Lachen und abgründige Traurigkeit aus. Baudelaire vergleicht den Clown mit dem alternden Schriftsteller – verkannt, schweigsam, vergessen. James Joyce nannte sich selbst einen irischen Clown, »a great joker on the universe«, Thomas Mann spricht von Mönchen des Unsinns. Henry Miller erscheinen Clowns im *Lächeln am Fuße der Leiter* wie gesegnete Seelen im Wort, im Bild, in der Tat. Heinrich Böll äußert ebenso *Ansichten eines Clowns* wie Saul Bellow, William Burroughs, Charles Dickens, Kafka oder Dostojewski. Jean Genet erkennt im ↗Zirkus gar eine Instanz letzter Wahrheit. Im Zirkus vermengt sich auf eigentümliche Weise das Geheiligte mit dem Profanen, Großes mit dem Kleinsten: die Agonie von Geburt und Tod, Segnung und Verfluchung, Jugend und Alter, Torheit und Weisheit, Unten und Oben. Und es scheint, als ob der Clown dort seine eigene Widersprüchlichkeit, die traditionelle Dialektik seines Wesens zur Schau stellt.

Der ↗Film machte die Clowns weltberühmt und entgrenzt die Bereiche des Clownesken und der Komik endgültig. Muster der Commedia dell'arte beeinflussen den großen amerikanischen Filmpionier Mack Sennett, der um 1912 die slapstick comedy (↗Comedy) ersann. Die entscheidende Entdeckung Sennetts war wohl Charlie Chaplin, von dem aus sich der Weg zu dutzenden Filmclowns gabelt. Buster Keaton, Stan Laurel, Oliver Hardy, Harold Lloyd, Pat und Patachon oder Jacques Tati und Woody Allen. Chaplin, Tati oder Woody Allen suchen wie Pioniere eine Wegkarte durch den kahlen Wald der Wirklichkeit zu entwerfen. Das Wesen ihrer clownesken Einsamkeit scheint etwas wie die Gegenwart des Ewigen inmitten der Unruhe des Vergänglichen zu sein. Der Clown vermittelt das Erlebnis, trotz des Alleinseins nicht verlassen zu sein. Die Hoffnung, die Kierkegaard auf die Stärke des Ewigen setzt, gleicht der Vision des Clowns. In seinem künstlerischen Ausdruck vollzieht sich die Vorwegnahme transzendenten Seins – vom Menschen nicht gewagt oder geleistet, sondern ihm geschenkt.

Marcel Carné nutzt die symbolische, ja poetische Dichte der Clowns in *Les Enfants du paradis* ebenso wie Josef von Sternberg in seiner Studie eines verzweifelten Clownsgesichts im *Blauen Engel*. Federico Fellini schuf mit *La Strada* das Motiv zirzensischer tränenloser Traurigkeit und erzielte eine epochale Wirkung.

Eine andere Heimat bleibt für den Clown der Moderne neben dem ↗Varieté der Zirkus, weil hier das artistisch-körperliche Moment über die Wortgewalt des ↗Theaters herrschte. Der Zirkus ist ein soziologischer Naturschutzpark, wie Walter Benjamin es formuliert, der an F. Legers Diktum erinnert: »Geht in den Zirkus, weg von der Symmetrie rechteckiger Fenster, hinein ins Wunderland sich drehender Kreise!« Was in der argwöhnisch geordneten Bürgerwelt keine Heimat findet, sammelt sich im Zirkus. Besonders in der ersten Hälfte des 19. Jh. entwickeln sich von Frankreich ausgehend auch in Deutschland Schaubuden und Wanderzirkusse. Der mit Sägespänen übersäte Spielzirkel des Zirkus wird in der zweiten Hälfte des 19. Jh. durch Philip Astley Schauplatz clownesker Kunst. Mitte des 19. Jh. verlagert sich das Zentrum der Zirkuswelt von England nach Frankreich. Mit der Entstehung fester Spielorte, im Olympique, im Medrano oder Cirque d'Hiver, gewinnt der englische Clown für gewisse Zeit auch im französischen Zirkus die Oberhand.

Der sowjetische Clown greift Traditionen auf, die ebenso an die mittelalterlichen Sottise erinnern wie an die Figur des Widersachers, die sich schon in den Indianer-Kulturen findet (Lazarenko, die Durow Brüder). Andererseits kannte der sowjetische Zirkus die Zweiteilung in Weißclown und August im Sinne

der westlichen Tradition nicht mehr. Es entwickelte sich ein Clowntypus, der sich nicht immer als Verlierer darstellt, sondern schließlich Sieger über selbstgelegte Fallstricke bleibt. Die sowjetische Clownkomik kennt nicht die antagonistische Kluft zwischen dem einzelnen und der Gesellschaft.

Von Jean Gaspard Deburau bis Oleg Popow gehört die Pantomime zu den wesentlichen Elementen clownesker Kunst. Clowns gründen ihre Komik im starken Maße auf dem Körper, ersetzen die Sprache durch Stummheit und Stammeln, die indes um so beredter sind, je mehr sie unverständlich erscheinen. Geste und Gebärde sind die Elemente einer Ursprache. Im Spiel kennt der Clown keinen Zeitbegriff. Wie die Zeit wird auch das Alter von ihm überwunden. Der Clown erscheint alterslos.

Der Clown ist, was er war, und bleibt, was er ist – in früheren Mythen und Kulturen ebenso wie heute: der Unfügsame, der geheiligte ↗Rebell, aber auch derjenige, der Träume in Begehren verwandelt, Begehren in Wünsche, der Mut zur Entschlossenheit gibt, eine gewaltige Veränderung zu wagen, und aufruft, ihm zu folgen. Dorthin gehen, wohin man vielleicht ginge, wenn man gehen könnte, dort sein, wo man wäre, wenn man sein könnte, eine Fahrkarte kaufen, gültig auf Lebenszeit und auf allen Strecken, Augenblicke sammeln, nicht Beute werden, zweifeln, Paradoxa leben, eine Epiphanie zelebrieren, das Herz vor Freude zappeln lassen, sich dem Chor der Arithmetiker verweigern, gesalbte Sprüche vergessen, Tiefen schärfen, sich gemäß werden, nicht Entwurf bleiben, nicht im Wollen verenden, den Strohtod im Bett meiden; sich vom All wegtragen lassen, die Phalanx des Sterneheeres durchbrechend, auf einer gnostischen Himmelsreise vorandringen zu rastender Zeit, gesättigter Zeit.

Literatur

Adrian, P.: *Ce Rire qui vient du cirque!* Bourg la Raine 1969.
Ball, H.: *Fragmentti oder vom Dandyismus der Armen.* Frankfurt a. M. 1975.
Beaumont, C. W.: *The History of Harlequin* [1926]. New York 1954.
Driessen, O.: *Der Ursprung des Harlekin, ein kulturgeschichtliches Problem.* Berlin 1904.
Fellini, F.: *I Clowns.* Italien 1970.
Flögel, K. F.: *Geschichte des Grotesk-Komischen.* Leipzig 1786.
Ders.: *Geschichte der Hofnarren.* Liegnitz/Leipzig 1789.
Hugill, B.: *Bring on the Clowns.* London 1980.
Klibansky, R.: *Erwin Panofsky, Fritz Saxl. Saturn and Melancholy, Studies in the History of Natural Philosophy, Religion and Art.* London 1964.
Könneker, B.: *Wesen und Wandlung der Narrenidee im Zeitalter des Humanismus.* Wiesbaden 1966.
Lévi-Strauss, C.: *Das wilde Denken.* Frankfurt a. M. 1978.
Malinowski, B.: *Magic, Science and Religion and other Essays.* Hg. von R. Redfield. Boston 1948.

Meier, H.: »Die Figur des Narren in der christlichen Ikonographie des Mittelalters«. In: *Das Münster, Zeitschrift für
christliche Kunst und Kunstwissenschaft* 8 (1955) S. 1ff.

Nick, F.: *Die Hofnarren, Lustigmacher, Possenreißer und Volks-
narren.* Stuttgart 1861.

Nicoll, A.: *The World of Harlequin. A Critical Study of the
Commedia dell'Arte.* Cambridge u. a. 1963.

Orloff, A.: *Karneval, Mythos und Kult.* Wörgl/Österreich
1980.

Panofsky, D.: »Gilles or Pierrot? Iconogaphical Notes on Wat
teau«. In: *Gazette des Beaux-Arts* 1952.

Radin, P.: *The Trickster. A Study in American Indian Mythology.*
New York 1972.

Schöne, A.: »Die weisen Narren Shakespeares und ihre Vorfahren«. In: *Jahrbuch für Ästhetik- und allgemeine Kulturwissenschaft* (1960) S. 202ff.

Tietze-Conrat, E.: *Dwarfs and Jesters in Art.* London 1957.

Constantin von Barloewen

Comedy

›Comedy‹ als Genrebezeichnung etabliert sich in
Deutschland erst in den frühen 1990er Jahren.
»Während im angelsächsischen Raum alles Comedy
heißt, auch das Kabarett«, soll das »neue Wort […]
vor allem die Grenzen zum Kabarett aufzeigen«
(Budzinski/Hippen 1996, S. 65) und ankündigen,
daß man sich an den Prinzipien der Stand-up-
Comedy orientiert, die die englische und amerikanische Humorlandschaft bestimmt.

Dennoch hat auch Deutschland so etwas wie eigenständige Comedy-Traditionen. Hierzu zählen
nicht nur die Witzeerzähler auf den Jahrmärkten, in
↗ Zirkussen und in den TV-Shows (↗ Show) der
1950er Jahre (vgl. die zahlreichen Witzbücher bekannter Humoristen wie Willy Reichert, Peter Frankenfeld), sondern auch die Szene-Kabaretts der
1970er Jahre (z. B. »Karl Napps Chaos Theater«, »Die
3 Tornados«, »Das Vorläufige Frankfurter Fronttheater«). Sie sind Comedyvorläufer, erste Grenzgänger
zwischen ↗ Kabarett und Comedy, die sich durch ein
Pendeln zwischen politischer Bösartigkeit und greller
Popkultur und die allmähliche Auflösung des politischen Slogans in den hemmungslosen Klamauk auszeichneten. Auch mit Didi Hallervorden und dem
zum ›King of Comedy‹ gekürten Otto Waalkes feierte
bereits damals der pure Nonsens große Erfolge. Die
1980er Jahre dagegen waren wieder ein Jahrzehnt des
Kabaretts. Richard Rogler, Dieter Hildebrandt, Werner Schneyder oder Gerhard Polt gaben Betrachtungen zur Politik und zum Leben des deutschen Durch-
schnittsspießers zum Besten – kritisch, scharfzüngig
und mit Hintersinn.

Dann aber kam ein neuer Zeitgeist, süchtig nach
Spaß, Nonsens, Blödelei und schriller ↗ Unterhaltung, und Helge Schneider als sein erster Prophet:

»Ein Typ, der aussieht, als habe man ihn aus irgendeiner Großraummülltonne an der Peripherie des
Ruhrgebiets herausgezogen« (Kotteder 1995, S. VII).

Mit Witzshows aus den USA als ›Entwicklungs-
hilfe‹ wurde im ↗ Fernsehen eine ›Umerziehung‹ auf
internationale Lachnormen eingeleitet. Dieser insbesondere vom Privatfernsehen lancierte deutsche
Comedyboom schwappte auf die gesamte Klein-
kunstlandschaft über und entfachte einen Graben-
kampf zwischen Kabarett und Comedy, denn die
neuen, jungen ›Comedians‹ der 1990er Jahre gingen
bewußt auf Distanz zur herkömmlichen politischen
Satire.

Kabarett versus Comedy

Als »Spiel mit dem erworbenen Wissenszusammenhang« (Henningsen 1967, S. 3) und der Assoziations-
fähigkeit des ↗ Publikums fordert Kabarett einen wa-
chen Kopf, da es aktuelles Zeitgeschehen verarbeitet.
Der Kabarettist will nicht nur unterhalten, sondern
zugleich auch belehren (vgl. Fleischer 1989, S. 47)
und greift eher auf subtile, verfeinerte Formen von
Humor zurück: Gutes Kabarett ist geistvoll, witzig,
hintergründig und verbindet Komik mit gesellschaftskritischen und politischen Inhalten. Dem ›Er-
bauungslachen‹ des Kabaretts (vgl. Sichtermann
1994, S. 48) folgt als moralische Rechtfertigung eine
intellektuelle Erklärung auf den Fuß, bis dem Zuschauer das Lachen im Halse stecken bleibt. Ziel ist
der zündende Witz, bei dem »die unerwartete Pointe
im Publikum einen Denkvorgang entzünden soll«
(Budzinski/Hippen 1996, S. 165).

Comedy dagegen betreibt die Aufhebung und
›Vernichtung‹ der Pointe. Sketche können aus mehreren kleinen Pointen bestehen oder am Ende ohne
klassische Punchline ausfaden. Im Gegensatz zur
stimmigen, geschlossenen Witz-Dramaturgie des Kabaretts tendiert Comedy zur offenen Form mit ver-
schliffener Pointe bzw. dem von Pointen ›verschon-
ten‹ Witz (vgl. Bolz 1997, S. 43).

Dementsprechend ist auch das Lachverhalten offener und weiter geworden. Das Comedylachen ist ein
›verwahrlostes‹ Lachen, ein Schief- und Krummla-
chen, ein Ablachen, das die traditionell deutsche
Lachordnung des ernsthaften, moralisierenden und
hintergründigen Humors durchbricht. Dieser Wandel vom zündenden, subtilen Witz zum tödlichen
Gag bedeutet auch eine Amerikanisierung des Hu-
morfachs, ein Transformieren des Textes in mehr
Lakonie und Unverfrorenheit. Vom penetranten Klamauk über die geschmacklose Zote bis zum aggressiven Kalauer – polternd, roh und übertrieben,

verschroben, makaber und ›voll daneben‹: Comedy ist bewußt polarisierender Brachialhumor.

Fernsehmoderator (↗Moderator) Stefan Raab beispielsweise erhebt die Subjektvernichtung zum Nonplusultra seiner Moderationen, in denen er seine Gäste mit »Totalschadenfreude« (Surkus 1998, S. 18) vorführen will. So muß Schwimmerin Franzi van Almsick die Frage beantworten, wann sie das letzte Mal ins Wasser gepinkelt habe. Bevorzugt schleicht sich Raab als zynischer Humorattentäter hinterrücks und unangemeldet an seine Interviewopfer und singt, mit einer Ukulele bewaffnet, dem überraschten ›Feind‹ vor laufender Kamera ein verunglimpfendes Ständchen ins Gesicht.

Neben dem Rückgriff auf brachialhumoristische Verfahrensweisen lebt Comedy von einem Hang zum Dilettantistischen: Im Gegensatz zum politischen Kabarett, das für eine Veränderung und Verbesserung der gesellschaftlichen Verhältnisse kämpft und sich als »pädagogische Institution unserer demokratisch pluralistischen Gesellschaft« (Henningsen 1967, S. 10) bzw. »Instrument der Aufklärung im klassischen Sinne« (ebd.) verpflichtet sieht, einen gesellschaftskritischen Standpunkt einzunehmen, spielt Comedy in dilettantistischer Manier mit bewußter Standpunktlosigkeit und setzt auf völlige Sinnverweigerung.

Radikalster Inbegriff des professionalisierten Dilettantismus ist Anti-Entertainer Helge Schneider. Er scheint nichts zu können, das aber perfekt. Schneider singt mit Absicht grauenhaft schlecht und vermeidet peinlich exakt jeden Anflug von Sinn oder Aussage in seinen Moderationen und Texten, die von falschen Betonungen, Aussetzern oder quälend langen Kunstpausen nur so strotzen. Dieser Stil setzte Maßstäbe in der deutschen Comedylandschaft.

Direktheit und frontaler Kontakt von der Bühnenrampe in den Zuschauerraum sind für Kabarett wie Comedy entscheidende Grundbedingungen. Die Relation Künstler – Publikum wird in beiden Gattungen von antiillusionären Elementen dominiert, man wendet sich zum Publikum hin und spielt es an. Im Gegensatz zum Kabarett, das im aktiven Miteinander einen Denkanstoß geben will, werden Comedyshows jedoch bewußt als karnevaleske Happenings und partyähnliche Kultereignisse zelebriert, in denen es um die Lust am bedeutungsfreien und absurden Ritual geht. Wenn Anke Engelke in der *Wochenshow* ihren Part als Nachrichtensprecherin beendet hatte, kommentierte sie dies grundsätzlich mit dem Satz: »Zurück zu Lück«, woraufhin dieser regelmäßig mit: »Danke Anke« antwortete. In programmhaft-maschineller Manier brüllte das Saalpublikum wie auf Knopfdruck mit. Comedy-Pro-

gramme besitzen besonders dann Kultpotential, wenn es innerhalb der Dramaturgie rituelle Abläufe gibt, Figuren, die spezifische Angewohnheiten haben, oder andere running gags, die das Programm stark prägen. ↗Kult definiert sich über Rituale, ↗Ikonen und private Codes, die aufgegriffen und reproduziert werden können.

In Hexenkesselmanier verwandelt sich der Comedian in eine ›Rampensau‹, die mit Hilfe von rituellen Anheiz- und Animationsverfahren den Saal zum Brodeln bringt, um eine gemeinsame Blödelatmosphäre zu kreieren, in der das Publikum den frontal agierenden Comedian und zugleich sich selbst feiern kann.

Die Kategorie Frontalhumor markiert somit eine tendentielle Verschiebung vom kabarettistischen Ansprechen und Mitdenken zum ›comedisierten‹ Anheizen und Mitfeiern.

Ästhetik

Comedy ist wesentlich ein Fernsehgenre (wiewohl auch andere ↗Genres und Kunstsparten Elemente der Comedy in sich aufgenommen haben). Daher hat die allgemeine Entwicklung der Fernsehästhetik großen Einfluß auf die der Comedy. Einer der auffälligsten Trends des Fernsehens in den 1990ern war der zum Reality-TV. Immer mehr Sendeformen nehmen Teil an einem öffentlichen Kult der Darbietung des privaten Lebens. Als mediale Verfahrensweise soll im Reality-TV das Wissen um die Konstruiertheit von medial inszenierten Welten im Rezeptionsprozeß in den Hintergrund treten, damit sich die dargebotene Welt ohne vermittelnde Instanz ›selbst zu zeigen‹ scheint (vgl. Müller 1995, S. 87).

Mit Blick auf das französische und italienische Fernsehen haben Roger Odin und Francesco Cassetti dieses Phänomen auf den Begriff der ›néo-télévision‹ gebracht: »Im Unterschied zur ›paleo-télévision‹ [...], der Idee vom Fernsehen als verantwortungsvoller Bildungsinstitution, ist die ›néo-télévision‹ dadurch gekennzeichnet, daß sich Fernsehen zu einem *Kontaktmedium* entwickle« (ebd., S. 86). Der Fernsehhumor und damit das vom Medium stark geprägte allgemeine Humorverständnis unterliegt denselben Tendenzen.

Während früher professionelle Sketchkomiker ›Herr-Kellner-Witze‹ vorspielten, macht Harald Schmidt bevorzugt Laien zu Kultstars (↗Star), beispielsweise die chinesischen Kellner Li und Wang, die in seiner Late Night Show in nahezu unverständlichem Deutsch »Die Weisheiten des Konfuzius« verbreiteten. Zudem läßt Schmidt öffentlich Kühlschränke verschimmeln oder seine Zuschauer aus Reclam Heftchen Klassiker der Weltliteratur rezitieren. In einer Realityrubrik konnte sogar ›Otto Normalverbraucher‹ mittels Homevideo kostenlos ↗Werbung für sein Geschäft oder Unternehmen machen.

Die »Unsicherheit des Bildes« (Wulff 1995, S. 113) durch laienhafte bzw. dilettantische Amateuraufnahmen stellt eine zentrale Authentisierungsstrategie und Dramatisierungstechnik des Reality-TV dar, die den Eindruck von Echtheit und unverfälschter Nähe zum Geschehen erzeugen soll. Dementsprechend nutzen Comedyentertainer das Amateurprinzip und spielen bewußt mit fehlerhaft-deformierten Versatzstücken unterschiedlichster Art. Diese Selbstdarstellung als ›professionelle Amateure‹, die sich bewußt dilettantistisch geben, wurde zunächst vom jungen *RTL-Samstag-Nacht* Team kultiviert, indem man beispielsweise im Nachrichtenblock der ↗Show das selbstironische ›Sich-Selbst-Kaputtlachen‹ als Authentisierungsstrategie einsetzte. Auch bei einer Medienfigur wie Verona Feldbusch, die ihr Publikum laut Programmzeitschrift mit »gewohnt realer Komik« (TV Spielfilm v. 7. 9. 1998, S. 117) unterhält, dient der Gestus des Laienhaften, Unperfekten immer auch dazu, einen Effekt von Unmittelbarkeit und damit Authentizität zu suggerieren.

Reality und Comedy lassen sich so als zentrales dialektisches Begriffspaar begreifen, das die Erzählform des heutigen Fernsehens, ja der Populären Kultur der 1990er Jahre wesentlich bestimmt.

Im Gegensatz zu Comedyformaten wie *Die Wochenshow* oder *Die Harald Schmidt Show*, die – neben anderen Verfahrensweisen – zunehmend Realitycomedyelemente verwenden, basieren Comedyformate wie *Kalkofes Mattscheibe* oder *TV-Total* auf einem reinen Realitykonzept, da ausschließlich Ausschnitte der Fernseh- bzw. Medienwirklichkeit als Realitykomponente und Comedymaterial benutzt werden. Beide Sendungen verbinden Comedy- und Realityanteil zur Reinform des neuen Fernsehgenres Realitycomedy.

Als temporeiches und rasantes Genre orientiert sich Comedy an der Aufmerksamkeitsspanne eines durch ↗Videoclips und Schnellschnittästhetik geschulten Publikums, das sich mit der Fernbedienung in der Hand durch die Fernsehlandschaft zappt und darauf konditioniert ist, Bild-, Ton- und Textmaterial in Sekundenschnelle zu verarbeiten. Harald Schmidt in seinem ›Stand-up-part‹ innerhalb der *Harald Schmidt Show* springt so in einer Dramaturgie der Höhepunkte von einem Highlight zum nächsten und animiert den Rezipienten, sich von Gag zu Gag zu lachen.

Während im Zentrum des Kabaretts der virtuose Umgang mit sprachlichem Ausdruck steht, ist Comedy ein plakatives, visuell geprägtes Genre, das Sprache bewußt verknappt und zu anschaulichen und signalartigen Bildern komprimiert. Im Gegensatz zum klassischen Kabarettisten, der auf auffällige Kostümierung verzichtet, stechen Komiker wie Wigald Boning oder Sissy Perlinger durch ihre bewußt knallige Aufmachung ins Auge. Comedy ist bunt, schrill und laut und beschäftigt sich »mit dem Vordergründigen, mit Klischees, Personen, Werbespots, also mit allem, was bekannt ist« (Gäbler/Jörges/Koch 1998, S. 36). Zudem arbeiten Comedians immer häufiger selbstreferentiell, man macht Witze über Witze oder parodiert das Fernsehen. Comedy ist Metakomik, die unentwegt sich selbst und das Medium reflektiert.

Vermarktung

Während man auf kabarettistischer Seite dem Medium Fernsehen häufig kritisch gegenübersteht und insbesondere die privaten ↗Sendeanstalten als Satireverhinderer betrachtet, ist der deutsche Comedyboom untrennbar und geradezu symbiotisch mit dem Aufkommen des Privatfernsehens verknüpft. In den 1990ern erlebte man ausgehend von RTL die Entwicklung einer vielfältigen Fernsehcomedykultur, die wiederum starke Auswirkungen auf den gesamten Kleinkunstbereich hatte, da künstlerischer Erfolg und Mißerfolg mittlerweile entscheidend an die jeweilige Medienpräsenz gekoppelt sind. Während der klassische Kabarettist als ›Brettl Künstler‹ vor 100 bis 200 Zuschauern durch die Kleintheater der Republik tingelte, füllen die jungen, durchs Fernsehen bekannten Comedians in Popstarmanier Hallen mit bis zu 6000 Fans, Rüdiger Hoffmann trat gar vor 80.000 Zuschauern als Vorgruppe für die Rolling Stones auf.

Fernsehcomedy ist ein preiswertes Genre, das die ›Industrialisierung‹ des Witzes repräsentiert. »Stand-up-Comedians brauchen nur eine Bühne, ein Publikum, etwas Schminke und Beleuchtung. Comedy verspricht gute Quoten, junge Zuschauer und schnellen Gewinn – das macht es für die Sender so attraktiv« (Arnu 1999, S. 18). Comedyproduzenten betreiben Pointenmanagement und beliefern den Humorstandort Deutschland tagtäglich mit neuem und altem Witzmaterial. Die Produktionsfirma »Brainpool« (u. a. Produzent der *Wochenshow* auf SAT.1) etablierte das ›call-a-gag-Prinzip‹, indem sie mit Hilfe des größten Witzarchivs Deutschlands ein Lachprogramm auf Abruf liefern kann. Die Komik der 1990er

Jahre funktioniert nach den Spielregeln des freien Marktes. Insofern muß sich Fernsehcomedy auch herkömmlichen Witzerwartungen anpassen, wodurch Comedyformate meist Mischformen darstellen, in denen zeitgemäßer Humor auf einem traditionellen, soliden Sketchfundament präsentiert wird.

Comedy als Zeitphänomen

Comedy scheint die zeitgemäße Form der Komik unserer ästhetisierten und individualisierten Erlebnis-, Ereignis- bzw. Spaßgesellschaft (↗ Erlebniskultur) zu sein, in der Entscheidungen nicht mehr auf der Grundlage von festen, tradierten Überzeugungen, sondern vielmehr nach flexiblen, ästhetischen Geschmackskriterien getroffen werden. Kaspar Maase sieht im kulturellen Muster der 1990er Jahre eine Dichotomie zwischen den zwei kulturellen Blöcken ›legitime‹ Kultur und ›populäre‹ Kultur. Seine zentrale These lautet, die Ablehnung der ↗ Massenkultur sei von deren Aufwertung als Teil der ›Erlebnisgesellschaft‹ abgelöst worden. Dabei handle es sich im weitesten Sinne um eine historische Verschiebung im Bereich des Geschmacks, im Verhältnis zwischen legitimem ›Geschmack‹ und populärer ›Geschmacklosigkeit‹. Was einmal als geschmacklos galt (wie z. B. Fußball, Kino oder Massenmedien), wird vom legitimen Geschmack vereinnahmt (vgl. Maase 1994, S. 30).

Mit diesem Siegeszug der Trash- und Rummelplatzkultur, die auch als Reaktion auf das ›Hochglanzprogramm‹ der 1980er und zugleich als Ausdruck der Sehnsucht nach Authentizität in einer zunehmend virtueller werdenden Welt gedeutet werden kann, hat sich ein in den unterschiedlichsten gesellschaftlichen Bereichen verbreiteter ironischer Hang zum ›guten schlechten Geschmack‹ etabliert, der sich zwar aus dem Repertoire des Trivialen bedient, aber trotzdem eines komplexen, verfeinerten Stilempfindens bedarf.

Die Comedykultur wiederum ist Motor und Produkt der Trashkultur, denn das entsprechend ironische Mantra der Comedians lautet: »Besser als ein guter Witz ist ein guter schlechter Witz« (Bolz 1997, S. 43). Mit dem Comedian beginnt zugleich eine neue Art der abgeklärten, humoristischen Kulturkritik, die auch eine Kritik der lange vom Tabuschutz eng umpanzerten Political Correctness ist. Der Übergang von postmoderner zu sozusagen ›kompostmoderner‹ Kulturproduktion, in der spielerisch Versatzstücke und Elemente der Postmoderne aufgegriffen, recycelt und vertrasht werden, läßt sich auch als Aufkommen einer Endzeitästhetik interpretieren, die

angesichts der Erosion bisher gültiger moralischer und lebenspraktischer Orientierungsmodelle absurden oder dadaistischen Ausdruck angemessen erscheinen läßt: Das Spektrum ist vielfältig; es reicht vom barbarischen Prollhumor eines Tom Gerhardt bis zum sich verweigernden Nullhumor eines Helge Schneider. Dazwischen tummeln sich Wigald Bonings dadaistischer ›Humor des Absurden‹, Harald Schmidts ›dandyistischer‹ ›Humor der Überlegenen‹ oder Stefan Raabs subjektvernichtende ›Totalschadenfreude‹.

Mit der ironischen Attitüde des Verlierens übersetzt der Comedian das unüberschaubare, grenzenlose Weltenchaos in pointenloses, humoristisches Chaos: Die Zerstörung und Zerstückelung der traditionellen, geschlossenen Sketchdramaturgie durch die Verfahrensweise der verschliffenen Pointe ist ein künstlerischer Reflex des Comedians auf die Unübersichtlichkeit einer zersplitterten, fragmentierten Gesellschaft, in der sich traditionelle Werte, Bindungen und Grenzen zunehmend aufgelöst haben und einem schnellebigen und unüberschaubaren, aber gleichzeitig auch faszinierenden Neben- und Durcheinander von zahllosen, individualisierten Lebensentwürfen gewichen sind.

Eine radikale, nihilistische Kunstfigur wie Helge Schneider ist die endgültige Symbiose von Loser und Comedian. Mit seinem ›Nullhumor‹ ist Schneider die humoristische Personifizierung einer hedonistischen Generation, die desillusioniert an der ›Machbarkeit‹ und Gestaltbarkeit von Welt zweifelt und eingesehen hat, daß der ›Betrieb‹ sowieso weiterlaufen wird, einer Generation, die neue Formen der Rebellion erfindet und mit ›Gags statt Parolen‹ und ›Styling statt Bekenntnis‹, mit Witz, Ironie und zitierendem Spiel im kulturellen Fundus der Vergangenheit versucht, den Durchblick zu behalten.

Dementsprechend erhebt Schneider – seltsam lustlos und lustvoll zugleich – in seinem zerrissenen 1970er Jahre Retro-Kostüm den Verlust zum Programm. Sein Dilettantismus erscheint als erhabene Form der Anarchie in einer immer komplizierteren, undurchschaubareren Welt, so daß der Comedian als Parallelfigur des Losers erscheint, der Leitfigur der 1990er (vgl. Hügel 1997): »It's fun to lose« (vgl. Kurt Cobains Hit *Smells like Teen Spirit* a. d. Jahre 1991). Jedoch: Die 1990er Jahre als Comedydekade gehören bereits wieder der Vergangenheit an. Allerorten läßt sich eine Trendwende ausmachen: Neue Ernsthaftigkeit, Aufbruchsstimmung und Rückkehr des Politischen im Zuge des Machtwechsels nach 1998 gingen auch an der Comedyszene nicht spurlos vorüber. Nachdem *RTL-Samstag Nacht* als dilettantistische Comedyshow der ersten Stunde eingestellt wurde, fordert Produzent Jacky Drechsler plötzlich »intelligente Gags für intelligente Zuschauer« (Der Spiegel 32/1998, S. 170). »Mit dem klassischen Geblödel kommen wir da nicht mehr weiter. Die Leute wollen wieder mehr Inhalte, auch von der Comedy. Das Publikum ist nicht so blöd wie wir meinen« (Gäbler/Jörges/Koch 1998, S. 38).

Dennoch ist Comedy-Humor in den vergangenen Jahren zur festen Größe im TV-Programm geworden. Um den deutschen Comedynachwuchs zu fördern, hat man in Köln mittlerweile Deutschlands erste Comedyschule und Gagakademie ins Leben gerufen. Trotz eines gegenläufigen Trends scheint der Untergang des »Ablachlandes Deutschland« (Scholz 1998, S. 31) nicht bevorzustehen. Zahlen sprechen dafür: Im April 1999 konnte der Fernsehzuschauer unter 21 Comedyangeboten wählen, mehr als je zuvor in der Geschichte des deutschen Fernsehens. Für den Zeitgeistsurfer aber verläuft alles in Wellen, auch der Bedarf nach lautem Gebrüll statt subtilem Humor: Zukunft ist recycelte Erinnerung.

Literatur

Arnu, T.: »Das letzte Erlebnis war Otto«. In: *Süddeutsche Zeitung*, 13./14. 2. 1999. S. 18.

Bolz, N.: »Der Sinn des Unsinns«. In: *DIE ZEIT*, 30. 5. 1997. S. 43 f.

Budzinski, K./Hippen, R.: *Metzler Kabarett Lexikon*. Stuttgart/ Weimar 1996.

Fleischer, M.: *Eine Theorie des Kabaretts: Versuch einer Gattungsbeschreibung*. Bochum 1989.

Gäbler, B./Jörges, H.-U./Koch, L.: »Der Comedygipfel«. In: *Die Woche*, 10. 7. 1998. S. 36–38.

Henningsen, J.: *Theorie des Kabaretts*. Ratingen 1967.

Hügel, H.-O.: »Populäres als Kunst: Eigenständigkeit und Intentionalität im Musikvideo«. In: Wolfgang Düsing u. a. (Hgg.): Traditionen der Lyrik. Festschrift für Hans-Henrik Krummacher. Tübingen 1997. S. 237–255.

Kotteder, F.: »Die Lust am Schwachsinn«. In: *Süddeutsche Zeitung*, 9. 10. 12. 1995. S. VII.

Maase, K.: »Spiel ohne Grenzen. Von der ›Massenkultur‹ zur ›Erlebnisgesellschaft‹: Wandel im Umgang mit populärer Unterhaltung«. In: *Zeitschrift für Volkskunde* 90 (1994) S. 13–36.

Müller, E.: »Television Goes Reality. Familienserien, Individualisierung und ›Fernsehen des Verhaltens‹«. In: *montage/av 4*, 1 (1995) S. 85-105.

Scholz, C.: »Der Comedykult«. In: *Zug 9* (1998) S. 30–35.

Sichtermann, B.: »Selber schief«. In: *DIE ZEIT*, 7. 1. 1994. S. 48.

Surkus, A.: Komischer Amoklauf. In: Süddeutsche Zeitung 15. 11. 1998. S. 18.

Wulff, H. J.: »Reality-TV. Von Geschichten über Risiken und Tugenden«. In: *montage/av 4*, 1 (1995) S. 107–123.

Armin Nagel

Comic

Comics als Spiegel ihrer Zeit

Wir schreiben den 3. Februar 1941. In der *Chicago Tribune*, einer der größten ↗Zeitungen in den Vereinigten Staaten, geht die Comicserie *Gasoline Alley* bereits in ihr 24. Jahr. Wie es sich gehört bei den täglichen Fortsetzungen, sind jene Ereignisse, die auch das Leben der Leser prägen, fester Teil der Handlung. So tragen Skeezix Wallet und seine Verlobte Nina Clock schwere Mäntel, denn es ist bitterkalt im winterlichen Michigan. Auf der Straße, die das Dekor für die vier Bilder der Fortsetzung vom 3. Februar bildet, stehen elegante Straßenkreuzer mit Weißwandreifen, und ein Ladenschild verrät uns den Namen der Stadt, in der sich die Handlung abspielt: Detropolis. Viel passiert nicht an diesem Tag. Skeezix steht kurz vor seinem 20. Geburtstag und ist ins Berufsleben eingetreten. Nun muß er seine Verlobte trösten, die fortan die Abende allein verbringen muß, weil der wackere junge Mann außerhalb der Stadt sein Geld verdienen wird. Wie es sich aber für eine selbstbewußte Amerikanerin der Zwischenkriegszeit gehört, beginnt Nina eine eigene Berufsausbildung am Business College, und so attraktiv sie sich auch herausgeputzt hat, besteht doch kein Zweifel daran, daß diese Frau nicht mehr einfach zunächst in den Armen ihres Freundes und dann am Herd enden wird. So sind die 1940er Jahre: In einem einzigen Comicstrip scheint die Entwicklung einer ganzen Epoche auf. In den Bilderzählungen ist der Alltag zu finden, und für Historiker stellen die zahlreichen Comicserien des 20. Jh. einen weitgehend unterschätzten Quellenschatz dar. Keine andere ↗Serie ist diesbezüglich so reichhaltig wie *Gasoline Alley* aus der Feder von Frank O. King.

Man kann diesen Meilenstein der Comicgeschichte aber auch für seine formale Innovationskraft rühmen. Denn Kings Serie revolutionierte geradezu das ↗Genre, als er 1921 eine Kategorie in die Handlung einführte, die bislang kaum eine Rolle in den Comics gespielt hatte: die Zeit. Am 14. Februar 1921 fand Walt Wallet, eine der Figuren, die in der titelgebenden Gasse Gasoline Alley leben, vor seiner Haustür ein ausgesetztes Waisenkind. Das war ein simpler Trick, um die Handlung interessanter zu machen: Ein Kleinkind versprach Unruhe und lustige Späße. Aber King brach mit der Tradition der ewigen Jugend von Comicfiguren und ließ den kleinen Jungen, den Walt Wallet Skeezix genannt hatte, fortan altern – und sämtliche anderen Protagonisten alterten mit ihm. So verfolgten die Leser eine Geschichte, die später, im

Zeitalter des ↗ Fernsehens, eine ›Soap Opera‹ genannt werden sollte. Jahre vergingen, die Serie aber blieb. Die Familie Wallet wurde durch die Heirat Walts um eine Mutter und später um kleine Geschwister für Skeezix ergänzt. Die Leser begleiteten den Jungen durch Kindergarten und Schule, zu seinen ersten Verabredungen mit Mädchen, sahen ihn den Führerschein machen und eben berufstätig werden. Und noch im selben Jahr, 1941, trat Skeezix in die Armee ein, um gegen Hitler zu kämpfen. Bei einem Fronturlaub sollte er drei Jahre später Nina heiraten, und so setzte sich das Familienleben in die nächste Generation fort.

Was heute recht banal klingt, war erzähltechnisch in den 1920er und 1930er Jahren eine Sensation. Gemeinhin werden erst *Buck Rogers* und *Tarzan*, den ersten fortgesetzten Abenteuerstrips, die beide im Januar 1929 debütierten, das Verdienst zugesprochen, Kontinuität in die Comics gebracht zu haben, die bis dahin weitgehend tägliche Gags ohne erkennbare Handlungsentwicklung geboten hatten. Doch in *Gasoline Alley* war das Abenteuer Alltag in chronologischer Schilderung schon präsent, als noch niemand ahnte, daß diese Form zum erfolgreichsten Rezept des Comics werden sollte. Die 1930er Jahre sahen dann die Geburt des Superhelden, einem eigenen Typus von Figur im Comic, die den im ↗ Film bereits etablierten Erzschurken (Mabuse, Fu Man Chu, Fantomas) ins Positive verkehrte, um den identifikatorischen Bedürfnissen der jugendlichen Leser zu entsprechen, die sich nunmehr als neue Zielgruppe etablierten. Hatten sich bis zur Mitte der 1930er Jahre die in Zeitungen publizierten Comics eindeutig an ein erwachsenes ↗ Publikum gerichtet, so entdeckten die neuen Comic-Hefte in Halbwüchsigen ihre Leserschaft; und mit *Superman* aus der Feder von Jerome Siegel und Joe Shuster war 1938 das Muster entstanden, das bis heute den wichtigsten westlichen Comicmarkt, den der Vereinigten Staaten, prägt.

In Europa dagegen entwickelte sich neben dem in Amerika nahezu unbekannten Comicmagazin (dessen Inhalt aus mehreren Serien bestand, die über Monate hinweg darin fortgesetzt wurden) vor allem die anspruchsvolle Form des Albums, das eine großformatige Wiedergabe der gesammelten Fortsetzungen einer Geschichte gestattete. Diese Publikationsform zeigt bereits die höhere Wertschätzung, die in Ländern wie Belgien und Frankreich den Comics entgegengebracht wurde. In Deutschland dagegen, das wie Großbritannien, die skandinavischen Staaten oder die Niederlande vor allem durch das amerikanische Comic-Heft geprägt worden ist, setzte sich die Albenpublikation erst mit dem immensen Erfolg von *Asterix* in den frühen 1970er Jahren durch – und hat

bis heute gegenüber Heftserien wie *Micky Maus* oder *Mosaik* und früher *Fix und Foxi* oder *Der heitere Fridolin* kommerziell das Nachsehen.

Begriff

Was ist das Besondere am Comic? Daß er erzählt. Nun, das können andere Formen auch. Doch was dem Comic gelang, das war eine bisher nicht dagewesene Kombination von Text und Bild. Dadurch gewann er eine Anschaulichkeit, die ihn nicht einfach zum Hybrid von Literatur und Malerei machte, sondern als ganz eigenständige Erzählweise etablierte. Denn auch wenn schon Jahrhunderte zuvor – zu verweisen wäre hier besonders auf mittelalterliche Bildprogramme in Kirchen oder illuminierte Handschriften (↗ Bilderbuch) – bildliche Darstellungen durch Beigabe von Text ›lesbar‹ gemacht worden waren (und umgekehrt natürlich schriftliche Äußerungen durch die ergänzenden Abbildungen ›anschaulich‹), so gelang dem Comic durch die Einbeziehung des Textes in das Bild eine entscheidende Neuerung. Denn zuvor waren die Legenden, Subskriptionen oder einfach Bildtexte nicht Bestandteil der graphischen Komposition; Text und Bild waren inhaltlich verbunden, aber nicht ineinander gearbeitet. Das leistete konsequent erst der Comic, der nicht nur mit der Sprechblase eine markante Form schuf, die Schrift in das Bild zu integrieren wußte, sondern auch Lautmalereien, die sogenannten Onomatopöien, und Symbole, die etwa in Form von Schmerzzeichen oder Liebesherzen Ersatz für Worte fanden, ohne daß dadurch die Abbildung weniger aussagekräftig geworden wäre. Die Geschichte des Comics ist eine Geschichte seiner Innovationskraft – und seiner technischen Bedingungen.

Geschichte des Comics in den Zeitungen

Auf dem Comicstrip, den Frank O. King für den 3. Februar 1941 gezeichnet hatte, gibt es noch etwas Bemerkenswertes zu entdecken – allerdings nur auf dem Original, das erfreulicherweise erhalten ist, nicht auf den gedruckten Fassungen. *Gasoline Alley* war im Auftrag der *Chicago Tribune* entstanden, doch die Zeitung vergab Abdruckrechte an weitere Publikationen. Das Syndikatssystem, das bis in die Gegenwart dafür sorgt, daß auch kleine amerikanische Zeitungen sich Comicserien leisten können, stand seinerzeit auf dem Höhepunkt seines Erfolgs, und *Gasoline Alley* zählte mittlerweile zu den beliebtesten Serien. Dieses Faktum erklärt ein auf den ersten Blick rätselhaftes Phänomen, das sich auch auf weiteren Folgen der Reihe aus den Jahren um 1940 findet: Auf einer Höhe von etwa einem Viertel des Bildstreifens zieht sich ein schwarzer Strich quer durch alle Bilder.

Solche enigmatischen Elemente, die sich nur an den Originalen studieren lassen, dienten keinem narrativen Zweck. Sie zeigen, wie die ↗ Massenkultur mit populärkünstlerischen Originalen umgeht. Das Original ist in der Popkultur kein geschütztes Werk, sondern steht jedem Verkäufer (wie den Rezipienten) zur Disposition. Die Unterteilung der *Gasoline Alley*-Folgen ermöglichte den Abnehmern der Serie, den Strip zu beschneiden. King legte seine Folgen in jenen Jahren so an, daß das untere Viertel keine für das Verständnis wichtigen Details oder gar Dialoge enthielt, und somit konnte es einfach entfallen, wenn ein Verleger einen flacheren Comicstreifen wünschte, um entweder eine größere Zahl von Serien auf einer Seite zu publizieren oder um ganz einfach Papier zu sparen. Denn im Jahr 1941 war Amerika zwar noch nicht im Krieg, aber die Kämpfe in Europa wirkten sich bis in die amerikanischen Zeitungen aus. Nicht nur inhaltlich, auch dem Umfang nach. Denn das Papier war rationiert, und die ersten Leidtragenden waren die Comics.

Hier, in den Zeitungen, hatten sie fast ein halbes Jahrhundert früher ihre Geburt erlebt: Am 5. Mai 1895 war erstmals Richard Felton Outcaults Serie *Hogan's Alley* am Sonntag in Farbe gedruckt worden. Das war der erste Schritt zum eigenständigen Genre, ursprünglich nur gedacht als ein kleines Extra für die Leser an ihrem freien Tag, an dem sie sich nach Kräften amüsieren sollten. Die sogenannten ›funny pages‹ nach englischem Vorbild waren in der amerikanischen Presse längst etabliert, aber erst der technische Fortschritt beim Lithographieren machte es möglich, seitenweise Farbdruck für die Massenblätter zu ermöglichen. Und als im Januar 1896 der New Yorker Pressezar Joseph Pulitzer ein Verfahren entwickeln ließ, das es auch noch erlaubte, ein sattes Gelb zu drucken (was vorher nicht möglich gewesen war), da ließ der geschäftstüchtige Verleger einem kleinen Frechdachs aus Outcaults beliebter Serie *Das lange Nachthemd*, in dem der Junge immer auftrat, gelb einfärben – und das Publikum staunte. Fortan hieß die Figur nur noch *The Yellow Kid*, sie gab einer ganzen Zeitungsgattung, den Boulevardblättern, den Namen ›Yellow Press‹, und sie etablierte endgültig die Form der Comics, denn Outcault gelang eine äußerst subtile Verbindung von Wort und Bild.

The Yellow Kid sprach noch nicht in Sprechblasen, seine Äußerungen waren auf das Hemd der Figur gedruckt. Doch das war schon nahe an der endgültigen Lösung, denn alle Vorformen hatten ja wie beschrieben Text und Bild noch säuberlich getrennt. Dialoge oder Szenenbeschreibungen standen stets unter den Bildrahmen, und nur vereinzelt hatten Künstler wie William Hogarth oder auch Friedrich Schiller (in einer 1786 als Freundschaftsgabe hergestellten Kurzgeschichte namens »Avanturen des neuen Telemachs«) schon Vorformen der Sprechblasen entwickelt, denen aber kein dauerhafter Erfolg beschieden war. Erst die Comicstrips, also die täglich fortgesetzten Serien in den amerikanischen Tageszeitungen, etablierten all das, was heute die Charakteristika des Comics ausmacht: Lautmalereien, Bewegungslinien, Textkästen im Bild und eben Sprechblasen.

Zunächst jedoch konnte von *strips*, also Streifen, keine Rede sein. Jeweils sonntags räumten die Verleger ihren populärsten Zeichnern eine ganze Seite ein, und erst 1904 wurden auch die schlicht schwarzweiß gehaltenen täglichen Fortsetzungen beliebt. Da waren die ersten ↗ Stars unter den Zeichnern längst etabliert: neben Outcault vor allem Rudolf Dirks, der mit seinen 1897 gestarteten und heute immer noch laufenden *Katzenjammer Kids* die langlebigste Comicserie schuf, Frederik Burr Opper, der mit *Happy Hooligan* im Jahr 1900 zum ersten Mal einen Erwachsenen als tragende Witzfigur in die Comics einführte, nachdem zuvor immer nur Kinder für die Späße verantwortlich gewesen waren, oder Winsor McCay, der mit seinen Traumgeschichten in den Serien *Dreams of a Rarebit Friend* oder von 1905 an *Little Nemo in Slumberland* die ersten anspruchsvollen Stoffe für die junge Erzählform wählte. Sie alle brillierten vor allem auf den großen Farbseiten, die Virtuosität bei der Planung der Seitenarchitektur erforderten, aber anfangs eher schlichte Handlungen boten. Denn Comics, darüber darf man sich keine Illusionen machen, richteten sich vornehmlich an eine Leserschicht, die bis dahin noch kaum für die Zeitungen gewonnen werden konnten: die weitgehend illiteraten Einwanderer in den großen Metropolen New York oder Chicago, die sich mit dem Englischen so schwer taten, daß sie den simplen, dialektgeprägten Duktus der frühen Comics benötigten, um überhaupt an die Sprache der neuen Heimat herangeführt zu werden. Und die Bilder taten ein übriges, um das Verständnis dieser schlichten Erzählform für ein nicht minder schlichtes Publikum zu erleichtern.

Doch dann kamen McCay mit seinem *Little Nemo* und Lyonel Feininger mit den kurzlebigen, aber einflußreichen *Kin-der Kids*. Diese beiden Serien bewiesen, zu welchen graphischen Höhen sich das Genre aufschwingen konnte, und als George Herriman am 26. Juli 1910 begann, die seltsame Geschichte von einer Katze zu erzählen, die sich in eine

Maus verliebt hat, von dieser aber nur verachtet wird, was wiederum das Eingreifen eines Hundepolizisten nach sich zieht – als Herriman also mit dieser Serie namens *Krazy Kat*, die er 34 Jahre lang zeichnen sollte, begann, da war der Comic erst richtig zur Welt gekommen, denn von nun an wetteiferte er mit den klassischen Künsten um Ausdruckskraft und Einfallsreichtum.

Herrimans Serie beeinflußte James Joyce und Picasso, begeisterte Gertrude Stein und e. e. cummings gleichermaßen und ist immer noch der Maßstab, wenn es um Sprachreichtum und graphische Brillanz im Comic geht. Erst Bill Watterson sollte mit *Calvin und Hobbes* in den 1990er Jahren etwas gelingen, was in Virtuosität und Engagement *Krazy Kat* annähernd gleichkam, und die *Peanuts* des im Jahr 2000 verstorbenen Charles Schulz sollten mit 50 Jahren Laufzeit die Langlebigkeit des Klassikers noch übertreffen.

Doch der Zeitungscomic ist eine sterbende Form, denn seit der Papierrationierung im Zweiten Weltkrieg bekamen kaum noch Comiczeichner die traditionelle ganze Seite am Sonntag zugestanden, auf der sich graphisches wie inhaltliches Talent so viel besser hatte entfalten können als auf den nunmehr bestenfalls halben Seiten, die aber durch Formatreduzierungen der Zeitungen inzwischen noch wesentlich weniger Platz boten. So gut sich mit einem erfolgreichen Strip auch weiterhin noch Geld verdienen ließ – Schulz hat mit seinen *Peanuts* Milliarden verdient –, so wenig fungiert der Zeitungsstrip heute noch als Triebfeder ästhetischer Entwicklungen bei den Comics.

Comic-Hefte

Längst haben die Comic-Hefte, die als bloße Sammlungen erfolgreicher Zeitungsserien begannen, ihren Vorläufern kommerziell den Rang abgelaufen. Keine Zeitung Amerikas erreichte je jene fünf Millionen Exemplare, die der Marvel Verlag in den 1990er Jahren von seiner Superhelden-Reihe *X-Men* pro Ausgabe verkaufen konnte, und die Konkurrenz vom Verlagshaus DC erzielte mit einer groß beworbenen Geschichte um Tod und Wiedergeburt von Superman zur gleichen Zeit kaum geringere Erfolge. Doch schon das Sujet – der Tod eines Superhelden – weist zumindest letztere Publikation auch als spätes Phänomen aus, denn jahrzehntelang waren die typisch amerikanischen Streiter mit den übernatürlichen Kräften unverwundbar, und als sie etwa im Zweiten Weltkrieg auf den Comicseiten gegen Nazis, italienische Faschisten und Japaner in den Krieg zogen, sah der brave Skeezix aus *Gasoline Alley*, der als einfacher Gefreiter in den Zeitungsstrips kämpfte, im Vergleich

reichlich alt aus. Die Heftkultur hatte gesiegt, weil sie abgeschlossene, übersichtliche Geschichten mit klaren Trennungen zwischen Gut und Böse zu bieten hatte.

1929 entwickelte der Belgier Georges Remi, der unter seinem Pseudonym Hergé zeichnete, seine berühmte Serie um *Tim und Struppi*, die den Auftakt zur eigenständigen Entwicklung des wichtigsten europäischen Comicmarktes bildete, der sich seitdem im französischsprachigen Raum entwickelt hat. Die Bedeutung, die Comics dort genießen, geht weit über deren Rolle in Amerika hinaus, denn in Frankreich und Belgien sind Comics schnell nicht mehr nur als Kinder-, sondern auch als Jugendlichen- und Erwachsenenlektüre begriffen worden, womit sie nur nachvollzogen, was in den Vereinigten Staaten zunächst ja üblich gewesen war. Die hochwertige Produktion von Comicalben ließ vor allem in Frankreich den Buchhandel am Markt für Bildergeschichten partizipieren, und die zahlreichen versierten Szenaristen wie René Goscinny, Michel Regnier alias Greg oder Jean-Michel Charlier, die jeweils für mehrere Zeichner Geschichten schrieben, ließen den französischsprachigen Comic ein weltweit einmaliges Niveau erreichen. Selbst als in den späten 1960er und frühen 1970er Jahren der amerikanische Underground an der Westküste eminente Comicerzähler wie Robert Crumb oder Art Spiegelman hervorbrachte, konnte ihr Stil, der in Amerika als Befreiung gewertet wurde, mit der zur gleichen Zeit in Frankreich triumphierenden Welle assoziativer Comics nicht wirklich konkurrieren. Das einflußreichste Magazin der 1970er Jahre, *Métal Hurlant*, wurde als *Heavy Metal* von Frankreich in die Vereinigten Staaten importiert, und dadurch wurde die Mutternation des Comics erstmals gewahr, daß andere Nationen ihr längst über den Kopf gewachsen waren. Da zudem stilprägende Zeichner wie André Franquin, Jean Giraud alias Moebius, Yves Chaland oder derzeit Lewis Trondheim und Joann Sfar in Frankreich und Belgien zu finden waren und sind, hat sich diese Region bei der Hervorbringung anspruchsvoller Comics seit Jahrzehnten den Spitzenplatz bewahrt.

Mangas

Nur noch Japan kann mithalten, wenn es um den kulturellen Stellenwert von Comics für eine Nation geht. Dabei wurden Comics dort als Massenmedium erst während der amerikanischen Besatzungszeit von 1945 eingeführt. Doch schon die Tatsache, daß sich nicht die weltweit gängige Bezeichnung ›Comic‹ für japanische Bildgeschichten einbürgerte, sondern das

Wort ›Manga‹, zeigt die Tradition, an die hier trotz aller Anleihen bei westlichen Vorbildern angeknüpft wurde. Denn Manga nannte der berühmteste japanische Holzschnittkünstler, Katsushika Hokusai, seine Skizzenhefte, in denen er vor allem Studien zu Mimik und Bewegungen festhielt, die er dann gesammelt veröffentlichte. Durch diese Bilderbücher wurden vom zweiten Drittel des 19. Jh. an ganze Generationen von japanischen Graphikern geprägt, und das Wort Manga wurde synonym für Bilderfolgen, wie sie dann auch der Comic benutzen sollte.

Der Siegeszug des Genres in Japan war erstaunlich. Heute sind mehr als ein Drittel aller dortigen Druckerzeugnisse Mangas, und die großen Magazine, die vor allem Kurz- und Fortsetzungsgeschichten veröffentlichen, verkaufen jeweils mehrere Millionen Exemplare ihrer einzelnen Ausgaben. Dabei ist die Produktion so spezialisiert wie sonst nirgends. Für nahezu jeden Leserkreis vom Vorschul- bis zum Rentenalter gibt es eigene Veröffentlichungen, die zudem eine klare Geschlechtertrennung verfolgen: Handlung und Ästhetik der Mangas für Männer und Frauen unterscheiden sich erheblich. Allen gemeinsam ist indes das hohe Lesetempo, das durch meist kleinformatige Seiten und großflächige Bilder bei weitgehender Reduktion des Textes erzielt wird. Mangas orientieren sich in ihren Einstellungen und Handlungsmustern klar am Film und bringen damit zwei Medien zusammen, die im selben Jahr, 1895, ihr Debüt erlebten. Während der westliche Comic dem Film zwar manche Bildkomposition verdankt (das Kino andererseits auch mittlerweile dem Comic zahlreiche Anregungen bei den Erzählmustern und vor allem den Themen), sich jedoch von Schnitt und Montage nicht gravierend beeinflussen ließ, sind just diese beiden Errungenschaften des Films prägend für die Struktur der Mangas. Gerade das macht sie trotz ihrer stark auf den japanischen Markt ausgerichteten Stoffe auch im Westen beliebt. Europa hat in den späten 1990er Jahren einen Mangaboom erlebt, der den hiesigen Verlagen nach dem abflauenden Interesse an den klassischen Alben eine neue sprudelnde Einnahmequelle bescherte.

Neuere Entwicklungen

Vermittler zwischen Fernost und Alter Welt war einmal mehr Amerika, wo der begabteste Superheldenzeichner des späten 20. Jh., Frank Miller, 1983 seine Miniserie *Ronin* publizierte, die die Abenteuer eines japanischen Kriegers in der Zukunft schildert. Miller zog aus der für Mangas typischen Neigung zur Abstraktion, aber auch aus deren Actionlastigkeit (↗ Ac-

tion) soviel Inspiration, daß er drei Jahre später mit seinem *Dark Knight*, einem Zyklus um den gealterten und verbitterten Superhelden Batman, eine ganze Gattung umstürzte. Hatten schon die maskierten ↗ Helden der späten 1950er und frühen 1960er Jahre plötzlich Nerven und menschliche Schwächen zeigen dürfen, so radikalisierte Miller das in *Gasoline Alley* ehedem entwickelte Prinzip und führte die Zeit als gnadenlosen Feind der Superhelden. So durchlebte der Superhelden-Comic, der sich seit 1938 ungebrochener Beliebtheit in Amerika erfreut, zwei große Brüche, die die Helden der Gattung zunächst an die Grenzen ihrer Psyche und dann auch an die ihrer Physis führten. Plötzlich war nicht nur die Ente Mensch geworden, wie es Carl Barks mit seinen Berichten aus Entenhausen gezeigt hat; nunmehr ließen Autoren wie Jim Starlin oder Alan Moore selbst die größten Heroen zittern und zagen. Vor allem der Brite Moore entwickelte neue Typen von Superhelden, die in totalitären Zukunftsvisionen nicht mehr das staatliche Gesetz, sondern nur noch das Faustrecht durchsetzen wollen. Der Comic ist dadurch wesentlich erwachsener geworden und knüpft gegenüber Europa um einige Jahrzehnte verspätet, aber desto sicherer wieder an die Ursprünge des Genres an. Nur der Charme von Serien wie *Gasoline Alley* ist ein für allemal passé. Den ruhigen Blick auf den Alltag über Jahre hinweg gestattet sich heute kein Comic mehr.

Literatur

Affolter, C./Hanhartner, U./Heller, M. (Hgg.): *Mit Pikasso macht man Kasso*. Zürich 1990.
Akademie der Künste Berlin (Hg.): *Comic Strips*. Berlin 1969.
Förster, G.: *Das Grosse Hansrudi Wäscher Buch*. Schönau 1987.
Fuchs, W. J./Reitberger, R. C.: *Das Grosse Buch der Comics. Anatomie eines Massenmediums*. München 1971.
Hein, M.: *Ästhetik des Comic*. Berlin 2002.
Knigge, A. C.: *Fortsetzung folgt. Comic Kultur in Deutschland*. Frankfurt a. M./Berlin 1986.
Pforte, D.: *Comics im ästhetischen Unterricht*. Frankfurt a. M. 1974.
Platthaus, A.: *Die Welt des Walt Disney: von Mann & Maus*. Berlin 2001.
Ders.: *Im Comic vereint. Eine Geschichte der Bildergeschichte*. Frankfurt a. M. 2000.
Ders. (Hg.): *Moebius Zeichenwelt*. Frankfurt a. M. 2003.
Storm, J. P./Dreßler, M.: *Im Reich der Micky Maus. Walt Disney in Deutschland. 1927–1945*. Berlin 1991.

Andreas Platthaus

Computer

Der Computer, der durch seine programmierbaren Informationsspeicher multimediale, interaktive und mit anderen Geräten vernetzbare Anwendungen ermöglicht, hat sich in der zweiten Hälfte des 20. Jh. von einer Rechenmaschine (das engl. *computer* zu lat. *computare* meint seit dem 17. Jh. die Person, die rechnet, kalkuliert und seit dem Ende des 19. Jh. auch die entsprechende Maschine) zum Allzweckgerät entwickelt, das nicht mehr nur geschäftlich, sondern auch privat genutzt wird.

Computer als Thema der Populären Kultur und Gerät künstlerischer Praxis

Zum Gerät der Populären Kultur wird er thematisch in den Science-fiction-Erzählungen der 1950er und 1960er, zunehmend praktische Wichtigkeit für die künstlerische Praxis erhält er in den 1970er und 1980er Jahren. In beiden Feldern wird seine Bedeutung ambivalent aufgefaßt. Das ›Elektronikgehirn‹, wie der Computer metaphorisch in seiner Funktion als Informationsspeicher und Informationsverarbeitungs-Maschine verstanden wird (den Ausdruck ›computer brain‹ kennt das Amerikanische seit 1945), macht wie alle gesellschaftlich wichtigen technischen Erfindungen zunächst ebenso Angst (als job-killing machine und als Maschine, die den Menschen versklavt), wie er auch eine Utopie verheißt, die den Menschen von vielen Sorgen befreit.

Daher wird in den Science-fiction-Erzählungen wieder und wieder die Überlegenheit des Menschen über die Rechenmaschine gefeiert. Sei es, daß der blind Würfelnde oder der intuitiv spielende Stratege sich in den interplanetarischen Kriegen als der Maschine überlegen zeigt (vgl. I. Asimov: *Die Maschine, die den Krieg gewann*, 1961, bzw. P. Anderson: *Siegeszug im All*, 1959), sei es, daß der Mensch die außer Kontrolle geratene Maschine besiegen kann (vgl. R. R. Smith': *Die Menschenfalle* 1963). Wenn aber die Maschine sich einmal dem Menschen als überlegen erweist, zeigt sie zugleich menschliche Schwächen. So wird der Computer in Aasimovs *Attentat auf Multivac* menschenähnlich. Als ihm alle *Sorgen der Welt* (so der originale Titel) auferlegt worden sind, verweigert er sich den an ihn gestellten Anforderungen und gibt schließlich nach seinen Wünschen befragt zu Protokoll: »Ich möchte sterben.«

Je mehr der Computer aber alltägliche Realität wird, desto uninteressanter wird er als Thema. Nun interessieren die Anwendungsmöglichkeiten, nicht mehr die sich mit ihm verbindenden Träume oder Traumata. Die größte Bedeutung für die Populäre Kultur hat er dabei als Spielgerät (↗ Videospiele) und als Kommunikations- und Schreibgerät (↗ CD-ROM, ↗ Internet). Als Produkions-Maschine wird der Computer (bzw. computerähnliche, elektronisch gesteu-

erte Geräte) zuerst für die ↗ Musik wichtig. Auch wenn zwischen elektrisch verstärkten Saiten- und Tasteninstrumenten, deren Töne sich elektronisch bearbeiten lassen, und der mit Computer-Hilfe im Studio produzierten Musik ein prinzipieller Unterschied nur schwer zu fassen ist, so machen die späten Alben der Beatles und Musiker wie Jimi Hendrix die veränderten musikalischen Produktionsbedingungen offenkundig. Die Beatles trennen sich (1970/74), weil sie ihre Musik öffentlich im Konzert nicht mehr herstellen können (und verlieren darüber ihren Status als ↗ Stars). Erst eine Musiker-Generation später ist es dank eines minimalistischen Musik-Konzeptes und der weiterentwickelten Technik wieder möglich, elektronisch hergestellte Populäre Musik öffentlich vorzuführen. Gruppen wie Kraftwerk und Trio zeigen dabei (in unterschiedlicher Weise) sogar demonstrativ die apparative Technik und schöpfen daraus künstlerisches Potential. Nach dem Jahrzehnt der New Wave bzw. in Deutschland der ›Neuen Deutschen Welle‹ wird der Gebrauch von Computern in der Popmusik so allumfassend und allgegenwärtig, daß er nur noch im Extremfall thematisiert wird; (etwa wenn bei Milli Vanilli kein Gruppenmitglied mehr mit der Musikproduktion und Darbietung in irgendeiner Weise zu tun hat).

Während Computer-Unterstützung bei Musik nach wie vor auch jenseits des Professionellen wichtig ist, spielen private Anwendungen im Bereich der Bildkunst eine deutlich geringere Rolle. Zwar geben die ersten Bildbearbeitungsprogramme ab den 1980ern die Möglichkeit, sich kreativ zu betätigen. Beliebt sind zunächst Op-Art-ähnliche Anwendungen. Je selbstverständlicher die Bild-Programme aber werden, desto spürbarer zeigt sich, daß rechnergestützte Bildproduktion gegenüber der traditionellen Bildherstellung mit dem Fotoapparat (↗ Kleinbildkamera) oder dem Zeichenstift kein besonderes Kreativitätspotential besitzt. So liegt die Bedeutung der computergestützten Bildbearbeitung denn auch eher im Bereich der publizistischen und werbenden Bilder, die für das Populäre besonders in kulturindustriellen Zusammenhängen wichtig sind (↗ Kulturindustrie).

Technik-Geschichte

Die Entwicklung des Computers beruht auf vielfältigen kulturellen und technischen Voraussetzungen. So mußten erst formale Logik, Rechengesetze und die Gesetze der Mechanik bzw. der Technik und ihre Nutzung erfunden sein, um einen Computer zu bauen, ja um überhaupt die Idee dafür zu entwickeln. Da der Computer in seinen ersten wissenschaftlichen wie militärischen Anforderungen ein Rechner war, zählen die ersten Rechenmaschinen, wenn sie programmierbar sind, zu seinen direkten Vorläufern. Zum Computer wird die Rechenmaschine, wenn sie für verschiedene Nutzungen einsetzbar wird und »nicht nur einen Befehl, sondern mehrere Befehlsfolgen selbständig ausführen kann« (Wurster 2002, S. 11). Dies ist zum ersten Mal beim automatischen Webstuhl von J.-M. Jacquard der Fall, der schon 1805 sein Programm mit Hilfe von Lochkarten steuert. H. Hollerith, mit dessen Namen die Idee der Steuerung einer Maschine durch Lochkarten verbunden bleibt, erfindet 1886 einen elektromagnetischen Zählapparat, der wegen seiner Geschwindigkeit schon 1890 bei der Volkszählung in den USA in größerer Stückzahl verwendet wird. Die eigentliche Geschichte des Computers beginnt jedoch erst mit Konrad Zuses ›Versuchsmodell 1‹ von 1938 und mit dem ENIAC (Electronic Numerical Integrator And Computer), den die US-Army 1946 fertigstellen läßt. Er beruht auf einem von J. von Neumann konzipierten Entwurf, der das Zusammenspiel von Rechnereinheit, Steuereinheit, Speicher und Ein- wie Ausgabeeinheit beschreibt. Dieser Computer der ersten Generation arbeitet mit Vakuum-Röhren (statt wie die älteren Rechenmaschinen mit mechanischen Speicher- und Schaltelementen). Er war drei Meter hoch und 120 qm groß. Das Prinzip, Computergenerationen nach den in ihnen verwendeten Speicherelementen zu bezeichnen, wird in der Folge beibehalten. Mitte der 1950er Jahre kommt die zweite Generation, die mit Transistoren und Dioden arbeitet; Anfang der 1960er die dritte mit Halbleiter-Technik. Seit 1978 markieren die Chips (höchstintegrierte Schaltkreise) die vierte Computer-Generation, deren Kapazität und Schaltfrequenz beständig vergrößert und beschleunigt wird.

Alle populärkulturellen Anwendungen des Computers, genauer des Personal Computers (PC), werden erst möglich durch diesen Prozeß der Miniaturisierung sowie durch die Entwicklung einer bedienerfreundlichen Oberfläche, durch die der Nutzer leichter mit dem Gerät kommunizieren kann, als es zunächst mit Hilfe einer Computersprache möglich gewesen war.

Die PC-Geschichte bzw. ›Revolution‹ beginnt im Januar 1975, obwohl es schon ab 1971 mit der Erfindung des Mikroprozessors durch die Firma Intel möglich gewesen wäre, einen ›Mikrocomputer‹ bzw. Personal Computer in größerer Stückzahl herzustellen. Doch keiner der etablierten Computerhersteller wie IBM, Nixdorf oder DEC sah zunächst einen Sinn darin, ›Minicomputer‹ für den persönlichen Gebrauch zu entwickeln. Es war die Zeitschrift *Popular Electronics*, die in ihrer Januarausgabe 1975 den ersten Personal Computer mit dem Namen Altair 8800 als Bausatz für 397 Dollar vorstellte. Fertig zusammengebaut konnte man ihn für 1000 Dollar bestellen. Entwickelt und gebaut wurde der Altair 8800 von Ed Roberts. Innerhalb weniger Wochen gingen Tausende von Bestellungen bei der Redaktion ein. Damit hatte niemand gerechnet, und man konnte schon ahnen, was für ein Markt sich daraus entwickeln würde: ein Computer für jedermann. Doch auch zu diesem Zeitpunkt sahen die Großfirmen der Computerindustrie noch keinen Anlaß, Personal Computer herzustellen und diesen ›neuen‹ Markt zu beherrschen. Es waren die Tüftler und Freaks, die den Altair 8800 bestellten und ihn veränderten, weiterentwickelten oder ihn als Grundlage für einen ganz neuen Personal Computer ausschlachteten. Diese ›Freaks‹ und Hobbybastler sahen sich nicht als User im heutigen Sinne, sondern als Pioniere, die die ›PC-Revolution‹ mitgestalteten. Mit ihren neu gegründeten ›Garagenfirmen‹ verhalfen sie dem PC zum Durchbruch.

Auch Apple, am 01. 04. 1976 von Steve Jobs und Steve Wozniak gegründet, war eine sogenannte ›Garagenfirma‹. Obwohl ihr erster Computer (Apple I) nur eine karge Platine war und man selbst ein Gehäuse bauen bzw. Geräte zur Ein- und Ausgabe von Daten selbst anschließen mußte, legte Apple damit den Grundstein für den bemerkenswerten Erfolg der heutigen Kultfirma. Von nun an ging es rasant weiter, und es entwickelte sich eine rasch wachsende PC-Industrie. Schon 1977 kamen Personal Computer wie der PET2001 von Commodore, TRS-80 von Radio-Shack oder Apple II von Apple auf den Markt, die nicht nur für Technik-Freaks, Tüftler und Hobbybastler interessant, sondern auch für ein breites Publikum gedacht waren. Ausgestattet mit Monitor, Tastatur, Software und einige Computerspielen setzte man einen ersten ›PC-Standard‹.

Daran, daß der Personal Computer in die Bürowelt eindrang, war IBM maßgeblich beteiligt. 1981 präsentierte IBM den PC 5150. Er brachte keine technischen Neuerungen, wurde aber trotzdem ein überwältigender Erfolg. Innerhalb einen Jahres wurden 50 000 IBM-PCs verkauft. Für die Käufer (vor allem Unternehmen) reichte es aus, daß der PC von IBM kam, eine Firma, die seit 1924 bestand und für Seriosität, Stabilität und Zuverlässigkeit stand. IBM setzte mit diesem PC einen Industriestandard und verdrängte Apple als Marktführer in der PC-Branche. Für viele Menschen war dies auch der Startpunkt, sich privat einen PC für Textverarbeitung und Tabellenkalkulationen zu kaufen. Gleichwohl blieb der

Umgang mit dem PC für viele zu anspruchsvoll und zu technisch. Die Wende brachte die Einführung des Apple Macintosh 1984. Ausgestattet mit einer neuen graphischen Benutzeroberfläche und einer Maus, wurde die Arbeit mit dem Rechner enorm erleichtert. Man brauchte keine langen und komplizierten Befehle eingeben, sondern mußte nur noch auf einen Icon klicken, damit ein Befehl ausgeführt wurde. Mit der Maus und der graphischen Benutzeroberfläche setzte Apple bis heute einen Standard in der Mensch-Maschine-Kommunikation.

Der Bundesverband Informationswirtschaft, Telekommunikation und neue Medien geht davon aus, daß Ende 2001 ca. 27 Millionen PCs in deutschen Unternehmen und Privathaushalten stehen. Eine enorme Zahl, die verdeutlicht, daß der Personal Computer heute ein selbstverständlicher Bestandteil des täglichen Lebens ist, egal ob privat genutzt oder in der Arbeitswelt. Dazu kommen Laptops, Notebooks und PDAs (Personal Digital Assistants), die eine Weiterentwicklung des Personal Computers sind. Teilweise mit der gleichen Leistung ausgestattet, kommt bei diesen Rechnern noch der Faktor der Mobilität hinzu: immer und überall mit ›meinem persönlichen Computer‹ arbeiten, spielen und kommunizieren.

Literatur

Ditles, S. (Hg.): *Die Traum-Maschine*. Köln 1985.
Friedewald, M.: *Der Computer als Werzeug und Medium. Die geistigen und technischen Wurzeln des Personal Computers.* Berlin/Diepholz 1999.
Linzmayer, O. W.: *Apple – Streng vertraulich! Die Tops und Flops der Macintosh-Geschichte.* St. Gallen/Zürich 2000.
Mertens, M./Meißner, T.: *Wir waren Space Invaders. Geschichten vom Computerspielen.* Frankfurt a. M. 2002.
Pressemitteilung des Bundesverbandes Informationswirtschaft. Telekommunikation und neue Medien e. V. Berlin 14. 2. 2002.
Wurster, C.: *Der Computer: Eine illustrierte Geschichte.* Köln 2002.

Hans-Otto Hügel/Michael Mikolajczak

Cowboy ↗ Westerner

Cultural Studies ↗ ›The People‹, ↗ Kap. 1. Einführung

Design

Begriff und Geschichte

Die Gattung Mensch ist dadurch ausgezeichnet, daß sie sich ihr biotopisches System erst zu entwerfen hat. Heute ist sie in ein Stadium getreten, in dem sie nicht nur global ihr künstliches System von (natürlicher) Umwelt abgrenzt, sondern sich selbst bewußt zum Entwurfsgegenstand macht. Gegenüber diesem allgemeinen Begriff des Entwerfens ist die spezielle Geschichte des Designs und ihre Bedeutung für die ↗ Alltagskultur hervorzuheben. Weit verbreitet ist der Irrtum, die handwerklich, manufakturell oder industriell hergestellten Artefakte seien Design. Design meint ein spezifisches Entwerfen. Strenggenommen heißt Geschichte des Designs nämlich Geschichte des gestalterischen Entwerfens. Die geschichtliche Darstellung primär von gestalterischen ›Entwürfen‹, nicht von Produkten, wäre die Aufgabe von designgeschichtlichen Publikationen, die uns heute vorzugsweise statt mit dem Prozeß des Entwerfens (Entwurfsgenese) in der Regel mit Resultaten, sog. designten Objekten (letztlich Oberflächen), zumeist wenig aufschlußreich konfrontieren.

Design als Industrial- und Kommunikationsdesign (ID/KD) verstanden, hat sich im Übergang von handwerklicher und manufractureller zu industrieller Produktionsweise herausgebildet und ist an letztere gebunden. Selbstverständlich wurden in den Werkstätten des Handwerks für einzelne Produkte auch Entwürfe angefertigt, aber eine Verselbständigung der Entwurfsarbeit hatte sich noch nicht durchgesetzt. Gestalterisch gearbeitet wurde vom Kopf in die Hand, während sich z. B. in den Manufakturbetrieben (Kutschen-, Porzellanmanufakturen etc.) der frühen Neuzeit das Entwerfen von der Ausführung abzuspalten begann; d. h., die Arbeit des Entwerfers wird im Entwurf vergegenständlicht. So wie definitiv mit der Entwicklung des Buchdrucks die Nachricht zur Ware wird, so wird es auch der materialisierte Entwurf (Information). Dieser dient als Produktionsmittel und verlangt zu seiner Produktion ein Ensemble spezifischer Produktionsmittel (z. B. Papier, Stift, Zirkel etc.). Entworfen werden Produktionsmittel zur Produktion, Zirkulationsmittel zur Zirkulation und Produkte zur Konsumtion.

Produzenten dieser Entwürfe waren zu Beginn Architekten, Ingenieure, Künstler und Dessinateure (Entwerfer, Gestalter). Sie arbeiteten zunächst für den »schweinischen Luxus der Reichen« (William Morris), bevor sie am Entwurf von Massenprodukten teilhatten. Im Verlauf der Industrialisierung der Arbeit und der mit ihr vorangetriebenen Arbeitsteilung wird auch die Entwurfsarbeit als Kopfarbeit mehr und mehr durch Arbeitsteilung bestimmt. Im Übergang von der Bedarfsdeckung zur Bedarfserzeugung unter kapitalistisch organisierten Produktionsverhältnissen und der damit verstetigten Massenproduktion im 19. Jh. werden neben Architekten und Ingenieuren insbesondere Formgestalter und Grafiker benötigt und zunächst hauptsächlich mit der Gestaltung von Konsumgütern bzw. mit der Gestaltung von deren Bewerbung (Reklame) beauftragt. In den Prozeß der Technologisierung und Verwissenschaftlichung des Entwerfens werden die Gestalter als Designer/innen spät, d. h. im 20. Jh., eingegliedert, was sich z. B. auch an der Geschichte ihrer Ausbildungsinstitutionen (von Zeichen- über Werkkunst- zu Hochschulen) ablesen läßt.

Form und Funktion

Der Fetischcharakter der Waren (s. u.) sollte nicht blind machen, wenn es um die Zusammensetzung der gestalterischen Arbeit geht. Funktion und Form ist im Entwerfen ihr Gegenstand, und diese wiederum bilden als Kategorien methodologisch für den Entwurfsprozeß eine – widersprüchliche – Einheit und sind als solche nicht voneinander ableitbar. Da funktionale und formale Elemente Kennzeichen von Gebrauchsprodukten sind, besitzt jedes Produkt einen funktionalen *und* formalen Gebrauchswert, der im Entwurf generiert wird. Der Entwurf als Ware (und natürlich auch sein Produkt) zeichnet sich in seiner Warenform zugleich dadurch aus, daß er einen Tauschwert besitzt. Wie jede Ware ist der Entwurf also dadurch bestimmt, daß in ihm ein im Durchschnitt gesellschaftlich notwendiger Arbeitsaufwand vergegenständlicht ist. Wir befinden uns aber nicht (mehr) in einer auf Tauschhandel begründeten Gesellschaft, sondern in einer kapitalistischen Marktwirtschaft, in der vom Gebrauchswert der Ware zugunsten ihrer Wertform abstrahiert wird. An der Wertschöpfung sind selbstverständlich auch alle Entwerfer beteiligt. Zwar stellen die Designer/Designerinnen ein in die Kette der Wertschöpfung spät eingereihtes, aber kein unwichtiges Glied dar. Als Gebrauchs- und Tauschwertproduzenten stehen sie, industriell organisiert, nah zu den Schnittstellen Produktion/Zirkulation bzw. Zirkulation/Konsumtion. Ihre Entwurfsarbeit ist einerseits instrumentell auf gestalterische Funktionen/Formen, andererseits funktional auf Absatzförderung/Tauschwertrealisierung ausgerichtet. Der Designkult (↗Kult), der um die nicht von Designern ›gemachten‹, sondern nur von ihnen ›teilentwor-

fenen‹ Dinge inszeniert wird, ist Ausdruck jenes Warenfetischismus, der den ›Dingen‹ die Macht zuspricht, die doch von Menschen ausgeübt wird, d. h. er ist ein Moment von Warenpropaganda.

Entwerfen als auf Artefakte bezogene Gestaltung heißt idealtypisch: Der Entwurf nimmt funktional und formal einerseits etwas vorweg (Aspekt: Utopie) und schließt andererseits an etwas an (Aspekt: Tradition). Daraus ergeben sich Kriterien zur Legitimation von Gestaltung/Umgestaltung. Die Entwicklung des Produkt- und Kommunikationsdesigns von einzelnen Produkten zu Produktensembles bis zum Corporate Design läßt sich phänomenologisch als eine Bewegung von standardisierten und seriellen hin zu modularen und systemischen Entwürfen beschreiben. Sie umfaßt ein Feld, das von der Gestaltung von Industrieprodukten in Form von Investitions- und Konsumgütern bis zur Gestaltung von sozialen Infra- und Superstrukturen reicht bzw. zur Aufgabe die Gestaltung einer Einheit von Materie (Warenkörpern) und Information (Warenpropaganda) hat. Gestaltung von Körper, Hülle und Oberfläche sind die wesentlichen Arbeitsgegenstände im Design: die Gestaltung z. B. von Bügeleisen oder von Stapelware; die Etikettierung/Packung von Lebensmitteln wie z. B. Cornflakes; von Kleidern; von Anzeigen; Blechschildern; ↗Plakaten; typographischen Erscheinungsbildern; ↗Filmen bis hin zu Benutzer- wie z. B. Bildschirmoberflächen.

Interdisziplinär muß mit Architekten, Ingenieuren, Linguisten, Informatikern usf. zusammengearbeitet werden. Mit der Industrialisierung haben sich die Arbeitsmittel und -materialien (Produktionsmittel für den Entwurf) verändert bzw. sind neue (Zeichenmaschinen, Fotoapparat, Filmkamera, Kopierer, Drucker, Plotter, Rechnerkonfigurationen, Software, Kunststoffe etc.) hinzugekommen, wurden und werden neue Planungs-, Darstellungstechniken und -methoden (grafische, foto- und filmografische, computergenerierte und -programmierte) entwickelt. Die Arbeit am Bildschirm und mit dem ↗Computer als Multimedia-Instrument löst die im Design vollzogene Arbeitsteilung eher wieder auf und führt Industrie- und Kommunikationsdesign in der virtuellen Gestaltung (Entwerfen von Produktklassen, Werbekampagnen, zwei- und dreidimensionalen Objekten etc.) entwurfstechnisch am Bildschirm zusammen. Folgen sind: die schnellere und effektivere Ausführung von gestalterischen Entwürfen als Produktionsmittel bzw. der intensivierte Einsatz von Warenpropaganda in der Sphäre der Zirkulation. Die systemische Bedeutung des Designs nimmt immer mehr zu. Damit erklärt sich auch, warum Designgeschichte, -methodologie und -forschung als Bausteine und Schrittmacher in Richtung Designtheorie und -wissenschaft erst allmählich im Lauf des 20. Jh. ausgebildet wurden und werden.

Individuelle und gesellschaftliche Konsumtion

Einmal vorausgesetzt, daß in der Konsumtionssphäre die Wertrealisierung (Kapital – Ware – Kapital) sich vollendet und die Dynamik des Kapitalkreislaufes sich bestätigt, ist das Interesse der Verbraucher an Konsumprodukten, sei es in Form von Einzelprodukten oder komplexen Produktsystemen, dadurch natürlich nicht befriedigt. Ihr Interesse, für Geld etwas funktional und formal Brauchbares zu erhalten, ist ja durchaus berechtigt. Der Markt bietet sich ihnen mit seinen Waren an, ihre Bedürfnisse zu decken und zu erzeugen. Obwohl die Welt als ein Riesenwarenhaus sich beschreiben ließe, in dem alles bei reicher Produktdiversifikation vorhanden und käuflich zu sein scheint, machen Verbraucher aber immer wieder die Erfahrung, daß sie von den Produkten sowohl funktional als formal ›enttäuscht‹ sind. Einfach gesprochen: Kanten, an denen man sich schneidet, Bedienungselemente, die klemmen und brechen, Formgebungen, die den Gebrauch behindern und erschweren, Packungen, die nicht halten, fehlende Farbkontraste, die einen daneben greifen lassen, Benutzeroberflächen, deren haptische bzw. bildliche oder typographische Gestaltung ermüden, Gebrauchsanweisungen, die weder visuell verständlich noch verständlich getextet sind, Produkte, die Funktionen vortäuschen, die sie nicht besitzen, und die Formen besitzen, die über Inhalte täuschen, schließlich: riskante Produktions- und Produktsysteme, die zu kollabieren drohen. Und dann in der Bewerbung die funktionalen und formalen Gebrauchs- und Glücksversprechungen der Produkte! Aber jenes unterstellte durch und durch ›vernünftige‹ gesellschaftliche Subjekt, den/die Verbraucher, gibt es gar nicht; es ist Fiktion. Der Fetischcharakter der Ware schlägt auf die Nutzer zurück: Sie werden von den gestalteten Dingen, der gestalteten Umwelt ›gebraucht‹ – und nicht umgekehrt. Darin vermittelt ist das Populäre (↗Populär) an der Alltagskultur, sprich am (Trivial-)Design.

Nutzertypen

Richtete sich die Kritik einst in »*The Theory of the Leisure Class*« (Thorstein Veblen, 1899) an die Adresse von Müßiggängern, so gehören in der post-industriellen Gesellschaft und in ihren ↗Massenkulturen wir alle längst zu ihnen. Der individuelle Konsument läßt sich, vereinfacht, in vier Typen klassifizieren: den ↗Sammler, den Nutzer, den Ästheten und den (Selbst-)Inszenierer. Dieses Massenpublikum tritt aber, auch wenn insbesondere die Kaufkraft von 13- bis 49jährigen geschätzt wird, nicht geschlossen als einheitliche Masse auf, sondern diversifiziert sich – wie die Waren in Produktgruppen – in vielfältige Zielgruppen mit wechselnder Besetzung. Die voranschreitende Medialisierung der Gesellschaft hat diesen Trend beschleunigt. Die tägliche Inszenierung von Lebenswelten der 1980er und 1990er Jahre blamierte längst den frommen Glauben an das Gute und das Schöne, wofür Design in den 1950er Jahren angeblich verantwortlich gewesen war, und überholte cool die Kritik der Warenästhetik der 1960er Jahre als spießig. Jedem sein eigenes Logo, für jeden ein Lifestyle-Angebot, zu dem er nicht lebenslänglich verurteilt ist. Erlebnisdesign (↗Erlebniskultur) favorisiert vor allem den Inszenierungstypus und stellt ihn unter das Diktat der Publizität. Die stetige Plazierung von Events, aber auch Markenkult und Moden, Techno-, Punk-, Ethno-Look etc. bieten jedoch allen Nutzertypen augenblicklich Identifikations- und Abgrenzungsmöglichkeiten: Die ›Packung‹ findet ihr sublimes Pendant in der Verpackungskunst. Angelangt in der Multimedia-Gesellschaft, als deren Teil jeder explizit als Menschmedium zu agieren hat, stellt sich dann doch die Frage nach der Technik-Design-Folgen-Abschätzung, nach dem Verhältnis von Produkt- und Lebenszyklus, dem nicht nur die Waren, sondern – angewandte Anwender – wir selbst unterworfen sind.

Designideologie – Designkritik

Wer den Doppelcharakter der Waren nicht wahrhaben will, wird in den Debatten um ›Design‹ entweder zu dessen Apologeten oder zu dessen Kritiker. Vor allem zwei Debatten haben die Diskussion über Design im 20. Jh. beherrscht: der Funktionalismus-Diskurs der Moderne und der Antifunktionalismus-Diskurs der Postmoderne. Ideologie eines wie auch immer verstandenen (männlichen) Funktionalismus sei, die Form folge aus der Funktion bzw. die Hauptsache am Design sei die Funktion, Nebensache die Form. Im gelungenen funktionalen Design sei die Form in der Funktion aufgehoben. Aufgabe sei es, durch funktionalistisch gestaltetes Design (Objekte) den Benutzer zum vernünftigen Verbraucher zu erziehen. Aber: Dem funktionalen Design fehle es an formaler Vielheit und Beweglichkeit.

Die Funktionalisten verstünden die Welt als Maschine. Der Funktionalismus sei ein Diktat, das dem Konsumenten seine sinnlichen Bedürfnisse austreibe. Formen (Schönheit: weiblich) seien nicht an Funktionen gebunden. Der Funktionalismus habe ein gebrochenes Verhältnis zur Tradition. Er sei dogmatisch, weil er es an Multifunktionalität, an funktionaler und formaler Offenheit fehlen lasse. Aufgabe sei es, den Menschen durch gestaltete Umwelt zu sinnenfreudiger Teilhabe zu erziehen. Die postmodernen Gestalter verstünden die Welt als ein ›Freudenhaus‹.

Von beiden Positionen aus werden Designer und ihre Designobjekte als ›Anwälte der Verbraucher‹ oder als ›Glücksbringer‹ apostrophiert. Vorschläge zum Design, die aus diesen Debatten herrühren, heißen z. B. Öko-Design, Interface-Design oder Design von Sinnen etc. Programm dieses ›Als-ob‹-Designs sei es, die Dinge zum Sprechen zu bringen. (Ich bin ein Öko-Design, ich bin ein Techno-Design, ich bin ein heiteres, ein gutes Design usf.) Aus gesellschaftlichen Diskursen stammen solche ›Übertragungen‹ auf das Design, die Designerinnen und Designer veranlaßt haben, sich zu Spezialisten für Zeichenproduktion (zu Markentechnikern, zu Lifestyleproduzenten/-innen) auszubilden. Diese prätendierte Sinnproduktion wird heute unter dem Stichwort ›Produktsemantik‹ gehandelt. Durch Zeichen aber lassen sich Funktion und Form nicht ersetzen. Selbst ein vorwiegend durch Zeichen gestaltetes Leitsystem nimmt nicht in Anspruch, an die Stelle komplexer Wege zu treten. Das heißt natürlich wiederum nicht, daß Produkte überhaupt zeichenlos wären. Ob, um nur ein simples Beispiel anzuführen, mit der (körperhaften) Koppelung Mickeymouse + Telefon Form und Funktion des Telefons oder der Mickeymousefigur sich erst erfüllen, darf getrost in Abrede gestellt werden. Dasselbe gilt natürlich für die (zeichenhafte) Koppelung Volk + Empfänger (↗Radio).

Produkte, die ›sprechen‹, versprechen etwas. Ob sie ihr Versprechen halten, zeigt sich erst im Gebrauch. Im Extremfall könnte es sich um ein zeichenhaftes Als-ob-Produkt, ein Dummy, handeln. Die hohe Aufmerksamkeit, die Gestaltung als populares Design (Produkte) heute erreicht, nimmt ihren Ursprung darin, daß der Verbraucher durch das Angebot von Waren (Moment der Konsumtion) so konditioniert wird, daß er von Gebrauchsprodukten erwartet, daß sie ihn ansprechen, daß sie ihm ›helfen‹, ihn vertretend, sein Leben zu gestalten und zu erfüllen. So bestätigt und erklärt sich, daß der Gebrauchte – freiwillig/unfreiwillig – an den Fetischcharakter der Waren, an einen circulus vitiosus gefesselt ist. Metaphorisch läßt sich sein Wunsch nach Bedürfnisbefriedigung als unstillbarer Warenhunger trotz eines ungeheuren Warenangebots bezeichnen. Sowenig es also ein ökologisches Design gibt, wohl aber eine Designökologie, sowenig gibt es eine Sinnproduktion durch Design, wohl aber eine industrielle Ästhetik (↗Ästhetik und Moral). Sowenig es ein kapitalistisches Design gibt, wohl aber ein Design in kapitalistischer Marktwirtschaft, sowenig gab es ein faschistisches oder ein sozialistisches Design, wohl aber ein Design im Dritten Reich bzw. im SED-Staat.

Designethik

Wenn es auch kein ethisches Design geben kann, so heißt dies nicht, daß damit die Designerinnen und Designer aus sozialer Verantwortung entlassen sind. Diese gründet aber nicht im Befolgen eines wie auch immer ausgelegten berufsständischen Ehrenkodexes. Eine spezielle, gar normative, andere ›Ethiken‹ ersetzende Designethik stellte ein Täuschungsmanöver dar. Ausgangspunkt aller gestalterischen Überlegungen sollte sein, daß es keine Grenzen für (nachhaltige) Entwicklung, wohl aber Grenzen für prätendiertes unbegrenztes Wachstum gibt. Diesem Entweder-Oder ausgesetzt, lassen sich, einer naturwüchsigen Dynamik des Kreislaufes Produktion – Zirkulation – Konsumtion widersprechend, für die gestalterische Arbeit einige Kriterien gewinnen: Material- und Energieersparnis, Förmlichkeit, Farblichkeit, Lesbarkeit, Haltbarkeit, Handhabbarkeit, Montier- und Demontierbarkeit, Transportierbarkeit, Transparenz, Kohärenz, Komplexität, Variabilität, Beweglichkeit, systemische Anschlußfähigkeit, Reparaturfähigkeit, Wiederverwertbarkeit etc. Sie setzen Technologie-, Planungs-, Innovations-, Geschlechter- und ökologische Forschung sowie historische, systematische und analytische Selbstbeobachtung gestalterischer Entwurfsarbeit voraus.

Literatur

Aicher, O.: *Die Welt als Entwurf. Schriften zum Design.* Lüdenscheid 1991.

Bonsiepe, G.: *Interface. Design neu begreifen.* Mannheim 1996.

Bürdek, B. E.: *Design. Geschichte, Theorie und Praxis der Produktgestaltung.* Köln 1991.

Fischer, V. (Hg.): *Design heute. Maßstäbe: Formgebung zwischen Industrie und Kunst-Stück.* München 1988.

Friemert, C.: *Drei Vorlesungen zum Design. Zur Geschichte. Zu einem Wendepunkt. Zur Theorie und aktuellen Lage.* Berlin 1983.

Jonas, W.: *Design – System – Theorie. Überlegungen zu einem systemtheoretischen Modell von Design-Theorie.* Essen 1994.

Kraus, K.: »Reklamefahrten zur Hölle«. In: *Die Fackel* 23, 577–582 (1921), S. 96–98.

Kurz, R.: *Die Welt als Wille und Design. Postmoderne, Lifestyle-Linke und die Ästhetisierung der Krise.* Berlin 1999.

Löbach, B./Fiedler, E. A.: *Design und Ökologie.* Cremlingen 1995.

Meurer, B./Vinçon, H.: *Industrielle Ästhetik. Zur Geschichte und Theorie der Gestaltung.* Gießen 1983.

Ökologie und Design. Zwei Werkstattgespräche. designtransfer. Berlin 1994.

Panofsky, E.: *Die ideologischen Vorläufer des Rolls-Royce-Kühlers & Stil und Medium im Film.* Frankfurt a. M./New York 1993.

Papanek, V.: *The Green Imperative. Ecology and Ethics in Design and Architecture.* London 1995.

Selle, G.: *Geschichte des Design in Deutschland.* Frankfurt a. M./New York 1997.

Sturm, H. (Hg.): *Geste & Gewissen im Design.* Köln 1998.

Veblen, T.: *Theorie der feinen Leute. Eine ökonomische Untersuchung der Institutionen* [engl. 1899]. München 1971.

Walker, J. A.: *Designgeschichte. Perspektiven einer wissenschaftlichen Disziplin.* München 1992.

Hartmut Vinçon

Detektiv

Zum literarischen (filmischen etc.) Detektiv wird eine Figur, wenn sie der Spezialist für Verbrechensaufklärung ist oder dafür gehalten wird. Es genügt nicht, wenn jemand überraschend oder überzeugend ein ↗ Verbrechen aufklärt. Zum Detektiv gehört auch mehr als nur die Fähigkeit, seinen gesunden Menschenverstand zu gebrauchen. Zadig, durch den – Haycraft (1974, S. XXVI) und Ellery Queen zufolge – Voltaire (1694–1778) zum »Great Grandfather of the Detective Story« wurde, ist kein Detektiv, auch wenn er Spuren richtig zu lesen und zu deuten versteht. Detektion, die Tätigkeit, die der Verbrechensaufklärung dient, ist mehr als nur natürliche Schlauheit: Detektion setzt methodisches Vorgehen voraus, das in der dargestellten Wirklichkeit für tauglich gehalten wird. Dies schließt nicht nur ein, daß die fiktionalen Detektive Methoden entwickeln, die für die Welt, in der sie leben, neu sind und für die sie daher bewundert werden. Es schließt auch ein, daß die Methoden der literarischen Detektive überhaupt neu sein können, wie etwa der Nachweis von Blut durch Sherlock Holmes (in *A Study in Scarlet*; die methodische Überlegenheit und das Ingenium der literarischen Detektive gab noch für das BKA in den frühen 1970ern die Begründung ab, daß man sich zu Schulungszwecken in der Bibliothek Detektivromane hielt). Umgekehrt gibt es zwar buchstäblich keine (berufs)qualifizierende Mindestanforderung an literarische Detektive, wohl aber eine Mindestanforderung an die dargestellte Welt. Diese muß so beschaffen sein, daß in ihr Verbrechensaufklärung methodisch betrieben werden kann, was, wie bekannt,

auch in fiktionalen mittelalterlichen Klöstern (vgl. Umberto Ecos Welterfolg *Der Name der Rose*, 1980, oder die Bruder-Caldwell-Romane, von Ellis Peters, geb. 1913) der Fall ist.

Dagegen kommen Detektive weder in der Bibel noch in Märchen noch in antiken Dramen noch in den Erzählungen deutscher Romantiker vor, da diese methodisch betriebener Verbrechensaufklärung keinen Raum geben (anders: Messac 1929, S. 57; van Meter 1976, S. 12; Priestman 1990, S. 18). Daher sind weder Archimedes noch das Fräulein von Scuderi, denen die Forschung die Fähigkeit zur »Detektion« attestiert hat, Detektive, auch wenn sie erfolgreich an der Verbrechensaufklärung mitwirken (anders: Messac 1929, S. 52; Arnold/Schmidt 1978, S. 14 bzw. Alewyn 1971, S. 197; Reinert 1973, S. 33–47). Auch wenn Archimedes einen Betrug aufklärt und das Fräulein der Wahrheit bei einem Mordfall ans Licht verhilft, macht dieser Erfolg die beiden nicht zu Spezialisten für Verbrechensaufklärung. Ihr Erfolg ist Nebenprodukt ihres wissenschaftlichen bzw. menschlich-künstlerischen Vermögens, und dies wird in den Erzählungen auch herausgestellt. Eine Wiederholung ihres Erfolges ist undenkbar, nicht weil sie keinen einschlägigen Beruf haben – die Literaturgeschichte kennt viele Amateur- und Hobby-Detektive, die Priester, Gelehrte, Kunsträuber oder Antiquare sind –, sondern weil sie an Detektion, an Verbrechensaufklärung kein Interesse haben. Bezeichnet man Figuren wie die Scudéry als Detektiv, verwendet man diese Bezeichnung metaphorisch. Das *Tertium comparationis*, das diese mit den wirklichen Detektiven verbindet, eine verborgene verbrecherische Tat aufzuklären, ist das Geheimnis. Konsequenterweise hat die Forschung, wenn sie den Detektiv vor allem als einen Geheimnislöser, als einen Rätselknacker ansieht, das Verbrechen zur *quantité négligeable* erklärt (vgl. Messac 1929, S. 9; Thomson 1931, S. 21; March 1972, S. 11) und die Detektivgeschichte, wie Brecht (1971, S. 315) es formuliert hat, in die Nähe des »Kreuzworträtsels« gerückt (ebenso Suerbaum 1971, der 1984 allerdings seine Position modifiziert). In dieser Auffassung konnte sich die Forschung lange Jahre auf die literarische Praxis stützen. In dem sog. klassischen Detektivroman, dem »typischen Detektivroman des Golden Age« (Suerbaum 1984, S. 74) von Autoren wie Agatha Christie (1890–1976), war in der Tat der »Armchair Detective« stilbildend, der im Lehnsessel sitzend allein durch »logisches Denken« (Brecht 1971) den Fall löst. Die Bedeutung dieses Typs zeigt sich auch darin, daß bis in die 1950er Jahre ›Riddle-‹ oder ›Puzzle-Story‹ eine beliebte Kategorie in Ellery Queens *Mystery Magazine* war (vgl. E. Q. M. M. Okt.

1950, Dez. 1950, Nov. 1951, Sept. 1953). Sie ist auch mit dem partiell zum Synonym für die Gattung erhobenen Begriff ›Whodunit‹ (nach Hagen 1969, S. 629, im Jahr 1928 entstanden) belegbar.

Überblickt man die Geschichte der Figuren des ↗ Genres, zeigt sich jedoch, daß dieser Detektivtypus nur eine von vielen Ausprägungen ist und beileibe nicht als ein verpflichtendes Modell verstanden werden darf, dem alle anderen als bloße Variationsform untergeordnet seien. Zum einen blieb der Rätseldetektiv eine literarhistorische Episode und hat gerade in jüngster Zeit keine Nachahmer gefunden. Wichtiger als dieses quantitative Argument ist aber, daß die Kennzeichnung des Detektivs als Auflöser von Rätseln und Geheimnissen die Entstehung und Entwicklung der Figur nicht begreiflich macht; da das Rätsel als ›einfache Form‹ (Jolles 1968) vom Historischen weitgehend unbeeinflußt ist. Der Detektiv ist weder »ein Kind [...] der Romantik« (so Alewyn 1963, S. 136; Schönhaar 1969, S. 58; Reinert 1973, S. 23) noch »ein Kind des Positivismus« oder des wissenschaftlichen Denkens (so Thier 1971, S. 490; Ludwig 1930, S. 132; Messac 1929). Jedenfalls gilt letzteres bestenfalls mittelbar in dem Sinne, daß die Entwicklung der Kriminalistik auch etwas mit der des wissenschaftlichen Denkens zu tun hat. Überdies führt die Favorisierung des Rätseldetektivs vielfach dazu, daß die Figur als eine von einem Autor erfundene gilt, zumeist wird Edgar Allan Poe genannt. ↗ Populäre Figuren werden aber nicht erfunden. Sie entstehen aus dem ihnen zugehörigen kulturellen Umfeld, sind – wie die Geschichte des ↗ Abenteurers, des ↗ Westerners, des ↗ Spions, des ↗ Räubers oder des ↗ Piraten zeigen – Übersetzungen aus dem wirklichen Leben, auch wenn der übersetzte Text nur noch von Ferne an den ursprünglichen erinnert.

Da der Verbrecher als »Geschöpf fremder Gattung« (Schiller) wie als Mitglied einer Räuber-Gangster-Diebes-Bande aus der Sicht des Bürgers unverständlich, wenn nicht exotisch erscheint, ist der Detektiv, sein erzählerischer Antipode, schon aus Gründen der Erzählökonomie auf Normalität, auf Verständlichkeit ausgerichtet. Die Entstehung der Figur des Detektivs ist daher in dem Umfeld zu suchen, in dem Detektive aufzutreten pflegen: in dem der Kriminalistik.

Entstehung und Entwicklung

Detektivische Funktionen – hierauf hat als erster Ernst Bloch 1971 hingewiesen – waren solange nicht gefragt, wie die Kunst des Kriminalisten darin bestand, Geständnisse unter der Folter zu erpressen.

Erst die Kritik an der Folter brachte die Notwendigkeit, den Indizienbeweis formaljuristisch zu begründen und sachlich forensisch zu ermöglichen. Nach Maßgabe der Kriminalordnungen des 18. und 19. Jh. war das in Deutschland nicht Aufgabe von Detektiven oder Kommissaren, sondern von Untersuchungsrichtern. Die ersten literarischen Detektive treten denn auch in diesem Amt in Erzählungen von Laurids Kruse (1778–1829) und Adolf Müllner (1774–1829) auf. Dabei zeigt sich der Zusammenhang zwischen der Entwicklung der Kriminalistik und der Figur des Detektivs darin, daß die Erzähler in vielen Einzelheiten, bei Tatortbesichtigungen, Sektion, Feststellen des Corpus delicti und Verhör, alle die detektivischen Mittel, die dem Untersuchungsrichter der Zeit in der Praxis zur Verfügung standen, auch ihren Protagonisten an die Hand geben. Nach der preußischen wie der österreichischen Kriminalordnung von 1805 bzw. 1803 war die Polizei den Richtern der Kriminalgerichte untergeordnet. Der Polizei oblag nur das, was heute als erster Zugriff bezeichnet wird, während vor allem bei Kapitalverbrechen die Kriminalrichter den Gang der Untersuchung bestimmten. Literarisch interessant wurde die Polizei daher erst, als sie im Verlauf des Jahrhunderts selbständiger wurde. Frankreich hatte seit 1812 durch Eugène François Vidocq (1775–1857), England seit 1829 (aber erst seit 1842 ohne Uniform auftretende) durch Sir Robert Peel (1788–1850) eingerichtete Kriminalpolizeien. Preußen folgte 1830, als per Kabinettorder der IV. Geschäftsabteilung des Sicherheitsbüros ausschließlich kriminalpolizeiliche Aufgaben zugewiesen wurden. Ihre organisatorische Unabhängigkeit wurde zeitweilig jedoch wieder aufgehoben und erst zwei Jahre nach der Revolution von 1848 endgültig gesichert.

Das wichtigste literarische Zeugnis aus der Polizeiarbeit dieser Zeit sind denn auch die Memoiren Vidocqs (frz. u. dt. 1829), deren Einfluß bei nahezu allen Schriftstellern von Kriminalgeschichten des 19. Jh. spürbar ist. »Gaboriaus M. Lecoq, aber auch Detektive heute unbekannter Autoren wie Hamlyn Smiths ›Französischer Policei Official‹ in *Auf dunklen Wegen* (1871) tragen seine Züge« (Hügel 1978, S. 130). Das Leben Vidocqs vom Sträfling zum Chef der Sureté, seine aktions- und kampfbetonte Weise der Verbrechensbekämpfung gaben dem Detektiv ein abenteuerliches Gesicht *und* zeigten ihn als Chef, ja als Meister seines Faches, während die Londoner Bow-Street-Runners in den Geschichten von Richmond (1820) als untergeordnete Männer vom Fach erscheinen, die zwar ihr Handwerk verstehen, aber wenig Glanz ausstrahlen. So entspricht das Auftreten des »Polizeirath X« in *Die Geheimnisse von*

Berlin (1844 f.) dem Vidocqs in seiner Autobiographie.

Kriminalistischen Scharfsinn hatten die frühen Detektive weder in der Praxis noch in der Literatur zu bieten. Themen – der in Deutschland nach 1850 zunächst in Zeitungsbeilagen und Familienzeitschriften erschienenen Geschichten – sind Verhaftung, Überführung und Verfolgung von Berufsverbrechern. Die Detektive in den Geschichten von Waters (d. i. William Russel), Charles Dickens (1812–1870), Andrew Forrester, die in Deutschland von Autoren wie Karl Chop (1825–1882), Friedrich Axmann, Otfried Mylius (d. i. Karl Müller, 1819–1899) teils übersetzt, teils überarbeitet oder auch neu erfunden wurden (besonders Jodokus Donatus Hubertus Temme, 1798–1881), sind zunächst noch auf der Spur des Verbrechers. Mehr und mehr nehmen die Detektive aber auch die Spur des Verbrechens auf. Vielleicht auch unter dem Einfluß einer sich zunehmend demokratisch verstehenden Gesellschaft realisieren die Detektive das Prinzip des ›jeder ist verdächtig‹, so daß die Detektive nicht mehr bloß als Verteidiger der bestehenden Besitzstände, sondern auch in gesellschaftskritischer Funktion auftreten. Mit dem Zuwachs an kriminalistischen Möglichkeiten steigt auch die Rätselhaftigkeit der Fälle. Trotzdem ist Poes Amateurdetektiv, der den Kriminalfall nur als Anlaß für das Spiel seiner Denkkraft nimmt, für die Detektive in der zweiten Hälfte des 19. Jh. kein Vorbild. Auch wenn Gaboriau Poe kannte und Dupins Methode schätzte, erinnert sein Detektiv M. Lecoq keinesfalls an Dupin, sondern ist eher ein literarisches »Denkmal« (Berger 1980, S. 300) für Vidocq. Die Detektivfiguren in den Romanen und Erzählungen des Engländers Charles Dickens, des Australiers Fergus Hume (1859–1932), der US-Amerikanerin Anne Katherine Green (1846–1935), des Franzosen Emil Gaboriau (1832–1873), des Deutschen Adolf Streckfuß (1832–1895), um aus der Fülle der Namen nur jeweils einen Vertreter zu nennen, beziehen sich in keinem Fall auf Dupin bzw. auf Poe, alle aber auf die zeitgenössische Kriminalistik, über deren tägliche Arbeit die Leser in den gleichen ⁊ Zeitschriften und ⁊ Zeitungen unterrichtet wurden, in denen auch die fiktionalen Geschichten erschienen. Obwohl die Figur des Detektivs häufig in den Kriminal- oder in den längeren Sensationsromanen der Zeit auftritt, ist er noch keine Genre-Figur. Detektivische Arbeit wird zwar zwischen 1850 und 1890 – übrigens gleichermaßen in England, Frankreich und Deutschland – zu einem Gegenstand, der eine ganze Erzählung bestimmt, ein eigenes populäres Genre erhält der Detektiv erst durch Conan Doyles (1859–1930) Welterfolg mit Sherlock Holmes.

Die genreprägende Figur von Sherlock Holmes

Dieser Welterfolg setzt bemerkenswerterweise nur sehr zögerlich ein. Seinen ersten Auftritt hat Sherlock Holmes in *A Study in Scarlet* (1887) in einem Weihnachtsalmanach, nachdem Doyles Manuskript von mehreren Verlegern abgelehnt worden war. Und Doyle hatte aus Ärger über das schmale Honorar von 25£ die Figur des Detektivs schon aufgegeben, als er im November 1889 zusammen mit Oscar Wilde (1854–1900) vom Londoner Verlagsagenten der Firma Lippincott (Philadelphia/USA) eine Einladung zu einem Abendessen erhielt. Am Ende des Essens waren im Auftrag und Namen von Lippincotts Magazin, einer populären amerikanischen Monatsschrift, zwei Verträge abgeschlossen. Die beiden eingeladenen jungen Autoren hatten sich verpflichtet, noch für das nächste Jahr je ein Roman-Manuskript abzuliefern. Oscar Wilde sagte zu, seinen Roman *Das Bildnis des Dorian Gray* für die Zeitschrift zu überarbeiten, und Doyle versprach, einen weiteren Sherlock Holmes-Roman, *Das Zeichen der Vier*, zu schreiben. Dieser zweite Holmes-Roman machte Doyle zwar bekannt, aber weder berühmt noch reich. Ein dritter Anlauf war nötig, um der Figur des literarischen Detektivs einen Platz im Bewußtsein der Leser zu sichern. Anfang 1891 wurde Doyle beauftragt, für den *Strand*, ein gerade gegründetes Londoner Zeitschriftenmagazin, sechs Sherlock-Holmes-Geschichten zu schreiben, nachdem er schon im dritten Heft eine kürzere Erzählung, die kein Krimi war, abgeliefert hatte. Im Juni erschien mit *A Scandal in Bohemia* die erste der Holmes-Geschichten. Schon die erste Holmes-Serie trieb die bereits vorher hohe Auflage des Magazins in ungeahnte Höhen. Bald erreichte der *Strand* 500.000 verkaufte Exemplare, und Doyle konnte, nachdem eine zweite Folge von Holmes-Geschichten verlangt wurde, den Preis bestimmen. Trotz aller Erfolge wußten jedoch weder Doyle noch seine Verleger, daß sie mit Sherlock Holmes einen neuen literarischen Mythos, eine Figur durchgesetzt hatten, die einen ganzen Zweig literarischer Unterhaltung begründete. Daher unterschätzten sie die Leidenschaft der Leser, und Doyle ließ Holmes am Ende des 12. Abenteuers in die Reichenbach-Fälle stürzen und umkommen. Es kam wie es kommen mußte: Autor und Verlag wurden mit Schmäh- und Bittbriefen überschüttet, und Doyle ließ sich erweichen, veröffentlichte 1902 *The Hounds of the Baskervilles* und ließ Sherlock Holmes in neuen Folgen von Kurzgeschichten wieder auferstehen. So daß Sherlock Holmes nicht nur der erste populäre Detektiv, sondern die erste wirklich populäre Figur

der Literaturgeschichte wurde, also eine Figur, an der
Autor und Leser mitwirkten.

Holmes vereinigt die Züge aller früheren Detektive: Er ist analytisch so stark wie Dupin, körperlich
gewandt wie Vidocq, ein eifriger Verbrecherjäger wie
Lecoq und tritt auch im Bewußtsein dieser (und
anderer) Vorgänger auf. Holmes bündelt nicht nur
die Tradition detektivischen Erzählens, er entwickelt
sie fort. Er ist Spezialist für besondere Fälle, die eine
bestimmte, eine wissenschaftliche Methode der Verbrechensaufklärung verlangen. Dieser Wandel vom
Kriminalpolizisten zum Kriminalwissenschaftler, den
die berühmte Liste von Sherlock Holmes' Fähigkeiten und Kenntnissen belegt (vgl. Kap. 2 »Die
Kunst der Schlussfolgerung« von *Study in Scarlet*),
macht aus einem Vertreter staatlicher und moralischer Ordnung eine Symbolfigur des technischen
und gesellschaftlichen Fortschritts. Sie befreit den
Detektiv vom Odium des Büttels und des Spions.
Weil Sherlock Holmes' naturwissenschaftliche Methodik zur Zeit ihrer literarischen Erfindung der
wirklichen Polizei in manchem voraus ist, gibt sie der
Detektivfigur Glanz und begründet ihren Erfolg. Der
symbolische Gehalt von Doyles Figur liegt nicht nur
in der Perfektion, mit der er die eine oder andere
detektivische Technik beherrscht, sondern darin, daß
er in allen Lagen, bei der Anwendung der verschiedensten Methoden *einem* Verhaltensmuster folgt: alles Persönliche auszuschalten, sich völlig auf die Aufgabe zu konzentrieren, den auf sie passenden methodischen Ansatz zu suchen und ihn dann so effektiv wie möglich anzuwenden. Was Holmes auch
immer tut, er bleibt neutral – solange ein Fall noch
nicht geklärt ist, ist er der Experte, für den nur das
(technische) Problem existiert, der sich als Funktion,
nicht als Mensch begreift. Sobald das Rätsel jedoch
gelöst ist, verwandelt sich die Detektionsmaschine in
einen Menschen zurück. So zeigt Holmes mehrfach
Verständnis für den Verbrecher und läßt ihn laufen.
Holmes' Exzentrik und sein Außenseitertum enthalten wie ein Akkord mehrere Töne: Sie verweisen
auf den neutralen Homo Faber *und* auf das unabhängige, sich niemandem, auch nicht den Institutionen des Staates, verpflichtende Individuum. Der
Detektiv ist gerade nicht mehr nur Medium der
Ordnung; ihm geht es nicht glatt um die Wiederherstellung eines geordneten Zustandes, der durch das
Verbrechen unterbrochen wurde. Holmes' eigenwil-
lige, ja selbstherrliche Interpretation des Gesetzes
signalisiert jedoch keinen Übermenschen. So turm-
hoch Holmes in detektivischer Hinsicht allen überlegen ist, unfehlbar ist er gerade in den frühen
Geschichten nicht. Der Detektiv ist noch keine Figur,
die Allmachtsphantasien auslebt. Die Ku-Klux-Klan-

Morde in *The Five Orange Pips* bleiben ebenso unge-
sühnt wie der Betrug von Mr. Windibank in *A Case of
Identity*. Realistische Einschätzung der Fähigkeiten
eines Detektivs zeigt sich auch bei den Aufkärungs-
methoden. Holmes folgt ganz unserem Alltagsverständnis; er zieht aus seinen Beobachtungen jenen
Schluß, der bei Berücksichtigung der gesamten Lage
am wahrscheinlichsten ist, und nicht den, der am
unwahrscheinlichsten ist. Bei aller Exzentrik und
Genialität, bei allen Merkwürdigkeiten und allen
Schauereffekten, die seine Fälle auszeichnen und die
die Gelegenheit geben, daß Holmes sich als vielseitiger, ja als ›runder Charakter‹ zeigt, gründen seine
Methoden auf der Kombination von Wissenschaft
und gesundem Menschenverstand. Und vielleicht ist
es diese Verbindung, die den Erfolg dieser Detektiv-
figur ausmacht.

Die Beteiligung der Leser an der Figur zeigt sich
nicht nur beim Plädoyer für ihr Weiterleben. Sherlock Holmes macht den Leser zum Ko-Detektiv. Der
ihn begleitende, den Leser vertretende Watson, die
Offenheit, mit der die Clues, die Indizien erzählt
werden – eine Erzähltechnik, die bei späteren Detektiven wie Hercule Poirot, Miss Marple, Ellery
Queen, Lord Peter, Nero Wolfe (von Agatha Christie,
Ellery Queen, d. s. Frederic Dannay, 1905–1982 und
Manfred B. Lee, 1905–1971; Dorothy Sayers,
1893–1957; Rex Stout, 1886–1975) übernommen
wird (vgl. das berühmte Fairness-Gebot von S. S. van
Dine sowie die obligate Schlußerklärung des detektivischen Vorgehens – sie reizen den Leser zum Wettkampf mit dem Detektiv). Im Extremfall, etwa bei
Romanen von Dennis Wheatley (1897–1977), die die
Spuren des Falles faksimiliert in Form einer »Polizei-
akte mit Original-Beweismaterial« (Verkaufswer-
bung) wiedergeben, heißt lesen, Detektiv sein. Und
auch die vielen Detektiv-Preisausschreiben, die in den
1920ern geradezu Mode waren, oder manche Rund-
funk-Kurzkrimis in den 1950er und 1960er Jahren
zeigen das den Leser stimulierende Aktionspotential
der populären Figur. Erzähltechnische Voraussetzung
hierfür ist die neuartige Position des Detektivs in der
Geschichte. »Anstelle der Intrige in dem Unterhaltungsroman seiner Zeit setzte Doyle die Klarheit der
Beziehungen und Aufgabenverteilung von Detektiv,
Verdächtigen und Verbrechern. Anstelle von Geheimnissen ist von Problemen und Fällen die Rede. Statt
durch Zufall oder höhere Mächte kommt durch die
Arbeit des Detektivs die Wahrheit ans Licht. Der
Detektiv löst nicht bloß einen anderen Heldentypus
ab, so wie etwa der edle Räuber vom edlen Cowboy
oder Indianer abgelöst wurde« (Hügel 1988).

Sherlock Holmes wurde schnell zum Markenzeichen; Schirmmütze, Pfeife oder das von ihm so gerne

benutzte Vergrößerungsglas werden zu Emblemen der Figur des Detektivs, die bis heute, nach mehr als hundert Jahren, sofort als (vermarktbares) Signet für den Detektiv decodiert werden. Und es scheint nicht zuletzt die leichte Vermarktbarkeit zu sein, die die Popularität der Figur bewahrt hat. Die Erfolgsgeschichte der Figur setzte schon kurz nach den für das *Strand-Magazine* verfaßten Geschichten ein. Sherlock Holmes wurde plagiiert (vgl. den »Weltdetektiv« im deutschen Groschenheft ab 1909), und nachgeahmt (etwa von Arthur Morrison, 1863–1945, mit Detektiv Martin Hewitt), auch über die Grenzen Englands hinaus, und bald gab es einen »deutschen Sherlock Holmes« (Joe Jenkins von Paul Rosenhayn, 1877–1929), einen österreichischen (Dagobert Trostler von Balduin Groller, 1848–1916), einen schwedischen (Asbjörn Krag von Sven Elvestad, d. i. Stein Riverton 1884–1939). Und man kann die Geschichte der Detektivfigur durchaus als Ausformulierung, Erweiterung, Variation und Ergänzung des von Doyle mit Sherlock Holmes vorgelegten Fundus von Motiven und Charakteren begreifen. So bilden etwa die Armchair-Detektive im Extrem die »Thinking-Machine« (vgl. Prof. Augustus S. F. X. van Dusen von Jacques Futrelle, 1875–1912), eine Ausformulierung seiner »Kunst der Schlußfolgerung«; was die harten Detektive angeht, ließe sich ebenso auf die Kämpfernatur von Holmes, der ein »gewandter Boxer und Fechter« war, verweisen, und selbst für das Vorgehen der psychologisch elaborierten Detektive wie Jules Maigret (von Georges Simenon, 1903–1989) oder Pater Brown (von Gilbert Keith Chesterton, 1874–1936) lassen sich Parallelen bei Holmes finden. Selbstverständlich haben die späteren Autoren nicht einfach Doyle ausgeschrieben. Die Tough Guys von Raymond Chandler (1888–1959) und Dashiell Hammett (1894–1961) und anderen kennzeichnet Pessimismus, Gesellschaftskritik und das ›Wise Cracking‹, ein rhetorisch zugespitzter Dialogstil, den Holmes ebensowenig hat wie die habituelle Eleganz der Rätseldetektive.

Detektive in Hörfunk und TV

Aus dem Horizont von Sherlock Holmes bewegen sich die Detektive erst unter dem Einfluß der audiovisuellen Medien heraus. Nachdem im ⁊ Radio zunächst Hörspiele den Rätseldetektiv favorisiert hatten, beliebt war in Amerika die Form des »Unfinished Play«, bei dem ein Preis für den besten (nicht gesendeten) Schluß einer Kriminalgeschichte ausgesetzt war (ab 1929 beim Sender WMAQ in Chicago), begann man in den USA Ende der 1930er

Jahre, als Reaktion auf die durch das Auftreten des organisierten Verbrechens gesteigerte Furcht vor Kriminalität, Polizeioffiziere zu Hauptfiguren von Radioshows zu entwickeln. »The most important of these radio shows was Jack Webb's ›Dragnet‹, which aired first in 1949. Hilary Waugh (geb. 1920) notes ›if there was a father of the procedural, I think it would have to be the radio program Dragnet‹ […] Television programs followed, and programs like *Dragnet* [1967-1999, dt. ›Polizeibericht‹, 1971-1999], *Highway Patrol* [1955–1959], and *The Naked City* did their bit to combine the aura of official police investigation with some essentials of the hard-boiled story« (Panek 1987, S. 172). Der Begriff ›police procedural‹, der sich für diese Geschichten, seien sie literarische oder filmische, eingebürgert hat, verweist auf die Bedeutung der zeitgenössischen kriminalpolizeilichen Verfahren, die diese Detektive anwenden. Daher gehören auch andere am Ermittlungsverfahren beteiligte Detektive, etwa Gerichtsärzte (z. B. Kay Scarpetta von Patricia Cornwall, geb. 1956) hierher. Mit dem Begriff ›police procedural‹ ist der Unterschied markiert zu den früheren öffentlich bestellten Detektiven wie Inspektor French von Freeman Wills Crofts, 1879-1957, oder Kommissar Maigret, die nur nominell Polizisten waren (vgl. Panek 1987, S. 170). (Anders die Polizeigeschichten aus der Vor-Sherlock-Holmes-Zeit. Diese arbeiten durchaus mit realistischen Polizeimethoden, allerdings mit denen des 19. Jh.). In der Forschung werden als erste (und wichtige) ›police procedural‹-Detektive Mitch Taylor von Lawrence Treat (1903-1998) in *V. as in victim* (1945) und vor allem die Serie um das 87. Polizeirevier (ab 1956 von Ed McBain, geb. 1926) genannt. Für Deutschland sind etwa die veristischen Kriminalromane von Frank Arnau (1894-1976) um das Team von Inspektor Brewer und vor allem Jürgen Rolands TV-Serie *Der Polizeibericht meldet* bzw. *Stahlnetz* (ab 1953 bzw. 1958) und die entsprechenden ⁊ Serien des DDR-Fernsehens *Blaulicht* (Untertitel: ›Eine Sendereihe aus der Arbeit der Volkspolizei‹) mit der anschließenden Serie *Polizeiruf 110* sowie einige Tatort-Kommissare (Finke, Kiel; Trimmel, Hamburg; Haverkamp, Köln) zu nennen. Die Interaktion im Team, die ein zweites – vielleicht noch wichtigeres – neues Element dieser Polizeidetektive darstellt, wurde in den 1960ern durch Maj Sjöwall/Per Wahlöö in ihrer zehnbändigen Serie über das Stockholmer Polizei-Team um Martin Beck zum Organisationszentrum der Erzählung. Jan Willem van de Wetering (geb. 1931) folgte zehn Jahre später mit der Romanserie um das Team der Amsterdamer Kriminalpolizei, seit 1989 erscheint die Serie um das Team der Jerusalemer Kriminalpolizei von Batya Gur (geb. 1947). Bei allen Unterschieden zeichnet diese Team-Romane aus, daß die Interaktion im Team, kriminalistisch gesehen, zum Selbstzweck wird. Überspitzt gesagt, bewegen sich die Polizisten in einer Welt, die mehr und mehr aus den Fugen, ja oftmals zur Groteske geraten ist (vgl. Hügel et al. 1995, S. 95-99), und befassen sich mehr mit sich selbst als mit ihren Fällen. Die Folge ist Resignation, der endgültige Abschied vom Detektiv als gesellschaftlichem Problemlöser.

Detektivinnen

Detektive sind zwar zumeist, aber nicht immer männlich. Schon die Polizisten und Privatdetektive im 19. Jh. hatten weibliche Kolleginnen (vgl. Hügel/ Hügel 1990). In den letzten beiden Jahrzehnten hat sich die Zahl der Detektivinnen parallel zum Auftreten der Frauen in anderen kulturellen Bereichen sprunghaft vermehrt. So produktiv die Detektivinnen auch sind, stellen sie zumeist eher Varianten zu vorhandenen Typen und Formen als Neuentwicklungen dar. So sind etwa die Privatdetektivin V. I. Warshawski (ab 1982 von Sara Paretsky, geb. 1947), Sharon McCone (ab 1977 von Marcia Muller, geb. 1944) oder Kinsey Millhone (ab 1982 von Sue Grafton, geb. 1940) Übertragungen der tough guys. Von einem entschieden weiblichen Gesichtspunkt aus betrachten die Detektivinnen hingegen ihre Welt, wenn sie ihre kriminalistischen Abenteuer sozusagen im Zweitberuf erledigen (vgl. etwa die Literaturprofessorin Kate Fansler von Amanda Cross, geb. 1926, oder die College-Dozentin Loretta Lawson von Joan Smith, geb. 1953). Aber auch diese stehen »durchaus im Einklang mit der Tradition des Amateurdetektivs« (Reddy 1990, S. 21). Ob die Leser von den Detektivinnen zum feministischen Bewußtsein der Autorinnen hingeführt werden, scheint fraglich. Wenn man, wie Reddy, meint, die Detektivinnen unterscheiden sich von ihren männlichen Kollegen dadurch, daß sie nicht »als Autoritätsfiguren« fungieren, übersieht man die Veränderungen, die auch mit den Detektiven vor sich gegangen sind.

Neuartig, wenn es auch hierfür männliche Vorbilder in der Tradition gibt, scheint eher eine Kombination aus Detektivin und Richterin bzw. Rächerin zu sein, wie sie Shirley Shea (geb. 1924) mit Silvia Jenning (in *Victims. A Pound of Flesh*, 1990, und *One of Us Will Die*, 1995) geschaffen hat. Diese feministischen Detektivinnen sind Heldinnen, Figuren, die (uns) retten oder, wenn dies nicht mehr möglich ist, wenigstens rächen.

Neben den Detektivinnen sind ein Trend zu lokalen Detektiven (nahezu jede deutsche Großstadt hat ihre eigenen, meist im kleinen Verlag herausgebrachten Detektivgeschichten) und eine Wiederaufnahme der aus dem Vorrat der Tradition stammenden Figuren kennzeichnend für die letzten beiden Jahrzehnte, in denen die Detektive gegenüber den SF-Abenteurern (↗ Zukunft) wieder an Boden gewinnen. Beide Trends, die ähnlich in der Popmusik zu beobachten sind – etwa bei der neuen Volksmusik bzw. bei den Stil-Revivals –, belegen, daß die Detektive auch heute noch integraler Bestandteil der populären Kultur sind.

Literatur

Alewyn, R.: »Das Rätsel des Detektivromans«. In: Frisé, A. (Hg.): *Definitionen*. Frankfurt a. M. 1963. S. 117–136.
Ders.: »Die Anfänge des Detektivromans«. In: Žmegač 1971. S. 185–202.
Arnold, A./Schmidt, J. (Hgg.): *Reclams Kriminalromanführer*. Stuttgart 1987.
Berger, K.-H.: »Einige Bemerkungen zu diesem Buch«. In: Gaboriau, E.: *Der Fall Lerouge*. Berlin 1980. S. 295–303.
Brecht, B.: »Über die Popularität des Kriminalromans«. In: Vogt, J.: *Der Kriminalroman. Zur Theorie und Geschichte einer Gattung*. Bd. 2. München 1971. S. 315–321.
Hagen, O. A.: *Who Done It. A Guide to Detective, Mystery and Suspense Fiction*. New York/London 1969.
Haycraft, H.: *Murder For Pleasure. The Life and Times of the Detective Story*. New York 1974.
Hügel, H.-O.: *Untersuchungsrichter, Diebsfänger, Detektive. Theorie und Geschichte der deutschen Detektiverzählung im 19. Jahrhundert*. Stuttgart 1978.
Ders. (Hg.): *Das große Buch der Detektive*. Bergisch Gladbach 1988.
Hügel, B./Hügel, H.[-O.] (Hgg.): *Ihr Fall, Miss Pinkerton. Weibliche Detektive aus England und Amerika*. München 1990.
Hügel, H.-O./Urban, R./Hoffmann, H. (Hgg.): *Mord in der Bibliothek. Eine Ausstellung des Studiengangs Kulturpädagogik der Universität Hildesheim*. Marbach 1995.
Jolles, A.: Einfache Erzählformen. Tübingen 1968.
Ludwig, A.: »Die Kriminaldichtung und ihre Träger«. In: *GRM* 18 (1930) S. 57–71; 123–135.
Marsch, E.: *Die Kriminalerzählung. Theorie, Geschichte, Analyse*. München 1972.
Messac, R.: *Le ›Detective Novel‹ et l'influence de la pensée scientifique*. Paris 1929.
Meter, J.R.v.: »Sophocles and the Rest of the Boys in the Pulps. Myth and the Detective Novel«. In: Landrum, L. N./Browne, P./Browne, R. B. (Hgg.): *Dimensions of Detective Fiction*. 1976. S. 12–21.
Panek, L. L.: *An Introduction to the Detective Story*. Bowling Green 1987.
Priestman, M.: *Detective Fiction and Literature. The Figure on the Carpet*. Houndmills u. a. 1990.
Reddy, M. T.: *Detektivinnen. Frauen im modernen Kriminalroman*. o. O.: Guthmann Peterson 1990.
Reinert, C.: *Das Unheimliche und die Detektivliteratur. Entwurf einer poetologischen Theorie über Entstehung, Entfaltung und Problematik der Detektivliteratur*. Bonn 1973.
Schönhaar, R. F.: *Novelle und Kriminalschema. Ein Strukturmodell deutscher Erzählkunst um 1800*. Bad Homburg/Berlin/Zürich 1969.
Suerbaum, U.: »Der gefesselte Detektivroman«. In: Žmegač 1971. S. 241–260.

Ders.: *Krimi. Eine Analyse der Gattung.* Stuttgart 1984.

Symons, J.: *Am Anfang war der Mord. Eine Geschichte des Kriminalromans. Eher amüsant als akademisch.* München 1972.

Thier, E.: »Über den Detektivroman«. In: Vogt, J.: *Der Kriminalroman. Zur Theorie und Geschichte einer Gattung.* Bd. 2. München 1971. S. 315–321.

Thomson, H. D.: *Masters of Mystery. A Study of the Detective Story.* London 1931.

Žmegač, V. (Hg.): *Der wohltemperierte Mord. Zur Theorie und Geschichte des Detektivromans.* Frankfurt a. M. 1971.

Hans-Otto Hügel

Diva

Die Diva (das lat. Femininum zu *divus*: göttlich) ist im Deutschen zunächst eine gefeierte Künstlerin, vornehmlich eine »Sängerin oder (Film-)Schauspielerin« (Duden. Das gr. Wörterbuch d. dt. Sprache 1993, Bd. 2). Die nähere Bestimmung als jemand, der »durch exzentrische Allüren von sich reden macht« (ebd.), wird auf eine Person übertragen, wenn sie oder er durch »besondere Empfindlichkeit [...] o. ä. auffällt« (ebd.). Von diesem allgemeinen Sprachgebrauch ausgehend, suchen die Kulturwissenschaften mit dem Begriff einen besonderen Typus des ↗ Stars zu erfassen, der seine Auftritte ins Leben jenseits des ↗ Theaters (des ↗ Konzerts etc.) verlängert: Läßt sich von einer ganz in ihrem Beruf aufgehenden Schauspielerin sagen, daß für sie die Bretter die Welt bedeuten, bedeutet für die Diva die ganze Welt eine Bühne. Vor allem die Medien- und die Musikwissenschaften (vgl. Moltke 1996; Rosand 1990; Grotjahn 2001 u. 2002) bemühen sich, dem Typus der Diva Kontur und Begriffsschärfe zu verleihen. In der Musikwissenschaft wird die Diva vor allem mit den Primadonnen gleichgesetzt. So sieht Grotjahn (2001) denn auch schon bei Angelica Catalini (geb. um 1780) »typische Merkmale der Diva« realisiert und hält die Sängerin wegen der Geschlossenheit ihres Bildes geradezu für deren Prototyp. Diesen kennzeichnet die Fähigkeit, das ↗ Publikum ganz in den Bann zu ziehen, außergewöhnliche Verehrung zu erfahren, mit unvorstellbarem Reichtum entlohnt zu werden und beständig zu versuchen, im Mittelpunkt zu stehen. Angeregt sind solche – wohl vorzeitigen – Identifikationen vielleicht von musikwissenschaftlichen Handbüchern, die zu wissen vorgeben, daß: »seit dem Ende des 18. Jahrhunderts [...] die bez. Pr. [d. i. Primadonna] synonym mit Diva« ist (Gurlintt 1967, S. 328 f.; vgl. nahezu gleichlautend Honegger/Massenkeil 1981). Allerdings gibt es für diese Behauptung keinen Beleg.

Künstlerin und kulturelles Zeichen

Die großen europäischen Sprachen kennen vor dem 19. Jh. ›Diva‹ nur im wörtlichen Sinne als »die Göttliche«, wenn z. B. die Mutter Gottes oder auch eine Hexe als ›Diva‹ angesprochen wird (so bei Dante oder Jakob Gravisett, 1598–1658); wobei vielleicht der römisch-lateinische Gebrauch Pate stand, die Kaiserin nach ihrem Tod zu vergöttlichen. In übertragener, abgeschwächter Bedeutung, also im Sinne von ›die besonders Gefeierte‹ taucht das Wort selbst im Italienischen erst in den 1840er Jahren auf (vgl. *Dizionaro Etimologico Italiano*, 1950). Und auf eine Künstlerin, eine Sängerin bezogen, findet sich das Wort nicht vor den 1860er Jahren im Deutschen und im Italienischen (bei Max Ebeling bzw. bei Giovanni Verga; vgl. Dt. Fremdwörterbuch, 1999, Bd. 4, bzw. Grande Dizionario della Lingua Italiana, 1989, Bd. 4) und den 1870er Jahren im Französischen (bei Alphonse Daudet; vgl. Littré *Dictionnaire de la Langue Française*, 1982, Bd. 2). Mit diesen Belegen ist aber die heutige Bedeutung noch nicht gesichert, die der Diva Star-Qualität zuspricht und sie damit zu einer Figur der Populären Kultur macht. Denn im späten 19. Jh. wird die Bezeichnung auf Künstlerinnen, vor allem auf Sängerinnen, ersten Ranges verwendet. Das zeigt sich sogar, wenn das Wort ironisch verwendet wird (vgl. ein Beleg a. d. Jahre 1868, zit. in: Dt. Fremdwörterbuch, 1999, Bd. 4: »Die ›Diva‹ [in einem Berliner Tingeltangel] sang eine Arie ›Waldandacht‹«). ›Diva‹ ist im 19. Jh., wie es jahrhundertelang für ›Primadonna‹ galt, ein technischer Begriff, der den Unterschied zur ›seconda donna‹ markiert (vgl. Walter 1898, S. 235). Die Diva wird zwar verehrt, diese Verehrung gilt aber der Virtuosin (↗ Virtuose), nicht dem Star, der als Konstrukt, als kulturelles Zeichen Bedeutung hat. Überträgt man unsere Vorstellung vom Star auf die gefeierten Sängerinnen des 18. und 19. Jh., indem man sie retrospektiv als Diva bezeichnet (so Rosand 1990), sitzt man einem Anachronismus auf, denn ›Primadonna‹ meint bis ins 20. Jh. hinein nur die hierarchisch und dramaturgisch »erste Sängerin« (vgl. Burney 1983, S. 278). Der Ausdruck hat noch nicht die Nebenbedeutung ›Star‹. Die deutschsprachigen Zeitungen und musikkritischen Schriften haben bis 1900 offensichtlich keinen Bedarf an einer solchen Bezeichnung; denn selbst der Ausdruck ›Primadonna‹, der durch sein fremdsprachiges Flair eher metaphorische Kraft hat, wird vergleichsweise weniger verwendet als eindeutigere auf das Musikalisch-Artistische zielende technische Begriffe. So sagt Faustina Hasse (1693–1786) von sich, sie sei »die erste und meinte die älteste Virtuosa« (Burney 1983, S. 284), und die in München engagierte erste

Sängerin Sigl-Vespermann wird von Küstner (1853, S. 143) als »Bravour-Sängerin« bezeichnet.

Wenn im frühen 19. Jh. einmal eine Sängerin als ›die Göttliche‹ bezeichnet wird, geschieht dies gerade nicht, um Verehrung und einen besonderen Kult-Status (↗ Kult) anzukündigen, sondern um den Hype, der um sie gemacht wird, ironisch anzuprangern. Die englischsprachige Literatur (Edwards 1888; Christiansen 1984) zitiert das Deutsche von Ludwig Börne übersetzend und aus dem Zusammenhang reißend und verkennt daher seine kulturkritische Emphase, wenn sie den Bericht über Henriette Sonntag als Beleg für die Hochstilisierung der Sängerin verwendet (vgl. Börne 1977, Bd. 1, S. 434). Gewiß gibt es im 18. und 19. Jh. topische Erzählweisen von den Primadonnen, die die immer wiederkehrenden Elemente – ihre Extravaganz, ihre (auch erotische) Ausstrahlung, ihre Allüren, die ihnen entgegengebrachte Bewunderung sowie ihre Selbständigkeit gegenüber Gönnern und (sozial hochgestellten) Liebhabern – anführen. Diese topischen Erzählungen machen die Primadonnen aber nicht zu Stars; sie bleiben, auch wenn sich einige dieser Eigenheiten bei den heutigen Stars und Diven wiederfinden, von diesen unterschieden und sind zunächst und vorwiegend Musikerinnen. Der Verlust ihrer Stimme oder ihr Rückzug von der Bühne bedeutet das Ende nicht nur ihrer Karriere, sondern auch ihres Status in der Öffentlichkeit (siehe etwa die Krise von Jenny Lind nach ihrem ersten Besuch in Paris 1841). Demgegenüber bleibt die Diva in der Gegenwart – dank neuer Medien, die ihre Präsenz reproduzierbar machen – auch dann ein Star, wenn sie sich zurückgezogen hat (Marlene Dietrich bleibt die Diva auch in den Jahren, in denen sie verborgen in Paris lebt). Solange die Diva vom 17. bis in die zweite Hälfte des 19. Jh. ohne Aussicht auf medizinische Hilfe und ohne soziale Absicherung allein vom Funktionieren ihrer Stimme abhängig war, hatte ihr Hang zu Allüren, den die Sprache einsichtsvoll in den Mittelpunkt der Diven-Bedeutung stellt, einen für jedermann offenkundigen Grund. Die realistische Einschätzung ihrer ungeschützten und ständig bedrohten Existenz, die sich hinter den Allüren verbarg, verhinderte geradezu, daß das exzentrische Verhalten der Primadonnen mit kultureller Bedeutung aufgeladen wurde. Es war ein soziales, kein kulturelles Zeichen.

Trotz der um 1700 einsetzenden Professionalisierung der Oper (vgl. Rosselli 1992) ist das Verhältnis von Publikum und Primadonna bis weit ins 19. Jh. hinein durch eine direkte Beziehung bestimmt. So widerspricht die durchgehende Praxis der sog. Benefiz-Konzerte, bei denen ein Obolus eingefordert wurde, von dem jeder Besucher wußte, daß er ganz allein für die Primadonna bestimmt war, dem Etablieren einer anonymen Beziehung zwischen Publikum und Künstlerin, wie wir es heute gewohnt sind. (Man stelle sich vor, ein Michael Jackson-Fan würde bei einem Konzert für Jacko eine Spende zugunsten des Künstlers abgeben). Überdies war die Oper auch im 19. Jh. noch bei weitem kein populäres, sondern ein entschieden elitäres Vergnügen für die zahlenmäßig vergleichsweise kleine bessere Gesellschaft. Nicht nur die Gönner der Primadonna, auch der gewöhnliche Konzertbesucher konnte meinen, von ihr direkt angesprochen zu sein. In der Beziehung Primadonna – Publikum spielte die mediale Vermittlung keine oder eine deutlich geringere Rolle als heute. Das Konzerterlebnis dominierte den Aufbau der Beziehung zwischen Publikum und Künstlerin und war bestimmt durch das gemeinschaftlich erlebte Ereignis. Die Primadonna schien greifbar zu sein; sie war daher nicht wie die heutigen Stars ein (virtuelles) Bild. Selbst die von vielen Primadonnen überlieferten öffentlichen Auseinandersetzungen mit ihren Rivalinnen, an denen die Verehrer sich beteiligten, belegen kaum einen Starrummel heutiger Prägung. So entzündete sich der Streit zwischen Faustina Hasse und Francesca Cuzzoni (1700–1772) charakteristischerweise während einer gemeinsamen Aufführung von Händels Oper ›Alessandro‹, und so sehr das Publikum Partei für die eine oder andere ergriff, es blieb ein Streit um Kunst und Künstlertum, nicht um kulturelle Bedeutungen wie etwa bei den Auseinandersetzungen in den 1960ern zwischen den Stones- und den Beatles-Fans (↗ Fan) oder den Mods und den Rockern.

Gender-Idol

Die persönliche Beziehung, die sich in den Quellen des 17. und 18. Jh. häufig in den Äußerungen der Gönner und Verehrer der Primadonnen offenbart (vgl. Christiansen 1984, S. 24 u. ö.), bildet auch die Basis für die Aufwertung einiger Primadonnen durch feministische Autorinnen in der zweiten Hälfte des 19. Jh. George Sand (1804–1876) und George Eliot (1819–1880) waren mit Pauline Viardot (1821–1910) befreundet und nahmen sie in zweifacher Weise zum Vorbild. Zum einen in einem modellhaften Sinn für ihre literarischen Arbeiten (*Consuelo*, 1842, bzw. *Armgart*, 1871), zum anderen als Gender-Idol (↗ Gender, ↗ Idol/Ikone): »It is in this context that most women writers have placed their female singers and privileged the diva as the woman who has, preeminently and indisputably, gained a voice. The diva in this tradition is neither femme fatale nor happy handmaiden to what is finally a male muse. She is, rather, a hardworking woman more interested in music than marriage, in empowering women than seducing men. She garners the attention, admiration, and respect of the world with her singing voice, a voice that, after the era of the castrati, men cannot reach, usurp, or displace. Moreover, thanks to this singing voice she has a ›voice‹ in the music she makes, in her own destiny, and in the larger world. Her privileged status as a female success in a male realm gives her license to probe, revise, and even reject the traditional gender code« (Leonardi/Pope 1996, S. 111).

Das feministische Bemühen, die Vorbildhaftigkeit der Künstlerinnen zu unterstreichen, läßt die Autorinnen jedoch die Differenz von ↗ Star und Gender-Idol übersehen. Gerade weil die Primadonna bei den feministischen Autorinnen zum Gender-Idol wird, bekommt sie keinen Diva-Status. Die durch persönliche Beziehung und Gender-Bedürfnisse zweifach abgesicherte Idealisierung führt zwar zur Erhebung der Primadonna, macht sie aber nicht zur Diva im heutigen Sinn. Wenn George Sand bei einem Besuch in Venedig Adelina Patti (1843–1919) wörtlich als Diva bezeichnet:»In her old hat and coat, Pasta could have been mistaken for a box attendant. Yet she made a sign to the gondolier to indicate the direction she wanted to take, and in that gesture the great Queen, if not the *diva*, reappeared« (zit. n. Christiansen 1984, S. 69), verdeutlicht sie, daß die Primadonna mit diesen Worten zweifelsfrei als eine Königin erkannt werden soll (sonst wäre die Pointe, daß die Patti, die auf der Bühne nur durch ihre Stimme wirkt, im Alltag die gleiche Wirkung mit einer stummen Geste erreicht, sinnlos). Der Patti geht damit aber gerade das ab, was Koestenbaum zum Kennzeichen der Diva macht, daß diese »*vorgibt*, eine Königin zu sein« (Koestenbaum 1996, S. 144). In der Identifizierung der Patti mit einer Königin bezieht sich also George Sand, so scheint es, eher auf den älteren Sprachgebrauch von Diva als die Göttergleiche. Zwar gehört zur Diva, daß sie Weiblichkeit darstellt und – in irgendeiner Weise – neu, besser: eigenartig definiert; insofern gehört zur Geschichte der Diva eine feministische Gender-Historie. Die Diva formuliert aber nie ein bruchloses Ideal von Weiblichkeit. Sie wird zwar bewundert und verehrt, besetzt aber von der Duse, Asta Nielsen bis zur Callas und den queer-Diven (den drag-Queens wie Divine) nie das Zentrum kultureller Übereinkunft. Die Diva ist in all ihren Ausprägungen eine Figur der Differenz, nicht der Identität. Und schon allein aus diesem Grund beginnt ihre Geschichte erst im späten 19. Jh., als differente Weiblichkeitsvorstellungen allmählich möglich wurden.

Gender-Modell

Durch ihr exzentrisches und Allüren herausfordernd zur Schau stellendes Verhalten baut die Diva sich eine zweifache Karriere auf: als Künstlerin wie als kulturelles Zeichen. Verlängert sie mit ihrem vor den Augen der Öffentlichkeit inszenierten Leben außerhalb der Bühne ihre Bühnenauftritte, so befriedigt sie nicht – wie eine psychologische Lesart vereinfachend meinen könnte – bloß ihren Wunsch nach Beachtung, als große Künstlerin oder große Persönlichkeit zu gelten. Indem ihre öffentlichen Auftritte (unbewußt oder bewußt) einen Plan, ein System erkennen lassen, wird sie vielmehr so etwas wie ein Modell einer Gender-Position. Diese Doppelfunktion zeigt sie in der Art, wie sie bewundert wird und in der Art, wie sie sich präsentiert. Die schrankenlose Bewunderung trifft bei der Diva nicht mehr allein die Künstlerin, sondern gilt immer auch der Frau. Im Unterschied zu den älteren Primadonnen, deren Schönheit gerühmt wurde und die damit in ein schon vorhandenes Frauen-Ideal eingepaßt wurden, formuliert die Diva eine eigene Schönheit. (Daher kann ihr Körper sehr unterschiedliche Formen annehmen, die auch dem jeweils gültigen Schönheitsideal widersprechen, vgl. den Leib von Lotti Huber). Als Modell einer Gender-Position ist sie ganz für sich und trifft gleichzeitig etwas vom femininen Zeitgeist, der dem Modellcharakter ihrer Position Anhänger(innen) verschafft. Klaus Mann (1996, S. 304 f.) hat diese Doppelheit von Künstlerin und kulturellem Zeichen, von Selbstinszenierung und Einnehmen einer Modellposition der sterbenden Duse in den Mund gelegt:»Ich wollte rein sein und war schamlos. Jedermann sollte wissen, wie sensibel ich war, wie zart gestimmt, wie sehr ich litt. Und die Leute glaubten mir. Es gelang mir, sie zu täuschen. Sie sahen in mir eine Heilige: ach, diese Frauen, die mich anbeteten! Oh, diese Hysterie, die peinliche Ekstase ihrer Bewunderung! Nein, nein, ich ließ mich niemals interviewen. Ich weigerte mich immer, bestimmt, aber höflich. Hinter der Bühne war ich Privatperson [...] Nur meine Kunst [...] Ich verabscheute Publicity. Das war schlau: wer hatte es sich ausgedacht? Es war meine eigene kleine Idee. Wie schüchtern ich war, [...] es war genial, und es klappte vorzüglich. [...] Warum hatte ich nicht den Mut, meine Wünsche offen zuzugeben? Sarah Bernhardt schämte sich niemals, sie verhehlte nie ihre Gier und Eitelkeit. War sie stärker als ich? Keine Gewissensbisse quälten sie. Sie hatte ein reines Gewissen, denn sie war ungeheuer stark. Sarah! Sie suchte nie die Einsamkeit. [...] Ich schon: Ich schwöre, es war so, ich haßte Zeitungen und Reporter, ich verabscheute die Öffentlichkeit, ich

wollte alleine sein«. Eine Gender-Position zu verkörpern, bedeutet also etwas anderes als ein Gender-
Idol zu sein. Während das Idol historisch nachprüf-
bar das Ideal vorlebt und für seine Anhänger mit ihm
identisch ist, bleibt bei der die Gender-Position zei-
chenhaft vorstellenden öffentlichen Figur unklar, ob
oder wieweit sie authentisch ist. Selbst wenn die
immer gleiche (Theater-)Rolle das ↗ Image der Figur
bestimmt, wird der Star als Person bzw. als Medienfigur nicht glatt mit seiner Bedeutung als kulturelles Zeichen identifiziert. Und gerade die Diva legt es
darauf an, sowohl die Differenz wie die Einheit ihrer
Person und ihrer Figur zu zeigen. Daher gilt:»Verschwindet bei der Figur der Diva, die sich unablässig
selbst thematisiert und inszeniert, tendenziell der
Unterschied zwischen ›Bühne‹ und ›Leben‹, so verliert auch die Frage nach dem authentischen Kern des
letzteren hier ihre Dringlichkeit: gerade die Bühnen-
haftigkeit, das Ausagieren einer Rolle ist ja hier das
Authentische« (Moltke 1996, S. 221).

Moltke (1996) und Bronfen (2002) nehmen als
erstes Beispiel für die Diva jedoch nicht die Duse,
sondern Sarah Bernhardt, deren etwas ältere Rivalin.
Für die Bernhardt scheinen ihre großartigen, ganze
Theaterwelten in den Alltag übertragenen Inszenierungen und das Vorhandensein einer Schlüsselrolle
(die Kameliendame ist sogar Bestandteil einer Erzählung über die Bernhardt in einem Lucky Luke-Co-
mic) zu sprechen, die der Bernhardt ganz im Sinne
des Hollywood-Stars der Studiozeit ein Image geben,
bei dem Rolle und Selbst nicht mehr zu unterscheiden sind. Kein Zweifel, Sarah Bernhardt ist ein
Star, nicht mehr bloß eine celebrity – wie es die
gefeierte, von P. T. Barnum 1850 gemanagte und
gemachte Jenny Lind (1820–1887) noch war. Ihr
gelingt es, Werk und Image zu synthetisieren (vgl.
Hügel 2002, S. 241), jedoch scheinen gerade die Elemente, die sie zum Star machen, ihrem Diven-Status
entgegenzustehen. Indem sie sich als ↗»Femme fatale« (Balk 1994, S. 66ff.) inszeniert, beglaubigt sie
zwar auch ihre Theaterrolle(n) und formuliert ein
(ambigues) feministisches Ideal, bestätigt aber zugleich das alte Demi-Monde-Klischee der Primadonnen (vgl. Grotjahn 2001). Hilmes hat zwar gezeigt, daß die Rolle der Femme fatale für die Frauen
in der zweiten Hälfte des 19. Jh. »auch […] ein
verlockendes Identifikationsmodell [bietet], da hier
für das Weibliche geltende Passivitätsvorstellung
durchbrochen und die Frauengestalten in einer Situation dargestellt werden, in der sie über ihre männlichen Gegenspieler dominieren« (zit. n. Balk 1994,
S. 111). Bei der Frage nach dem Diven-Status ist aber
nicht allein die Attraktivität der vorgelegten Femme-
fatale-Rolle von Interesse, sondern auch, ob und wie

die vom Star vorgelebte Frauenrolle eingeordnet und
bewertet wurde. Die Diva bestätigt als Gender-Mo-
dell auch ihren Wert. An der Femme fatale bleibt aber
das Anrüchige der Demi-Monde auch dann hängen,
wenn sie sich kostbar ausstaffiert, »als juwelenbe-
stücktes Artefakt« (ebd., S. 84) inszeniert. So reich
die Femme fatale sich auch schmücken mag, das
Image »göttlicher Unerreichbarkeit« vermag sie sich
nicht anzueignen (anders: Balk 1994, S. 75).

Dieses Image ist der Diva eigen, weniger weil sie
unvergleichlich oder ein höheres Wesen ist – bzw. in
der vulgären Variante, weil sie nicht zu haben ist –,
sondern vielmehr, weil dem Weiblichkeitsbild, das sie
vorzeigt, zunächst keine Frau folgen kann. Dies erklärt auch, warum gerade die Homosexuellen eine so
intensive (kulturelle) Beziehung zu den Diven und
zum Typus der Diva haben (vgl. Divine, »der häusliche Superstar aus John Waters Underground-Fil-
men«, Moltke 1996, S. 217; Dame Edna, das Show-
Ego von Barry Humphries). Die Homosexuellen, die
sowieso nicht den gängigen Gender-Bildern folgen,
können das von der Diva vorgestellte Bild sich leichter zu eigen machen; aus dem einfachen Grund: Sich
auffallend zu kleiden oder zu schminken, ist für eine
Drag-Queen einfacher als für eine Frau.

Widersprüchliches Image

Das Frauenbild, das die Diva vorzeigt, entspricht und
widerspricht ihrer Zeit. Daher sind einige große
weibliche Stars, selbst wenn sie neue Frauenbilder
formulierten, die große Wirkung hatten, keine Diven
geworden. Marilyn Monroe, Brigitte Bardot oder
Mae West sind keine Diven (anders, was Marilyn
Monroe angeht: Bronfen 2002), auch und gerade,
wenn das von ihnen vorgestellte Frauenbild den
Wünschen der Zeit entspricht. Diesen weiblichen
Stars geht daher der Gestus der Unerreichbarkeit ab –
den etwa Asta Nielsen hat, obwohl ihr Image von der
Rolle des gefallenen Mädchens geprägt ist. Die Nielsen ist, selbst wenn sie eine Prostituierte gibt (z. B.
Marie Lechner in DIE FREUDLOSE GASSE, 1925), die
moralisch Überlegene, hoheits- und geheimnisvoll.
Zwar ist dieser Typ nicht neu in der Populären
Kultur. Die ehrenvolle Prostituierte gehört (spätestens) seit Eugène Sues Les Mystères de Paris (1840 ff.)
zu den Standardfiguren der Unterhaltungsliteratur.
Asta Nielsen formuliert aber eine neue, eine exotisch
aparte Variante. Ihre erotische Ausstrahlung ist außerdem gekennzeichnet nicht bloß durch Exotik (wie
bei Carmen) oder nur durch den Adel der Seele (wie
bei Fleur de Marie), sondern enthält zudem ein nicht
zu gering zu veranschlagendes Element von (groß-)

bürgerlicher Weltläufigkeit. Sie ist nicht einfach die Fremde, als die die Femme fatale dem bürgerlichen Publikum erschien, sondern auch das Eigene, und zwar in Spitzenqualität. Dies ermöglicht denn auch, Asta Nielsen als Vorreiterin eines eigenen Modestils und sie selbst als Bild der selbstbestimmten modernen Frau erscheinen zu lassen, und macht sie zur Diva (wobei auch ihre physiognomischen Voraussetzungen – große Augen, androgyner Körper – und ihre zwiespältigen Haltung gegenüber dem Publikum hilfreich waren: Sie genoß das Bad in der Menge und sorgte gleichzeitig mit einer Lex Nielsen dafür, daß sie von allzu zudringlichen Verehrern verschont blieb).

Daß die Jahre vor dem Zweiten Weltkrieg so viel reicher an Diven waren (neben Asta Nielsen etwa Zarah Leander, Greta Garbo und Marlene Dietrich) als die Gegenwart, unterstreicht ebenfalls die Bedeutung ihrer doppeldeutigen Gender-Positionierung. In einer Kultur, in der Feminismus und Gender-Debatten klargelegt haben, daß Gender-Rollen nicht natürlich, sondern kulturell verabredet sind, mangelt es an Frauenrollen, die noch auf Widerspruch stoßen. So tritt die Diva denn heute vorwiegend als queer-Diva in homosexuellen Teilkulturen bzw. deren ↗Filmen auf (vgl. etwa Rosa v. Praunheims ANITA – TÄNZERIN DES LASTERS, 1987; Jeannie Livingstons PARIS IS BURNING, 1990).

»Körper von Gewicht«

In dem Kapitel ›Wie sich eine Diva aufführen muß‹ beschreibt Koestenbaum divenhaftes Verhalten als »eine Methode [...] den eigenen Körper durch die Welt zu bewegen« (1996, 114). Die Formulierung ist präzise, weil in ihr nicht nur eine Auffassung von Körperlichkeit als relativ frei verfügbarer Masse steckt, sondern auch ein Begriff von der Arbeit, die eine Diva in ihren Körper investiert. Ein Körper, der durch die Welt bewegt werden muß, findet seinen Platz in dieser Welt nicht von Natur aus, und er paßt vermutlich auch nicht reibungslos in den herrschenden Diskurs über Körperlichkeit. Vielmehr muß, wer sich divenhaft verhalten will, den Körper strategisch einsetzen; muß sich gerade dann um dessen Sichtbarkeit bemühen, wenn er oder sie als Diva mit Hilfe eines widersprüchlichen Images oder mit dem unsichtbaren Organ der Stimme Erfolge, Niederlagen und Skandale feiert. Ihren märchenhaften Ruhm verdankt die Callas unter anderem dem Märchen, das aus einem kleinen, stets als dicklich und über die Maßen scheu beschriebenen Mädchen eine glamouröse Königin (↗Glamour) machte. Koestenbaum

(ebd.) beschreibt dies mit: »Sie hat ihren Körper revidiert«. Die Revision des Körpers kann aber auch ganz andere Formen annehmen als die Strenge der Schlankheitskur. Glenn Millstead, dessen Körper sich schon in der Pubertät der Disziplinierung als ›jungenhaft‹ widersetzt, revidiert dessen Geschlechtlichkeit und produziert sich als Divine. Doch nicht nur sein Name beschwört das Divenhafte herauf, sondern auch seine enorme und in den Filmen von John Waters stets überhöhte Fettleibigkeit ist in gewissem Sinne divenhaft. Der übergewichtige weibliche Körper, das krasse Gegenbild zu dem der Callas, gehört ebenso wie der androgyn-schlanke in die Tradition der Diva. Lotti Huber (1994, S. 21) etwa akzentuiert durch ihre Kostüme oder in einem Film wie ANITA, TÄNZERIN DES LASTERS nicht die schlanke Linie, die sie einmal hatte, sondern ihr Gewicht: »Mein Körper und ich sind sehr befreundet, mußt Du wissen«. Auch wenn Lotti Huber und ihr Körper sich als zwei Freundinnen verstehen, so muß doch die eine der anderen durch die Welt bzw. über die Bühne helfen, und dazu gehört ein Stück Arbeit, das Huber in ihrem charakteristischen Hyperoptimismus gern ausblendet, das jedoch von John Waters und Divine immer wieder als eine Mischung aus Lust und Leiden inszeniert wird. Dabei wird deutlich, wie sehr die kontinuierliche Veräußerung sowohl lustvoller Exzesse als auch tragisch-leidvoller Schicksalsschläge zur divenhaften Weiblichkeit untrennbar hinzugehört. Divine und ihr Körper müssen ungezählte Leiden und Strapazen über sich ergehen lassen, bevor ihre Divinität bewiesen ist: Daher ist Divine bei allem Humor in seiner Zelebrierung der Geschmacklosigkeit, wie alle drag-Diven, auch eine traurige (vgl. die Duse als Ikone des Leidens), wenn nicht sogar tragische Figur. Und die radikale Außenseiterposition Divines verweist auf einen Grundzug, den die Diva von Anfang an hatte: Nicht ganz von dieser und ebenso nicht ganz von einer höheren Welt zu sein.

Literatur

Balk, C.: *Theatergöttinnen. Inszenierte Weiblichkeit. Clara Ziegler, Sarah Bernhardt, Eleonore Duse*. Frankfurt a.M. 1994.

Börne, L.: »Henriette Sontag in Frankfurt«. In: Ders.: *Sämtliche Schriften*. Bd. 1. Dreieich 1977. S. 432–445.

Burney, C.: *Tagebuch einer musikalischen Reise durch Frankreich [...] und Holland 1770–1772*. Nachtr. d. Hg. Hamburg 1772. Wilhelmshaven 1985.

Bronfen, E./Straumann, B.: *Die Diva. Eine Geschichte der Bewunderung*. München 2002.

Christiansen, R.: *Prima Donna. A History*. London/Sidney 1984.

Edwards, H. S.: *The Prima Donna. Her History and Surroundings form the 17th to the 19th Century*. London 1888.

Grotjahn, R.: »Angelika Catalina – Das Bild der Diva«. In: *Viva Voce* 57/58 (2001) S. 9–13.

Ders.: »Diva, Hure, Nachtigall. Sängerinnen im 19. Jahrhundert«. In: Rode-Breymann, S. (Hg.): *Frauen in der Musikgeschichte*. Dokumentation der Ringvorlesung im Sommersemester 2001, Köln [2002], S. 41–55, 124–127.

Gurlitt, W. (Hg.): *Musik Lexikon. Sachteil*. Mainz 1967.

Honegger, M./Massenkeil, G.: *Das große Lexikon der Musik*. Freiburg 1978–1982.

Huber, L.: *Jede Zeit ist meine Zeit*. München 1994.

Hügel, H.-O.: »Weißt Du wieviel Sterne stehen? Zu Begriff, Funktion und Geschichte des Stars«. In: Bullerjahn, C./Löffler, W. (Hgg.): *Musikermythen*. Hildesheim 2002, S. 239–251.

Koestenbaum, W.: *Königin der Nacht. Oper, Homosexualität und Begehren*. Stuttgart 1996.

Küstner, K.T: *34 Jahre meiner Theaterleitung in Leipzig, Darmstadt, München und Berlin. Zur Geschichte und Statistik des Theaters*. Leipzig 1853.

Leonardi, S.L./Pope R.A.: *The Diva's Mouth. Body, Voice, Prima Donna Politics*. New Brunswick 1996.

Mann, K.: *Distinguished Visitors. Der amerikanische Traum*. Hg. v. H. Hoven. Reinbek 1996.

Moltke, J.v.: »Die Diva oder Körper von Gewicht«. In: v. Moltke, J./Sudmann, E./Wortmann, V. (Hgg.): *FFK 8. Dokumentation des 8. Film- und Fernsehwissenschaftlichen Kolloquiums an der Universität Hildesheim*. Hildesheim 1996. S. 217–226.

Rosand, E.: »The first Opera Diva. Anna Renzi«. In: *Historical Performance* 3 (1990) S. 3–7.

Rosselli, J.: *Singers of the Italian Opera. The History of a Profession*. Cambridge 1992.

Ders.: »From princerly service to the open market. Singers of Italian Opera and their patrons 1600–1850«. In: *Cambridge Opera Journal* 1,1 (1989) S. 1–32.

Walter, F.: *Geschichte des Theaters und der Musik am Kurpfälzischen Hofe*. Leipzig 1898.

Hans-Otto Hügel
Johannes v. Moltke

E- und U-Kultur

Seit der Antike haben öffentliche Debatten über Kultur in der westlichen Geschichte eine zweifache Aufgabe: erstens die verschiedenen kulturellen Praktiken und Texte spezifischen Kategorien zuzuordnen und zweitens die ›relativen« Werte‹ dieser Kategorien zu beurteilen. Diese Debatten ordnen sich häufig nach den Unterschieden, die angeblich zwischen verschiedenen Formen kulturellen Ausdrucks bestehen. Dabei geht man zwar häufig davon aus, daß jede Kategorie für sich definiert und eigenständig betrachtet werden kann, doch eigentlich hängt die besondere Bedeutung und der Wert jeder einzelnen von ihrem Stellenwert innerhalb eines größeren Gesamtzusammenhangs ab. So verbirgt die scheinbare Einheit von ›Kultur‹ ein großes Maß an Komplexität, die sich in einem Beziehungsfeld bündelt, das Massenkultur, elitäre Kultur, rechtmäßige Kultur, herrschende Kultur, Kunst, Volkskultur, E-Kultur, U-Kultur, Randkultur, Mainstream und Populärkultur beinhaltet. Gewöhnlich ordnen sich diese Begriffe in Gegensatzpaaren: E- vs. U-Kultur, herrschende vs. untergeordnete, Kunst vs. Unterhaltung, kultivierte vs. gewöhnliche, authentische vs. unauthentische, elitäre vs. gemeine Kultur.

Wichtig ist dabei, daß man sich klarmacht, daß diese Paare weder gleichartige Unterscheidungen treffen noch sich exakt aufeinander beziehen. Das liegt daran, daß diese Begriffe und ihre konträren Bedeutungen unterschiedlich festgelegt werden können. Häufig verengen Auseinandersetzungen über kulturelle Unterschiede sogar viele verschiedene normative Kriterien und Dimensionen. So können Urteile innerhalb eines bestimmten kulturellen Praxisfeldes oder über ein Produkt Ansprüche oder Urteile einbeziehen über (1) ästhetische Fragen: seine formalen Eigenheiten (folgt es einem Standard oder bricht es damit?), seine textuellen Eigenschaften (seine Komplexität), seine Beziehung zu anderen Texten (Originalität) oder (2) soziologische Fragen: das Verhältnis eines Produkts zum Schaffenden (Authentizität), zu seinem Publikum entweder quantitativ (sein Umfang) oder qualitativ gemessen (seine Identität, gewöhnlich bezogen auf Klasse, Geschlechteridentität, Alter, Rasse, etc.), zur Ökonomie und Technologie kultureller Produktion und Verbreitung oder zu allgemeineren Strukturen gesellschaftlicher Verhältnisse.

Die grundlegendste Unterscheidung – die Unterteilung in E- und U-Kultur – wird häufig als eine Erfindung der europäischen Moderne betrachtet, als Folge des Wunsches des aufstrebenden Bürgertums, die eigene Kultur von der der Unterschichten zu trennen. Doch die Unterscheidung ist viel älter. Plato z.B. verwirft bestimmte kulturelle Ausprägungen (z.B. die Musik) und verbannt sie aus seiner utopischen Republik. Diese ›niederen‹ Formen sprechen eher die niederen Sinne an als die Vernunft, sie verweisen eher auf die dunklen Seiten dieser Welt als auf die Realität von Vorstellungen. Zu anderen Zeiten war diese Unterscheidung weniger durch Vernunft bestimmt als durch Moral oder durch eine Rückbesinnung auf klassische (griechisch-römische) Schönheitsideale (↗ Ästhetik und Moral).

Doch der Aufstieg des Bürgertums im Europa des 16. und 17. Jh. veränderte diese Unterscheidung tiefgreifend. Zunächst wurden die Kategorien mit spezifischen Gesellschaftsschichten identifiziert. E-Kultur beinhaltete die neu entstehenden Formen der bürgerlichen Kultur und zusätzlich die kulturellen Ausprägungen der Aristokratie (des Ancien Régime), die sich das Bürgertum im Prozeß seiner Identitätsbildung und der Entstehung einer ›selektiven Tradition‹ aneignete. Es war, um Mathew Arnolds treffenden Ausdruck zu verwenden, das Beste an Gedachtem und Gesagtem, doch blieb die Beurteilung dessen natürlich dem Bürgertum überlassen. Es war undenkbar, daß darin die Erzeugnisse der Unterschichten oder irgendeiner der breiten untergeordneten Klassen, Frauen oder Kolonialbevölkerungen, enthalten waren.

Zweitens entstammten ihre Ausprägungen und Werte größtenteils der Aufklärung, die Geist, Wahrheit, Denken und Rationalität über Körper, Lust und Gefühl erhob – und der Gegenaufklärung, die Schönheit, Inspiration, Eingebung und individuelles Genie betonte. E-Kultur oder Kunst schienen unveränderlich und beständig in Zeit und Raum. Auf der anderen Seite wurde die U- Kultur, die Kultur der Unterschichten, der ausgeschlossenen Bevölkerungsgruppen für nieder und vulgär gehalten. Sie betonte den Körper und die Lust; sie trachtete nicht danach zu kultivieren, zu erziehen und zu erbauen, sie feierte einfach die allgemein menschlichen Elemente und Potentiale.

Drittens ging die Entstehung der E-Kultur einher mit der Etablierung einer neuen Berufsgruppe, die die Interpretation und Bewertung von Kultur professionalisierte und entsprechend der neuen Klassenlage vornahm. Der Aufstieg dieser neuen Intellektuellen, Kritiker und Gelehrten, die Bourdieu (1995) die beherrschende Fraktion der herrschenden Klasse nennt, war mit dem Aufkommen neuer soziokultureller Institutionen, wie Museen, Konzerthallen, öffentliche Schulen, Bibliotheken und Universitäten, verbunden. Diese Berufe und Institutionen waren nicht nur dem (aufklärerischen) Traum von Fortschritt und der Hervorbringung von Wissen verpflichtet, sondern auch dem Projekt, die Identität der neu entstehenden Nationalstaaten zu formulieren und zu beschützen.

So ist die E-Kultur erstens die rechtmäßige Kultur und zweitens die Kultur der herrschenden – bürgerlichen – Klasse. Bourdieu beschreibt die Unterscheidung zwischen E- und U-Kultur als eine Behauptung von Macht durch Anhäufung kulturellen Kapitals. Mit anderen Worten, man erreicht ein gewisses Maß an Wert und Prestige durch sein Wissen, seine Wertschätzung und den Besitz von E-Kultur; das trifft auf U-Kultur so bestimmt nicht zu. Darüber hinaus kann ein solcher Wert häufig ›gehandelt‹ werden gegen andere Wertformen wie ökonomisches Kapital. Noch wichtiger ist, wie Bourdieu ausführt, daß diese Geschmacksunterschiede weniger spezifischen kulturellen Werken inhärent als vielmehr eine Frage von – wie er es nennt – unterschiedlichen ›Sensibilitäten‹ sind. Sensibilität meint hier eine historisch determi-

nierte und sozial verbreitete Form der Beschäftigung mit (oder des Konsums von) besonderen kulturellen Praktiken. Sie bestimmt die ›richtige‹ und angemessene Art, kulturelle Praktiken auszuwählen, sich auf sie zu beziehen und sie ins tägliche Leben aufzunehmen. In seiner Studie *Die feinen Unterschiede*, die die kulturellen Sensibilitäten der Mittelschicht und der Arbeiterklasse im Frankreich der Nachkriegszeit analysiert, unterscheidet Bourdieu zwei Sensibilitäten, die sozusagen der Unterscheidung zwischen E-Kultur und U-Kultur entsprechen. Durch erstere erfährt Kultur eine intellektuelle Wertschätzung in bezug auf ihre formale Struktur, wobei der Komplexität der höchste Stellenwert eingeräumt wird. Durch letztere erfährt Kultur eine praktische, moralische und emotionale Wertschätzung in bezug auf ihren relativen Nutzen im Alltag des Konsumenten.

Einen weiteren bedeutenden Beitrag für unser Verständnis der Unterscheidung zwischen E- und U-Kultur haben Stallybrass und White (1986) geliefert, die Bachtin folgend die karnevalesken Züge der U-Kultur beschreiben. Stallybrass und White argumentieren, daß U-Kultur, die Kultur der Unterschichten, die symbolischen Hierarchien der legitimen Kultur der herrschenden Klassen verkehrt, daß somit die vulgären und selbst die grotesken Elemente der U-Kultur, die den Körper in den Vordergrund stellen und die herrschenden Definitionen von Schönheit umkehren, gewöhnlich eine kritische Aussage zur bestehenden sozialen Ordnung machen wie auch eine utopische Aussage über alternative Möglichkeiten. Mit anderen Worten, die Wertlosigkeit, Gewöhnlichkeit und Vulgarität der U-Kultur ist selbst durchaus bedeutungsvoll und, auf ihre eigene Weise, rational. Sie reduziert die Menschen nicht auf den kleinsten gemeinsamen Nenner, statt dessen eröffnet sie die Möglichkeit symbolischen Widerstands und Hoffnung, indem sie diesen niederen Elementen Ausdruck verleiht.

Stallybrass und White zeigen ferner, daß, obwohl diejenigen, die ›im Besitz der Macht‹ sind, oder generell, diejenigen mit ›verfeinertem‹ Geschmack (also ausgestattet mit E-Kultur) sich vom vulgären Geschmack ›der Massen‹, der U-Kultur, bedroht oder sogar ›abgestoßen‹ fühlen mögen; das Vulgäre funktioniert als unterdrückte Fantasie, die fortgesetzt den ›kultivierten‹ Geschmack des Bürgertums strukturiert. Das heißt also, die Trennung von E- und U-Kultur ist konstitutiv; schon immer definiert, und beide kontaminieren sich gegenseitig. Jede kann – zumindest im modernen Europa – nur bestimmt werden in bezug auf ihre Differenz zur anderen; und in jeder der beiden liegt sozusagen immer schon die Sehnsucht nach der anderen.

Wenn Kulturhistoriker darauf hinweisen, daß Texte sich zwischen diesen Kategorien hin- und herbewegen können (so kann z. B. U-Kultur zu Kunst werden, und ein großes Kunstwerk kann wie U-Kultur behandelt und konsumiert werden), so haben sie insofern recht, daß ein einzelner kultureller Text tatsächlich gleichzeitig in beiden oder auch in keiner der beiden Kategorien bestehen kann. Die Grenze zwischen diesen Kategorien wird also ständig neu gezogen und neu verortet, und letztlich bleibt uns nur zu akzeptieren, daß diese Grenze wohl eher durchlässig als solide, eher flexibel als starr ist. Es bestehen keine zwangsläufigen Entsprechungen zwischen den formalen Charakteristika irgendeines Textes und seinem Status (oder seinem Publikum) zu einem konkreten Zeitpunkt. Bestimmt demnach die Herkunft eines Textes, wie und von wem er produziert wird, seine Einordnung in E- oder U-Kultur? Doch wieder gibt es zu viele Ausnahmen von dieser angenommenen Wechselbeziehung. Die Art und Weise, wie ein Text produziert wird, oder die Motivationen, die dahinter stehen, garantieren nicht, wie er im größeren kulturellen Kontext plaziert wird oder wie verschiedene Zuschauer ihn wahrnehmen.

Das Verhältnis zwischen diesen beiden kulturellen Kategorien wird ständig neu definiert und herausgefordert; die Grenzen zwischen E und U sind fließend. Kultur ist niemals eine bestimmte Summe von Gegenständen, und die Bedeutung solcher normativen Zuschreibungen verlagert sich ständig. Die Konstruktion der Differenz zwischen E und U ist Schauplatz eines fortwährenden Ringens; Inhalt und Publikum eines jeden wechseln von einer historischen Periode zur nächsten, von einem geographischen Schauplatz zum anderen. Es gibt Bereiche, in denen verschiedene Bedeutungen und Werte, viele davon mit stark ausgeprägter politischer Färbung (ob herrschend, untergeordnet oder oppositionell), aufeinandertreffen und sich miteinander vermischen. Dieses Terrain kultureller Diversität spielt ohne Zweifel eine bedeutende ideologische Rolle, denn hier werden menschliche Erfahrung und Identität konstruiert und geformt. Das erlaubt uns eine andere Sicht auf U-Kultur und die Tatsache, daß solche kulturellen Praktiken ihre Wirkung häufig direkt dem Körper einschreiben: Tränen, Gelächter, Schreie, Gänsehaut, Augenschließen, Erektionen etc. Diese intuitiven Reaktionen, die oftmals jenseits unserer bewußten Kontrolle scheinen, sind, dem kritischen Mainstream zufolge, die ersten Merkmale der U-Kultur: Sie ist rührselig, gefühlsbetont, launisch, aufregend, lüstern, karnevalesk, etc. Aber solche Effekte sind den Praktiken der U-Kultur nicht inhärent. Sie sind historisch artikuliert, und ein großer Teil der

Auseinandersetzung um Kultur betrifft die Fähigkeit bestimmter Praktiken, eine solche Wirkung zu erzielen.

Es sind nicht nur die Kritiker der U-Kultur, die sich gegen ihre universitäre Institutionalisierung richten; auch ↗Fans protestieren dagegen, weil sie wissen, daß übermäßige intellektuelle Legitimation die Wirksamkeit der U-Kultur neu bestimmt und sie immer mehr zu einem Bereich werden läßt, den es zu interpretieren gilt, statt in ihm populäre, körperliche Erfahrungen zu machen, die es leidenschaftlich und emotional auszuleben gilt. Die Tatsache, daß es unangemessen ist, während eines ›klassischen‹ Konzerts aufzustehen und zu tanzen, zu klatschen und zu schreien, bedeutet nicht, daß es unmöglich ist, solche ›vulgären‹ Reaktionen zu haben, sondern daß wir dazu erzogen wurden, kulturellen Formen in angemessener Weise beizuwohnen und auf sie zu reagieren.

Im späten 19. und frühen 20. Jh. wurde die Unterscheidung zwischen U- und E-Kultur wiederbelebt im Licht einer Neuinterpretation der Transformation der Gesellschaft von einer, die sich auf den sozialen Beziehungen der Gemeinschaft gründete, zu einer, die als Massengesellschaft charakterisiert wurde. Folglich wurde die Kategorie der U-Kultur ausgeweitet und differenziert, dabei wird eine Unterscheidung zwischen ↗Massenkultur und ↗Volkskultur getroffen. Volkskultur war die Kultur der verschwindenden, wenn nicht verschwundenen Gemeinschaft, ein Ausdruck ihrer gemeinsamen Werte und Erfahrungen. Wenn sie auch nicht den ästhetischen und intellektuellen Kriterien der E-Kultur entsprach, so war sie doch nicht so niedrig und vulgär bewertet wie frühe Massenkultur. Die negativen Auffassungen über U-Kultur folgten ihrer Zuschreibung zur Massenkultur, die nicht mehr als Produkt einer von Menschen selbst erzeugten Kultur, sondern als Produkt der Kommerzialisierung und Industrialisierung von Kultur angesehen wurde. Diese massenproduzierte und massenkonsumierte Kultur war – den Argumenten der Kulturkritik folgend – für isolierte und entfremdete Individuen bestimmt und wurde an jene verkauft, denen nicht nur die zivilisierenden Tugenden bürgerlicher Wertschätzung versagt blieben, sondern auch die Wohltat humanisierender Tugenden des Lebens in der Gemeinschaft. Damit werden Massenkultur und die in ihr vermittelten menschlichen Erfahrungen und Werte auf den kleinsten gemeinsamen Nenner reduziert.

Schließlich wurde in eine neue und komplexere Auffassung von U-Kultur ein dritter Begriff eingeführt, der die Diskussion im 20. Jh. beherrschte: Populärkultur. Der Begriff der Populärkultur ist eine in sich höchst ambivalente und widersprüchliche und irgendwo zwischen Massenkultur und Volkskultur angesiedelt. Der Begriff ›Populärkultur‹ entstand zum Teil, um die Lücke zu füllen, die durch das angenommene Verschwinden der Volksgemeinschaft entstanden war. Wenn es auch nicht länger möglich schien, sich auf Kultur als Ausdruck eines gemeinsamen Kanons von Werten und Erfahrungen zu berufen, die auf geographischer Nähe und unmittelbarer Interaktion gründeten, konnten nicht doch einige Formen moderner Kultur noch gemeinschaftlichen Strukturen von Erfahrung und Gefühl Ausdruck verleihen? Und war es darüber hinaus nicht möglich, daß solche Gemeinschaftlichkeiten nicht als Resultat einer einzigen gemeinsamen Variablen (wie Klassenzugehörigkeit) identifiziert werden würden, sondern möglicherweise das Ergebnis von vielfältigeren und diffuseren Strukturen sozialer Organisation sein könnten, z. B. des städtischen Lebens?

Folgt man dieser Ansicht, ist Populärkultur jenseits der Massenkultur angesiedelt, ihr sogar entgegengesetzt, als stünde sie in einer zwangsläufig authentischeren Beziehung zu den Menschen und könnte demnach per se einfacher Widerstand gegen die herrschende Kultur artikulieren. Doch wie kann sich Populärkultur von Massenkultur unterscheiden, wenn doch die Behauptung, zeitgenössische Formen der Massenkultur seien nicht populär, merkwürdig scheint? Wird Populärkultur unmittelbar mit bestimmten sozialen Gruppierungen identifiziert – jenen, die unterdrückt oder aktiv untergeordnet sind? Ist sie an sich besser geeignet, Widerstand zu artikulieren? Unterscheidet sie sich qualitativ von anderen Formen der Kultur? Doch wie kann dann etwas in einem bestimmten historischen Moment populär sein und im nächsten wieder nicht? Wie kommt es, daß einige populärkulturelle Praktiken in andere kulturelle Formationen integriert werden? Solche Fragen beherrschen jetzt die kulturelle Debatte.

Manche gehen davon aus, daß Populärkultur eine reine und spontane oppositionelle Kultur verkörpert (so etwas wie eine karnevaleske Ansicht von U-Kultur), andere, daß sie nur eine bestimmte Seite einer extern produzierten und repressiven Kultur ist. Zwischen diesen Extremen könnte man vermittelnd sagen, daß Populärkultur Geschmacksstrukturen und Konsumweisen zu beschreiben sucht, die sich kritischen oder kommerziellen Unterscheidungen und Wertungen entziehen. Doch können wir es direkter und bestimmter sagen: Populärkultur weist auf eine spezifische Sensibilität hin, eine, die von der Qualität und Quantität bestimmt ist, mit der Gruppen von Leuten bestimmte kulturelle Praktiken wichtig nehmen. Das beginnt damit, daß die Menschen ihre Zeit mit Populärkultur verbringen, daß sie ihnen wichtig ist, daß sie häufig ein wichtiger Schauplatz menschlicher Leidenschaft ist. Diese ›Wichtigkeit‹ hat möglicherweise ihre eigene Auswirkung auf die Geschichte und das tägliche Leben. Eine solche Sichtweise macht es uns zumindest möglich, das zu verstehen, was die schlichte Binarität von E- und U-Kultur auslöscht: Daß verschiedene Gruppierungen der Mittel- und Oberschicht ihre eigene Populärkultur haben.

Doch erwächst vielleicht die größte Herausforderung der Binarität von E-Kultur/U-Kultur aus der Erkenntnis, daß jede kulturelle Praxis eine Kreuzung darstellt, die bereits in diesem komplexen Terrain verortet ist, daß sie zum Teil determiniert wird von den verschiedenen widersprüchlichen Kräften, Tendenzen und Positionen dieser kritischen Unterscheidungen. Es gibt weder so etwas wie reine kulturelle Praktiken, als wäre E-Kultur weniger kontaminiert von den Technologien und Ökonomien der kapitalistischen Kultur, als wäre Volkskultur nicht eine unreine und komplexe Mischung vieler kultureller Einflüsse; noch gibt es jemals eine einfache Beziehung zwischen spezifischen kulturellen Praktiken und bestehenden sozialen Gruppen, die unabhängig von ihren kulturellen Praktiken existieren. Erst in der Auseinandersetzung um diese kulturellen Unterscheidungen konstruieren sich soziale Identitäten und Gruppen. Wenn diese Kategorien also keine feste Bedeutung haben, dann haben sie auch keine festen Gegenstände oder festen Werte, die an sie gebunden sind.

Literatur

Bourdieu, P.: *Die feinen Unterschiede*. Frankfurt a. M. 1982.
Stallybrass, P./White, A.: *The Politics and Poetics of Transgression*. London 1986

Lawrence Grossberg
Übersetzung: Ilia Papatheodorou

Event ↗ Erlebniskultur, Freizeitkultur

Fan

Der Fan ist eine ↗populäre Rezeptionsfigur, die sich durch spezifische Verhaltensweisen auszeichnet. Diese werden unter dem Begriff ›Fandom‹ zusammengefaßt, der darüber hinaus auch die Verbindung zu Gleichgesinnten und die Beziehung der Fans zu ihrem ↗Star beinhaltet. Fans demonstrieren ihr Interesse an den Stars öffentlich, z. B. bei Auftritten von Popstars oder Sportmannschaften, und sind daher die auffälligste Gruppe der Rezipienten Populärer Kultur (vgl. Lewis 1992, S. 1). Durch ihre Sichtbarkeit und Identifizierbarkeit ziehen die Fans Aufmerksamkeit auf sich, die sie immer wieder zum Thema in den ↗ Medien macht und durch die sie in den letzten Jahren auch eine beliebte Untersuchungsgruppe in der Wissenschaft geworden sind.

Forschungsgeschichte

Bis in die 1980er Jahre wurden Fans wissenschaftlich fast ausschließlich unter negativen Aspekten diskutiert. Dabei wurden vor allem das Interesse an einem Star – im Unterschied zu dem Interesse an einem künstlerischen Werk – und die als minderwertig betrachteten populärkulturellen Rezipiate zum Kritikpunkt. Weiterhin wurden die Verhaltensweisen der Fans, als besessene Einzelgänger oder als hysterische Massen, kritisiert (vgl. Jenson 1992, S. 9). Diese einseitig kritische Haltung gegenüber den Fans verhinderte Erkenntnisse über ihre spezifischen Rezeptionsweisen und die Hintergründe ihres Interesses.

Ein Wandel zeichnete sich durch den Einfluß verschiedener anglo-amerikanischer Forschungsarbeiten aus den 1980er Jahren ab, die u. a. im Umfeld der Cultural Studies und der von dieser Forschungsrichtung ausgehenden Neubewertung der Populären Kultur entstanden sind (vgl. Ang 1985; Jenkins 1992; Grossberg 1992). Die Aufnahme dieser Arbeiten hat in Deutschland seit Mitte der 1990er Jahre gleichfalls zu einer positiveren Beurteilung des Fanverhaltens geführt (vgl. Vogelgesang 1991; Winter 1995). Weiterhin öffnet die kulturhistorische Betrachtungsweise den Blick für den Zusammenhang von Fanverhalten und ↗ Jugendkultur und ihre Organisation in ↗ Subkulturen oder in Lifestylegruppen. Die im kulturwissenschaftlichen Kontext entstandenen Arbeiten untersuchen das Verhalten bestimmter Fangruppen und betonen die aktive Rezeption der Fans, durch die sie sich populäre Artefakte aneignen und kulturelle Bedeutungen produzieren. Dabei werden teilweise politische Opposition, teilweise Identitäts- oder Zugehörigkeitssuche als Motivationen für produktive und widersinnige Rezeption angenommen (zu einer Beschreibung und Kritik der Rezeptionsforschung der Cultural Studies vgl. Storey 1997, S. 206 ff.).

Der Fan galt und gilt somit stets als ein extremer Rezipient: als besessen, hysterisch und passiver Konsument wertloser Artefakte oder als aktiver, produktiver Rezipient, der sich das populärkulturelle Angebot kreativ zunutze macht.

Von dem heute überwiegend positiven Bild des Fans in wissenschaftlichen Arbeiten ist das öffentliche Bild des Fans zu unterscheiden. Das extrem anmutende Verhalten ruft immer noch Unverständnis hervor, aber als Verhalten Jugendlicher auch nachsichtiges Verständnis. Pathologisiert und rasch verurteilt wird Fanverhalten nach (immer wiederholten) Meldungen zu Fankrawallen oder zum Stalker-Phänomen, wenn Stars sich von Fans verfolgt sehen. Umgangssprachlich wird der Begriff Fan geradezu inflationär verwendet: Fast jeder ist Fan von irgend etwas, wenn nicht von einem Star, dann von alten Autos oder einem Urlaubsland. Vielfach streiten die als Fans Angesprochenen diese Zuordnung aber ab. Dies ist auch unter Fans zu beobachten, die sich selbst als solche bezeichnen und zu erkennen geben; z. B. grenzen Mitglieder von Fanclubs sich von anderen, ›extremen‹ Fans ab.

Begriffsgeschichte

Der Begriff ›Fan‹, der auf den lateinischen Begriff *fanaticus* zurückgeht, stammt ursprünglich aus einem religiösen Kontext, von dem er als ›Fanatiker‹ in den Zusammenhang politischer Massenbewegungen übernommen wurde. Er verweist damit auf emotionale und affektive Momente der Beziehung eines Individuums zu Situationen und Gegenständen. Dieses affektive Moment und die Haltung der Verehrung bleiben in der Kulturgeschichte, wenn auch mit entscheidender Veränderung, erhalten. Das säkularisierte ↗ Idol, der Star, steht für den Fan zwar nicht außerhalb jeder Kritik, die jedoch der affektiv bestimmten Verehrung keinen Abbruch tut. Der zweite begriffliche Anwendungsbereich von *fanaticus* gründet in der Beschreibung von Verhaltensweisen der Anhängerschaft, die mit der Entstehung von Massenbewegungen seit dem 19. Jh. verbunden sind, die sich der Lenkung und Leitung durch einen ›Fanatiker‹ verdanken (vgl. Hoffer 1965). Die Rolle und auch die besondere Fähigkeit dieses ›Führers‹, eine Anhängerschaft zu bilden, die gleichfalls fanatisiert auf die Veränderung des Bestehenden drängt, stand exemplarisch für die ›Gefährlichkeit‹ einer besonderen expressiven Ausdrucks- und Verhaltensweise, die zügellos alles Bestehende umzukehren strebt, um ihre eigenen Werte anstelle der bestehenden Ordnung zu setzen.

Wenn die Fans sich heute als eine Rezeptions-Elite begreifen, die glaubt, den Star besser zu verstehen als das breite Publikum, dann lebt im heutigen Begriff noch ein kleines Stück von der politischen Führerschaft des Fanatikers fort. Aber im Unterschied zu den politischen Fanatikern, die darauf aus sind, neue Anhänger zu überzeugen, verzichten die Fans darauf, Proselyten zu machen.

Erstmals gegen Ende des 19. Jh. wurde der Begriff ›Fan‹ für Anhänger professioneller Sportteams und für weibliche Theatergänger verwendet. Letzteren warf man vor, mehr an den Schauspielern als an deren Spiel interessiert zu sein. Dieser Aspekt verweist auf die Bedeutung der Stars für die Konstitution des Fanbegriffes hin. Mit der Entwicklung des Starsystems, das seit Anfang des 20. Jh. für die Film- und Musikbranche und ebenso für den ↗ Sport zu beobachten war, traten Fans vermehrt in Erscheinung.

Die Beziehung der Fans zu den Stars, denen ihr besonderes Interesse gilt, führt zur Abgrenzung des Fans vom Kenner, ↗ Sammler und Aficionado, deren Interesse weniger auf einen Star als auf die Werke gerichtet ist. Inwieweit es tatsächlich ein speziell ›personenbezogenes‹ Interesse ist, das den Fan auszeichnet, ist bisher nicht geklärt.

Vor allem ist nicht geklärt, wie die Leistung, die der Star etwa als Sportler wie als Künstler (Musiker) erbringt, mit seinem ↗ Image zusammenhängt. Bei den Sportstars ergibt sich noch ein weiteres Problem, da bei ihnen das Fanverhalten eine Mischung aus Verbundenheit mit dem Verein als symbolischem Bezugspunkt als auch der Leistung spezifischer Mannschaftsmitglieder darstellt. Damit scheint für die Analyse der Fankultur eine Trennungslinie mit Blick auf den ästhetischen Charakter der Artefakte gegenüber der Leistung und Rolle der Stars angebracht. Denn das kennzeichnende Widerlager für das Fandom ist das Starimage, das zwar ein (leicht durchschaubares) Konstrukt ist, aber in dem Zusammenhang von Medien, Stars und Fandom den Ausgangspunkt für das vielfältig sich verzweigende Interesse nicht nur am Star und seiner ↗ Musik oder seinem Werk, sondern besonders im ↗ Fernsehen auch an dem ↗ Genre, den Geschichten und Abenteuern sowie dem Schicksal des Stars und seiner Crew (etwa im Fall der Serie *Star Trek*) bildet.

Fanaktivitäten

In zahlreichen, meist soziologischen oder ethnographischen Studien wurden bislang vorwiegend die spezifischen Aneignungspraktiken von Fangruppen und der Aspekt der Gemeinschaftsbildung durch Fandom untersucht. Dabei konzentrieren sich die meisten Arbeiten auf eine spezielle Gruppe von Fans. Jenkins (1992) und Bacon-Smith (1992) beispielsweise untersuchen Fans von Science-fiction-Fernsehserien (↗ Serie, ↗ Zukunft), Schmiedke-Rindt (1998) Madonna-Fans und Fiske (1999) und Doss (1999) Fans von Elvis Presley (weitere Einzeluntersuchungen vgl. Harris/Alexander 1998). Die einzelnen Studien setzen unterschiedliche Schwerpunkte und zeigen verschiedene Aneignungsweisen als Besonderheiten des Fandom auf. Jede Gruppe von Fans scheint ihre eigenen Aktivitäten, Kommunikationsmedien und Events zu haben: Science-fiction-Fans treffen sich auf Conventions, zahlreiche TV-Serien-Fans schreiben eigene Geschichten über die Serienhelden, sog. ›Fanfiction‹, während Fans von Musikstars ↗ Konzerte besuchen und Plattensammlungen anlegen und Fußballfans sich mit den Trikotfarben ihrer Mannschaften geschmückt im ↗ Stadion treffen. Das Sammeln, Poster-Aufhängen, Kaufen von Merchandisingartikeln, Anlegen von ›Scrap-books‹ mit Zeitungsartikeln und Erinnerungsstücken, Zeichnen der Stars und Gedichte-Schreiben sowie das Tragen von Verkleidungen oder T-Shirts mit Namen und Bild des Stars – all dies sind charakteristische Aktivitäten von Fans, aber keine davon ist verbindlich. Auch in der Organisation der Fans gibt es Unterschiede. Manche Fangruppen sind nur klein und regional organisiert, andere sind überregional und international in Fanclubs oder Netzwerken zusammengeschlossen und kommunizieren über Fanzines, von Fans für Fans erstellte Zeitschriften, oder über Newsgroups und Mailinglists im ↗ Internet.

Bisher hat die Forschung eine Vielzahl von Einzelergebnissen zu speziellen Fangruppen vorgelegt. Die großen Unterschiede zwischen den einzelnen Fangruppen, die auf den Bezug des Fandoms zu den unterschiedlichen Gegenständen des Faninteresses zurückzuführen sind, legen es auch nahe, zunächst einzelne Fangruppen zu untersuchen. Die Studien geben zwar Beschreibungen der Fanaktivitäten. Es fehlt aber eine übergreifende Theoriebildung, die es ermöglicht, vom Einzelbeispiel zu abstrahieren und etwas über das Gesamtphänomen Fandom auszusagen (vgl. Harris 1998a, S. 4f.; Schmiedke-Rindt 1998, S. 18). So zeigen zwar die zahlreichen Dokumentationen von Fanaktivitäten eindrücklich, wie intensiv und kreativ sich Fans mit ihren Stars auseinandersetzten, die Bedeutung der einzelnen Aktivitäten für das Fandom ist jedoch ungeklärt. Schließlich ist nicht jeder, der sich ein Poster (↗ Plakat) aufhängt, dadurch schon Fan, und auch wer dies nicht tut, kann Fan sein. Ebenso wird die vielfach betonte Bedeutung der Fangemeinschaft für das Fandom (vgl. z. B. Bacon-Smith 1992, S. 48 ff., 57; Harris 1998, S. 5f.; Winter 1995, S. 144 ff.) dadurch in Frage gestellt, daß es Fans gibt, die keine Kontakte zu anderen Fans haben oder diesen keine Bedeutung beimessen.

Typologie

Neben den Unterschieden, die zwischen verschiedenen Fangruppen auftreten, sind Differenzierungen auch unter den Fans eines Stars festzustellen. Diese betreffen die Art der Fanaktivitäten, die Intensität und den sozialen Zusammenhang. Ein Versuch, solche Unterschiede zu erfassen, sind Typologien, in denen Fans eines Stars aufgrund der von ihnen ausgeübten Aktivitäten, der Intensität ihres Engagements und ihrer Stellung in der Gemeinschaft der Fans in Typen eingeteilt werden (s. Tabelle).

Die Merkmale des Fanverhaltens, nach denen die Typologien entworfen sind, machen eine weitere Schwachstelle der Fanforschung deutlich. Beobachtet werden Unterschiede in Verhaltensweisen, fandombezogenem Wissen, Zugang zu Informationen und Positionen innerhalb organisierter Fangemeinschaften. Aus diesen wird auf größere oder geringere Kompetenz geschlossen. Inwieweit die eher äußerlichen Unterschiede auch zu Unterschieden in der Bedeutungsproduktion und der Beziehung zwischen Fan und Star führen oder mit solchen in Zusammenhang stehen, wurde aber bislang nicht explizit untersucht. Auch über den Unterschied zwischen Fans und anderen Rezipientengruppen kann bisher, abgesehen von Hinweisen auf die Intensität, mit der die Fans ihr Interesse verfolgen, wenig Genaues gesagt werden.

Fandom und Lebensstil

Der Behauptung, daß die Aneignungsweisen der Fans in besonderem Maße affektiv seien (vgl. Grossberg 1992), widerspricht keineswegs die Bedeutung, die das Wissen und die Kennerschaft in der Populären Kultur allgemein und unter Fans im besonderen hat. Zur Erklärung des Zusammenhangs von mehr affektiven und mehr diskursiven Rezeptionsweisen wurde der Fanbegriff seit den 1990er Jahren mit der Analyse von Lebensstilaspekten zusammengebracht, was Grossbergs Ansatz schon nahelegt. Ein

Ausgangspunkt war die Erkenntnis, daß sich das Fandom nicht in der bloßen solitären oder auch gemeinsamen Rezeption medialer Unterhaltung erschöpft, für die sich Individuen begeistern. Es kann im Fandom auch um symbolische Ausdrucksweisen von Gruppenzugehörigkeiten gehen, wie etwa im Fall von weiblichen Xena-Fans mit Gender- und Sex-Positionierungen (↗ Gender, ↗ Sex), für die der Star und die Serie einen Bezugspunkt bilden. Während Madonna-Anhängerinnen eine spezifische Genderposition formulieren, handelt es sich bei Xena-Fans u. a. um die Symbolisierung von Homosexualität.

Während ein großer Teil der Fanforschung sich auf jugendliche Fans konzentriert, bei denen das Fandom häufig nur von kurzer Dauer und mit der Pubertät verknüpft ist, kann die Untersuchung erwachsener Fans entscheidende Hinweise darauf geben, weshalb der Star dauerhaft von Bedeutung für die Fans ist. Eine aktuelle Untersuchung mit erwachsenen Neil-Diamond-Fans zeigt, daß der Star die Fans durchs Leben begleitet. Sie verknüpfen ihre Biographie seit der Jugend mit ihm, und dadurch ist alles, was in Verbindung mit dem Star steht, mit Erinnerungen und Bedeutung aufgeladen. Hierin findet sich der Ansatz für eine Antwort auf die in der Fanforschung immer wieder auftauchende Frage, wieso bestimmte Personen Fans eines bestimmten Stars werden. Diese Frage wurde bisher meist durch die Suche nach allgemeinen Funktionen des Fandom verdrängt.

Die in den Fanstudien im Rahmen der Cultural Studies hervorgehobene emanzipatorische Funktion erklärt das Interesse der Fans mit dem durch ›widerständiges‹ Rezipieren gewonnenen ›empowerment‹, dem Triumph, die kulturindustriell (↗ Kulturindustrie) vorgesetzten Bedeutungen nicht zu übernehmen (vgl. Fiske 1992; zum Begriff des ›empowerment‹ vgl. Harris 1998, S. 42 f.). Da dieser Widerstand jedoch auch ohne Wirkung bleiben kann und die Fans eher eine »powerless elite« (Tulloch 1995, S. 144 ff.) sind, bietet diese Funktion letztlich aber keine befriedigende Erklärung für die Präferenzen

Tabelle: Genrekompetenzen (nach Ganz-Blättler 2000, S. 205)

	Stufe 0 (keine)	Stufe 1 (Anfänger)	Stufe 2 (wenige)	Stufe 3 (mittlere)	Stufe 4 (Fortgeschr.)	Stufe 5 (Spezialisten)
Winter (1995)	–	Novice	Tourist	–	Buff	Freak
Wiemker (1999)	–	Onlooker	Traveller	–	Lurker	X-tremist
Stempel Mumford (1995)	Incompetent	Novice	Casual	Irregular	Competent	Expert

der Fans. Dies stellt auch Jenkins in einer Untersuchung homosexueller Star-Trek-Fans fest und zieht die auch bei den Neil-Diamond-Fans beobachtete ›Begleitfunktion‹, die durch die langjährige Rezeption die Fans mit der Serie verbindet, als alternative Erklärung heran (Jenkins 1995, S. 237 ff.).

Die Sozialisations- und Identitätsfunktion von Stars und Fandom, die in Untersuchungen jugendlicher Fans hervorgehoben wird (vgl. z. B. Rhein 1999, S. 12 ff.; Vatterodt 2000, S. 60, 67 ff.; Weyrauch 1997, S. 144 ff.), konnte bei älteren Fans nicht in gleicher Weise aufgezeigt werden. Die erwachsenen Fans betrachten den Star und ihr Fandom auch kritisch-distanziert. Dies macht die Notwendigkeit deutlich, bei Untersuchungen jugendlicher Fans zwischen tatsächlichem Fanverhalten und jugendlichem Verhalten, das durch das Orientierungsbedürfnis in dieser Lebensphase zu erklären ist, zu unterscheiden. Schlagwortartigen Analysen mit Formulierungen wie ›Jugendzeit ist Medienzeit‹ ist somit zu widersprechen. Die Sozial- und Kulturwissenschaften werden nicht umhin können, die in der Fankultur zutage tretenden Verhaltensweisen wahrzunehmen, wenn sie die – durch die zunehmende Mediatisierung des Alltags erfolgte – Ausdifferenzierung kultureller Ausdrucksformen erfassen wollen.

Forschungsaufgaben

Neben dem sozialwissenschaftlichen Fokus in der Fanforschung, der nach Funktionen und der Eingebundenheit des Fandom in soziale Praxen fragt, müssen auch die Artefakte, denen das Interesse der Fans gilt, in Untersuchungen und Erklärungsversuche einbezogen werden. Fans sind in erster Linie Fans *von* etwas, nicht um etwas zu erreichen. Nur wenige Studien zum Fandom bemühen sich um eine Analyse der Gegenstände, die für die Fans eine so große Bedeutung haben. Nur eine solche kann aber zu Erkenntnissen darüber, wie diese Bedeutung entsteht und was sie ausmacht, führen.

Ein erster Weg, die verschiedenen Formen und Formationen der Anhängerschaft, der Anteilnahme und insbesondere der spezifischen Publikumsbildung wissenschaftlich aufzuschließen, findet sich in einer literatursoziologischen Schrift. Bereits in den 1920er Jahren bezog Schücking die begrifflichen Unterscheidungen von Kennern, Verehrern und Enthusiasten auf die Frage der ästhetischen Gemeindenbildung, sprich der Publikumsbildung und -bindung (vgl. Schücking 1923/1931). Allerdings befaßt sich der Literatursoziologe wie später die Medien- und Kommunikationswissenschaftler vorwiegend mit dem Verhältnis des ↗Publikums zum Gegenstand seines Rezeptionsinteresses und fragt nicht – was notwendig wäre – nach der Wechselwirkung der sich ändernden medialen und alltagskulturellen Situation und dem Fandom.

Von der gegenwärtigen Situation in der Beschäftigung mit dem Fan ausgehend, sind es somit drei Bereiche, deren Klärung sich lohnt: zum einen die Aneignungs- und Rezeptionsbeziehung zu den verschiedenen audio-visuellen Genre- und Musikangeboten als Ausdruck des Fandom. Zum anderen die Beziehung von Star und Medien als Hintergrund für das Fandom. Dieses wird in unterschiedlichen Phasen der Populärkulturentwicklung von verschiedenen Mechanismen getragen. Drittens hat die Aufmerksamkeit auch dem Gruppen- oder Gemeinschaftsphänomen zu gelten. Alle drei Verhältnisse sind selbst wiederum historisch geprägt, denn Fan und Fankultur haben in der heutigen Medienkultur einen anderen Stellenwert erlangt als noch vor 20 oder 30 Jahren. Hierbei ist nicht allein an die Individualisierung oder an die Ausbildung spezifischer, vorwiegend im jugendkulturellen Bereich anzutreffender Spezialkulturen zu denken (vgl. Vogelsang 1991). Ganz wesentlich haben Marketing und Merchandising zu einer stärkeren Fragmentierung und gleichzeitigen Durchdringung einzelner Fankulturen beigetragen, die nun selbst wieder durch die Möglichkeiten der neuen Medien und vor allem des Internet im globalen Maßstab größere Austauschmöglichkeiten erhalten haben und auch nutzen.

Literatur

Ang, I.: *Watching Dallas*. London 1985.

Bacon-Smith, C.: *Enterprising Women. Television Fandom and the Creation of Popular Myth*. Philadelphia 1992.

Doss, E.: *Elvis Culture – Fans, Faith & Image*. Lawrence, Kansas 1999.

Fiske, J.: »The Cultural Economy of Fandom«. In: Lewis 1992. S. 30–49.

Ders.: »Elvis: Body of Knowledge«. In: Hörning, K. H./Winter, R. (Hgg.): *Widerspenstige Kulturen. Cultural Studies als Herausforderung*. Frankfurt a. M. 1999. S. 339–378.

Ganz-Blättler, U.: »Knowledge Oblige«. In: Göttlich, U./Winter, R. (Hgg.): *Politik des Vergnügens*. Köln 2000. S. 195–214.

Grossberg, L.: »Is There a Fan in the House? The Affective Sensibility of Fandom«. In: Lewis 1992. S. 50–65.

Harris, C. »A Sociology of Television Fandom«. In: Harris/Alexander 1998. S. 41-54.

Harris, C./Alexander, A. (Hgg.): *Theorizing Fandom. Fans, Subculture and Identity*. Cresskill/N. J. 1998.

Hoffer, E.: *Der Fanatiker. Eine Pathologie des Parteigängers*. Reinbek 1965.

Jenkins, H.: »›Out of the closet and into the universe‹: queers and Star Trek«. In: Tulloch, J./Jenkins, H. (Hgg): *Science Fiction Audiences – Watching Doctor Who and Star Trek*. London u. a. 1995. S. 237-265.

Ders.: *Textual Poachers*. London 1992.

Jenson, J.: »Fandom as Pathology: The Consequences of Characterization«. In: Lewis 1992. S. 9–29.

Krischke-Ramaswamy, M.: *Beziehungsmodelle des Zusammenhangs zwischen ästhetischer Wahrnehmung und sozialer Einordnung bei der Rezeption von Neil Diamond. Eine Diskussion auf der Grundlage einer empirischen Untersuchung von Neil Diamond Fans.* Dipl. Hildesheim 2002.

Lewis, L.A. (Hg.): *The Adoring Audience. Fan Culture and Popular Media.* London u.a. 1992.

Rhein, S.: *Jugendliche Fans und die fanspezifische Nutzung populärmusikalischer Angebote. Eine empirische Untersuchung mit dem MultiMediaComputer.* Ludwigsburg 1999.

Schmiedke-Rindt, C.: *»Express Yourself – Madonna Be With You«. Madonna-Fans und ihre Lebenswelt.* Augsburg 1998.

Schücking, L.L.: *Soziologie der literarischen Geschmacksbildung* [1923/1931]. Bern 1961.

Stempel Mumford, L.: *Love and Ideology in the Afternoon: Soap Opera, Woman, and Television Genre.* Bloomingtom u.a. 1995.

Storey, J.: *Cultural Theory and Popular Culture.* Harlow 1997.

Tulloch, J. »›We're only a speck in the ocean‹. The fans as a powerless elite«. In: Tulloch, J./Jenkins, H. (Hgg.): *Science Fiction Audiences – Watching Doctor Who and Star Trek.* London u.a. 1995. S. 144-172.

Vatterodt, N.: *Boygroups und ihre Fans. Annäherung an ein Popphänomen der neunziger Jahre.* Karben 2000.

Vogelgesang, W.: *Jugendliche Video-Cliquen.* Opladen 1991.

Weyrauch, J.: *Boygroups. Das Teenie-FANomen der 90er.* Berlin 1997.

Wiemker, M.: *Trust no Reality: Eine soziologische Analyse der X-Files.* Berlin 1998.

Winter, R.: *Der produktive Zuschauer.* München 1995.

Udo Göttlich/Mohini Krischke-Ramaswamy

Femme fatale

Die dämonische Verführerin, gelegentlich auch als wollüstiges Machtweib apostrophiert, bezeichnet die durch ihre erotische Ausstrahlung für den Mann gefährlich werdende Frau. Es handelt sich bei der Femme fatale nicht um einen Realtypus des Weiblichen, sondern um eine wesentlich männlich geprägte Imagination des Weiblichen, eine kollektive Phantasie, die ihre spezifische Ausprägung im 19. Jh. erfährt: In der nachromantischen Literatur, im Ästhetizismus, in der Kunst des Symbolismus und des Jugendstils. Mit dem 20. Jh. wird dann der ↗ Film zum Leitmedium; die Femme fatale wechselt ihre Gestalt und wird zum ↗ vamp, ein ↗ Image, das sich mit den Moden und Techniken der Unterhaltungskultur weiter verwandelt. Das vermeintlich Schicksalhafte der sich um sie rankenden Geschichten und Legenden weist auf unverstandene Zusammenhänge hin.

Die Femme fatale ist eine für das bürgerliche Zeitalter charakteristische Projektion des Weiblichen, dessen ihm zugeschriebene Sinnlichkeit gleichermaßen gewünscht und gefürchtet wird. Auf die zunehmend als entfremdet und entzaubert erfahrene Welt reagieren die Kunst und die Literatur mit Kritik und Fluchtphantasien. Im Bild von der sinnlichen Frau wird das Andere des eigenen Ich und das Fremde, das von der bürgerlichen Moral Ausgegrenzte, vorgestellt. Damit gerät es in eine Opposition zur herrschenden Kultur, die diese letztlich bestätigt: Man gestattet sich zwar erotisch-exotische Visionen, warnt aber gleichzeitig davor. Stets fordert die Femme fatale ihre Opfer, die dämonische Verführerin ist allerdings keine selbstherrliche Täterin, sondern wird meist am Ende ihrer Geschichte selbst mit dem Tode bestraft, was ein wenig beachtetes Merkmal dieses Typus ist. Aus dem Teufelskreis von Eros und Macht gibt es offensichtlich für beide Geschlechter kein Entrinnen.

Die Femme fatale verbindet sich nicht nur mit der Reminiszenz an grausame Herrscherinnen, wie etwa Kleopatra oder Messalina, sondern auch mit der Erinnerung an die durch ihre Zauberkräfte gefährlichen mythologischen Frauenfiguren, wie etwa Kirke oder die Sirenen, Medusa oder die Sphinx. Vor allem aber gehört die Femme fatale in die christliche Tradition der als sündig und böse vorgestellten Frauengestalten, deren Reihe mit Lilith und Eva beginnt (vgl. Praz 1930, der die Fülle des Materials in der engl., frz. und ital. Literatur des 19. Jh. gesichtet und zusammengestellt hat). Die christliche Dichotomie von Hexe und Heilige bleibt für die Femme fatale konstitutiv. Ihre zeittypische Gegenspielerin findet sie in der Femme fragile, wie sie etwa von Maurice Maeterlinck oder Peter Altenberg gestaltet und als bleichsüchtige Schöne oder als Kindfrau vorgestellt wird. In ihr das Weibliche entsexualisiert und zum rein geistigen Ideal verklärt. Die Entsprechung von Idealisierung und Dämonisierung ist dabei ebenso aufschlußreich wie die von Versagung und Bestrafung, wobei die Verbindung von Liebe und Tod durchgehalten wird.

Im Rekurs auf mythologisch oder auch biblisch vorgeprägte Frauenfiguren, z.T. auch auf historische Gestalten, läßt sich an der Art und Weise der jeweiligen Bearbeitung das für die Zeit Typische erkennen, so etwa bei Salome, Judith und Delila, bei Helena, Penthesilea und Medea, bei Venus und Astarte, wobei die Differenzen zwischen mythologischen Heroinen, Halbgöttinnen und Göttinnen häufig eingeebnet werden. Das dabei zum Ausdruck kommende Stereotyp der Femme fatale läßt sich übertragen auf neue Erfindungen, die nur lockere Anleihen bei tradierten Topoi machen, wie etwa Lulu, die Protagonistin in den Dramen Frank Wedekinds, die wohl bekannteste Femme fatale in der deutschen Literatur, oder bei Carmen, deren Siegeszug 1875 mit der gleichnamigen Oper Georges Bizets begann und bis in den Film der 1980er Jahre zu verfolgen ist (J.L. Godard, C. Saura, F. Rosi).

Im Hinblick auf Präzision und Detailgenauigkeit ist es wünschenswert, die Femme fatale, wie sie hier vorgestellt und in der je aktualisierenden Rezeption verwandelt wird, von anderen Imaginationen gefährlicher Weiblichkeit zu unterscheiden, wie etwa den Nixen u. a. Wasser*weibchen*. Die Geschichten Undines oder Melusines weisen zwar verwandte Motive auf (die Sehnsucht nach Erlösung durch Liebe, das Versagen des Mannes und die Bestrafung), diese Motive werden jedoch anders gewichtet und zusammengesetzt. Die Frauenfiguren sind hier zwar als Naturwesen gefährlich, aber nicht eigentlich böse, heimtückisch oder hinterlistig; mithin werden sie in diesem Kontext als meist schuldlose Opfer imaginiert.

Kulturhistorischer Kontext

Das Klischee der romantischen Liebe, das bis heute seine Attraktivität nicht verloren hat, orientiert sich an der Vision vom Großen Paar. Mann und Frau werden zwar als ideale Ergänzung zueinander gedacht, die neuen Rollenzuweisungen aber haben durchaus unerfreuliche Kehrseiten: Die Frau wird aufs Haus beschränkt, einerseits zum Naturwesen stilisiert, andererseits zum Hort der Emotionalität und wahren Menschlichkeit verklärt. Der Mann hingegen muß ›hinaus ins feindliche Leben‹. Im Privaten soll bewahrt und kompensiert werden, was im öffentlichen Leben mit seiner Ausrichtung auf Rationalität, Effizienz und Profit verloren oder zerstört wurde. Die Liebe soll nach einer Ökonomie der Verschwendung funktionieren, das ist von der Hausfrau nicht zu leisten. Es kommt zu einer Ausdifferenzierung der Realtypen der Frau. Literatur und Kunst werden die bürgerlicher Doppelmoral geschuldete Diffamierung der Hure kritisieren und sie nun ihrerseits verklären. In diesem Kontext ist auch die Femme fatale zu begreifen: als eine Ausbruchsphantasie aus bürgerlicher Enge, in der die utopische Vision auf Glück aufscheint, durch den tödlichen Ausgang der Geschichte aber gleich wieder kassiert wird.

Um 1900 ist die Femme fatale die ins Perverse verkehrte ideale Geliebte; sie ist Erlöserin und Verderberin zugleich, ein wahrhaft fatal zu nennendes Vexierbild. Die um diese Figur zentrierte Problematik hat sich von der Erörterung um die zur Zeit der Romantik durchaus emanzipatorisch begriffene Macht der Liebe verschoben auf die Diskussion um die Gefahren der Sexualität. In seinen *Beiträgen zur Psychologie des Liebeslebens* (1917) erläutert Sigmund Freud die Scheu des Mannes vor dem Weibe damit, daß es »anders ist als der Mann, ewig unverständlich und geheimnisvoll, fremdartig und darum als feindselig erscheint. Der Mann fürchtet, vom Weibe geschwächt, mit dessen Weiblichkeit angesteckt zu werden und sich dann untüchtig zu zeigen« (Freud 1982, Bd. V, S. 219). Die Furcht des Mannes vor der Frau, ihre Tabuisierung und Verleumdung liegt also begründet in der Angst, sich mit Weiblichkeit zu infizieren, zu verweichlichen, untauglich zu werden fürs feindliche Leben und mit dem eigenen Willen vielleicht auch den Kopf zu verlieren. In den Geschichten von Judith und Delila realisiert sich dieses Motiv buchstäblich: Holofernes wird enthauptet, Simson verliert mit seinem Haar seine Kraft (vgl. die Oper von Camille Saint-Saëns, 1877).

Die durch offene sexuelle Ausschweifung hervorgerufene körperliche und geistige Schwächung des Mannes sind in der Literatur und Kunst der Jahrhundertwende Legion (vgl. Felix Dörmanns *Neurotica* [1891] oder auch *Venus* [1903], den dritten Teil von Heinrich Manns Roman *Die Göttinnen*). Félicien Rops etwa, dessen Radierung *Die Versuchung des Heiligen Antonius* S. Freud die Wiederkehr des Verdrängten veranschaulichte, ist bekannt für sein pornographisches Œuvre, an dem zeitdiagnostische sowie durchaus auch kritische Tendenzen abzulesen sind (vgl. Hassauer/Roos 1984). Freud entwirft ein doppeltes, in sich widersprüchliches Bild der Frau: Einerseits ist sie aufgrund ihres fehlenden Phallus ein Mängelwesen, andererseits geht von ihr eine Gefahr aus; sie hat gleichsam etwas Ansteckendes. Für Freud verkörpert das Weibliche einen Defekt und einen Infekt zugleich; die Frau wird vorgestellt als Kastrierte und als Kastrierende. Noch größer als die Angst vor der Kastration *durch* die Frau ist eine Angst vor der Kastration als Angleichung *an* die Frau (vgl. Schlesier 1981, S. 170). Aus dem Kalkül von Defekt und Infekt wird keines der beiden Geschlechter heil herauskommen.

Die grausame Schöne, die keine Gnade kennt (John Keats: *La belle dame sans merci*) verbindet sich mit dem rätselhaften, abgründigen Lächeln einer *Gioconda*, wie sie Walter Pater beschrieben hat. Einerseits macht das Bild der Femme fatale Anleihen bei der Tradition, andererseits erscheint es im Kostüm seiner Zeit. Durch den Rekurs auf die kulturhistorische Tradition ist die Imagination dieses Typus jedoch ebensowenig hinreichend zu erklären wie durch den Hinweis auf reale Veränderungen. Weder das durch den Fortschritt in der Medizin erworbene Wissen des Mannes um Geschlechtskrankheiten kann für die grell überzeichneten Bilder des Weiblichen verantwortlich gemacht werden, noch seine Konkurrenzangst gegenüber den Frauen, die im

Laufe des 19. Jh. stärker auf den Arbeitsmarkt drängten. Für das Verständnis der Femme fatale aufschlußreicher sind demgegenüber Veränderungen auf der Ebene der Diskurse, die das neue Bild der Frau wissenschaftlich fundieren und popularisieren. Hier gilt es zum einen, den Veränderungen des Naturbegriffes nachzuspüren, an den ja die Konzeption des Weiblichen gebunden wurde, zum anderen gilt es, nach all den Wissensgebieten zu fragen, die sich um eine Bestimmung der Frau und der Familie, der Sexualität und der Gefühlsstrukturen bemühten. Neben philosophischen Indikatoren, wie etwa der Willensmetaphysik Schopenhauers, ist die Evolutionstheorie Darwins besonders aussagekräftig, die im ›Kampf ums Dasein‹ das ›Überleben des Stärkeren‹ garantiert und damit dem Topos vom ›Kampf der Geschlechter‹ vorarbeitet, sowie die daran anknüpfenden sozialdarwinistischen Vorstellungen, die Künstler und Wissenschaftler gleichermaßen beeinflußt haben.

Mit einer Fülle von Material aus der Soziologie, der Biologie, aus Medizin und Psychologie belegt Dijkstra (1999) die These einer Zusammengehörigkeit von race, class und ↗gender, wie sie sich vor allem in dem von der Unterhaltungsliteratur verwendeten Stereotyp der ›bösen Schwester‹ ausdrückt. Das herrschende patriarchalisch dominierte Selbstverständnis gewahrt in der weiblichen Sexualität eine Bedrohung, die in den (pseudo-)wissenschaftlichen Diskursen festgeschrieben wird. Im Kult der Männlichkeit wird die Frau ausgegrenzt und zum Sündenbock gemacht. Die Ausgrenzung des Anderen und Fremden zeigt sich als Misogynie und Rassismus. Dijkstra belegt das u. a. an der zunehmenden Konjunktur eines weiblichen Vampirismus, der gefährlichen erotischen Abenteurerin, gegen deren atavistische Verlockungen nur strikte Abstinenz der männlichen ↗Helden oder die Vernichtung der angeblichen weiblichen Gefahr helfen; und wer ganz sicher sein will, greift zu beiden Mitteln.

Wurde im 19. Jh. die Welt der Phantasien und Imaginationen am wirkungsvollsten von der Oper in Szene gesetzt (Alexander Kluge nannte sie das »Kraftwerk der Gefühle«), übernimmt diese Funktion seit Beginn des 20. Jh. ein anderes Medium: der Film. Theda Bara, angeblich ein Anagramm für *arab death*, ist 1915 die erste Femme fatale im ↗Kino (A FOOL THERE WAS), wo dieser Typus in der Variante des vamp große Erfolge feiern wird; erinnert sei hier nur an Louise Brooks als LULU (1928) und an Marlene Dietrich als BLAUER ENGEL (1930). Gegen die suggestive Macht der Filmbilder ist es nicht ganz leicht, Einspruch zu erheben, sie begleiten uns in zugespitzter Form bis FATAL ATTRACTION (1988) und BASIC

INSTINCT (1992). Dabei ist es verblüffend festzustellen, daß die Grundkonstellation (die unversöhnliche Entgegensetzung von Mann und Frau, der Wunsch nach Liebe und die Bedrohung durch Sexualität) sich durchgehalten hat. Der völlig veränderte gesellschaftliche und kulturhistorische Kontext jedoch lassen es zweifelhaft erscheinen, hier noch weiterhin von der Femme fatale zu sprechen.

Kritische Lektüren

Während in den Wissenschaftsmythen um 1900 und in der sexualkundlichen Literatur, die sich großer Popularität erfreute, viel in das Weib hineingelegt wurde – als Geheimnis (Sphinx), als Gefährdung (Medusa), aber auch als Versprechen (Venus) –, ist bei den um die Figur der Femme fatale sich rankenden Dramen, Erzählungen und Gedichten auffällig, daß sie reicher sind als das Klischee. Dieses wird am besten getroffen in der Malerei, wenn die Szene der Übermächtigung des Mannes durch eine begehrte Frau dargestellt wird; vgl. etwa Gustav Klimts *Judith* und *Salome*, Bilder, die eine schöne Frau mit einem Männerhaupt zeigen, wobei die Zugehörigkeit des Motivs zu einer bestimmten Geschichte nur eine untergeordnete Rolle spielt. Werden andere Szenen gezeigt, etwa *Salomes Tanz vor Herodes* bei Gustave Moreau, obliegt es ohnehin dem Betrachter, die Geschichte allererst zu rekonstruieren, wobei die Plausibilität sehr oft zu kurz kommt, da dem Stereotyp eine starke suggestive Kraft eignet. Eine genaue Lektüre der literarischen Varianten vermag demgegenüber nicht nur die den Geschichten eingeschriebenen misogynen Grundzüge zu erkennen, sondern auch den als verhängnisvoll aufgefaßten Zusammenhang von Herrschaft, Liebe und Gewalt aufzubrechen. Die Auseinandersetzung mit der Femme fatale ermöglicht eine Mentalitätsgeschichte in aufklärerischer Absicht, wobei sich tragfähige Lösungsmodelle für das Verhältnis von Mann und Frau allerdings nicht abzeichnen.

Die berühmteste Salome-Variante ist die von Oscar Wilde (1893), die auch der gleichnamigen Oper von Richard Strauß (1905) zugrunde liegt. Genauer betrachtet verfehlt diese Geschichte das Klischee, dem zufolge dem Mann die erotische Attraktivität einer Frau zum Verhängnis wird. Herodes ist zwar für die weiblichen Reize seiner Stieftochter Salome äußerst empfänglich und bereit, für den berühmten Schleiertanz alles hinzugeben. Das Opfer in dieser Geschichte hingegen ist Jochanaan, der christliche Heilige, der Salome keines Blickes würdigt. Fordert sie vielleicht aus gekränkter Eitelkeit seinen Kopf? In der wenig beachteten Variante von Gustave Flaubert (*Hérodias* 1877) sind die Verhältnisse demgegenüber klar. Der Unterscheidung der männlichen Rollen in Opfer und Täter korrespondiert eine Trennung der weiblichen Rollen. Herodias, die Mutter Salomes, ist am Erhalt ihrer politischen Macht interessiert, deshalb läßt sie die Tochter zur Tänzerin ausbilden und bei einer passenden Gelegenheit das Haupt des Johannes fordern, was der durch ein Versprechen gebundene Herodes ihr nicht verwehren kann. Die erotische Attraktivität einer Jungfrau ist hier noch nicht mit dem politischen Selbstbehauptungswillen der erwachsenen Frau zum Syndrom eines mit seiner Sinnlichkeit um Macht buhlenden Weibes verschmolzen. Flauberts kritisch-analytischer Blick aufs Klischee der Femme fatale dekomponiert es in einzelne Bestandteile, depotenziert damit die dem Weiblichen angehängte verhängnisvolle Sinnlichkeit und klärt den Leser in diesem Zusammenhang noch auf über den Stellenwert der Frau im Christentum. In eine ähnliche Richtung ging schon die Salome-Variante Heinrich Heines im *Atta Troll* (1843), wo die Geschichte der Tochter unter dem Namen der Mutter erzählt und mit einer neuen, recht eigenwilligen Liebesgeschichte verbunden wird. Ebenfalls emanzipatorische Ansätze enthält Stéphane Mallarmés *Hérodiade* (1869/71). Den Spottton Heines nimmt später Oskar Panizza auf, in dessen *Liebeskonzil* (1894/95) Salome vom Teufel ausgewählt wurde, um mit ihm ein Kind zu zeugen, das den Menschen alle Übel der Welt bringt – eine Geschichte, die Werner Schröter 1982 zu einem Film inspirierte. Daß die ›alten Geschichten‹ zu immer neuen Interpretationen einladen, zeigt die Aufführung der Oper von Strauß 1998 in Frankfurt, in der Salome die Rolle eines mißbrauchten Kindes spielt.

Die Inszenierung blutiger Bilder der Liebe, Geschichten, in denen sich Küsse auf Bisse reimen, erfahren im Fin de siècle eine enorme Trivialisierung. Es darf bezweifelt werden, daß dabei eine genuin masochistische Disposition des Mannes zum Ausdruck kommt, wie sie etwa Leopold von Sacher-Masoch in seinem autobiographischen Roman *Venus im Pelz* (1870) darstellt. Sadismus und Masochismus bilden keine ideale Ergänzung zueinander, auch wenn in beiden sexuellen Dispositionen die grausame Frau eine wichtige Rolle spielt (vgl. Gilles Deleuze: »Sacher-Masoch und der Masochismus«, dt. 1981). Während das Interesse an sog. Perversionen, an sexuellen Zwischenstufen und an erotischen Fragen um 1900 sehr groß ist (vgl. Richard von Krafft-Ebing: *Psychopathia Sexualis*), konzentriert sich die künstlerische und literarische Auseinandersetzung um die Femme fatale auf den Topos vom Kampf der

Geschlechter und bleibt ausdrücklich männerzentriert. Es herrschen also ungleiche Kampfbedingungen, und an Versöhnung ist offensichtlich kaum jemand interessiert; auch die Vorstellungen vom Androgyn bezeichnen eine durchaus ambivalente Versöhnungsfigur. Stärke können die Protagonistinnen nur gewinnen, wenn ihre männlichen Gegenspieler Schwäche zeigen. Die heimlichen Helden in den Geschichten, die den Namen einer Femme fatale tragen, sind nur allzuoft die Männer: Johannes der Täufer, Herodes, Holofernes, Simson.

Ein für uns heute aufschlußreicher Vertreter der Misogynie ist Otto Weininger, dessen philosophische Abhandlung *Geschlecht und Charakter* (1903) eine Bestimmung des Weibes in konsequenter Negation zu der des Mannes vornimmt; Mann und Weib werden dabei als Idealtypen betrachtet. Die Trennung von guter/keuscher und böser/sinnlicher Frau, von heiliger Madonna und babylonischer Hure, wie sie die Bildergalerie der Jahrhundertwende ausmalt, wird so bestätigt. Darüber hinaus, und darin besteht Weiningers Stärke, führt er die Imaginationen gefährlicher Liebschaften und verhängnisvoller Affären um 1900 auf eine Krise des männlichen Selbstbewußtseins zurück: »Die Furcht vor dem Weibe, das ist die Furcht vor der Sinnlosigkeit: das ist die Furcht vor dem lockenden Abgrund des Nichts« (Weininger 1980, S. 399). In seiner Misogynie durchaus hellsichtig erkennt Weininger gegen Ende seiner Untersuchung den »Fluch, den wir auf dem Weibe lastend ahnten«, in dem »böse[n] Wille[n] des Mannes« (ebd., S. 401). Damit ist er den die Bilder der Frau betreffenden Projektionsmechanismen auf der Spur, und in seinem »Taschenbuch« heißt es ganz offen: »Der Haß gegen die Frau ist immer nur noch nicht überwundener Haß gegen die eigene Sexualität« (ebd., S. 626) – männlicher Selbsthaß also und Angst vor Identitätsverlust, das Unvermögen, zur eigenen Körperlichkeit ein angemessenes Verhältnis herzustellen. Dem Klischee zufolge ist es zwar die erotische Attraktivität der Frau, durch die sie Macht über den Mann gewinnt, eine für ihn unkalkulierbare und deshalb bedrohliche Macht, die wirklichen Verhältnisse aber sind anders. Die Frauen spielen lediglich eine untergeordnete, letztlich vom Mann abhängige Rolle.

Das Bild des Weibsteufels im Fin de siècle ist in düster verlockenden Farben gemalt. Es sind notorisch überzeichnete Bilder der Frau. Verblüffend ist allerdings, daß sie gegen die ihnen unterlegte Misogynie ein Eigenleben behaupten. Mit der Femme fatale kehrt die Hexe aus ihrem Exil zurück. Einerseits fungiert die Femme fatale als Figur der Rache für die Unterdrückung und Verachtung des Weiblichen und des Eros; aus dieser unheilvollen Verbindung ist das Bild der Frau auch kaum zu lösen. Andererseits ist die Femme fatale aber auch ein kulturhistorisches Zeichen dafür, daß die Domestizierung von Weiblichkeit und Sinnlichkeit fehlschlug. Insofern kann die Femme fatale gelesen werden als Revolte der ›niederen Sinne‹ gegen die höheren Verstandeskräfte. Der immer zerstörerischere Formen annehmende Widerstreit von Natur und Kultur, der Kampf eines weiblichen gegen ein männliches Prinzip, weist auf Defizite und Mängel der männlich geprägten Zivilisation hin. Adorno und Horkheimer (1944/47) haben unter dem Titel »Dialektik der Aufklärung« diesen Prozeß beschrieben.

Epilog

Die Femme fatale als potentiell starke Frau bietet sich in unserer Zeit zur Identifikation geradezu an. Als Opposition gegen die traditionell positiv konnotierten Bilder des Weiblichen (Jungfrau und Mutter) ist eine Identifikation vieler Frauen mit dem Typus der verruchten Verführerin zwar verständlich, aber es ist ein äußerst zweifelhafter Wunschtraum, oft wohl eine reine Rachephantasie, voller Rancune und Mißgunst, kleinlich, herrschsüchtig und ressentimentgeladen – eine billige Rache und eine trügerische Illusion. Das Schielen nach der Macht ist nie ohne Gefahr, denn die in der Femme fatale inkorporierte Macht ist misogyn-patriarchalisch, das Ende ihrer Geschichte konsequenterweise tödlich. Soviel immerhin läßt sich aus der Literatur lernen.

Ausnahmen bestätigen die Regel. Warum sollten Frauen nicht Macht, ↗ Sex, ↗ Glamour und Geld haben? Heutzutage verkörpert Madonna dieses Image in nahezu perfekter Weise, und der Erfolg scheint ihr recht zu geben. »Ich bin schön, sexy und stark«, sagte sie im Oktober 1988 zum Stern, »ich kenne meinen Wert und lasse mich nicht verunsichern, das ärgert die Leute.« Madonna setzt sich nicht nur durch, sondern behauptet auch, sich selbst zu verwirklichen. Dazu ruft sie die gängigen Bilder des Weiblichen ab: Sie spielt die Kindfrau, die ↗ Diva und den Edel-Punk, die Dance-floor-Domina, die Schlampe und die Businessfrau; seit Herbst 1996 ist sie auch Mutter, spätestens damit überschreitet sie das Image der Femme fatale, auf das sie sich jedoch nie hat festlegen wollen. Es ist nur eine Facette von vielen anderen, die sie z. B. in dem umstrittenen Musikvideo Justify my love (1990) spielt. Anders als viele weibliche ↗ Stars früher agiert Madonna nicht fremdbestimmt, sondern wählt ihre Rollen selbst aus. Immer will sie der Boß sein und erweist sich als eine Meisterin der Selbstinszenierung. Madonna probiert Rollen durch wie andere Leute Kleider, ihre Werke gleichen einem Museum populärer Träume.

Natürlich soll hier das show business, die Welt der Reichen und Schönen, nicht mit dem Leben verwechselt werden, obwohl die Femme fatale dazu immer eingeladen hat: früher bei Theaterdiven wie Sarah Bernhardt, später dann bei so unterschiedlichen Filmstars wie Pola Negri, Greta Garbo oder Charlotte Rampling. Die Pop-Ikone (↗ Idol/Ikone) Madonna ist deshalb aufschlußreich, weil sie uns einen souveränen Umgang mit den positiven, den negativen und den zwiespältig besetzten Bildern des Weiblichen vorführt und ihren fast beliebig zu nennenden Wechsel deutlich macht. Sich selbst präsentiert Madonna dabei als starke, durchsetzungsfähige Frau, die auf ihre Weiblichkeit, auf erotische Attraktivität und Sex nicht verzichten will. Neuere kulturtheoretische Auseinandersetzungen mit den Musikvideos und Filmen von Madonna bestätigen die von Foucault in Sexualität und Wahrheit (1983) aufgestellte These, daß Perversionen und Gefühle nicht nur in repressiver Absicht kodifiziert werden, sondern daß durch ihre kulturelle Einschreibung auch die Möglichkeit entsteht, die traditionell misogynen Zuschreibungen zu unterlaufen und patriarchalische Beschränkungen vorübergehend außer Kraft zu setzen (vgl. Schwichtenberg 1993). In diesen Freiräumen realisiert sich ein rebellisch-spielerischer Geist, in den die Autonomie, in einer für die Postmoderne charakteristischen Weise modifziert, sich verwandelt hat. Ihren provokanten Gestus haben diese inszenierten Bilder des Weiblichen nicht verloren.

Literatur

Bronfen, E.: Nur über ihre Leiche. Tod, Weiblichkeit und Ästhetik. München 1994.

Dijkstra, B.: Das Böse ist eine Frau. Männliche Gewaltphantasien und die Angst vor der weiblichen Sexualität. Reinbek 1999.

Ders.: Idols of Perversity. Fantasies of Feminine Evil in Fin-de-siècle Culture. New York 1986.

Ders.: »Femme fatale. Entwürfe«. In: Frauen Kunst Wissenschaft 19 (1995).

Foucault, M.: Sexualität und Wahrheit. Der Wille zum Wissen. Frankfurt a. M. 1983.

Freud, S.: Studienausgabe. 9 Bde. Frankfurt a. M. 1982.

Friedel, H. (Hg.): Der Kampf der Geschlechter. Der neue Mythos in der Kunst 1850–1930. München/Köln 1995.

Hassauer, F./Roos, P.: Félicien Rops. Der weibliche Körper, der männliche Blick. Zürich 1984.

Hilmes, C.: Die Femme fatale. Ein Weiblichkeitstypus in der nachromantischen Literatur. Stuttgart 1990.

Horkheimer, M./Adorno, T. W.: »Dialektik der Aufklärung« (1944/47). In: Horkheimer, M.: Gesammelte Schriften. Bd. 5. Frankfurt a. M. 1987.

Kreuzer, H. (Hg.): Don Juan und Femme fatale. München 1994.

Müller-Tamm, P./Sykora, K. (Hgg.): *Puppen, Körper, Automaten. Phantasmen der Moderne.* Köln 1999.

Pohle, B.: *Kunstwerk Frau. Inszenierungen von Weiblichkeit in der Moderne.* Frankfurt a.M. 1998.

Praz, M.: *Liebe, Tod und Teufel. Die schwarze Romantik.* München 1981.

Prinz, U. (Hg.): *Androgyn. Sehnsucht nach Vollkommenheit.* Berlin 1986.

Roebling, I. (Hg.): *Sehnsucht und Sirene. Vierzehn Abhandlungen zu Wasserphantasien.* Pfaffenweiler 1992.

Schlesier, R.: *Konstruktion der Weiblichkeit bei Freud. Zum Problem von Entmythologisierung und Remythologisierung in der psychoanalytischen Theorie.* Frankfurt a.M. 1981.

Schwichtenberg, C. (Hg.): *The Madonna connection. Representational politics, subcultural identities, and cultural theory.* Boulder/San Francisco/Oxford 1993.

Thomalla, A.: *Die ›femme fragile‹. Ein literarischer Frauentypus der Jahrhundertwende.* Düsseldorf 1972.

Weininger, O.: *Geschlecht und Charakter. Eine prinzipielle Untersuchung* [1903]. München 1980.

Carola Hilmes

Fernsehen

Der Gemeinplatz, das Fernsehen sei zum Leitmedium der zweiten Hälfte des 20. Jh. geworden, profitiert von einem Theorem, das erst vom Fernsehen ermöglicht wurde. Denn was an ein ›Leitmedium‹ ist, ist präzise erst auf den Begriff zu bringen, seitdem es das Fernsehen gibt: Schaltstelle der ⟋ Alltagskultur und des Alltagswissens; Sinnstiftungsmaschine und Steuerungsinstanz des Common sense, Organisator von Wahrnehmungsstrategien und Verhaltensweisen. Aber auch: Codierungssystem politischer Machtverhältnisse und »Transmissionsriemen« (Hickethier 1998, S. 1) gesellschaftlicher Umschichtungen und nicht zuletzt: Orientierungshelfer und logistisches Reservoir für die Konfiguration des sozial, ästhetisch, modisch, weltanschaulich jeweils Gültigen oder Tolerablen. Der Rede vom Medium hat das Fernsehen eine neue, durchaus äquivoke Konnotation und eine neue Komplexität verliehen. Erst das Fernsehen lehrte uns: »Viele Eigenschaften der Welt sind tatsächlich Eigenschaften der Medien, durch die wir die Welt wahrnehmen und bearbeiten« (Engell 1999).

Wenn Telegraphie, ⟋ Fotographie, ⟋ Film und ⟋ Radio der Epoche der Massenkommunikation (und mit ihr einer auf Technik fundierten Populärkultur) freie Bahn verschafft haben, so schien das Fernsehen lange Zeit deren ultima ratio, ja ihr geheimes Telos zu sein: sowohl nach dem Buchstaben einer Theorie, die mit dem Phänomen der Masse reflexhaft die Mechanismen der Manipulation und der intellektuellen Enteignung verbindet, als auch im Sinne eines Merkantilismus, der die hemmungslose Ausdehnung der Warenökonomie auf die Erzeugnisse der Bewußtseinsindustrie als Emanzipationsfest der Sinne und demokratischer Wahlfreiheit propagiert. Erst die Ausdifferenzierung des Mediums selbst rückte die Bedingungen in den Blick, die seine Wirklichkeits-(ab)bilder als komplizierte und hochkomplexe ›Konstrukte‹, mithin als ›medial‹ ausweisen. Ebenso wurden die bemerkenswert polyvalenten Praxisformen der Rezipienten im Umgang mit der Fernsehmaschine erkennbar: Verhaltensweisen, die offenbar auf einen neuen, zwischen stoischer Indolenz und partieller Erregbarkeit oszillierenden Sozialtypus deuten; auf einen ›Empfänger‹ jedenfalls, der tradierte Informations-, Manipulations- und Propagandatheorien Lügen straft.

Als Leitmedium einer (noch keineswegs abgeschlossenen) Epoche etablierte sich das Fernsehen im Kontext einer seit etwa 1900 bereits hoch technisierten, kommerzialisierten und ins soziale Gefüge integrierten Medienkultur. Diese war ein Produkt der Industriegesellschaften und hatte ihre Modernisierung vorangetrieben. Nun gerieten das massenhaft verbreitete Buch, die Presse, das Radio, die Kinematographie – ökonomisch und kulturell – unter den Zugriff eines neuen Mediums. Nicht nur, was ›populär‹ sei, definierte das Fernsehen um; es formulierte auch die (ökonomischen, institutionellen, ästhetischen) Bedingungen, wie das Populäre unter die Leute zu bringen sei. Keineswegs löste das Fernsehen die alten Medien ab, aber es unterwarf sie seinem Layout und errichtete Normen (der Wahrnehmung, der Aufmerksamkeit, der Selektion, der Ostentation), die von anderen Medien, etwa von der illustrierten ⟋ Zeitschrift, dem Kinofilm und vom Hörfunk, adaptiert wurden. In dem Maße, wie das Programm-Medium Fernsehen in der Phase seiner Durchsetzung aus dem Fundus eben dieser älteren Medien seine strukturellen und ästhetischen Paradigmata bezogen hatte, unterwarf es sie nun als Leitmedium seiner spezifischen ›Kultur‹. »Das Fernsehen fungiert als medialer Kulturspeicher, der Inhalte anderer Medien in seine Angebotsfläche integriert« (Bleicher 2001, S. 491).

Mit der Ausstrahlung 60zeiliger Bilder betrieben mehrere Fernsehsender in den USA bereits um 1930 einen frühen, wenngleich noch nicht regelmäßigen Sendebetrieb. Die regelmäßige Ausstrahlung von Fernsehbildern begann 1935 im nationalsozialistischen Deutschland, ein Jahr später in Großbritannien, drei Jahre später in Frankreich, 1939 in den USA und in der Sowjetunion. Während des Zweiten Weltkriegs wurde weiter experimentiert; ein regelmäßiger und umfassender Sendebetrieb auf privatwirtschaftlicher, staatlicher oder öffentlich-rechtlicher Grundlage setzte jedoch erst nach Kriegsende ein. Das (vollelektronische) Farbfernsehen etablierte sich in den USA seit der ersten Hälfte der 1950er Jahre (in Deutschland ab 1967); das Videoband (↗ Video) für die elektromagnetische Bildaufzeichnung nach dem Ampex-Verfahren kam 1956 auf den Markt. Erstaunlicherweise dauerte es abermals vier Jahrzehnte, bis mit den Techniken zur höheren Bildauflösung (1993) und der Digitalisierung (ab 1995) Qualitätssprünge möglich wurden, die nicht nur das Medium selbst, sondern seine Funktion als soziales, die Ökonomie der Sinne und die Struktur der gesellschaftlichen Kommunikation regulierendes Dispositiv wesentlich verändert haben und seine weitere Entwicklung bestimmen werden.

Allerdings hatte schon das Videoband nicht nur den Produktionsbetrieb des Fernsehens erheblich beschleunigt und seine Hegemonie als Nachrichtenmedium begründet, sondern auch mit den Möglichkeiten der Bildnachbearbeitung zu seinem Ruf als zentrale gesellschaftliche Manipulationsinstanz beigetragen. Der ↗ Videorecorder wurde seit Ende der 1960er Jahre, die Videokamera etwa seit 1980 zum Hausgerät – und die elektronische Bildverarbeitung zum Massenzeitvertrieb. Mit anderen Worten: Das Fernsehen – verstanden als umfassendes technisch-ökonomisch-kulturelles System – agiert nicht nur als ›Sendezentrale‹, die ihre *publica dispersa* mit Botschaften beliefert, es durchdringt auch die Gesellschaft mit anwendungsfreundlicher Technik, die den Erfahrungshorizont der Freizeit erweitert und die Rezipienten zu ›Usern‹ macht. Als kulturtechnisches Instrument ersten Ranges ist ihr vor allem die Fernbedienung zuzurechnen, die in der Bundesrepublik ab 1975 zum Massenartikel wurde: »Ein Beispiel dafür, wie nun wirklich harmlos scheinende Ausgeburten von Ingenieurshirnen [...] Kulturrevolutionen auslösen, die keinem in den Sinn gekommen wären, der sich als ›Kulturrevolutionär‹ sieht« (Hörisch 2001, S. 345). Mit dem ›Zapper‹ sitzt ein neuer Rezipiententypus auf der Couch: ein Flaneur des Bilder-Universums und Medien-Vagabund, der sich in Deutschland seit Beginn der 1990er Jahre durch etwa dreißig Programme frei bewegen, bei einer Videokassette Abwechslung suchen oder sich per Videotext (technisch möglich seit 1970) im alten Medium der Schrift über ↗ Sport, Politik und Börse informieren lassen kann.

Made in USA

Alle Betriebsanweisungen für die Architektur des Fernsehens als Gesamtkunstwerk der globalen Medienzivilisation stammen aus den USA, wo bereits 1948 etwa eine Million Zuschauer an das neue Medium angeschlossen sind. Der Durchbruch erfolgt in den frühen 1950er Jahren: mit dem Start des Cable TV, mit der ersten Fernsehsendung in Farbe und vor allem mit den frühen ↗ Shows. Die Multiplikation der Kanäle erklärt sich aus der Rasanz, mit der eine neue Goldgräberstimmung um sich greift und – neben den großen Networks – die regionalen und kommunalen Anbieter aus dem Boden schießen läßt. Bereits 1953 erscheint der erste ›TV Guide‹, der es dem Zuschauer erleichtern soll, einen Pfad durch die ›Bilderflut‹, durch die schiere Masse audiovisueller Attraktionen zu finden. Es sind die – aus den längst etablierten Talk- und Event-Sendungen des werbefinanzierten Radios hervorgegangenen – Shows, die das Fernsehen von Beginn an als eine Unterhaltungsmaschine par excellence ausweisen.

Die ↗ Stars des US-amerikanischen Fernsehens in den 1950er Jahren heißen, zum Beispiel, Lucille Ball und Desi Arnaz, die in der ↗ Comedy Show *I Love Lucy* schon darum das ↗ Publikum auf ihrer Seite haben, weil sie miteinander verheiratet sind und, inmitten der sozialen Irritationen des ersten Nachkriegsjahrzehnts, dazu beitragen, die Hoffnungen auf die ungebrochene Stabilität des Ideals von der heilen Familie zu festigen: ein konstantes Thema, das in seinen unzähligen (auch durchaus ambivalenten) Variationen bis heute von Hollywood ebenso wie vom amerikanischen Fernsehen transportiert und in alle Welt verbreitet wird. *I Love Lucy* bestätigt, ebenso wie die auch international erfolgreiche Western-Serie *Bonanza* mit Lorne Green und Michael Landon, das bereits in den Soaps der Radio-Networks durchgesetzte serielle Prinzip: jene Distributionsform, die in der Parallelwelt der Medien sicherstellt, daß ›das Leben‹ seine eigenen Fortsetzungsromane schreibt und erst dann zu Ende geht, wenn die Nachfrage und mit ihr das Interesse der werbenden Wirtschaft einen merklichen Einbruch erfahren haben. Auch die Shows, in denen noch das alte Formenmaterial des ↗ Varietés und der Music Hall ebenso wie (im Fall der Gameshows) die Distributionsstrategie des Radios wiederzuerkennen sind, formieren sich schon früh nach dem Gesetz der flächendeckenden Serialisierung des Angebots.

Von 1956 bis 1961 strahlt NBC *It Could Be You* mit Bill Leyden aus, eine Show, die seit langem getrennte Familienmitglieder wieder zusammenbringt und damit ein Schema prägt, das in Deutschland erst mit dem Privatfernsehen und Sendungen wie *Verzeih' mir!* und *Bitte, melde dich!* reüssieren wird. 1960 erleben die Amerikaner ihren Wahlkampf erstmals als televisuellen Showdown zwischen den Kandidaten

Nixon und Kennedy; drei Jahre später starren sie entgeistert auf die Bildschirme, als ihr Präsident, buchstäblich vor den Augen der Nation, in Dallas erschossen wird. Es ist die Ära der ersten magic moments: schockierender, aufwühlender oder beseligender Medienerfahrungen, die sich dem Echtzeit-Phänomen, der Zeitgleichheit von Ereignis und Abbildung verdanken und als ›unauslöschliche Bilder‹ dem individuellen ebenso wie dem kollektiven Gedächtnis einschreiben. Die kulturellen Spuren, die das Erlebnis der Live-Präsenz – von der ersten Mondlandung 1969 bis zum Einsturz des World Trade Centers 2001 – hinterlassen hat, sind aus den Weltkonstruktionen, das heißt aus der Mythologie der späten Moderne, nicht mehr fortzudenken. Für die Europäer hat die kontinentale Live-Übertragung der Krönungsfeierlichkeiten in England (1954) diese Ära eröffnet.

Von 1965 an setzt der Vietnamkrieg neue Akzente in der Mediengeschichte. Das politisch-militärische Desaster einer Supermacht sendet Abend für Abend seine verstörenden Signale auf die amerikanischen Bildschirme und zerreißt die Nation, während Johnny Carsons mit seiner *Tonight Show* seine einige Jahrzehnte währende Karriere als Talkmaster beginnt. Bis heute folgt nicht nur das US-Fernsehen diesem Muster der ›vermischten Nachrichten‹ und der hemmungslosen Präsentation inkompatibler Attraktionen: eine rund um die Uhr rotierende Wiederaufbereitungsanlage der Brüche im Weltpanorama, die gleichzeitig – ganz gegen den Sinn ihrer kontinuierlichen Dekonstruktionen – Weltdeutung, Interpretation und, nach dem Selbstverständnis der öffentlich-rechtlichen Anstalten in Deutschland, Lebenshilfe unter die Leute zu bringen sucht. Heute, in der Ära der flächendeckenden Katastrophen- und Kriegsberichterstattung von CNN, weist eine Show wie die international vielfach kopierte *Who Wants To Be A Millionaire?* mit Regis Philbin (die deutsche Version wurde, mit Günther Jauch, von RTL gestartet) den Weg in die Glückseligkeit des Individuums unter den Bedingungen der Globalisierung. Der ↗ Fan akzeptiert das Spiel und weiß: Es ist nichts als – Spiel, eine amüsante Konstruktion.

Öffentlich-rechtliches Fernsehen in Deutschland

Im gespaltenen Deutschland nach dem Ende des Zweiten Weltkriegs verlaufen Erprobung und Durchsetzung des neuen »Wahrnehmungsdispositivs« Fernsehen (Hickethier 1998, S. 10 ff.), verglichen mit den USA und anderen westlichen Industrieländern,

untypisch. Die ideologischen und administrativen Vorgaben eines kommunistischen Systems einerseits, die politischen und kulturellen Bemühungen um die Re-integration der westdeutschen Teilgesellschaft in die ›westliche Wertegemeinschaft‹ andererseits verschaffen der Entwicklung des neuen Massenmediums spezifische Rahmenbedingungen, die mit seiner Eigendynamik in einen durchaus produktiven Konflikt geraten. Während das Fernsehen als aufmerksamkeitsheischende Universalmaschine zunehmend an die Freizeit- und Unterhaltungsbedürfnisse eines Millionenpublikums appelliert, modellieren die hohen kulturellen Erwartungen seiner Begründer zumal in der jungen Bundesrepublik, unter dem Primat der öffentlich-rechtlichen Verfassung des Rundfunksystems, die Konturen und Inhalte eines ethisch fundierten Programm-Mediums, das sich sowohl allgemeinen humanistischen Werten als auch demokratisch-aufklärerischen Zielsetzungen und den daraus resultierenden journalistischen Maßstäben verpflichtet weiß. Das Fernsehurteil des Bundesverfassungsgerichts von 1961 hebt die zentrale Rolle des Rundfunks (ihm wird das Fernsehen zugeordnet) für den Konstitutionsprozeß bürgerlicher Öffentlichkeit noch einmal ausdrücklich hervor: Der Rundfunk sei »nicht nur Medium, sondern auch Faktor der öffentlichen Meinungsbildung« (Bausch 1980, Bd. 3, S. 436). Diese Spannung – zwischen der »Systemimmanenz« des Fernsehens in einer dynamischen Marktgesellschaft und dem kulturellen Anspruch, der von »gesellschaftsrelevanten Kräften«, aber auch von »qualifizierten Minderheiten« an das Medium herangetragen wird – bestimmt für einige Jahrzehnte seine Entwicklungsgeschichte in der Bundesrepublik und ist bis heute in der Auseinandersetzung um das inzwischen in seiner Substanz bedrohte duale System virulent.

Knut Hickethiers Versuch, die Geschichte des öffentlich-rechtlichen (überwiegend gebührenfinanzierten) Fernsehens bis etwa 1985 – also bis zum Umbruch des medialen Dispositivs durch neue technische und ökonomische Rahmenbedingungen – zu periodisieren (Hickethier 1998), zeichnet nicht zuletzt einen sukzessiven Abbau ursprünglich erwünschter, doch weitgehend außerhalb des Mediums formulierter kultureller und kulturpolitischer Maßstäbe nach. Positiv ausgedrückt: Das Fernsehen definiert sich selbst nach Maßgabe seiner ›medialen‹ (strukturimmanenten) Kriterien und der Anforderungen, die ihm aus dem Prozeß der allgemeinen gesellschaftlichen Entwicklung zuwachsen. Schon der Start des Fernsehens (in Westdeutschland 1952) bringt ›die Welt‹ über den Apparat ins Haus; das Fernsehen ist, noch für lange Jahre, ein Medium der spezifischen Nachkriegs-Biederkeit, integriert aber von Beginn an ↗ Unterhaltung und Fiktion ins Programm und kreiert das ›Dabeisein‹, die Live-Präsenz, als spezifische Erfahrung der televisuellen Erlebnisstrategie. Das erste deutsche Fernsehspiel nach dem Krieg, Goethes »Vorspiel auf dem Theater« (gesendet 1951), ist, dem technischen Entwicklungsstand gemäß, eine Live-Sendung. Geboten wird ein Juwel der bildungsbürgerlichen Hochkultur – aber als audiovisuelles ›Event‹. Ins Zentrum der Populärkultur drängt das Fernsehen schon zu einer Zeit, als ihm kulturpolitische Würdenträger wie Adolf Grimme, der damalige Generaldirektor des NWDR, noch die Last der Traditionen aufbürden wollen: »Was früher der Kamin war, wie einst die Petroleumlampe den Familienkreis vereinte« – das sollten »im deutschen Haus« auch Rundfunk und Fernsehen sein: »der Mittelpunkt der inneren Sammlung« (zit. n. Hickethier 1998, S. 66).

Fernsehgenres und TV-Ästhetik

In diesem Spannungsfeld bilden sich, zunächst unter der alleinigen Verantwortung der ARD, ab 1963 im Wechselspiel von Kooperation und Konkurrenz zwischen ARD und ZDF, jene Programmstrukturen und Sendegenres (↗ Genre) heraus, die das öffentlich-rechtliche Fernsehen der Bundesrepublik bis heute konstituieren. Sie resultieren aus dem in den Staatsverträgen verbindlich festgehaltenen Auftrag der Rundfunk- und Fernsehanstalten, den Anspruch der gebührenzahlenden Teilnehmer auf Information, Bildung und Unterhaltung in ›ausgewogenen‹ Proportionen zu erfüllen – ein Grundverständnis, aus dem sich seit den 1950er Jahren die Organisationsstrukturen der Anstalten ebenso wie die einzelnen Programmbereiche und Sendeformen herauskristallisieren. Im Bereich der aktuellen Information sind dies, neben der Nachrichtenversorgung (*Tagesschau* und *heute*), die spezifischen Formen des Fernsehdokumentarismus (Dokumentarfilm, TV-Dokumentation, Fernsehfeature und -reportage) sowie die mit der zunehmenden Politisierung des Mediums immer stärker ins Blickfeld rückenden politischen Magazinsendungen des Typs *Panorama*, *Report*, *Monitor* und *ZDF-Magazin*.

Mit dem Anspruch, auf unterhaltsame Weise zu bilden, etabliert sich das Fernsehspiel als genuines TV-Genre, das sich – in seiner gesellschaftskritischen Variante – deutlich von der Theateraufzeichnung (↗ Theater) und vom Spielfilm (dem sich das Fernsehen als Distributionsmedium anbietet) abgrenzt und sich bald auch als ›Mehrteiler‹ sowie in Reihen-

gestalt (↗ Reihe) (Typus *Tatort*) als zentrales Programmelement bewährt.

Dem Bildungsbereich wie auch der ›Lebenshilfe‹ sind die ausdrücklich der Wissenserweiterung gewidmeten Features und Dokumentationen mit Themen aus nahezu allen Bereichen der Wissenschaft und des Alltagslebens zuzuordnen, während die schon in den 1950er Jahren einsetzende Live-Berichterstattung von prominenten Sportveranstaltungen der ›Grundversorgung‹ in den Bereichen der aktuellen Information und der Unterhaltung zugerechnet wird (ein Grundsatz, der 2001 zu einem antagonistischen Konflikt zwischen dem öffentlich-rechtlichen Fernsehen und dem Privatfernsehen, zumal dem deutschen Pionier des Pay-TV, Leo Kirch, führen wird).

Als Fernsehunterhaltung par excellence setzen sich schließlich schon im ersten Jahrzehnt neben den Shows, die noch vom Revue-Stil der ›Bunten Abende‹ des Radios geprägt sind, populäre Familienserien (*Unsere Nachbarn heute abend* mit den Schölermanns, *Familie Hesselbach*) durch. Ihre mediengenuinen Kennzeichen sind ein im Alltagsleben des Publikums fundierter Wiedererkennungseffekt und der Anspruch, die Zuschauer über die Nähe zur eigenen Erfahrungswelt ins Geschehen einzubeziehen. Das Fernsehen ›erzieht‹ seine Rezipienten; es lehrt sie, sich auf die wohlstrukturierte und -temperierte Vielfalt seiner Programmflächen einzustellen. Sehr bald wird es zum Medium, das mit der Gesamtheit seiner Programme für sein Publikum über die unmittelbare Funktion der Informationsvermittlung hinaus als »eine Art Nabelschnur« fungiert, »die es mit den Zentren der Politik, des Wissens und der Kultur verbindet« (Sichtermann 1999, S. 119). Das Fernsehen wird zu einem Medium, das eigene Rezeptionserwartungen etabliert hat: Der Zuschauer sieht fern, weil er eben nicht lesen, Radio hören oder ins ↗ Kino gehen, sich weder informieren noch bilden, sondern nichts anderes als fernsehen will.

Während bis zu Beginn der 1960er Jahre, also bis zur Gründung des ZDF, Bund und Länder um die Hoheit über das neue Medium streiten, während das ›Adenauer-Fernsehen‹ an der Verfassung scheitert und die ARD ihr föderalistisches Gemeinschaftsprogramm strukturiert, kristallisiert sich immer deutlicher die dynamische Rolle der Audiovision als Vehikel der Modernisierung in einer Gesellschaft heraus, die, im Zuge des Wiederaufbaus und des ›Wirtschaftswunders‹, ihre Mobilität und ihre Konsumwünsche entdeckt und zwischen restaurativem Beharren und Partizipation an den Segnungen der ›Amerikanisierung‹ ihre Position zu bestimmen sucht. Das televisuelle ›Fenster zur Welt‹ mit seinen öffentlich-rechtlich gezähmten Verlockungen bietet in dieser Situation eben jenen Kompaß, der (in den Unterhaltungsshows) der schweifenden Phantasie erlaubte Wege weist und sie zugleich (in den politischen Magazinen, im gesellschaftskritischen Fernsehspiel) stets auf den Boden der demokratisch erörterten Tatsachen zurückholt. Für die Nachkriegsgesellschaft der jungen Bundesrepublik setzt dabei das neue Medium unverkennbar einen Prozeß der Demokratisierung und Zivilisierung in Gang. »Was sich wohl erstmals dank des Fernsehens in den sechziger und siebziger Jahren wirklich durchsetzte, war die im Soziologendeutsch steif klingende, nun aber eben suggestiv nachvollziehbare Einsicht in die ›Nichtzustimmungspflichtigkeit‹ der medial gelieferten Realitätsversionen und Lebensformen« (Hörisch 2001, S. 348). Vor der ›Glotze‹ lernt das westdeutsche Publikum etwas über die Grundlagen der Toleranz.

Mit der zum Ende der 1960er Jahre nahezu kompletten Fernseh-Vollversorgung der bundesrepublikanischen Bevölkerung ist die Television stärker und intensiver als alle früheren Medien in das Alltagsleben einer Gesellschaft integriert, die sich im übrigen – nach dem Zerfall der traditionellen Klassenstrukturen – zunehmend in eine Vielzahl divergenter Partikularinteressen, sozialer Teilsysteme und ↗ Subkulturen ausdifferenziert. Das Fernsehen bewährt sich als multifunktionale Service-Institution – eine elastische Versorgungszentrale, die sich mit ihren Informations-, Ratgeber- und Unterhaltungsangeboten der Vielfalt zentrifugaler Präferenzen in der Gesellschaft erfolgreich anpaßt. Zugleich vereinheitlicht sie das Rezeptions- und Wahrnehmungsverhalten einer großen Mehrheit und versteht es, die auseinandertreibenden Diskurse zu bündeln, sie im Sinne gewünschter Komplexitätsreduktion an den Common sense anzukoppeln. Das Medium muß sein Programm-Spektrum in den 1960er und 1970er Jahren nicht wesentlich erweitern, um in nahezu allen Bereichen die ↗ Serie als Strukturprinzip und rezeptionsprägende Instanz auszubauen. Dies gilt in gleicher Weise für die Bildungssendungen der regionalen ›Dritten Programme‹ wie für die ›Große Unterhaltung‹ am Samstagabend, die in diesen Jahrzehnten vom fiktiven Gesellschaftsspiel der Quiz-Sendungen (*Einer wird gewinnen*) dominiert wird. Selbst hier sind Unterhaltung einerseits und Bildung bzw. Lebenshilfe andererseits noch öffentlich-rechtlich ausbalanciert.

Bis in die 1970er Jahre hinein reproduziert sich dieser Dualismus – etwa in der Konkurrenz zwischen ARD und ZDF, zwischen der Dynamisierung der Wahrnehmung z.B. durch das Farbfernsehen und

dem forcierten Bildungsanspruch der Dritten Programme, zwischen Tendenzen der Regionalisierung und dem Versprechen globaler Partizipation – auf jeweils neuer Stufe und in den unterschiedlichsten (Programm-)Formen. Während ökonomisches Kalkül und betriebswirtschaftliches Effizienzdenken sich auf der Produktionsseite zunehmend nach den Zuschauerzahlen ausrichten und auf eine Erhöhung des Unterhaltungsanteils zielen, wird unter der Oberfläche der Programmvielfalt, gleichsam ›unter der Haut‹ der bunter und lauter werdenden Bilder, das geheime Gesetz der Audiovisionsmaschine erkennbar: Weit mehr als nur zentrale Schaltstelle der Populärkultur, erweist sie sich als jene Instanz, welche die (sozialen, politischen, kulturellen) Aufmerksamkeiten der Gesellschaften aufsaugt, sie neu verteilt und auf Medienkonstrukte, medialisierte Wirklichkeiten lenkt. Fernsehen wird zu einem System, dem nicht zu ›entkommen‹ ist. »Ich kann über Fernsehen nicht von außerhalb des Fernsehens sprechen. Wenn es grundsätzlich keinen Standpunkt außerhalb der Medien geben kann, so gilt das besonders fürs Fernsehen« (Engell 1999).

Der Zuschauer mit seinem – jeweils ›kritischen‹ oder ›konsumistischen‹ – Rezeptionsverhalten wird zum aktiven Bewohner und Agenten einer als Teil des Alltags erfahrenen, komplexen und mit Konstruktionen operierenden Medienwelt. Der verstärkte Trend zur Unterhaltung im letzten Jahrzehnt vor der Einführung des Privatfernsehens, die fortschreitende ›Magazinierung‹ der Inhalte und die forcierten Visualisierungsstrategien (in den Sportsendungen, aber auch in den gemeinhin als seriös rezipierten politischen Nachrichten) illustrieren nur eine Entwicklung, in der das Leitmedium der Epoche – durchaus noch frei vom kommerziellen Konkurrenzdruck – gegen den entschiedenen Einspruch einer traditionsbewußten Kulturkritik zu sich selbst kommt, d.h. seine genuine mediale Strategie zu entfalten beginnt.

Spezifische TV-Ästhetiken kristallisieren sich heraus. Verfahrensweisen zur »Zerstückelung längerer Informationseinheiten in kleine Angebotshäppchen« (Bleicher 2001, S. 506) setzen sich in den Magazin-Sendungen durch. Der Gestus der Dienstleistung, personifiziert im ↗ Moderator, verdrängt allmählich den Rede- und Zeigegestus der Lebenshilfe. Die Narrationsformen der Vorabend-Serie mit ihren kürzeren, auf Sentiment und emotionale Partizipation zielenden Erzähleinheiten bewähren sich als lukratives Werbeumfeld und antizipieren Dramaturgien im fiktionalen Bereich, die sich mit der Etablierung des Privatfernsehens zum Standard entwickeln werden. Für einige Jahre prägt die Serie *Die Schwarz-*

waldklinik (ZDF) den öffentlich-rechtlichen Standard des Erzählens endloser Geschichten, deren Faszinationskraft aus einem archaischen Schema – dem kalkulierten Rhythmus aus Spannung, Entspannung und neuer Konfliktknüpfung – resultiert. Im Fernsehspiel weicht die im Reformklima nach 1968 erprobte Ästhetik der realitätsnahen Beobachtung und gesellschaftskritischen Analyse zunehmend Narrationstechniken, die auf physische Aktion, äußere Spannung, Tempo und entsprechend forcierte Montage setzen. Die in den USA längst erfolgreiche Talkshow wird, mit ihrer Tendenz zur Kontroverse und zum Spektakel, auch in Deutschland eingeführt; sie drängt das traditionelle *Kamingespräch*, das vertiefende Interview vom Typus *Zur Person* (mit Günter Gaus) an den Rand und modelliert mit dem ›Prominenten‹ eine neue Medienfigur, die dem (Film-)Star vergangener Jahrzehnte Konkurrenz macht und ihn allmählich suspendiert. Programmformen und Genres mutieren zum ›Format‹; Fernsehen wird, auch nach dem Selbstverständnis der Medienplaner und Präsentatoren, zunehmend ›verkauft‹. Das Medium mutiert zum Warenhaus.

Fernsehen im dualen System

Das Kabel und die seit 1965 erprobte Satellitentechnik verändern Mitte der 1980er Jahre auch in Deutschland die technischen, politischen und ökonomischen Rahmenbedingungen und begünstigen einen Paradigmenwechsel in der rundfunkpolitischen Diskussion. Die Integrationsfunktion der elektronischen Medien bleibt ein ordnungspolitischer Faktor, aber es dominieren nun, mit der Einführung des dualen Rundfunksystems 1984, die Unterhaltungsbedürfnisse divergierender Zuschauergruppen, die das privatwirtschaftlich organisierte Fernsehen als seine Klientel erkennt. Von nun an prägt das werbefinanzierte Fernsehen, bestimmen kommerzielle Anbieter in Kooperation mit der warenproduzierenden Wirtschaft und den Werbeagenturen die weitere Entwicklung des Fernseh-Dispositivs – allen voran die Sender RTL, SAT 1 und Pro7 als ›Vollprogramme‹, daneben eine Anzahl kleinerer, mit wechselnder ökonomischer Fortune operierende Spartenkanäle für Nachrichten (n-tv), ↗ Musik (VIVA) und Sport (DSF).

Die ›Privaten‹ annektieren vorhandene Konzepte, aber sie entwickeln auch neue Strategien der Visualisierung, der Emotionalisierung und der Aufmerksamkeits-Attraktion. Sie durchdringen mit ihren Angeboten – Talk- und Gameshows, Sitcoms, ›Reality TV‹, Daily und Doku-Soap – das Formenrepertoire

der traditionellen Populärkultur und beeinflussen die Selbstbilder der Gesellschaft im Kontext der Erotik, der Mode, des Lebensstils und des alltäglichen Konsums. Beschleunigung fährt in die Verwertungskette der Medienindustrie, in den Umschlag ihrer Produkte und damit in die Halbwertszeit der audiovisuellen Botschaften. Erfolge produzieren die Muster für neue Erfolge – oder ihnen folgen Flops, die fieberhafte Korrekturen in der Programmplanung auslösen und das Tempo in der auf Dauer gestellten Kurzatmigkeit der Wertschöpfung abermals erhöhen. Täglich wiederkehrende Programmstrukturen, die Suggestivkraft des Programm-Layouts und unterschiedlichste Formen der appellatorischen Ansprache an den Zuschauer modellieren die Nutzungsgewohnheiten, aber auch die Koordinaten im Wahrnehmungsverhalten, letztlich die Relation zwischen dem (Medien-)Rezipienten und der (medialisierten) Wirklichkeit. Die ›Programmleiste‹ der Daily Soap (erstmals von RTL mit *Gute Zeiten, schlechte Zeiten* getestet) wird ab 1995 auch von den Öffentlich-Rechtlichen übernommen und signalisiert am deutlichsten die Konvergenz zwischen den Systemen. Der Zuschauer, so das Kalkül der Planer, soll bei der ›Leiste‹ und mit Hilfe der Leiste auch gleich beim Sender bleiben. Doch auch die Umkehrung gilt: Das selektive und selbstreflexive Konsumverhalten des Zuschauers dirigiert immer mehr die Programmplanung. Seine Aufmerksamkeit ist heute die Leitwährung einer Industrie, die den Umgang mit ihren immateriellen Gütern unter wachsendem Konkurrenzdruck den Gesetzen einer post-industriellen, gleichwohl noch immer kapitalistischen Tauschgesellschaft unterworfen hat.

Wenn der Siegeszug des Fernsehens medienhistorisch den uralten Traum der Geschichtenerzähler vollendet hat, uns die Welt – die ganze Welt – so zu zeigen, ›wie sie ist‹ (immer dicht an der Realität und nach Möglichkeit ›live‹) – dann fügt das kommerzialisierte Fernsehen, als authentisches Medium der Postmoderne, der televisuellen Realitätserfahrung (So ist es! So ist die Welt! Das ist die Wirklichkeit!) eine neue Komponente hinzu. Noch immer gilt: Alles Fiktionale (jeder Fernsehspielfilm, jeder Krimi, jede Soap-Serie) fasziniert kraft seiner ›dokumentarischen‹ Suggestion und beutet die Stilmittel der ›lebensnahen‹ Darstellung aus – mit dem Resultat, daß die heutigen Teens und Twens sich von den ↗ Helden und Heldinnen ihrer Soaps ›vertraulich‹ beraten, psychologisch anleiten und durch ihren Alltag begleiten lassen. Umgekehrt jedoch geraten auch die gemeinhin als dokumentarisch rezipierten Sendeformen – Nachrichten, politische Dokumentationen, Magazinbeiträge, Fernsehfeatures – unter das Primat der Show; sie wollen unterhalten, und oft ist das, was Information genannt wird, nur ein Vorwand für eine mit den Mitteln der elektronischen und digitalen Techniken verstärkte Attraktion.

Spätestens der Golfkrieg hat aufgedeckt, daß eine technisch hochgerüstete Nachrichtenindustrie, verkörpert durch CNN, keineswegs für die Authentizität ihrer Echtzeit-Informationen bürgt. Ihr neues Produkt besteht vielmehr aus einer Konstruktion: dem Anschein von globaler Tele-Präsenz mittels ›starker‹, aber unüberprüfbarer (also auch propagandatauglicher) Bilder. Doch der an den Doku-Soaps der 1990er Jahre geschulte Blick geht vermutlich den alten Propagandamodellen nicht mehr auf den Leim; er mißtraut grundsätzlich dem Fernsehen als Überbringer-Instanz von Nachrichten. Das Modell *Big Brother* propagiert als Klimax der dokumentarischen Verheißung, erweist sich zugleich als extrem inszenierte, mit allen Registern der kommerzialisierten Aufmerksamkeitserregung zum ›Event‹ gesteigerte Konstruktion. Daneben macht *Big Brother*, wie Jochen Hörisch bemerkt, ganz »locker mit dem avancierten Stand soziologischer Theoriebildung vertraut«: »Dass Realität konstruierte Realität ist und dass diese Konstruktionen real sind, führen Sendungen wie ›Big Brother‹ mit umwerfender Suggestivität vor« (Hörisch 2001, S. 354 f.). Die reale Konstruktion ist die des rauhen kapitalistischen Wettbewerbs, ein Widerschein der Konkurrenz zwischen stabilisierungsbedürftigen Egos, Aufforderung zur (Selbst-)Prüfung unter extremen – oder auch nur extrem alltäglichen – Bedingungen und zum kruden Mobbing, wenn es ums Überleben in der (Medien-)Realität geht.

Die von Vilém Flusser vorgeschlagene Differenzierung der technischen Bilder nach »Abbildern« (der empirischen Realität) und »Modellen« (vorgestellter, fingierter, inszenierter Wirklichkeiten; Flusser 1992, S. 47) hat im Fernsehen der Gegenwart ihre Stringenz verloren; sie wird den Erwartungshaltungen eines neuen Rezipient: types nicht mehr gerecht. ↗›Infotainment‹, ›Confrontainment‹, ›schrille‹ Präsentationsformen überbieten einander im Konkurrenzkampf um einen Zuschauer, der die Fernbedienung nutzt, um durchaus medienkompetent je nach Stimmungslage seine Neugier, seinen Voyeurismus oder seine Tagträume auszuleben. Adressat ist ein neuer Rezipient, der die Strategien medialer Wunscherfüllung durchschaut und es gelernt hat, mit seiner Aufmerksamkeit sparsam umzugehen.

Ausblick

Seit den 1990er Jahren zeichnen sich neue, derzeit schwer einschätzbare Entwicklungsperspektiven ab. Die Digitalisierung aller Medienbereiche, die enorm erhöhte Datenkompression bei der Übertragung akustischer und visueller Signale, die Vervielfachung der Kanäle und die Verheißungen der ›Interaktivität‹ (von Pay-TV bis Pay-per-view, von Video-on-Demand bis zu individueller Bildregie; ↗ Interaktives) erweitern nicht nur das inzwischen nachgerade antiquierte Medium Fernsehen als solches; realisierbar wird auch seine technische Verknüpfung mit anderen digitalen Medien, vor allem mit dem ↗ Computer und dem Telefon. »Der Unterschied zwischen disperser und individueller Kommunikationsstruktur, vormals ein Grundpfeiler aller Medienwissenschaft, wird auf diese Weise zur Unkenntlichkeit verwischt« (Hiebel et al. 1999, S. 289). Das Datenuniversum des ↗ Internets kristallisiert sich derzeit als Leitmedium der kommenden Jahrzehnte heraus; seine vernetzten Strukturen verändern schon heute das mediale Nutzungsverhalten großer gesellschaftlicher Gruppen und werden dem Bedürfnis, in die Ferne zu sehen, eine Vielfalt neuer technischer Potentiale und Rezeptionserfahrungen erschließen. »Das Geräteensemble Computerterminal und Tastatur droht den Empfangsapparat Fernsehen und Fernbedienung zu ersetzen. So realisiert sich die alte Utopie der Zwei-Wege-Kommunikation, die im Fernsehen bislang vor allem auf telefonische Zuschauerreaktionen begrenzt blieb« (Bleicher 2001, S. 516). Die Populärkultur, für einige Jahrzehnte ansässig in der Television, verlagert ihre Logistik in den Cyberspace.

Literatur

Bausch, H. (Hg.): *Rundfunk in Deutschland*. 5 Bde. München 1980.

Bleicher, J. K.: »Mediengeschichte des Fernsehens«. In: Schanze, H. (Hg.): *Handbuch der Mediengeschichte*. Stuttgart 2001. S. 490ff.

Bolz, N.: *Am Ende der Gutenberg-Galaxis. Die neuen Kommunikationsverhältnisse*. München 1993.

Bourdieu, P.: *Über das Fernsehen*. Frankfurt a. M. 1998.

Engell, L.: *Einführung in die Geschichte des Fernsehens*. Vorlesung 1999 im Internet: http://www.uni-weimar.de/medien/archiv/ss99/tv/tv1.html.

Flach, S./Grisko, M. (Hgg.): *Fernsehperspektiven. Aspekte zeitgenössischer Medienkultur*. München 2000. Im Internet: http://www.uni-weimar.de/medien/archiv/ss99/tv/tv1.html.

Flusser, V.: *Ins Universum der technischen Bilder*. Göttingen 1992.

Hickethier, K.: *Geschichte des deutschen Fernsehens*. Stuttgart/Weimar 1998.

Hiebel, H. H./Hiebler, H./Kogler, K./Walitsch, H. (Hgg.): *Große Medienchronik*. München 1999.

Hörisch, J.: *Der Sinn und die Sinne. Eine Geschichte der Medien.* Frankfurt a. M. 2001.

Kittler, F.: *Grammophon, Film, Typewriter.* Berlin 1986.

Kreimeier, K.: *Lob des Fernsehens.* München 1995.

Kreuzer, H./Prümm, K.: *Fernsehsendungen und ihre Formen. Typologie, Geschichte und Kritik des Programms in der Bundesrepublik Deutschland.* Stuttgart 1979.

Luhmann, N.: *Die Realität der Massenmedien.* Opladen 1996.

Rötzer, F. (Hg.): *Digitaler Schein. Ästhetik der elektronischen Medien.* Frankfurt a. M. 1991.

Sichtermann, B.: *Fernsehen.* Berlin 1994.

Dies.: »Vom Medienerlebnis zum Tagesbegleitmedium«. In: Münker, S./Roesler, A. (Hgg.): *Televisionen.* Frankfurt a. M. 1999. S. 113ff.

Virilio, P.: *Krieg und Fernsehen.* München/Wien 1993.

Ders.: *Ereignislandschaft.* München/Wien 1998.

Zielinski, S.: *Audiovisionen. Kino und Fernsehen als Zwischenspiele in der Geschichte.* Reinbek 1989.

Klaus Kreimeier

Fernsehgerät

Das Fernsehgerät ist Teil des technisch-apparativen Zentrums des Gesamt-Systems ↗ Fernsehen und bildet die Schnittstelle zwischen Institution, Senderinfrastruktur, Programm, Ökonomie, Kultur und Zuschauer. Als mediales Alltagsmöbel steht der TV-Apparat symbolhaft für das Leitmedium in unserer Gesellschaft als televisuelles ›Fenster zur Welt‹. Anders als etwa die stabile Empfangsdisposition des ↗ Kinos stellt sich die Geschichte des Fernsehempfängers sowohl als technische Empfangseinrichtung als auch in seiner Verortung im Alltag der Nutzer als überaus flexibel dar und hat im Verlauf seiner Entwicklung immer wieder unterschiedliche Ausprägungen angenommen. Die Empfangsdispositionen reichen vom kinoähnlichen stationären Großbildempfang bis hin zum mobilen Miniaturempfänger, wobei anfänglich die Fernsehtechnik auf mechanischer und in der Folge auf elektronischer und später digitaler Basis arbeitete. Eine wissenschaftliche Auseinandersetzung mit dem Alltagsgegenstand ›Fernsehapparat‹ (bzw. der Empfangssituation) finden wir in technik- und mediengeschichtlichen Arbeiten, kritisch reflektiert im Rahmen der Cultural Studies, und in einer historisch-theoretischen Perspektive vorwiegend in medien- und kommunikationswissenschaftlichen Arbeiten (vgl. Abramson 1987; Zielinski 1989; Steinmaurer 1999).

Tele-Visionen

Am Beginn der Fernsehentwicklung Ende des 19. Jh. standen Visionen und Entwürfe von apparativen Anordnungen mit noch unklarer medialer Identität, die das Sehen in die Ferne mit technischen Hilfsmitteln versprachen. So zeigte etwa bereits 1878 ein Cartoon des englischen Satire-Magazins *Punch* ein von Edison entworfenes ›Telephonoscope‹ als Darstellung einer Rezeptionsdisposition, die sowohl Bild- als auch Tonübertragung enthielt und bereits interaktive Kommunikationsmöglichkeiten (↗ Interaktives) für ›Zuschauer‹ und für die Personen auf der Bildfläche vorsah. Als solche war diese satirisch angelegte Vision »einer Art Zweiweg-Fernsehen, das aus einer elektrischen Camera Obscura und einem Telephon zusammengesetzt ist« (Zielinski 1989, S. 33) und von seiner Disposition sowohl kinematographische als auch televisuelle Rezeptionskomponenten in sich vereinte. Die bekannten Darstellungen des Technikvisionärs Albert Robida aus seinem 1883 erstmals veröffentlichten Roman *Le vingtième siècle* zeigen ein weitreichendes Spektrum televisueller Empfangsapparaturen, die von kreisförmigen Großleinwänden in öffentlichen Räumen bis hin zu interaktiv vernetzten Wandbildschirmen im Kino-Format reichten. Ein Jahr danach wurde am 6. 1. 1884 ein konkreter technischer Vorschlag für ein ›elektrisches Teleskop‹ – eine Art Kombination bereits vorliegender Partialerfindungen – von dem damals 23jährigen Berliner Paul Nipkow als Patent eingereicht. Die darin vorgeschlagene Spirallochscheibe für die Zerlegung und Zusammensetzung von Bildern war bis in die 1920er Jahre zentraler Bestandteil jener Fernsehapparate, die auf der Basis des mechanischen Fernsehens in der Laborphase zu Beginn des neuen Jahrhunderts entwickelt wurden. Nipkows Vorschlag war aber bei weitem nicht der einzige, vielmehr führten zwischen 1875 und 1925, in einer Zeit zumeist euphorischer Spekulation über das Fernsehen, die ersten technischen Entwicklungen in Wechselwirkung mit den utopischen Phantasien in populären Darstellungen zu einer großen Zahl von spekulativen Entwürfen und televisuellen Zukunftsszenarien (vgl. Elsner/Müller/Spangenberg 1991, S. 153-207, S. 159).

Die ersten Bilder

In Großbritannien stellte schließlich John Logie Baird 1925 sein mechanisches Fernsehsystem im Kaufhaus »Selfridge« vor. In Deutschland waren die ersten Fernsehapparate 1928 auf der Funkausstellung in Berlin zu sehen gewesen, wobei der von Denes v. Mihály vorgeführte Apparat mit einer Bildgröße von nicht einmal einer Briefmarke (4×4 cm bei 30 Zeilen) eher wie ein Guckkastenfernsehen anmutete, trotzdem bereits auf den Markt abzielte. Das ebenfalls in Berlin vorgestellte Bildprojektionsverfahren von August Karolus konnte bereits ein Bild von 75×75 cm (bei 96 Zeilen) erzeugen. Damit waren die Entwicklungsstränge für den kollektiven Großbildempfang einerseits und die unterschiedlichen Ausprägungen der Stand- und Heimempfänger andererseits absehbar. Die allgemeine Euphorie, die bis zu diesem Zeitpunkt in Zusammenhang mit dem neuen Medium entstanden war, hatte sich jedoch angesichts der ersten präsentierten Geräte und Bilder zunächst wieder abgekühlt.

Generell waren die in den 1920er Jahren gezeigten ersten Fernsehempfänger, die es bereits für die TV-Bastler im Bausatzformat gab, in der Formgebung weitgehend an das ⁊ Design der Radioapparate angelehnt, vom Luxusgerät in Truhenform bis hin zum kleinen Standempfänger und den kombinierten Empfangsapparaten. Auch wenn sich Ende der 1920er Jahre bereits das Ende der Ära des mechanischen Fernsehens mit seinen Nipkowscheiben und die Durchsetzung des elektronischen Entwicklungsstrangs auf der Basis der Elektronenröhre (nach Ferdinand Braun, 1897, und aufbauend auf die Patente von Vladimir Zworykin aus dem Jahr 1923) abzuzeichnen begannen, war die Marktfähigkeit der TV-Empfänger noch nicht gegeben. Als am 22. 3. 1935 in Deutschland der erste öffentliche Programmdienst mit elektronischen Röhrenempfängern im ›Dritten Reich‹ – aus propagandistischen Gründen noch vor Großbritannien – eröffnet wurde, standen die wenigen Apparate nur einem kleinen Kreis von Technikern und hohen Politikern zur Verfügung. Die breite Öffentlichkeit bekam die jeweils neuen Empfängergenerationen vorerst nur auf den Funkausstellungen zu sehen.

Propaganda-TV im Kollektiv

Ein Spezifikum des Fernsehens im Nazideutschland war die Konzentration auf kollektive Rezeptionsanordnungen. So wurden in Berlin eine Reihe von sogenannten Fernsehstuben für ca. 30 Personen eingerichtet, die mit mittelgroßen Standempfängern ausgerüstet wurden. Daneben waren die Fernsehbilder bereits ab 1935 im Großbildformat in für das neue Medium eigens adaptierten Kinosälen für bis zu 300 Zuseher – wie z. B. im Rahmen der Olympischen Sommerspiele 1936 in Berlin – ›live‹ zu sehen. Anders als etwa in Großbritannien oder auch in den USA, wo der technische Fernsehstandard auch der Empfangsapparate durchweg höher lag und die Entwicklung in Richtung des Heimempfangs klar im Vordergrund stand, setzte die Propagandaführung in Deutschland auf kollektive Empfangsformen, die

nach Kriegsbeginn sukzessive nur noch für die televisuelle Verwundetenbetreuung eingesetzt wurden. So blieb in Deutschland gemäß seiner Propagandaideologie bis 1943 das Fernsehen vorwiegend ein in der Öffentlichkeit und im Kollektiv rezipiertes Medium, auch wenn bereits eine Reihe von unterschiedlichen Empfängertypen, von normalen Standempfängern über aufwendigere Truhenapparate mit senkrecht lagernder Bildröhre bis hin zu den erwähnten Großbildanlagen mit Projektionsverfahren, von der Industrie entwickelt wurden. Sie war es vor allem, die – mit zögerlicher Unterstützung der Propagandaführung – die Produktion eines kleinen billigen ›Fernseheinheitsempfängers‹ (in Anlehnung an den Volksempfänger) forcierte, ein Unterfangen, das allerdings aufgrund des Kriegsausbruchs wieder eingestellt werden mußte. Im Kontext des Militärs wurde hingegen versucht, die Fernsehtechnik als Teil von Waffensystemen einzusetzen. So baute man kleine miniaturisierte und robuste Monitore sowie Kameras zur Fernsteuerung von Lenkwaffen, die auch tatsächlich versuchsweise erprobt wurden.

Fernsehen im Pantoffelkino

In der Nachkriegszeit kam es während der Phase des (Wieder-)Aufbaus der Fernsehinfrastruktur zunächst zu einer Reprise des in öffentlichen Räumen installierten Großbildempfangs. In Deutschland boten etwa die sogenannten ›Aktualitätskinos‹ (AKIS) bis 1959 Fernsehvorführungen in Kinosälen an. Im Jahr 1951 wurde schließlich das erste Fernsehproduktionswerk von Philips eröffnet, und die Berliner bekamen auf einer Präsentation der USA im Rahmen des Wiederaufbauprogramms und auch bereits auf der Funkausstellung die ersten neuen TV-Apparate zu sehen. Nachdem am 25. 12. 1952 der NWDR in Hamburg mit einem zweistündigen Programm offiziell auf Sendung ging, setzte die Verbreitung der klassischen Heimempfänger (mit den 625zeiligen Bildern nach der 1948 eingeführten ›Gerber-Norm‹) auf breiter Basis ein. Der Weg in die Wohnzimmer führte zunächst über die Schaufenster der Elektrohändler sowie in der Folge über die Kneipen und Gasthöfe, wo sich die Blicke auf die ersten Empfänger von Philips, Loewe oder Grundig in den kollektiven Fernseherlebnissen konzentrierten. Denn noch waren die neuen Medienmöbel mit den so klingenden Namen wie »Raffael« (Philips 1956) »Schauinsland« (SABA 1957) oder »Zauberspiegel« (Grundig 1957) nicht für jedermann erschwinglich. Die Preise lagen zu diesem Zeitpunkt zwischen 950 und 2200 DM und ermöglichten es zunächst nur betuchten Bevölkerungs-

schichten, sich einen eigenen Fernsehempfänger an-
zuschaffen. Sie fielen erst 1953 unter die 1000 DM
Grenze. Für viele war daher die Möglichkeit des
Ratenkaufs der einzige Weg, um an das begehrte
neue Medienmöbel zu kommen, das sich auch über
die verschiedenen sozialen Schichten hinweg unterschiedlich schnell verbreitete. In der Gruppe der
Arbeiter besaßen Ende der 1950er Jahre immerhin
50% bereits einen eigenen Empfänger. Angekurbelt
durch Fernsehgroßereignisse wie die Krönung der
englischen Königin Elisabeth II. 1953 oder der Fuß-
ballweltmeisterschaft 1954 in der Schweiz nahm die
Zahl der TV-Geräte-Besitzer rapide zu. Waren es
1953 gerade einmal geschätzte 1000 Teilnehmer,
wurde im Jahr 1958 in Deutschland bereits die Mil-
lionengrenze (1,2 Mio. Teilnehmer) und 1960 die
Dreimillionengrenze (3,5 Mio. Teilnehmer) überschritten (vgl. Steinmaurer 1999, S. 279). Zu Beginn
verlieh das erste Fernsehgerät seinen Besitzern ein
hohes soziales Prestige, und der neue Apparat mit
den flimmernden Schwarz-Weiß-Bildern sorgte nicht
selten für regelmäßigen Fernsehbesuch von Fami-
lienangehörigen und Freunden.

Die Ankunft des Fernsehapparats im privaten
Raum veränderte nunmehr im Kontext einer neu
entstehenden Medien- und Konsumkultur nicht nur
die Architektur der Wohnzimmer, sondern auch die
Kommunikationsstrukturen in den Familien nachhaltig. Das Fernsehmöbel verdrängte tendenziell den
Wohnzimmertisch als die soziale Mitte des familiären
Kommunikationsraums und wurde zum neuen »negativen Familientisch«, wie das Günther Anders
anschaulich formulierte. »Nicht den gemeinsamen
Mittelpunkt liefert er, vielmehr ersetzt er diesen
durch den gemeinsamen Fluchtpunkt der Familie.
[…] Nicht mehr zusammen sind sie, sondern nur
noch beieinander, nein nebeneinander, bloße Zu-
schauer. […] Die Familie ist nun in ein ↗Publikum
en miniature umstrukturiert, das Wohnzimmer zum
Zuschauerraum en miniature und das Kino zum
Modell des Heims gemacht« (Anders 1985, S. 105 f.).
Der Apparat substituierte oder veränderte mit seinen
Angeboten familiäre Kommunikationsmuster und
taktete auf eine neue Art und Weise die Freizeit.

Popularisierung und Ästhetisierung

Die Geräteindustrie setzte schon sehr früh darauf,
eine große Palette von unterschiedlichen Empfängertypen anzubieten und stattete sie ab Mitte der 1950er
Jahre mit (zunächst kabelgebundenen) Fernbedie-
nungen aus, die ab den späten 1980ern zum Standard
wurden und eine neue Form dekonzentrierten Fern-

sehens (Zapping) ermöglichten. Neben den Stan-
dardmodellen wurden schon sehr bald luxuriöse
Kombi-Truhen mit eingebauter Minibar und inte-
griertem Plattenspieler sowie Projektionsgeräte für
den Großbildempfang in die Produktpalette aufgenommen. Angepaßt an die Design- und Nutzungsbe-
dürfnisse wurden Geräte für die Integration in den
Einbauschrank oder auch verschließbare TV-Möbel
für pädagogisch aufgeschlossene Nutzergruppen produziert. Der zum Alltagsmöbel avancierte Apparat
wurde anfangs nicht selten mit einschlägigen Verzierungen wie Fernsehlampen in Gondelform oder ge-
häkelten Tüchern geschmückt. Und das Design der
Geräte paßte sich in weiterer Folge kontinuierlich
dem populären Stil der Zeit an – etwa mit den
kugelförmigen Apparaten in der Phase nach der
ersten Mondlandung Anfang der 1970er Jahre bis zu
den flachen Designgeräten in den 1990er Jahren.
Typenbezeichnungen wie etwa »Capri TV« (Dänemark 1958, Bang & Olufsen) oder »Flying Saucer«
(Japan 1972, Panasonic) verweisen in eindeutiger
Weise auf das Design des jeweiligen Zeitgeists. Zunächst noch vielerorts in den Wandschrank integriert, erfuhr das Fernsehgerät mit zunehmender
Popularität der modernen Formen und Stile eine
Aufwertung, indem es – wie zu Beginn der Fernseh-
zeit – als alleinstehendes Medienmöbel einen prominenten Platz im Ensemble der Innenarchitektur zugewiesen bekam.

Die neuen Medienmöbel wurden sehr rasch zu
einem integrierten und fixen Bestandteil des Privat-
raums, wo ihnen im Rahmen der von Raymond
Williams als »mobile Privatisierung« bezeichneten
Gesellschaftsentwicklung eine zentrale Rolle zukam.
Der Apparat steht als ›Fenster zur Welt‹ an der
Relaisstelle zwischen privatem und öffentlichem
Raum und verbindet die urbane Welt des Konsums
und der Mobilität mit der für die Menschen zu-
nehmend wichtiger werdenden Privatsphäre.

Differenzierung und Fragmentierung

War der Fernsehapparat anfänglich noch dazu in der
Lage, die Familien zusammenzuführen und deren
Blicke auf einen Punkt hin auszurichten, führte die
Zunahme der Geräte-Diffusion und der Programmangebote sowie der Verbreitung von zum Teil bereits
mobilen Zweitgeräten dazu, daß der Nukleus der
Fernsehfamilie aufgebrochen wurde und sich die Rezeptionsweise tendenziell in einzelne (Ziel-)Gruppen
aufspaltete oder gar individualisierte. Denn nachdem
das Fernsehen seinen Durchbruch zum Massenmedium geschafft hatte, begann es, sich und die jewei-

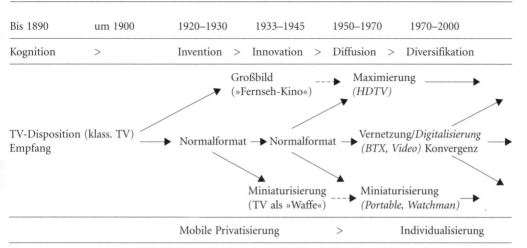

Bis 1890	um 1900	1920–1930	1933–1945	1950–1970	1970–2000

Kognition > Invention > Innovation > Diffusion > Diversifikation

Quelle: Steinmaurer 1999.

ligen Gerätegenerationen weiter zu diversifizieren. In Anpassung an die zunehmende Mobilisierung der Gesellschaft begleiteten die mobilen TV-Empfänger die Menschen in den Urlaub und auf ihren Reisen. Die Reise mit dem Wohnwagen und dem Zweitfernseher im Gepäck stand geradezu sinnbildlich für die mobile Privatisierung. In einem nächsten Schritt der Ausdifferenzierung öffnete sich das Sachsystem des Rundfunks dem Feld der Telekommunikation, der klassische Fernsehempfänger wurde schrittweise zur AV-Zentrale, Abspielgerät für die audiovisuelle Zeitmaschine ↗ Video und damit Basisstation des zeitversetzten Fernsehens. Er wandelte sich zum Terminal für BTX und wurde im Rahmen anderer Verwendungszusammenhänge zu einem neuen medialen Interface der Überwachung oder willkommenes Hilfsmittel im Bildungsbereich. Im Feld der Künste wurde der Fernsehapparat ab Mitte der 1960er Jahre selbst zum Objekt der künstlerischen Auseinandersetzung und Medienkritik in den Arbeiten u. a. von Nam June Paik oder Wolf Vostell.

Das klassische Fernsehen massenmedialer Prägung forcierte seine Ausdifferenzierungsentwicklung in Richtung einer immer weiteren technischen Verfeinerung in den jeweiligen Gerätegenerationen. Technische Neuerungen – hier vor allem das Farbfernsehen, das am 25. 8. 1967 in Deutschland eingeführt wurde, aber auch die Integration des Stereotons oder später des Videotexts – erwiesen sich als besonders verkaufsfördernde Innovationen für die Geräteindustrie. Neben diesen technischen Verbesserungen in der Basistechnologie setzte sich die Ausdifferenzierung bei den Empfängern auf der einen Seite weiter in Richtung der mobilen miniaturisierten Kleinemp-

fänger – wie im Falle des Watchman von Sony als dem audiovisuellen Nachfolger des Discman – fort. Auf der anderen Seite kam es sowohl im öffentlichen wie auch im privaten Raum zu einer Weiterentwicklung in Richtung des Großbildfernsehens. Im Projekt des nur zum Teil realisierten hochauflösenden Fernsehens (HDTV, High Definition Television) sollte mit der stark erhöhten Zeilenzahl (über 1000) und einem an das Kino angepaßten Bildformat (16:9) ein neues Niveau erreicht werden.

Insgesamt hat sich also das Fernsehen mit seinen unterschiedlichen Rezeptions- und Verwendungspraxen ubiquitär in unserem Alltag eingenistet. Der Fernsehapparat wurde zu einem Alltagsgegenstand, dessen vielfältige Präsenz in den vielen Nischen unseres Alltags nicht mehr wegzudenken ist. Gegenwärtig stehen wir vor einer neuen Ausdifferenzierungsstufe im Kontext der möglichen Verschmelzung des Fernsehens bzw. des Fernsehapparats mit dem digitalen Netz, eine Innovationsstufe, die für den klassischen TV-Apparat wiederum völlig neue Entwicklungspotentiale erschließt.

Literatur

Abramson, A.: *The History of Television, 1880 to 1941.* Jefferson/London 1987.

Anders, G.: *Die Antiquiertheit des Menschen. Bd. I. Über die Seele im Zeitalter der zweiten industriellen Revolution.* München 1985.

Elsner, M./Müller, T./Spangenberg P.: »Der lange Weg eines schnellen Mediums: Zur Frühgeschichte des deutschen Fernsehens«. In: Uricchio, W. (Hg.): *Die Anfänge des deutschen Fernsehens. Kritische Annäherungen an die Entwicklung bis 1945.* Tübingen 1991. S. 153–207.

Hickethier, K.: *Geschichte des Fernsehens.* Stuttgart/Weimar 1998.

Steinmaurer, T.: *Tele-Visionen. Zur Theorie und Geschichte des Fernsehempfangs*. Innsbruck/Wien 1999.
Zielinski, S.: *Audiovisionen. Kino und Fernsehen als Zwischenspiele in der Geschichte*. Reinbek 1989.

Thomas Steinmaurer

Film

Film ist ein audiovisuelles, technisches Medium, das in unterschiedlichen Gattungen wie Spielfilm, Dokumentarfilm, Animationsfilm und deren Mischformen der massenwirksamen Verbreitung von ↗Unterhaltung, Kunst und Wissen dient. ›Film‹ ist zudem der Sammelbegriff für unterschiedlichste Erscheinungsformen eines Mediums, dessen gemeinsamer Nenner die fotographisch erzeugte, apparativ reproduzierbare visuelle Bewegungsillusion ist. Abgeleitet wird er von der Bezeichnung des perforierten Zelluloidmaterials, das als materielles Trägermedium des filmischen Bildes dient. Zudem meint der Begriff auch den gesamten technischen Herstellungsprozeß eines Films, das ›Filmen‹ oder ›Filmemachen‹, also die Dreharbeiten und die Postproduktion, sowie das kreative Endergebnis: den Film, respektive seine Kopien, in seinem vermarktungsfähigen Zustand. Außerdem kann der Begriff einen produktionsbedingten Zusammenhang bezeichnen, etwa ›Hollywoodfilm‹, oder eine bestimmte zeitliche Epoche mit spezifisch nationaler und kultureller Prägung wie etwa ›Neuer Deutscher Film‹. Eine weitere Differenzierung ergibt sich aus der thematisch-ästhetischen Perspektive auf den Spielfilm: die Ausdifferenzierung in Film-Genres, z. B. Science-fiction-Film, Western, Komödie, Melodram, Horrorfilm etc. Oppositionell gebrauchte Termini wie Unterhaltungsfilm vs. Kunstfilm, die auch für das Medium Film die Trennung von ↗U- und E-Kultur markieren wollen, sind im Schwinden; dagegen wird der Terminus ›Kultfilm‹ (↗Kult) inzwischen inflationär gebraucht. Er bezeichnet den Status von Filmen unterschiedlichster ästhetischer Qualität, die für ein meist junges ↗Publikum einen ›Ereignis- und Erlebnis-Charakter‹ besitzen, der unabhängig ist von der Wahrnehmungssituation. ›Kultfilme‹ werden vom Publikum zelebriert, miterlebt – im ↗Kino oder per ↗Videorecorder.

Geschichte

Die Grundidee des Mediums basiert auf der Erkenntnis, daß eine schnelle Abfolge von leicht variierten Einzelbildern durch die Trägheit der visuellen Wahrnehmung des menschlichen Okularsystems eine Bewegungsillusion erzeugt. Film basiert also prinzipiell auf einer optischen Täuschung, einem Illusionsmechanismus. Inzwischen betonen neuere psychologische Forschungen vor allem die Funktion des Gehirns in diesem Prozeß. Mit Hilfe von gezeichneten Bilderfolgen (Daumenkino) und optisch-mechanischen Bewegungsapparaten wurde diese Grundidee bereits im 19. Jh. umgesetzt. Erst mit der Einbeziehung fotografischer Trägermaterialen konnte jedoch eine kommerzielle und serielle Produktion von Bilderfolgen entstehen. Erste Versuche zur Reihenfotographie gab es durch Eadweard Muybridge u. a. bereits in der zweiten Hälfte des 19. Jh. Entscheidende Hilfe leistete Hannibal Goodwin durch die Erfindung des Zelluloids 1888. 1889 brachte die Eastman-Company schließlich den ersten Zelluloid-Rollfilm auf den Markt, und bereits 1893 ließen Thomas Edison und William K. Dickson ihren Aufnahmeapparat, den Kinetograph, patentieren. Es handelte sich um die erste fotographische Kamera mit fortlaufend transportiertem Rollfilm. 1894 wurde von Edison bereits das Kinetoscope vermarktet, ein Guckkasten, an dem ein einzelner Betrachter gegen Geldeinwurf die Endlosspule eines kurzen Films betrachten konnte. 1895 setzte sich dank zahlreicher Patente der Cinématographe der Brüder Lumière durch, der Aufnahme und Projektion in einem Apparat vereinte.

Eine genaue Geburtsstunde des Films als Medium ist kaum fixierbar, da es auf einer Vielzahl wichtiger Erfindungen basiert und insgesamt als »Erbe der Modernisierungsprozesse des 19. Jahrhunderts« charakterisiert werden kann (Hick 1999, S. 336). Die erste öffentliche Vorführung eines Films durch die Lumières am 28. 12. 1895 in Paris etablierte sich als das Geburtsdatum des Films als Medium und zugleich als das des Mythos vom Kino als eines Schocks der Moderne. Bei der Projektion des Films L'ARRIVÉE DU TRAIN sollen Zuschauer entsetzt aufgesprungen sein, als der einfahrende Zug auf der Leinwand tatsächlich auf sie zuzufahren schien. Keine Quelle der Zeit verzeichnet zwar diese Reaktion, aber das Entsetzen vor dem ungefährlich Bewegten wurde zum Element des frühen Films, der seine Verbreitung vor allem auf Jahrmärkten und anderen Vergnügungsstätten der sozialen Unterschicht fand. Dort war das Angst-Lust erzeugende Sensationelle das Wesen der populären Kultur: Von einem frühen »Kino der Attraktionen« und einer Ästhetik des Erstaunens spricht deshalb der Filmhistoriker Tom Gunning (1996, S. 25 ff.).

In ihren frühen Jahren genoß die internationale Filmproduktion die florierende Konkurrenz des freien Marktes. Was als Jahrmarktsensation (›lebende

Bilder‹) begonnen hatte, entwickelte sich in Form des ›Kintopp‹ zu einer Massenunterhaltungsindustrie hauptsächlich für die sozialen Unterschichten. Ab 1905 wurde das Kino zur festen Abspielstätte des Films. Erst mit der Idee, Film als kreatives Medium zu betrachten, konnte sich der Film auch als Kunstform etablieren. Um 1910 traten erste Konzerne auf, die die industrielle Filmproduktion als wirtschaftlich rentable Größe erkannt hatten. Diese Zusammenschlüsse mehrerer Produktionsfirmen verschärften die Konkurrenzsituation vor allem in den USA. Ein solcher Verbund von Firmen in Deutschland war 1917 die Universal Film AG (Ufa).

1928 führte eine weitere technische Innovation zur Durchsetzung des Tonfilms und schuf – trotz der Befürchtungen einiger Filmschaffender und Filmtheoretiker, der Ton könne die Filmsprache verarmen lassen – bedeutende Möglichkeiten für die Gestaltung von Sprache, Atmosphäre und ↗ Musik. In den 1930er Jahren kamen unterschiedliche Farbverfahren hinzu, und ab 1953 setzte Hollywood verstärkt monumentale Breitwandfilme gegen die Konkurrenz des Mediums ↗ Fernsehen ein.

Gattungen

Spielfilme werden in allen Industrieländern regelmäßig produziert, wobei sich regionale Besonderheiten oft auf die Vermarktungsfähigkeit auswirken. Die weltweit verbreitetsten Filme sind Spielfilme amerikanischer Herkunft, meist sog. Mainstreamfilme, die kalkuliert produziert werden, um ein möglichst großes Publikum zu befriedigen. Danach folgen europäische und asiatische Produktionen, wobei England, Frankreich, Italien, Deutschland sowie China/Hongkong und Japan herausragende Bedeutung zukommt. Afrikanisches, indisches, lateinamerikanisches und arabisches Kino wird in den westlichen Industrieländern noch immer als nicht kommerziell verwertbar betrachtet, wobei die Präsenz von Immigranten aus diesen Ländern in Europa und in den USA einen wachsenden Video-Markt für solche Filme garantiert. Die weltweite Vormachtstellung des amerikanischen Films resultiert aus der Tatsache, daß die Filmindustrie in Hollywood in den 1930er Jahren ein Studiosystem ausprägte, in dem die Produktion von Filmen ökonomisch, technisch und künstlerisch nach Effizienzkriterien standardisiert wurde. Die großen Studios wie MGM, Warner oder Fox spezialisierten sich auf einzelne ↗ Genres, institutionalisierten ein System des maximalen Einsatzes ihrer ↗ Stars und planten exakt die Vermarktung ihrer Produkte. Legendär wurde die Arbeit des

visionären Produktionschefs von MGM, David O. Selznick, der mit GONE WITH THE WIND (1939) einen reinen Produzentenfilm drehen ließ, mehrere Regisseure verschliß und dennoch einen der bis heute erfolgreichsten und populärsten Filme schuf. Auch nach dem Ende der Studioära in den 1960er Jahren blieben Genreregeln bestehen, die Hollywood in seiner großen Zeit etabliert hat: Bis heute erleichtern sie den Zuschauern die Filmauswahl im Hinblick auf ihre Interessen, auch wenn immer mehr Filme mit den Genreregeln spielen.

Im Gegensatz zum Spielfilm zielt der Dokumentarfilm auf die Wiedergabe vorfilmischer Realität. Auch wenn dabei künstlerisch sehr komplexe Werke entstehen, blieb – von wenigen Ausnahmen abgesehen – die Verbreitung des Dokumentarfilms über kommerzielle Vertriebswege schwierig. Meist bleibt nur das Fernsehen als Verbreitungsmedium. Die populärsten Dokumentarfilme der letzten 30 Jahre sind Filme, die Ereignisse aus dem Bereich der Popmusik einem weltweiten Publikum zugänglich machen; so hat Michael Wadleighs WOODSTOCK (1970) den Mythos dieses Festivals erst geschaffen und inspirierte eine Reihe von Konzertfilmen, die Entwicklungen der Popkultur dokumentieren, etwa Martin Scorseses THE LAST WALTZ (1978). Zuletzt erzeugte Wim Wenders' BUENA VISTA SOCIAL CLUB (1999) geradezu eine Euphorie für kubanische Musik.

Der Animationsfilm simuliert durch gereihte Einzelbildaufnahmen von Zeichnungen oder unbelebten Objekten Bewegung und damit Leben. Die Gattung des Animationsfilms als Zeichentrickfilm ist weltweit mit dem Namen Walt Disney verbunden – und mit dem Siegeszug seiner Figur Mickey Mouse, für die er bereits 1931/32 einen Ehren-Oscar erhielt. U. a. mit seinem ersten farbigen Langfilm, der Animation des Grimm-Märchens SNOWWHITE AND THE SEVEN DWARFS (1937), erschloß sich Disney weltweit ein Familienpublikum. Im Rahmen einer großangelegten Merchandising-Kampagne wurden die Disney-Figuren in ↗ Comics, als Spielzeug, auf T-Shirts etc. vermarktet. Ab den 1950er Jahren betrat der Zeichentrickspezialist ein für ihn neues Feld: 1953 wurde der Dokumentarfilm THE LIVING DESERT uraufgeführt, Vorbild unzähliger Natur- und Tierdokumentationen. 1955 ließ Disney den monumentalen Vergnügungspark Disneyland errichten, in dem die phantastischen Welten seiner Filme ein Platz in der Realität geschaffen wurde. Seither wurde das Disney-Imperium beständig erweitert zu einem multinationalen Entertainmentkonzern.

Genres

Der narrative Spielfilm weist seit den 1910er Jahren dramaturgische Ähnlichkeiten mit ↗ Theater und Literatur auf, vermittelt seine Inhalte jedoch ausschließlich über fototechnisch reproduzierte Bilder und seit 1928 auch über komplex gemischte Klänge und Worte. Der durch die Kameraführung gelenkte Blick und die durch die Montage der Bild- und Tonsegmente vorgeordnete Fokussierung der Aufmerksamkeit unterscheiden das Medium Film dennoch deutlich von Literatur und Theater. Der populäre narrative Spielfilm erzählt in einer Laufzeit von meist zwischen 90 und 120 Minuten eine abgeschlossene Geschichte, die eine Realitätsillusion erzeugt und zudem – wie das Western-, Science-fiction- und Horror-Genre (↗ Westerner, ↗ Zukunft, ↗ Horror) – auf Mythen der Populären Kultur Bezug nehmen kann. Thematisch und stilistisch lassen sich zahlreiche Filmgenres und deren Subgenres differenzieren. Natürlich kann ein Spielfilm solche idealtypischen Kategorien auch mischen oder bewußt umgehen bzw. sich diesen verweigern. Seit der Frühzeit des Films haben die Genres die Populäre Kultur wesentlich geprägt. Der Pionier Georges Méliès ließ sich von Jules Vernes Romanen zu den ersten Science-fiction-Filmen anregen, etwa VOYAGE DANS LA LUNE (1902), Edwin S. Porter drehte 1903 mit THE GREAT TRAIN ROBBERY die Urszene des Western, und Friedrich Wilhelm Murnau setzte mit seiner *Dracula*-Verfilmung NOSFERATU (1920) die Horrorliteratur der Schwarzen Romantik in Film um.

Gerade das Genre der Science-fiction ist in seiner Entwicklung bedingt von der Evolution der Filmtechniken. Adaptierte Méliès noch Zaubertricks auf naive Weise für die filmischen Reisen ins Unmögliche, so reflektierte schon Fritz Lang in METROPOLIS (1927) unter Einbeziehung der modernen Malerei und Architektur und mit gigantischem Produktionsaufwand die gesellschaftlichen Strukturen und die Klassenkonflikte in der technischen Moderne der 1920er Jahre. In den 1950er Jahren ließ der Kalte Krieg in den USA vor allem im B-Film-Bereich »Katastrophenphantasien« (Sontag 1990, S. 156 ff.) von Invasionen der Erde und des menschlichen Körpers durch Außerirdische entstehen, wie Don Siegels INVASION OF THE BODY SNATCHERS (1955). Mit Stanley Kubricks 2001: A SPACE ODYSSEY (1968) erlangte das Genre mit dem technisch und künstlerisch ambitionierten Film immense Bedeutung für weite Bereiche der Populären Kultur. Die vieldeutigen Bilder des Films sind längst ins Reservoir der Pop-Ikonen eingegangen, der Film selbst – vielfach als Trip unter Einfluß von Narkotika rezipiert – erlangte Kultstatus.

Weit eindimensionaler angelegt sind die bis dato kommerziell erfolgreichsten Science-fiction-Reihen STAR WARS (1976 ff.) und STAR TREK (1979 ff.). Die fünf STAR WARS-Filme des Regisseurs und Produzenten George Lucas kleiden das klassische Heldenepos vom Kampf zwischen Gut und Böse ins Gewand eines modernen Märchens, können aber zugleich als filmisches Essay unter dem Begriff der ›Macht‹ gesehen werden. Die STAR TREK-Reihe, basierend auf der gleichnamigen Fernseh-Serie aus den 1960er Jahren, verlegt das Bild eines gesellschaftlichen Mikrokosmos in die Zukunft und bietet für Zuschauer jeden Alters, jeden Geschlechts und jeder ethnischen Zugehörigkeit Identifikationspotentiale. Beide Reihen werden multimedial durch Merchandisingartikel vermarktet: Bücher, CDs (↗ Schallplatte/CD), Comics, Spielzeug, Computerspiele (↗ Videospiel) und Kostüme.

Im Gegensatz zu der Zukunftsoffenheit des Science Fiction-Films ist der Western vergangenheitsorientiert. Seine Mythologie kreist um die *frontier*, die Grenze zwischen Wildnis und Zivilisation. Diese Mythologie bestimmt die populäre amerikanische Kultur bis in die Gegenwart. Zur ↗ Ikone des Westerns wurde John Wayne, vor allem in Filmen von John Ford und Howard Hawks, in STAGECOACH (1939) und RIO BRAVO (1959), in denen er durch seine reduzierte Mimik und Gestik, gepaart mit der absoluten Effizienz des Agierens, einen Männlichkeitstypus schuf, ein Rollen-Modell, das vom zeitgenössischen internationalen männlichen Publikum durchaus als authentisches Vorbild rezipiert werden, von anderen Stars dann kopiert und schließlich auch parodiert werden konnte. Als das Genre des Western in den USA Anfang der 1960er Jahre mit dem Studiosystem und vor allem auch durch die Western-Serien im Fernsehen in die Krise geriet, erlebte es sein Revival in Europa: mit den Karl May-Filmen in Deutschland und mit den Italo- oder Spaghetti-Western. In DER SCHATZ IM SILBERSEE (1962) ritten Lex Barker und Pierre Brice als Old Shatterhand und Winnetou im urdeutschen Traum von Amerika auch international zum Erfolg; Sergio Leone drehte mit Clint Eastwood die DOLLAR-Trilogie (1964–66), die durch die opernhafte Musik Ennio Morricones, den zynisch-grausamen Humor des ↗ Helden und die bösartige Niedertracht seiner Gegenspieler großen Erfolg erzielte. Eastwoods Figur des ›Mannes ohne Namen‹ wurde schließlich zur Ikone des entromantisierten Spätwestern. Sergio Corbucci drehte mit IL MERCENARIO (1968) dann einen politischen Italowestern, der sogar linke Intellektuelle faszinierte: als Ausdruck der »Sehnsucht nach einer neuen Mythologie« (Lepenies 1973, S. 38).

Auch das Spiel mit der Angst des Publikums erweist sich seit der frühen Stummfilmzeit als gewinnträchtiges Sujet. Robert Wienes DAS CABINET DES DR. CALIGARI (1919) verlieh dem Grauen ein expressionistisches Gesicht, Murnaus NOSFERATU bezog sich mit seiner düsteren Atmosphäre direkt auf die literarische Tradition des Gothic-Horror, der so prominente Ikonen wie Mary Shelleys *Frankenstein* und Bram Stokers *Dracula* aufweist. Diese beiden Schlüsselwerke wurden vor allem in der filmischen Verkörperung durch die späteren Stars des Genres seit den 1930er Jahren unsterblich: Boris Karloff als Monster, Bela Lugosi und später – für die britischen Hammer-Studios – Christopher Lee als Vampir. Seit den prototypischen amerikanischen Horrorfilmen der 1930er Jahre zeichnet sich das Horrorgenre durch eine ausgeprägte Serialität aus, die Fortsetzungen, Parodien und Remakes entstehen ließ. William Friedkins THE EXORCIST (1973) avancierte zu einem der erfolgreichsten Filme in der Geschichte des Mediums und zog zwei Fortsetzungen (Sequels) nach sich. Mit den HALLOWEEN- und den NIGHTMARE ON ELMSTREET-Filmreihen in den 1980er Jahren schufen John Carpenter und Wes Craven Prototypen des modernen Horrorfilms, der mit Cravens SCREAM-Reihe ins Stadium der häufig als postmodern bezeichneten ironischen Selbstreflexion eintritt.

Akteure

Seit der Stummfilmzeit ist der Erfolg eines Spielfilms oft an die Popularität eines Stars gekoppelt. Hollywood schuf seine Stars ab etwa 1909. Filme führten die Schauspieler namentlich im Titel auf, und Publikumszeitschriften waren auf die Stars abgestellt. Janet Staiger (1997, S. 48 ff.) nennt drei Funktionen, die Filmstars erfüllen: Sie sind Produkt-Namen, über die Filme verkauft werden, sie sind Repräsentationssysteme, da durch ihre Rollengeschichte und ihr Star-Image die Erzählung eines Films erleichtert wird, und sie fungieren ideologisch: als Verkörperung von idealen Verhaltensweisen, die eine Vorbild- oder eine Kompensationsfunktion erfüllen. Eine der wesentlichen Grundforderungen des Kinos an die Stars »war während einer ganzen Epoche die Schönheit. Im Unterschied zum Theater war sie eine unabdingbare Voraussetzung, wenn man ein großer Star werden wollte« (Morin 1971, S. 442 ff.). Das galt sowohl für männliche als auch weibliche Schauspieler. Der durchaus androgyn wirkende Stummfilmstar Rudolph Valentino zog Frauen und Männer ins Kino, die ätherisch-mysteriöse Greta Garbo verkörperte

das Idealbild der unerreichbaren Frau, Marlene Dietrich wurde von ihrem Regisseur Josef von Sternberg zur ↗ Femme fatale stilisiert. In den 1950er Jahren trat mit Marlon Brando, James Dean und Montgomery Clift der Typus des physisch attraktiven ↗ Rebellen auf. Ihre Gestik, ihre Kleidung (Jeans, T-Shirts) und ihre Märtyrerposen schufen ein neues Männlichkeitsbild, das sich von der Maskulinität eines John Wayne deutlich unterschied. Für Schauspielerinnen wurde in der Filmindustrie das Attribut der physischen Attraktivität geradezu verpflichtend. Als ›Sexbomben‹ wurden sie vermarktet, auch wenn sie ihr künstlerisches Potential anders einsetzen wollten. Marilyn Monroe ist zur populärsten Verkörperung der Tragödie eines solchen Stars geworden. Gerade an ihrer filmischen Imago wird deutlich, wie im Film die »Zurschaustellung der Frau auf zwei Ebenen von Bedeutung« ist: »Sie war erotisches Objekt für die Charaktere im Film und erotisches Objekt für den Betrachter im Zuschauerraum, wobei die Spannung zwischen den Blicken auf beiden Seiten der Leinwand wechselte« (Mulvey 1980, S. 37).

Die Monroe, in THE SEVEN YEAR ITCH (1955), auf einem U-Bahn-Luftschacht stehend, aus dem ihr der Zug das Kleid hochweht, wurde vielfach reproduziert und ist zu einem verfügbaren Markenzeichen geronnen, das u. a. in Werbespots permanent zitiert wird. Waren – wie Laura Mulvey ausführt – die weiblichen Star-Images im traditionellen Erzählkino stets in der »Sprache der herrschenden patriarchalen Ordnung« codiert (ebd., S. 32), so gilt dies auch für männliche Stars, z. B. im Action-Film (↗ Action). Eine Figur wie der britische Geheimagent James Bond, von Sean Connery etwa in GOLDFINGER (1964) dargestellt, verkörpert männliche Omnipotenzphantasien bis zum Zynismus. Ist jedoch gerade in Connerys Performance die Gewalttätigkeit stets mit Charme und Stil kombiniert, so radikalisierte das amerikanische Actionkino seit Arnold Schwarzeneggers CONAN THE BARBARIAN (1982) und Sylvester Stallones RAMBO: FIRST BLOOD, PART 2 (1984) das Konzept der »Spectacular Bodies« (Tasker 1993) bis zur emotionslos-instinktiven Kampfmaschine. Bruce Willis und Mel Gibson erweiterten dieses Figurenkonzept um die Komponente märtyrerhaften Leidens und um Elemente der Selbstironie.

Distribution

Für die Vermarktung von Filmen kommt den Stars nach wie vor auch die Funktion zu, durch öffentliche Auftritte bei den großen Filmfestivals in Venedig (seit 1932), in Cannes (seit 1946) und in Berlin (seit 1951) für die Produkte zu werben. Auch die alljährlich seit 1927 von der Academy of Motion Picture Arts and Sciences veranstaltete pompöse Verleihung der ›Oscars‹, die im Fernsehen weltweit von einem Milliardenpublikum verfolgt wird, hat einen entscheidenden Werbeeffekt. Film ist in der Gegenwart bei der Vermarktung auf multimediale Synergieeffekte angewiesen. Schon seit den 1950er und 1960er Jahren sucht vor allem die amerikanische Filmindustrie den Anschluß an den Erfolg der Popmusik. Rock-'n'-Roll-Idol (↗ Idol/Ikone) Elvis Presley trat in 33 Filmen auf, die britischen Beatles überführten ein Lebensgefühl auch filmisch in assoziative Popcollagen. Mit Dennis Hoppers EASY RIDER (1969) wurden Formen und Inhalte von Popsongs erstmals in einem Spielfilm bedeutungstragend. Vor allem der britische Filmemacher Nicolas Roeg nutzte das ↗ Image von Popstars wie Mick Jagger (PERFORMANCE 1968/1970) und David Bowie (THE MAN WHO FELL TO EARTH, 1975), um auch ein destruktives Verhältnis der Gesellschaft zu ihren Exzentrikern zu demonstrieren. THE WALL (1982) brachte dann das immens erfolgreiche gleichnamige Pink-Floyd-Konzept-Album in einer Mischung aus Spiel- und Animationsfilm auf die Leinwand. Seither werden verstärkt Popmusiker für das musikalische Konzept von Spielfilmen verpflichtet, so stellte etwa Trent Reznor für Oliver Stones NATURAL BORN KILLERS (1994) Songs unterschiedlicher Stilrichtungen so zusammen, daß sie dem Film eine weitere Bedeutungsebene verleihen.

Neben den Schauspielern haben es auch Filmemacher geschafft, selbst zu weltweit bekannten Stars zu werden, deren Name als Markenzeichen fungiert. Der erste ist sicherlich Alfred Hitchcock, dessen Name untrennbar mit dem Genre des Thrillers und Begriffen wie Suspense (Spannung) verknüpft ist. PSYCHO (1960) und THE BIRDS (1963) sind zu zeitlosen Szenarien der Angst und Bedrohung in der modernen Welt geworden, nicht zuletzt, da sie ihren Schrecken aus dem Alltäglichen entwickeln. »Hitchcocks ›Vögel‹ werden länger in uns lebendig bleiben als Brechts ›Mutter Courage‹. Das eine gehört zu unseren Mythen, das andere zu unseren Studien« (Botho Strauß).

Für die spezifische ›Weltsicht‹ eines Regisseurs, unabhängig davon, ob er in einem Studio Genrefilme nach einem festgelegten Produktionsablauf und nach feststehenden Genrekonventionen dreht, haben junge französische Filmkritiker in den 1950er Jahren den Begriff des ›auteur‹ eingeführt. François Truffaut war es, der Hitchcock als einen der avanciertesten und zugleich publikumsnahesten Filmemacher vorstellte. In der Folge wurde der Begriff ›auteur‹ verallgemeinert und zum Konzept des Autorenfilms weiterentwickelt. Doch nur selten gelang einem ›auteur‹ ein Film, der wie Jean-Luc Godards À BOUT DE SOUFFLE (1960) derart emblematisch das Lebensgefühl einer Epoche ausdrückt: das Leben und Lieben als Filmzitat. Ende der 1960er Jahre konnte Roman Polanski selbstbewußt sagen: »Für mich ist der Regisseur immer ein Superstar. Die besten Filme schafft niemand außer dem Regisseur« (Gelmis 1970, S. 13). Es waren die Regisseure des New Hollywood, die Anfang der 1970er Jahre mit Blockbusterfilmen, also mit hochbeworbenen Filmen, die innerhalb weniger Wochen ihre oft exorbitanten Produktionskosten einspielen, tatsächlich zu Superstars wurden. Filmemacher wie Francis Coppola (THE GODFATHER, 1972) und Steven Spielberg (JAWS, 1975) haben mit ihren Genrefilmen zugleich populäre Kunstwerke geschaffen, die heute als Kultfilme gelten. In der Postmoderne der 1980er Jahre erreichten rückblickend dann auch sog. dilettantische ›Trashfilme‹ vergangener Jahrzehnte einen Kultstatus, z. B. die Filme von Ed Wood, und werden gleichberechtigt mit anderen Kultfilmen wie z. B. CASABLANCA (1942) immer wieder ins Nachtprogramm der Programmkinos aufgenommen. Als definitiver Kultfilm gilt die Adaption des Musicals THE ROCKY HORROR PICTURE SHOW (1974). Zu Aufführungen dieses Films treffen sich noch heute ↗ Fans in Kinos, um in den Kostümen der Filmfiguren, Dialoge mitsprechend und Songs mitsingend, den Film zur eigenen Performance zu machen. Nicht zuletzt dieses Phänomen belegt, daß Film als das populäre Medium und zugleich als populärste Kunstform des 20. Jh. die Wirklichkeitswahrnehmung und die Selbstdefinition der Menschen ganz entscheidend bestimmt hat. Ob im 21. Jh. angesichts der ungeheuren technologischen Entwicklungen der Film, wie wir ihn kennen, noch in diesem Sinne Leitmedium sein kann, darf heute vielleicht bezweifelt werden.

Literatur

Albersmeier, F.-J.: *Texte zur Theorie des Films*. Stuttgart 1979/1999.

Bordwell, D./Thompson, K.: *Film Art. An Introduction*. New York u. a. 1993.

Gelmis, J.: *The Film Director As Superstar*. Harmondsworth 1970.

Gunning, T.: »Das Kino der Attraktionen. Der frühe Film, seine Zuschauer und die Avantgarde«. In: *Meteor. Texte zum Laufbild* 4. Wien 1996.

Hick, U.: *Geschichte der optischen Medien*. München 1999.

Lepenies, W.: »Der Italo-Western – Ästhetik und Gewalt«. In: Witte, K. (Hg.): *Theorie des Kinos*. Frankfurt a. M. 1973.

Lowry, S./Korte, H.: *Der Filmstar*. Stuttgart/Weimar 2000.

Morin, E.: »Die Stars«. In: Prokop, D. (Hg.): *Materialien zur Theorie des Films. Ästhetik, Soziologie, Politik*. München 1971.

Mulvey, L.: »Visuelle Lust und narratives Kino«. In: Nabakowski, G./Sander, H./Gorsen, P. (Hgg.): *Frauen in der Kunst*. 1. Bd. Frankfurt a. M. 1980.

Nowell-Smith, G.: *Geschichte des internationalen Films*. Stuttgart/Weimar 1998.

Seeßlen, G.: *Grundlagen des populären Films*, div. Bde. Marburg 1995 ff.

Sontag, S.: »Die Katastrophenphantasie«. In: Dies.: *Geist als Leidenschaft. Ausgewählte Essays zur modernen Kunst und Literatur*. Leipzig/Weimar 1990.

Staiger, J.: »Das Starsystem und der klassische Hollywoodfilm«. In: Faulstich, W./Korte, H. (Hgg.): *Der Star. Geschichte – Rezeption – Bedeutung*. München 1997.

Tasker, Y.: *Spectacular Bodies. Gender, Genre, And the Action-Cinema*. London 1993.

Thompson, K./Bordwell, D.: *Film History. An Introduction*. New York u. a. 1994.

Töteberg, M. (Hg.): *Metzler-Film-Lexikon*. Stuttgart/Weimar 1995.

Bernd Kiefer/Marcus Stiglegger

Filmverleih

Innerhalb der Filmwirtschaft übernimmt der Verleih die Vermittlung der produzierten ↗Filme an die Kinos als Spielstätten. Zu diesem Zweck überläßt ein Produzent dem Verleih zeitlich begrenzt die Rechte zur Auswertung für ein bestimmtes Gebiet. Der Verleih zieht Kopien, kümmert sich um Marketing und Pressearbeit und vermietet den Film an Kinounternehmen. Das heute noch übliche System einer prozentualen Beteiligung am Einspielergebnis der Kinos hat sich schon um 1910 etabliert. Verändert hat sich zum einen die Bedeutung von ↗Werbung und Marketing, zum anderen die Zahl der Kopien für einen Kinostart. Letzteres ist mitentscheidend für die Zahl der Kinobesucher und damit für den kommerziellen Erfolg eines Films, wobei allerdings der anschließenden Verwertung in anderen Medien wie ↗Video, DVD und ↗Fernsehen eine wachsende Bedeutung zukommt.

Geschichte

Zunächst wurden Filmkopien meterweise direkt von den Produzenten verkauft. Dies funktionierte, da es zunächst nur Wanderkinematographen gab. Sie führten ihr Programm in Wirtshäusern, im ↗Varieté, auf dem Jahrmarkt in riesigen Zeltkinematographen oder ↗Theatern vor. Erst einige Jahre später wurde das neue Medium Film in eigenen Räumen vorgeführt. In Deutschland entstanden ab 1905 ortsfeste ›Ladenkinos‹. Typisch war ein länglicher Kinoraum, primitiv ausgestattet mit Bänken oder einfachen Klappstühlen. Das Programm der kurzen Streifen mit gemischten Sujets von wenigen Minuten Länge

wurde ohne Unterbrechung den ganzen Tag bis in die Nacht gespielt. Um das Publikumsinteresse zu befriedigen, mußten die Programme häufiger gewechselt werden, der Kaufpreis konnte nicht mehr durch lange Spielzeit amortisiert werden. Die Kopien wurden dann weiterverkauft oder getauscht. Ein Markt der Zweitverwertung entwickelte sich, von dem die Produzenten nicht profitierten. Zwischen 1908 und 1911 gab es einen Umbruch der Filmwirtschaft. Die Umstellung von Kurzfilm-Programmen auf Langfilme und die Einrichtung von ortsfesten Kinos führten zur Gründung von Filmverleihen. Es entstanden Monopolverleihe, die die Rechte an einem Film erwarben und ihn zur örtlichen Erst- und/oder Alleinaufführung an die Kinobesitzer weitergaben. Mit 15 bis 20 Kopien konnte das Deutsche Reich flächendeckend bedient werden, da verschiedene Kinos nacheinander dieselbe Kopie spielten. Damit wurde die bis heute gültige Struktur für die Filmwirtschaft geschaffen.

In den 1920er und 1930er Jahren entwickelten sich in Deutschland Konzerne wie die Ufa, Tobis, Emelka, Terra und Bavaria, die über Studios verfügten, d. h. Filme produzierten, sie dann verliehen und z. T. auch Filmtheater besaßen. Diese vertikale Konzentration folgte einer Strategie, die die Hollywood-Studios vorgeführt hatten. Die Amerikaner hatten schon in den 1920er Jahren erheblichen Einfluß auf das Angebot im Deutschen Reich und hielten einen Marktanteil von 40 %. Ihr Einfluß zeigte sich nicht zuletzt in einem Kredit von 4 Mio. Dollar, den 1925 Paramount und MGM dem in Finanznot geratenen Ufa-Konzern bewilligten. Das ›Parufamet‹-Abkommen sah vor, daß ein gemeinsamer Verleih 60 Filme pro Jahr starten sollte, davon ein Drittel aus amerikanischer Produktion. Unter dem NS-Regime fand eine staatliche Kontrolle des Verleihsektors statt, die 1942 darin gipfelte, daß sämtliche Filmgesellschaften unter der Ufa-Film GmbH zusammengefaßt und verstaatlicht wurden; das Verleihmonopol erhielt die Universum-Film AG.

Ab 1947 begannen die westlichen Alliierten, Lizenzen an politisch unbelastete Personen auszugeben. Erste Verleihe wie Constantin, Bejöhr, Gloria, Schorcht werden aufgebaut. Die Amerikaner waren ab 1946 mit ihrer »Motion Picture Export Association« aktiv und lieferten amerikanische Spielfilme an die deutschen Kinos. Es entstand ein fest geregeltes Verleihsystem mit einheitlichen Bezugsbedingungen für Ur-, Erst- und Nachaufführungstheater. Die Filme wurden nicht einzeln, sondern als Pakete in sogenannten Staffeln vermietet, wobei Blind- und Blockbuchung üblich war, d. h. der Kinobesitzer kannte die meisten Filme nicht, sondern mußte sich auf die Angaben und Einschätzungen der Verleiher verlassen. Diese Praxis führte immer wieder zu Konflikten mit den Kinos. Bundesweit starteten die neuen Filmprogramme jeden Freitag; 1985 wurde Donnerstag der Starttermin.

In den 1950er Jahren finanzierten Verleihe zum Teil die Produktion deutscher Filme mit und gewannen dadurch an Einfluß. Die Zahl der Erstaufführungen stieg von 141 im Jahr 1946 auf 571 Filme 1958. Dieses Jahr stellte mit 818 Mio. Kinobesuchern den Höhepunkt des Umsatzes dar, den sich 62 Verleiher teilten. Der Besuch halbierte sich danach innerhalb von sechs Jahren und erreichte nach einigen Schwankungen 1989 mit 101,6 Mio. Besuchern einen Tiefstand. Seitdem steigt die Zahl der Kinobesuche wieder und erreichte 2001 die Zahl von 177,9 Mio., d. h. jeder Deutsche ging durchschnittlich 2,1 mal ins Kino.

Inhaltliche Alternativen

Die massiven Besuchereinbrüche in den 1960er Jahren, die durch veränderte Freizeitgewohnheiten – hervorgerufen vom Erfolg des Fernsehens und der wachsenden Mobilität – verursacht wurden, führten zu einer Krise des Kinos. Sowohl die deutsche Produktion als auch der Umbau großer Säle in Kinocenter mit winzigen Kinos verschreckte das ↗ Publikum. Die 1970 von der Berliner Filmförderungsanstalt (FFA) in Auftrag gegebene »Dichter-Studie« stellt dazu deutlich fest: »Die Filmwirtschaft hat sich durch Niveauverlust, menschenverachtende Profitgier und das ständige Bestreben, ihr Publikum für dumm zu verkaufen, in den Augen des Publikums diskreditiert« (Dichter 1970, S. X). Opas Kino war tot, wie die Vertreter des Jungen Deutschen Films schon 1962 in Oberhausen formuliert hatten.

Ende der 1960er und vor allem in den 1970er Jahren entwickelte sich neben der kommerziellen Filmwirtschaft eine alternative Kultur. Zum einen waren dies Programm- und kommunale Kinos, zum anderen Alternativverleihe wie der Filmverlag der Autoren, Basis, Prokino, Filmwelt, Atlas, die sich auf neue deutsche und europäische Produktionen und Wiederaufführungen spezialisierten. Im Mittelpunkt standen dabei engagierte Autorenfilme, Dokumentarfilme, politische Inhalte und zum Teil auch experimentelle Arbeiten, die im bisherigen System keine Chance auf einen Verleih hatten, nun aber ein neues Publikum fanden. Sie wurden oft einzeln gebucht und zu einem Festpreis vermietet. 1975 gab es 77 Verleihe, doch die 10 größten hatten einen Anteil am Umsatz von 81,9 %. Dabei hatten die vier amerikani-

schen Verleiher einen Anteil von 45,5 % des Marktes. Entsprechend sank der Anteil des deutschen Films von 62 % im Jahr 1952 auf inzwischen 12,5 % (2000).

In der DDR wurde ein zentral gesteuertes System geschaffen. Der Verleih aller in- und ausländischen Filme lag seit 1950 bei dem VEB Progress Filmvertrieb und dem VEB DEFA-Außenhandel. Die Beschlüsse des Zentralkomitees der SED führten im Oktober 1952 zur Bildung des Staatlichen Komitees für Filmwesen. 1962 wurde eine Hauptverwaltung Film gegründet, die dem Ministerium für Kultur unterstand. »Die Organisationsform einer Hauptverwaltung als Leitungsorgan für das Filmwesen wurde gewählt, damit eine einheitliche politische, künstlerisch-ideologische, technisch-wissenschaftliche, ökonomische und organisatorische Entwicklung des Filmwesens gewährleistet ist« (Enzyklopädie Film 1966, S. 718). Es wurde ein staatlich gelenktes System mit Bezirksfilmdirektionen und rund 850 volkseigenen Kinos geschaffen. Mitte der 1970er Jahre startete der Progress-Verleih jährlich rund 160 Filme, davon zwei Drittel aus ›sozialistischen Ländern‹ und der Rest aus dem ›kapitalistischen‹ Ausland. 1977 gab es 84 Mio. Zuschauer, d. h. durchschnittlich ging man pro Jahr fünfmal ins Kino.

Ära der Multiplexe

In den 1990er Jahren hat sich die Filmwirtschaft grundlegend verändert. Verbunden war dies mit einer marktwirtschaftlichen Professionalisierung und Konzentration. 1999 dominierten die zehn größten Verleihe 91,6 % des Marktes, die ungefähr 45 anderen Verleihe mußten sich die übrigen 8,4 % teilen. Marktführer waren wie in den vergangenen Jahrzehnten die Vertriebsfirmen der Hollywood-Studios. Die UIP, der seit 1989 international operierende Filmverleih von Paramount, MGM und Universal, war mit 19,1 % Marktführer, dicht gefolgt von Buena Vista, einer Disney Tochter, mit 18,1 %. Die beiden erfolgreichsten deutschen Verleihe waren Kinowelt mit 8,8 % und Constantin mit 5,9 %.

Die Firma Kinowelt ist ein gutes Beispiel für die Veränderungen im Verleihbereich. Die Brüder Dr. Michael und Rainer Kölmel starteten 1984 mit einem geringen Startkapital in der Filmwirtschaft. Verliehen wurden zunächst anspruchsvolle Filme. Nach zehn Jahren erzielte Kinowelt einen Jahresumsatz von 10 Mio. DM. 1998 ging die Kinowelt Medien AG an die Börse und erhielt darüber 600 Mio. DM zur Finanzierung weiterer Aktivitäten. »Filme sind das Öl des 21. Jahrhunderts. Um diesen Rohstoff zu finanzieren geht Kinowelt an die Börse«, hieß es dazu in einer Pressemitteilung. Inzwischen ist ein vertikaler Medienkonzern entstanden, der im Film- und Videoverleih, in der Produktion, im Kino, im Rechtehandel und Printbereich aktiv ist, die Rechte an 10.000 Filmen und 600 Serienfolgen besitzt und sich um Sportrechte bemüht. 1999 erzielte Kinowelt einen Umsatz von 400 Mio. DM und kaufte sowohl den Filmverlag der Autoren als auch den Jugendfilm-Verleih auf. 2002 ging Kinowelt in die Insolvenz, da sie sich mit Sportrechten und Fernsehplänen übernommen hatten.

Die ökonomische Veränderung zeigt sich ebenso an der Zahl der eingesetzten Kopien. Wurden 1977/78 Hitfilme wie STAR WARS oder BERNARD UND BIANCA noch mit 80 Kopien gestartet, so hat sich die Zahl der Kopien inzwischen verzehnfacht. STAR WARS – EPISODE ONE wurde im Herbst 1999 sogar mit 1005 Kopien gestartet, d. h. praktisch von jedem vierten Kino gleichzeitig gespielt. Die Miete beträgt normalerweise 47 % bis 53,5 % der Eintrittsgelder, bei Einsätzen nicht aktueller Filme und Repertoire-, Open-Air- und Nachtvorstellungen kann sie bis zu 30 % sinken. Entscheidend für den Wandel waren der Erfolg der Videowirtschaft und die Verlagerung bestimmter Programmsegmente in die ↗Videothek, was zu einer Auswertungsbeschleunigung führte, wie auch die Einführung des Privatfernsehens 1984. Diese beiden neuen Verwertungsmöglichkeiten hatten durch jetzt steigende Lizenzpreise unmittelbare Konsequenzen auf die Kosten und Erlöse des Verleihs. Die Marketingkosten explodierten insbesondere durch die Schaltung von Werbung im Fernsehen. Kostete der Start eines deutschen Films 1985 durchschnittlich 350.000 DM, so liegt dieser Wert inzwischen bei fast 1,5 Mio €. Diese Kostensteigerung erklärt sich auch durch die Erhöhung der Kopienzahl, die ihrerseits bedingt ist durch die Veränderung der Kinolandschaft durch Multiplexe und international vernetzte Kinoketten, die an einer schnellen Auswertung von Filmen interessiert sind. Es besteht Prolongationspflicht, d. h., erreicht ein Film am ersten Wochenende eine bestimmte Zuschauerzahl, muß er die kommende Woche gespielt werden – in den ersten Tagen wird also der Erfolg entschieden.

Blicke in die Zukunft

Cyber- oder Electronic Cinema – zwei neue Schlagworte – benennen die elektronische Belieferung der Lichtspielhäuser über Satellit oder Glasfaser. Das Kino wird einen technologischen Sprung vom Zeitalter der Mechanisierung in die Digitalisierung vollführen, denn es ist anachronistisch, daß heute die Kopien weiterhin in Metalldosen durchs Land geschickt werden. Von einer solchen Umstellung würden in erster Linie die Verleihe profitieren, die auf die kostenintensive Herstellung und Lagerung von Kopien verzichten könnten. Experten rechnen mit einer Umstellung innerhalb der nächsten zehn bis fünfzehn Jahre. Die Elektronisierung wird den Film noch stärker dem Marketing unterwerfen, ob dies nun die individuelle Programmierung der Werbung oder sogar die nachträgliche Anpassung der Filme an den Publikumsgeschmack betrifft. Angedacht ist auch der Vertrieb von Filmen per ↗Internet direkt in die Haushalte. Doch hat dies eher Konsequenzen für den Fernseh- und Videokonsum und wird das Kinoerlebnis auf der großen Leinwand nicht ersetzen können, das vom Publikum mehr und mehr als Event gesehen wird.

Literatur

Bächlin, P.: *Der Film als Ware*. Frankfurt a. M. 1975.

Dichter, E.: *International Ltd.: Bericht zu einer motivpsychologischen Studie über die Einstellung des deutschen Publikums gegenüber dem Kino*. Zürich/München 1970.

Diederichs, H. H.: »Verleihsituation in der Bundesrepublik«. In: Pflaum, H. G.: *Jahrbuch Film 78/79*. München 1978. S. 173–200.

Dost, M./Hopf, F./Kluge, A.: *Filmwirtschaft in der BRD und in Europa*. München 1973.

Klingsporn, J.: »50 Jahre Verleihwirtschaft in Deutschland«. In: *Filmecho/Filmwoche* 49 (1998) S. I-IX.

Kreimeier, K.: *Die Ufa-Story*. München 1992.

Müller, C.: *Frühe deutsche Kinematographie. Formale, wirtschaftliche und kulturelle Entwicklungen*. Stuttgart 1994.

Pflaum, H. G./Prinzler, H. H.: *Film in der Bundesrepublik Deutschland*. Frankfurt a. M. 1982.

Prokop, D.: *Soziologie des Films*. Frankfurt a. M. 1982.

Wiekering, A. (Hg.): *Kleine Enzyklopädie Film*. Leipzig 1966.

Kay Hoffmann

Flipper

Der Name des Spielautomaten stammt von zwei 5 bis 7,5 cm langen beweglichen Hebelarmen, die am unteren Ende der schiefen, tischartigen Spiel-Ebene angebracht sind. Per Knopfdruck und elektrisch verstärkt, flippert (von *to flip* = hochwerfen, wegschleudern) der Spieler die ca. 240 g schwere Stahlkugel nach oben und hält sie dadurch im Spiel, ›am Leben‹. Ins Spiel gebracht, löst die Kugel bei ihrem Weg durch das Spielfeld elektrische Kontakte aus. Diese Kontakte, Knöpfe, Schlag- oder Federtürme (Bumpers), Tore, Rampen oder komplexe Anordnungen wie der ›Quick-Out-Hole‹-Mechanismus, bei dem eine Kugel zunächst gestoppt, später wieder freigegeben wird, werden von dem Automaten in Zählim-

pulse umgesetzt, addiert und auf einer bunt bemalten Glasscheibe angezeigt, die aufrecht am Kopfende
des Spieltisches montiert ist. Der Spieler, der einen
festgelegten Punktestand (Score) erreicht, erhält ein
Freispiel; seit den 1980er Jahren zeigen Geräte überdies eine Liste von Highscores an, in die sich der
Spieler eintragen kann. Das ↗ Design der Glasscheibe
zitiert ein Thema Populärer Kultur, aus dem der
Name des jeweiligen Flippers abgeleitet ist. Durch
immer mehr elektronisch gesteuerte Bauteile (Platinen) wurden komplexere Spielabläufe und damit
die Integration von Design und Spielablauf möglich. Zum Beispiel ahmt das ↗ Spiel beim ›Centaur‹
der Firma Bally (1981) eine Motorradfahrt nach,
während die Scheibe ein Ungeheuer, halb Motorrad,
halb Mensch zeigt.

Wie viele technische Geräte hat auch der Flipper
nicht einen einzigen Erfinder. Mechanische Spiele
mit Kugeln gibt es schon seit mehr als 150 Jahren. Als
Vorläufer und Urväter der heutigen Flipper gelten
das Billard und das im 19. Jh. populär werdende
Bagatellespiel, bei dem die Kugeln auf einer ebenen
Fläche in Wertungslöcher gestoßen wurden. Als Ur-
vater des Flippers gilt der 1871 von Montague Red-
grave patentierte »Improvements in Bagatelles«.
Diese Geräte, die nach den den die Kugel ablenkenden
Nadeln Nadelspiele heißen, waren noch sehr einfach.
(Im Amerikanischen heißen die Flipper bis heute
›Pinballs‹, Versuche der Industrie, nach 1947 den
neuen Ausdruck ›Flippern‹ oder ›Flippergames‹
durchzusetzen, scheiterten). »Das erste Spiel dieser
Art mit Münzung wurde Ende der 1880er Jahre mit
dem Namen ›The Log Cabin‹ von der amerikanischen Sicking Manufacturing Company herausgebracht« (Kemp/Gierlinger 1988, S. 68). Die Nadelspiele wurden vor allem von amerikanischen Erfin-
dern und Unternehmern weiterentwickelt: 1930 wurden Standgeräte eingeführt; einen Zählmechanismus,
der dem Spieler die Addition der Punkte abnahm,
elektrische Beleuchtungen und Soundeffekte sowie
den Tilt-Mechanismus, der ein zu starkes Rütteln
(um den Lauf der Kugel zu beeinflussen oder gar
aufzuhalten) bestraft, gibt es seit 1933. Schlag- bzw.
Federtürme folgten 1937, 1938 die bunte Glasscheibe
am Kopfende, die heute vielfach zum Sammelstück
und Wohnzimmerschmuck umfunktioniert wird
(vgl. Colmer 1976; Kemp/Gierlinger 1988, S. 68–72).
Alle diese Neuerungen verblassen aber gegenüber der
Erfindung der Flipper durch Harry Mabs von der
Firma Gottlieb. Sie revolutionierte im Jahr 1947 das
Spiel, schuf eine ganz neue Gattung von Spielautomaten. Die Flipper und das durch sie erst spielerisch
sinnvoll werdende technische Equipment machen
aus einem Spielgerät einen Spielpartner. Flippern ist
das erste dialogische Mensch-Maschinen-Spiel der
populären Kultur, das Zwischenglied zwischen den
Automaten und den ↗ Computern.

Das Spiel

Während es bei den Computern und Heimkon-
solenspielen auf die feinmotorischen Reaktionsfähig-
keiten des Spielers ankommt, beansprucht Flippern
den ganzen Körper. Vor dem Tischgerät stehend, mit
ihm geradezu eine Einheit bildend, sucht der Spieler
durch kontrolliertes Schieben und Rütteln die Kugeln
zu beeinflussen. Die sexuelle Komponente des Spiels,
die für Roland Barthes in der »Symbolik der Pene-
tration« (1981, S. 46) des Kugelabzugs liegt, hat in
dieser körperlichen Komponente des Spiels seine
Ursache. Flipper spielt man nicht nur mit den Händen oder gar nur mit den Fingerkuppen, Flipper
spielt man »auch mit dem Schambein [...] bzw. mit
einem genau kalkulierten Einsatz der Hüften, so daß
das Schambein mehr gleitet als stößt und man immer diesseits des Orgasmus bleibt. Und mehr als das
Schambein, wenn man die Hüften natürlich bewegt,
sind es die Pobacken, die den Stoß nach vorn weiter-
geben, aber mit Anmut, so daß der Stoß, wenn er
beim Schambein ankommt, bereits gedämpft ist«
(Eco 1989, S. 260). Der sinnliche Eindruck der realen
Kugel teilt sich nicht bloß akustisch, sondern durch
die Flipperbuttons bis in die Fingerspitzen mit. Und
was noch wichtiger ist: Die Mechanik der realen
Kugel folgt anderen Gesetzen als die virtuelle in den
Flipper-Computerspielen. Die realen Beschleunigungsgummis und -federn folgen weder einer exakt
berechenbaren Alltagsmechanik, wie wir sie vom
Billard und den meisten Flipperspielen auf dem
Computer kennen, noch einem Zufallsgenerator. Der
nicht vorprogrammierte, einer Spielstrategie aber
durchaus zugängliche Spielablauf läßt daher »Glück
und Geschicklichkeit zusammenfallen« (Bahners
1992, S. 34).

Der Flipper verspricht im Gegensatz zu den Geldspielautomaten keinen Gewinn. »Das Spiel geht in
sich auf und aus, – man spielt um die Länge des
Spiels« (Heubach 1982, S. 129). Das Ringen um die
Spielzeit, die das Spiel bestimmt, gibt dem Flipper
seine metaphorische Bedeutung. »Das Verschwinden
der Kugel ist objektiv, das Leben hat ein Ende. –
Die schiefe Ebene als populäre Eschatologie« (ebd.,
S. 128) und als Sinnbild für die von Zeit und Zeitnot
lebende moderne Zivilisation. Dabei erscheint der
Tilt-Mechanismus, der einerseits auffordert, in den
Lauf der (Spiel-)Welt einzugreifen, andererseits aber
eine allzu »eigennützige Auslegung« (ebd.) der Spiel-

regeln bestraft, wie das idealistische Symbol eines liberal-demokratischen Systems.

Seit den 1960er Jahren beherrschen wenige große Firmen: Bally, Williams, Gottlieb den Markt, der das Flipperspiel zu einer internationalen, gleichgerichteten Kultur – wie wir sie von den Megastars (↗ Stars) der Popmusik oder vom internationalen Stil in der Architektur kennen – werden ließ. Zugleich ist der Flipper wegen der zumeist langfristigen Verträge zwischen Automaten-Aufsteller und Kneipenbesitzer Bestandteil von lokal eng begrenzten kulturellen Milieus. Die mechanische Grundlage des Spiels gibt jedem Flipper seine Einzigartigkeit. Federn und Beschleunigungsgummis werden träge, Kontakte verschmutzen. Die Anfälligkeit der Technik, die von der Anzahl der mechanischen Teile abhängt, ist weniger als Mangel des Spielgeräts zu begreifen. Vielmehr macht sie einen Teil seiner Einzigartigkeit aus. Sie verlangt, daß der Spieler sich auf ein bestimmtes Gerät einstellt und erhöht die sportlichen Anforderungen. Zugleich vermittelt sie so etwas wie die Individualität der Maschine, was der Mensch-Maschine-Kommunikation zugute kommt und nimmt den Flipper in den Kreis der komplexen Maschinen auf, die in unserer Kultur – siehe die Namensgebung von Schiffen, Zügen, Autos – Anspruch auf einen eigenen Charakter besitzen.

Die Spielorte, in Deutschland vor allem Kneipen und Spielhallen, machen das Flippern von sich aus zu einem überwiegend männlichen Vergnügen. Eine Emnid-Studie aus dem Jahr 1986 belegt, daß »beim Vergleich der Sozialstruktur der Spielstättenbesucher mit der der Gesamtbevölkerung ab 15 Jahren [...] unter den Besuchern von Spielstätten, die Jungen, die Männer, die Ledigen, die Personen mit höherem Bildungsstand, die Erwerbstätigen und die Arbeiter überwiegen« (Rohwedder 1987, S. 35). Bemerkenswert ist dabei, daß unter den Spielern die Jungen tendenziell an Unterhaltungs- und die Älteren eher an Geldspielautomaten spielen. Die Gruppe der Dreißigjährigen und Älteren fällt beim Spielen von Unterhaltungsautomaten statistisch nahezu nicht ins Gewicht (vgl. ebd., S. 38). Diese empirischen Befunde belegen zugleich den Zusammenhang von Flipper und ↗ Jugendkultur. »Beim Flippern wird eben nicht mehr die sprichwörtliche ruhige (Kegel-) Kugel geschoben. Atmet das Kegelspiel die von Gemächlich- und Gemütlichkeit durchtränkte Atmosphäre dörflich-vorindustriellen Lebens, verarbeitet das Flippern durch den schockartigen Lauf der Kugel unsere durchaus zwiespältigen Erfahrungen mit Maschinen, da sich nie voraussagen läßt, wann ein steuerbarer und wann ein unkontrollierter Lauf der Kugel einsetzt oder endet. Der Spieler bleibt letztlich

im Unklaren, wie weit die Maschine überhaupt steuerbar ist« (Hügel 1992). Den Zusammenhang von Flipperspiel und Jugendkultur demonstrieren auch zahlreiche Songs und ↗ Filme der Jugendkultur. Am bekanntesten sicherlich der Hit »Pinball Wizard« von The Who aus dem Musical *Tommy* (1975), der Film TILT, 1978 (mit Brooke Shields), um eine Flipperin, »die bei Wettspielen gutes Geld verdient« (Raszkowski 1992, S. vii), oder die Songs »Speed King« und »Welcome to the Machine« von Deep Purple bzw. Pink Floyd. Aber auch Titel wie »Paul ist tot« (von der deutschen Gruppe Fehlfarben) und »Pinball Cha Cha« von Yello sind hier zu nennen.

Wie alle Szenen der Jugendkultur kennt auch die Flipper-Szene eine eigene Sprache, eigene Regeln. »Um im Kreise erfahrener Flipper-Spieler zu bestehen, muß man nicht nur gut spielen, sondern auch den Spieljargon beherrschen. Er erlernt sich in der Szene und die variiert von Gruppe zu Gruppe, von Stadt zu Stadt« (Hügel 1992). Das Spiel kommentiert man mit Wortfetzen oder Lautmalereien: nimmt Tücken und Eigenarten der Flipperautomaten auf, um sie zu einer neuen Sprache zu verarbeiten. Erst durch solchen Nachweis kultureller Produktivität und nicht nur durch reine Artistik gehört man zur Gruppe der Flipper-Könige. Der Spieler wird zum Kenner durch das Beherrschen von Spiel *und* Spielkultur, wie der Automat erst zur Entertainment-Maschine wird, weil er wie alle ↗ Unterhaltung Kennerschaft fordert. Mit Flippern schlägt man nicht überflüssige Zeit tot, sondern unterhält sich.

Bild der Öffentlichkeit vom Flippern

Da die Flipper von denselben Firmen hergestellt werden, die auch Geldspielautomaten mit Gewinnmöglichkeit vertreiben und zusammen mit diesen in Spielhallen und Gaststätten aufgestellt werden – separate Spielhallen für Flipper, wie es sie in Frankreich bis Ende der 1970er Jahre gab, sind eher eine Ausnahme –, werden beide von Politik und Wissenschaft gleichgesetzt. In den USA führte diese Gleichsetzung während der Präsidentschaft von Franklin D. Roosevelt (1933–1945) dazu, daß auch die Flipper zum illegalen Glücksspiel gezählt und in vielen Staaten verboten wurden. New York hob erst 1976 das Verbot der Flipper offiziell auf.

1941 führten die Restriktionen dazu, daß die Flipper-Industrie ihre Produktion einstellte. Zunächst konnte der Export die inneramerikanischen Verluste sogar mehr als ausgleichen, so daß die Flipper-Gegner geradezu zur weltweiten Bekanntheit des Spiels beitrugen. Die Gleichsetzung von Flipper mit Glücksspiel ließ sich aber nicht mehr aus der Welt schaffen. In Deutschland lebte die Diskussion, angestoßen durch den Bremer Psychologen Gerhard Meyer (1982) und durch die Einführung einer neuen Generation von Spielautomaten, den ↗ Videospielen, die seit 1978/79 die Spielhallen eroberten, wieder auf. Dies führte 1985 zu einer Verschärfung des Gesetzes zum Schutze der Jugend in der Öffentlichkeit, das sogar die Aufstellung der neuen Spielgeräte in »Kindern und Jugendlichen zugänglichen, öffentlichen Verkehrsflächen« (§8) untersagte und verfügte: »Das Spielen an elektronischen Bildschirm-Unterhaltungsgeräten ohne Gewinnmöglichkeit, die zur entgeltlichen Benutzung öffentlich aufgestellt sind, darf Kindern und Jugendlichen unter 16 Jahren ohne Begleitung eines Erziehungsberechtigten nicht gestattet werden« (ebd.). Zwar waren die Flipper von dieser Verschärfung nicht direkt betroffen, die negative öffentliche Diskussion zum Thema Automatenspielsucht – die von Soziologen wie Silbermann (1993) und Scheuch (1994) als wissenschaftlich unbegründet bezeichnet wird – hat aber zusammen mit der Konkurrenz der Heimvideo- und Computerspiele doch dazu geführt, daß immer weniger Flipper in Gaststätten aufgestellt werden konnten. Von 1991, als 65.200 Flipper in Deutschland aufgestellt waren, sank deren Zahl kontinuierlich auf 24.500 im Jahr 2000, so daß das Ende des Flippers bevorsteht.

Literatur

Bahners, P.: *Das ganze Leben ist ein Flippern. Friedemann Fromms Film ›Freispiel‹ (HR3)*. In: *FAZ*, 12.3. 1992. S. 34.
Barthes, R.: »Pachinko«. In: Ders.: *Das Reich der Zeichen*. Frankfurt a.M. 1981. S. 43–46.
Colmer, M.: *Pinball. An Illustrated History*. London 1976.
Donath, C.: »Zum Üben geht der Meister in die Kneipe. Erstes Flipper-Championat im Kurhaus Baden-Baden«. In: *Stuttgarter Zeitung*, 13. 11. 1978. S. 6.
Eco, U.: »Filename Flipper«. In: Ders.: *Das foucaultsche Pendel*. München 1989. S. 260 f.
Eiden, H./Lukas, J.: *Flipperscheiben. Ein Kunst-, Kult- und Sammlerbuch*. München 1991.
Heubach, F.W.: »Nachwort: Der Flipper. Essay« In: Polin, R./Rain, M.: *Wie man besser flippert! Tricks, Technik, Theorie*. Köln: 1982. S. 127–132.
Hügel, H.-O.: »›Allein der Flipper lebt‹. Zu Geschichte, Ästhetik und Gebrauchswert einer Unterhaltungsmaschine«. *Radiofeature Deutschlandfunk*, 17.12. 1992, 58 min.
Huff, H.: *Shoot again. Das totale Flipper-Buch*. Bergisch Gladbach 1987.
Kemp, C./Gierlinger, U. (Hgg.): *Wenn der Groschen fällt … Münzautomaten – gestern und heute*. München 1988.
Melzer, A.: *Flipper*. Herrsching 1977.
Meyer, G.: *Geldspielautomaten mit Gewinnmöglichkeit. Objekte pathologischen Glücksspiels*. Bochum 1982.
Raszkowski, P.: *Pinball*. Wien 1992.
Rohwedder, D.: *Das Automatenspiel. Moderne Freizeitgestaltung*. Vaduz 1987.

Scheuch, E. K.: »Die Konkurrenz zum Elternhaus ist nicht das kommerzielle Freizeitangebot, sondern die Clique«. In: Ders./Hacks, M. (Hgg.): *Geldspiele im Blickpunkt. Neue Zahlen, Fakten und Erkenntnisse*. Hamburg/Zürich 1994. S. 50–72.
Silbermann, A./Hüsers, F.: *Ein verpöntes Vergnügen. Eine soziologische Studie zu Automatenspielen in Deutschland*. Düsseldorf 1993.
Struckmeier, F. K./Metz, G.: *Alte Münzautomaten. Stumme Verkäufer, Automaten zum Spielen, Musik aus der Box*. München 1988.
Warneken, B. J.: »Der Flipperautomat. Ein Versuch über Zerstreuungskultur«. In: *Segmente der Unterhaltungsindustrie*. Frankfurt a.M. 1974. S. 66–129.

Hans-Otto Hügel

Flugblatt

Das einzeln verfügbare, bedruckte Blatt sowie die ca. 8–32 Seiten umfassende, ungebundene Druckschrift wurden im 16./17. Jh. als ›Neue Zeitung‹, ›Relatio‹ oder ›Pasquill‹ bezeichnet (Harms 1985, Bd.1, S. VIII ff.). Erst gegen Ende des 18. Jh. fließt die Metapher des Fliegens in die Produktbezeichnung mit ein, und die schnell herstellbaren und leicht zu verteilenden Medien werden von nun an Flugblatt (feuille volante) bzw. Flugschrift genannt. Eine terminologische Sonderentwicklung weist demgegenüber der Zeitraum von ca. 1830 bis zum 1. Weltkrieg auf, denn der zeitgenössische Sprachgebrauch verwendet für das Einblatt-Material dieser Epoche die Vokabel ›Bilderbogen‹, ein Begriff, den sich auch die Forschung zur populären Druckgraphik (Imagerie populaire) zu eigen gemacht hat (vgl. Hilscher 1977, S. 15 ff.). Das Wort ›flyer‹, das aufgrund seiner Semantik eine Nähe zum Flugblatt vermuten läßt, gehört nicht in die skizzierte Begriffsbestimmung. Vielmehr handelt es sich hierbei um einen technischen Ausdruck aus dem Bereich der Direktwerbung (↗ Werbung), der eine nicht gewichtsrelevante Beigabe zu einer per Post verschickten Werbesendung bezeichnet.

Flugblatt, Flugschrift und Bilderbogen bis 1900

Im Gegensatz zur Flugschrift, bei welcher der Text im Vordergrund steht und die zumeist im Quartformat erscheint, ist das illustrierte Flugblatt der Frühen Neuzeit ein Wort-Bild-Geflecht, das eine Konvention der Bilderfahrung aufgreift, die einem breiten ↗ Publikum durch Bibelexegese, Predigt, Naturkunde und Ikonographie geläufig ist und die mit einem Text verknüpft ist, um Glaubens- und Meinungsinhalte zu verbreiten (Harms Bd.1, 1985 S. XII). Die großformatigen Blätter, die mit einer Holzschnitt- bzw. Kupferstichgraphik und einem Text in Typendruck versehen sind, erreichen durchschnittlich eine Auflagenhöhe von 1500 Exemplaren. Thematische Vielfalt (Politik, Religion, Naturkunde, Sensationen), marktgerechte Aufmachung – plakative Kürze (↗ Plakat) und kolorierte Graphik sprechen weite Kreise einer zumeist leseunkundigen Bevölkerung an –, ein im Vergleich zum Buch erschwinglicher Preis und ein werbewirksamer Vertrieb durch Kolportage oder Bänkelsang machen das illustrierte Flugblatt zur Ware für den ›Gemeinen Mann‹.

Auch die Verleger und Kolportagehändler des 19. Jh. bauten auf die großformatige, bunte und publikumswirksame Kombination von Wort und Bild, nun vor allem in Form von mit Schablonen kolorierten Lithographien, und der Bilderbogen avanciert innerhalb weniger Jahrzehnte zu einem Massenmedium mit Millionenauflage. Als Ersatz für teure Kunstgegenstände und anspruchsvollen Lesestoff wird die populäre Druckgraphik Bestandteil der ↗ Alltagskultur des Bürgertums, und die Themen der Blätter sind Ausdruck seiner Wertmaßstäbe und Wunschvorstellungen. Ein großer Teil der Produktion in Form von Ausschneide- und Spielbogen richtet sich an Kinder. Bis um 1800 konzentrieren sich die Herstellerzentren für Druckgraphik fast ausschließlich auf süddeutsche freie Reichsstädte, voran Augsburg und Nürnberg. Erst in den 1930er Jahren verlagerte sich der Schwerpunkt mit der Massenproduktion aus den Verlagen Gustav Kühn sowie Oehmigke & Riemschneider, beide ansässig im brandenburgischen Neuruppin, in den Norden Deutschlands. Daneben existierten aber auch in Stuttgart (Gustav Weis, *Deutsche Bilderbogen für Jung und Alt* ab 1867) und in München (Braun & Schneider, *Münchener Bilderbogen* ab 1848) bedeutende Verlage mit künstlerisch anspruchsvollem Programm. So bringt z.B. Braun & Schneider die heute noch populären, humorvollen Bildergeschichten von Wilhelm Busch als Einblattdrucke (Lithographie oder Holzstich) auf den Markt. Das formale Prinzip dieser Produkte, die Aneinanderreihung von Bildern zu einer unterhaltsamen Geschichte, weist den Bilderbogen als Vorläufer des Comic strips aus. Weitere europäische Bilderbogenzentren um 1850 mit wechselseitiger Einflußnahme sind Epinal in Ostfrankreich mit der Offizin Pellerin und Bassano in Oberitalien mit der Offizin Remondini.

Formencharakter, Produktionsstruktur, Rezipientenkreis und Gebrauchsfunktion weisen die populäre Druckgraphik als Massen- bzw. Volkskunst aus. Anders aber als illustriertes Flugblatt und Flugschrift, die zum Sprachrohr der widerstreitenden politischen und konfessionellen Parteien des 16./17. Jh. wurden und die auch im Vormärz zur Formierung einer ›revolutionären Öffentlichkeit‹ beitrugen, ist der Bilderbogen des 19. Jh. überwiegend ein Instrument konservativer, stabilisierender Ideologie. Trotz der Übernahme technischer Neuerungen bleiben die Hersteller sowohl in der visuellen als auch in der inhaltlichen Ausformung ihrer Produkte jenen traditionellen Gestaltungsprinzipien treu, die auf die Holzschnittbogen früherer Jahrhunderte mit ihren stereotypen Inhalten und ihrer flächigen Formensprache zurückgehen. Das Beschauliche und Überschaubare sowie eine »zeichnerische und inhaltliche Vereinfachung« (Hilscher 1977, S. 35) kennzeichnen die Produkte. Der Begriff Bilderbogen erweist sich somit inhaltlich und funktional bestimmt, denn er trennt populäre Drucke von agitatorischen Blättern und Schriften, eine Trennung, die sich auch der heutige Sprachgebrauch zu eigen macht, indem er die Termini Flugblatt und Flugschrift überwiegend für Material mit politischen Meinungsäußerungen verwendet, mit dem Wort Bilderbogen dagegen unterhaltsame, bunt zusammengewürfelte Darbietungen, wie z.B. Fernsehsendungen, Fotoserien und Bücher benennt. Angesichts der Vorliebe der Bilderbogen-Rezipienten für die bildgestützte Aufbereitung der bürgerlichen Wertewelt sowie von Aktualitäten und Kuriositäten sind aber auch Assoziationen zur illustrierten Regenbogen- bzw. Sensationspresse (↗ Zeitschrift) angebracht und schließlich auch zu jenem Massenblatt, das den programmatischen Titel ›Bildzeitung‹ trägt.

Neue Technologien und ein erweitertes publizistisches Angebot bringen die Bilderbogenproduktion zu Anfang des 20. Jh. zum Erliegen. Die populäre Druckgraphik wird ersetzt durch verwandte Medien wie ↗ Comic, Poster, ↗ Fotographie, illustrierte Zeitschriften. Bestand haben aber weiterhin Flugblatt und Flugschrift als publizistische Medien der Politik und Gesellschaftskritik, und alleine schon die Tatsache, daß beide im 20. Jh. in der Regel kostenlos verteilt werden, belegt, daß der Wille zur Agitation kommerzielle Interessen völlig verdrängt hat.

Flugblatt und Flugschrift im 20. Jahrhundert

Entsprechend der funktionalen Ausrichtung lassen sich Flugblätter und Flugschriften des 20. Jh. in zwei Gruppen unterteilen. Zur ersten Gruppe gehören jene Produkte, die von einer staatstragenden Macht zur offiziellen Meinungslenkung in Umlauf gebracht werden. Vor allem in Krisenzeiten, in denen Überzeugungsarbeit geleistet werden muß, bedient sich die offizielle Politik dieser speziellen Form der Publizistik. Die Milliarden von Blättern und Schriften, die während der beiden Weltkriege von den kriegführenden Nationen über Europa abgeworfen wurden, belegen, welche Bedeutung die politischen Machthaber diesen Medien im Prozeß der Meinungsbildung beigemessen haben. Im deutschen Reich organisierten die Abteilung Wehrmachtspropaganda und das Reichsministerium für Volksaufklärung und Propaganda nach den Weisungen Adolf Hitlers, der auch selbst Texte verfaßte, die Flugblattkampagne (Kirchner 1982, Bd. 2). Das sehr heterogene Material der beiden Weltkriege – es handelt sich um Feldpostkarten, Briefe, ↗ Zeitungen, gefälschte Dokumente, Passierscheine für Deserteure, Bilder, Landkarten u. a. – wurde mittels Artilleriegranaten in feindliche Stellungen abgeschossen oder aus Ballonen bzw. Flugzeugen abgeworfen. Es enthält tendenziöse, aber auch sachliche Meldungen über die internationale Politik und über den Kriegsverlauf und war Bestandteil einer großangelegten psychologischen Kriegsführung sowie eines vor allem von sowjetischer Seite mit Hilfe des ›Nationalkomitees Freies Deutschland‹ (ab 1943) geführten antifaschistischen Kampfes (vgl. Kirchner 1996, Bd. 15). Allerdings können zu Wirkung und Rezeption der ›Luft-Propaganda‹ kaum gesicherte Angaben gemacht werden. Daß aber das Vertrauen in ihre Wirksamkeit auch am Ende des 20. Jh. noch ungebrochen ist, läßt sich der Berichterstattung über den Bosnienkrieg entnehmen. Am 17. 10. 1997 meldet die *Stuttgarter Zeitung*, daß im Rahmen einer Informationsoffensive der Nato-Friedenstruppen Tausende von Flugblättern, in denen die Serben zum Widerstand gegen Karadžič aufgerufen werden, über der bosnischen Stadt Brčko abgeworfen wurden.

Die zweite Gruppe bilden die Flugblätter und Flugschriften, die von nicht an der politischen Macht beteiligten gesellschaftlichen Minderheiten im oftmals subversiven Kampf gegen die offizielle Politik in Umlauf gebracht werden. Hierzu zählen z. B. die Produkte der Arbeiterbewegung und das Propagandamaterial politisch radikaler Gruppierungen wie NSDAP, KPD und Spartakus-Bund aus den 1920ern und 1930ern, aber auch die Untergrundpublizistik deutscher und ausländischer Widerstandsgruppen im Kampf gegen das NS-Regime. Mangelnder Zugang zu den offiziellen Publikations- und Kommunikationsmitteln und/oder Mißtrauen gegenüber der etablierten Presse drängen die systemkritische Publizistik oftmals in die Illegalität und ins Exil. Zur Absicherung gegen polizeilichen Zugriff erhalten z. B. die antifaschistischen Tarnschriften der Jahre 1933–45 einen harmlosen und unverfänglichen Umschlag-

titel und ein fingiertes Impressum. Im Innern der Hefte finden sich Propagandatexte, mit deren »Hilfe vor allem die KPD, in wesentlich geringerem Umfang die SPD und andere Organisationen ihre Stellungnahmen und Losungen zu wichtigen Problemen an die deutsche Bevölkerung« herantrugen (Gittig 1996, S. XI).

Die Schaffung einer Gegenöffentlichkeit zum herrschenden Meinungsmonopol war auch eines der Hauptanliegen der Studenten- und Jugendrevolte in den Jahren 1967/68. Der Rückgriff auf Flugblatt und Flugschrift erfolgte in Verbindung mit anderen öffentlichkeitswirksamen Aktionen wie Streiks, Demos und Diskussionsveranstaltungen. Unter Parolen wie ›Haut dem Springer auf die Finger‹ (Flugblatt der Kommune 1 vom Oktober 1967) wurde zu einer Anti-Springer-Kampagne aufgerufen, in deren Verlauf im Februar 1968 die Scheiben von Berliner Verlagsfilialen mit Steinen eingeworfen wurden, die in ›Enteignet-Springer‹-Flugblätter eingewickelt waren. Bei dem Material dieser Zeit handelt es sich zum großen Teil um dichtbeschriebene DIN A 4 Blätter in einem wenig abwechslungsreichen Layout, so daß die intensive Lektüre in den Vordergrund rückte. Das verwendete gruppeneigene ›linke‹ Vokabular sowie die anspruchsvolle, am akademischen Sprachgebrauch orientierte Diskussion verhinderten eine Breitenwirkung der Flugblätter in der (nicht-politisierten) Bevölkerung. Auch in den folgenden Jahrzehnten bilden Flugblatt und Flugschrift das Forum für die Agitation (gesellschafts-)politischer Protestbewegungen. So dokumentiert das Material z. B. die Auseinandersetzungen um die Startbahn West von 1981, den Widerstand der Friedensbewegung gegen die Stationierung der Pershing II-Raketen (Mutlangen 1984/85), den Kampf der Bürgerinitiativen gegen den Bau der WAA in Wackersdorf in den Jahren 1987/88 und die Aktionen der Anti-AKW-Bewegung gegen die Castor Transporte am Ende der 1990er Jahre. Die einfach gestalteten, meist einfarbigen Blätter und Schriften im DIN-A4-Format rufen zu Straßenblockaden, Mahnwachen und Demonstrationen auf und liefern wichtige Informationen zur Organisation des Protestes.

In Zeiten politischer Krisen und sozialer Umbrüche, wie z. B. während Reformation, dreißigjährigem Krieg, 48er Revolution, Weltkriegen und Studentenunruhen, gewinnt die inhaltlich kurzlebige, aber aktuelle, kostengünstig und schnell produzierbare, sich staatlicher Kontrolle entziehende und massenhaft distribuierbare nichtperiodische Publizistik im Prozeß der Meinungsbildung an Bedeutung. Gerade diese Möglichkeit der Einflußnahme auf weite Kreise der Bevölkerung führte aber auch dazu, daß die politisch Mächtigen durch alle Jahrhunderte hindurch mit Hilfe von Zensurmaßnahmen und Einschränkungen der Pressefreiheit derartige Publikationen zu steuern versuchten: »Betroffen waren alle potentiell massenwirksamen Publikationen, denen eine staats- und gesellschaftskritische Funktion oder Absicht unterstellt werden konnte« (Hilscher 1977, S. 193). Diese Einbeziehung von Flugblatt, Flugschrift und Bilderbogen in die Presserechtsbestimmungen belegt einerseits deren soziopolitische Relevanz, anderseits wird das Auf und Ab der publizistischen Produktion zu einem Signum für die jeweilige gesellschaftspolitische Gesamtsituation.

In den letzten Jahrzehnten des 20 Jh. werden die Möglichkeiten der Einflußnahmen durch das ›fliegende Blatt‹ zunehmend der Konsumwerbung dienstbar gemacht. Mit Hilfe von Handzetteln (meist anspruchslosen Fotokopien) oder per Postwurfsendung (mehrfarbige Offsetdrucke) werden Sonderangebote, Veranstaltungstermine, Kinoprogramme, Speisekarten u. ä. direkt an den Konsumenten gebracht. Im Gegensatz zur skizzierten Entwicklungslinie dienen diese Produkte vornehmlich der Lenkung des Geldflusses. Die Tatsache, daß insbesondere das Flugblatt schnell und billig viele potentielle Kunden erreicht, macht es selbst in Zeiten elektronischer Medien für die Werbewirtschaft attraktiv.

Literatur

Achten, U. (Hg.): *Flugblätter der Arbeiterbewegung von 1848–1933.* Berlin 1982.
Gittig, H.: *Bibliographie der Tarnschriften 1933–1945.* München 1996.
Harms, W.: (Hg.): *Deutsche illustrierte Flugblätter des 16. und 17. Jhs.,* bisher 5 Bde. Tübingen 1980–1997.
Hilscher, E.: *Die Bilderbogen im 19. Jahrhundert.* München 1977.
Kirchner, K.: *Flugblattpropaganda im 2. Weltkrieg,* 15 Bde. Erlangen 1974–1996.
Miermeister, J./Staadt, J. (Hgg.): *Provokationen. Die Studenten- und Jugendrevolte in ihren Flugblättern 1965–71.* Darmstadt 1980.
Schottenloher, K.: *Flugblatt und Zeitung.* München 1985.
Schwitalla, J.: *Flugschrift.* Tübingen 1999.

Eva-Maria Bangerter-Schmid

Fotografie

»Pictura est laicorum literatura«. Mit diesem Zitat aus *Der Name der Rose* (Eco 1986, S. 57) läßt Eco den Erzähler Adson beim Betrachten der Skulpturen am Eingangsportal der Klosterkirche auf die Funktionsgleichheit von Text und Bild verweisen. Im benediktinischen Kosmos ist Literatur zunächst und vor allem das Wort Gottes, in zweiter Hinsicht das Wort der Kirchenväter und der antiken Schriftsteller, deren Texte ähnlich unbezweifelbare Wahrheit enthielten. Die Funktionsverwandtschaft von Bild und Text erkennt also Bildern ebenfalls die Aufgabe zu, über das Wirkliche Auskunft zu geben. Diese hohe Wertschätzung des Bildes paßt auf keines der Bildmedien besser als auf die Fotografie, ganz besonders, wenn wir uns ihre Entstehungsgeschichte im 19. Jh., aber auch ihren heutigen Gebrauch vor Augen führen; denn das fotografische Bild kann – wie die durch das Steinbild angeregte Vision Adsons – gleichzeitig Information vermitteln und erzählen. Wobei die Fähigkeit zu erzählen in der direkten Abbildung begründet ist. Denn die Geschichte des Abgebildeten erschließt sich vor allem dann, wenn das Bild mit dem Anspruch auftritt, objektives Zeugnis zu geben. Diese Doppelfunktion des fotografischen Bildes ist Teil der Mediengeschichte populärer Bilder überhaupt, hat aber auch einen besonderen historischen Akzent, da gerade im 19. Jh., dem Jahrhundert, in dem die Fotografie entwickelt wurde, Bilder besonders häufig in erzählenden wie informativen Medien, den Illustrierten, ↗ Zeitungen und ↗ Zeitschriften, eingesetzt wurden.

Erfindung und erste Anwendung

Die Erfindung der Fotografie im ersten Drittel des 19. Jh. beruht auf zahlreichen technischen und kulturellen Voraussetzungen. So gehören zu ihrer Vorgeschichte ebenso die naturwissenschaftliche Erforschung der optischen Gesetze wie die Entwicklung einer Technik, die diese anwendbar macht. Man kann auch noch weiter zurückgreifen und auf die Geschichte des Bildes, besonders die des menschlichen Selbstbildes überhaupt, verweisen und dann die Vorgeschichte der Fotografie mit den ersten Abbildungen, die es in der Menschheitsgeschichte gibt, beginnen lassen.

Im engeren Sinn beginnt die Vorgeschichte der Fotografie erst mit der Camera obscura. Deren Prinzip war zwar schon in der Antike wie im arabischen und europäischen Mittelalter bekannt und wurde von Leonardo da Vinci in seiner Schrift *Probleme des Lichts und der Optik* (1490/92) beschrieben. Zur Anwendung kam die Camera obscura aber erst im Zusammenhang mit der Entwicklung der Naturwissenschaften in der Renaissance. Durch den Einsatz von Linsen mit unterschiedlichen Brennweiten wurde die transportierbare Camera obscura zu einer Zeichenhilfe beim bildnerischen Erfassen der Wirklichkeit. Zwar kannte man in der Renaissance bereits andere Zeichenhilfen mit gerasterten Rahmen (auch die transparenten Schirme zum Anfertigen von Schattenrissen, u. a. von J. K. Lavater bei seinen physiognomischen Studien benutzt, gehören in diese Tradition). Diese hatten aber im Vergleich zu der relativ hoch entwickelten Camera obscura, die im 16. und 17. Jh. schon zur Landschaftsvermessung oder zum Zeichnen von Veduten eingesetzt wurde und dann im 18. Jh. zum beliebten Gesellschaftsspiel avancierte (vgl. Goethe, *Die Wahlverwandtschaften*, 2. Teil, Kap. 11), entschieden weniger den Charakter einer Abbildungsmaschine. Und es ist diese Idee, mit Hilfe einer Maschine das direkte Bild eines Objekts zu erzeugen, das die Fotografie nicht nur zum Medium der Aufklärung, sondern auch zu dem des Maschinenzeitalters machte.

Neben der feinmechanischen und optischen Technik, die für die Kamera notwendig war, verlangte die Entwicklung der Fotografie einen gewissen Stand der Chemie, um Bildträger herstellen zu können. Auch hierbei ist das Prinzip – daß das Licht auf den Gegenständen Spuren hinterläßt – seit der Antike bekannt. Aber erst Johann Heinrich Schulze nutzte die Lichtempfindlichkeit der Silbersalze zur Reproduktion von in Schablonen geschnittenen Buchstaben. Schulze erkannte zwar, daß sein »merkwürdiger Versuch« auf der »Wirkung der Sonnenstrahlen« (Schulze) beruhte, weitere Anwendungen ergaben sich aber nicht. Vor allem deshalb nicht, weil es keine Möglichkeit gab, das Bild zu fixieren. Selbst die Versuche von Humphrey Davis und vor allem von Thomas Wedgwood, dem Sohn des Steinguterfinders und Industriellen, scheiterten zu Beginn des 19. Jh., weil sich die Schwärzung des Silbers bei ihren Experimenten mit silberhaltigem, also lichtempfindlichem Papier nicht stoppen ließ.

Das Fixieren der Bilder gelang erst der nächsten Generation. J. N. Nièpce zeigte 1822/1828 Bilder auf einer Zinnplatte, die mit Hilfe von Asphalt lichtempfindlich gemacht worden war. L. J. M. Daguerre, der sich mit Nièpce 1829 zusammengetan hatte und im Jahr 1839 seine Daguerreotypie vor der Akademie der Wissenschaften in Paris vorstellte, benutzte dagegen eine Silberplatte, die sich durch das Auftragen einer Jodschicht belichten ließ. Zeitgleich arbeitete man in England an ähnlichen fotografischen Verfahren. Im Zusammenhang mit der von W. H. F. Talbot entwickelten Technik, »mittels der Camera obscura auf Papier Bilder nach der Natur herzustellen« (Koschatzky 1993, S. 57), tauchte auch zum ersten Mal das Wort »Photographie« auf. Der Physiker M. Farraday, der Talbots Erfindung am 25. 1. 1893 vor der *Royal Institution Of Great Britain* präsentierte, sprach von »Photogenic Drawings«, und John Herschel schlug im Februar des gleichen Jahres Talbot direkt vor, künftig von »Photo-Graphic« zu sprechen. Im Unterschied zu Daguerre benutzte Talbot (seit 1841) Papier als Bildträger. Während eine Daguerreotypie jeweils ein Unikat blieb, ließen sich mit Talbots Technik, bei der zuerst ein Negativbild produziert und dann davon ein Positiv gezogen wurde, Kopien anfertigen. Daher setzten sich, wiewohl Daguerres Verfahren zunächst Bilder mit höherer Auflösung ermöglichte, seit den 1860ern Talbots Kalotypien durch, auch wenn in den beiden ersten Jahrzehnten nach der Erfindung die wirtschaftliche Nutzung der Fotografie vor allem den Daguerreotypisten vorbehalten blieb und beispielsweise schon 1839 entsprechende Ateliers in den USA entstanden.

Sowohl Daguerre als auch Talbot hatten eine Vorstellung von der kulturellen und wirtschaftlichen Bedeutung ihrer Erfindungen, die – und dies gilt ebenfalls für beide – auf eine aufnahmebereite Öffentlichkeit traf und damit die Fotografie erst zu einem populären Medium machte. Blieb zunächst die Einrichtung der Ateliers und ihre Nutzung der kapitalträchtigen gesellschaftlichen Elite vorbehalten, verbesserte und verbilligte sich die Technik der Daguerreotypie rasch, so daß Ende der 1840er Jahre in nahezu jeder größeren Stadt ein fotografisches Atelier eröffnen und mehrere tausend Aufnahmen wohl, vor allem von Porträts, herstellen konnte (vgl. Starl 1998, S. 44), denn: »Das populärste Feld der P[hotographie] ist das Porträtfach« (Meyers Enzyklopädie 1896, Bd. 13, S. 885).

Im Unterschied zur Einzelbildtechnik der Daguerreotypie konnten mit dem Kalotypie-Verfahren auch Aufnahmen in Buchform veröffentlicht werden. Schon 1844 arbeitete Talbot an seinem ersten Buch mit dem programmatischen Titel *The Pencil of Nature*, dem im nächsten Jahr *Sun Pictures of Scotland* folgte. Mit diesen Büchern wurde nicht nur die Fotografie als Kunst etabliert. Talbots Bücher waren – wie seine in den Jahren zuvor entstandenen zahlreichen Fotogramme – Beleg für das Bestreben, durch Fotografie Informationen über etwas anderes zu vermitteln als nur über Fotografie selbst. Zugleich weisen Talbots Bücher, vor allem das zweite, schon auf die Reisefotografie hin, die seit den 1860ern neben dem Porträt zum wichtigsten fotografischen Genre wurde. Durch ihre thematische Zentrierung deuten Talbots Veröffentlichungen auch auf die enzyklopädische Funktion hin, die für die Fotografie gerade im empirisch orientierten 19. Jh. wichtig wurde (vgl. etwa die am Jahrhundertende durch den Naturalismus begünstigte Mode, den pittoresken Reiz sozialer Nischen fotografisch zu dokumentieren). War der Fotograf also auch ein Eroberer von

Wirklichkeiten, so ist er – wofür Talbots Bücher und noch viel mehr Nadars Porträtkunst Beispiele sind – auch ein »peintre de la vie Moderne« (Dewitz/Scotti 1996, S. 16). Der objektive und der subjektive Blick schließen sich bei der Fotografie nicht nur nicht aus, sondern ihre Untrennbarkeit ist von Beginn an Teil ihrer Geschichte. Die Fotografie gehört daher nicht nur zu den wirklichkeitsdokumentierenden, sondern ebenso zu den wirklichkeitsinszenierenden Medien. Und es ist gerade diese Doppelheit, die sie populär, und das heißt auch vielfältig nutzbar, gemacht hat.

Stereoskopie

Nach ihrer Erfindung dauerte es etwa 15 Jahre, bis die Fotografie ein wirkliches Massenpublikum erreichte. »The Great Exhibition« 1851 in London und die »Exposition Universelle« in Paris 1855 halfen nicht nur, die Fotografie und das Vergnügen an ihr bekannt zu machen, vor allem popularisierten diese Ausstellungen neue technische Errungenschaften wie die Stereoskopie sowie neue Anwendungen und Aufgaben der Fotografie: die fotografische Visitenkarte bzw. die Industrie- und Objektfotografie. Obwohl Charles Wheatstone bereits vor der Veröffentlichung der ersten Daguerreotypie und der Talbotschen Fotogramme 1839 ein Instrument erfunden hatte, daß das Sehen in Stereo ermöglichte, dauerte es bis 1844, als Ludwig Moser vorschlug, zwei Ansichten desselben Objektes aufzunehmen (und damit das zweiäugige Sehen nachzubilden). Im selben Jahr gab David Brewster seine Erfindung des Linsen-Stereoskops bekannt, das es ermöglichte, durch zwei im Augenabstand aufgenommene Bilder bei der Betrachtung ein räumlich wirkendes Bild zu erzielen. Die Wirkung dieser Erfindung ist heute nur noch schwer zu begreifen. Sie wurde so populär, so alltäglich, daß man geradezu vergaß, sie zu kommentieren. Obwohl die Stereoskopie von den 1850er bis zu den 1930er Jahren für häusliche Unterhaltung wichtig war, wovon Abertausende erhalten gebliebene Stereokarten zeugen, erhielt sie in der Geschichte der Fotografie kaum Aufmerksamkeit. Die Themen der Stereokarten lassen sich in geradezu lexikalischer Weise aufzählen: Amateur, Anthropologie, Arktis, Astronomie, Botanik, Brücken, Brüderlichkeit, Bürgerkrieg, Eisenbahnen, Geologie, Haustiere, Kriege, Landwirtschaft, Luftfahrt, Maschinen, Märkte, Marine, Monumente, Neuheiten, Paraden, Persönlichkeiten, Pornographie, Porträts, Schulen, Skulpturen, Spielzeug, Sport, Textilien, Versammlungen, Viehzucht, Vulkane, Wahlfang, Werbung, Zirkus, Zoo-

logie. Nahezu alles wurde zweidimensional und in Stereo dargestellt. Das Resultat dieser ›Reality-Bilder‹ war, daß solche Fotografien, wie die Fotografie generell, ein größeres Verständnis der Welt förderten, oder zumindest eine Art zwanglose Sammlung von Information über die Welt darstellten. Es setzte sich daher zunehmend das Verständnis durch, daß alles Kultivierte oder Gewöhnliche sich visuell zuordnen und durch die Komplexität eines Linneanischen Systems kategorisieren ließ. Schon Earnest Lacan schlug in seinen *Photoraphic Sketches* von 1856 vor, das gesamte Weltwissen in Fotografien zu sammeln; vielleicht griff er damit die Idee hinter A. A. E. Disdéris *Renseignements photographique indispensables à tous* auf, das ein Jahr früher erschienen war, und faßte so die öffentliche Meinung, daß durch Illustration vermittelte Neuigkeiten gleichzeitig unterhaltsam und informativ sein konnten, zusammen.

Bildjournalismus

Obwohl es zunächst keine Möglichkeit gab, Fotografien in der Schnellpresse zu drucken, waren sie seit den 1840ern wichtig für die fotografische Presse und den Bildjournalismus. Nach den Fotografien stellte man Holzschnitte im Abpausverfahren her und veröffentlichte diese dann in den Illustrierten, Zeitungen und Magazinen. Direkt wurde das Authentizitätsversprechen der Fotografie im Krimkrieg genutzt. Der erste Kriegs-Korrespondent William Howard Russel und der erste Kriegsfotograf, Roger Fenton, sandten schriftliche und visuelle Zeugnisse der Ereignisse nach Großbritannien. Sie beeindruckten das ↗Publikum, das solche Aktualität und solch eindringliche Bilder bei einem großen Konflikt noch nie erlebt hatte. Fast zehn Jahre später nutzte Matthew Brady die Fotografie zu einem sehr viel umfassenderen, aber nicht weniger stark redigierten Bericht über den amerikanischen Bürgerkrieg. Dennoch konnten damals nur kleine Reportagen mit Fotografien ausgestattet werden. Erst durch die Entwicklung kostengünstiger Methoden zur massenhaften Reproduktion konnte die fotografische Reportage in der Welt des Drucks Fuß fassen. Karel Klic löste das Problem, indem er erst Talbots Heliogravuren durch die Erfindung des Kupferlichtdrucks verbesserte und dann ab 1880 ihre Produktion mit dem von ihm erfundenen Rotationstriefdruck auf Zylinderwalzen verlegte. 1905 wurde *Das Illustrierte Blatt* die erste Wochenschrift, die mit Rotationstiefdruck hergestellt war. Damit begann eine neue Ära der Informationsvermittlung, die Fotografie wurde (nur 50 Jahre, nachdem Talbot zum ersten Mal daran

gedacht hatte) zu einem integrativen Teil des sich
ständig vergrößernden Pools gedruckter Information.

In den 1920er und 1930er Jahren machte die
Entwicklung der illustrierten Presse große Fortschritte. Zeitungen, die stets eine Quelle für Bildung
und Unterhaltung gewesen waren, nutzten Bilder nur
als integrativen Teil ihrer Berichte. Diese sogenannten ›Illustrierten‹ unterschieden sich zwar nicht im
Inhalt, aber in der Vermittlungsmethode von der
bisherigen Presse. Die sprachlichen Teile der Artikel
bildeten nicht länger allein die Nachricht. Die Fotografien wurden schließlich selbst zu einer Nachricht
und ließen zunehmend den sie umrahmenden Text
hinter sich. Wochenzeitschriften wie die *Deutsche
Illustrierte* oder die *Arbeiter Illustrierte Zeitung* boten
ein Forum für die Entwicklung des fotografischen
Essays und die Montage. In Berlin, Paris und New
York wurden Agenturen eröffnet, um die wachsende
Nachfrage nach Waren-, Nachrichten- und Mode-
fotografien zu stillen. Was die Einbildungskraft des
Rezipienten fesselte, war die Interpretation der Ereignisse durch die Linse des Fotografen. Und die
Herausgeber nutzten die Gelegenheit, das Publikum
zu beeinflussen, indem sie es durch Fotoserien oder
fotografische Essays, wie diese damals genannt wurden, unterhielten. Bis schließlich die Herausgeber
von Zeitschriften wie *Vu*, *Life* und *Picture Post* ihre
Fotografien als ›Geschichten‹ mit der Absicht veröffentlichten, Welt ausschließlich durch Illustration
darzustellen.

Privater Gebrauch

Neben dieser öffentlichen Rezeption der Fotografie
als Information entwickelte sich auch ein privater
Gebrauch des Mediums in der Familie. Fotoporträts
erfreuten sich bereits großer Beliebtheit in der Oberschicht, als in den 1850ern und 1860ern durch die
Einführung des Kollodiumverfahrens zur Herstellung
der Negative – eine lichtempfindlichere und haltba-
rere fotografische Emulsion, die auf Glasplatten oder
Papier genutzt werden konnte – auch die Märkte der
Mittelklasse erobert wurden. Die *cartes de visites*
wurden zu Tausenden hergestellt und zwischen Familienmitgliedern und Freunden ausgetauscht, aber
auch von Schauspielern genutzt, um ihre Fans an
sich zu binden. Man klebte die Bilder in Alben ein,
die reich verziert zum Statussymbol wurden. In Amerika bewirkte der Ausbruch des Krieges 1891 einen
beispiellosen Boom im Verkauf und Sammeln von
Familienfotos, meist in Form von Ferrotypien (*tinty-
pes*) – basierend auf einem Kollodiumverfahren auf

einem dünnen und billigen Stück Zinn, so daß sich
nunmehr die gesamte Mittelklasse jetzt Familienfotos
leisten konnte.

Zur Objektivität des Fotos

Der Aufstieg der Fotografie in der Informationskultur beruht auf der Möglichkeit, das Fotografierte
visuell zu identifizieren. Seit die Fotografie zu einem
Teil der Informationskultur geworden ist, können
und müssen Bilder wie Texte gelesen werden. Durch
die Fähigkeit der Fotografie, über die Grenzen von
Bildung und nationaler Herkunft hinaus etwas zu
vermitteln, hat die Rezeption fotografischer Bilder in
der heutigen Gesellschaft Parität mit dem Lesen von
Schrift erreicht. Bilder sind wie Buchstaben stabile
Informationsträger, die sich über große Distanz ver-
schicken lassen. Die von Bildern vermittelte Information stellt jedoch nicht nur einen Augenzeugenbe-
richt dar, sondern sie ist selbst Teil des abgebildeten
Geschehens. Im späten 19. Jh. manifestierte sich
diese Vorstellung in den Post-Mortem-Fotografien
verstorbener Familienmitglieder, besonders von Kindern. Sie bewahrten das Abbild, wo die Persönlichkeit bereits entschwunden war. Arbeiter aus Gold-
und Kohleminen ließen sich porträtieren und schickten Bilder nach Hause, auf denen sie alle fünf Finger
beider Hände gespreizt hochhielten, um den Lieben
daheim zu beweisen, daß sie bis jetzt unverletzt
überlebt hatten. Touristen machen in der ganzen
Welt Fotos von exotischen Orten, um zu beweisen,
daß sie tatsächlich da gewesen sind, und um sich
daran zu erinnern. Der Wert eines Fotos für den
persönlichen Gebrauch ist der eines Memento,
manchmal sogar der eines Memento Mori. Erinnern
und Identifizieren sind die beiden wichtigsten Funktionen für den populären Gebrauch von Fotos. Wir
suchen in alten Familienalben nach unseren Vorfahren und versuchen, in den Bildern der Über-
wachungskameras die Verbrecher zu erkennen. Medizinische Aufnahmen, Kriminalfotografien, Bilder
aus Jahrbüchern und Babyfotos wollen etwas abbilden, wollen uns zeigen, wonach jemand aussieht.
Philosophen wie Roland Barthes versuchen zwar
schon lange, uns zu zeigen, wie naiv die Vorstellung
von der Objektivität des Bildes ist. Und selbstverständlich sind wir uns heute dessen bewußt, daß
Fotos digitalisiert, manipuliert und gefälscht werden
können. Wie und ob wir einem Bild vertrauen, ist
von dem jeweiligen situationalen Kontext abhängig,
aber insgesamt nutzen und akzeptieren wir Fotos
häufig als objektiv, obwohl wir es eigentlich besser
wissen.

Die Entwicklungen in der Fotografie haben uns zunehmend zu einer unkritischen Akzeptanz des Fotos als Information geführt. Dies ist in einem langsamen, aber unaufhaltsamen Prozess geschehen, der stets geknüpft war an den dünnen Faden, der die Fotografie an die Realität bindet. Aber so dürftig dieser Halt auch ist, so ist er doch von großer Stabilität. Diese Rolle des Bildes hat sich daher – auch in der populären Kultur – bis heute kaum verändert. Fotografie wird immer noch vorrangig als ein Mittel zu Vermittlung von Wissen oder als Abbildung von Fakten verstanden, und die öffentliche Meinung bringt die Fotografie immer noch in Verbindung mit Authentizität. Dies geschieht trotz zahlreicher Gegenbeweise. Der Glaube an die Objektivität des Bildes wird in Gerichtssälen, Krankenhäusern, physikalischen Laboren und – vielleicht noch wichtiger – an den Kaminsimsen von Müttern, Großmüttern (und mir und dir) hochgehalten und perpetuiert. Daher werden Fotos weiterhin als quasi faktisches Werkzeug genutzt, wodurch wiederum der Glauben an ihre Objektivität verstärkt wird. Nicht einmal die Einführung neuer Bildtechnologien, z. B. der digitalen Reproduktion, und deren Flexibilität könnte diesen Kreislauf unterbrechen. Denn es ist bislang kein Medium vorhanden, das die Fotografie ersetzen könnte. Solange wir ein solches nicht haben, wird die Fotografie weiterhin als ein Hauptkommunikationsmittel genutzt werden. Bis dahin wird uns die Rezeption von Bildern unterhalten und erfreuen. Bilder sind schließlich, wie Adson sagt, Allheilmittel und Literatur des Laien.

Literatur

Anderson, P. J.: *The printed image and the transformation of popular culture, 1790–1860.* Oxford 1991.

Busch, B./Albus, I.: »Fotografie/fotografisch«. In: Barck, K./Fontius M. et al. (Hgg.): *Ästhetische Grundbegriffe.* Bd. 2. Stuttgart/Weimar 2001. S. 495–550.

Dewitz, B. v./Scotti, R.: *Alles Wahrheit! Alles Lüge!* Köln 1996.

Darrah, W. C.: *The World of Stereographs.* Gettysburg, PA 1977.

Davy, H.: *Journals of the Royal Institution I*, 9 (22 June 1802) S. 170–174.

Fulhame, E.: *An Essay on Combustion, with a view to a new art of Dying and Painting wherein the phlogistic and antiphlogistic hypothesis are proved erroneous.* London 1794.

Gernsheim, H./Gernsheim, A.: *History of Photography.* Oxford 1955.

Dies.: *The Origins of Photography.* New York 1982.

Henisch, H. K./Bridget A.: *The Photographic Experience 1839-1914.* University Park, PA 1994.

Koschatzky, W.: *Die Kunst der Photographie. Technik, Geschichte, Meisterwerke.* Köln 1993.

Marien, M. W.: Photography and its Critics, a cultural history 1839–1900. Cambridge 1997.

Schaaf, L.: »Herschel, Talbot, and Photography: Spring 1831 and Spring 1839«. In: *History of Photography* 4, 3 (July 1980) S. 181-204.

Ders.: *Out of the Shadows. Herschel Talbot and the Invention of Photography.* New Haven 1992.

Ders.: *Sun Gardens.* New York 1985.

Starl, T.: Das Aufkommen einer neuen Bildwelt. Gebrauch und Verbreitung der Daguerreotypie, In: Frizot, M. (Hg.): *Neue Geschichte der Fotografie.* Köln 1998. S. 32–50.

Talbot, W. H. F.: *Sun Pictures in Scotland.* London 1845.

Ders.: *The Pencil of Nature.* London 1844–1846.

Kelley E. Wilder
Übersetzung: Mohini Krischke-Ramaswamy

Fotoroman

Der Fotoroman (ital.: *fotoromanzo*, frz.: *roman-photo*, span.: *fotonovela*, engl.: *photo-story*) stellt eine aus ↗ Fotografien und Text zusammengestellte Erzählung dar. Er erscheint sowohl als abgeschlossene Erzählung in Einzelheften als auch als Fortsetzungsroman in ↗ Zeitschriften mit redaktionellem Teil. Die Text-Bild-Kombination, die die Erzählweise bestimmt, gibt keine thematische Linie vor, dennoch ist das Thema von Fotoromanen zumeist die Liebe einer Frau zu einem Mann.

Das Ursprungsland des Fotoromans ist Italien. Verbreitet ist der Fotoroman vor allem in den romanischen Ländern, aber auch in Südamerika und in ehemaligen französischen Kolonien in Afrika (vgl. Saint-Michel 1979, S. 25). In Deutschland gab es von 1972 bis zum Sommer 1999 eigenständige Fotoroman-Hefte, die vom größten italienischen Fotoroman-Studio Lancio hergestellt und exportiert wurden. Außerdem finden sich in Deutschland Fotoromane in Jugendzeitschriften wie *Bravo*, *Bravo-Girl!*, *Mädchen* und in den Magazinen zu Daily Soaps wie *Gute Zeiten, Schlechte Zeiten, Verbotene Liebe* und *Marienhof*. Die Fotoromane in den Soap-Magazinen stellen in Videoprints Liebesepisoden aus den ↗ Serien dar. Vereinzelt werden Fotoromane in pädagogischen Zusammenhängen eingesetzt, wie z. B. der Roman *Hanna* (Stuttgart 1995), der konzipiert wurde, um die Teilnehmer/innen eines Kurses gegen Lese- und Schreibschwächen dazu anzuregen, ihn weiterzuschreiben, oder sie werden in künstlerischen Formen genutzt, so z. B. von Rosa von Praunheim in *Oh Muvie* (Frankfurt 1969) oder von Anna und Bernhard Blume in *Zu Hause und im Wald* (Hamburg 1993). Gemeinsam ist diesen künstlerischen Formen und den populären Fotoromanen jedoch nur die Foto-Text-Verbindung.

Ursprungslinien und Vorläufer

Zu den Quellen, Vorläufern und Ursprüngen des
Fotoromans gelangt man über zwei Linien. Zum
einen über das klassische Thema des Fotoromans: die
Liebe, und zum anderen über seine ›bi-mediale‹
Verfertigung, seine Zusammensetzung aus Foto und
Text. Die erste überlieferte Foto-Text-Zusammen-
stellung stammt von dem Karikaturisten und Fotografen Nadar, der eine Unterhaltung mit dem Physiker Chevreul fotografierte, diese Fotos durch den
Text der Unterhaltung ergänzte und im *Journal Illus-
tré* im September 1886 veröffentlichte. Eine Gemeinsamkeit dieses Experiments mit den Fotoromanen,
wie sie sich heute darstellen, ist aber nur über die
verwendeten Medien herzustellen. Detti (1990) sieht
als einen Ursprung des Fotoromans die sentimentale
Postkarte der Jahrhundertwende an, die – teilweise
nachkoloriert – Liebespaare in romantischen Situationen in ebensolchem Ambiente zeigt. Ein thematischer Vorläufer läßt sich in Liebesgeschichten des
18. und 19. Jh. finden, in denen die Gefühle einer
liebenden Frau den Gegenstand bilden. Zu nennen
sind hier insbesondere die Romane von Samuel Richardson, dessen erster Roman *Pamela: Or Virtue
Rewarded* (1739) auch die Vorlage für einen ↗ Film
und den dazugehörigen *cineromanzo* (1937) bildete.
Die *cineromanzi*, die Ende der 1930er und in den
1940er Jahren Konjunktur hatten, bilden einen eindeutigen Vorläufer des Fotoromans. Als Werbeträger
oder auch Ersatz für Filme präsentierten die *cineromanzi* »L'intero film a fotogrammi dialogati«
(Detti 1990, S. 69). In der *Edition Cineromanzo Gi-
gante* erschienen Titel wie *On the Waterfront, Riso
amaro, From here to Eternity*. Gerade in ländlichen
Gebieten, wie Süd-Italien, in denen keine ↗ Kinos
vorhanden waren, wurden die *cineromanzi* als ›Er-
satz-Kino‹ gebraucht. Mit der zunehmenden Verbreitung des ↗ Fernsehens, das nun ihre Aufgaben übernahm, wurde ihr Erscheinen eingestellt. Gezeichnete
Liebesgeschichten ohne filmische Vorlage, wie z. B.
die Reihe *Grand Hotel* des Universo-Verlags, deren
erste Ausgabe 1946 erschien, bilden einen weiteren
Vorläufer des Fotoromans. Auch *Grand Hotel* stellte
1950 von Zeichnungen auf Fotos um.

Die erste Fotoroman-Reihe entstand 1947 mit dem
Titel *Il mio Sogno* in Italien. Herausgegeben wurde
die Reihe von Stefano Reda, der zuvor ↗ Comics
produziert hatte, und Giampaolo Callegari. Mit *Bo-
lero Film* entstand, angeregt durch den Erfolg, noch
1947 eine weitere Fotoroman-Reihe. Die Fotoromane
bildeten den Anfang für die Karriere einiger Filmschauspieler. So hatte Gina Lollobrigida 1947 im
Roman *Nel fondo del cuore* noch unter dem Namen

Giana Loris eine Hauptrolle (vgl. Lecœuvre/Takod-
jerad 1991, S. 15). Auch Sophia Loren begann als
Sofia Lazzaro 1950 ihre Karriere im Fotoroman (vgl.
Lecœuvre/Takodjerad 1991, S. 151 ff.).

In Frankreich begann die Produktion von Fotoromanen nur wenige Jahre später als in Italien. 1949
erschien in *Festival* der erste Fotoroman (vgl. Lecœu-
vre/Takodjerad 1991, S. 63). Ihm folgten zahlreiche
Reihen, einige davon enthielten nur Fotoromane,
andere auch einen redaktionellen Teil mit den klassischen Themen der Frauenzeitschriften. Heute sind
insbesondere die Zeitschriften *Nous Deux* und *Intimité*, die beide auch einen redaktionellen Teil besitzen, für ihre Fotoromane bekannt.

Lancio-Fotoromane

1960 erschien die erste Ausgabe der Reihe *Letizia* im
Lancio Verlag (vgl. Lecœuvre/Takodjerad 1991,
S. 55). Seitdem hat der Verlag sein Repertoire und
sein Umsatzvolumen immer mehr ausgeweitet und
ist inzwischen sowohl in Italien als auch international
Marktführer. Die in den Lancio-Studios mit einem
festen Stab von Darstellern hergestellten Fotoromane
werden ins Französische, Englische, Deutsche, Spani-
sche, Portugiesische, Norwegische und Holländische
übersetzt und in die entsprechenden Länder exportiert. Auch für den mittleren Orient stellt Lancio
Fotoromane her, diese allerdings werden nicht nur
übersetzt, sondern auch in Inhalt und Form den
islamisch-arabischen Gegebenheiten angepaßt. In
Italien gibt es von Lancio zur Zeit elf Reihen mit
Fotoromanen. Die einzelnen Hefte enthalten jeweils
zwei Romane, eine Ausnahme bildet *Sogno* mit vier
Romanen. Außerdem können im ↗ Internet ältere
Fotoromane nachgelesen und überdies Vorschläge
für eine Foto-Story gemacht werden. In Frankreich
erscheinen zur Zeit zehn Lancio-Fotoroman-Reihen,
und auch die Romane in *Nous Deux* werden in Italien
produziert. *Intimité* weist ausdrücklich darauf hin,
daß es sich bei ihren Fotoromanen um französische
Produkte handelt. In der Bundesrepublik begann der
EHAPA-Verlag 1972 mit dem Vertrieb von Lancio-
Romanen. Auf *Angela* folgten *Duniela, Pamela* und
Michaela. Jede der Reihen wurde monatlich herausgegeben, so daß in jeder Woche ein neuer Fotoroman
erhältlich war.

Publikum und Erzählweise

Im Mittelpunkt der Fotoromane stehen Frauen und
ihre Gefühle für einen Mann. Auch das Marksegment

der Käuferschaft, das angesprochen werden soll, besteht aus Frauen. So wird *Angela*, und später auch *Daniela* und *Michaela*, als »große deutsche Frauenzeitschrift« angepriesen, »die in farbigen Bildern Geschichten der Liebe erzählt«. 1986 versucht der Verlag, in das Marktsegment der jüngeren Käuferinnen vorzustoßen, und bewirbt die Zeitschrift nicht mehr als Frauenzeitschrift, sondern als »große[n] deutsche[n] Fotoroman für junge Frauen ab 14 Jahren«, ohne jedoch den Inhalt der Fotoromane zu ändern (vgl. Verlagsangaben in Presse-Porträts 1986). Eine Untersuchung von Evelyn Sullerot (vgl. Sullerot 1970, S. 121 f.) hat jedoch ergeben, daß 42% der Leser von *Nous Deux* Männer sind. Auch weisen andere Untersuchungen nach Sullerot darauf hin, daß vor allem Soldaten an der Front, in den Kasernen und Sanatorien die ›presse du cœur‹ lesen. Die Gemeinsamkeiten zwischen den Soldaten und Frauen in ländlichen Gebieten – nach wie vor ist Süd-Italien das Hauptverbreitungsgebiet von Fotoromanen, und auch die Zeitschriften *Nous Deux* und *Intimité* werden in Frankreich vor allem auf dem Land gekauft – sieht Sullerot darin, daß weder die einen noch die anderen ihr Leben selbst bestimmen können und so die Flucht in eine sentimentale Gefühlswelt antreten.

Die Lancio-Romane zielen in ihrer Eigenwerbung genau auf eine solche Lesehaltung ab. Sie fordern dazu auf, den ↗ Alltag zu vergessen, große Gefühle zu genießen und zu träumen: »Erlesen Sie sich träumerische Stunden mit Michaela, Angela, Daniela, Pamela«, »[…] le maxi-photoroman vous fait vivre ou revivre, à tout moment, des emotions intenses, vous entraine vers le monde fabuleux des rêves«, »Marzo: Un altro mese di grandi emozioni Lancio« (Verlagswerbung). Ergänzt werden diese sprachlichen Aufforderungen auf den Heften durch die bildliche Gestaltung des Covers. Das Titelblatt bildet das Paar der Geschichte ganzseitig ab, und das rückwärtige Cover zeigt ein verliebtes Paar in der Natur.

Sowohl die äußere Form als auch die Figuren, die Erzählweise und die Geschichte des Fotoromans sind hoch konventionalisiert und kodifiziert. Die Geschichten arbeiten mit melodramatischen Schemata und Figurenkonstellationen. Im Mittelpunkt steht ein Liebespaar, dessen Gefühle einer Prüfung unterzogen werden. Eine immer wiederkehrende Nebenfigur ist die gute Freundin der Protagonistin, die als Ansprechpartnerin, Beraterin bei schwierigen Fragen und Helferin in der Not fungiert. Die optionale dritte Frauenrolle ist die der falschen Freundin. Sie legt alles darauf an, der Protagonistin den Mann ›wegzuschnappen‹. Diesen drei Frauenrollen stehen zwei Männerrollen gegenüber. Der Geliebte ist fester Be-

standteil des Fotoromans. Daneben gibt es den guten Freund der Protagonistin oder aber den falschen Geliebten. Der gute Freund ist in die Protagonistin verliebt. Sie ist versucht, ihm nachzugeben, doch ihre wahren Gefühle, die sie dem anderen gegenüber hegt, sprechen dagegen. In den falschen Geliebten ist die Protagonistin zunächst verliebt. Er besitzt jedoch, so stellt sich im Verlauf der Geschichte heraus, einen großen Fehler. Zu ›wahrer Liebe‹ ist er nicht fähig. Dies kann sich in Geldgier oder Spielsucht ausdrücken, oft aber darin, daß er die Frau betrügt – vorzugsweise mit der falschen Freundin.

Die Beziehungen zwischen den einzelnen Figuren werden vor allem durch Gefühle, teilweise aber auch durch Verwandtschaftsgrade motiviert und durch Schicksalsschläge und plötzliches Wiedererkennen modifiziert. So kann die Gegenspielerin eine lange verschollene Schwester sein, die Protagonistin zwischen zwei Brüdern stehen, der verstorbene Vater der vorhergehende Geliebte der Angebeteten sein. Diese Beziehungen werden, soweit notwendig, im Laufe der Geschichte in moralische Bahnen gelenkt. Der Fotoroman ringt, wie Brooks (1994, S. 59) es für das Melodram konstatiert, »um die Entdeckung, die Artikulation und den ›Beweis‹ eines moralischen Universums, das zwar in Frage gestellt wird, von Schurkerei und getrübtem Urteilsvermögen verstellt ist, das aber dennoch existiert und dazu gebracht werden kann, seine Präsenz und seine kategorische Macht über die Menschen zu behaupten.«

Dieses moralische Universum ist, wie seit dem 18. Jh. in der Literatur üblich, kein Universum absoluter Werte, sondern eines, das von moralischen oder eben unmoralischen Individuen bevölkert wird. Ziel ist es, für sich persönlich eine Moralität zu entwickeln und sie zu leben.

Die moralischen Werte, um die der Fotoroman kreist, sind vor allem emotionale Werte. Es geht um ›wahre‹ Gefühle und daraus resultierende dauerhafte emotionale Bindungen. Man kann hier, wie Ian Ang (1986) es für die melodramatischen Strukturen in *Dallas* tut, von einem ›emotionalen Realismus‹ sprechen. Es handelt sich jedoch um einen katholischen emotionalen Realismus. Es ist ein katholisches Universum, das hier aufgebaut wird. Die Liebe, um die es geht, ist familiäre Liebe oder die absolute Liebe zwischen Mann und Frau, niemals aber körperliche Liebe. Diese wird fast nie im Bild gezeigt und wenn, dann nur als Episode mit dem falschen Mann oder der falschen Frau.

Gestaltung

Die Darstellungsweise der Fotoromane trägt der Moralität Rechnung. Die Darstellung übt sich in Zurückhaltung, weder die Form der Fotos noch die Bildgestaltung drängen sich in den Vordergrund. Es wird versucht, Platz zu lassen für die Projektion der moralischen Werte auf die abgebildeten Figuren. Die vom Lancio-Verlag hergestellten ›Bildergeschichten der Liebe‹ umfassen 66 Seiten im Format DIN A 4. Die Coverinnenseite wirbt für die demnächst erscheinenden Hefte. Auf der ersten Seite des Romans werden die Hauptdarsteller in Fotos vorgestellt, außerdem die Credits der anderen Mitwirkenden: Neben den Schauspielern werden Idee und Drehbuch, Regie und Fotographie genannt. Die Innenseite des rückwärtigen Covers enthält das ganzseitige Bild der Hauptdarstellerin oder des Hauptdarstellers mit Autogramm.

Rechteckige oder quadratische Fotos bilden das Geschehen ab. Die okzidentale Leserichtung von links oben nach rechts unten wird eingehalten. Dynamik, Unruhe oder Unübersichtlichkeit, die entstehen könnten, wenn mit Fotos von unterschiedlichen Größen und Formen gearbeitet würde, werden zu vermeiden versucht. Auf jeder Seite befinden sich zumeist sechs Fotos. Die Grundstruktur der Seitengestaltung ist durch drei Reihen mit je zwei Fotos gegeben. Sie wird auf jeder Seite leicht variiert, jedoch wird der Eindruck der vertikalen Dreiteilung und der horizontalen Zweiteilung der Seiten auch in diesen Variationen dadurch evoziert, daß die Maße von mindestens zwei Fotos auf jeder Seite der idealen Drei- bzw. Zweiteilung entsprechen. Nur wenn die emotionalen Verwicklungen der Charaktere ihren Höhepunkt erreichen und eine Entscheidung kurz bevorsteht, wird auch von dieser Regel abgegangen. Die klare Anordnung der Fotos wiederholt sich in der Bildgestaltung, d.h. in der Kadrierung, der Farbgebung und dem Ausdruck der Darsteller. Nahaufnahmen sind die bestimmende Einstellungsgröße. Sie werden ergänzt durch Großaufnahmen oder halbnahe Einstellungen. Zumeist sind entweder zwei Personen, die sich unterhalten, auf den Fotos abgebildet, oder den Personen in der Unterhaltung wird jeweils ein Foto gewidmet. Werden zwei Personen abgebildet, so werden sie links und rechts der Mitte des Bildes plaziert. Die Einzelaufnahmen situieren die Personen in der Bildmitte oder leicht zum rechten Bildrand hin.

Hintergrund und Personen sind klar voneinander getrennt. Der Hintergrund wird durch jeweils eine Grundfarbe bestimmt. Details, die den Blick von den Personen ablenken könnten, werden vermieden. Der Hintergrund ist nur insoweit sichtbar, als er ein bestimmtes Ambiente herstellt und die Personen dadurch ansatzweise charakterisiert. So dienen z.B. Bücherregale dazu, einen gebildeten Menschen darzustellen. Der ›Realismuseffekt‹ (vgl. die ›Indizien‹ bei Barthes 1988), den die Fotos als indexikalische Zeichen mit sich bringen, wird kontrolliert eingesetzt. Er geht nicht so weit, daß die Personen individuelle Züge bekommen. Dies wird auch durch die Kleidung verhindert, die zwar modisch und nicht ganz billig ist, aber niemals ausgefallen. Es wird ein ›gediegener‹ Eindruck der oberen Mittelschicht hergestellt. Die Darsteller sind zurückhaltend, niemals übertrieben geschminkt. Sie sind zum Großteil zwischen 20 und 30 Jahren alt – Ausnahmen bilden die Darsteller von Müttern und Vätern – und stellen Idealtypen dar. Ähnlichkeiten mit gezeichneten Romanen sind unverkennbar. Der Unterschied bei der Verwendung von Fotografien ist jedoch der immer vorhandene Realitätseffekt – hier stehen, wenn auch idealisierte, ›wirkliche‹ Menschen vor der Kamera, die allein dadurch eine Gemeinsamkeit mit den Leser/innen haben.

Der Gesichtsausdruck der Darsteller zeichnet sich durch Leere aus. Die Gesichter lassen keine Emotionen erkennen. Diese Gesichter, die immer im Mittelpunkt der Bilder stehen, bilden die Projektionsfläche für Deutungen der Rezipient/innen. Man kann aus ihnen nichts lesen, aber alles in sie hineindeuten. Der Bedeutungsrahmen der jeweiligen Situation wird durch den Text eingeschränkt und geleitet. Der Fotoroman stellt eine offene Form der Erzählung dar, die es den Rezipient/innen erlaubt, »ihre persönlichen Verbindlichkeiten einzubringen«, wie Fiske (1999, S. 242) es für das Fernsehen konstatiert. Die bekannten Muster der Erzählung und die tendenzielle Bedeutungslosigkeit der Bilder stellen den Freiraum für die Mitarbeit der Leser/innen am Text. Die vorgebliche Priorität des Textes im Fotoroman, die z.B. Wischmann (1976, S. 29) konstatiert, unterschlägt die Funktion der Fotos als Platzhalter für die Deutungen der Rezipient/innen.

Fotoromane in Jugendzeitschriften

Den größten Bekanntheitsgrad hat in der Bundesrepublik der Fotoroman, die Foto-Love-Story der *Bravo*. Die Fotoromane der *Bravo* versuchten vor allem in der Anfangszeit, Geschichten aus dem konkreten Umfeld der jugendlichen Leser/innen darzustellen. Die Authentifizierungsmöglichkeit durch Fotos wird hier bei weitem mehr genutzt als in den Lancio-Romanen. In den frühen 1970er Jahren begann die *Bravo* damit, Fotoromane abzudrucken. Sie bestanden aus schwarz/weiß-Fotos und nahmen zwischen zwei und drei Seiten ein. Es wurden ›wahre Geschichten‹ von Problemen Jugendlicher oder junger Leute erzählt. Die Authentifizierungsstrategie ging dabei so weit, daß die Darsteller/innen z. T. durch einen schwarzen Balken über den Augen unkenntlich gemacht wurden. 1974 begann die *Bravo* mit der kurzen Serie »Blick in dein Leben«, in der Leser/innen sich und ihre Freunde in Fotos vorstellen konnten. Ebenfalls 1974 begann eine Aufklärungsserie in Bildern, in der ein Diplompsychologe Tips für den Umgang mit dem anderen Geschlecht gab. Seit 1975 gibt es die Bravo-Foto-Love-Story als Fortsetzungsroman. In der Anfangszeit wurde auch hier betont, daß es sich um ›wahre Geschichten‹ handelt, die nachgestellt wurden.

Die *Bravo* enthält bis heute die Foto-Love-Story, die in sechs Teilen erzählt wird. Neben der Liebe bildet hier das Abenteuer das Thema. *Bravo-Girl!*, *Mädchen* und *Hit Stars* enthalten abgeschlossene Liebes-Fotoromane. Alle zwei Monate erscheint das Heft *Bravo-Foto-Love-Story*, eine Zusammenstellung eines Fortsetzungsromans, zweier Romane aus *Bravo-Girl!* und ›wahrer‹ Liebesgeschichten von Leserinnen.

Die immer wiederkehrenden Figuren der Romane der Jugendzeitschriften sind die Protagonistin, ihre Freundin, der falsche Geliebte und der Geliebte, die von ›der Clique‹ flankiert werden. Das Mädchen findet im Laufe der Geschichte den wirklichen Geliebten. Im Unterschied zu den Lancio-Romanen wird hier auf eine dynamische – für den ungeübten Leser manchmal verwirrende – Seiten- und Bildgestaltung Wert gelegt. Es finden sich ca. elf durchlaufend numerierte Fotos in verschiedenen Größen auf einer Seite. Die Bilder bekommen durch die bunte Kleidung der Darsteller, durch den Einsatz von Farbfiltern, die eine bestimmte Stimmung erzeugen sollen, und die Darstellung von Interieurs – v. a. Jugendzimmer mit bunter Bettwäsche, Postern und Stofftieren oder Kneipen und Discos – eine auffällige Farbigkeit und Unruhe. Die Darsteller versuchen zudem auf jedem Bild, durch offensive Mimik und Gestik eine bestimmte Emotion darzustellen.

Die Jugend-Fotoromane arbeiten mit einer visuellen und textuellen Überdeterminaton, die versucht, eine expressive Jugendlichkeit herzustellen. Neben den ›emotionalen Realismus‹ der konventionalisierten Gefühlswelten tritt in den Jugendzeitschriften ein konventionalisierter, insbesondere an Mode und Aussehen orientierter ›Freizeitrealismus‹. Darüber fügen sich die Fotoromane bruchlos in die redaktionellen Teile der Zeitschriften ein, die sich, ebenfalls mit starker visueller Orientierung, mit Mode, ↗ Stars, Flirttips oder dem ›ersten Mal‹ beschäftigen.

Literatur

Ang, I.: *Das Gefühl Dallas. Zur Produktion des Trivialen.* Bielefeld 1986.
Baetens, J./Gonzalez, A. (Hgg.): *Le roman-photo. Actes du colloque de Calaceite* (Fondation NOESIS), 21–28 août 1993. Amsterdam u. a. 1996.
Barthes, R.: »Einführung in die strukturale Analyse von Erzählungen«. In: Ders.: *Das semiologische Abenteuer.* Frankfurt a. M. 1988. S. 102–143.
Brooks, P.: »Die melodramatische Imagination«. In: Cargnelli, C./Palm, M. (Hgg.): *Und immer wieder geht die Sonne auf. Texte zum Melodramatischen im Film.* Wien 1994. S. 35–63.
Detti, E.: *Le carte rosa. Storia del fotoromanzo e della narrativa popolare.* Firenze 1990.
Fiske, J.: »Augenblicke des Fernsehens«. In: Engell, L. u. a. (Hgg.): *Kursbuch Medienkultur. Die maßgeblichen Theorien von Brecht bis Baudrillard.* Stuttgart 1999. S. 234–253.
Lecœuvre, F./Takodjerad, B.: *Les années roman-photos.* Paris 1991.
Presse-Porträts: Zeitungen, Zeitschriften, Romane, Rätsel, Comics, Sonderhefte, Taschenbücher. Hamburg 1979–1998.
Saint-Michel, S.: *Le roman-photo.* Paris 1979.
Sullerot, E.: »Les Photoromans«. In: *Entretiens sur la paralittérature. Centre culturel international de Cerisy-la-Salle.* Paris 1970. S. 119–133.
Wischmann, C.: *Die mexikanische Fotonovela. Eine Untersuchung über Struktur, Ideologie und Rezeption von Massenliteratur in Mexiko und Lateinamerika.* Wiesbaden 1976.

Britta Neitzel

Freizeitpark ↗ Volksfest

Gender

›Gender‹ dient in den Kultur- und Sozialwissenschaften als analytische Kategorie, die sich auf das Geschlechterverhältnis und seine kulturell variablen Repräsentationen bezieht. In der englischen Sprache bezeichnet *gender* im Gegensatz zu ↗ *sex* nicht das biologische Geschlecht, sondern die kulturell, gesellschaftlich und historisch unterschiedlich bedingten Identitätskonzepte, die dem ›Weiblichen‹ und dem ›Männlichen‹ zugeschrieben werden. Seit dem 18. Jh., mit der Aufklärung und der Entstehung der bürgerlichen Gesellschaft, versuchte man, die Geschlechterdifferenz als ›natürliche‹ mit biologischen und anthropologischen Unterschieden zu begründen. Heute hat ›Gender‹ einen rein phantasmatischen Charakter bekommen, wird verstanden als kulturelle Konstruktion und in seiner hierarchischen Organisiertheit veränderbar. Strategisch dient die Unterscheidung von *gender* und *sex* seit den 1970er

Jahren dazu, den biologischen Determinismus einer ›Natur der Geschlechter‹ abzulehnen und die Analyse der kulturellen Repräsentationen der Geschlechter als ein gesellschaftliches Machtverhältnis zu begreifen. Dabei ist Gender inzwischen zu einem vieldiskutierten Begriff geworden.

Geschlechter-Maskeraden

Seit den 1980er Jahren hat der Gebrauch des Begriffs ›Gender‹ im Zuge der poststrukturalistischen Betrachtung des Geschlechts als sozial und kulturell konstruierte Identität seinen eigenen Platz bekommen. Seyla Benhabib spricht vom theoretischen Paradigmenwechsel, vom ›Standpunktfeminismus‹ zum ›postmodernen Feminismus‹, und Nancy Fraser und Linda J. Nicholson gehen von einem ›encounter‹ zwischen Feminismus und Postmoderne aus. Vor allem aber mit der Rezeption von Judith Butlers *Gender Trouble* (1990), dt. *Das Unbehagen der Geschlechter* (1991), fand ein Paradigmenwechsel statt, trotz der zunächst ablehnenden Reaktion auf die von Butler vorgeschlagene Lektüre geschlechtlicher Identitäten in ihrer performativen Dimension. Inzwischen ist die Frage nach ›Geschlechter-Maskeraden‹ zu einem wichtigen Feld kulturwissenschaftlicher Untersuchungen geworden. In den Blick rückt ›Geschlecht‹ nicht als das, was man hat, sondern als etwas, das man konstruiert. An die Stelle einer biologischen tritt eine performative Definition. Die Faszinationskraft des Strukturmodells der Maskerade dürfte nicht zuletzt darin liegen, daß sich in dem von ihm durchschrittenen Feld von Körper, Schleier, Fetischismus, Travestie etc. die zentralen Oppositionen westlicher Kulturdiskurse – Weiblichkeit und Männlichkeit, Sein und Schein, Wahrheit und Täuschung, Identität und ›Mangel‹ – überkreuzen. Im Zentrum des Interesses stehen dabei stets Körper, die Grenzen markieren und diese zugleich verwischen: Körper, die zwielichtige Zonen zwischen dem Materiellen und dem Immateriellen, dem Weiblichen und dem Männlichen, zwischen Natur und Kultur, öffentlicher und privater Sphäre ausloten. Die alltagsgeschichtliche Aufmerksamkeit für Geschlechter-Maskeraden, Cross-dressing etc. verweist dabei auf eine Kategorienkrise, die die kollektive Imagination zu fesseln vermag und insofern gerade in der Populärkultur zu Hause ist. Als paradigmatisch für die Thematisierung von Geschlecht und Maskerade kann dabei die ↗ Ikone Madonna gelten (s. u.).

Gender und Populärkultur

›Gender‹ ist auch eine fundamentale Kategorie für das Studium und die Erforschung von Populärkultur. Dabei gibt es verschiedene Untersuchungsperspektiven. Neben dem Konzept vom Geschlecht als Maskerade, wie es in den 1980er Jahren entstand, sind es v. a. soziologisch orientierte, eher populärwissenschaftliche Untersuchungen zu Geschlechterrollen, die sich der Aufdeckung ritualisierter Formen von Geschlechterverhalten widmen, wenn sie das soziale Arrangement der Geschlechter, deren Rangordnung, aber auch Veränderungen im ↗ Film und ↗ Fernsehen, in der ↗ Werbung und der Popmusik (↗ Musik) darstellen. Dabei reichen die Analysen von der Beschreibung der normativ und asymmetrisch gehaltenen Geschlechtervorstellungen und der Ausgrenzung von Frauen aus vielen Feldern der Populärkultur bis hin zu Gender-Inszenierungen, die diese sexistischen und stereotypen Bildwelten durchkreuzen. Für den Bereich der Popmusik legt Susan McClary (1991) einen methodologischen Entwurf einer feministischen Musikkritik vor. Konzepte wie ›Geschlecht‹ und ›Sexualität‹ kommen als prinzipielle Problemfelder einer musikwissenschaftlichen Untersuchung in Betracht. Interessant ist auch die von Richard Middleton (1995) entwickelte ›gender-Karte‹ musikalischer Stile, in der Ballade und Blues, Soul und Rock/Pop aufeinander bezogen werden. Auf einer vertikalen Achse stehen sich einerseits Ballade als klar in der ›weiblichen‹ Sphäre lokalisiert und Blues als Nexus zur ›männlichen‹ Sphäre gegenüber. Dazwischen sind auf einer horizontalen Achse jene Musikstile angesiedelt, die zwischen der weiblichen und männlichen Sphäre liegen. Hierzu gehören Pop und Rock, aber auch die Soulmusik. Und Gabriele Klein (1999) beschreibt am Beispiel der Raver und der Technomusik, inwieweit traditionelle Geschlechterdifferenzierungen ins Wanken geraten und ein ›Wir-Gefühl‹ jenseits der Geschlechterzuschreibung entsteht. Inzwischen schon legendär für den Filmbereich ist die von Laura Mulvey in den 1970er Jahren vorgenommene Medienanalyse, mit der sie für das klassische Hollywoodkino (↗ Kino) den ›männlichen Blick‹ (und damit auch die Kameraposition) als Blickkonstellation entlarvte, die die Frau zum Objekt reduziert und fetischisiert. Inzwischen gibt es zahlreiche Gender-Strategien gegen eine solche Zuweisung, aber auch Variationen einer solchen Blickkonstellation (z. B. im Horrorfilm). Hinzu kommen zahlreiche Abhandlungen zur Maskulinität im Film. Der andere wichtige mediale Bereich, der unter Gendergesichtspunkten innerhalb der Populärkultur untersucht wird, ist das Fernsehen und hier v. a. die Gendervorstellungen, die in soap operas generiert werden.

Historische Entwicklungen

Gender-Fragen haben auch eine historische Dimension. Mit der Entstehung der ›Unterhaltungsliteratur‹ entdeckt das späte 18. Jh. die empfindsame Romanleserin, wobei die Romanlektüre als für Frauen hochgefährlich und ambivalent gilt: »[…] wenn sich nämlich das Frauenzimmer allzu starke Liebes-Ideen und brünstige Phantasien dergestalt macht und einprägt, daß sie darüber aberwitzig, schotenthöricht und verrückt werden« (*Frauenzimmer Lexicon* 1773, S. 1939). Unterhaltungsliteratur, Ritterschauspiele, Dramolette werden für ein weibliches Lesepublikum konzipiert, zum einen, um ein Tugendkorsett zu schnüren, zum anderen aber auch, um Heroinenkonzepte zu entwerfen. Außerdem entstehen Frauenzeitschriften, die sich direkt an ein weibliches Lesepublikum wenden. Das Spektrum der massenhaft entstehenden Frauenzeitschriften mögen zwei Beispiele markieren: Im Jahr 1794 widmete sich z. B. eine Frauenzeitschrift ausschließlich der Hausarbeit, nämlich Johanne Katharine Schulzes und Christine Dorothea Gürnths *Oekonomisches, moralisches und gemeinnütziges Journal für Frauenzimmer* (1794/1795); eine Wochenzeitschrift *Archiv der weiblichen Belehrung und Unterhaltung* (1796), herausgegeben von den ›vier Schwestern v. R.‹, beschäftigte sich mit »Weibertugenden und Männerlasten«. Programmpunkte waren z. B. »Epigrammen und Satyren auf Männer von entschiedenem Unwerth« oder »Ankündigung von ausgetheilten Körben, von Ehescheidungen, verunglückten Rendezvous« (vgl. Weckel 1998).

Auch die Kunst und Kulturform der Attitüden und lebenden Bilder, bei der ausschließlich weibliche Darsteller einem männlichen ↗ Publikum bedeutungsvolle antike und christliche Sujets darstellten, indem sie sich in Posen einfroren, läßt sich von heute aus als eine populäre Kulturform beschreiben, die eine Geschlechterspannung darstellt bzw. hervorbringt. Goethe beschreibt die Vorführung der Lady Hamilton in seiner *Italienischen Reise* (1787) folgendermaßen: »Er [der Ritter Hamilton, d. V.] hat ihr ein griechisch Gewand machen lassen, das sie trefflich kleidet, dazu löst sie ihre Haare auf, nimmt ein paar Schals und macht eine Abwechslung von Stellungen, Gebärden, Mienen etc., daß man zuletzt wirklich meint, man träume«. Von Lady Hamilton bis zu Madonna, der Choreographin ihrer selbst, läßt sich ein (allerdings weitgespannter) Bogen schlagen. Im 18. Jh. sind Drama und Roman damit beschäftigt, neue Liebes-

semantiken auszubilden, die tendenziell an die Stelle von gottgegebenen Geschlechterordnungen zu treten haben. Der dabei neu entstehende Liebescode ermutigt, Gefühle zu bilden und in entsprechenden empfindsamen Formen festzuschreiben. Dem ↗ Theater und dem Roman als den Thematisierungsbühnen kommt dabei die Aufgabe zu, das Allgemein Menschliche durch ein gleichermaßen konstitutives Deutungsschema, nämlich das der Differenz der Geschlechter, zu legitimieren und zu popularisieren. Es werden sowohl Begründungszusammenhänge für die Geschlechterdifferenz als auch Generalisierungen für das Allgemein Humane gesucht. Der Liebesdiskurs bildet dabei die Klammer, Geschlechter werden auseinanderdividiert und geschlechtsspezifische Codes entwickelt. Entsprechende Ausformulierungen finden sich im bürgerlichen Drama und Roman in der Propagierung eines neuen Männer- und Frauenbildes: Tapferkeit, Stärke, Rationalität auf der einen Seite; Tugendhaftigkeit, Häuslichkeit, Innerlichkeit auf der anderen Seite. Aber es gibt auch Raum für Gestalten, die die bipolare Geschlechter-Matrix durchschreiten. Dazu gehört Goethes Mignon aus *Wilhelm Meisters Lehrjahre* (1795/1806), das Mädchen mit männlichem Namen. Es überschreitet Grenzen, die auch heute noch aktuell sind (Mensch/Automate, Leben/Tod, Mann/Frau). Doch existiert um 1800 noch kein Selbstverständnis für eine populäre Kultur, sie gilt lediglich als trivial.

Beispiel Madonna

»Sind es Männer? Sind es Frauen? Werden Sie Zeuge, wie vor Ihren Augen das Geschlecht gewechselt wird«. Mit diesen marktschreierischen Sätzen aus Madonnas *Girlie Show* wird die Vorstellung von der Welt als Wunder- und Schreckenskammer wiederbelebt und ein Panoptikum der Extravaganz eröffnet; es ist wie auf dem Jahrmarkt oder in einer Transvestiten- und Transsexuellenshow. Doch statt Freaks gibt es gut ausgebildete Tänzer in Posen und Bewegungen zu sehen. Dabei erscheint Madonna als Choreographin ihrer selbst. In dieser ↗ Show ist sie zu sehen in einer Dominapose mit einer Peitsche in der Hand. Doch hat Madonna weder mit der de Sadeschen Welt noch mit der bis in die 1930er Jahre in Amerika verbreiteten Zurschaustellung von Hermaphroditen auf Jahrmärkten etwas zu tun. Sie spielt aber mit ihrer *Girlie Show* darauf an, daß die Androgynität eine faszinierende Bedrohung im Amerika des frühen 20. Jh. darstellte und daß die sexuelle Herrinnenpose voyeuristische Verheißung schlechthin verspricht.

Wie kaum eine andere Darstellerin setzt sich Madonna mit dem Geschlecht als Maskerade auseinander, wird ›Gender‹ geradezu zu ihrem Markenzeichen. In der *Girlie Show* gibt es Anklänge an Lulu, aber sie imitiert auch Marilyn Monroe oder Marlene Dietrich. Sie wechselt Frisur und Haarfarbe wöchentlich. Sie verschmilzt und kombiniert mehrere Traditionen der Popmusik (Diskomusik, in ihrem Album *ray of light* (1998) auch Techno-Musik) bis hin zum Musical *Evita*. Sie ist Karrierefrau, Mutter, gute Tochter und böses Mädchen. Diese Fähigkeiten zur Metamorphose und Mimikry sind immer wieder beschrieben worden, und ihr Einfluß auf die Teenagerkultur macht sie zu einem paradigmatischen Fall in populärwissenschaftlichen Untersuchungen, so daß das Phänomen Madonna im Curriculum der Gender- und Cultural Studies nicht nur an den US-Universitäten fest verankert ist.

Madonna verfolgt in ihren Auftritten verschiedene Strategien. Zunächst verblüfft die Geschwindigkeit, mit der sie die verschiedenen Diskurse durchquert und sich verschiedene ↗ Images und Bilder zulegt. »She crosses cultural and moral boundaries with the energy of an electronic rock 'n' roll amazon, *cum* dancer, movie actor, producer, songwriter, investor, film- and video-maker, author and fashion trendsetter« (Faith 1997, S. 43). Durch diese Beschleunigung der Einordnung entsteht aber auch Unordnung, wobei Madonna sich nicht nur von einem Auftritt zum nächsten, von einem ↗ Videoclip zum nächsten verwandelt, sondern die Heterogenität ihrer Erscheinung innerhalb eines ↗ Videos zur Schau stellt. Im Videoclip *Like a Virgin* werden beispielsweise das Bild der Jungfrau und das der Hure ineinandergeschaltet. Sie führt die getrennten Hälften des Frauenbildes wieder zusammen: »Playing with the outlaw personae of prostitute and dominatrix, Madonna has made a major contribution to the history of woman: Mary, the Blessed Virgin and holy mother, and Mary Magdalene, the harlot« (Paglia 1992, S. 11). Madonna ist v. a. eine Frauendarstellerin, aber auch eine Männerdarstellerin. In ihren ausgiebigen Maskeraden durchquert sie die Geschlechterdiskurse. Und genau das scheint ihre Attraktivität auszumachen. Daß sie sich heute als Ehefrau und Mutter inszeniert, die in England auf die Jagd geht und sich in britischer Aussprache übt, ist dabei nur eine weitere Facette. Wie wird wohl das nächste Bild aussehen, das sie von sich zeichnen wird?

Literatur

Benhabib, S./Butler, J./Cornell, D./Fraser, N. (Hgg.): *Der Streit um Differenz: Feminismus und Postmoderne in der Gegenwart.* Frankfurt a. M. 1993.

Breger, C./Dornhof, D./v. Hoff, D.: »Gender Studies. Tendenzen und Perspektiven der deutschsprachigen Forschung.« In: *Zeitschrift für Germanistik* IX,1 (1999) S. 72–114.

Butler, J.: *Das Unbehagen der Geschlechter* [1990]. Frankfurt a. M. 1991.

Diederichsen, D.: *Yo! Hermeneutics?: Schwarze Kulturkritik: Pop, Medien, Feminismus.* Berlin/Amsterdam 1993.

Faith, Karlene: *Madonna, Body & Soul.* Toronto/Buffalo/London 1997.

Härle, G./Popp, W./Runte, A. (Hgg.): *Ikonen des Begehrens. Bildsprachen der männlichen und weiblichen Homosexualität in Literatur und Kunst.* Stuttgart 1997.

Hof, R.: »Die Entwicklung der Gender Studies«. In: Bußmann, H./Hof, R. (Hgg.): *Genus. Zur Geschlechterdifferenz in den Kulturwissenschaften.* Stuttgart 1995. S. 2–34.

Hoff, D. v.: »Zum Verhältnis von Gender und Geisteswissenschaften. Eine Bestandsaufnahme«. In: Gnüg, H./Möhrmann, R. (Hgg.): *Frauen Literatur Geschichte. Schreibende Frauen vom Mittelalter bis zur Gegenwart.* Stuttgart/Weimar 1999. S. 603–614.

Hof, R.: *Die Grammatik der Geschlechter: Gender als Analysekategorie der Literaturwissenschaft.* Frankfurt a. M. 1995.

Kaplan, E. A.: *Motherhood and representation: The mother in popular culture and melodrama.* London/New York 1992.

Klein, G.: *Electronic vibration: Pop Kultur.* Hamburg 1999.

de Lauretis, T.: *Die andere Szene. Psychoanalyse und lesbische Sexualität.* Berlin 1996.

McClary, S.: *Feminine Endings. Music, Gender, and Sexuality.* Minnesota/Oxford 1991.

Middleton, R.: »Authorship, Gender and the Construction of Meaning in the Eurythmics Hit Recordings«. In: *Cultural Studies* 9, 3 (1995) S. 465–485.

Mulvey, L.: »Visuelle Lust und narratives Kino«. In: Albersmeier, F.-J. (Hg.): *Texte zur Theorie des Films.* Stuttgart 1988. S. 389–408.

Nutzbares, galantes und curieuses Frauenzimmer-Lexicon. 2 T. Leipzig 1773.

Paglia, C.: *Der Krieg der Geschlechter: Sex, Kunst und Medienkultur.* Berlin 1993.

Ders.: *Sex, Art, and American Culture. Essays.* New York 1992.

Weckel, U.: *Zwischen Häuslichkeit und Öffentlichkeit. Die ersten deutschen Frauenzeitschriften im späten 18. Jahrhundert und ihr Publikum.* Tübingen 1998.

Dagmar von Hoff

Genre

Genre (frz. für ›Gattung‹ oder ›Art‹, zurückgehend auf den idg. Wortstamm *gen-*: ›gebären‹, ›erzeugen‹, der sowohl im lat. *gi-gne-re*: ›erzeugen, hervorbringen‹ als auch im griech. *gí-gne-sthai*: ›geboren werden‹, ›werden‹, ›entstehen‹ vorliegt) bezeichnet in der populären Kultur Gruppen von Artefakten mit relativ ähnlichen Merkmalen, die im kulturellen Bewußtsein wie eine Familie als von gleicher Art, Gattung oder Abstammung betrachtet werden. Genres dienen in der kulturellen Kommunikation der Orientierung in Produktions-, Distributions- und Rezeptionsprozessen (vgl. Neale 1980): So haben Bezeichnungen wie ›Illustriertenroman‹, ›Boulevardkomödie‹, ›Psychothriller‹, ↗ ›Infotainment‹ oder ›Adventuregame‹ etc.

im alltäglichen Gespräch über Phänomene der populären Kultur die Funktion, das einzelne Artefakt einer Gruppe von Texten, Theaterinszenierungen, ↗Filmen, Fernsehsendungen oder Computerspielen (↗Videospiel) etc. zuzuordnen und dabei ihren kulturellen Ort und/oder ihren ›Gebrauchswert‹ anzugeben. Während Genres für Rezipienten spezifische Erwartungen und Erlebnisversprechen generieren, sind Genrekonzepte für Produzenten Muster, die als Vorbild und Leitfaden im kreativen Prozeß fungieren; für Distributeure dagegen machen sie Märkte und Absatzzahlen kalkulierbar. Deshalb wird in bezug auf Genres insgesamt auch von »Erwartungserwartungen« (Wulff 1985) gesprochen.

Das Phänomen ›Genre‹ kann als ein intrinsisches der populären Kultur resp. ↗Unterhaltung betrachtet werden: Genres im engeren Sinne sind mit der Herausbildung eines freien Marktes für symbolische Güter entstanden, der die Voraussetzung für die massenhafte Verbreitung, mediale Distribution und kommerzielle Ausbeutung von populärer Kultur bildete. Auf dem kulturellen Markt erfolgreiche Artefakte werden zu Vorbildern für die massenhafte Produktion und Distribution immer neuer Artefakte desselben Typs, die den ›Prototypen‹ variieren. Dadurch entstehen im historischen Prozeß für gewisse Phasen relativ stabile Muster der Produktion und Rezeption kultureller Artefakte, deren ästhetischer Wert nicht wie bei der hohen Kultur in der besonderen Einmaligkeit des Werkes gesucht, sondern in der Variation des bekannten Musters gefunden wird.

So ist mit dem Entstehen eines literarischen Marktes, auf dem die Kunstliteratur nur selten reussierte, in bezug auf die populäre Literatur bald abwertend von ›Schema‹- oder ›Trivialliteratur‹ die Rede, von sogenannten ›Lectürbüchern‹, die gesellschaftlichen Bedürfnissen unterschiedlicher Publikumsegmente entgegenkommen. Eine solche »Herausbildung funktional-struktureller Grundtypen« (Plaul 1983, S. 120) führt zu einem durch den Markt vermittelten Konnex von Produktion und ↗Publikum, der den Genres ihre relative historische Stabilität gibt. Dabei entwickeln sich medienübergreifende Genres wie Abenteuer (↗Abenteurer), Krimi oder Melodrama, die umstandslos in den verschiedensten (neuen) Medien adaptiert und dann ausdifferenziert werden, während andere Genres wie der Schlager, die Soap-opera oder der ↗Videoclip an spezifische Medien und deren Distributionsformen gebunden sind.

Eine geradezu idealtypische Ausformung findet der marktvermittelte Konnex von Produktion und Publikum im Studiosystem Hollywoods der 1930er

bis 1950er Jahre. Die großen Studios teilen sich den Markt untereinander auf und spezialisieren sich auf bestimmte Genres, die durch die hochgradig arbeitsteiligen ›production units‹ eines jeweiligen Studios hergestellt werden. Ein durch horizontale und vertikale Konzentration stabilisierter Absatzmarkt in einer Periode, in der das ↗Kino als Teil einer festgefügten ↗Freizeitkultur die – historisch außergewöhnlich – dominante Position einnimmt, führt zur Blüte der ›klassischen‹ Hollywood Genres wie z. B. dem Western, dem Musical, der Komödie, dem Krimi oder dem Melodrama (vgl. Schatz 1981). Nicht zufällig wird dieses genreorientierte Produktionssystem der Studioära zum Kronzeugen für die Kritik an der ↗Kulturindustrie, die – so der Vorwurf – die Massen im stereotypen Wiederholen des immer Gleichen in jeweils neuem Gewand an das Bestehenden binde (vgl. Horkheimer/Adorno 1969).

Das Aufbrechen des monopolisierten Marktes durch eine Mobilisierung der westlichen Konsumgesellschaften, veränderte Freizeitkulturen und Verschiebungen im Medienensemble (↗Fernsehen, ↗Videorecorder, ↗Computer) bringen tiefgreifende Veränderungen des zeitweise recht stabilen Genresystems mit sich. Vor allem das durch und durch genredominierte Fernsehen, das vom ↗Radio übernommene Genres wie die Soap-opera, die Sitcom oder die Nachrichten zu eigenen, medientypischen Formen entwickelt hat, setzt seit den 1980er Jahren des 20. Jh. vielfach auf neue Mischformen, durch die das gewachsene kulturelle Ordnungssystem der Genres dynamisiert wird. Die entstehenden Mischformen oder ›Hybridgenres‹ wie ›Infotainment‹, ›Quality Soap‹ oder ›Reality Show‹ überschreiten die Grenzen zwischen Information und Unterhaltung, Fakt und Fiktion, hoher und niederer Kultur – Grenzen, die im Orientierungssystem des kulturellen Diskurses lange als unantastbar galten. Dieser Prozeß ist seit den 1980er Jahren in allen Medien vorzufinden und wird als Kennzeichen der Postmoderne diskutiert. Doch sagt das Entstehen zahlreicher Hybridgenres mehr über die Entwicklung einer multimedialen Populärkultur aus, deren Nutzer sich durch Mobilität und breite Medienkompetenz auszeichnen, als über einen grundsätzlichen kulturellen oder gar epistemologischen Wandel, wie Schmidt (1987, S. 189) ›Veränderungen im System von Medienhandlungsschemata‹ in seiner »konstruktivistischen Mediengattungstheorie« erklärt. Zudem übersehen solche allgemeinen kulturhistorischen Einschätzungen, daß neben einigen mehr oder weniger spektakulären Veränderungen viele der ›funktional-strukturellen Grundtypen‹ weiterhin lebendig sind, wenn sie auch manchmal ausdifferenziert und an einem anderen Ort im Medienensemble vorzufinden sind. So ist z. B. das Melodrama kaum mehr im Kino zu anzutreffen, während es das Fundament verschiedener Genres der Heftchenliteratur oder des Fernsehens bildet, u. a. von seriellen Arzt- und Krankenhauserzählungen (↗Serie) oder von bestimmten Spielarten des TV-Movies. In diesem Sinne ist ein Revival des Abenteuer- und Phantasie-Genres im Kino v. a. als ein Indiz ihrer Etablierung in der Welt der Jugendbücher und der Computerspiele zu bewerten.

Doch auch wenn der Konnex von Markt, Medien und ↗Publikum für die Stabilisierung resp. Destabilisierung von Genres entscheidend ist, kann das Phänomen ›Genre‹ allein soziologisch nicht hinreichend erforscht und erklärt werden. Ökonomische und soziologische Faktoren bilden die gesellschaftlichen Voraussetzungen für die Entwicklung von Genres, sie determinieren aber weder Inhalt noch Form eines jeweiligen Genres. So ist, wie z. B. Wright (1975) für den Filmwestern, Hügel (1978) für die Detektiverzählung (↗Detektiv) oder Altman (1987) für das Filmmusical gezeigt haben, die intrinsische Entwicklung eines Genres als kulturhistorisches Phänomen zu beschreiben, denn jenseits ihrer gesellschaftlichen Funktionalität haben Genres eine Formgeschichte.

Die Vermittlung von Form- und Gesellschaftsgeschichte macht das Phänomen ›Genre‹ zu einem besonders interessanten Untersuchungsobjekt für die Kulturwissenschaften. Die wissenschaftliche Konzeptualisierung des Begriffs ›Genre‹ kennt verschiedene Spielarten, die sich grob in (a) strukturalistische resp. bei den audiovisuellen ikonologische, (b) funktionalistische, (c) kognitivistische und (d) historisch-pragmatische Theorien unterscheiden lassen. Erstere sind an einer systematischen Beschreibung von Genres interessiert, zum Teil mit dem Ziel einer umfassenden Genretypologie (Lopez 1993), die auf den besonderen Strukturmerkmalen eines Genres aufbaut (vgl. Propp 1958; Todorov 1975). Die verschiedenen funktionalistischen Genretheorien richten sich, anschließend an die Mythentheorie von Lévi-Strauss, die Ideologiekritik der Frankfurter Schule oder die Machttheorie von Foucault, auf die Beschreibung der ritualistischen oder gemeinschaftsbildenden, der ideologischen (vgl. Wood 1986) oder produktiven (vgl. Müller 1995) Kraft von Genres im gesellschaftlichen Kontext. Doch setzen Genrestudien im Rahmen dieser kritischen Theorien die Existenz von Genres voraus. Deren Herausbildung gibt den Kunst- und Kulturwissenschaften jedoch viele Fragen auf. Empirische Studien weisen z. B. nach, daß zwischen 1986 und 1990 ca. 2500 verschiedene Bezeich-

nungen für Sendetypen und Sendeformen des Fernsehens in deutschen Programmzeitschriften gebräuchlich waren (Rusch 1993, 298); und Klassifikationsversuche für den Film unterstellen bis zu 775 verschiedene Genres (vgl. Lopez 1993), deren Validität natürlich außerordentlich umstritten ist. Vor diesem Hintergrund scheint der systematische Wert von Genretypologien, die auch für die neuesten Medien wie z. B. Computerspiele (vgl. Lischka 2002) erstellt werden, äußerst fraglich und v. a. von historischem Wert zu sein. Denn wie historische Studien über die Entstehung von Genres gezeigt haben, sind Genres Konstruktionen ex post, die ein und dasselbe Artefakt in je neuen historischen Konstellationen anderen Genres zuordnen können. So hat Neale (1990) z. B. für The Great Train Robbery, einen Film von 1903, der als der erste Western der Filmgeschichte gilt, gezeigt, daß dieser erst viel später als Western bezeichnet wurde, während er in der zeitgenössischen Rezeption als »Kriminalfilm mit dokumentarischem Wert« gesehen und besprochen wurde. Und Altman (1999, S. 31 ff.) hat in bezug auf Filme mit Gesangsnummern, die Ende der 1920er bis Anfang der 1930er Jahre herauskamen und heute umstandslos als ›Musicals‹ eingeordnet werden, gezeigt, daß diese von den zeitgenössischen Kritikern mit den verschiedensten Genrebezeichnungen, nur nicht mit der des ›Musicals‹, benannt werden. Angeregt durch solche historisch-pragmatischen Studien und aufbauend auf die kognitivistische Prototypentheorie hat Schweinitz (1994, S. 113) mit Bezug auf den Film vorgeschlagen, daß ein Genre nicht eine »logisch einwandfrei konstruierbare Klasse von Filmen« ist, sondern daß solch ein »Komplex von Filmen tatsächlich durch ein (vor dem Hintergrund praktischer kulturindustrieller und sozialpsychologischer Zusammenhänge zu sehendes) *filmkulturell verankertes Genrebewußtsein* zusammengehalten wird«. In der genreanalytischen Praxis wird deshalb Wittgensteins Konzept der »Familienähnlichkeit« von Bedeutung bleiben (vgl. Fishelov 1991), das für die Konstruktion von Kategorien wie der des Genres nicht *einen* Satz von Merkmalen unterstellt, der allen Exemplaren einer Kategorie gemeinsam ist, sondern »ein kompliziertes Netz von Ähnlichkeiten, die einander übergreifen und kreuzen« (Wittgenstein 1988, § 66).

Eine solche Rekonstruktion von Genres als dynamische Phänomene im historischen Prozeß eröffnet den Blick auf die Geschichte einzelner Genres als die Geschichte ihrer Form: ihrer Herausbildung aus dem je historischen Genreensemble, ihrer Entwicklung, Stabilisierung, Differenzierung, Hybridisierung oder Vergänglichkeit in der populären Kultur und ihrem historischen Gedächtnis.

Literatur

Altman, R.: *The American Film Musical*. Bloomington 1987.

Ders.: *Film/Genre*. London 1999.

Fileshov, D.:»Genre Theory and Family Resemblance – Revisited«. In: *Poetics* 20, 2 (1991) S. 123–138.

Horkheimer, M./Adorno, T. W.: *Dialektik der Aufklärung*. Frankfurt a. M. 1969.

Hügel, H.-O.: *Untersuchungrichter – Diebsfänger – Detektive. Theorie und Geschichte der Detektiverzählung im 19. Jahrhundert*. Stuttgart 1978.

Lischka, K.: *Spielplatz Computer. Kultur, Geschichte und Ästhetik des Computerspiels*. Heidelberg 2002.

Lopez, D.: *Films by Genre: 775 Categories, Styles, Trends, and Movements Defined, with a Filmography for Each*. Jefferson 1993.

Müller, E.: ›Genre‹ als produktive Matrix. In: Hartman, B./Müller, E. (Hgg.): *7. Film- und Fernsehwissenschaftliches Kolloquium, Potsdam '94*. Berlin 1995. S. 116–122.

Neale, S.:»Questions of Genre«. In: *Screen 31*, 1 (1990) S. 45–66.

Ders.: *Genre*. London 1980.

Plaul, H.: *Illustrierte Geschichte der Trivialliteratur*. Hildesheim/Zürich/New York 1983.

Propp, V.: *Morphologie of the Folk Tale*. Bloomington 1958.

Rusch, G.: Fernsehgattungen in der Bundesrepublik Deutschland. In: Hickethier, K. (Hg.): *Geschichte des Fernsehens in der BRD, Bd. 1*. München 1993, S. 289–321.

Schatz, T.: *Hollywood Genre: Formulas, Filmmaking, and the Studio System*. New York 1981.

Schmidt, S. J.:»Skizze einer konstruktivistischen Mediengattungstheorie«. In: *Spiel* 6 (1987) S. 163–206.

Schweinitz, J.:»›Genre‹ und lebendiges Genrebewußtsein. Geschichte eines Begriffs und Probleme seiner Konzeptualisierung in der Filmwissenschaft«. In: *Montage/AV 3*, 2 (1994) S. 99–118.

Todorov, T.: *The Fantastic*. Ithaca 1975.

Wittgenstein, L.: Philosophische Untersuchungen. In: Ders.: *Werkausgabe, Bd. 1*. Frankfurt a. M. 1989. S. 225–580.

Wood, R.: Ideology, Genre, Auteur. In: Grant, B. (Hg.): *Film Genre Reader*. Austin 1986. S. 59–73.

Wright, W.: *Sixguns and Society: A Structural Stydy of the Western*. Berkeley 1975.

Wulff, J.: *Die Erzählung der Gewalt. Untersuchungen zu den Konventionen der Darstellung gewalttätiger Interaktion*. Münster 1985.

Eggo Müller

Gewalt

›Gewalt‹ wird im Kontext der Populärkultur im Kern als Inszenierung physischer Gewalt und Bedrohung (psychische Gewalt) definiert. Das Hauptaugenmerk gilt fiktionalen Genres. Darüber hinaus herrscht wenig begriffliche Klarheit, wie schon die verbreitete Gleichsetzung der Begriffe ›Gewalt‹ und ›Aggression‹ belegt. Zum Teil wird der Gewaltbegriff sogar auf Unglücke und Naturkatastrophen ausgedehnt. Offen bleibt in den meisten Studien zudem der Umgang mit struktureller Gewalt, die in aller Regel per Definition ausgegrenzt wird (vgl. Merten 1999, S. 11–33).

Die Bedeutung des Themas ›Gewalt und Medien‹ erschließt sich nur im Kontext des öffentlichen Diskurses, der ein ›Besorgnis-Diskurs‹ ist. ›Führt der Konsum von medialen Gewaltdarstellungen zu vermehrter Gewalt(akzeptanz) in der Realität?‹ – so lautet dessen Kernfrage. Die Darstellung von Gewalt in den Medien und der Diskurs über ihre möglicherweise schädlichen Wirkungen lassen sich bis in die Antike zurückverfolgen. Daß detailgetreue Gewaltdarstellungen kein Spezifikum der Gegenwart und nicht aufs ↗ Fernsehen beschränkt sind, verdeutlicht Michael Kunczik (1993) anhand zahlreicher Beispiele: angefangen bei Homers *Odyssee* über die Dramen Shakespeares bis zu den Romanen *Frankenstein* und *Dracula*. Zurückverfolgen läßt sich auch der Diskurs über mögliche schädliche Wirkungen solcher Medienangebote. So beklagte z. B. der Philosoph David Hume 1757 das Übermaß an Gewaltdarstellungen im englischen Theater und nach der Erfindung des Kinematographen 1895 erschienen bald Veröffentlichungen über eine mögliche Verrohung der Jugend durch »Schundfilme« (Kunczik 1993, S. 110–111). Solche Diskussionen lassen sich über die letzten hundert Jahre bis heute in Form einer »zyklischen Entrüstung« weiter verfolgen (Fischer/Niemann/Stodiek 1996; vgl. auch Merten 1999).

Es sind die jeweils ›neuen‹ Medien, an denen sich die ›alten‹ Debatten entzünden. In Deutschland war dies verstärkt ab Mitte der 1980er Jahre anläßlich der Zulassung des kommerziellen Fernsehens zu beobachten, und inzwischen sorgt das ↗ Internet für neue Regulierungsinitiativen. Dies führt zu einer doppelbödigen Bewertung von Gewaltdarstellungen, die dem Dualismus von Hoch- versus Trivialkultur verhaftet ist und zugleich dessen Historizität veranschaulicht. Kunczik (1993, S. 111) konstatiert ebenso polemisch wie zutreffend: »Während ein Mord bei Shakespeare oder Homer als Bestandteil eines Kunstwerkes ein sogenanntes Bildungsgut darstellt, ist ein vergleichbares Delikt etwa im Rahmen einer Fernsehserie als Ausgeburt niederer Massenkultur anzusehen, auf die der Kulturkritiker nur mit Abscheu blicken kann. Es gilt als Faustregel: Je länger ein Autor tot ist, desto höher ist die Chance, daß Gewalt als Kunst interpretiert wird.«

Ferner sind handfeste Interessen im Spiel: Die Politik findet in den Medien einen sie entlastenden ›Sündenbock‹ für gesellschaftliche Gewaltprobleme, die auf diese Weise zugleich dramatisiert und bezüglich der eigenen Verantwortung abgewehrt werden. Institutionen der Medienkontrolle und -politik können die Gewaltdebatte zur Legitimation nutzen; öffentlich-rechtliche Sender stellen die kommerzielle Konkurrenz an den Pranger; diese wiederum gibt

Studien in Auftrag, um die Vorwürfe zurückzuweisen (vgl. Kübler 1995).

Kommunikationswissenschaftliche und medienpsychologische Perspektiven

Die Behandlung des Themas ›Gewalt‹ in der Populärkultur ist durch getrennte wissenschaftliche Diskurse geprägt. Auf der einen Seite steht eine empirisch ausgerichtete kommunikationswissenschaftliche und medienpsychologische Perspektive, die problematische Folgen der Darstellung von Gewalt in den ↗Medien unterstellt (vgl. Kunczik 1996). Sie befaßt sich mit dem quantitativen Auftreten von Gewalt insbesondere in der Fernsehfiktion und mit möglichen Wirkungen bei den Nutzerinnen und Nutzern gewalthaltiger Medienangebote. Dabei finden Ästhetik, Symbolik und soziale Bedeutungen medialer Gewalt kaum Berücksichtigung. Mit diesen Aspekten befassen sich auf der anderen Seite die Medien-, Film- und Fernsehwissenschaften. Diese widmen sich im Rahmen von Text- und Genreanalysen auch solchen ↗Genres, für die die Inszenierung von Gewalt konstituierend ist, insbesondere Thriller, Krimi, Western, Horror (vgl. z. B. Seeßlen 1995a, 1995b; Wulff 1985; ↗Action, ↗Verbrechen, ↗Westerner, ↗Horror). Im Mittelpunkt solcher medienwissenschaftlicher Analysen stehen Fragen der Ästhetik, der Dramaturgie und des Genres, während das Thema ›Gewalt‹ ebenso wie die Perspektiven des ↗Publikums meist Randaspekte bleiben. Seit Ende der 1980er Jahre sind zwischen diesen Polen einige kulturwissenschaftliche und mediensoziologische Studien entstanden, die verschiedene Perspektiven – Textkonstruktion, Publikumsperspektive, alltagsbezogene Rezeptionsweisen, gesellschaftliche Bezüge – integrieren und neue Zugänge zum Thema eröffnen.

Die Forschung über Gewalt in der Populärkultur wird von empirisch ausgerichteten, kommunikationswissenschaftlichen und medienpsychologischen Ansätzen dominiert. Diese Forschungsrichtung ist – trotz zunehmender Kritik an Einzelaspekten der Mediengewaltforschung – am ›Besorgnis-Diskurs‹ um mediale Gewalt wesentlich beteiligt, und es stehen Wirkungsstudien im Vordergrund (vgl. Friedrichsen/ Vowe 1995, Kunczik 1996). Die Zahl der Untersuchungen zum Thema ›Gewalt und Medien‹ wird auf über 5000 geschätzt, und trotzdem muß konstatiert werden, daß »die wesentliche Konsistenz der Wirkungsforschung die Inkonsistenz ihrer Ergebnisse« ist (Winter 1995, S. 12). Der Mangel an Erkenntnisfortschritten hat bislang kaum zu theoreti-

schen und empirischen Neukonzeptionen geführt. Vielmehr wird an Vorannahmen festgehalten, die als solche nicht reflektiert werden und implizit die Forschungsperspektiven einengen (vgl. Röser 2000, S. 16–42). Dies betrifft ganz wesentlich die Aggressionszentrierung. Weil auch die Wissenschaft von der Frage geleitet ist, ob Mediengewalt zu vermehrter Gewalt(akzeptanz) in der Realität führt, wird in Wirkungsstudien auch nur nach Einflüssen auf das Aggressionsniveau gefragt. Dem Publikum wird auf diese Weise unterstellt, daß es der textuellen Täterperspektive emotional folgt. Unerforscht bleiben mögliche andere Reaktionen. Dies gilt insbesondere für Belastung und Angst, denn diverse Befunde deuten darauf hin, daß solche mit Opferempathie verbundenen Aneignungsweisen hochrelevant sind.

Die Prozesse der Aneignung stellen eine weitere Leerstelle dieser Forschungsrichtung dar, in der sich das traditionelle, medienzentrierte Wirkungsmodell hartnäckig hält. Die Rezipierenden werden vermessen und getestet, aber nicht nach ihren Deutungen befragt. Zwar geht man inzwischen nicht mehr davon aus, daß die Medienbilder isoliert auf das Publikum einwirken, wie es das monokausale Reiz-Reaktions-Modell nahelegte (Stimulus-Response). Diese Einsicht führte jedoch lediglich zur Einführung zahlreicher »intervenierender Variablen« bei Beibehaltung des Wirkungsmodells (vgl. Krebs 1994, 361 f.). Die Frage lautet nun: Unter welchen Umwelt- und Medienbedingungen entfaltet Mediengewalt ihr aggressives oder sozialschädliches Potential? Auf diese Weise bleibt das Konzept vom passiven Mediennutzer erhalten. Welche Position zum gewalttätigen Geschehen Zuschauende eigentlich einnehmen, wird nicht analysiert.

Ein drittes Defizit betrifft die Gewalttexte. In vielen Berichten über experimentelle Wirkungsstudien erfahren wir nichts oder doch nichts Genaues über die eigentliche Handlung und über die beteiligten Figuren in den verwendeten Medientexten. Weil die Wirkungsforschung den Rezipierenden keinen aktiven, gestaltenden Part bei der Medienaneignung zubilligt, erscheint es in ihrer Logik ausreichend, den medialen ›Reiz‹ aus Forscherperspektive zu kategorisieren und seinen vorgeblich objektiven Gehalt zu definieren. Dabei wird in der Regel hochgradig formalisiert vorgegangen, indem beispielsweise fiktional von non-fiktional, Gewalt von Nicht-Gewalt oder bestenfalls destruktive von legitimer oder reaktiver Gewalt unterschieden werden. Auch Inhaltsanalysen erfolgen standardisiert entlang solcher Kategorien (vgl. Groebel/Gleich 1993). Deshalb bleibt bezogen auf fiktionale Genres eine entscheidende Determinante unberücksichtigt: die Geschichte der Gewalt.

die in konkreten sozialen und kulturellen Milieus zwischen Menschen mit spezifischen Identitäten und gesellschaftlichen Rollen und sehr oft in hierarchischen Beziehungen erzählt wird.

Die psychologische und soziologische Mainstreamforschung zur Mediengewalt läßt gesellschaftliche Kontexte unberücksichtigt. Denn sie folgt einem Gesellschaftsbild, wonach Gewaltpotentiale in der ›Natur‹ des Menschen schlummern und – durch Medien geweckt – von außen in eine vorgeblich friedfertige Gesellschaft getragen werden. Deshalb kann sie eine zentrale Frage nicht beantworten: Warum spielt Gewalt in der Populärkultur überhaupt eine so große Rolle? (Erste) Antworten erbringen kulturwissenschaftliche und mediensoziologische Studien, die multiperspektivisch vorgehen.

Mediengewalt, soziale Relevanz und Dominanzverhältnisse

Folgt man dem im Rahmen der Cultural Studies entwickelten Konzept von Popularität, werden solche Medienangebote populär, in denen Rezipierende Bezüge zu ihren sozialen, alltagseingebundenen Erfahrungen identifizieren und denen sie deshalb Relevanz und Bedeutsamkeit zuerkennen (Fiske 1997, Müller 1993). Die Popularität von Mediengewalt als wesentlicher Teil medialer Kultur verweist dann darauf, daß Rezipierende in solchen Texten Aspekten ihrer sozialen Erfahrungen Bedeutung verleihen. Es stellt sich die Frage, mit welchen Facetten gesellschaftlicher und alltäglicher Wirklichkeiten Mediengewalttexte in der Rezeption verknüpft und dadurch relevant gemacht werden. Für John Fiske ist mediale Gewalt populär aufgrund ihrer metaphorischen Beziehung zu den sozialen Konflikten und hierarchischen Strukturen in der Gesellschaft (Fiske 1989, S. 134). Diese Zusammenhänge werden durch empirische Befunde gestützt (vgl. Walkerdine 1986, Röser 2000). Demnach sind es die Strukturen sozialer Ungleichheit, die hierarchische Ordnung der Gesellschaft, die Positionierungen auf der Achse von Macht und Ohnmacht, die in populären Mediengewalttexten symbolisiert und für Rezipierende bedeutsam werden können.

Eine Studie über die Rezeption geschlechtsgebunden inszenierter Gewalt in Krimis stellt den gemeinsamen gesellschaftlichen Zusammenhang von Gewalt, Mediengewalt und ihrer Rezeption in den Mittelpunkt der Analyse (vgl. Röser 2000). Anhand fokussierter Gruppendiskussionen wird deutlich: Die Gewalterzählungen werden immer auch in lebensweltlichen Bezügen betrachtet und mit der eigenen sozialen Position verbunden; ihre Plausibilität wird auf der Folie des ›wirklichen‹ Lebens, alltäglicher Erfahrungen und gesellschaftlicher Diskurse geprüft. In der Aneignung erweisen sich drei Ebenen kollektiver gesellschaftlicher Kontextuierung als relevant: zwischengeschlechtliche Gewaltstrukturen (insbesondere sexualisierte Gewalt), das allgemeine Machtverhältnis zwischen den Geschlechtern (Naturalisierung von Über- und Unterlegenheit) und soziale Wandlungsprozesse im Hinblick auf erweiterte Handlungsspielräume von Frauen (Diskurs über Gegenwehr und Selbstverteidigung). Frauen und Männer stimmen in ihren Entwürfen sozialer Realität als Kontext der Rezeption in weiten Teilen überein und weisen den Texten in diesem Rahmen ein gewisses ›Realismuspotential‹ zu. Jedoch unterscheiden sich die Selbstpositionierungen in dieser Wirklichkeit und differenzieren die Perspektiven auf die Gewaltszenen tiefgreifend: Männliche Zuschauer verleihen ihrer geschlechtsgebundenen Dominanzposition in der Rezeption Bedeutung, indem sie sich vom unterlegen weiblichen Status abgrenzen. Darüber hinaus positionieren sie sich außerhalb der Strukturen zwischengeschlechtlicher Gewalt: als Unbeteiligte. Demgegenüber perspektivieren Zuschauerinnen die Gewalttexte ausgehend von ihrer Position als Frauen innerhalb gesellschaftlicher Gewalt- und Dominanzverhältnisse und verleihen den Szenarien soziale Bedeutsamkeit. In der Rezeption einer Szene mit der traditionellen Konstellation ›gewalttätiger Mann – wehrlose Frau‹ führt dies zur Aktualisierung von Angst und Belastungsgefühlen. Insgesamt ergeben sich unterschiedliche Relevanzsetzungen und emotionale Reaktionen sowohl zwischen den Geschlechtern als auch gegenüber verschiedenen Texten, die sich jedoch nicht in die Dualismen der Gewaltforschung – Täter vs. Opfer, Aggression vs. Angst, Genuß vs. Ablehnung – einfügen. Beispielsweise rezipieren Zuschauerinnen ein Szenario, in dem eine Frau einen männlichen Angreifer mittels Kampftechniken besiegt, mit explizitem Vergnügen. Es handelt sich dabei nicht um Vergnügen an Gewalt, sondern an der symbolischen Überwindung von Ohnmacht und Unterlegenheit. In den Augen vieler Zuschauerinnen wird hier der immer überlegene power-bloc, die ›brutale Männerwelt‹, symbolisch besiegt.

Vergleichbare symbolische Bedeutungen aus männlicher Perspektive zeigen sich in einer Fallanalyse über die Rezeption des Boxerfilms ROCKY II (vgl. Walkerdine 1986). Deutlich wird, wie ein Rezipient aus der englischen Arbeiterklasse anhand des Boxerfilms seinem zentralen Lebensthema Geltung verleiht und daraus Vergnügen schöpft: Es ist der

Kampf gegen das System und für seine Familie, den
der Boxer in den Augen des Zuschauers symbolisch
gewinnt. Diese Deutung erschließt sich, indem der
Text nicht als inhaltsleere Gewalt, sondern als Kampf
um Aufstieg und Selbstbehauptung analysiert wird.
Worin die Filmfigur die Erfahrungen des Rezipienten
anspricht, ist das Spannungsfeld zwischen männlicher Macht in der häuslichen Sphäre und sozialer
Ohnmacht außerhalb des Hauses. Die ambivalente
Verbindung von männlichem Dominanzanspruch
und sozialem Ohnmachtserleben bildet wohl einen
wichtigen Kontext für Mediengewalt und ihre Aneignung (vgl. Fiske 1989, S. 136–139), denn dieses Spannungsfeld wird in vielen Gewalttexten gestaltet (vgl.
z. B. Steinert 1997). All die kämpfenden männlichen
Helden und Outlaws in ↗ Film und Fernsehen sind
diesem Hintergrund ebenso plausibel zuzuordnen
wie die Resonanz, die solche Filme speziell unter
Männern finden. Angesichts der vorgestellten Befunde wird nachvollziehbar, warum die Kategorie
›Geschlecht‹ (↗ Gender) in bezug auf Inhalt und
Rezeption von Gewaltgenres eine so nachhaltige
Strukturierungskraft entfaltet (vgl. Röser 2000, auch
Luca 1993).

Einen weiteren Ertrag der Studie über ROCKY II
erbringt die Schilderung der Autorin, wie sie sich in
einem längeren, auch selbstreflexiven Prozeß dem
Film angenähert hat. Davon ausgehend problemati-
siert Walkerdine die akademische Perspektive, in der
Intellektuelle von ihrer Position der Macht aus auf
das Vergnügen der ›Masse‹ sehen und es im Rahmen
des Körper-Geist-Dualismus abwerten und kontrolliert sehen wollen (Walkerdine 1986, S. 169,
194–197). Diese Sicht von Sozialwissenschaftler/in-
nen auf ihre Probanden als ›die gefährdeten Anderen‹
ist gerade für die Mediengewaltforschung kennzeichnend. Sie verstellt den Blick auf einen entscheidenden Grund für die Popularität von Mediengewalt:
Gewalttexte erlangen für Rezipierende Relevanz, weil
sie zur symbolischen Auseinandersetzung mit gesellschaftlichen Dominanzverhältnissen Anlaß geben.

Gewaltgenres als kulturelle Gegenwelt und ideologisches Konfliktfeld

Die Bedeutung gesellschaftlicher Konflikte und
Machtverhältnisse zum Verständnis populärer Gewalt zeigt sich auch in Analysen, die sich dem Phänomen aus der Perspektive der Produktion und der
Genreentwicklung nähern. So analysiert Georg Seeßlen (1993, S. 9) »Gewalt im Film als Symptom für
ungelöste gesellschaftliche Widersprüche«. Mit Blick
auf die Entwicklungen in verschiedenen gewaltorien-

tierten Spielfilmgenres sieht er die mediale Gewalt
»nicht so sehr bezogen auf das Ab- oder Anschwellen
von Gewalt in der Wirklichkeit, sondern auf die
gesamte Befindlichkeit einer Gesellschaft, die Ände-
rungen ihrer Produktionsweisen, damit ihrer sozialen Schichtungen und damit ihrer Kultur« (ebd.,
S. 14).

Die gesellschaftliche Bewertung von Gewalt und
Mediengewalt erfolgt entlang gesellschaftlicher und
kultureller Hierarchien und zeigt sich ideologisch
unterfüttert. Gewalt ist keineswegs gleich Gewalt.
Während beispielsweise die technische Gewalt dem
historischen, gesellschaftlichen und kulturellen Oben
zugeordnet wird, entspricht die körperliche, blutige,
auch erotisch besetzte Gewalt dem historischen, gesellschaftlichen und kulturellen Unten (vgl. ebd.).
Diese Werteskala wird auch auf Mediengewalt angewandt und ist darüber hinaus schon den Genrekonventionen eingeschrieben. So gelten die auf technische Gewalt konzentrierten Kriegs- oder Science-
fiction-Filme als kulturell höherwertig als direkte
physische Gewaltdarstellungen, erscheinen durch die
Inszenierung trotz Tausender von Opfern als weniger
brutal und geben dadurch zugleich seltener Anlaß
zur Kritik. »Gewalt, die vom sozialen Oben auf das
soziale Unten ausgeübt wird, wird nicht nur von
↗ Zensur, Jugendschutz, Kritik und Publikum als weniger problematisch angesehen, sondern im Allgemeinen und damit verbunden von den Filmen selbst
auch als weniger grausam und weniger körperlich
gezeigt« (Seeßlen 1993, S. 10).

Provokativ formuliert läßt sich die umfassende
Präsenz medialer Gewalt als gegenläufig zu den hegemonialen Deutungen von unserer vorgeblich fried-
fertigen Gesellschaft einordnen: »Gewaltfilme gehören zu einer kulturellen Gegenwelt: sie erinnern an
den Nicht-Frieden unserer Gesellschaft« (ebd., S. 15).
Daß Gewalt eine so wichtige Rolle in der Populärkultur spielt und dies zugleich so nachhaltig von dominanten Institutionen kritisiert wird, wäre demnach
als Reflex auf gesellschaftliche Dominanzverhältnisse
zu verstehen, die im Rahmen hegemonialer Deutungen verdeckt sind.

Horrorfilme und die Produktivität ihrer Fans

Horrorfilme und deren ↗ Fans sind bevorzugter Gegenstand des Besorgnis-Diskurses über Mediengewalt. Von der Gewalthaltigkeit des Genres wird auf
die Gefährdung seiner Konsumenten/innen geschlossen. Dabei werden Vorurteile und Stereotypen produziert, die mit der symbolischen Bedeutung der
Texte und mit der Realität der Aneignung gerade

unter Fans wenig zu tun haben, wie ethnographische Studien belegen (vgl. Winter 1995; Vogelgesang 1991; Eckert u.a. 1991). Rainer Winter (1995) stellt die polysemen Merkmale der neueren, postmodernen Horrorfilme heraus, die sie für plurale Aneignungen öffnen. Die Inszenierung der körperlichen Bedrohung – Symbol für die Angst vor Krankheit und Tod, vor dem Verlust der Kontrolle über den Körper, vor dem eigenen Verschwinden – wird durch den psychologischen Terror ergänzt. Die Texte haben Brüche und Lücken, es fehlt an Kohärenz, und vielfach enden sie offen ohne Happyend: »Die Zerstörung der Bedrohung und die Herstellung von Stabilität ist nicht mehr die Regel« (ebd., S. 139).

Die Fans der Horrorfilme sind ›produktive Zuschauer‹, wobei drei Ebenen von Produktivität analytisch unterschieden werden können: Die Rezeption der Filme kann im Kontext alltäglicher Erfahrungen und lebensweltlicher Relevanz erfolgen (semiotische Produktivität), sie kann Gespräche und Aktivitäten in der Sozialwelt veranlassen (expressive Produktivität), und sie kann zur Produktion eigener Texte vor allem für Fanzines führen (textuelle Produktivität) (ebd., S. 199–213). Insbesondere die dritte Ebene verdeutlicht: Horrorfans sind in erster Linie Experten des Genres. Die Filme werden primär im Genre-Rahmen wahrgenommen und auf ihren Beitrag und ihre Stellung hin geprüft. Sie werden interpretiert und professionell analysiert, in neue Geschichten und Effekte überführt, umfunktioniert und parodiert. Die Fankultur steht in einem Spannungsverhältnis zur dominanten Kultur: Einerseits unterläuft sie deren Werte durch den Gebrauch des gering geschätzten Materials. Andererseits trägt die »Dominanz des Wissensaspekts in den Praktiken der Fans« deutliche »Züge der legitimen Kultur«, wie sie auch unter Liebhabern von Literatur oder Oper zu finden sind (ebd., S. 213).

Literatur

Eckert, R./Vogelgesang, W./Wetzstein, T.A./Winter, R.: *Grauen und Lust – Die Inszenierung der Affekte. Eine Studie zum abweichenden Videokonsum.* Pfaffenweiler 1991.

Fischer, H.-D./Niemann, J./Stodiek, O.: *100 Jahre Medien-Gewalt-Diskussion in Deutschland. Synopse und Bibliographie zu einer zyklischen Entrüstung.* Frankfurt a.M. 1996.

Fiske, J.: *Understanding Popular Culture.* London/New York 1989.

Ders.: »Populäre Texte, Sprache und Alltagskultur«. In: Hepp, A./Winter, R. (Hgg.): *Kultur – Medien – Macht. Cultural Studies und Medienanalyse.* Opladen 1997. S. 65–84.

Friedrichsen, M./Vowe, G. (Hgg.): *Gewaltdarstellungen in den Medien. Theorien, Fakten und Analysen.* Opladen 1995.

Groebel, J./Gleich, U.: *Gewaltprofil des deutschen Fernsehprogramms.* Opladen 1993.

Krebs, D.: »Gewalt und Pornographie im Fernsehen – Verführung oder Therapie?« In: Merten, K./Schmidt, S. J./Weischenberg, S. (Hgg.): *Die Wirklichkeit der Medien. Eine Einführung in die Kommunikationswissenschaft.* Opladen 1994. S. 352–376.

Kübler, H.-D.: »Mediengewalt: Sozialer Ernstfall oder medienpolitischer Spielball?« In: Friedrichsen, M./Vowe, G.: *Gewaltdarstellungen in den Medien. Theorien, Fakten und Analysen.* Opladen 1995. S. 69–108.

Kunczik, M.: »Gewaltdarstellungen – ein Thema seit der Antike«. In: *Media Perspektiven* 3 (1993) S. 108–113.

Ders.: *Gewalt und Medien.* Köln/Weimar/Wien 1996.

Luca, R.: *Zwischen Ohnmacht und Allmacht. Unterschiede im Erleben medialer Gewalt bei Mädchen und Jungen.* Frankfurt a.M./New York 1993.

Merten, K.: *Gewalt durch Gewalt im Fernsehen?* Opladen/Wiesbaden 1999.

Müller, E.: »›Pleasure and Resistance‹. John Fiskes Beitrag zur Populärkultur«. In: *montage/av* 2, 1 (1993) S. 52–66.

Röser, J.: *Fernsehgewalt im gesellschaftlichen Kontext. Eine Cultural Studies-Analyse über Medienaneignung in Dominanzverhältnissen.* Wiesbaden 2000.

Seeßlen, G.: »Gewalt im populären Film«. In: *medien praktisch* 17, 1 (1993) S. 9–15.

Ders.: »Gewalt als Attraktion: Überblick über Arten der Gewaltdarstellung in fiktionalen Genres«. In: Ammann, D./Doelker, C. (Hgg.): *Tatort Brutalo. Gewaltdarstellungen und ihr Publikum.* Zürich 1995a. S. 57–72.

Ders.: *Thriller. Kino der Angst.* Marburg 1995b.

Steinert, H.: »Schwache Patriarchen – gewalttätige Krieger«. In: Kesten, J./Steinert, H. (Hgg.): *Starke Typen. Iron Mike, Dirty Harry, Crocodile Dundee und der Alltag von Männlichkeit.* Baden-Baden 1997. S. 121–157.

Vogelgesang, W.: *Jugendliche Video-Cliquen. Action- und Horrorvideos als Kristallisationspunkte einer neuen Fankultur.* Opladen 1991.

Walkerdine, V.: »Video Replay: Families, Films and Fantasy«. In: Burgin, V./Donald, J./Kaplan, C. (Hgg.): *Formations of Fantasy.* London/New York 1986. S. 167–199.

Winter, R.: *Der produktive Zuschauer. Medienaneignung als kultureller und ästhetischer Prozess.* München 1995.

Wulff, H.-J.: *Die Erzählung der Gewalt. Untersuchungen zu den Konventionen der Darstellung gewalttätiger Interaktion.* Münster 1985.

Jutta Röser

Glamour

Das aus dem Englischen entlehnte Fremdwort *glamour* läßt sich mit ›Glanz‹ oder ›Ausstrahlung‹ übersetzen. Wichtiger als die denotative Bedeutung des Begriffes sind jedoch im vorliegenden Zusammenhang dessen verschiedene Konnotationen, die sich sowohl etymologisch als auch kulturgeschichtlich ausmachen lassen. Dabei stehen drei Aspekte im Vordergrund: a) Glamour als verführerischer Schein, b) die Rolle Hollywoods und die mediale Bedingtheit von Glamour und c) der Zusammenhang zwischen Körperlichkeit, Geschlecht, (Selbst)Inszenierung und Mode in der Herstellung von Glamour.

In seiner ursprünglichen Bedeutung bezeichnete ›glamour‹ ausdrücklich eine magische Kraft; das schottische Wort *glaumour* ist bis ins 19. Jh. gleichbedeutend mit Gauklerei, magischer Formel, Verzauberung. Für 1721 findet sich die Verwendung »to cast the glaumour over one« belegt. Erst gegen Mitte des 20. Jh. scheint sich die englische Bedeutung von Glamour als glanzvolle Schönheit gebunden an die Ausstrahlung von Dingen und vor allem Personen durchzusetzen, doch bleiben auch im heutigen Gebrauch die Dimensionen des Magischen und Verführerischen aufgehoben, selbst wenn sie nicht ideologiekritisch als Fassade der ↗ Kulturindustrie entlarvt werden: In diesem Verständnis wäre Glamour der schöne, falsche Schein der ↗ Massenkultur, die Erscheinungsform ihres »Verblendungszusammenhangs« (Adorno/Horkheimer). Das Fremdwörterbuch definiert Glamour entsprechend als »auf Wirkung bedachte Aufmachung, die einen künstlichen, unechten Glanz ausstrahlt«. Andere Lesarten betonen gegenüber der Kritik am falschen Schein das Glücksversprechen, das in Glamour enthalten ist, und z. B. in der selektiven Aneignung ›glamouröser‹ Erscheinungsformen und Verhaltensweisen Eingang in die ↗ Alltagskultur findet (vgl. Stacey 1994). Irmgard Keuns Das kunstseidene Mädchen etwa läßt sich in diesem Sinne als der Versuch lesen, dieses Glücksversprechen und seine (geschlechtsspezifischen) Grenzen in der urbanen Populärkultur der späten Weimarer Republik auszuloten. »Ich will so ein Glanz werden, der oben ist«, notiert die junge Protagonistin in ihr Tagebuch, das sie schreiben will »wie Film«. Ein Glanz, der oben ist – genauer: »mit weißem Auto und Badewasser, das nach Parfüm riecht, und alles wie Paris«. Hautnah an der populären Kultur der 1920er Jahre sucht das kunstseidene Mädchen deren Aura einzufangen, sie zu verkörpern. Die Engführung von Glamour mit großstädtischer Kultur, die Keun in ihrem Roman vorführt (»alles wie Paris« bzw. Berlin als zentraler Handlungsort des Romans), ruft zusätzlich die spezifische Modernität von Glamour in Erinnerung: Ohne elektrisches Licht, ohne Leuchtreklame, ohne den ›Glanz‹ und das ›Glitzern‹ moderner Technologien ist Glamour nicht denkbar.

Die wichtigste, selbst wiederum lichtabhängige Technologie bleibt in diesem Zusammenhang das ↗ Kino. Zentraler Produktionsort von Glamour ist deshalb Hollywood – ›glamour‹ und ›Hollywoodglamour‹ sind lange Zeit synonym und bleiben insbesondere an die Ausstrahlung von Filmstars in der Studio-Ära des Hollywood-Kinos gebunden. Hollywood ist die »Glamour Factory« (Davis 1993) schlechthin. Hier werden die Begriffe ›star glamour‹, ›glamour photography‹, ›glamour girl‹ geprägt, die anschließend auch in andere Bereiche medialer Kultur Eingang finden. Insbesondere die ›glamour photography‹ muß dabei neben den ↗ Filmen der ↗ Stars

selbst als zentrales Medium der Reproduktion von Glamour gelten. Fotografen wie Ruth Harriet Louise (1906–1944) und George Edward Hurrell (1904–1992) haben mit ihrer Arbeit für die großen Hollywoodstudios eine fotografische Bildsprache entwickelt, welche die Filmstars mit brillanten Lichteffekten, makelloser Drucktechnik und aufwendigen Retouchierarbeiten ästhetisch überhöht (vgl. Dance/ Robertson 2002; Viera 1997). Als Starfotos erreichten diese Bilder Millionen Kinogänger, Zeitschriften- und Zeitungsleserinnen und ↗ Fans und prägten nicht nur das ↗ »Image« einzelner Stars sondern auch wesentliche Züge des Starwesens als solches, des »image of stardom« (Richard Dyer), das in der klassischen Phase Hollywoods vor allem um Konsum, Erfolg, Liebe, Ehe und Sexualität kreist (vgl. Dyer 1998).

Neben Fotografen wie Louise und Hurrell sind Masken- und Kostümbildner wesentlich an der Produktion von Hollywood-Glamour beteiligt. Die Engführung von Film- und Modewelt prägt sich schon in den 1910er und 1920er Jahren aus, in denen Pariser Moden in Hollywood zelebriert werden; exemplarisch zeigt jedoch die Rolle von Kostümbildnern wie Adrian (1903–1959) und Edith Head (1903–1981), daß bald Hollywood die Mode machte, und nicht umgekehrt: Von dem Kleid, das Adrian für Joan Crawford in LETTY LYNTON (C. Brown, 1932) entwarf, soll das Kaufhaus Macy's in New York eine halbe Million Exemplare verkauft haben.

Das einschlägige historische Beispiel kann stellvertretend für den Zusammenhang zwischen Glamour und Konsum stehen, der sich aus der Produktionsweise des klassischen Hollywoodkinos mit ›merchandising‹ und ›product placement‹ weiterentwickelt und allmählich von ihr unabhängig gemacht hat. Konsumieren die Käuferinnen von Letty-Lynton-Kleidern noch als Rezipientinnen des Crawford-Films deren spezifisches Starimage, so ist der Glanz, den die Modezeitschrift Glamour heute durch ↗ Sex- und Modetips, ↗ Werbung und Hochglanzfotografie vermittelt, an diffuseren Geschlechter- und Schönheitsidealen orientiert. Die Filmindustrie bleibt dabei ein zentraler Bezugspunkt, doch teilt sie die Definitionsmacht über zeitgemäße Formen des Glamour längst mit anderen ↗ Medien, Medienfiguren und Alltagspraktiken – von ↗ Zeitschriften wie Glamour und Fernsehinszenierungen der Oscarverleihungen über Entwicklungen in der Popmusik (↗ Musik), vom ›glam-rock‹ der 1970er Jahre (T-Rex, Gary Glitter, David Bowie) zu Madonna, bis hin zur parodistischen Aneignung, Überhöhung und Umwertung von Glamour (und dessen implizierten Geschlechternormen) durch Transvestiten, drag-performers oder

»voguers« wie etwa in Jennie Livingston's PARIS IS BURNING (1990).

Diese Entwicklung ist ambivalent, läßt sie sich doch einerseits als Demokratisierung von Glamour verstehen, während sie andererseits den Hierarchien und Machtverhältnissen einer patriarchal organisierten, heteronormativen Konsumgesellschaft verhaftet bleibt. Diese Ambivalenz hat keiner besser begriffen und ästhetisch umzusetzen vermocht als Andy Warhol, dessen Pop-Art (inklusive seiner öffentlichkeitswirksamen Selbstinszenierungen als divenhafter Pop-Künstler) ohne die Kategorie des Glamour wohl kaum zu begreifen wäre (Patrick Smith bezeichnet Glamour als Warhols »treibende, absolut zentrale Idee«, vgl. Francis/King 1997, S. 35). Beispielhaft erscheint in diesem Zusammenhang die Gründung der Zeitschrift *Interview* 1969, einem Zwitterdokument von Avantgarde und ↗Subkultur einerseits und Mainstream-Modezeitschrift andererseits. Als Mode- und High-Society-Zeitschrift vermittelt *Interview* einerseits ein zeitgenössisches, konsumorientiertes Bild von Glamour; andererseits bleibt Warhols leicht ironisierender und reflexiver ›Pop‹-Stil auch in dieser Zeitschrift erkennbar, wo er dazu dient, sowohl den gesellschaftlichen Wert als auch den Scheincharakter von Glamour lesbar zu machen: Für *Interview* ist Glamour keineswegs bloß falscher Schein, sondern eine zentrale Kategorie (post)moderner ↗Alltagskultur, anhand derer sich unterschiedliche Lebensentwürfe verhandeln lassen. Warhols Auflösung des Gegensatzes zwischen Kunst und Kommerz, zwischen hoher und populärer Kultur mag zwar längst zur populären Chiffre geronnen sein; seine künstlerische Dekonstruktion solch flüchtiger Kategorien wie Ruhm, Stil, Star oder *look* jedoch bleibt als Ausgangspunkt einer Reflexion über den Begriff und die Geschichte von Glamour unübertroffen.

Literatur

Dance, R./Robertson, B.: *Ruth Harriet Louise and Hollywood Glamour Photography.* Berkeley 2002.
Davis, R.: *The Glamour Factory. Inside Hollywood's Big Studio System.* Dallas 1993.
Dyer, R.: *Stars.* London 1998.
Francis, M./King, M.: *The Warhol Look: Glamour, Style, Fashion.* Pittsburgh 1997.
Gutner, H.: *Gowns by Adrian : The MGM Years 1928–1941.* New York 2001.
Stacey, J.: *Star Gazing: Hollywood Cinema and Female Spectatorship.* New York 1994.
Viera, M.A.: *Hurrell's Hollywood Portraits.* New York 1997.

Johannes von Moltke

Graffiti

Das Wort ›Graffiti‹ (Plural von it. *graffito*) wird zunehmend als Plurale Tantum verwendet. Wie die deutsche Bezeichnung Graffito für den »auf plastische Wirkung abgestellten Putzschnitz« (Gerlach 1993, S. 50), mit dem die Graffiti häufig verwechselt werden, leitet es sich aus dem substantivierten Partizip Perfekt von it. *graffiare* (kratzen) ab und verweist damit auf die häufig verwendete Schreibtechnik. In den Altertumswissenschaften bilden »die G. (auch Sgraffiti) eine besondere Gruppe unter den Inschriften. Sie sind Aufzeichnungen persönlicher u. spontaner Mitteilungen, im allgemeinen veranlaßt durch eine augenblickliche Situation, geschrieben mit irgendeinem beliebigen Instrument (gewöhnlich eingeritzt) auf ein zufälliges und zum Schreiben nicht vorgesehenes Material« (Pietri 1983, S. 638–642). Die heutige Bedeutung von Graffiti greift diese Kennzeichnung in radikalisierter Weise auf und charakterisiert das Graffiti-Schreiben als eine abweichende Schreibart. Damit ist zugleich alles in eine andere Kategorie verwiesen, was bloß aus Mangel an anderem Schreibgerät auf eine Wand plaziert ist.

Abweichung und Beweglichkeit

Die Abweichung kann je nach Graffiti in der Person (etwa sozial niedrigerer Status), im Schreibanlaß und Schreibprozeß (etwa Über-Schreibwettkampf) oder in der Reaktion der Gesellschaft auf das Geschriebene (etwa Provokation sozial höhergestellter Personen und Normen) begründet werden. So entstehen die meisten Graffiti – anders die Unterschriften der »Autogrammisten« (Behr 2000, S. II) – im Schutz von Anonymität oder Pseudonymität, unkontrolliert und unkontrollierbar, ohne Auftrag, so daß das Graffiti-Schreiben von sich aus, unabhängig vom Inhalt des Geschriebenen, oft bewußt gesellschaftliche oder gesetzliche Normen verletzt. Neben das Abweichende tritt das Bewegliche als zweiter Grundzug aller Graffiti. Im Gegensatz zu offiziellen Wandinschriften, die auf der Wand eines Tempels, repräsentativen Bauwerkes oder eines Privathauses angebracht werden, damit sie dauerhaft und öffentlich sichtbar bleiben, sind die Graffiti durch ihre Flüchtigkeit charakterisiert. Die auftragslos erstellte Wandschrift wird vom Besitzer der Wand getilgt. Beweglichkeit zeichnet alle Graffiti auch deshalb aus, weil die Wände, im Unterschied zu flächendeckenden Wandbildern, ihnen weder eine räumliche noch eine inhaltliche Begrenzung setzen. Zwar sind gelungene Arbeiten »mit der räumlichen Umgebung« (Skrotzki 1999, S. 9)

verbunden, was dem Graffiti »den Überraschungs-
effekt und die Situationskomik« ermöglichen (etwa
wenn ein Strich-Männlein auf der Außenseite einer
Bank einen Geldsack fortträgt); der lokale Bezug ist
aber »nicht wesentlich für Graffiti« (ebd.). Selbst
wenn wie bei den ›whole-train-graffiti‹ versucht
wird, ein räumlich einheitliches, ja ganzes Bild zu
schaffen, existiert diese Ganzheit nur momenthaft.
Die Züge werden neu zusammengestellt, die Wagen
gereinigt. Beweglich sind die Graffiti vor allem, weil
ihre Schreiber wie ihre Leser beweglich sind. Die
›Tags‹, die verschlüsselten Monogramme, sind Ergebnisse der Bewegung ihrer Schreiber durch die
Stadt; und ihre Lektüre verlangt den durch die Stadt
wandernden Leser. Beweglich sind die Graffiti überdies, weil sie, einmal an der Wand angebracht, keinen
Bezug mehr zu ihrem Autor haben. Selbst wenn
›Pieces‹ (großformatige Graffiti, die aus ornamen-
taler Schrift, Figurendarstellung und Symbolen bestehen) signiert werden, verweisen sie nicht mehr auf
ihren Urheber. Ein Graffiti verstehen, gelingt oder
mißlingt unabhängig vom Bezug auf den Kontext des
Urhebers. Wenn ein Wandzeichen in einen bestimmten und bestimmbaren kulturellen Kontext einzuordnen ist und sich durch diesen Kontext erklärt,
hört es geradezu auf, Graffiti zu sein. Daher sind
Gaunerzeichen keine Graffiti, sondern eine Geheim-
schrift (anders Neumann 1991). Wie bei ↗Plakaten –
als deren »ungezügelte Verwandte« (Günther/Hügel,
1993) die Graffiti gelten können – gibt es für Graffiti
keine feste, räumlich bestimmte Lese- bzw. Rezeptionssituation. Der Rezeptionsvorgang bei den Graffiti hat daher stets etwas Beiläufiges. So sehr sich die
Graffiti aufdrängen und wegen ihres abweichenden
Charakters auffallen, so sehr sind sie unerwünschte,
jedenfalls nicht gezielt (gesuchte) Botschaften. Sie
beanspruchen zwar den öffentlichen Raum, sind zuweilen geradezu Ergebnis von Besetzungs- und Herr-
schaftskämpfen (innerhalb der Graffiti-Szene wie
zwischen Szene und Gesellschaft), besetzen ihn aber
nicht, sondern befreien ihn höchstens von den vorgegebenen Bedeutungen: »Sie [die Graffiti] territoriali
sieren den decodierten urbanen Raum – diese oder
jene Straße, jene Wand, jenes Viertel wird durch sie
hindurch lebendig, wird wieder zum kollektiven Territorium« (Baudrillard 1978, S. 28). Diese bloß revi-
talisierende Kraft der Graffiti ist jedoch nicht als
Mangel zu verstehen. Die aus der zeitlichen, lokalen
und auktorialen Unbestimmtheit resultierende Beweglichkeit der Graffiti ist vielmehr als ihre Stärke zu
begreifen. Sie ermöglicht erst ihre Situationskomik
(vgl. Skrotzki 1999, S. 13), ihre Unwiederholbarkeit,
ihre »Spontaneität […] und Vitalität« (Suter 1988,
S. 163). Die semiotische Unbestimmtheit des Graffiti,

die »wenig klare, gesichert gespeicherte Bedeutung
von sich« (Suter 1996, S. 2) aus gibt, macht gerade
ihre Kraft aus. Baudrillard (1978, S. 29 f.) hat diese
Unbestimmtheit vor allem medienkritisch verstanden: »Mit den Graffiti von New York wurden zum
ersten mal […] die Medien in ihrer Form selbst
attackiert […]. Und zwar eben deshalb, weil die
Graffiti keinen Inhalt, keine Botschaft haben. Es ist
diese Leere, die ihre Kraft ausmacht« (ebd.). Im
historischen Kontext von New York in den frühen
1970er Jahren mag dies richtig sein. Aufs Ganze
gesehen aber, stellt selbst dieser Deutungsversuch die
Graffiti in einen zu festgelegten Kontext (vgl. Kopperschmidt 1987, S. 157). Graffiti sind weder als
↗Subkultur noch als ↗Jugendkultur zu fassen, auch
wenn sich ihre Urheber zumeist diesen Bereichen
zuordnen. Abweichung *und* Unbestimmtheit der
Graffiti führen dazu, daß sie in keines der bekannten
Medien- und Zeichensysteme einzuordnen sind.
Vielmehr löst sich der Charakter der Graffiti gerade
dann auf, wenn sie ein klares Kommunikationsziel
nahelegen, die Funktion anderer Medien übernehmen. »Hafenstraße bleibt« (in Hildesheim 1992) auf
eine Wand gesprüht, wird zur ↗Zeitung, die liebende
oder beleidigende Mitteilung an einen ganz bestimmten Leser – etwa »Aluh altes Schwein Du
Scheißkerl« (in Hildesheim 1991) an eine Hauswand
geschrieben, zum Brief. Wo die Grenze im einzelnen
zu ziehen ist, wird kaum bündig anzugeben sein.
Vielleicht läßt sich aber sagen, daß immer dann,
wenn durch das Graffiti der Autor seine soziale oder
kulturelle Herkunft/seinen Status zu erkennen gibt,
wenn Zeitpunkt und Ort das Graffiti hermeneutisch
fixieren, das Geschriebene aufhört, Graffiti zu sein.
Paradox formuliert: »Graffiti haben Appellcharakter
ohne an etwas mit bestimmter Absicht zu appellie-
ren« (Günther/Hügel 1993). Bestimmtheit und Abweichung lassen die Graffiti aber auch nicht zur
Kunst werden – trotz der namhaft gewordenen Graffiti-Writer, die ins Lager der Künstler hinüberwech-
selten, am bekanntesten sicher Keith Haring,
1978–1990, oder der Sprayer von Zürich, Harald
Naegeli, geb. 1941. Die wissenschaftlichen Versuche,
die Graffiti generell in einen Kunstkontext einzuordnen (etwa Grasskamp 1982, S. 15–55, bes. S. 46-
55; Nungesser 1990; Stahl 1990), übersehen, daß
diese Sprayer einen Frontenwechsel vollziehen. Wenn
mit dem Graffiti die Person des Urhebers mitver-
öffentlicht wird, werden aus den Graffiti Kunstwerke.

Vielleicht läßt sich die spezifische Kommunika-
tionsstrategie der Graffiti, ihre Mixtur aus Unbestimmtheit und Abweichung, aus Leere und Kritik,
aus ihrem territorialen Anspruch und ihrer tempo-

rären wie lokalen Flüchtigkeit am besten als ⁊ Unterhaltung beschreiben. Auch wenn die meisten Graffiti-Schreiber dieser Zuordnung nicht zustimmen werden, da sie ihr Tun aus der Innenperspektive ihrer Szene erleben, ist mit diesem Charakteristikum doch die Rezeptionsweise des unbeteiligten Flaneurs, für den die Graffiti eigentlich geschrieben sind, erfaßt.

Geschichte

Graffiti als eigenständiges Medium, also als Kommunikationssystem mit einer eigenen Ästhetik, eigenen Traditionen und Institutionen findet sich voll ausgebildet erst seit der Mitte des 20. Jh. Durch technische (Weiter-)Entwicklung der zwischen 1927/28 und 1938 von den beiden Norwegern Erik Rotheim (für Sprühverfahren und Dose) und Frode Mortensen (für das Ventil) patentierten Aerosoldosen kamen in den 1960er Jahren in großem Umfang Lackspraydosen auf den Markt. Mit ihnen stand ein Schreibgerät zur Verfügung, mit dem sich leichter, schneller (und damit erfolgreicher am verbotenen Ort) und vor allem dauerhafter ein Graffiti schreiben ließ als mit herkömmlichen Schreibutensilien. Die von Hausbesitzern und Kommunen nur mit großem Aufwand, wenn überhaupt, zu tilgende Sprayfarbe machte das Graffiti-Schreiben erst interessant. Nun blieben die Spuren, die man hinterlassen wollte. Wie häufig in der Populären Kultur zu beobachten, verwischten sich auch beim Umfunktionieren der Spraydose marktabhängige und marktunabhängige Prozesse. Die von der Industrie hergestellten Dosen wurden von der Graffiti-Szene zweckentfremdet und technisch umgestaltet. In der Literatur gilt der New Yorker Superkool als der Erfinder der auswechselbaren Sprayköpfe, wodurch ein satterer Farbstrahl erreicht wurde und so auch große Bilder möglich waren. Der Markt hat die Jugendlichen aber bald wieder eingeholt. Der Bedarf an Spraydosen stieg, nicht zuletzt durch die von den Graffiti-Gegnern erzeugte Publicity, gewaltig. Graffiti-Technik und Spraydosen-Anwendung eroberten neue Anwendungsgebiete: ⁊ Werbung, Lackierungen, mit der Folge, daß die Industrie spezialisierte Spraydosen für die verschiedenen Anwendungen herstellte, wobei sie nicht zuletzt den Wünschen der Writer Rechnung trug.

Begonnen hat die Geschichte der Graffiti Ende der 1960er Jahre in New York. Hier entsteht – Zentrum ist zunächst Manhattan, dann Brooklyn – schnell eine Szene von Jugendlichen, die Namenskürzel zunächst in ihrem Viertel, dann in der ganzen Stadt

verbreiten. Populär wird ›Taki 183‹ – sein Zeichen ist aus der 183. Straße, in der er wohnt und seinem Spitznamen gebildet – durch einen Artikel in der New York Times vom 21. 7. 1971. »Den Jugendlichen wird es bewußt, daß man durch Graffiti-Schreiben aus seiner Namenlosigkeit auftauchen und berühmt werden kann. Der Artikel wird zum Startschuß des Wettkampfs um dieses Ziel: die Graffiti-Bewegung ist da. Das Ziel heißt ›getting fame‹, ›getting up (one's name)‹, der Weg ›competition‹, das Mittel ›graffiti‹« (Kreuzer 1986, S. 109). Die New Yorker Szene wurde schnell stilbildend für die Graffiti auch außerhalb der USA. Wild Style, 3-D-Style, Bubble-Style und wie die Spezialbezeichnung heißen, wurden ebenso nachgeahmt wie die Schreibgewohnheiten, das Tagging oder das whole-train-painting, das Streben nach Fame oder nach möglichst großer Verbreitung des Namenszeichens.

Die stilbildende Kraft der New Yorker Szene wurde durch Charles Ahearns ⁊ Film WILD STYLE aus dem Jahre 1982 verstärkt, der nicht nur den Wild Style, den Stil der ornamental-verschlungenen Schriftbilder, verbreitete, sondern auch die Einheit von Graffiti, Break-Dance und Rap vermittelte. Diese Einheit von ⁊ Musik, Tanz und malerischer Aktivität (vgl. Ossi/Moondust 1984) gab der Graffiti-Szene bis Ende der 1980er Jahre eine große kulturelle Geschlossenheit, ließ zeitweilig die Graffiti als Äußerungsform einer Jugendkultur erscheinen. Zugleich bot diese Einheit die Voraussetzung für eine umfassende Vermarktung. Zahllose Bildbände (z. B. Graffiti Live 1987) und Sprüche-Sammlungen sowie Graffiti-Magazine für ⁊ Fans und Szene erschienen, Graffiti-Archive (u. a. in Kassel durch A. Thiel, Wien durch N. Siegl und München durch P. Kreuzer) wurden gegründet, Publikums-Zeitschriften und Zeitungen stiegen in das Thema ein. Dies alles führte prompt zu einer kulturellen Bedeutungsentladung der Graffiti, ein Prozeß, der, wie Hebdige (1879) am Beispiel der Kommerzialisierung des Punk-Stils gezeigt hat, charakteristisch für Populäre Kultur ist. Die anschließende Verkleinerung der Graffiti-Szenen ermöglichte vielerorts, daß die Graffiti-Writer sich etablierten und zu anerkannten Schreibgemeinschaften (häufig unter regelrechter Führung durch die artistisch Begabtesten) zusammentaten. Diese akzeptieren die von der Kommune bereitgestellten Wände und entwickeln daher die Graffiti zu Wandbildern, machen sich selbst zu Künstlern. (Auch für diesen bis heute anhaltenden Prozeß gibt es frühe New Yorker Vorbilder; vgl. Kreuzer 1986, S. 127, 407 ff. u. ö.). In Frankreich wurden neben dem amerikanischen Stil die Schablonen-Graffiti beliebt. Anfang der 1980er Jahre entwickelte der französische Künstler Blek le

Rat (geb. 1951) die Schablonen-Technik (französisch: Pochoir oder Serigraffiti genannt). Sie wurde durch Veröffentlichungen (Deville/Massé/Pinet 1986; Huber 1986; Maisenbacher 1988; Stahl 1989) auch in anderen westeuropäischen Ländern bekannt.

Neben den Tags und den Schriftbildern, den bildhaften Pieces, die allesamt in New York entwickelt wurden, spielen auch Spruch-Graffiti eine große Rolle, wie z. B. das mit Pinsel an eine schwer zugängliche Wand in Hildesheim geschriebene »Nur die Härtesten überleben«. Die Bezeichnung »Sponti-Sprüche« (Kreuzer 1986, S. 346; Bülow 1983) ist mißverständlich. Weder sind die allermeisten Sprüche spontan geschrieben – viele werden vielfach wiederholt –, noch »gehen sie auf die Spontis zurück« (Kreuzer 1986, S. 346). Zwar hat es im Umfeld der Studentenrevolte Formen des Widerstands gegeben, der Mittel verwendete, die auch den Spruch-Graffiti eigen sind (Treek 1998, S. 250). Zu denken ist etwa an das berühmte Witz und Situationskomik verbindende Banner »Unter den Talaren Muff von tausend Jahren«. Jedoch verwechselt, wer die Spruch-Graffiti aus der Studentenrevolte ableitet, politische Slogans mit unterhaltenden Graffiti. Allerdings sind viele der Slogans sehr allgemein gehalten, haben topischen Charakter, so daß sie, wie die zahllosen ursprünglich politisch gemeinten Idiogramme, z. B. das Anarchisten-A, das »geradezu als Root-Metapher der europäischen Graffiti-Kultur« (Suter 1988, S. 21) gilt, die Unbestimmtheit (und politische Folgenlosigkeit) der Graffiti haben.

Vorgeschichte

Was für die politisch gemeinten Sprüche gilt, gilt auch für die immer wieder (z. B. von Pritchard 1967; Reisner 1971) fälschlicherweise als Graffiti angesehenen mittelalterlichen Sprüche, Epigramme und Kurzgedichte. Diese unterscheiden sich in nichts von den in Büchern überlieferten Sprüchen und Spruchgedichten. Bei aller epigrammatischer Schärfe und damit Auslegungsbedürftigkeit ist der implizite Leser von Sprüchen wie »mors comparatur umbre que sempre sequitur corpus« (Pritchard 1967, S. 123, zit. nach Suter 1988, S. 10) weniger ein sich unterhaltender Flaneur als ein nachdenklich Meditierender. Die mittelalterlichen Sprüche lassen sich daher auch gut sammeln und in gedruckter Form für Leser aufbereiten, was bei den Spruch-Graffiti nicht möglich ist (vgl. Grasskamp 1982), wie die Fadheit der z. T. sehr erfolgreichen Sprüchesammlungen beweist (etwa Hallstatt 1989). Das Spruch-Graffiti ist eben mehr als nur ein Text. Wie umgekehrt das angeblich mittelalterliche Graffiti, auf die Kirchenwände gekratzt, nur Text ist. Gegen den Charakter der mittelalterlichen Sprüche als Graffiti spricht auch die Sprache, das Lateinische, und vor allem die fehlende Traditionsbildung.

Letzteres gilt auch für die antiken Graffiti, die – außerhalb der Altertumswissenschaften – häufig mit unseren zeitgenössischen Graffiti gleichgesetzt werden (u. a. von Neumann 1991, S. 11; Suter 1988, S. 9; Kreuzer 1986, S. 20 u. ö.; Treek 1998, S. 15 u. ö.; Thiel 1989, S. 31). Bernard (1983) und Pietri (1983) ordnen die allermeisten sog. antiken Graffiti in bestimmte religiöse, politische und wirtschaftliche Zusammenhänge ein, die die Inschriften als Zeichen der offiziellen Kultur erscheinen lassen. Sie fassen sie etwa als Bitten an die Götter, als politische Deklamationen oder als Warenzeichen auf. Private Inschriften (auch die in der Literatur oft zitierten erotischen Notate) haben überdies zumeist den Charakter von »tituli memorialis« (Pietri 1983, S. 642 ff.). Sie begründeten weder eine eigene Schreibtradition, die sich in einer besonderen Kalligraphie zeigt, noch sind sie anonymisiert. Die bloße Bekundung ›auch ich war hier‹ verzichtet gerade auf eine eigene Ästhetik. Mit ihr ordnet sich der Autogrammist ein, grenzt sich nicht aus. Er sucht etwas zu manifestieren und hat gerade nicht im Sinn, etwas Flüchtiges der Wand anzuvertrauen. Vor allem fehlt den antiken und mittelalterlichen Beispielen, worauf P. Thiel (1989, S. 7) schon hinweist, ein gesellschaftlicher, kommunikativer Widerpart, der sie als Graffiti wahrnimmt. P. Thiel datiert die »bewußte Wahrnehmung« von Wandkritzeleien als Graffiti daher »genau auf den 5. November 1799, als Rétif de la Bretonne begann, ›Inschriften als individuelle Erinnerungsmarken in die Kaimauer der Seine‹« (Stahl 1990, S. 38) zu ritzen und dadurch seinen Spitznamen ›der Kritzler‹ erhielt. Im 19. Jh. finden sich dann immer wieder Wandschriften, die als Graffiti wahrgenommen wurden. Viele der Graffiti sind durch Zeichnungen, z. B. von Grandville (1803–1857), Traviès de Villers (1804–1859), Paul Gavarnie (1804–1866), überliefert. Auch die populären Romanciers des 19. Jh. – etwa Victor Hugo (1802–1885, in: *Les Misérables*, 1862), Charles Dickens (1812–1870, in: *Barnaby Rudge*, 1840/41, *Dombey & Sohn*, 1847/48, *David Copperfield*, 1849/50; vgl. Thiel 1995, S. 100–106) – sind auf Graffiti eingegangen, und bald waren die Graffiti so bekannt, daß in illustrierten ↗ Zeitschriften Artikel über sie erschienen (vgl. Stahl 1990, S. 71; Kreuzer 1986, S. 20).

Akteure

Von den am Kommunikationssystem Graffiti beteiligten Akteuren haben wir nur ein sehr unvollkommenes Bild. Bisher sind nur die Graffiti-Schreiber, die zum Künstlertum übergewechselt sind bzw. die sich in einer Szene versammelten, in den Blick von Forschung und Publizistik geraten. Mit ihnen wurden Interviews geführt, oder sie gaben anläßlich von Straf- oder Zivilprozessen über sich Auskunft. Demgegenüber erfahren wir über die Verfasser von Spruch-Graffiti oder von Toiletten-Graffiti nur indirekt durch eine Interpretation der Zeichnungen und Sprüche etwas: »Kritzler, die in Toiletten Wände mit Obszönitäten zieren, bekommt man nie zu Gesicht« (Eigeltinger 1983, S. 10). Auch von den eigentlichen Empfängern des Graffiti-Mediums, den flanierenden Lesern, wissen wir so gut wie nichts. Empirische Untersuchungen liegen nicht vor, und in der Literatur wird nur kursorisch auf Reaktionen der Leser verwiesen, z. B. auf den spontanen Beifall, den die ersten ganz mit Graffiti bemalten U-Bahn-Züge in New York erhielten. Bekannt ist hingegen die Rezeption der Graffiti durch Amtspersonen (Juristen, Jugendpfleger, Politiker), klagende Besitzer der bemalten Wände oder die die Graffiti verteidigenden Publizisten und Wissenschaftler. So entspricht das Bewußtsein der meisten Writer, im Graffiti-Schreiben ein verbotenes und daher abenteuerliches (↗ Abenteurer) Tun zu sehen (vgl. Skrotzki 1999, S. 50), dem Vandalismus-Vorwurf der Gesellschaft. Wie andererseits das Bewußtsein Künstler zu sein oder zumindest das Graffiti-Schreiben als eine künstlerische Betätigung anzusehen, die Talent und Übung, Planung und Sorgfalt verlangt (vgl. z. B. Schwarzkopf 1995, S. 57, 46), in gesellschaftlichen Versuchen, die Graffiti als Kunst deuten, einen Widerhall findet. Diese doppelte Bewertung hat auch eine juristische Seite, denn die Graffiti können sowohl als »ungerechtfertigte Bereicherung« (§ 812 BGB) wie als Sachbeschädigung (§§ 303 ff. StGB) angesehen werden, evtl. sogar durch den Kunst-Vorbehalt (GG, § 5) gedeckt sein. Die Rechtsprechung hat durch eine Reihe gerichtlicher Entscheidungen das Terrain geklärt, so daß das in den 1980er Jahren einmal diskutierte besondere Anti-Graffiti-Gesetz – wie es etwa in New York 1972 erlassen wurde – überflüssig wurde.

Was die Würdigung der Graffiti als Kunst angeht, liegt inzwischen sogar ein höchstrichterliches Urteil aus Karlsruhe vor (Az. I. ZR/68/93, vgl. die Dokumentation bei Thiel 1995), in dem der I. Zivilsenat entschied, »daß Künstler an dem Erlös aus der Veräußerung der ›Mauer-Bilder‹ angemessen zu beteiligen sind« (Pressemitt. des BGH Nr. 10, 1995 Pkt.1).

Wirft dieses Urteil auch ein bezeichnendes Licht auf die Sonderstellung der Mauer als einer Wand, die zwar einen Besitzer, die DDR, hatte, der aber unfähig war, sein Recht einzuklagen, und rücken daher die Mauer-Graffiti in die Nähe von Wandbildern, so zeugt das Urteil zugleich auch von einem gewachsenen gesellschaftlichen Verständnis für das Medium Graffiti.

Die Wertschätzung der Graffiti durch die Writer, ihr Bewußtsein von der schmalen Grenze zwischen Schmiererei und Graffiti, die Achtung vor den gelungenen Graffiti (vgl. Rutschky 1984, S. 26) unterstreichen jedoch ebenso wie der Anspruch, durch Pieces »Leute zum Nachdenken [zu] bewegen« (Schwartzkopf 1995, S. 64), die Eigenheit und die Sonderstellung der Graffiti. Zwar mögen die Graffiti mit der Zeit einen Teil ihres provozierenden Charakters verlieren. Die Doppelheit Populärer Kultur, angepaßt und bedeutend zu sein, dem Markt und dem Individuum zu dienen, die das Kommunikationsmedium Graffiti mit anderen populären Kunstsparten (etwa der Rock- und Popmusik) teilt, bleibt aber bestehen. Die Graffiti mögen zwar selten werden oder gar aus dem Bewußtsein der Öffentlichkeit verschwinden, sie lösen sich aber nicht in der Gesamtkultur einfach auf.

Literatur

Baudrillard, J.: »Kool Killer oder der Aufstand der Zeichen«. In: Ders.: *Kool Killer oder der Aufstand der Zeichen*. Berlin: 1978. S. 19–38.

Behr, H.-G.: »Wege zum Ruhm. Ahnherr aller Sprayer. Joseph Kyselak, k. k. Autogrammist«. In: *FAZ*, 15. 1. 2000, 12, *Bilder und Zeiten*, S. II.

Bernard, A.: »Graffito II (griechisch)«. In: Klauser, T. u. a. (Hgg.): *Reallexikon für Antike und Christentum*. Stuttgart 1983 Vol 12. S. 667–689.

Bülow, R.: »Stell dir vor, es gibt einen Spruch..?« In: *Der Sprachdienst* 27, 7–8 (1983) S. 79–100.

Deville, N./Massé, M.-P./Pinet, J.: *Pochoirs. Stencil Art*. Paris 1986.

Eigeltinger, W.: *Graffiti für Vespasian. Die Kunst im Pissoir*. Berlin 1983.

Gerlach, C.: »Sgraffito – Wanddekoration in den 50er Jahren«. In: Hügel, H.-O. (Hg.): »... ist im traditionalistischen Sinne wieder aufzubauen«. Architektur in Hildesheim – Die 50er Jahre. Hildesheim 1993. S. 50–52.

Graffiti Live. Die Züge gehören mir. Bilder & Berichte aus der Sprüher-Szene. München 1987.

Grasskamp, W.: »Handschrift ist verräterisch. Stichworte zu einer Ästhetik der Graffiti«. In: *Kunstforum International* 50 (1982) S. 15–55.

Grünberg, B./Maessen, H. (Hgg.): *Kölner Totentanz. Der Sprayer von Zürich*. Köln 1982.

Günther, M./Hügel, H.-O.: *Graffiti aus Hildesheim, Berlin, New York und anderswo*. Lamspringe 1993.

Hallstatt, M. (Hg.): *Echt stark. Das Buch der Sprüche und Graffiti*. München 1989.

Hebdige, D.: *Subculture. The Meaning of Style*. London 1979.

Huber, J.: *Serigraffitis.* Paris 1986.

Kopperschmidt, J.: »›Lieber theorielos als leblos‹. Anmerkungen zur Sprüchekultur«. In: *Muttersprache* 97 (1987) S. 129–144.

Kreuzer, P.: *Das Graffiti-Lexikon. Wand-Kunst von A bis Z.* München 1986.

Lomas, H. D.: »Graffiti: Some Observations and Speculations«. In: *The Psychoanalytic Review* 60.1 (1973) S. 71–89.

Maisenbacher, C.: *An die Wand gesprüht ... »pochoir«. Schablonengraffiti aus Frankreich.* Frankfurt a. M. 1988.

Müller, S.: *Graffiti. Tätowierte Wände.* Bielefeld 1985.

Neumann, R.: *Das wilde Schreiben. Graffiti, Sprüche und Zeichen am Rand der Straßen.* Essen 1991.

Nungesser, M.: »Graffiti-Kunst der siebziger und achtziger Jahre«. In: *Bildende Kunst* 38, 6 (1990) S. 10–18.

Ossi, R./Moondust, Z.: *HipHop. Rap, Graffiti, Scratching, Break-Dance.* Bergisch-Gladbach 1984.

Pietri, C.: »Graffito I (lateinisch)«. In: Klauser, T. u. a. (Hgg.): *Reallexikon für Antike und Christentum.* Stuttgart 1983. Vol. 12. S. 637–667.

Pritchard, V.: *English Medivial Graffiti.* Cambridge 1967.

Reisner, R. G.: *Graffiti. Two Thousand Years of Wall Writing.* New York 1971.

Rutschky, M. »Textkämpfe«. In: *Zur Ethnographie des Inlands.* Frankfurt a. M. 1984. S. 26–38

Schwarzkopf, O. (Hg.): *Graffiti Art. Deutschland – Germany.* Berlin 1995.

Skrotzki, A.: *Graffiti. Öffentliche Kommunikation und Jugendprotest.* Stuttgart 1999.

Stahl, J.: *An der Wand. Graffiti zwischen Anarchie und Galerie.* Köln 1989.

Ders.: *Graffiti. Zwischen Alltag und Ästhetik.* München 1990.

Suter, B.: *Graffiti. Rebellion der Zeichen.* Frankfurt a. M. 1988.

Ders.: »Graffiti-Cyberland. Objekte im Spiegel des Verschwindens«. In: Thiel 1996. S. 1–3.

Thiel, A. (Hg.): *Einführung in die Graffiti-Forschung.* Kassel 1996.

Ders.: »Vokabular der Graffitiforschung«. In: Ders.: *Einführung in die Graffiti-Forschung.* Kassel 1996. S. 14–78.

Ders.: »Some Extension of 19. Century«. In: Ders.: *Einführung in die Graffiti-Forschung.* Kassel 1995. S. 100–106.

Thiel, P.: »Graffiti«. In: Thiel, A.: *Einführung in die Graffiti-Forschung.* Kassel 1989. S. 6–8.

Treek, B. v.: *Graffiti Lexikon. Legale und illegale Malerei im Stadtbild.* Berlin 1998.

Hans-Otto Hügel

Heimat

»Im allgemeinen Sprachgebrauch ist Heimat zunächst auf den Ort (auch als Landschaft verstanden) bezogen, in den der Mensch hineingeboren wird, wo die frühen Sozialisationserlebnisse stattfinden, die weithin Identität, Charakter, Mentalität, Einstellungen und schließlich auch Weltauffassungen prägen« (Brockhaus 1996). Daher hat der Begriff auch für die Populäre Kultur eine zentrale Bedeutung. Ist diese doch – was ihre soziale Funktion angeht – gerade dadurch bestimmt, daß sie lebensweltliche Orientierung anzubieten vermag. Das Wort ›Heimat‹ bezog sich ursprünglich auf den elterlichen Hof und be-

zeichnete ein rechtliches Verhältnis. Seine Übertragung auf den Geburts- und Wohnort und schließlich auf die Landschaft und Region war Teil eines Bedeutungswandels, der bereits im 19. Jh. einsetzte und ›Heimat‹ zunehmend zu einem emotional geprägten subjektiven Wertbegriff machte. Daraus resultierte eine Anfälligkeit für ideologische Instrumentalisierungen, die auf unterschiedliche Weise seit dem Ende des 19. Jh. vorgenommen wurden, und es ergab sich wiederum eine Anfälligkeit für eine das Gemüt ansprechende, ja ins Sentimentale abgleitende Interpretation.

Ungeachtet des Bedeutungswandels blieben ältere Bedeutungen virulent und konnten jeweils unter unterschiedlichen Aspekten aktualisiert werden. Solche Aktualisierungen geschehen im privaten Bereich häufig anläßlich von persönlichen Krisen. Auch im öffentlichen Leben gaben vielfach Krisensituationen den Anlaß für eine Aktualisierung und Neudefinition des Heimatbegriffs. Dabei spielten ökonomisch bedingte Umbrüche zwar eine Hauptrolle, aber da diese auch Auswirkungen auf den sozialen und gesellschaftlichen Bereich hatten, konnten sie zu tiefgreifenden Verunsicherungen führen. Aus solchen Problemlagen erwuchs ein Bedarf an fundamentaler Orientierung – und das Heimat-Konzept schien ein umfassendes gefühlsmäßiges und zugleich einfaches Orientierungsangebot bereitzuhalten. Zu den Faktoren, die bei der Etablierung des Heimatbegriffs und dessen Bedeutungswandel einen erheblichen Einfluß hatten, gehört auch die Entwicklung der ↗ Medien, die die Bühne für die ↗ Popularisierung bestimmter Heimatvorstellungen zur Verfügung stellen.

Die Heimatkunst-Bewegung

Bei der Rückschau auf kulturgeschichtliche Phasen, in denen die Beschäftigung mit dem Thema ›Heimat‹ eine besondere Bedeutung erlangte und eine charakteristische Ausprägung erfuhr, kommt der Heimatkunst-Bewegung an der Wende vom 19. zum 20. Jh. eine Schlüsselrolle zu. Das liegt darin begründet, daß die Heimatkunst-Bewegung weitverbreitete konservative Tendenzen bündelte und ihre Zielsetzungen sowohl kulturpolitisch wie literarisch und künstlerisch zu verwirklichen suchte: Es ging darum, das Leben in der traditionsverhafteten ländlichen Heimat positiv abzuheben vom Leben in der Stadt, das negativ eingestuft wurde. Die Heimatkunstbewegung stellte einen Reflex gegen den Modernisierungsprozeß dar, sie wandte sich gegen Verstädterung, Industrialisierung und Technisierung.

Solche Zivilisationskritik war allerdings kein Novum, denn die Folgen der Frühindustrialisierung und des nachfolgenden forcierten Wandels vom Agrar- zum Industriestaat forderten bereits im gesamten 19. Jh. Schriftsteller zur Stellungnahme heraus. Die Heimatkunstbewegung konnte an literarische Traditionen anknüpfen. Dazu gehörte vor allem die Dorfgeschichte, die sich seit 1830 zu einer beliebten Erzählform entwickelte. Im allgemeinen wird der Dorfgeschichte eine Tendenz bescheinigt, die dörfliche Welt als zeitlos harmonische Daseinsform zu idealisieren.

Betrachtet man jedoch die Dorfgeschichten einzelner Autoren, so sind bemerkenswerte Unterschiede in der konkreten Umsetzung des dorfgeschichtlichen Erzählmodells festzustellen. Jeremias Gotthelf wollte auf der Basis seiner christlich-konservativen Weltsicht volkspädagogisch (↗ Volkspädagogik) wirksam werden und scheute sich nicht, durch wirklichkeitsbezogene Schilderungen auf die Widersprüche im sozialen Gefüge der dörflichen Welt aufmerksam zu machen. Demgegenüber fehlte es den Dorfgeschichten von Berthold Auerbach weitgehend an realistischer Substanz; es lag aber auch nicht in seiner Absicht, Realität zu reproduzieren, vielmehr wollte er ein in der Phantasie verankertes utopisches Gegenbild entwerfen.

Wie Gotthelf rund 30 Jahre zuvor verband auch Peter Rosegger mit seinem Erzählen volkserzieherische Absichten, die auf einer religiös-konservativen Haltung basierten. Rosegger veröffentlichte seit Mitte der 1970er Jahre zahlreiche Bücher, in denen er seiner *Waldheimat* (so auch der Titel seiner 1877 erschienenen Autobiographie) immer wieder den Charakter einer rückwärtsgewandten Utopie verlieh.

Obwohl die Literatur des Naturalismus seit der Mitte der 1980er Jahre den Blick für die soziale Problematik schärfte und das Erzählmodell der Dorfgeschichte nun als unzureichend eingestuft wurde, bedeutete dies keineswegs das Aus für konservative Stilrichtungen. Sie behaupteten sich vielmehr weiterhin und eroberten sich sogar größere Erzählformen. Mit Roseggers Roman *Jakob der Letzte* (1888), der die Zerstörung eines Bergdorfes durch das kapitalistische Profitstreben behandelt, begann die Erfolgsgeschichte eines spezifischen Typs des Bauern-Romans. Der ›krisenhafte Bauern-Roman‹ ist dadurch gekennzeichnet, daß er die sozio-ökonomisch bedingten Phänomene der Krise, der Deklassierung und des Zerfalls im Bauerntum aufgriff und darauf mit einer Beschwörung traditioneller bäuerlicher Wertvorstellungen und Lebenshaltungen reagierte. Als Beispiel der Trivialisierung des Heimat-Sujets gilt das Werk von Ludwig Ganghofer, dessen Romane hohe Auf-

lagen erreichten (und später vielfach verfilmt wurden). Der 1886 erschienene Roman *Edelweißkönig* bildete den Auftakt für seine zahlreichen Adels- und Bauern-Romane, deren Handlung meist im ›Hochland‹ angesiedelt ist und die Bergwelt als gesunde Gegenwelt zur städtischen Welt in Szene setzt. Während in seinen Bauern-Romanen einem überwiegend praktisch und religiös ausgerichteten traditionellen Wertesystem das Wort geredet wird, erhält in seinen Adels-Romanen das Motiv der Gesundung im Hochland ein besonderes Gewicht. Für die spezifische Ausprägung des Gesundungsmotivs bei Ganghofer ist der Roman *Das Schweigen im Walde* (1899) ein anschauliches Beispiel, denn hier geht es nicht etwa um eine endgültige Rückkehr in die ländlich-intakte Welt, sondern um physische Erholung und psychische Regeneration durch zeitweiligen Aufenthalt auf dem Lande und in der Natur.

Der Heimatkunst-Bewegung stand also ein umfangreiches Repertoire zur Verfügung. Sie knüpfte an die Vorläufer-Tendenzen an und katapultierte sie auf eine neue Stufe, indem sie in programmatischer und zugleich verschärfter Form ideologische Komponenten herausarbeitete. Daß es ihr gelang, sich in der breiten Öffentlichkeit Resonanz zu verschaffen, hing mit der akuten Problemlage um 1900 zusammen. Die Heimatkunstbewegung entstand als eine kulturelle Gegenreaktion auf die Bevölkerungsbewegung vom Land in die Stadt, die durch die Industrialisierung ausgelöst wurde und zu einer verschärften Krisensituation in der Landwirtschaft führte. Aus der Sicht der Programmatiker führte die Landflucht zur Zerstörung des Landes und zu einer Verstopfung der Städte. Die Pflege und Förderung des Heimatsinnes wurde als ein Mittel gegen die Landflucht angesehen, und man forderte die Rückbesinnung auf die Kräfte des Volks, des Stammes und der heimatlichen Natur.

Die zahlreichen Heimat-Romane, die in der Folgezeit erschienen sind, haben ein festes Grundmuster. Zu den konstanten Merkmalen gehört der geschlossene Raum des ›Dorfs‹ oder des ›Hofs‹, dem als offener Raum das ›Fremde‹, das ist vielfach die ›Stadt‹, gegenübersteht. Das ›Dorf‹ fungiert dabei als intaktes Sozialmodell, das Vorbildcharakter erhält und sich in Verbindung mit dem umgebenden Landschaft als Schutzraum und Zufluchtsort bewährt. Die Hauptfiguren entstammen meist dem bäuerlichen, zumindest aber dem ländlich-dörflichen Bereich. Die Vorliebe für Bauerngestalten resultiert aus der Autarkie, über die die Bauern als Eigentümer von Grund und Boden verfügten. Sie stehen für ein festgefügtes, patriarchalisch geprägtes Wertesystem, das mit den Werten des kapitalistischen Systems kollidiert. Als

Gegenspieler treten meist Repräsentanten der städtischen Welt in Erscheinung, die als ›Zugereiste‹ in die dörfliche Welt eintreten oder als ›Kapitalisten‹ auf sie Einfluß nehmen. Die Handlung entzündet sich an einer Störung des Systems: Das geschieht überwiegend durch die Konfrontation mit dem ›Fremden‹; eine handlungsauslösende Funktion können aber auch schicksalhafte Ereignisse oder die Kräfte der Natur übernehmen (vgl. Rossbacher 1975).

Wie bei den Vorläufern des 19. Jh. wurde dieses hier idealtypisch umrissene Erzählmodell des Heimat-Romans in unterschiedlichen Ausprägungen realisiert. Romane wie *Der Büttnerbauer* von Wilhelm von Polenz oder die Romane Clara Viebigs waren beispielsweise viel stärker in die realistisch-naturalistische Erzähltradition eingebunden als es bei den Bestseller-Romanen *Jörn Uhl* (1901) oder *Hilligenlei* (1905) von Gustav Frenssens der Fall war. Und selbst zwischen Autoren, die der Heimatkunstbewegung nahestanden (wie Hermann Stehr, Peter Dörfler und Richard Billinger), und den eigentlichen Protagonisten des Heimatkunst-Programms (wie Adolf Bartels, Heinrich Sohnrey, Rudolf Herzog, Friedrich Griese oder H. Eris Busse) lassen sich deutliche Unterschiede in bezug auf die ideologischen Botschaften ausmachen. Dezidiert ideologische Komponenten fanden sich in den literarischen Arbeiten von Adolf Bartels, der bereits 1898 mit seiner Romanchronik *Die Dithmarscher* den Prototyp des historischen Bauern-Romans mit gegenwartsbezogener, antizivilisatorischer Tendenz abgeliefert hatte.

Für die modellbildende Rolle des Bartelsschen Erzählansatzes spricht u. a. der von Hermann Löns im Jahr 1910 veröffentlichte Roman *Der Werwolf*. Auch dabei handelt es sich um die chronikartige Darstellung bäuerlicher Selbsthilfe: In diesem Fall verbündeten sich die Bauern gegen gewalttätige Mächte des Dreißigjährigen Krieges. Und wie bei Bartels wurde auch bei Löns die ›Stammesart‹ der bäuerlichen Akteure mit einer besonderen Bedeutung aufgeladen, die sich als Vorgabe für die spätere Vereinnahmung durch die NS-Ideologie anbot.

Die Heimatkunst-Bewegung stellte sich eine sozialpsychologisch motivierte Aufgabe. Inwieweit eines ihrer zentralen Ziele, die Verhinderung der Landflucht, erreicht werden konnte, bleibt allerdings zweifelhaft. Musterkataloge für die ländlichen Bibliotheken empfahlen vor allem Heimat- und Bauernliteratur, die die Landbevölkerung in konservativem Sinn beeinflussen sollte. Das Lesepublikum bildeten aber nicht die Bauern, sondern eher das Kleinbürgertum und die Mittelschicht, vielfach also Stadtbewohner. Die Rückkehr aufs Land stand als umsetzbarer

Vorschlag nicht ernsthaft zur Debatte; bestenfalls der Gesichtspunkt der Regeneration in der Natur und im Kontext der bäuerlichen Lebenswelt war einigermaßen praktikabel. Was diese Literatur aber durchaus erreichte, war die Verstärkung der im weitesten Sinn konservativen Disposition großer Bevölkerungskreise.

Heimatliteratur hatte zwar in Deutschland, Österreich und der Schweiz einen besonderen Stellenwert, was sich auch daran zeigte, daß fast jede Landschaft nach der Jahrhundertwende mit einem Heimaterzähler vertreten ist. Vergleichbare Tendenzen machten sich jedoch auch in anderen europäischen Ländern bemerkbar, denn die Phänomene der großstädtisch-industriellen Realität sorgten auch dort für Verunsicherung und für ein Anwachsen restaurativer Grundhaltungen. Der bedeutende norwegische Autor Knut Hamsun erhielt für seinen 1917 erschienenen Roman *Segen der Erde* 1920 den Nobelpreis. In Frankreich erlangte im bäuerlichen Milieu angesiedelte Literatur auch deshalb Gewicht, weil auf diese Weise die Eigenständigkeit der Provinzen betont werden konnte; ein Anliegen, das aus dem kulturellen Zentralismus des Landes resultierte.

Hörfunk und Film

In der Zeit der Weimarer Republik blieben, neben einem auf ›Modernität‹ ausgerichteten kulturellen Leben, immer auch Gegentendenzen präsent. Vor allem nach der Stabilisierungsphase (1924 bis 1929) machte sich angesichts der erneuten ökonomischen und politisch-sozialen Krise ein Anwachsen konservativer Tendenzen bemerkbar. Im Bereich der Literatur setzten u. a. Bauern-Romane die Traditionslinie der Heimatkunstbewegung fort. Charakteristische Exempel sind der 1930 erschienene Roman *Brot* des österreichischen Autors Heinrich Waggerl, *Der letzte Bauer* (1930) von Hermann Eris Busse, die *Apollonia*-Trilogie (1930–1932) von Peter Dörfler. Diesen Romanen ist die anti-zivilisatorische Ausrichtung gemeinsam sowie die Idealisierung der bäuerlichen Welt als eines Refugiums mit gesund gebliebenen Wurzeln, das als Mittel gegen ›intellektuelle Entwurzelung‹ gilt. Der ebenfalls 1930 erschienene Roman *Der ewige Acker* von Friedrich Griese geht noch einen Schritt weiter, indem er den bäuerlichen Menschen als Glied einer Generationenfolge betrachtet, einer ›blutsmäßig‹ verbundenen Kette, die aus vergangenen Tagen bis in die Zukunft reicht, und als ein Wesen, das in der ewigen Erde verwurzelt ist. Das Motiv der heimatlichen Scholle wird nicht nur mit Ewigkeitswert angereichert, sondern auch mit Bedeutungen kombiniert, die das Bauerntum als Keim-zelle der Nation betrachteten.

Eine zunehmend wichtiger werdende Rolle bei der Thematisierung des Heimatgedankens kam in der Weimarer Republik dem neuen Medium ↗ Radio zu. Die regional ausgerichteten Rundfunkstationen wurden schon bald nach Sendebeginn zu Foren für heimatbezogene Programmangebote unterschiedlichster Art. Sendungstitel wie *Oberbayrische Heimat-klänge, Alt-Berliner Abend, Altes und Neues aus der süddeutschen Heimat, Volk und Heimat* stehen für Querschnittssendungen, in denen eine bunte Mischung musikalischer und literarischer Beiträge aus der jeweiligen Heimatregion geboten wurde (Wittenbrink 1997, S. 1025). Mundartdichtung und regionales Liedgut standen dabei hoch im Kurs. Heimatreportagen, Heimatabende in Form von Landschafts- und Städteporträts, Besprechungen regionaler Literatur und Lesungen von Heimat- und Mundart-Schriftstellern gehörten auch in der Folgezeit zum Programmangebot aller Sender. Der Trend zur Popularisierung des Heimatgedankens zeichnete sich gegen Ende der 1920er Jahre zudem verstärkt bei der Auftragsvergabe von Hörspielen ab – mit der Konsequenz, daß Autoren regionaler Zugehörigkeit und eher konservativer Einstellung bevorzugt wurden. Auf diese Weise entstanden in München Bauern-stücke für den Hörfunk, die ähnlich wie die Bauern-Romane des gleichen Zeitraums die bäuerliche Welt idealisierten und die ›Rückkehr zur Scholle‹ als Gleichnis für eine Neubesinnung auf traditionelle Werte gestalteten. *Heimweg zur Erde* (O. V. Wendler), *Der Bauer geht um* (Eugen Ortner) oder *Brot* (Josef Martin Bauer) waren solche Bauernstücke (vgl. Wittenbrink 1997, S. 1180 f.). Mit dem Beginn des ›Dritten Reiches‹ und der Instrumentalisierung des Rundfunks für die Zwecke der nationalsozialistischen Partei fand die pluralistische Zusammensetzung der Rundfunkprogramme unmittelbar nach dem Machtantritt ein Ende. Was die heimatbezogenen Programmangebote betraf, so schien sich auf den ersten Blick keine wesentliche Veränderung zu vollziehen, denn Dialektsendungen, Heimat- und Handwerkerlieder, Blas- und Volksmusik, Volkslieder und Volkstänze waren ja bereits zuvor Bestandteil des Rundfunkprogramms. Ein aufschlußreiches Beispiel für die gleichwohl intendierte Umprägung des Heimatverständnisses ist die programmatische Neuorientierung des Schulfunks: »Wohlan denn zum lebensnahen und heimatbetonten Schulfunk in allen deutschen Gauen, zur aktuellen Viertelstunde als dem Spiegel vom Werden und Wesen der deutschen Heimat« – hieß es in einer Verlautbarung vom 31. 3. 1933, die allein schon in ihrem Vokabular die ideo-logische Zielsetzung signalisiert. Sowohl die ›völkische‹ wie die nationale Komponente waren charakteristische Merkmale des nationalsozialistischen Heimatverständnisses. In ihm versammelten sich vorgefundene antimodernistische Tendenzen, regressive Heimatvorstellungen und faschistische Ideologie – wie ›blutsmäßig verbundene Volksgemeinschaft‹ und ›arische Rasse‹ – zu einer Über-Heimat in ›Volk‹, ›Vaterland‹ und ›deutscher Nation‹, wobei die erzählerische Umsetzung dieser Ideologie in der sog. ›Blut- und Boden-Dichtung‹ stattfand.

Neben dem Rundfunk, dessen Teilnehmerzahl rasch anwuchs (1. Jan. 1936: über 7 Mio), wurde der Film zu einem wichtigen Transportmittel nationalsozialistischer Ideologie. Für die im ›Dritten Reich‹ entstandenen Heimatfilme gilt, daß sie von den Zuschauern als vermeintlich unpolitische Unterhaltungsfilme wahrgenommen wurden, da sich ihre ideologische Dimension (im Unterschied zu anderen Filmgenres) in einer eher vermittelten Form bemerkbar machte. Im Film HEIDENSCHULMEISTER UWE KARSTENS (1933) wird mit der Heide eine deutsche Landschaft als Schauplatz gewählt, die ein beliebtes Heimat-Stereotyp darstellte. Durch die musikalische Untermalung als stimmungsgebendes Element und die Betonung des Schicksal-Motivs erhält der Film eine melodramatische Note, wodurch die zentrale Botschaft – die Heimatliebe – aber keine Einbußen erleidet. Um Heimatliebe geht es auch in dem Film AM ABEND DIE HEIDE (1941). Hier wird am Beispiel eines verstädterten Schlagerkomponisten, der unverhofft einen Heidehof erbt, die Rückbesinnung auf die ländliche Heimat geschildert. Es geht demnach um den altbekannten Gegensatz zwischen Stadt und Land, der durch den modernen Beruf des Schlagerkomponisten aber eine Aktualisierung erfährt. Im Film MÄNNERWIRTSCHAFT (1941) tritt der Motiv-Komplex ländlich-bäuerliche Welt versus städtische Welt in einer eher konventionellen, dafür aber heiterburlesken Weise in Erscheinung. Es geht darum, einige handfeste westfälische Jungbauern vom Vorteil des Ehestandes zu überzeugen. Bemerkenswert ist nicht nur, daß diese Aufgabe ein Mädchen aus der Stadt übernimmt, sondern vielmehr noch, daß ein Trend erkennbar wird, die Eigenarten deutscher Stämme filmisch ins Bild zu setzen.

Die 1950er Jahre

Nach dem katastrophalen Ende des ›Dritten Reiches‹ schien es zunächst so, als sei nicht nur das nationalsozialistische Heimat-Konstrukt endgültig diskreditiert, sondern auch die Heimatliteratur jedweder

Provenienz. Während ›Heimat‹ als Sujet anspruchsvoller literarischer Gestaltung zunächst kaum noch in Betracht kam, tauchte es Anfang der 1950er Jahre in einer trivialisierten Form wieder auf und fand durch die Medien Film, Radio und Heftchen-Literatur massenhafte Verbreitung. Heimat-Romane bildeten eine Gruppe innerhalb der Heftchen-Literatur (↗ Romanheft), die sowohl für die weibliche wie für die männliche Leserschaft ein umfangreiches Genrespektrum bereithielt. Heimat-Romane kamen in ↗ Serien mit hohen Auflagen heraus und waren an Kiosken und Bahnhofsbuchhandlungen für wenige Groschen erhältlich. Bei den Heimat-Romanen handelte es sich überwiegend um Liebes-Romane, die im bäuerlichen oder ländlichen Milieu angesiedelt waren. Daß sich dabei eine besondere Vorliebe für die Bergwelt abzeichnete, verweist auf Verbindungslinien zu Ganghofers Hochland-Romanen, von denen ohnehin manche Handlungselemente übernommen, noch weiter vereinfacht und seriell multipliziert wurden. Die Romane sparten nicht an erschütternden Vorkommnissen; da aber die Liebe prinzipiell über alle Konflikte und Schicksalsschläge siegte, zählte ein trostreiches Happy-End zur standardisierten Grundausstattung dieser Heimat-Romane.

Auch in den populären Schlagern wie *Es war im Zillertal* oder *Das Edelweiß vom Wendelstein* hielten stereotypisierte Heimatvorstellungen Einzug. Das Heimweh-Motiv in den Schlagern der unmittelbaren Nachkriegszeit wurde bald durch ›Heimat‹-Motive abgelöst, die nicht von ungefähr auf die bayerische und österreichische Bergwelt anspielten. Einerseits hatten sich diese Landschaften bereits zu den bevorzugten Exempeln für traditionelle Heimat-Vorstellungen entwickelt, andererseits gehörten sie zu den ersten Reisezielen, nachdem das allmählich einsetzende Wirtschaftswunder Urlaubsreisen wieder möglich machte.

Die kompensatorische Funktion des damaligen Heimat-Trends zeichnete sich am deutlichsten im ↗ Genre des Heimatfilms ab, das ungeachtet seiner nationalsozialistischen Vorgeschichte ein Revival erfuhr und der Kinolandschaft der 1950er Jahre ein charakteristisches Gepräge gab. Mit dem Film Das Schwarzwaldmädel begann 1950 die Erfolgsgeschichte des Genres, die sich wohl nur vor dem Hintergrund der Nachkriegssituation verstehen läßt. Angesichts der schwierigen Realität zeigten weite Kreise der Bevölkerung wenig Interesse an einer problemgeladenen Auseinandersetzung mit der Gegenwart oder der jüngsten Vergangenheit. Statt dessen bot der Heimatfilm eine intakte Gegenwelt, die auch durch Störfaktoren nicht wirklich aus dem Gleich-

gewicht zu bringen war. Nach dem Erfolgsrezept des Schwarzwaldmädel entstanden in der BRD und in Österreich zahlreiche weitere Filme, die in einem ländlich-naturverbundenen Milieu spielten. In Filmtiteln wie Grün ist die Heide (1951) oder Der Förster vom Silberwald (1954) deuten sich die bekannten Vorlieben für Berg, Wald und Heide an; tatsächlich blieb kaum eine Landschaft ausgespart, sofern sie nur eine attraktive Kulisse für die Filmstory abgab. Das dazugehörige traditionelle Figurenensemble (Bergbauern, Gutsherrschaft, Oberförster, Pfarrer, Dorflehrer) wurde zwar erweitert und leicht modernisiert, unverzichtbar blieben jedoch Figuren, die als Außenseiter, Fremde oder Zugereiste (häufig aus der Stadt) die ländliche Idylle störten. Da nicht nur die Macht der Liebe, sondern vielfach auch Musikeinlagen und humoristische Akzente dafür sorgten, daß die Konflikte entschärft wurden, war wie in den Heftchen-Romanen das Happy-End vorprogrammiert. Im Heimatfilm der Nachkriegszeit wurde die heimatliche Region nicht in ihrer konkreten historischen und sozialen Dimension ins Bild gesetzt, er übte keine Zivilisationskritik und predigte auch kein ›Zurück zur Natur‹. Am Ende entwarfen Filme dieses Typs meist das Tableau einer harmonisch heilen Welt, an der die Kinobesucher emotional partizipieren konnten. Der mehr als zehn Jahre andauernde Erfolg des Genres spricht dafür, daß es den Heimatfilm-Produzenten gelang, sich auf die Befindlichkeit der Nachkriegsgesellschaft in doppelter Hinsicht einzustellen. Denn ähnlich wie die Schlager des gleichen Zeitraums dienten Heimatfilme nicht nur der emotionalen Entlastung, sie bedienten auch das touristisch motivierte Interesse an attraktiven Urlaubszielen. Die Parallelen zwischen den postkartenähnlichen Idyllen des Heimatfilms und den Urlaubsorten der ersten bundesrepublikanischen Reisewelle sind nicht zu übersehen.

Der Begriff ›Heimat‹ in der Diskussion

Mit den Heimatfilmen, Heimatschlagern und Heimat-Romanen im Heftchen-Format hatte die Trivialisierung des Heimat-Konzeptes ein Ausmaß erreicht, das zu dessen Verdrängung aus der öffentlichen Debatte und der offiziell anerkannten Kultur wesentlich beitrug. In den 1960er Jahren verfielen die heimatbezogenen Unterhaltungsangebote dem Verdikt des ↗ Kitsches und wurden als triviale Massenware unter dem Niveau einer noch tolerierbaren Unterhaltungskultur eingestuft. Während die Produktion von Heimatfilmen auslief und das ↗ Kino der 1960er Jahre durch den ›Neuen deutschen Film‹ einen Innovationsschub erfuhr, blieben die Heimat-Romane weiter auf dem Markt. Der Heimatschlager konnte sich zwar gegenüber der neuen Popmusik nicht behaupten; er fand aber Eingang in eine als ›Volksmusik‹ bezeichnete Musiksparte, für die neben dem Radio jetzt auch das neue Massenmedium ↗ Fernsehen Programmplätze bereitstellte.

In der BRD – etwa zehn Jahre später als in Österreich – mehrten sich im Laufe der 1970er Jahre die Anzeichen dafür, daß das Thema ›Heimat‹ auch hier einen Platz in der öffentlichen Debatte erhalten und aus dem kulturellen Abseits befreit werden könnte. Symptome waren u. a. die Entdeckung der Region (mit beeinflußt durch die Umweltschutzbewegung) und das damit verbundene Interesse an der regionalen Kultur, an Heimatmuseen und Stadtteilfesten, die Zunahme von publizistischen und literarischen Stellungnahmen zum Themenkomplex ›Provinz, Region, Heimat‹ und die Verwendung des Dialekts sowohl in der anerkannten Literatur wie im populären Song und in der Rockmusik. Zu den Mundart-Pionieren gehörten die Bands »Black Fööss« und »BAP«, die ihre Lieder im Kölner Dialekt präsentierten und sich trotzdem eine überregionale Anhängerschaft eroberten.

Auch in der DDR der 1970er Jahre rückte die Region ins Blickfeld des öffentlichen Interesses. Ausgelöst wurde diese Entwicklung durch parteipolitische Initiativen, die auf eine stärkere Identifikation der Bevölkerung mit der engeren Lebensumwelt und darüber hinaus mit der ›DDR als Heimat und sozialistisches Vaterland‹ abzielten. Die offizielle Förderung regionaler Kultur stieß bei der Bevölkerung auf ein positives Echo, so daß vielerorts Volks- und Heimatfeste sowie Folklore-Festivals veranstaltet wurden und u. a. Gesellschaften für Denkmalpflege, für Heimatgeschichte und für Natur und Umwelt gegründet wurden. Solche Aktivitäten entwickelten bald eine Eigendynamik, nicht zuletzt deshalb, weil die Beschäftigung mit der Kultur und Geschichte der engeren Heimat die Chance bot, sich in subkulturelle Nischen (↗ Subkultur) zurückzuziehen. Dieser Nebeneffekt behielt auch für die 1980er Jahre Gültigkeit, in denen insgesamt gesehen die Voraussetzungen für ein auf die DDR bezogenes Heimatgefühl schwanden. Gleichwohl wurde vom Fernsehen der DDR der Versuch unternommen, dem Heimatgedanken im Rahmen von Fernsehserien eine überzeugende Basis zu geben. Serien wie *Geschichten übern Gartenzaun* (1982) oder *Kiezgeschichten* (1987) zeichnen sich dadurch aus, daß sie Teilbereiche des städtischen Lebensraums als ›kleine Welt in der großen Stadt‹ schildern und das soziale Miteinander fokussieren.

Die Renaissance des Begriffs

In der BRD der 1980er Jahre wurden die Bemühungen um ein neues und zeitgemäßes Heimatverständnis verstärkt fortgesetzt, so daß in der öffentlichen Debatte sogar von einer ›Renaissance des Heimatbegriffs‹ gesprochen wurde. Es ging dabei nicht um eine unreflektierte Aktualisierung des Heimat-Konzepts, sondern um eine kritische Auseinandersetzung mit dessen tradierten Inhalten, die vielfach den Versuch mit einschloß, neue und weiterführende Ansatzpunkte bezüglich des Heimatverständnisses zu entwickeln.

Die größte Resonanz beim Lesepublikum fanden jedoch nicht die gesellschaftskritisch ausgerichteten Varianten der traditionellen Gattung, auch nicht die Varianten, die mit dem Formenarsenal der Heimatliteratur experimentierten oder es parodistisch verfremdeten. Einen unvermuteten Bestsellererfolg erreichte vielmehr die autobiographisch angelegte Lebensgeschichte der Bäuerin Anna Wimschneider. Das 1984 erschienene Buch *Herbstmilch* zeichnet mit einfachen literarischen Mitteln das authentisch wirkende Bild einer dörflichen Welt, in der die Mühsal des kleinbäuerlichen Alltags plastisch vor Augen tritt. Obwohl in der Verfilmung des Buches (durch Josef Vilsmaier, 1989) manches von seinem authentischen Charakter verloren geht, wurde dem auch international beachteten Film doch bescheinigt, daß damit ein vielgescholtenes Genre, der Heimatfilm, wieder zum Leben erweckt wurde.

Für eine vielperspektivische Thematisierung von ›Heimat‹ bot vor allem das Medium Fernsehen in den 1980er Jahren gute Voraussetzungen. Die öffentlich-rechtlichen Sendeanstalten kombinierten in diesem Jahrzehnt ihre Regionalisierungs-Konzepte mit dem erneuerten Heimat-Verständnis. Durch Stadtbeschreibungen und Landschaftsbilder, Informationen, Berichte und kleine Geschichten sollten ›Region, Provinz und Heimat‹ den Zuschauern nahegebracht werden. Die ARD setzte 1984 mit der Fernsehserie *Heimat* Maßstäbe für einen ambitionierten heimatbezogenen Programmbeitrag. Edgar Reitz, Autor und Regisseur der Fernsehproduktion, konzipierte *Heimat* als elfteilige Chronik eines Hunsrück-Dorfes, die sich über den Zeitraum von 1919 bis 1982 erstreckt. Bei der Wahl des Titels und des Schauplatzes knüpfte Reitz bewußt an Erwartungen an, die das Stichwort ›Heimat‹ weckt; bei der filmischen Realisierung des Stoffes verweigert er sich aber klischeehaften Vorstellungen, die Dorf und Provinz einerseits mit Idylle und heiler Welt und andererseits mit Zurückgebliebenheit und Borniertheit assoziieren. Er nutzt den erzählerischen Spielraum, den das Format einer Fortsetzungsserie eröffnet, und entwickelt die individuelle Lebensgeschichte der Hauptfiguren im Wechselspiel mit Geschehnissen im dörflichen Nahbereich und den Vorgängen der jüngsten deutschen Geschichte. Da der Begriff ›Heimat‹ in dieser Filmchronik in seiner Komplexität ernst genommen wird, entsteht ein facettenreicher und zugleich ambivalenter Heimatentwurf.

Daß ein Jahr später die vom ZDF produzierte Fernsehserie *Schwarzwaldklinik* auf ein eher konventionelles Heimatbild zurückgriff, ist symptomatisch für das Nebeneinander innovativer und traditioneller Heimatkonzepte im Fernsehen der 1980er Jahre. Die Einführung des Privatfernsehens und der damit verbundene Kampf um Zuschauerzahlen hat dazu beigetragen, daß manche der zuvor als überholt eingestuften Präsentationsformen erneut oder vermehrt im Programmangebot des Fernsehens auftauchten. Volkstheater-Sendungen und Heimatfilme der 1950er Jahre avancierten bei den kommerziellen Anbietern RTL und SAT.1 zu quotenträchtigen Unterhaltungssendungen. Nicht von ungefähr orientierte sich die erste eigenproduzierte Fernsehserie von RTL *Das Schloss am Wörthersee* am Gestaltungskonzept des Heimatfilms der 1950er Jahre. Der Publikumserfolg der *Schwarzwaldklinik* ließ aber auch bei den öffentlich-rechtlichen Anbietern die Zahl der Produktionen anwachsen, in denen altbekannte und aktualisierte Heimatbilder eine Allianz mit beliebten Genre-Varianten wie der Familien- oder der Arztserie eingehen. Nimmt man eine besonders erfolgreiche Serie – die ZDF-Produktion *Forsthaus Falkenau* – als Beispiel, so zeigt sich, daß die Aktualisierung tiefgreifendere Ergebnisse zeitigen kann, als es der Titel vermuten läßt. Denn statt einer Neuauflage der Försterromantik im Stile des traditionellen Heimatfilms bietet die Serie u. a. Denkanstöße zu einem verantwortungsbewußteren Umgang mit der Natur im heimatlichen Umfeld. Nimmt man die Einschaltquoten zum Maßstab, so waren die Zuschauer offensichtlich einverstanden mit dieser anschaulich-informativen und zugleich unterhaltsamen Art, aktuelle Umweltthemen in die Serienhandlung zu integrieren.

Dergleichen neue Akzente blieben bei einer weiteren heimatbezogenen Darbietungsform – der ›Volksmusik‹ – im Fernsehen der 1980er Jahre ausgespart. Gleichwohl vermehrten sich Programmangebote dieses Typs rapide und sorgten für hohe Einschaltquoten. Es handelt sich bei dieser Art ›Volksmusik‹ nicht um regional verwurzelte, traditionelle, im Leben stehende ↗Musik ›aus dem Volk‹, sondern um eine fernsehmedial inszenierte, populärmusikalische Mischung aus Schlagern, Blasmusik, Chorgesang, Jodel- und Dialektgesängen, Schunkel-

Liedern und ähnlichem. Zusammen mit den dazugehörigen Bühnenbildern, die in Versatzstücken konventioneller Heimatbilder schwelgen, entwerfen sie eine ›heile Welt‹, die dem Unterhaltungsbedürfnis eines zumeist älteren ↗Publikums entsprechen soll und ein nostalgisch gefärbtes Gegenbild zur Alltagswelt evoziert.

Für die erfolgreiche und produktive Thematisierung von ›Heimat‹ in den 1990er Jahren lassen sich eine Reihe weiterer Exempel anführen. Dazu gehört die Fortsetzung der Serie *Heimat*, die Edgar Reitz 1993 unter dem Titel *Zweite Heimat* realisierte. Darin kommen Heimatvorstellungen zur Darstellung, die das Weggehen aus der ›Ersten Heimat‹ voraussetzen und eine unter künstlerischem Vorzeichen erfolgende Identitätssuche einschließen.

Ein produktiver Umgang mit dem Konzept ›Heimat‹ zeichnet sich am ausgeprägtesten im derzeit jüngsten Medium, dem ↗Internet ab. Das Universalmedium Internet bietet offensichtlich optimale Möglichkeiten, sich mit dem Thema ›Heimat‹ auseinanderzusetzen – sei es in Form von informativen Angeboten, Literatur- und Veranstaltungshinweisen, Diskussionsforen, Chats oder Arbeitsgruppen. Die Akteure gehören allen Altersgruppen an; und die Websites dienen als Plattform für selbstorganisierte Lernprozesse: angefangen von Schülern, die ihren Mitschülern Arbeitsmaterialien zum ›Heimat‹-Komplex zur Verfügung stellen, bis hin zu Senioren, die sich im Rahmen einer ›virtuellen‹ Arbeitsgruppe mit dem Problemkreis ›Heimat und Fremde im Wandel‹ aktiv auseinandersetzen und Internetnutzer an dieser Auseinandersetzung partizipieren lassen.

Literatur

Rosenstein, D.: »Heimat-Bilder«. In: Kreuzer, H. v.: *Pluralismus und Postmodernismus. Zur Literatur- und Kulturgeschichte in Deutschland 1980–1995.* Frankfurt a. M. 1996. S. 59–97.
Rossbacher, K.: *Heimatkunstbewegung und Heimatroman. Zu einer Literatursoziologie der Jahrhundertwende.* Stuttgart 1975.
Schweikle, I.: »Heimatliteratur«. In: Schweikle, G./Schweikle, I. (Hgg.): *Metzler Literatur Lexikon. Begriffe und Definitionen.* Stuttgart ²1990. S. 191–192.
Wittenbrink, T.: »Zeitgenössische Schriftsteller im Rundfunk«. In: Leonhard, J.-F.: *Programmgeschichte des Hörfunks in der Weimarer Republik.* München 1997. Bd. 2. S. 1098–1189.
Zimmermann, P.: *Der Bauernroman. Antifeudalismus – Konservatismus – Faschismus.* Stuttgart 1975.

Doris Rosenstein

Held

Held (gr. *heros*, lat. *heros*, frz. *héros*, engl. *hero*) bezeichnet 1) »die hervorragende, durch Tapferkeit, Mut und andere Eigenschaften, die sich vor allem in lebensbedrohenden Situationen bewährt haben, ausgezeichnete Persönlichkeit« und 2) »die Hauptperson eines literarischen Werkes, auf die das Erzählte oder Dargestellte bezogen oder hingeordnet ist oder aus deren Perspektive etwas erzählt oder dargestellt wird« (Kolb 1972, S. 384). Letzteres muß, worauf auch schon H. Kolb hinweist, nicht einmal eine Person sein, ›Held‹ 2) kann auch eine Stadt (Alfred Döblin: *Berlin Alexanderplatz*), ein Breitengrad (John Dos Passos: *42nd Parallel*), ein Kollektiv (Erik Reger: *Union der festen Hand*) oder gar ein Werkstoff sein (Vicki Baum: *Kautschuk*). Im heutigen Deutsch handelt es sich im Grunde lexikalisch um reine Homonymie; die Semantik des ersten Begriffs erweist sich jedoch in aller Regel als so dominant, daß der zweite Begriff offenbar nur benutzt werden kann, indem – fast stets in negativer Abgrenzung – auf die erste Bedeutung referiert wird: ›Der Held des Buchs – der eher ein Antiheld ist [...]‹. Das Zusammenspiel der beiden semantischen Inhalte – der ›Held‹ als ›Held‹ – erweist sich dabei in der historischen Differenzierung als höchst facetten- und variantenreich.

Gr. *heros* bezeichnet den herausragenden Helden der Vorzeit, wie er etwa in den Dichtungen Homers besungen und in den Heroenkulten an Heroengräbern verehrt wird. Aristoteles' *Poetik* (um 360 v. Chr.) benutzt weder das Wort ›heros‹ noch ein synonymes Substantiv; statt dessen unterschiedliche Adjektiva und Adjektivkonstruktionen, die jedoch die Übereinstimmung in der Sache belegen: Die für das Epos und die Tragödie angemessenen Personen müssen ›besser (von Geburt oder Sittlichkeit her), tapferer, geschickter, tüchtiger, ehrwürdiger, majestätischer, edler, ehrenhafter, angesehener‹ sein als ›wir‹, die Zuschauer oder Leser, es sind. Die Namen aus erhaltenen oder verschollenen Tragödien, die Aristoteles dann nennt, sind entsprechend die von Heroen im antiken Vollsinn, Menschen, denen nach dem Tode göttliche Ehren zuteil werden: Oidipus, Orestes, Odysseus, Achill usw. Entscheidend ist jedoch das von Aristoteles aus seiner Tragödiendefinition – Bewirken der *katharsis* von *eleos kai phobos* – gewonnene Bewertungskriterium: Bei den unglücklichen Dramenschlüssen (der glückliche Ausgang kommt eher der niedriger eingestuften Komödie zu) ist weder die Vernichtung des vollkommen Guten noch die des vollkommen Schlechten als ›tragisch‹ zu werten, sondern allein der Untergang dessen, der zwar besser ist als wir, aber durch eine *hamartia*, eine

›Schuld‹, einen ›Fehler‹ belastet ist, der – freilich exzessiv – bestraft wird. In heutiger Terminologie ist also Aristoteles' Dramenheld ein gebrochener Held, behaftet mit einem Makel, der ihn letztlich zu Fall bringt. Diese Grundstruktur gilt Aristoteles gleichermaßen für die zweite hohe Gattung, das Epos: Homer, der für ihn in allem vorbildlich ist, stelle Achill als ›Muster des Starrsinns‹ und doch zugleich als ›gut‹ hin. (Noch 1624 setzt Martin Opitz im *Buch von der Deutschen Poeterey* unter direkter Berufung auf Aristoteles die Eigenschaften von Epos und Tragödie in ähnlicher Weise gleich: »Die Tragedie ist an der maiestet dem Heroischen getichte gemeße / ohne das sie selten leidet / das man geringen standes personen vnd schlechte sachen einführe: weil sie nur von Königlichem willen / Todtschlägen / verzweiffelungen / Kinder- vnd Vätermörden / brande / blutschanden / kriege vnd auffruhr / klagen / heulen / seuffzen vnd dergleichen handelt«).

Somit ist in der griechisch-klassisch-europäisch-aristotelischen Tradition der ›Held 2)‹ stets ›Held 1)‹, und als ›Helden 2)‹ sind auch nur ›Helden 1)‹ zugelassen; eine semantische Differenzierung ist damit weder möglich noch erforderlich. Freilich erscheinen diese epischen wie tragischen ›Helden‹ stets mit einer spezifischen Gebrochenheit (*hamartia*) ausgestattet, da diese allein *ta pathe*, »das schwere Leid« (Übers. M. Fuhrmann), d. h. »klagen/heulen/seuffzen« und damit die ›Katharsis‹ garantiert – eine bedeutsame, oft übersehene Facette der Heldenlaufbahn, die im kulturellen Gedächtnis zumeist von den bewundernswerten geistigen, körperlichen und charakterlichen Eigenschaften überlagert wird, für die einem ›Helden 1)‹ Bewunderung gezollt und um die er beneidet wird. Diese Doppelheit von Leid und körperlichen wie charakterlichen Eigenschaften, die bewundert werden, bleibt ein gültiger Typus bis hin zu den ↗ Stars der Populären Kultur im 20. Jh.

Geschichte

Das deutsche Wort ›Held‹ fehlt im Althochdeutschen; der einzige Beleg, an signifikanter Stelle zu Anfang des *Älteren Hildebrandlieds*, ist altniederdeutsch, wo der Begriff »zu Hause« ist, indem er »verschiedenerlei Menschen männlichen Geschlechts« bezeichnet (Kolb 1972, S. 397 f., der auch im folgenden referiert wird). Aus dieser Sprache wird der Begriff dann als *hel(i)t* ins Mittelhochdeutsche übernommen, wo er seit dem 12. Jh. mit zahlreichen Belegen etwa in *Annolied*, *Kaiserchronik*, *Rolandslied* u. a. begegnet. Im allgemeinen Bewußtsein des literarisch Gebildeten oder Interessierten hat sich dabei bis heute der

herausgehobene Gebrauch im Prooemion des *Nibe-
lungenliedes* gehalten: Die *helden lobebaeren* werden
gleichermaßen als erstes Stichwort für das *in alten
maeren* Tradierte wie für das jetzt neu anhebende
Epos genannt. Keine der Gestalten des *Nibelungen-
liedes*, die auf diese Bezeichnung Anspruch erheben
könnte, ist dabei frei von einer aristotelischen *hamartia*; trotz ihrer generellen ›Löblichkeit‹ ist jede gebrochen und demonstriert an ihrem Schicksal, »wie liebe
mit leide ze jungest lonen kann«.

In Hartmanns *Erec* begegnet uns der Begriff gar
nicht, in seinem *Iwein* selten und in Gottfrieds *Tri-
stan* ein einziges Mal, in Wolframs *Parzival* dann
häufiger. Daraus, daß ›Held‹ der Rechts- und Ur-
kundensprache fremd bleibt, schließt Kolb, das Wort
führe »eine ausgesprochen literarische Existenz in der
poetischen Sprache vor allem epischer archaisieren-
der Dichtung germanisch-deutscher Inhalte«. In ihr
umgibt es Menschen »mit der Aura des alles Men-
schenmaß übersteigenden, tatenfähigen und taten-
frohen Mannes der Vorväterzeit« (ebd., S. 402).
Demgegenüber scheint im Spätmittelalter die antike
Bedeutung von *heros* wieder aufgenommen zu werden. Kolb erläutert, daß auch der französische Gebrauch des Lehnworts *héros* mittelalterlich den *demi-
dieu* (Halbgott) bezeichnet und erst seit etwa 1550
»celui qui se distingue par ses exploits« (denjenigen,
der sich durch seine Taten auszeichnet). In Luthers
Bibelübersetzung steht das Wort häufiger im AT für
die Helden der Vorzeit und Israels; die lat. – mutatis
mutandis auch die griech. – Entsprechungen sind
*gigas, fortis, fortissimus, vir famosus, potens, poten-
tissimus*. Die Bibel kennt auch bereits den trave-
stierten Gebrauch des Worts: »Weh denen / so Helden (lat. *potentes*) sind wein zu sauffen« (Jes 5, 22).

Schon das Grimmsche Wörterbuch äußert bei der
Bedeutung »4) held, der den mittelpunkt einer begebenheit, einer handlung bildende mann« die Vermutung, »es musz diese bedeutung auf jene literatur-
epoche zurückgehen, in der die hauptperson eines
dramas oder epos ein held sein muszte«. Bis Kolb
(1972) galt der Bedeutungswandel im Deutschen als
Übernahme einer »Lehnbedeutung nach ne. *hero*«
(so noch Kluge, Etymologisches Wörterbuch der
deutschen Sprache 1995). Kolb hat demgegenüber
nachgewiesen, daß sich schon lange vor entsprechenden englischen Belegen im Französischen des frühen
17. Jh. dieser Bedeutungswandel abzeichnet. Er kann
für uns nur greifbar werden, sobald die Hauptperson
einer ›hohen‹ Gattung nicht mehr selbstverständlich
den Anforderungen genügt, edler, tapferer, tüchtiger,
ehrenhafter, majestätischer und verehrungswürdiger
zu sein als der Durchschnitt der Menschheit, d. h.,
sobald die Funktion ›Held 2‹ nicht mehr automa-

tisch mit ›Held 1)‹ besetzt wird. Solange sich dieser
Konventions- und Geschmackswandel jedoch bei der
Tragödie hinter Bezeichnungen wie ›comédie lar-
moyante‹ verbirgt, wird er zuerst dort terminologisch
faßbar, wo der als unklassisch aus der klassizistischen
Poetik ausgeschiedene Roman zwar in der eigentlichen Poetik immer noch nicht als würdiger Gegenstand vorkommt, aber dennoch nicht länger übersehen werden kann. Der Vers, der in Boileaus *L'Art
Poétique* (1674) beide Konventionen in einem Alex-
andriner antithetisch erfaßt, lautet: *Des Heros de
Roman fuiés les petitesses: / Toutefois, aux grands
coeurs donnés quelques foiblesses.* (Gebt den Helden
der Bühne nicht die Niedrigkeit von Romanhelden,
stattet aber dennoch auch große Charaktere mit
einigen Schwächen aus!, Übers. U. u. H. L. Arnold).
Neben den traditionellen ›Helden‹ mit ihren *grands
coeurs* und ihren *foiblesses* – die *hamartia* des Aristoteles – treten im *Roman* ganz andere Hauptfiguren
auf, charakterisiert durch *petitesses*, und sie werden
dennoch *Heros* genannt – die semantische Differenzierung des nunmehrigen Homonyms hat sich vollzogen und wird später in andere europäische Sprachen wie Englisch oder Deutsch übernommen.

Roman

Der ›heroisch-galante Roman‹ im Gefolge von Helio-
dors *Aithiopika* ist die letzte Romangattung, in der
»sich der Heroische Held seinen Namen und den
Lohn seiner Prüfungen« verdient; denn diese Romane haben nicht nur Helden *sans peur et reproche*
(ohne Furcht und Tadel) als ›Helden‹ und makellos
tugendhafte Heldinnen als ›Heldinnen‹, sondern
»enden […] glücklich, ja festlich« (Alewyn 1974b,
S. 129 f.). Zur selben Zeit setzt nämlich die Entwicklung ein, die schließlich zum ästhetischen ›Glücks-
und Heldenverbot‹ (Weinrich 1973) führte: Parallel
zum ›heroisch-galanten Roman‹, der mit seinem hohen Personal und Stil das antike Epos beerbt, entwickeln sich Romanformen, die den traditionellen
Totalitätsanspruch epischer Großformen mit skurril-
phantastischen, traurig-komischen oder schlicht aso-
zial-kriminellen ›Helden‹ verbinden – vor allem die
europaweit äußerst erfolgreiche Gattung des Pikaro-
Romans (z. B. Grimmelshausens *Simplicissimus*,
1668). Span. *picaro* bedeutet ›Schelm‹ – nur im Sinn
des heutigen ›Luder‹, Aas und anrüchige Person in
einem, Ganove, Krimineller. Allein diese ›niederen‹
Romane haben bis heute ihre Lebendigkeit bewahrt,
während ihre einstmals hochgeschätzten großen Brüder »für den modernen Leser schlechthin langweilig«, ja, »gestorben sind« (Alewyn 1974a, S. 117 f.).

Vom pikarischen Roman läßt sich über den ›roman comique‹ eine direkte Entwicklungslinie zu Goethes Theaterroman *Wilhelm Meisters theatralische Sendung* aus den 1780er Jahren ziehen. Sehr viel später nennt der Autor seinen Helden im Gespräch mit Kanzler von Müller am 22. 1. 1821 einen »›armen Hund‹, aber nur an solchen lassen sich das Wechselspiel des Lebens und die tausend verschiedenen Lebensaufgaben recht deutlich zeigen, nicht an festen abgeschlossenen Charakteren«. Neben Wielands *Agathon*, den Lessing als »den ersten und einzigen Roman für den denkenden Kopf, von klassischem Geschmacke« (*Hamburgische Dramaturgie*, 69. Stück) gelten lassen wollte, ist es Goethes *Meister*, der der verachteten Gattung poetische Würde, poetologische Anerkennung und reiche Nachahmung sichert. Sein saloppes Wort vom ›armen Hund‹ wird dabei in abgemilderter Form zum Topos der Romanpoetik, zur »communis opinio« (Plett 1999, S. 14), die F. Th. Vischer so formuliert: »Der Romanheld nun heißt wirklich nur in ironischem Sinne so, da er nicht eigentlich handelt, sondern wesentlich der mehr unselbständige, nur verarbeitende Mittelpunkt ist, in welchem [...] die Wirkungen der Verhältnisse zusammenlaufen« (zit. n. Plett 1999, S. 14).

Erst der französische ›Nouveau Roman‹ versucht auch dem ›Helden 2)‹ als »Zentrum der impliziten Sinnbezüge sowie der expliziten Deutungen« (Esselborn-Krummbiegel 1983, S. 11) den Garaus zu machen. A. Robbe-Grillet beschreibt als wachsende Tendenz der Moderne die fortschreitende Entpersönlichung des Romans, abzulesen am Verschwinden der Namen bei Kafka, Faulkner, Céline, Sartre und Camus – »den Heldenschöpfern im üblichen Sinn« gelingen dagegen nur noch »Marionetten [...], an die zu glauben sie selbst aufgehört haben. Der Heldenroman gehört der Vergangenheit an. Er kennzeichnet ein Zeitalter: jenes, wo die Herrschaft des Individuums ihren Höhepunkt erreicht hatte« (Robbe-Grillet 1958, S. 27). Mit dem ›Helden‹ hat der Roman »seine einst beste Stütze [...] verloren«; entweder geht er mit ihm unter oder überlebt im helden-, d. h. zentralpersonlosen ›Nouveau Roman‹ »als höhere Kunst« (ebd.).

Auf diese Absage an den ›Helden‹ als letzte Konsequenz aus der Entwicklung einer progressiv verstandenen ›Moderne‹, die im Akzente-Heft 1958 gleich hinter seinem Einakter *Noch zehn Minuten bis Buffalo* stand, antwortet Günter Grass 1959 postwendend in Oskars Prolog zur *Blechtrommel*: »Auch habe ich mir sagen lassen, daß es sich gut und bescheiden ausnimmt, wenn man anfangs beteuert: Es gibt keine Romanhelden mehr, weil es keine Individualisten mehr gibt, weil die Individualität verlorengegangen, weil der Mensch einsam, jeder Mensch gleich einsam, ohne Recht auf individuelle Einsamkeit ist und eine namen- und heldenlose einsame Masse bildet. Das mag alles so sein und seine Richtigkeit haben. Für mich, Oskar, und meinen Pfleger Bruno möchte ich jedoch feststellen: Wir beide sind Helden, ganz verschiedene Helden, er hinter dem Guckloch, ich vor dem Guckloch; und wenn er die Tür aufmacht, sind wir beide, bei aller Freundschaft und Einsamkeit, noch immer keine namen- und heldenlose Masse«. So bekennt sich der weltweit erfolgreichste Roman der zweiten Hälfte des 20. Jh. zum epischen Helden, wenn auch die Rolle mit einem buckligen Zwerg und potentiell geisteskranken Mörder besetzt ist.

H. Weinrich hat den Preis beschrieben, den der Roman für seinen vor allem im 19. Jh. sich vollziehenden Aufstieg zur geachteten und poetologisch beachteten Großgattung zu bezahlen hatte – aus der Tragödie hielten Fallhöhe, Sturz und Tragik ihren Einzug: »Der Roman bekräftigte also seinen spät erworbenen Rang als große Literaturgattung durch die ursprünglich nur für die Tragödie kodifizierte, nun aber auch von der westlichen Romanliteratur bis auf den heutigen Tag fast zwanghaft befolgte Vorschrift eines unglücklichen oder tragischen Ablaufs der Ereigniskette« (Weinrich 1973, S. 81). Umgekehrt gilt: »Grafen, Landräte oder Chefärzte als Romanpersonen« sind zusammen mit einem glücklichen Ende »nach der herrschenden Poetik die zuverlässigsten Kriterien für Trivialität. Zwei zentrale Verbote – [...] das Heldenverbot und das Glücksverbot – trennen für unser heutiges Literaturbewußtsein den Roman vom Trivialroman, die Literatur von der Subliteratur« (ebd., S. 82).

Das begründete auch, worauf Weinrich ebenfalls hinweist, die unüberbrückbare Kluft zwischen ›bürgerlicher‹ und sozialistischer Literatur. Gemäß der im wesentlichen Georg Lukács folgenden Theorie des ›Sozialistischen Realismus‹ fußte die sozialistische auf der höchstentwickelten bürgerlichen Literatur, dem Roman, wie ihn das Bürgertum in seiner Aufstiegsphase (Goethezeit) und kritisch in seiner Entartung zur Bourgeoisie geschaffen hatte (Keller, Raabe, Fontane). Das machte die sozialistische Literatur erzählerisch konventionell (›volksverbunden‹), inhaltlich sozialistisch realistisch, d. h. parteilich auf den Erkenntnissen des Marxismus-Leninismus basierend und der ›Wirklichkeit‹ in ihrer revolutionären Perspektive verpflichtet. Wo der ›bürgerliche‹ Held scheitert (*Werther*) oder resigniert (Raabe), ist der sozialistische Held – der sog. ›positive Held‹ – jedoch siegreich, da die Widersprüche der bürgerlichen Gesellschaft im Sozialismus aufgehoben sind. Es gibt dabei lediglich zwei Heldentypen: Entweder wächst ein *ingenu* in den Sozialismus hinein (Christa Wolf: *Der geteilte Himmel*), oder ein Sozialist gerät in eine Krise, aus der er bewußter, gestählter und siegesgewisser hervorgeht (Willi Bredel: *Die Prüfung*).

Das ›heutige Literaturbewußtsein‹ grenzte aber nicht nur aktuell ›West‹ von ›Ost‹ ab, sondern bestimmte auch die historische Wertung: Der eigentliche ästhetische Aufstieg des Romans im 19. Jh. ist begleitet von einer nicht minder großen Zahl – heute meist vergessener – sogenannter ›Trivialromane‹, wobei die heutige Differenzierung zwischen kanonischen und subkanonischen Autoren und Werken keineswegs mit zeitgenössischen Urteilen übereinstimmt, sondern häufig das Ergebnis literatursoziologischer Zufälle und bloßer Vorurteile ist (vgl. Demetz 1976). In der Zeit selbst publizierten Balzac und Dumas, Hugo und Sue, Dickens und Collins, Marlitt und Raabe, Fontane und Spielhagen, Storm und E. Werner in denselben ↗ Zeitschriften in einer die Zeitgenossen keineswegs irritierenden Gemengelage. Für sie alle gilt, was Demetz von Fontane sagt: Sie haben »Teil an einer Produktionswelt, in der ↗ Kitsch, Belletristik und literarische Qualität ineinanderfließen und ihre ungewissen Konstellationen bilden; schwierig zu wissen, wo die Grenzen verlaufen [...]. Ich hege nur den vorläufigen Verdacht, daß die Elemente ineinander übergehen, und daß der Kritiker, der es mit Einzelheiten zu tun hat, besser daran tut, Einzelnes zu beschreiben, als sich sogleich auf eine Orthodoxie festzulegen« (Demetz 1976, S. 195).

›Orthodox‹ generell und ohne Prüfung des Einzelfalls minderzuwerten sind nach Weinrichs ›Helden- und Glücksverbot‹ lediglich die ›Abenteuer-Romane‹, die V. Klotz folgendermaßen definiert: »AR sind ausführliche Erzählungen, in denen der Held, letztlich erfolgreich, sich auf unabschbare Ereignisse einlässt« (Klotz 1979, S. 14). Wiewohl ›orthodox‹ mindergewertet, erfreuen sie sich doch bis heute, und sei es als wieder und wieder benutzte Filmvorlagen (s. u.), größter Beliebtheit und höchster Lebendigkeit. Aufmerksamkeit der Forschung jenseits früher ›Schmutz-und-Schund‹-Debatten zogen sie erst in den späten 1960er Jahren auf sich, als es ihre ›eskapistische‹, ›affirmative‹ und ›systemstabilisierende‹ Wirkung zu entlarven und zu denunzieren galt (vgl. dazu kritisch Hienger 1976; v. a. Spinner 1976, S. 98–116). Dem widersprach lediglich eine gewichtige Stimme: Ernst Bloch, der in dieser Literatur »den Glanz der Revolution« erblickte. Er nahm die »wilden Märchen« der »Kolportage« als eigenen Unterpunkt in das 27. Kapitel von *Das Prinzip Hoffnung* auf: »[...] ihr Held wartet nicht ab, [...] bis ihm das Glück in den Schoß fällt, er bückt sich auch nicht,

damit er es auffängt [...]. [I]hr Held bleibt dem armen Schwartenhals des Volksmärchens verwandt, dem kühnen, setzt Leichen ans Feuer, haut den Teufel übers Ohr. Am Helden der Kolportage ist ein Mut, der, meist wie sein Leser, nichts zu verlieren hat [...]. Der Traum der Kolportage ist: nie wieder Alltag; und am Ende steht: Glück, Liebe, Sieg«. Klotz hat den Blochschen Ansatz an sechs der populärsten Abenteuer-Romane des 19. Jh. ausgeführt. Es genügt für die Abenteuer-Helden (↗ Abenteurer) aller Zeiten nicht, besser »im Ringen, Reiten, Klettern, Segeln, Schießen, im Denken, Berechnen, Rätselraten« zu sein als alle andern: »Der Begriff ›Charisma‹ eignet sich besonders gut, die verschiedenartigen Eigenschaften des Helden von einem wie von allen AR zusammenzufassen [...]. Gnadengabe und Ausstrahlungskraft, diese beiden Wortbedeutungen von Charisma« heben den Helden »heraus aus der Umwelt. Und zwar körperlich und ideell« (Klotz 1979, S. 14 f.). Die ›Abenteuer-Romane‹ von Eugène Sue bis Karl May »machen im gleichen historischen Augenblick das Rennen, da die arbeitsteilige, marktorientierte Gesellschaft sich restlos durchgesetzt und all das getilgt hat, was die Romane verlockend heraufbeschwören: eigenständiges Handeln; vollständige Unternehmungen vollständiger Personen; sichtbare Erfolge unter sichtbaren Bedingungen; persönliche Haftung für das, was einer tut und unterläßt; erkennbare Ursachen von Übelständen und deren wirksame Bereinigung; väterlichen Schutz und brüderlichen Zusammenhalt zwischen Mächtigen und Ohnmächtigen« (ebd., S. 218 f.). Innerliterarisch verhalten sie sich dabei »komplementär« zum ästhetisch hochgewerteten Roman: »Während sich der eine zunehmend auf verinnerlichte Vergeblichkeitsgefechte handlungsbehinderter Außenseiter verlegt, hält sich der andere an handfeste Aktionen von Übermenschen, die der Umwelt ihren Stempel aufdrücken« (S. 219 f.).

Film und Fernsehen

Eine ähnliche Rollenverteilung stellt G. Willems auch intermedial fest, beim Vergleich der etablierten, ›hohen‹ Künste mit dem Mainstream-Kino *made in Hollywood*: »Nachdem sich weite Teile der überkommenen Künste [...] auf Wegen wie denen der Verinnerlichung, der Entmimetisierung und der Abstraktion von der Außenwelt abgewandt haben [...], kommt mit dem Film die Außenwelt erneut zur Geltung, [...] getragen von dem offenen [...] Bekenntnis zur Äußerlichkeit, zur Oberfläche« (Willems 1998, S. 326 f.). Ob Abenteuer- oder Actionfilm

(↗ Action), Thriller, Horror- oder Science-fiction-Film (↗ Horror, ↗ Zukunft) – in vielen populären ↗ Genres werden überlieferte Vorstellungen von Heldentum immer wieder aufs neue durchgespielt, auch hier sind Menschen am Werk, die »der Umwelt ihren Stempel aufdrücken«. Ob sie nun ROCKY (USA 1976) oder RAMBO (USA 1982) heißen, ob sie ihr eigenes Leben retten müssen (CAST AWAY, USA 2000), vor allem das anderer (SCHINDLER'S LIST, USA 1993) oder beides zusammen (AIR FORCE ONE, USA 1996) – im Zentrum stehen schon in den frühen Western der 1910er und 1920er Jahre meistens körperlich und/oder geistig überlegene, mutige und entschlossene (Einzel-)Kämpfer, die vor einer überdurchschnittlichen Herausforderung stehen, an ihr wachsen und sie (meist) erfolgreich bewältigen. Der von Klotz bezüglich der Helden des Abenteuerromans verwendete Charisma-Begriff Weberscher Prägung (s. o.) mit seinen Konnotationen »Gnadengabe und Ausstrahlungskraft« (Klotz 1979, S. 14 f.) läßt sich durchaus auf diese Film-Helden übertragen, wie auch auf den (im Film nicht weniger als in der Literatur) populären, etwas unspektakuläreren »Karrierehelden auf dem Weg vom Tellerwäscher zum Millionär« (Willems 1998, S. 325 f.). Nichtsdestotrotz ist offensichtlich, daß die für die Literatur seit dem Pikaro-Roman aufgezeigte »Differenzierung von materialem und funktionalem Heldentum« (ebd., S. 322), also zwischen ›Held 1‹ und ›Held 2‹, wie für den Roman auch für den ↗ Film gilt: Ein ›Held 2‹ muß nicht unbedingt gleichzeitig ›Held 1‹ sein – Funktionsprinzip insbesondere vieler Komödien (geradezu sprichwörtlich beispielsweise von LAST ACTION HERO, USA 1993). Und noch etwas hat sich geändert seit den normativen Poetiken von Aristoteles bis Opitz: Natürlich sind auch im Film *Hamartia* und Scheitern des Helden längst nicht mehr unabdingbare Bestandteile einer Heldenlaufbahn, vielmehr wird ein Happy-End verlangt – und zumindest ansatzweise auch fast immer geliefert. (Selbst wenn Jack nach zunächst erfolgreicher Flucht von dem sinkenden TITANIC (USA 1997) im Eismeer stirbt, endet der Film doch tröstlich in der gemeinsamen Apotheose des Helden mit seiner Geliebten). Somit unterläuft das Mainstream-Kino nicht nur das weiter oben erwähnte Helden-, sondern häufig auch das Glücksverbot, mit dessen Hilfe ja bereits auf dem Gebiet der Literatur gerne die unbefriedigende Klassifizierung von ›hohem‹ und ›niederem‹ Niveau vorgenommen wird – eine weitere Gemeinsamkeit also mit dem Abenteuerroman und offenbar das entscheidende Kriterium, dem beide Medien ihre ungebrochene Popularität beim breiten ↗ Publikum verdanken, während Autoren- oder Kunstfilm und

die ›hohe‹ Literatur im Vergleich dazu doch eher ein Schattendasein fristen. Dabei wird sowohl im Film wie auch im Abenteuerroman mit Vorlagen gearbeitet, die keineswegs neu sind: »Der Herkules von einst und der Terminator von heute – schön und grausam sind sie beide« (Mai 1992, S. 88). Die Traditionslinie von vielen Heldenabenteuern des Mythos über den *aventiure* suchenden einsamen Helden des mittelalterlichen Romans und den Märchenhelden auf seiner Wanderschaft bis hin zum ›lonesome Cowboy‹ (↗ Westerner) ist unverkennbar, ebenso wie die von Odysseus und seiner Mannschaft zu Captain Kathrin Janeway und der Besatzung des Raumschiffs *Voyager* (TV-Serie, USA 1995-2001), die jeweils auf der Suche nach dem Heimweg (buchstäblich) eine ›Serie‹ von Abenteuern zu bestehen haben. Denn auch die Fernsehunterhaltung (↗ Fernsehen) lebt von den überlieferten Heldenmustern und präsentiert den klassischen Helden im neuen Gewand: *Hercules* als Fantasy-Serie (USA 1993-1999). Obwohl also die Moderne »nicht nur den klassischen Helden destruiert und den Anti-Helden künstlerisch geadelt« hat (Willems 1998, S. 326), zeigen gerade die jüngsten (künstlerischen) Massenmedien, der populäre Film und das Unterhaltungsfernsehen, »eine markante, höchst charakteristische Neigung zu den ältesten Formen des Heldentums«, und zwar, worauf Willems auch hinweist, »besonders zu deren atavistischen Komponenten, zur virtus im ursprünglichen Sinne als Inbegriff männlicher Kämpferqualitäten wie exzeptioneller Körperkraft und unerschütterlicher Seelenstärke« (ebd.).

Heldinnen

Damit spricht er indirekt einen auffälligen Sachverhalt an; auch U. Brunotte erwähnt den »exzessiven Männlichkeits- und Technikkult«, den »vor allem die Filme aus den USA« pflegten (Brunotte 1998, S. 201). Zwar gaben gerade Film und Fernsehen verstärkt auch weiblichen ›Helden‹ ausgiebig Raum – z. B. in den ALIEN-Filmen (GB 1979, USA 1986, 1991, 1997), in THELMA UND LOUISE (USA 1991) oder in der Fantasy-Action-Serie *Xena: The Warrior Princess* (USA 1995–2001) –, aber daß ›Helden 1‹ in der populären Vorstellung immer noch vorwiegend männlichen Geschlechts sind, läßt sich dadurch nicht überdecken. »Wie weit die Seltenheit der Kämpferin in Geschichte und Tradition in der biologischen und/oder sozialen Situation der Frauen gründet, ist bislang nur ungenügend geklärt« (Horn 1990, S. 731), zumal unbestreitbar »eine markante Traditionslinie mit göttlichen und kriegerischen Frauengestalten«

existiert: Horn erinnert etwa an Athene, die Amazonen, an die biblische Judith, die heilige Johanna und andere »wehrhafte Frauen, Schwestern, Schamaninnen in der oriental., germ., slav. und mongol. Tradition« (ebd., S. 732), aber auch daran, daß solche wehrhaften Frauen oft lediglich »in Bezug zu ihrem Gatten, zum Bruder und Vater gesehen werden: Ihre kriegerische Art ist nur eine voreheliche Lebensweise« (ebd.) – als Beispiel mag die Figur der Brünhilde aus dem *Nibelungenlied* dienen. An ›Heldinnen (2)‹ besteht dagegen freilich kein Mangel, von Antigone bis Amélie waren und sind sie aus Weltliteratur und Filmgeschichte nicht wegzudenken, aber das Kriegerisch-Überlegene als nach wie vor zentrale Konnotation des ›Helden‹-Begriffs wird ihnen nur selten zugestanden, denn »in guter alter Tradition favorisiert Hollywood den Bodyguard und die Pretty Woman. Lauter kleine Männer, ganz groß, und dazu Frauen, die es zu retten gilt« (Peitz 1995, S. 19).

Comic

Auch die realistisch gezeichneten Helden-Comics fügen dem tradierten Konzept von ›Heldentum‹ keine neuen Nuancen hinzu; ihr erster Held war Tarzan, der vorher schon in Romanform äußerst erfolgreich war; »Achill, der strahlende Pelide, und Siegfried der Hörnerne standen bei Superman Pate, alle drei unverwundbar bis auf Achillesferse, Lindenblattstelle und Anfälligkeit gegen Kryptonit« (Fuchs/Reitberger 1973, S. 132). Spätere ↗ Comics dieses Subgenres stützen sich auf Merkur, Ikarus, Robin Hood, Aladin, die Artusritter oder Thor (ebd.). Anders verhält es sich bei den karikaturistisch gezeichneten Helden-Comics, als deren Ahnherr wohl Hergé mit Tintin und Disney mit Mickey Mouse zu gelten haben, die beide 1930 debütierten. Ihre Nachfolger Asterix und Obelix, Lucky Luke und Umpatah erlangten gerade bei Intellektuellen Kultstatus, da die ironische Brechung in Darstellung und Text das ›Glücks- und Heldenverbot‹ zu unterlaufen und außer Kraft zu setzen schien und der Leser ohne ästhetisch schlechtes Gewissen ungebrochene Helden und einen glücklichen Ausgang – bei Asterix das Grillfest ohne den Barden bei ausgestirntem, klarem Nachthimmel – genießen durfte.

Detektivroman

Strittig ist, ob der ↗ Detektiv im klassischen oder orthodoxen Detektivroman *ein* Held oder auch nur *der* Held ist. John M. Reilly stimmt der gängigen Herleitung des Detektivs vom traditionellen ›Helden‹ zu, betont aber: »Yet detective protagonists are definitely modern heroes« (Reilly 1999, S. 204). R. Alewyn befindet dagegen: »Der Detektiv ist nicht der ›Held‹ des Detektivromans, wie oft behauptet wird [...]. Der Detektiv ist vielmehr reine Funktion, die in den Roman hineinprojizierte Personifikation der Frage, den den Leser bewegt [...]. Der Detektivroman hat keine Helden« (Alewyn 1974a, S. 374f.). In Dietrich Webers *Theorie der analytischen Erzählung* erscheint der Detektiv deshalb lediglich als »Betrachterfigur« mit der Funktion, die Geschichte der »Gegenfigur« – des ›Täters‹ – aus der Verborgenheit herauszuholen. Nur in den Erzählungen der ›hardboiled School‹ »spielt er eine Heldenrolle« (ebd., S. 375), allerdings weniger bei Hammett als bei Chandler. Denn wo Hammetts »Continental Op« als Ich-Erzähler und Protagonist zu farblos bleibt, um ›Held‹ zu sein, schlüpft Chandlers Phil Marlowe bewußt in diese Rolle: Bei seinem ersten Romanauftritt sieht Marlowe gleich auf der ersten Seite ein Glasgemälde, auf dem ein Ritter in schwarzer Rüstung einer *damsel in distress* beisteht. »I [...] thought that if I lived in the house, I would [...] have to climb up there and help him« (*The Big Sleep*). Das tut er dann auch in diesem und in seinen weiteren Abenteuern, und in der berühmten Programmschrift der neuen Schule preist Chandler Hammetts und seine Helden als unkorrumpierbare Männer von Ehre »in search of a hidden truth« in einer korrupten Welt (*The Simple Art of Murder*, 1944). Bis zum heutigen Tag hat Chandler damit eine noch immer wachsende Schar von Nachahmern gefunden, die Helden und Erzähler ihrer Abenteuer in einem sind. Einer der letzten aus dieser Schar, der bei seinem ersten Auftritt 1998 mit höchsten Auszeichnungen geehrt wurde, heißt dann auch folgerichtig Alex McKnight (Steve Hamilton: *A Cold Day in Paradise*, 1998).

Nicht-Fiktionale Helden

Nach wie vor werden ›Helden 1)‹ stets auch außerhalb der Fiktionalität von Kunstwerken gesucht, wie ja überhaupt der Ursprung des Heldenbegriffs an sich »gesellschaftlich-ethisch, nicht ästhetisch« ist (Horn 1990, Sp. 726). »Die Moderne hat [...] neue, eigentümliche Formen des Heldentums entwickelt, [...] und dies nicht nur im fiktionalen Raume der Literatur, sondern auch im Blick auf die geschichtlichen Realitäten« (Willems 1998, S. 325). K. von See erwähnt in diesem Zusammenhang den ›Star‹, »als Verehrungsobjekt eine moderne Entsprechung des

Helden« (von See 1993, S. 2), auf den in diesem Rahmen jedoch nicht weiter eingegangen werden kann. Statt dessen sei ein anderes, im kulturellen Gedächtnis nicht weniger lebendiges Beispiel erwähnt: der ›Kriegsheld‹.

Französische Revolution und die ›Befreiungskriege‹ führten um 1800 in Europa zur Entstehung eines regelrechten Gefallenenkults (vgl. Mosse 1993, S. 45). War Krieg zuvor stets »Angelegenheit eines eigenen Standes« gewesen und der gefallene Soldat nur hinsichtlich des militärischen bzw. wirtschaftlichen Verlusts von Belang (vgl. Koselleck 1994, S. 23 f.), so wurde mit Einführung der allgemeinen Wehrpflicht »der Tod eines Bruders, Ehegatten oder Freundes im Krieg zu einem Opfer« (Mosse 1993, S. 45), und es entstand die Notwendigkeit, die Bevölkerung der Sinnhaftigkeit solch gewaltsamen Todes zu versichern, ein Bestreben, dem vermehrt mit Heldendenkmälern, Soldatenfriedhöfen (›Heldenhainen‹) und Gedenktagen Rechnung getragen wurde und das in Deutschland mit dem Ersten Weltkrieg seinen Höhepunkt erreichte: »Der Kult um die Kriegstoten hatte sich zu einem Wesenselement des deutschen Nationalbewußtseins entwickelt« (Mosse 1993, S. 115). Dabei wurde gezielt auf die Ikonographie antiker Heldenvorstellungen zurückgegriffen. Nicht nur die bewußt gestreute Legende über die Schlacht von Langemarck, die sich in Anknüpfung an das Bild antiker Jünglinge voll Pathos des Themas »einer männlichen Jugend, die sich freudig für das Vaterland opfert« (ebd., S. 91), bediente, beschwor tradierte Elemente mythologischen ›Heldentums‹ (vgl. ebd., S. 89–94), auch auf den Kriegerdenkmälern und Soldatenfriedhöfen nahmen die Darstellungen jugendlicher Heldengestalten wie ›Jung-Siegfried‹ zu. In solchen Denkmälern wurden die Gefallenen zu »Symbolen« (ebd., S. 101), an denen sich im regelmäßigen Vollzug ritueller Akte individuelle Trauer in nationales ›Helden-Gedenken‹ wandelte (vgl. Koselleck 1994, S. 43). Schon während des Zweiten Weltkriegs konnte das Bild vom Soldaten als ›Helden‹ antiker Prägung aber kaum noch aufrechterhalten werden. War der Spagat zwischen moderner Kriegführung und tradierter Ikonographie 25 Jahre zuvor noch geglückt – von See sieht beispielsweise in der Fliegerei des Ersten Weltkriegs eine Situation, die »noch im Ambiente einer modernen Materialschlacht [...] den ›individualistischen Heldentyp‹ reaktiviert« (von See 1993, S. 27), und auch im Gefallenenkult waren moderne Waffen »kein Hindernis für die Verknüpfung antiker Jünglinge mit dem gegenwärtigen Weltkrieg; so wurden gelegentlich auf den Kriegerdenkmälern Gladiatoren mit Stahlhelm und Karabiner dargestellt« (Mosse 1993, S. 94) –, so

verblaßten nun die »Tugenden des einzelnen Helden [...] angesichts einer hochtechnisierten Operation gewaltigen Ausmaßes, die die Möglichkeit individueller Bewährung reduzierte« (Kraft 1994, S. 84): »Diese Art von Krieg kennt keine Helden mehr« (ebd., S. 94). Bei einer Gesamtzahl von 19 Millionen Wehrmachtssoldaten war bereits während des Dritten Reiches die Vorstellung von ebenso vielen Einzel-›Helden‹ nur schwer vermittelbar. Wie fest sie dennoch im kulturellen Gedächtnis der Deutschen verankert ist, wurde in der Nachkriegszeit deutlich, als sich in der Bundesrepublik das öffentliche Interesse vom Soldaten auf den Zivilisten verschob (vgl. Mosse 1993, S. 259): »Der deutsche Soldat war zwar nicht mehr heroisch, aber er war anständig« (ebd., S. 264). Diese Ansicht, dieser Wunsch schrieb sich fort – über Heinz G. Konsaliks Bestseller *Der Arzt von Stalingrad* (1958), wo deutsche SS-Ärzte in einem russischen Internierungslager trotz früherer medizinischer Menschenversuche aufgrund ihrer charakterlichen Tugenden (Bescheidenheit, Unbestechlichkeit, Kameradschaft etc.) uneingeschränkte Bewunderung auf sich ziehen (ebd., S. 257), bis hin zur Diskussion um die ›Wehrmachtsausstellung‹ Ende der 1990er Jahre, in deren Verlauf nicht nur klar wurde, daß die Vorstellung von 19 Millionen Verbrechern ebenso unhaltbar ist wie die von einer nationalsozialistischen Heldenarmee, sondern auch, wie schwer es vielen Deutschen bis heute fällt, (erwiesenes) verbrecherisches Tun sogar lediglich eines Teils der deutschen Wehrmacht auch nur in Erwägung zu ziehen (vgl. Thiele 1997).

Nachdem Kriegführung, Technologie und Wissenschaft des ausgehenden 20. Jh. der »Krafthelden« (Horn 1990, S. 739) kaum noch bedürfen, etablieren sich scheinbar – geradezu inflationär – neue Heldentypen: Da gibt es »Helden des Alltags«, »Friedenshelden«, »Fußballhelden« u. a. Außer im Sport (»Die Helden von Bern«, »Der Held von Bischofshofen«) ist die Konnotation physischer Überlegenheit hier nicht mehr zwingend der vorherrschende Bestandteil des Heldenbildes, vielmehr scheint heute oft bereits das schlechthin Exzeptionelle jedweder Art den Begriff des ›Helden‹ zu rechtfertigen, zumindest, um kurzfristig Aufmerksamkeit zu erlangen. Solche beliebig ausgerufenen ›modernen Helden‹ prägen sich dem Publikum jedoch nicht dauerhaft ein (wie die Bezeichnung »Fünf-Minuten-Helden« für Menschen, die es zu einem Kurzauftritt im Fernsehen gebracht haben, bereits andeutet), zu wenig deckt sich ihr Bild mit den tradierten Modellen von ›Heldentum‹. Sie geraten mit der nächsten Headline, dem nächsten medialen Großereignis meist schon wieder in Vergessenheit. Den Weg ins kulturelle Gedächtnis einer oder gar mehrerer Nationen, wo ihre (zumeist fiktionalen) Vorbilder längst fest verankert sind und nach wie vor wirksam in einer »vom Text halb unabhängige(n) Existenz« (Horn 1990, S. 737) die kollektiven Vorstellungen von ›Heldentum‹ prägen, finden sie nicht, denn zum Helden gehören zwar in der Tat »per definitionem der Ruhm und die Selbstrühmung« (von See 1993, S. 2), ein Publikum eben, aber die Kontinuität einer solchen Öffentlichkeit ist ebenso unabdingbare Voraussetzung für ein langes ›Heldenleben‹. Sie zu planen ist nicht möglich, sie erschöpfend zu erklären bisher noch nicht geleistet. ›Helden‹ führen entweder nach wie vor eine »ausgesprochen literarische« (Kolb 1972, S. 402) oder eine extrem kurze Existenz im kulturellen Gedächtnis.

Literatur

Alewyn, R.: »Anatomie des Detektivromans«. In: Ders.: *Probleme und Gestalten*. Frankfurt a.M. 1974a.

Ders.: »Gestalt als Gehalt: Der Roman des Barock«. In: Ders.: *Probleme und Gestalten*. Frankfurt a.M. 1974b.

Brunotte, U.: »Helden, Cyborgs und Rituale: Inszenierung der Männlichkeit jenseits der Geschlechterspannung«. In: *Paragrana. Internationale Zeitschrift für Historische Anthropologie*, Bd. 7. Berlin 1998. S. 197–214.

Demetz, P.: »Theodor Fontane als Unterhaltungsautor«. In: Rucktäschel, A./Zimmermann, H.D. (Hgg.): *Trivialliteratur*. München 1976. S. 190–204.

Esselborn-Krumbiegel, H.: *Der ›Held‹ im Roman*. Darmstadt 1983.

Fuchs, W.J./Reitberger, R.C.: *Comics. Anatomie eines Massenmediums*. Reinbek 1973.

Hienger, J.: »Spannungsliteratur und Spiel«. In: Ders. (Hg.): *Unterhaltungsliteratur*. Göttingen 1976. S. 32–54.

Horn, K.: »Held, Heldin«. In: *Enzyklopädie des Märchens. Handwörterbuch zur historischen und vergleichenden Erzählforschung*. Bd. 6. Berlin/New York 1990. S. 721–745.

Klotz, V.: *Abenteuer-Romane*. München 1979.

Kolb, R.: »Der Name des ›Helden‹«. In: Schirmer, K.-H./Sowinski, B. (Hgg.): *Zeiten und Formen in Sprache und Dichtung*. Köln/Wien 1972. S. 384–406.

Koselleck, R.: *Der politische Totenkult. Kriegerdenkmäler in der Moderne*. München 1994.

Kraft, T.: *Fahnenflucht und Kriegsneurose. Gegenbilder zur Ideologie des Kampfes in der deutschsprachigen Literatur nach dem Zweiten Weltkrieg*. Würzburg 1994.

Mai, E.: »Verklärung. Zur Ikonographie des Heldenbildes«. In: Michel, K.M./Spengler, T. (Hgg.): *Kursbuch 108*. Berlin 1992. S. 88–102.

Mosse, G.L.: *Gefallen für das Vaterland. Nationales Heldentum und namenloses Sterben*. Stuttgart 1993.

Peitz, C.: *Marilyns starke Schwestern. Frauenbilder im Gegenwartskino*. Hamburg 1995.

Plett, B.: *Problematische Naturen? Heldenkonzept und Heroismusdiskurs in deutschsprachiger Erzählliteratur 1860–1898*. Köln 1999.

Reilly, J.M.: »Heroism«. In: *The Oxford Companion to Crime and Mystery Writing*. New York/Oxford 1999. S. 204.

Robbe-Grillet, A.: »Bemerkungen über einige Wesenszüge des herkömmlichen Romans«. In: *Akzente* 5 (1958) S. 25–33.

See, K.v.: »Held und Kollektiv«. In: Worstbrock, F.J. (Hg.): *Zeitschrift für deutsches Altertum und deutsche Literatur* 122 (1993) S. 1–35.

Spinner, K.H.: »Das vergällte Lesevergnügen. Zur Didaktik der Unterhaltungsliteratur«. In: Hienger, J. (Hg.): *Unterhaltungsliteratur*. Göttingen 1976.

Thiele, H.-G. (Hg.): *Die Wehrmachtsausstellung. Dokumentation einer Kontroverse. Dokumentation der Fachtagung in Bremen am 36. Februar 1997 und der Bundestagsdebatten am 13. März und 24. April 1997*. Bremen 1997.

Weinrich, H.: »Hoch und niedrig in der Literatur«. In: *Deutsche Akademie für Sprache und Dichtung Darmstadt. Jahrbuch 1972*. Heidelberg 1973. S. 77–89.

Willems, G.: »Die Unzeitgemäßheit des Helden. Heldentum als Problem einer modernen Poetik«. In: Kaiser, G.R. (Hg.): *Der unzeitgemäße Held in der Weltliteratur*. Heidelberg 1998. S. 321–335.

Volker Neuhaus/Markus Wallenborn

Historie

Am Anfang der Menschheitsentwicklung war der Blick auf das Geschehene (die *res gestae*) untrennbar mit dessen erzählerisch-literarischer Gestaltung (der *historia rerum gestarum*) verknüpft (vgl. Prechtl/Burkard 1990, S. 187). Aus dem ›Histor‹ (dem ›Kundigen‹), der zunächst das Geschäft des Erkundens (gr. *historein*) mit Hilfe von Gesicht und Gehör betrieb, wurde bald der Erzähler, der Berichterstatter, der Wissenschaftler (vgl. Regenbogen/Meyer 1998, S. 290). Während sich die Geschichtswissenschaft als akademische Disziplin vom Zeitalter der Aufklärung bis heute »durch ihre konzeptionelle und methodisch reflektierte Vorgehensweise« (Goertz 1998, S. 31) auszeichnet und die Geschichtserfahrung an überprüfbaren Quellen ausrichtet, geschieht die Herausbildung eines allgemeinen Geschichtsbewußtseins, einer »Geschichtskultur« (Hardtwig 1990a, S. 10), parallel zu den Erkenntnisfortschritten der Fachhistoriker seit Mitte des 19. Jh. zunehmend auch durch die unterschiedlichsten massenmedialen Vermittlungsformen auf den Feldern der Populärkultur. Unzweifelhaft ist, daß jede Epoche dabei ihre eigenen Geschichtsbilder entwirft, die längst nicht mehr als »Kulturgut und politisches Anschauungsmaterial einer schmalen Bildungs- und Führungsschicht« (Kröll 1989, S. 8) dienen, sondern zum »schnellebige(n) Konsumgut einer medienorientierten Massengesellschaft« (ebd., S. 8) geworden sind. Historie, die auf diese Weise in belehrenden, emotionalisierenden und unterhaltenden Formen an ein Millionenpublikum herangetragen wird, erscheint dabei oft vereinfacht, zurechtgestutzt auf eher fragwürdige Gebrauchswerte, funktionalisiert für ökonomische und ideologische Zwecke.

Entscheidend für die ↗ Popularisierung von Geschichte sind die Formen des Zugriffs auf das Vergangene, die Erzählstrategien, mit denen sich Populäre

Kultur das Historische aneignet. Die Geschichtswissenschaft reflektierte (insbesondere im 19. Jh.) wiederholt das Problem der (sprachlichen) Darstellungsformen und -techniken, wonach jede Erinnerung bzw. die Darstellung der Erinnerung »einer bewußten oder unbewußten Perspektivierung« (Hardtwig, in: Goertz 1998, S. 169) unterliegt. J. G. Droysen entwickelte dabei eine eigene wissenschaftlich begründete Typologie, die »zwischen untersuchender, erzählender, didaktischer und diskursiver Darstellungsform« (ebd., S. 173) unterschied. Populärkulturelle Geschichtsbetrachtungen knüpfen häufig an plakative Formulierungen der Historikerzunft (›Große Männer machen Geschichte‹) an und bilden z. B. (parallel zu den ›seriösen‹, quellengestützten Lebensläufen männlicher Geschichtshelden) trivial personalisierende Formen von Biographien aus, in denen der Wille und die Durchsetzungskraft von Herrschern und Politikern wie Napoleon, Bismarck, Lenin oder Hitler zum unhinterfragten Movens der Geschichte wird. Während das andere Extrem, die Geschichtsmächtigkeit der Massen bzw. die umstürzlerische Gewalt von Revolutionen, eher selten im Vordergrund steht, dominiert in einer überwältigenden Anzahl populär-kultureller Geschichtsbilder die Perspektive des ›Allgemein- und Ewig-Menschlichen‹, das sich über alle Epochen hinweg als anthropologische Konstante behauptet. Abhängig von aktuellen Vorlieben und Moden sind Bearbeitungsformen von Geschichte in der Populären Kultur, in denen der Fokus mal auf den Erfahrungsraum der Mächtigen (Adel, Großbürgertum, Managerkaste), mal auf den der ›kleinen Leute‹ (Historie aus der Sicht des ›Küchenpersonals‹) gerichtet ist. Von stetem Interesse sind nach wie vor Extremsituationen (Umbrüche, Kriege und Katastrophen) in der Geschichte, in denen sich menschliche Leidenschaften (Liebe, Haß, Machtstreben) ausleben dürfen und die Normalität eines ruhig dahin verlaufenden Alltagslebens auf eruptive Weise durchbrochen wird. Beliebt ist auch die Exotik und Fremdheit entrückter, längst vergangener Jahrhunderte (Antike, Mittelalter, Goethezeit), die als Projektionsflächen für Sehnsüchte und Utopien Differenz-Erfahrungen zur Gegenwart ermöglichen, in die sich ein individueller Leser oder eine Masse von Filmzuschauern versenken können. Selbst die Natur- und Evolutionsgeschichte der Menschheit wird, gerade weil die konkreten Begebenheiten jener Vorgeschichte im Dunkeln liegen, gern zum Spekulationsraum für retrospektive Geschichtserzählungen (vgl. die Bestseller-Reihe ›Ayla-Saga‹ von Jean M. Auel, seit 1980).

Während zentrale Diskurse innerhalb der Geschichtswissenschaften in den letzten Jahrzehnten das Problem der strukturellen Nähe von Historiographie und Literatur (vgl. White 1991) umkreisen bzw. die Herausforderung durch die postmodernen Theorien thematisieren, indem sie z. B. eine pragmatische Rückbesinnung auf die Objektivität historischen Wissens fordern (vgl. Evans 1999), existieren nur Fragmente für eine systematische Untersuchung des Verhältnisses von Historie und Populärkultur.

Mit den Populär- und Bildmedien des 20. Jh. erweiterten sich nicht nur die Quellen für die Geschichtswissenschaft. »Vielmehr hat sich eine grundlegend neue Form der historischen Überlieferung etabliert, die einen völlig neuen Blick auf die Vergangenheit anregt, und zwar nicht nur die allerjüngste« (Hans-Arthur Marsiske, in Goertz 1998, S. 190). Es zeigt sich, daß in einer massenmedial geprägten Freizeit- und Erlebnisgesellschaft (↗ Freizeitkultur, ↗ Erlebniskultur) Geschichte (neben ihrer Wirksamkeit auf den Feldern der Erinnerungspolitik und der Identitätsstiftung) wesentlich auch zum »Gegenstand der Unterhaltung und des Vergnügens« (Jürgen Kocka, in Hardtwig 1990b) geworden ist. Historie als Folie, als Kulisse und Hintergrund für dramatische Geschichtserzählungen – das könnte die allgemeine, vereinfachte Formel sein, in denen der historische Unterhaltungsroman, ↗ Film, ↗ Fernsehen, ↗ Comics, Popmusik und ↗ Werbung Vergangenes aus der Mythologie von den Anfängen der Menschheitsgeschichte (die Entdeckung des Werkzeugs durch die Affenhorde in Stanley Kubricks Film 2001: ODYSSEE IM WELTRAUM) bis zu kitschigen Umrahmungen (↗ Kitsch) unmittelbar zurückliegender Ereignisse der Zeitgeschichte (Enyas Pop-Song *Only Time* als funktionale musikalische Untermalung dokumentarischer Fernsehbilder vom Einsturz der Twin Towers in New York) erzählen.

Der historische Unterhaltungsroman

Vor der Erfindung der technischen Reproduktionsmedien Film und Fernsehen waren es im 19. Jh. (neben den Inszenierungen ungezählter Geschichtsdramen auf den hochkulturellen Theaterbühnen) vor allem die historischen Unterhaltungsromane, die geschichtliche Stoffe für ein Massenpublikum aufbereiteten. Der Bestseller-Autor Felix Dahn (von seinem 1876 erschienenen Roman *Kampf um Rom* wurden in 18 Jahren 84.000 Bände verkauft) nutzte einen Stoff aus der Zeit der Völkerwanderungen wie die Herrschaft und den Niedergang der Ostgoten in Italien zur Verbreitung nationalen Gedankenguts und zur »Legitimierung des neuen Reiches durch Konstruktion einer Kontinuität in die Vergangenheit« (Frech 1996, S. 685). Mit seinen »populären politischen, besonders kulturkämpferischen Inhalten« (ebd.) legte Dahn die Grundlagen für ein sentimental-romantisierendes Germanenbild in Deutschland, das bis heute fortwirkt.

Während die historischen Romane Walter Scotts (*Waverley*, 1814; *Ivanhoe*, 1819) mit ihren »mittlere[n] Helden« (Aust 1994, S. 66) die Dignität von ›Weltliteratur‹ besitzen, sind die Grenzen zwischen Hoch- und Unterhaltungsliteratur bei vielen Autoren dieser Gattung im 20. Jh. fließend. Ende der 1920er Jahre polemisierte die Redaktion der *Historischen Zeitschrift* gegen Formen der historischen Dichtung (historische Biographien bzw. Belletristik – vgl. ebd., S. 125), wie sie von Autoren wie Emil Ludwig (*Bismarck, Trilogie eines Kämpfers*, 1922–24; *Napoleon*, 1925) oder Werner Hegemann (*Fridericus oder das Königsopfer*, 1926) für ein breites Laienpublikum verfaßt wurden. Gleichwohl läßt sich eine lange Reihe populärer »Geschichtsdichter« mit literarischem Niveau benennen, die etwa von Alexandre Dumas (*Die drei Musketiere, Der Graf von Monte Christo*) bis Lion Feuchtwanger (*Die hässliche Herzogin, Jud Süß*) und Stefan Zweig (mit seinen Biographien über Erasmus von Rotterdam, Maria Stuart, Marie Antoinette u. a.) reicht.

Eine deutliche Tendenz zur Trivialisierung geschichtlicher Stoffe findet sich in vielen Neuerscheinungen des ↗ Genres, das sich in den letzten Jahren zunehmender Beliebtheit erfreut. Etliche Autorinnen und Autoren bieten mit ihren historischen Romanen pittoreske Szenarien versunkener Welten an, die aufgrund ihrer überschaubaren Strukturen verstörten Lesern oft Trost und Halt versprechen (vgl. Beyer 1999, S. 299). Zu diesen gehören u. a. Christian Jacq (*Ramses*), Tanja Kinkel (*Die Löwin von Aquitanien, Die Puppenspieler*), Edward Rutherfurd (*London*) oder Noah Gordon (*Der Medicus von Saragossa*): Werke, in denen die Historie »für alles Mögliche genutzt werden kann: als Fluchthelferin aus dem Heute ins Irgendwann, als Lehrmeisterin fürs Hier und Jetzt, als Trösterin, als Bildungsstütze« (ebd., S. 300). Der historische Unterhaltungsroman als aktuelles Modegenre neben Fantasy und Science-fiction orientiert sich dabei zwar häufig an seinen klassischen Vorbildern (indem er z. B. erfundene Nebenfiguren in die realgeschichtlichen Verläufe einflicht), kommt aber über »Fleißarbeiten in der Nachfolge des deutschen ›Professorenromans‹ aus dem 19. Jahrhundert« (Rutschky 1999) nicht hinaus.

Film

Nach wie vor existiert in den Geschichtswissenschaften keine anerkannte Methode für den Umgang mit dem historischen Spielfilm als Quelle. Die Fragestellung, ob ein geschichtliches Ereignis ›korrekt‹ wiedergegeben ist oder nicht, berührt das Problem der Differenz von Bild und ›Realität‹, der »historischen Authentizität«, und wirft damit (nach der Historikerin Natalie Zemon Davis) die Frage nach dem »Zeit-look« (vgl. in Rother 1991, S. 41) auf, d. h., wie ein Film die Vergangenheit mit zeitgenössischen Requisiten der Zeit (Originalschauplätze, Einheimische als Darsteller, Kleidung, Möbel, Gemälde, Architektur) ausstattet. Erreichbar ist bestenfalls eine höhere ›Glaubwürdigkeit‹ und »genuine Historizität«: ein Annäherungswert in bezug auf die historische ›Wahrheit‹. »Das bedeutet, daß es keine automatische Privilegierung des ›realistischen‹ oder naturalistischen Films als *der* Form der Darstellung der Vergangenheit gibt« (ebd., S. 45).

Dennoch scheint unumstritten, daß der Film als populärkulturelles Medium einen Quellenwert besitzt, daß er (gleichgültig ob Spiel- oder Dokumentarfilm) »ein Zeugnis seiner Herstellungszeit ist« (Jutz 1991, S. 23). Die bekannteste These, wonach er die »Kollektivdispositionen« und die »eigentümliche Mentalität einer Nation« als Reflex einer jeweils historischen Situation widerzuspiegeln vermag, stammt von Siegfried Kracauer (1984, S. 14 f.), der in den deutschen Filmen der Weimarer Republik einen »Schlüssel zu verborgenen geistigen Prozessen« (ebd., S. 13) zu erkennen glaubte. Der französische Filmhistoriker Marc Ferro unterstützt diese Position, wenn er einen verborgenen Diskurs hinter den filmischen Abbildern vermutet und postuliert, »daß der Film […] Geschichte ist, […] also die Überzeugungen, die Intentionen, das Imaginäre der Menschen, ebensosehr Geschichte ist wie DIE Geschichte« (zit. nach Jutz 1991, S. 25). Die Bedeutsamkeit des Populärmediums Film läge demnach wesentlich darin, unbewußte Vorstellungsmuster zu »Geschichtsbildern« (ebd., S. 35) zu verdichten, die ähnlich den Alltagsmythen bei Roland Barthes auf »präexistenten Klischees und vorfabrizierten Stereotypen« (ebd.) beruhen.

Eine sinnvolle Herangehensweise an das Problem ermöglicht die Frage nach dem »Verhältnis der im Film dargestellten Zeit zur Gegenwart ihrer Produktion« (Wenner 1993). Befreit man sich bei der Beurteilung von Geschichte im Film vom Paradigma historischer Präzision, eröffnet sich die Perspektive, Historienfilme als kollektive Projektionen in die Vergangenheit zu deuten, in denen von imperialistischen

Großmachtphantasien (Giovanni Pastrones Cabiria, 1914) über rassistische Haß-Pamphlete (Veit Harlans Jud Süss, 1940) bis zu bitter-süßen Heile-Welt-Konstruktionen (Ernst Marischkas Sissi-Trilogie, 1955–57) Wünsche und Sehnsüchte der Gegenwart ihren Ausdruck finden.

Das Genre des fiktionalen Historienfilms reicht zurück bis in die 1910er Jahre. Während der französische Stummfilm im Kontext der ›Film d'Art‹-Bewegung in Literaturverfilmungen mit historischen Themen (z. B. Die Ermordung des Herzogs de Guise, 1908) das künstlerische Ansehen des jungen Mediums zu heben gedachte, unterstrichen orientalische Geschichtsfilme wie Cléopâtre und Sémiramis (beide 1910) nachdrücklich den Anspruch der ›Grande Nation‹ auf ihr Kolonialreich. Eine ähnliche Funktion (»Kolonial-Propaganda«, vgl. Nowell-Smith 1998, S. 118) hatten viele in Italien zwischen 1911 und 1914 produzierte melodramatische Monumentalfilme (Quo Vadis?, Die letzten Tage von Pompeji, beide 1913), die das antike Rom und den Glanz des römischen Imperiums auf die Leinwand brachten. Umstritten war das Langspielepos und Kostümdrama von David W. Griffith The Birth of a Nation (1915) über den amerikanischen Bürgerkrieg, dessen rassistische Tendenzen bei der Gegenüberstellung von Nord- und Südstaatenfamilien Empörung in afro-amerikanischen Bevölkerungskreisen auslöste (vgl. ebd., S. 40 f.), das Medium Film stieß hier eine frühe Geschichtsdebatte an.

In den 1920er Jahren setzte eine französische Großproduktion Maßstäbe für die Möglichkeiten einer historischen Rekonstruktion im Film: Abel Gances Napoleon (1927), der mit einer Vielzahl technischer Innovationen (u. a. dem berühmten Triptychon-Finale) das strahlende Bild des jungen Bonaparte als Vollender der Französischen Revolution zeigen sollte. Wie unterschiedlich die filmische Glorifizierung einer nationalen Heldenfigur ausdeutbar war, belegen zeitgenössische Kritiken, die in Napoleon statt dessen die Verkörperung des Protofaschismus (vgl. ebd., S. 113) sehen wollten.

Ein explizit politisch motivierter Zugriff auf Historie findet sich in den 1920er Jahren in den experimentellen Revolutions-Epen der frühen Sowjetunion (Sergej Eisensteins Panzerkreuzer Potemkin, 1925; Wsewolod Pudowkins Das Ende von St. Petersburg, 1927), in denen mit unkonventionellen Erzähl- und Handlungsstrukturen sowie einer metaphernreichen Filmsprache die Erinnerung an die Revolutionen von 1905 und 1917 wachgehalten und mittels ausgefeilter Montagetechniken die sozialen Klassengegensätze aufgezeigt sowie die Notwendigkeit ihrer Überwindung pathetisch und lyrisch de-

monstriert wurden. Ein ähnlich experimenteller Zugriff auf Geschichte läßt sich auch in Carl Theodor Dreyers Film Die Passion der Jungfrau von Orleans (1928) ausmachen, in dem weder der Prunk der mittelalterlichen Machtentfaltung noch die militärischen Heldentaten Johannas im Mittelpunkt stehen, sondern das geistige und politische Klima der Zeit, das sich (nicht zuletzt) in den Großaufnahmen des Angesichts der leidenden Heldin manifestiert.

Im Film der Weimarer Republik sind es in der Anfangsphase die Filmepen Fritz Langs, die den Geschichts-Mythos der Nibelungen (Siegfried, Kriemhilds Rache, 1922–1924) mit monumentalen Studiobauten, erhabenen Figuren und majestätischen Kostümen filmisch auferstehen lassen und sich dennoch den Vorwurf gefallen lassen mußten, »den höchsten nationalen Mythos zu trivialisieren« (Jacobsen 1993, S. 74). Langs prestigeträchtiges Großprojekt, das nach den Worten Thea von Harbous ein »Sendbote von deutschem Wesen, deutscher Arbeit, Geduld und Kunst« (zit. in: Nowell-Smith 1998, S. 136) sein sollte, blieb als Illustration der mythischen Dimension der deutschen Geschichte auf dem amerikanischen Markt erfolglos. Wirksamer in ideologischer Hinsicht (»als filmische Kompensation für das geschlagene Deutschland« – Jacobsen 1993. S. 73) waren die Adaptionen des National-Mythos Preußen mit seiner ›Lichtgestalt‹ Friedrich dem Großen (die sogenannten ›Preußen-Filme‹: Arzen von Cserépys Vierteiler Fridericus Rex, 1922–23; Gustav Ucickys Das Flötenkonzert von Sanssouci, 1930 u. a.). Für den zeitgenössischen Kritiker wie Siegfried Kracauer schien es unbegreiflich, daß die in dem Schauspieler Otto Gebür personalisierte historische Figur des Preußenkönigs ein Kino-Massenpublikum in einen nationalen Rauschzustand versetzen konnte (vgl. ebd., S. 77). Wesentlich nüchterner nahmen sich dagegen die wenigen historischen Rückblicke auf die Geschichte der Arbeiterbewegung im proletarischen Spielfilm der Weimarer Republik (z. B. in Werner Hochbaums Brüder, 1929) aus, in dem Hungersnot und Armut als Begleitumstände des Hamburger Hafenarbeiterstreiks 1896/97 in kontrastreichen und realistischen Bildern vorgeführt wurden.

Aus der Epoche des Hollywood-Studiosystems der 1930er Jahre ragt zweifellos ein Blockbuster-Historienfilm heraus, der am Ende einer Reihe von ›Vor-Bürgerkriegs‹-Filmen steht und den romantisch-verbrämten Lebensstil des amerikanischen Südens feiert sowie seinen Untergang betrauert: David O. Selznicks Vom Winde verweht (1939). Die seltsame Nostalgie des Films für diese Zeit erwies sich angesichts der nur langsam abflauenden Depression am Rande eines weiteren Weltkriegs als wichtiger Erbauungsstoff für die amerikanische Nation (vgl. Nowell-Smith 1998, S. 455). Eine andere Epoche der US-Historie, die Geschichte der Landnahme des amerikanischen Westens, die Auseinandersetzung mit der ›frontier‹ im Zeitraum zwischen 1865 und 1890, ist seit Beginn der Filmgeschichte Thema eines klassischen Hollywood-Genres: dem Western (↗ Westerner). Regisseure wie John Ford, Howard Hawks, George Sherman, Bud Boetticher und viele andere erzählen und mythologisieren in Hunderten von Varianten die Expansion der weißen Siedler bis zum Pazifik, ihren Kampf gegen die Natur und feindliche Indianer und das Voranschreiten der Zivilisation mit ihren Werten Gemeinschaft, Ordnung und Gesetz. Herausragend im Sinne einer genauen historischen Rekonstruktion sind die Filme Fords Das Feuerross (1924), in dem der Bau der transkontinentalen Eisenbahn um das Jahr 1869 beschrieben wird, und Der schwarze Falke (1956), der die »Psychopathologie des ›Indian Fighters‹, einer Zentralfigur des Western-Mythos« (ebd., S. 264) aufzeigt.

In den 1930er Jahren findet sich im europäischen Kino bei der Wahl historischer Stoffe oftmals eine Nähe zu den jeweiligen politischen Überzeugungen und Ideologien eines Landes. Im Frankreich der Volksfrontregierung beschwört Jean Renoir mit Die Marseillaise (1937) das revolutionäre Frankreich von 1789 und die Hoffnung auf Klassensolidarität der Arbeiterschaft. Sein Film Die Spielregel (1939) seziert kritisch den Niedergang des französischen Adels im Ersten Weltkrieg. In der Sowjetunion schuf Sergej Eisenstein 1938 mit Alexander Newskij eine deutschenfeindliche Geschichts-Saga, die die vernichtende Niederlage des deutschen Ordensritter-Heeres im 15. Jh. schildert – angesichts der Bedrohung durch den Hitler-Faschismus ein Beispiel für eine gezielte Geschichtspolitik im Film, der nur ein Jahr später (nach dem deutsch-sowjetischen Nichtangriffspakt 1939) wieder aus den sowjetischen Kinos genommen wurde. Die Goebbelssche Filmpolitik während des ›Dritten Reiches‹ setzte mit historischen Biographien (Hans Steinhoffs Robert Koch, der Bekämpfer des Todes, 1940; Wolfgang Liebeneiners Bismarck, 1940; Veit Harlans Der grosse König, 1942) auf die Glorifizierung von großen Männern der Geschichte, in denen das ↗ Publikum (so Karsten Witte) »die Vorläufer des Führers« (in Jacobsen 1993, S. 146) erkennen sollte. Während eine historische Legende wie Josef von Bakys Münchhausen (1943) als aufwendiger historischer Kostüm- und Ausstattungsfilm eher Unterhaltungsbedürfnisse befriedigte, wurden die historischen Ereignisse in den Propagandafilmen Veit Harlans (Jud Süss, 1940 und Kolberg, 1945, behandeln das Schicksal des Finanzjuden

Süß Oppenheim am württembergischen Hof und die Belagerung der Festung Kolberg durch napoleonische Truppen) auf geschickte Weise verfälscht, um mit dem Feindbild des Unmenschen die anlaufende Deportation und Vernichtung der jüdischen Bevölkerung Europas zu legitimieren bzw. den Durchhaltewillen der deutschen Bevölkerung in der Endphase des Krieges zu stärken.

Eine erneute Renaissance erlebte der Historienfilm im Hollywood der 1950er Jahre, als mit neuen Filmtechnologien (dem ›Eastman Color‹-Farbfilm und dem Breitwandverfahren ›CinemaScope‹) ein zusätzliches Illusionspotential für die filmische Bearbeitung historischer Stoffe gegeben war. Mit Mervin LeRoys Quo Vadis (1951), in dem Peter Ustinov den irrsinnigen Nero verkörpert, und Henry Kosters Das Gewand (1953), einer pompös inszenierten Bibelverfilmung, begann eine Serie von sogenannten ›Sandalenfilmen‹, die in der Welt des römischen Imperiums und in der Sagenwelt Griechenlands angesiedelt waren. Vornehmlich waren es Herrscher und Helden jener Epoche, die in Filmen wie Ben Hur (William Wyler, 1959), Spartacus (Stanley Kubrick, 1961), Cleopatra (Joseph L. Mankiewicz, 1962), Der Untergang des Römischen Reiches (Anthony Mann, 1964), Die Bibel (John Huston, 1965) und Der Kampf um Rom (Robert Siodmak, 1968) nicht nur »Menschen mit Sinn für Trash-Kultur oder latente Homoerotik« (Mollenhauer 2002) ansprachen, sondern darüber hinaus die nachträgliche Botschaft verbreiteten, daß jede imperiale Machtfülle in Gewalt und Korruption und schließlich im Untergang endet. »Rom als Inbegriff von Militarismus, Bürokratie und Barbarei, […] von blindem Führerglauben und gemeingefährlicher Führung – das ist der Kriegsgegner, das ist Deutschland« (ebd.). Vier Jahrzehnte später reduziert sich in Ridley Scotts Gladiator (2001) die Untergangsproblematik auf das Problem eines sportlichen Wettbewerbs zweier Rivalen auf dem Weg zur Macht.

In der Bundesrepublik der 1950er Jahre suchte sich der Historienfilm einen seiner Hauptstoffe jenseits der Grenze in der beschaulich-entrückten Habsburger K.u.K.-Monarchie, einem unbelasteten »Projektionsraum für deutsche Neurosen«. Das historische Österreich wird dabei »gleichsam als Reservoir für Bilder positiver Vergangenheit und Kontinuität« (Georg Seeßlen in: Marsiske 1992, S. 68) genutzt. Seeßlen sieht in der überragenden Erfolgsbilanz der drei Sissi-Filme Ernst Marischkas ein »deutsches Orgasmustrauma« bestätigt, wonach die Film-Trilogie sowohl ein »erotisiertes Modernisierungsdrama« als auch ein »historisiertes Ödipusdrama« (vgl. ebd., S. 77) darstellt, ein »synthetisches Nationalepos« und

»eine Filmerzählung, in der die Ur-Sachen der Familie identisch mit den Ur-Sachen des Staates sind ...« (ebd., S. 78 f.).

Ein herausragendes Beispiel für die Reflexion der bundesrepublikanischen Nachkriegsgeschichte und der 1950er Jahre sind drei Spielfilme Rainer Werner Fassbinders (Die BRD-Trilogie DIE EHE DER MARIA BRAUN, 1979, LOLA, 1981 und DIE SEHNSUCHT DER VERONIKA VOSS, 1982). An den Lebensläufen und Wunschvorstellungen verschiedener Protagonistinnen, »Frauen, die *nicht* Geschichte machen« (Kaes 1987, S. 83), werden die Profitgier der Aufbaujahre, die opportunistische Anpassung an den politischen und kulturellen Zeitgeist sowie der neurotische Umgang mit der eigenen Vergangenheit demonstriert (vgl. ebd.). Mit der Einblendung von Rundfunk-Zitaten (Adenauer-Rede, die Reportage vom Fußball-Endspiel 1954 in Bern) werden die Erzählebenen des Films authentisiert, so daß sich die offizielle Geschichte mit der privaten vermischt. Fassbinders Filme zeigen hier eindringlich, »wie Politik ›unterhalb‹ der politisch-öffentlichen Ebene verarbeitet wird« (ebd.).

Eine systematisierende Darstellung von ›Historie im Film‹ liegt bisher nicht vor. Fiktionale Geschichten, die historisches Geschehen aufgreifen, finden sich als unscharfe Kategorie des ›Historienfilms‹ verstreut über alle Filmarten und Genres: als opulenter Ausstattungsfilm (1900 von Bernardo Bertolucci, als Melodram (DIE VERDAMMTEN von Luchino Visconti), als unterhaltsame Kriminalgeschichte (DER NAME DER ROSE von Jean-Jacques Annaud), als dokumentarisch anmutendes Kriegsdrama (DER LÄNGSTE TAG von Ken Annakin u. a.), als Katastrophenfilm (TITANIC von James Cameron).

Fernsehen

Das bundesdeutsche Fernsehen entwickelte in den 1950er und 1960er Jahren eine Vielfalt von Programmgenres, in denen eine explizite Beschäftigung mit Geschichtsthemen kaum oder nur sehr sporadisch vorzufinden ist. Allenfalls indirekt über die fernseheigene Programmform des kunstfähigen ›Fernsehspiels‹ kamen historische Sujets als Bearbeitungen von Literatur und Theaterstücken (↗ Theater) zur Geltung. Um so erstaunlicher war die Ausstrahlung des Mehrteilers *Am grünen Strand der Spree* (1960) nach dem Buch von Hans Scholz, in dem lange vor der Ausstrahlung der US-Serie *Holocaust* Massenerschießungen von Juden in Polen gezeigt wurden. Zwei Jahre später sendete die ARD eine filmische Bearbeitung von Wolfgang Leonhards Best-

seller *Die Revolution entläßt ihre Kinder*, die (auf dem Höhepunkt des Kalten Krieges) den Fernsehzuschauern Einblicke in die Geschichte der deutschen Kommunisten nach 1945 (eine Fiktion mit authentischem Kern; vgl. Hickethier 1998, S. 157) gab.

Während sich in der Folgezeit ein vielfältiges Programm an Unterhaltungs-, Bildungs-, Dokumentar- und Nachrichtensendungen ausdifferenzierte und eher die kritische Bearbeitung von Gegenwartsthemen in den Vordergrund rückte, blieben Geschichtsdarstellungen im Fernsehen bis in die 1970er Jahre verknüpft mit den didaktisch-aufklärerischen Konzeptionen des Fernsehspiels. Hier finden sich vielfach filmische Auseinandersetzungen mit der Geschichte des ›Dritten Reiches‹, wie z. B. Egon Monks EIN TAG (NDR 1965), in denen die unbewältigten Probleme von Schuld und Verstrickung in Erinnerung gerufen wurden. Ein herausragender Erfolg war die Fernseh-Verfilmung der geschichtlichen Persönlichkeit WALLENSTEIN (1961/62) durch Franz Peter Wirth als Rollenspiel mit gestellten Dialogen und Szenen, bei der der Regisseur die 1177 Seiten der Biographie Golo Manns zu 360 Sendeminuten umgestaltete und verdichtete (vgl. Rolf Ballmann, in: Knopp/Quandt 1988, S. 121 ff.). Trotz zahlreicher Kompromisse im Hinblick auf die historische Genauigkeit urteilte der Verfasser der Drehbuchvorlage über das Werk: »Ich habe noch keinen Film gesehen, der so viel Wirklichkeit enthält« (ebd., S. 128).

Eine Art Subgenre bildeten in der zweiten Hälfte der 1960er Jahre beim ZDF die dokumentarisch-fiktionalen ›Dokumentarspiele‹ (u. a. BÜRGERKRIEG IN RUSSLAND, 1967/68; DIE MEXIKANISCHE REVOLUTION, 1968), in denen Geschichte personalisiert und als »Illusion des Authentischen« (vgl. Hickethier 1998, S. 251) inszeniert wurde, sowie bei der ARD die ›szenischen Dokumentationen‹ (u. a. DIE ROTE ROSA, 1966; NOVEMBERVERBRECHER, 1967), die historische Ereignisse nachstellten und sich an die Revision tradierter Geschichtsbilder heranwagten. Die systematische Durchforstung der Geschichte nach verwertbaren Stoffen führte bereits damals zu einer gewissen »Schematisierung und Standardisierung« (ebd.) jener Formate, eine Entwicklung, die in den 1980er und 1990er Jahren in den Dokumentarreihen (↗ Reihe) Henric L. Wuermelings, Guido Knopps u. a. gänzlich andere Dimensionen erreichte.

Maßstäbe für die zukünftige Behandlung und Vermarktung historischer Themen im Fernsehen setzte 1979 die US-Serie *Holocaust*, ein Familienepos über die Ermordung der europäischen Juden, das »kathartische Fähigkeiten, mitzuleiden und mitzutrauern« (Kröll 1989, S. 8), wecken sollte und von mehr als einem Drittel der bundesdeutschen Bevölkerung bei seiner Erstausstrahlung in den zusammengeschalteten dritten Programmen gesehen wurde. Obwohl viele dem Mehrteiler »Trivialisierung, Emotionalisierung und Verfälschung der Geschichte« (Hickethier 1998, S. 355) vorwarfen, wurde die Serie zum Modellfall für den Umgang mit Geschichte im Massenmedium Fernsehen:»emotional, mit den klassischen Dramaturgien arbeitend, personalisierend, vereinfachend, zugleich mit großen Themen und im großen Format« (ebd., S. 35). Nachfolgereihen waren dann u. a. *Die Pawlaks* (ZDF 1982) von Wolfgang Staudte, *Ein Stück Himmel* (WDR 1982) von Franz Peter Wirth und *Rote Erde* (WDR 1983) von Peter Stripp und Klaus Emmerich.

Seit Beginn der 1980er Jahre waren es die öffentlich-rechtlichen Sendeanstalten, die mit aufwendigen Produktionen historische Themen aufgriffen, um sich mit einer Art Qualitätsfernsehen gegen die unterhaltungsdominanten privaten Fernsehsender zu behaupten. Die elfteilige Geschichts-›Chronik‹ *Heimat* (SFB/WDR 1982) von Edgar Reitz wurde bahnbrechend für breit angelegte Epochendarstellungen, in denen das Unspektakuläre historischer Alltagserfahrungen vor dem Hintergrund der Politik- und Sozialgeschichte Deutschlands im 20. Jh. am Beispiel eines fiktiven Dorfs im Hunsrück inszeniert wurde. Das Thema Mediengeschichte (die Geschichte des Rundfunks in Deutschland) wurde in dem Mehrteiler *Radiofieber* (WDR 1989) von Peter Märthesheimer und Pia Fröhlich sowie in dem Film ROTHENBAUMCHAUSSEE (WDR/NDR 1991) von Robert Muller und Dietrich Haugk illustriert. Mit dem Thema Industriegeschichte (dem Aufstieg und Niedergang der IG-Farben) befaßte sich u.a der Vierteiler *Väter und Söhne* (WDR 1986) von Bernhard Sinkel. Zur wichtigsten Verarbeitungsform historischer Stoffe im Fernsehen zählen in den letzten zwei Jahrzehnten auch eine zunehmende Anzahl ambitionierter Literaturverfilmungen: Egon Monks Verfilmung von Ralph Giordanos Roman *Die Bertinis* (ZDF 1988), Axel Cortis filmische Umsetzung der Emigranten-Trilogie Georg Stefan Trollers *Wohin und zurück* (ZDF 1982–86), Jo Baiers Strittmatter-Adaption *Der Laden* (ARD 1998), Bernd Böhlichs deutsche Familiensaga nach Charlotte Links Roman *Sturmzeit* (ZDF 1998), Kai Wessels und Andreas Kleinerts Umsetzung der Tagebücher von Viktor Klemperer (ARD 1999) bzw. Margarete von Trottas Vierteiler nach dem Epochenroman von Uwe Johnson *Jahrestage* (ARD 2000).

Der Kampf um Einschaltquoten hat in den letzten Jahren vermehrt dazu geführt, daß historische Fiktionen im Fernsehen immer unambitionierter werden, daß sie immer weniger mit pädagogischen oder ideologischen Botschaften aufwarten, sondern allein ziel- und hemmungslos in schönen Bilderwelten schwelgen. So zerlegt z.B die TV-Verfilmung der Lebensgeschichte Jeanne d'Arcs (Regie: Christian Duguay) »den Stoff in Gemälde, Zeitlupenaufnahmen von tobenden Schlachten, in süßliche Heiligenbilder von der Jungfrau mit strahlender Rüstung …« (von Festenburg, S. 307). Während die geschichtlichen Figuren zu leblosen Klischees geformt werden, dient der historische Stoff vornehmlich »als Übungsplatz für Special Effects, er wird rhythmisiert durch den raschen Wechsel von Gefühlserregung und schneller Befriedigung« (ebd.).

Comics

Für die Häufigkeit historischer Stoffe im Massenmedium Comic führt Gerhard Munier in seiner Studie *Geschichte im Comic* (2000) zwei Begründungen an: die Beliebtheit von »Bildergeschichten mit historischem bzw. zeitgeschichtlichem Hintergrund bei der erwachsenen Leserschaft« (ebd., S. 11) sowie die Zwangsläufigkeit, bei fast jeder epischen Erzählung auf historische Milieus rekurrieren zu müssen. Zu den ersten historisierenden Comics überhaupt zählt die 1937 zuerst in US-Zeitschriften veröffentlichte Serie *Prinz Eisenherz* von Hal Foster, in welcher der Sohn des Königs von Thule in den Kreis der Ritter der Tafelrunde König Artus' gelangt und später an verschiedene Stätten der alten und neuen Welt verschlagen wird, um dort diverse Abenteuer (↗ Abenteurer) zu erleben. Dabei kombiniert der Autor Geschichten der Artus-Saga aus dem 5. Jh. mit Bildmaterial der Normannenzeit des 12. und 13. Jh., um dem amerikanischen Lesepublikum die Faszination des mittelalterlichen Rittertums in verdichteter Form nahezubringen. In Europa gilt der Belgier Jacques Martin mit seiner sogenannten ›ligne claire‹ (einem spezifischen, durch Lesbarkeit und Transparenz geprägten Zeichenstil) und seinem Helden *Alix* als Begründer des Geschichts-Comics (1948). Der Protagonist lebt um das Jahr 50 v. Chr. in der Welt des römischen Reiches und bereist zusammen mit einem jungen Heloten den gesamten Mittelmeerraum, wo er bei seinen Abenteuern auf verbürgte historische Figuren trifft. Für beide Comic-Serien gilt, daß sie »in einem wertkonservativen Sinn a-politisch« (ebd., S. 45) sind und die bestehenden Gesellschaftsordnungen als gegeben hinnehmen.

Eine gänzlich andere Perspektive auf Geschichte enthält der wohl berühmteste Comic der Nachkriegszeit: *Asterix* von René Goscinny und Albert Uderzo –

eine ›Geschichtstravestie‹, die zum ersten Mal 1959 im Comic-Magazin *Pilote* als Fortsetzungsserie gedruckt wurde und deren Alben bis heute eine Auflage von über 300 Millionen Stück haben. In diesen Bildergeschichten fungiert die reale Geschichte des Konflikts zwischen Galliern und Römern nur als »Anknüpfpunkt für Ulk, Burleske, Satire, Slapstick, Nonsens und gezielte Chaotisierung der historischen Bezüge« (ebd., S. 42). Altertumsforscher der Universität Amsterdam haben dennoch nachgewiesen, daß viele der geschichtlichen Details (von den Helmen und Schwertern der Comic-Helden bis zu den Teepausen der Engländer, die als Anspielung auf die britische Kriegstaktik des ›hit and run‹ zu lesen sind) nicht nur einen Kern von Wahrheit besitzen. Kaum zu leugnen ist allerdings die nationalhistorische Sicht der Autoren, wenn herausgestellt wird, der gallische Feldherr Vercingetorix habe einer Übermacht von Römern gegenübergestanden. In Wirklichkeit besiegte Caesar mit nur 60.000 Legionären ein Heer von 330.000 Galliern (vgl. Willmann 2001, S. 30). Insofern beruht der Erfolg des Historien-Comics *Asterix* »nicht primär auf einer gesicherten historisch-archäologischen Faktenlage«, sondern die Werke begeistern vielmehr durch »die Kombination von treffenden Wahrheiten, Klischees und Versatzstücken modernen Zeitgeists« (ebd.).

Zu den umstrittensten Bildergeschichten, die ein historisches Ereignis aufgreifen, dürften die *Maus*-Comics (*Die Geschichte eines Überlebenden*) des Amerikaners Art Spiegelman gehören, in denen der Autor die Verfolgungs- und Leidensgeschichte seines jüdischen Vaters in polnischen Konzentrationslagern während des Zweiten Weltkriegs erzählt. Gegen das Argument, eine comichafte Beschreibung des Holocaust sei grundsätzlich illegitim, kann angeführt werden, daß es gerade die antirealistische, abstrahierende und verfremdende Form der Strichzeichnungen und die zur Paradoxie erhobene Rivalität von jüdischen Mäusen und deutschen Katzen ist, die hier (im Populärmedium Comic) »das Unfaßbare nachvollziehbar, aber nicht verstehbar« (Schulte 1997) macht.

Musik

Das Verhältnis von ↗ Musik und Geschichte kann unterschiedliche Fragen aufwerfen. Einerseits kann darunter der »unmittelbare Einfluß historischer Ereignisse auf die Gestaltung und Entstehung musikalischer Werke« (Schwalb, in: Borst 1999, S. 10) verstanden werden. Andererseits können damit historische Ereignisse gemeint sein, »die direkt in die musikalische Sprache eindrangen« (ebd., S. 13). Die

Geschichte der klassischen Musik kennt das berühmte Beispiel von Beethovens Sinfonie Nr. 3, der *Eroica*, in welcher der Komponist »den Prometheus-Mythos mit seinem Gemälde Napoleons zu einem großen Manifest für die Freiheit wider Tyrannei und Unterdrückung« (ebd., S. 17) vereinigte, um diesen Gedanken ein Jahr später (nach der Kaiserkrönung) wieder zu verwerfen.

Wenn es hier um Geschichte und Populärmusik geht, wären zunächst deren verschiedene Formen zu berücksichtigen: Volks-, Bänkellieder und Balladen, Revolutions-, Soldatenlieder und politische Hymnen, Operette und Chansons, Spott- und Protestlieder, Schlager und Popsongs, Jazz- und Rockmusik – die ›Geschichte‹ in den Geschichten der Komponisten, Liedermacher und Interpreten wäre unendlich. Stärker als historische dürften allerdings zeitgeschichtliche und politische Faktoren die Themenwahl bei der Produktion populärer Musikstücke bestimmen, wobei die Grenzen zwischen ›soeben vergangen‹ und ›bereits historisch‹ fließend sind. Auf ein aktuelles Beispiel mag verwiesen sein: Bruce Springsteens neuestes Album »The Raising«, mit dem der US-Star sich musikalisch in Amerikas Trauer nach dem historischen Ereignis vom 11. September 2001 vertieft.

Aber nicht nur als Darstellung spielt Geschichte eine Rolle in der Populären Kultur. In der Ausbildung eines Gedächtnisses ihrer eigenen Geschichte stiftet Populäre Kultur wie die Hochkultur Tradition, schafft sie eigene Mythen und vor allem ein Bewußtsein der eigenen Geschichte, ja Geschichtlichkeit; wozu gerade die Popmusik eine Reihe von Institutionen (Oldie-Sendungen, Revivals von Stilen Epochen, ↗ Stars) und Produktions- wie Rezeptionsgewohnheiten (Coverversionen) ausgebildet hat. Solche Fähigkeit zur Selbst-Historisierung ist es, die im tiefsten Sinn die Populäre Kultur zur Kultur macht.

Literatur

Aust, H.: *Der historische Roman*. Stuttgart/Weimar 1994.

Beyer, S.: »Fluchthelfer Vergangenheit«. In: *Der Spiegel* Nr. 46, 1999.

Borst, O. (Hg.): *Geschichte als Musik*. Tübingen 1999.

Denselow, R.: *The Beat Goes on. Popmusik und Politik – Geschichte einer Hoffnung*. Reinbek 1991.

Evans, R. J.: *Fakten und Fiktionen. Über die Grundlagen historischer Erkenntnis*. Frankfurt a. M./New York 1999.

Festenburg, N. v.: »Kampf der Schinken«. In: *Der Spiegel* 46, 1999.

Frech, K.: »Felix Dahn. Die Verbreitung völkischen Gedankenguts durch den historischen Roman«. In: Puschner, U./Schmitz, W./Ulbricht, J. H. (Hgg.): *Handbuch zur »Völkischen Bewegung« 1871–1918*. München u. a. 1996.

Goertz, H.-J.: *Geschichte. Ein Grundkurs*. Reinbek 1998.

Hardtwig, W.: *Geschichtskultur und Wissenschaft.* München 1990a.

Ders.: *Über das Studium der Geschichte.* München 1990b.

Hickethier, K.: *Geschichte des deutschen Fernsehens.* Stuttgart/Weimar 1998.

Jacobsen, W./Kaes, A./Prinzler, H. H. (Hgg.): *Geschichte des deutschen Films.* Stuttgart/Weimar [2]2003.

Jutz, G.: *Geschichte im Kino. Eine Semio-Historie des französischen Films: Rohmer, Resnais, Godard, Allio.* Münster 1991.

Kaes, A.: *Deutschlandbilder. Die Wiederkehr der Geschichte als Film.* München 1987.

Knopp, G./Quandt, S. (Hgg.): *Geschichte im Fernsehen. Ein Handbuch.* Darmstadt 1988.

Kracauer, S.: *Von Caligari zu Hitler. Eine psychologische Geschichte des deutschen Films.* Frankfurt a. M. 1984.

Kröll, U. (Hg.): *Massenmedien und Geschichte.* Münster 1989.

Marsiske, H.-A. (Hg.): *Zeitmaschine Kino. Darstellungen von Geschichte im Film.* Marburg 1992.

Mollenhauer, P.: »Das Imperium schlägt zurück«. In: *taz,* 23./24. 3. 2002.

Munier, G.: *Geschichte im Comic. Aufklärung durch Fiktion? Über Möglichkeiten und Grenzen des historischen Autorencomic der Gegenwart.* Hannover 2000.

Nowell-Smith, G. (Hg.): *Geschichte des internationalen Films.* Stuttgart/Weimar 1998.

Prechtl, P./Burkard, F.-P.: *Metzler Philosophie Lexikon. Begriffe und Definitionen.* Stuttgart/Weimar 1990.

Regenbogen, A./Meyer, U.: *Wörterbuch der philosophischen Begriffe.* Hamburg 1998.

Rother, R. (Hg.): *Bilder schreiben Geschichte: Der Historiker im Kino.* Berlin 1991.

Royen, R. v./Vegt, S. v. d.: *Asterix. Die ganze Wahrheit.* München 1998.

Rutschky, M.: »O seltsames Volk der Leser! Warum sind historische Romane so beliebt. Ein Streifzug durch die neuere Produktion«. In: *Die Zeit,* 12. 5. 1999.

Schulte, B.: »Zeichnen, was nicht erzählt werden kann«. In: *Frankfurter Rundschau,* 11. 8. 1997.

Wenner, D.: »Zarte Bande«. In: *taz,* 22. 5. 1993.

White, H. V.: *Auch Klio dichtet oder die Fiktion des Faktischen.* Stuttgart 1991.

Willmann, U.: »Asterix bei den Historikern«. In: *Die Zeit,* 27. 9. 2001

Walter Uka

Horror

Als Genre-Erzählung hat der Horror die Fähigkeit, Schrecken und Furcht auszulösen. Aber Furcht wovor? Was ängstigt uns in der heutigen Zeit? Was machte den Menschen in der Vergangenheit angst? Und wo, wenn überhaupt, treffen diese historischen Ängste zusammen? In dem Versuch, die Entstehungsgeschichte des Horrors nachzuzeichnen, hat man die mit Horror verbundenen Emotionen als Überreste der animalischen Ängste des physisch schwachen Menschen der Vorzeit beschrieben, der zusammengekauert in seiner Höhle dem Heulen und Schreien der Nacht lauscht. Das Gefühl der Furcht führt aber nicht immer zu Alarmbereitschaft. Es kann die Sinne schärfen, kann aber auch Passivität und Fatalismus erzeugen. Was ist dann sein physiologischer oder kultureller Nutzen? Und vor allem: Woher stammt das Vergnügen, sich zu fürchten? Wieso werden künstlerische Werke geschaffen, die Menschen angst machen, und wieso kommen so viele Menschen als Publikum zusammen, um sich zu gruseln? Mit anderen Worten: Welcher Wunsch bringt uns dazu, es wie im Märchen Blaubarts Frau gleichzutun und den dunklen Flur entlang zu gehen, die Tür zu öffnen, von der wir wissen, daß sie besser verschlossen bleiben sollte?

»Der Schlaf der Vernunft bringt Ungeheuer hervor« (Goya)

Obwohl die Geschichte der Schauererzählungen und die Schilderung des Monströsen bis weit in die Antike zurückreicht, wurde der Horror erst im 18. Jh. zu einem wichtigen und verbreiteten Genre Populärer Kultur. In der Epoche der Aufklärung beschäftigten sich in Europa die Gebildeten mit rationalistischer Philosophie und der Diskussion vernünftiger gesellschaftlicher Entwicklungen, sozialen Aufstiegs und Fortschritts in Wissenschaft, Technik und Industrie. Die Städte wuchsen auf Kosten der ländlichen Gebiete, Urbanität wurde zu einem Lebensstil; die Industrielle Revolution forcierte den Übergang von der mittelalterlichen zur modernen Welt. Europa erlebte eine Revolution, überall fielen alte Machtstrukturen und alte Wahrheiten in sich zusammen. Für die aufklärerische Wissenschaft, die in den folgenden Jahrhunderten den Ton angibt, ist das beherrschende Bild von Gott das des Uhrmachers. Das ganze Universum und der menschliche Körper waren seine Uhren – geplante Werke, deren Struktur untersucht, deren Fehler auszubessern waren, durch die genaue Kenntnis der physikalischen Gesetze, mit denen die Natur dazu gebracht werden konnte, für uns zu arbeiten.

Aus den gewaltigen Veränderungen, die der technische und wissenschaftliche Fortschritt und die von der Amerikanischen und Französischen Revolution angeregte politische Emanzipation mit sich brachten, wuchsen starke Emotionen, die in der taghellen Welt aufgeklärter Philosophie, aber nicht in den Werken der Populären Kultur unberücksichtigt blieben. Diese drückten daher das Gefühl des Mystischen, des Unerklärlichen, des Übernatürlichen und all die Leidenschaften aus, die – wie Hume warnte – nicht von der Vernunft kontrolliert werden und diese an Macht sogar übersteigen könnten. Die revolutionären Hoffnungen auf die Zukunft weckten zugleich Ängste davor, die Vergangenheit, ihre Erhabenheit und ihre Größe hinter sich zu lassen. In den populären Werken dagegen war der Mensch ein Zwerg und kein aufgeklärte Meister über Natur und Geschichte. Der Mensch erschien in diesen Erzählungen als winzige Gestalt in einer Welt mit gigantischen Figuren und natürlichen wie übernatürlichen Kräften, mit denen sich zu messen eine Torheit war.

Die Werke, die diese widersprüchlichen Gefühle verkörperten, zielten eher auf Emotionen als auf den Intellekt der Rezipienten; sie wollten fühlen statt denken lassen: Sentimentale Romane sollten zu Tränen rühren, pornographische Erzählungen sexuelle Gefühle erregen, Gedichte sollten das Streben nach dem Erhabenen nahebringen und Horror tiefe Ängste wecken. Statt das Epistemologische – das, was man weiß – betonten sie das Ontologische – das, was man ist. Das Zeitalter der Vernunft war daher nicht nur die Epoche der Webstühle, der Menschenrechte und des beginnenden Kapitalismus, sondern war – vor allem in England und Deutschland, aber auch in anderen Teilen Europas – das Zeitalter der ›gothic novel‹ in der Literatur und des Pittoresken in der Bildenden Kunst, die voller Träume von zerfallenen mittelalterlichen Burgen, aufragenden Bergspitzen und düsteren Waldseen war. Statt des Modernen wurde das Vergangene gepflegt, statt an literarischer Intellektualität orientierte man sich an Volkserzählungen und Fabeln, z. B. in den Werken von Herder und den Gebrüder Grimm in Deutschland, Thomas Percy und James McPherson in England. Im Horizont der Aufklärung lag zunächst die Ausweitung der politischen und wirtschaftlichen Macht Europas; zugleich aber setzte sich wie ein Doppelgänger aus einer ihrer Geschichten eine finstere Welt bis in die Gegenwart fort. Sie bildet die düstere Hintergrundmusik und bewahrt, dem Triumph des Fortschritts zum Trotz, den Zweifel an der menschlichen Natur und das Mißtrauen gegen öffentliche Ordnungen. Folglich enden die ›gothic novels‹ damals und die Horrorgeschichten heute entweder natürlich (wenn eine rationale, gar wissenschaftliche Erklärung das Grauen aufzulösen scheint) oder übernatürlich (wenn das Geschehene die menschlichen Möglichkeiten übersteigt).

Populäre Kultur läßt Artefakte produzieren und konsumieren, die Furcht auslösen, weil sie generell eine Affinität zu Emotionen hat, die von der ›offiziellen‹ Literatur unterdrückt und abgelenkt werden. Anfangs wurden die Erzählungen, Gedichte und Romane, die das Genre des Schreckens begründeten, als ›gothic‹ und als Schauergeschichten bezeichnet. Im 17. Jh. enthielt der Begriff ›gothic‹ eine Referenz auf die Kathedralen des hohen Mittelalters und auf die alten Handschriften aus der Vor-Gutenberg-Zeit. Wie der Begriff ›grotesque‹, der im 18. Jh. die bizarr ineinander verschlungenen menschlichen und tierischen Gestalten beschrieb, die an den Wänden römischer Paläste entdeckt worden waren, war der Begriff ›gothic‹ in erster Linie ein Begriff aus der Architektur. Im 18. Jh. nahmen beide Begriffe jedoch eine ästhetische und sogar eine moralische Bedeutung an. ›Gothic‹ wurde gleichbedeutend mit barbarisch, grausam und anormal, insbesondere in den Augen der Autoren, die die Strenge und Reinheit des hohen Stils beibehielten.

Für andere Autoren bestand gerade in der Anormalität die entscheidende Anziehungskraft des Horrors: Die Fähigkeit, eine Stimmung von Erhabenheit und Furcht statt von Ordnung und Symmetrie hervorzurufen, auf das Unheimliche statt auf das Vertraute und Geregelte zu setzen. Der wichtigste Aspekt dieser Werke war – ob visuell oder literarisch – der emotionale Affekt bei den Rezipienten. Wie der Begriff ›Schauer‹ die physische Reaktion betont, zielt der Begriff ›Horror‹ – abgeleitet von dem lateinischen Verb *horrire* (= schaudern) – auf eine Kombination aus Abscheu und Schrecken, vermischt mit innerlichem Grauen. Das Lesen einer Grusel- oder Horrorgeschichte und das Anschauen eines Bildes mit pittoresken und ›gothic‹-Elementen wurde einer religiösen Erfahrung ähnlich, bei der die Welt nicht als gütig und in Ordnung, sondern als ehrfurchtgebietend und mächtig empfunden wurde.

Die taghelle Welt des Normalen verwandelte sich in das Böse, das Irdische wurde zur Falle. Überwältigender Schrecken, gepaart mit dem Willen, etwas Großes zu erschaffen oder zu erleben, waren ein direkter Weg, um der normalen Welt zu entfliehen und das Erhabene zu erreichen. In einer Definition, die immer noch für zahlreiche gegenwärtige Horrorfilme und -geschichten gültig ist, charakterisiert Edmund Burke in *A Philosophical Enquiry into the Origin of our ideas of the Sublime and the Beautiful* (1757) das Erhabene als die ästhetische Vermittlung des Unendlichen, in dem die Natur mit ihrer Dunkelheit, Einsamkeit und ihrem Schrecken herrscht. Dies war das Reich wahrer Poesie, wo das Genie die Vorstellung des Lesers oder des Betrachters mit starken Gefühlen beflügeln konnte. Die Welt des Schönen, die das Feine und Sanfte in strahlenden Farben und Licht zeigte, war im Gegensatz dazu eng und begrenzt. Zwischen dem Erhabenen und dem Schönen liegt das Pittoreske, bei dem das an sich Erhabene durch die Perspektive des interpretierenden Betrachters auf ein alltägliches Maß zurückgeführt wurde, auch wenn es größer und komplexer ist als er selbst.

Im Pittoresken mit seinem Blick für Schönheit und seiner Sehnsucht nach dem Erhabenen liegen die Wurzeln vieler vertrauter Motive von ›gothic‹-Erzählungen: Die Vergegenwärtigung ferner Zeiten und Räume; Berge und wilder Landschaften; Stürme und anderer Naturphänomene; zerfallener Klöster und Burgen mit Katakomben, beweglichen Wänden, Falltüren und verborgenen Treppen; magischen Spiegeln und Gemälden, die zum Leben erwachen; staubigen Schriftrollen; Geistern, Dämonen und Gespenstern und unerklärbaren Geschehnissen. All diese pittoresken Motive finden sich in Horace Walpoles *The Castle of Otranto* (1759), das als der erste ›gothic‹-Roman bezeichnet wird, ebenso wie in Ann Radcliffes *The Mystery of Udolpho* (1794), in Mary Shelleys *Frankenstein* (1818), in Bram Stokers *Dracula* (1896) und in zahlreichen zeitgenössischen Erzählungen und Filmen mehr als zwei Jahrhunderte nachdem der ›gothic‹-Roman sein erstes kulturelles Auftreten hatte.

Wegen der Betonung der dunklen Seite der menschlichen Natur war naheliegenderweise der beherrschende Genius vieler Schauerromane nicht Gott, sondern der Teufel. Dieser war nicht mehr wie im 17. Jh. der Rivale Jesus' um die Gunst Gottes. Jetzt war er Gottes direkter Rivale um die Herrschaft der Welt: ›Sine diabolus nullus Dominus‹. In diesem Geist wurden die Figuren des Faust und Don Juan wiederbelebt. Sowohl Matthew Lewis' *Monk* (1796) als auch Mary Shelleys *Frankenstein* sind als dreiste und verfluchte Gegner der ›natürlichen‹ Ordnung angelegt, die es wie der Teufel wagen, Gott herauszufordern, indem sie als Denker, Schöpfer und Sünder das Monströse, das Erschreckende und den Tod selbst mit dem Über- und Außerirdischen verbinden.

Genre-Geschichte im 19. Jahrhundert

Der Funktion populärer Erzählungen, die offizielle Kultur in Frage zu stellen, dient auch die Thematisierung des Ich, so daß die Horror-Literatur bereits ein Jahrhundert vor Freud und Jung die diabolische Seite der menschlichen Natur erforscht. Das Zusammenspiel zwischen der hellen und der dunklen Seite des Ich faszinierte insbesondere die deutsche Romantik, die daraus den ›Doppelgänger‹ entwickelte: Die monströse Seite des Subjekts kann als eine eigenständige Person auftreten (wie in *Frankenstein*) oder als finsteres Spiegelbild im eigenen Inneren versteckt sein (*Jekyll and Hyde*) oder außerhalb seines Selbst liegen (*Faust*, *The Student of Prague*). So sind Gothic- und folglich Horror-Erzählungen auf vielfältige

Weise verwandt mit der Romantik als literarischer Bewegung. Byron, Keats und Shelley in England, Goethe, Novalis und Heine in Deutschland, Rousseau, Lamartine und Hugo in Frankreich stellten individuelle Empfindsamkeit über gesellschaftliche Regeln.

Dieser Aufzählung könnten viele andere Namen hinzugefügt werden; aber die Hauptfigur in der Entwicklung des Horrors ist vermutlich Lord Byron. Byrons Poesie und das Ansehen, das er genoß und das ihn selbst zu einer poetischen Figur werden ließ, fügten dem ›gothic‹-Genre die zwiespältige Figur des durch und durch bösen und dennoch grausam leidenden Bösewichtes hinzu – die ambivalente Figur eines sympathischen Monsters wie die Helden seiner dramatischen Mysteries, Manfred und Cain. Byrons Helden – verführerisch, aber verdammt – fesselten das Publikum, das fasziniert war von Figuren wie dem Heimatlosen, dem Geächteten und dem Wüstling und das Sympathie für deren aus dem Rahmen fallendes, monströses Verhalten empfand. Wie der schurkische Held der Gothic-Erzählungen, machtvoll aber gequält, düster und deprimiert ist, rebelliert Byrons Held leidenschaftlich gegen die Einschränkungen durch soziale Traditionen. Sein zwangsläufiger Untergang läßt ihn größer erscheinen als es ein Sieg könnte.

In Mary Shelleys *Frankenstein* ist der Held gleichzeitig Schöpfer, entschlossen, ein großartiges Werk zu vollbringen, das nach seinem Tod weiterleben und von der Zukunft gefeiert werden wird. Aber Victor Frankenstein entdeckt rasch, daß er die Kontrolle über seine Kreation verliert. Das andere Ich verwandelt sich in Shelleys Roman in ein Monster, interessanterweise ein Monster, das Homer und Milton liest, die Natur liebt und dessen einziger Wunsch es ist, von einer Familie geliebt zu werden.

Diese gleichzeitige Sehnsucht nach und Kritik an häuslicher Normalität ist ein wesentlicher Bestandteil des ›gothic‹-Genre, da der Kontext der Familie oft der Spiegel ist, durch den die Unnatürlichkeit und Verdorbenheit der Gesellschaft deutlich werden: Wobei das Autoritäre und die sexuellen Spannungen in den Familien die Annahme, daß sie der Hort der Tugend seien, Lügen strafen. Leben zu schaffen ohne eine Frau, wie Victor Frankenstein es in seinem Akt männlicher Parthenogenese tut, ist Teil der Revolte des 19. Jh. gegen die patriarchalische Familie. Diese führt im ›gothic‹ aber in die Katastrophe. In *Frankenstein*, wie in zahlreichen Horror-Erzählungen und -Filmen, enden die durch das Monster in die Welt gebrachte Erschütterung und der Umsturz mit der scheinbaren Zerstörung des Monsters und der Rückkehr zu einer beruhigten, wenn auch leeren Normalität. *Frankenstein* hat in fast 200 Jahren nichts von seinem Schrecken verloren. Die Erzählung steht am Anfang eines Zeitalters, das mit Organtransplantationen, Klonen und Virtual Reality Technologien entwickelt hat, die drohen, den Menschen überflüssig werden zu lassen oder ihn zum Ersatzteillager zu degradieren.

Die Umstände, unter denen *Frankenstein* entstand, geben Aufschluß über die Komposition des Romans. Mary Shelley, ihr Mann Percy, Lord Byron, seine Geliebte, Marys Stiefschwester Claire Clairmont und Doktor Polidiri trafen sich im Sommer 1816 am Genfer See und erzählten einander Horrorgeschichten, wie es ausführlich z. B. in Filmen wie THE BRIDE OF FRANKENSTEIN (James Whale 1936), GOTHIC (Ken Russell 1986), HAUNTED SUMMER (Ivan Passer 1988) nacherzählt ist. Die Geschichte des Romans mit dem traurigen Monster, das sich nach einer Familie sehnt, zeigt deutlich, wenn auch wie in einem Zerrspiegel, diese unkonventionelle Familie aus Freunden und Liebhabern, die versuchten, sich gegenseitig zu Tode zu erschrecken.

So zeigt auch *Frankenstein* Spuren seiner Entstehungsgeschichte, was ein untrügliches Kennzeichen europäischer Romane im 18. und 19. Jh. ist. Von Anfang an ist die ›gothic‹-Erzählung in Entstehungslegenden gerahmt. In *The Castle of Otranto* wird auf der Titelseite behauptet, die Erzählung sei die Übersetzung eines italienischen Manuskripts aus dem 16. Jh. und handle von Ereignissen, die sich irgendwann zwischen dem 12. und 13. Jh. zugetragen haben. Der ›gothic‹-Roman verzichtet auf die Er-Erzählperspektive, die das Romangeschehen erzählerisch sichert und beglaubigt. Statt dessen ist er aus der Ich-Perspektive des schurkischen Helden erzählt und betont damit den verzweifelten Versuch des Subjekts zu verstehen, was mit ihm geschieht. Diese Subjektivität des ›gothic‹ ist aber nicht nur ein erzählerischer Kniff, sondern vermittelt eine Weltsicht, in der nicht mehr den Sicherheiten der vergangenen Epochen geglaubt werden kann.

Die Art und Weise, wie erzählt wird, wird dadurch zum entscheidenden Bestandteil der Geschichte. In Poes Erzählungen wie »The Fall of the House of Usher«, »William Wilson« und »The Cask of Amontillado« sprechen die Erzähler direkt und wie im Fieber zu uns. Sie sind wahnsinnig, werden wahnsinnig oder haben Angst, wahnsinnig zu werden. Wie die wirbelnde Atmosphäre in den Geschichten von E. T. A. Hoffmann vermittelt die Erzählung in der ersten Person den Eindruck von Mehrdeutigkeit und Unsicherheit, in der die Leidenschaften des einzelnen und die Welt der Einbildung die Sicherheiten des aufklärerischen Rationalismus hinwegfegen.

In *Frankenstein* wird der Leser durch William Waltin, einen naiven jungen Mann auf der Suche nach Abenteuern und einem Idol, in die Geschichte von Victor eingeführt. Victors Geschichte führt uns zu der Erzählung des Monsters, das das wiedergibt, was ihm am Herzen liegt. Beide Erzählebenen, der direkte und der distanzierte Bericht, betonen sowohl den Reiz als auch die Unzuverlässigkeit der ersten Person und des literarischen Raumes, den diese Stimmen bewohnen und in dem es keinen festen Boden unter den Füßen gibt. Die dadurch entstandene erzählerische Stimmung ist beunruhigend und aufreibend, ruft ein Gefühl des Grauens hervor, deutet auf etwas, was mit Worten nicht zu beschreiben, aber vergleichbar ist mit den mysteriösen Klängen in »The Fall of the House of Usher« oder der unheimlichen Musik in Horrorfilmen. Das Erzählte geht daher über das hinaus, was die Oberfläche der Sprache vermitteln kann. Wie die gotische Architektur mit ihren Katakomben, geheimen Räumen und Türen und verborgenen Treppen wird das Buch selbst zu einer Art Labyrinth. Die Geschichte handelt nicht von Charakteren, sie *ist* der Charakter. Später im 19. Jh., mit Robert Louis Stevensons *The Strange Case of Dr. Jekyll and Mr. Hyde* und Bram Stokers *Dracula*, wird ein noch größerer Apparat aufgeboten, um die Erzählung historisch zu beglaubigen. So wird *Jekyll and Hyde* durch eine Reihe von Aussagen seiner Freunde präsentiert, während *Dracula* sich aus Tagebüchern, Protokollen, Briefen und Zeitungsausschnitten zusammensetzt. Auch hier ist der Effekt, daß das Mysteriöse eher verstärkt als aufgelöst wird. Die Erzählung aus der Ich-Perspektive vermittelt den verzweifelten Versuch des Subjekts, das auseinanderfallende Ich zusammenzuhalten; die gesamte Romankonstruktion decouvriert jedoch das Scheitern dieses Versuchs um so nachhaltiger.

Angesichts der Bestrebungen im 19. Jh., durch wissenschaftliche und pseudo-wissenschaftliche Methoden, anhand von physischen Merkmalen (Schädel- und Skelettmessungen, Fingerabdrücke), Intelligenz, sozialer Herkunft und psychischen Dispositionen das Normale vom Entarteten zu trennen, wurde das Außergewöhnliche und Anormale zunehmend Hauptthema der Horror-Erzählungen. Ebenso wie die ↗ Zirkusse und Kuriositätenmuseen (↗ Museum) des 19. Jh., die Ungewöhnliches und Anormales präsentierten, stellten die Horrorgeschichten die Monster zunehmend nicht mehr als etwas künstlich Geschaffenes, Fremdes und Exotisches dar, sondern als eine Möglichkeit menschlicher Existenz.

Neben diesem Versuch der Grenzziehung zwischen Normalem und Anormalem fügte das 19. Jh. der ›gothic‹-Erzählung ein weiteres Element hinzu: den

Kontext der Stadt mit ihren Labyrinthen aus Straßen, Gebäuden und Abwasserkanälen, den unterschiedlichen sozialen Lebensformen und der nebelverschleierten Dunkelheit. ›The city of dreadful night‹, nannte dies der englische Dichter Francis Thompson, und Schriftsteller wie Poe, Stevenson und Eugen Sue bevölkerten diese Stadt – egal ob es sich um New York oder Paris handelte – mit halbfremden, halb-menschlichen Monstern. Diese kannten die Labyrinthe der Gassen und ihre Verbrechen, die den Mittelklasse-Bewohnern der Stadt am helllichten Tag verborgen blieben – wenn es sich nicht zufällig um die Leser dieser Geschichten und Romane handelte.

Von seinen Anfängen an bis ins 19. und 20. Jh. entwickelt sich das Horror-Genre beständig in eine Richtung: Die Genre-Geschichte ist von den Anfängen bis ins 19. und 20. Jh. u. a. dadurch bestimmt, dass der Horror immer näher an den Leser heranrückt. Er kommt aus weiter Entfernung hin zur unmittelbaren Nähe, von angenehmer Distanz zu unerträglicher Nachbarschaft, bis er schließlich in das eigene Haus und den eigenen Körper eindringt. *Dracula* spielt sowohl in einem ›gothic‹-Setting, im düsteren Schloß eines fernen Landes, als auch im London der 1890er Jahre, nicht nur in der Zeit des transsylvanischen Monsters, sondern auch in der intellektuellen Ära von Marx, Darwin und Freud. Darwins Idee, daß die Menschen den Tiere viel näher verwandt seien als bisher angenommen, Marx' Vorstellung, daß der Kapitalist der Vampir der Arbeiterklasse sei, und Freuds Theorie, daß Zivilisation die Unterdrückung der Instinkte – vor allem des Sexual- und des Todestriebes – bedeute, gaben den Horrorerzählungen eine intellektuelle Grundlage, die ihre Konflikte mit rationaler Wissenschaft wie mit der Religion weiter verschärfte. Der Leser von Horrorgeschichten konnte nicht länger – sofern dies jemals möglich gewesen war – behaupten, daß das Monster das Fremde, das Andere sei. Wie der Bösewicht des ›gothic‹ eine menschliche Seite brauchte – damit das Satanische in ihm überhaupt anziehend sein konnte –, war der Leser nunmehr aufgefordert, die dunkle Seite seines Ichs zu verstehen.

Dieses Dunkle vermittelt sich sowohl über die psychologische als auch über die sprachliche Ebene. Ein wesentliches Element literarischer Horrorerzählungen ist die Unaussprechlichkeit des Horrors, der nur bis zu einem bestimmten Punkt verbal beschreibbar ist. Da Sprache angesichts des überwältigenden Grauens versagt, bleibt die Beschreibung notwendigerweise unvollständig. Mit der Einführung des Films, ebenfalls einem Produkt der 1890er, wird das Schreckliche hingegen vorstellbar. Die Monster können nunmehr gesehen oder zumindest erahnt werden. Nun können wir diese schreckliche Kreatur beschreiben, dieses andere Ich, das sowohl Zerstörer als auch Kritiker unseres ›normalen‹ Wesens ist und das sich in unsere literarischen und filmischen Alpträume schleicht.

Monster

Im ersten Drittel des 20. Jh. können vier grundlegende Typen des Monsters unterschieden werden, deren Erscheinungsform durch die Filme über die literarischen Ursprünge hinaus in quälenden visuellen Images ausgestaltet wurden. Diese Typen sind das der Natur entstammende Monster (King Kong), das von einem Menschen erschaffene Monster (der Golem, Frankenstein), das durch sich selbst erschaffene Monster (Mr. Hyde) und das Monster, das einer langen Tradition entstammt (Dracula). Es finden sich in der Literatur auch andere Systematisierungsvorschläge; die genannten vier Typen und ihre Variationen und Kombinationen decken jedoch das gesamte Spektrum ab. Seit den 1920er und 1930er Jahren, in denen diese Typen zum ersten Mal klar definiert und weiterentwickelt wurden, ist nur wenig Neues entstanden. Der Werwolf beispielsweise, dessen Verwandlung stets unfreiwillig vor sich geht, ist eine Mischung aus Frankenstein und King Kong; Norman Bates aus Alfred Hitchcocks Psycho bringt das Mörderische von Dracula mit der doppelten Identität von Jekyll und Hyde zusammen. Bei diesen Figuren stehen die psychologischen Erklärungen deutlicher im Vordergrund; ihnen fehlt daher das Archetypische des Monströsen: Am Ende von Psycho, als der Psychologe seine Erklärung abgibt, verläßt die Kamera den Raum und kehrt zu Norman in seiner Zwangsjacke zurück. Die Erklärung des Psychologen macht Bates zum Psychopathen, befreit ihn aber vom Verdacht, Monster zu sein.

Eine der wichtigsten Quellen für die Kodifizierung dieser Variationen des Monströsen im Film waren die deutschen expressionistischen Filme, die insbesondere in der Stummfilmzeit einen aufgewühlten, düsteren Stil entwickelten, der sowohl der durch die Erzählung in der ersten Person erzeugten Unsicherheit der früheren Horror-Erzählungen visuell entsprach und auch durch den tatsächlichen Verzicht auf Sprache den Flirt des Horrors mit dem Unaussprechlichen herausarbeitete. Dieser expressionistische Stil beeinflußte eine Vielzahl von Filmen. Es ist schwierig zu behaupten, Das Kabinett des Dr Caligari sei ein Horrorfilm, aber viele seiner Merkmale überlappen sich mit denen des später entstehenden Horrorgenres: Der wahnsinnige Wissenschafter Caligari, der mörderische Schlafwandler Cesare und die Rahmung des ganzen Filmes als Traum machen die Verwandtschaft deutlich.

In noch deutlicherer Verbindung zu der Tradition des literarischen Horrors stehen die Filme, die das Doppelgänger-Motiv verwenden, das durch die Filmtechnik der Doppelbelichtung visuell umgesetzt werden konnte. Der STUDENT VON PRAG (Paul Wegener 1913, 1926; Henrik Galeen 1936), basierend auf Poe's »William Wilson«, ist dafür ebenso ein Beispiel wie die zwei Marias in Fritz Langs METROPOLIS (1926). Paul Wegeners zwei Versionen von Der GOLEM (1915, 1920) spielen in ähnlicher Weise auf das Frankenstein-Thema an, wobei im Zentrum das Monster der Volkslegende steht, dessen Unfähigkeit, sich zu artikulieren, die amerikanische Version des FRANKENSTEIN von 1931 stark beeinflußt hat.

Genreinterne und genreexterne Entwicklung im 20. Jahrhundert

Warum bleiben Horrorgeschichten und Horrorfilme populär, obwohl sie immer wieder mit gleichen oder ähnlichen Geschichten gleiche Wirkungen beim Publikum erzielen? Nimmt man Walpoles Roman *The Castle of Otranto* als Ausgangspunkt für das moderne Horrorgenre an, dann dauert seine Geschichte nun immerhin schon etwa 150 Jahre. Das Fortbestehen, ja die gesteigerte Beliebtheit des Genres findet seine Erklärung in thematischen und stilistischen Variationen und Innovationen, von denen besonders viele in den letzten 40 oder 50 Jahren aufgetreten sind.

Genres sind kulturelle Mythen, Geschichten, die wir uns gegenseitig erzählen, um der Welt, in der wird uns befinden, Bedeutung zu verleihen. Genres überleben, da sie für ein Publikum anziehend sind und bleiben, das auf der Suche nach einer Mischung aus vertrautem und unbekanntem Vergnügen ist. Je länger ein Genre fortbesteht, desto stärker muß es sich verändern, um immer wieder neue Generationen von Lesern anzusprechen. Das Erzählmuster der Genre-Geschichten kann durchaus gleich bleiben, wenn sie für jeden zeitlichen Kontext neuartige Elemente hervorbringen und herausstellen.

Genres verändern sich gattungsintern oder gattungsextern. Bei der gattungsinternen Entwicklung wird auf ein Publikum gesetzt, das mit den ästhetischen Grundstrukturen – den Motiven, den typischen Charakteren und Handlungsverläufen des Genres – vertraut ist; mit dieser Vertrautheit wird gespielt, um Neues hervorzubringen. Insoweit ist

Genre-Rezeption immer ein gattungsreflexiver (oftmals alten Spuren folgender) Prozeß. In den USA brachte etwa die Einführung des Tonfilms eine Reihe von Sequels (z. B. BRIDE OF FRANKENSTEIN und DRACULAS DAUGHTER, beide 1936) und während des Zweiten Weltkriegs sogar Kombinationen (FRANKEINSTEIN MEETS WOLFMAN, 1943) hervor, die ein Publikum ansprachen, dem die Geschichten schon bekannt waren.

Später variiert der amerikanische Vampirfilm, beispielsweise NEAR DARK (Regie: Kathryn Bigelow 1987), die Struktur der Vampirgeschichten. NEAR DARK handelt von einer Bande Untoter, die im amerikanischen Südwesten der Gegenwart herumstreifen, in schäbigen Motels absteigen und in gestohlenen Autos nach Opfern jagen. Was für ein Gegensatz zu dem aristokratischen Dracula Bram Stokers mit Tuxedo und Zylinder! Aber gleichzeitig trinken diese Monster Blut und können genau wie ihr Vorbild kein Sonnenlicht ertragen. Eine weitere Innovation in NEAR DARK besteht in seinem ambivalenten Umgang mit der Genre-Traditon: Die Verwandlung in einen Vampir kann durch eine Bluttransfusion rückgängig gemacht werden. Hierfür gibt es zwar eine Entsprechung im Roman *Dracula*, wo eine solche Rückverwandlung ebenfalls möglich ist, insbesondere wenn das neue Blut – wie auch in NEAR DARK – aus Liebe gespendet wird. Jedoch ist in Bram Stokers Roman Liebe nicht das Hauptthema.

Solche Variationen von tradierten Motiven sind nicht nur einer gattungsinternen Entwicklung zu verdanken. Sie verweisen auch auf gattungsextern begründete Entwicklungen, durch die sich Genres im Verhältnis zu ihrem jeweiligen historischen Kontext verändern. Die Artikulationsunfähigkeit des Monsters in James Whales Film FRANKENSTEIN aus dem Jahr 1931 (im Gegensatz zu der fast poetischen Sprachfertigkeit des romantischen Originals) und sein stolpernder Gang (im Gegensatz zu der Schnelligkeit und Beweglichkeit des Originals) finden ihre Begründung in der wirtschaftlichen Depression der 1930er Jahre. Dieses Monster in schäbigen, schlechtsitzenden Kleidern, das in das Haus seines Erschaffers einbricht, weckt den Schrecken vor einer rachsüchtigen Arbeiterklasse, während sein Oberklasse-Akzent, die geistreichen Dialoge und das exklusive Kostüm von Bram Stokers Dracula an Karl Marx' Metapher der kapitalistischen Klasse als Blutsauger erinnert. Und heute findet die Geschichte von Frankenstein einen Nachhall in den Kontroversen um Gentechnologie, und Draculas Gier nach Blut wird zu einer Metapher für die Diskussion um AIDS.

Nach dem Zweiten Weltkrieg bildet das Bewußtsein von der Existenz der Atombombe den Kontext für die der Natur entstiegenen Monster, die mit Atomtests in Verbindung gebracht werden. Dabei werden mit einer Mischung aus Horror und pseudo-technischen Spielereien des Science-fiction Urängste geweckt, so daß in den USA (THE BEAST FROM 20.000 FARTHOMS, IT CAME FROM OUTER SPACE) wie in Japan (GODZILLA) aktuelle Paranoia in Genreer-zählung umgesetzt und zum zeitlosen Ritual wird. Das Grundmotiv ist jedoch auch bei diesen Filmen immer noch das gleiche: Das fremde Monster, Spie-gel der dunklen Seite unseres Ichs, ist zu zerstören oder es ist zu befreien, um damit auch unsere Angst zu beseitigen.

Traditionell ist die Vergangenheit die Quelle des Horrors. Das durch die Gegenwart unterdrückte Ver-gangene, dessen Verbrechen vergessen wurden, muß wieder in Erinnerung gerufen werden. Filme wie GODZILLA und THE BEAST FOR 20.000 FATHOMS verwenden die Figur des wiedererweckten Monsters, um über die Gegenwart zu sprechen und werden dadurch der Science-fiction ähnlich. Dadurch, daß viele Elemente des Horrors in der Nachkriegszeit in Science-fiction übergingen, orientiert sich der tradi-tionelle Horror im amerikanischen Film entweder am Realismus des Film Noir, vor allem beeinflußt durch die Schriftsteller und Regisseure des deutschen Expressionismus, die in die USA emigriert waren, oder der Horror wurde zum komischen Pastiche wie in ABBOTT AND COSTELLO MEET FRANKENSTEIN (1948), in dem zwei bekannte Komiker mit Dracula, dem Werwolf und dem Monster Witze austauschen.

Auch die älteren Formen des Horrors wurden in der Nachkriegszeit wiederbelebt: Zum einen erin-nerte man sich der ursprünglichen Geschichten, zum anderen suchte man, den Horror in die vertraute Welt der Gegenwart einzuschleusen. Die britische Produktionsfirma Hammer Films mit Roger Cor-mans amerikanisch-internationalen Remakes von Poe (z.B. THE PIT AND THE PENDULUM, 1961), Mario Bavas Erkundungen des Mittelalters (z.B. BLACK SUNDAY, 1961) und die Vampirromane von Anne Rice sind Beispiele für die erste Tendenz. Den vielen Details, die dem ›gothic‹-Genre in Literatur und Film schon immer eine dunkle historische Atmosphäre verliehen hatten, fügen die Hammer Studios satte Farben, üppige Kostümierung, Kulissen sowie Blut und Splatter-Elemente hinzu. Zusätzlich betonen diese Filme häufig die katholische (oder anti-katholi-sche) Seite des frühen ›gothic‹: Sie sind voller rituel-ler Motive und Erzählweisen, beinhalten schwarze Messen und Satanismus und nutzen – besonders in Verbindung mit dem Vampir-Motiv – die charak-teristischen Zeichen und Details der Horror und der Monster-Tradition.

Für die 1970er und 1980er sind Filme und Ge-schichten, in denen der Horror der Vergangenheit in die Gegenwart eindringt, charakteristisch, auch wenn es zahlreiche Vorläufer für sie gibt, etwa die von Val Lewton produzierten Filmen der 1940er, z.B. CAT PEOPLE (Regie: Jacques Tourneur 1942). Meisterhaft wird der Einbruch des Schreckens in die Gegenwart in einer Szene aus POLTERGEIST (Regie: Tobe Hooper 1982) dargestellt, in der die Grabsteine einer india-nischen Grabstätte die Straße einer Vorstadtsiedlung durchbrechen, von der sie verdeckt worden waren. Viele dieser Werke fokussieren – wie schon die origi-nalen ›gothic‹ – Familie und Familienverhältnisse als Quelle des Horrors. Spannungen innerhalb der Fa-milie, ödipale Konflikte und Inzest waren schon immer der Grundstoff der ›Gothic‹-Literatur, aber erst in den 1970er und 1980er Jahren wurde die Familie (auch in Nicht-Horror Werken wie THE GODFATHER) als Alternative zur Gesellschaftsord-nung und gleichzeitig als mörderische Verkörperung der finstersten Triebe dargestellt. Die Romane von Stephen King, in denen häufig das Monströse aus dem Alltäglichen erwächst und der Schrecken nur wenige Schritte von den harmlosesten Orten und Personen lauert, trugen wesentlich zu diesem Trend bei (z.B. THE SHINING, Roman 1977, Film von Stan-ley Kubrick 1980). Daß mörderische oder ineffektive Vaterfiguren in diesen Erzählungen und Filmen be-sonders häufig auftreten, belegt die Affinität des Horrorgenres für Fragen der Autorität. Ähnliches gilt für den Kannibalismus als Metapher dafür, wie Fami-lie und Gesellschaft individuelle Energie und Integri-tät verschlingen (vgl. z.B. NIGHT OF THE LIVING DEAD, Regie: George A. Romero, 1968; THE TEXAS CHAINSAW MASSACRE, Regie: Tobe Hooper, 1974; THE HILLS HAVE EYES, Regie: Wes Craven, 1977). In diesem Kontext ist auch THE EXORCIST (Regie: Wil-liam Friedkin, 1973) ein interessantes Beispiel, der seine Geschichte, die die Wurzeln des ›gothic‹, den Konflikt zwischen Gott und Satan wiedererweckt, in das zeitgenössische Setting einer wohlhabenden Mit-telklasse-Gegend in Washington D.C. verlegt.

Es mag der konstanten Medienpräsenz von Ter-roristen, Schulhof-Massakern und Serienkillern in den 1990ern zuzuschreiben sein, daß das Potential des traditionellen Horror, das Publikum zu erschrek-ken, abgenommen hat. Trotzdem setzen sich alle hier skizzierten Genre-Entwicklungen fort, einschließlich eines verstärkten Wiederauftretens religiös-beein-flußter Horror-Geschichten (vgl. u.a. die Werke Clive Barkers, z.B. HELLRASER 1987). Vom kult-orientier-ten Independent-Film bis zum Hollywood-Massen-produkt erreicht Horror als Film genauso wie als Literatur heute ein großes Publikum. 1991 wurde

SILENCE OF THE LAMBS mit dem Oscar als bester Film ausgezeichnet. In der Rolle des kannibalischen Protagonisten erhielt Anthony Hopkins den ersten Oscar für eine herausragende schauspielerische Leistung in einem Horrorfilm seit Frederic March 1932 für DR. JEKYLL AND MR. HYDE. Das Horror-Genre ist respektabel geworden. Gleichzeitig hat das überwiegend aus jungen Erwachsenen bestehende Publikum Themen und Figuren des Genres entsprechend seinen zentralen Sozialisationsproblemen – Identität und Sexualität – beeinflußt. Der Schrecken, den in Serien mordende Monster wie Jason in der FRIDAY THE 13TH-Serie, Michael Myers aus HALLOWEEN und Freddy Krueger aus NIGHTMARE ON ELM STREET verbreiten, zielt direkt auf die Erfahrungswelt der Teenager. Das Horrorerlebnis bekommt hier rituelle Züge, die seine Verbindung zu den ursprünglichen Ritualen menschlicher Entwicklung in der Bewältigung der Angst unterstreichen.

Mit seiner ständigen Thematisierung der Vergangenheit und der Gestalt des menschlichen Körpers als auch des menschlichen Wesens ist Horror ein Angriff auf all das, was die offizielle Kultur des 19. und 20 Jh. bei der Verfolgung des zivilisatorischen Fortschritts für gesichert erklärt hat – zumindest insoweit Fortschritt als sozial, wissenschaftlich oder technisch notwendige Verbesserung verstanden wird. Das moderne Monster, das ohne Motiv tötet, das nur töten will und hinter jeder Tür lauert, schleudert dem technologischen Fortschritt und der wirtschaftlichen Globalisierung eine Vision allgegenwärtiger Präsenz des Bösen in der Welt entgegen. In jedem Film und jedem Roman überlebt jemand und besiegt das Monster, nur damit es im nächsten Sequel wieder auftaucht. In seiner extremsten Form zwingt Horror deshalb sein Publikum wieder und wieder dazu, sich genau das vorzustellen, was in dem optimistischen Traum von der glorreichen Zukunft zurückgedrängt wurde: die Gegenwart des Todes, aber auch die ganze Welt entstellter, gefangener, aber unsterblicher Geister.

Literatur

Baumann, H. D.: Horror. Die Lust am Grauen. Weinheim/Basel 1989.

Hurst, M.: Im Spannungsfeld der Aufklärung: von »Schillers Geisterseher« zur TV-Serie »The X-Files«: Rationalismus und Irrationalismus in Literatur, Film und Fernsehen 1789–1999. Heidelberg 2001.

Jones, D.: Horror: a thematic history in fiction and film. London 2002.

Lovecraft, H. P.: Unheimlicher Horror. Frankfurt a. M./Berlin 1987.

Neumann, H.-J.: Das Böse im Kino. Frankfurt a. M./Berlin 1986.

Praz, M.: Liebe, Tod und Teufel. Die schwarze Romantik. München 1960.

Punter, D.: The Literature of Terror. London/New York 1980.

Ders.: A companion to the Gothic. Blackwell 1999.

Seeßlen, G.: Kino der Angst. Reinbek 1980.

Weber, I.: Der Englische Schauerroman. München/Zürich 1983.

Zelle, C.: Angenehmes Grauen. Hamburg 1987.

Leo Braudy
Übersetzung: Mohini Krischke-Ramaswamy

Idol/Ikone

Das Lexikon führt den (archäologischen) Begriff ›Idol‹ auf das griechische Wort *eidos* bzw. *eidolon* (Bild, Gestalt, Abbild) zurück. Idol bezeichnet kleine, abstrakt gestaltete menschliche Figuren aus unterschiedlichen Materialien, die in den vor- und frühgeschichtlichen Kulturen und antiken Hochkulturen des Vorderen Orients und Südeuropas für den Götter- und Grabkult bestimmt waren. Auffällig ist neben der extremen Abstrahierung und Stilisierung des menschlichen Körpers die Dominanz weiblicher Figuren mit besonders betonten Geschlechtsmerkmalen, wodurch die Vorstellung von Fruchtbarkeit zum Ausdruck kommen sollte.

Eine modifizierte Bedeutung von ›Idol‹ (lat. *idolum*) geht auf die römische Antike (Tertullian) zurück und steht für Trugbild, ein blind verehrtes Ideal oder Götzenbild, wovon der Begriff der ›Idolatrie‹ (die Verehrung heidnischer Götter oder Götzen) abgeleitet ist. Eines der berühmtesten biblischen Beispiele dürfte das Idol des aus Goldschmuck gegossenen Kalbs aus dem 2. Buch Mose (Kap. 32) sein, bei dem Priester und Volk kultische Verrichtungen durchführten, um der Repräsentation einer universellen Macht zu huldigen (vgl. Gendolla 1988, S. 3 f.). Eine Brücke zum neuzeitlichen Verständnis von Idol im Sinne von (säkularisiertem) Abgott bildet die ›Idolenlehre‹ des Philosophen Francis Bacon aus dem 16. und 17. Jh., wonach geistige Trugbilder (die *idola mentis*) das menschliche Denkvermögen beeinträchtigen können.

Der Begriff ›Ikone‹ stammt ebenfalls aus dem Griechischen (*eikon*) und steht für Bild, Abbild, Ebenbild. In Anlehnung an die spätantike ägyptische Tradition der Mumienportraits (Gedächtnisbilder an Verstorbene) im 5.-7. Jh. n. Chr. entstanden im Einflußraum der griechisch-orthodoxen Ostkirche seit dem 6. Jh. Kultbilder, deren Anbetung und Verehrung durch die kirchlichen Autoritäten sanktioniert wurde. Im Unterschied zur Produktion von Heiligenbildern im römischen Katholizismus, die als Werke freischaffender Künstler angesehen wurden, war die Herstellung und das Kopieren von Ikonen eine heilige Pflicht und Gottesdienst.

Nach Auffassung der Ostkirche, die im Bilderstreit des 8. Jh. das Dogma der Anbetung göttlicher Personen in Bildern gegen die ›Ikonoklasten‹ (Bilderstürmer) durchsetzte, erfolgt bei der Ikonenverehrung der Eintritt des Göttlichen in den Bereich unserer Sinne (vgl. Fischer 1996, S. 113). Auf diese Weise wird mit den Ikonen eine Verbindung zwischen dem Diesseits und dem Jenseits hergestellt, »[...] werden die Betrachter zur Erinnerung an die Urbilder und zum sehnsüchtigen Verlangen nach ihnen angeregt [...]« (Brumlik 1994, S. 51). Die Frage nach der Art der Beziehung zwischen der Ikone und dem Archetypus verweist auf das in der Theorie der bildenden Kunst ungelöste Realismusproblem.

Idole: Vorbilder

Die moderne Bedeutung von Idol und Ikone ist schwer ein- und abzugrenzen. Mit dem (analog zum ↗›Helden‹ altmodisch gewordenen) Begriff ›Idol‹ wird zunächst allgemein (vorwiegend im Kontext sozio-kultureller jugendlicher Lebenswelten) eine verehrens- und anbetungswürdige Person bezeichnet, für die heute eher synonyme Ausdrücke wie ›Vorbild‹, ↗›Star‹ oder ↗›Kult‹ gebraucht werden. Während im Wort ›Idol‹ ein pejoratives Element (angelehnt an den etymologischen Bedeutungsursprung von Götzenbild im Sinne eines falschen Ideals) mitschwingt, haben die zeitgenössischen Ersetzungen eine positive oder zumindest neutrale Konnotation. Unzweifelhaft gehört zur neuzeitlichen Konstitution eines Idols dessen visuelle, massenmedial vermittelte Repräsentation und eine kollektive/massenhafte Akzeptanz. Die im 18. Jh. auftretenden Schwärmereien junger Menschen für Dichter, Schriftsteller und literarische Figuren (Shakespeare, Ossian, Werther), die im ›Geniekult‹ gipfelten, kamen noch ohne eine bildliche Präsenz ihrer Idole aus. Mit dem Siegeszug der technischen Reproduktionsmedien ↗ Fotografie, Plakatdruck (↗ Plakat), Illustriertenpresse (↗ Zeitschrift), ↗ Film und ↗ Fernsehen im 19. und 20. Jh. wurden die visuelle Fixierung und die grenzenlosen Verbreitungsmöglichkeiten für den Prozeß der Idolbildung jedoch unabdingbar.

Für die Beantwortung der komplexen Frage nach der Idolwirkung läßt sich allgemein (angelehnt an die Untersuchung der Wirkung und Rezeption von Starimages, vgl. Lowry/Korte 2000, S. 16 ff.) die These aufstellen, Idole böten eine sinnstiftende »Projektionsfläche für die Identitätssuche [...] von Jugendlichen« (ebd., S. 147). Durch sie werden Haltungen und bestimmte Gefühle auf die Rezipienten übertragen, wobei insbesondere der Aufbau von eroti-

schen Phantasiewelten zur vorrangigen Interaktion zwischen Idol und Verehrer (Star und ↗ Fan) zählt. »Generell dienen Idole dazu, ein neues Verhältnis zum eigenen Körper zu definieren« (Richard/Krüger 1997, S. 537) sowie zur Steigerung des eigenen Selbstwertgefühls. Nicht selten kommt es zu Übersteigerungen, sogenannten »pathologischen Auffälligkeitsformen« (Lowry/Korte 2000, S. 19), bei denen aufgrund einer unreflektierten, unkritischen Hingabe an das Idol Merkmale von Realitätsverleugnung auftreten können (vgl. die Versuche von Zuschauern der Fernsehserie (↗ Serie) *Schwarzwaldklinik*, ihr Idol Professor Brinkmann alias Klaus-Jürgen Wussow vor Ort besuchen zu wollen).

Im Vergleich von Held und Idol läßt sich ein historischer Strukturwandel in bezug auf unterschiedliche sozio-kulturelle Orientierungen und Zielsetzungen festmachen. Zu den klassischen Heldenmythen mit Vorbildcharakter zählen religiöse und geschichtliche Repräsentanten wie Jesus, Franz von Assisi, Martin Luther und Papst Johannes XXIII., Friedrich Barbarossa, Otto von Bismarck, John F. Kennedy und Martin Luther King, die unterschiedliche Eigenschaften wie Liebe und Macht, Güte und Stärke, Aufopferungsbereitschaft und politische Glaubwürdigkeit in ihrer Person vereinten. Daneben verkörperten Idealisten wie Albert Schweitzer und Mutter Teresa ein nachzueiferndes Ich-Ideal und standen für Tugenden wie »Altruismus, Mut und Humanität« (Fritsch 1997, S. 36). Dagegen wirken viele Idole der Showbranche, die durch die audiovisuellen Massenmedien einem Millionenpublikum (↗ Publikum) nahegebracht werden, oftmals realitätsfern, synthetisch und unerreichbar (z. B. Filmstars wie die ›Göttliche‹ Greta Garbo, die ↗ ›Diva‹ des NS-Films Zarah Leander, das früh verstorbene rebellische Jugendidol James Dean (↗ Rebell) oder die aktuellen Kinohelden Brad Pitt und Johnny Depp; Musikstars wie der ›King of Pop‹ Michael Jackson, die ›Popikone‹ Madonna oder der Teenagerschwarm Robbie Williams). In jüngster Zeit schuf das Massenmedium Fernsehen einen neuen Typus von Idolen, die kurzzeitig zu Leitfiguren einer Alltags- und Spaßkultur (↗ Alltagskultur) emporgehoben wurden (↗ Moderatorinnen wie Verona Feldbusch und Jenny Elvers, die *Big-Brother*-Idole Zlatko und Alex), die »ohne Heldenmut, [...] ohne höhere Tugenden und Werte« (ebd.) auskommen.

Typologien von Idolen sind nach den unterschiedlichsten Kriterien denkbar. So variiert die Orientierung an Idolen innerhalb verschiedener Altersgruppen beträchtlich. Während in den frühen Sozialisationsphasen lange Zeit Personen aus dem Umfeld Idolcharakter haben konnten, dominieren heute aufgrund einer sich permanent verstärkenden Mediensozialisation bereits in der Kindheitsphase literarische Idolfiguren wie Pippi Langstrumpf oder Harry Potter, vor allem aber künstliche und gestylte Vorbilder aus der Fernseh- und Musikwelt. Altersspezifische Comic-Figuren (Teletubbies, Ernie und Bert, die Simpsons; ↗ Comic) sowie nach Alterszielgruppen ausgerichtete Jungstars (die Kelly Family, Blümchen) sind im Begriff, die Wertorientierungen an Vorbildern aus der unmittelbaren und erweiterten Familienumgebung abzulösen.

Strukturell sind Idole nach gesellschaftlich-kulturellen Bereichen (Sportidole, Filmidole, Fernsehidole, Musik- und Popidole, Politikidole, Frauenidole u. a.) sowie nach dem Modus ihrer medialen Vermittlung zu typisieren. Um zu erklären, warum das Massenpublikum eines Geschichtsabschnitts oder einer Epoche Vorlieben und eine Bewunderungshaltung für bestimmte Idoltypen in bestimmten Feldern der Populärkultur entwickelt, ist eine Vielzahl von Variablen (zeitliche, geographische, sozio-kulturelle Faktoren) nötig, für die es bisher keine umfassende, schlüssige Theorie gibt. Das ↗ Theater im 19. Jh. kannte z. B. neben einer Mehrzahl unbekannter, eher suspekter Bühnenkünstler eine Reihe gefeierter Idole, deren Charisma wesentlich an ihre Bühnenpräsenz geknüpft war. Heute stellen ›reine‹ Theateridole eher die Ausnahme dar, da die gesellschaftliche Bedeutung des Theaters entscheidend abgenommen hat und durch das Crossover-Engagement (zusätzlich für Film und Fernsehen) nahezu aller Bühnenakteure die spezifische (durch das Agieren im Bühnenraum geschaffene) Idolwirkung vermindert und überlagert wird.

Mit der zunehmenden Attraktion des Hochleistungssports und der Ausdifferenzierung von Strategien seiner massenmedialen Verbreitung seit den 1920er Jahren (von den ersten Rundfunkübertragungen bis zur exklusiven Vermarktung im Pay-TV) lassen sich Phasen kennzeichnen, in denen bestimmte Sportarten vorherrschten und ihre eigenen zeittypischen Idole hervorbrachten, die über ihren Erfolgs- und Siegerstatus hinaus spezifische mentale Dispositionen ihres Zielpublikums, mitunter auch die kollektive Stimmungslage einer ganzen Nation, ansprachen. So zeigte sich in den 1930er Jahren an den Siegen des Boxidols Max Schmeling über den farbigen Amerikaner Joe Louis die (von der NS-Propaganda geschickt aufgegriffene) angebliche Überlegenheit der arischen Rasse. In den 1950er Jahren überwanden die vorbildhaften ›Fußballhelden von Bern‹ das kollektive Minderwertigkeits-Trauma der Nachkriegsdeutschen, indem ihr Erfolg ein neues nationales Selbstbewußtsein (›Wir sind wieder wer‹) festigte. Vier Jahrzehnte später demonstrierten die

Tennisidole Boris Becker und Steffi Graf den Deutschen, wie man sich im Zeitalter der Globalisierung mit konsequent individueller Leistung an die Spitze bringt und international behauptet. Das Faktum, daß Attribute von Idolen zeitabhängig sind, wäre mit Theorien der Wertorientierung und des Wertewandels präziser zu erfassen. So lassen sich einzelne Idoltypen z. B. des deutschen Fußballs mit ihren spezifischen Eigenschaften relativ schlüssig den kollektiven Wertvorstellungen bestimmter Perioden der Nachkriegsgeschichte zuordnen: 1960er Jahre: Uwe Seeler – ehrlich, fleißig, solide; 1970er Jahre: Franz Beckenbauer/Günther Netzer – liberal, gebremst rebellisch, kreativ; 1990er Jahre: Stefan Effenberg – exzentrisch, provokativ. Mit der zunehmenden gezielten Vermarktung des Sports seit der Einführung des Privatfernsehens hat sich die Anzahl der Sportidole, die ihre eigenen Fangemeinden mit spezifischem Verehrungsverhalten hervorbringen, enorm ausgeweitet (Radfahren: Jan Ullrich, Schwimmen: Franziska van Almsick, Basketball: Michael Jordan, Motorsport: Michael Schumacher, Skispringen: Martin Schmitt) und dazu geführt, daß nur noch wenige Top-Idole allein die zentralen Strömungen des Zeitgeistes repräsentieren.

Für eine Typologisierung der (deutschen) Filmidole unterscheidet Thomas Koebner (1997, S. 17 ff.) zwischen dem Begriff ›Schlüsselfigur‹ (als »Denkkategorie in der intellektuellen Durchdringung der filmischen Bildproduktion«) und Idolen (»als Inkarnation von Werten in ihrer Zeit«, ebd., S. 19). Idole seien stets durch einen Doppelcharakter gekennzeichnet, »sie sind Bindeglieder oder Mittler zwischen stilisierten ›Selbstbildern‹ der Künstler und ›Suchbilder‹ der Adressaten, die zwischen Angeboten auswählen« (ebd., S. 18) und somit »Modelle einer [doppelten – W. U.] Wunschproduktion« (ebd.), die im Prozeß der Produktion und Rezeption populärkultureller Phänomene konstitutiv sind. In der Verkörperung und vor allem im »Sichtbarwerden« des Idols verschmelzen »halb amorphe Identifikationsideen« mit »einer absichtsvollen Konstruktion von Sinnbildern, Vorbildern, Ebenbildern« (ebd.). Die zusätzliche parallele Verwendung der Kategorien »Rollentyp« und »Charakter« für Idol zeigt jedoch, wie problematisch es ist, den Begriff für eine »Bildnisgalerie« bzw. für einen »Leitfaden durch die deutsche Filmgeschichte« (S. 19) in den Mittelpunkt zu stellen. Letztlich sind dann alle herausragenden Schauspieler und sonstigen Gestalten des Films Idole (Kaiser Wilhelm II., Asta Nielsen, Fredericus Rex, Louise Brooks, Zarah Leander, Heinz Rühmann, die Förster des deutschen Heimatfilms der 1950er Jahre, Winnetou, Romy Schneider, die Frauengestalten der

Fassbinder-Filme und viele andere). So reflektiert z. B. Knut Hickethier (in Koebner 1997) den historischen Bedeutungswandel des Begriffs im Detail präziser, wenn er aufzeigt, daß für die Protagonisten des deutschen Films der 1950er und frühen 1960er Jahre das Wort ›Filmidol‹ (im Vergleich mit internationalen Stars wie James Dean und Jean-Paul Belmondo) eher unzutreffend ist, ein Kult um die Idole regelrecht verpönt war (vgl. Koebner 1997, S. 347 ff.). Statt dessen eignen sich die aufkommenden neuen Musikstars (Elvis Presley, die Beatles, die Rolling Stones u. a.) viel besser als Vorbilder für den Lebensstil und die Weltsicht Jugendlicher, weil »ihre Musik sich [...] als emotionales Unterfutter des Alltags verwenden ließ, als Tonspur für das eigene Leben« (ebd., S. 348). Um den Idolbegriff für die Filmgeschichtsschreibung von neuem fruchtbar zu machen, bedürfte es vor allem seiner Historisierung und eventuell der Anknüpfung an das sozialpsychologische Theorem von den »Tiefenschichten der Kollektivmentalität« (Kracauer 1984, S. 12), mit dem die Überlagerung von konkreten und diffusen Merkmalen bei Idolen auszuloten wäre.

Bei ihrem typologischen Ordnungsschema für (deutsche) Fernsehstars haben Strobel/Faulstich (1998, S. 19) den Begriff des Idols weitgehend durch den des Stars ersetzt. Nach ihrer Definition spielen Thomas Gottschalk, Günther Jauch u. a. »im Fernsehen eine ›Rolle‹ in der ›Realität‹«, wodurch sie sich wesentlich von Film-, Rock- und Popstars unterscheiden. Diese fungieren eher als »Leitfiguren« und »alter ego« für jugendliches Protestverhalten und »als Sprachrohr neuer Werte und Ideale« (ebd., S. 15), wodurch sie stärker eine Vorbildfunktion besitzen und damit dem Begriffsinhalt von Idolen näherkommen. Verwirrend ist die Verwendung des Wortes in allgemeinen historisch-biographischen Darstellungen, in denen z. B. »Jahrhundertfrauen« (Kahlweit 2000) aus unterschiedlichsten Bereichen (Politik, Frauenrechte, Wirtschaft, virtuelle Frauen u. a.) unter die Kategorien »Ikone, Idol und Mythen« gefaßt werden. Dabei wird gern auf das Paradox vom ›realen Traumbild‹ zurückgegriffen, wonach eine Ikone sich dadurch auszeichnet, daß sie »eine übersinnliche Ausstrahlung, verbunden mit erdennaher Körperlichkeit [...]« aufweist, »greifbar nah in ihrer Menschlichkeit und doch unnahbar fern in ihrer Exzeptionalität« (ebd., S. 9 f.). Mit einer solchen Definition lassen sich zwar so heterogene Frauentypen wie Marilyn Monroe und Margaret Thatcher, Alice Schwarzer und Lady Diana Spencer auf einen Nenner bringen, die Begriffe ›Idol‹ und ›Ikone‹ werden jedoch unterschiedslos in eine Reihe mit »Stars, Vorbilder[n] und Rollenmodelle[n]« (ebd., S. 10) gestellt.

Ikonen: stilisierte, entrealisierte Abbilder

Die Verehrung sowohl von Film- als auch von Musikidolen ist häufig gekoppelt an ein bestimmtes Nachahmungsverhalten, bei dem Kleidung, Accessoires, Haltung und Gestik von (meist) jugendlichen Fans kopiert werden. Schnittstelle für den begrifflichen Übergang von Idol und Ikone dürfte die Fixierung der Idole in bildnerischen Ausdrucksformen (Ikonen) sein, die als materialisierte Projektionsflächen für Phantasien in historisch unterschiedlichen Gestaltungen auftreten. Dabei spielt ein gewisser Grad der Vereinfachung und Stilisierung (die teilweise Ent-Realisierung der konkreten Person im Bild) ähnlich wie bei der theologisch inspirierten Ikonenmalerei eine entscheidende Rolle, um die (nicht mehr transzendente) Imagination der Wünsche und Träume auf seiten der ›Anbetenden‹ anzuregen. Solche massenmedial fixierten Ikonen können sowohl anonyme Figuren als auch prominente Personen der Zeitgeschichte sein. Die Palette solcher ›ikonischen Verdichtungen‹ reicht von Karl Maria Stadlers unbekannter Heroine aus dem Jahr 1914, die (abgebildet auf Plakaten, Postkarten und Bucheinbänden) fahnenschwingend das Frauenwahlrecht einfordert, über die geschichtsträchtige Heldenverehrung linker Theoretiker und Politiker auf Bildtafeln bei Demonstrationen (Marx, Rosa Luxemburg, Lenin, Mao) bis zu ironisch gebrochenen Repräsentationen überlebter Politidole auf T-Shirts (Che Guevara).

In neuester Zeit findet sich der Begriff der Ikone in diversen ausgeweiteten Kontexten, in denen eine säkularisierte Betrachtung der Bild-Abbild-Problematik zum Thema wird. So gelten die Portraits auf den Daguerreotypen des 19. Jh. heute als Ikonen der frühen Fotographie. Das berühmte Bild von Kasimir Malewitsch, das »Schwarze Quadrat«, ist als »Ikone der Moderne«, als »Urbild der suprematistischen Kunst« (Simmen 1998, S. 6) lesbar. Karl-Otto Werckmeister (1997, S. 10) sieht in Bilderproduktionen (Paul Klees Werk, Walter Benjamins »Engel der Geschichte«, Eisensteins PANZERKREUZER POTEMKIN, Picassos »Guernica« u. a.) Kunstwerke, die »zu visuellen Fanalen einer linken Mentalität [...] verklärt worden« sind und damit »Leitsterne am Himmel einer marxistischen Kulturkritik« sind. Horx/Wippermann (1995, S. 15) erkennen in der Markenvielfalt der Werbewelten Zeichensysteme, die ein »kultische(s) Begehren« erzeugen und in Gestalt von »Icons« zu »Hieroglyphen für moderne Analphabeten« (ebd., S. 104) geworden sind. Und eine Tutzinger Tagung im August 2000 diagnostiziert in den »Ikonen des Cool« (von Marlon Brando bis Samuel Beckett) einen »destruktiven Charakter«, einen »methodische(n) Nihilismus gegen das falsche Leben« (Wagner 2000). Eine politische Kritik an der Ikonisierung der Welt durch die globalen ökonomischen Interessen der Produzenten von Markenartikeln, der Tyrannei des »Branding«, formuliert dagegen Naomi Klein in ihrem Buch *No Logo!* (2001), wenn sie gegen »das weltweite Netz von Logos und Produkten« (ebd., S. 16) polemisiert und die visuelle Eroberung des öffentlichen Raums durch die ↗ Werbung anprangert. Es scheint, daß sich mit Beginn des 21. Jh. die (einst relativ klaren) Begrifflichkeiten von Idol und Ikone in Beliebigkeit und Eklektizismus aufgelöst haben.

Literatur

Berg, R.: *Die Ikone des Realen. Zur Bestimmung der Photographie im Werk von Talbot, Benjamin und Barthes.* München 2001.
Brumlik, M.: *Schrift, Wort und Ikone. Wege aus dem Bilderverbot.* Frankfurt a. M. 1994.
Fischer, H.: *Die Welt der Ikonen.* Frankfurt a. M./Leipzig 1996.
Fritsch, S.: »Heldendämmerung«. In: *Psychologie heute* 24, 8 (1997) S. 34–37.
Gendolla, P.: »Idole in den Massenmedien«. In: *MuK* 51 (1988).
Horx, M./Wippermann, P.: *Markenkult – Kultmarken. Wie Waren zu Ikonen werden.* Düsseldorf 1988.
Kahlweit, C. (Hg.): *Jahrhundertfrauen: Ikonen, Idole, Mythen.* München 2000.
Klein, N.: *No Logo!* München 2001.
Koebner, T. (Hg.): *Idole des deutschen Films. Eine Galerie von Schlüsselfiguren.* München 1997.
Kracauer, S.: *Von Caligari zu Hitler. Eine psychologische Geschichte des deutschen Films.* Frankfurt a. M. 1984.
Lowry, S./Korte, H.: *Der Filmstar.* Stuttgart/Weimar 2000.
Richard, B./Krüger, H.-H.: »Vom einsamen Rebell zur ›singenden Altkleidersammlung‹. Jugend-Idole und ihre mediale Vermittlung im historischen Wandel«. In: *dt. jugend* 45, 12 (1997) S. 536–543.
Sachs, H./Badstübner, E./Neumann, H.: *Erklärendes Wörterbuch zur christlichen Kunst.* Hanau o. J.
Schmidt-Joos, S. (Hg.): *Idole (1–9).* Frankfurt a. M./Berlin 1984–1986.
Simmen, J.: *Kasimir Malewitsch. Das Schwarze Quadrat. Vom Anti-Bild zur Ikone der Moderne.* Frankfurt a. M. 1998.
Strobel, R./Faulstich, W.: *Die deutschen Fernsehstars. Bd. 1: Stars der ersten Stunde.* Göttingen 1998.
Wagner, J.: »Alles verlieren, sich selbst aber nie. Lernen von den Ikonen des Cool. Ein Parforceritt«. In: *Frankfurter Rundschau*, 21. 10. 2000.
Werckmeister, O. K.: *Linke Ikonen.* München 1997.
Zahlhaas, G.: »Sammelthema; Idole«. In: *Sammler-Journal* 14, 11 (1972) S. 1318–1322.

Walter Uka

Illustrierte ↗ Zeitschrift

Image

Ein Image ist eine Vorstellung oder ein Eindruck von einer bestimmten Person, Ware, Firma, Institution o. ä. Der Umgang mit Images bildet einen grundlegenden Teil der Unterhaltungskultur, der Geschäftswelt und der Politik in der modernen Medienkultur sowohl auf Produktions- wie Rezeptionsseite. Die ↗ Werbung und Öffentlichkeitsarbeit zielt darauf, ein positives Image auf- oder ein negatives abzubauen, indem sie einer Person oder Sache positive Eigenschaften und Assoziationen zuordnet. Konsumenten benutzen Images als Orientierungshilfe, um Produkte, Firmen und Personen einzuordnen und Entscheidungen zu treffen. Images werden erst relevant, wenn sie von einer größeren Gruppe oder sogar der Gesamtbevölkerung geteilt werden. Das Image ist ein subjektives Bild von einem Meinungsgegenstand und hat daher genausoviel mit dem Rezipienten wie mit dem Gegenstand zu tun.

Der Begriff ›Image‹ wurde in diesem Sinne vor allem im Zusammenhang mit der Werbung seit den 1950er Jahren gebraucht. Das Wort ›Image‹ geht auf den englischen Begriff im Sinne von Bild, Sinnbild, und Vorstellung (weiter auf lat. *imago*: Erscheinung, Ebenbild, Vorstellung) zurück (Pflaum/Pieper 1989). Der heutige Image-Begriff behält viel von diesen ursprünglichen Bedeutungen bei, auch in der Verwandtschaft zum ›Imaginären‹ als Irrealen, bloß Gedachten oder Vorgestellten.

In der Wahrnehmung setzt sich ein Image aus vielen einzelnen Merkmalen und Eigenschaften zusammen, die einem Objekt zugeschrieben werden. Dabei werden die unzähligen Einzelheiten im Vorstellungsbild stark verdichtet und vereinfacht. Auf diese Weise entsteht ein Gesamtbild – positiv oder negativ –, das mit bestimmten Assoziationen verknüpft wird. Die Werbung versucht, durch gelenkte Verknüpfung eines Markenartikels mit gefühlsbeladenen Momenten des Lebens – beispielsweise mit ›Freiheit und Abenteuer‹, Luxus, Liebe, Schönheit, vor allem mit Erotik – ein positives Image zu konstruieren, das oft wenig oder gar nichts mit dem tatsächlichen Nutzen des Produkts zu tun hat.

Für die Rezipienten erfüllen Images unterschiedliche psychologische Funktionen, die von kognitiver Orientierung und Komplexitätsreduktion bis hin zu eher emotionalen Momenten der Identitätskonstruktion und der Anlehnung an positive Assoziationen reichen. Images bieten eine Orientierungshilfe im alltäglichen Leben und dienen der ökonomischen Informationsverarbeitung (Antonoff 1975, S. 16). Sie helfen z. B. Konsumenten, aus einem unübersichtlichen Warenangebot zu wählen, und bieten darüber

hinaus das Versprechen von mehr als nur Gebrauchswert. Auf diese Weise liefern sie eine zusätzliche
Entscheidungsmotivation in einer Konsum- und
Überflußgesellschaft, in der die Produktpalette sehr
groß ist und die tatsächlichen Unterschiede zwischen
Produkten oft nicht überprüfbar sind. Der Konsument kauft nicht nur ein Produkt, sondern auch
das Image – die Gefühle und Vorstellungen, die oft
weit mehr als rationale Überlegungen zur Kaufentscheidung beitragen.

Ebenfalls beruht die Beziehung eines ↗ Fans zum
Film- oder Musikstar ausschließlich auf dem Image
des ↗ Stars und nicht auf seinen wirklichen, da privaten und nicht unbedingt allgemein bekannten Per-
sönlichkeitsmerkmalen. Medial vermittelte Images
lassen sich so in die eigene Imagebildung des Rezipienten integrieren, indem er das Image eines Stars als
Vorbild oder als ↗ Idol nutzt. Markennamen können
eine ähnliche Funktion erfüllen: Der Konsument
hofft, die positiven Imagemerkmale eines bestimmten Produkts – z.B. eines Kleidungsstücks, eines
Autos oder eines Parfums – in sein eigenes Erscheinungsbild aufnehmen zu können. Images sind längst
ein unmittelbarer und selbstverständlicher Bestandteil von Lebensstil und auf diese Weise von persönlicher Identität geworden. Images entstehen unwill-
kürlich von allen öffentlich bekannten Gegenständen
und Personen. Da das jeweilige Image nicht nur vom
Gegenstand, sondern auch vom Kontext und von den
Einstellungen, Wünschen und Gefühlen der Rezipienten abhängt, ist es bei verschiedenen Rezipienten
unterschiedlich stark und wird unterschiedlich bewertet.

Als Image wird auch das Bild bezeichnet, das in
der Öffentlichkeit präsentiert wird und als Grundlage
für das mentale Vorstellungsbild oder Image dient.
Die öffentlichen Images sind meist komplexe Bilder,
da sie auf Konnotationen und Ketten von Assoziationen aufbauen. In den Public Relations (PR) und
der Werbung werden solche Bilder bewußt aufgebaut, eingesetzt, verändert und gesteuert, um sie an
Bedürfnisse der Rezipienten anzupassen. Daher rührt
der teilweise schlechte Ruf der PR als manipulierend
oder verfälschend. Es hat sich aber die Erkenntnis
weitgehend durchgesetzt, daß eine längerfristig effek-
tive PR-Arbeit auf Transparenz der Kommunikation
und eine Deckungsgleichheit von Image und Wirklichkeit bauen muß. Es wird natürlich versucht, ein
möglichst positives und zielgruppengerechtes Image
aufzubauen. Bewußte Täuschung oder Verzerrung ist
jedoch – spätestens wenn sie öffentlich wird – kon-
traproduktiv, denn der dann entstehende Vertrauens-
verlust wird zum wesentlichen Moment eines
schlechten Images.

Images verändern sich, haben aber generell eine
relativ große Trägheit. Besonders in der Krisen-PR,
die versucht, einem negativen Image entgegenzuwirken, macht sich das bemerkbar. Ist das Vertrauen
der Konsumenten erst verlorengegangen, ist es sehr
schwer wiederzugewinnen.

Images in der Wirtschaft

Die Etablierung und Pflege von Images durch Werbung und PR ist ein bedeutender Wirtschaftszweig
geworden. Allein in den USA werden jährlich über 85
Milliarden Dollar für Werbung ausgegeben; über
200.000 Menschen arbeiten in der PR-Branche (Turow 1999, S. 336, 351). Produktwerbung zielt meist
darauf, Markenbewußtsein zu schärfen und sowohl
das Produkt als auch den Markennamen mit klar
umrissenen Imageeigenschaften zu verbinden. Darüber hinaus werden oft Imagewerbung und PR unabhängig von den jeweiligen Produkten einer Firma
betrieben, um ihren allgemeinen Ruf bei Konsumenten, der allgemeinen Bevölkerung, den eigenen Angestellten sowie der Regierung und den Behörden zu
etablieren. So bilden beispielsweise Kultursponsoring
und Umweltinformation heutzutage einen wesentlichen Teil der PR der meisten größeren Firmen. Auch
wird immer mehr getan, um über die interne Kommunikation in der Firma eine positive Einstellung in
der Belegschaft zu erzeugen.

Aus wirtschaftlicher Sicht ist es die Funktion des
Images, Individualisierung, Differenzierung, Identität und Identifizierbarkeit für das Produkt oder die
Firma zu erzeugen. Marken und Unternehmen sollen
dadurch einen gut erkennbaren Platz auf dem Markt
erhalten. Angestrebt werden Authentizität, Glaubwürdigkeit und Individualität. Über das Image soll
eine grundsätzlich positive Haltung zur Firma erzeugt werden, und darüber hinaus soll das Image
konkrete Entscheidungen beeinflussen. Die moderne
PR versucht aber auch, jenseits von konkreten einzelnen Entscheidungen ein positives Image zu etablieren, etwa von der Verantwortlichkeit, Umweltfreundlichkeit oder Integrität der Firma, Person oder Organisation. Dadurch sollen Wohlwollen, Vertrauen und
eine grundsätzlich positive Einstellung erzeugt werden.

Image und Corporate Identity

Der Begriff Corporate Identity (CI) wird häufig im
Zusammenhang mit dem Image einer Firma verwendet, allerdings oft in zwei verschiedenen Bedeu-

tungen. Im engeren Sinn ist die Identifizierung der Mitarbeiter mit dem Image ihrer Firma gemeint. Die interne Kommunikation in einer Firma versucht, entsprechende Imagemerkmale – wie Offenheit, soziale Verantwortlichkeit für die Belegschaft – zu vermitteln. Auch muß darauf geachtet werden, daß die innerbetriebliche Kommunikation insbesondere zwischen Vorgesetzten und Mitarbeitern gut funktioniert und transparent erscheint, damit ein Gefühl der Beteiligung und der Zugehörigkeit entsteht (Hermanni 1991, S. 12–15). In weiterem Sinn bezeichnet CI die Art, wie die Selbsteinschätzung und das eigene Image einer Firma in die Fremdeinschätzung, also das Image in den Köpfen der Rezipienten, umgesetzt wird. Corporate Identity ist die Form, in der das angestrebte Image präsentiert wird: »Die *Identität* drückt sich in der vom Unternehmen gewählten Art und Weise aus, diese Wahrnehmung zu formen und zu beeinflussen« (Chajet/Schachtman 1995, S. 26).

Die visuelle und ästhetische Erscheinung trägt maßgeblich zum Image bei und ist daher von zentraler Bedeutung bei der Öffentlichkeitsarbeit. Dies gilt im Alltag, in dem Gesichtsausdrücke, Körpersprache, Schönheit oder Häßlichkeit, Größe und die gesamte äußere Erscheinung den Eindruck von einer Person bestimmen. Ebenso basieren die Karrieren von vielen Stars und Celebrities nicht zuletzt auf ihrem Äußeren. Aber auch Firmen und Organisationen versuchen, sich imagegerecht zu präsentieren.

Zum äußeren Auftreten von Firmen tragen Logo, Briefkopf, Formulare, Verpackungsmaterial, Schilder, Fuhrpark sowie veränderliche Elemente wie Broschüren und Werbeunterlagen bei (ebd., 1995, S. 133). Bei der Planung der öffentlichen Erscheinung einer Firma wird großer Wert darauf gelegt, daß das angestrebte Image in ein einheitliches Designsystem umgesetzt wird. Dies erhöht die Wirkung und spart Kosten. Zentrale und traditionelle Elemente des ↗Designs sind Typografie, Farben und die graphische Darstellung, insbesondere bei Logos und Signets, aber auch als durchgängiges Stilelement des gesamten Erscheinungsbildes. Beim Entwurf einer Corporate Identity wird auf alle Aspekte der äußeren Erscheinung geachtet, bis hin zur Architektur des Firmensitzes, Bepflanzung und Details der Innenarchitektur. Dabei spielen die emotionalen Assoziationen, die der Name hervorruft, eine zentrale Rolle. Fast alle neueren Automodelle haben Phantasienamen, die nichts bedeuten, deren Klang aber bestimmte Gefühle hervorrufen soll, die zum angepeilten Image passen. Neue Marken müssen sich erst etablieren und versuchen daher, sich ein Image zu verschaffen, das mit dem Namen fest verbunden

wird. Eine bereits etablierte Marke wirkt dann automatisch als Kürzel für die wesentlichen Imagemerkmale. Beispielsweise kaufte Ford die Firma Jaguar für einen hohen Preis, um von der Assoziation des Markennamens mit Luxus zu profitieren (vgl. Chajet/ Schachtman 1995, S. 154).

Image und Gesellschaft

Die wirtschaftliche Verwertung von Images wie die philosophische Reflexion über sie gehen Hand in Hand mit der Entwicklung der modernen Massenmedien. Es gibt keine Zweifel, daß Images durch die ↗Medien eine enorme Verbreitung finden. Stars, Celebrities, Politiker und andere öffentliche Persönlichkeiten fungieren als Imageträger und Leitbilder. Über Presse (↗Zeitung, ↗Zeitschrift), ↗Film, ↗Fernsehen und die elektronischen Medien (↗Internet) werden Images von Personen, Ereignissen, Organisationen, Firmen und gesellschaftlichen Gruppen verbreitet, die das Denken der Gesellschaft mitbestimmen. Images funktionieren wie Stereotype, um Information und Vorstellungen zu bündeln. So geben sie allgemeinen Vorstellungen und Werten eine vorgefertigte Form.

Aus anwendungsbezogener wie auch kritischer Sicht gelten Images als ein wichtiger und kennzeichnender Faktor der modernen Wirklichkeit. Die Wertungen unterscheiden sich jedoch grundlegend. Während Praktiker Images neutral betrachten und versuchen, sie möglichst effektiv zu verwenden, konzentrieren sich Kulturkritiker verschiedener Provenienz auf deren gesellschaftliche Auswirkungen.

Während manche postmodernen Theoretiker die Erkenntnis eher befreiend finden, daß es hinter den Images und Zeichen der ↗Massenkultur keine andere Wahrheit und kein Wesen gibt, sehen andere Kulturkritiker darin einen Verlust. In den 1960er Jahren diagnostizierte Guy Debord die moderne Medien- und Konsumgesellschaft noch als die »Gesellschaft des Spektakels«, in der die Vorherrschaft von Images eine neue Form der sozialen Entfremdung markierte (Debord 1968). Kaum 15 Jahre später war bereits die Rede von der Postmoderne, die beispielsweise für Jean Baudrillard eine Epoche der »Simulation« und der »Hyperrealität« ist, in der Images und Zeichen die einzige Realität bilden, statt eine dahinter- oder darunterliegende Wahrheit abzubilden (Baudrillard 1983; 1996). Kritiker wie Daniel Boorstin (1987) und Neil Postman (1987) betrachten die Übermacht von Images dagegen nach wie vor als Verzerrung, Gefahr und Verlust. Boorstin sieht die Gesellschaft als durch Images und ›Pseudo-Ereignisse‹ bestimmt, die für die

Medien inszeniert werden. Postman hält das Fernsehen für ein Medium, das alles auf Images und ↗ Unterhaltung reduziert. Einig sind sich alle Kritiker darin, daß die Massenmedien grundlegende Veränderungen in das Verhältnis der Menschen zu Images und zur Realität gebracht haben.

Ein pragmatischer Umgang mit Images ist dagegen schon lange in Medien, Firmen, Organisationen und Parteien aller Art zu finden. Auch eine politisch motivierte und aktive Organisation wie Greenpeace nutzt konsequent die Mittel der Öffentlichkeitsarbeit, um ein Image aufzubauen, das ein wesentlicher Faktor für die Wirksamkeit der Aktionen ist. Zunehmend ist auch bei Einzelpersonen eine bewußte und reflektierte Imagepflege zu finden. Daß die Medien Images bieten, die für die Konstruktion und Aushandlung der ›eigenen‹ Identität benutzt werden können, begründet wohl einen großen Teil ihrer populären Attraktivität. In der heutigen Gesellschaft wird die persönliche Identität häufig als ein selbst zu konstruierendes Image aufgefaßt. In den neueren Formen des ›Reality-TV‹ schließt sich der Kreis: Privatmenschen versuchen in Talkshows, der *Big Brother*-Situation der ständigen Beobachtung durch Kameras oder in verschiedenen Spielshow-Formaten, sich selbst als fernsehgerechtes Image zu präsentieren.

Literatur

Antonoff, R.: *Methoden der Image-Gestaltung für Unternehmen und Organisationen. Eine Einführung.* Essen 1975.

Baudrillard, J.: »The Ecstasy of Communication«. In: Foster, H. (Hg): *The Anti-Aesthetic: Essays on Postmodern Culture.* Post Townsend 1983. S. 126–134.

Baudrillard, J.: »The Masses: The Implosion of the Social in the Media«. In: Marris, P./Thornheim, S. (Hgg.): *Media Studies: A Reader.* Edinburgh 1996. S. 98–108.

Boorstin, D. J.: *Das Image. Der amerikanische Traum.* Reinbek 1987.

Chajet, C./Schachtman, T.: *Image-Design. Corporate Identity für Firmen, Marken und Produkte.* Frankfurt a. M./New York 1995.

Debord, G.: *La société du spectacle.* Paris 1968.

Faulstich, W. (Hg.): *Image, Imageanalyse, Imagegestaltung* Bardowick 1992.

Hermanni, H.: *Das Unternehmen in der Öffentlichkeit.* Heidelberg 1991.

Huber, K.: *Image. Global Image, Corporate Image, Marken-Image, Produkt-Image.* Landsberg am Lech 1987.

Pflaum, D./Pieper, W. (Hgg.): *Lexikon der Public Relations.* Landsberg am Lech 1989.

Postman, N.: *Amusing Ourselves to Death.* London 1987.

Turow, J.: *Media Today.* Boston/New York 1999.

Stephen Lowry

Infotainment

›Infotainment‹ setzt sich aus Elementen der Begriffe Information und Entertainment zusammen. Es handelt sich also um eine Wortkreuzung bzw. eine Kontamination, wie sie gerade in den letzten Jahren im Bereich der Informations- und Kommunikationstechnologie sowie den Jugendszenen zugenommen hat und oftmals den Status von Modewörtern erreicht. Infotainment muß inzwischen als Modewort der Geistes- und Sozialwissenschaft bei der Beschreibung populärkultureller Entwicklungen gelten. Ein eher weiter gefaßter Bestimmungsversuch sieht im Infotainment alle medialen Formen, bei denen Informationen unterhaltsam aufbereitet und dargestellt werden. Die engere Begriffsbestimmung meint spezielle Sendungen, die eine Mischung aus ↗ Unterhaltung und Informationen aufweisen.

Bei einer ersten Annäherung fällt auf, daß der Begriff fast ausschließlich auf Fernsehsendungen angewendet wird; dies läßt sich damit erklären, daß sich die sogenannten Infotainment-Formate in Deutschland erst mit der Einführung des privaten ↗ Fernsehens durchsetzten. Vor diesem Hintergrund können der Wettbewerb und die neuen Darstellungsmöglichkeiten als Rahmenbedingungen für den Aufstieg des Infotainments gelten. Infotainment ist also eng verbunden mit den Entwicklungen, die den Bedeutungsgewinn der Unterhaltung im Fernsehprogramm begründen. Dies sind erstens die Ausweitung des Programmangebotes an Unterhaltungssendungen (Spielfilme, ↗ Serien und ↗ Shows). So gehörte es von Beginn an zum Kennzeichen der Programmstrategien von RTL, SAT.1 und PRO7, einen deutlich höheren Fiktion-Anteil als die öffentlich-rechtlichen Anstalten zu haben; hinzu kamen Sender wie RTL2, Kabel 1 und Super RTL, die überwiegend auf Unterhaltung setzten. Zweitens wurden seit Ende der 1980er Jahre Sendeformate entwickelt, bei denen sich die Grenzen zwischen Information und Unterhaltung verwischen. Dies traf zunächst auf Quizshows, später auf Reality-TV-Sendungen zu; aktuell sind es die Daily Talks sowie die Boulevardmagazine; und drittens findet sich unterhaltsame Gestaltung auch in primär informationsorientierten Sendungen wie Nachrichten und gesellschaftspolitischen Magazinen.

Den Begriff ›Infotainment‹ jedoch allein als eine Mischung von Information und Unterhaltung zu definieren, würde zu kurz greifen. Vielmehr muß er auch als Rezeptionsqualität in einem angeregten (Information) und erregten (Unterhaltung) Zustand aufgefaßt werden. Es geht um das Wechselspiel zwischen Kognition und Affekt, um das Spannungsfeld zwischen Nachrichtenwerten und Gefühlsfaktoren. Die Ingredienzen für die Dramaturgie informativer Unterhaltung und unterhaltender Information (vgl. Früh/Kuhlmann/Wirth 1996) sind unter anderem Abwechslung, Personalisierung, Emotionalisierung, die dosierte Mischung von Spannung und Entspannung, Stimulation, Vermeidung von Langeweile (Bosshart 1991, S. 3). Der Emotionalisierung wird dabei die größte Tragweite zugestanden. Insbesondere die Fernsehnachrichtenforschung konnte zeigen, daß sich Emotionalisierung auf die ganze Bandbreite von Unterhaltungselementen stützt (Bilder, Hintergrundbild bzw. Graphiken oder Animationen, ↗Musik, Sprache, Sprechstil, Mimik und Gestik) (vgl. Huth/Sielker 1988; Wittwen 1995).

Infotainment greift auf Strategien und Bedürfnisse zurück, wie sie aus der Unterhaltung bekannt sind:
– der aus Furcht, Neid und Sehnsucht gebildete Blick auf die Welt wirtschaftlicher Eliten;
– der aus Angst vor dem eigenen Abstieg entstehende Blick auf das Elend des sozialen Unten;
– die Projektion eigner Ohnmachtserlebnisse in Allmachtsphantasien;
– die Suche nach verlorenen Paradiesen;
– das schizophrene Verlangen, ›Verbotenes‹ zugleich zu sehen und es zu bannen, und
– die unendlich suggestive Welt vor unseren Augen zu ordnen, zu quantifizieren, zu erklären und sie zugleich immer wieder in das Chaos versinken zu lassen (vgl. Seeßlen 1996, S. 139 f.).

Vor diesem Hintergrund sieht Georg Seeßlen Infotainment nicht nur als einen Sündenfall »beim Übergang von der parlamentarischen Demokratie zur populistischen Mediokratie und unter verschärften Konkurrenzbedingungen«, sondern als konstituierendes Merkmal der Geschichte der populären Kultur selbst (ebd., S. 139).

Tatsächlich waren sich bereits die antiken Theoretiker des Spannungsfeldes von Information und Unterhaltung bewußt. Schon Horaz betont die Doppelfunktion der Poesie, die gleichzeitig bilden und erfreuen soll. In der Literatur- und Theatergeschichte – aber auch in den Schriften der großen Religionen – hat sich das Zusammenspiel von Information und Unterhaltung über die Jahrhunderte hinweg als ausgesprochen inniges, dauerhaftes und natürliches erwiesen. So sah Friedrich Schiller im ↗Theater die ›moralische Anstalt‹, die unterhaltende mit belehrenden Elementen zu verbinden hat: »Die Schaubühne ist die Stiftung, wo sich Vergnügen mit Unterricht, Ruhe mit Anstrengung, Kurzweil mit Bildung gattet [...]« (Brockhaus 1904, Bd. 11, S. 91).

Angesichts dieser historischen Verwurzelung und der erfolgreichen Anwendung gerade in den letzten Jahrzehnten ist aber auch zu fragen, ob die Unterscheidung zwischen Information und Unterhaltung analytisch Sinn macht. Jedenfalls spricht einiges dafür, den Begriff Infotainment aus sozialwissenschaftlicher Sicht als ein Unding zu bezeichnen. Denn die explizite oder implizite Trennung zwischen Information und Unterhaltung widerspricht sowohl den journalistischen Arbeitsweisen, Selbstverständnissen und Präsentationsformen als auch der Multifunktionalität der Mediennutzung (Mast 1991, S. 185).

Dieser Einwand findet im folgenden Berücksichtigung, auch wenn Infotainment weiterhin begriffen wird als:
– Sammelbegriff für die unterhaltende Aufbereitung von Information, das heißt Unterhaltung als Zugpferd zur Informationsvermittlung (vgl. Bosshart 1991, S. 2);
– Oberbegriff für Sendungsformate, die Unterhaltung und Information mischen;
– Schlagwort für die Vermischung von Information und Unterhaltung in der Medien- und Fernsehindustrie;
– Leit- und Modewort, das zugleich eine Reihe von zufälligen Augenblicksbezeugungen in weiteren Bereichen wie Literatur, Musik, Malerei bis hin zu Politik und ↗Sport gefunden hat;
– EDV-Fachbegriff für interaktive Lern-Spielsoftware (↗Interaktives) bzw. allgemeiner für die Konvergenz von Fernsehen und ↗Computer im Privathaushalt von morgen (vgl. Wittwen 1995, S. 22 f.).

In den USA ist der Begriff seit den späten 1970er Jahren bekannt und findet seit den 1980er Jahren Verwendung (vgl. ebd., S. 17). Seitdem gehört der Begriff zu den zentralen Beschreibungskategorien der Medien- und Programmentwicklung. Programmgeschichtlich auffällig ist dabei, daß der ↗Alltag und das Private neben klassischen, fiktionalen ↗Genres, die schon immer die lebensweltliche Perspektive favorisierten (wie die Familien-, Krankenhaus- und Arztserien), inzwischen auch im nonfiktionalen Bereich immer mehr verhandelt werden. So entstanden die televisionären Ableger der Regenbogen- bzw. Boulevardpresse, von Boulevard-, Lifestyle- und Sex-Magazinen bis hin zu den täglichen Talkshows. Gleichzeitig fand auch in den klassischen Nachrichten- und Informationssendungen eine Evolution statt: Sogenannte Soft-News erobern die Nachrichten, und bei der Präsentation gewinnen die unterhaltenden, visuell aufbereiteten Formen an Boden (vgl. z. B. Bruns/Marcinkowski 1997). In seiner die internationale Entwicklung bei den (Haupt-) Fernsehnachrichtensendungen vergleichenden Studie bezeichnet Peter Ludes (1993) diesen Trend als den Übergang von der Nachricht zur News-Show.

Angesichts der (Fernseh-)Nachrichtenentwicklung läßt sich belegen, daß eine Übernahme der Strukturmerkmale des kommerziellen US-Fernsehens für den (gesamten) Journalismus stattfand bzw. -findet. Als Merkmale gelten:

- Starjournalismus,
- Aufstieg politischer Talkshows,
- Konkurrenz der Informationssendungen mit anderen Programmformen um Sendezeit (nicht mehr nur Sportereignisse),
- Aktualisierungs- und Visualisierungsdruck,
- Präsentation von Informationen als spannungs- und konfliktgeladene Kurzdramen (Schütte 1997, S. 163).

Eine öffentliche Debatte über das Verhältnis von Information und Unterhaltung begann in der Bundesrepublik Deutschland, als deutlich wurde, daß die Bedeutung der Unterhaltungssendungen für den Markterfolg von Medienangeboten den Druck auf die Programmacher und Journalisten verstärkte, in ihre Angebote immer mehr unterhaltende Elemente einzubauen. In dem »Bericht zur Lage des Fernsehens« ist im Jahr 1994 von einer Spirale an Effekten und Superlativen die Rede, die die Konzepte der Sendungen bestimmt. Es wurde weiter konstatiert, daß in zahlreichen Showsendungen die Grenzen zwischen Privatheit und Öffentlichkeit verschwinden und der spektakuläre Bruch von Tabus Aufmerksamkeit erregt (Groebel et al. 1995, S. 16).

Diese Bestandsaufnahme hat wenig an Aktualität eingebüßt. Im Rückblick auf die Medienentwicklung – und insbesondere die des Fernsehens – können die 1990er Jahre als das Jahrzehnt der Vermischung von Information und Unterhaltung, als Siegeszug des Infotainment gelten. Während die (kommunikations- und sozial-)wissenschaftliche Auseinandersetzung seit Ende der 1980er Jahre um die Konvergenz-Hypothese geführt wurde (vgl. z. B. Bruns/Marcinkowski 1997; bezogen auf die politischen Magazine Wegener 2001), lag der Schwerpunkt der Medienkritik und der Medienpolitik bei der Debatte um konkrete Fälle, das heißt Sendungen bzw. Sendeformate.

Als die häufigsten Kritikpunkte am Infotainment werden angeführt:

1. Das Bild prägt die Nachricht. Damit ist gemeint, daß inzwischen die Bildvermittlung eindeutig zur Leitwahrnehmung geworden ist – ein Umstand übrigens, auf den die Kultur- und Medienanalyse bislang noch nicht adäquat regiert hat.

2. Die Anchorisierung. Angesprochen ist hier, daß aus der Nachricht die Story wird und aus der Story das Weltbild. Dieses Weltbild wird präsentiert von einem Anchorman (bzw. Anchorwoman), der als Autor, als Regisseur, als Kommentator, als Interviewpartner und als Ideengeber fungiert. Diese Personen erlangen zum Teil Kult-Status und gebärden sich oftmals als moralische Instanz und Welterklärer (vgl. Ludes 1993).

3. Nachrichten werden Vehikel. Beobachtet werden kann, daß nicht mehr nur eine Vermischung zwischen Nachricht und Meinung, Nachricht und Kommentar, Nachricht und ⁊ Werbung stattfindet, sondern eine Vermischung zwischen Nachricht und Seelsorge. An die Stelle des unberührten, objektiven Vermittlers der Nachricht ist nicht nur jemand getreten, der mit Betroffenheit, Empörung oder Erheiterung reagiert, die Anchormen und -women übernehmen vielmehr Elemente und Funktionen des Trösters, ja des Erlösers an: »Es konstruiert nicht nur ein heftiges ICH im Studio und ein freundlicheres IHR draußen vor den Fernsehern, sondern auch ein mystisch-moralisches WIR« (Seeßlen 1996, S. 139).

4. Fälschung als Prinzip. Im Zuge des Bedeutungsgewinns von ⁊ Image, Wiedererkennbarkeit – in der politischen Kommunikation wie in der Unterhaltungskommunikation – werden verstärkt symbolische Handlungen, Pseudo-Ereignisse etc. inszeniert. In der Konsequenz haben wir es »noch mehr als mit gefälschten Bildern mit gefälschten Ereignissen zu tun« (ebd.).

5. Populistische Mischung. Aktualitätsdruck, ständige Beobachtung und mediale Präsenz verkürzen die Reaktionszeiten für Politiker, ⁊ Stars und auch Privatpersonen.

6. Wechselseitige Werbemittel. Medienangebote geraten zusehends zu Werbeplattformen für weitere Medienangebote (das Buch zum ⁊ Film, das Making of, Interviews etc.)

7. Personen werden Nachrichten. Die Personalisierung und die Privatisierung haben inzwischen auch die Politikvermittlung erreicht. Nachrichtenfaktoren und Aufmerksamkeitsregeln bestimmen die Berichterstattung (ebd.).

Der US-amerikanische Medien- und Kulturtheoretiker Douglas Kellner (2002) geht noch einen Schritt weiter, spricht davon, daß wir in einer ›Infotainment-Gesellschaft‹ leben. Ereignisse und auch gesellschaftspolitisch relevante Themen werden nicht mehr nur personalisiert, sondern zunehmend als Spektakel inszeniert; darunter fallen: Wahlkämpfe (bzw. 2000 auch die Stimmenauszählung), Sportveranstaltungen, Gerichtsverhandlungen, Trauerfeiern.

Infotainment ist also deshalb so erfolgreich, weil es in vielem den gewandelten gesellschaftlichen und institutionellen Verhältnissen entspricht, unter denen heute Fernsehen gemacht wird. Es kommt der ›flächendeckenden Aufmerksamkeit‹ und dem selektiven Verhalten des Publikums entgegen.

Zwar ist darauf hinzuweisen, daß Infotainment keineswegs eine revolutionäre Programmneuerung darstellt, sondern eher ein Neukombinieren von bereits Erfundenem markiert (vgl. Saxer 1991, S. 6 f.). Aber die aktuellen Kult- und Markeninszenierungen markieren in diesem Prozeß einen qualitativen Entwicklungssprung, weil sie massiv in die Strukturen und Ziele der Fernsehproduktion eingreifen sowie die Wahrnehmung und die Nutzungsweisen der Medienangebote beeinflussen. Diese Veränderungen wiederum wirken auf Individualisierungsprozesse, besonders bei Jugendlichen. Denn hier greifen Marken, Trends und die Bedeutung bestimmter Fernsehgenres für Jugendszenen ineinander. Die Betonung und Weiterentwicklung von Kult- und Markeninszenierungen können als Reaktion auf den Umbruch der Medienlandschaft interpretiert werden. Innerhalb dieser Koordinaten bildeten sich fünf Prinzipien der Programmplanung heraus:

1. Orientierung am Publikumsgeschmack unter Berücksichtigung der Werbekundenwünsche. Zu diesem Zweck wurde in den letzten Jahren die Medienforschung (genauer die Zuschauerforschung) intensiviert.
2. Rationalisierung der Produktion. Ablesbar ist dies an der Zunahme von täglichen Formaten (wie Soaps, Talks, Quiz-Shows und aktuell Gerichtssendungen), die unter Bedingungen der Fließbandproduktion erstellt werden und auf verschiedenen Sendeplätzen und Sendern abgespielt bzw. wiederholt werden.
3. Programmausweitung – vor allem mit Hilfe von Wiederholungen und der Ausstrahlung von Dauerwerbesendungen;
4. Ausdifferenzierung erfolgreicher Konzepte (etwa den soap operas) und
5. Zusammenspiel von Konvergenz und Kontrast (Nieland 1996, S. 188 f.).

Bislang liegen nur wenige – meist medienpsychologische – Untersuchungen zur Wirkung von Infotainment vor (vgl. z. B. Bock/Koppenhagen/Oberberg 1993; Brosius 1995; Schultheiss/Jenzowsky 2000). Schultheiss/Jenzowsky konnten in ihrer – auf einem Experiment beruhenden – Studie zum Einfluß emotional-affektorientierter Darstellungen von Informationen zeigen, daß die Anreicherung von Informationen mit Unterhaltungselementen die Glaubwürdigkeit einer Kommunikation (Bericht) und eines Kommunikators (Reporter) mindert (Schultheiss/Jenzowsky 2000, S. 80).

Bereits 1984 legte Ursula Dehm eine Studie mit dem zentralen Hinweis vor, daß sich das Fernsehen (und seine Entwicklung) aus der Perspektive der Macher anders darstellt als aus Sicht der Zuschauer. Auch sie betont: »Information ist kein Gegensatz zu Unterhaltung, und beides schließt sich nicht aus« (Dehm 1984, S. 222; auch Bosshart 1991, S. 3). Um diesen Gegensatz aus der wissenschaftlichen Analyse herauszurechnen, erscheint es also geboten, Infotainment auf der Angebotsseite *und* der Rezeptionsseite zu verorten (Wirth 2000, S. 62). Auf der Angebotsseite liegt Infotainment vor, wenn a) Soft-Themen als (wichtige) Informationen präsentiert werden; b) die Hard-News mit Gestaltungsmitteln präsentiert werden, die den Zuschauern Unterhaltung und Entspannung signalisieren, oder c) unterhaltende und informierende Beiträge innerhalb einer Sendung vermischt werden. Diese drei Spielarten bezeichnet Wirth als inhaltliches, formales und kontextuelles Infotainment. Auf der Zuschauerseite liegt seiner Meinung nach Infotainment vor, wenn Rezipienten das Gefühl haben, etwas Wichtiges oder Wissenswertes zu erfahren und sich dabei gleichzeitig unterhalten fühlen. Unterhaltung kann spannend aber auch entspannend erlebt werden (ebd., S. 62 f.).

Infotainment-Sendungen versorgen den Großteil der Bevölkerung mit Orientierungswissen, Serviceinformationen und vergnüglichen Geschichten, wobei sie eine dramatisierte, sensationalisierte und fiktionalisierte Weltsicht vermitteln, die ins Gewand der scheinbar objektiven Berichterstattung gekleidet ist. Diese Geschichten werden entweder für wahr gehalten oder – durchaus legitim – aus Entspannungs- und Unterhaltungsgründen konsumiert (Renger 2000, S. 15). Mit dieser Erweiterung der Beschreibung ist angedeutet, daß Infotainment nicht nur als Bestandteil der Programmstrategien der Fernsehanbieter von Interesse ist, sondern auch für die Wahrnehmung medialer Angebote einen Erklärungshintergrund liefern sollte.

Dabei definiert Renger Journalismus weniger als Aufgabe einer funktionalen Informationsleistung, sondern vielmehr als Leistung von textueller Bedeutungsproduktion sowie als öffentliche Orientierung und soziale Konstruktion von Wirklichkeit. Journalismus wird in der (interdisziplinären) Perspektive der Cultural Studies »an der Schnittfläche zwischen einer allumfassenden Kultur-, Medien- und Bewusstseinsindustrie und dem Alltagsleben interpretiert und somit als Teil bzw. Objekt der Populärkultur definiert« (ebd., S. 17). In der Konsequenz heißt dies: Populärjournalistische Information läßt sich nicht als ›reine‹ Form von objektiven Nachrichten untersuchen, sondern als ein Bestandteil eines »cultural discourse« (ebd., S. 23). Diese Einschätzung hat sich allerdings noch nicht durchgesetzt, und es ist festzuhalten, daß die meisten Kommentatoren die Vermischung von Information und Unterhaltung (gerade in Nachrichtensendungen) nicht nur weiterhin für problematisch halten, sondern auch die Rezeptionsseite und -qualität nicht berücksichtigen. Der Prozeß der Infotainmentisierung ist also noch nicht abgeschlossen. Insofern spricht vieles für Kellners Vermutung vom Übergang in die Infotainment-Gesellschaft. Diesen Prozeß zu beobachten, analytisch zu fassen und seine Folgen für die kulturelle Entwicklung moderner Gesellschaften zu diskutieren, markiert eine der zentralen Aufgaben der Populärkulturanalyse.

Literatur

Bosshart, L.: »Infotainment im Spannungsfeld von Information und Unterhaltung«. In: *Medienwissenschaft Schweiz* 2 (1991) S. 1–4.

Bock, M./Koppenhagen, K./Oberberg, C.: »Wirkungen von ›Information‹ und ›Unterhaltung‹ bei Fernsehnachrichten und Werbespots«. In: *Medienpsychologie* 5 (1993) S. 124–138.

Brosius, H.-B.: *Alltagsrationalität in der Nachrichtenrezeption.* Opladen 1995.

Bruns, T./Marcinkowski, F.: *Politische Information im Fernsehen. Eine Längsschnittstudie.* Opladen 1997.

Dehm, U.: *Fernsehunterhaltung – Zeitvertreib, Flucht oder Zwang. Eine sozialpsychologische Studie zum Fernseherleben.* Mainz 1984.

Früh, W./Kuhlmann, C./Wirth, W.: »Unterhaltsame Information oder informierende Unterhaltung. Zur Rezeption von Reality-TV«. In: *Publizistik* 41, 3 (1996) S. 428–451.

Groebel, J./Hoffmann-Riem, W. et al.: *Bericht zur Lage des Fernsehens.* Gütersloh 1995.

Huth, L./Sielker, K.: »TV-Nachrichten im Wettbewerb. Der kontrollierte Einsatz von Unterhaltung als Marketing-Strategie«. In: *Rundfunk und Fernsehen* 36, 3 (1988) S. 445–464.

Kellner, D.: *From Media Culture to Media Spectacle.* Ms. 2002 (im Internet: www.gseis.ucla.edu/faculty/kellner/papers/mediaspetaceintro.html).

Krüger, U. M.: »Infos – Infotainment – Entertainment. Programmanalyse 1988«. In: *Media Perspektiven* 6 (1988) S. 637–663.

Ludes, P.: *Von der Nachricht zur News Show. Fernsehnachrichten aus der Sicht der Macher.* München 1993.

Mast, C.: »Journalismus und Affektmanagement«. In: Ross, D./Wilke, J. (Hgg.): *Umbruch in der Medienlandschaft.* Berlin 1991. S. 183–192.

Nieland, J.-U.: »Veränderte Produktionsweisen und Programmstrategien im Fernsehen: Strategien und Entscheidungsprozesse der Kommunikatoren«. In: Schatz, H. (Hg.):

Fernsehen als Objekt und Moment des sozialen Wandels. Faktoren und Folgen der aktuellen Veränderungen des Fernsehens. Opladen 1996. S. 125–202.

Renger, R.: *Populärer Journalismus. Nachrichten zwischen Fakten und Fiktion.* Innsbruck/Wien/München 2000.

Rust, H.: »Imitation als Programmkonzept. Amerikanische Fernsehsender in einer veränderten Medienlandschaft«. In: *Media Perspektiven* 6 (1988) S. 611–620.

Saxer, U.: »Soziologische Aspekte von Infotainment«. In: *Medienwissenschaft Schweiz* 2 (1991) S. 5–10.

Schütte, G.: »Infotainment – Unterhaltungslust statt Informationsmühe?« In: Schneider, I./Thomsen, C. W. (Hgg.): *Hybridkultur: Medien, Netze, Künste.* Köln 1997. S. 158–176.

Schultheiss, B. M./Jenzowsky, S. A.: »Infotainment: Der Einfluss emotionalsierend-affektorientierter Darstellung auf die Glaubwürdigkeit«. In: *Medien- und Kommunikationswissenschaft* 48, 1 (2000) S. 63–84.

Seeßlen, G.: »Unterhaltung über alles. Oder: Infotainment im elektronischen Biedermeier«. In: *merz* 40, 3 (1996) S. 135–144.

Wegener, C.: *Informationsvermittlung im Zeitalter der Unterhaltung: eine Langzeitanalyse politischer Fernsehmagazine.* Opladen 2001.

Weiß, R./Groebel, J. (Hgg.): *Privatheit im öffentlichen Raum. Medienhandeln zwischen Individualisierung und Entgrenzung.* Opladen 2002.

Wirth, W.: »Infotainment. Chance für die politische Sozialisation Jugendlicher?« In: Paus-Haase, I./Schnatmeyer, D./Wegener, C. (Hgg.): *Information, Emotion, Sensation. Wenn im Fernsehen die Grenzen zerfließen.* Bielefeld 2000. S. 62–91.

Wittwen, A.: *Infotainment. Fernsehnachrichten zwischen Information und Unterhaltung.* Bern u. a. 1995.

Jörg-Uwe Nieland

Interaktives

Der Begriff wird in der Kommunikations- und Medienwissenschaft im Zusammenhang mit Erzählformen und Umgangsweisen mit medialen Angeboten oder ↗Medien verwendet. Der Begriff verweist darauf, daß sich in interaktiven medialen Prozessen die Rollen von Produzenten und Konsumenten des Medienprodukts nicht trennen lassen. Das Attribut ›interaktiv‹ charakterisiert also zunächst einen spezifischen Typ von medialen Produkten und damit einerseits eine spezifische Erzählform, andererseits eine spezifische Art der Konsumtion von und des Umgangs mit (narrativen) Texten, wobei im interaktiven Produkt Produktion und Konsumtion zusammenfallen. Das Attribut interaktiv wird aber auch im Zusammenhang mit spezifischen Medien verwendet, wenn diese sich dadurch auszeichnen, daß sie besonders häufig interaktive Erzählformen präsentieren bzw. interaktive Umgangsweisen zulassen bzw. besonders dafür geeignet sind. Der Begriff hängt eng mit dem Begriff der ↗kollektiven Produktion zusammen.

Die Angebote herkömmlicher Massenmedien – man denke etwa an das ↗Fernsehen – können überwiegend als standardisierte, allgemein adressierte

Kommunikate verstanden werden, die von ihren Publika genutzt und zur Kenntnis genommen werden. Ein solches Kommunikat wird interpretativ von Nutzern konstituiert, dabei wird aber in seine Zeichenfolge nicht eingegriffen. Für diese Art der Aneignung hat sich der Ausdruck der Rezeption eingebürgert. In Abgrenzung dazu spricht man von interaktiven Angeboten und interaktiven Umgangsweisen, wenn die Rollen von Produzent und Konsument nicht strukturell stabil verschiedenen Beteiligten zugeordnet sind und so auch die entstehenden Zeichenfolgen von dem Handeln der Konsumenten abhängen. Ein interaktives Angebot offeriert den Konsumenten also die aktive Beteiligung an der Produktion des Kommunikats, dementsprechend sind die Konsumenten insbesondere auch an seiner Struktur und seinem Ablauf beteiligt – und das Angebot bedarf dieser Beteiligung auch. Einer oder mehrere Konsumenten produzieren in bezug auf das interaktive Erzählangebot also ein im Prinzip einmaliges Produkt, das einerseits zugleich konsumiert wird, das andererseits in dieser Einmaligkeit zusätzlich auch konserviert und anderen zugänglich gemacht werden kann, dann aber nicht nur interaktiv ist. Das mediale Angebot, mit dem interaktiv umgegangen wird, kann man deshalb eine interaktive Erzählform nennen und als Vorprodukt begreifen. Andererseits kann man das, was daraus durch die interaktiven Umgangsweisen der Konsumenten hergestellt wird, als interaktiv produzierte Erzählung bezeichnen. Als Beispiel für eine derartige interaktive Erzählung, die in ihrer Produktion zugleich konsumiert und meist nicht weiter aufgehoben wird, lassen sich interaktive Computerspiele (↗Videospiel) wie zum Beispiel *SimCity* oder *Civilization* anführen, in deren Verlauf auf der Basis des entsprechend programmierten Angebots durch die Eingriffe des oder der Mitspieler ein konkretes, einzigartiges Spiel, eine einzigartige Geschichte zustande kommt. Als Beispiel für ein interaktiv hergestelltes und dann andern zugänglich gemachtes Medienprodukt kann das Experiment des ZDF betrachtet werden, unter Beteiligung von ›Zuschauerexperten‹ im ↗Internet in wechselseitigen, aufeinander bezogenen Schritten ein Drehbuch entwickeln zu lassen, das dann einem Fernsehfilm als Grundlage dient, der von vielen Fernsehzuschauern (nicht-interaktiv) rezipiert wird. Weil manche Medien besonders für interaktive Erzählformen und Umgangsweisen geeignet zu sein scheinen, spricht man in unrichtiger Verkürzung – siehe unten – auch von interaktiven Medien.

Rezeption und Aktivität

Der Begriff ›interaktiv‹ hat in der Medien- bzw. Kommunikationswissenschaft verschiedene Wurzeln. Zum einen wurzelt er im Begriff der Interaktion, zum anderen im Begriff der Aktivität. Interaktion läßt sich in den Sozialwissenschaften als wechselseitig aufeinander bezogenes Handeln von Menschen definieren (zu einer Begriffsübersicht vgl. Jäckel 1995); insbesondere ist dann Kommunikation eine spezifische, intentional gerichtete Form der Interaktion. In Anlehnung daran spricht man von ›Interaktivität‹, wenn es um Erzählformen und Umgangsweisen geht, bei denen die Rollen von Kommunikator und Rezipient nicht fest und stabil verteilt sind, sondern wechselseitig getauscht werden. Interaktivität wird im Unterschied zu Interaktion aber nicht für die Kommunikation zwischen Menschen, sondern für Mensch-Maschine-›Kommunikation‹ verwendet. Der Umgang mit dem ↗Computer ist ein Beispiel dafür. Das ständige Selektieren und Hin- und Herspringen zwischen Programmen, wie es zum Beispiel beim Zappen mit der Fernbedienung geschieht, wird dagegen nicht zu den interaktiven Umgangsweisen gezählt, weil die auf verschiedenen Kanälen ausgestrahlten Fernsehsendungen im allgemeinen keine interaktiven Erzählangebote sind. Der Zuschauer selektiert, aber er oder sie gestaltet nicht. Im Begriff des interaktiven Umgangs ist mitgedacht, daß der Konsument in die Struktur des entstehenden Textes eingreift und zu ihr beiträgt und daß das Angebot speziell darauf abgestellt ist, der Konsument dies also sogar tun muß. Allenfalls ließe sich also das Medium Fernsehen als Ganzes mit all seinen verfügbaren Kanälen als interaktives Erzählangebot begreifen, was aber den Intentionen der Programmacher nicht entspricht. Interaktivität ist in dieser Perspektive also eine Modifikation von Interaktion, womit dieser Begriff auf spezifische Formen des Umgangs von Menschen mit Maschinen analog übertragen wird. Damit ist aber auch deutlich, daß Interaktivität keine medienbezogene Qualität bezeichnet, sondern vom ↗Genre, also von der Art des Angebots und der Verwendung eines Mediums abhängt. Die in den 1960er Jahren ausgestrahlte Samstagabendshow ›Der goldene Schuss‹, bei der ein Beteiligter per Fernsehen und Telefon eine Armbrust steuern konnte, ist ein frühes Beispiel dafür.

Im Hinblick auf ›Aktivität‹ – der zweite Begriff, der dem Konzept ›interaktiv‹ zugrunde liegt – ist an die gerade für die audiovisuellen Medien ↗Radio und Fernsehen immer wieder akzentuierte Dichotomie von aktivem vs. passivem ↗Publikum zu erinnern. Während die Printmedien (zumindest im Vergleich zu Radio und Fernsehen) als Medien gelten, die einen lesenden, Buchstaben in Gedanken, Phantasien und Bilder umsetzenden, in diesem Sinn eben aktiven, Rezipienten verlangen, werden die Fernsehzuschauer oft als passiv vor der ›Glotze‹, als antriebslos oder als Couchpotatoes angesehen oder auch bezeichnet. Derartige Gegenüberstellungen halten allerdings weder einer genauen begrifflichen Analyse noch empirischen Untersuchungen stand. Häufig wird schon bei der konzeptionellen Entwicklung des Begriffspaars aktiv vs. passiv eine Vielzahl von wertenden oder unbegründeten Annahmen gemacht (vgl. Hasebrink/Krotz 1991). Sogar eine schlichte Sichtweise von Medienrezeption muß dem Rezipienten mindestens zubilligen, daß er selektiert, was er zur Kenntnis nimmt, erst recht, daß er sich seine Gedanken, Bilder, Gefühle schafft.

Grundlegender wird Aktivität als Condition sine qua non von Rezeption und medienbezogenem Handeln in konstruktivistischen und semiotisch basierten Ansätzen wie den Cultural Studies und dem Symbolischen Interaktionismus behandelt. In dieser Perspektive konstituieren die Rezipienten in ihrem Handeln die Wirklichkeit und damit auch das, was auf dem Bildschirm erscheint, als soziale Tatsache bzw. als sozialen Prozeß, und zwar durch ihr aktives Verstehen. Jeder Text bedarf deshalb, um decodiert zu werden, des aktiven Umgangs der Rezipienten, auch der Fernsehtext. Die Cultural Studies haben dies mit dem Satz ›Texts are made by their readers‹ auf den Punkt gebracht. Über die damit postulierte allgemeine Rezeptionsaktivität hinaus verlangen interaktive Erzählformen aber zusätzliche Aktivitäten der Konsumenten, nicht nur solche der Interpretation.

Medien

Im interaktiven Fall von medienbezogener Kommunikation sind die Rezipienten auch an der Herstellung der Zeichenfolgen mitbeteiligt, die auf den Bildschirmen zu sehen oder die zu hören sind, sie beeinflussen diese Zeichenfolge in ihrer Struktur und ihrem internen Zusammenhang und schaffen so ein eigenständiges Produkt. Interaktive Erzählformen sind deshalb erkennbar nicht an spezifische Medien gekoppelt, weil zum Beispiel schon Talkshows (↗ Show) oder Call-in-Radiosendungen diese definitorische Bedingung erfüllen. Man kann also strenggenommen nicht von interaktiven Medien sprechen, allenfalls von interaktiven Erzählformen und darauf bezogenen interaktiven Umgangsweisen. Gleichwohl sind manche Medien eher für interaktive Erzählfor-

men und Umgangsweisen geeignet als andere. Vor allem computervermittelte Textformen offerieren breitere interaktive Potentiale als andere Medien. Während das Telefon heute überwiegend für medienvermittelte interpersonale Kommunikation verwendet wird, dient das Fernsehen vor allem der Rezeption standardisierter, allgemein adressierter Kommunikate – beides sind Formen medienvermittelter Kommunikation (und beides sind heute vorherrschende Gebrauchsweisen des jeweiligen Mediums, die aber keineswegs ausschließlich auftreten).

Computer offerieren darüber hinaus eine dritte Kommunikationsform, nämlich die Möglichkeit, narrative Texte interaktiv zu konstituieren, die in ihrer realisierten Form einmalig und dennoch in ihrer Gestalt vorgegeben sind: Computerspiele und allgemeiner, die Kommunikation mit sogenannter ›intelligenter‹ Software, etwa das ›Plaudern‹ mit dem Gesprächsprogramm Eliza, das Josua Weizenbaum (1982) in den 1960er Jahren entwickelt hat. Sie sind in ihrer allgemeinen Gestalt vorgegeben, lassen sich als eine Art gerahmter Kommunikation verstehen, weil die Softwareentwickler nur bestimmte Möglichkeiten einbauen können. Sie sind einmalig, weil ihr Verlauf auf komplexe Weise von der interaktiven Beteiligung des Nutzers abhängt (Krotz 2001). Insofern bietet das Medium Computer besondere interaktive Möglichkeiten, die es in etwa beim allgemein adressierten Fernsehen nicht gibt. Angesichts dieser unterschiedlichen Situation scheint es nahezuliegen, den Begriff des Interaktiven zu gradualisieren – beispielsweise Goertz (1995) hat dies vorgeschlagen. Typischerweise entsteht dann allerdings das Problem, daß dabei auf eine Definition des Begriffs, der eigentlich interessiert, verzichtet wird und statt dessen nur noch Unterschiede beschrieben werden, deren Zutreffen oder Nichtzutreffen empirisch erhoben werden kann – ob dies Sinn macht, hängt von der jeweiligen wissenschaftlichen Perspektive ab.

Anwendungen

Bis hierhin läßt sich zusammenfassend sagen, daß der Begriff des Interaktiven einerseits eine spezifische Erzählform, andererseits darauf bezogene spezifische (und notwendige) Umgangsweisen postuliert, aus denen ein interaktiv hergestelltes Produkt resultiert, das in seiner Zeichenhaftigkeit von Angebot und Konsumentenbeteiligung gemeinsam konstituiert ist. Ferner kann man Medien danach unterscheiden, welche Arten von interaktiven Erzähl- und Umgangsweisen mit ihnen möglich und üblich sind, und sie im positiven Fall als interaktiv bezeichnen. Dieser letzte Aspekt verweist dann aber auch wieder darauf, daß die Funktionen eines Mediums davon abhängig sind, welche Erzähl- und Umgangsweisen eine Gesellschaft ihnen zuweist oder als üblich und erwartbar betrachtet – wobei sich dies im Laufe der Zeit und im Laufe sich wandelnder ökonomischer, sozialer oder kultureller Entwicklungen durchaus ändern kann, wie die Geschichte der Printmedien es zeigt. So gesehen ist es nicht zufällig, daß das Internet heute in eher interaktive und in eher nicht interaktive Anteile zerfällt, daß es, solange es kommerziell nicht genutzt wurde, überwiegend interaktive Nutzungsweisen offerierte (das sogenannte Usenet), während seine Kommerzialisierung die interaktiven Anteile eher als Lockmittel benutzt – wie bei anderen Medien ja auch. Websites, die der ⁊ Werbung dienen, und Selbstdarstellungen von Firmen und Institutionen, zu denen allenfalls Hacker interaktiv etwas beitragen können, einerseits, und Chats oder Guestbooks andererseits machen in dieser Perspektive unterschiedliche Angebote aus. Dies gilt auch dann, wenn man die Übertragung der Brechtschen Utopie eines ›Ein jeder sein eigener Sender‹ auf das Internet weder für wünschenswert noch für realisierbar hält. Wenn also das Internet bzw. die computervermittelte Kommunikation als besonders ›interaktive‹ Medien gelten, so ist dies nur zum Teil medienimmanent vorgegeben und eher den spezifischen Umgangsweisen in einer Kultur geschuldet. Es gibt zahlreiche andere interaktiv nutzbare Medien, sowohl digitaler als auch analoger Technik: Tonträger, die nicht nur zum Zuhören, sondern für Karaoke gedacht sind; Schallplatten, die für darauf aufbauende interaktive Kunstformen als Vorprodukt dienen; Talkshows und Call-in-Sendungen, sofern man von Interaktivität nicht verlangt, daß alle Rezipienten interaktiv teilnehmen müssen; TED-Abstimmungen per Telefon; der von ARD und ZDF ausgestrahlte ⁊ Film, der parallel einmal in der Perspektive der weiblichen und einmal in der Perspektive der männlichen Hauptperson erzählt wurde und bei dem die Zuschauer sich ihre eigene Kombination, gegebenenfalls unter Zuhilfenahme definierter Übergabepunkte, zusammenstellen konnten; kollektiv geschriebene Drehbücher; Leserbriefe oder -anrufe und dergleichen mehr. Letztlich entscheiden die Praktiken der Menschen in ihrer Kultur und Gesellschaft, welche dieser interaktiven Erzählformen und Umgangsweisen ›normal‹ sind.

Literatur

Goertz, L.: »Wie interaktiv sind die Medien? Auf dem Weg zu einer Definition von Interaktivität«. In: *Rundfunk und Fernsehen* 43 (1995) S. 477–493.

Jäckel, M.: »Interaktion. Soziologische Anmerkungen zu einem Begriff«. In: *Rundfunk und Fernsehen* 43 (1995) S. 463–476.

Hasebrink, U./Krotz, F.: *Das Konzept der Publikumsaktivität in der Kommunikationswissenschaft*. Siegen 1991. S. 115–139.

Krotz, F.: *Die Mediatisierung kommunikativen Handelns*. Opladen 2001.

Weizenbaum, J.: *Die Macht der Computer und die Ohnmacht der Vernunft*. Frankfurt a. M. 1982.

Friedrich Krotz

Internet

Der Begriff ›Internet‹ bezeichnet zunächst eine weltweite physische Verbindung von ⁊ Computern. Der Kerngedanke dabei ist Dezentralität, das heißt, es gibt keinen zentralen Rechner, von dem aus das Gesamtnetz gesteuert wird. Darauf aufbauend wird der Begriff auch für die verschiedenen Anwendungen wie World Wide Web, E-Mail oder Usenet benutzt.

Seinen Ursprung hat das Internet 1964, als die US Air Force bei der RAND (Research and Development) Corporation die Schaffung eines solchen dezentralen Netzes in Auftrag gab. Der Hintergrund dieser Idee war die Zuspitzung des Kalten Krieges in der Kubakrise 1962. Das amerikanische Verteidigungsministerium suchte nach Möglichkeiten, rechnergestützte Daten so zu speichern, daß im Falle atomarer Schläge auf amerikanische Militärbasen keine Daten verlorengingen und die Kommunikation zwischen den Basen aufrechterhalten werden konnte. Die Lösung sah man in einem dezentralen Verbund der Computer, wobei alle Computer ihre Daten gegenseitig automatisch aktualisierten und zudem mehrfach miteinander verbunden waren. Sollte also ein Rechner ausfallen, wären weder die Daten verloren noch die Kommunikation zwischen den Rechnern unterbrochen.

Dieser erste Anlauf scheiterte. Jedoch wurde die Grundidee von der DARPA (Defense Advanced Research Projects Agency), einer militärisch-wissenschaftlichen Einrichtung, seit 1966 weiterentwickelt und mündete 1969 im sogenannten ARPANET. Dieses verband zunächst nur die vier Großrechner der an DARPA beteiligten Forschungsinstitute: der University of California at Los Angeles (UCLA), des Stanford Research Institute (SRI), der University of California at Santa Barbara (UCSB) und der University of Utah. Drei Jahre später waren es bereits über 40 Großrechner. Seitdem wächst das Netz exponential.

Um diese physische Verbindungen nutzen zu können, wurde eine Methode benötigt, die verschiedenen Rechner- und Betriebssystemtypen miteinander kommunizieren zu lassen. Hierfür wurde in den 1970er Jahren das TCP/IP Protokoll (Transmission Control Protocol/Internet Protocol) entwickelt, das den Ablauf der Kommunikation zweier Rechner regelt. Es ist quasi die Straßenverkehrsordnung für das Verkehrsnetz Internet, mit deren Hilfe Großrechner, Personal Computer, Apple und Sun-Rechner und andere auf unterschiedlichen Technologien beruhende Computer unfallfrei miteinander kommunizieren können. Im Laufe der Zeit setzte sich TCP/IP gegenüber anderen Übertragungsprotokollen durch und wurde 1983 von ARPA und dem US-Verteidigungsministerium zum Standard erklärt.

Diese Infrastruktur, bestehend aus physischen Verbindungen zwischen Computern und einem Protokoll, das die Kommunikation zwischen den angeschlossenen Rechnern regelt, bildet die Basis für das exponentielle Wachstum des Internet. Neben dem ursprünglichen ARPANET tauchten im Lauf der Zeit andere Netzwerke auf. Forschungsnetze, kommerzielle Netze, militärische Netze entstanden in den verschiedenen Regionen der Welt und wurden miteinander zum Internet verkoppelt.

Neben diesem grundlegenden infrastrukturellen Aspekt steht der Begriff ›Internet‹ aber auch für verschiedenste Anwendungen, die sich im Laufe der Zeit aus dieser Infrastruktur entwickelt haben. Aufgrund der Vielzahl von Anwendungen, die oftmals ineinandergreifen, ist es schwierig, eine klare und unanfechtbare Taxonomie zu erstellen. Allerdings lassen sich drei zentrale Aspekte des Internets ausmachen, welche die übrigen zu bündeln vermögen: Das Internet als Hypermedium, als Kommunikationsform und als Marktplatz. Bei allen drei Aspekten handelt es sich dabei um Weiterentwicklungen herkömmlicher Kommunikationskonzepte auf der Basis der neuen technologischen Möglichkeiten:

Vom Buch zum Hypermedium

Gegen Ende des Zweiten Weltkriegs, im Sommer 1945, publizierte Vannevar Bush den richtungsweisenden Artikel »As we may think«. Bush war Direktor des Office of Scientific Research and Development, einer amerikanischen Institution mit ca. 6000 Mitarbeitern, die sich vornehmlich kriegswichtiger Forschung widmeten. Diese Institution sah sich mit dem Ende des Krieges nach neuen Betätigungsfeldern in der zivilen Wissenschaft um.

Bush propagierte einen Paradigmenwechsel in der Forschung: Während bislang Forschung vor allem dazu eingesetzt worden sei, die physischen Möglichkeiten des Menschen zu erweitern, sei es nun an der

Zeit, sich der Erweiterung der geistigen Möglichkeiten zu widmen. Ausgangspunkt seiner Darstellung ist die enorme Wissensmenge, die mittlerweile von der Wissenschaft produziert wird. Bush beschreibt in seinem Artikel ein fiktives System MEMEX, welches eine revolutionäre Vision darstellt, wie Wissen zukünftig gespeichert und wiedergewonnen werden kann.

Die Grundidee von MEMEX war es, die assoziativ ablaufende, neuronale Verarbeitungsstruktur des Wissens auch im Transfermedium zu erhalten. Der Autor bildet sein Wissen in zahlreichen kleineren Wissenssegmenten wie kurzen Texten, Bildern, Graphiken oder auch ↗Videos ab. Gleichzeitig verknüpft er diese Segmente. Der Leser kann nach Belieben den verschiedenen Verknüpfungen folgen und auch selbst neue in das System einbinden.

Damit war MEMEX die Vision dessen, was heute unter Hypermedia verstanden wird. Hypermedia ist die Konvergenz aus Hypertext und Multimedia, wobei diese drei Begriffe oftmals auch synonym verwendet werden. Hypertext bezeichnet im eigentlichen Sinne miteinander verknüpfte Textsegmente. So wird ein Text nicht als komplettes Buch veröffentlicht, sondern in kleineren Abschnitten, die in irgendeiner Form miteinander verbunden sind. Die Verknüpfung der Abschnitte eines Buches ist linear: man kann nur nach vorne oder hinten blättern. Im Hypertext jedoch gibt es keine von vornherein festgelegte Reihenfolge. Der Leser wählt die Verknüpfung zu einem Abschnitt, der ihm als relevant erscheint und der ihm nicht vom Autor vorbestimmt wird. Multimedia bezeichnet die Integration verschiedener Medien wie Text, Video oder Ton. Hypermedia nun arbeitet mit unterschiedlichen Medien, die miteinander verknüpft sind.

Die praktische Umsetzung von Bushs Ideen begann in den 1960er Jahren. Richtungsweisend waren hier vor allem das am Stanford Research Institute unter Douglas C. Engelbart entwickelte »Augment« und das von Ted Nelson 1960 begonnene und Ende der 1980er Jahre zur kommerziellen Reife entwickelte Hypertext-Zugangsprogramm »Xanadu«. Vor allem Engelbart erkannte bereits in den 1960er Jahren, daß an einen durchschlagenden Erfolg von Hypermedia mit den damals üblichen Computern nicht zu denken war. Diese waren große Schränke mit zahllosen Knöpfen und Lämpchen und mußten mit Lochkarten mühsam programmiert werden. Darum widmete er sich verstärkt der Konzeption alternativer Eingabe- und Ausgabemöglichkeiten. Seine innovativen Ideen, wie die Eingabe per Maus und die graphische Benutzungsschnittstelle, sind in modernen Computern mittlerweile selbstverständlich. Ted Nelson ermöglichte 1989 einen Zugriff auf sein System Xanadu über das Internet. Es handelt sich damit um das erste online verfügbare Hypermediasystem.

Das größte und bekannteste Online-Hypermediasystem ist aber das World Wide Web (WWW). Es wurde maßgeblich von Tim Berners Lee am Kernforschungszentrum CERN in der Schweiz konzipiert. Ziel seiner Arbeit war es, die Zusammenarbeit von Physikern zu erleichtern. Dazu entwickelte er 1990 ein Konzept, auf dem das WWW bis heute beruht: Die Kommunikation zwischen Computern wird über das sogenannte Hypertext Transfer Protocol (HTTP) geregelt. Die Adresse der Server wird weltweit eindeutig als URI (Universal Resource Identifier) vergeben. Die Formatierung der Informationen regelt die Hypertext Markup Language (HTML), die auf der im Buchdruck damals üblichen Standardized Generalized Markup Language (SGML) basiert. Inzwischen gibt es zu dieser Grundkonzeption noch zahlreiche Erweiterungen wie Javascript, Java oder Macromedia Flash, die die starre Darstellung von HTML aufbrechen und dynamische Seiten erlauben.

Der erste WWW-Server wurde 1991 am CERN ans Internet angeschlossen. Der eigentliche Durchbruch kam nach 1993, als am National Institute of Supercomputing der University of Illinois von Marc Andreessen der Browser Mosaic programmiert wurde. Mosaic basierte auf einer graphischen Benutzungsoberfläche. Andreessen machte sich anschließend mit der Firma Netscape selbständig, die im Browserbereich bis heute der stärkste Konkurrent zum Microsoft Internet Explorer ist, der erst Mitte der 1990er Jahre entwickelt wurde. Heute liegt die Koordination der technischen Standards, die im WWW verwendet werden, beim W3-Consortium (www.w3c.org), wobei sich Netscape und Microsoft die Freiheit nehmen, auch eigene Standards zu schaffen.

Das WWW stellt heute die größte Nutzung des Internet dar, wobei es sich in mancherlei Hinsicht von den Vorstellungen der Ideengeber entfernt hat. Zunächst schuf es neben der ursprünglichen Nutzung als reine Forschungsplattform ein beachtliches zweites Standbein in der kommerziellen Nutzung. Daneben wurde der Gedanke der assoziativen Verknüpfung teilweise aufgegeben. So ist es Lesern von Internetseiten nach wie vor nicht möglich, zusätzliche Verknüpfungen zu anderen Inhalten zu erstellen. Dies ist allein den Anbietern möglich. Die Assoziativität des menschlichen Denkens nachzubilden, wurde aufgegeben, um die Nutzung des Netzes zu erleichtern, denn: Läßt sich das Wissen in Buchform gut einordnen und verarbeiten (Titel, Klappentext, Inhaltsverzeichnis und Index sind mehr oder

weniger standardmäßig vorhandene Metainformationen zum Inhalt), sind WWW-Angebote in der Handhabung hingegen wesentlich komplexer. Der Einstieg erfolgt nicht standardmäßig über eine Einstiegsseite, auch wenn die als Homepage in der Regel vorhanden sein mag. Dank der Möglichkeiten der Verknüpfung kann der Einstieg in eine Web-Site aber genausogut irgendwo in einer Unterseite erfolgen. Die Struktur der gesamten Web-Site, wenn überhaupt vorhanden, ist oftmals nicht zu erkennen. Die Fragen, ob ein Angebot interessant ist, welche Inhalte es außer der aktuell betrachteten Seite umfaßt und durch welche Navigationsschritte diese erreicht werden können, müssen vom Anwender erst herausgefunden werden.

Daher etablierten sich einige Hilfsmittel, um die Navigation in Web-Sites zu erleichtern: Die Suchfunktion und ein Index bieten einen Direkteinstieg zu speziellen Seiten. Eine Sitemap bringt zusätzlich Informationen über das Gesamtspektrum und die Strukturierung des Angebots. Welche Anstrengungen inzwischen unternommen werden, um die chaotische Macht assoziativer Strukturen zu bändigen, zeigt sich am deutlichsten darin, daß sich inzwischen eine eigene Disziplin mit dem Namen Informationsarchitektur etabliert hat.

Kommunikationsformen

Das Internet bietet drei neue Wege der Kommunikation an: E-Mail, Usenet und Chat. E-Mail ist dabei einfach die elektronische Version von Briefen (snail mail). Ihr Vorteil gegenüber Briefen liegt zum einen in der Geschwindigkeit des Transports vom Sender zum Adressaten, der nicht mehr Tage sondern nur noch Sekunden dauert. Zum anderen liegt sie in der Ortsunabhängigkeit von Sender und Adressat. Sie können eine E-Mail von überall in der Welt lesen und schreiben. Der Vorteil gegenüber einem Telefonat liegt in der Zeitunabhängigkeit der Parteien. Der Sender kann die E-Mail schreiben, wenn er gerade die Zeit dazu hat, und der Empfänger liest sie, wann immer er möchte.

Die News- und Discussiongroups des Usenet und die Foren und Boards des WWW stellten zunächst eine Art schwarzes Brett zur Veröffentlichung von Neuigkeiten dar. Schnell entwickelten sie sich zu einer interessanten neuen Diskussionsmöglichkeit. Sie integrieren die Vorteile der E-Mail in bezug auf Zeit- und Ortsunabhängigkeit und halten zugleich öffentlich sichtbar den gesamten Verlauf der Diskussion fest. Argumentationen bleiben also sichtbar bestehen. Neueinsteiger können die Argumentationskette nahtlos verfolgen und mit ihrem eigenen Beitrag verlängern.

Zu E-mail und Diskussionsgruppen gibt es jeweils Varianten, den Chat (IRC – Internet Relay Chat) und Instant-Messaging-Programme (z. B.: ICQ – I seek You), die die Zeitunabhängigkeit aufheben. Hier müssen Leser zum gleichen Zeitpunkt vor dem Computer sitzen wie die Autoren von Nachrichten. Den besonderen Reiz von Chats macht es aus, daß man dort seine Identität nicht preisgeben muß und anonym oder unter falschem Namen mitreden kann.

Alle drei Kommunikationsformen E-Mail, Usenet und Chat entstanden Anfang der 1970er Jahre. Es stellte sich ziemlich schnell heraus, daß sie gegenüber der persönlichen und auch der telefonischen Kommunikation starke Nachteile im Verständnis mit sich bringen. Die Leser können nicht auf die Stimmlage oder den Gesichtsausdruck des Autors zugreifen, um Schlüsse über den Inhalt zu ziehen und Mißverständnissen vorzubeugen. Und der Autor schreibt in der Regel wesentlich abgekürzter, zeitsparender und weniger eloquent, als er dies beispielsweise in einem Artikel, Buch oder auch Brief tun würde. Zudem ist die Hemmschwelle für persönliche Angriffe und Beleidigungen wesentlich niedriger als bei direkter zwischenmenschlicher Kommunikation. Die Hemmschwelle ist sogar so niedrig, daß im Internet ein eigener Begriff dafür besteht: ›Flame‹ (englisch für Flamme) bezeichnet eine E-Mail oder einen Eintrag in einer Newsgroup mit einer persönlichen Beleidigung. Es gibt Flame-Wars und sogar eine eigene Flame-Newsgroup (flame.alt).

Um den Unzulänglichkeiten der Internet-Kommunikation vorzubeugen, entwickelte sich eine spezielle, auf das Internet zugeschnittene Etikette im Umgang mit anderen Kommunikationspartnern: die ›Netiquette‹. Zwar gibt es keinen offiziell verabschiedeten Standard, aber dennoch sind einige Höflichkeitsformen wie beispielsweise das Beantworten einer E-Mail innerhalb von 24 Stunden zumindest als Ziel in allen Sammlungen von Benimmregeln anerkannt.

Ein Beispiel für Netiquette sind die sogenannten Emoticons. Sie entstanden 1982, als Scott Fahlman in einer Newsgroup zu der Diskussion, wie scherzhafte Äußerungen als solche kenntlich gemacht werden könnten, um Mißverständnisse zu vermeiden, vorschlug, sie mit der Zeichenfolge :-) zu versehen. Diese auf den ersten Blick etwas kryptische Zeichenfolge erscheint, wenn man den Kopf zu Seite neigt, als lächelndes Gesicht – ein Smiley. Diese Idee wurde von der Internetgemeinde begeistert aufgenommen und weiterentwickelt. Mittlerweile gibt es Hunderte von Variationen und Erweiterungen, die als Abkürzung für ›emotional icons‹ Emoticons genannt werden.

Marktplätze

Seit Beginn, also noch zu Zeiten als das Internet ARPANET hieß, war eine der Grundanwendungen der Warenhandel im weiteren Sinne. Zunächst ging es vor allem um den wechselseitigen Austausch von Forschungsdaten. Bald boten eigene Server als Archive zahlreiche Daten und Programme in der Regel kostenlos an. Der Transfer von Daten zu oder von einem solchen Archiv funktioniert bis heute via FTP (File Transfer Protocol). Eins der bekanntesten Softwarearchive in Deutschland ist Leo (Link Everything Online, www.leo.org): Hier wurde zum Auffinden von Programmen eine WWW-Anwendung geschaffen. Die Programme selbst werden allerdings via FTP heruntergeladen.

Während FTP-Archive weitgehend kostenlos oder allenfalls auf Mitgliedschaften in Vereinigungen beschränkt Daten und Programme zur Verfügung stellen, brachte das WWW die Erweiterung des Angebots auf tatsächliche Waren und die Kommerzialisierung. Heute deckt der Begriff ›Marktplatz‹ im Internet ein breites Spektrum ab, das bei den geradezu altruistisch anmutenden Archiven beginnt. Es beinhaltet übliche Versandhäuser ebenso wie Antiquariate oder Flohmärkte. Am anderen Ende des Spektrums schließlich findet sich der Schwarzmarkt, der mit Angeboten wie Kinderpornographie oder verfassungswidrigen Materialien heftige Diskussionen über das Internet ausgelöst hat. Seinetwegen gärt ein zum Teil emotional geführter Streit zwischen den Befürwortern von ↗ Zensur, die es im Internet aufgrund seiner dezentralen Struktur allerdings gar nicht vollständig geben kann, und den Befürwortern der freien Meinungsäußerung.

Gerade Ende der 1990er Jahre gab es eine Welle von Firmengründungen, die darauf abzielten, Waren und Dienstleistungen über das WWW zu handeln. Die meisten dieser Firmen basierten auf Geschäftsmodellen, die sich in der Praxis in technischer wie auch emotionaler Hinsicht als realitätsfern entpuppten. Technisch gesehen basierten viele der neu entstandenen Internetangebote auf neuesten und aufwendigen Technologien, die auf Anwenderseite eine schnelle Internetanbindung und die Installation zusätzlicher Browsererweiterungen, sogenannte Plug-Ins, erforderten. Beides war und ist bis heute nicht nachhaltig gegeben. Aber vor allem in emotionaler Hinsicht schafften die neuen Firmen nicht den Durchbruch: Der Käufer geht lieber in den Laden nebenan, läßt sich dort von einem Menschen beraten, faßt die Ware an und probiert sie vor Ort aus. Vor allem der direkte Kontakt mit Händler und Ware läßt sich über das Internet auch mit noch so aufwendiger Technologie wie menschenähnliche Avatare oder 3D-Simulationen nicht nachempfinden. Überlebt haben den mittlerweile als ›Internet-Blase‹ bezeichneten Boom neben wenigen tatsächlichen Neugründungen wie E-Bay oder Amazon vor allem Anbieter, die zu großen etablierten Firmen gehören, wie etwa Versandhäuser, Banken oder Reisegesellschaften.

Ein weiterer Grund für das Scheitern zahlreicher kommerzieller Unternehmungen im Internet liegt im Anspruch der Anwender auf kostenlose Verfügbarkeit. Am deutlichsten wird dies bei ↗ Zeitschriften und ↗ Zeitungen. Zwar zahlen Leser anstandslos am Kiosk für eine Zeitschrift, eine Internetpublikation wird jedoch nur gelesen, wenn sie kostenlos angeboten wird. Sogenannte Tauschbörsen wie Napster feierten große Erfolge. Hier werden vor allem ↗ Musik aber auch Literatur, Kinofilme (↗ Kino) oder Fernsehserien (↗ Serie) getauscht. Das Prinzip ähnelt dem des Tauschs von Sammelkarten. Tauschen kann nur der, der auch etwas anzubieten hat – oder es zumindest vorgibt. Dafür erhält er im Gegenzug beispielsweise jeden Hollywoodfilm, sobald dieser in den USA angelaufen ist.

Nutzung: Von der Wissenschaft zur Unterhaltung

Die Ideengeber des Internets hatten ursprünglich eine wissenschaftliche und militärische Anwendung vor Augen. Sämtliche technischen Konzepte wurden an wissenschaftlichen Einrichtungen entwickelt. Die Unterhaltungsindustrie nahm vom Internet zunächst keine Notiz, obwohl die Wissenschaftler den Unterhaltungswert des Internet von Anfang an erkannt haben: Auf der International Conference on Computer Communication 1971 wurde der erste dokumentierte Chat vorgeführt. Ein Psychologe auf der Konferenz in Washington unterhielt sich mit seinem Patienten an der Stanford University. Beide waren in Wirklichkeit Techniker und führten so auf unterhaltsame Art die neue Kommunikationsform Chat vor.

Mittlerweile ist die ↗ Unterhaltung eine der Säulen des Internet: Zwei Drittel der Internetnutzer gehen ihretwegen online. Die Inhalte sind oft eng an andere Medien gekoppelt: Kinofilme, Fernsehserien, ↗ Comics und Musik haben mittlerweile mindestens eine parallele Web-Präsenz. Oftmals gibt es vor allem bei Kinofilmen bereits einen Web-Auftritt noch bevor

der ↗ Film überhaupt gedreht ist. Andere Inhalte wie Rollenspiele oder virtuelle Figuren (nach W. Gibsons gleichnamigem Roman auch Idoru genannt) wie Kyoko Date basieren rein auf dem Internet.

Ein Beispiel für die umfassende Nutzung aller Möglichkeiten des Internet sind die sogenannten Fandoms. Das wohl bekannteste Beispiel ist die Trekkie-Szene, ein Zusammenschluß von Star-Trek-Fans. Das Reich dieser ↗ Fans beginnt im Internet bei den offiziellen Webseiten der Paramount Pictures (www.startrek.com). Daneben bieten regionale Fanclubs kleinere Internetauftritte an (z.B.: www.webtrekkie.com), die meist zu sogenannten Web-Rings zusammengeschlossen sind. Angehörige eines Web-Rings verweisen auf ihren Seiten zu anderen Mitgliedern und hoffen, die Nutzung ihres Angebots zu erhöhen und die Einbindung in eine überregionale Gemeinschaft zu stärken. Schon bei diesen ›Enthusiasten Pages‹ beginnen rechtliche Probleme: Die Anbieter der offiziellen Seiten achten stark darauf, daß kein Bildmaterial oder Layout widerrechtlich genutzt wird.

Neben den WWW-Auftritten wird das gesamte Spektrum an Kommunikationsmöglichkeiten genutzt. Außer Newslisten und Emailverteilern gibt es zahlreiche Diskussionsgruppen (alt.startrek.*) und Chats, die über die Inhalte der Sendungen oder Austauschmöglichkeiten von Fanartikeln diskutieren. Von Anfang an wurde auch die Frage der Realisierbarkeit der in *Star Trek* vorgestellten Technologien diskutiert. Inzwischen hat sich sogar die NASA mit dem Warp-Antrieb und künstlicher Gravitation beschäftigt (www.lerc.nasa.gov/WWW/PAO/warp.htm). Gerade Chats sind dabei häufig regional oder national organisiert. Die Teilnehmer kennen sich nicht nur aus dem Chat, sondern von Angesicht zu Angesicht von Chatter-Treffen oder Conventions. Im Internet werden aber nicht nur Gedanken ausgetauscht. Das Netz ist geradezu ein idealer Marktplatz für alles, was den Fan interessiert. So können beispielsweise über die Tauschbörse Limewire problemlos sämtlich Star Trek-Folgen heruntergeladen werden, sobald sie das erste Mal ausgestrahlt worden sind. Da es immer einige Zeit dauert, bis die Folgen in Deutschland gezeigt werden, ist dies für deutsche Fans natürlich eines der wichtigsten Angebote, das im Netz zu finden ist.

Zukunftsperspektive

Die Zukunft des Internet vorherzusagen, war von jeher schwierig. Zahlreiche erfolgversprechende Ideen gingen unter, einige kleine Ideen hatten einen nicht vorhersehbaren Erfolg. Momentan lassen sich in gesellschaftlicher Hinsicht drei Schwerpunkte ausmachen, die in den kommenden Jahren weitreichende Veränderungen mit sich bringen könnten: Mobile Computing, e-Learning und e-Government.

Mobile Computing zielt darauf ab, den Anwender von den relativ großen Computern und Laptops zu befreien und ihm kleinere Geräte wie Handys oder PDAs an die Hand zu geben. Erste Anwendungen wie WAP (Wireless Application Protocol), dem kleinen Bruder des WWW, oder m-Commerce, dem mobilen Pendant zu e-Commerce, führten nicht zu den durchschlagenden Erfolgen, die zunächst erhofft wurden. Vor allem die kleinen und meist schwarzweiß gehaltenen Displays führten zu Benutzungsschwierigkeiten und Akzeptanzproblemen. Die Lösung erhoffen sich viele von UMTS (Universal Mobile Telecommunications System), einem Übertragungsstandard, der weitaus schneller arbeitet als heute übliche Verfahren wie ISDN oder DSL und zudem noch mobil ist. So können in naher Zukunft über mobile Geräte ganze Videos online angesehen werden.

Im Bereich e-Learning gibt es bereits zahlreiche Angebote, und zusätzlich wird geschätzt, daß sich der Markt zwischen 2001 und 2005 verdreifachen wird. Der Vorteil von e-Learning gegenüber traditionellem Lernen im Klassenraum liegt wie auch schon bei den verschiedenen Kommunikationsformen des Internet in der räumlichen und zeitlichen Unabhängigkeit der Lernenden. So kann e-Learning vor allem in Weiterbildungsmaßnahmen für Berufstätige Erfolge feiern. Der große Nachteil von e-Learning ist, daß hier zwischen Lehrer und Lernenden ein Medium zwischengeschaltet wird, also kein direkter Kontakt besteht. Die Folge sind Verständnisschwierigkeiten und Motivationsschwäche. Erfolgversprechender als reines e-Learning ist sogenanntes ›blended learning‹, eine hybride Kombination aus internetbasiertem Lernen und Präsenzseminaren.

Die Bundesrepublik Deutschland hat sich in ihrem Programm »Bund Online 2005« zum Ziel gesetzt, alle Dienstleistungen des Bundes online verfügbar zu machen (www.bund.de/Anlage67126/pdf–datei.pdf). So werden beispielsweise zahlreiche Formulare der Behörden bereits online angeboten. Arbeitssuche oder Steuererklärung (www.elster.de) sind ebenfalls online machbar. Selbst für politische Wahlen wird in Zukunft der heimische Computer genutzt werden können. Einen ersten Vorgeschmack darauf gab es in Deutschland bei der Bundestagswahl 2002, bei der 22 Wahlkreise zwar noch nicht online, aber doch mit Hilfe elektronischer Geräte wählen konnten. Hier wurde zusätzlich zu den Feldern für die

wählbaren Parteien noch ein spezielles Feld eingerichtet, mit dem die Stimme ungültig gemacht werden konnte. So konnte ermittelt werden, wie viele Wähler absichtlich eine ungültige Stimme abgaben.

Literatur

Berners-Lee, T.: *Weaving the Web. The original design and ultimate destiny of the World Wide Web, by its inventor.* San Francisco 1999.

Bush, V.: »As we may think«. In: *Atlantic Monthly* 176 (1945) S. 101–108. (http://www.theatlantic.com/unbound/flash bks/computer/bushf.htm)

Eibl, M.: »Hypertext, Multimedia, Hypermedia – Ergonomische Aspekte«. In: *Jahrbuch für Computerphilologie* 2 (2000) S. 35–65. (http://computerphilologie.uni-muenchen.de/jg00/maxeibl/maxeibl2.html)

Kuhlen, R.: *Hypertext. Ein nicht-lineares Medium zwischen Buch und Wissensbank.* Berlin/Heidelberg/New York 1991.

Zakon, R.: *Hobbes' Internet Timeline.* 2000. (Internet-Publikation: http://www.zakon.org/robert/internet/timeline/)

Max Eibl

Jahrmarkt ↗ Volksfest

Kabarett

Das Kabarett ist eine satirische Kunstgattung, in der sowohl Schauspieler als auch Texter (Autoren) in einem, aus einzelnen Szenen und Liedern (sog. Nummern) bestehenden Programm, das meist durch Conférencen zu einer einheitlichen Kleinkunstveranstaltung verbunden wird, gemeinsam auftreten. Die Hauptmerkmale des Kabaretts sind Multimedialität, Randposition im Gattungsgefüge und zum Prinzip erhobene Kurzlebigkeit. Henningsen (1967, S. 9) definiert: »Kabarett ist das Spiel mit dem erworbenen Wissenszusammenhang des Publikums«, um bestehende Wissenszusammenhänge zu zerstören, ohne allerdings eigene Lösungen vorzuschlagen. »So dumm kommen wir nie mehr zusammen«, hieß ein Kom(m)ödchen-Programm (1966).

Die Bezeichnung selbst geht auf das französische *cabaret* zurück (eine runde, mit Fächern und Schüsselchen ausgestattete Speiseplatte). Heute weist das Wort zwei Bedeutungen auf – es bezeichnet eine Kleinkunstveranstaltung und eine Institution, in der die Veranstaltungen stattfinden. Die bekannte Kabarettform ist auf nur wenige Kulturen beschränkt, sie tritt im deutschsprachigen Raum, in Polen und in Tschechien auf (mit zeitweiligen Einschränkungen auch in Rußland und in Ungarn). Die benachbarten

Ausprägungen sind das französische Chansonkabarett bzw. Cabaret und die angelsächsische Einmannshow (verwandte Phänomene sind ↗ Varieté, ↗ Show, Revue, ↗ Zirkus, Pantomime, Einakter, Bunter Abend; vgl. Greul 1967). Das Kabarett besitzt, im Unterschied zum ↗ Theater oder zur Literatur, weder Kontinuität noch eine deutliche Grenze, es nimmt Elemente benachbarter Gattungen auf und nutzt sie zur Konstruktion eigener Verfahren; es ist eine auf Aktualität beschränkte Gattung. Die wesentlichen Bedingungen des Kabaretts sind laut Henningsen das ↗ Publikum, der Nummerncharakter, die Begrenztheit der Mittel, die kabarettistische Rolle. Das Kabarett ist eine destruktive Kunstgattung; insofern lernt das Publikum eher gegen den Kabarettisten als durch ihn. »Jedes Lachen tastet bestehende Ordnungen an, ist Lockerung. [...] Kabarett macht Gläubigkeit lächerlich« (Henningsen 1967, S. 73), daher steht es nicht aus politischen, sondern aus methodischen Gründen in Opposition zu bestehenden Normen. Rudolf Rolfs (Gründer der »Schmiere«) bringt es auf die Formel: »Kabarett muß entweder überflüssig oder verboten werden« (Henningsen 1967, S. 75).

Kabarettistische Verfahren

Das Kabarett schöpft seine Methoden aus dem gesamten Fundus von Kunst und Literatur. Allerdings bevorzugt es kritikstimulierende Verfahren wie: Travestie, Parodie, Karikatur, Entlarvung, Irreführung. Die Kabaretteigenschaften können sowohl auf der Vermischung mehrerer als auch auf einem Verfahren basieren. Charakteristisch sind weiterhin: Personalunion zwischen Texter und Spieler, Insiderperspektive, Glaubwürdigkeit (moralische Position) des Kabarettisten, Kurzlebigkeit der Texte, Kenntnis der kabarettistischen Spielregeln beim ↗ Publikum, Diskrepanz zwischen Vortrag und Vortragendem. Insgesamt zeigt das Kabarett Verwandtschaft mit der Commedia dell'arte. Es fordert ein aktives Publikum, spielt mit Gattungsvermischungen und Illusionszerstörung (bei Veranstaltung und Aussage) und schafft Distanz auf allen Ebenen (Rolle, Text, Publikum).

Die dem Kabarett eigenen Verfahren lassen sich mit drei Begriffen charakterisieren: *Offenheit*: das Kabarett ist für andere Gattungen/Verfahren, gesellschaftliche Probleme offen. Improvisation ist ein wesentliches kabarettistisches Mittel. Welche Anregungen oder Zwischenrufe vom Publikum auch kommen mögen, sie lassen sich im Kabarett verarbeiten, das Publikum arbeitet mit und stellt die

Zusammenhänge selbst her. *Informationelle Unvollständigkeit*: die gelieferten Informationen sind Bruchstücke, Auslöser eines Denkprozesses, der auf der Bühne eingeleitet wird und vom Publikum zu Ende geführt werden soll; die Kunst des Kabaretts besteht in der Findung des entsprechenden Maßes an Unvollständigkeit. Der *innere Kabaretteffekt* entsteht, vom Kabarettisten hervorgerufen, beim Zuschauer. Nach dem Verlassen des Kabaretts soll nicht über etwas nach-, sondern *anders* gedacht werden als bisher, worüber, das bleibt dem Publikum überlassen. Es sollen nicht Informationen vermittelt, sondern die Bedeutungsgenerierung, ihre Regeln, Konventionen, also unsere Denkgewohnheiten selbst thematisiert werden; Zuschauer sollen, indem sie mit Denkmodellen umgehen, auch agieren. Das Kabarettprogramm ist eine in einen beliebigen Inhalt verpackte Gebrauchsanweisung, die mit Mitteln der Konfrontation Weltbilder neu zusammenzusetzen erlaubt.

Die Relation ›Kabarettist – Publikum‹ nutzt viele Elemente nicht-künstlerischer Wissenserwerbsmethoden. Kabarett ist also nicht unbedingt ein Spiel, denn Spiele sind auf das Erlernen einer immer besseren Beherrschung *vorgegebener* Konventionen gerichtet, das Kabarett ist auf das Gegenteil aus, auf *die Änderung der Spielregeln*. Und dies ist das Letzte, was man in einem Spiel ändern darf. Kabarett ist eine künstlerische Methode, den Wissenszusammenhang des Publikums in Frage zu stellen und, wenn dies gelingt, ihn zu zerstören, ohne eine bessere oder überhaupt eine Lösung vorzuschlagen. Kabarettisten sagen immer nur eins: ›So wie Ihr denkt, ist es nicht‹, auch wenn es schon einmal vorkommt, daß es genauso ist.

Geschichte

Das Kabarett besteht seit etwa hundert Jahren und geht auf die Tradition der Troubadours und der Minnesänger wie auch der seit François Villon in Frankreich auftretenden politischen Chansonniers zurück. Einen neuen Aufschwung erlebten die Chansons während der Französischen Revolution. Die Zeit der Béranger-Chansons und der Cafés chantants, Cafés concerts beginnt.

Am 18. November 1881 eröffnet das erste, von Rodolphe Salis gegründete Kabarett – »Chat noir« –, als Chansonnier tritt Aristide Bruant auf. Im Manifest heißt es: »Wir legen ab heute unsere sämtlichen Manuskripte, Noten, Malereien, Gedanken und deren Splitter zusammen und bilden daraus eine Gesellschaft zur Veröffentlichung unserer bekannten

Schöpfungen. Auf diesem Klavier werden unsere Vorträge begleitet werden, und diese Stelle, wo ich stehe, bildet das Podium, auf dem wir unsere Gedichte den Zuhörern, falls sich welche einfinden, vortragen werden. Wir werden politische Ereignisse persiflieren, die Menschheit belehren, ihr ihre Dummheit vorhalten, dem Philister die Sonnenseite des Lebens zeigen, dem Hypochonder die heuchlerische Maske abnehmen, und, um Material für diese literarischen Unternehmungen zu finden, werden wir am Tage lauschen und herumschleichen, wie es nachts die Katzen auf den Dächern tun« (nach Kühn 1984, S. 10). 1885 gründet Aristide Bruant ein eigenes Kabarett – »Le Mirliton« –, in dem Chansonlyrik mit rebellisch-poetischer Sozialkritik verbunden wird und bereits die Personalunion zwischen Texter und Spieler zu beobachten ist. In Frankreich herrscht bis heute das Chanson-Kabarett.

Die ersten Kabaretts in Deutschland entstehen 1901 in Berlin und München. »Buntes Theater« (»Überbrettl«) wird am 18. Januar von Ernst Freiherr von Wolzogen gegründet, ein bürgerliches, literarisch-künstlerisches Kabarett. Max Reinhardt, Friedrich Kayßler und Martin Zickel gründen ebenfalls in Berlin das literarische Kabarett »Schall und Rauch« (I), in dem Solonummern und parodistische Einakter aufgeführt werden. In München eröffnen »Die 11 Scharfrichter«, ein aggressives, politisches Improvisationskabarett, in dem auch parodistische Kurzszenen (Überdramen) inszeniert werden; die Gruppe löst sich im Herbst 1904 auf. Das von der Wirtin Kathi Kobus geführte Maler- und Dichterkabarett »Simplicissimus« (Simpl) eröffnet 1903 in München, es treffen sich hier: Joachim Ringelnatz (Hans Bötticher), Hanns von Gumppenberg, Roda Roda, Frank Wedekind, Erich Mühsam (unter gleichem Namen gründet sich 1912 ein Kabarett in Wien). 1907 entsteht in Wien das »Cabaret Fledermaus«, in dem Anekdoten, Aphorismen, Feuilletons und Komödiantik vorgeführt werden.

In den 1920er Jahren dominiert das Varieté- bzw. Amüsierkabarett. Auf Initiative von Max Reinhardt eröffnet 1919 in Berlin das Parodie-Theater »Schall und Rauch« (II). Ende der 1920er Jahre entwickelt sich das Kabarett zum Revue-Theater, die sog. Kleine-Revue. Mit eigenständiger Funktion entsteht zeitgleich die Rolle des Conférenciers. Großen Einfluß auf die Entwicklung des Kabaretts haben Karl Valentin und Valeska Gert. Rosa Valetti eröffnet 1920 in Berlin das politisch-literarische, auf der französischen Chansontradition von Aristide Bruant basierende »Cabaret Größenwahn«. 1925 entsteht das Kabarett der Komiker (KaDeKo), die wichtigste Gattungsform ist die »kleine Operette«. Werner Finck und Hans Deppe gründen 1929 in Berlin das politisch-literarische Kabarett »Die Katakombe«.

Nach dem Krieg eröffnet 1945 zuerst »Die Schaubude« mit Texten von Tucholsky, Kästner und Ringelnatz. »Die Kleine Freiheit« von Trude Kolman entsteht 1951 in München. »Die Hinterbliebenen« (1945) und »Die Amnestierten« (1947) bilden die Tradition des politisch-literarischen Reisekabaretts, und Günter Neumann gründet 1948 in Berlin ein Rundfunkkabarett, »Die Insulaner«.

»Die Stachelschweine« (Berlin), ein Song-Sketch-Kabarett, entstehen 1949. 1953 eröffnet in Ost-Berlin »Die Distel«. »Das Kom(m)ödchen« (Düsseldorf) – ein literarisches Kabarett – wird 1947 von Kay und Lore Lorentz gegründet. Das erste Programm heißt: »... positiv dagegen«. »Die Münchner Lach- und Schießgesellschaft«, ein politisches, aktuelle Ereignisse behandelndes Kabarett, gründen Dieter Hildebrandt und Klaus Peter Schreiner am 12. Dezember 1956. Sammy Drechsel führt Regie. Die Texte stammen von Hildebrandt, Schreiner, Martin Morlock, Oliver Hassencamp, Werner Schneider, später Bruno Jonas und Henning Venske. Hildebrandt verläßt die Gruppe 1973. Zwischen 1973 und 1975 gibt es kein Ensemble. Von 1976 an tritt das Kabarett in ständig wechselnder Besetzung auf.

»Die Schmiere (Das schlechteste Theater der Welt)« eröffnet 1950 in Frankfurt, das erste Programm heißt »Für Menschen und Rindvieh«. Gründer, einziger Autor und Direktor ist Rudolf Rolfs. Es ist ein politisch-satirisches, sich durch aggressiven Humor auszeichnendes Nummernkabarett mit radikaldemokratischer Einstellung.

In der Zeit der Studentenrevolte entstehen neue Kabarettformen, das Kabarett wird aktiver, politischer, es dominiert das Gesinnungskabarett. Bisherige Formen werden als symptomkritisch, die eigene Position als systemkritisch definiert, Gesellschaftskritik ist Programm: »Das Münchner Rationaltheater«, »Das Reichskabarett«, »Floh de Cologne«, als Solokabarettist Dietrich Kittner. »Das Münchner Rationaltheater«, ein politisch äußerst links orientiertes Kabarett, eröffnet 1965. Vom ersten Programm (»Henkerswahlzeit«) an werden Tonband- und Filmaufnahmen eingeführt. Dem Publikum sollen Informationen geliefert werden, die später auf der Bühne thematisiert werden. Mit dem Programm »KNAST – 1. deutsches Sing-Sing-Spiel« beginnt eine Phase monothematischer Programme.

Hanns Dieter Hüsch vertritt das literarische Kabarett (in der 68er-Zeit schreibt er auch einige politische Nummern). Im ↗ Fernsehen gründet er eine Art Bühne für junge Kabarettisten, ähnlich wie davor

Richard Rogler in seinen »Mitternachtsspitzen« (fortgesetzt von Jürgen Becker).

Wolfgang Neuss erlebt, mit seinem Dauerpartner Wolfgang Müller, die Blütezeit seines politischen Kabaretts in den 1960er Jahren. Mit der von Hachfeld geschriebenen Nummer »Der Mann an der Pauke« wird Neuss bekannt. Seine Kabarettform charakterisiert Neuss selbst als »gregorianisches Gequassel«. Ab 1963 macht er Soloprogramme und nimmt an Tourneen teil. 1967 bildet er mit Hüsch, Franz Josef Degenhardt, Dieter Süverkrüp das »Quartett 67«.

In den darauffolgenden Jahren entstehen zahlreiche, ein breites Programmspektrum umfassende Kabaretts, von politischen über literarische bis hin zum Slapstickkabarett (»Das Bügelbrett« von Hannelore Kaub, 1959, »Die Wühlmäuse«, 1960, von Dieter Hallervorden). In Berlin entstehen 1977 »Die 3 Tornados« (Günter Thews, Arnulf Rating, Hans-Jochen Krank, Holger Klotzbach), ein aggressives, anarchistisches Kabarett. Aufgrund des aggressiven Charakters werden »Die 3 Tornados« von den Medien gemieden, nicht so von den Gerichten. Es folgen zahlreiche Klagen wegen Beleidigung diverser Gefühle. Das »Vorläufige Frankfurter Fronttheater« entsteht 1982 aus dem Karl-Napp-Chaos-Theater (Dieter Thomas, Hendrike von Sydow und Matthias Beltz), ein politisch-gesellschaftliches, sehr aggressives und anarchistisches Szene-Kabarett, das sich hauptsächlich auf die Entwicklungen der ↗ Jugendkultur oder – wie die Gruppe selbst formuliert – auf die »Schädelbasisgruppen« konzentriert. Ein feministisch orientiertes Kabarett bilden die »Missfits« (Gerburg Jahnke, Stephanie Überall).

In der gesamten Entwicklungsgeschichte des deutschsprachigen Kabaretts gibt es Einzelgängerkabarettisten: Hanns Dieter Hüsch, Dietrich Kittner, Dieter Hildebrandt, Werner Schneyder, Jörg Hube, Gerhard Polt, Mathias Richling, Siegfried Zimmerschied, Heinrich Pachl, Richard Rogler, Matthias Beltz.

In den 1990er Jahren erscheinen viele neue Kabarettisten (und Kabarettformen): Matthias Deutschmann, Konrad Beikircher, Josef Hader, Richard Rogler, Lisa Fitz, Dieter Nuhr, Wolfgang Krause-Zwieback, Erwin Grosche, Achim Kronehung, Horst Schroth, Jürgen Becker, Martin Buchholz. Kabarettgruppen sind eher eine Seltenheit (»Ars Vitalis«, »3 Gestirn Köln Eins«). In den späten 1990er Jahren gerät das Kabarett aufgrund des Aufkommens der Comedy-Shows (↗ Comedy) und der Comedy-Poetik (Tom Gerhardt, Piet Klocke) ins Hintertreffen, es ist eine Zeit des Witzes, des funs und der fun-generation. Kabarettisten treten mit Solonummern in Talkshows, Unterhaltungs- oder Comedy-Sendungen auf

und passen sich an deren Poetik an, oder aber sie führen selbst solche Sendungen und bauen in sie Kabarettverfahren ein, so z. B. Harald Schmidt.

Das erste polnische Kabarett – »Zielony Balonik« – eröffnet 1905, es folgen »Momus«, »Miraż« u. a. 1918/19 entstehen in Warschau die Künstlerkabaretts »Pod Picadorem« und »Qui pro Quo«. Als erstes Nachkriegskabarett ist »Syrena« zu nennen. In der Zeit des sozialistischen Realismus (1948–1956) ist eine Stagnation der Kabarettbewegung zu beobachten, wenn auch Kabaretts nicht grundsätzlich verboten sind. Danach entstehen zahlreiche neue Gruppen. Die beiden wichtigsten studentischen Kabaretts sind »STS« in Warschau und »Bim-Bom« in Danzig (1954), letzteres ein Kabarett, in dem mit pantomimischen Mitteln und Metaphorisierungen von Gegenständen gearbeitet wird. 1956 gründet in Krakau Piotr Skrzynecki das bis heute existierende Kabarett »Piwnica pod Baranami«. Während der 68er-Zeit entstehen auch in Polen radikalpolitisch orientierte Kabaretts: »Pod Egidą« (1968), »TEY«. Eine polnische Besonderheit ist die Gattungsform des Medienkabaretts, worunter ausschließlich im Fernsehstudio mit ebensolchen Mitteln realisierte Programme zu verstehen sind. Die Gründung des Medienkabaretts geht auf Jeremi Przybora und Jerzy Wasowski – »Kabaret Starszych Panów« – in den 1950er Jahren und Olga Lipińska (»Galluxshow«, »Kurtyna w górę«, »Kaba 3«) in den 1970er Jahren zurück. In den 1980er Jahren schließen viele Kabaretts, die Neugründungen stellen politisch rechtsorientierte Kabaretts dar, die politisch konservative (auch religiöse) Strömungen vertreten. Seit den 1990er Jahren breiten sich, ähnlich wie in Deutschland, die Comedy-Shows aus.

In Moskau entsteht 1908 das Kabarett und Parodie-Theater »Letučaja Myš« mit Nikita Baliev als Conférencier, in Petersburg 1908 »Zerkalo« mit Alexander Kugel, eine bis 1917 existierende satirische Bühne. 1911 eröffnet »Brodjačaja Sobaka« mit Boris Pronin und Viktor Šklovskij als Conférencier. Nach dem Krieg wird von Arkadij Rajkin das »Leningrader Miniaturen Theater« gegründet. Das erste Kabarett in Ungarn entstand 1911 in Budapest, es war das von Faludi gegründete »Modern Szinpad« mit Franz Molnar als Conférencier. Allgemein gesehen herrscht die Boulevardtradition. 1913 entsteht das »Ferenczy-Cabaret«.

In Prag wird 1911 von Josef Waltner das Kabarett »Montmartre« gegründet. Jaroslav Hašek, Max Brod, Egon Erwin Kisch liefern Texte und treten auf, später werden Janda Laitzer und Julius Poláček die Stammautoren. 1914 gründet Jiři Červený die »Červena Sedma«, auch hier tritt Hašek auf. Nach dem Krieg

entsteht in Prag, neben zahlreichen anderen Kabaretts, das politisch orientierte »Rokoko-Theater« unter Darek Vostřel. 1958 gründen Jiři Suchý und Jiři
Šlitr das Kabarett »SEMAFOR«, in dem Texte, Pantomime und Jazz miteinander verbunden sind.

Kabarettformen in den USA entstehen nach dem
Zweiten Weltkrieg (»The Living Newspaper« kann als
Vorläufer des Kabaretts gesehen werden) und gehen
auf die Beat generation (Beatniks) zurück. Man pro-
testierte gegen die Ideologie von McCarthy und Ei-
senhower, gegen die Werte der Middle Class. Es
entstehen Beatniks-Clubs (Kabarett mit Jazz-Ele-
menten), in San Francisco »hungry i«. 1953 tritt
Mort Sahl als erster amerikanischer Conférencier
und politischer Kabarettist auf und trägt seine Texte
in einem unübersetzbaren Slang vor. Es entstehen die
»Sicknics« (Mort Sahl, Shelley Berman, Mike Nichols
und Elaine May, Lenny Bruce), in Manhattan –
»Den«, in Chicago – »Mr. Kelly«. Nichols und May
kommen vom Studententheater der University of
Chicago und der Gruppe »The Second City« (New
York). May eröffnet später ein eigenes Kabarett –
»The Premise« (New York).

Ein englisches Kabarett gibt es bis in die 1960er
Jahre nicht. Im Oktober 1960 veröffentlicht Kenneth
Tynan im *Observer* seinen Aufruf zur Gründung
eines Kabaretts. Kurz darauf (1961) gründen Jona-
than Miller, Alan Bennett, Peter Cook und Dudley
Moore ein (Revue-) Kabarett. Von 1961 bis 1964
existiert »The Establishment« mit Peter Cook und
Nicholas Luard (als Leiter). Das erste Fernsehka-
barett »That Was The Week That WAS« entstand
1963 mit David Frost als Conférencier. Ab 1961
beginnen, ähnlich wie in den USA, Jazz-Poetry-Ex-
perimente.

Literatur

Appignanesi, L.: *Das Kabarett.* Stuttgart 1976.
Budzinski, K./Hippen, R.: *Metzler Kabarett Lexikon.* Stuttgart
 1996.
Ders.: *Das Kabarett. 100 Jahre literarische Zeitkritik.* Düsseldorf
 1985.
Ders.; *Pfeffer ins Getriebe. So ist und wurde das Kabarett.*
 München 1982.
Ders.: *Die Muse mit der scharfen Zunge. Vom Cabaret zum
 Kabarett.* München 1961.
Fleischer, M.: *Eine Theorie des Kabaretts.* Bochum 1989.
Greul, H.: *Bretter, die die Welt bedeuten. Kulturgeschichte des
 Kabaretts.* Köln 1967.
Henningsen, J.: *Theorie des Kabaretts.* Ratingen 1967.
Hippen, R. (Hg.): *Sich fügen heißt lügen. 80 Jahre deutsches
 Kabarett.* Mainz 1981.
Kühl, S. (Hg.): *Deutsches Kabarett.* Düsseldorf 1963.
Kühn, V.: *Das Kabarett der frühen Jahre.* Berlin 1984.
Otto, R./Röster, W.: *Kabarettgeschichte. Abriß des deutschspra-
 chigen Kabarett. Teil I: Von den Anfängen bis 1945; Teil II:
 Deutschsprachiges Kabarett von 1945 bis 1976.* Berlin (Ost)
 1977.
Vogel. B.: *Poetik und Geschichte des Kabaretts.* Paderborn
 1993.
Zivier, G./Kotschenreuther, H./Ludwig, V.: *Kabarett mit K.
 Fünfzig Jahre große Kleinkunst.* Berlin 1974.

Michael Fleischer

Kino

Als Kino bezeichnet man die öffentliche und meist
kommerziell betriebene Abspielstätte für ↗ Filme. Im
Kino wird der Film als Ware vermarktet; zugleich ist
es seit etwa 1905 der Ort seiner optimalen visuell-
akustischen Präsentation. Die Geschichte dieser Ab-
spielstätten ist von zahlreichen technisch und ökonomisch bedingten Veränderungen bestimmt, die von
improvisierten, transportablen Projektionseinheiten
bis zu den heutigen ortsfesten Multiplex-Filmpa-
lästen führen. In elementarer Form ist ein Kino
gekennzeichnet durch eine weiße Leinwand, einen
hinter den Zuschauern befindlichen Filmprojektor
und den abgedunkelten Publikumsraum, in dem die
Zuschauer frontal zur Leinwand fest positioniert
sind. Diese Anordnung zur technischen Erzeugung
eines illusionären Realitätseindrucks wird von der
psychoanalytischen Filmtheorie als »Kinodispositiv«
(Baudry 1999, S. 386) bezeichnet, als Simulations-
apparat, der Wahrnehmung in eine »Quasi-Halluzi-
nation« verwandelt, die mit der traumanalogen Wirkung des Realen versehen ist. Das Kinodispositiv
schafft so ein spezifisches »Kino-Subjekt«, das sich
mit Lust immer wieder in diese Situation begibt.

Geschichte

Die ersten Wanderkinos dienten als Jahrmarktsver-
gnügen und zogen von Festplatz zu Festplatz. Sie
entwickelten sich mitunter zu riesigen Zeltkinematographen mit mehreren Hundert bis zu zweitausend
Sitzplätzen (Paech 1984). In den USA entstanden
ebenfalls ab 1905 aus improvisierten Ladenkinos die
sog. Nickelodeons, die in leerstehenden Läden oder
Tanzhallen installiert wurden, um gegen ein Entgelt
von 5 Cent (1 Nickel) kurze Filme zu projizieren.
Peter Bogdanovichs Spielfilm NICKELODEON (1976)
ruft diese Frühzeit des Kinos in Erinnerung.

In Deutschland entstanden in den Großstädten
Ladenkinos in Wirtshäusern und ↗ Varietés, dann
in leerstehenden Ladenräumen, mit Klappstühlen
und Bänken ausgestattet. Es liefen bunt gemischte
Filmprogramme mit fünf bis zehn Minuten langen
Segmenten. Als »Theater der kleinen Leute« (Al-
fred Döblin) boten die frühen Filme einerseits
Alltagsszenen, andererseits »derbe Sinnlichkeit und

zum Teil plebejische, antiautoritäre Perspektiven« (Schweinitz 1992, S. 7), was von bildungsbürgerlicher und pädagogischer Warte dann auch entsprechend kritisiert und verdammt wurde: etwa als Verderbnis von Kindern. Der ›Kintopp‹ – oder auch ›der Kino‹ – setzte sich in dieser Zeit als umgangssprachliche und durchaus auch pejorative Bezeichnung für den Kinematographen durch. »Die Kinos, Attraktion für junge Arbeiter, Ladenmädchen, Arbeitslose, Bummelanten und für Typen, die sozial nicht einzustufen waren, standen in ziemlich schlechtem Ruf. Sie boten den Armen ein Obdach und den Liebenden eine Zuflucht. Hin und wieder schneite auch ein verrückter Intellektueller herein« (Kracauer 1995, S. 22).

Damit ist zugleich deutlich, daß der Zweck des Kinobesuchs in der Frühzeit nicht unbedingt der Wunsch gewesen sein muß, einen Film zu sehen, sondern das Kino war von Anfang an ein »Erfahrungsraum« (Paech/Paech 2000, S. 5), in dem sich unterschiedlichste Bedürfnisse befriedigen ließen. Vor allem Schriftsteller und Intellektuelle wie Walter Serner dachten als erste »Kino und Schaulust« zusammen (Schweinitz 1992, S. 208 f.).

Sowohl in den USA als auch in Europa gab es Kino-Reformbewegungen, die aus volkspädagogischen Gründen (⁊ Volkspädagogik) das Medium primär zur Erziehung und zur Verbreitung von Wissen nutzen wollten. So gehörten Wochenschauen ab 1914 oft zum Vorprogramm im Kino. In der Frühzeit gab es zunächst keine gesetzlichen Auflagen, die den Publikumszustrom sowie die Sicherheit und die Hygiene in den Kinoräumen regelten. Kritiker befürchteten Schädigungen der Augen durch die Dunkelheit und die flimmernden Bilder, vor allem aber Erkrankungen an ›Leib und Seele‹ der Jugend. Dennoch florierte das Geschäft schnell. Die Filme mußten von den ersten Kinounternehmern zur Vorführung gekauft werden, wurden dann von ihnen zu Programmen zusammengestellt und während der Vorführung akustisch (Geräusche) und musikalisch begleitet. Die Unternehmer spielten die Filme meist ab bis zum völligen Verschleiß. Erst mit dem Verleihsystem (⁊ Filmverleih) kam es zu einer Rotation im Programm. Um 1920 tauschten über 80 % der Kinos die Filme täglich aus. Vor allem in den Großstädten boomte die Branche. Mit dem Union-Theater am Alexanderplatz 1909 eröffnete der erste Kinopalast in Deutschland, und um 1910 gab es in Berlin bis zu 400 Spielstätten. Die großen Lichtspieltheater, »Paläste der Zerstreuung«, zogen nun bereits ein ⁊ Publikum an, »das vom Bankdirektor bis zum Handlungsgehilfen« reichte (Kracauer in Witte 1973, S. 230 f.). Das Kino etablierte sich ab 1910 als Massenmedium – 1920 gab es in den USA mehr als 20.000 Filmtheater – und lief dem Medium ⁊ Theater zunehmend den Rang ab. Teile der hohen Gewinne wurden in immer prachtvollere Kinobauten investiert. Es entstanden zunehmend Kinopaläste, darunter 1913 in den USA Erstaufführungskinos mit tausend Plätzen, die die Rezeption auch von über einstündigen Langfilmen bei Bequemlichkeiten wie im Theater ermöglichten. Die Architektur orientierte sich ästhetisch an europäischen Opernhäusern, Schlössern, Kathedralen, orientalischen Palästen und antiken Bauten und gab somit den Kinos auch äußerlich die Legitimität der offiziellen Kultur. In den USA gab es ab 1914 solche Kinopaläste mit monumentalen Foyers, Restaurants, Läden und sogar Notarztstationen und Kinderbetreuungsstätten. Das New Yorker »Strand« hatte z. B. dreitausend Sitzplätze. Vor dem Film zeigte man in den Palästen eine Bühnenshow (⁊ Show), Wochenschauen und Trickfilme. Die Stummfilme wurden, je nach der Größe des Kinos, musikalisch begleitet von Orchestern, Pianisten, Organisten oder von Grammophonmusik, wenn nicht gar ein Kinoerzähler Handlung und Dialoge erläuterte und kommentierte. Bereits damals fand die Zweitauswertung der Filme in ländlichen, kleineren Nachspielkinos statt.

In den USA gründeten die fünf großen Produktionsstudios Paramount, Fox, RKO, Warner Bros. und MGM eigene Studiokinos, von denen 1939 bereits 2600 existierten, meist Erstaufführungstheater, die Tag und Nacht geöffnet waren. Mitte der 1950er Jahre zwang das Anti-Trust-Gesetz die Studios allerdings, ihre Kinoketten zu verkaufen.

In der Depressionszeit der 1930er Jahre kam es in den USA zu einem Publikumsrückgang, der durch sog. Doublefeatures in den Nachspielkinos kompensiert wurde. Von da an wurde zwischen A- (Qualitäts-) und B- (Billig-)Filmen unterschieden, die dort zu Doppelvorstellungen gekoppelt wurden. In der Krisenzeit der 1950er Jahre, als die Attraktivität des Massenmediums ⁊ Fernsehen den Kinobesuch in den USA gravierend zurückgehen ließ, setzte Hollywood auf weitere Innovationen, diesmal technischer Art. 1953 wurden kurzzeitig 3-D-Filme als Retter der Filmindustrie lanciert: Durch eine Spezialbrille war ein plastischer Bildeindruck wahrnehmbar. Vor allem bei Horrorfilmen wurde das Verfahren eingesetzt, um den Kinozuschauer/innen das Filmerlebnis stärker physisch zu vermitteln. Im selben Jahr produzierte Fox mit The Robe den ersten Film im Breitwandverfahren CinemaScope. Auch dabei ging es um die Optimierung des filmischen Realitätseindrucks. Die ⁊ Werbung versprach den Zuschauern, daß CinemaScope sie tatsächlich ›ins Bild setze‹. Marktstrategisch mußten, um dem Fernsehen begegnen zu können, aber auch neue Publikumsschichten ins Kino gezogen werden. Deshalb wurden spezifische Filme für das neu entdeckte Teenager-Publikum gedreht. Sie verbanden Rock 'n' Roll mit den Motiven ↗ Sex, ↗ Gewalt und schnelle Autos zu billig produzierten Exploitation-Filmen, die auf größtmöglichen Sensationswert abzielten. Zur optimalen Abspielstätte für diese Produkte wurden seit Mitte der 1950er Jahre die Drive-In-Kinos in Vororten: Freilichtkinos, in die die Zuschauer bei Nacht mit dem Wagen einfahren konnten. 1956 verzeichneten sie mehr Besucher als die traditionellen Kinos. Sprichwörtlich wurden die Drive-Ins dadurch, daß vor allem das jugendliche Publikum die Situation nutzte, um erste sexuelle Erfahrungen zu machen. AMERICAN GRAFFITI (1973) von George Lucas entwirft ein nostalgisches wie treffendes Bild dieser Kinoära.

Hollywood jedoch hatte das große Familienpublikum seit den frühen 1960er Jahren an das Fernsehen verloren. Das Publikum differenzierte sich in dieser Zeit der kulturellen Umbrüche und der Liberalisierung immer stärker aus, und die steigende Zahl von Kinos an Universitäten sowie unabhängige Programmkinos trugen dem Rechnung. Das spätere Phänomen der »Midnight Movies« (Hoberman/Rosenbaum 1983) als subkulturelle Kultfilme, die in Nachtvorstellungen gezeigt wurden, z. B. Alejandro Jodorowskys mystischer Western EL TOPO (1971) und David Lynchs Alptraum ERASERHEAD (1977), sind unmittelbares Resultat dieser Veränderung der Publikumsstruktur, des sozialen Ortes Kino und einer neuen ästhetischen und intellektuellen Sensibilität der Rezipienten. In den siebziger Jahren verfielen die großen Kinopaläste weltweit, obwohl mit neuen, auf Raumklang abzielenden Tonsystemen wie etwa dem Sensurround- oder dem Dolby Surround-Verfahren das Kinoerlebnis nun auch direkt physisch werden sollte. Bei dem Katastrophenfilm EARTH-QUAKE (1974) ließ das Tonsystem buchstäblich die Körper erbeben. Aus ökonomischen Gründen erfolgte dennoch international eine räumliche Aufteilung zahlreicher großer Kinosäle in kleine Einheiten (›Schachtelkinos‹), andererseits entstanden auch in Deutschland kommunal oder staatlich geförderte Programmkinos mit wechselnden Programmen, in denen auch unterschiedliche kleine Filmformate vorgeführt wurden. Vor allem jedoch konnte hier die Filmgeschichte in ganzer Breite, also auch unter Einschluß des Avantgarde- und Experimentalfilms präsentiert werden.

Erst seit dem erneuten Kino-Boom der 1980er Jahre entstanden in Europa wieder Multiplexkinos nach amerikanischem Vorbild mit jeweils mehreren Großsälen sowie Restaurants und Geschäften. Multiplexe sind städtische ›Ereignislandschaften‹, die den Kinobesuch nur als Anlaß für eine komplette Abendgestaltung unter einem Dach anbieten. Sogar für einen Hauch von Intimität wird in Form der sog. ›Loveseats‹ gesorgt, doppelsitziger Bänke in den Kinos, die Pärchen die Illusion heimischer Gemütlichkeit in einem öffentlichen Raum geben sollen. Zudem wurden, häufig als Attraktion für ein Familienpublikum, sog. IMAX-Kinos mit Riesenleinwänden (bis zu 18 m hoch) oder Kuppeleinwänden gebaut, in denen der Bild- und Toneindruck auch durch Spezialbrillen intensiviert werden kann. Eigens hergestellte Filme, die z. B. Bergbesteigungen und Flüge über spektakuläre Landschaften zeigen, befriedigen offenbar ein steigendes Bedürfnis nach absoluten audiovisuellen Reizen.

Zensur

Nach wie vor unterliegen in den meisten Ländern Spielfilme aufgrund medienpädagogischer Vorgaben einem Einstufungssystem, das das Kinopublikum nach Altersgruppen unterteilt. So sind einige Kinderfilme ohne Altersfreigabe versehen, während andere Filme nur für Erwachsene oder sogar zensiert gezeigt werden. In Deutschland z. B. regelt die FSK (Freiwillige Selbstkontrolle der Filmwirtschaft) die Freigaben für Kinoproduktionen. ↗ Zensur (auch aus politischen Gründen) seitens der Filmindustrie bzw. der staatlichen Organe ist eine weltweit verbreitete Praktik, die vor allem in den letzten Jahren durch Kriminalfälle verstärkt wurde, in denen Täter angeblich durch Filme zu ihren Taten motiviert wurden. So sperrte Stanley Kubrick etwa seinen Film A CLOCK-WORK ORANGE (1971) für Aufführungen in Großbritannien, nachdem in Gerichtsprozessen jugendliche Täter vorgaben, sie hätten im Kino gesehen, was sie dann in der Realität taten. Obwohl die Forschung über die Wirkungen medialer Gewalt höchst widersprüchlich ist, greift die Zensur heute oft bereits vor Veröffentlichung eines Film in dessen Struktur ein, indem u. U. ganze Sequenzen geschnitten werden, was dazu führt, daß ↗ Fans der Filme oft weltweit nach Video-Kopien forschen, die integrale Fassungen bieten – eine Tendenz, die das Kino als Ort optimaler Präsentation der Filme entwertet.

Zukunft

Die Kinokultur läßt sich heute folgendermaßen differenzieren: Ein großes Publikum sieht nach wie vor weltweit zumeist amerikanische Mainstreamproduktionen in großen Kinos – oft bei der Programmwahl von umfassenden Werbestrategien (Fernsehen, ↗ Zeitschriften) beeinflußt –, während ein kleines Publikum von ›Cineasten‹ den künstlerisch anspruchsvollen Filmen in Programmkinos den Vorzug gibt. ↗ Video und DVD ermöglichen für beide Publikumsschichten dann durch Leih, Kauf oder Kopie die wiederholte Beschäftigung mit Filmen zu Hause. Dadurch kann sich auf längere Sicht ein neues Cineastentum entwickeln. Allerdings sind auch die Konsequenzen nicht absehbar, die sich aus der technischen Manipulierbarkeit der Bild- und Tonmaterialien auf DVD ergeben. Es kann in Zukunft Filme für das Kino geben, deren ästhetische Einheit sich dann bei der DVD-Edition als endgültig technisch revozierbar erweist: Jeder Rezipient kann multiple Optionen wahrnehmen.

Literatur

Baacke, R. P.: *Lichtspielarchitektur in Deutschland. Von der Schaubude bis zum Kinopalast.* Berlin 1982.

Baudry, J.-L.: »Das Dispositiv: Metapsychologische Betrachtungen des Realitätseindrucks«. In: Pias, C. u. a. (Hgg.): *Kursbuch Medienkultur. Die maßgeblichen Theorien von Brecht bis Baudrillard.* Stuttgart 1999. S. 381–404.

Belach, H./Jacobsen, W. (Hgg.): *CinemaScope: Zur Geschichte der Breitwandfilme.* Berlin 1993.

Hoberman, J./Rosenbaum, J.: *Midnight Movies.* New York 1991.

Kracauer, S.: *Von Caligari zu Hitler. Eine psychologische Geschichte des deutschen Films.* Frankfurt a. M. 1995.

Nowell-Smith, G. (Hg.): *Geschichte des internationalen Films.* Stuttgart/Weimar 1998.

Paech, A.: »Das Kino als Zirkus«. In: *epd Film* 1 (1984) S. 6.

Dies./Paech, J.: *Menschen im Kino. Film und Literatur erzählen.* Stuttgart/Weimar 2000.

Schenk, I. (Hg.): *Erlebnisort Kino.* Marburg 2000.

Schweinitz, J. (Hg.): *Prolog vor dem Film. Nachdenken über ein neues Medium 1909 bis 1914.* Leipzig 1992.

Witte, K. (Hg.): *Theorie des Kinos.* Frankfurt a. M. 1973.

Zielinski, S.: *Audiovisionen. Kino und Fernsehen als Zwischenspiele in der Geschichte.* Reinbek 1989.

Bernd Kiefer/Marcus Stiglegger

Kitsch

Gemeinhin gilt Kitsch als abwertend gebrauchter Sammelbegriff für stilistisch und ästhetisch minderwertige Produkte der Sparten ↗ Design, Kunsthandwerk und Kunst. Dabei wird das Epitheton ›kitschig‹ von den subalternen und klischeehaften, den überladenen und unechten, ja seelenlosen und verlogenen Anmutungen solcher Objekte zugleich auf die Ebene von Gefühlsdispositionen übertragen. Als Gegenbegriff zur Kunst zeigt sich der Terminus vielfach kul-

turkritisch funktionalisiert. Ungesichert ist die Etymologie des im *Grimmschen Wörterbuch* noch nicht verzeichneten Ausdrucks, dem auch kein engl. oder frz. Äquivalent zur Seite steht. Eine gelegentlich von engl. ›sketch‹ abgeleitete Herkunft gilt als strittig. Plausibler erscheint die Ableitung von ›Kitsche‹, einem bei Bau, Unterhaltung und Reinigung von Straßen verwendeten Gerät, vornehmlich zum Abziehen von Schlamm und Schmutz (vgl. Schulte-Sasse 1976; Braungart 1997, S. 14). Als ›gekitscht‹ und dann auch ›Kitsch‹ seit dem letzten Drittel des 19. Jh. belegt, wird das mit dem soßigbraunen Schlamm assoziierte Verb ›kitschen‹ in der Bedeutung von streichen, schmieren, zusammenscharren und im Sinne von billiger Mache und eiligem Verhökern verwendet. Zuerst auf Genrebilder (↗ Genre), besonders ihre fabrikmäßige Oberflächendarstellung, appliziert, findet im Zuge industrieller Produktion ästhetischer Objekte und Gebrauchsgegenstände um 1900 eine Übertragung auch auf Literatur und ↗ Musik statt. Seit den 1920er Jahren und nach Maßgabe der bereits im 18. Jh. vollzogenen Dichotomisierung in hohe und niedere Kunst ist eine zunehmende Anlagerung von Ausdrücken zu konstatieren wie Dilettantismus, Unkunst und Modekunst, Vulgarität, Schund und Schwulst, Trivialität und Folklore, ↗ Unterhaltung und Kolportage, was im Milieu massenkulturell orientierter Warenproduktion zu einer wachsenden Unschärfe des Begriffs führt. Ein hinsichtlich seiner inhaltstypologischen Orientierung selbst der Kolportage zuneigendes Kitsch-Lexikon registriert neben Geschichts- und Klassiker-Verkitschung und über erotischen, ideologischen, patriotischen, religiösen und romantischen Kitsch hinaus die Charaktere Andenken-, Architektur- und Denkmalskitsch, Einrichtungs-, Fernseh- und Filmkitsch, Friedhofs-, Gebrauchs-, Grusel- und Heimatkitsch, Literatur-, Malerei-, Mode-, Möbel- und Musikkitsch, Postkarten-, Reklame-, Salon- und Werbekitsch (vgl. Richter 1972, S. 239 f.).

Ausgrenzungen

Bei aller Affinität zum Schund, zum Vulgären und Gewöhnlichen, ja Banausischen, fällt Kitsch mit diesen Bestimmungen nicht in eins. Als bloßes Abfallprodukt der Kunst nicht zu erfassen und jeder, auch geschichtlichen Definition sich entziehend (Adorno 1970, S. 355 ff. u. 465 ff.), zeigt Kitsch im Unterschied hierzu durchgängig das Bestreben, als Kunst zu erscheinen. Diesen Aspekt hatte Gottfried Benn wohl auch im Sinn, als er bemerkte, das Gegenteil von Kunst sei gut gemeint. Die mit dem Kitschverdacht oder -vorwurf einhergehende ästhetische Distanzierung erhebt ihre Vorbehalte in erster Linie nicht gegen einen dilettantischen Mangel an künstlerischer Technik, auch nicht vorrangig gegen einen eklektischen oder epigonalen Mangel an Originalität. Das versierte Arbeiten mit Surrogaten, Stereotypen und Klischees mag sich durchaus technisch perfektionieren. Nicht alle epigonale Kunst ist bereits Kitsch, sie wird es erst, wenn zur künstlerischen Unzulänglichkeit jene innere Unwahrheit hinzutritt, die aus einer ästhetischen Verfälschung der Wirklichkeit resultiert (vgl. Henckmann/Lotter 1992, S. 118). Fehl ginge, wer Folklore und Kitsch schlicht identifizieren wollte, da doch der Kitsch es war, der nach der Folklore ausholte. Auch die Koinzidenz von ↗ Massenkultur und Kitsch ist trügerisch. Zwar kommen die zum Teil bereits im Manierismus virulenten Vorformen, serienmäßig produziert und vermarktet, zu voller Entfaltung erst in jener Tauschgesellschaft, die künstlerische Produktion zur Ware präparierte, doch nivelliert Massenkultur Kunst bis zum Kitsch, weil sie dem Kitsch zum Niveau der Kunst aufhelfen möchte. Und während der die Erwartungen seiner Konsumenten restlos erfüllende Kitsch jenseits jeder künstlerischen Unabsehbarkeit und in seiner ganzen Leblosigkeit darauf zielt, wie lebendig zu sein, vollbringt er seine soziale Funktion einer Stabilisierung der Welt kraft Festschreibung von Visionen im Versuch, Leben auf Kunst zu reduzieren (Beylin 1983, S. 403 ff.). Gleichwohl – auch festgeschriebene Visionen haben am Visionären Anteil, verschließen in sich ein wie immer stillgestelltes Antizipatorisches. Nicht entgangen ist das dem stets ein Revolutionäres hinter Kolportagehaftem noch witternden Ernst Bloch (1965, S. 242 ff.), dessen polemische Aufteilung des Detektivromans in Kolportage und Kitsch nach der Verfilzung von falschem und tendenziell richtigem Bewußtsein fahnden läßt (Ueding 1973, S. 14).

Eingrenzungen

Am nächsten scheint der die objektive Widersprüchlichkeit in den Phänomenen scheuende Kitsch dem Trivialen zu sein. Hohe Analogie zwischen Kitsch und Trivialität weist vor allem der literarische Bereich auf, dort, wo Ideologie und Weltanschauung sich mischen. »Trivialliteratur ist eine Literatur der sozialen und weltanschaulichen Verspätungen, sie konserviert das Weltbild von gestern« (Gerth 1968, S. 15). Neben ihren abgedroschenen, schematischen und platt-unterhaltenden Zügen werden als Kriterien für Trivialität genannt: eindimensionale Stilisierung

auf Wunscherfüllung und Gegenwelten, lineare Verknüpfung märchenhafter Figuren mit real gemeinter sozialer Umwelt, lückenlose Illusion der Realitätstüchtigkeit, Zwangsharmonisierung und postaktive Spurenlosigkeit der Akteure, Beförderung von Scheinproblematik, Häufung und Akkumulation, Schematisierung und Klischierung, Verschränkung von Banalität und Preziosität, Vermengung unkritischer Naivität mit Ernsthaftigkeit, Meidung kritischer oder ironischer Distanz, platte Nachahmung vorgegebener Muster. Generelle Übereinstimmung besteht darin, daß Kitsch solche Strategien bis zum Exzeß austrägt (vgl. Sternberg 1974). Doch auch hier ist Vorsicht geboten. Trivialität und Kitsch sind nicht unmittelbar identisch. Kitsch umfaßt ja nicht nur seine Gegenstand gewordenen Objektivationen, sondern übergreift, wo er verfängt, deren Konkretisationen mit und gängelt unser Verhältnis zum Ensemble der Reizeffekte, die als kumulative Anhäufung emotions- und assoziationsstimulierender Strukturen freigesetzt werden (Beylin 1983, S. 395 ff.; Nünning 1998, S. 258 f.). So fragwürdig es ist, Kitsch bloß subjektiv durch den ihm zugrundeliegenden schlechten Geschmack begründen zu wollen, da alles Geschmacksurteil – auch historisch – relativ ist, so objektiv besteht doch auch die Möglichkeit, selbst große Kunst einer konkretistischen Kitschrezeption zu unterwerfen (Adorno 1970, S. 26 f.). Vergeblich ist jedoch jede abstrakte Grenzziehung zwischen ästhetischer Fiktion und dem ganzen veranstalteten und hergestellten Gefühlsplunder: Der Kitsch ist eben ein alter und getreuer Begleiter der Kunst, ist, wie Theodor W. Adorno wußte, aller Kunst als Gegengift beigemischt.

Forschungsgang

Die erst seit den 1950er Jahren etablierte Kitschforschung trat zunächst wesentlich als Ideologiekritik, als empirische Geschmackskritik und als phänomenologische Wirkungs- und Funktionskritik in Erscheinung – Ansätze, denen sich die seit der avantgardistischen Horizontöffnung Marcel Duchamps möglich gewordenen künstlerischen Strategien eines Joseph Beuys oder Andy Warhol teilweise entziehen, oder aber die in jüngster Zeit vermittels exzessiver Inszenatorik eines Jeff Koons oder Noboyoshi Araki der Neutralisierung unterzogen werden sollen. So sieht der moralphilosophisch motivierte ideologie- und kulturkritische Ansatz Hermann Brochs (1975, S. 89 ff., S. 119 ff., S. 158 f. u. 170 f.) das Fundament des Kitsches in der Lüge und im Bösen, apostrophiert Kitsch als Jahrmarkt und Ausverkauf der Werte, als überschwengliches Imitationssystem für bloße Affektebefriedigung. Demgegenüber wertet die mehr am Artistischen orientierte Stilanalyse Karlheinz Deschners (1957, S. 24 f.) Kitsch als Produkt fehlenden technischen Könnens. Doch ist kraft solch geschmacksgeleiteten Verfahrens weder eine formale Kritik noch eine Funktionsanalyse des Kitsches zu leisten. Die Wirkungs- und Funktionsforschung Walther Killys (1978, S. 10 ff. u. S. 30 ff.) fundiert die lediglich der Ökonomie der Wunscherfüllung und unmittelbaren Identifikation geltende Kitschproduktion in einer Entsprechung kumulativer Stilprinzipien und von Konsumenten angestrebter Gefühlszuständlichkeit. Neben Kumulation und Repetition werden die Kriterien Beliebigkeit, Austauschbarkeit und Pseudobegründung betont, treten apologetische Symbolik, antirealistische Tendenz und momentfixierte Identifikation in den Blick, welche Mittel in Zwecke verkehren und Reiz als Leben ausgeben. Ähnlich der kritischen Abhandlung Deschners führt auch Killy zur Affirmation der hohen Kunst zurück, doch bleibt ihm das Verdienst, Kitsch als Gegenstandsbereich der Ästhetik erschlossen zu haben. Die Ansätze Brochs in einer Phänomenologie der Kitschdisposition fortführend, hat Ludwig Giesz (1971, S. 23 u. S. 55) versucht, die Eigenschaften des Kitsches aus der Erlebnisstruktur heraus zu begreifen, Kitsch als latente Möglichkeit der Kunst und des Menschen zu fassen. Im Anschluß an existenzphilosophische Optionen werden Kitsch und Trivialität nicht als immanent ästhetische, sondern als philosophisch-anthropologische Phänomene analysiert. Objekte des Kitsches gelten als Niederschläge kitschiger Befindlichkeit, als Idyllisierung von Grenzsituationen und Evokation von Selbstgenuß, in dem der nicht ästhetisch, auch nicht reflektierend, sondern rein Genießende als Genießender sich genießt. Indem Kitschproduzenten wie -konsumenten der Uneigentlichkeit des ›Man‹ verfallen, verfehlen sie Sinn und Wesen des Menschseins. Gegen solche Tendenz, die Neigung zum Kitsch als individuelles und selbstverschuldetes Versagen intellektuell und emotional verödeter Konsumenten zu deuten, ist entschieden Kritik geltend gemacht worden: »Giesz, wie vor ihm schon Broch, löst das Wesen des Kitsches in das menschliche Wesen auf, das ihm letztlich abstrakt bleiben muß, da er es von seiner gesellschaftlichen Entstehung trennt. Das Kitscherlebnis wird so zur Funktion eines abstrakten menschlichen Wesens (als latente Möglichkeit jedes Individuums) hypostasiert, und damit wird unterschlagen, daß es ein gesellschaftliches Produkt ist, abhängig von ganz bestimmten analysierbaren historischen Verhältnissen« (Ueding 1973, S. 15 f.). So sind das ästhetisch und ideologisch kritische Ur-

teil über den Kitsch einerseits und seine mögliche soziale Funktion andererseits auseinanderzuhalten, die selber basal sein und teilweise auch für die Kunst gelten können.

Forschungsstand

Wird Kitsch als Moment gesamtgesellschaftlich verankerter kultureller Produktion ernst genommen, reicht es nicht hin zu konstatieren, er bediene Illusionen und Sehnsüchte, provoziere Tagträume oder Phantasien und schaffe in einem gegen Enttäuschungen abgedichteten Affirmationsklima Anknüpfungspunkte für affektive Formen undistanzierter Identifikation. In Künstlichkeit, Formbewußtsein und Inszenatorik nämlich kommt Kitsch einigen wesentlichen Merkmalen ästhetischer Moderne, die freilich anders gelesen werden will, sehr nahe, so daß Kitsch zu Recht das schlechte Gewissen der Kunst genannt worden ist (Braungart 1997, S. 9). In seiner Anpassung an ästhetisch-kulturelle Schemata eindeutig und überdeterminiert, affirmativ und eingängig, beliebig austauschbar und niemals dysfunktional, hat der auf Distanzlosigkeit des Gefühls rechnende Kitsch ein professionalisiert Naives, dessen Kostgänger denunzierte, wer an deren Realitätsflucht den – wenngleich aporetischen – Verarbeitungsversuch unterschlüge. Nichts, was dem Kitsch nicht assimilierbar wäre, neben Liebe, Heirat, Freundschaft und Familienglück, seinen zentralen Sujets, auch Geburt und Tod, Krieg und Revolution, Krankheit und Verbrechen. Bereits W. Benjamin verwies auf das warengesellschaftlich konditionierte Anwachsen von Distanzlosigkeit und emotionalem Selbstbezug: »Die Seite, die das Ding dem Traum zukehrt, ist der Kitsch« und »Was wir Kunst nannten, beginnt erst zwei Meter vom Körper entfernt. Nun aber rückt im Kitsch die Dingwelt auf den Menschen zu; sie ergibt sich seinem tastenden Griff und bildet schließlich in seinem Innern ihre Figuren.« (Benjamin 1966, S. 158 u. S. 160). So umgibt sich das in seiner Effektkumulation und Stereotypie durch Schablonen Entauthentisierte mit dem Schein von Unwiederholbarkeit und Authentizität (vgl. Mathy 1994, S. 112 ff.). Das objektive Mißverhältnis von Substanz und Präsentation kaschierend, gelingt dem Kitsch die Vortäuschung, also die Fiktion und damit Neutralisierung nicht vorhandener Gefühle, die als parodierte Katharsis nicht zu durchschauen sind, solange sie stets genau das versagen, was sie zu versprechen scheinen.

Literatur

Adorno, T. W.: Ästhetische Theorie. Ges. Schr. Bd. 7. Frankfurt a. M. 1970.

Braungart, W.: »Kleine Apologie des Kitsches«. In: Sprache und Literatur in Wissenschaft und Unterricht 79 (1997) S. 3–17.

Benjamin, W.: »Traumkitsch« [1927]. In: Ders.: Angelus Novus. Frankfurt a. M. 1966. S. 158–160.

Beylin, P.: »Der Kitsch als ästhetische und außerästhetische Erscheinung«. In: Jauß, H. R. (Hg.): Die nicht mehr schönen Künste. Grenzphänomene des Ästhetischen. München 1983. S. 393–406.

Bloch, E.: Literarische Aufsätze. Ges. Ausg. Bd. 9. Frankfurt a. M. 1965. S. 242–263.

Broch, H.: »Einige Bemerkungen zum Problem des Kitsches« [1950]; »Das Weltbild des Romans« [1933]; »Das Böse im Wertsystem der Kunst« [1933]. In: Ders.: Schriften zur Literatur 2. Bd. 9, 2. Frankfurt a. M. 1975. S. 158–173, S. 89–118, S. 119–157.

Deschner, K.: Kitsch, Konvention und Kunst. Eine literarische Streitschrift. München 1957.

Gerth, K.: »Die unglückliche Flucht der unglücklichen Komteß oder Was haben wir an der Trivialliteratur?« In: Bertelsmann Briefe 60 (1968) S. 12–22.

Giesz, L.: Phänomenologie des Kitsches. München 1971.

Henckmann, W./Lotter, K. (Hgg.): Lexikon der Ästhetik. München 1992.

Killy, W.: Deutscher Kitsch. Ein Versuch mit Beispielen [1961]. Göttingen 1978.

Kliche, D.: »Kitsch«. In: Barck, K./Fontius M. et al. (Hgg.): Ästhetische Grundbegriffe. Bd. 3. Stuttgart/Weimar 2001. S. 272–288.

Lützeler, H.: Viel Vergnügen mit dem Kitsch. Freiburg 1983.

Mathy, D.: »Authentizität. Zu einer Kategorie der Ästhetik Adornos«. In: Ders.: Von der Metaphysik zur Ästhetik oder Das Exil der Philosophie. Hamburg 1994. S. 112–123.

Moles, A.: Psychologie des Kitsches. München 1972.

Nünning, A. (Hg.): Metzler Lexikon Literatur- und Kulturtheorie. Stuttgart 1998, ²2000.

Pross, H. (Hg.): Kitsch. Soziale und politische Aspekte einer Geschmacksfrage. München 1985.

Richter, G. (Hg.): Erbauliches, belehrendes wie auch vergnügliches Kitsch-Lexicon von A bis Z. Gütersloh 1972.

Schulte-Sasse, J. (Hg.): Literarischer Kitsch. Tübingen 1979.

Ders.: »Kitsch«. In: Ritter, J. (Hg.): Historisches Wörterbuch der Philosophie, Bd. 4. Basel 1976, S. 843–846.

Sternberg, J.: Kitsch. London 1974.

Ueding, G.: Glanzvolles Elend. Versuch über Kitsch und Kolportage. Frankfurt a. M. 1973.

Dietrich Mathy

Kleinbildkamera

Das 24×36 mm Filmformat der Kleinbildkamera leitet sich ab von dem von Thomas A. Edison entwickelten 35 mm breiten Kinofilm, der sich seit 1909 als Norm durchgesetzt hatte. Oskar Barnack von den Optischen Werken Ernst Leitz (Wetzlar) orientierte sich bei der Entwicklung der Kleinbildkamera an diesem Filmformat. Nach einigem Experimentieren übernahm er vom Einzelbild des Kinofilms das Höhenmaß und wählte als Breite 36 mm, da er das

Seitenverhältnis von 2:3 als harmonisch empfand: »Das Seitenformat von 2:3 halte ich für das schönste und zweckmäßigste« (Barnack).

Barnack bzw. die Firma Leitz baute die erste Kleinbildkamera 1913, und Ernst Leitz, der damalige Firmenchef, ließ am 12. 6. 1914 einen Patentantrag für die ›Liliput‹ genannte Kamera einreichen, der allerdings (wegen der Namensgleichheit mit der Kamera einer anderen Firma und weil der Patentantrag mit einem von Zeiss 1901 gestellten konkurrierte) scheiterte. Der Krieg unterbrach die weitere Entwicklung und wirtschaftliche Ausnutzung der Kleinbildkamera bei Leitz wie bei anderen Firmen. (Schon 1908 war in England ein Patent für eine Kleinbildkamera mit 35 mm Film erteilt worden, und die Firma Jules Richard baute schon ab 1913 eine Stereokamera mit dem Filmformat 18×24 mm.) Nach dem Krieg entwickelte Leitz die Kleinbildkamera weiter. 1922 ließ man sich die Kombination von Verschlußaufzug und Filmtransport patentieren und konnte dann 1923/24 mit der Herstellung der Nullserie der Leica beginnen, die ab 1925 in Großserie produziert wurde.

Die Einführung eines Kleinbild-Formats war in vielerlei Hinsicht abhängig vom Fortschritt in der fotografischen Technik. Nicht nur die mechanische Präzision, die Realisierbarkeit der fertigungstechnischen Umsetzung, sondern auch Weiterentwicklungen im Bereich der Optik waren gefordert. Aus Sicht der schon bestehenden Foto-Aufnahmeformate brauchte man ›ungewöhnlich‹ kurze Brennweiten. Kein Wunder also, daß die Leica in einer Firma entwickelt wurde, die Mikroskope anfertigte, und daß sowohl die dortige Optikforschung als auch der Besitz eigener Glaslabors erheblichen Anteil an der Kleinbild-Entwicklung hatten.

Bei der Entwicklung von Objektiven, die sich anfangs auf höchste Qualität von Festbrennweiten beschränkte, wurde die maximale Lichtstärke immer weiter gesteigert. Weniger lichtstarke Objektive rutschten in erschwinglichere Preiskategorien, die durch die Massenproduktion billiger wurden. Der Spielraum der Brennweiten vergrößerte sich; es gab nun sowohl kürzere, weitwinklige Objektive als auch extrem lange Telebrennweiten. Die Zoom-Objektive (oder auch ›Gummilinsen‹) ersparten Profis wie Amateuren die Mühe, Motive in Ausschnitten zu bestimmen und dazu passend ein Objektiv zu wählen.

Die dritte wichtige Komponente neben dem Kleinbildfilm und den Objektiven – die Kamera selbst – folgte dem Trend der übrigen Technik. Kurze Belichtungszeiten wurden als technische Spitzenleistung gefeiert und waren ein ebenso wichtiges Verkaufsargument wie Veränderungen der Belichtungsprogramme.

Seit es die Kleinbildkamera gibt, wurde die Empfindlichkeit der Filme, aber auch ihre Abbildungsleistung, erheblich gesteigert. War es anfangs dem Könner vorbehalten, seine Aufnahmen im eigenen Labor zu Spitzenqualität zu verarbeiten, so kann heute jeder im Auftrags-Stundenlabor an der Ecke praktisch jede fotografische Aufgabe lösen.

Vielleicht ist es das wichtigste Moment der Kleinbildkamera, daß mit ihr ein größerer Kreis Menschen zu Leistungen befähigt wurde, die bis dahin nur gründlich ausgebildeten Fotografen möglich waren. Man versteht heute noch die Begeisterung der Laien, die genügend ›Goldmark‹ aufzubringen vermochten, um sich eine Leica zu leisten. Dies waren allerdings zu Beginn nur wenige (auch die zeitgenössische ↗ Werbung zeigt in liebevoller Karikatur den begeisterten Leica-Fotografen als betuchten, eher älteren, gutsituiert überfütterten Anwender ›auf Schnappschuß‹).

Eine ↗ Popularisierung der Kleinbildkamera hat schon nach 1925 eingesetzt, vor allem mit dem Erscheinen weiterer Kameramarken. Eine Marktführerposition läßt sich allerdings erst ab den 1960er Jahren, gesteigert noch einmal gegen Ende der 1970er Jahre, konstatieren. Erst dann wurde aus der Kleinbildkamera ein Massenprodukt, bei dessen Verbreitung der Typ – Sucher- oder Spiegelreflex-Kamera – weniger eine Rolle spielte als ständig fallende Preise bei steigendem Leistungspotential.

Fotos in jeder Lebenslage – das ist der direkte Einfluß der Kleinbildfotografie auf unsere Kultur. Auch die Kunst bedient sich dieser Möglichkeit.

War das Farbfoto bis in die 1960er eher die Ausnahme, findet heute selbst der Profi kaum noch ein Labor, das zuverlässig Schwarzweiß-Material verarbeiten kann. Wo das bunte Hochglanzabbild der Wirklichkeit Licht und Schatten vergessen läßt, wird verständlich, warum heute die Bildkomposition in Schwarzweiß, nur durch Licht und Schatten gestaltet und perfektioniert, wieder zu hohem Ansehen und nicht zuletzt in der Werbung immer öfter verwendet wird, um sich aus der Masse hervorzuheben.

Das Kleinbildsystem hat ohne Zweifel die Profis befähigt, bei ›tragbarem‹ Aufwand des leichteren Systems allen Anforderungen z. B. des Bildjournalismus gewachsen zu sein. Profis, aber auch Künstler, nutzen zudem die Freiheiten, die durch Brennweite oder Lichtstärke der Objektive geboten werden.

Eindeutig scheint auch, daß das Kleinbildformat über Faktoren wie Leichtgewicht, Vielseitigkeit und niedrige Preise das Aktivitätspotential der Amateure

erhöht hat. Ging man früher zu besonderen Anlässen von der Taufe bis – mindestens – zur Hochzeit zum Fotografen, so ›wird's heute schon ein Verwandter richten‹. Lange Zeit hat sich das Profistudio schwer getan, verlorene Aufgaben zurückzuerobern.

Über den besonderen Anlaß hinaus hat aber die einfachere Technik dafür gesorgt, daß mehr ›zwischendurch‹ fotografiert wird. Heute heranwachsende Generationen werden einmal auf ein reich gefülltes Fotoalbum zurückgreifen können, in dem vom ersten Atemzug bis zum aktuellen Tag alle Stationen des täglichen Lebens reichhaltig dokumentiert sind.

Das Kleinbildformat hat, überwiegend mit der Spiegelreflexkamera, dafür gesorgt, daß die Fotografie als eigenständiges Hobby sich auf breiter Basis etablieren konnte. ›Habe Kamera, suche Motiv‹ ist somit zum Motto vieler geworden, die über die Technik den Einstieg zu bildlicher Darstellung gefunden haben. Gegenüber dem Wunsch, die eigene Familie im Laufe der Zeit in Erinnerungsbildern zu dokumentieren, ist die Gruppe der ›Foto-Hobbyisten‹ mit künstlerischem Anspruch sicher trotzdem in der Minderheit. Eine weitere Ergänzung findet der Kreis der Fotografierenden in all denen, die einen ›Fotoapparat‹ nur als Mittel zum Zweck benutzen. Wie die ›Familienfotografen‹ nutzen sie das Foto – vornehmlich das Kleinbildformat mit besonderen Optionen für kürzeste und längste Aufnahmedistanzen – zur Dokumentation ihres eigentlichen Interessengebiets oder Hobbys.

Literatur

Stenger, E.: *Die Geschichte der Kleinbildkamera bis zur Leica.* Frankfurt a. M. 1949.

Jürgen Philip

Klubkultur ↗ Subkultur

Kollektive Produktion

Der Begriff bezeichnet eine spezifische Form der Herstellung (populärer) kultureller Texte. In einem abstrakten Sinn liegt sie dann vor, wenn der jeweilige Medientext von mehreren Menschen gemeinsam oder jedenfalls in Bezug zueinander hergestellt wird. Systematisch gesehen sind damit natürlich alle arbeitsteilig hergestellten kulturellen Artefakte komplexerer Art wie Hollywood-Filme oder gedruckte und gebundene Bücher kollektiv produziert. Im eigentlichen Sinn aber meint man damit, daß die kreative Leistung gemeinschaftlich erbracht wird und diese kreative Leistung nicht nur einer einzelnen Person, etwa dem Regisseur zugeordnet wird, sondern der Anteil aller Beteiligten auch zur Geltung kommt.

Das Gegenstück zum Begriff der ›kollektiven Produktion‹ ist das von einem einzelnen Autoren ›hergestellte Produkt‹, wie es in Wissenschaft, Literatur oder bildender Kunst im Vordergrund steht. In einer ergänzenden Perspektive ist dazu allerdings festzuhalten, daß die Produktion von Kultur immer auf kollektiv hergestellte Elemente Bezug nehmen muß. Auch die von Autoren individuell geschaffenen medialen Formen und Bedeutungszusammenhänge sind ohne vorhergegangene Alltags- und Kunstkommunikation nicht denkbar. Deshalb schreiben Autoren im allgemeinen ja auch ein ↗ Genre fort – auch dann, wenn sie es zu transzendieren versuchen.

Intern lassen sich kollektive Medienproduktionen nach zwei Dimensionen voneinander unterscheiden: einmal danach, ob sie hierarchisch oder gleichberechtigt stattfinden, zum anderen danach, ob sie vorgefertigt und konserviert sind oder ob ihre Produzenten zugleich ihre Konsumenten sind, ihre Produktion mit ihrer Rezeption also zusammenfällt. In diesem Fall kann man von interaktiven Produktionen (↗ Interaktives) sprechen. Für alle diese Produktionsformen existieren vielfältige Beispiele – heute lassen sie sich besonders leicht im Integrationsmedium ↗ Internet festmachen. Wenn Stephen King einen Roman kapitelweise auf seiner Homepage publiziert, so gilt dies als ein von einem Autoren geschaffenes Werk. Der Internetauftritt einer Firma dagegen wird als kollektives mediales Produkt einer Organisation begriffen, er ist im allgemeinen in einer hierarchischen Struktur entstanden.

Neben diesen vorherrschenden und am weitesten verbreiteten Formen kann man aber auch zahlreiche gleichberechtigt hergestellte mediale Artefakte finden. Ein Beispiel dafür sind die Star Wars-Fangruppen, die in Ergänzung zu dem offiziellen Star Wars-Angebot eigenständige Computeranimationen und Kurzfilme herstellen, die einzelne Aspekte des gesamten Epos aufgreifen und vertiefen (für einen aktuellen Überblick vgl. etwa www.zeit.de/2000/50/fanfilme). Während die Produktion der Star Wars-Kinofilme hierarchisch-arbeitsteilig angelegt ist, sind diese autonom hergestellten Ergänzungen und Erweiterungen der Geschichten durch die ↗ Fans – die natürlich durchaus eigenständige künstlerische Leistungen sein können und oft auch sind – meist gleichberechtigt verfaßt und publiziert. Erwähnenswert ist hier auch die kollektive Produktion von Drehbüchern in Kooperation mit sich selbst koop-

tierenden ›Laien‹, wie sie das ZDF mittels des Internet versucht hat, wobei es sich hier um differenziert gestufte Produktionshierarchien handelt.

Kollektive Produktion beginnt natürlich nicht erst mit dem ↗ Computer. Schon in früheren Zeiten und in anderen Kulturen und Medien waren und sind kollektive Produktionsweisen üblich. Ihr Umfang und die Art der so produzierten Produkte gibt eher Auskunft über die Art der Kultur und Gesellschaft, um die es geht, als über das jeweilige Medium. Die niederländischen Schulen der Malerei im 17. und 18. Jh. beispielsweise haben ihre Werke meist unter dem Namen des Werkstattleiters produziert – zum Ärger heutiger Besitzer, die sich nie sicher sein können, ob ihr Rembrandt wirklich einer ist. Ebenso wenig lassen sich etwa Sagen und Märchen einzelnen Autoren zuordnen. Ob Homer ein Individuum war und woher er seine Stoffe bezog, ist nur eingeschränkt rekonstruierbar. Die Gebrüder Grimm haben ihre Arbeit als Archivierung kollektiver Produktionen begriffen, wenn sie diese auch in mancher Hinsicht verfälscht haben sollen, insofern sie sie auf die Normen ihrer Kultur und Zeit hin angepaßt haben – beispielsweise durch die Ersetzung der bösen Mutter der Volksmärchen durch die böse Stiefmutter; sie haben dadurch zum romantisch verklärten Begriff von Mutterliebe beigetragen.

Im Feld populärkultureller Events und Erzählungen sind kulturelle Artefakte immer auch kollektive Produkte (vgl. Griswold 1994, S. 52 ff.). Am besten sieht man dies in Fußballstadien – ein Fußballspiel ohne Zuschauer erscheint sinnlos, und die in einzelnen Lounges Sekt trinkenden Geschäftsleute können das engagierte Zuschauerkollektiv ›Stadionpublikum‹ (↗ Stadion), das das Fußballereignis erst generiert, nicht ersetzen. Generell sind auch ↗ Stars Produkte kollektiver Konstitution durch ihre Fans, die sich damit als soziale Gruppierung auch selbst erschaffen. Hier läßt sich an Lippmann (1990) erinnern: Politisch brauchbare nationale ↗ Helden sind die, die das ↗ Publikum dazu macht.

Kollektive Sinnproduktion und hegemoniale Umdeutung

Kulturelle Produkte sind im besonderen hegemonialen Zwängen unterworfen, weil es sich nicht nur um Waren handelt, sondern auch um die Herstellung von gesellschaftlich getragenen Sinngehalten geht. Die soziale Bedeutung von kollektiven Produktionszusammenhängen erschließt sich deswegen erst über eine Berücksichtigung des Gesellschaftssystems. In den frühen Epochen des Buchdrucks generiert das

Schreiben über Jahrhunderte hinweg keine Besitzrechte am gedruckten Text (Körber/Stöber 1994). In einem zusätzlichen Sinn kann hier auch an die These von der kulturellen Enteignung der Bevölkerung durch die Wirtschaft insgesamt und die einzelnen Branchen und Unternehmen erinnert werden (vgl. Schiller 1989): Durch den Aufgriff, das Zitieren und die Rekonstitution in hegemonialen Zusammenhängen werden der Bevölkerung Symbolzusammenhänge entzogen, insofern ihnen neue Sinngehalte zugewiesen werden – das fängt an bei Lebensweisen und Sprichwörtern und hört noch bei elementaren Begriffen, Figuren, gar Farben nicht auf, die Assoziationen spezifischer Art auslösen sollen. Gerade die kollektiv produzierte Populärkultur ist ohne diese semiotische Enteignung der Bevölkerung im Namen der Privatwirtschaft heute nicht mehr zu denken.

Literatur

Griswold, W.: *Cultures and Societies in a Changing World.* Thousand Oaks 1994.
Horkheimer, M./Adorno, T.W.: *Dialektik der Aufklärung.* Frankfurt a.M. 1971.
Körber, E.-B./Stöber, R.: »Geschichte der öffentlichen Kommunikation«. In: Jarren, O. (Hg.): *Medien und Journalismus 1. Eine Einführung.* Opladen 1994. S. 53–106.
Lippmann, W.: *Die öffentliche Meinung* [1922]. Bochum 1990.
Real, M.: *Super Media. A Cultural Studies Approach.* Newbury Park 1989.
Schiller, H.I.: *Culture, Inc.: The Corporate Takeover of Public Expression.* New York 1989.

Friedrich Krotz

Kolportagebuchhandel

Der französische Begriff Kolportage (*col*: Hals, Nacken; *porter*: tragen) ist der Sammelbegriff für die mobilen, Druckschriften und Bildwerke ›umhertragenden‹ Zweige des verbreitenden Buchhandels ohne publikumsoffene Verkaufsstätte sowie die Bezeichnung für den Zwischen- bzw. Verlagsbuchhandel, der ausschließlich zur Kolportage bestimmte Druckschriften und Bildwerke liefert bzw. verlegt.

Formen und Funktionen

Ortsungebundene Bücherhausierer gibt es seit der Antike; als feste Größe im Buchhandel und unter den Bezeichnungen Reisediener, Wanderbuchhändler oder Buchführer gibt es sie aber erst seit dem Buchdruck, der den Vertrieb hoher Auflagen erfordert. Zu Beginn des 19. Jh. bezeichnet der Begriff der ›Colportage‹ nur diese Form des mobilen Buchhandels. Bis zur Mitte des 19. Jh. erweitert sich seine Semantik auf (1) den fliegenden Buchhandel, der Druckschriften und Bildwerke auf öffentlichen Plätzen verkauft; (2) den Wander- oder Hausierbuchhandel, der abgeschlossene Werke, v.a. Kalender, Gebets- und Schulbücher, vertreibt; (3) den Reise-, Subskribenten- und Abonnentenbuchhandel, der Subskribenten für größere Werke mit Hilfe des ersten vollständigen Bandes bzw. eines Musterbandes wirbt. Eine erneute Bedeutungsverschiebung des Begriffs geht aus der Gewerbeordnung von 1869 hervor. Sie unterscheidet zwischen (1) dem Kolportagebuchhandel im engeren Sinn bzw. Hausierhandel, der »außerhalb des Gemeindebezirks seines Wohnorts ohne Begründung einer gewerblichen Niederlassung und ohne vorgängige Bestellung in eigener Person Druckschriften, andere Schriften oder Bildwerke im Umherziehen feilbietet«, (2) dem Kolportagebuchhandel am Wohnort bzw. am Ort der gewerblichen Niederlassung des Unternehmers; der Gewerbetreibende setzt seine Ware selbst beim Kunden ab oder sucht direkt vor Ort, zunächst Abonnenten zu gewinnen, (3) dem sog. ›neuen‹ Kolportagebuchhandel bzw. – seit 1900 – Reisebuchhandel, der im Auftrag eines ortsfesten Betriebs für Lieferungswerke und Periodika anhand von Mustern, Probeheften oder eines Probebandes Subskribenten eintreibt und die Ware über das stehende Gewerbe oder per Post ausliefert, (4) dem fliegenden Buchhandel, der Druckschriften und Bildwerke auf öffentlichen Plätzen verkauft, verteilt oder anschlägt. Allen Formen dieses »mobilen« Buchhandels (Kosch/Nagl 1993, S. 38) gemeinsam ist der hohe Umsatz, den sie mit ihren meist billigen bzw. billig scheinenden Produkten über eine intensive Werbetätigkeit in den Fachzeitschriften sowie den direkten Kontakt zum Kunden erzielen. So werden jene Schichten erreicht, die traditionelle Sortimentsbuchhandlungen aus »Schwellenangst« (Heinrici 1899, S. 227) oder mangelnder Kaufkraft meiden: Angehörige der ländlichen und kleinstädtischen Mittelschichten, Handwerker und Gewerbetreibende, Subalternbeamte, in den Städten im letzten Drittel des 19. Jh. Angehörige der Unterschichten in Industrie und Haushalt. Wegen dieser Reichweite gilt der Kolporteur als mächtiger »Ideenträger« und Unterhaltungslieferant des 19. Jh. (Schenda 1976, S. 28 f.). Im 20. Jh. verlieren die Formen des mobilen Buchhandels mit der Modernisierung des Sortiments und der Ausbreitung anderer Vertriebsformen, wie z.B. der Buchgemeinschaften oder Onlinebuchhandels, zunehmend an Bedeutung.

Vertriebswege und Geschäftsorganisation

In der Frühen Neuzeit versorgen die selbständigen oder bei einem Verlag angestellten Bücherhausierer zunächst einen relativ kleinen Leserkreis mit Kalendern, ↗ Flugblättern, Volksbüchern und christlichen Traktätchen. Mit der Etablierung der deutschen Sprache im Schriftwerk und dem Zuwachs unterhaltender Schriften nimmt die Zahl der Leser zu. Dieses Lesebedürfnis großer Kreise machen sich in Deutschland um 1800 erstmals die Reutlinger Druckerverleger J. J. Fleischhauer der Ältere mit Sohn und Neffe, die Drucker Ch. Ph. Fischer, C. F. Lorenz und J. Grözinger zunutze. Sie vertreiben über Kolporteure, die jetzt meist bei einem einzigen buchhändlerischen Betrieb angestellt sind, massenhaft populäre Heftchen-Literatur (↗ Romanheft). Auch die Volksschriftenvereine des Vormärz stellen für den Vertrieb ihrer Produkte Kolporteure an. Der Gründer des Bibliographischen Instituts, C. J. Meyer, greift dagegen das Subskriptionswesen des ausgehenden 18. Jh. auf. Für seine seit 1827 in schmalen Bänden zu zwei Groschen erscheinende *Bibliothek deutscher Klassiker* stellt er Reisende ein, um Subskribenten zu sammeln. Die ansässigen Sortimentsbuchhandlungen übernehmen die Belieferung der Kundschaft. Ab Mitte des 19. Jh. löst sich die Abhängigkeit des Kolporteurs von Verlag und Sortiment auf. Der angestellte Kolporteur wird zum selbständigen Gewerbetreibenden. Damit tritt er in stärkere Konkurrenz zum Sortimentsbuchhändler. 1905 wird das »Grosso- und Kommissionshaus deutscher Buch- und Zeitschriftenhändler« gegründet, um den Bezug zu zentralisieren. Barbezug und hoher Umsatz bringen dem Kolportagebuchhändler Verlagsrabatte bis zu 50 % ein. Die Zahl der Kolportagebuchhandlungen und der kombinierten Kolportage-Sortimentsbuchhandlungen steigt im letzten Drittel des 19. Jh. um rund 65 % auf insgesamt ca. 1.000 Firmen. Seit 1860 bildet sich mit Firmen wie W. Grosse, später Verlagshaus für Volksliteratur und Kunst, A. Weichert oder H. G. Münchmeyer der Kolportageverlagsbuchhandel aus.

Häufig arbeiten stellenlose Kaufleute und Kellner, Maurer, Zimmerleute oder Bäcker als Kolporteure. Diese Situation dürfte mit dazu beigetragen haben, daß den Kolportagebuchhändlern erst 1887 der Buchhändlerstatus eingeräumt und so die Mitgliedschaft im »Börsenverein der Deutschen Buchhändler« ermöglicht wird. Als Dachverband der diversen Regionalverbände wird 1886 der »Central-Verein Deutscher Colportage-Buchhändler« (seit 1905: »Central-Verein Deutscher Buch- und Zeitschriftenhändler«) gegründet. Die Reisebuchhändler organisieren sich 1901 im »Verein der Reise(- und Versand) buchhändler«.

Produkte

Die über den Kolportagebuchhandel vertriebenen Druckschriften und Bildwerke lassen sich 1893 folgendermaßen gliedern: (1) Familienblätter wie die *Gartenlaube* machen etwa 54 % aus, (2) Lexika, Prachtausgaben, Fachzeitschriften und nach dem Klassikerjahr 1867 erschienene Sammelwerke und ↗ Serien etwa 20 %, (3) nur für die Kolportage produzierte Werke wie die Kolportage- und Hintertreppenromane, populärwissenschaftliche Werke und Kalender etwa 26 %. Die Kolportage- und Hintertreppenromane stellen rund 16 % der gesamten Kolportageliteratur (aus Biedermann 1894, S. 40 f.). Mit diesem Produkt entwickeln die Verlage eine neue literarische Gattung. Beauftragte Autoren schreiben nach vorgegebenen Linien; zentral ist dabei u. a. die »Authentizitätsfiktion des Inhalts« (Kosch/Nagl 1993, S. 40) – erzählt wird stets, wie bereits aus den Untertiteln der Romane hervorgeht, ›nach dem Leben‹, ›bisher unbekannten Quellen‹ oder ›den neuesten Forschungen‹ – und die Übereinstimmung von Aussehen und innerem Wert der Charaktere. Je nach Thematik lassen sich die Romane als geschichtliche, patriotische, geographische bzw. Reise-, romantische bzw. Schicksals-, Sagen- und Legenden-, Ritter- und Räuber- oder Sensationsromane bezeichnen (Biedermann 1894, S. 40).

Ein Roman umfaßt 80 bis 110, üblicherweise 100 Lieferungen à 24 Seiten und kostet 10 Pfennig. Die ersten Lieferungen erreichen oft hohe Auflagenzahlen, die bei den Folgeheften mit dem Leserinteresse jedoch kontinuierlich zurückgehen. *Der Scharfrichter von Berlin. Sensations-Roman nach Acten, Aufzeichnungen und Mittheilungen des Scharfrichters Krautz* von Victor von Falk aus dem Verlag A. Weichert soll 1890 anfangs mit 260.000 Stück pro Heft erschienen sein. Jedes Heft beginnt mit einer meist einfarbigen ganzseitigen Illustration. Anders als das spätere Serien- bzw. Romanheft erzählt der Hintertreppenroman eine Geschichte fortlaufend und enthält nicht pro Lieferung eine vollständige abgeschlossene Story.

Im Rahmen des Kampfes gegen den ›Schmutz und Schund‹ seit den 1880er Jahren geraten die profitorientierten Werbemethoden des Kolportagebuchhandels sowie die angeblichen ethisch-ästhetischen Wirkungen der Lieferungsromane auf den Leser in die Kritik. Unter anderem Vorzeichen wird sich diese Diskussion um Kolportage, ↗ Kitsch und Triviales in den 1960er und 1970er Jahren als Debatte um das spezifische Leseinteresse der ›Unterdrückten‹ und um die Historizität von Wertmaßstäben fortsetzen (Ueding 1973 mit Bezug auf E. Bloch, S. 185; vgl. Schulte-Sasse 1984, S. 565). Die Suche nach einer juristischen Lösung des Problems ›Schmutz und Schund‹ endet vorerst 1926 mit dem Gesetz zur Bewahrung der Jugend vor Schund- und Schmutzschriften und findet eine Wiederaufnahme im dt. Medienschutzgesetz 1953. Auf dem Gipfel des Schundkampfes nach 1900 stellen Synoden bzw. andere kirchliche Behörden, ethische Vereine und die Sozialdemokratie mit ihren Fachvereinen selbst Kolporteure an.

Seit 1900 werden Bücher v. a. durch den Reise- und Versandbuchhandel abgesetzt, der Kolportagebuchhandel wandelt sich zum Buch- und Zeitschriftenhandel. 1913 liegen die Publikumszeitschriften, d. h. Versicherungszeitschriften, die an das Abonnement eine Unfall- oder Sterbegeldversicherung knüpfen, Frauen- und humoristische Zeitschriften sowie illustrierte Unterhaltungsblätter bei 81 %, Fachzeitschriften bei 2,5 %, Klassiker und Lexika bei 7,75 % und die Kolportageromane bei 2,5 % (Niewöhner 1934, S. 25 f.). Diese Produktbereiche existieren bis heute; der im gleichnamigen Verein organisierte werbende Buch- und Zeitschriftenhandel konzentriert sich auf ↗ Zeitschriften; der (Reise- und) Versandbuchhandel, dessen Dachorganisation sich nach dem Zweiten Weltkrieg aufgrund der Branchenspezialisierung auf den Versandvertrieb in »Bundesverband der Deutschen Versandbuchhändler e. V.« umbenennt, vertreibt über Anzeigen, Prospektbeilagen, Mail-Orders, Vertreter oder Kataloge v. a. mehrbändige Lexika, Fachliteratur, Bücher aus dem modernen Antiquariat sowie Zeitschriften.

Literatur

Baumbach, K.: *Der Colportagebuchhandel und die Gewerbenovelle.* Berlin 1883.
Ders.: *Der Kolportagebuchhandel und seine Widersacher.* Berlin 1894.
Biedermann, F. v.: *Preßfreiheit und Gewerbeordnung. Eine Studie zur modernen Gesetzgebung.* Leipzig 1894.
Heinrici, K.: »Die Verhältnisse im deutschen Colportagebuchhandel«. In: *Untersuchungen über die Lage des Hausiergewerbes in Deutschland.* Bd. 3. Leipzig 1899. S. 181–234.
Jäger, G.: »Der Kampf gegen Schmutz und Schund. Die Reaktion der Gebildeten auf die Unterhaltungsindustrie«. In: *AGB* 31 (1988). S. 163–191.
Kosch, G./Nagl, M.: *Der Kolportageroman. Bibliographie 1850 bis 1960.* Stuttgart/Weimar 1993.
Niewöhner, E.: *Der deutsche Zeitschriftenbuchhandel. Eine Studie.* Stuttgart 1934.
Scheidt, G.: *Der Kolportagebuchhandel (1869–1905). Eine systemtheoretische Rekonstruktion.* Stuttgart 1994.
Schenda, R.: *Die Lesestoffe der Kleinen Leute. Studien zur populären Literatur im 19. und 20. Jahrhundert.* München 1976.
Schulte-Sasse, J.: »Trivialliteratur«. In: Kanzog, K./Masser, A. (Hgg.): *Reallexikon der dt. Literaturgeschichte,* Bd. 4. Berlin/New York 1984, S. 562–583.
Ueding, G.: *Glanzvolles Elend. Versuch über Kitsch und Kolportage.* Frankfurt a. M. 1973.

Mirjam Storim

Kommentator ↗ Spielleiter

Komödie ↗ Theater

Konzert

Konzertartig sind Kulturformen bzw. Institutionen der (hier vorzugsweise: kommerziellen) Öffentlichkeit, in denen im Prinzip nur ↗ Musik (vokale und/oder instrumentale), produktiv wie rezeptiv, realisiert wird. Ausgeschlossen sind dabei im wesentlichen andere Kunstarten (v. a. Theatralisches), weiter auch eigenes Tanzen des ↗ Publikums oder andere Tätigkeiten. In der Populär(musik)kultur sind solche Formen trotz der Musikzentrierung mindestens der unmittelbaren Veranstaltung aber oft verbunden mit bzw. eingebettet in Gastronomie u. ä. Das wesentliche Unterscheidungskriterium ist hierbei der ›Darbietungs‹-Charakter: Musik wird eigens und für ein eigenständiges, ästhetisches Interesse realisiert – im Gegensatz zu ›Umgangsmusik‹ (Kategorien von Heinrich Besseler), die dem Gebrauch zu konkreten einzelnen Zwecken wie Liturgie, Marsch usw. dient. Übergänge zumal zum ›umgangsmässigen‹ (Mit)Singen oder Tanzen einerseits, zur Integration von Theatermäßigem andererseits sind allerdings in der Praxis oft fließend. Ein Grenzfall ist auch das gesellige Singen und Musizieren überhaupt, das mit öffentlichen Auftritten, etwa bei Liebhaberkonzerten oder Chorwesen und Laienmusizieren überhaupt, immer wieder konzertartige Formen ausbildet und an dieser Sphäre partizipiert.

Die Realisierung solcher autonomer Musik, also Musik, die im gegebenen Kontext im Zentrum der (ästhetischen) Aufmerksamkeit steht und keine speziellen Einzelzwecke erfüllt, ist das Wesensmerkmal des Konzerts überhaupt (vgl. Heister 1983). Als Spurenelement oder Teilmoment innerhalb anderer Kulturformen reicht dieser Typ der Musikrealisierung zeitlich weit zurück. Als spezielleres, institutionell sich ausprägendes Phänomen gehört er ins Zeitalter von Bürgertum und Kapitalismus, ansatzweise in Virtuosenauftritten der griechischen und römischen Antike (*odeion*), wieder beginnend in der europäischen Renaissance, und voll sich entwickelnd mit dem Zeitalter des Absolutismus (zunächst v. a. in England, ab etwa den 1670ern) und der Aufklärung.

Innerhalb der Entstehung und Herausbildung des bürgerlichen Konzertwesens, das mit dem Aufstieg des Bürgertums eng verknüpft ist, sind ›populäre‹ Typen des Konzerts sogar eine der konstitutiven Hauptformen, erhalten dann mit der Durchsetzung bürgerlich-kapitalistischer Musikverhältnisse eine zunehmend kleinbürgerliche oder plebejische Färbung. Bei diesen Konzerten dominiert das ›Populäre‹ im Sinn des Unterhaltenden (vgl. Hügel 1993), wenngleich Anspruchsvolleres, ›Seriöses‹ integriert sein oder werden kann. Dabei ist ›populär‹ nicht unmittelbar sozial definiert – so naheliegend die Assoziation vorwiegend mit Unterklassen-Kontexten im weiten Sinn auch ist. In der Entstehungsphase war das Bürgertum selbst ja noch Teil der beherrschten Klassen, wenngleich deren bereits im wesentlichen dominierender. (Auch das ›Volkslied‹ war spätestens mit der Aufklärung im 18. Jh. keine Sache allein der Bauern und/oder städtischen Plebejer, sondern zugleich eine der bürgerlichen Schichten.) Der Begriff ›populär‹ ist also hier, wie immer, schwierig zu bestimmen. Er meint einerseits substantiell Musik von in der Regel nicht allzu hohem (Kunst-)Anspruch, andererseits relational-funktional einen spezifischen Erwartungs- und Funktionshorizont samt einer Rezeptionssituation, die lockerer als in ›gehobenen‹ Formen unterhaltungsorientiert ist. Zur Sache gehört es daher, daß sich in den konzertartigen Formen innerhalb der Populär(musik)kultur die ›philharmonische‹ Sozialisation (die auf die Oper ausstrahlt und dort zeitlich etwa parallel mitvollzogen wird) nie ganz durchsetzt: Das Publikum im gehobenen Konzert redet, ißt, trinkt, raucht nicht während der Musikrealisierung, zappelt nicht und schaut nicht neugierig herum, sondern hört konzentriert der Musik zu – oder tut wenigstens so. Man klatscht nicht zwischen den Sätzen eines Kunstwerks Beifall und über die Mitmenschen allenfalls in der Pause. Solche strengen Normen haben sich aber erst gegen Ende des 19. Jh. voll durchgesetzt und das vorwiegend in den ›Metropolen‹ der Welt, strahlen allerdings auf die ›Provinz‹ und die ›Peripherie‹ – regional wie sozial zu verstehen – als Anspruch aus.

In den konzertartigen Formen innerhalb der Populärkultur überschneiden sich die (in sich nochmals differenzierten) Funktionskreise Gaststättenwesen, Unterhaltungs- bzw. ›Freizeit‹-Kultur, Musikkultur (speziell Konzertwesen, aber auch Theaterwesen, v. a. wiederum solche mit Freiluft-Aspekten, also Sommer- und Gartentheater). Ähnliche Orte »gelegentlichen Konzertierens« (Schwab 1971), ob in städtischem Milieu, auf Reisen etwa zu Schiff samt Schiffspianist bzw. -kapelle, oder sogar per Eisenbahn als erweiterter Nachfolgeform der Postkutsche u.a.m. gehören ebenso hierzu – bis hin zu Veranstaltungen auch im Kino (Swing-Bands fungieren in den USA der 1930er quasi als Zwischenaktsmusik, oft mit Tanz verbunden).

Entstehung und Entwicklung

Populäre Konzertformen bildeten ein wichtiges Segment des Konzertwesens: quantitativ sowieso, besonders seit dem Vormärz für die ↗ Unterhaltung der städtischen (kleinbürgerlichen bis plebejischen) Massen, bürgerliche Kreise etwa bei Biergärten u. ä. eingeschlossen, wie dann, in zweiter Linie, auch qualitativ für die Durchsetzung von neuer Musik (zunächst paradigmatisch Beethoven, dann Wagner).

Ausgangspunkt waren zum einen bürgerlich-private Veranstaltungen des Typus ›Haus‹- oder ›Privatkonzert‹ – so die des Kohlenhändlers Thomas Britton im London der Restaurationszeit von 1678/79 bis zu seinem Todesjahr 1714; zum anderen von Musikern selbst ausgehende Aktivitäten wie die ebenfalls hauskonzertartigen Veranstaltungen des Hoforganisten Pierre de Chabanceau de La Barre (Paris um 1645) oder des Violinisten John Banister (London 1672–1678). Allerdings ist hier die Musikrealisierung fast immer noch mit anderen sinnlichen, vorwiegend gastronomischen Genüssen verbunden. Zum dritten schließlich entstehen Ansätze eines Konzertwesens unmittelbar im Bereich des Gaststättenwesens und der Unterhaltungs- bzw. fast schon ›Freizeit‹-Kultur, besonders nachhaltig in den Londoner Vergnügungsparks bzw. Konzertgärten seit den 1660er Jahren: »Marybone Gardens« (um 1659–1778), die zum Begriff gewordenen »Vauxhall Gardens«, »Sadler's Wells« (1648-um 1880), »Lambeth Wells« (um 1697–1829), »Ranelagh Gardens« (1741–1805) u. a. m. Wie bei anderen prototypischen Kulturformen die Regel, so können auch diese ›pleasure gardens‹ als Modelle andernorts übernommen werden: so 1758 in Birmingham, 1765 in New York, 1767 in Charleston (S. C.); seinerseits zum Begriff wurde das *Tivoli* (1843 Kopenhagen) (vgl. Schwab 1992, S. 544).

Schaudirigenten wie Philip Musard seit 1833 in Paris, Louis Antoine Jul(l)ien seit 1838/39 in London, die von Wien international ausgreifende Strauß-Familie, Benjamin Bilse in Warschau und (seit 1868) in Berlin – Mitglieder seiner Kapelle gründeten 1882 das *Berliner Philharmonische Orchester* – machten solche konzertartigen Formen mit der Mischung von Populärem und Anspruchsvollem zu nicht unwichtigen Orten musikalischer ›Volksbildung‹. Zu diesen nicht zuletzt an die englischen pleasure gardens des 18. Jh. anknüpfenden Formen, die im Unterschied zum ›gehobenen‹ Konzertwesen primär Freiluft- und erst sekundär Saalmusik waren und sich nie ganz von der Einbettung in das Gaststättenwesen sowie der Funktionalität als Musik zum Tanzen emanzipierten, zählen u. a. eben Garten- und Freiluftmusik, Promenadenkonzerte; diese konnten wiederum in klassisch-konzertmäßige Bahnen umgelenkt werden, z. B. in Gestalt der Londoner ›Proms‹ seit 1895 *(Henry Wood Promenade Concerts)* – mit anspruchsvollem Repertoire –, weiter Militär- und Platzkonzert; ein heute noch existierender Ausläufer ist das Kurkonzert. Von hier gibt es Übergänge zu großangelegten, festlich-einmaligen Veranstaltungen, einem weiteren Segment des allgemeinen Konzertwesens, den Musikfesten – auch mit durchaus ›seriösem‹ Programm. Eine charakteristische Form für das spätere 19. Jh. ist das ›Monstrekonzert‹ mit riesigen Besetzungen. Diese Vielfalt wird ergänzt durch teils noch dazugehörende, teils angrenzende Formen, die weitere, zumal theatralische Elemente der tendenziell alle Künste umfassenden Mimetischen Zeremonie einbeziehen, wie britische ›music hall‹, italienisches ›politeama‹, französisches ›café concert‹ oder ›café chantant‹, später russisch-sowjetische ›Estrade‹ und andere mehr; spezielle Attraktionen wie exotische Ensembles zwischen alpenländischen Jodlern und afroamerikanischen Spiritualchören oder ›Damenkapellen‹ ergänzten das breite Angebot.

Getragen wurden diese Formen v. a. von Musizierenden und Institutionen aus vier Teilbereichen: dem Laienmusikwesen (dominant Chöre), der von der Kommune finanzierten Stadtmusik in ihrer letzten Phase bis zum definitiven Ende in den Jahren um die Reichsgründung von 1871, den zahlreichen Militärmusikkapellen, die dann vor allem im Gefolge der nationalstaatlichen Einigung von 1871 bis zur Novemberrevolution von 1918 eine oft dominante Stellung erlangten – zumal in Garnisons- und Residenzstädten, und schließlich den privatwirtschaftlich agierenden Privat- oder ›Zivilkapellen‹ in verschiedenen Größenordnungen zwischen Orchester und Einzelnem und bis hin zu den Dorfmusikanten; danach agierten sie meist erheblich verkleinert und eher bereits anderen Genüssen subordiniert und stärker ins Gaststättenwesen reintegriert, gar als – hier nur am Rand durchaus dazugehörende – Tanzmusik-Kapellen, v. a. mit Tanz, Schlagern, auch, wie es damals hieß, ›Jazz‹.

Die Militärmusiker waren als bereits im Rahmen des militärischen Dienstes fest Besoldete eine unliebsame, preisdrückende Konkurrenz für die sonstigen ortsansässigen Musiker, besonders nach der Reichsgründung und im Kontext der Gewerbefreiheit. Deren Einführung erfolgte schrittweise und hatte bis zum letzten Drittel des Jahrhunderts vor allem eine schleichende, nach 1848 wohl recht rapide Aushöhlung der mit der Stadtmusik verbundenen, zunftmäßig vermittelten Privilegien zur Folge. Nach 1848 konnten die multifunktional und multiinstrumental geprägten Stadtmusiker einerseits bei den speziellen, höheren Anforderungen des entwickelten Konzerts endgültig nicht mehr mithalten, während sie auf der anderen Seite bei umgangsnäherem, populär orientiertem Musizieren unter dem Druck der Dumpingpreise der militärischen wie privatwirtschaftlichen Konkurrenz standen.

Die Programme waren bunt, im Rahmen des meist begrenzten Idioms abwechslungsreich, den Gattungen nach reichhaltig und aus vorwiegend kürzeren Nummern zusammengesetzt, dabei aber insgesamt meist von erheblicher Länge. Das Repertoire bezieht neben Liedern zwischen Gassenhauer und Operettenarie, Tanz- und Marschmusik auch Eigenkompositionen der jeweiligen Kapellmeister mit ein; zugleich jedoch werden in diesem Bereich nicht selten jeweils avancierte oder doch modisch-moderne Komponisten präsentiert. Auch sonst ist am oberen Rand der populären Konzerttypen das Repertoire oft erstaunlich avanciert und vermittelte oft nicht unerheblich mehr an musikalischer Bildung als das Gros dessen, was heute unter ›Popularmusik‹ firmiert, von ›volkstümlicher‹ Musik zu schweigen.

Neben dem Wunsch, auch Neues dem Publikum vorzuführen, gab es vor allem seit den 1880ern mehrfach ›volkserzieherische‹, pädagogisch ambitionierte Unternehmungen mit ›Historischen Concerten‹, ›philharmonischen‹, gewissermaßen durchkomponierten gestrafft-konzentrierten Programmen neuen Typs. An dieser Nahtstelle zwischen im engeren Sinne populären und ›gehobenen‹ Formen wurde damit ein allgemeiner Bildungsanspruch demokratisiert und wenigstens ansatzweise auch realisiert.

Denn wiewohl sich im Konzertwesen ideell das Allgemeininteresse artikuliert und es an alle adressiert ist, machte sich real die doppelte Frontstellung des aufsteigenden Bürgertums selbst bereits im Rahmen des ›Dritten Stands‹ – Abgrenzung vom Adel wie bereits, und oft, wohl sogar in der Regel schärfer, von den Unterklassen – bemerkbar. Lange Zeit wurde im Namen der Einheit von ›Besitz und Bildung‹ das

›Volk‹ nicht im bürgerlichen Konzertwesen geduldet. Es konnte sich nicht anständig benehmen und anziehen, war überhaupt arm und – infolge des Bildungsprivilegs – ungebildet. Gegebenenfalls genügte der meist ziemlich hohe Eintrittspreis als Zugangsschranke, relevant bis nach 1945, ganz abgesehen von den eben nicht mit Konzertkarte und Programmheft zu erwerbenden Bildungsvoraussetzungen.

Der Haupttendenz nach war somit der Zugang zum (gehobenen) Konzert auch eine Preis- und letztlich Klassenfrage. Demgegenüber bedeuteten populäre, in die Unterhaltungskultur bzw. das Gaststättenwesen eingebettete Formen mit keinem oder sehr billigem Eintritt eine wenigstens formelle Demokratisierung des Zugangs. Eine partiell sogar inhaltliche Demokratisierung waren preiswerte ›Volkssymphoniekonzerte‹ Ende des 19. Jh. nach englischen Modellen – praktisch ausschließlich in Großstädten (Großbritannien, auch Frankreich, Deutschland, Habsburger Monarchie bzw. Wien) mit anspruchsvollen, ansonsten aber früheren Zuständen entsprechenden bunten, gemischten Programmen. Als Zeichen der ›Zweitrangigkeit‹ wurden freilich dabei z. B. im Leipziger Gewandhaus »die Schonbezüge nicht von den Sitzen entfernt« (Schwab 1971, S. 24). Tendenzielle Gleichberechtigung vermittelte u. a. nach 1917/18 staatliche, meist kommunale Trägerschaft, ebenfalls eine Errungenschaft vor allem des 20. Jh. – nach Ansätzen mit ›Volks‹- und ›Arbeiterkonzerten‹ speziell auch im Rahmen der Arbeiterbewegung.

›Volkskonzerte‹ oder ›Arbeiterkonzerte‹ seit dem ausgehenden 19. Jh. galten zwar den Unterklassen, waren freilich musikalisch-musikkulturell aber fast ein Gegenpol innerhalb dieser oder zu dieser Musiksphäre; denn sie stellten explizit Bildungsansprüche, ob von bürgerlicher oder sozialdemokratischer Seite aus organisiert.

Im Kontext der politisch dimensionierten, organisierten Arbeiterkultur und -freizeit bereicherten und erweiterten dann Veranstaltungen der Laienmusiziergruppen der Arbeitermusik- und Arbeitersänger-Bewegung das Spektrum. Die ersten Arbeiterchöre, z. T. selbständig, z. T. anderen Organisationen (z. B. Sportvereinigungen) angeschlossen, entstanden nach 1860 im Rahmen der Arbeiterbildungsvereine. Sie pflegten neben volkstümlichem Liedgut und klassischen Chorwerken (Oratorien, Kantaten) das sog. Tendenzlied. 1908 wurde der *Deutsche Arbeiter-Sängerbund* (DAS) gegründet, mit eigenem Verlag und über 100.000 Mitgliedern. Erst nach der Novemberrevolution von 1918 entstanden gemischte Chorvereinigungen im Kontext der Arbeiterchorbewegung, Concertina-, Bandoneon-, Mandolinenorchester,

Schalmeienensembles und ähnliches, die ebenfalls politisch ›operativ‹ oder ästhetisch ›autonom‹ auch bei Freiluftveranstaltungen auftreten konnten.

Wie ›Volkskonzerte‹ u. ä., so waren auch ›Werkskonzerte‹ und Werksmusik überhaupt im Rahmen einzelner Unternehmen eine Antwort ›von oben‹ auf Fragen der Demokratisierung. Ihr vorrangiger Zweck waren die Steigerung von Laune und Produktion, die Verbesserung von Betriebsklima und Gewinnmarge. Sie waren oft verschränkt mit bereits medial, technisch vermittelten Formen von Musik unmittelbar während der Arbeit. In Gestalt etwa der ›Lunchtime Follies‹ in den USA während der Kriegszeit – Musik, oft mit Theatralischem gemischt, in den Arbeitspausen – erhielten solche Formen in Krisensituationen noch eine zusätzliche national-politische Dimensionierung. Das *Wunschkonzert der Wehrmacht* – primär fürs ↗ Radio konzipiert, aber jeweils von der Live-Situation eines Konzerts ausgehend – wurde ein Inbegriff solcher Tendenzen, das Prinzip des bunten Programms und des ›Für Alle Etwas‹ umzusetzen und damit zugleich von den Problemen des Nazismus abzulenken und für die übergreifenden Ziele des NS-Regimes zu mobilisieren.

Niedergang und Neuansätze

Schon im 19. Jh. erhielten die konzertartigen Formen sozusagen von innen her eine Konkurrenz in Gestalt der technisch reproduzierten Musik, zunächst in Gestalt von Automatophonen (Mechanische Musikinstrumente, Musikautomaten) zwischen Flötenuhr des 18. Jh. und Karussellorgel des frühen 20. Jh. – oft dann münzautomatisch gesteuert wie das fast legendäre Pianola, dann von Phonographen und Grammophon u. ä. bis hin zur ↗ Musikbox. Sie zogen, in eigenständigen Einrichtungen wie den ›Penny Arcades‹ oder, so vorwiegend, in Gaststätten- und Unterhaltskultur integriert, wie lebendige Musiker die Aufmerksamkeit auf sich.

Von der anderen Seite her wurden, zunächst eine technisch-soziale Sensation, bereits seit den 1880ern Konzerte per Telefonleitung fernübertragen, oder eine Sängerin auf dem Podium wurde von Trichtergrammophonen begleitet. Jenes war plebejisch-vulgär, dieses anfangs eher elitär.

Zug um Zug aber drangen im 20. Jh. neue, medial vermittelte Unterhaltungsformen in den Vordergrund. Die konzertartigen Formen wurden spätestens seit den 1960ern endgültig an die Peripherie gedrängt und u. a. durch verschiedene Formen von Tanzmusik (Diskothek usw.) oder Hintergrundmusik weitgehend abgelöst.

Das Ganze dieser Formen bildet heute im Zeitalter der universalen Hintergrundmusik (vgl. Heister 1992) eine auch innerhalb des Konzertwesens kaum mehr aktive und produktive Formenwelt.

Das ist allerdings etwas anders im genuinen Bereich der Populärmusik und der Unterhaltungskultur. Hier macht sich die Flexibilität der Form geltend. Denn das Konzert und damit auch konzertartige Formen sind, unabhängig von sozialer und kultureller Zuordnung, als Vorstufe zur technischen Reproduktion bzw. zur medialen Vermittlung, allgemeine Formen, die anderes, hier zumal andere Künste neben der Musik, zumal Theatralisches im weiten Sinn, in sich aufheben können. (Eine Operettenszene kann ohne große Probleme konzertant realisiert werden; ein Konzert innerhalb einer Operette ist eher eine Ausnahme). So findet sich immer wieder als Gegenzug zum häufig durch äußere Umstände – Repression oder Geldmangel – erzwungenen Verzicht auf mehr als ›Nur-Musik‹ (das Café Concert z. B. wurde 1853 wegen der Zensur ent-theatralisiert) die Aufladung mit Theatralischem bis sogar Zirzensischem. Solche Gegentendenzen können aber auch in der spezifischen Art der Musikrealisierung selbst aufgehoben werden, bei Jazz und vor allem bei Pop und Rock in der ›Bühnenshow‹ (auch beim musikalischen ›Entertainer‹ wie dem ins Konzert aufgestiegenen Barpianisten Liberace), die in der Sache Konzert und Musiktheater amalgamiert, ohne institutionell den Konzertcharakter aufzugeben. Bei der erweiterten Reproduktion des Konzerts in technischen Medien (Radio, TV) verstärken sich solche Tendenzen nochmals.

Der Jazz war oft, anders als Schlager- oder dann Pop- und Rockmusikkonzerte, auch noch in Filmtheater/↗ Kino oder Club eingebettet. Diese folgen formell vorwiegend dem Paradigma des ›Philharmonischen Konzerts‹, allerdings sind bei ihnen (wie analog beim ›instrumentalen Theater‹, einem Avantgarde-Phänomen der 1960er) theatralische Elemente häufig und wichtig, oft sogar entscheidend. Wie schon beim Jazz sind überdies Tanz- und überhaupt Tatendrang eines vorwiegend jugendlichen Publikums oft schwer zu bändigen – regelmäßige Randale als Spezialform des Skandals gehört zur Rockkonzert-Szene. Das Publikum wird aber auch im konservativ-gezähmten Pop/Classics-Bereich begrenzt zum Mitmachen animiert, mindestens zum rhythmischen (Mit-)Klatschen, oft zum Schunkeln, gelegentlich sogar zum Tanzen.

Auf der anderen Seite hält sich Konzertartiges, meist kleinerformatig, in Nachfolgeformen von Café Chantant bzw. Café Concert. Hierzu gehören verschiedene Gaststättenformen wie z. B. Bar (mit Barpianisten), angloamerikanischer Night Club (mit Kapelle und SängerIn), Musik-Café, Pub mit Musiktypen wie irischer Folklore, auch Country und ähnliches. Differenzkriterium ist, in eins mit der konstitutiven Musikzentrierung, das mehr oder minder häufige, gar regelmäßige Vorkommen von ›Live‹-Musik. Einen Grenzfall in diesem Bereich bildet umgekehrt die Musikbox, die, je nach historischer Situation und Kontext, eine konzertartige Musikrealisierung bewirken konnte.

Aus dem Miteinander von Aushöhlung traditioneller, auch bürgerlicher Kunstansprüche und stets rabiat durchgesetzter ›Marktwirtschaft‹ entsteht im Zeichen eines dominierenden Populismus eine neue Tendenz zum primär medial vermittelten (durch Reklame, Marketing usw. bei noch formeller ›Live‹-Realisierung und real als Tonträger, Radio- und Fernsehsendung) populären Galakonzert – fast paradox mindestens auf der Folie bisheriger Kopplungen von Gut und Teuer. Sparen staatlicherseits, als ob Kultur rentabel sein müßte, wirkt mit zunehmender Kommerzialisierung destruktiv zusammen. Diese sucht zum einen auch das Konzertwesen qua Sponsoring und ähnlichem als Reklame einer auf die Gesamtheit der ›marktwirtschaftlichen‹ Ordnung bezogenen längerfristigen Optimierung zu unterwerfen; da das nur bei einem gewissen wenigstens formellen Niveau funktioniert, dürfte schon deshalb, nun offen Partikularinteressen repräsentierend, mindestens ein konventionell-stromlinienförmiges, am Gala- und Festivalprinzip orientiertes Segment des Konzertwesens auf absehbare Zeit überleben. Der (sozialen, kaum ästhetischen) Substanz nach elitär, ist dergleichen doch der Verbreitung und Funktionsweise nach durchaus populär. Zum anderen geht von den transnationalen Tonträgerkonzernen wie Konzertagenturen mit ihrem einzelunternehmerischen Interesse der Orientierung an kurzfristigen, möglichst hohen Gewinnen ein wachsender Druck auf das Konzertwesen aus, Standards der Musik wie Musikrealisierung zu erniedrigen: Popularität als Populismus. Dafür sorgt u. a. der von Unterhaltungsindustrie bzw. Massenmedien ausstrahlende Starkult (↗ Kult) vorwiegend mit Interpreten und Interpretinnen fraglicher oder minderer Qualität (wie z. B. der Geiger Nigel Kennedy, oder gar Vanessa Mae, Helmut Lotti etc. – gelegentlich auch höherer wie das Kronos-Quartett) oder Freiluft-Monstrekonzerte wie die internationale Tournee von drei stimmlich absteigenden Startenören (1996) und einem sich daran anschließenden ganzen Rattenschwanz von ähnlichen multiples.

Im Zeichen eines crossover als scheinhafter Versöhnung von ›U‹- und ›E‹-Musik werden auch Auflockerungen der Konzertzeremonie erprobt. Diese sind bis zu einem gewissen Grad (etwa in puncto Kleidung) durchaus möglich und sinnvoll. Oftmals zerstören sie beim Übergang zu populistischer, das Publikum bloß als Kunden und als ↗ Fans eines ›easy listening‹ ansprechender Anpassung (siehe ›fusion‹, ›light classics‹, ›Kuschelklassik‹ u. ä. m.) als Konzert mit Rauchen, Gastronomie, gar Reden während der Musikrealisierung, was sie vorgeblich und vielleicht manchmal wirklich retten wollen. Eine einigermaßen solide Geschäftsgrundlage gibt es auf absehbare Zeit für Konzerte – jubelnde Fan-Mengen scheinen unerläßlich – als ›Live‹-Rohmaterial für mediale Weiterverarbeitung zwischen ↗ Videoclip und weltweit ausgestrahltem Neujahrskonzert der *Wiener Philharmoniker*.

Kommen diese Tendenzen gewissermaßen ›von oben‹, aus der Sphäre der ›E‹-Musik, so bildet der Starkult einen zentralen und genuinen Bestandteil auch der Populär(musik)kultur selber. Ein Grundtyp ist daher das Popkonzert als Starkonzert, ›inszeniert‹ mit großem Aufwand an Marketing, Public Relation und Reklame, Showelementen in der Aufführung selber, inzwischen auch Merchandising als Auf- und Nachbereitung. Es wird in der Regel in Form von Reihen, hier als Tourneen präsentiert. Ein zweiter Typ sind sog. ›Unplugged‹-Konzerte, also Veranstaltungen ohne großen Aufwand an Elektroakustik und Show, die gegebenenfalls ihrerseits durch Massenmedien (inzwischen vorzugsweise ↗ Fernsehen) in tendenziell internationaler Dimensionierung verbreitet werden. Ein dritter Typ ist schließlich das *crossover* ›von unten‹: ein Aufstieg populärer Musik (bzw. Musizierender) in Konzertsäle oder Opernhäuser (so etwa bei der isländischen Sängerin Björk), im Gegensatz zur Aufführung in Stadien usw., wie bereits beim Konzept des ›Jazz at the Philharmonics‹ des US-amerikanischen Impresario Norman Grantz seit den 1940ern; letztere Fälle haben auch mit der erweiterten Substanz der Musik selber zu tun und sind etwas anderes als die bloße Verwendung großer Säle für ↗ Stars oder Sternchen. Bei aller Verschiedenheit der Typen, Musiksphären, Stile, Idiome, Verfahrensweisen bleibt doch der Kern der Musikzentrierung hier gewahrt.

Eine quantitativ demgegenüber periphere, aber ebenso bezeichnende wie bemerkenswerte Tendenz ist schließlich im Zeichen des ›event‹ die Suche nach immer neuen, noch sensationelleren besonderen Orten für die Musikrealisierung zwischen Bergwerk und Gipfelkreuz, Gasometer und Hallenbad. Das ist auch die Suche nach neuem Publikum, hier ins fast absurde Extrem gesteigert. Immerhin kann damit, wie auch bei multimedialen Vorführungen aller Art an ansonsten traditionellen Aufführungsorten, auch an-

spruchsvolle musikalische Avantgarde einem breiteren Publikum vermittelt und dabei vielleicht nicht gerade gleich populär, aber doch vergnüglich werden.

Literatur

Ballstaedt, A./Widmaier, T.: *Salonmusik. Zur Geschichte und Funktion einer bürgerlichen Musikpraxis*. Wiesbaden 1989.

Besseler, H.: »Grundfragen des musikalischen Hörens«. In: *Jahrbuch Peters* (1925) S. 35–52.

Blaukopf, K.: *Werktreue und Bearbeitung. Zur Soziologie der Integrität des musikalischen Kunstwerks*. Karlsruhe 1968.

Carse, A.: *The Life of Jullien. Adventurer, Showman-Conductor and Establisher of the Promenade Concerts in England, Together with a History of Those Concerts up to 1895*. Cambridge 1951.

Endler, F.: *Das Walzerbuch. Johann Strauß: Die Wiener Aufforderung zum Tanz*. Wien 1975.

Fuhr, W.: *Proletarische Musik in Deutschland 1928–1933*. Göppingen 1977.

Günther, E.: *Geschichte des Varietés*. Berlin 1978.

Harley, J.: *Music in Purcell's London. The Social Background*. London 1968.

Heinrich-Jost, I.: *Wer will noch mal? Wer hat noch nicht? Aus der Geschichte der Berliner Rummelplätze*. Berlin 1985.

Heister, H.-W.: »Politische Musik«. In: *MGG*, Bd. 7. Kassel/Stuttgart 1997. S. 1661–1682.

Ders.: »Konzertwesen«. In: *MGG*, Bd. 5. Kassel/Stuttgart 1996. S. 686–710.

Ders.: »Music in concert and music in the background: two poles of musical realization«. In: *Companion to Contemporary Musical Thought*, Bd 1. London/New York 1992. S. 46–71.

Ders.: *Das Konzert. Theorie einer Kulturform*, 2 Bde. Wilhelmshaven 1983.

Hügel, H.-O.: »Ästhetische Zweideutigkeit der Unterhaltung. Eine Skizze ihrer Theorie«. In: *montage/av* 2, 1 (1993) S. 119–141.

Jansen, H.: *Das Varieté. Die glanzvolle Geschichte einer unterhaltenden Kunst*. Berlin 1990.

Jansen, W./Lorenzen, R.: *Possen, Piefke und Posaunen. Sommertheater und Gartenkonzerte in Berlin*. Berlin 1987.

Kaufmann, D.: »… routinierte Trommlerin gesucht«. *Musikerin in einer Damenkapelle. Zum Bild eines vergessenen Frauenberufs aus der Kaiserzeit*. Karben 1997.

Kosok, L./Jamin, M. (Hgg.): *Viel Vergnügen. Öffentliche Lustbarkeiten im Ruhrgebiet der Jahrhundertwende*, Ausstellungskatalog. Essen 1992.

Lammel, I.: *Arbeitermusikkultur in Deutschland 1844–1945. Bilder und Dokumente*. Leipzig 1984.

Lichtenfeld, M.: »Zur Geschichte und Typologie des Konzertprogramms im 19. Jahrhundert«. In: *Musica* 31 (1977) S. 9–12.

Mahling, C. H.: »Zum »Musikbetrieb« Berlins und seinen Institutionen in der ersten Hälfte des 19. Jahrhunderts«. In: Dahlhaus, C. (Hg.): *Studien zur Musikgeschichte Berlins im frühen 19. Jh.* Regensburg 1980. S. 27–284.

Mander, W./Mitchenson, J.: *British Music Hall. A Story in Pictures*. London 1965.

Orga, A.: *The Proms*. Newton Abbot 1974.

Otto, L.: »Beethoven'sche Symphonien in Gartenconcerten …?«. In: *Neue Zeitschrift für Musik* 25 (1846) S. 46 f.

Pinthus, G.: *Das Konzertleben in Deutschland. Ein Abriss der Entwicklung bis zum Beginn des 19. Jahrhunderts*. Straßburg 1933.

Preussner, E.: *Die bürgerliche Musikkultur* [1935]. Kassel 1950.

Salmen, W.: *Das Konzert. Eine Kulturgeschichte.* München 1988.

Schutte, S. (Hg.): *Ich will aber gerade vom Leben singen ... Über populäre Musik vom ausgehenden 19. Jahrhundert bis zum Ende der Weimarer Republik.* Reinbek 1987.

Schwab, H. W.: »Von den Konzertgärten. Berichte und Bilder aus der Kulturgeschichte des Konzertsaals (IV)«. In: *Das Orchester* (1992) S. 539–546.

Ders.: *Konzert. Öffentliche Musikdarbietung vom 17. bis 19. Jahrhundert.* Leipzig 1971.

Steegmann, M. (Hg.): *Musik und Industrie. Beiträge zur Entwicklung der Werkschöre und Werksorchester.* Regensburg 1978.

Storck, K.: *Musik und Politik. Beiträge zur Reform unseres Musiklebens.* Stuttgart 1911.

Thrun, M.: *Neue Musik im deutschen Musikleben bis 1933.* 2 Bde. Bonn 1995.

Weber, W.: *Music and the Middle Class. The Social Structure of Concert Life in London, Paris and Vienna.* London 1975.

Wernecke, J.: *Das populäre Konzert. Theoretische Aspekte, Dresdner Befunde zwischen 1871 und 1950.* Magisterarbeit Dresden 2000.

Hanns-Werner Heister

Kriminalroman ↗ Verbrechen, Detektiv

Kult

Kult als Element des Populären in postmodernen Gesellschaften entsteht in den Praktiken des Gebrauchs und der Aneignung von kommerziellen Produkten der (transnationalen) ↗ Kulturindustrien. Das Populäre läßt sich als offener und gestaltbarer Prozeß begreifen, das sich auf zwei Ebenen analysieren läßt: 1) der Produktion und Zirkulation von Bedeutungen und Werten; 2) der Ebene der Gefühle, affektiven Sensibilitäten und Vergnügen (vgl. Fiske 1989; Grossberg 1992). Es ist auch ein Ort sozialer Auseinandersetzungen, des Kampfes um Bedeutungen und der Konstruktion von Gemeinschaften und Identitäten durch Abgrenzungsprozesse (vgl. Hörning/Winter 1999).

Kulte als Manifestationen des Populären lassen sich nicht vorausplanen, sie entstehen spontan, wenn soziale Formationen sich um einen medialen Text (↗ Film, Fernsehserie, ↗ Star etc.) gruppieren, sich auf diesen spezialisieren und ihn sich in ritualisierten Praktiken aneignen. Während die Prozesse populärer Kreativität und libidinöser Besetzung gewöhnlich in – dem Außenstehenden verborgene – alltägliche

Praktiken eingebettet sind (vgl. de Certeau 1988), zeigen sie sich in der kultischen Verehrung und Zelebration von Filmen, Fernsehserien oder Medienstars auf exzessive und sichtbare Weise. Die Aneignung durch Kultisten wird zu einem sozialen Ereignis (vgl. Winter 1995), das nicht einmal stattfindet, sondern immer wieder wiederholt wird. Diese erleben ihre präferierten Objekte distanzlos, sie gehen in ihnen auf und schätzen die Wiederholung des bereits Bekannten.

Fanatische kollektive Aktivitäten wie das Kreischen von Elvis-Fans, die stilechten Madonna-Imitationen weiblicher Anhänger bei ↗ Konzerten oder die Gesang, Mehl und Reis einschließenden Rituale der Zuschauer der Rocky Horror Picture Show (1974), die mit einer Distanzierung von alltäglichen Zwängen, Zuständen emotionaler Entrückung und einem intensiven Erlebnis des ›Jetzt‹ verbunden sind, verwandeln profane ›Objekte‹, die primär durch audiovisuelle Bilder geschaffen und vermittelt werden, in ›heilige‹, aus dem ↗ Alltag abgesonderte und verehrte ›Fetische‹, die kollektive Transzendenz, emotionale Freiräume und Ausbruchsversuche aus bedrängenden Routinen und Rollenanforderungen erlauben (vgl. Cohen/Taylor 1992).

Religionssoziologisch betrachtet, lassen sich Kulte als Reaktion auf den Niedergang der christlichen Religion, die Säkularisierung und die Entzauberung der Welt begreifen (vgl. Stark/Bainbridge 1985). Sie sind Ausdruck des für die Postmoderne typischen Neo-Tribalismus, einer Vervielfachung kleiner, lokaler Gruppen, die auf kreative Weise neue Formen von Gemeinschaft hervorbringen (Maffesoli 1988). Sie zielen auf die Schaffung einer gemeinsamen Matrix, eines Zusammen-Seins und auf die Herstellung von Transzendenz. Bei populären Kulten entfällt die letztgenannte Funktion, allerdings transzendiert bei ihnen die Gruppe oder die Gemeinschaft die Individuen. Die Kultisten feiern in ihren Bemühungen, ein verbindendes Gewebe von Praktiken zu flechten, sowohl ihre Objekte als auch ihre gemeinsamen Reaktionen auf sie. Dabei läßt sich die Sozialform populärer Kulte von der neuer religiöser Bewegungen oder vom modernen Okkultismus unterscheiden. Weder gibt es charismatische Führer noch überlieferte Doktrinen oder Heilslehren. Statt dessen konzentrieren sich ihre Anhänger auf Objekte im »optischen Imperium der Populärkultur« (Chambers 1986), die gemeinsame, außeralltägliche Transaktionen ermöglichen. Sie suchen keine Rückkehr zu einem durch eine religiöse Weltanschauung getragenen sinnhaften Kosmos. Trotzdem lassen sich ihre Praktiken als Versuche der temporären und lokalen Wiederverzauberung der Welt begreifen. Die kultisch verehrten Filme oder Fernsehserien stellen ›heilige Objekte‹ dar, die eine eigene Sinnwelt offerieren. Zudem enthalten sie oft soziale Kritik, wie das Beispiel vieler Kultfilme zeigt, die ihren Ursprung in sub- bzw. gegenkulturellen Zusammenhängen haben. Sie ermöglichen inhaltlich eine Distanz und Abgrenzung zur Mainstream-Kultur und durch die kultischen Handlungen zu den Zwängen und Anforderungen der Kontrollgesellschaft (Deleuze 1998).

Merkmale von Kultobjekten

Welche Filme, Fernsehserien oder Stars werden zu Kultobjekten? Umberto Eco (1985) hat am Beispiel von Casablanca (1942) argumentiert, daß dieser nach den Kriterien anspruchsvoller Filmkritik ästhetisch eher mittelmäßige Film zwangsläufig zum Kultobjekt werden mußte, weil er voller Klischees, archetypischer Muster und Handlungsscripte sei, die aus anderen Filmen vertraut seien und in Casablanca »ein Fest des Wiedersehens feiern« (Eco 1985, S. 213). Ohne ein festes Drehbuch und unter chaotischen Umständen entstanden, griffen seine Autoren auf das »Repertoire des bereits Erprobten« (ebd., S. 209) zurück. So entstand ein politisches Melodrama, das eine unglückliche Liebesgeschichte mit dem Kampf gegen den Faschismus und dem (Über)Leben in der Emigration verbindet. Casablanca besteht aus vielen Filmen, appelliert an das Wissen, die intertextuelle Kompetenz seiner Zuschauer und wird von ihnen zu einem Kultobjekt gemacht, das sowohl neue Lesarten erlaubt als auch die lustvolle Zelebration bereits bekannter. So wird seit Entstehen des Bogey-Kults Mitte der 1950er Jahre die Aneignung des Films auch durch eine nostalgische Identifikation mit Humphrey Bogart bestimmt, was in Play it Again, Sam (1971) von Woody Allen eindrucksvoll vorgeführt wird. Die Intertextualität des Films verhindert aber nicht, daß er auch als eine komplette und in sich geschlossene Welt rezipiert werden kann, in die sich die Kultisten während der Rezeption distanzlos vertiefen können. Das Vermeiden von Selbstbewußtheit (vgl. Cohen/Taylor 1992, S. 138 ff.), d. h. einer reflektierten Betrachtung der eigenen Aktivitäten, mündet in das Mitsprechen von Textpassagen, in das lustvolle Nachspielen einzelner Szenen und in Freiräume schaffende Phantasien, die aus der eigenen Bar Ricks Bar machen und die Selbstdarstellung den für Bogart typischen coolen Posen angleichen.

Populäre Kulte beruhen also auf der Selbstreferentialität der Medienkultur (↗ Medien). Ihre Mitglieder sind sich dieses intertextuellen Netzes bewußt und genießen es, sich gemeinsam in ihm zu verstricken. So werden ein Film oder eine Fernsehserie zum Kult, wenn sie an die Medienerfahrungen der Zuschauer anknüpfen und gleichzeitig in sich kondensierte und spezialisierte Welten offerieren, die als exemplarischer Ausdruck kultureller und gesellschaftlicher Strömungen erlebt werden können. Beispielsweise ist für Eco Casablanca das ↗ ›Kino an sich‹, die Summe des Hollywood-Kinos und des französischen Kinos der 1930er Jahre. The Rocky Horror Picture Show, ein Pastiche aus anderen Musicals, Horror- und Adoleszenzfilmen, läßt sich als Melange der schwulen Gegenkultur und der angloamerikanischen ↗ Jugendkultur nach dem Zweiten Weltkrieg begreifen. In Twin Peaks (1990/1991) vereinigen sich die Klischees der Seifenoper, des Horrorfilms, der Polizistenserie, des amerikanischen Kleinstadtlebens und die New Age-Sehnsüchte vieler Amerikaner zu einem rätselhaften und geheimnisvollen Universum (vgl. Lavery 1995).

Trotz dieser erforderlichen textuellen Merkmale werden Kultobjekte, das zeigt ihre Geschichte (vgl. Hoberman/Rosenbaum 1998), von den Zuschauern und nicht von der Kulturindustrie geschaffen. Entgegen Ecos Auffassung werden sie nicht als Kultobjekte geboren, sondern sie lassen sich besser als »adoptierte Kinder« begreifen (Corrigan 1991). Die Kultisten nehmen sich ihrer an, versuchen mit ihren Eigenheiten zurechtzukommen und entwickeln in der lustvollen und wiederholten Beschäftigung mit ihnen eigene Interpretationen, Rituale und Praktiken, die durch Kreativität und Bricolage, den spielerischen Umgang mit Signifikanten und Sinnbeständen, gekennzeichnet sind. So können Filme – unabhängig von ihrer Bewertung durch Industrie, ↗ Werbung und die professionelle Kritik – zu signifikanten Objekten werden. Gerade die Abgrenzung, die sie von bereits existierenden und dominanten Geschmacks- und Erlebniskulturen erlauben, macht ihren spezifischen Reiz aus.

Populäre Kulte werden an spezifischen Orten vom Wohnzimmer bis zum Konzertsaal zelebriert. Einer ihrer wichtigsten Kontexte war das sogenannte Mitternachtskino (Hoberman/Rosenbaum 1998), das in den 1960er Jahren im Kontext der Gegenkultur entstand und bis in die 1970er Jahre sehr ↗ populär war. Zu dieser Zeit zeigten die Kinobetreiber alle Arten von Sonderprogrammen: Exploitationfilme, wüste Horrorfilme (↗ Horror), Undergroundproduktionen und Avantgardefilme. Filme wie Night of the Living Dead (1968), Texas Chainsaw Massacre (1974), Pink Flamingos (1972) oder El Topo (1969) wurden in geselligen, karnevalesk ausgelassenen Kinonächten rezipiert, kommentiert und gefeiert. Beispiele wie Eraserhead (1977) oder Bas- ket Case (1982) demonstrieren, daß erst das beständige Interesse und die leidenschaftlichen, ausdauernden Rituale des ↗ Publikums aus Filmen verehrungswürdige Kultobjekte machen. Im folgenden wird am Beispiel des Kultfilms und der Kultserie dieser Prozeß näher beschrieben.

Der Film als Kult

Da der Begriff Kultfilm in den letzten Jahren vor allem im Bereich der Kulturindustrie inflationär gebraucht wird, ist eine präzisere wissenschaftliche Bestimmung erforderlich. Zunächst gibt es Filme mit Kultqualitäten, weil bestimmte Zuschauer(gruppen) von ihnen angesprochen werden. Hierzu zählen populäre Filme, die ihre feste enthusiastische Zuschauerschaft haben und immer wieder mit Vergnügen geschaut werden, wie z. B. Gone with the Wind (1939), E. T. (1982), oder Star Wars (1977). Daneben gibt es Schauspieler wie Marlene Dietrich oder James Dean, die einen Kultstatus haben. Auch bestimmten Regisseuren wird dieser Rang zugewiesen.

Ein berühmtes Beispiel ist die Autorentheorie der Kritiker der *Cahiers du Cinéma*, die das kommerzielle Hollywoodkino ästhetisch neu bewerteten und beispielsweise in Filmen von Howard Hawks, Sam Fuller oder Joseph Losey die persönliche Handschrift von Autoren identifizierten. In diesem Kontext wird die Entzifferung des individuellen Stils und der damit verbundenen Weltsicht zu einer Quelle von Bedeutungen, Bewertungen und Vergnügen. Ein berühmtes Beispiel für ein Kultgenre (↗ Genre) ist der Film Noir, dessen künstlerische Bedeutung und Einheit ebenfalls erstmals von französischen Kritikern entdeckt wurde und der dann zu einem populären Filmgenre unter Intellektuellen wurde und bis heute stilprägend ist.

Auch wenn diese Filme unter Intellektuellen Kultqualitäten haben, so wird ihre Rezeption und Aneignung in diesen Kreisen jedoch nicht von populären Praktiken karnevalesker Verehrung und Partizipation begleitet. Kultfilme im engeren Sinne werden in kollektiven Ritualen, die den herkömmlichen ›Kino-Rahmen‹ überschreiten, zu außergewöhnlichen kulturellen Objekten. Eine soziologische Analyse zeigt, daß sie sich durch bestimmte Inhalte und textuelle Merkmale kennzeichnen lassen (vgl. Kinkade/Katovich 1992, S. 194–198). 1) Im Idealtyp des Kultfilms werden durchschnittliche, typische Personen mit atypischen, außergewöhnlichen Situationen bzw. das Publikum mit bizarren Welten und exzentrischen Subkulturen konfrontiert. So versucht Divine als fet-

ter Transvestit in John Waters tabubrechenden und amerikanische Ideale dekonstruierenden Pink Flamingos (1972), dem Publikum zu beweisen, daß sie die ›dreckigste‹ Person der Welt ist. Das seinen Horror-Glamourlook (↗ Glamour) imitierende Kult-Publikum reagiert darauf mit Grölen, Buhen und dem exzessiven Zurschaustellen der eigenen Verkleidung. Die Auseinandersetzung mit deviantem, abweichendem Verhalten während der kultischen Rituale verschafft den Zuschauern emotionale Freiräume und Gefühle der Ermächtigung (vgl. Grossberg 1992). Hier schließt sich der zweite wesentliche Aspekt von Kultfilmen an: 2) Die Identifikation des Publikums mit subversiven Charakteren. Denn die Hauptfiguren in Kultfilmen sind oft soziale Außenseiter mit einer zweifelhaften Vergangenheit wie in Mad Max (1978) oder Blade Runner (1982). Viele Kultisten ziehen sich wie die Hauptfiguren an und verwenden darauf viel Sorgfalt. 3) In Kultfilmen werden traditionelle Autoritäten, Werte und Normen in Frage gestellt. Auch hierfür sind die frühen Filme von John Waters ein herausragendes Beispiel. In George Romeros Night of the Living Dead (1968) behält der Afroamerikaner Ben als einziger die Nerven, die nötige Besonnenheit und den Überblick, während der Film in einer expressionistischen Schattenästhetik den Zusammenbruch von Familien und sozialen Bindungen angesichts der Bedrohung durch die Zombies darstellt. In Harold and Maude (1971) überschreitet die Liebe Grenzen, Erwartungen und Konventionen. Kultfilme im engeren Sinne basieren also auf der Dekonstruktion vertrauter Erwartungen und legitimieren abweichende, ›nicht normale‹ Praktiken. 4) Hervorgegangen aus den 1960er Jahren reflektieren sie Spannungen, soziale Probleme und Konflikte in der Gesellschaft. So präsentiert Eraserhead (1977) eine apokalyptische, postindustrielle Welt, die durch Entfremdung, Isolation und Einsamkeit gekennzeichnet ist. Auf surreale Weise setzt er sich mit Ängsten, ambivalenten Gefühlen und Aggressionen in bezug auf Geburt und Vaterschaft auseinander. In Blade Runner (1982) gewinnt die Alptraumversion einer postmodernen Gesellschaft Gestalt. Eine Ästhetik (↗ Ästhetik und Moral) des Zerfalls visualisiert die Kehrseite des technischen Fortschritts und die Komplizenschaft von High-Tech, Naturzerstörung und dem Verfall sozialer Bindungen. 5) Die Verehrung eines Films als Kultfilm durch eine Gemeinschaft impliziert nicht, daß alle Mitglieder des Kults ihn einheitlich interpretieren. Im Gegenteil: oft verehrt man den gleichen Film, aber aus unterschiedlichen Gründen. Kultfilme zeichnen sich durch Polysemie, Offenheit und Widersprüche aus. Dies führt zu Gesprächen und Diskussionen unter den Kultisten, die gemeinsame Bande verstärken und aus ihnen eine interpretative Gemeinschaft machen. Auch Starkulte beruhen zum Teil auf der Möglichkeit alternativer Lesarten. So schufen homosexuelle Männer den Kult um Judy Garland, die bereits die Hauptrolle in dem Kultfilm THE WIZARD OF OZ (1939) spielte (Staiger 1992, S. 154–177). Dabei interpretierten sie ihren Comeback-Film A STAR IS BORN (1954) vor dem Hintergrund ihrer persönlichen Krisen und ihrer Probleme, mit dem Hollywood-System zurechtzukommen. Ihre Außenseiterrolle führte zur Identifikation mit ihr.

Die retrospektiv bestimmten Merkmale, die den Idealtyp eines Kultfilms kennzeichnen, dürfen nicht darüber hinweg täuschen, daß es auf die Interaktion zwischen Film und Zuschauer ankommt, ob ein Film zum Kultfilm wird. Seine Relevanz und Bedeutung ergeben sich durch die ›Antworten‹ der Kultisten. Abweichende oder oppositionelle Lesarten alleine verleihen einem Film noch keinen Kultstatus. Erst wenn er zum Fokus eines Gruppenlebens wird und wiederholt bestimmte Praktiken und Rituale durchgeführt werden, gewinnt er den Status eines heiligen Objekts in einer säkularisierten Welt.

Wie der Rocky-Horror-Kult zeigt, folgen diese Praktiken Regeln, die Novizen erst lernen müssen. Im Laufe der Rezeptionsgeschichte des Films haben sich bestimmte Partizipationsmöglichkeiten und eine Etikette herausgebildet. Novizen zeichnen sich vor allen Dingen dadurch aus, daß sie Distanz bewahren und emotional nicht im Geschehen aufgehen. THE ROCKY HORROR PICTURE SHOW ist von seinen Themen und ihrer Präsentation (Bisexualität, Abwertung heterosexueller Liebesbeziehungen etc.) her ein gegenkultureller Film, der frühere Filme parodiert und zu sich selbst eine ironische Haltung annimmt. Sein Pessimismus und sein Zynismus in bezug auf menschliche Beziehungen reflektieren die postmoderne Sensibilität, die sich zum einen durch Ängste, Unsicherheiten und eine zynische Weltsicht kennzeichnen läßt (vgl. Denzin 1991). Zum anderen gehört zu ihr aber auch die Lust an der Intertextualität in einer Welt, die von medialen Spektakeln und Repräsentationen durchdrungen wird. Ein weiteres Merkmal von Kultobjekten, die selbst bereits auf andere mediale Texte verweisen, ist, daß sie für neue Kulte verwendet werden können. So finden sich viele der Themen von BLUE VELVET (1986), der selbst ein intertextuell angelegter Film ist, in Twin Peaks (1990/1991) wieder. Eine ↗ Serie wie Akte X (1993 ff.) knüpft an Twin Peaks an und übernimmt die erfolgreichen Elemente.

Die TV-Serie als Kult

Während das Phänomen der Kultfilme seine Existenz dem Mitternachtskino und der Gegenkultur der 1960er und 1970er Jahre, also vornehmlich Prozessen populärer Kreativität, verdankt, müssen bei der Analyse der heutigen Kult-Fernsehserien die Produktions- und Marketingstrategien der Kulturindustrie verstärkt in Betracht gezogen werden. Denn nach der Vorstellung der Fernsehsender soll nach dem Niedergang der ›TV-Konsensuskultur‹ die Produktion von Kultserien nicht nur treue und ergebene Kultisten, sondern eine möglichst große Zuschauerschaft, bestehend aus verschiedenen sozialen Formationen, ansprechen. Ein gutes Beispiel hierfür ist Akte X, die von Fox als Serie in der Tradition von Star Trek und Twin Peaks geplant wurde (vgl. Reeves/Rodgers/Epstein 1996). Durch den Genremix von Sciencefiction-Elementen, Detektivserie und okkulten Themen gelang es, bereits existierende Fangruppen anderer Serien anzusprechen, was z. B. Fanzines und Internetdiskussionen der Twin-Peaks-Fans zeigen. Zur »Koalition der Zuschauer« (Collins 1992) gehören aber nicht nur Trekkies und Twin Peakers, sondern auch Horrorfans, New-Age-Anhänger und Zuschauer, die an das Übernatürliche glauben. Ergänzend brachte Fox viele Produkte auf den Markt von Romanen über ↗ Comics, Quiz-Bücher bis hin zu Kaffeetassen, die einen großen Absatz fanden.

Diese erfolgreichen Strategien bedeuten nun aber nicht, daß jedes Kultmarketing (vgl. Göttlich/Nieland 1998) erfolgreich ist. Gerade Fox verbuchte anschließend mit anderen Serien einige Mißerfolge. Auch bei Fernsehserien gilt, daß erst die interpretativen Praktiken der ↗ Fans aus geplanten Kultserien reale Kulte machen. Hierzu ist es erforderlich, daß diese Serien immer wieder mit Interesse angeschaut werden können, weil sie polysem und offen gestaltet sind und so neue interessante Details enthüllen und Interpretationen erlauben. So laden Twin Peaks, Akte X wie Star Trek durch ihren Eklektizismus in Form und Inhalt zu einem »rereading« (Jenkins 1992; Winter 1995) ein. Auch Kultserien wie The Simpsons oder Married … with Children, die traditionelle Familien-Sitcoms parodieren, zeichnen sich durch eine selbstreflexive Reartikulation der Medienkultur aus. Die Kultgemeinde besteht aus medienkompetenten und -gebildeten Bricoleuren, die sich nach ihren Interessen und Bedürfnissen Texte aneignen. So zeigt Fiske (1999), wie in der gemeinsamen Rezeption von Al Bundy und seiner Familie in der Gruppe intertextuelle Bezüge aus der gesamten Kultur aktualisiert werden.

Daneben gibt es auch bei Fernsehserien das Phänomen, daß bereits existierende Subkulturen eine Mainstream-Serie durch abweichende Lesarten und Praktiken zu ihrem Kultobjekt machen. Ein Beispiel hierfür ist die ›gay community‹ in den USA, die die Rezeption von *Dynasty* (*Denver-Clan*) zu einem Party-Event innerhalb der Szene machte (Feuer 1995, S. 134 ff.).

Kult ist also ein wesentliches Element der heutigen Populärkultur. Kultisten interpretieren und gebrauchen ihre kulturellen Objekte anders als dies Außenstehende tun. Sie nutzen sie als Werkzeuge, um Events zu kreieren, bei denen sie selbstvergessen durch Praktiken und Rituale eine Gegenwelt zum Alltag aufbauen, in der gemeinschaftlich Phantasien und Emotionen erlebt werden können. Wie bei allen Praktiken populärer Kreativität reagiert die Kulturindustrie auch bei Kulten mit Strategien der Vereinnahmung, der Kommerzialisierung und der Manipulation. Im Widerstand gegen diese Bemühungen werden aber neue ›heilige Objekte‹ gesucht und gefunden.

Literatur

Chambers, I.: *Popular Culture. The Metropolitan Experience.* London 1986.

Cohen, S./Taylor, L.: *Escape Attempts. The Theory and Practice of Resistance to Everyday Life.* London/New York 1992.

Collins, J.: »Postmodernism and Television«. In: Allen, R. C. (Hg.): *Channels of Discourse, Reassembled.* Chapel Hill/London 1992. S. 327–349.

Corrigan, T.: »Film and the Culture of the Cult«. In: Telotte, J. P. (Hg.): *The Cult Film Experience.* Austin 1991. S. 26–37.

De Certeau, M.: *Kunst des Handelns.* Berlin 1988.

Deleuze, G.: »Having an Idea in Cinema (On the Cinema of Straub-Huillet)«. In: Kaufman, E./Heller, K. J. (Hgg.): *Deleuze and Guattari. New Mappings in Politics, Philosophy and Culture.* Minneapolis 1998. S. 14–19.

Denzin, N. K.: *Images of Postmodern Society. Social Theory and Contemporary Cinema.* London 1991.

Eco, U.: »Casablanca oder die Wiedergeburt der Götter«. In: Ders.: *Über Gott und die Welt.* München 1985. S. 208–213.

Feuer, J.: *Seeing Through the Eighties. Television and Reaganism.* London 1995.

Fiske, J.: *Understanding Popular Culture.* London 1989.

Ders.: »Wie ein Publikum entsteht«. In: Hörning, K. H./Winter, R. (Hgg.): *Widerspenstige Kulturen. Cultural Studies als Herausforderung.* Frankfurt a. M. 1999. S. 238–263.

Göttlich, U./Nieland, J.-U.: »Daily Soaps als Umfeld von Marken, Moden und Trends. Von Seifenopern zu Lifestyle-Inszenierungen«. In: Jäckel, M. (Hg.): *Die umworbene Gesellschaft.* Opladen 1998. S. 179–208.

Grossberg, L.: *We Gotta Get Out of This Place. Popular Conservatism and Postmodern Culture.* New York/London 1992.

Hoberman, J./Rosenbaum, J.: *Mitternachtskino. Kultfilme der 60er und 70er Jahre.* St. Andrä-Wördern 1998.

Hörning, K. H./Winter, R. (Hgg.): *Widerspenstige Kulturen. Cultural Studies als Herausforderung.* Frankfurt a. M. 1999.

Jenkins, H.: *Textual Poachers. Television Culture and Participatory Culture.* London/New York 1992.

Kinkade, P. T./ Katovich, M. A.: »Towards a Sociology of Cult Films: Reading Rocky Horror«. In: *The Sociological Quarterly* Vol. 33, Nr. 2 (1992) S. 191–209.

Lavery, D. (Hg.): *Full of Secrets. Critical Approaches to Twin Peaks.* Detroit 1995.

Maffesoli, M.: *Le Temps des Tribus.* Paris 1988.

Reeves, J. L./Rodgers, M. C./Epstein, M.: »Rewriting Popularity. The Cult Files«. In: Lavery, D./Hague, A./Cartwright, M. (Hgg.): »*Deny All Knowledge«. Reading The X Files.* Syracuse/New York 1996. S. 22–35.

Staiger, J.: *Interpreting Films. Studies in the Historical Reception of American Cinema.* Princeton 1992.

Stark, R./Bainbridge, W. S.: *The Future of Religion. Secularization, Revival and Cult Formation.* Berkeley 1985.

Winter, R.: *Der produktive Zuschauer. Medienaneignung als kultureller und ästhetischer Prozeß.* München 1995.

Rainer Winter

Lebensstil ⁄ Alltagskultur

Leihbibliothek

Unter Leihbibliotheken oder Leihbüchereien versteht man Anstalten des kommerziellen Buchverleihs. Die Leihbibliotheken sind neben den ⁄ Lesegesellschaften die institutionellen Träger der ›ersten Leserevolution‹: Sie ermöglichten den Übergang von intensiver zu extensiver Lektüre, indem sie bei geringer Kaufkraft oder -motivation einem gesteigerten Bedarf nach Lesestoff Rechnung trugen. Mit ihnen entstanden Institutionen der Literaturvermittlung außerhalb der überkommenen sozialen Bindungen. Dadurch löste sich das Lesen aus traditionalen Verhaltensmustern, hatte Teil an der Dekorporierung der Gesellschaft und verband sich mit sozialem Wandel. Durch eine Funktionsdifferenzierung unterscheiden sich Lesegesellschaften und Leihbibliotheken: Während sich Lesegesellschaften auf informative Lektüre spezialisierten, Kommunikation und Diskussion förderten, machten Leihbibliotheken vor allem mit unterhaltender Lektüre ihr Geschäft und unterstützten die Tendenz zum anonymen und isolierten Lesen.

Geschichte der Leihbibliothek

Leihbibliotheken verbreiteten sich rasch ab etwa 1770; ihre Gesamtzahl im deutschen Sprachraum stieg in der zweiten Hälfte des 19. Jh. auf mehrere

tausend. Nach Bestand, Größe und ↗Publikum bildeten sich unterschiedliche Typen. Dominant war die
reine Leihanstalt, die meist von einer Buchhandlung,
oft zusammen mit ↗Lesezirkeln, seltener im Haupt-
betrieb, geführt wurde. Die Bestände schwankten
zwischen einigen hundert Büchern in ›Winkelleih-
bibliotheken‹ bis zu mehreren zehntausend in großen
Anstalten. Sie waren in Katalogen erschlossen, nach
denen die Kunden die Bände wählten, die sie ab-
holten oder sich zuschicken ließen. Die ›Lesekabinette‹ oder ›Lesemuseen‹ in Hauptstädten oder Han-
delszentren verliehen nicht nur Bücher, sondern
stellten Lese- und Aufenthaltsräume mit ↗Zeitungen,
↗Zeitschriften und Nachschlagewerken bereit. Derartige Leseanstalten, welche die Einrichtungen vereinsmäßig organisierter Lesegesellschaften adaptierten, gab es bis zur Mitte des 19. Jh. Als neue Organisationsformen entwickelten sich in der zweiten Jahrhunderthälfte der ›Novitäten-Lesezirkel‹ und das
›Literatur-Institut‹. Im ›Novitäten-Lesezirkel‹ kamen
die Bücher ganz neu in Zirkulation, wurden nach
den ersten Gebrauchsspuren antiquarisch verkauft
und waren nicht als Leihbücher gekennzeichnet. Im
Deutschen Reich erlangte »Fritz Borstells Lesezirkel«,
den die Nicolaische Buchhandlung in Berlin 1864/65
gründete, eine marktbeherrschende Stellung, in
Österreich das »Literatur-Institut Ludwig & Albert
Last« in Wien. Die Leihbibliothek von »Fritz Borstells
Lesezirkel« verfügte 1898 über ein Lager von 600.000
Bänden; von besonders erfolgreichen Werken konnte
die Firma in wenigen Jahren mehrere tausend Exemplare kaufen. Auch große Kaufhäuser legten sich
Leihbibliotheken zu, um Kunden in ihre Häuser zu
locken. Spezialbibliotheken entstanden für besondere
Zwecke oder spezifische Druckwerke: Theater-, Rei-
seleihbibliotheken, Leihanstalten für Fachliteratur,
für Kinder- und Jugendliteratur u.a.m. Auch Musikalienleihanstalten übernahmen das Geschäftsprinzip.
Sie setzten das gängige Notenmaterial in breiten
Schichten der Musikliebhaber in Zirkulation, stütz-
ten die häusliche Musikkultur und ermöglichten eine
Extensivierung des Musikkonsums. Ihre Blütezeit lag
zwischen 1860 und 1890; zur Zeit der Reichsgründung gab es 283 Musikalienleihanstalten an 180 Orten.

Bestände

Legten die Leihbibliotheken ihre Bestände anfänglich
vielfach enzyklopädisch an, so konzentrierten sich
auch die größeren Geschäfte nach 1815 zunehmend
auf Unterhaltungsliteratur. Vor dem Aufkommen des
Zeitungsromans und noch Jahrzehnte danach war

die Leihbibliothek Bedingung eines breiten Angebots
an Romanliteratur. Romane wurden großenteils für
Leihbibliotheken in kleinen Auflagen und zu hohen
Preisen produziert. Die ›Brotartikel‹ des Leihbiblio-
thekars waren die ↗Genres der goethezeitlichen Trivialliteratur, die Familien-, Geister-, Räuber- und
Ritterromane. Neben deutschen Erfolgsautoren waren auch die damals tonangebenden Romanciers des
Auslandes vertreten. Da Leihbibliotheken immer
neue Ware anbieten mußten, heizten sie die ›Novitä-
tensucht‹ an. An ihren Beständen lassen sich die
Modewellen in der Unterhaltungsliteratur ablesen.

In England setzte sich mit den Romanen Walter
Scotts die Dreibändigkeit durch, die auch in
Deutschland oft anzutreffen ist. Die Aufteilung eines
Werkes in kleine Bände kam den finanziellen Interessen des Leihbuchhandels, dessen Entleihgebühren
sich nach Bänden berechneten, entgegen. Die Leihbibliotheken bezogen die Werke broschiert und versahen sie meist mit einem Pappe-Einband und Le-
derecken; daher erkennt man den typischen ›Leih-
band‹ bereits am Einband. Leihbibliotheken archi-
vierten nicht, sondern verkauften veraltete Literatur
und zerlesene Exemplare an kleinere Geschäfte und
in die Provinz. Seit dem späten 19. Jh. gingen mehr
oder weniger geschlossene Bestände von Leihbibliotheken an wissenschaftliche Bibliotheken über, die
sich auf diese Weise die einst verachtete Unterhaltungsliteratur beschafften.

Krise der Leihbibliothek

Im Laufe der zweiten Hälfte des 19. Jh. kam es zu
einer Krise des Leihbuchhandels, die aus einem Bündel von Faktoren resultierte. Zum Hauptkonkurren-
ten des Leihbuchhandels wurde die Presse, die nach
frz. Vorbild Erzählliteratur zunehmend im Feuilleton
erstveröffentlichte; die Fortsetzungen deckten das
tägliche Lesepensum ab und nahmen der Buchveröffentlichung den Reiz des Neuen. Seit Aufkommen
der broschierten Klassikerbändchen (Meyer, Reclam)
war gute Literatur zudem für jedermann erschwinglich; Romanzeitungen, billige Romanreihen, Kolpor-
tage- und Heftromane machten den Kauf von Unterhaltungsliteratur in allen Schichten möglich. Propaganda für das ›gute Buch‹ und Polemik gegen das
Leihlesen begleiteten den Ausbau des öffentlichen
Bibliothekswesens im Zuge der Lesehallenbewegung
seit Ende des 19. Jh. Diese Faktoren führten zu einer
Funktionskrise des Leihbuchmarktes.

Eine parallele Entwicklung durchlief der Musika-
lienleihbuchhandel: Die massenhafte Produktion
billiger Musikalien, die Gründung von preiswerten

⟋ Reihen und die Zusammenfassung gängiger Titel in Alben hatten einen Bedeutungsverlust des Musikalienleihhandels zur Folge. Der Kauf- ersetzte zunehmend den Entleihvorgang. Sowohl in der Literatur als auch in der ⟋ Musik ermöglichte die Kommerzialisierung des Leihens den Aufbau einer ⟋ Massenkultur und der mit ihr verbundenen Kulturindustrie, machte sich jedoch selbst überflüssig, indem das Leihen – ähnlich wie im Fall der heutigen ⟋ Videotheken – dem Kauf vorarbeitete.

Die Leihbücherei im 20. Jahrhundert

Im 20. Jh. haben Leihbüchereien zweimal einen enormen Aufschwung erlebt, und zwar in wirtschaftlich schweren Zeiten, in denen Geld knapp und ⟋ Unterhaltung gefragt war: zum einen in den letzten Jahren der Weimarer Republik mit der Verbreitung ›moderner‹ oder ›pfandloser‹ Leihbüchereien und zum anderen in den Jahren nach dem Zweiten Weltkrieg. 1932 gab es 10.000 bis 18.000 Buchverleiher; das Gewerbe war übersetzt, die Konkurrenz drückte die Leihgebühren. Zur Interessenvertretung und Regulierung des Gewerbes bildeten sich 1932/33 eigene Institutionen heraus: der »Reichsverband Deutscher Leihbüchereien«, die »Vereinigung der am Leihbibliothekswesen interessierten Verleger« – allen voran Wilhelm Goldmann mit seinen Krimis – sowie die Fachgruppe »Das Deutsche Leihbüchereigewerbe« innerhalb der Buchhändlergilde, der Vertretung der Sortimenter. Mit der Einordnung in die Kulturpolitik des ›Dritten Reiches‹ ging eine Aufwertung und Sanierung des Gewerbes, das durch seine Breitenwirkung für die Nationalsozialisten von Interesse war, einher. Die Eingliederung der Leihbüchereien in die Reichsschrifttumskammer brachte eine Beschränkung der Betriebe und die Festsetzung von Mindestleihgebühren. Unter dem Nationalsozialismus wie unter alliierter Besatzung wurden die Bestände ›gesäubert‹. Da der Börsenverein den Leihbuchhändlern keine volle Mitgliedschaft zugestand, schloß sich das prosperierende Gewerbe (1960 ca. 28.000 Ausleihstellen) nach dem Krieg wieder in einer eigenen Organisation zusammen, dem »Deutschen Leihbuchhändler-Verband« (1960–1973).

Einen Knick erfuhr die Aufwärtsentwicklung bereits mit der Währungsreform, der Niedergang setzte mit der Verbreitung des ⟋ Fernsehens und dem Siegeszug des Taschenbuchs nach Mitte der 1950er Jahre ein. Doch blieben die Betriebszahlen lange Zeit hoch, weil Großverleiher massenhaft Verleihstellen in branchenfremden Geschäften einrichteten. Neben Büchern aus dem normalen Verlagsbuchhandel – einem

Querschnitt durch das Angebot der Buchklubs – führten die Leihbüchereien in der BRD vor allem die Produktion spezieller Leihbuchverlage. Die einheitlich gestalteten Bände mit dickem Papier, in Pappdeckeln und mit Klarsichtfolienbezug waren durch Autorenpseudonyme, Titelformulierung und ein blickfangendes Titelbild den Genres zugeordnet, nach denen die Bestände aufgestellt waren. Der Hauptteil bestand aus ›Frauenromanen‹ (Liebes-, Adels- und Schloß-, Arzt-, Heimatromane); zu den ›Männerromanen‹ zählten Krimis und Western. In der DDR wurden privatwirtschaftliche Leihbüchereien ab den 1950er Jahren reglementiert und unterdrückt. Im Unterschied zum 18. und 19. Jh. verlief der literarische Kommunikationsprozeß, den die Leihbüchereien im 20. Jh. organisierten, weitgehend abgeschottet von der literaturkritischen Öffentlichkeit. Heute gibt es keine privatwirtschaftlichen Leihbüchereien mehr.

Literatur

Arnim, B./Knilli, F.: *Gewerbliche Leihbüchereien.* Gütersloh 1966.

Habitzel, K./Mühlberger, G.: »Die Leihbibliotheksforschung in Deutschland, Österreich und der Schweiz«. In: *IASL* 22, 2 (1997) S. 66–108.

Jäger, G./Martino, A./Wittmann, R. (Hgg.): *Die Leihbibliothek der Goethezeit. Exemplarische Kataloge zwischen 1790 und 1830.* Hildesheim 1979.

Jäger, G./Schönert, J. (Hgg.): *Die Leihbibliothek als Institution des literarischen Lebens im 18. und 19. Jh.* Hamburg 1980.

Kast, R.: »Der deutsche Leihbuchhandel und seine Organisation im 20. Jahrhundert«. In: *Archiv für Geschichte des Buchwesens* 36 (1991) S. 165–349.

Martino, A.: *Die deutsche Leihbibliothek.* Wiesbaden 1990.

Sirges, T.: *Die Bedeutung der Leihbibliothek für die Lesekultur in Hessen-Kassel 1753–1866.* Tübingen 1994.

Weigand, J.: *Träume auf dickem Papier. Das Leihbuch nach 1945 – ein Stück Buchgeschichte.* Baden-Baden 1995.

Widmaier, T.: *Der deutsche Musikalienleihhandel.* Saarbrücken 1998.

Georg Jäger

Lesegesellschaft

Lesegesellschaften sind selbstverwaltete und demokratisch organisierte Assoziationen vor allem des gehobenen und mittleren Bürgertums von der zweiten Hälfte des 18. Jh. bis Mitte des 19. Jh., die mit Hilfe von ⟋ Lesezirkeln, Lesebibliotheken und/oder Diskussionen in den Lesekabinetten zunächst eine breite Literatur- und Wissensvermittlung im Sinne aufklärerischer Bildungsideale zu erreichen versuchten; in ihrer Spätphase ist der Unterhaltungsbereich stärker gewichtet.

Formen und Funktionen

Die Lesegesellschaften treten in Deutschland in der zweiten Hälfte des 18. Jh. in Erscheinung und erleben ihre Blütezeit in den 1780/90er Jahren. Zusammen mit den ⁊ Leihbibliotheken gelten sie als zentrale Träger der ›Ersten Leserevolution‹ seit etwa 1750, die Engelsing (1973, S. 122, 128) als Entwicklung von einer intensiven Wiederholungslektüre weniger und meist christlicher Erbauungsbücher sowie der Bibel hin zu einer extensiven, nach immer neuen und aktuellen Lesestoffen verlangenden Lektüre charakterisiert hat. Die Bedeutung der Lesegesellschaften läßt sich unter verschiedenen historischen Perspektiven diskutieren: Lesegesellschaften sind »freiwillige Vereinigungen von Individuen verschiedener sozialer Herkunft, die sich zur Verfolgung gemeinsamer Ziele zusammenschlossen« (Dann 1977, S. 443 f.). Mit dieser Zielsetzung verhelfen sie dem modernen Assoziations- bzw. modernen Vereinswesen, das die ständischen Ordnungen vorhergehender Organisationsformen – sog. Korporationen – ablöst, in Deutschland zum Durchbruch. Lesegesellschaften lassen sich als »Vorformen des Konstitutionalismus« (ebd., S. 446) betrachten. In ihnen schlagen sich demokratische Prinzipien einer verfaßten Gesellschaft nieder. Außerdem kann die für Lesegesellschaften grundlegende Verbindung von Selbstbildung und gemeinschaftlicher und gegenseitiger Aufklärung als Vorform politischer und Erwachsenenbildung interpretiert werden.

In der Früh- und Hochphase der Lesegesellschaften steht die Literaturvermittlung im Zentrum. Lesegesellschaften kommen der Forderung nach vielseitiger Lektüre und, verstärkt nach der Französischen Revolution, nach aktueller politischer Information mit Gemeinschaftsabonnements eines Periodikums oder der Einrichtung von Lesezirkeln entgegen. Mehr Wert auch auf das wechselseitige Gespräch und die Förderung eines Gemeinschaftsgefühls unter Männern des gleichen Bildungsstandes legt dagegen eine in den 1770er Jahren auftretende andere Form der Lesegesellschaft: Die Lesekabinette stellen eine umfangreichere und in der Auswahl breitere Bibliothek für die Mitglieder zur Verfügung und richten außerdem Klubräume für den geselligen Austausch ein. Hier wird der Lesestil zum Lebensstil, den der von der Aufklärung beeindruckte Bürger sowie vereinzelt auch der gebildete Adlige in einer breiten Bildung, die »offen ist für die konkreten Probleme von Politik und Verwaltung und allgemein für die gesellschaftlichen Verhältnisse menschlichen Zusammenlebens«, zu fundieren hofft (Prüsener 1973, S. 467). Frauen, Studenten und Personen niedrigen Standes dürfen den Lesekabinetten zunächst nicht beitreten. Seit Ende des 18. Jh. übernehmen Fachlesegesellschaften, die sich auf bestimmte Wissensgebiete beschränken, und die zeitgleich mit den Lesegesellschaften aufgetretenen gewerblichen Leihbibliotheken mit Lesezirkeln die Literaturvermittlungtätigkeiten der nichtgewerblichen Lesezirkel. Die Lesekabinette verlagern mit Spiel- und Tanzangeboten den Schwerpunkt innerhalb ihrer vormaligen Absicht des *prodesse et delectare* verstärkt auf die unterhaltende Komponente und lassen dann auch Frauen zu. Bis Mitte des 19. Jh. ersetzt der Typus des geselligen und unpolitischen Vereins weitestgehend den aufklärerischen Assoziationstypus. Allerdings lassen sich noch demokratische Bewegungen und Arbeiterbildungsvereine des Vormärz mit dem Engagement von emanzipatorischen Lesegesellschaften in Verbindung bringen (Tenfelde 1981, S. 254). Die Zahl der Neugründungen nimmt seit der Wende zum 19. Jh. ab.

Geschichte

Vorformen der Lesegesellschaft lassen sich ab den 1730er Jahren in der Schweiz, Stralsund oder Bremen nachweisen; die breite Entwicklung in Deutschland setzt erst um 1770 ein. Der protestantische Norden, besonders Sachsen und Preußen, übernimmt die Führung in der Gründungsstatistik; Süddeutschland folgt etwas später. Vor 1760 wurden fünf, von 1760 bis 1770 acht, zwischen 1770 und 1780 ca. 50, von 1780 bis 1790 ca. 170 und von 1790 bis 1800 ca. 200 Lesegesellschaften gegründet (Prüsener 1973, S. 412). Für den Raum Schleswig-Holstein z. B. hat die Forschung zwischen 1773 und 1800 mehr als 40 Lesegesellschaften erfaßt. In ländlichen und kleinstädtischen Gegenden findet sich meist der frühe Lesegesellschaftstyp mit seinen Lesezirkeln und -bibliotheken; Lesekabinette gründen sich in größeren Städten. In Reichsstädten scheint für Lesekabinette als Form politischer Emanzipation wenig Bedarf zu sein; von einigen Buchhändlern geht die Gründungsinitiative kommerzieller Lesekabinette und sog. Lesemuseen aus, die, wie z. B. Friedrich Eßlinger 1788 oder Wilhelm Fleischer 1795 in Frankfurt a. M., die Gesellschaften über die Präsentation noch nicht erschienener Werke für ihre Käuferwerbung nutzen wollen.

Die Lesegesellschaftsmitglieder – Akademiker, Beamte, freiberufliche und unternehmerisch tätige Bürger, die Mitgliederzahl einer Lesegesellschaft bewegt sich zwischen einigen wenigen und 200 – kommen aus dem gebildeten Bürgertum und gebildeten Adel. Bedeutungszunahme des einen und Bedeutungsverlust des anderen gesellschaftlichen Standes ermöglichen die Annäherung im gemeinsamen Bildungsideal und die Abgrenzung von der Landbevölkerung, der sozialen Unterschicht und Arbeitern sowie Handwerkern. Häufig sind die Lesegesellschaftsmitglieder auch in anderen Assoziationen wie patriotischen Gesellschaften oder Freimaurerlogen engagiert; so können z. B. viele Mitglieder der Mainzer Lesegesellschaft ebenso in der »Gesellschaft der Freunde der Freiheit und Gleichheit« von 1792, des sog. Jakobinerklubs, nachgewiesen werden. Die unteren Schichten dagegen organisieren erst später eigene Weiterbildungs- und Leseinstitutionen, die zunftähnlich auf den einzelnen Berufsstand beschränkt sind: so gründen in Ulm 1800 die Handwerker eine Lesegesellschaft, die mit der Einrichtung von Lesezirkeln und gesellige Abenden die Kriterien des gehobenen bürgerlichen Prototyps erfüllt.

Aus den Lektürebeständen der Lesegesellschaften, die Prüsener untersucht hat, geht hervor, daß den periodischen Schriften am meisten Bedeutung und Platz eingeräumt wird. Dabei stellen (1) die historisch-politischen und gelehrten ↗ Zeitschriften wie die *Minerva* (Berlin/Hamburg) oder die *Allgemeine Literatur-Zeitung* (Jena), deren Ziel Allgemeinbildung, Belehrung und politische Information ist, etwa 50 %; (2) die Zeitschriften zur gehobenen und leichten ↗ Unterhaltung, literarische und Musik-, Theater-, Kunstzeitschriften sowie Unterhaltungsblätter wie der *Deutsche Merkur* Wielands oder das *Journal des Luxus und der Moden* mehr als 20 %; (3) den restlichen Anteil von 30 % teilen die wissenschaftlichen Fachorgane mit einem Schwerpunkt auf den theologischen und den wirtschaftswissenschaftlichen Fachzeitschriften unter sich auf. Die Buchbestände lassen sich ähnlich gliedern in bürgerliche Bildungslektüre mit diversen Nachschlageorganen, wissenschaftliche Fachliteratur und Unterhaltungslektüre bzw. schöne Literatur. Letztere findet aufgrund ihrer Distanz zum alltäglichen Leben erst mit dem langsamen Wandel der Lesegesellschaften zum geselligen Verein Eingang in die Lesebestände. Die weiterhin angestrebte Synthese von unterhaltsamer Erbauung und Belehrung sieht man dabei am besten in der literarischen Gattung des Romans verwirklicht. Verteilung und Bestückung von Lesezirkeln und Lesebibliothek hängen von der Entscheidung der Mitglieder bzw. in den meisten Fällen eines dafür beauftragten Komitees ab.

Dies weist auf die demokratische Grundordnung der Lesegesellschaften hin: Das Prinzip der Gleichheit wird in der Satzung der Gesellschaft und der Geschäftsordnung der Mitgliederversammlung, dem obersten Beratungs- und Entscheidungsgremium, verankert und damit in eine konkrete soziale Organi-

sationsform, den für das 19. Jh. entscheidenden modernen Vereinstypus, umgesetzt. Demokratisierung, Politisierung und die Begründung einer Tradition kritischer Öffentlichkeit in den Lesegesellschaften verschärfen die Kritik der Behörden im letzten Viertel des 18. Jh. Der Bonner Kurfürst engagiert 1780 einen Zensor, die Aschaffenburger Lesegesellschaft soll 1783 monatlich ein Schriftenverzeichnis zur Genehmigung einreichen. In Bayern ergeht 1786 ein Verbot der Lesegesellschaften und des Illuminatenordens. Die Zensurüberwachung (↗ Zensur) nimmt in der Folge der Französischen Revolution noch zu. Daß seit den letzten Jahren des 18. Jh. die unpolitisch-geselligen Vereinstypen der Clubs verstärkt die emanzipatorischen Lesegesellschaften ersetzen, läßt sich zum einen auf diese verstärkten staatlichen Eingriffe zurückführen. Zum anderen aber muß die Entwicklung auch in Zusammenhang mit veränderten Lese- und Geselligkeitsformen gesehen werden. Das Interesse an Unterhaltungslektüre nimmt zu, so daß das gehobene und mittlere Bürgertum sich den Leihbibliotheken zuwendet und den belehrenden, im Sinne aufklärerischer Ideale Herzens- und Geistesbildung anstrebenden Lesegesellschaft den Rücken kehrt. Auf die Vermittlung fachwissenschaftlicher Periodika und Bücher dagegen spezialisieren sich die Fachlesegesellschaften. Einige der geselligen Vereine, wie etwa die 1803 gegründete »Harmonie-Gesellschaft« in Mannheim, existieren bis heute.

Literatur

Dann, O.: »Die Gesellschaft der deutschen Spätaufklärung im Spiegel ihrer Lesegesellschaften«. In: *Buchhandelsgeschichte* 10 (1977) S. 441–449.

Ders. (Hg.): *Lesegesellschaften und bürgerliche Emanzipation. Ein europäischer Vergleich.* München 1981.

Engelsing, R.: »Die Perioden der Lesergeschichte in der Neuzeit«. In: Ders.: *Zur Sozialgeschichte deutscher Mittel- und Unterschichten.* Göttingen 1973. S. 112–154.

Göpfert, H. G.: »Lesegesellschaften im 18. Jahrhundert«. In: Lange, V./Roloff, H.-G. (Hgg.): *Dichtung, Sprache, Gesellschaft. Akten des IV. Internationalen Germanistenkongresses.* Frankfurt a. M. 1971. S. 323–330.

Janson, H.: *45 Lesegesellschaften um 1800 bis heute.* Bonn/ Mannheim 1963.

Kopitzsch, F.: »Lesegesellschaften und Aufklärung in Schleswig-Holstein«. In: *Zeitschrift der Gesellschaft für Schleswig-Holsteinische Geschichte* 108 (1983) S. 141–170.

Marwinski, F.: *Von der ›Societas literaria‹ zur Lesegesellschaft. Gesellschaftliches Lesen in Thüringen während des 18. und zu Beginn des 19. Jahrhunderts und sein Einfluß auf den Emanzipationsprozeß des Bürgertums.* 2 Bde. Diss. Jena 1982.

Prüsener, M.: »Lesegesellschaften im 18. Jahrhundert. Ein Beitrag zur Lesergeschichte«. In: *AGB* 13 (1973) S. 369–594.

Tenfelde, K.: »Lesegesellschaften und Arbeiterbildungsvereine: Ein Ausblick«. In: Dann 1981, S. 253–274.

Mirjam Storim

Lesezirkel

Unter einem Lesezirkel versteht man eine gesellschaftlich oder gewerblich organisierte Form des Bü-
cher-, vor allem aber des Zeitschriften- und Zeitungslesens. Durch Zirkulation unter den Mitgliedern bzw. Kunden verringert sich der Preis für das
einzelne Objekt und für die Teilnehmer erhöht sich
die Menge des Lesestoffs. Gewerbliche Lesezirkel stellen die ↗Zeitschriften zu Mappen zusammen und
vermieten diese mehrfach im wöchentlichen Turnus
zu Preisen, die sich nach ›Klassen‹, d. h. Altersstufen
staffeln. Gab es vor dem Zweiten Weltkrieg eine bis
zu 25fache ›Besetzung‹ der Mappen – die also fast ein
halbes Jahr liefen –, so werden die Hefte heute meist
nur 5 bis 8 mal vermietet. Das Austragen und Ab-
holen erfolgt durch Boten, früher mit Handkarren,
›Kastenfahrrad‹ oder Pferdewagen. Neben ›Standard-
Programmen‹ mit 7 bis 10 Zeitschriften sind ›Wahl-
mappen‹ oder ›Wunschprogramme‹, nach individuellen Wünschen ›maßgeschneiderte‹ Zusammenstellungen, üblich geworden. Mit Hilfe von Anzeigen
und Aufklebern auf der Vorder-, Rück- und Innenseite der Umschläge, ›Beiheftern‹ bzw. ›Einhängern‹
zwischen Cover und Titelseite, Beilagen u. ä. werden
die Mappen zu ›papierkorbsicherer‹ ↗Werbung benutzt. Dadurch können Lesezirkel den Lesestoff billig
anbieten und wirken als Multiplikatoren. Insbesondere gilt dies für öffentliche Auslagen in Cafés und
Gaststätten, in Friseursalons, bei Ärzten und An-
wälten. Vor dem Ersten Weltkrieg enthielten ›Fami-
lienmappen‹ Zeitschriften im jährlichen Ladenpreis
von etwa 100 Mark; in preiswerten Angeboten kosteten die Mappen je nach Altersklasse von 50 bis
herab zu 20 oder 15 Pfennig pro Woche, mithin ein
Viertel bis unter ein Zehntel des Kaufpreises. Heute
beträgt die Ersparnis je nach gewählter Lesemappe
bis zur Hälfte des Ladenpreises. Für den Verlag bieten
die Lesezirkel den Vorteil einer kontinuierlichen Abnahme in großen Stückzahlen ohne Remittenden, bei
freilich erhöhten Rabatten (bis 50 % vom Ladenpreis).

Geschichte

Organisierte Formen des Zeitungs- und Zeitschrif-
tenlesens gibt es seit dem 17. Jh. (»Zeitungscompa-
gnia« in Kitzingen, 1611–27). Ihre Durchsetzung
erfolgte im Zuge der Ausbreitung von ↗Lesegesell-
schaften und ↗Leihbibliotheken im 18. und 19. Jh.
Von den Lesegesellschaften im engeren Sinn, die
vereinsmäßig organisiert waren und über eigene Bibliotheken mit Leseraum verfügten, heben sich die

Gemeinschaftsabonnements oder Zeitungsbezugsge-
sellschaften von Privatpersonen und die meist von
Buchhandlungen betriebenen Umlaufgesellschaften
ab. An Zahl überflügelten diese Lesezirkel bereits im
ausgehenden 18. Jh. die Lesegesellschaften. Unter den
Neugründungen zwischen 1790 und 1800 gab es
etwa 29 Lesekabinette, aber 70 Lesezirkel ohne Bibliothek – davon 25 Fachlesezirkel (Prüsener 1973,
S. 412). Im Unterschied zu den städtischen Lesegesellschaften, waren Lesezirkel auch auf dem Land
verbreitet. Der zunehmenden Bedeutung der Presse
trugen die gewerblichen Leihbibliotheken Rechnung,
indem sie ihr Angebot um Lesezirkel erweiterten. In
der zweiten Hälfte des 19. Jh. wurden Journal- und
Bücherlesezirkel zum üblichen Nebenzweig des
Buchhandels; ihre Zahl stieg außerordentlich an:
Zählte man im Gebiet des deutschen Buchhandels
1846 145 Betriebe, so 1885 mehr als das Fünffache,
nämlich 735. In den letzten Jahrzehnten des 19. Jh.
entstanden verstärkt Lesezirkel als Hauptgeschäfte,
von denen es um 1900 etwa 200 neben 1.000 Neben-
geschäften gab. Dieser Aufstieg führte zu einem Konflikt mit dem ↗Kolportagebuchhandel, der sich zu
dieser Zeit in den werbenden Zeitschriftenbuchhandel umwandelte. In der ›Lesezirkelfrage‹ wurde den
umlaufenden Zeitschriften die Verbreitung ansteck-
ender Krankheiten unterstellt.

Die Organisation des Geschäftszweiges trug zu
dessen Konsolidierung bei. Nachdem sich bereits
1902 in Hamburg eine Lesezirkel-Vereinigung gebildet hatte, kam es 1908 zur Gründung des »Verbandes der Besitzer Deutscher Lesezirkel«, von dem
sich der heutige Verband herleitet. Auslöser waren
zum einen Bestrebungen des »Vereins von Verlegern
deutscher illustrierter Zeitschriften«, die sich gegen
die Nutzung ihrer Produkte als Werbeträger – vor
allem gegen Eingriffe in die Zeitschrift selbst, wie das
›Durchschießen‹ mit Inseratbeilagen – wandten.
Zum anderen war es der ruinöse Konkurrenzdruck
durch das gegenseitige Abjagen der Kunden, dem
durch Festsetzung von ›Einheitspreisen‹ in Gestalt
von ›Ortstarifen‹ für Abonnements und die Regulierung der Werbetarife entgegengesteuert werden
sollte. Analog zum Buchhandel suchten die Lesezirkel
Handelsbräuche und Geschäftsusancen mit Unterstützung der Verleger regional unter sich durchzusetzen. In der Phase der Hochkonjunktur der Lesezirkel von 1924 bis 1930 hatten diese Bestrebungen
keinen durchschlagenden Erfolg. Erst die Zwangs-
mitgliedschaft in der Reichspressekammer brachte
einheitliche Bestimmungen (»Vertriebsbestimmun-
gen für Lesezirkel«, 1. Juni 1933; »Geschäftsgrund-
sätze für Lesezirkel«, 21. April 1937) mit Entlastung
vom Konkurrenzdruck, d. h. vor allem Schutz der

Mietpreise und Kundenschutz. Die Mindestpreise für die Altersklassen fester Mappen wurden in Prozenten des Ladenpreises der darin enthaltenen Zeitschriften berechnet, für Klasse I (neu) 37,5%, für Klasse 9 (über 19 Wochen alt) 6%. Durch Pflichtabnahmen des *Völkischen Beobachters* bzw. des *Illustrierten Beobachters* wurden die Lesezirkel in den Dienst der Kulturpolitik des ›Dritten Reiches‹ gestellt. 1937 gab es 297 Lesezirkel mit 53.363 Erstmappen (mit neuen, noch nicht vorvermieteten Heften) und 533.372 Kunden.

Gegenwart

Nach dem Krieg wurde das Lesezirkel-Geschäft nur in Westdeutschland wiederaufgebaut. Standen der Stillung des Lesehungers zunächst Schwierigkeiten in der Zeitschriftenbeschaffung entgegen, kam es nach der Währungsreform 1948 zu Gründerjahren: Mit über 800 Lesezirkeln und 208.000 Erstmappen wurde in den 1950er Jahren der Stand der Vorkriegszeit – auf dem verkleinerten Territorium der BRD – weit übertroffen. Danach setzte der Fernsehboom ein; es kam zu einer Bereinigung des Gewerbes, mit Rückgang der Firmenzahl und dem Trend zu größeren Betrieben. Gegenwärtig gibt es in Deutschland rund 215 Lesezirkel-Unternehmen, die mit einer Gesamtauflage von wöchentlich ca. 2,3 Mio. Exemplaren einen Gesamtjahresumsatz von etwa 349 Mio. DM machen. Über 700.000 Abonnenten (500.000 Privathaushalte, 200.000 öffentliche Auslagestellen in der Gastronomie, in Wartezimmern usw.) oder ca. 10 Mio. Leser (ca. 17% der erwachsenen Bevölkerung) werden wöchentlich erreicht (Stichjahr 1998).

Lesemappen decken ein allgemeines Lesebedürfnis ab; sie bieten unterhaltende Literatur (u.a. im Zeitungsroman) und informierende Lektüre aus allen Wissensgebieten. Das Titelangebot setzte sich seit dem 19. Jh. vor allem aus Familien- und anderen populären Publikumszeitschriften (*Gartenlaube, Daheim, Nord und Süd, Reclams Universum, Schorer's Familienblatt, Über Land und Meer, Vom Fels zum Meer, Westermanns Monatshefte, Zur guten Stunde*), den Illustrierten, Frauen- und Modeblättern, der *Romanzeitung* sowie humoristischen und satirischen Blättern (*Fliegende Blätter, Simplicissimus*) – wozu im 20. Jh. die Special-Interest-Zeitschriften traten –, weniger aus den anspruchsvolleren Rundschau- und Kunstzeitschriften zusammen. Heute kommt das Lesezirkel-Geschäft einigen wenigen Verlagen zugute, vor allem Bauer, Burda sowie Gruner & Jahr. An der Spitze der Titel mit Lesezirkel-Auflagen von über 100.000 Exemplaren liegen aktuelle Illustrierte und frauenorientierte Blätter: *Bunte, Stern, Neue Revue, Freizeit Revue, Für Sie, Brigitte, Freundin, Vital, Frau im Spiegel, Spiegel, Journal für die Frau* (4. Quartal 1998). Gut im Rennen liegen auch Special-Interest-Zeitschriften mit den Themen Haus und Wohnen, Fitness und Gesundheit, EDV und Computer, Auto, Motor und Sport. Früher gab es neben den Mappen für ein gemischtes ↗Publikum auch spezielle Fachlesezirkel für alle Interessensgebiete – vom theologischen bis zum kaufmännischen, vom landwirtschaftlichen bis zum militärischen Lesezirkel.

Literatur

Bolm, A.: »Ueber die Einrichtung von Lesezirkeln«. In: *Deutsche Buchhändler-Zeitung* 1–38 (1884). S. 1–38.
Felske, K.: *75 Jahre Verband Deutscher Lesezirkel 1908 bis 1983*. Düsseldorf 1983. – *Website des Verbandes Deutscher Lesezirkel* (mit Mediadaten), URL: http://www.lesezirkel.de/lesezirkel/
Felske, K. (Hg.): *Die deutschen Lesezirkel*. Düsseldorf 1969.
Jentsch, I.: *Zur Geschichte des Zeitungslesens in Deutschland am Ende des 18. Jahrhunderts.* Diss. Leipzig 1937.
Massute, P.: *Wie richte ich mein Journal-Lesezirkel praktisch und gewinnbringend ein?* Frankfurt (Oder) 1893.
Prüsener, M.: »Lesegesellschaften im 18. Jahrhundert«. In: *Archiv für Geschichte des Buchwesens* 13 (1973) S. 369–594.

Georg Jäger

Medien

Ein ›Medium‹ bezeichnet den Ort, an dem Daten in kodierter Form kanalisiert, übertragen, verarbeitet und gespeichert werden. Es ist zunächst indifferent gegenüber dem semantischen oder qualitativen Inhalt seiner Botschaften. Trotzdem läßt sich so etwas wie das Medienspezifische der Populären Kultur erfassen. Die hier für die Analyse des Zusammenspiels von technischer Innovation und populärer Kultur gewählte Methode ist eine medienarchäologische. Der Untersuchungszeitraum konzentriert sich auf die Differenz, welche technische Medien seit dem 19. Jh. gegenüber den populärkulturellen Effekten medialer Vorformen, etwa den Printmedien, setzen – ohne damit einer Alleinbestimmung von Populärkultur durch die Medien das Wort reden zu wollen. Massenmedienkultur setzt erst in dem Moment ein, wo Medien die Phase ihrer technischen Medienwerdung beendet haben, weil ein technischer Standard sich durchsetzt. Medienarchäologie sondiert in der Spanne zwischen Abstraktem und Konkretem die Untiefen der Hardware als Gesetz dessen, was überhaupt zu einem medialen Phänomen wie ↗Unterhaltung werden kann. Denn diese ist in der Rezeption die zentrale Funktion der populären Medien.

Während die Literaturgesellschaft des 19. Jh. primär auf Sprache und Schrift fixiert war, führt die Multimedialität der Kultur Ende des 20. Jh. zu Umakzentuierungen in den dominierenden Modi der Populären Kultur. Keine Kultur ohne Medien ihrer Speicherung und Übertragung. Der Kultur eröffnet sich also die Option, Formen derselben nach medialen Kanälen zu differenzieren (wie schon Gotthold Ephraim Lessing 1766 in seinem Traktat *Laocoon oder die Grenzen von Malerey und Poesie* eine medienengerechte Ästhetik der Künste gefordert hat).

Printmedien

Schon in Antike (die Epen Homers) und Mittelalter bedurfte es der schriftlichen Fixierung verschiedener Komponenten eines mündlich vorgetragenen Textkonglomerats auf materiellen Speichern (etwa Pergament), aus denen sich beim aktuellen Wiedergebrauch unterschiedliche Texteinheiten dynamisch und situationsbezogen jeweils neu generieren ließen. Der jeweilige ›Text‹ ist hier nicht nur ein konfliktueller Schauplatz von Kräften der Produktion und Weisen der Rezeption, zwischen Bedeutungsgebung und -konsum kultureller Waren oder Werte (Fiske 1989; Wandhoff 1996), sondern auch eine konkrete Funktion seiner medialen Verfaßtheit. Für eine weitgehend illiterate Gesellschaft ergibt der Begriff von populärer Kultur einen anderen Sinn als für das 16./17. Jh., als Printmedien eine ↗ Volkskultur als standardisierten Code zu kanonisieren beginnen, die bislang im nebulös Unbestimmten der mündlichen, gestischen oder handschriftlichen Tradierung verblieb.

Die konkrete Bedingung der gedruckten Unterhaltungs- und Informationsmedien ist zunächst reine Hardware, nämlich Papier. Doch nicht erst in der massenindustriellen Neuzeit, schon im Spätmittelalter war es die Verbreitung von Papier als neuem Textträger, durch die das handgeschriebene Buch längst vor der Erfindung des Druckes seine auratische Exklusivität verlor. Noch vor seiner mechanischen Vervielfältigung war das Buch in einer säkularisierten Lesekultur kommerzielle Handelsware geworden. Die Einführung des Holzschnitts um 1380 prägte produktionsästhetisch den späteren Textdruck mit beweglichen Lettern bereits vor – auf dem Gebiet von Spielkarten und seriellen Bildfolgen, als frühe Medien der visuellen Kultur. Volkskulturgut aber werden Bilder erst in massenhafter Auflage. Als dann am 25. Oktober 1896, parallel zu den ersten Kinematographen, Richard F. Outcault sein wöchentliches Bild über den Alltag von New Yorker Straßenkindern in der *Hogan's Alley* durch eine Bildfolge ersetzte und

damit die Auflagen von Pulitzers *Sunday World* in die Höhe schnellen ließ, gab dessen Protagonist, das »Yellow Kid«, einem ganzen Pressegenre den Namen (Gasser 1999; ↗ Comic). Und bis in die Gegenwart hat das Printmedium der illustrierten ↗ Zeitschrift in adaptive Konkurrenz mit dem ↗ Fernsehen treten können, das seinerseits in vielen Hinsichten den Typus der Familienzeitschrit des 19. Jh. (die notorische *Gartenlaube*) als auf Unterhaltung angelegtes Massenmedium beerbt hat. Zeitschriften zeichnen sich einerseits durch ein den audiovisuellen Medien Fernsehen und ↗ Computer analoges Layout aus, und andererseits durch den medienbedingten Vorteil der Eigenbestimmbarkeit des Verfügbarkeits- und Lesetempos von Seiten des Betrachters; Illustrierte schreiben keinen zeitlichen Rhythmus der Programmabfolge vor. Ganz im Gegenteil: Im ↗ Genre der Radio- und TV-Programmzeitschriften wird die mediale Programmierung des audiovisuellen Zuschauers selbst durch ein anderes, nämlich das Printmedium, gebrochen (Hickethier 1979) – von der Audio- und Videoaufzeichnung technisch flankiert.

Medien, Sensationen, Historismus

Die Kulturindustrie-Kritik (↗ Kulturindustrie) Max Horkheimers und Theodor W. Adornos hat zwischen der aktuell ›schlagartigen‹ Verbreitung, dem massenmedialen *broadcasting* von *popular songs* (negativ) und dem traditionell zu populären Formen ›herabgesunkenen‹, dadurch aber vielfach ›vermittelten‹, sozial also mediatisierten Kulturgut (positiv) unterschieden; der Modus wird dabei in der Form der medialen Übertragung definiert. Lange Zeit hat die akademische Textphilologie so die Anerkennung der Verschränkung von Hoch- und Volkskultur verweigert; für den mittelalterlichen Minnesang etwa wurde von der romantischen Forschung, die aus politischen Gründen ein ideales Bild der Vermittlung des Mittelalters prägte, lange ein krasser Gegensatz von idealisierender und sexueller Minne behauptet, der im Modus der Verzeitlichung, im Modell einer Reife- und Verfallszeit aufgelöst wurde (Herchert 2000).

Die Grenzen zwischen Kunst und Kurzweil sind nicht nur diskursiv, sondern auch medienkulturell transitorisch. Im Zeitalter des Barock fungierte im musealen Medium der Kunst- und Wunderkammern die *curiositas*, die Sammlung von Nachrichten über Natur- und andere Gegenstände, welche die Neugierde anregten (Pieper 1841), im Verbund mit einem polyhistorischen Interesse, das wenig trennscharf zwischen ästhetisch-sinnlicher, vorbegrifflicher Unterhaltung und kognitiver Information unterschied. Dem entspricht auch der Charakter der frühen *Zeytung*, die sich einerseits als Organ behördlicher oder gesellschaftlicher Information, von Anfang an aber auch durch Berichte über astrologische, natürliche und menschliche Sensationen auszeichnet; ihr Wort-Bild-Verbund bleibt vom Medium Holzschnitt bis zum Printmedientypus der Boulevardzeitung im 20. Jh. konstant, auch wenn die Quantität des Bildanteils variiert. Im Bund mit dem Nachrichtenmedium ↗ Zeitung steht schon im *Grimmschen Wörterbuch* (1854–1984) die pejorative Definition der Neugierde als »gier, eine neuigkeit zu erfahren, meist nur um des neuen willen« – die referenzlose Nachricht. Bei Adelung (*Grammatisch-kritisches Wörterbuch* 1798) entspringt Neugierde weniger dem kognitiven denn dem »sinnlichen Vergnügen an Veränderungen«. In diesem Sinne kritisiert noch Martin Heidegger in *Sein und Zeit* (1927) die mediale Unterhaltung als Neugierde »nicht um das Gesehene zu verstehen, [...] sondern nur um zu sehen«. Die *curiositas* wird in Augustins *Confessiones* als idolatrisches Verfallensein an die Welt verdammt; für alle neuzeitlichen Formen von populärer Kultur aber ist sie konstitutiv und dabei immer wieder an die Sinne und Medien der Wahrnehmung gekoppelt. In diesem Sinne zielten die Unterhaltungseffekte aller späteren Volksbelustigungen und öffentlicher Sensationen auf das buchstäblich *Monströse* zwischen semiotischem Zeigen (*demonstrare*) und Verwundern. Heidegger erinnert an die visuelle Komponente des Ereignisbegriffs, das ursprünglich *eräugnen* meint, d. h. das im-Blicken-an-eignen (Heidegger 1957). Auch das frühe ↗ Kino wurde als wissenschaftlich-technisches Amüsement, als Jahrmarkts-attraktion wahrgenommen, in der Tradition der Wunderkammer und des ↗ Zirkus vielmehr denn als neues Paradigma. Sensation ist das Wesen der Massenmedien, ob als Nachricht oder als Unterhaltung, und ihr Effekt liegt nicht auf der Ebene der Narration (das trennt ↗ Film von Fernsehen und Computer).

Affekte als das Kennzeichen von Unterhaltung in der Populärkultur sind Funktion von immer schon in der kulturellen Formation eingeschriebenen medialen Energien – womit die Perspektive des soziokulturellen (↗ Soziokultur) Aneignungsbegriffs des *new historicism* auf die Gegenwart der Massenmedien selbst übertragbar ist. Für McLuhan liegt der Affektcharakter medialer Populärkultur nicht in ihrer Diskursivität, sondern in ihrer technischen Natur, speziell in der modernen Presse: Ihre ausgesprochen technologische Form bestimmt die ›Wirksamkeit‹, die *effects* weit mehr als irgendeine informative Absicht (McLuhan 1987). Diese Einsicht wird von den Cultural Studies ausdifferenziert, indem Raymond

Williams im Sinne des dialektischen Materialismus Fernsehen als ›kulturelle Form‹ beschreibt (1972), ganz wie auch die französische Apparatus-Theorie den Zusammenhang von Medium und Ideologie untersucht (Baudry 1994). Tatsächlich haben die neuen Technologien die Entwicklung anderer Erzählformen, Bild- und Songstrukturen in der populären Kultur, in TV-Videos (↗ Video) und Popmusik (↗ Musik) etwa, begünstigt (Gasser 1999); diese bleiben aber in ihren intermedialen Bezügen verstrickt. Das gilt auch für ihre zeitliche Erstreckung. Produkte der Popmusik im Unterschied zur traditionellen Volksmusik sind in ihrer klanglichen Realisierung nicht mehr an die konzertante (↗ Konzert) oder andersartige Aufführung, sondern die technisch vermittelte Produktion und Reproduktion gebunden. Popmusik wäre also eine genuin medial begründete Kunstform, wie sie Benjamin in seinem Kunstwerk-Aufsatz skizziert hat (Roesner/Mayer 1987). Populäre Kultur als Funktion von Unterhaltungsformaten technischer Medien hat sich bislang nur bedingt von historischen Vorformen, in (Musik-)↗ Theater und ↗ Varieté etwa, gelöst. Zeitbasierte Unterhaltungsmedien strukturieren ihrerseits die soziale Zeit des Alltags (Hickethier 1979). Der fernsehspezifische Modus von Unterhaltung liegt also nicht so sehr im Inhalt, sondern im technischen Wesen des Mediums, das die Betrachter affiziert: ›Live‹ produzierte Unterhaltungssendungen, synchron an ein weit gestreutes ↗ Publikum adressiert, vermögen den klassischen Jahrmarkts-, Zirkus-, Theater- oder Kino(zeit)raum als Ort des gemeinschaftlichen Konsums in standardisierter Form zu entgrenzen, als Option des Zugriffs in permanenter Präsenz. Im Programmsektor Unterhaltung findet das Fernsehen dann sein inneres Objekt; hier kommt es als Massenmedium endgültig zu sich, in der Emphase der visuellen Komponente des Ereignisbegriffs, ›live‹ und unabhängig von der realen Gegenwart des Betrachters. Dieses zu-sich-Kommen liegt in der Kopplung der Möglichkeiten des elektronischen Signalmediums an (scheinbar) immediate Reaktionsformen nicht nur auf Seiten der Mitspieler *im* Fernseher, sondern auch der Betrachter *vor dem* Fernseher begründet.

Flankiert wird die Entstehung einer Populären Kultur von neuen Formen der ↗ Popularisierung bislang exklusiven Wissens. Dafür steht zunächst das große Editionsprojekt der französischen Aufklärung, die *Encyclopédie* d'Alemberts und Diderots. Die in bibliothekarischen Katalogen und gelehrten Traktaten behauptete Ordnung des Kosmos als theoretischem Konstrukt stand im Zeitalter der Aufklärung im Kampf mit der Unordnung der Schöpfung, wo Daten kontingent aufeinanderstoßen. Im Zuge von

Herders aufklärungspädagogischer *Philosophie der Menschheit* setzt sich mit der Entdeckung der Nationalkulturen kulturpolitisch eine Ästhetik durch, die in musealen und journalistischen Medien der Ausstellung und der Reproduktion von Wissen ihren Ausdruck fand und populärkulturelle Effekte zeitigte. Mit dem Historismus begann eine Entwicklung, die eine neue Art des populären Interesses an Kunstwerken ermöglichte: das moderne kulturhistorische Denken. Die durch den Bedarf an visuellem Wissen angeregte Verbesserung technischer Verfahren der Reproduktion führte zu einer Verfügbarkeit von Kunst, die Friedrich Nietzsche als massenmediales Phänomen schon wieder verfluchte (Link 1976). Zunächst fungieren die Zeitschriften, dann auch touristische und thematische Bildpostkarten als Medien populärer Diskursformen, die dann später von Film und Fernsehen bis zu dem Punkt substituiert werden, daß kollektive und individuelle Erinnerung von medialen Bildern nicht nur gespiegelt, sondern gesteuert werden (Chris Marker fragt in seinem Film Sᴀɴs Soʟᴇɪʟ pointiert, ob Menschen ohne Fotoapparat (↗ Kleinbildkamera) oder ↗ Videorekorder überhaupt Erinnerung haben). Der ästhetische Historismus sprengte die bislang kulturell verbindlichen Codes um 1800. Dieses Phänomen liest sich geradezu als Effekt der journalistischen Darstellungsmedien jener Zeit. Karl August Böttigers *Journal des Luxus und der Moden* etwa vermag für die Wende zum 19. Jh. vor Augen zu führen, wie die journalistische Wahrnehmung das Bild einer Wirklichkeit formte, in der tatsächlich die Medien über das entscheiden, was als gesellschaftlich wahr oder falsch, als kulturell wertvoll oder vergessenswert gilt, denn »das Mediumgeschehen […] ist außenbedingt« (Heider 1921). Nach 1900 vollzog sich ein qualitativer wie quantitativer Medienwechsel, als die auf einen partikularisierten Leserkreis bezogenen Medien Buch und Zeitschrift durch die Massenmedien Film und ↗ Radio abgelöst wurden. Der mit der Popularisierung kultureller Bilder verknüpfte ästhetische Historismus trat mit der »technischen Organisation der Weltöffentlichkeit durch den Rundfunk und die bereits nachhinkende Presse« in das Stadium seiner Ausbreitung und Verfestigung, eskalierte zu einer regelrechten Herrschaftsform (Heidegger 1963).

Neue Unterhaltungsmedien: Film, Radio, Fernsehen

Ganz neue Formen der Unterhaltung waren erst mit den technischen Medien möglich. Walter Benjamins Essay »Das Kunstwerk im Zeitalter seiner technischen Reproduzierbarkeit« von 1935 unterstreicht den als Einübung in gesellschaftlich relevante Praktiken kodierten Konnex von Schock und Gewöhnung durch den Film; indem er sein Publikum in der selektiven Wahrnehmung einer rasanten und komplexen Realität trainiere, gewöhne er dieselbe an die veränderten Produktionsbedingungen. Diese neue Form medial reproduzierter Kultur gehe auf Kosten der einmaligen ›Aura‹ des (Kunst-)Werks, diagnostizierte Benjamin; der Traditionswert werde durch den Eintritt der Massenmedien ins ästhetische Spiel und den damit verbundenen ›Sinn für das Gleichartige‹ liquidiert. Ist es dieser – später auch von Horkheimer/ Adorno in ihrer *Dialektik der Aufklärung* konstatierte – Traditionsverlust, der populäre Kultur fortan von der Kultur vormaliger Trägerschichten unterscheidet? Doch die von Benjamin totgesagte Aura des Kunstwerks korrespondierte auch mit den spezifischen Produktionstechniken der neuen Medien; sie erfuhr etwa als Starkult beim Film eine künstlerische Renaissance (Leschke 1996). Auch das Populäre wirkt traditionsbildend.

Anders als das Kulturindustriekritik-Kapitel von Horkheimer/Adorno hat Bertolt Brechts Radio-Theorie weniger auf die Techniken der Manipulation durch Massenmedien, sondern auf die emanzipativen Optionen elektronischer Massenkommunikation hingewiesen, sofern sie nur aus einem Distributions- in einen Kommunikationsapparat verwandelt würden – was die Internetkultur von heute tatsächlich praktiziert. Lasswell unterschied bezüglich des Konsumentenverhaltens gegenüber Massenmedien verschiedene Modi von *response*, die zwischen passiver Reaktion und aktiver Partizipation oszillieren: »attention, comprehension, enjoyment, evaluation, action« (Lasswell 1946). Jüngst wird in der Symbiose von Politik und Unterhaltungskultur (›Politainment‹/↗›Infotainment‹) nicht mehr eine Krise verstanden, sondern »alltagsnahe Problemreflexion« (Dörner 2001) im Sinne Lawrence Grossbergs (1987), schlicht »in-different to the difference between subordination and resistance«. Indifferent ist Fernsehen damit auch gegenüber der Unterscheidung von Hoch- und populärer Kultur. McLuhan insistierte, daß das Medium selbst die Botschaft ist: Jedes Medium hat ein anderes (maßgeblich seinen medialen Vorgänger) zum Inhalt; für die Massenmedien der Populären Kultur heißt dies etwa: theatralische Nummernopern als Inhalt von Fernsehprogrammen – und soap operas. Die uralte Kulturvision einer global kommunizierbaren Bilder- und Gestensprache wird hier realisiert – wenngleich nicht länger exklusiv unter hochkulturellen Vorzeichen: »Soap is also perhaps the most international visual format [...]. Reality is destroyed daily in hour-long slots across the globe« (Mirzoeff 1998). Die Logik der techno-ökonomischen Mediensysteme egalisiert zwar kulturelle Unterschiede, doch wer genau hinschaut, sieht trotzdem die Differenzen. Das von den Serienschauspielern ausgedrückte gestisch Ähnliche (im Sinne von Warburgs visuellen ›Pathos-Formeln‹) ist eben nur scheinbar gleich, im Unterschied zur identischen kultursemiotischen Reproduktion in typographischem Buchdruck und industriellen Fertigungslinien.

Die Rolle von Massenmedien im kulturellen Spiel zwischen Bedeutung und Vergnügen ist die multiple (Re-)Generierung und Zirkulation kultureller Zeichen; so wird Unterhaltung medienkulturell zum Akt der Produktion sozialer Energie statt des schlichten Konsums und bringt kulturelle Semantik gewissermaßen überhaupt erst hervor. Realistisch sind Unterhaltungsprogramme und TV-Serien nicht, weil sie soziale Wirklichkeiten exakt wiedergeben, sondern vielmehr einen kollektiven Sinn für das setzen, was als wirklich gilt. Je tiefer die Apparatur, deren technisches Dispositiv non-diskursiv und damit nicht verhandelbar ist, in die Wirklichkeit und ihr audiovisuelles Unbewußtes eindringt, desto apparatefreier erscheint sie (Bublitz 1999).

Aufmerksamkeit und Unterhaltung, Werbung und Information

Die Kategorien von Aufmerksamkeit und Unterhaltung entstanden koexistent mit medialen Formen des Populären. Jemanden beschäftigt zu halten (ein etymologischer Nebensinn des französischen *entretenir*), meinte immer schon mediale Vermittlung in Gestik, Mimik, aber auch in Buch und Rede. Mit frühen Formen literarischer Unterhaltung entstand auch die topische Kritik der populären Kultur, jener leichtgeschürzten Muse, welche »nur die menge und sinnenkitzel« ansprechen (Grimm 1936). Nur daß im Medienzeitalter an die Stelle des gesellschaftlichen Hin- und Herredens zwischen Personen nun apparative Diskurse getreten sind. Aufmerksamkeitserregung – in ihrer medialen Materialität also – ist bereits um 1900 Objekt von ↗ Werbung und Gegenstand einer wissenschaftlichen Physiologie, welche Sinnesreizung untersucht (Dürr 1907). Nicht der Inhalt, sondern die Medialität der optischen Bewegtbildmedien erregt physiologische Aufmerksamkeit. Ästhetische Unterhaltung wird daraus in dem Moment, wo Bilder und Töne sich nicht schlicht wiederholen, sondern Varietät als Innovation wirksam wird. Läßt

sich die populäre mit der unterhaltenden Kultur selbst gleichsetzen, als kollektive Teilhabe an medial vermittelten Ereignissen? Eine Historisierung des Unterhaltungsbegriffs konvergiert dann mit der Geschichte der Durchsetzung und Standardisierung von Medien, die damit eine eigene kulturelle Tradition gestiftet haben. Innerhalb der Medienforschung der Cultural Studies läßt sich jedenfalls seit Beginn der 1980er Jahre eine Verlagerung von ideologiekritisch-spätmarxistischen Modellen der Analyse von Nachrichtensendungen und E-Programmen hin zur Fokussierung auf U-Programme wie Quiz-Shows, ↗ Serien, Melodramen und Musikvideos (↗ Videoclip) beobachten; das Populäre wird als Basis der kulturellen und politischen Signifikanz der Medienproduktion entdeckt. In diesem Feld nimmt besonders bei John Fiske der Begriff *pleasure* – jenseits der psychoanalytischen Implikationen – den etwas harmloseren deutschen Begriff der Unterhaltung ein. Medial motiviertes Vergnügen ist als potentielle Subversion machtvoller Interpretationsvorgaben immer schon mit karnevaleskem politischem Widerstand verknüpft (Angerer 2000).

Nur vordergründig stehen sich Unterhaltung und Information als institutionalisierter Programmdualismus in den populären Massenmedien gegenüber; in der Praxis gleichen sich seit den frühen Zeitungen und Zeitschriften bis hin zum aktuellen Fernsehen Information und Amüsement hinsichtlich des Rezeptionsverhaltens des Publikums, das beide Formate in gleichem Maße nutzt (Rölz, in: von Rüden 1979a). Das psychophysiologische Reproduktionsmittel Fernsehen wird gleichermaßen *zerstreut* rezipiert, auch wenn der Entspannungsreiz der Unterhaltung zumeist über die Realitätsgerechtigkeit der Nachrichten (Jürgen Habermas) dominiert. Zwischen Information und Unterhaltung ist Werbung Bestandteil der populären Kultur. Es war die amerikanische Werbung von Seifenfirmen im Radio, welche das Genre der *Soap opera* generierte, bevor sie auf das Fernsehen selbst übersprang. Seitdem liegen in diesem Medium Werbung als rhetorische Persuasion und Information (visuelles Wissen) im Konflikt. Werbung steht originär im Bund mit Seduktionspraktiken der Propaganda, auch wenn nicht gleich alles, was durch die »channels of mass communication« geschleust wird, schon Propaganda ist (Smith et al. 1946). Werbung ist immer auch Information, und Nachrichten sind ebenso rhetorischer Dramatisierung unterworfen. Es ist das Charakteristikum medialer Unterhaltung, daß sie Elemente von Werbung und Information gleichrangig umfaßt und deren kategoriale Trennung obsolet macht.

Unterhaltung: Erzählung und Störung

Das öffentlich-rechtliche Fernsehen der BRD hat den offiziellen Programmauftrag, zu informieren, zu bilden, zu unterhalten; antwortet Telekommunikation damit auf ein anthropologisches Bedürfnis wie einst das Geschichtenerzählen? TV-Information und TV-Bildung, wie sie im öffentlich-rechtlichen Bereich der BRD durch die dritten Programme repräsentiert werden, sind letztlich nicht die Alternative, sondern eine Variation von TV-Unterhaltung. Tatsächlich ist das Spiel von Unterhaltung und Aktualität nicht auf die Alternative ›Unterhaltung *versus* Information‹ reduzierbar; vielmehr werden Formen der Aktualität und der Reaktionsschnelligkeit in medialen Unterhaltungsformaten selbst eintrainiert. Unterhaltung verhält sich dabei mehr asymmetrisch zur Information und spielt sich auf der Ebene der ästhetischen Erfahrung ab, weil sie – anders als Information – nicht begrifflich vermittelt und aufgefaßt wird. Von Kunstwahrnehmung unterscheidet sie sich durch ihre Rezeptions-Offenheit (Hügel 1993). ›Zerstreuung‹, das massenmedienkritische Schlagwort der Frankfurter Schule, ist dabei selbst ein technisches Phänomen: *broadcasting*.

Schon kurz nach 1800 ließ die preußische Alphabetisierungskampagne die alltägliche Kunst des Erzählens allmählich verkümmern – »als wenn ein Vermögen, das uns unveräußerlich schien [...], von uns genommen würde« (Benjamin 1955). Dies aber führte zugleich zu Erzählformen jenseits von narrativer Kohärenz und epischer Kontinuität, deren Rhythmus von medialen Apparaten, von den filmischen Montagen selbst diktiert wird. Schriftsteller haben früh auf das Verschwinden des Erzählenkönnens in einer Zeit neuer Datenspeicher reagiert. Wo ›live‹-Medien das Gedächtnis entwerten, gerinnt Erzählen zum bloßen Rahmen und wird selbstreflexiv; da Literatur um ihren kulturellen Kursverlust gegenüber medialen Formen der Unterhaltung weiß, kann sie ästhetisch davon noch profitieren – als Refugium erinnernden Erzählens (Plumpe 1999). Doch längst vermag nicht mehr nur die poetische Rede allein mnemotechnische Codes zu simulieren und zu bewahren. In der medialen Unterhaltung treten momentane Handlungsverdichtungen transitorisch an die Stelle der Erzählung. Zugespitzt gilt dies für das sogenannte *trash television*, etwa die Talk-Show (↗ Show) als eine genuin fernseheigene Schöpfung, die 1939 mit einer Diskussion von ↗ Stars aus Bühne und Film zum Thema »Küssen Sie auf der Bühne wirklich?« begann (von Rüden 1979b). Mediale Echtzeit als Unterhaltungsprogramm (etwa die Webcams zum Reality-TV-Format *Big Brother* im

↗ Internet) generiert unemphatische Bilder, wie sie dem Kino bislang kaum vertraut waren; in bestimmten Sitcom-Serien erlauben sie täglich dem Zuschauer die simulierte Teilnahme am Leben anderer nahezu in Simultanzeit. »Die hypnotisierenden Endlos-Zugfahrten, die augenblicklich als nächtliche Pausenfüller im Fernsehen zu sehen sind, geben einen Vorgeschmack auf diese Art der Fernsehunterhaltung« (Rosefeldt 1998). Solche Bilder sind kulturell nicht länger hochkodiert, sind dafür aber für den Reiz einer ganz eigentlichen minimalistischen Ästhetik freigesetzt. Die Medien Radio und Fernsehen sind offen für redundante Mitteilungen und bieten Weisen des Gebrauchs an, die diese als Unterhaltung recyceln; populäre Unterhaltung ist damit zuweilen ein spezifischer Modus der Reflexion des Mediums.

Gewiß richtet sich das populärkulturelle Medieninteresse »nicht auf das Zeilenschreiben des Kathodenstrahls beim Fernsehen, sondern auf [...] die medial vermittelte Teilhabe an Ereignissen und auf die televisuell erzeugte Unterhaltung« (Hickethier 2000). Analog dazu standen Sendungen, Genres, Erzähl- und Darstellungsweisen sowie Inhalte lange im Vordergrund medienwissenschaftlicher Analyse. Doch das Spezifische an der medial vermittelten Teilhabe ist gerade die technisch bedingte Kommunikation – also die Bildröhre –, die den Zuschauerblick an den Monitor bindet: *entretenir* als buchstäblich mediale Ebene der Unterhaltung. Im Moment der Störung wird dies evident, dem technischen Zwischenfall auf Sendungsebene und Test jeder ›live‹-Authentizität. Demgegenüber fungiert der Speicher (also die Redundanz) als Garantie des störungsfreien Ablaufs, weshalb sich Feuilleton, Drama und musikalische Komödie im Fernsehen mehr und mehr auf Film und Magnetband verlegten. Die Ästhetik der Direktsendung kommt zum Zug, wenn es in Unterhaltung und Information um Strategien der Glaubhaftmachung geht. Die Direktsendung ist und bleibt die wahre Trägerin der Spannung und ist die einzig mögliche Übertragungsart für »Spiele« (Egly 1963). Mit dieser technischen Unmittelbarkeit korrespondiert auf psychischer Ebene der Einbruch des Realen, nämlich des Lächerlichen, Absurden, in die symbolische Ordnung – was gerade Attraktivität in Unterhaltungssendungen ausmacht. So »bringt das Fernsehen das Außergewöhnliche mit dem Alltäglichen zusammen« (ebd. S. 29). Der Unterhaltungsbegriff ist damit auch statistisch faßbar: als Mittelwert von Abweichung und Norm. Psychische, technische und kognitive Irritationen scheinen das Reizauslösende am (massen-)medialen Entertainment zu sein, während hochkulturelle Kunst in elaborierter Form dem Einbruch des technisch Realen als Störelementen medialer Illusionen nachspürt und sie selbst zum Objekt ästhetischer Experimente macht. Hinter allen Formen der medialen Unterhaltung birgt sich also die Drohung der Bild- und Tonstörung; nach Programmschluß sahen oder hörten wir früher schlicht Rauschen. TV-Rezipienten aber suchen nicht nach Dissonanzen, sondern nach Bestätigung ihrer kommunikativen *Voreinstellungen* – auch im technischen Sinne der frühen manuellen Sendersuche.

Konvergenz von Unterhaltung und Kultur? Computerspiele und Internet

Populus meinte einmal sehr präzise das Kriegsvolk. Populäre Kultur ist – zumindest was ihre technischen Medien betrifft – nicht exklusiv einem irgendwie gearteten Sozialen entwachsen. Die technische Konditionierung des Films etwa oder das frühe Radio lassen sich daran nur bedingt rückkoppeln, sondern waren – frei nach Friedrich Kittler – zumeist Mißbrauch von Heeresgerät. Genau dafür war Vannevar Bush, der geistige Vater hypermedialer Wissensformen und des Internet, nach dem Ende des Zweiten Weltkriegs zuständig: für die Überführung militärischer Nachrichtentechniken in zivile, also fortan massenmediale Zwecke. Tatsächlich ist inzwischen alles, was unter dem Stichwort Interface zwischen Menschen und Apparaten stattfindet, die Verblendung einer medialen Technizität. Was früher einmal militärischer Eignungstest oder arbeitsmotorische Optimierung, also Training von Aufmerksamkeit war, ist jetzt freiwillig übernommene Selbst-Unterhaltung: Automaten- oder Computerspiele, die für die kybernetische Besetzung der Lebenswelt und für Trainingsplätze einer neuen Technikkultur stehen, in der remote control und die Echtzeitoperationen virtueller Finanzplätze wie realer Kampfmaschinen antizipiert werden (*HyperKult X* in Lüneburg Juli 2001). Statt des klassischen Broadcasting verfügen die Massenmedien heute über die Möglichkeit für den Verbraucher, durch einen einfachen Schaltvorgang auf die Programmierung der Medien selbst zurückzuwirken. Was von den Cultural Studies analytisch vorgedacht wurde, ist mit Rückkanälen im interaktiven TV oder im Internet längst Praxis. Die hybride Verschränkung aus klassischem Entertainment einerseits und interaktiven, userbestimmten Handlungsblöcken in computerspielinformierten Filmprodukten (*vice versa*) deuten auf eine digitale Transformation eines populären Marktes hin, bei dem der Begriff Unterhaltung selbst zunehmend in die Krise gerät.

Transformationen im sozialen Zeithaushalt korrespondieren auf höchst unmittelbare Weise mit der medialen Ökonomie. Programmfernsehen funktioniert vor dem Hintergrund eines Publikums mit geregelten Arbeitszeiten; derzeit aber bewegen wir uns auf Destabilisierung nicht nur im Bereich der Arbeit, sondern auch der festen Familienstrukturen zu. Hier entspricht das Fernsehen als ein feststehendes Ding, das mit dem Wohnzimmer, mit der Familie verbunden ist, nicht mehr der neuen Mobilität (Paul Virilio). Demgegenüber flimmert der Gebrauch des Internets zwischen Arbeit und Unterhaltung, und das streaming der Daten darin entspricht der sozialen Destabilisierung eher als aller Programm-flow, den die Cultural Studies für das Fernsehen definiert haben. Am techno-ökonomischen Problem der Konvergenz von Fernsehen und Internet wird sich die Zukunft der Unterhaltung entscheiden. Personalisierung (interactive television, personal tv) und Individualisierung (narrowcasting) werden die Konsumenten, die unverhofft zu Mitproduzenten werden, von den massenmedialen Grundlagen der Kommunikation wie von der sogenannten populären Kultur gleichermaßen erlösen. Morley insistiert auf der ›Physik‹ des Fernsehers, also weniger seinen Programmen, sondern seinem Charakter als materiellem und symbolischen Objekt. Reaktiviert wird diese These in der Diskussion um Optionen der Konvergenz von TV und Internet; es scheint nämlich, daß der Konsum beider Techniken durchaus an das Dispositiv des klassischen Wohnraums gekoppelt ist: PC im Arbeitszimmer, weil der Gebrauch des Internet tatsächlich ein aktiver Akt ist, TV-Set im Wohnzimmer, weil Fernsehen der eher passiven Freizeit, der Unterhaltung zugeordnet ist. Der Wohnraum weist dem Konsumenten verschiedene Diskurse zu: hier das Forschen nach Information, dort Genuß durch Unterhaltung. Wird die Interaktivität, das *proprium* der digitalen Medien, tatsächlich vom Arbeits- ins Wohnzimmer wandern, wie es einige Marktforscher visionieren? Die *tracking application*, also die Möglichkeit zum informativen Anklicken von Waren im Rahmen einer TV-Ausstrahlung durch Fernbedienung als spezifische, marktorientierte Form von ›Interaktivität‹ bedient den Wunsch nach sofortiger, unverzüglicher Bedürfnisbefriedigung im Fall des Kauf- oder Buchungswunsches. Doch dieses Konsumentenmodell reduziert den Zuschauer auf ein physiologisches Artefakt, der Elektrisierung eines Froschschenkels durch Galvani und Volta um 1800 ähnlich. Tatsächlich aber muß damit gerechnet werden, daß der Betrachter auch über einen psychischen Apparat verfügt, der analog funktioniert und mit Bedenkzeit, Verzögerung, Reflexion, Zweifel operiert.

Demgegenüber ist der klickende, ›digitale‹ (tatsächlich mit dem Finger operierende) Zuschauer unwahrscheinlich. Hier tut sich (noch) eine Asynchronizität zwischen digitaler Fernsehtechnik und analogem Verbraucherverhalten auf. Doch tatsächlich wächst eine Generation heran, die an Computerspielen trainiert wurde, also in der Lage ist, unmittelbar auf Impulse zu reagieren. Diese populäre Form der Kommunikation ist zweckfrei im Sinne der Hermeneutik, aber taktisch im Sinne medienkultureller Kompetenz.

Literatur

Angerer, M.-L.: *body options. körper.spuren.medien.bilder*. Wien 2000.

Baudry, J.-L.: »Das Dispositiv: Metapsychologische Betrachtungen des Realitätseindrucks«. In: *Psyche. Zeitschrift für Psychoanalyse und ihre Anwendungen* 48, 11 (1994) S. 1047–1074.

Benjamin, W.: »Der Erzähler«. In: Ders.: *Illuminationen*. Frankfurt a. M.1955. S. 409–436.

Brecht, B.: »Der Rundfunk als Kommunikationsapparat«. In: Ders.: *Über Politik und Kunst*. Frankfurt a. M. 1971.

Bublitz, H.: *Foucaults Archäologie des kulturellen Unbewußten. Zum Wissensarchiv und Wissensbegehren moderner Gesellschaften*. Frankfurt a. M./New York 1999.

Dörner, A.: *Politainment. Politik der medialen Erlebnisgesellschaft*. Frankfurt a. M. 2001.

Dürr, E.: *Lehre von der Aufmerksamkeit*. Leipzig 1907.

Egly, M.: *Eintritt frei – Fernsehen*. Lausanne 1963.

Fiske, J.: *Television Culture*. London/New York 1989.

Gasser, C.: »Mutantenkosmos. Von Mickey Mouse zu Explomaus«. In: *Mutanten: Die deutschsprachige Comic-Avantgarde der 90er Jahre*. Ostfildern 1999. S. 5–18.

Grimm, J./Grimm, W.: *Deutsches Wörterbuch*, Bd. 24. München [1936]. 1984. Eintrag »Unterhalten«, S. 1597–1611.

Grossberg, L.: »The In-difference of Television«. In: *Screen* 28, 2 (1987) S. 28-45.

Heidegger, M.: *Identität und Differenz*. Stuttgart 1957.

Ders.: »Der Spruch des Anaximander«. In: Ders.: *Holzwege*. Frankfurt a. M. 1963.

Heider, F.: »Ding und Medium«. In: *Symposion. Philosophische Zeitschrift für Forschung und Aussprache* 2 (1921) S. 109-157.

Herchert, G.: »›Das Ding täte ich ihr gern viel‹. Minnesang und erotische Minneparodien im Mittelalter«. In: *quadratur. Kulturzeitschrift* 2, 2 (2000) S. 14–19.

Hickethier, K.: »Fernsehunterhaltung und Unterhaltungsformen anderer Medien«. In: Rüden, P. v. (Hg.): *Unterhaltungsmedium Fernsehen*. München 1979. S. 40–72.

Ders.: »Binnendifferenzierung oder Abspaltung. Zum Verhältnis von Medienwissenschaft und Germanistik. Das ›Hamburger Modell‹ der Medienwissenschaft«. In: Heller, H.-B. u. a. (Hg.): *Über Bilder sprechen. Positionen der Medienwissenschaft*. Marburg 2000. S. 35–56.

Hügel, H.-O.: »Ästhetische Zweideutigkeit der Unterhaltung. Eine Skizze ihrer Theorie«. In: *montage/av* 2, 1 (1993) S. 119–141.

Lasswell, H. D.: »Describing the effects of communication« In: Ders. et al.: *Propaganda, Communication and Public Opinion. A Comprehensive Reference Guide*. Princeton 1946. S. 95–119.

Leschke, R.: »Eine ungemütliche Ouvertüre der Medientheorie. Anmerkungen zu Walter Benjamin«. In: *Cachaça. Fragmente zur Geschichte von Poesie und Imagination*. Berlin 1996. S. 40–45.

Link, H.: *Rezeptionsforschung. Eine Einführung in Methoden und Probleme*. Stuttgart 1976.

McLuhan, M.: *Letters*. Toronto/Oxford/New York 1987.

Mirzoeff, N.: »What is visual culture?« In: Ders. (Hg.): *The Visual Culture Reader*. London/New York 1998.

Morley, D.: »Television: Not so much a Visual Medium, more a Visible Object«. In: Jenks, C. (Hg.): *Visual Culture*. London/New York 1995. S. 170-189.

Pieper, H. A.: »Neugierde / Neugier«. In: *Universal-Lexikon der Gegenwart und Vergangenheit oder neuestes encyclopädisches Wörterbuch der Wissenschaften, Künste und Gewerbe*, Bd. 7. Altenburg 1841.

Plumpe, G.: »Gedächtnis und Erzählung. Zur Ästhetisierung des Erinnerns im Zeitalter der Information«. In: Segeberg, H./Eversberg, G. (Hgg.): *Theodor Storm und die Medien*. Berlin 1999. S. 67ff.

Roesner, U./Mayer, G.: »Popmusik«. In: Pracht, E. et al.: *Ästhetik der Kunst*. Berlin 1987. S. 87–95.

Rosefeldt, J.: »Nekrolog«. In: *News. Eine Videoinstallation von Julian Rosefeld & Piero Steinle*. Heidelberg 1998. S. 85–92.

Rüden, P. v. (Hg.): *Unterhaltungsmedium Fernsehen*. München 1979a.

Rüden, P. v.: »Was sind und zu welchem Ende produziert das Fernsehen Unterhaltungsprogramme?«. In: Kreuzer H./ Prümm, K. (Hgg.): *Fernsehsendungen und ihre Formen*: Stuttgart 1979b. S. 169–182.

Smith, B. L./Lasswell, H. D./Casey, R. D.: *Propaganda, Communication and Public Opinion. A comprehensive Reference Guide*. Princeton 1946.

Wandhoff, H.: *Der epische Blick: eine mediengeschichtliche Studie zur höfischen Literatur*. Berlin 1996.

Williams, R.: *Gesellschaftstheorie als Begriffsgeschichte. Studien zur historischen Semantik von »Kultur«*. München 1972.

Wolfgang Ernst

Melodram ↗ Film

Moderator

Die Moderation als Medienhandlungsrolle gehört zu den genreübergreifenden Rollen des ↗ Fernsehens. Das Konzept der Medienhandlungsrolle entstammt der Auffassung des Fernsehens als ›System‹ und ersetzt in der jüngeren Medienforschung den Begriff des ›Autors‹: Autorenschaft im Fernsehen ist hochkomplex, umfaßt sie doch »Regisseure, Redakteure, Schreiber, Kameramänner, Produzenten, Cutter (und jeweils ihre weiblichen Pendants)« (Faulstich 1994). Dem ist hinzuzufügen, daß auch das auf dem Bildschirm erscheinende Personal – wie Moderatoren, Sprecher und Talkmaster – Teil dieses Systems der Autorenschaft sind. Weiterhin setzt dieses Konzept auch Medienhandlungen außerhalb des Fernsehens wie beispielsweise das Zuschauen, in Bezug zu den unmittelbar im Medium Handelnden. Moderation als Medienhandlungsrolle kann so in einem System- geflecht verknüpft werden mit dem sozial, politisch und institutionell vorgegebenen Rahmen des Pro- gramms, mit dem Publikum sowie mit Konventionen der sprachlichen und bildlichen Inszenierung.

Demnach werden für die Analyse der Moderation folgende Gesichtspunkte belangvoll: 1. die *Pro- grammfunktion*, 2. die spezifische Dramaturgie der Moderation hinsichtlich ihrer *sprachlichen Inszenie- rung*, 3. die *Moderationsstile* und das Selbstverständ- nis der sogenannten Macher, 4. die *Kommunikations- funktionen* im Sinne möglicher *Moderationswirkun- gen* in bezug auf die Zuschauerschaft, 5. die *bildästhe- tische Inszenierung*.

Die Moderation als personalisierte Präsentations- form des Fernsehens kommt in fast allen ↗ Genres des nichtfiktionalen Bereichs vor, weist jedoch genre- spezifische Varianten auf. Es wird hier nicht explizit zwischen Sprechern oder verantwortlichen Modera- tor/innen von Sendungen der Bereiche Nachrichten, Politik, Kultur, ↗ Sport, Medizin, Wirtschaft, Rat- gebung usf. unterschieden, da sich die hier ange- sprochenen Funktionen und Inszenierungsmuster für diese Rollen überschneiden.

Ein/e Moderator/in repräsentiert den vertrauten Typus des Medienpersonals, wie er allenthalben in den Rollen von Nachrichtensprecher/innen, Pro- grammansager/innen, Show- und Talkmastern den Programmalltag beherrscht. Diese Rollen haben ihre Vorläufer in früheren szenischen ↗ Medien wie dem Bänkelsang, in den Conférencen des ↗ Vaudeville, den Vorführern in frühen Lichtspieltheatern (↗ Kino), aber auch im Bühnentheater (↗ Theater) in der direkten Adressierung des ↗ Publikums in der Parabase, in Prologen oder beim sogenannten A- Part- oder Beiseitesprechen. Die sprachlichen Mode- rationsformen des ↗ Radios gingen dem Fernsehen historisch voraus und bildeten die Parameter der frühen Fernsehmoderation.

Im Fernsehen wie im Radio teilen sich Moderator/ innen die Aufgabe, die Kontinuität des Programms aufrecht zu erhalten. Plaziert an den Nahtstellen von Sendeabläufen, besteht die erste und wichtigste Auf- gabe der Moderation darin, unverbundene und the- matisch disparate Sendeteile zu verknüpfen und den planmäßigen Ablauf des Programms zu gewährlei- sten. Hierzu gehört einmal die Einhaltung des vorge- gebenen zeitlichen Rahmens (was im Sendeprotokoll z. B. mit Moderation: 1.15, also bis auf 15 Sekunden genau, notiert wird), zum zweiten das inhaltliche ›in Fluß halten‹ des Programms durch Überleitungen, Begrüßungs- und Verabschiedungsrituale und nicht zuletzt das Überspielen von Pannen und ähnlichen Bedrohungen eines reibungslosen Ablaufs. Modera-

tion findet demnach unter Bedingungen statt, die auch vom eigenwilligsten Moderator nicht zu unter- laufen, ihm hingegen – wie auch anderen im Me- dium handelnden Personen – vorausgesetzt sind.

Szenen, bei denen die gewohnten rituellen Hand- lungen von Moderator/innen durchbrochen werden, etwa beim Einspielen eines falschen ↗ Films während einer Nachrichten- oder Magazinsendung, beim Blick eines Sprechers, der sich noch nicht auf Sen- dung wähnt, rufen Irritation oder Heiterkeit hervor und unterstreichen die Striktheit der normierten Vorgabe.

Die Aufrechterhaltung des mediengerechten Ab- laufs und die Anpassung an interne Regelungen und Konventionen bilden demnach den Hintergrund, auf der jede (inhaltlich zu bewertende) Moderation erst stattfindet.

Mit der Wahrung der Programmkontinuität allein ist die Funktion des Moderators jedoch nicht er- schöpfend beschrieben. Auch Werbespots, Trailer, Hinweistafeln oder ↗ Videoclips können beliebige Programmteile verbinden. Dennoch scheinen Pro- grammgestalter/innen die Vermittlung von Sende- abläufen durch Personen vorzuziehen. Statt bewegter Bilder und komplexer Handlungsabläufe wird den Zuschauer/innen während der Moderation mit ihrer langen und gleichbleibenden Kameraeinstellung und dem fast bewegungslosen Sujet so etwas wie eine Pause gegönnt, bevor das Programm sie mit weiteren Angeboten einholt.

Die Moderation umfaßt sowohl sprach- wie ge- stisch-mimische Handlungen. Das Sprachhandlungs- repertoire eines Moderators oder einer Moderatorin setzt sich zusammen aus Sprech-, Sprach- und non- verbalen Handlungen. Letztere spielen im Bildme- dium Fernsehen eine erheblich größere Rolle als etwa bei Hörfunkmoderationen. Der schon dort in Be- tracht kommende Anteil nonverbaler Handlungen wie Stimmlage, Pausen, Räuspern usf. wird im Fern- sehen zusätzlich erweitert durch ein begleitendes Spektrum mimisch-gestischer Ausdrucksformen. Die Handlungen insgesamt geraten durch ihre fortwäh- rende Reproduktion im Programm zu Riten, die von Zuschauer/innen als zu bestimmten Sendetypen zu- gehörig wahrgenommen werden.

Harald Burger unterschied die Sprachhandlung einer Moderation nach ihren strukturellen und inter- pretativen Funktionen im Sendungskontext. Als *strukturelle* Moderationstätigkeit werden alle Lei- stungen definiert, die die Vermittlung von Programm und Publikum betreffen, wie z. B. Begrüßung und Verabschiedung oder die Verklammerung von Bei- trägen, als *interpretative* Funktion die Meinungs- beiträge, im weitesten Sinne: die Weltdeutung durch die Moderation (Burger 1984). Die Unterscheidung läßt sich übrigens auch auf die bei Nachrichtenmoderationen üblichen Schriftleisten im Bildhintergrund übertragen, wenn es z. B. strukturell heißt: ›Rentenreform‹ oder eher interpretativ: ›Flüchtlingsdrama‹.

Das direkte Ansprechen des Publikums über die Begrüßung vermittelt schon zu Beginn einer Sendung, mit welcher *Zielgruppe* eine Redaktion rechnet: Anredeformen wie ›Sie‹ oder ›Ihr‹, ›Hallo, allerseits‹ oder ›Guten Abend, meine Damen und Herren‹ signalisieren eine bestimmte Nähe oder Distanz zum Publikum.

Mit den folgenden Teilen (den sogenannten An-, Ab- und Zwischenmoderationen) wird in struktureller Hinsicht eine Programmübersicht, die Einführung und Erläuterung einzelner Beiträge sowie deren Verknüpfung untereinander angestrebt. Die Verabschiedung steht wiederum im Dienst organisatorischer Hinweise oder der ↗ Werbung für den nächsten Sendetermin.

Kulturkritische Einwände gegen das Fernsehen setzen die sogenannten ›talking heads‹ mit Exekutoren einer allgemeinen Volksverdummung gleich; es handelt sich hierbei um eine Sicht, derzufolge Präsentatoren in Werbespots, Nachrichtensprecher/innen oder Moderator/innen von politischen Sendungen als Organe des »super narrators« Fernsehen (Kozloff 1987) austauschbar sind und eher durch Accessoires als durch ihre Moderationsleistung Aufmerksamkeit bekommen und unterschieden werden. Die Präsentatoren des Fernsehens präsentieren sich selbst in unterschiedlichen Stilen: »Wir können unterscheiden zwischen der Krawattenseriosität von Nachrichtensprechern und der Latzhosenidiotie derjenigen, die durch Kindersendungen und Popshows führen« (Root 1986). Die ›sprechenden Köpfe‹ auf dem Bildschirm und das Erzählen in Worten statt in Bildern verdanken sich dem Ursprung des Fernsehprogramms aus dem Hörfunk. Viele frühere Moderationsstars der BBC oder der amerikanischen NBC hatten beim Hörfunk begonnen, bevor sie nicht nur zu Aushängeschildern bestimmter Sendungen, sondern zu Repräsentanten ganzer ↗ Sendeanstalten wurden. ↗ Stars wie Douglas Edwards (NBC), Walter Cronkite (NBC) oder Richard Dimbleby (BBC) pflegten darüber hinaus einen Moderationsstil, der sich schulenbildend auswirkte.

So geriet der nüchterne Stil eines Douglas Edwards zum Maßstab für Fernsehmoderatoren und Korrespondenten des US-Fernsehens der 1950er Jahre und beeinflußte deutsche Reporter wie Peter von Zahn, die diesen Stil dann wiederum in der Bundesrepublik publik machten. Als Folge des gesellschaftlichen Wandels, und damit eines gewandelten Medienverständnisses, wurde der klassische Typus des Experten in den 1970er Jahren zunehmend durch den populären Typus mit der ›Mann aus dem Volk‹-Attitüde abgelöst. Statt professoral-feierlicher Präsentation kam ein mehr pragmatisch-nüchterner Stil in Kommentaren und Moderationsbeiträgen auf. In der Geschichte des (west-)deutschen Fernsehens sind es vor allem die politischen Sendungen, die Indikatoren für einen Stilwandel liefern: Der seltener provokante, eher analytisch-distanzierte oder auch autoritäre praeceptor-Stil der frühen Jahre – das Magazin *Panorama* vereinigte sie in den Personen Gert von Paczensky, Joachim Fest und Eugen Kogon – ist hier einer moralisch-appellierenden oder auch ironischen Haltung gewichen. Jüngere Moderatoren haben diese ironische Haltung noch zum salopp-sarkastischen Sprachspiel gesteigert.

Im deutschen Fernsehen ist gegenwärtig ein Nebeneinander von ehemals ›privaten‹ und ›öffentlich-rechtlichen‹ Stilen festzustellen: Die sensationsorientierten, im Boulevardstil daherkommenden Moderationsformen des Privatfernsehens beeinflußten auch die Präsentation in öffentlich-rechtlichen Sendungen. Umgekehrt bieten die Privaten auch ›seriöse‹ Moderationen – vor allem im Nachrichtenbereich. Die reißerischsten Formen finden sich in den auf starke emotionale Effekte setzenden Reportagemagazinen sowie in den als Gameshows camouflierten Verkaufs- und Werbesendungen der privaten Sendeanstalten.

Als ein weiterer Reflex gesellschaftlicher Veränderungen kann die Zunahme von Frauen in Moderationsrollen gewertet werden. Wurden noch 1973 in Großbritannien Frauen als Nachrichtensprecherinnen mit der Begründung abgelehnt, man würde ihnen nicht abnehmen, dass ein Krieg ausgebrochen sei, so ist ihre Präsenz heute in allen Genres stark gestiegen; ein geschlechtsspezifischer Moderationsstil ist für die meisten Sendetypen nicht festzustellen.

Die betont starke Akzentuierung der personalisierten Präsentation – wie sie für das amerikanische Fernsehen von Beginn an kennzeichnend war – hat sich auch im deutschen Fernsehen im Zuge der Privatisierung durchgesetzt: Gerade die kommerziellen Programme setzen auf den Wiedererkennungseffekt beim Zuschauer und statteten ihre Sender mit festem Moderationspersonal aus. Während man auf den klassischen Typus des Programmansagers immer mehr verzichtete und die einzelnen Genres heute fast übergangslos ineinanderfließen, ist eine Zunahme der Formate mit personaler Vermittlung unübersehbar.

Seit Beginn der 1990er Jahre ist die Anzahl der Moderatoren, die mit ihrem Namen für ein ganzes Sendungskonzept stehen, sprunghaft gestiegen. *Hans Meiser*, *Arabella*, *Vera am Mittag* oder *Fliege* heißen die Sendungen, die seit den 1990er Jahren das Programm tagsüber beherrschen.

Im amerikanischen Fernsehjournalismus wurde die Moderationstätigkeit mit dem Ausdruck *to anchor* (ankern) versehen und der Moderator entsprechend als anchor, achorman/woman oder anchor person bezeichnet, ein Ausdruck, der die weitreichende Konnotation eines sicheren und festen Halts in einer bewegten See enthält (Root 1986). Innerhalb der Dynamik von Fernsehbildern und deren – etwa im politischen Bereich – bevorzugten Berichterstattungsthemen von Krisen und Katastrophen bilden die »Anker« für den Zuschauer einen festen und ruhigen Bezugspunkt. Dem Moderieren – in seiner wörtlichen Bedeutung: lenken, leiten, mäßigen – entspricht die Haltung derjenigen, die Nachrichten und andere nichtfiktionale Beiträge präsentieren. Ein stets ruhig gehaltener Kopf und Oberkörper, sparsame Gestik und eine ruhige Stimme stehen in auffälligem Kontrast zu den Filmbildern aus der ›realen Welt‹.

Die öffentlich-rechtlichen Nachrichtensendungen und -magazine sind seit einiger Zeit dazu übergegangen, die Kamera am Ende der Sendung auf Distanz zu ihren Moderator/innen gehen zu lassen, d. h. sie in der letzten Einstellung durch eine Totale inmitten der Studiorealität zu zeigen, so daß für die Zuschauer/innen eine räumliche ›Entfernung‹ von den Nachrichten möglich wird, bevor die Volksmusik aufspielt oder der Krimi-Trailer einsetzt.

Will man der frühen Metapher vom Fernsehen als ›Fenster zur Welt‹ folgen, dann gehört das erscheinende Medienpersonal zu denjenigen, die sich an diesem ›Fenster‹ stark zu schaffen machen: Zu den bekannten Selektionsgesichtspunkten der Ausgewogenheit, der Aktualität, des Unterhaltungs- oder Nachrichtenwerts etc., die die Gestaltung der Beiträge bereits im Vorfeld der Ausstrahlung bestimmen, kommt die filternde Wirkung der Studiorealität hinzu: Folgt man dem gate-keeper-Modell (McQuail 1972) in der Annahme, daß Informationen in den Medien selektiv aufbereitet werden und viele ›Tore‹ passieren müssen, bevor sie den Empfänger erreichen, fungiert ein/e Moderator/in am Ende einer langen Reihe als letzter ›gate-keeper‹ auf dem Bildschirm.

Nicht nur in den Nachrichten oder anderen politischen Sendungen, auch in allen Sendetypen mit wertendem Kommentar hat die Moderation einen leichten Verzögerungseffekt auf die Wirkung von Bildern; eine häufig verwendete Konvention im Mo-

derator/innenverhalten ist das Einverständnis unterstellende Lächeln oder Zwinkern in Richtung Zuschauer mit der Botschaft ›Sie und ich, wir wissen es doch besser!‹ Diesem Gestus der Intimität entspricht die von John Ellis festgestellte Gemeinsamkeit, die durch diese Appelle zwischen Moderator/in und Zuschauerschaft etabliert wird: ›Wir‹, das sind der ›talking head‹ und die Zuschauer/innen: Diejenigen, über die berichtet wird, erhalten einen Objektstatus und werden in die Rolle ›der Anderen‹ gedrängt (Schumacher 2000).

Neben die allgemeinen Funktionen, wie der Gewährleistung der Wiedererkennung einzelner Sendungen oder der Einebnung emotiver Wirkungen von Bildbeiträgen, treten andere Funktionen, die unmittelbar mit der Person verknüpft sind. Im Fachjargon der Fernsehproduzenten ist der ›Anker‹ auch der ›Verkäufer‹ des Programms, sein Werbeträger, derjenige, der für eine Sendung steht.

Unter dramaturgischen Gesichtspunkten gehört die Moderation zu den Präsentationsformen mit der geringsten szenischen Handlungsdynamik. Im Gegensatz zur Rolle eines ↗ Spielleiters in game shows, der die Szene betritt oder im Publikum umherwandert, sitzt oder steht der Moderator immer schon an seinem Platz und harrt dort während der gesamten Sequenz wie angewurzelt aus. Nur in wenigen Ausnahmen – beispielsweise im Kulturmagazin *aspekte* – ist ein Ortswechsel in den Studiokulissen während der Moderation festzustellen.

Kameraeinstellungen und Bildausschnitt variieren kaum: Ein Wechsel von Nah zu Halbnah, am Ende einer Sendung möglicherweise zu einer Totalen, die Reduktion des Bildausschnittes auf den ›sprechenden Kopf‹ samt Hintergrund, der aus Einblendungen, Grafiken, Schriftleisten und Fotos besteht, beschreiben bereits das Spektrum der Bildregie. Ins Bild kommen auch die in sonstigen sozialen Kontexten üblichen Codes der Selbstinszenierung wie Kleidung, Frisur, Brille, Schmuck etc., die sowohl von der Persönlichkeit des Moderators als auch von offiziellen Erwartungen an sein Image (z. B. Seriosität und Unauffälligkeit) bestimmt sind.

Der mimisch-gestische Ausdruck eines Moderators ist weitgehend reduziert und entspricht hierin der Fixierung an seinen Platz. Das von Nachrichtensprechern bekannte poker-face wird von Meinungsmoderatoren, denen ja ein höherer Grad an subjektivem Ausdruck zugestanden wird, nur wenig mehr belebt. Für die Zuschauer/innen zu sehen ist nur die obere, kaum bewegte Körperhälfte oder der sprechende Kopf in Naheinstellung, wodurch die eigensinnige Signalwirkung des Körpers, die leicht in Gegensatz zu der forciert neutralen Stimme treten kann, ausgeschaltet wird. Die nüchtern sparsame Studiodekoration und die weitgehende Reduktion des Bildausschnittes auf den Kopf verhindern so die Ablenkung vom Gesprochenen. Aufgenommen wird die moderierende Person prinzipiell ›en face‹, was sie vor allen anderen Handelnden auf dem Bildschirm auszeichnet. Nur bei Doppelmoderationen wird die en-face-Präsentation für den nichtsprechenden Part durchbrochen.

Passend zu diesem Setting ist Nachrichtensprecher/innen wie Meinungsmoderator/innen eine sachlich-emotionslose Stimme vorgeschrieben, die bei öffentlich-rechtlichen Kommentaren manchmal zu einer gedämpften Emotionalität mit leicht beschwörender Nuance gesteigert wird, in Reportagemagazinen der Privaten oder bei der Wettermoderation des Werbefernsehens aber auch marktschreierische Formen annehmen kann.

In Nachrichten- und anderen Informationssendungen ist es noch weitgehend üblich, die moderierende Person sitzend hinter einen Tisch zu plazieren. Das Stehen signalisiert einen höheren Grad an Dynamik und wurde im Informationsbereich zunächst von männlichen Personen und in Sportsendungen favorisiert, heute führen auch Moderatorinnen oder Programmansagerinnen häufig stehend durch das Programm.

Der Tisch zwischen Moderator und Zuschauer betont die Distanz zwischen beiden und gilt seit je her als klassisches Symbol von Bedeutung und Autorität. In Kultur- oder Unterhaltungssendungen versucht man, das Belehrende dieser Präsentationsweise zu vermeiden, indem man den Moderator vom Sessel aus agieren lässt oder spielt wie bei der *Harald Schmidt Show* ironisch mit dem Autoritätssymbol Tisch.

In Sport-, Kultur- und Unterhaltungssendungen wird eine quasi-natürliche Präsentation bevorzugt: Moderatoren lehnen am Stehpult, sitzen im Saalpublikum und sprechen ›menschlich‹: Vor allem bei Vorabend- und Regionalprogrammen wird damit eine spezifische Nähe zum Publikum betont.

Als entscheidendes Inszenierungsmittel muß die Plazierung des Moderators als ›direktes Gegenüber‹ der Zuschauer/innen angesehen werden. Die Kamera hält bei der Moderation Einstellungsgröße und Position für längere Zeit konstant; der Moderator, sofern er nicht vom Blatt liest, schaut unter Benutzung des Teleprompters, dem über der Kamera angebrachten Lesegerät, den Zuschauer/innen unentwegt in die Augen.

Das von der Kommunikationstheorie entwickelte Konzept der ›parasozialen Interaktion‹ von Horton und Wohl (1956), das davon ausgeht, daß sich die

Intimität einer engen sozialen Beziehung auch mit Personen auf Distanz – somit auch mit regelmäßig auftretenden Medienpersönlichkeiten (z. B. Serienhelden) – entfalten kann, kommt im Kontakt mit dem Bildschirmpersonal des nichtfiktionalen Bereichs noch stärker zum Tragen: Ein sprechender Mensch in Augenkontakt mit dem Zuschauer stellt eine intensive personale Bindung her, die den Fernsehapparat von einer Bildmaschine in einen Quasi-Dialogpartner verwandelt. Handelt es sich darüber hinaus um ein bekanntes Gesicht, das zur gewohnten Zeit in einer bestimmten Sendung immer wieder erscheint, so garantiert dieses einen höheren Wiedererkennungswert als die materialen Zeichen der Sendung wie Signet, Trailer oder Titelmusik. Der intensive Blickkontakt verstärkt die parasoziale Qualität der Kommunikation zwischen Moderator/in und Zuschauer/in, weil er ein Gefühl des direkten Angesprochenseins bei den Zuschauer/innen erzeugt. Hierdurch nehmen Rezipient/innen häufig wiederkehrende Personen auf dem Bildschirm wie alte Bekannte wahr und pflegen mit ihnen eine gemeinsame Geschichte in ihrer Sehbiographie; Indiz hierfür sind projektive Äußerungen, die der in toto personalisierte Bildschirm hervorruft, in der Art: ›Wie der heute ausschaut‹ oder ›Frau xy ist wieder unmöglich angezogen‹.

Literatur

Burger, H.: *Sprache der Massenmedien*. Berlin/New York 1984.

Carroll, R. L.: »Television News«. In: Rose, B. G. (Hg.): *TV Genres. A Handbook and Reference Guide*. Westport/London 1985.

Faulstich, W. (Hg.): *Vom »Autor« zum Nutzer: Handlungsrollen im Fernsehen*. Bd. 5: *Geschichte des Fernsehens in der Bundesrepublik Deutschland*. München 1994.

Fiske, J.: *Television Culture*. London 1987.

Ders.: »Moderate Rhetoren«. In: Pawlowski, K. (Hg.): *Sprechen, Hören, Sehen – Rundfunk und Fernsehen in Wissenschaft und Praxis*. München 1993.

Horton, D./Wohl, R. R.: »Mass Communication and Parasocial Interaction. Observation on Intimacy at a Distance«. In: *Psychiatry* 19 (1956), S. 215–229.

Kozloff, S. R.: »Narrative Theory and Television«. In: Allen, R. C. (Hg.): *Channels of Discourse*. London 1987.

Kreuzer, H./Schumacher, H.: *Magazine audiovisuell*. Berlin 1988.

McQuail, D.: *Sociology of Mass Communications*. Harmondsworth 1972.

Root, J.: *Open the Box. About Television*. London 1986.

Schumacher, H.: *Fernsehen fernsehen. Modelle der Medien- und Fernsehtheorie*. Köln 2000.

Schult, G./Buchholz, A. (Hgg.): *Fernsehjournalismus. Ein Handbuch für Ausbildung und Praxis*. München 1984.

Vorderer, P. (Hg.): *Fernsehen als ›Beziehungskiste‹. Parasoziale Beziehungen und Interaktionen mit TV-Personen*. Opladen 1996.

Heidemarie Schumacher

Museum

Museum als Ort der Hochkultur

Der Ausdruck »›museal‹ hat im Deutschen [eine] unfreundliche Farbe. Er bezeichnet Gegenstände, [...] die mehr aus historischer Rücksicht aufbewahrt werden als aus gegenwärtigem Bedürfnis« (Adorno 1976, S. 215). Wenn man unter Museum etwas versteht, das verstaubte Zeugen einer fernen Vergangenheit enthält, und das entweder aus Pflichtgefühl oder der Nostalgie wegen besucht wird, kann man mit einem Artikel über das Museum kaum etwas zum jetzigen Stand der Populären Kultur beitragen. Wird das Museum vornehmlich oder ausschließlich als Ort der Geschichte begriffen, wird es zum Hort der Hochkultur. Zieht man jedoch neuere, kritische Museumsstudien hinzu, verändert sich diese Einschätzung, da sie das Museum nicht länger als ein totes Monument ansehen; vielmehr wird es zunehmend in seiner entscheidenden Rolle bei der Bestimmung zeitgenössischer Identität, Kultur und einem tragfähigem Konzept des Populären erkannt, erforscht und gefordert.

Allerdings kam dieser Funktionswandel des Museums nicht über Nacht. Als Bourdieu in den 1960er Jahren mit seinem Forscherteam die ersten ausführlichen Besucherbefragungen in Museen in Frankreich, Spanien, Polen, Griechenland und Holland durchführte, entdeckte er bereits, daß sich Arbeiter und ländliche Bevölkerung durch die feierliche Umgebung und die unterschwellig annocierten Bildungsansprüche des Museums eingeschüchtert fühlten (Bourdieu/Darbel 1969). Im Gegensatz zu einer schon damals allgemein akzeptierten Überzeugung, daß Museen nicht nur dem allgemeinen Publikum offen stünden, sondern eine die Demokratie bildungspolitisch stärkende Funktion hätten, wies Bourdieu nach, daß sie tatsächlich sozial ausschließend waren. Er folgerte daraus, daß Museen eine sehr spezielle Funktion hätten, die kaum der liberalen Erziehung einer vielfältigen Bevölkerung, sondern eher sowohl der Produktion als auch der Bekräftigung von Klassenunterschieden dienten.

Auch andere frühe Kritiker, vor allem sind die marxistischen Kunstkritiker Carol Duncan und Allan Wallach zu nennen, betonen die Rolle des Museums bei der Fortschreibung herrschender Ideologien und der Befestigung der Macht der herrschenden Klasse. In ihren Analysen des Louvre und des Museum of Modern Art in New York City argumentieren Duncan und Wallach (1978/1980), daß man diese Institutionen ähnlich wie Kirchen als rituelle Plätze verstehen müsse, die Besucher zu zivilisierten Mitgliedern der Gesellschaft umformen sollen. Duncan und Wallach (1978, S. 30–31) verweisen darauf, daß Museen dominierende klassische Fassaden haben, um den Übertritt des Besuchers von der äußeren, alltäglichen Welt in das abgesonderte Reich des Museums zu markieren. Diese symbolischen Schwellen sind entscheidend für die Erschaffung des Museums als eines Raums der universellen Werte, losgelöst von weltlichen politischen, ökonomischen und sozialen Bezügen. Das Ziel von Duncan und Wallach und von vielen anderen Museumskritikern seit den 1970er Jahren war es, den Mythos seiner Neutralität zu ›demaskieren‹ und die soziokulturelle Funktion des Museums als eines Produzenten, nicht nur eines Bewahrers der Unterscheidungen zwischen hoch/niedrig, dem Elitären und dem Populären, zwischen Bürgern und Ausländern, dem Selbst und den Anderen usf. zu entlarven.

Zum größten Teil richten sich Museumsstudien nicht länger auf Kuratorenschaft, Fragen der Konservierung und Sammlungsmanagement. Vergo (1989, S. 3) forderte eine »new museology«, die eine selbstreflektierende, radikale Überprüfung der Rolle des Museums beinhaltet. Trotz einiger Widerstände gegen diesen Vorschlag hat es geradezu eine Explosion von Arbeiten gegeben, hauptsächlich aus der Soziologie, Anthropologie, Kunstgeschichte und den Kulturwissenschaften, die in dieser Weise umfassendere Fragen an das Museum stellen. Das Museum wird dadurch verstehbar als ein Ort der Produktion von Kenntnissen und nicht bloß als ein Ort leeren Wissens. So zeigt Preziosi (1996, S. 281 f.), daß das Museum ein System der Repräsentation ist, das sowohl Objekte als auch Subjekte produziert, da die Klassifikation, die Ordnung und das Rahmen der Objekte in einem Museum das Wissen Wirklichkeit werden läßt und so zur soziokulturellen Bestimmung beiträgt. Diese Erkenntnis hat nicht nur für einzelne Museen Bedeutung. Baudrillard (1983, S. 15 f.) argumentiert überzeugend, daß »the museum, instead of being circumscribed in a geometrical location, is now everywhere, like a dimension of life itself« zu verstehen sei. In anderen Worten: Das Museum hat tiefe Auswirkungen darauf, wie wir uns selbst und andere sehen.

Neue Museologie

»The very nature of exhibiting«, behaupten Ivan Karp und Steven D. Lavine (1991, S. 1) »makes it [das Museum] a contested terrain.« Seit dem Aufkommen der Gleichstellungspolitik in den 1980ern werden an Museen Fragen darüber gestellt, wer genau in ihnen repräsentiert wird, wessen Interessen diese Institutionen dienen, woher die gesammelten Objekte kamen, und ob sie ihren einstigen Eigentümern zurückgegeben werden sollen oder nicht. Museumsdirektoren sehen sich steigendem Druck gegenüber, Verantwortung für die unausweichlich ideologischen Repräsentationen, die sie fördern, zu übernehmen. Museen werden nun aufgefordert, sich auf breitere und unterschiedlichere Zuschauergruppen hinzubewegen, besonders dadurch, daß sie Gruppen, die im Lauf der Geschichte von solchen Institutionen ausgeschlossen wurden, wie Farbige, Frauen, die Arbeiterklasse, Schwule und Lesben sowohl repräsentieren als auch ansprechen.

Zur selben Zeit werden aus ökonomischen Gründen Museumsbesucher in steigendem Maße als Konsumenten verstanden. Diese jüngste Geschäftspolitik der Museen, Gewinn zu machen, entstammt einer politischen Agenda, die versucht, die Museen aus der öffentlichen Verantwortung zu entlassen und sie für ihre Finanzierung auf private Geldgeber zu verweisen. Viele Museumsdirektoren treten nunmehr sowohl um Sponsoren wie um Besucherzahlen in einen Wettbewerb ein, was Marketing-Strategien ein besonderes Gewicht gibt (McLean 1997). Solchen zuschauerorientierten Museen wird oft vorgeworfen, daß sie bei ihrem Versuch, die Massen der Besucher anzuziehen, dem ›kleinsten gemeinsamen Nenner Vorschub leisten‹ mit unterhaltenden Ausstellungen, spritzigen Werbekampagnen und geschäftsmäßiger Promotion. Zusammen mit dem Kampf um die Dollars der Besucher, rapider Globalisierung und eskaliertem Tourismus hat dieses Vorgehen die Museen näher an die Themenparks oder Einkaufspassagen herangeschoben. Der Designer des Canadian Museum of Civilization in Ottawa zum Beispiel sah sowohl Open Air Museen als auch Disney World als Modelle für ein neues, fesselndes und interaktives Museum an (vgl. MacDonald 1991, S. 170). Offensichtlich erlebt die institutionelle Definition des Museums einen Wandel, und während einige Kritiker finden, daß dieser Wechsel befreiende Möglichkeiten für Interventionen anbietet, schlagen andere Alarm (O'Doherty 1972).

Die Angst vor einer generellen Senkung der Standards in Museen indiziert, daß das elitäre Mandat, welches Bourdieu dokumentierte, nicht länger fest verankert ist. Die Vermischung von Populärer Kultur und Hochkultur, einer Unterscheidung, die lange Zeit fundamental für die Identität des modernen Museums war, hat daher die Frage aufgetan: Kündigt der Anti-Elitismus das Ende der Museen an?

Geschichte

Sich ein Ende vorzustellen, erzwingt zugleich eine Suche nach den Ursprüngen. Und in der Tat hat es gerade in jüngerer Zeit eine Reflexion der Genealogie des Museums im komplexen Zusammenhang gesellschaftlicher, politischer und ökonomischer Grundlagen verschiedener Institutionen gegeben. Als die frühesten Museen können Sammlungen gelten, die ca. zwischen 1550–1700 zusammengestellt und als Kuriositätenkabinette, Kunstkammern, Wunderkammern, Theatrum mundi oder universo theatro bekannt wurden (Bann 1995). Im 17. Jh. enthielt das Kabinett des dänischen Naturforschers Ole Worm zum Beispiel einen Schildkrötenpanzer, Stoßzähne, exotische Tiere, ein Kajak, chinesische Artefakte und eine Miniaturkopie von Giovanni da Bolognas Gemälde »Der Raub der Sabinerinnen« (Kenseth 1991).

Solche spektakulären Sammlungen waren nicht so unlogisch oder unorganisiert angelegt, wie sie uns heute erscheinen mögen. Die meist privaten fürstlichen oder adligen Sammlungen enthielten natürliche und hergestellte Objekte, um den Wettstreit zwischen Kunst und Natur zu zeigen. Ihre enzyklopädische Breite demonstrierte auf gegenständliche Weise die Macht ihrer Besitzer (vgl. Olmi 1985, S. 5), während sie gleichzeitig ihre Wertschätzung der Kultur, ihr Sozialprestige und ihre potentielle Unsterblichkeit herausstellte (vgl. Findlen 1994, S. 119). Solche Kuriositätenkabinette hatten nicht wirklich ein didaktisches Ziel, im Gegensatz zu den spezialisierteren Sammlungen von Naturobjekten, die von Gelehrten wie Ulisse Aldrovandi in Bologna, Michel Mercati in Rom und Ferrante Imperato in Neapel angelegt worden waren (vgl. Impey/MacGregor 1985). Obwohl diese letzteren Kabinette der Öffentlichkeit und Gelehrten gleichermaßen offen standen und deshalb als erste belehrende Sammlungen angesehen werden können, fuhren sie fort, Seltenheit zu privilegieren und ihre Betrachter staunen zu machen. Dieser Funktion entsprach die Gestaltung der frühmodernen Sammlungen. Sie sollten ein Gefühl des Staunens hervorrufen, was Greenblatt (1991, S. 42) als »the power of the displayed object to stop the viewer in his or her tracks to convey an arresting sense of uniqueness, to evoke an exalted attention« beschreibt. Diese Betonung des Glanzes einzigartiger und wunderbarer Objekte, die aus dem Mittelalter stammt, wurde durch die Entdeckung der Neuen Welt wiederbelebt. Und so war es laut Shelton (1994) eine Funktion der Renaissance-Kabinette, auf die epistemologischen Herausforderungen zu antworten, die durch die Einfuhr seltener und fremdländischer Objekte entstanden waren, indem man sie durch europäische ästhetische Kategorien absorbierte.

Museen der späten Renaissance vermittelten zwischen öffentlichen und privaten Räumen, zwischen den Traditionen des gelehrten Sichzurückziehens und humanistischer Sammlung und Zurschaustellung. Als das Bürgertum anfing, die gelehrte Welt zu dominieren, entwickelte sich laut Findlen (1994, S. 103) auch das Museum zu einem bürgerlichen Ort. Als erstes öffentliches Museum wird üblicherweise das Museum Francais (der Louvre) bezeichnet, welches offiziell am 10. August 1793 eröffnet wurde, einem Datum, das ausgewählt worden war, weil es mit dem Nationalfeiertag zusammenfiel (McClellan, 1994, S. 95). McClellan nennt dieses frühe Museum »The Revolutionary Louvre«, da das Monument der Öffentlichkeit als materieller Beweis für die Stärke, die kulturelle Überlegenheit und, besonders wichtig, die demokratischen Grundlagen der neuen Republik eröffnet wurde. Das Museum wurde offensichtlich mit politischen Zielen ersonnen. Man glaubte, die Ausstellung von Kriegsbeute würde Überlegenheit der französischen Kultur bestätigen und nationalistischen Eifer fördern und zugleich das Publikum in republikanischen Werten unterrichten (ebd., S. 91–123).

Die Wurzeln des ›modernen‹ Museums werden jedoch in den Museumsplänen und dem Bildungsbestrebungen des 19. Jh. verortet. Während dieser Zeit wurde die erzieherische Funktion des Museums an erste Stelle gebracht, obwohl es weiterhin eng mit der Politik verknüpft war. Bennett (1995, S. 19) argumentiert, daß, seitdem die ›Hohe‹ Kunst zunehmend als ein Instrument des gesellschaftlichen Selbstverständigungsprozesses angesehen wurde, Museen zusammen mit öffentlichen Bibliotheken und Parks als Institutionen betrachtet wurden, die die Gewohnheiten, die Moral, das Benehmen und die Überzeugungen der unteren Klassen reformieren sollten. Bennett erweitert Foucaults Argument über die Entwicklung des Gefängnisses und argumentiert, daß das Museum ein anderer Disziplinierungsort war, der das Ziel hatte, Selbstkontrolle und die Verinnerlichung gesellschaftlicher Werte zu verstärken. Durch Beobachtungen in amerikanischen Museen fand Trondson (1976) heraus, daß Besucher sich tatsächlich den Normen der Institution anpassen, indem sie ihre Stimmen dämpfen, körperliche Bewegungen einschränken und eine gewisse »höfliche Nichtbeachtung« von anderen anwesenden Museumsbesuchern einhalten.

Während des 19. Jh. erhalten die Museen eine verhaltens- und sozialpolitische Funktion. Sie sollen ein sich gut benehmendes Publikum produzieren und außerdem die populäre, d. h. die proletarische Kultur verändern. Reformer sahen eine Arbeiterklasse voraus, die mehr Zeit mit erzieherischen Unternehmungen, zum Beispiel Museumsbesuche mit der Familie, verbringen würde und daher weniger Zeit in der Kneipe wäre. Bennett betrachtet die Entwicklung des Museums in Beziehung zu einer Anzahl verwandter Institutionen, wie Jahrmärkte, internationale Messen, internationale Ausstellungen, Amüsierparks und Kaufhäuser, die alle ›zeigen und erzählen‹: Das heißt, Artefakte und/oder Personen in einer Weise ausstellen, »die spezielle kulturelle Bedeutungen und Werte beinhalten und vermitteln« (Bennett 1995, S. 6). In Gegensatz zu den ungegliederten Räumen der Jahrmärkte zeichnet die Museen des 19. Jh. ein steigendes Interesse an organisierten Ausstellungsräumen und rationaler Klassifikation der Objekte aus. Zur selben Zeit übernahmen Amüsierparks Organisationsstrategien, die denen der Museen ähnelten, um das Benehmen ihrer Besucher zu regulieren und eine familiäre Atmosphäre (ebd., S. 3 f.) zu schaffen. Auch Kaufhäuser glichen Museen, da sie für Männer und Frauen gleichermaßen offen standen, und der Arbeiterklasse die Gelegenheit boten, sich bürgerliche Stile und Werte nachahmend anzueignen (vgl. Harris 1978; Georgel 1994).

Trotz der steigenden Rationalisierung des Museums und der Durchsetzung seiner erzieherischen Funktion lebte die Tradition der Wunderkammern fort und motivierte zu Besuchen des modernen Museums. Ländliche Straßenmärkte, Jahrmärkte, die immer schon wilde Tiere und menschliche Monstrositäten ausstellten, erweiterten sich und schlossen, in der Epoche des Kolonialismus, die öffentliche Ausstellung ethnisch und rassisch anderer Kulturen ein (Altick 1978). Das vielleicht bekannteste Beispiel einer solch ausbeutenden Ausstellung ist der Fall der ›Hottentoten Venus‹. Diesen Namen gab man Sarah Bartmann, einer jungen afrikanischen Frau, die man im frühen 19. Jh. aus Kapstadt geholt und zwischen 1810 und 1815 vor zahlendem Publikum in Paris und London ausstellte. Die Europäer waren hauptsächlich von ihren sexuellen Charakteristika fasziniert, besonders ihrem hervorstehendem Hinterteil, in dem man ihre tierische Natur zu erblicken meinte. Nach ihrem Tod wurden ihre herausgeschnittenen Genitalien unter eine Glasglocke gestellt und im Musee de l'Homme in Paris ausgestellt (Gilman 1986).

Anthropologische oder naturkundliche Museen, die aus den kolonialen Praktiken des späten 19. und frühen 20. Jh. erwuchsen, fuhren fort, eingeborene Menschen in Glasvitrinen Seite an Seite mit Tieren auszustellen (Ames 1991; Clifford 1988; Haraway, 1989). Solches Ausstellen macht Menschen zu Objekten, verwandelt sie in Zeichen (Kirshenblatt-Gimblett 1991, S. 415). 1822 zum Beispiel wurden dreizehn Kaffer im Hyde Park ausgestellt, sie aßen, jagten und zeigten zeremonielle Tänze, alles vor gemalten Kulissen (ebd., S. 405). Kirshenblatt-Gimblett argumentiert, daß die Betrachter einer solchen theatralischen Zurschaustellung die Menschen anderer Kultur als Objekte ihres touristischen Spaßes auch außerhalb der Wände des Museums anstarren (S. 410–11). Im späten 20. Jh. beharren Blockbuster Ausstellungen, die durch die USA touren, wie »Mexico: Ein Kunstwerk« (1990) und »Die Türkei: die Fortsetzung der Großartigkeit« (1987–88) darauf, eine unkritische Faszination fremder Kulturen zu fördern. Wie Wallis (1994, S. 265) kritisiert, geben diese Events nur vor, das kulturelle Verständnis zu vertiefen, sind aber in erster Linie darauf ausgerichtet, das Image und die Produkte eines Entwicklungslandes für amerikanische Märkte zu verkaufen. Die wohlbekannten »Schätze von Tut Anch Ammun« zum Beispiel tourten 1977 und 1978 durch die nordamerikanischen Museen als Teil der Wiederherstellung der amerikanischen Beziehungen mit dem Mittleren Osten, und wurden für jedermann sichtbar von Exxon, der wichtigsten Ölgesellschaft, gesponsert (McAlister 1996).

Demokratie und Unterhaltung im Museum

Auf solche Auswüchse haben besonders Künstler reagiert und versucht, die Macht der Museen, soziale und kulturelle Gruppen zu definieren, sowohl zu enthüllen als auch aufzuheben. So erhoben Performancekünstler wie Coco Fusco und Guillermo Gomez-Pena Einspruch gegen die Fünfhundertjahrfeier von Columbus Entdeckung der Neuen Welt, indem sie sich als ethnografische Exponate verkleideten (vgl. *The Couple in the Cave: A Guatinuai Odyssey*, Video 1993). Die vielleicht berühmteste Einmischung eines Künstlers in die Geschäfte von Museen wurde von Fred Wilson 1992–93 bei der Maryland Historical Society in Baltimore, einem etablierten Historischen Museum, unternommen. Wilson ›verminte‹ die Museumsarchive und arrangierte seine Sammlungen neu, um die afro-amerikanische Präsenz in der Region zu betonen, die traditionell vom Museum ausgeschlossen wird (Corrin 1994).

Wissenschaftler haben auch die Art kritisiert, wie Geschichte(n) in Museen erzählt werden. Bal hat das American Museum of Natural History in New York in Hinblick darauf untersucht, wie die Objekte und ihre erklärenden Zwischentexte angeordnet sind, um eine Erzählung herzustellen. »Walking through a museum is like reading a book«, stellt Bal fest (1996, S. 4). Ausstellungen sind als Sprachakte zu verstehen, die den Besucher bitten, zu schauen und dabei darauf beharren, »that's how it is« (ebd., S. 2). Im American Museum of Natural History werden fremde Völker und Tiere ausgestellt als die beiden Gegenstücke zur dominanten europäischen Kultur, welche deutlich abgesondert im Metropolitan Museum of Natural History an der gegenüberliegenden Seite des Central Parks liegt. Bal unternahm eine semiotische Analyse des naturkundlichen Museums und las jedes Objekt als Teil eines Gegenarguments oder einer rhetorischer Struktur. Eine Skulptur von Königin Maya, die Buddha aus ihrer Seite gebiert, wurde zum Beispiel so positioniert, daß sie den Besucherübergang von der Halle der asiatischen Säugetiere zu der Halle der asiatischen Völker erleichtert. Die gebärende Frau, so Bal, war gleichzeitig mit den primitiven Kräften der Natur und den historischen Grundlagen der buddhistischen Mythologie verbunden (ebd., S. 22–26).

Viele Museen sind wie Wanderungen angelegt, die dazu dienen, die Erfahrungen des Betrachters zu formen und eine Geschichte des Wissens zu produzieren. In ihrer Analyse des Louvres argumentieren Duncan und Wallach (1980), daß dessen Ensemble von Kunst, Architektur und Installationen ein ›rituelles Skript‹ formt, das den Museumsbesucher unausweichlich auf die Präsentation Frankreichs als dem wahren Erben der klassischen Zivilisation hinführt. Im renovierten Louvre (oder Grand Louvre) jedoch kann der Museumskunde nun entweder durch I. M. Peis zentrale Pyramide oder durch das unterirdische Einkaufszentrum kommen, das als das Carrousel du Louvre bekannt ist und 1993 öffnete. Anfangs schockierte diese Hinzufügung zum Louvre, sie schien die Stellung des Museums als eines elitären kulturellen Hafens zu untergraben, indem sie ihn direkt mit Handelsinteressen verband. Die Gegenwart einer Einkaufspassage selbst im angesehenen Louvre zeigt jedoch, daß sich die Identität der Museen tatsächlich ändert, selbst wenn solche Institutionen nach wie vor eine Rolle in der Aufrechterhaltung der Unterscheidung zwischen ›Hoch‹ und Populärkultur spielen (McTavish 1998). Zum Beispiel enthüllten die Debatten über das Carroussel du Louvre, daß es, obwohl es als Mall dafür entworfen war, ein vielfältigeres Publikum anzuziehen und zu versorgen, Befürchtungen gab, daß der Kaufbereich (consumer area) eventuell genau die Sorte Publikum (z. B. Taschendiebe) einladen könne, das die Museumsbürokratie lange Zeit versucht hatte, auszuschließen (ebd. S. 183–84).

Die potentielle Vermischung von Shoppen und Museumsbesuch, welche, wie Bennett und andere gezeigt haben, auch auf einer gemeinsamen historischen Grundlage beruht, wird schon durch die Natur der beiden Tätigkeiten nahegelegt. Es würde zum Beispiel für den Kunden vom Carroussel du Louvre leicht sein, seine oder ihre Sehgewohnheiten mit ins Museum zu bringen, indem sie versuchen, die wertvollen ausgestellten Objekte (welche auch oft hinter Glas ausgestellt sind) visuell zu besitzen. Tatsächlich hat ein Teil der Bewegung, die Museen für das schaulustige Publikum attraktiver machen wollte, auch die Ansiedlung von Museen direkt in bestehenden Einkaufszentren zur Folge gehabt. Das Trowbridge Museum in Wiltshire, England, und das New Brunswick Museum in Saint John, New Brunswick, Kanada, zum Beispiel sind beide in Einkaufspassagen untergebracht (statt wie der Louvre nur Einkaufsbereiche zu enthalten). Diese und andere Versuche, das Museum zu popularisieren, sind offensichtlich erfolgreich gewesen, denn, wie Bann (1998, S. 203) bemerkt, übersteigen die Besuche von Museen und Galerien in Großbritannien 1994 die 110 Millionen Marke, und übertreffen damit die Anzahl von Kinobesuchen oder Fußballspielen.

Obwohl die historische Spannung zwischen populärem Appeal und ausschließenden kulturellen Praktiken weiterhin das moderne Museum bestimmt, wird die kürzlich entstandene Hinwendung des Museums zur Unterhaltung kontrovers diskutiert. Dabei geht die Debatte nicht wirklich darum, ob Unterhaltung und Erziehung Hand in Hand gehen können oder nicht, sondern sie erwächst eher aus den Verdächtigungen, daß das Museum seiner sozialen Funktion als Disziplinierungsmechanismus verlustig geht. Während das ›Museum der Zukunft‹ darum kämpft, seine öffentliche Rolle neu zu formen (Newhouse 1998), scheint es weniger elitär zu werden, obwohl Museen immer noch kaum offene oder demokratische Räume sind. Die kritischen Untersuchungen einer ›neuen Museologie‹ haben enthüllt, daß die Institution der Museen geschichtlich mit der Entwicklung sowohl der Warenkultur als auch dem Kolonialismus verbunden ist. Diese Kritik hat jedoch nicht das Ende des Museums herbeigeführt, sondern seine Rolle als Ort des kulturellen Streitgesprächs überhaupt erst hervorgebracht.

Literatur

Adorno, T. W.: *Prismen: Kulturkritik und Gesellschaft.* Frankfurt a. M. 1976.

Altick, R.: *The Shows of London.* Cambridge, Mass. 1978.

Ames, M.: *Cannibal Tours and Glass Boxes: The Anthropology of Museums.* Vancouver 1991.

Bal, M.: *Double Exposures: The Subject of Cultural Analysis.* New York 1996.

Bann, S.: *The Clothing of Clio: A Study of the Representation of History in Nineteenth Century Britain and France.* Cambridge 1984.

Ders.: »Shrines, Curiosities, and the Rhetoric of Display«. In: Cooke, L./Wollen, P. (Hgg.): *Visual Display: Culture Beyond Appearances.* Seattle 1995. S. 15–29.

Ders.: »Art History and Museum«. In: Cheetham, M. A./Holly, M. A./Moxey, K. (Hgg.): *The Subjects of Art History: Historical Objects in Contemporary Perspective.* Cambridge 1998. S. 230–249.

Baudrillard, J.: *Simulations. Semiotext(e).* New York 1983.

Bennett, T.: *The Birth of the Museum: History, Theory, Politics.* New York 1995.

Bourdieu, P./Darbel, A.: *L'Amour de V art: Les Musées d'Art européens et leur public.* Paris 1969.

Boylan, P. J. (Hg.): *Museums 2000: Politics, People, Professionals and Profit.* London/New York 1992.

Clifford, J.: *The Predicament of Culture: Twentieth Century Ethnography, Literature and Art.* Cambridge, Mass. 1988.

Corrin, L. G. (Hg.): *Mining the Museum: An Installation by Fred Wilson.* Baltimore/New York 1994.

Duncan, C./Wallach, A.: »The Museum of Modern Art as Late Capitalist Ritual«. In: *Marxist Perspectives* (Winter 1978) S. 28–51.

Dies.: »The Universal Survey Museum«. In: *Art History* 3 (December 1980) S. 447–69.

Duncan, C.: *Civilizing Rituals: Inside Public Art Museums.* London 1995.

Findlen, P.: *Possessing Nature: Museums, Collecting, and Scientific Culture in Early Modern Italy.* Berkeley 1994.

Georgel, C.: »The Museum as Metaphor in Nineteenth-Century France« In: Sherman, D. J./Rogoff, I. (Hgg.): *Museum Culture: Histories, Discourses, Spectacles.* Minneapolis 1994. S. 113–22.

Gilman, S.: »Black Bodies, White Bodies: Toward an Iconography of Female Sexuality in Late Nineteenth-Century Art«. In: Gates, H. L. Jr. (Hg.): *»Race«, Writing, and Difference.* Chicago 1986. S. 223–61.

Greenblatt, S.: »Resonance and Wonder«. In: Karp/Lavine 1991. S. 42–56.

Haraway, D.: »Teddy Bear Patriarchy: Taxidermy in the Garden of Eden, New York City, 1908–1986«. In: Dies.: *Primate Visions: Gender, Race, and Nature in the World of Modern Science.* New York 1989. S. 26–58.

Harris, N.: »Museums, Merchandising and Popular Taste: The Struggle for Influence«. In: Quimby, I.M.G. (Hg.): *Material Culture and the Study of American Life.* New York 1978. S. 140–74.

Hooper-Greenhill, E.: *Museums and the Shaping of Knowledge.* London/New York 1992.

Impey, O./MacGregor, A. (Hgg.): *The Origins of Museums: The Cabinet of Curiosities in Sixteenth- and Seventeenth-Century Europe.* Oxford 1985.

Karp, I./Lavine, S. D. (Hgg.): *Exhibiting Cultures: The Poetics and Politics of Museum Display.* Washington, DC 1991.

Kenseth, J.: »World of Wonders in One Closet Shut«. In: Dies.: *The Age of the Marvelous.* Hanover/New Hampshire 1991. S. 81–101.

Kirshenblatt-Gimblett, B.: »Objects of Ethnography«. In: Karp/Lavine 1991. S. 386–443.

MacDonald, G. F.: »Change and Challenge: Museums in the Information Society«. In: Karp/Lavine 1991, S. 158–81.

McAlister, M.: »›The Common Heritage of Mankind‹: Race, Nation, and Masculinity in the King Tut Exhibit«. In: *Representations* 54 (1996) S. 80–103.

McClellan, A.: *Inventing the Louvre: Art, Politics, and the Origins of the Modern Museum in Eighteenth-Century Paris.* Cambridge 1994.

McLean, F.: *Marketing the Museum.* London/New York 1997.

McTavish, L.: »Shopping in the Museum? Consumer Spaces and the Redefinition of the Louvre«. In: *Cultural Studies* 12 (April 1998) S. 168–92.

Newhouse, V.: *Towards a New Museum.* New York 1998.

O'Doherty, B. (Hg.): *Museums in Crisis.* New York 1972.

Olmi, G.: »Science-Honour-Metaphor: Italian Cabinets of the Sixteenth and Seventeenth Centuries«. In: Impey/MacGregor 1985. S. 5–16.

Pomian, K.: *Collectors and Curiosities: Paris and Venice, 1500–1800.* Oxford 1990.

Preziosi, D.: »Collecting/Museums«. In: Nelson, R. S./Shiff, R. (Hgg.): *Critical Terms for Art History.* Chicago/London 1996. S. 281–91.

Shelton, A. A.: »Cabinets of Transgression: Renaissance Collections and the Incorporation of the New World«. In: Elsner, J./Cardinal, R. (Hgg.): *The Cultures of Collecting.* Cambridge, Mass. 1994. S. 177–203.

Trondsen, N.: »Social Control in the Art Museum«. In: *Urban Life* 5 (1976) S. 104–119.

Vergo, P. (Hg.): *The New Museology.* London 1989.

Wallach, A.: *Exhibiting Contradiction: Essays on the Art Museum in the United States.* Boston 1998.

Wallis, B.: »Selling Nations: International Exhibitions and Cultural Diplomacy«. In: Sherman, D. J./Rogoff, I. (Hgg.): *Museum Culture: Histories, Discourses, Spectacles.* Minneapolis 1994. S. 265–281.

Lianne McTavish
Übersetzung: Brigitta Hügel

Music Hall ↗ Show, Varieté

Musical ↗ Theater

Musik

Musik bildet mit ihren vielfältigen, tief in der Lebensweise verwurzelten Alltagsformen eines der Fundamente der populären Kultur. Tanzlieder, Trinklieder, Scherzlieder und Gebrauchsmusik unterschiedlichster Art gehören seit Jahrhunderten zum Alltag aller sozialen Schichten; in ihnen entfaltet sich populäre Kultur. Im Verlauf der Entwicklung sind immer wieder neue Formen von Musikpraxis entstanden, die der Musik ein zunehmend größeres Gewicht im Kontext der populären Kulturformen verliehen und schließlich in einen relativ eigenständigen, sich permanent in neue Spielweisen, Stilformen und Repertoirekategorien ausdifferenzierenden Sektor der Musikkultur mündeten. Das Spektrum reicht dabei von Gebrauchsmusikformen wie der Tanzmusik oder dem Schlager über sub- und jugendkulturelle Musikpraxen wie Rockmusik, HipHop oder Techno, über

die verschiedenen Formen des unterhaltenden Musiktheaters wie Operette, Musical oder Revue, die Musik für ↗Film und ↗Fernsehen bis hin zu der funktionalen Musik für Supermärkte und Warteräume (Muzak).

Unter dem Etikett ›populäre Musik‹ firmieren die in den Alltag eingebundenen Formen von Musik jedoch erst, als mit der Einführung von Lithographie und dampfbetriebener Notenschnelldruckpresse zwischen 1800 und 1860 der Notendruck als technische Voraussetzung für deren Massenproduktion die Kommerzialisierung der Vervielfältigungs- und Verbreitungsmedien auch die Musikkultur selbst erfaßte. Als Absatzkategorie, die das musikalische Repertoire mit Bezug auf vermutetes oder erwiesenes Verkaufspotential differenziert, ist der Begriff ›populäre Musik‹ zu einer Platzhalterkategorie geworden, um deren soziale, kulturelle und ästhetische Dimensionen ebenso wie der darin möglichen beziehungsweise zugelassenen musikalischen Konkretisierungen eine permanente Auseinandersetzung zwischen Industrie, Musikern und ↗Publikum stattfindet. Diese wird durch Marketinginstrumente wie Imagekonstruktionen (↗Image) und komplexe Formen des Starkults (↗Star, ↗Kult), aber auch durch die Versuche, mittels kultureller Insiderkompetenz und subkultureller Gegenstrategien (↗Subkultur) die Definitionshoheit über die populäre Musik zu erlangen, längst auch mit außermusikalischen, diskursiven Mitteln geführt.

Seit Einführung der Gewerbefreiheit Anfang des 19. Jh. stieg die Zahl von Berufsmusikern rasch. Dadurch konnten zahlreiche Aufführungen in öffentlichen Räumen aller Art – von der Freilichtbühne bis zum Kaffeehaus, vom Ballsaal bis zur Singspielhalle – durchgeführt werden. Die Berufsmusiker bildeten ebenso wie die sich im Verlauf des 19. Jh. ständig vergrößernde Zahl musizierender Laien (Haus- und Salonmusik) einen Markt, der nach einem entsprechenden Repertoire an geeigneter Musik verlangte. Um den sprunghaft steigenden Bedarf zu entsprechen, bildete sich neben der Spezialisierung von Komponisten auf diese Nachfrage eine umfangreiche Bearbeitungspraxis heraus, die vorhandene Musik an die diversen Besetzungs- und Aufführungsstandards anpaßte. Im Kern läßt sich dieser Vorgang einerseits als Professionalisierung von volkmusikalischen und andererseits als ↗Popularisierung von artifiziellen Musikpraktiken beschreiben, wobei die konkreten Formen von den Bedingungen des jeweiligen kulturellen Territoriums bestimmt wurden. Waren es im Wien des frühen 19. Jh. die Lieder und Tänze Oberösterreichs, die die Kapellenleiter angesichts der nur selten ständigen Besetzung ihrer Ensembles zu Papier brachten, so daß jeder neu engagierte Musiker sofort seinen Part vorfand, und die sich so von volksmusikalischem Repertoire zu einer professionellen Tanzmusik, dem Wiener Walzer, transformierten, so erfaßte der gleiche Prozeß einige Jahrzehnte später in den USA den Blues der afroamerikanischen Wandermusikanten, der für diverse Besetzungsstereotype aufbereitet als Notendruck veröffentlicht wurde. Bediente sich die Familie Strauß in Wien des sinfonischen Orchesterapparates für ihre Walzer und Ballsaal-Kompositionen und popularisierte damit musikalische Satztechniken der Klassik, so griffen die Schöpfer des Piano-Ragtime in den USA wie Scott Joplin oder Tom Turpin im letzten Drittel des 19. Jh. auf den Stil der europäischen Klaviermusik nach dem Vorbild Liszts und Chopins zurück.

Bis zum Ende des Jahrhunderts entstand aus diesen beiden gegenläufigen Prozessen, der Professionalisierung von Volksmusik und der Popularisierung von artifiziellen Musikpraktiken, ein eigenständiges, in den populären Kulturzusammenhang integriertes Repertoire von zwar ausgeprägter regionaler und lokaler Verschiedenartigkeit, aber dennoch zumeist großer überregionaler Ausstrahlung. So war der Wiener Walzer ebenso unverwechselbar ›wienerisch‹ in Idiomatik und Satzweise wie er im Verlauf des 19. Jh. zu einer weltweit verbreiteten Musikmode wurde. Das erste Stück, dessen Druckausgabe die Millionenauflage überschritt, Charles K. Harris »After the Ball« (1892), war ein in New York entstandenes Walzerlied.

Mit dem Edisonschen Phonographen, der 1892 Einzug in die Musikkultur hielt, fielen die mit dem Notendruck gesetzten Grenzen, wie sie die Beschränkung auf das ausführende Musizieren zwangsläufig mit sich brachte (Blattspieltauglichkeit der Stücke für den professionellen Musiker, Spieltauglichkeit für musikalische Laien). Vor allem die Schallplatte (↗ Schallplatte/CD), die sich in den 1910er Jahren gegenüber Edisons phonographischem Zylinder als Medium der Tonaufzeichnung durchsetzte, begann die Entwicklung der populären Musik nachhaltig zu prägen. Sie hatte in Form des Schlagers, später des Rock- und Popsongs, eine Dominanz des populären Liedes zur Folge, die für die populäre Kultur des 20. Jh. insgesamt charakteristisch geworden ist. Ursprünglich war der Begriff ›Schlager‹ ein rein kommerzieller Erfolgsbegriff aus der Handelssprache, der Ende des 19. Jh. auch auf besonders erfolgreiche Musikstücke unterschiedlichster Herkunft angewandt wurde. Schon bald führten die technischen Grenzen der Tonaufzeichnung aber zu einer Favorisierung der an die Singstimme gebundenen Musik, die aus dem Schlager eine eigenständige Form des populären Liedes machte. Die satz- und arrangier-

technisch für ihn charakteristisch gewordene Trennung von textgebundener Melodiebildung und modischem Begleitrhythmus waren zudem optimal geeignet, die mit dem Siegeszug der Schallplatte verbundenen Einflüsse sowohl aus der afroamerikanischen wie aus der lateinamerikanischen Musik aufzunehmen. Mit afroamerikanischem Ragtime, argentinischem Tango, kubanischer Habanera und brasilianischer Maxixe, mit den amerikanischen Hybridformen von Onestep, Twostep und der in den 1910er Jahren ausbrechenden Welle der Imitationstänze, von Turkey Trot bis Fox Trot, mit Shimmy und Charleston in den 1920er Jahren, mit Jitterbug und Boogie Woogie, Lindy Hop und Swing in den 1930er Jahren, mit Mambo, ChaChaCha und Twist in den 1950er bzw. frühen 1960er Jahren ist dem Schlager ein scheinbar unerschöpfliches Reservoir an musikalisch-rhythmischen Innovationen zugewachsen, das trotz der Text- und damit Sprachgebundenheit seiner Melodiegebung eine Internationalisierung des Repertoires über alle Grenzen hinweg ermöglichte. Unter dem Einfluß der audio-visuellen Massenmedien, zunächst des Rundfunks (↗ Radio), dann auch des ↗ Fernsehens, ebnete dies der Globalisierung der Musikindustrie den Weg.

Die Expansionsbedürfnisse der Mitte des 20. Jh. mit der Tonträgerindustrie weitgehend identisch gewordenen Musikindustrie waren es dann auch – die Verlage spielten nur noch eine untergeordnete Rolle – die nach dem Zweiten Weltkrieg erstmals zur aktiven Erschließung einer altersdefinierten Konsumentengruppe führten. Teenager wurden angesichts der Grundmuster ihres Kaufverhaltens und der Wandlungsfähigkeit ihres Musikgeschmacks mit Einführung des Singleformats 1947 zur zentralen Zielgruppe der Tonträgerindustrie. Der Altersbezug sollte nicht nur zu einem Entwicklungsparameter für die populären Musikformen werden, der die klassen- und schichtenspezifischen sozialen Differenzierungen überlagerte, er erschloß dieser Musik auch neuartige Funktionen, die sie zu einer herausragenden Sozialisierungsinstanz machten.

Während sich die populäre Musik bis dahin hauptsächlich als Rahmen für die verschiedensten Geselligkeitsformen entwickelt oder aber humoristische und zirzensische Bühnendarbietungen begleitet hatte bzw. in dem in den späten 1920er Jahren hinzukommenden Tonfilm eine handlungsgeleitete Mittlerrolle erfüllte, wurde sie mit Rock'n'Roll und Rockmusik nun zu einem bevorzugten Medium jugendlicher Selbstvergewisserung, des Selbstausdrucks und der Selbstdarstellung.

Zeitgleich vollzog sich der Übergang von der mechanischen zur elektromagnetischen Tonaufzeich-

nung, der mit der Einführung der Magnetband-
technik Ende der 1940er Jahre die Musikproduktion
von Grund auf revolutionierte. Nicht nur eröffnete
die Flexibilität dieses neuen technischen Aufnah-
memediums der breiten Gruppe der semiprofessionellen Musiker die Studios, deren Professionalität
wesentlich aus der Fähigkeit zur glaubwürdigen Repräsentation der sie tragenden Fankulturen (↗ Fan)
und Szenen resultierte. Es erschloß zudem das nahezu unbegrenzte Repertoire technisch manipulierter
und synthetischer Klangwelten der Musik, womit
›Sound‹, die besondere Textur einer Aufnahme, ihr
klangliches Gewebe, zu einer zentralen ästhetischen
Dimension des Musizierens wurde. Technische Effekte wie Hall und Echo, die schon Elvis Presleys
frühe Aufnahmen aus dem Jahre 1953 prägten, gaben
der Musik eine künstliche Raum- und Tiefenwirkung, die für die Lautsprecherwiedergabe optimiert
war. Der Schwerpunkt der Entwicklung verlagerte
sich damit aus den Aufführungszusammenhängen
und den an sie gekoppelten Geselligkeitsformen in
die Studios, während das Live-Musizieren auf den
vielfach zur Promotionsplattform für das Tonträ-
germarketing umfunktionierten Bühnen zur nachträglichen und mit immer größerem technischen
Aufwand betriebenen Realisation der Studioproduk-
tionen wurde.

Vor allem in den USA, die sich durch ihren medi-
entechnologischen Vorsprung eine jahrzehntelange
kommerzielle Hegemonie auf dem Feld der populären Kultur sicherten, wurde mit der euroamerika-
nischen Country Music und dem afroamerikanischen Blues nun ein breites Spektrum semiprofessio-
neller und nichtprofessioneller Musikpraktiken, die
häufig tief in den entsprechenden volksmusikali-
schen Traditionen wurzelten, dem kommerziellen
Zusammenhang der tonträgergebundenen Studio-
produktion von Musik zugeführt. Dabei erwies sich
vor allem die Klangästhetik der afroamerikanischen
Musik für das mit der Magnetaufzeichnung entstandene Bedingungsgefüge der kommerziellen Musikproduktion als so optimal, daß sie schon in den
1950er Jahren zu einer Konstante der Entwicklung
wurde, deren Bedeutung in den folgenden Dekaden
noch zunahm.

Zunächst waren es die unter Rhythm & Blues
firmierenden stilistischen Versionen des Tanzblues,
die – umgetextet für ein jugendliches Publikum aus
den weißen Mittelschichten als Rock'n'Roll die
Wende zu einer jugendspezifischen Form des Musizierens einleiteten. Die Rockmusik der 1960er und
1970er Jahre erschloß dann von Blues bis Soul die
gesamte Tradition der afroamerikanischen Musik
dem elektroakustischen Gitarrenstil der neuen Ju-

gendmusik und transformierte deren charakteristische Klangästhetik in eine eigenständige Spielweise,
die sich rasch in verschiedenen Stilformen ausdifferenzierte.

Die Gleichaltrigkeit von Musiker und Publikum
beziehungsweise deren gemeinsame Generationszu-
gehörigkeit begannen nun eine entscheidende Rolle
zu spielen. Mit dem amerikanischen Rock'n'Roll
hatte sich der jugendliche Gesangsstar durchgesetzt,
die britische Beatmusik der frühen 1960er Jahre ließ
die Grenze zwischen Musiker und Publikum durch
deren annähernde Gleichaltrigkeit noch durchlässi-
ger werden. Die britischen Beatgruppen der ersten
Stunde rekrutierten sich aus einer breiten Amateur-
musikbewegung, in der das Do-it-yourself-Image
eine wichtige Bedingung für den Erfolg war. Die
traditionelle Form des instrumental begleiteten Solo-
vortrags, der für den afroamerikanischen Rhythm &
Blues ebenso charakteristisch war wie für seine als
Rock'n'Roll firmierenden Derivate, wurde dabei
durch eine Form des Gruppenmusizierens ersetzt,
das als symbolisches Interaktionsmuster eine wichtige identitätsstiftende Rolle spielte. Das erschloß
dem Musizieren neue kreative Perspektiven, die es
aus der engen funktionalen Bindung an Tanz und
Geselligkeit lösten. So setzte in der zweiten Hälfte der
1960er Jahre eine Phase des künstlerischen Experiments ein, die in den Produktionen der Beatles aus
dieser Zeit, insbesondere ihrem zum Klassiker gewordenen »Sgt. Pepper«-Album, einen Höhepunkt fand.
Aus dem Musik-zum-Selbermachen-Flair war ein
hochprofessionell hergestelltes Medium der ↗ Jugendkultur geworden, das auf der Suche nach Inspiration keinen Bereich der Musikkultur aus Vergangenheit und Gegenwart ausließ.

In den Studios vollzog sich parallel dazu eine
rasante Entwicklung immer ausgefeilterer Sound-
Technologien. 1947 hatte der Swing-Gitarrist Les
Paul mit Playback-Aufnahmen im sogenannten
Sound-on-Sound-Verfahren zu experimentieren begonnen, bei dem die Aufnahme zusammen mit der
Wiedergabe einer vorangegangenen Aufzeichnung
erfolgte. 1957 erschien mit Buddy Hollys »Word of
Love« auf der Basis der 1956 eingeführten Mehrspur-
technik erstmals eine Platte, auf der die Leadgitarre
nacheinander zweifach eingespielt worden war (over-
dubbing), so daß Buddy Holly seinen Gitarrenphra-
sen selbst den korrespondierenden Part hinzuspielt.
Für das Sgt.-Pepper-Album der Beatles stapelte Produzent George Martin ein Jahrzehnt später mit einem virtuosen Collage-Verfahren auf der Basis der
damals üblichen Vierspurtechnik bis zu zehn Klang-
schichten übereinander. 1973 spielte Mike Oldfield
sämtliche Parts seines Albums »Tubular Bells«, insge-

samt fast zwanzig verschiedene Instrumente, im Alleingang ein und kreiert damit ein reines Tonband-Stück (↗ Musikkassette/Tonband). Die Aufnahme verkörperte nun nur noch in Ausnahmefällen die Aufzeichnung eines von ihr unterscheidbaren, unabhängig existenten musikalischen Ereignisses. Vielmehr wurde sie als technisch vermitteltes, musikalisch-ästhetisch eigenständiges Produkt zur primären Instanz des Musikprozesses.

Im Studio wandelte sich die einstige spontane Unbekümmertheit des Musizieren allerdings schon frühzeitig in die kalkulierte Herstellung eines multidimensionalen musikalisch-kulturellen Produktes, das zunehmend synästhetische und multimediale Eigenschaften erhielt. Licht und Bewegung, körperbetonte Selbstdarstellung und theatralische Rollenspiele verbanden sich immer unauflösbarer mit den klanglichen Dimensionen der Musik. Die verschiedenen Spielweisen und Stilformen der Rockmusik, von Hard und Heavy Metal Rock über Psychedelic, Classic und Electronic Rock bis hin zu Punk, New Wave und Grunge, standen mit ihren häufig weit aufgefächerten Unterkategorien immer auch für die kulturelle Konstruktion einer Identität, die nicht nur die sozial formierten Identitätsangebote ersetzte, sondern in den 1980er Jahren in zunehmendem Maße auch die geschlechtsspezifischen Rollenmuster erfaßte. Der ↗ Videoclip und das auf ihm basierende Musikfernsehen (Music Television – MTV) kamen dieser Entwicklung in den 1980er Jahren nicht nur entgegen, sondern beschleunigten sie erheblich. Die immer komplexere kulturelle Symbolik, die sich mit dem Musizieren seit Einführung von MTV verband, ließ das mehr oder weniger virtuose Spiel mit Identitätskonstruktionen zu einem wesentlichen Aspekt der populären Kultur werden. Musik wurde zum Medium von Identitätskonstruktionen, die die sozialen Prägungen überlagerten und schließlich in der kommerziell vermittelten Fabrikation von Lifestyle-Mustern aufgingen.

Eben das aber führte von den sozialen Rändern her auch immer wieder zu Gegenbewegungen. Mit Rap und HipHop mobilisierten die ethnischen Minderheiten in den urbanen Ballungsgebieten zunächst der USA, dann auch in vielen europäischen Metropolen kulturelle und soziale Ressourcen, die zumindest eine Zeitlang der kommerziellen Synthetik sich immer rascher verschleißender Identitätsangebote Widerstand entgegensetzten. Radikaler im Ansatz waren die mit House und Techno in den Schwulenklubs und afroamerikanischen Diskotheken von Chicago und Detroit unternommenen Versuche, Musik aus einem kulturellen Medium der Identitätskonstruktion in eine psychosomatische Ressource der Selbst-

definition zu verwandeln. Zwar blieb auch dem in diesem Kontext entstandenen neuen Tanzkult, der die Diskothek zum zentralen Realisierungsort der populären Musik machte, das Schicksal nicht erspart, in ein gigantisches kommerzielles Spektakel transformiert zu werden. Aber das hier mit der zentralen Rolle des DJ an die Stelle des Musizierens getretene Mixen, das sowohl aus technisch generiertem Material (sequenzergenerierte Basslines und computererzeugte Rhythmuspatterns), aus gesampelten und geloopten Bruchstücken des einschlägigen Repertoires wie aus geeigneten kommerziellen Produktionen beim Auflegen in der Diskothek Musik als ein unwiederholbares Event wieder+erstehen ließ, hat sich zumindest die Kontrolle über das klangliche Ereignis zurückerobert.

Die Digitalisierung der Musikproduktion, die den Zugriff auf die entwickeltsten technischen Verfahren der Klangsynthese und -manipulation am häuslichen PC ermöglichte, ließ das Sampling zu einer weit verbreiteten Form der musikalischen Materialerzeugung werden. Das Arbeiten mit vorgefundenem oder technisch generiertem Material ist hier an die Stelle des herkömmlichen Musizierens getreten. Dabei ist in Rap und HipHop ebenso wie in House und Techno die Schallplatte in ein Instrument des Musizierens verwandelt worden, eines Musizierens gleichsam zweiter Ordnung, das von der Dekonstruktion, Demontage, Transformation und Rekontextualisierung vorhandener Musik lebt. Das hat nicht nur das Industrieprodukt Musik wieder in den kulturellen Prozeß seines Gebrauchs zurückgestellt, sondern das Verhältnis zu den Instanzen der Musikindustrie wesentlich komplexer werden lassen. Während der dazugehörige Sektor des Tonträgermarktes seither nur noch vorproduziertes Klangmaterial für den DJ liefert, aus dem dieser in der Diskothek Musik erst herstellt, haben sich im ↗ Internet Formen des Austauschs von Tracks und Klangmaterial etabliert, an denen die Tonträgerindustrie gar nicht mehr beteiligt ist, weil der gespeicherte Klang nur noch ein Zwischenschritt bei der Realisierung eines sich im Rahmen einer ausdifferenzierenden Klubkultur permanent wandelnden klanglichen Events ist. So ist Musik als eines der zentralen ↗ Medien der populären Kultur in einen unüberschaubaren Pluralismus von mikrokulturellen Reservaten, Szenen, Netzwerken und Interaktionsfeldern zerfallen, der sich zunehmend schwerer im kommerziellen Mainstream bündeln läßt.

Das umschließt auch jene, in den letzten Jahrzehnten in der medialen Aufmerksamkeit etwas in den Hintergrund geratenen Formen der populären Musik, die einst das Zentrum des kommerziellen Mainstreams bildeten: Schlager, volkstümliche Musik, Blas- und Marschmusik sowie die verschiedenen instrumentalen Genres der Tanzmusik. Auch sie sind Element in den sich pluralisierenden Musikwelten der Gegenwart mit einer jeweils eigenen ausdifferenzierten medialen und institutionellen Infrastruktur. Zwar setzen sie durch ihre Bindung an Tradition und Genrekonventionen sowie an Altersgruppen, deren kulturellen Bedürfnisse relativ stabil sind, dem kommerziellen Innovationszwang enge Grenzen, repräsentieren dennoch aber ein sogar beträchtliches Umsatzvolumen im kommerziellen Musikbetrieb der Gegenwart.

Literatur

Bindas, K. J. (Hg.): *America's Musical Pulse: Popular Music in Twentieth-Century Society.* Westport, CT 1992.
Clarke, D.: *The Rise and Fall of Popular Music.* Harmondsworth 1995.
Dorough, P.: *Popular Music Culture in America.* New York 1992.
Frith, S./Straw, W./Street, J. (Hgg.): *The Cambridge Companion to Pop and Rock.* Cambridge 2001.
Garofalo, R.: *Rockin' Out. Popular Music in the USA.* Boston 1997.
Hamm, C.: *Yesterdays: Popular Song in America.* New York 1979.
Hatch, D./Millward, S.: *From Blues to Rock: An Analytical History of Pop Music.* Manchester 1987.
Kuhnke, K./Miller, M./Schulze, P.: *Geschichte der Pop-Musik.* Bd. 1. Bremen 1976.
Lawhead, S.: *Rock on Trial: Pop Music and Its Role in Our Lives.* Leicester 1989.
Merwe, P.v.d.: *Origins of the Popular Style. The Antecedents of Twentieth-Century Popular Music.* Oxford 1989.
Otterbach, F.: *Die Geschichte der europäischen Tanzmusik. Einführung.* Wilhelmshaven 1980.
Palmer, T.: *All You Need Is Love. The Story of Popular Music.* New York 1976; dt.: *All You Need Is Love. Vom Blues zum Swing, von Afrika zum Broadway, vom Jazz zum Soul und Rock'n'Roll.* München/Zürich 1977.
Schutte, S. (Hg.): *Ich will aber gerade vom Leben singen ... Über populäre Musik vom ausgehenden 19. Jahrhundert bis zum Ende der Weimarer Republik.* Reinbek 1987.
Scott, D.: *The Singing Bourgeois. Songs of the Victorian Drawing Room and Parlor.* Milton Keynes 1989.
Sperr, M.: *Das große Schlagerbuch. Deutsche Schlager 1800 – heute.* München 1978.
Whitcomb, I.: *After the Ball. Pop Music from Rag to Rock.* London 1972.
Wicke, P.: *Rock Music: Culture, Aesthetics and Sociology.* Cambridge 1990.
Ders.: »Jazz, Rock und Popmusik im 20. Jahrhundert«. In: Stockmann, D. (Hg.): *Volks- und Popularmusik in Europa.* Laaber 1992. S. 445–78.
Ders./Ziegenrücker, W./Ziegenrücker, K.-E.: *Rock, Pop, Jazz, Folk: Handbuch der Populären Musik.* Mainz/Zürich 1997.
Ders.: *Von Mozart zu Madonna. Eine Kulturgeschichte der Popmusik.* Frankfurt a.M. 2001.
Ders. (Hg.): *Handbuch der Musik des 20. Jahrhunderts VIII: Rock- und Popmusik.* Laaber 2001.

Peter Wicke

Musikbox

Musikbox (auch Musicbox, engl. *jukebox*), ist ein münzgesteuerter selektiver automatischer Platten-Wechsler (v. a. für 78er-Platten und dann ab Anfang der 1950er Jahre 45er-Singles; seit den späten 1980ern auch als CD-Wechsler), der zum öffentlichen Gebrauch in Gaststätten und Spielhallen hauptsächlich der unteren und mittleren Klassen aufgebaut ist. Sie ist ökonomisch-sozial ein Verbreitungsapparat von jeweils aktuellen Hits, eine Art Wunschkonzert für die kleinen Leute, mit Evergreens u. ä. als Repertoireelement.

Die Musikbox steht im Schnittpunkt der ökonomisch-sozialen Funktionskreise Münzautomatenbranche, Phonobranche, Gaststättengewerbe und der an das jeweilige Lokal gebundenen musikalischen Freizeitunterhaltung. Die Münzautomatenbranche (Hauptgerätetypen neben den Musik-Automaten sind als ebenfalls dienstleistende Apparate Unterhaltungsautomaten sowie Warenverkaufs- und Geld- bzw. Gewinnspiel-Automaten) trägt und prägt ökonomisch unmittelbar die Musikbox. So wichtig die sozialpsychologischen und ideologischen Auswirkungen auch waren, so verhältnismäßig klein waren deren Kapitalmassen. Etwa ein Viertel aller Münzautomaten waren Musikboxes – der Anteil wechselt historisch. Vor den individuellen Konsumenten als Endverbraucher schiebt sich nach Hersteller und Großhandel der Aufsteller als Endkäufer (z. B. um 1973 13 Hersteller, 36 Großhändler, 3000 berufsmäßige Aufsteller in der BRD). Für die Phonobranche ist die Musikbox sowohl Marketing- und Reklameapparat als auch Realisierungsort ihrer Waren – wichtig schon in den USA in der Phase der Weltwirtschaftskrise wie in der BRD von den 1950ern bis in die 1970er. So wurden z. B. 1968/69 von den Musikboxes etwa 5 Mio. Singles, fast ein Fünftel der gesamten Single-Produktion der BRD, aufgenommen. Im Lokal selber dient die Musikbox und ihre ⟋Musik als zusätzliche Attraktion und zur Stimmungs- und damit der Gewinnsteigerung.

Voraussetzung der Musikbox ist die technische Reproduktion der Musik. Auf den sozial-kulturell allgemeinen, geradezu universalen Bedarf an Musik bezogen hat die Musikbox einen doppelten Ursprung. Erstens wird als eine Art Integration die schon in der Warenform Schallplatte vorhandene Musik in eine Dienstleistung zurückverwandelt. Die Musikbox verdrängt dabei Formen wie Selbermusizieren, Kapelle, ⟋Radio oder Hintergrundmusik oder bringt zum ersten Mal Musik in ein vorher musikloses Lokal – gerade hier wurden der Musikbox anfangs oft erhebliche Widerstände entgegengesetzt.

Zweitens wird in einer Art Desintegration oder Segmentierung Musik im Lokal in eine selbständige Ware verwandelt und einzeln verkäuflich gemacht. Sie wird aus der Gesamtheit der Bedürfnisse und des Angebots zu ihrer Befriedigung im Lokal als einzelnes Element herausgeschnitten, das vorher integriert und, da nur indirekt über erhöhte Preise zu bezahlen, für sich genommen kostenlos war.

Geschichte

Zur Vorgeschichte gehören im Raum kommerzieller Öffentlichkeit, analog dem der späteren Musikbox, verwendete ›Mechanische Musikinstrumente‹ bzw. Automatophone seit den 1830ern: Musikinstrumenten-Kombinationen, Blas-, Schlag-, sogar Streichinstrumente, mit oder ohne Klavier bis hin zu Orgeln und Orchestrion, gesteuert durch Stiftwalze (auswechselbare Walzen seit etwa den 1870ern), oder durch gestanzte (Blech-)Scheiben (ab 1886 bis ca. 1910) oder pneumatisch durch Lochstreifen; paradigmatisch das Pianola (Player Piano), dessen Spätform ca. 1905–25 das hochkulturelle ›Reproduktionsklavier‹ (mit der Möglichkeit, individuelle Interpretationen aufzunehmen und wiederzugeben) ist. (Der Typus Leierkasten dagegen war im wesentlichen ein Freiluftgerät.) Die Ausbildung als Münzautomat ist ebenso wie die Elektrifizierung dieser Musikinstrumente eine unmittelbar in die Musikbox einmündende Traditionslinie.

Zu ihrer Frühgeschichte gehören außerdem die (Walzen- bzw. Edison-)Phonographen oder (Schallplatten-)Grammophone in Form von Münzautomaten. Der Münz-Phonograph datiert auf 1889/1890 mit vier Hörschläuchen für jeweils individuelle Rezeption. Gebündelt in Phonographen-Salons Ende der 1890er v. a. in New York und Paris, nach 1900 zusammen mit anderen Münzautomaten in Penny Arcades mit minderer Reputation, hatten diese Apparate wegen der beschränkten Rezeptionsmöglichkeit keine breite kulturelle Durchschlagskraft und wurden als Attraktion durch lautstarke mechanische Klaviertypen (Pianola) verdrängt. 1906 gab es erstmals Wechselautomatik und Schallplatten (statt Phonographen) und Schalltrichter zur Klangverstärkung. Die nächste wichtige Stufe bildete ab 1927 der Plattenwechsler mit elektroakustischer Verstärkung, technisch vermittelt durch Radio-Technik, die von vornherein auf Elektrizität basiert – ein Entwicklungssprung, da nun größere Räume beschallbar waren. Die Musikbox mit spezifischerem ↗ Design breitete sich v. a. in den USA mit der Prohibition aus – in speakeasies (illegaler Alkoholausschank), candy oder drug stores, Restaurants, Spielhallen. Das Repertoire war v. a. Jazz und Country. Die Weltwirtschaftskrise und die Depression trafen die Branche weniger, da für die Musik-Attraktion der sprichwörtliche ›Nickel‹ oft doch noch verfügbar war. 1933 gab es ca. 25.000 Jukeboxes, mit Ende der Prohibition sprunghaft mehr Lokale, daher auch 1937 ca. 225.000 Musikboxes; 1945 dann 300.000, 1951 ca. 555.000.

Das Repertoire dominierte nun stärker verwässerter Jazz – zugleich veränderte sich das ↗ Publikum (v. a. weiße Teenager), und die Branche versuchte, respektabler zu werden. Swing als aktuelle Musik-Mode, dann auch nach 1945 Rock'n'Roll als R&B-Absenker wurden nicht unwesentlich durch die Musikbox verbreitet.

In die Erholungsphase Mitte der 1930er Jahre in den USA datiert das charakteristische, heute nostalgisch verklärte Design (v. a. der Firma Wurlitzer) mit ›Stromlinie‹, Chrom, dazu vielfarbigen Plastikelementen, Lichteffekten (wie sie auch bei Automatophonen häufig vorkamen) und betonter Ausstellung des Abspielvorgangs. Die maximale Auswahl von 48 verschiedenen Titeln bleibt bis zum neuen Sprung auf 100 Titel 1948.

In Westeuropa drang die Musikbox als Teil der ›Amerikanisierung‹ im wesentlichen erst nach 1945 vor (Pionierländer wohl Großbritannien, Skandinavien, Belgien). Die bundesrepublikanischen Firmen nach dem Zweiten Weltkrieg konstituierten sich zunächst hauptsächlich als Importeure von US-Waren. Seit Einführung der Musikbox in der BRD 1952/53 stieg die Zahl; 1972 waren es rund 105.000 Musikboxes. Damit war allerdings wohl der Zenit erreicht. So sank 1975 die Zahl der Musikboxes bereits wieder auf 85 000, bis in die 1990er Jahre auf ca. 40.000 – sämtliche Typen einschließlich Video- und CD-Box eingerechnet, Tendenz weiter fallend.

Im Repertoire bilden Hit und Evergreen die Pole; dazu kommt ein jeweils national, regional, lokal und vom speziellen Kundenkreis der Gaststätte geprägtes Repertoire.

Die Musikbox-Hitparaden auf Basis von ›Popularitätsmessern‹ bzw. Titelwahl-Zählern am Gerät spiegelten v. a. in den 1950ern und noch den 1960ern die aktuellen Hitparaden. Die profitökonomisch auf maximal 3 Minuten beschränkte Spielzeit bevorzugte Schlagertypen, ließ aber die Musikbox schon seit der Beatwelle der 1960er Jahre allmählich ins Hintertreffen geraten.

Sprünge in der hier relevanten Tonträger-Technik, abgesehen von dem Übergang zu wegen des Kurzzeit-Spiels besonders passenden Single in der Nachkriegskonjunktur, wurden bei der Musikbox auf breiter Front nur zögernd mitvollzogen (1951 gab es die

Musikbox statt für 78 UpM-/Schellackplatten nun für Singles, 120–160 pro Musikbox, spätestens ab 1955 für 78 und 45 UpM; das Ende der Schellackproduktion kam 1957). Schon 1953 entstanden Tonband-Musikboxen mit 40 Wahlmöglichkeiten, sogar mit Möglichkeit zu Selbstaufnahme und mit sofortiger Wiedergabe – ein Vorgriff auf das Karaoke Ende der 1980er Jahre.

Eine wesentliche Entwicklungslinie der Musikbox war die wachsende Zahl von Wahlmöglichkeiten. Eine zweite die Tendenz, mit Zusatzinstrumenten und gadgets aller Art eine möglichst ununterbrochene Zahlung und hohe Gewinne zu erzielen – Fernwähleinrichtungen, Verkürzung der Zugriffszeit, automatisches Spiel von ›Anreiztiteln‹ als Animation usw. sowie Diversifikation des Repertoires wie des Designs (auf ›modern‹, ›rustikal‹ und ›vornehm‹). Die damit verbundene Tendenz zu ununterbrochener Musik war freilich zwiespältig und letztlich der Musikbox als Wunsch-›Konzert‹ schädlich, zumal auf der Grundlage allgemein zunehmender fast totalitärer Musikberieselung und speziell im Verein mit Veränderungen der Gastronomie: statt ›viel Stundenumsatz‹ nun ›schneller‹ Umsatz (daher kürzere Verweildauer), Musik aus Stereoanlagen und als Hintergrund, Verwandlung von Tanzlokalen in Diskotheken, Absterben der Eck- und Stammkneipen. Das Goldene Zeitalter der Musikbox war daher spätestens in den 1970ern zu Ende.

Das signalisieren auch Anpassungen an die Konkurrenz der Diskothek einerseits wie andererseits an die Background- bzw. Hintergrundmusik. Durch apparative Ergänzungen bis hin zum Ersatz, Nachfolgeformen und neue Synthesen versuchte die Branche, hier gegenzusteuern, und unter Wahrung des Prinzips ›kommerzielle Musik‹ damit sogar neue Aufstellungsorte zu erobern – notfalls unter Preisgabe des Prinzips ›Münzautomat‹.

Die Musik-Cassettenbox, 1972 in der BRD eher unauffällig eingeführt, um nicht das Ende der Musikbox mit Platten zu signalisieren, diente – wie auch die randständige Langspielplatten Box – eher für einen Nischenmarkt, bereits in Richtung Diskothek tendierend mit ›pausenloser Tanzmusik‹, da die MC 15–30' Musik ohne Pause und ohne Rückkopplung beliebig laut zu drehen ermöglichte; umgekehrt wurde sie für ›dezente‹ ruhige Lokale, ohne vokale, nur mit instrumentaler Musik – also eben als Hintergrundmusik – eingesetzt. Dabei gab es dann sowohl Spezialkassetten (nach Art von ›Muzak‹ und ähnlichen Hintergrundmusik-Anbietern) als auch Normal-MCs. Ein Branchen-Gewinn-Ei des Columbus war 1991 eine CD-Musikbox mit 2000 Titeln und ›automatischer Umstellung von leiser Background-

musik auf münzeinwurfgesteuertes Anheben der Lautstärke‹; ›leise Backgroundmusik zwischen Wunschtiteln‹ (1992) dementiert nun freilich wieder das spezifische Wunschkonzert-Prinzip.

Die 1974 eingeführte quadrophone Musikbox bot eine nach Disko-Vorbild rhythmisch mitschwingende Lichtorgel als Zusatz. Hier wurde etwas integriert, was fast das Gegenteil von Musikbox war, nämlich die Verwendung analog zu Diskotheken. 1983 wird dann die Musikbox unverhohlen als Disko-Ersatz angepriesen: Die Automatisierung auch des re-personalisierten Plattenwechslers DJ ist profitlogisch. Rund 150 CDs (↗ Schallplatte/CD) oder etwa 100 Stunden Musik im MP3-Format passen (2000) auf eine miniaturisierte ›Jukebox‹, die trotz ihrer Sechs-Gigabyte-Festplatte kaum größer ist als ein Discman.

Ein anderer Weg war die »Bild-Musik-Box«. Prototypen gab es schon 1983. 1987 gab es die Bildplatte in drei Versionen: 30 cm, bis zwei Mal eine Stunde, 20 cm-Platte, CD-Video ca. sechs Minuten Bild, 20 Minuten Ton. Erst 1989 wurde eine Laser-Box für alle drei Formate angeboten. Die Video-Musikbox (↗ Video) reüssierte nur an speziellen Orten (Musik-Café, Bistro, Pub, Bar, Freizeitpark; Lokale mit Live-Musik), v. a. für Jugendliche, die laut Branchenbefund nicht nur Musik, sondern auch noch Bilder in Gaststätten rezipieren. Eine spezielle »Music-Show on Video« (Reklameanteil max. 15 %) wurde 1990 v. a. für Diskotheken angeboten. Ein gewisser Boom von CD-Musikboxes begann in Großbritannien 1987, in den USA 1988. Sie bot vom Gewinnstandpunkt aus fast zu viele Titel (1992 gar bis 2400). Die Titelfülle erlaubte aber eine Diversifikation der Aufstellungsorte.

Noch am spezifischsten und dem Prinzip ›Wunschkonzert‹ mit einem Rest von musikbezogener Eigenaktivität nahe sind seit 1978 Weiterentwicklungen als eine Art Karaoke-Musikbox mit eingebauter Hall- und Echoeinheit, um Laienstimmen aufzupeppen. Mit Mikrophon als Zubehör wird 1979 ›Musik aktiv‹ angeboten; dabei wird z. B. der Lokal-Hit angezeigt – ein Anreiz für ↗ Fans, ihren Titel zu pushen, andererseits für Unentschlossene, sich dem anzuschließen, was ›in‹ ist; dazu kommen ›Sonderangebote‹ und ›Bonusspiele‹ (also eine Annäherung ans Gewinnspiel). Ähnliches gibt es seit 1988 als ›aktives Gastronomie-Erlebnis‹, nostalgisch verbunden mit ›Oldie-Wochen‹ und Jahreszeitenfesten. Die Karaoke-Musikbox gibt es dann seit 1991.

Essentiell für die Musikbox ist ein Mindestmaß an Musik-Interesse insoweit, daß die Rezipierenden dafür gesondert zu zahlen bereit sind (↗ Konzert); Tanzen ist bis in die 1960er Jahre ein Typus besonders intensiver Nutzung. Vor allem mit ihrer ›freien Wahl‹ bewahrt die Musikbox Züge eines eigenständigen Vergnügens und verhindert damit, daß Musik ganz in einem nicht mehr bewußt wahrgenommenen Hintergrund aufgeht. Die permanente Hintergrundmusik war seit den 1970ern ein wachsendes Problem, das schließlich zum Fast-Ende der Musikbox führte: in den 1980er Jahren war sie aus ihren traditionellen Aufstellungsorten fast völlig verschwunden (1992 hatte in Deutschland und im Ausland die Hälfte der Aufsteller keine Musikbox mehr). Es fehlt die Zahlungswilligkeit für das, was einem sowieso überall aufgedrängt wird. Die Musikbox überlebt immerhin in einigen ökonomischen Nischen im Gaststättenwesen und als Nostalgie-Apparat.

Literatur

Automaten-Markt 1. Jg. (1948).

Bailly, C.: *Automaten. Das Goldene Zeitalter 1848–1914*. München 1988.

Bowers, D. Q.: *Nickelodeon Theatres and Their Music*. New York 1986.

Ders.: *Encyclopedia of Automatic Musical Instruments*. New York 1972.

Ders.: *Put Another Nickel In. A History of Coin-Operated Pianos and Orchestrions*. New York 1968.

Buchner, A.: *Mechanische Musikinstrumente*. Hanau 1992.

Fehling, R.: *Manipulation durch Musik. Das Beispiel »Funktionelle Musik«*. München 1976.

Für Augen und Ohren. Von der Spieluhr zum akustischen Environment. Objekte, Installationen, Performances. Akademie der Künste Berlin 1980.

Gelatt, R.: *The Fabulous Phonograph. The Story of the Gramophone from Tin Foil to High Fidelity*. London 1956.

Haas, W.: *Das Schlagerbuch*. München 1957.

Ders./Klever, U.: *Die Stimme seines Herrn. Eine Geschichte der Schallplatte*. Frankfurt a. M. 1959.

Heister, H.-W.: *»Die Musikbox. Studie zu Ökonomie, Sozialpsychologie und Ästhetik eines musikalischen Massenmediums«*. In: *Segmente der Unterhaltungsindustrie*. Frankfurt a. M. 1974. S. 11–65.

Henkin, B./Lynch, V.: *Jukebox. The Golden Age, 1937 through 1948*. Berkeley 1981.

Hoggart, R. : *The Uses of Literacy. Aspects of Working-Class Life With Special Reference to Publications and Entertainments*. Harmondsworth 1963.

Jüttemann, H.: *Phonographen und Grammophone*. Braunschweig 1979.

Kemp, C./Gierlinger, U.: *Wenn der Groschen fällt. Münzautomaten – gestern und heute*. München 1988.

Krivine, J.: *Jukebox Saturday Night*. London 1977.

Read, O./Welch, W. L.: *From Tin Foil to Stereo. Evolution of the Phonograph*. Indianapolis/New York 1959.

Richter, S.: *Wunderbares Menschenwerk. Aus der Geschichte der mechanischen Automaten*. Leipzig 1989.

Schmidt-Joos, S.: *Geschäfte mit Schlagern*. Bremen 1960.

Hanns-Werner Heister

Musikkassette/Tonband

Die Musikkassette und das Tonband gehören zu den Tonträgern, die im Gegensatz zu Schallplatte und CD (↗ Schallplatte/CD) mit Magnetbandverfahren arbeiten. Ihre Aufgabe ist es, akustische Signale zu speichern (Speichermedium), um sie auf dazugehörigen Abspielgeräten wie Tonbandgerät, Kassettenrekorder und ↗ Walkman reproduzierbar zu machen. Das technische Basissystem ist die 1889 erfundene elektronische Aufnahme und Wiedergabe. Besondere Popularität erlangte das durch die BASF im Jahre 1935 entwickelte Magnetbandverfahren. Im Gegensatz zu dem heute üblichen digitalen Verfahren arbeiten das herkömmliche Tonband und die herkömmliche Musikkassette, ähnlich wie die Schallplatte, mit einem analogen Verfahren der Aufzeichnung und Wiedergabe, d. h. die Aufzeichnung erfolgt prinzipiell durch die Umwandlung der wechselnden Spannung des elektronischen Signals in eine andere Meßeinheit, die sich um denselben Wert ändert. Bei Tonband und Kassette sind Aufzeichnung und Wiedergabe wesentlich unkomplizierter als bei der Schallplatte: Das Schallsignal wird als ununterbrochener Magnetstrom gespeichert. Die Aufnahme erfolgt durch das Vorbeiführen eines Magnetbandes an einem Elektromagneten (dem Sprechkopf), wodurch die Feldstärke des Magnetbandes entsprechend den in elektrische Impulse umgewandelten Schallschwingungen verändert wird. Die Wiedergabe erfolgt dementsprechend: Im Hörkopf werden gemäß der unterschiedlichen Magnetisierung elektrische Schwingungen erzeugt, die mittels der Lautsprecher in Schall übersetzt werden.

Geschichte

Der Siegeszug der Tonbandtechnik verlief in mehreren Etappen: Ende der 1920er Jahre wurde das Verfahren der elektromagnetischen Induktion, d. h. akustische Schwingungen werden in Stromschwankungen umgesetzt, zur Schallaufzeichnung genutzt. Das Tonband stellte eine Weiterentwicklung des Telegraphons des Dänen Poulsen dar, der als Tonträger einen um eine Messingwalze herumgewickelten Stahldraht benutzte. Verschiedene technische Verbesserungen führten schließlich zur Herstellung eines ersten kompletten Tonaufnahmesystems durch die Firma AEG in Kooperation mit der BASF: Das Tonband als Speichermedium sowie das Tonbandgerät als Aufnahme- und Wiedergabemedium waren geboren. Ein revolutionärer Schritt gelang Philips in den 1960er Jahren mit der Entwicklung der Kompakt-Kassette und dem dazugehörigen Kassettenrecorder: Die Kassette löste das Tonband ab und prägte den Tonträgermarkt bis in die heutige Zeit. Zunächst aber blieb die neue Technik, was die Wiedergabequalität betraf, hinter der herkömmlichen Tonbandtechnik weit zurück. Da es die Kassette klanglich weder mit dem Tonband noch mit der Schallplatte aufnehmen konnte, lag ihr einziger Vorteil in der praktischeren Handhabbarkeit: Es mußten keine Bänder mehr eingefädelt werden, und durch das äußerst kleine Format war das neue Speichermedium transportabler und einfacher aufzubewahren. Erst nach klanglichen und technischen Verbesserungen der Kassette und des entsprechenden Wiedergabegeräts konnte sich das neue Medium auf dem Phonomarkt etablieren, insbesondere die Leerkassette, die Verbraucher zu Eigenaufnahmen nutzten. Die vorproduzierte Musikkassette (MC) stieß zunächst auf weit weniger Publikumsresonanz. Weitere Verbesserungen der Kassettenqualität in den 1970er Jahren, nämlich neue Bandmaterialien (Chromdioxid, Ferrochrom) und Systeme zur Rauschunterdrückung (Dolby, DNL), verliehen schließlich auch dem Magnetbandverfahren HiFi-Standard. Die Phonoindustrie reagierte darauf mit einer Verbreiterung ihres Angebots und bot ihr Repertoire sowohl auf LP als auch auf MC an.

Bereits 1976 kam auf jede dritte verkaufte Schallplatte eine Musikkassette. 1979 brachte Sony den ↗Walkman auf den Markt, ein portables Kassettenabspielgerät, das es einer mobilen Jugend gestattete, die alltagsbegleitende Rolle der ↗Musik auf außerhäusliche Bereiche auszudehnen. Mit der Entdeckung der Lasertechnik für die Tonaufnahme und -wiedergabe entstand das DAT-System (Digital Audio Tape) und die DAT-Kassette, die seit 1985 von Sony im Handel vertrieben wird. Sie nutzt die digitale Technik für Bandsysteme, konnte sich jedoch im Markt nicht durchsetzen. Attraktiver scheint das 1992 eingeführte DCC-System (Digital Compact Cassette), das dem herkömmlichen System (MC) wesentlich näher steht als die DAT-Technik (zu weiteren Details der technischen Entwicklung der Tonträger vgl. Lieb 1995, S. 277 ff.).

Aktuelle Marktsituation

Die Einführung des Schallplattenstandards, der Musikkassette und schließlich der CD führte aufgrund der damit verbundenen technischen Vorteile, die die Handhabbarkeit des Tonträgers und/oder die Qualität der Wiedergabe betrafen, jeweils zu einem Umsatzplus der innovativen Technik: In den 1970er Jahren war es die Kassette, die das Tonband ver- und die Schallplatte weiter bedrängte. Insbesondere die

Leerkassette erfreute sich großer Beliebtheit: Bereits in den 1980er Jahren gingen in Deutschland über 100 Millionen Leerkassetten jährlich über den Ladentisch, seit dem Spitzenwert 1991 von 151 Millionen Stück ist der Trend jedoch rückläufig. In den 1990er Jahren ließ die CD jedes andere Tonträgerformat weit hinter sich: Kassetten halten seitdem nur noch einen marginalen Marktanteil von ca. 10% (vgl. Media Perspektiven 1998, S. 66). Insgesamt unterlag die Kassette dadurch einem fundamentalen Funktionswandel. Steht die CD für die Konservierung und Konsumption hochkommerzialisierter Produkte der Musikindustrie, hat sich die Kassette diverse Nischenmärkte erschlossen: Zunächst spielt sie als beliebig oft beschreibbares Medium eine herausragende Rolle für alle Arten der Eigenproduktion. Leerkassetten werden von Konsumenten genutzt, um im Privat- und Amateurbereich sprachliche und musikalische Mitschnitte herzustellen und fungieren damit als Grundlage für auditive Zusammenstellungen aller Art. Sie werden bespielt, überschrieben, gesammelt, getauscht sowie verschenkt und als Medium für unterwegs genutzt, z.B. im Walkman oder Autoradio (↗Radio). Die Zusammenstellung ›individueller Hitparaden‹ für den Hausgebrauch, als Geschenk aber auch für den Einsatz auf privaten, nicht kommerziellen Veranstaltungen erlaubt das Medium ›Leerkassette‹ ebenso wie die Erzeugung ›eigener Produktionen‹, etwa Kassetten mit eigenen Songs, Ständchen, Comedy oder Mitschnitten privater Zusammenkünfte, die aufbewahrt und im Bekanntenkreis immer wieder angehört werden können (ähnlich einem Fotoalbum) und ermöglichte geradezu eine Dokumentation der eigenen musikalischen Biographie. Kurz: CompactCassetten entwickelten sich zu einer Art auditivem Rohmedium für den privaten Bereich.

Darüber hinaus erschloß sich die Kassette spezifische Inhaltsbereiche: Sprachlich basierte Inhalte, wie Hörbücher, Lern- und Lehrmedien werden meistens im Kassettenformat feilgeboten. Auch in dieses letzte Refugium der Kassette ist die CD jedoch eingedrungen: Einstmals nur auf Kassette Erhältliches wird heute erfolgreich im CD-Format vertrieben.

Literatur

Jaspersen, T.: »Tonträger – Schallplatte, Kassette, CD«. In: Faulstich, W. (Hg.): *Grundwissen Medien*. München 1998. S. 367–391.
Lieb, J.: »Schallplatte/CD«. In: Faulstich, W. (Hg.): *Grundwissen Medien*. München 1995. S. 275–295.
Media Perspektiven: Basisdaten. Daten zur Mediensituation in Deutschland 1998. Frankfurt a.M. 1998.

Klaus Neumann-Braun/Axel Schmidt

Neue Medien ↗ Medien

Panorama

Der Begriff ›Panorama‹, der allgemein für eine Aussicht bzw. einen Rundblick steht, ist eine Wortschöpfung des 18. Jh. Man verband dazu die griechischen Vokabeln *pan* = alles und *horama* = das Sehen. Im engeren Sinne bezeichnet Panorama ein großformatiges Rundgemälde auf Leinwand, das in einem dazu passenden Gebäude – zumeist einer Rotunde – ausgestellt ist. Das Panorama war im wesentlichen eine Erscheinung des 19. Jh. und kann als erstes »optisches Massenmedium« (Oettermann 1980, S. 9) gelten. Allein zwischen 1870 und 1900 hatten die Panoramen weltweit mindestens 100 Mio. Besucher. Das Panorama entwickelte sich im Zusammenhang mit dem Wachstum der Städte und der entstehenden urbanen Vergnügungskultur im Modernisierungsprozeß. Die ersten Panoramen gab es nicht nur in den damals größten Städten (London, Paris), wo sie ein dem Aufwand ihrer Erstellung entsprechend umfangreiches ↗ Publikum finden konnten, sondern sie bildeten überdies Stadtansichten ab. In einer Zeit, als die Städte sich fortlaufend veränderten und neue Verkehrswege und -mittel die Welt zusammenrücken ließen, war das Bedürfnis nach ›Übersicht‹ offenbar besonders groß. Für das Publikum konnte das Panorama mit seiner Absicht, das Bildmotiv möglichst perfekt zu illusionieren, einen Ersatz für eigene Reisetätigkeit bzw. die Teilhabe an einem historischen Ereignis darstellen. Diese illusionistische Funktion wurde durch die gesamte Anlage der Panoramen unterstützt.

Ein Panorama-Bau hatte in der Regel eine Höhe von 15–20 m und einen Durchmesser von 30–35 m. Dies bedeutete eine Leinwandgröße von 100 bis 120 m Länge und 13–18 m Höhe. In das kuppel- oder kegelförmige Dach war ein Oberlicht von 2–4 m Breite eingebaut, durch das das ausgestellte Gemälde beleuchtet wurde. Vom Eingangsbereich mit der Kasse führte ein verdunkelter Gang zur Besucherplattform. Dort wurde der Blick des Betrachters durch eine Abdeckung nach oben abgeschirmt. Die gesamte Anlage war darauf ausgerichtet, nur das Bildmotiv in die Wahrnehmung dringen zu lassen. Zur Erhöhung der Illusion wurden im Lauf der Panoramen-Geschichte eine Reihe von weiteren Inszenierungselementen integriert: Sehr häufig gab es ein *faux terrain*, bei dem vor der Leinwand noch dreidimensionale Kulissen (Bäume, Felsen, Wasser etc.) installiert wurden. Die Besucherplattform war mitunter passend zum Bild gestaltet, z. B. beim Pan-orama einer Seeschlacht als Schiffsbrücke (Paris 1831). Eine Untermalung durch ↗ Musik und Geräusche konnte hinzutreten. Generell waren die Panorama-Rotunden günstig errichtete Zweckbauten. Sie wurden bei geschäftlichem Mißerfolg häufig sofort wieder abgerissen. Außerdem waren sie sehr anfällig für Brände. Von den mehr als zweihundert im 19. Jh. weltweit nachgewiesenen Panoramen sind nur noch 12 Gebäude samt Leinwänden erhalten.

Organisation

Das Panorama trägt von Anfang an Züge einer ↗ Kulturindustrie: Panoramen sollten durch Eintrittsgelder Erlöse erzielen. Da es Ende des 18. Jh. noch kaum öffentlich zugängliche Museen gab (der Louvre in Paris war erst 1793 in Folge der Französischen Revolution am Wochenende für jedermann geöffnet worden) und – abgesehen von der Kunst im sakralen Raum – auch sonst in den Städten keine Bilder zu sehen waren, konnte ein solches Vergnügungsangebot auf die Schaulust eines breiteren Publikums spekulieren.

Der Bau der Ausstellungsräume und die Herstellung der Leinwände waren kapitalintensiv und nur arbeitsteilig zu erledigen. Die Produktion eines Gemäldes dauerte von der zeichnerischen Bestandsaufnahme am Originalschauplatz bis zur Ausfertigung im Atelier etwa ein Jahr. Die ↗ Ausstellung mußte mit Anzeigen und ↗ Plakaten beworben werden. Um die teuren Leinwände möglichst effektiv auszuwerten, wurden sie ähnlich wie heute Filmrollen auf Tournee geschickt. Daraus ergab sich die Notwendigkeit einer Normierung in den Formaten. Die künstlerische Produktion mußte sich diesen Rahmenbedingungen unterordnen. Das Problem der Perspektive beim Rundbild, die erforderliche zeichnerische Vorarbeit, die Abstimmung der Beleuchtungsverhältnisse von Bild und Gebäude stellte für die akademisch ausgebildeten Maler zwar eine Herausforderung dar. Der Anspruch von Auftraggeber und Publikum nach möglichst realistischer Darstellung und Detailtreue, die Teamarbeit bei der Ausführung – Landschafts-, Portrait-, Tiermaler etc. mußten hier unter der Leitung des gesamtverantwortlichen Künstlers Hand in Hand arbeiten – sowie der enge Zeitrahmen reduzierte die künstlerische Eigenständigkeit aber offenbar so stark, daß sich kaum ein arrivierter Maler auf die Panoramenmalerei eingelassen hat (Kemp 1991, S. 90). Die Perfektion der Illusion war das für Panoramen wichtigste Qualitätskriterium. Die Mehrzahl der Panoramen (nach Kemp 75 %) stellten Städte- oder Landschaftsansichten dar. Diese hatten den Vorteil, unabhängig vom historischen und landesspezifischen Kontext zu sein und das Fernweh der Betrachter zu befriedigen. Die daneben gängigen Schlachtendarstellungen waren, indem sie patriotische Gefühle mobilisierten, mitunter sehr erfolgreich, aber für die internationale Auswertung problematisch.

Geschichte

Seinen Ursprung hat das Panorama in England. Der Ire Robert Barker realisierte 1787 erstmals ein halbrundes Großgemälde mit einer Ansicht Edinburghs und ließ sich sein Verfahren obendrein als ›Panorama‹ patentieren. Barker entwickelte das Grundprinzip des Panoramas und kümmerte sich um die geschäftlichen Belange, die Bilder malte sein Sohn Henry Aston. Mit dem 1792 erstmals ausgestellten Panoramabild von London erzielten die Barkers einen ersten Publikumserfolg. Diese Leinwand wurde in der Folge auch in anderen europäischen Städten ausgestellt. 1793 errichtete das Familienunternehmen in London die erste Panorama-Rotunde, ein doppelstöckiges Gebäude, in dem zwei Leinwände gleichzeitig gezeigt werden konnten. Ausstellungsdauer pro Gemälde war jeweils etwa ein Jahr. Barkers Unternehmen bestand bis 1861. In dieser Zeitspanne hatten Barker & Co eine Vielzahl von Konkurrenten, die sich jedoch nie langfristig etablieren konnten. Lediglich das »Colosseum« am Regents Park (1829 errichtet) setzte nach seiner Neugestaltung 1845 neue Maßstäbe, indem es das Panorama mit einem ↗Museum, Ausstellungsräumen, einem Restaurant und einem Kaufhaus verband.

Von England aus verbreitete sich die Idee des Panoramas zum Ende des 18. Jh. über den europäischen Kontinent und Amerika. 1799 wurde Barkers London-Panorama in Paris (in Kopie) und in Hamburg ausgestellt. In Paris errichtete man noch im selben Jahr zwei Rotunden im Jardin des Capucines (einer Art Vergnügungspark), in denen eine Paris-Ansicht und ein Gemälde der Stadt Toulon zu sehen waren. Die früheste Rotunde in Deutschland war 1800 ein Holzbau auf dem Gendarmenmarkt in Berlin, der eine Rom-Ansicht des akademischen Malers Prof. Johann Adam Breysig zeigte. Die erste Ausstellung eines Rundgemäldes in New York, das Ansichten von London und Westminster darstellte, fand 1795 statt. Eine feste Rotunde in New York ist erstmals im Jahr 1804 bezeugt.

Die weitere Entwicklung verlief in den einzelnen Staaten historisch bedingt jeweils unterschiedlich. In Frankreich blieb die Metropole Paris das Hauptbetätigungsfeld für Panorama-Unternehmer. Zur Zeit der napoleonischen Kriege dominierten Schlachten-Darstellungen, danach konzentrierte man sich auf Stadtansichten und zeigte Panoramen von Jerusalem (1819), Athen, Rio de Janeiro und Konstantinopel. Ab 1822 erhielt das Panorama in Paris starke Konkurrenz durch das ›Diorama‹. Hierbei handelte es sich um ein von den Malern Louis Jacques Mandé Daguerre und Charles Maris Bouton entwickeltes Malverfahren auf großformatige transparente Leinwand (22×14 m). Mithilfe eines durch verschiedenfarbige Blenden regulierten Lichteinfalls ließen sich hier changierende Farbeffekte erzielen, z.B. ein Wechsel der Tageszeiten. Dioramen etablierten sich in der Folge auch in den wichtigen europäischen Hauptstädten unter der Lizenz der Urheber.

Im kleinstaatlich geprägten Deutschland gab es zunächst keine beständigen Panoramabauten. Hier mußten die Leinwände auf Tournee gehen, weil die damals größten Städte, Berlin und Hamburg, kein ausreichendes Publikumspotential boten. Der Panoramen-Unternehmer Johann Friedrich Tielker z.B. war mit seinen Stadtansichten zwischen dem Rheinland, Norddeutschland und Ostpreußen unterwegs, von wo aus er sogar bis nach Moskau reiste. Sein Bemühen um einen festen Panorama-Bau in Berlin blieb bis zu seinem Rückzug aus dem Geschäft 1825 erfolglos.

In Amerika war das Interesse an importierten Leinwänden aus Europa begrenzt. Dafür entwickelte sich die Sonderform des ›moving panorama‹ zum eigentlichen Publikumsmagneten. Hierbei handelt es sich um auf Walzen aufgewickelte Leinwände, die vor den Zuschauern abgerollt und mit einem Vortrag begleitet wurden. Insbesondere das Motiv der Flußfahrt, bei der die Landschaft am Betrachter vorübergleitet, wurde zum Hauptgegenstand der moving panoramas. Das 1847/48 von Samuel Hudson gemalte Flußpanorama des Mississippi (1257,9 m lang, ca. 3 m breit) tourte durch ganz Amerika und hatte insgesamt rund eine halbe Million Zuschauer, bevor es durch Brand zerstört wurde.

Um die Jahrhundertmitte stagnierte weltweit das Interesse am Panorama, wobei die Gründe dafür noch nicht erforscht sind. In England beispielsweise wurden seit den 1860er Jahren keine Leinwände mehr produziert, sondern nur noch solche aus dem Ausland gezeigt. In Deutschland waren Panoramen nur noch im Rahmen von Gewerbe- und Industrieausstellungen zu sehen. Das unternehmerische Risiko war offenbar von Einzelpersonen und Familienunternehmen nicht mehr zu tragen. 1860 wurde in Paris dann erstmals eine neue Rotunde durch eine Aktiengesellschaft, die »Société française des Grands Panoramas« errichtet. Als 1878 ein Rundgemälde von Felix Philippoteaux »Die Belagerung von Paris« im Rahmen der Weltausstellung ein großer Publikumserfolg wurde, stieg der Kurswert der Aktien steil an und weitere Unternehmen wollten am Panorama verdienen. Es bildeten sich, vor allem in Paris und Brüssel, neue Aktiengesellschaften, die in den 1880er und 1890er Jahren über Tochtergesellschaften international agierten und einen Panorama-Boom auslösten. Deutschland entwickelte sich hierbei zu einem Zentrum der Leinwandproduktion. 1883/84 errichtete eine belgische Gesellschaft in Berlin-Tiergarten eigens dafür Ateliers. Auch München-Schwabing wurde wegen seines Potentials an ausgebildeten Malern zu einem Produktionsstandort. Als Panorama-Bauten setzten sich normierte Rotunden in Holz- oder Eisenfachwerk-Bauweise durch, die je nach Größe zwischen 50.000 und 350.000 Goldmark kosteten. Das in Deutschland aufwendigste und bekannteste Panorama war das der Sedan-Schlacht in Berlin am Alexanderplatz (Gesamtkosten rund 1 Million Goldmark), das 1883 eingeweiht und 1904 wieder abgerissen wurde. Es war besonders modern, indem es durch Bogenlicht-Lampen von Siemens & Halske beleuchtet und so auch bei schlechten Lichtverhältnissen besucht werden konnte. Zudem gab es eine drehbare Besucherplattform und ein Orchestrion zur musikalischen Untermalung. Das Publikum fand überdies eine Gastwirtschaft mit Restaurant im Gebäude vor. Der Eintritt kostete 1 Mark, ein damals für die Arbeiterschaft kaum erschwinglicher Preis.

Die Weltausstellung in Paris 1900 markiert den letzten Entwicklungsschritt des Panoramas. Zum Ende des 19. Jh. versuchte man, es parallel zum technischen Fortschritt zu modernisieren: z. B. wurde die Leinwand langsam gedreht (›Stereorama‹), der Betrachter durch aufwendige Mechanik in Bewegung versetzt (›Mareorama‹) oder die gemalten Leinwände durch fotografische Bildprojektionen (↗ Fotografie) ersetzt (›Photorama‹) (Zielinski 1989, S. 19 ff.). Auch wenn die Besucher der Weltausstellung diese Attraktionen goutierten, so erwies sich die Grundidee des Panoramas trotz der Neuerungen in der Folgezeit als obsolet. Schon zu Beginn des 19. Jh. hatte die Kunstkritik die Diskrepanz zwischen optischer Illusion und der Bewegungslosigkeit des Bildes als ein zentrales Manko des Panoramas benannt (Buddemeier 1970, S. 19). Das sich ab 1895 ausbreitende neue Medium ↗ Film lieferte genau diese Bewegungsillusion. Die schnelle Entwicklung des Spielfilms vermochte überdies die Vergnügungsbedürfnisse des Publikums besser zu befriedigen als das thematisch stark eingegrenzte Panorama. Die Geschichte des Panoramas als Kulturindustrie endet insofern kurz nach der Jahrhundertwende.

Nachfolge im 20. Jahrhundert

Das Streben nach der perfekten räumlichen Illusion als ein wesentliches Moment des Panoramas spielt auch beim Medium Film eine Rolle, wie sich an den verschiedenen, im Lauf der Filmgeschichte entwickelten 3-D-Verfahren und am Phänomen des Rundkinos ersehen läßt. Beides sind jedoch eher Randerscheinungen bzw. Jahrmarktsattraktionen geblieben. Erst im ausgehenden 20. Jh., seit sich das ↗ Kino verstärkt über seinen Ereignischarakter definiert, gab es wieder Angebote, die dem Publikum eine panoramatische Gesamtschau in modernisierter Form ermöglichen: Auf Riesenleinwände (z. T. in Kuppelform) projizierte 3-D-Filme mit höchstmöglicher Bild- und Tonqualität. Ähnlich wie im 19. Jh. der Betrachter eine imaginäre Reise in ferne Städte antreten konnte, werden heute – angesichts einer touristisch nahezu erschlossenen Welt – mit Titeln wie BLUE PLANET, COSMIC VOYAGE, SILENT SKY oder SURVIVAL ISLAND (Firma IMAX-Corporation) die letzten Abenteuer nacherlebbar. Hierbei gibt es auch Vorrichtungen, welche die Zuschauer durchrütteln, um die Illusion der Teilnahme zu perfektionieren (IMAX Rides).

Während im 20. Jh. zum einen also der Film bzw. 3-D-Film die illusionistische Funktion des Panoramas übernommen hat, so fand das traditionelle Panorama – als Rotunde mit Großleinwand – eine Nische des Fortdauerns: Der sozialistischen Propaganda kam seine Monumentalität offenbar entgegen, weshalb in der Sowjetunion (Bordino, Sewastopol, Wolgograd) – insbesondere in der Variante des Schlachtenbildes – Panoramen zu didaktischen Zwecken errichtet wurden. Nach diesen Vorbildern projektierte man dann auch ab 1972 in der ehemaligen DDR einen Panorama-Bau in Bad Frankenhausen (Thüringen) als Gedenkstätte für Thomas Müntzer und den Bauernkrieg. Der Maler Werner Tübke veranschaulichte mit dem 14×123 m großen Rundgemälde den gesellschaftlichen und religiösen Kontext dieser im Sinne der DDR-Historie ersten frühbürgerlichen ›Revolution‹. Die Gedenkstätte eröffnete am 14. 9. 1989 und somit nur wenige Wochen vor dem Fall der Mauer, womit ihre ideologische Funktion hinfällig wurde. Mit mehr als 100.000 Besuchern pro Jahr gilt dieses Panorama zwar mittlerweile als eine der Touristenattraktionen Thüringens, ein Massenmedium ist es damit nach heutigen Maßstäben nicht mehr.

Literatur

Buddemeier, H.: *Panorama, Diorama, Fotografie. Entstehung und Wirkung neuer Medien im 19. Jahrhundert.* München 1970.

Kemp, W.: »Die Revolutionierung der Medien im 19. Jahrhundert. Das Beispiel Panorama«. In: Wagner, M. (Hg.): *Moderne Kunst. Das Funkkolleg zum Verständnis der Gegenwartskunst.* Bd 1. Reinbek 1991. S. 75–93.

Maag, G.: *Kunst und Industrie im Zeitalter der ersten Weltausstellungen.* München 1986.

Meißner, G./Murza, G.: *Werner Tübke. Bauernkrieg und Weltgericht. Das Frankenhausener Monumentalbild einer Wendezeit.* Leipzig 1995.

Oettermann, S.: *Das Panorama. Die Geschichte eines Massenmediums.* Frankfurt a. M. 1980.

Zielinski, S.: *Audiovisionen. Kino und Fernsehen als Zwischenspiele in der Geschichte.* Reinbek 1989.

Margit Dorn

Pirat

Piraterie hat es auf den Meeren zu allen Zeiten gegeben. Pompejius vernichtete die Seeräuber im Mittelmeer 67 v. Chr.; Klaus Störtebecker forderte im 14. Jh. die Hanse im Nord- und Osteseeraum heraus; die Südküste Arabiens am Persischen Golf verdankt ihren Namen, Pirate Coast, den Seeräubern des 18./19. Jh., deren wirtschaftliche Grundlage der Sklavenhandel war. In Asien ist Seeräuberei noch heute ein Problem für die zivile Schiffahrt. Piraterie ist aber mehr als Räuberei zur See.

Für die Entwicklung der Figur des Piraten zu einem populären Mythos ist die karibische Piraterie des 17. und 18. Jh. entscheidend gewesen. Von ihr ist unser heutiges Bild des Piraten bestimmt. Die Piraterie des Mittelmeeres oder der asiatischen Meere kommt in der Belletristik nur sehr selten vor, in Kinofilmen so gut wie gar nicht. Um eine Charakteristik des Piraten zu geben, ist von den karibischen Piraten auszugehen. Der Hauptgrund liegt darin, daß diese Meeres- und Inselregion in der Folge der Entdeckung Amerikas durch den von der spanischen Krone gesteuerten Kolumbus lange Zeit eine attraktive, um nicht zu sagen verführerische Unregierbarkeit behielt.

Zu Beginn des 19. Jh. forderte der Anspruch Spaniens auf den Alleinbesitz der neuen Welt alle aus anderen europäischen Staaten gekommen Siedler der Karibik heraus. Als Legitimation für ihre Ausbeutungs- und Kolonialisierungsschlachten hatten die Spanier lediglich eine zweifelhafte Schenkung aus dem Jahr 1493 von Papst Alexander VI. vorzuweisen. Die Aufteilung eines ganzen Kontinents, somit der größten Beute der Welt, von einem Religionsführer aus ›eigener Machtvollkommenheit‹ selbstherrlich

verfügt, mußte provozierend auf den Rest dieser Welt wirken.

Die ersten antispanischen Piraten waren vor allem Franzosen, die mit Träumen von einem besseren und freieren Leben als Auswanderer und Besiedler auf die Inseln gekommen waren, darunter viele Hugenotten, die das katholische Frankreich hinter sich lassen wollten. Die Spanier, die mit ihren Raubzügen alle Hände voll zu tun hatten, konnten die Inseln gar nicht ausreichend besiedeln, brannten aber trotzdem, unter Berufung auf die erwähnte päpstliche Schenkung, die Ansiedlungen der aus anderen europäischen Ländern stammenden Bewohner nieder und zerstörten ihre Häuser und Ernten.

Nach und nach schlossen sich alle Bewohner der Inseln in losen Gruppen zusammen, um die vollbeladen mit Raubgut in Richtung Europa vorbeiziehenden spanischen Karavellen und Galeonen ihrerseits zu überfallen und zu plündern.

Aus dieser eindeutigen Feindschaft gegen die Weltmacht Spanien erwuchs bald eine grundsätzlichere Haltung: die Verachtung gegen jede obrigkeitliche Bevormundung, denn auch das Verhalten aller anderen Gegner Spaniens zu Lande und zu Wasser – England, Frankreich, Niederlande und wenig später dazukommend die Vereinigten Staaten – fand unter einem beachtlichen Mangel an Zurückhaltung und einem ebenso beachtlichen Überschuß an Habgier und Neid statt. Wer zuerst kam, raffte zuerst, und soviel die Schiffe nur tragen konnten. Das rasante Abwechseln von Bündnissen und Feindschaften, von Treueschwüren und Verrat zeigte nicht minder deutlich die reine Willkür, die hinter jeder Politik, jeder Eroberung und Plünderung stand, in welchem Staatsnamen auch immer. Die Piraterie profitierte von dem politischen Vakuum, das diese allseits ausgiebig betriebenen staatlichen Plünderungen der ›Neuen Welt‹ nach sich zogen. So verbreitete sie sich rasch über die gesamte Karibik. Aber der karibische Pirat war kein Konkurrent um die Weltherrschaft, die von den Spaniern ausgeübt und von den Engländern angestrebt wurde, sondern er wurde bald zum Verächter jedes Allmachtsanspruches, zum einzigen fundamentalistischen Gegner der Großmächte. Vorübergehend käuflich, aber nicht korrumpierbar.

Radikaler Außenseiter

Piraterie, das heißt seit den Ereignissen in der Karibik im 16. und 17. Jh.: Man erkennt die herrschende Besitzordnung nicht an, man erkennt die Selbstrechtfertigungen der Staaten unter- und gegeneinander nicht an, man erkennt weder See- noch Landrecht an, man erkennt die Klassen- und Rassen-hierarchien nicht an. Dieser Pirat, für keine andere Macht außer sich selbst eintretend und mit keiner anderen Macht außer sich selbst verbündet, ist automatisch Staatsfeind und damit Feind der ganzen Welt. (Der Dieb oder ↗ Räuber oder Mörder an Land ist das nicht).

Die Piraterie ist darüber hinaus ein ebenso gewaltsamer wie unheilvoller Versuch, einen Alltag zu leben, in dem die Todsünden aufgehoben sind, und zwar alle sieben. Das Übertreten des Ge- und Verbotskanons des Okzidents ist gewiß nichts Neues, aber die Geschichtsschreiber haben uns immer nur Beispiele für einzelne Übertretungen gegeben, vielleicht mal zwei oder drei kombiniert. Alle sieben gleichzeitig, das gibt es wohl nur in der Piraterie. Die Entwertung des religiösen Disziplinierungsinstruments ›Sünde‹, die Normalisierung also von Faulheit, Hochmut, Zorn, Völlerei, Unzucht, Habsucht und Neid – auch das ist Historie unterhalb der anerkannten und offiziell betriebenen. Von und in diesem Untergrund leben die Legenden.

Keine Piraten vor denen der Karibik haben jene radikale Feindschaft gegen alle Welt und deren Normen ausgebildet. Die Piraterie des Mittelmeeres ist zu allen Zeiten in ein nur schwer entwirrbares Geflecht von Verpflichtungen eingebunden. Den mittelamerikanischen Piraten fehlt diese europäische (und auch orientalische) Idee der Verpflichtung. Das korrespondiert mit der angestrebten Emanzipation Amerikas von Europa. Das amerikanische Selbstbild basiert auf der Idee eines Staatenbundes, in dem alle europäische Kompliziertheit, Diplomatiebesessenheit und politische Undurchdringlichkeit ausgemerzt ist, da diese Dinge, die ungezählte und unverständliche Kriege verursacht haben, in der demokratischen Unübertrefflichkeit einer Neuen Welt nicht nur unerwünscht, sondern ohnehin nutzlos sind.

Mit diesem Selbstbild und mit der damit korrespondierenden eingeborenen Heimatlosigkeit des Piraten beschäftigt sich z.B. der Hollywoodfilm THE BUCCANEER (USA 1958), der den historischen Piraten Jean Lafitte zur Hauptfigur hat. Man bietet ihm die Heimat Amerika, jenes große Versprechen an alle Heimatlosen der Erde, und er geht auf das Versprechen ein, indem er seinen Teil der Verpflichtung erfüllt, nämlich auf der Seite Jacksons gegen die englische Kolonialmacht zu kämpfen. Am Ende wird er selbstverständlich zurückgestoßen, denn eine Heimat für Gesetzlose soll Amerika nicht werden.

Das konsequenteste Bild des Piraten: Eine Figur, die nicht ihrem Nachbarn oder ihrem Herkunftsort oder ihrem Land oder einem anderen Land den Krieg erklärt, sondern der gesamten Menschheit. Eine Figur, in der die Idee des individuellen Anarchismus auf die Spitze getrieben ist. Eine fundamentalistische Figur, im Gegensatz zu allen anderen Rebellen–Figuren (↗ Rebell), die an irgendeiner Stelle ihrer Existenz und ihres Handelns auf ›höhere‹ Ideen zurückgreifen, moralische oder religiöse oder politische oder ideologische. Ein Charakter aus Ungestüm und Ungereimtheiten, Unverschämtheit und Habsucht, Grausamkeit und Niedertracht, Gier und Gewalt, Triebhaftigkeit und Gleichgültigkeit – wie Marryat den jugendlichen Henry Morgan in einem Satz beschreibt: ›Ein hübsches Strömchen Höllenbrüh kocht in seinen Adern‹. Diese Figur wird in vielen Filmen und Romanen angedeutet, manchmal sogar in den Vordergrund gesetzt, aber mit einem, meistens ängstlichen Ende dann doch wieder dementiert.

Die gesamte Darstellung der Piraterie, die historische wie die fiktive, ist von dieser Lust am Anarchischen getragen, manchmal nur für Sekunden oder Minuten, für ein paar Zeilen oder Seiten, selten ein ganzer Film oder ein ganzes Buch. Eine verschämte Lust am herbeigewünschten Ende aller Konventionen.

Das Bild des Piraten entsteht nicht in angebotenen oder verworfenen, naiven oder tragischen Loyalitäten, sondern im sozusagen ursprünglich akkumulierten Haß auf die Spanier, der sich vergrößert zum Haß gegen die ganze Welt, als sich, nach einigen Kriegen und anschließenden Friedensverträgen und bei genauerer Hinsicht, die Unterschiede zwischen allen Staaten immer mehr verwischen. Das ›Böse‹, das zunächst für die Spanier reserviert war, verteilt sich immer gleichmäßiger über die neuen/alten Staaten der Neuen/Alten Welt.

Dabei entdeckt die Alte Welt die Neue, und die Neue emanzipiert sich von der Alten. Die Piraten nehmen den Plünderern und Kolonisatoren weg, was diese aus der Neuen Welt in die Alte schaffen wollen. Aber sie geben es der Neuen Welt nicht zurück, sie konsumieren die Beute selbst, ohne Rest. Sie leben in reiner Gegenwart. Nicht in der Vergangenheit, repräsentiert von der Alten Welt, deren Gesetze sie nicht achten und über Bord geworfen haben. Und auch nicht in der Zukunft, repräsentiert von der Neuen Welt, deren Gesetze sie ebenfalls nicht achten, da sie sich von denen der Alten Welt, trotz anderslautender Beteuerungen, so wenig unterscheiden wie ein europäischer Sklavenhändler von einem amerikanischen Sklavenhalter. Die Piraten leben ohne Entwurf einer Zukunft, sogar ohne Entwurf von Zeit.

Piraten entwickeln daher keine Kultur. Sie sind Halbnomaden, See-Zigeuner. Sie haben keine Architektur, kein Interesse an Schrift oder schriftlicher

Überlieferung, denn auf dem Meer gibt es nichts zu überliefern als handwerkliche Fähigkeiten, und die überliefert man durch Pragmatik: Anlernen und Ausprobieren, Zuschauen, Nachmachen, Verbessern. Alles Eigenschaften, die auf ein zyklisches Leben hinweisen, kein lineares, was die populären Erzählungen durch ihre Serialität reflektieren.

An Eroberungen sind Piraten nicht interessiert. Wozu sollte man einen Küstenstrich oder ein Stück Weltmeer erobern? Es reicht, sie zeitweilig zu kontrollieren, um das beste an Beute aus ihnen herauszuziehen. Dann zieht man weiter. Erobern heißt: anschließend verwalten, also Seßhaftigkeit. Piraten sind keine Verwaltungs- oder Vollzugsbeamte.

Die Piraten haben Ideen hinterlassen, vor allem die einer radikaleren Interpretation von individueller Freiheit und Unabhängigkeit. Aber sie haben diese Ideen nicht erfunden, sie haben die vorgefundenen wörtlich genommen, wörtlicher als irgend jemand vor oder nach ihnen. Purer Individual-Anarchismus, kein sozialer. Manchmal wurden daraus doch wieder gesellschaftliche Gebilde entwickelt, Insel-Republiken, auf vorkommunistische Ideen gegründet, die allerdings wie die nachfolgenden, verordneten, in Blutbädern untergingen. Es heißt sogar, ein Pirat habe den Druck des Marxschen Kommunistischen Manifests finanziert. Auch wenn das wahrscheinlich eine Legende ist, falsch klingt es nur ein bißchen.

Die Ambivalenz des Piraten

Wind und Wasser sind formlose Materie, unzähmbar, Abwesenheit von Stillstand (Leben) und Stillstand (Tod) zugleich. Die Hohe See kennt keine Topographie und nur einen Imperativ: dauernde Bewegung. Das Leben des Piraten breitet sich also auf utopischem Gelände aus.

In der utopischen Weite von Wind und Meer entwickelt sich die Figur des Piraten, und nur dort ist ihre Ansiedlung möglich. Freiheit ist in erster Linie Bewegungsfreiheit, das gilt innerhalb der Topologie des Landes ebenso wie in der Nicht-Topologie des Meeres.

Entsprechend wird der CRIMSON PIRATE (USA 1952) mit einer Szene eingeführt, während der er sich an einer Brasse durch die Takelage seines Segelschiffes schwingt. Sein Befehl: »Alle Mann an Deck! Setzt alle Segel!« weist ihn als Kapitän aus. Er wendet sich direkt an den Zuschauer: »Kommt näher, meine Freunde, kommt näher. Ihr seid zur letzten Fahrt des Roten Korsaren geshanghait worden. Ihr habt sie vor langer Zeit im Karibischen Meer gemacht. Vergeßt

nicht: Auf einem Piratenschiff, in Piratengewässern und in einer Piratenwelt! Stellt keine Fragen. Glaubt nur, was ihr seht!« Dann schwingt er sich wieder zurück – und fährt lächelnd fort: »Nein, glaubt nicht einmal die Hälfte davon!« Damit sind der Pirat, Captain Vallo, und sein Handwerk vorgestellt. Der Pirat ist in seinem Handwerk beheimatet. Das Schiff erscheint daher nicht als Maschine, die von ihm bedient ist; vielmehr zeigt er sich als Teil des Schiffes. Pirat, Piratenschiff, Piratengewässer bilden eine einheitliche Welt, die ihre eigenen Gesetze hat, an die der Pirat sich hält.

Die Leichtigkeit und der Übermut, mit der der Pirat alles tut, charakterisieren Handwerk und Figur des Piraten; gegenüber den schwerfälligen, schwer beladenen Kauffahrt-Schiffen spielen die Piraten ihre Geschwindigkeit aus, machen durch Beweglichkeit zahlenmäßige Unterlegenheit wett. Der Übermut weist den Piraten als ↗Abenteurer aus, dem das Abenteuer nicht qua Schicksal zustößt, der es vielmehr initiiert. Der Pirat provoziert die (bürgerliche) Welt und Gesellschaft, die auf Sicherheit setzt. Er ist frei. Frei und gewalttätig. Von keiner gesellschaftlichen Autorität beeinträchtigte Bewegungsfreiheit eine der unverzichtbaren Voraussetzungen für die Definition und Selbstdefinition des Piraten. Die Verachtung jeder gesellschaftlichen Autorität ist die eine Quelle der Verbindung zwischen Freiheit und Gewalt. Der zivilisationsfernen Autorität des Meeres ausgeliefert zu sein, die andere. Es gibt keinen Versuch, den Widerspruch zwischen Freiheit und Gewalttätigkeit aufzuheben. Die Piraten sind Anfechter ihres Zeitalters, eine Haltung, die keine Gesellschaft unsanktioniert läßt. Zugleich sind sie Einzelgänger (man lasse sich von der Geschlossenheit von Bruderschaften und Schiffsbesatzungen nicht täuschen, da sie nur eine kontingente Geschlossenheit ist), und als Einzelgänger überleben sie relativ lange. Ihre blanke Verneinung ist perspektivlos, es mag sogar sein, daß sie davon »aus der Bahn« (Heidegger) geworfen werden, wie der gemeinschaftsgläubige Philosoph die Situation des Außenseiters zu denken versuchte, doch weitergehende Folgen als die Perspektivlosigkeit hat sie nicht. Mit anderen Worten: no future, reine Gegenwart, reiner Zeitstillstand. Das ist genau der Zustand des Meeres – reiner Stillstand inmitten von ununterbrochener Bewegung. In diesem Zustand befindet sich der Pirat permanent, er nimmt ihn überall mit hin. In diesem Zustand, außerhalb jeder teleologischer Bahn, ist sein naturgemäßer Ort. Insofern ist er tatsächlich ›der Feind der ganzen Welt‹, und damit auch der Feind seiner selbst. Seine Lebensorte, Schiffe und Inseln, haben den großen Vorteil, daß sie dem Zugriff anderer nur selten ausgesetzt sind. An diesen Orten entwickelt er ein Geheimwissen: Der Preis der uneingeschränkten Freiheit ist die Einsamkeit.

Die Widersprüchlichkeit des Piraten ist von fast allen Schriftstellern (Fiction) und Historikern (Nonfiction) erkannt, anerkannt und beschrieben worden. Die Außenansicht des historischen Piraten – gewählte oder aufgezwungene Heimatlosigkeit bzw. Ablehnung jeder politischen, sogar jeder anthropologischen Loyalität – zusammen mit ihrer Innenansicht – extreme Charakterwidersprüche, zwischen hedonistischer Faulheit und ungehemmter Raub- und Mordlust schwankend – sind eine Konstellation, die weder in der Geschichte noch in der Geistesgeschichte eine Parallele hat. Leben, das keinem Prozeß der Zivilisation mehr angegliedert ist, sondern nur die eigene Verlängerung zum Ziel hat.

Daraus lassen sich die schillerndsten Charaktere verfertigen – fiktive, gleichnishafte Figuren, entwikkelt aus den realen, divergenten Vorbildern: vom absoluten Anarchisten, der nichts gelten läßt als die unbegrenzte Entfaltung seiner eigenen Lebensgier (Long John Silver bei Robert Louis Stevenson) – über den anpassungsfähigen Freibeuter, der für jeden arbeitet, der ihn schützt und absichert (Sir Henry Morgan bei Frederick Marryat) – über den tragischen Piraten, der doch noch eine Loyalität gegenüber den Menschen und ihren landorientierten Wünschen entwickelt, aber in die Gesetzlosigkeit zurückgestoßen wird (Lafitte in The Buccaneer) – bis zum altgewordenen Einzelgänger, der sich am Ende für die Hinwendung zu den Menschen und damit zum Tod entscheidet (Peyrol bei Joseph Conrad).

Dem Piraten fehlt die Schwermut des ↗ Westerners, die Melancholie des ↗ Detektivs, die Moralität des Geheimagenten (↗ Spion). Die Verwandtschaft mit dem ↗ Abenteurer ist enger. Der Abenteurer ist in seinem Wesen ungesellig, aber zugleich eine kontaktfreudige Figur. Neu- und lernbegierig. Seine Ungeselligkeit, man kann auch sagen, Gesellschaftsferne zeigt sich in der Kürze des Kontaktes, in seinem Drang, den gerade erlangten aufzugeben, um zum nächsten weiterzuziehen, in seinem Wandertrieb. Er kennt den Lebenshunger nur im Zusammenhang mit Wissensdurst und Erkenntnislust. Im Unterschied dazu setzt der Pirat seine ganze Lebensenergie in eine bedingungslose Daseinsgier. Die Kontaktfreude äußert sich bei ihm ausschließlich als Beutelust.

Beutegier wiederum kennt der Pirat nur in Verbindung mit Genußsucht. Doch manchmal bringt er dieses elementarisch-sanguinisch-hedonistische Gemisch mit der durch Selbstverleugnung herabgewürdigten Habgier eines Staates in Einklang, auch wenn er selbst bestimmt, wieviel von der Beute bei ihm und seiner Schiffsbesatzung bleibt und welchen Restanteil er an die Unterschriftengeber seiner Kaperbriefe abführt (vgl. die zahlreichen Filme um Sir Francis Drake; etwa: Drake of England, GB 1935; Sea Hawk USA 1940; Il Dominatore Dei Sette Mari, Italien 1962). Er setzt seine Beute nicht zu höheren Zielen ein, wie der Staat es von seinen Dienern und seinem Führungspersonal verlangt, sondern verpraßt sie in rauschenden Festen und hemmungslosen Gelagen sofort, hier und jetzt. Nach den Festen und Gelagen an Land kommt die Rückkehr aufs Meer, der nächste Beutezug, nach dem er mit dem Fernrohr Ausschau hält.

Psychoanalytisch gesehen ist die Piratenfigur die reinste Erscheinung des Es und der »ungezähmten Leidenschaft« (Freud). Der anarchistische Untergrund der Piraterie macht die Unterscheidung von Ich und Es fast unmöglich. Im Piraten, kann man sagen, ist das Ich dem Es untertan. Daher seine offene Neigung zur Weltanfeindung und die latente zur Selbstvernichtung. Die Zurückweisung aller Forderungen des Über–Ich und die Verlagerung der gesamten Existenz ins Es bestätigt die unauflösbare und durchaus düstere Ambivalenz der Piratenfigur.

Im Piratendasein fehlt es nicht an Leitsätzen, die solche vom Es ausgehende Triebbefreiung propagieren, aber es fehlt an Leitfiguren. Es gibt keine oberste Instanz mehr. Es geht also um die Suche nach einem Weg in die ›reine‹ Anarchie. Die Suche nach einem Weg, die Welt zum Verschwinden zu bringen, um endlich ohne Beschränkungen leben zu können. Da jedoch Welthaß und Selbsthaß komplementär sind, setzt der Pirat seine ganze Lebensenergie daran, den Selbsthaß zu bewältigen. So gesehen, verliert der ungewöhnliche Zusammenhang aus Blutrünstigkeit, Gewaltsucht und Hedonismus einiges von seiner Widersprüchlichkeit.

Das Ich des Piraten gehört eher in die Anthropologie als in die Psychologie, es ist in einem phänomenologischen Bereich angesiedelt, zu dem die Psychologie keinen Zugang hat. Die Verkleinerung des piratischen Ichs auf ein Krankheitsbild würde die mythisch-tragischen und ontologisch-exemplarischen Dimensionen der Figur unterpflügen.

Genre-Geschichte

Die psychologischen, phänomenologischen und politischen Besonderheiten der Piratenfigur haben selbstverständlich auch Eingang in die Piratenfilme gefunden, vor allem in die Hollywoods.

Läßt man die patriotische Ornamentik beiseite, sind die Vereinigten Staaten in ihrer Unabhängigkeitserklärung vielen Piraten–Ideen durchaus verwandt. Das mag erklären, wieso diese Filme aus so unterschiedlichen Zeiten wie den prosperierenden 1920ern (vgl. THE BLACK PIRATE 1926), den depressiven 1930ern (CAPTAIN BLOOD 1935) und den kriegerischen 1940ern (vgl. THE SEA HAWK 1940) sich ein großes ↗ Publikum erobern konnten. Die eher politische Seite des Piratenphänomens wurde nicht fallengelassen, aber auch nicht betont. Man nutzte einfach die Zutaten des ↗ Genres in jeder denkbaren Kombination aus: Buntheit, Verkleidungslust, Rebellionsromantik, Sinnlichkeit, Erotik, Karneval, Artistik, Kampfgetümmel, Zerstörungsphantasien und der utopischen Weite von Himmel und Meer. Dramatisches und Episches in einer unwiderstehlichen Mischung. Der Boom der 1950er Jahre ist gewiß eine Folge der Exotik der Piratenfilme, zugleich auch eine Reaktion auf den zunehmenden Verfall der amerikanischen Selbstsicherheit, als erwählter, allein legitimierter Befreier der Welt und leuchtendes Vorbild an Ehrhaftigkeit, Zivilcourage und Selbstlosigkeit aufzutreten, die man im Zweiten Weltkrieg noch überzeugend demonstrieren konnte.

Je länger die undurchsichtigen Manöver des Kalten Krieges anhielten, desto mehr bröckelte das Vertrauen in die hehren Motive der Amerikaner, auch in ihnen selbst (vgl. der fast schon zu ernsthafte THE BUCCANEER 1958). Der (fast hemmungslose) Hedonismus der Piratenfilme war eine willkommene Freistatt, ein Areal der geliebten Unbeschwertheit, wie man sie sich als Neue Welt immer gewünscht, und für kurze Zeit in den Monaten nach dem II. Weltkrieg tatsächlich erlebt hatte (vgl. den ironisch-augenzwinkernden THE CRIMSON PIRATE 1952). Eine Freistatt, die sich nicht lange halten konnte.

Die Piratenfilme anderer Länder, eigentlich nur zu erwähnen Italien und England in den 1950er und 1960er Jahren, verfügen nicht über solche psychohistorischen Energien. Zumeist sind es Filme, die aus dem Schielen auf Hollywood entstehen, mehr oder weniger simple Imitationen, die so gut wie nichts zu bieten haben, was zum Wesen der Piratenfigur vordringt. Piratenfilme aus den letzten Jahrzehnten nehmen Genre und Figur nicht mehr ernst. PIRATES (Frankreich, 1986) von Roman Polanski etwa ist nur noch auf Klamauk aus.

Die tragische Figur

Die Tragik der idealtypischen Piratenfigur wird von ihren Erzählern meistens gemieden. Eine große Ausnahme aber gibt es: den von Stevenson für *Treasure Island* (1883) erfundenen Long John Silver. Stevenson hat die Widersprüchlichkeit der Figur nicht aufgelöst; ihre Konsequenzen zu denken, war es jedoch zu früh. Am Ende ließ er sie einfach verschwinden.

Einhundertzwölf Jahre später hat der Schwede Björn Larsson die Genrefigur und die Lebensgeschichte Long John Silvers in seinem gleichnamigen Roman konsequent zu Ende erzählt. Den in der Fiktion autobiographischen Lebensbericht des Piraten beschließt er mit den Worten: »Das aber habe ich dennoch begriffen, daß Einsamkeit die einzige Sünde auf dieser Welt ist und die einzige wirkliche Strafe für solche wie mich. Das, und vielleicht nur das, ist schlimmer als der Tod. Aber bereuen? Nein. Und bereuen vor wem? Niemals habe ich jemandem etwas versprochen, auch mir selbst nicht. Bis der Tod uns schied. Niemals bin ich mit dem Rest der Menschheit eine Verbindung eingegangen, und ich wurde wirklich zu ihrem Feind. Ja, nicht einmal mir selbst war ich verbunden. Wie man sieht, überlebte ich dennoch unbeschadet, und wem habe ich dafür zu danken, wenn nicht mir selbst? Daß Gott seine allmächtigen Finger mit im Spiel hatte, hieße doch, zuviel zu hoffen«.

Wenn nicht schon in Joseph Conrads letztem Roman *The Rover* (1923) oder in Anthony Quinns Spielfilm THE BUCCANEER (USA, 1958), wird spätestens in dieser Erzählung klar: Der Pirat ist eine tragische Figur, ein Archetypus. So wie jeder, der es wenigstens einmal geschafft hat, in ein vorbehaltloses Nachdenken über das und sein Leben einzutreten. Tragische, zumindest traurige Figuren sind das Grundnahrungsmittel von Kunst, gerade wenn sie populär ist. Wie der Abenteurer und der Westerner kann auch der Pirat nicht überleben, es sei denn um den Preis der Aufgabe seiner Existenz.

Literatur

Archenholtz, J. W. v.: *Die Geschichte der Flibustier*. Berlin 1991.
Botting, D.: *Die Piraten*. Amsterdam 1979.
Brito, B.G.d.: *Portugiesische Schiffbrüchigen-Berichte 1552–1602*. Leipzig/Weimar 1985.
Bühnau, L.: *Piraten und Korsaren der Weltgeschichte*. Würzburg 1963.
Carse, R.: *The Age of Piracy*. London 1959.
Cordingly, D.: *Unter schwarzer Flagge. Legende und Wirklichkeit des Piratenlebens*. Zürich 1999.
Dampier, W.: *Freibeuter 1683–1691. Das abenteuerliche Tagebuch eines Weltumseglers und Piraten*. Tübingen/Basel 1970.

Drake, F.: *Pirat im Dienst der Queen. Berichte, Dokumente und Zeugnisse 1567–1596.* Tübingen/Basel 1977.

Exquemelin, A. O.: *Das Piratenbuch von 1678. Die amerikanischen Seeräuber.* Tübingen/Basel 1968.

Gosse, P.: *The History of Piracy.* London 1934.

Graßhoff, F.: *Seeräuber-Report. Songs, Lieder & Balladen für den Haus- und Marktgebrauch.* Tübingen 1972.

Haring, C. H.: *The Buccaneers in the West Indies in the XVII Century.* Hamden, Conn. 1966.

Jameson, J. F. (Hg.): *Privateering and Piracy in the Colonial Period.* New York 1970.

Kemp, P. K./Lloyd, C.: *Brethren of the Coast. Buccaneers of the South Seas.* New York 1961.

Larsson, B.: *Long John Silver.* Berlin 1996.

Leip, H.: *Bordbuch des Satans. Geschichte der Freibeuterei.* München 1959.

Lüth, E.: *Seeräuber und Geraubte. Piraten, Korsaren, Barbaresken.* Flensburg 1970.

Marryat, F.: *Sir Henry Morgan der Buccanier.* Berlin 1890.

Neukirchen, H.: *Piraten. Seeraub auf allen Meeren.* Berlin 1976.

Piekalkiewicz, J.: *Freibeuter. Das bunte wilde Leben der Buccaneers in der Karibischen See.* München 1973.

Salentiny, F.: *Piraten. Schurken und Helden der Seefahrt.* Wels 1978.

Sokol, H.: *Unter der Flagge mit dem Totenkopf. Die Geschichte der Seeräuberei.* Herford 1971.

Stockton, F. R.: *Buccaneers and Pirates.* New York 1963.

Felix Hofmann

Plakat

Im 19. Jh., als sich im Erscheinungsbild der größeren Städte Tafeln und Wände mit Plakaten immer mehr ausbreiteten, wurde dafür der Begriff ›Kunstgalerie der Straße‹ geprägt. Dieser bildliche Ausdruck impliziert wesentliche Eigenschaften des Mediums: Plakate sind öffentlich zugänglich; jeder, der den Standort eines Plakats passiert, soll angesprochen werden. Die Betrachter ›der Straße‹ sind explizit nicht elitär und durch besondere Kennerschaft eingegrenzt; es gibt keine sozialen Zugangsschranken. Plakate bewegen sich im Spannungsfeld zwischen Kunst und dem Alltagsleben der Allgemeinheit.

Für diese neue Form der ›Galerie‹ erlangt die visuelle Attraktion bzw. der Schauwert eine erhebliche Bedeutung. Das ↗ Publikum wendet sich grundsätzlich einem Plakat nicht von sich aus interessegeleitet zu, sondern muß – durch eine attraktive Gestaltung in Bild und/oder Text – erst aufmerksam gemacht werden. Der Blickfang und die Berücksichtigung der Fernwirkung sind deshalb zentrale Gestaltungsfaktoren. Für ihre Entwürfe bedienen sich die Plakatgestalter aller zur Verfügung stehenden Mittel: Stilelemente und Vorbilder aus den hohen Künsten werden genauso selbstverständlich verarbeitet wie etwa Darstellungskonventionen aus der ↗ Volkskultur.

Funktion

Nach den Kriterien, die George H. Lewis (1978) zur Begriffsbestimmung von ›populärer Kultur‹ entwickelt hat, ist es gerade die Zwischenstellung zwischen dem elitären Kunstbetrieb einerseits und der Volks- bzw. ↗ Alltagskultur andererseits, die das Plakat als populäres Kulturprodukt par excellence erscheinen läßt. Plakate haben weder die ›Aura‹ des Kunstwerks noch die Unmittelbarkeit der Volkskunst, sondern entstehen in einem formalisierten Produktionszusammenhang: Sie sind in der Regel standardisiert (z. B. in den Formaten) und drucktechnisch reproduziert. Der professionelle Gestalter muß den kommunikativen Absichten eines Auftraggebers gerecht werden, wobei er innerhalb eines zeitlichen und budgetbezogenen Rahmens arbeitet.

Die kommunikativen Möglichkeiten des Plakats prädestinieren es für bestimmte Anwendungsbereiche. Plakate können schlaglichtartig auf einen Sachverhalt aufmerksam machen und dabei mit einer charakteristischen Bildszene und/oder einem einprägsamen Slogan einen wesentlichen Aspekt herausarbeiten. Für eine argumentative Vertiefung hingegen eignet sich das Plakat nicht. Der Passant läßt sich in der Regel nicht auf eine längere Betrachtung und Auseinandersetzung ein. Der Kommunikationsprozeß ist entsprechend kurz, flüchtig, häufig sogar unbewußt und auf eine zentrale Botschaft beschränkt, auf einen – oft impliziten – Appell an die Betrachter, sich in einer bestimmten Weise zu verhalten (teilzunehmen, zu kaufen, zu wählen usw.). Die Funktion der Überredung (Persuasion) ist konstitutiv für das Plakat – jedes Plakat wirbt, sei es für ein Produkt, eine Veranstaltung oder für eine Idee (↗ Werbung).

In Anlehnung an Müller-Brockmann (1989) lassen sich fünf Typen bzw. Anwendungsbereiche des Plakats abgrenzen:

(1) Das politische Plakat: sucht nach Unterstützung, kann aggressiv oder anklagend sein; (2) Produktwerbung und Tourismus-Plakat: suggerieren das perfekte Produkt, die heile Welt; (3) das kulturelle Plakat: ist um einen ästhetischen Auftritt bemüht, um zum Besuch zu animieren, (↗ Film, ↗ Theater, Ballett, ↗ Konzert, ↗ Ausstellung …); (4) das Künstlerplakat: nimmt als Selbstdarstellung des Künstlers in der ihm eigenen Formensprache keine Rücksicht auf die Darstellungsgesetze des Plakats (z. B. Distanzwirkung); (5) das soziale Plakat: trägt ein Anliegen in dramatisierter Form vor.

Geschichte

Vorläufer und Frühformen des Plakats wurden in der Forschung historisch weit zurückverfolgt. Werbeformen in Schrift und/oder Bild lassen sich schon in der Antike nachweisen. Illustrierte Werbegraphik gab es bereits zur Zeit der Erfindung des Buchdrucks. Bis zum Ende des 18. Jh. waren Illustrationen (Holzschnitt, Kupferstich) jedoch teuer. Die Plakate der vorindustriellen Zeit blieben entsprechend nicht oder nur sparsam bebildert, kleinformatig und schwarz-weiß. Sie weisen noch mehr Ähnlichkeiten zu anderen frühen druckgraphischen Gattungen wie illustrierten ⊅ Flugblättern, Zeitungsdrucken oder Geschäftskarten auf als zum modernen Plakat. Überdies darf ihre Breitenwirkung sowohl von den Auflagen als auch vom Schauwert her als relativ gering eingeschätzt werden.

Das Plakat als Element einer neu entstehenden Populären Kultur ist eine Sache des 19. Jh. und steht in engem Zusammenhang mit dem damaligen umfassenden Modernisierungsprozeß von Technik, Wirtschaft, Gesellschaft und Staat. Die technische Voraussetzung, Plakate zu drucken, wie wir sie heute kennen – mit hoher Stückzahl, großen Formaten und mehrfarbigen Flächen –, war die Erfindung der Lithographie durch Alois Senefelder nach 1796. Dieses erste Flachdruckverfahren benötigte noch jahrzehntelange Fortentwicklungen, ehe sich kostengünstig Massenauflagen herstellen ließen. Die Verbilligung des Rohstoffs Papier durch die Erfindung des Holzschliffs 1844 war ein weiterer wichtiger Faktor dafür. Um die Mitte des 19. Jh. entstand überdies erst ein ›Markt‹ für Plakate. Die Entwicklung des modernen Plakats ist eng verknüpft mit der Urbanisierung, denn grundsätzlich rechnen sich Plakate als Kommunikationsmittel nur dort, wo sie von möglichst vielen Menschen wahrgenommen werden. In den durch die Industrialisierung anwachsenden Städten veränderte sich das Wirtschaftsleben. Zum einen fragte die durch Zuzug laufend zunehmende Bevölkerung Freizeit- und Vergnügungsangebote nach, die sich rasch ausdifferenzierten. Zum anderen suchte die Konsumgüterindustrie nach Absatzwegen für ihre neuen Waren, Bild der potentiellen Kundschaft erst bekannt gemacht werden mußten. Anders als durch Anzeigen in der Presse erreichte man durch Plakatwerbung auch die mit Lektüre weniger vertrauten, aber als Konsumenten immer wichtiger werdenden Schichten des Kleinbürgertums und der Arbeiterschaft. Gerade in den früh industrialisierten Großstädten London und Paris wurden Plakate zuerst in größerem Umfang und auffälliger Gestaltung eingesetzt, um auf Veranstaltungen und Waren aufmerksam zu machen. 1824 wurde in London das erste Patent für eine Plakatsäule angemeldet. 1844 stellte Jean Alexis Rouchon in Paris nach dem Verfahren des Tapetendrucks farbige Plakate in vormals nicht gesehenen Großformaten (z. B. »La Belle Jardinière« 270×220 cm) her.

Den Durchbruch für das Plakat als öffentlicher Kulturfaktor brachte in Paris die Zeit der durch Baron Georges-Eugène Haussmann durchgeführten großen Stadtsanierung (1853–1870). Die kilometerlangen Bauzäune stellten ein ideales Betätigungsfeld für Plakatkleber dar. Von der Bevölkerung wurde die Auflockerung der öden Bretterwände durch bunte Plakate als Bereicherung begrüßt. Die Neugestaltung der Pariser Innenstadt beinhaltete neben der Anlage von Boulevards und Plätzen auch eine Reihe von Einrichtungen, die der Erholung und Freizeit der Stadtbevölkerung dienten. Eine Vielzahl von Lokalen, Varietés, Cabarets konkurrierten, insbesondere im Vergnügungsviertel Montmartre, um Kundschaft und gaben Plakate in Auftrag, um für ihre Veranstaltungen zu werben. Die ersten anerkannten Plakatkünstler wie Jules Chéret (z. B. »Bal au Moulin Rouge« 1889) und Henri de Toulouse-Lautrec (»Moulin Rouge« 1891) arbeiteten schwerpunktmäßig für solche Vergnügungs-Unternehmen.

Jules Chéret (1836–1932) gilt als ›Vater‹ des modernen Plakats, weil seine Entwürfe erstmals die Gestaltungsgrundsätze verbinden, die noch heute für Plakate anerkannt sind: die Beschränkung auf wenige zentrale Figuren und wenige, leuchtende Farbflächen, die Einbindung des Textes in den Gesamtentwurf. Zudem waren seine Plakate auch werbepsychologisch wegweisend: Chéret verknüpfte nahezu jedes zu bewerbende Produkt oder Ereignis mit einer attraktiven, lebensfrohen, sinnlichen Frauengestalt und brachte damit die Erotik in die Werbung. Chéret war gelernter Lithograph mit künstlerischen Ambitionen. Auf einer Italien-Reise entdeckte er insbesondere den Freskenmaler Giovanni Battista Tiepolo (1696–1770) als künstlerisches Vorbild. 1866 gründete er in seiner Heimatstadt Paris eine eigene Druckerei. In den folgenden Jahrzehnten hat er mehr als 1000 Plakate gestaltet. Die in ihnen gelungene Verschmelzung von werbestrategischer Wirkungsabsicht, malerisch anspruchsvoller Umsetzung und drucktechnischer Brillanz stieß bei seinen Zeitgenossen auf erstaunliche Resonanz. Chérets Entwürfe hoben sich nicht nur in einem Maße von den übrigen damaligen Plakaten ab, daß die Passanten staunten, sondern sie fanden auch bei Künstlern und Feuilletonisten Anerkennung. 1889 erhielt er eine eigene Werkschau im Rahmen der Weltausstellung. Um diese Zeit wurden Plakate bereits gesammelt und weltweit in Ausstellungen präsentiert.

Zum Ende des 19. Jh. hatte sich das Plakat als Medium etabliert, was mit der kontinuierlich wachsenden Bedeutung der Werbung in der industrialisierten Gesellschaft zusammenhängt. Um diese Zeit waren bereits viele Druckereien auf den Plakatdruck spezialiert und engagierten sich zum Teil namhafte Künstler für die Entwürfe. Aber auch die Industrieunternehmen selbst begannen, ihr öffentliches Erscheinungsbild bewußter und vor allem einheitlicher zu gestalten. Dabei handelte es sich um die Anfänge dessen, was heute als ›Corporate Design‹ bezeichnet wird. So entwarf etwa Peter Behrens für die AEG vom Briefkopf über Plakate (z. B. »AEG-Metallfadenlampe« vor 1910) bis hin zur Architektur der Firmengebäude einen aufeinander abgestimmten Firmenauftritt. Die einheitlichen Firmensignets und Markenzeichen verkürzten den Kommunikationsprozeß in einer dem Plakat angemessenen Weise: Die nunmehr unmittelbare Assoziation von Zeichen und Ware bzw. Firma ließ einen Entwurf auch ohne Text und Erläuterung verständlich werden (Barnicoat 1972, S. 111). In den 1920er Jahren professionalisierte sich die Werbebranche nach amerikanischem Vorbild weiter. Zwischen Druckerei und Auftraggeber vermittelten nun zunehmend Werbeagenturen, die eigene Graphiker beschäftigten. Werbegraphik wurde ein eigenes Berufsfeld.

Da die Plakatgestaltung von Anbeginn auch Verdienstmöglichkeit für ausgebildete Künstler war, die Werbung sich stilistisch zudem völlig selbstverständlich am jeweiligen Zeitgeschmack orientierte, finden sich nahezu alle relevanten künstlerischen Strömungen seit dem Impressionismus auch im Plakat wieder. Wenn das Plakat aus elitärer Sicht bestenfalls als ›angewandte Kunst‹ gelten konnte (und bis heute vorwiegend in den entsprechenden Museen für ›Kunstgewerbe‹ gesammelt wird), so gab es doch schon von Anfang an Künstler, die darin eine Chance zur ↗Popularisierung von Kunst bzw. für die Ansprache neuer Rezipientengruppen sahen. In einem Artikel der Zeitschrift *Kunst für Alle* von 1897/98 wurde das Plakat als Möglichkeit betrachtet, Kunst zum »Allgemeinbesitz des Volkes« zu machen (Henatsch 1994, S. 33).

In den illustrativen Plakaten des Jugendstils dominierte dabei noch das dekorative Element. Die künstlerischen Avantgarden in der ersten Hälfte des 20. Jh. nutzten das Plakat dann bereits als Experimentierfeld und verfolgten zum Teil neue Kommunikationsabsichten. So wurde im sachlichen Plakat, als dessen Wegbereiter Lucian Bernhard (1883–1972) gilt, der zu bewerbende Gegenstand ohne überflüssiges Bei-

werk in den Mittelpunkt gestellt. Der Funktionalismus des Bauhauses, wie ihn im Plakatbereich Laszló Moholy-Nagy (1895–1946) vertrat, legte die Typographie auf die Aufgabe einer klaren Informationsvermittlung fest. Zudem kam im Umfeld des Bauhauses die ↗Fotografie als möglichst objektive und glaubwürdige Abbildungsform in der Plakatgestaltung verstärkt zum Einsatz. Den futuristisch wie den dadaistisch beeinflußten Künstlern hingegen ging es eher darum, Emotionen zu wecken, zu ironisieren oder zu provozieren. Dies wird etwa in den Fotocollagen des politisch engagierten John Heartfield (1891–1968) anschaulich. Im politischen Plakat – insbesondere der beiden Weltkriege – offenbart sich entsprechend auch das manipulative Potential des Mediums.

In der Nachkriegszeit entstand in den von Anbeginn fruchtbaren Wechselbeziehungen von Kunst und Werbung eine neue Qualität. Die Welt der Waren und Slogans, der Anpreisung und Verführung und deren Einfluß auf die menschliche Wahrnehmung und gesellschaftliche Prozesse entwickelte sich zu einem zentralen Thema künstlerischer Auseinandersetzung. Die Pop-Art hob die Grenze zwischen Kunst und ↗Massenkultur sogar bewußt auf. Für Roy Lichtenstein, Andy Warhol, Robert Rauschenberg u. a. gehörte die Gestaltung von Plakaten zum gängigen künstlerischen Repertoire. Plakate entwickelten sich zu einer Form erschwinglicher Druckgraphik. Der in diesem Zusammenhang entstandene Ableger des Plakats, das ›Poster‹, dient vornehmlich dekorativen Zwecken zu Hause und verwirklicht die bereits um die Jahrhundertwende angestrebte Idee der Popularisierung von Kunst.

Seit den 1980er Jahren hat die Werbeästhetik die gesamte Alltagskultur überformt. Für die sich laufend ausdifferenzierenden Lebensstile in der postindustriellen Gesellschaft gewinnen Waren bzw. ihr ↗Design eine wesentliche symbolische Funktion. Gerade diese herauszustellen, gelingt dem Plakat durch seine Fähigkeit zur optischen Überhöhung.

Den perfekt stilisierten Konsumwelt-Szenarien der 1980er Jahre wurden sofort wieder konträre Entwürfe entgegengestellt: etwa durch Einflüsse der Graffiti-Malerei (z. B. Keith Haring, Lucky Strike, 1987; ↗Graffiti) oder humoristische Plakatserien (z. B. die Camel-Plakate der Frankfurter Agentur McCann-Erickson in den 1990er Jahren).

Ein weiterer Weg war die provokative Verquickung von Produktwerbung und gesellschaftlichen Problemen, von ausgefeilter Bildästhetik und schockierenden Inhalten in den Kampagnen der Firma Benetton. Sie haben in den 1990er Jahren dazu geführt, dass Plakate wieder öffentlich diskutiert werden. Besonders angefeindet wurde etwa 1991 das Plakat »Zölibat« von Oliviero Toscani (geb. 1942), auf dem sich ein Priester und eine Nonne küssen. Nach dem selben Muster warb Benetton mit Plakaten zu Themen wie Umweltverschmutzung, Aids, Bosnien-Krieg oder Todesstrafe.

Plakat als Wirtschaftsbranche

In seiner Funktion als werbendes Medium war das Plakat von Anbeginn auch Teil einer Industrie. Schon im 19. Jh. gab es neben den Druckereien spezielle Plakatklebeunternehmen. Diese sorgten nach und nach auch für die Errichtung von Anschlagstellen, bei denen es nicht nur auf den geeigneten Standort sondern auch auf die behördliche Legitimation ankam. Etwa zur Zeit des Ersten Weltkriegs waren etwa in allen deutschen Großstädten Netze von Anschlagstellen vorhanden. Das noch heute größte, überregional tätige Unternehmen, die »Deutsche Städtereklame GmbH«, wurde 1922 gegründet. Heute gibt es in der Bundesrepublik etwa 130 Firmen, die Stellennetze anbieten. Wer ein Plakat öffentlich aushängen will, muß diese nutzen, da ›wildes Plakatieren‹ verboten ist. Bei der Plakatierung sind gängige Formate und Zeiträume einzuhalten. Bezüglich der Anschlagstellen besteht eine Auswahl aus verschiedenen Typen.

Die früher mit verschiedenen Plakaten beklebten Litfaßsäulen sind heute wirtschaftlich weniger relevant. Die größten Umsätze werden mit Großflächen (3,60×2,60 m) und City-Light-Postern (Plakate von 1,20×1,76 m in beleuchteten Vitrinen) gemacht. Die werbetreibende Wirtschaft bevorzugt eindeutig die aufwendigeren, optisch spektakulären Präsentationsformen. Spezialstellen mit automatischem Motivwechsel (durch Prismenanlagen mit Lamellen oder Abrollsysteme) und immer großformatigere Werbeflächen (z.B. ›Blow Ups‹, die ganze Hausfassaden bedecken können) werden deshalb besonders in Städten über 100.000 Einwohnern immer stärker ausgebaut. Zusammen mit ›Infoscreens‹ – großformatigen Monitoren – prägen diese modernisierten Plakatanschläge neben anderen Reklameformen (Werbung auf Verkehrsmitteln, Leuchtreklamen etc.) nach wie vor das Gesicht der modernen Großstädte. Allerdings hat das Plakat seine Rolle als eines der führenden Werbemedien in der zweiten Hälfte des 20. Jh. eingebüßt. Die Branche der Außenwerbung, zu der außer dem Plakatsektor auch noch die Verkehrsmittelwerbung und die Werbung in Sportanlagen zählt, hat heute nur noch etwa 3% Marktanteil unter allen Werbeträgern. Tageszeitungen, ↗ Fernse-

hen, postalische Werbung und Publikumspresse ziehen das Gros der Werbeausgaben auf sich. Innerhalb großer medienübergreifender Kampagnen spielt das Plakat aber weiterhin eine Rolle, weil es die Adressaten in Alltagssituationen erreicht und ihm dabei eine impulsgebende Wirkung auf deren Verhalten zugeschrieben wird (etwa auf eine Kaufentscheidung oder auf das Fahrverhalten im Verkehr). Aber auch bei lokalen und regionalen bzw. sonstigen eingegrenzten Publika behauptet sich das Plakat als ein effizientes Kommunikationsmittel.

Literatur

Barnicoat, J.: *Das Poster*. München/Wien/Zürich 1972.
Döring, J.: *Plakatkunst. Von Toulouse-Lautrec bis Benetton*. Hamburg 1994.
Dorn, M.: »Plakat«. In: Faulstich, W. (Hg.): *Grundwissen Medien*. München 1998. S. 314–329.
Gallo, M.: *Geschichte der Plakate*. Herrsching 1975.
Henatsch, M.: *Die Entstehung des Plakates. Eine rezeptionsästhetische Untersuchung*. Hildesheim/Zürich/New York 1994.
Kamps, J.: *Plakat*. Tübingen 1999.
Lewis, G. H.: »The Sociology of Popular Culture«. In: *Current Sociology* 26, 3 (1978) S. 1–61.
Medebach, F.: »Das Publizistische Plakat«. In: Dovifat, E. (Hg.): *Handbuch der Publizistik*. Bd. 3. Berlin 1969. S. 1–38.
Müller-Brockmann, J./Wobmann, K.: *Fotoplakate. Von den Anfängen bis zur Gegenwart*. Aarau/Stuttgart 1989.
Müller-Brockmann, J./Shizuko: *Geschichte des Plakates*. Zürich 1971.
Rademacher, H.: *Das deutsche Plakat von den Anfängen bis zur Gegenwart*. Dresden 1965.
Riha, K.: »Plakate und andere graphische Literatur-Medien«. In: Faulstich, W. (Hg.): *Kritische Stichwörter zur Medienwissenschaft*. München 1979. S. 252–276.
Schindler, H.: *Monografie des Plakats*. München 1972.
Schloßbauer, S.: *Handbuch der Außenwerbung*. Frankfurt a.M. 1997.
Weill, A.: *Plakatkunst international*. Berlin 1985.
Zentralausschuß der Werbewirtschaft (Hg.): *Werbung in Deutschland 1998*. Bonn 1998.

Margit Dorn

Populär

Die Wort- und Begriffsgeschichte des Populären geht im Deutschen bis ins 17. Jh. zurück. In Christian Weises *Curieuses Nouvellen-Lexicon* (1703) wird unter ›popular‹: »gemein, schlecht, pofelich« verstanden. Im Laufe des 18. Jh. machte das Wort Karriere. Es wandert aus der ›A la Mode-Sprache der Deutschen‹, so der Titel eines Fremdwörterbuches aus dem Jahre 1727, in dem Popularität als »Streben nach Erfolgsliebe« verdeutscht wird, in die allgemeine Sprache: »In meinen Schuljahren, wo das Wort populär noch nicht so Mode war wie jetzt, glaubten wir, es hieße pöbelhaft oder so etwas«. Lichtenberg, 1742 geboren, bezieht sich mit dieser Bemerkung auf einen zunächst dominanten Wortsinn, in dem populär als beliebt, als volksfreundlich in demagogischem Sinn verstanden wird. Dieser Wortgebrauch geht wie die übrigen Grundbedeutungen auf das Adverb *popularis* (zum Nominativ *populus*) zurück, das ›auf das Volk bezüglich, beim Volk beliebt, einheimisch, landsmännisch‹ bedeutet. Die negative Bedeutung, und das lohnt festzuhalten, spiegelt keine deutsche Sonderentwicklung. So entspricht der vorsichtige Hinweis im *Großen vollständigen Universal-lexikon aller Wissenschaften und Künste*: »Es kan die Popularität nach Beschaffenheit theils der Absichten, warum man des Pöbels Gunst suchet, theils auch der Mittel, deren man sich dabey bedienet, theils endlich der Person selbst, die der Popularität ergeben, entweder lobenswürdig, oder auch gar strafbar seyen. Bey Beurtheilung also eines besonderen Falles hat man nothwendig auf diese drey Stücke zu sehen, und eines wohl gegen das andere zu halten« (Zedler 1741) durchaus Diderots (1966) aus geschichtlicher Erfahrung begründeter Warnung: »Man bezeichnet die als populär, die das Wohlwollen des Volkes gewinnen suchen. In allen freien Staaten hat man immer den zu populären Männern mißtraut. Wir sehen, wie in der Zeit der römischen Republik viele ausgezeichnete Bürger bestraft wurden. Diese Behandlung erscheint ohne Zweifel ungerecht, oder zumindest rigoros. Aber wenn man bedenkt [...] wie das Volk alles andere als liebenswert ist, muß man verborgene Absichten denen unterstellen, die es umschmeicheln« (übers. H.-O. H.). Das Populäre steht also von Beginn an nicht nur im Verdacht pöbelhaft, sondern zugleich in dem verlogen zu sein.

Das aufklärerische Mißtrauen gegenüber dem Populären zeigt aber nur die eine Seite des Wortgebrauchs im 18. Jh. In einer Zeit, in der das Volk geradezu entdeckt und die bürgerliche Emanzipation durchgesetzt wird, Bildung, jedenfalls Schulbildung größere Bevölkerungsschichten erfaßt, die deutschsprachige Buchproduktion um das Vierfache ansteigt, bekommen auch ›populär‹ und ›popularisieren‹ einen positiven Klang. Trotzdem bleibt häufig ein Vorbehalt spürbar. Das Populäre ist zwar das von vielen geschätzte und zugleich das ungekünstelt Familiäre (vgl. die Xenien-Verse von Schiller 1983, S. 306), sein Geltungsbereich erweist sich aber gerade dadurch in ebenfalls zweifacher Weise begrenzt. Der Vorzug des leichten und klar verständlichen Ausdruckes erscheint erkauft mit Einfachheit und geringem sozialen Ansehen. Wahre (geistige) Größe bleibt hingegen einer Elite vorbehalten. Goethe weiß: »Meine Sachen können nicht populär werden; wer

daran denkt und dafür strebt, ist in einem Irrtum. Sie sind nicht für die Masse geschrieben, sondern nur für einzelne Menschen, die etwas Ähnliches wollen und suchen und in ähnlichen Richtungen begriffen sind« (an Eckermann am 11. 10. 1828).

Begründet wird solch elitäres Bewußtsein verständlicherweise weniger soziologisch denn sachlich: »Es ist nie daran zu denken, daß die Vernunft populär werde. Leidenschaften und Gefühle mögen populär werden, aber die Vernunft wird immer nur im Besitz einzelner Vorzüglicher sein« (an Eckermann am 12. 2. 1829). Allerdings: die Kluft zwischen Elite und Volk wird gemildert durch das Konzept des Emporhebens. Da das Populäre weniger das Von-sich-aus-Beliebte ist, sondern zumeist und vor allem das populär Gemachte, also das Popularisierte bzw. das Populär-sich-Anbiedernde ist – denn das von sich aus Populäre wird (nicht nur) im 18. Jh. schlicht mit dem Natürlichen gleichgesetzt – kann es auch pädagogischen Zwecken dienen. Entsprechend mahnt Lichtenberg: »Das Populär-Machen sollte immer so getrieben werden, daß man die Menschen damit heraufzöge. Wenn man sich herabläßt, so sollte man immer daran denken, auch die Menschen, zu denen man sich herabgelassen hat, ein wenig zu heben« (Lichtenberg 1994, Bd 2, S. 186).

Dieses Konzept des Emporhebens und die Vorbehalte gegen das Populäre sind nur selten aufgegeben worden. Denn letztlich setzt ein unvoreingenommener Blick aufs Populäre das Bewußtsein voraus, Teil des Populus zu sein. Solche Selbstbeschränkung aber findet sich unter Schriftgelehrten und Publizisten nur höchst selten. Eine der wenigen Ausnahmen ist Heinrich Heine, der von sich sagt: »Ich bin kein Gelehrter, ich selber bin Volk« (1979, S. 13). Mit Heine hat das Populäre in der deutschen Sprache seine Emanzipation erreicht, aber nicht durchgesetzt. Es bleibt – sofern es gedankenlos oder werbend (vgl. Lemcke 1865) gebraucht wird – schlicht das zahlenmäßig Beliebte, sobald aber seine ästhetische oder moralische Bedeutung wichtig werden, wird es auch noch im 19. und 20. Jh. zumeist pejorativ gebraucht.

›Populär‹ als ästhetischer Begriff

Neben dem alltagssprachlichen Gebrauch hat ›populär‹ auch als ästhetischer und wissenschaftlicher Begriff Karriere gemacht. Am Beginn stehen Gottfried August Bürgers Vorrede zur Ausgabe seiner Gedichte (1778, 1789) und Schillers Rezension der letzteren. Bürgers Vorrede und Schillers Rezension begründen

in Deutschland den ästhetischen Begriff des Populären; daher und weil hier Positionen eingenommen
werden, die variiert bis heute im Gespräch bleiben,
verdient es diese Debatte, näher zur Kenntnis genommen zu werden.

Bürger sieht in der »Popularität eines poetischen
Werkes [...] das Siegel seiner Vollkommenheit« und
er bestimmt den Geist solcher Popularität näher als
den »Geist [...] der Anschaulichkeit und des Lebens
für unser ganzes gebildetes Volk [...]. In den Begriff
des Volkes aber müssen nur diejenigen Merkmale
aufgenommen werden, worin ungefähr alle oder
doch die ansehnlichsten Klassen übereinkommen«
(Bürger 1886, S. 39 f.). Aus solchem allgemeinen
Volksbegriff wird eine entsprechende ästhetische
Hauptdirektive abgeleitet: »Mit gutem Vorbedacht
gebe ich daher alles, was ich nicht populär, nicht
innerhalb des allgemein anschaulichen und empfindbaren poetischen Horizontes gedichtet habe,
wenn auch nicht gerade als Fehler, dennoch als etwas
preis, woran ich selbst am wenigstens Wohlgefallen
habe« (ebd., S. 41). Mit solch allgemeinem Publi-
kums- und Volksbegriff, der alles andere als plebe-
jisch genannt werden kann, wie man zuweilen gemeint hat, schließt sich Bürger, der mit diesem Satz
die stärker auf soziale Differenzierung herausarbei-
tende Formulierung der ersten Vorrede ausdrücklich
widerruft, an aufklärerische Grundpositionen an. Er
zitiert in diesem Zusammenhang auch Addisons
Spectator: »Die menschliche Natur ist in allen vernünftigen Kreaturen die gleiche und was immer ihr
entspricht, wird auf Bewunderung unter Lesern von
allen Qualitäten und Bedingungen treffen« (ebd.,
S. 40). Die anthropologische Gleichheit der Menschen ermöglicht demnach ein allgemeines Geschmacksurteil. Und gibt damit dem ästhetischen
Urteil sicheren Boden. Bürger will die Dichtung aus
dem engen Zirkel der Gelehrtenstuben wieder hinausführen zu dem »ihr bestimmten Wirkungskreis
[...] dem Markte des Lebens.« Unbestimmt bleibt bei
Bürger allerdings, was unter dem »allgemein anschaulichen und empfindbaren poetischen Horizont« zu verstehen sei. Die Frage nach historischer
Konkretion der Formensprache stellt sich für ihn am
Ende des 18. Jh. noch nicht. Zumal er, ganz im Geiste
des Sturm und Drangs, an die Wirksamkeit einer
direkten unmittelbaren Gefühlsaussprache glaubt:
»Wenn ich wirklich, was man mir bisweilen nachge-
rühmt hat, ein Volksdichter bin, so [...] [habe] ich's
zu verdanken dem Bestreben, daß dem Leser folglich
alles unverschleiert blank und bar, ohne Verwirrung
in das Auge der Phantasie springe, was ich ihm
anzuschauen, daß alles sogleich die rechte Saite seiner Empfindsamkeit treffe, was ich ihm habe zu

empfinden geben wollen« (ebd., S. 39). Da solche
Gefühlsunmittelbarkeit im Verständnis der Zeit sich
sowohl mit rhetorisch bewußtem Sprechen wie mit
der Praxis der empfindsamen ↗Unterhaltung und
den Prinzipien der vom Ich- und Gefühlsausdruck
bestimmten Dichtung verbinden ließ, konnte Bürger
durchaus glauben, sein Konzept des Populären wohl-
begründet und damit seine Lyrik abgesichert zu haben (vgl. ebd., S. 38 f.). Wie ein Blitz muß ihn daher
Schillers vernichtende Kritik aus dem Januar 1791 in
der *Allgemeinen Literaturzeitung* getroffen haben. Die
Rezension ist, wie Schiller in der ›Verteidigung des
Rezensenten‹ auf Bürgers ›Vorläufige Antikritik und
Anzeige‹ schrieb, geradezu ein Überprüfungsversuch
seiner »Kunsttheorie [...] an den Bürgerischen ›Gedichten‹«. Dies begründet ihren Rang und ihre historische Bedeutung. Schiller entzieht mit wenigen
Worten Bürgers Argumentation die Basis: »Wir sind
weit entfernt, Herrn Bürger mit dem schwankenden
Wort ›Volk‹ schikanieren zu wollen; [...] Ein Volksdichter in jenem Sinn, wie es Homer seinem Welt-
alter oder die Troubadours dem ihrigen waren, dürfte
in unseren Tagen vergeblich gesucht werden. Unsere
Welt ist die Homerische nicht mehr, wo alle Glieder
der Gesellschaft in dem Empfinden und Meinen
ungefähr dieselbe Stufe einnahmen, sich also leicht in
derselben Schilderung erkennen, in denselben Gefühlen begegnen konnten. Jetzt ist zwischen der Auswahl einer Nation und der Masse derselben ein sehr
großer Abstand sichtbar, wovon die Ursache z. T.
schon darin liegt, daß Aufklärung der Begriffe und
sittliche Veredelung ein zusammenhängendes Ganzes
ausmachen, mit dessen Bruchstücken nichts gewonnen wird. Außer diesem Kulturunterschied ist es
noch die Konvenienz, welche die Glieder der Nation
in der Empfindungsart und im Ausdruck der Empfindung einander so äußerst unähnlich macht«
(Schiller 1905, S. 229 f.). Schiller sieht das ↗Publi-
kum aufgeteilt in den »großen Haufen« und »die
gebildete Klasse«. Er kann damit einerseits Bürgers
Maxime »Popularität von poetischen Werken ist das
Siegel seiner Vollkommenheit« als zutreffend beja-
hen: »Welch Unternehmen, dem edlen Geschmack
des Kenners Genüge zu leisten, ohne dadurch dem
großen Haufen ungeniesbar zu sein – ohne der Kunst
etwas von ihrer Würde zu vergeben [...] Herr Bürger
sagt also keineswegs zuviel, wenn er ›Popularität‹
eines Gedichts für das Siegel der Vollkommenheit
erklärt‹. Aber indem er dies behauptet, setzt er still-
schweigend voraus [...] daß es zur Vollkommenheit
eines Gedichts die erste unerlaßliche Bedingung ist,
einen von der verschiednen Fassungskraft seiner Leser durchaus unabhängigen absoluten Wert hat«
(ebd., S. 230).

Popularität, und sei sie noch so groß, ist aber für Schiller kein Maßstab für Kunst. Setzt Bürger auf eine Art Wirkungsästhetik, will Schiller seine Autonomie-Ästhetik erproben. Mit den unterschiedlichen ästhetischen Konzepten sind verschiedene Vorstellungen von Künstler verbunden. Bürger sieht den Dichter, den Künstler inmitten der Welt und für die Welt in einer unterstützenden, ja pädagogischen Rolle (vgl. Bürger 1886, S. 35). Für Schiller hingegen dient der Dichter dem Ideal. In einer entfremdeten Welt, Schiller spricht von »unsern so unpoetischen Tagen«, ist es »die Dichtkunst beinahe allein, welche die getrennten Kräfte der Seele wieder in Vereinigung bringt, welche Kopf und Herz, Scharfsinn und Witz, Vernunft und Einbildungskraft in harmonischem Bunde beschäftigt, welche gleichsam den *ganzen* Menschen in uns wieder herstellt« (Schiller 1905, S. 227). Es ist daher nur konsequent, daß Schiller im Populären nur ein pädagogisches Prinzip sieht, das ganz Lichtenbergs Konzept des Emporhebens entspricht. Er wirft Bürger denn auch vor: »Herr Bürger *vermischt* sich nicht selten mit dem Volk, zu dem er sich nur herablassen sollte, und anstatt es scherzend und spielend zu sich hinaufzuziehen, gefällt es ihm oft, sich ihm gleichzumachen« (ebd., S. 233).

Die Folgen dieser Position der klassischen Ästhetik sind bekannt. Zwischen der wahren Kunst, die einen vom Leser/Rezipienten »durchaus unabhängigen absoluten inneren Wert« (ebd., S. 232) besitzt – eine Position, an der noch Adorno festhält –, und allem, was diesen absoluten Wert nicht hat, tut sich eine unüberbrückbare Kluft auf. Hohe und niedere Literatur werden (vgl. Bürger, C.u.P./Schulte-Sasse 1982) dichotomisiert zweigeteilt. Hier steht das Wahre, Gute, Schöne – dort das abgeschmackte, triviale, populäre Massenprodukt. Dem Populären kommt kein eigener Wert zu. Diesen Wert und damit das Populäre zu begründen, ist keineswegs nur eine akademische Frage. Denn die Mißachtung des Populären schließt letztlich die Mißachtung derer, die es konsumieren, ein; wie die bösen Worte vom »Kitsch Menschen« (Hermann Broch) oder von den »50 Millionen« (vgl. die Diskussion um den Elvis-Sampler aus dem Jahr 1972) Schmeißfliegen, die sich irren können, gezeigt haben.

Rechtfertigung des ›Populären‹ im 19. Jahrhundert

Nachdem Bürgers Vereinnahmungsversuch des Populären als Kunst durch die Ausgrenzungsstrategie Schillers erledigt war, war für lange Zeit das Populäre als Begriff einer ästhetischen Theorie abserviert. Der Begriff überlebt allerdings in einem Kultursegment, das Schillers Bannstrahl nicht ereicht: der Theologie, genauer der theologischen Rhetorik. Johann Christoph Greiling faßte 1805 in seiner *Theorie der Popularität* das Populäre nicht mehr bloß als Funktion theologischer Überzeugungskunst, sondern als Mittel etwas Neues, eine echte Synthese aus theologischer Wissenschaft und praktischer Vernunft herzustellen und unternimmt damit einen ersten Versuch, dem Populären Eigenständigkeit zuzuweisen. Diese Diskussion vom Anfang des 19. Jh. hat aber keine weiterreichenden Folgen gehabt. In Wissenschaft und Publizistik wurde die Diskussion ums Populäre in der Folge mit anderen Begriffen geführt. Abwehrend mit ›Schund‹, ›Kitsch‹, ›Trivialität‹, unterstützend vor allem mit ›Unterhaltung‹. So unternahm am Vortag der Revolution von 1848 Robert Prutz (1816–1872) einen Versuch, zwischen den Positionen Bürgers und Schillers zu vermitteln. In seinem Aufsatz »Über die Unterhaltungsliteratur, insbesondere der Deutschen« nimmt er zunächst Unterhaltungsliteratur als gegeben hin. Prutz entledigt sich Schillers Position, auch wenn die Übermacht von dessen Autorität noch spürbar ist: »Bei allen Völkern geht neben der eigentlichen Literatur, wir meinen, jener Masse von Büchern, welche gleichsam den geistigen Grundbesitz eines Volkes, die Dokumente seiner inneren Geschichte bilden und als solche, in stetiger Entwicklung, von Geschlecht zu Geschlecht forterben, eine andere, zweite Literatur einher, welche, scheinbar unberührt von der übrigen geistigen Entfaltung, allein für den Augenblick vorhanden ist und mit ihm untergeht. Es ist dies die sog. Unterhaltungsliteratur: eine Literatur also, bei der es sich, strenggenommen, so wenig für den Schaffenden wie den Empfangenden, den Autor wie den Leser, um eine künstlerische Tat, einen ästhetischen Genuß, eine Vertiefung in das Schöne, Wahre, Göttliche handelt, sondern einzig und allein um ein Buch, das einige Zeit hindurch unser Interesse gefangen nimmt und uns auf gefällige Weise hinweghilft über ein paar öde, beschäftigungslose Stunden« (Prutz 1973, S. 10). Prutz weist darauf hin, daß diese Bücher »Lektürebücher« genannt werden. »Ein sehr charakteristischer Pleonasmus! Nämlich Bücher, die man liest, nur um zu lesen, bei denen es gleichviel ist, was sie enthalten, ob sie gut sind oder schlecht: sie lassen sich lesen, das ist alles und ist genug« (ebd., S. 10). Indem Prutz die Bedeutung des Populären herunterzuspielen sucht (mit Argumenten, die noch bei Schulte-Sasse 1971 in seinem Buch über den Kitsch und das Triviale wiederholt werden), wirbt er für Toleranz: »Über diese ganze Literatur [hat sich] eine gewisse ästhetische Geringschätzung gelagert, die bei vielen sogar von einer Art moralischer Bedenklichkeit nicht freigeblieben ist. Was uns betrifft, so vermögen wir weder jene Geringschätzung noch diese Bedenklichkeit zu teilen. Vielmehr: es dünkt uns töricht, scheel zu sehen auf die Existenz einer Literatur, und ob sie auch wirklich nur eine Literatur zweiten Ranges wäre, solange wir die Tatsachen, welche ihre Existenz nötig machen, so wenig wegschaffen als wegleugnen können« (ebd., S. 10 f.). Prutz, gleichweit entfernt von Schillers pädagogisch ästhetischem Rigorismus wie von Bürgers aufklärerischem und sozialpädagogischen Enthusiasmus, stellt nüchtern fest:»Daß überall die Kunstliteratur, das ist die Literatur der Gebildeten, die Literatur der Reflexion, die Volksliteratur überwältigt hat« (ebd., S. 19). Und er begründet dann die Berechtigung des Populären als »Zwittergattung« aus dem sozialen wie bildungspolitischen Mischstatus der bürgerlichen Gesellschaft und – was wichtig ist – er weist dem Populären eine ihm zukommende ästhetische Aufgabe zu, die es einerseits von der Kunst abgrenzt, andererseits ästhetisch legitimiert:»Wir haben sie [die Unterhaltungsliteratur] oben eine Zwittergattung genannt. Jetzt können wir diesen Ausdruck rechtfertigen: Sie ist die Literatur derjenigen, welche gebildet genug sind, um überhaupt an künstlerischer Produktion Anteil zu nehmen: und wieder nicht gebildet genug, um zu dem eigentlichen Kern der Kunst; dem innerlichen Verständnis des Schönen vorzudringen. [...] Aber gerade dieser Zwitterzustand muß in der modernen Zeit [...] der verbreitetste und eigentlich herrschende sein; mithin ist auch die Literatur, welche diesem Zustand entspricht, die herrschende Literatur der Zeit« (ebd., S. 19 f.).

Prutz' sozialhistorische, vielleicht besser: soziokulturelle Position (↗Soziokultur) hat in jüngster Zeit zahlreiche Nachfolger – nicht: Nachahmer – gefunden. So nimmt Jameson (1982, S. 115) in der Sprache von heute und mit dem Problembewußtsein von heute im Kern die Position von Prutz ein und fordert:»Hoch- und Massenkultur als objektiv verbunden und als dialektisch voneinander abhängige Phänomene zu verstehen, als Zwillings- und somit untrennbare Formen der Spaltung der ästhetischen Produktion unter den Bedingungen des Spätkapitalismus. In dieser Perspektive bleibt das Dilemma der doppelten Wertung von Hoch- und ↗Massenkultur zwar bestehen, ist jedoch nicht zu einem subjektiven Problem unseres eigenen Urteilsstandards, sondern zu einem objektiven Widerspruch geworden, der seine eigene gesellschaftliche Grundlage hat«.

Gegenwärtige Positionen

Neben den drei Theorien, die das Populäre gesamtkulturell begründen bzw. ablehnen – Bürger, indem er romantisierend eine ideale Gesellschaft, ein ideales Publikum und damit die Identität des Populären mit der Kunst unterstellt, Schiller, indem er angesichts der tatsächlichen Entfremdung in der Gegenwartskultur der Kunst ein eigenes ideales Reich zuweist und dem Populären die Existenzberechtigung abstreitet, und Prutz, der versucht, einer soziokulturellen Gemengelage gerecht zu werden –, hat es zahlreiche Versuche gegeben, das Populäre als Ergebnis einer kulturellen Sonderentwicklung oder eines sozialen Teilbereiches zu begreifen. Hierzu rechnen alle, die (früher unter der Flagge der Volkskunde sich zum Teil auf Herder berufend), das Populäre als die Kultur einer traditionalen, nicht modernen Gesellschaft faßten. Einen Gegenpol zu den Volkskultur-Theoretikern stellen die Verfechter der Massenkultur- bzw. der Kultur-Industrie-These dar. Sie fassen – häufig Schiller geradezu paraphrasierend – das Populäre als das Uneigentliche, das von der ↗Kulturindustrie zur Stabilisierung des Bestehenden oder bloß zur Gewinnmaximierung unter das Volk gebracht wird (vgl. Adorno 1967).

Bestimmte die Massenkultur-Theorie bis weit in die 1960er Jahre die wissenschaftliche Szene, wurde in den 1970ern und 1980ern unter dem Eindruck der damaligen ↗Jugendkultur und auch unter dem Einfluß der Bücher von Rolf Schwendter und Dick Hebdige das Populäre mit der als Gegenkultur oder als Teilkultur verstandenen ↗Subkultur identifiziert. Dieser Ansatz rekurriert, anders als die Massenkultur-These, auf relativ homogene Teilgesellschaften und setzt, ähnlich wie bei Bürger, das Populäre mit dem dort allgemein Geschätzten und dem Besten gleich.

Am wirkungsmächtigsten ist aber seit den 1990ern Jahren auch in Deutschland die vom Birminghamer ›Centre for Contemporary Cultural Studies‹ ausgehende Bestimmung des Populären als Kultur der ›Leute‹ (↗The people) geworden, die antagonistisch in einen Kampf um kulturelle Bedeutung dem ›power bloc‹ gegenüberstehen. Diese Bestimmung öffnet den in Deutschland dominant ästhetisch besetzten Begriff für soziologische und politische Diskurse und erlaubt es, das Populäre in seinem Wechselspiel mit ↗Alltagskultur und Lebensstil zu erfassen.

Ästhetik des Populären

Weder durch sozial-utopische Auffassungen à la Bürger (heutige Konzepte: Sub-, ↗Volks-, Jugend-Kultur; z. T. auch die Position der Cultural Studies, vgl. Grossberg 2000) noch mit der sozial pessimistischen Schillers (heutige Konzepte: Massenkultur, Kulturindustrie) läßt aber das Populäre und damit in der Summe die Populäre Kultur sich begründen. Weder ein Manipulationsverdikt noch eine Authentizitätsverheißung werden dem Populären gerecht. Und schon gar nicht läßt sich das Populäre von bestimmten Textsorten aus, also mit Vorstellungen wie: das Populäre ist die Summe aller populären ↗Genres (Krimis, Western etc.), begründen. Erfolgversprechend scheint mir nur der Prutzsche Ansatz (heutiges Konzept: Zwillingsexistenz von U- und E-Kultur; ↗E- und U-Kultur) zu sein, um einerseits das Dichotomie-Problem (vgl. Bürger, C. u. P./Schulte-Sasse 1982) zu lösen, andererseits die Eigenständigkeit des Populären begründen zu können. Allerdings: Mit der sehr pragmatischen Kompromiß-Position von Prutz: das Populäre, die Zwittergattung, wie er es nennt, resultiert aus dem Mischcharakter der Gesellschaft, ist noch keine erfolgversprechende Forschungsstrategie gefunden. Wenn das Populäre – wie alles Kulturelle – sowohl ein soziales wie ein ästhetisches Phänomen ist, bedarf es nicht nur einer kultursoziologischen Bestimmung als Lebensstil oder Alltagskultur, sondern der Erkenntnis – und das verkompliziert die Situation nicht wenig – von einer eigenen Ästhetik des Populären. Eine Ästhetik des Populären läßt sich jedoch weder durch eine Theorie der Kunst, die an das Populäre einen Anspruch stellt, den es nicht erfüllen kann, noch durch eine Theorie der Kultur, die das Populäre als Ergebnis einer sozialen Handlung begreift – zum Beispiel im Rahmen von Alltags- oder ↗Freizeitkultur – begründen. Gleiches gilt für Vorstellungen, die nur von der Rezeption ausgehen und das Populäre nur als ein – zum Beispiel eskapistisches – Wirkungsphänomen begreifen oder die Produktionsweisen für zentral halten und bestimmte – zum Beispiel kollektive – Produktionsweisen als für das Populäre charakteristisch ansehen. Und schon gar nicht läßt sich aus der Poetik einzelner Erzählgenres eine Ästhetik des Populären entwickeln. Ästhetisch läßt sich der Eigensinn und der Eigenwert des Populären nur begründen, indem ihm eine besondere es auszeichnende Zugangsweise zuerkannt wird. Das Populäre, so wurde vorgeschlagen (vgl. Hügel 1993, 2002), ist das, was unterhält. Denn: Die Kategorie der Unterhaltung ist einerseits tauglich, um à la Schiller der Objektivität des Artefakts, auch des Populären, Rechnung zu tragen, um zu-

gleich der Selbständigkeit der Rezipienten Genüge zu tun. Und sie läßt es überdies zu, eine historische Begrenzung des Populären auf eine bestimmte Epoche (in Deutschland seit Mitte des 19. Jh.) vorzunehmen, das Populäre als historisches Phänomen begreifbar zu machen. Und last but not least läßt sich damit die Spannung zwischen dem Populären und der Kunst aufrechterhalten, ohne daß eines der beiden der Mißachtung anheimgegeben werden müßte. Denn gerade im Mit-, Neben- und Gegeneinader von Populärem und der Kunst liegt der Reichtum unserer Kultur begründet.

Literatur

Adorno, T. W.: »Résumé über Kulturindustrie«. In: Ders.: *Ohne Leitbild. Parva Aesthetica.* Frankfurt a. M. 1967. S. 60–70.

Broch, H.: *Schriften zur Literatur. 2. Theorie.* Frankfurt a. M. 1975.

Bürger, C./Bürger, P./Schulte-Sasse, J. (Hgg.): *Zur Dichotomisierung von hoher und niederer Literatur.* Frankfurt a. M. 1982.

Bürger, G. A.: *Ausgewählte Werke.* Stuttgart/Berlin 1886.

Diderot, D./d'Alembert, J. (Hgg.): *Encyclopédie ou Dictionnaire raisonné des Sciences, des Arts et des Métiers.* Faksimile-Druck der Ausgabe: Neufchastel 1751–80, Bd. 13. Stuttgart 1966.

Eckermann, J. P.: *Gespräche mit Goethe in den letzten Jahren seines Lebens.* München 1988.

Goethe, J. W.: »Aus meinem Leben. Dichtung und Wahrheit«. In: Hg. im Auftrag der Großherzogin Sophie von Sachsen: *Goethes Werke* [1889]. Bde. 126–29. München 1987, Bde. 30–33, hier Bd. 30.

Greiling, J. C.: *Theorie der Popularität.* Magdeburg 1805.

Grossberg, L.: »Neuverortung des Populären«. In: Ders. (Hg.): *What's going on? Cultural Studies und Popularkultur.* Wien 2000. S. 50–77.

Hebdige, D.: »Subculture – Die Bedeutung von Stil«. In: Diederichsen, D./Hebdige, D./Marx, O.-D. (Hgg.): *Schocker. Stile und Moden der Subkultur.* Reinbek 1983. S. 8–120.

Heine, H.: *Zur Geschichte der Religion und Philosophie in Deutschland.* Hamburg 1979 (= Historisch-kritische Gesamtausgabe Bd. 8,1).

Herlinghaus, H.: »Populär/volkstümlich/Popularkultur«. In: Barck, K./Fontius, M. et al. (Hgg.): *Ästhetische Grundbegriffe.* Bd. 4. Stuttgart/Weimar 2002. S. 832–884.

Hügel, H.-O.: »Ästhetische Zweideutigkeit der Unterhaltung. Eine Skizze ihrer Theorie«. In: *montage/av* 2, 1 (1993) S. 119–141.

Ders.: »Zugangsweisen zur Populären Kultur. Zu ihrer ästhetischen Begründung und ihrer Erforschung«. In: Albrecht, C./Gebhardt, W./Göttlich, U. (Hgg.): *Populäre Kultur als repräsentative Kultur.* Köln 2002. S. 52–78.

Jameson, F.: »Verdinglichung und Utopie in der Massenkultur«. In: Bürger, C./Bürger, P./Schulte-Sasse 1982. S. 108–140.

Lemcke, C.: *Populäre Ästhetik.* Leipzig 1865.

Lichtenberg, G. C.: *Schriften und Briefe.* Frankfurt a. M. 1994.

Prutz, R.: »Über die Unterhaltungsliteratur, insbesondere der Deutschen«. In: Ders.: *Schriften zur Literatur und Politik* [1847]. Tübingen 1973. S. 10–33.

Schiller, F.: *Vermischte Schriften.* Stuttgart/Berlin 1904/05 (= Sämtliche Werke. Säkularausgabe Bd. 16).

Ders.: *Gedichte.* Weimar 1983 (= Nationalausgabe, Bd. 2,I).

Schwendter, R.: *Theorie der Subkultur.* Köln 1973.
Sperander [= Friedrich Gladov] (Hg.): *À la Mode-Sprach der Teutschen, oder, Compendieuses Hand-Lexicon: in welchem die meisten aus fremden Sprachen entlehnte Woerter und gewoehnliche Redens-Arten etc.* [1727]. Nürnberg 1728.
Zedler, J. H.: *Grosses vollständiges Universal-Lexikon Aller Wissenschaft und Künste, Welche bißhero durch menschliche Verstand und Witz erfunden und verbessert worden etc.* Bd. 28. Leipzig/Halle 1741.

Hans-Otto Hügel

Popularisierung

Die traditionelle Abgrenzung zwischen Hochkultur und Populärer Kultur geht davon aus, daß sich in der klassischen Kunst eine Einheit von Person und Werk finden läßt. Kreative Geister wie Goethe oder Mozart schufen zeitlos gültige Kunstwerke, die Ausdruck des allgemein Menschlichen sind. Hiervon wird strikt die Populäre Kultur abgegrenzt, die auf der seriellen Produktion (↗ Serie) und kommerziellen Vermarktung von standardisierten Kulturwaren beruht. In dieser Lesart wird unterstellt, daß es der populären Kultur inhärent ist, durch ihre Produkte falsche Gefühle wie Geborgenheit oder Pseudo-Intimität hervorzubringen und daß die Vorliebe für sie Ausdruck von schlechtem Geschmack, als Interesse am ↗ Kitsch zu bewerten ist (vgl. Ward 1992). Während diese Unterscheidung in popularisierter Form in einer Fernsehsendung wie dem *Literarischen Quartett* tradiert wurde und auch noch das Alltagsverständnis vieler prägt, wurde in soziologischen Analysen, vor allem von Pierre Bourdieu (1982), gezeigt, daß die Abgrenzung zwischen sozialen Klassen, der Kampf um soziale Distinktion, die Grundlage für diese unterschiedlichen kulturellen Kategorien ist. So gehen die naturalisierten Bewertungen auf ideologische Strategien zurück, den eigenen bürgerlichen Geschmack als natürlich und als qualitativ besser als den populären Geschmack darzustellen. Ausgehend vom Verhältnis zwischen Klasse und Kultur haben vor allem die Cultural Studies sich um eine differenzierte Untersuchung der Populären Kultur bemüht. Hierzu haben sie die kulturellen Waren im Sinne der Semiotik als Texte betrachtet, sie haben die Praktiken der Konsumenten erforscht, die in Lebensweisen wie die von ↗ Subkulturen eingebunden sind, und sie haben gezeigt, wie die Kreativität und Produktivität der Konsumenten durch Strategien der ↗ Kulturindustrien wieder vereinnahmt werden.

Bei den gesellschaftlichen Prozessen der Popularisierung unterscheiden sie zwischen zwei Arten von Praktiken, den zahlreichen und vielfältigen Praktiken von Konsumenten, die ein kulturelles Objekt, z. B. ein Kleidungsstück wie ein Paar Jeans, eine Fernsehserie oder einen ↗ Videoclip, durch ein breites Interesse zu einem populären Objekt machen, d. h. es sinnlich begehren, auf das eigene Leben beziehen und sich in Gedanken, Phantasien, Gesprächen und Handlungen verstärkt mit ihm beschäftigen. Durch diese Zirkulation und Verbreitung von Bedeutungen, Energien und libidinösen Besetzungen wird gemäß den Cultural Studies die Populärkultur hervorgebracht (Fiske 2000, Winter/Mikos 2001). Demgegenüber stehen die Popularisierungsstrategien der Kultur- und Unterhaltungsindustrien, global agierender Konzerne im Bereich von Kleidung, Kosmetik etc., die sich bemühen, ihre Objekte möglichst auf globaler Ebene durchzusetzen, indem sie auf die Bedürfnisse und Interessen von Konsumenten eingehen (vgl. Klein 2001). So wird versucht, Objekte, die in Subkulturen beliebt sind, auch bei anderen sozialen Gruppen zu popularisieren. Tätowierungen, grell gefärbte Haare oder HipHop sind herausragende Beispiele hierfür. Was zunächst der kulturellen Abgrenzung zum ›Mainstram‹ bzw. zu anderen Subkulturen diente, wird nun selbst zum Teil des Mainstreams, der sich selbst immer mehr differenziert und aus einer heterogenen Anzahl von Minderheiten (Holert/Terkessidis 1996) besteht. Unter postfordistischen Bedingungen (vgl. Harvey 1989) inkorporiert er Pop-, Jugend- und Minderheitenkulturen.

Subkulturen und die Gefahren der Popularisierung

In seiner zum Klassiker gewordenen Studie *Subculture – The Meaning of Style* (1983) zeigt Dick Hebdige, daß die Spezifität von Subkulturen, insbesondere eine auffällige und aufsehenerregende expressive Inszenierung, Reaktionen auf die mediale Durchdringung des ↗ Alltags sind. Die Stile der ↗ Jugendkulturen sind primär als Versuche zu begreifen, in einer Gesellschaft des Spektakels (Debord 1978) auf sich aufmerksam zu machen. Die Kulturindustrien stellen das Rohmaterial, die Waren, bereit, welche die Gruppen in aktiven Selektionsprozessen zur Konstruktion eigener Stile verwenden. Hierfür eignen sie sich die kulturellen Bedeutungen der Waren an, die in Bedeutungs-Codes arrangierte Zeichen sind. Die Jugendlichen verändern deren Bedeutung, in dem sie sie in einen neuen eigenen stilistischen Zusammenhang einbringen. Das Mitglied einer Subkultur ist so ein *Bricoleur*, der durch die Neuordnung und Rekontextualisierung zentraler Diskurse wie der Mode an seinem eigenen Körper neue Bedeutungen kommunizieren möchte.

So hat Hebdige z. B. die *Bricolage* der Mods beschrieben, ihre Aneignung des Motorrollers, die diesen zu einem Symbol der Gruppensolidarität machte, ihren Gebrauch von Tabletten, die an sich für die Behandlung von Neurosen bestimmt waren etc. Ein weiteres Beispiel sind die Punks (vgl. Hebdige 1983, S. 97 ff.). Ihre ›cut up‹-Technik verknüpfte traditionelle Codes und stellte deren Zeichensysteme in surrealistischer Manier nebeneinander. Sicherheitsnadeln wurden aus dem häuslichen Kontext herausgelöst und durch Wangen, Ohren und Lippen gestochen. Billige, kitschige Textilien wurden als Kleidungsstücke getragen und kommentierten ironisch die dominanten Modevorstellungen. Das Make-up wurde überdick aufgetragen, die Haare künstlich gefärbt. Nicht nur die alltäglichen Selbstpräsentationsmuster wurden karikiert sowie parodiert, auch die Tanzstile der Rockmusik wurden abgelehnt. Hebdige arbeitet heraus, daß Jugendstile jedoch sehr schnell ihre ursprüngliche, eine exklusive Gemeinschaft signalisierende Bedeutung verlieren und gänzlich verschwinden können, sobald sich durch die allgemeine Verbreitung durch die Medien eine Popularisierung vollzieht. Diese führt zu einer Entschärfung des subkulturellen Stils. Im wesentlichen läßt sich zwischen zwei Formen der Vereinnahmung, der Eingliederung in die vorherrschenden Bedeutungsrahmen, unterscheiden: »Erstens die Verwandlung subkultureller Zeichen (Kleidung, ↗ Musik etc.) in massenhaft produzierte Objekte (die Warenform) und zweitens die Etikettierung und Umdefinierung abweichenden Verhaltens durch die herrschenden Gruppen – Polizei, Medien, Justiz (die ideologische Form)« (Hebdige 1983, S. 85). Die symbolischen Angriffe der Jugendkulturen werden in der Lesart von Hebdige von der dominanten Kultur abgewehrt, indem sie in neue Waren verwandelt werden. So konnte man Punk-Kleidung und -Zubehör bereits 1977 per Katalog bestellen. »Schockieren ist schick« wurde zur begleitenden ↗ Werbung und läutete das baldige Ende der Subkultur ein. Daneben kommt es zu einer Vereinnahmung durch die mediale Berichterstattung. Das Anderssein von Jugendstilen wird bagatellisiert, sie werden verniedlicht oder die Jugendlichen werden als Exoten abgestempelt. Beide Strategien greifen ineinander und lassen sich nur schwer voneinander trennen.

Der Zirkel von Widerstand, Entschärfung durch Popularisierung (von Symbolen, Stilen, Themen etc.) und Auflösung trifft alle Subkulturen. Symbole erhöhen also zunächst den Differenzierungs- und Individualitätswert, ihre Popularisierung durch Konsum und Medien senkt ihn dann aber rapide, weil die Abgrenzungsfunktion verloren geht. In dem Maße

wie sie von vielen aufgegriffen und so verallgemeinert werden, inflationieren sie und werden schließlich für ihren Zweck untauglich. Subkulturen als gemeinschaftliche Lebensentwürfe scheitern nicht einfach an der Unrealisierbarkeit ihrer Konzepte, sondern blühen und welken mit den Konjunkturen ihrer Symbole und den Karrieren ihrer Protagonisten. Die originären Sub- bzw. Spezialkulturen bedauern diesen Prozeß häufig als Kommerzialisierung und Inflationierung ihrer Symbole. Oft reagieren sie darauf mit der erneuten Produktion von Exklusivität. So hat Diederichsen (1985) eindrucksvoll den Prozeß beschrieben, in dem die Subkulturen der 1970er Jahre der Trivialisierung durch Selbstverwandlung zu entkommen suchten. Popularisierte Symbole, Stile und Ideologien bringen der Kultur- und Konsumindustrie Profite, können den Konsumenten aber nicht mehr als Ausweis unverwechselbarer, einzigartiger Identität dienen (Winter/Eckert 1990, S. 148; Mikos 1994). Die Identitätsarbeit von einzelnen und Gruppen muß sich dann neuen Themen und Gebieten zuwenden.

Die Fabrikation des Populären: Strategien und Taktiken

Mit Hilfe von Michel de Certeaus *Kunst des Handelns* (1988) läßt sich der beschriebene Prozeß der Popularisierung noch besser verstehen. In seiner Analyse stehen nämlich nicht Subkulturen im Mittelpunkt, sondern die Aktivitäten von ›gewöhnlichen Menschen‹. De Certeau ging es um die ›Künste des Alltags‹, um die Kreativität und Produktivität von alltäglichen Praktiken, welche der Regelung durch Institutionen entgehen bzw. sie umgehen und die Populärkultur hervorbringen. Das Populäre läßt sich durch eine Zweckentfremdung bzw. Umfunktionierung der Dinge und Aktivitäten, deren es sich bemächtigt, kennzeichnen. Es ist auch ein Versuch, sozialer Kontrolle zu entgehen und für sich selbst bzw. für eine Gruppe einen eigenen Bereich zu definieren. Es ist das ›Andere‹ der sozialen Macht, ebenso wie der produktiven Rationalität. De Certeau spürt der Herstellung kultureller Differenz nach, die sich nicht nur in der Gegenkultur findet, sondern allgemein kennzeichnend für die Praktiken von Individuen und Gruppen ist, die beherrscht werden und trotzdem auf expressive Weise ihr Leben gestalten möchten.

Er geht davon aus, daß die herrschende ökonomische Ordnung sowohl die Produkte als auch das Feld, in dem die Konsumenten agieren, vorgibt. So können sich z. B. Konsumenten durch ihre Praktiken die

Produkte phantasievoll aneignen, die ihnen ›zur Verfügung stehen‹, und auf diese Weise den von der Macht organisierten Raum neu besetzen. Die populäre Kultur zeichnet sich nach de Certeau gerade durch Kunstfertigkeit, Erfindungsgeist, Kombinieren und das Ausnützen von Möglichkeiten, von Lücken im System aus. Er schlägt deshalb eine »kriegswissenschaftliche Analyse der Kultur« (ebd., S. 20) vor, welche die strategischen Kräfteverhältnisse im Bereich der Kultur und die Kämpfe bzw. Spiele zwischen ›Starken‹ und ›Schwachen‹ zum Thema macht. Die Konsumenten bzw. die ›Beherrschten‹ sind »verkannte Produzenten«, die ihre eigenen Wege durch den »Dschungel der funktionalistischen Rationalität« finden und »trickreich differente Interessen und Wünsche« einbringen (ebd., S. 85). Um die Bedeutung dieser Praktiken verständlicher zu machen, unterscheidet de Certeau zwischen Strategien und Taktiken. Den ersten Typus entwickelt er in Auseinandersetzung mit Foucaults Begriff des Panopticons (Foucault 1975). Er bezeichnet die durch Macht bestimmten Praktiken an einem Ort, die durch Kontrolle und Organisation die Grundlagen der politischen, ökonomischen und wissenschaftlichen Rationalität schaffen. Dem gegenüber stehen die Taktiken, die sich am ›Ort des Anderen‹ entfalten, berechnend und listig nach Gelegenheiten suchen, sich den panoptischen Dispositiven zu entziehen und Fluchtlinien schaffen. Den Popularisierungsstrategien der Konzerne steht die Fabrikation des Populären (↗ Populär) von unten entgegen, die trickreich Gelegenheiten nutzt, um Objekte in populäre Objekte zu transformieren. John Fiske hat de Certeaus Analyse fortgeführt, indem er das Verhältnis von Popularität und Polysemie im Prozeß der Popularisierung analysiert hat.

Polysemie und Popularität.
Der Beitrag von John Fiske

Fiske (Fiske 1989; Winter/Mikos 2001) geht von einer sozial und kulturell differenzierten Gesellschaft aus, die aus einer großen Vielfalt von Gruppen, Sub- und Teilkulturen zusammengesetzt ist, die in unterschiedlichen Sinnwelten leben, verschiedene Vorstellungen von Identität und den Beziehungen zu anderen ausgebildet haben sowie different in bezug auf die Zentren der Macht lokalisiert sind. Seine Hauptthese ist, daß mediale Texte (insbesondere Fernsehtexte), um erfolgreich zu sein, d. h. von vielen gesehen zu werden, offen und polysem sein müssen, damit die verschiedenen Gruppen und Kulturen Bedeutungen und Energien austauschen sowie gewinnen können, die ihren jeweiligen Identitäten entgegenkommen. Diese Offenheit darf jedoch nicht mit einem ›anything goes‹ gleichgesetzt werden. Vielmehr drückt sich im jeweiligen Text auch eine dominante Ideologie aus, die als ein gemeinsamer Bedeutungsrahmen die Voraussetzung dafür ist, daß ein Text überhaupt eine Vielzahl unterschiedlicher sozial situierter Zuschauer ansprechen kann. Die dominante Ideologie findet sich also sowohl in der Struktur populärer Texte, vermittelt durch die Diskurse und Konventionen, welche die Encodierung strukturieren, als auch in den Rezeptions- und Aneignungsformen. Sie bestimmt die gesellschaftlichen Praktiken und Sinn-Rahmen.

Fiske (Winter/Mikos 2001) ist der Auffassung, daß kulturelle Waren kommerziell erfolgreich und populär werden können, wenn sie den Konsumenten Möglichkeiten bieten, eigene Bedeutungen ihrer sozialen Beziehungen und Identitäten zu schaffen. Die sozialen Differenzen innerhalb einer Gesellschaft spiegeln sich in der polysemen Offenheit populärer Texte, sie ist die Voraussetzung dafür, daß diese Differenzen artikuliert werden können. Nach Fiske dient ein populärer Text sowohl den ökonomischen Interessen der Kulturindustrie als auch den kulturellen der Subordinierten. »Popularkultur wird von innerhalb und unterhalb geschaffen, nicht von außerhalb oder von oben her auferlegt, wie dies Massenkulturtheoretiker (↗ Massenkultur) behaupten. Immer gibt es ein Element der Popularkultur, das außerhalb der sozialen Kontrolle liegt, das den hegemonialen Kräften entkommt oder entgegentritt. Popularkultur ist immer eine Kultur des Konflikts, sie beinhaltet immer den Kampf, soziale Bedeutungen zu erzeugen, die im Interesse der Unterdrückten liegen und nicht jene sind, die von der herrschenden Ideologie bevorzugt werden« (Fiske 2000, S. 15). Fiske geht also davon aus, daß die Kräfte des Populären Waren in kulturelle Ressourcen verwandeln können, wobei in diesem Prozeß die Bedeutungen und Vergnügen des Textes pluralisiert werden, seinen disziplinierenden, homogenisierenden und normalisierenden Bemühungen, die sich in der dominanten Ideologie ausdrücken, ausgewichen und widerstanden und er für eigene Zwecke ›geplündert‹ wird.

Ironischerweise hängt also der Erfolg der kommerziellen Strategien der Popularisierung davon ab, ob sich die angebotenen Waren für Taktiken des populären Gebrauchs eignen. Wenn sie Relevanz im ↗ Alltag der Konsumenten gewinnen und produktiv in der Schaffung von Bedeutungen und Vergnügen, die sich auf die eigene Existenz beziehen, eingesetzt werden können, werden sie Bestandteil des Populären, das in der Lesart der Cultural Studies ›von unten‹ geschaffen wird. Die Popularisierung kann also nicht einfach von oben durchgesetzt werden, sie ist ein aktiver Prozeß, welcher vom populären Widerstreit zwischen Strategien und Taktiken abhängt.

Popularisierung von Artefakten der Hochkultur

Neben den von den Cultural Studies untersuchten Prozessen ist die Popularisierung von Artefakten der Hochkultur zu beachten. Literarische Klassiker, die verfilmt oder zum ↗Comic Strip werden, Gemäldeausstellungen (↗Ausstellung) oder Wagner-Inszenierungen, die in Events verwandelt werden, Kunstzitate in der Werbung oder die Begeisterung der Wirtschaft für Kunst, die in Banken und Konzernen zur Ästhetisierung der Arbeitswelt beiträgt, sind Beispiele dafür, wie Hochkultur in großem Maße zirkuliert wird und mehr Bevölkerungsschichten erreicht als in der bürgerlichen Gesellschaft. Hierzu gehört auch die immer populärer werdende Vorstellung vom Leben als Kunstwerk, die ihren Weg von Nietzsches Philosophie in die heutigen Lifestyle-Magazine gefunden hat.

Gleichzeitig verliert die Hochkultur zunehmend den Charakter einer klar abgrenzbaren, repräsentativen Kultur (Tenbruck 1990). In den Praktiken der Popularisierung verwandelt sie sich zu ›herabgesunkenem‹ Kulturgut. Dieser Prozeß wurde von Herbert Marcuse (1967) schon früh als »repressive Entsublimierung« beklagt. Im Zuge der Postmoderne wurden dagegen die damit verbundene ›Demokratisierung‹ von Kultur hervorgehoben (so z.B. in der Popularisierung bürgerlicher Kultur für Arbeiter), das zunehmende Verschwinden der Grenzen zwischen ›high‹ und ›low‹ und weitere kulturelle Entdifferenzierungsprozesse, wie z.B. im Verhältnis von Produktion und Konsumtion (Lash 1990), die zu einer »neuen Erlebnisweise« (Sontag 1980) in bezug auf Kunst führen, welche jenseits intellektueller Belehrung die Sinnlichkeit und Aktivität des Konsumenten ins Zentrum rückt. Ein wesentliches Ziel postmoderner Kunst ist es gerade, durch die (aktive) Einbeziehung des Betrachters zu einer Popularisierung von Kultur beizutragen.

Diese Prozesse erfolgen, wie Bourdieu (1982) gezeigt hat, durch »neue Kulturvermittler«, Spezialisten für symbolische Produktion, die als Trendsetter die Medien- und Konsumwelt ständig mit neuen kulturellen Gütern, Erfahrungen und Stilen versorgen. Diese postmodernen Intellektuellen, die sowohl Produzenten/Verbreiter als auch Konsumenten/↗Publi-

kum kultureller Güter sind, popularisieren auf der Suche nach neuen Kulturerlebnissen Artefakte der Hochkultur, synthetisieren sie mit populärer Kultur und erweitern das Spektrum legitimer kultureller Güter (Featherstone 1991). Sie tragen damit entscheidend zur Ästhetisierung des Lebens in der Gegenwart bei.

Literatur

Bourdieu, P.: *Die feinen Unterschiede. Kritik der gesellschaftlichen Urteilskraft.* Frankfurt a.M. 1982.
Debord, G.: *Die Gesellschaft des Spektakels.* Hamburg 1978.
De Certeau, M.: *Kunst des Handelns.* Berlin 1988.
Diederichsen, D.: *Sexbeat. 1972 bis heute.* Köln 1985.
Featherstone, M.: *Consumer Culture & Postmodernism.* London u.a. 1991.
Fiske, J.: *Understanding Popular Culture.* Boston u.a. 1989.
Ders.: *Lesarten des Populären.* Wien 2000.
Foucault, M.: *Überwachen und Strafen. Die Geburt des Gefängnisses.* Frankfurt a.M. 1975.
Harvey, D.: *The Condition of Postmodernity.* Oxford 1989.
Hebdige, D.: »Subculture-Die Bedeutung von Stil«. In: Diederichsen, D. u.a. (Hg.): *Schocker. Stile und Moden der Subkultur.* Reinbek 1983. S. 7–120.
Holert, T./Terkessidis, M. (Hgg.): *Mainstream der Minderheiten. Pop in der Kontrollgesellschaft.* Berlin/Amsterdam 1996.
Klein, N.: *No Logo! Der Kampf der Global Players um Marktmacht. Ein Spiel mit vielen Verlierern und wenigen Gewinnern.* Gütersloh 2001.
Lash, S.: *Sociology of Postmodernism.* London/New York 1990.
Marcuse, H.: *Der eindimensionale Mensch.* Neuwied 1967.
Mikos, L.: *Fernsehen im Erleben der Zuschauer.* München 1994.
Sontag, S.: *Kunst und Antikunst.* München 1980.
Tenbruck, F.H.: »Repräsentative Kultur«. In: Haferkamp, H. (Hg.): *Sozialstruktur und Kultur.* Frankfurt a.M. 1990. S. 20–53.
Ward, Peter: *Kitsch As Kitsch Can. Ein Konsumführer durch den schlechten Geschmack.* Berlin 1992.
Winter, R./Eckert, R.: *Mediengeschichte und kulturelle Differenzierung. Zur Entstehung und Funktion von Wahlnachbarschaften.* Opladen 1990.
Winter, R./Mikos, L. (Hgg.): *Die Fabrikation des Populären. Der John Fiske Reader.* Bielefeld 2001.

Rainer Winter

›Power Bloc‹ ↗›The People‹

Primadonna ↗Virtuose, Diva

Publikum

In seiner Knüpfung an die Populärkultur vereint der Publikumsbegriff zwei grundsätzlich unterscheidbare Phänomene: (1) das an einem Ort zu einem bestimmten Zeitpunkt versammelte *Präsenzpublikum* und (2) das *medienvermittelte* Publikum, für das seine räumliche Getrenntheit konstitutiv ist. Beide verbindet, daß ihre je spezifische ›Herstellung‹ unter den heutigen kulturellen und gesellschaftlichen Bedingungen ohne ↗ Medien nicht denkbar ist. Im ersten Fall bedarf es zumindest der medial vermittelten Kommunikation, um mögliche Teilnehmerinnen und Teilnehmer über das populäre *Ereignis* oder die *Veranstaltung* in Kenntnis zu setzen, das sein Publikum sucht. Im zweiten Fall, dem des räumlich getrennten, »dispersen« (Gerhard Maletzke) Publikums der Massenmedien, wird nicht nur die Relevanz einer räumlichen Koexistenz, sondern auch die einer zeitgleichen Erfahrung tendenziell aufgebrochen. Die Unterscheidung zwischen ›synchronen‹ und ›asynchronen‹ Formen der medienvermittelten Kommunikation ist vom Siegeszug des Buches und insbesondere dem Aufkommen der Presse an bedeutsam. Die elektronischen ›Massenmedien‹ ↗ Radio und ↗ Fernsehen sind nach wie vor durch ihren (partiellen) Live-Charakter geprägt. Die Relevanz der Synchronizität der Kommunikation über ein gesellschaftliches Geschehen tritt insbesondere in aktuellen Krisensituationen regelmäßig in Form von Sondersendungen oder Unterbrechungen des regulären Programms in Erscheinung. Was bei der Live-Berichterstattung und den Sondersendungen besonders augenfällig wird, ist die Vorstellung, Teil eines gleichzeitigen ›Wir‹ zu sein. Beteiligtsein, Anteilnahme und Zeugenschaft sind die über den Live-Charakter kommunizierten Merkmale, die eine besondere Relation zwischen Medium und Publikum konstituieren.

Darüber hinaus ist ein in das Geschehen vor Ort eingebundenes Publikum im Rahmen der elektronischen Medien für spezielle Programmtypen von Bedeutung; etwa bei Formaten, für die neben einem Studio- oder Saalpublikum auch ein ›Rückkanal‹ zu den Zuschauerinnen und Zuschauern vor den ↗ Fernsehgeräten konstitutiv ist. Letzterer wird in aller Regel entweder als Telefonkommunikation zwischen einer PublikumsvertreterIn außerhalb des Studio- bzw. Saalgeschehens und einer innerhalb dieses Geschehens agierenden Person oder in Form einer demographischen Zuschauer-Rückkopplung (per TED-Umfrage) realisiert. Was für das Fernsehpublikum vor den Bildschirmen in jedem Fall bestehen bleibt, ist die Rezeption eines populären Angebots, das als Referenzpunkt eines gemeinsamen ›in der Welt‹-Seins und für einen Austausch über die medienvermittelten Erfahrungen und Eindrücke innerhalb des eigenen Umfelds dienen kann.

Das Präsenzpublikum der Populärkultur

Um das Wesen des Präsenzpublikums der Populärkultur zu verstehen, ist es hilfreich, sich nach vorgängigen Formen umzuschauen, da an ihnen dessen Eigentümlichkeit vielleicht am leichtesten abgelesen werden kann. So haben Kultus und Ritus in der traditionalen Gesellschaft schon eine Zuschauer- bzw. Zuhörerschaft entstehen lassen. Die ihnen zugehörige Figur ist aber nicht das Publikum, sondern vielmehr eine verpflichtende *Gemeinschaft*. Während *Kultus* im Kern eine streng geregelte sakrale Handlung bezeichnet (vgl. Duden, Herkunftswörterbuch 1989), handelt es sich beim Ritus entweder um einen – sakralen oder profanisierten – Festbrauch in Worten, Gesten und Handlungen oder um das Vorgehen nach einem festgelegten Schema oder Zeremoniell (vgl. Duden, Fremdwörterbuch 1974). Die Beteiligung der an Kultus und Ritus gebundenen Gemeinschaft ist also jeweils im Rahmen einer festgelegten kulturellen Handlung reguliert.

Populärkulturelle Präsenzpublika sind dagegen an Veranstaltungen gebunden, die eher freiwillig denn aus sozialen Verpflichtungen heraus, zumeist aus dem Wunsch nach ↗ Unterhaltung besucht werden.

Auf Basis der Veranstaltungstypen lassen sich unterschiedliche Darbietungsarten unterscheiden, die ein Präsenzpublikum anziehen. Zu nennen sind erst einmal an menschliche Akteurinnen und Akteure geknüpfte theatralische, musikalische und sportliche Darbietungen. Bei den Ausstellungen ziehen typischerweise Artefakte unterschiedlichster Ausprägung die Aufmerksamkeit des Publikums auf sich. Als zumeist an bestimmte Daten im Jahreskalender geknüpfte populäre Ereignisse sind die tendenziell an den Schauplatz Straße gebundenen Feste und Festivals häufig mit einem Umzug (oder seiner Spielart Parade) als Darbietungsart gekoppelt – seien es Kölner Fedelszöch oder Love Parade. Schließlich bieten Freizeit- und Vergnügungsparks (vom Prater bis Disneyland) ihrem Publikum eine bunte Mischung an Möglichkeiten des Schauens und Staunens einerseits oder des Mitmachens andererseits.

Merkmale des Präsenzpublikums: Teilhabe versus Rezeption

Die Anwesenheit eines Präsenzpublikums ist aber alles andere als selbstverständlich. Denn: im Zweifelsfall produziert ja die heimische Stereoanlage die höhere Klangqualität, sieht man Claudio Abado samt Orchester im Fernsehen besser als auf den meisten Plätzen in der Berliner Philharmonie. Die Bedeutung dieses Arguments zeigt sich etwa im Zuschauerschwund, den viele populäre Veranstaltungen offenbaren, wenn sie nur die *Rezeption* eines Artefakts anbieten. Dennoch geht das Argument am Kern der Sache, sprich an der Attraktivität des Live-Dabeiseins vorbei. Was unter dem Kriterium der Teilhabe bedeutsam ist, sind Love Parade, Bundesligaspiel, *Element of Crime*-Konzert als Gesamtereignisse – der kulturelle Akt, die symbolisch-kommunikative Handlung in ihrer Totalität. Hier ist der Part des anwesenden Publikums zentral, leistet jenes einen essentiellen Beitrag. Anders gewendet: Für die an ein Präsenzpublikum gebundenen populären Formen gilt, daß sie als wesentlichen Vorgang eine Transsubstantation ihrer vereinzelten, wenngleich individualisierten Teilnehmendenschaft in ein Kollektiv, eine Gemeinschaft beinhalten.

Der Unterschied zwischen bloßer Rezeption und der Teilhabe eines Präsenzpublikums besteht insbesondere darin, daß letzterem ein Spektrum von Ausdrucks- und Handlungsmöglichkeiten zur Verfügung steht. Diese sind per Konvention bzw. Kodifizierung an die jeweilige kulturelle Form gebunden und haben kollektiven Charakter. Dies gilt für die von den Zuschauerinnen und Zuschauern geformte Welle auf den Rängen des Sportstadions ebenso wie für die brennenden Wunderkerzen am Ende eines Popkonzertes.

Bemerkenswert und die Populärkultur als kulturelle Praxis auszeichnend ist auch, daß die Teilnehmenden die kodifizierten Handlungsmöglichkeiten nicht nur wahrnehmen, sondern partiell auch verändern können. Dies kann so weit führen, daß der gesamte Charakter des populären Ereignisses hierdurch transformiert wird und beispielsweise die Filmvorführung zu einem Happening mit ›kultischen‹ Zügen wird – wie etwa im Falle der inzwischen legendären Mitternachtsvorführungen der Rocky Horror Picture Show in New Yorks Greenwich Village und zahlreichen kleineren ↗ Kinos andernorts, in deren Verlauf sich eine neuartige Variante des Filmerlebens in Form eines Rituals entwickelte (vgl. Warth 1992; ↗ Kult). Andere Spielarten der Publikumsbeteiligung lassen sich als eine publikumsseitig ausagierte ›Intertextualität‹ beschreiben, wenn etwa anläßlich einer Begegnung der nationalen Fußballteams von Schottland und England schottische ↗ Fans in der Maske der Anhänger des filmisch-populär als ›Braveheart‹ mystifizierten schottischen Kriegsherrn William Wallace auftreten. Hier wird von einem Bereich bzw. Medium der Populärkultur ein spezielles Deutungsmuster geliefert, das in einen anderen übertragen wird. Den an einem populären Ereignis unmittelbar Teilhaben-

den steht also prinzipiell die Möglichkeit zur Verfügung, als Teil des rollenhandelnden Kollektivs zu agieren und hier auch neuartige Momente einzubringen.

Funktion und Qualität des Handlungsvollzugs in der Präsenzsituation

In an eine bestimmte Zeit und einen bestimmten Ort gebundenen (populär)kulturellen Formen ist das Publikum also essentieller Akteur, ein ebenso einkalkulierter wie unverzichtbarer Co-Produzent. Grundsätzlich stellt jedes singuläre (populär)kulturelle Ereignis gewissermaßen sein jeweils eigenes und einmaliges Publikum her. Die Funktion solcher Ereignisse läßt sich am besten am Beispiel jener Formen charakterisieren, in deren Zentrum ein Akteur oder Akteursgruppe steht, denen der Status des ↗ Idols oder ↗ Stars, zugeschrieben ist. Populäre Ereignisse und Handlungen, die um solche Akteure oder Akteursgruppen organisiert sind, entfalten in dem Moment ihre identitätsstiftende Funktion, in dem das soziokulturell heterogene Publikum zur (populär)kulturellen Gemeinschaft wird, als deren Verkörperung der Star oder die Gruppe fungiert.

Neben der zentralen identitätsstiftenden Funktion eines populären Ereignisses für sein Präsenzpublikum lassen sich weitere funktionale Dimensionen der kulturellen Handlung ausfächern. In der Teilnahme an einem solchen Ereignis bestätigt das Publikum auch seine Gemeinschaftlichkeit als solche, seine Zusammengehörigkeit, das gemeinschaftlich Geteilte und nicht zuletzt die all dem zugrunde liegende kulturelle Logik bzw. Ideologie.

Eine hiervon unterscheidbare Funktion ist der Einschluß oder Einbezug jedes einzelnen Teilnehmers und jeder Teilnehmerin in die Gemeinschaft und seine/ihre damit verbundene Anerkennung und Erhöhung. In einer Gesellschaft, in der soziale und kulturelle Unterschiede – wenngleich auf mitunter sehr komplexe Weise – zu einer hierarchischen Ordnung korrelieren und die gesellschaftliche Position der Einzelnen nach wie vor mitbestimmen, kommt diesem Einbeziehen und der damit verbundenen Aufwertung der Einzelnen als Mitgliedern eines Kollektivs eine wesentliche Bedeutung zu. Der Einschluß, die Bestätigung der Zugehörigkeit verleiht Sicherheit, stellt insofern so etwas wie ein Antiserum gegen Vereinzelung, Atomisierung, Entwurzelung – oder, anders gewendet, das Herausfallen aus Netzen – dar. Die Funktion der Inklusion ist sowohl für kulturelle Handlungen, die ihr Publikum aus dem gesellschaftlichen Mainstream rekrutieren, als auch für alles, was sich in Abgrenzung zu diesem definiert, signifikant. Ein Unterschied ist vielleicht der, daß in der marginalisierten oder diskriminierten Position das Eingeschlossensein im Kollektiv womöglich schwerer wiegt, subjektiv ›mehr zählt‹ als in einer Position des grundsätzlichen Einklangs mit den tonangebenden kulturellen und sozialen Kräften.

Ganz wichtig und die kennzeichnenden Merkmale des Präsenzpublikums hervorhebend, ist die zelebrierende Qualität der kulturellen Handlung: Das Publikum feiert sich selbst als Gemeinschaft und damit die ihr zugrundeliegenden Haltungen – einen Lebensstil, eine geteilte Einstellung zum ›in der Welt‹ (und in vermittelter Weise also auch: in der Gesellschaft) sein. Diese drückt sich in einer jeweils eigenen ästhetischen Struktur aus, die Raymond Williams mit dem Konzept der Gefühlsstruktur (structure of feeling) auf den Begriff gebracht hat. In diesem Moment des Feierns, das sich auf unterschiedliche Art und Weise manifestiert, liegt vielleicht auch die besondere Qualität der sich vollziehenden kommunikativen Handlung begründet. Anders ausgedrückt, ist mit der ein Präsenzpublikum voraussetzenden Handlung eine spezifische Qualität und Intensität verbunden, die den zeitlich und örtlich getrennten Publika der medialen Formen so nicht eigen sind.

Das medienvermittelte Publikum: Konstitutionen und Positionierungen

Theater: Es bietet sich an, die Überlegungen zum medienvermittelten Publikum der populären Kultur als an eine spezifische gesellschaftliche Formation gebundene Erscheinung mit einer Betrachtung des ↗Theaters zu beginnen. Für die frühe Phase der populären Kultur in Europa und den USA relevant ist die klassen- bzw. schichtenspezifische Prägung der im 18. und 19. Jh. vorzufindenden Formen, die eine ›populäre‹ und eine ›hochkulturelle‹ (bürgerlich-adlige) Richtung begründen.

Entscheidende Veränderungen gingen im 19. Jh. von den technischen Entwicklungen aus. Diese stehen in einem Bezug zu der sich nun durchsetzenden stark visuellen Ausrichtung der Gesamtkultur. Im Theater eröffnen Licht und Beleuchtung völlig neue Gestaltungsmöglichkeiten und Effekte. Hiermit verbunden durchläuft auch die Interaktion zwischen Bühne und Zuschauerraum eine tiefgreifende Veränderung. Die nunmehr praktizierte Verdunkelung des Zuschauerraums ändert »das gesellschaftlich-kommunikative Verhältnis zwischen Schauspieler und Publikum grundlegend« (Klaus 1997, S. 458). Dies bedeutet einerseits einen Verlust an kollektiven Mög-

lichkeiten des (Rollen-)Handelns, andererseits jedoch einen Zugewinn an individualisierter Erfahrung: »Der Betrachter im Dunkeln ist allein mit sich und dem Lichtspiel, denn im Dunkeln hören die sozialen Beziehungen auf zu bestehen. Dafür öffnet die Dunkelheit um so weiter die Poren der individuellen Wahrnehmung« (ebd.). Sämtliche sich dann entwickelnden Lichtspiel-Medien beruhen auf der so erstmals im Theater gesetzten Trennung zwischen verdunkeltem Auditorium und erhelltem Repräsentationsraum – ob Bühne, Leinwand oder Projektionsfläche. Im Vergleich mit der Stadionsituation heute oder mit der des populären Theaters des 18. Jh., hat sich die Theatererfahrung so gewandelt zu einer Verinnerlichung des Erlebens, d.h. einer Intensivierung und Verdichtung mittels einer deutlichen Fokussierung der individuellen Aufnahmearbeit.

Buch und Zeitschriften: Ebenso wichtig wie die Theaterentwicklung ist jene für das 18. und 19. Jh. feststellbare Herausbildung eines modernen Verlags- und Pressewesens. Von Interesse ist hier nicht in erster Linie die Weiterentwicklung der technischen Apparate und Systeme, sondern die von Ian Watt (1974) für den Roman in England so eindrücklich nachgezeichnete Entstehung eines breiten ›Lesepublikums‹ (vgl. Watt 1974). In diesem sind innerhalb einer Mittelschicht insbesondere die Frauen und zunehmend auch die lesekundigen Bediensteten der wohlsituierten Haushalte sowie im Verlags- und Pressewesen tätige Lehrlinge und dann, mit zunehmenden Zugangsmöglichkeiten zu Büchern und Zeitschriften per Bibliotheken, immer weitere Anteile der Bevölkerung zu finden. Mit dem Begriff ›Bevölkerung‹ ist bereits ein weiteres Merkmal des Lesepublikums im Sinne der von den Printmedien adressierten Leserschaft markiert. Diese ist zunächst über das Medium Sprache (also sprachräumlich) abgesteckt und wird über Urheberrechts- und Lizenzbestimmungen in Kombination mit den jeweils vom einzelnen Medium abhängigen Reichweiten (für die Zeitschriften: in Form der Vertriebswege) staatlich, und d.h. für das 19. Jh. insgesamt zunehmend nationalstaatlich definiert.

Im Vergleich zu der für ein Präsenzpublikum konstitutiven Handlungssituation erfordert der Akt des Lesens eine gewisse sinnlich-wahrnehmungsbezogene Abschottung des oder der Lesenden von seinem oder ihrem konkreten situativen Umfeld. An Buch und ↗Zeitung oder ↗Zeitschrift geknüpft ist die visuelle Wahrnehmung als exklusive Mediatorin des Kommunikationsprozesses. Der Aufstieg von Zeitschrift und Buch zu populären, breit rezipierten Medien manifestiert also auch eine Dimension der übergreifenden Entwicklung hin zu einer auf das Auge, den visuellen Eindruck zentrierten Gesamtkultur. Im Lesen, in den Medien Buch und Zeitschrift, schlägt diese sich als notwendige Abschottung der übrigen Wahrnehmungskanäle, als auf den Einzelnen zentrierte, nach innen gerichtete, konzentriert-verdichtete Handlung nieder. Zumindest für den Fall der privilegierteren Schichten wissen wir jedoch, daß der somit vom jeweiligen situativen Kontext abgedichtete, individualisierte Akt des Lesens in einem engen Zusammenhang stand mit kulturellen Praxen des Austauschs über das Rezipierte im Rahmen unterschiedlicher sozialer Gruppen oder Konstellationen: mit der Geselligkeit und dem literarischen Räsonnement der Tisch- und ↗ Lesegesellschaften, Salons, Kränzchen, Kaffeehaustreffen (vgl. Strube 1991).

Die Überlegungen zu populären Zeitschriften und Büchern führen zur Frage nach einer möglicherweise medienseitig bestimmten, konkreten und damit auch ortsgebundenen Situierung des Kommunikationsprozesses zwischen Medium und Publikum. Für den mit Zeitung, Zeitschrift und Buch verknüpften individualisierten Akt des Lesens ist festzuhalten, daß die Zugangsmöglichkeit zum Medium anfänglich – aufgrund des noch privilegierten Status des Mediums – auch örtlich gebunden war: Bücher und Zeitschriften waren nur in sozial besser gestellten Haushalten vorhanden, zirkulierten nur in bestimmten, privilegierten Kreisen. Über die sich zunehmend einstellende allgemeine, da nunmehr erschwingliche Zugänglichkeit löst sich der Gebrauch dieser Medien dann aus seiner örtlichen (wie auch zeitlichen) Gebundenheit und wird von den Mediennutzer/innen selbst bestimmbar.

Kino: In seiner Verengung auf das Sehen und die visuell geprägte Interaktion zwischen den an der kulturellen Praxis Beteiligten knüpft das ↗ Kino unmittelbar an die theaterbezogenen Entwicklungen der zweiten Hälfte des 20. Jh. an. Gleichwohl werden im Prozeß der Herausbildung des spezifischen Charakters des neuen Mediums auch die Handlungsmöglichkeiten des Publikums neu verhandelt. Im Unterschied zur Theatersituation verschwindet hier die Möglichkeit des kommunikativen Austauschs zwischen den im Saal Anwesenden und den auf der Leinwand agierenden Darstellern. Die Verbindung zwischen den Zuschauern ist im Kino weitaus lockerer als im Theater. Ein solches gelockertes Verhaltensreglement dürfte nicht zuletzt den ›populären‹, und das heißt hier: schichtenspezifischen Wurzeln des Kinos geschuldet sein. Bei den Anstrengungen um die Etablierung des Kinos als einem ›respektablen‹ Medium ging es immer auch um ›Bändigung‹, d. h.

eine gewisse Reglementierung des frühen Kinopublikums.

Das frühe Kino findet seine Besucher in jenen proletarischen, sub-proletarischen und ›Kleine Leute‹-Schichten, die schon dem populären Theater zugetan waren. Die weitere Entwicklung des Kinos ist dann auch eine Geschichte des Bemühens um kulturelle Respektabilität, ergo um bürgerliche Anerkennung. In deren Verlauf etablieren sich insbesondere im US-amerikanischen Raum die mit dem Genre-Begriff gefaßten komplexen Interaktionsmuster zwischen dem Kino und seinen Zuschauer/innen. Mit dem Genre-System bietet das Kino ein überschaubares Angebot verschiedenartiger filmischer Produkt- oder Textsorten. Diesen liegen nicht nur jeweils bestimmte ästhetische Prinzipien bzw. eine spezifische Formel zugrunde, sondern sie arbeiten auch mit einem jeweils spezifischen Konventioneninventar. Der einzelne Genrefilm steht jeweils vor der Anforderung, eine Gratwanderung der Erfüllung oder Enttäuschung bestimmter Erwartungshaltungen zu bewerkstelligen. Für den europäischen Raum ist darüber hinaus insbesondere nach dem Zweiten Weltkrieg die Entwicklung des sogenannten ›Autorenkinos‹ als einer vom Genreprinzip abweichenden Kinorichtung zu verzeichnen. Der medienseitig etablierte Regulierungsmechanismus für die Ansprache nach Geschlecht, Alter und teilweise auch Bildung unterschiedlicher Publika besteht also – grob gesagt – in einem Angebot unterschiedlicher ›Textsorten‹ und der Kommunikation ihrer besonderen Eigenschaften. Auch die dann nachfolgenden Medien werden sich in ihrer Interaktion mit potentiellen Rezipierenden diesen grundsätzlichen Mechanismus zu eigen machen.

Radio: In der historischen Abfolge der populären Medien durchbricht das ↗ Radio den Primat des Visuellen. In der gesellschaftlichen Herausbildung des Radios als Medium setzt sich die sternförmige ›eines-an-viele‹ Vermittlungsform in privatwirtschaftlicher wie staatlicher Organisationsweise durch. Erstmals wird nun ein populäres Medium als Apparat im heimisch-häuslichen Bereich installiert. Bis zu diesem historischen Zeitpunkt galt zumindest für die weniger privilegierten Schichten, daß man die Räumlichkeiten der persönlichen Existenz und mit dieser gewissermaßen auch den persönlichen Alltag hinter sich ließ, um populäre Angebote des Zeitvertreibs und der kulturellen Teilhabe zu nutzen. Für die Privilegierten stellte die kulturelle Teilnahme bereits im 18. und 19. Jh. eine teilweise auch räumlich-örtlich in den konkreten Lebensalltag und das ›eigene‹ räumliche Umfeld integrierte Praxis dar. Im Unterschied dazu machte ein Begriff wie der des eigenen Heims, der ›eigenen vier Wände‹ als Rückzugsmöglichkeit für die weniger Begüterten in Europa bis ins 20. Jh. wenig Sinn. Weder wohnten generell ausschließlich Angehörige einer Familie zusammen, noch hätte man in diesen Schichten mit der Vorstellung von der persönlichen Wohnstätte als Ort der Geborgenheit, der Muße und freien Entfaltung sehr viel anzufangen gewußt. Diesbezüglich illustriert die Erfolgsgeschichte der Radio-Soap Opera in den Vereinigten Staaten, wie sich dort das Bild in den 1930er Jahren bereits deutlich gewandelt hat und man erstmals mit der Modellfigur der kleinfamilialen Hausfrau in ihrem privaten Haushalt konfrontiert ist, die (insbesondere auch aufgrund der katastrophalen Wirtschafts- und damit Arbeitsmarktlage) nicht außer Haus arbeitet und in der depressionsgeschüttelten Zeit durch sparsamstes Haushalten ihren Teil zum Überleben der Familie beiträgt. Und es ist nicht von ungefähr erst in den 1930er Jahren, daß das ›Massenmedium‹ Radio trotz Börsenkrach und Depression nicht nur eine große Abnahme in Form einer breiten Käuferschaft und ein nunmehr insbesondere in kleinfamilialen Haushalten organisiertes Zielpublikum anspricht und erreicht.

Zeitlich vor dem von den Nationalsozialisten betriebenen Mißbrauch des Radios als Propaganda- und Indoktrinationsinstrument verweist Bertolt Brecht in einer Reihe von später als Radiotheorie zusammengefaßten Aufsätzen am Ende der 1920er Jahre auf dessen nicht entfaltete Potentiale. Wie Brecht hellsichtig erkannte, ist es bereits mit Hilfe der dem Rundfunk zugrundeliegenden Technik prinzipiell möglich, die Trennung zwischen Produktion und Rezeption aufzuheben. Hieraus ergibt sich Brechts utopische Zielsetzung: »Der Rundfunk ist aus einem Distributionsapparat in einen Kommunikationsapparat zu verwandeln« (Brecht 1999, S. 260). Bezeichnenderweise spricht Brecht dann aber nicht vom Publikum, sondern von der Öffentlichkeit, in deren Interesse dieses Umfunktionieren zu bewerkstelligen wäre. Dies hat seinen aktuell gebliebenen Positionen weit mehr als ein halbes Jahrhundert später die berechtigte Kritik eingebracht, daß sie in das Fantasma einer ›universellen‹ Öffentlichkeit verstrickt seien, die es so nie gegeben hat und nie geben kann.

Der – beispielsweise im Theater versammelten – »Menge in Kontakt« stellt Brecht den Vereinzelten am Empfangsgerät gegenüber. Das Radio in einen Kommunikationsapparat zu verwandeln würde bedeuten, daß die Rollen von Sender und Empfänger wechselseitig eingenommen werden können. Statt eines massenmedialen Publikums, so läßt sich Brechts Argumentation verlängern, würde damit eine Teilnehmendenschaft entstehen. In der Tat lassen sich die

frühen Versuche von Hobbyfunkern als Ansatz dazu verstehen, ein solches Kollektiv in Gestalt technischer Aficionados entstehen zu lassen. Daß die Idee als solche in keiner Gesellschaft zum damaligen Zeitpunkt auch nur annähernd Berücksichtung fand, geht auf die sich durchsetzenden Interessen von freier Wirtschaft und Militär, d. h. die Praktiken der jeweiligen militärisch-industriellen Komplexe zurück.

Mehr vielleicht als die populären Medien vor ihm wird das Radio in den 1930er Jahren zu einem Apparat, der sich insbesondere durch seine Adressierung eines jeweils national konstituierten Publikums hervortut – und jenes auch erreicht. Unter den Nationalsozialisten wird das Radio in Gestalt des ›Volksempfängers‹ bekanntlich zum Propagandainstrument par excellence. In den USA nutzt ein Franklin D. Roosevelt den Rundfunk, um in seinen ›Fireside Chats‹ das depressionsgeschüttelte Land zur Solidargemeinschaft des ›New Deal‹ zusammenzuschweißen, die auch den kleinsten Farmer und seine Familie in der abgeschiedensten Gegend mit all ihren Sorgen und Nöten kennt, anerkennt und einschließt.

Allerdings kann eine nationalstaatlich-territoriale Definition die neue technische Apparatur in bezug auf das von ihr erreichbare Publikum nur mühsam bändigen. Gerade im Kontext des nationalsozialistischen Deutschland wird die der Technik innewohnende Subversion deutlich, ließ sich doch mit dem Radiogerät auch gänzlich anderes auffangen als die Reden des Dr. Joseph Goebbels. Ergo bedurfte die Einstellung des Radios in die privaten Wohnungen im gleichgeschalteten deutschen Reich einer ständigen sozialen Kontrolle und Bespitzelung.

Fernsehen

Als funktionierendes technisches System steht das Fernsehen bereits in den 1930er Jahren zur Verfügung. Als Artikel von Massenproduktion und -konsum wie auch als ›Massenmedium‹ gelingt sein Durchbruch jedoch erst in der dem Zweiten Weltkrieg folgenden Wohlstandsperiode der westlichen Industrieländer und greift im Laufe der weiteren Entwicklung auch auf die ›nicht-westlichen‹ Territorien und Länder über. Das neue Freizeitvergnügen ist zunächst noch weitgehend auf öffentliche Orte wie Gaststätten oder den Besuch bei gut situierten Bekannten beschränkt und als geselliges Ereignis angelegt.

Nach allem, was wir wissen, erhält der Fernsehapparat seinen angestammten Platz zuerst in den Wohnzimmern, die zumindest in Deutschland in weiten Teilen der Bevölkerung erst nach dem Zweiten

Weltkrieg zum tatsächlichen Hauptaufenthaltsort des unter einem Dach vereinten Haushalts werden: »Zu Beginn der 50er Jahre galt das Wohnzimmer mit seiner Couchgarnitur und dem Couchtisch zumindest idealtypisch als Zentrum der familiären Kommunikation, auch wenn es werktags nach wie vor die Küche war. Das Fernsehen strukturierte die Wohnung neu, und das Wohnzimmer wurde wirklicher Mittelpunkt der Familie« (Andersen 1997, S. 120). Die Sentenz, derzufolge aus dem (trauten) Familienkreis durch das Fernsehen ein Halbkreis wird, ist nicht zuletzt unter dem Aspekt aufschlußreich, daß hier schichtenspezifische Vorstellungen ein idyllisch anmutendes und daher problematisches Bild des privaten Alltags ›vor dem Fernsehen‹ entwerfen. Diese ähneln zudem jenen in den Köpfen der institutionellen Entscheider wie auch der Kulturkritiker. Darüber hinaus begegnen sie uns in der Art der verfassungsrechtlichen Institutionalisierung des Fernsehens wieder. Die vorherrschende Annahme über die Kleingruppe vor dem Fernsehapparat ist von Anfang an die, daß sie mit der Kleinfamilie identisch ist. Der Umstand, daß letztere in Gestalt eines einem Broterwerb nachgehenden Ehemannes, einer im Hause tätigen Frau nebst dazugehörigem Nachwuchs in zunehmend geringerem Maß den tatsächlichen empirischen Gegebenheiten entsprach, änderte daran nichts wirklich Entscheidendes. Für weite Teile der öffentlich-rechtlichen, aber auch der kommerziellen Veranstalter blieb die Familie in der Figur der zentralen Zielgruppe ideologisch noch lange bestimmend, obwohl sich die Zusammensetzung der Haushalte längst markant verschoben hatte.

Den Hintergrund hierfür liefert der Umstand, daß sowohl private als auch öffentlich-rechtliche Veranstalter auf die – national jeweils variierende – verfassungsrechtliche Implementierung des Rundfunkwesens aufbauen müssen. Hiervon ausgehend konstituiert insbesondere das Fernsehen auf der übergreifenden Ebene sein Publikum als nationale Zuschauerschaft. Letztere wird von der Kommunikationswissenschaft bis heute im Begriff des universellen Publikums gefaßt. Der dem Medium zugrundegelegte nationalstaatliche Publikumsentwurf findet auf der Mikroebene seine Entsprechung in der Kleinfamilie als Keimzelle des Staates und kleinster Rezeptionseinheit. Für das Fernsehen als populäres Medium ist ausschlaggebend, daß sich über diese gleichsam staatstragende Publikumskonstitution (als Summe der ›Mitbürgerinnen und Mitbürger‹) eine zweite faltet: die der Zuschauenden als kulturell Rezipierende bzw. Partizipierende bzw. als Konsumenten. Der besondere Kultur- und Bildungsauftrag des öffentlich-rechtlichen Rundfunkwesens schreibt den

erstgenannten Aspekt (Repräsentation und Teilhabe) in der Verpflichtung zu einer besonderen Berücksichtigung sozialer Minderheiten und Randgruppen fest. In den in der BRD wie auch in anderen Ländern zunächst ausschließlich gebotenen ›Vollprogrammen‹ schlägt dies sich als Differenzierung des Angebots nieder, die sich an einem imaginierten Familienalltag orientiert. Der Nachmittag – als über einen vergleichsweise langen Zeitraum definitiver Sendebeginn – wendet sich in erster Linie an als zu der Zeit anwesend gedachte Kinder sowie – dies zunächst allerdings ausschließlich in den kommerziellen Fernsehsystemen – an die ›Hausfrau‹. Das frühe Abendprogramm ist im Grunde bis heute als ›Familienzeit‹ konzipiert, d. h. als Zeitspanne im Alltagsablauf, zu dem die meisten Haushaltsangehörigen sich im Hause aufhalten. Die Programmplätze nach ca. 20 Uhr sind mit sich an ein ›erwachsenes‹ Publikum richtenden Programmtypen und ↗ Genres aufgefüllt. Und die späten Abendstunden gehören dann, insbesondere im öffentlich-rechtlichen Fernsehen, dem ›kulturell Anspruchsvolleren‹ und der Berücksichtigung der Interessen gesellschaftlicher Minderheiten.

Das Fernsehen basiert, wie die modernen ›Massenmedien‹ insgesamt, auf einer mehrfachen Publikumskonstitution. Zum einen implizieren sie einen Gesamtentwurf und eine übergreifende Adressierung ihrer potentiellen Rezipierendenschaft, die sich auf die jeweilige mediale Reichweite bzw. den Distributionsradius bezieht. Zum anderen entwerfen sie im Rahmen dieser territorialen Koordinaten ein Individuum oder eine soziale Gruppe, die in die Konzeption der Angebote einfließt. Und zum dritten schließlich rücken sie das Publikum als abstrakte Größe, in Form von Einschaltquoten und Zielgruppen, in die Produktionssphäre ein, von wo aus sie als diskursives Konstrukt wieder in den kulturellen Kreislauf zurückwirkt.

Als populäres Medium spricht das Fernsehen die Haushaltsmitglieder auch in ihren unterschiedlichen soziokulturellen Identitäten an und vollzieht damit eine symbolische Anerkennung von deren Interessen und Neigungen. Jedoch werden längst nicht alle Zuschauer in ihren unterschiedlichen Interessen gleichgewichtig bedacht. Sehr erfolgreich ist diese Adressierung im Falle der Sportbegeisterten und insbesondere der Fußballfans, die nach herrschenden kulturellen Kodes ›männlich‹ definiert sind. Mit der Anerkennung von Gruppen, die vordergründig nicht als Minderheiten oder Randgruppen in einem politischen Sinn gelten (können), hat sich insbesondere das bundesdeutsche öffentlich-rechtliche Fernsehen in seiner Geschichte schwer getan – was beispielsweise für eine Berücksichtung von Frauen als soziale Gruppe zugeschriebenen Interessen bis heute gilt. Aber auch die Jugendlichen werden als Gruppe mit eigenen Interessen und Ansprüchen vom öffentlich-rechtlichen deutschen Fernsehen relativ spät ›entdeckt‹. Dies hat, wie Baacke (1993) herausgestellt hat, damit zu tun, daß der Jugendliche als ›Teenager‹ in der BRD der 1950er Jahre gesellschaftlich erst ›erfunden‹ wird und sich hieraus für die Heranwachsenden im Alter zwischen 13 und 19 Jahren damals überhaupt die Möglichkeit auftat, ihren Anschluß an Lebensstil und Lebensform der anderen westlichen Demokratien zu entwickeln. Diese von Nationalsozialismus und Krieg verursachte zeitversetzte Entwicklung erklärt auch, weshalb das ›gemischte‹ britische Rundfunksystem schon in den 1950er Jahren spezielle Sendungen für Jugendliche anbietet (etwa die *Juke Box Jury* der BBC) und mit *Ready, Steady, Go!* (*RSG!*) ab 1963 einen zentralen Bezugs- und Durchgangspunkt der populären Jugendkultur in England schafft, dessen Modellcharakter für den dann in Deutschland ab 1968 Furore machenden *Beat Club* unübersehbar ist.

Als für den privaten, heimischen Bereich bestimmtes, auf Breitenwirksamkeit angelegtes Medium besitzt das Fernsehen eine wenig ausgeprägte Reglementierungsmacht bezüglich der ihm gegenüber adäquater Weise einzunehmenden Position wie Rezeptionshaltung. In diesem Punkt kann man das Fernsehen als relativ ›schwaches‹ Medium bezeichnen. Dieses potentielle Handicap wird jedoch – insbesondere im Zuge seiner zunehmenden Ökonomisierung – durch sein Potential zu einer verhältnismäßig starken Publikumsbindung mittels eines expansiven und kontinuierlich verfügbaren Programmangebots wettzumachen versucht. Die Wirkmächtigkeit des Mediums, sein potentieller Einfluß auf den Zuschauer, ist ohne Zweifel leiser, schleichender, unauffälliger als der des Kinos. Unmittelbar auf die Art der Rezeption bezogen, liegt er nicht in der Intensität und Tiefenwirkung eines einmaligen, dichten, in sich abgeschlossenen Prozesses symbolischer Kommunikation. Generationsunterschiede in der Aneignung von Rezeptionshaltungen in Rechnung gestellt, ist es im Falle des Fernsehens tendenziell weniger die Einmaligkeit und Tiefenwirkung des Erlebens eines einzelnen Rezeptionsvorgangs, als vielmehr der ständige Kontakt, das ›Dran Bleiben‹, das Zugeschaltetsein.

Von heute aus gesehen ist klar erkennbar, daß das Medium Fernsehen seine auf Bindung setzenden Potentiale über die Jahre hinweg ausgebaut und verstärkt hat. Diese medienimmanenten Veränderungen sind als Teil der gesamtgesellschaftlichen Entwicklung und als Ausdruck von zunehmendem Wohlstand und einer sich noch verstärkenden Konsumorientierung in den westlichen Industriegesellschaften zu verstehen. In demographischer Hinsicht kommt es zu signifikanten Veränderungen der privaten Lebenszusammenhänge. Empirisch schlägt sich dies u. a. nieder in einem markanten Zuwachs von Ein-Personen-Haushalten, die nicht nur aus jungen, urbanen und ›hippen‹ Singles bestehen, sondern insbesondere auch und weiterhin zunehmend ältere, alleinstehende Menschen einschließen. In den in ihrer konkreten Ausformung ganz verschiedenartigen Mehrpersonen-Haushalten ist eine Vermehrung und Ausbreitung des Fernsehgeräts verzeichenbar. Die ›Glotze‹ wandert in Küche, Schlaf-, Kinder- und Jugendzimmer.

In der Entwicklung der vergangenen 15 Jahre sind – insbesondere in Deutschland unter Einfluß des sich etablierenden ›dualen‹ Rundfunksystems – neben den Vollprogrammen auch sogenannte Spartenkanäle entstanden, die vorzugsweise ↗ Sport, Politik bzw. Nachrichten, populäre ↗ Musik/↗ Videoclips anbieten. Konventionelle und im Grunde überkommene Stereotypen weitertransportierend, werden hier nach Alter und Geschlecht differenzierte Spezialangebote unterbreitet. Daß hierbei auf die Bedienung ganz bestimmter Interessen und letztlich auf eine hinter diesen vermutete Kaufkraft bzw. Konsumbereitschaft gesetzt wird, dürfte einleuchten. Medienseitig haben wir es heute also mit einer Vielzahl unablässig fließender Kommunikationsströme zu tun, in die sich der oder die Einzelne jederzeit und überall ein- und wieder ausklinken kann.

Ausblick

In einem ganz bestimmten Sinn haben die medialen Entwicklungen das Publikum bzw. die Publika zum Verschwinden gebracht. Die Einsicht von Murdock, »The history of communications is not a history of machines, but a history of the way in which new media help to reconfigure systems of power and networks of social relations« (1993, S. 534) kann man auch auf die ›Neuen Medien‹ anwenden, die kein Publikum mehr kennen. Mit den neuen Informations- und Kommunikationstechnologien, allen voran dem vernetzten ↗ Computer und dem ↗ Internet, tun sich für die verschiedenartigen sozialen Subjekte und Gruppen jeweils nach territorialer Verortung auf diesem Planeten stark differierende Möglichkeiten einer handelnden Teilhabe auf, wie sie etwa durch die spezifische Beschaffenheit der Massenmedien (bzw. in Ermangelung jeglicher medialer

Anschlüsse) bislang nicht zur Verfügung standen. Im Rahmen eines potentiell weltumspannenden kommunikativen Austauschs stehen nunmehr also unter bestimmten Voraussetzungen weitreichende Handlungsmöglichkeiten prinzipiell offen. In der ersten Phase des großen Internet-Hype wurde dies ebenso exzessiv wie naiv als Durchbruch in ein neuartiges Reich der Freiheit gefeiert. Inzwischen ist nicht zuletzt aufgrund der starken Kommerzialisierung und der beispiellosen Konzentrationsprozesse bezogen auf Computer und Internet der notwendige Grad an Ernüchterung eingetreten. Diesen Zustand voraussetzend kann man nun tatsächlich die Frage stellen, ob wir möglicherweise mit dem Internet und seinen unzähligen ›communities‹ dort angelangt sind, wo wir das Präsenzpublikum hinter uns gelassen haben bzw. uns unter dem Vorzeichen des Medienzeitalters den medienvermittelten Publika zugewendet haben?

Literatur

Andersen, A.: *Der Traum vom guten Leben. Alltags- und Konsumgeschichte vom Wirtschaftswunder bis heute*. Frankfurt a. M./New York 1997.
Ang, I.: »Wanted: Audiences«. In: Seiter E. et al. 1989. S. 96–115.
Dies.: *Desperately Seeking the Audience*. London/New York 1991.
Baacke, D.: *Jugend und Jugendkulturen. Darstellung und Deutung*. Weinheim/München 1993.
Brecht, B.: »Der Rundfunk als Kommunikationsapparat. Rede über die Funktion des Rundfunks«. In: Pias, C. et al. (Hgg.): *Kursbuch Medienkultur. Die maßgeblichen Theorien von Brecht bis Baudrillard*. Stuttgart 1999. S. 259–263.
Brunsdon, C.: »Text and Audience«. In: Seiter E. et al. 1989. S. 116–129.
Chambers, I.: *Urban Rhythms. Pop Music and Popular Culture*. London 1985.
Ders.: *Popular Culture. The Metropolitan Experience*. London/New York 1986.
Fiske, J./Hartley, J.: *Reading Television*. London 1978.
Fiske, J.: *Television Culture*. London/New York 1987.
Göttlich, U.: *Kritik der Medien. Reflexionsstufen kritisch-materialistischer Medientheorien*. Opladen 1996.
Klaus, E.: »Konstruktionen der Zuschauerschaft: Vom Publikum in der Einzahl zu den Publika in der Mehrzahl«. In: *Rundfunk und Fernsehen* 45, 4 (1997) S. 456–474.
Morley, D./Brunsdon, C.: *The Nationwide Audience: Structure and Decoding*. London 1980.
Morley, D.: »The *Nationwide* Audience: A Critical Postscript«. In: *Screen Education* 39 (1981) S. 3–14.
Morley, D.: *Family Television*. London 1986.
Murdock, G.: »Communications and the constitution of modernity« In: *Media, Culture & Society* (1993).
Seiter, E./Borchers, H./ Kreutzner, G./Warth, E.-M.: *Remote Control: Audiences, Television, and Cultural Power*. London/New York 1989.
Strube, R.: *Sie saßen und tranken am Teetisch: Anfänge und Blütezeit der Berliner Salons 1789–1871*. München 1991.
Warth, E.-M.: »Gesellschaft als Karikatur: *The Rocky Horror Picture Show*«. In: Faulstich, W./Korte, H.: *Fischer Film-*
geschichte. Band 4: 1961–1976. Frankfurt a. M. 1992. S. 255–267.
Watt, I.: *Der bürgerliche Roman. Aufstieg einer Gattung. Defoe – Richardson – Fielding*. Frankfurt a. M. 1974.
Williams, R.: *Television, Technology and Cultural Form*. London 1974.
Ders.: »Communications as Cultural Science«. In: Bigsby, C.W.E. (Hg.): *Approaches to Popular Culture*. London 1976. S. 27–38.
Ders.: *Culture*. London 1980.
Ders.: »Mobile Privatisierung«. In: *Das Argument* 26, Nr. 144 (1984) S. 260–263.

Gabriele Kreutzner

Radio

Was wir heute als ›Radio‹ oder auch ›Hörfunk‹ bezeichnen, wurde zunächst als ›Rundfunk‹ bekannt, ein Begriff, der heute sowohl den Hörfunk als auch das ↗ Fernsehen umfaßt. Ausgehend von der Entdeckung, daß sich mit Hilfe elektromagnetischer Schwingungen drahtlos Sprache, ↗ Musik und schließlich auch Bilder übertragen lassen, waren ab 1910 zahlreiche Versuche mit der Übermittlung einzelner Musikstücke oder kurzer Ansprachen unternommen worden, die 1920 in den Vereinigten Staaten und 1923 in Deutschland in einen regelmäßigen Rundfunkbetrieb mündeten. Es war dieser Verbreitungsweg, der die dann folgende Entwicklung des Radios als Medium der Massenkommunikation mit einer engen Bindung an bestimmte geographische und kulturelle Räume prägte. Die umgangssprachliche Bezeichnung ›Radio‹ ist eine Kurzform des Begriffs Radiation, den Heinrich Hertz für das von ihm nachgewiesene Phänomen verwendete, daß elektromagnetische Wellen, die an einer Stelle erzeugt werden, auch an einer beliebigen anderen Stelle innerhalb eines bestimmten Radius empfangen werden können.

Heute hat sich der Radiobegriff längst von dem ursprünglichen technischen Übertragungsweg gelöst; Radio wird auch über Breitbandkabel, über Satellit oder auch über das ↗ Internet verbreitet und empfangen. War es früher noch vergleichsweise einfach, sich darüber zu verständigen, was wir unter Radio und Radionutzung verstehen, wurde dies angesichts der technischen Entwicklungen der letzten Jahre und Jahrzehnte zunehmend schwieriger. Früher gehörte zum Radio ein Gerät, das eindeutig als Radioempfänger auszumachen war; Radionutzung meinte den Kontakt mit einem eingeschalteten Radiogerät. Im Laufe der Radioentwicklung wurden aber zahlreiche Geräte entwickelt, die entweder auf den ersten Blick nichts mit einem Radiogerät zu tun haben, aber doch als solches genutzt werden können, so z. B. Wecker,

oder die zahlreiche weitere Funktionen mit dem
Radiogerät kombinieren, so daß die Funktion als
Radiogerät fast in den Hintergrund tritt, z. B. Stereoanlagen. In jüngster Zeit werden Radioprogramme
mit ↗Computern, Handys oder Uhren empfangen,
und angesichts der vielfältigen radioähnlichen Au-
diodienste stellt sich zunehmend die Frage, wie Radio bzw. Hörfunk künftig begrifflich noch abgegrenzt werden kann – eine Frage, die nicht zuletzt
von rundfunkpolitischer Bedeutung ist. Fest steht,
daß eine gerätebezogene Definition nicht mehr taugt;
vielmehr bedarf es einer Definition, die an der kommunikativen Funktion des Hörfunks ansetzt: Radio
ist, wenn Menschen Radio hören. Als Versuch einer
funktionsbezogenen Definition des Radios kann
demnach folgendes zugrunde gelegt: Unter Radionutzung sind Kontakte von Menschen mit einem
auditiven Kommunikationsangebot gemeint, das *standardisiert* (allen dasselbe), *zeitgebunden* (allen zur
gleichen Zeit), in *einseitiger Richtung* (mit klarer
Rollenverteilung zwischen Sender und Empfänger),
öffentlich (im Prinzip für alle zugänglich) verbreitet
wird.

Geschichte der Sendeanstalten
in Deutschland

Entscheidender Akteur bei der Einführung des Radios in Deutschland war das Reichspostministerium;
aus Gründen der technischen Reichweite teilte dieses
das Land zunächst in neun etwa gleich große Gebiete
auf, in denen private regionale Sendegesellschaften
gegründet wurden. An diesen wiederum hielt die
Post die Mehrheit der Anteile. Nachdem in der
Anfangsphase die Sendezeit noch auf eine Stunde
täglich begrenzt war und sich entsprechend auf Ein-
zelübertragungen bereits vertrauter kultureller Dar-
bietungsformen, z. B. ↗Konzerte, Vorträge und Lesungen, beschränkte, entwickelten sich bald Programmstrukturen im heutigen Verständnis: Sendungen verschiedener Programmsparten wurden zu
festen Zeiten und in einem regelmäßigen Rhythmus
angeboten. Das Medium erwies sich rasch als für
breite Bevölkerungsschichten attraktiv, so daß die
ursprüngliche Planung der Post, das Radiohören nur
für den Gemeinschaftsempfang in ↗Theatern oder
↗Kinos vorzusehen, bald aufgegeben wurde. Bereits
zwei Jahre nach Sendebeginn verfügte eine Million
Haushalte über ein Empfangsgerät – sehr oft selbst
gebastelt – gegen Ende der Weimarer Republik 1932
waren mehr als vier Millionen Rundfunkteilnehmer
registriert.

War der Rundfunk bereits Ende der 1920er, Anfang der 1930er immer stärker unter Regierungsein-
fluß geraten, so wurde er nach der Machtergreifung
der Nationalsozialisten vollends zum Instrument der
NSDAP. Unmittelbar nach Gründung des Reichs-
ministeriums für Volksaufklärung und Propaganda
unter der Leitung von Joseph Goebbels wurde diesem
die Zuständigkeit für den Rundfunk übertragen. Neben weitreichenden personellen Säuberungen in den
Funkhäusern wurden den Intendanten explizite
Richtlinien für die Programmgestaltung vorgegeben,
einschlägige politische Ereignisse mußten ausführlich
dokumentiert werden. Zugleich setzte Goebbels gezielt auf die Unterhaltungsfunktion des Rundfunks,
um dessen Attraktivität für die Hörerinnen und Hörer zu erhalten. Die Bedeutung des Rundfunks wurde
weiter gesteigert durch die Entwicklung des sogenannten »Volksempfängers«, der relativ preisgünstig
angeboten wurde und mit dazu beitrug, daß die
Teilnehmerzahlen bis 1943 auf 16 Millionen stiegen.
Von den immerhin zwei Mark Monatsbeitrag, die die
Teilnehmer zu zahlen hatten, flossen 1939 lediglich
38 Pfennig an die ↗Sendeanstalten, während der
weitaus größere Teil bei der Post und vor allem beim
Propagandaministerium für andere Zwecke ausgegeben wurde.

In der Nachkriegszeit verfolgten die westlichen
Alliierten das Ziel, einen unabhängigen, staatsfernen
und nicht-kommerziellen Rundfunk aufzubauen.
1948 wurden schließlich, gegen zum Teil erheblichen
Widerstand deutscher Politiker, die größere Einfluß-
möglichkeiten der Politik auf den Rundfunk forderten, *öffentlich-rechtliche Rundfunkanstalten* gegründet: in der britischen Zone der Nordwestdeutsche
Rundfunk (NWDR) – seit 1954 aufgeteilt in Nord-
deutscher und Westdeutscher Rundfunk (NDR und
WDR) und Sender Freies Berlin (SFB) –, in der
französischen Zone der Südwestfunk (SWF) sowie
später der Saarländische Rundfunk, in der amerikanischen Zone der Bayerische Rundfunk (BR), der
Hessische Rundfunk (HR), der Süddeutsche Rundfunk (SDR) sowie Radio Bremen (RB). In Berlin
blieb außerdem der von den Amerikanern gegründete »Rundfunk im amerikanischen Sektor (RIAS)«
bestehen.

Der nächste gravierende Einschnitt in der Entwicklung des Hörfunksystems der BRD war der 1984
beginnende Aufbau eines *dualen Rundfunksystems*
aus öffentlich-rechtlichen und privaten Hörfunkver-
anstaltern. Privater Hörfunk entwickelte sich überwiegend auf Landes- sowie auf regionaler und lokaler
Ebene; Grundlage für die Lizenzierung privaten Hörfunks waren Landesmediengesetze der Länder, mit
denen jeweils Landesmedienanstalten gegründet

wurden, die für die Vergabe von Lizenzen und die Aufsicht über die Programme privater Hörfunkveranstalter zuständig waren.

In der sowjetischen Besatzungszone wurde die Verantwortung für den Rundfunk nach dem Krieg der Deutschen Zentralverwaltung für Volksbildung (DZVfV) übertragen, die 1946 eine »Generalintendanz des demokratischen Rundfunks« einsetzte, die für den Berliner Sender sowie die weiteren Landessender zuständig war. Nach der Gründung der DDR und im Zusammenhang mit der Auflösung der Länder wurde das *Staatliche Rundfunkkomitee* gegründet, ein Organ des Ministerrates der DDR. Unter seiner Verantwortung wurde der Rundfunk in der DDR weitgehend zentralisiert; den neu gegründeten Studios in den Bezirken wurden später Sendezeiten für regionale Sendungen im Berliner Rundfunk eingeräumt. In den 1980er Jahren wurden insgesamt fünf Programme angeboten: Radio DDR 1, Berliner Rundfunk, Radio International, das Jugendradio DT64 sowie DS Kultur.

Nach der Vereinigung wurden in den fünf neuen Bundesländern nach dem Vorbild der alten BRD öffentlich-rechtliche Rundfunkanstalten gegründet: Der Mitteldeutsche Rundfunk (MDR) für Sachsen-Anhalt, Thüringen und Sachsen und der Ostdeutsche Rundfunk Brandenburg (ORB); das Land Mecklenburg schloß sich per Staatsvertrag dem Versorgungsgebiet des Norddeutschen Rundfunks (NDR) an. In der Folge des Vereinigungsprozesses wurde auch der bundesweite Hörfunk neu geordnet. Aus dem Deutschlandfunk (Köln), dem Kultursender DS Kultur und dem RIAS wurde die öffentlich-rechtliche Anstalt DeutschlandRadio gegründet, die zwei bundesweit verbreitete Programme anbietet: DeutschlandRadio Berlin und Deutschlandfunk. Entsprechend dem Modell der westlichen Bundesländer wurden auch im Osten Landesmediengesetze verabschiedet, auf deren Grundlage sich regionale und lokale private Hörfunkveranstalter etablierten.

Funktionen des Hörfunks im Wandel

Im Zuge seiner mehr als 75jährigen Geschichte haben sich die Funktionen des Mediums Hörfunk erheblich gewandelt. Diese Funktionen ergaben sich jeweils aus einem engen Wechselspiel zwischen gesellschaftlichem Kommunikationsbedarf, also den Zwecken, für die das Medium gebraucht wurde, und den tatsächlich verfügbaren Angeboten, also den Programmen und ihren Darstellungsformen und Inhalten. Von Beginn an bewegte sich die Auseinandersetzung um die Funktionen des Hörfunks um zwei

gegensätzlich anmutende Erwartungen: Zum einen wurde immer wieder versucht, das vergleichsweise einfache und preiswerte und damit für einen Großteil der Bevölkerung erschwingliche Medium zur gesellschaftlichen Aufklärung und Kommunikation zu nutzen (vgl. Brecht 1967). Zum anderen wurde das Radio schon früh als Dauergast (vgl. Rudolf Arnheim) betrachtet, der kaum mehr wahrgenommen wird. Damit ist eine Funktion angesprochen, die dem Hörfunk in den letzten Jahren als wichtigste zugeschrieben wird: die eines ›Begleitmediums‹, das allenfalls ›nebenbei‹ genutzt wird. Auch wenn diese Funktion in der heutigen Wahrnehmung des Hörfunks in Deutschland deutlich überwiegt, ist doch die Brechtsche Vorstellung stets lebendig geblieben.

Im Rückblick läßt sich festhalten, daß der Hörfunk insbesondere dann eminente gesellschaftliche und politische Bedeutung gewinnt, wenn keine oder nur unzureichende andere Kommunikationsmittel zur Verfügung stehen. Immer wieder in der Geschichte machten sich Gruppen, deren Artikulations- oder Informationsbedürfnisse von den bestehenden ⁊ Medien nicht erfüllt wurden, die vergleichsweise einfache Hörfunktechnik zunutze: um das lokale Informationsangebot zu verbessern; um unzensierte Informationen aus dem Ausland zu bekommen; um politische Meinungen zum Ausdruck zu bringen, die in den übrigen Medien vernachlässigt oder unterdrückt werden. Erhebliche Bedeutung in diesem Sinne hat der Hörfunk auch nach wie vor im Entwicklungsdienst; angesichts von weit verbreitetem Analphabetismus und dem immens hohen technischen und finanziellen Aufwand, den das Fernsehen voraussetzt, besteht für Bildungs- und Informationszwecke oft überhaupt keine Alternative zum Radio.

Für die Entwicklung des Hörfunks in Deutschland und den westliche Industriestaaten entscheidend war die ab Mitte der 1950er Jahre rasch fortschreitende Ausbreitung des Fernsehens. Denn bis Ende der 1950er Jahre erfüllte das Radio Funktionen, die wir heute dem Fernsehen zurechnen: Radio gehört wurde überwiegend am Abend, die Familie versammelte sich zu einer Konzertübertragung, einem Vortrag oder einem Hörspiel um das Radiogerät. Die Radioprogramme bestanden aus einer Mischung informierender und unterhaltender Einzeldarbietungen, die zum gezielten Einschalten und Zuhören einluden. In dieser Phase erlebte das Hörspiel als hörfunkspezifische Kunstform seine Blüte.

Seit damals hat das Medium Hörfunk offensichtlich einen tiefgreifenden Funktionswandel durchgemacht. Sichtbares Kennzeichen ist die Tatsache, daß

das Fernsehen nunmehr bereits seit Jahren einen
Großteil der abendlichen Tätigkeiten und der Freizeit
insgesamt einnimmt, während nur noch knapp ein
Drittel der Hörfunknutzung in der Freizeit stattfindet – das Radio als sehr mobiles und nur den Hör-
sinn beanspruchendes Medium eignet sich sehr gut
zur Begleitung anderer Tätigkeiten wie Berufs- und
Hausarbeit oder Autofahren. Entsprechend wird der
Hörfunk seit einigen Jahren immer häufiger mit dem
etwas abwertend klingenden Begriff des ›Nebenbei-
Mediums‹ bezeichnet.

Nutzung des Hörfunks

Das Radio ist ein stets präsentes Medium, das so gut
wie alle Bevölkerungsgruppen erreicht. Fast alle
Haushalte verfügen über mindestens ein Radio (Media Perspektiven-Basisdaten 1999), mehr als drei
Viertel haben ein Autoradio, etwa die Hälfte der
Haushalte verfügt über vier und mehr Radiogeräte-
arten. Täglich nutzen um die 80 % der Bevölkerung
mindestens einmal das Radio, die tägliche Hördauer
liegt bei rund drei Stunden.

Im Vergleich zum Fernsehen ist beim Hörfunk
eine außerordentliche Kanaltreue zu beobachten.
Von der in den letzten Jahren erheblich gestiegenen
Zahl empfangbarer Programme machen die einzelnen Hörer nur in sehr eingeschränktem Maße Gebrauch. Im Laufe von zwei Wochen wurden 1999 im
Durchschnitt nur knapp 3 verschiedene Programme
gehört; und diejenigen, die an einem bestimmten Tag
vom Hörfunk erreicht werden, hören an diesem Tag
im Schnitt 1,4 verschiedene Programme. Beide Werte
sind in den letzten zehn Jahren stabil geblieben – die
Ausweitung des Angebots hat also in dieser Hinsicht
keine Veränderung des Hörverhaltens nach sich gezogen. Und offenbar haben sich auch die in früheren
Jahren geäußerten Vermutungen nicht bestätigt, wonach die Programmtreue im wesentlichen auf die –
bei den meisten Radiogeräten – sehr umständliche
Frequenzsuche zurückzuführen wäre und entsprechend bei einer größeren Verbreitung von Geräten
mit programmierbaren Stationstasten verschwinden
würde.

Für die Veranstalter von Hörfunkprogrammen hat
dieses Verhalten erhebliche Konsequenzen: Sie sind
darauf angewiesen, möglichst viele Stammhörer zu
bekommen, die große Teile des Programms hören;
auf keinen Fall dürfen Hörer zu einem anderen
Programm schalten – denn dann ist den oben genannten Ergebnissen zufolge die Wahrscheinlichkeit
gering, daß sie wieder zurückkommen. Das bedeutet
in der Tendenz, daß im gesamten Tagesverlauf mög-

lichst keine Sendung enthalten sein sollte, die u. U.
eine nennenswerte Zahl von Hörern zum Umschalten bewegen könnte (zum Phänomen der ›Durch-
hörbarkeit‹ von Hörfunkprogrammen s. u.).

Über die Tatsache häufiger und lang andauernder
Kontakte der Bevölkerung mit dem Hörfunk hinaus
ist weiter zu fragen, welcher Art diese Kontakte sind.
Bereits die Plazierung der Hörfunknutzung im Tagesablauf verweist auf eine sehr klare Funktions-
verteilung zwischen Hörfunk und Fernsehen. In den
Morgenstunden und am Vormittag dominiert eindeutig die Hörfunknutzung. Erst ab etwa 17.00 Uhr
wird sie von der Fernsehnutzung überrundet – die
eigentliche Freizeit ist also zum allergrößten Teil dem
Fernsehen vorbehalten. Die Verwendung des Radios
als Begleitmedium hat eine entsprechende Programmgestaltung zur Voraussetzung. Ein wesentlicher Schritt war der in den 1970er Jahren vorgenommene Ausbau der sogenannten Service-Wellen der
öffentlich-rechtlichen Landesrundfunkanstalten; die
damals entwickelten Grundsätze der Programmgestaltung prägen auch heute noch einen Großteil der
öffentlich-rechtlichen und so gut wie alle privaten
Hörfunkprogramme, nämlich alle diejenigen Programme, mit denen eine möglichst breite Hörerschaft erreicht werden soll.

Von den die Tagesverrichtungen begleitenden
Hörfunkprogrammen erwarten die Hörer, daß sie
möglichst viel Musik spielen. Zahlreiche Umfragen
über Hörerinteressen erbrachten so konstant den
Wunsch nach mehr Musik und weniger Wort in den
Hörfunkprogrammen, daß das Etikett ›wortlastig‹
für ein Hörfunkprogramm zu einem höchst negativen Urteil wurde. Bei den auf ein Massenpublikum
ausgerichteten Programmen nimmt die Musik folgerichtig den größten Teil der Sendezeit ein. Der allgemeine Wunsch nach Musik im Hörfunk ist für die
Programmgestaltung allerdings nicht ausreichend.
Denn an der Art der Musik scheiden sich die Geister
der Hörer. Zahlreiche Studien bestätigen immer
wieder, wie eklatant sich besonders die verschiedenen Altersgruppen in ihren Musikvorlieben unterscheiden. Die starke Differenzierung des Musikgeschmacks hat zunächst zur Folge, daß die von
einem Hörfunkprogramm erreichbare Hörerschaft
zu einem Großteil durch die jeweilige Musikfarbe
bestimmt wird. Anders herum gesagt: Wenn eine
bestimmte Zielgruppe erreicht werden soll, müssen die Programmplaner deren Musikvorlieben kennen.

Untersuchungen über die Erwartungen gegenüber
dem Hörfunk ergeben – neben dem im Vordergrund
stehenden Interesse an angenehmer Musik – regelmäßig ein weiteres wesentliches Interesse: Die Höre-

rinnen und Hörer möchten stets möglichst aktuell informiert werden, sie möchten auf dem laufenden bzw. am Puls der Zeit sein. Die Sendeform, die diese Erwartungen an den Hörfunk als Begleitmedium, Aktualität und Musik, integriert, sind die ›Magazinsendungen‹, in denen die den größten Raum einnehmende Musik durch stündliche, halbstündliche oder gar viertelstündliche Nachrichten, durch Zeitansagen, Verkehrs- und Wetterhinweise, einige wenige weitere Informationsbeiträge und eine mehr oder weniger ausführliche Moderation unterbrochen wird. Die offene Form der Magazinsendung bietet die Möglichkeit, jederzeit aktuelle Informationen einzuschieben.

Das Radio dient damit als permanente Verbindung zum Geschehen in der Welt, als ›Frühwarnsystem‹. Wenn bei längerer Radionutzung ein und dieselbe Nachricht mehrmals zu hören ist, wird das deshalb auch nicht als unerwünschte Redundanz empfunden, sondern als Bestätigung, daß sich in der Zwischenzeit nichts Neues ereignet hat. In diesem Sinne kommt dem Hörfunk also eine sehr spezifische und subjektiv bedeutsame Informationsfunktion zu.

Trotz des hohen Interesses an aktuellen Informationen im Radio liegt der Hörfunk im Urteil der Bevölkerung über die Wichtigkeit und Glaubwürdigkeit verschiedener Informationsquellen eher hinter dem Fernsehen und der Tageszeitung (↗ Zeitung). Wenn danach gefragt wird, welchem der Medien denn im Falle einer voneinander abweichenden Berichterstattung am ehesten Glauben geschenkt würde, entschieden sich einer Untersuchung im Jahr 1995 zufolge 56 % für das Fernsehen, 26 % für die Tageszeitung und nur 15 % für den Hörfunk.

Trotz dieser Einschränkungen ist dem Hörfunk angesichts der hohen Reichweiten seiner Informationsangebote eine Bedeutung als Informationsmedium nicht abzusprechen. Dem Argument, beim Radiohören werde sowieso nicht zugehört, ein Kontakt mit einem Informationsangebot bleibe somit folgenlos, kann entgegengehalten werden, daß der Umgang mit den ›Fließprogrammen‹ durchaus auch gezieltes und konzentriertes Hinhören umfaßt – wenn ein interessierender Beitrag kommt. Eine spezifische Bedeutung als Informationsmedium kommt dem Hörfunk außerdem insofern zu, als er mit seinen Nachrichten gerade bei den jüngeren Altersgruppen, die insgesamt weit unterdurchschnittlich von politischen Informationen erreicht werden, deutlich höhere Reichweiten erzielt als Fernsehen und Tageszeitungen.

Angebote des Hörfunks: Programme und Formate

Der Prozeß der Vervielfachung der Hörfunkprogramme ist ungebrochen. Dies kommt drastisch in der Zahl der Programme zum Ausdruck, die in der sogenannten Media Analyse, der wichtigsten regelmäßigen Untersuchung zur Feststellung der Hörfunknutzung, berücksichtigt werden: Waren dies 1987 noch 44 Programme (nur in Westdeutschland), wurden in der Studie von 1997 bundesweit 241 Programme erfaßt. Darunter sind neun Programme, die bundesweit verbreitet werden; 91 Programme sind für jeweils ein oder mehrere Bundesländer bestimmt und 137 Programme für lokale oder regionale Verbreitungsgebiete. Dies macht deutlich, daß die Hörfunklandschaft in Deutschland sehr stark regionalisiert ist, am weitesten geht die Kleinräumigkeit des Mediums in den vier Bundesländern (Baden-Württemberg, Bayern, Nordrhein-Westfalen und Sachsen), in denen Hörfunk auf lokaler Ebene veranstaltet wird. Besonders differenziert ist das Angebot außerdem in den großen Metropolen, insbesondere in Berlin. Von den genannten Programmen werden insgesamt 55 von den öffentlich-rechtlichen Rundfunkanstalten, 166 von privaten Veranstaltern angeboten, bei weiteren 20 handelt es sich insbesondere um nicht-kommerzielle private Programme.

Mit der großen Zahl an verfügbaren Hörfunkprogrammen ist ein erheblicher Konkurrenzkampf zwischen den Anbietern verbunden. Die programmbezogenen Strategien in diesem Wettbewerb lassen sich unter den Schlagworten ›Formatierung‹ bzw. ›Formatradio‹ zusammenfassen. »Ein Formatradioprogramm verfolgt das Ziel, im Hörfunkmarkt auf der Grundlage von Marktforschungsinformationen und einer daraus entwickelten Marketingstrategie ein unverwechselbares Radioprogramm als Markenprodukt zu etablieren, das genau auf die Bedürfnisse einer klar definierten Zielgruppe abgestimmt ist. Dies geschieht, indem alle Programmelemente sowie alle übrigen Aktivitäten eines Senders konsequent auf die strategischen Marketingvorgaben ausgerichtet und konstant empirisch auf ihre Hörerakzeptanz überprüft werden. Es dient dazu, die Hörbedürfnisse der Zielgruppe möglichst optimal zu befriedigen, um so möglichst viele Hörer an das Programm zu binden und im Falle einer Werbefinanzierung des Senders diese Einschaltquoten gewinnbringend an Werbekunden zu verkaufen« (Goldhammer 1995, S. 142).

In dieser Definition kommt die oben bereits angesprochene enge Verflechtung von Hörerforschung und Programmgestaltung zum Ausdruck. Eine entscheidende Rolle bei der Formatierung von Programmen spielt der Begriff der Zielgruppe, auch wenn der Begriff mit dem Charakter des Hörfunks als (allgemeines) Massenmedium nur schwer vereinbar ist. Nach vorhergehenden Marktanalysen wird eine bestimmte Bevölkerungsgruppe ausgewählt, für die ein Programm angeboten werden soll. Kriterium für die Auswahl kann die Kaufkraft und damit die Attraktivität für Werbekunden sein; ebenso ist aber auch denkbar, sich am Ausmaß der Radionutzung oder auch an bestimmten kommunikativen und inhaltlichen Bedürfnissen (z. B. von Ausländern) zu orientieren. Darüber hinaus ist natürlich von Bedeutung, ob es für diese Gruppe bereits andere Programme auf dem Markt gibt oder ob es sich um eine ›Marktnische‹ handelt. Ist eine Bevölkerungsgruppe als Zielgruppe bestimmt, geht es darum, so gut wie möglich deren Hörbedürfnisse kennenzulernen, um dann das Programm möglich genau darauf abstimmen zu können.

Aus den oben angesprochenen Befunden, daß die Radiohörerinnen und -hörer vergleichsweise selten umschalten, und aus dem Bemühen heraus, sich von der Vielzahl konkurrierender Programme möglichst klar zu unterscheiden, führt eine systematische Formatierung von Programmen dazu, daß die Programmstruktur über den Tag hinweg und im Stundenrhythmus weitgehend konstant einer bestimmten Mischung aus Wortbeiträgen und einer spezifischen Musikfarbe folgt. Hörfunkprogramme sind heute also kaum noch Abfolgen klar abgegrenzter Einzeldarbietungen, die klare Ein- und damit auch Ausschaltpunkte setzen. Vielmehr besteht das Ideal in einem gleichmäßigen Programmfluß, der stets das Gleiche, dies aber immer neu liefert und somit für die Hörer der Zielgruppe durchhörbar ist. Entscheidendes Merkmal für die innere Strukturierung dieser Programme ist die sogenannte ›Stundenuhr‹, mit der für jede Minute der Stunde exakt vorgegeben wird, welches Programmelement zu senden ist. Die Hörer sollen sich darauf verlassen können, daß zum Beispiel – unabhängig von Wochentag und Tageszeit – zur vollen Stunde Nachrichten, um ›fünf nach halb‹ Sport, um ›zwölf nach‹ Hits aus den Top 40 gesendet werden.

Die meisten der in Deutschland bekannten Formate sind nach Vorbildern aus den USA gestaltet worden. Die folgende Übersicht zeigt einige Beispiele für übergreifende Formate, die in der amerikanischen Radiolandschaft noch erheblich ausdifferenzierter sind (Goldhammer 1995, S. 160 ff.):

1. Musikbasierte Formate:
– Adult Contemporary (AC): Popmusik-Standards der letzten Jahrzehnte bis heute, keinesfalls Hard-

rock, Jazz, klassische Musik; Informationen nur in kurzen Serviceberichten; Zielgruppe 25 bis 49 Jahre, breite Hörerschaften, eher Frauen.
– Contemporary Hit Radio (CHR): Aktuelle, schnellere Charthits, begrenzte Playlist, lange Musikstrecken, schnelle Titelrotation; geringer Informationsanteil; Zielgruppe 14 bis 24 Jahre, konsumfreudige junge Menschen.
– Album Oriented Rock (AOR): Musikintensives Format mit breiter, rockmusikorientierter Playlist, auch unbekanntere Titel, mit verschiedenen Spezialisierungen, z. B. Hard Rock; Nachrichten und Informationen eher mit untergeordneter Bedeutung; Zielgruppe: 18 bis 34 Jahre, eher männlich.
– Easy Listening (EL): Instrumentaltitel und sanfte, altbekannte Gesangsstücke zur Entspannung.
– Melodieradio: melodiebetonte Evergreens aus den Bereichen Deutscher Schlager, volkstümliche Musik, internationale Oldies.
– Middle of the Road (MOR): Musik, die niemandem unangenehm auffallen soll, um breite Hörergruppen zu erreichen.

2. Wortbasierte Formate:
– Info/All News: Nachrichten im 15- oder 20- Minutentakt, Topmeldungen am häufigsten wiederholt, thematische Blöcke nach Stundenuhr.
– News/Talk: Mischformat aus All News und All Talk: z. B. morgens News, mittags und abends Talksendungen.
– All Talk: reine Talkprogramme mit Talksendungen zu verschiedenen Themen.

3. Full Service Formate: Verbindung aus News, Talk und Musik, diese meist MOR.

Die Musikgestaltung der Formatradios ist unterhalb der so beschriebenen Ebene weiter verfeinert. Abhängig vom Grobformat werden Musiktitel in die ›Playlist‹ eines Senders aufgenommen. Die Stundenuhr sieht weitere Differenzierungen zwischen Titeln vor, die zu bestimmten Uhrzeiten bzw. Tageszeiten zu programmieren sind. Die entsprechenden Zuordnungen werden von der Redaktion in den Computer eingegeben, der dann nach den vorprogrammierten Vorgaben die Titel für die Sendung zusammenstellt.

Läßt sich die Formatkonstanz im Hinblick auf die Musik in dieser Weise automatisieren, so ist dies bei den anderen Programmelementen, insbesondere bei der Moderation schwieriger. Einigen Hörfunkstudien zufolge ist die Art der Moderation der nach der Musik zweitwichtigste Faktor für die Entscheidung, ein bestimmtes Programm zu hören. Aus diesem

Grund hat das gezielte Training der Moderation und der Umsetzung von Nachrichten in eine mit dem Gesamtformat kompatible Form einen hohen Stellenwert für die Arbeit der Redaktionen gewonnen, in dieser Hinsicht kann auch von einem ›Formatjournalismus‹ gesprochen werden, im Rahmen dessen bei der Berichterstattung klassische Nachrichtenwerte, Auswahlkriterien und Präsentationsformen gegenüber Formatanforderungen in den Hintergrund treten.

Im Rahmen der Konkurrenz zwischen den verschiedenen Medien hat der Hörfunk in Deutschland in den vergangenen Jahren zwei Nischen für sich entdeckt und mit Angeboten gefüllt, die ebenfalls an vorhandene amerikanische Formate erinnern – die lokale Information und die direkte Beteiligung der Hörerinnen und Hörer. Seit Mitte der 1980er Jahre sind in den meisten Bundesländern lokale Hörfunkprogramme entstanden. Bereits eines der Pionier-Programme, das vom WDR im Rahmen des Kabelpilotprojekts Dortmund veranstaltete »Radio Dortmund«, wurde mit einem konsequent lokal ausgerichteten Informationsangebot schnell zum meistgehörten Programm in dieser Stadt; sowohl von den Bürgern selbst als auch von den Journalisten und Politikern wurde ihm eine wesentliche Rolle für die lokale Öffentlichkeit bescheinigt. Auch aktuelle Reichweitenuntersuchungen haben für den lokalen Hörfunk in den verschiedenen Bundesländern in der Regel zu guten Ergebnissen geführt. Mit seinen lokalen Informationsangeboten stößt der Hörfunk nur auf die Konkurrenz weniger – oft nur einer einzigen – Tageszeitungen; entsprechende Fernsehangebote sind meist nicht verfügbar. Im Vergleich zu den Tageszeitungen kann der lokale Hörfunk die jüngeren Altersgruppen und die Gruppen mit niedrigerer Formalbildung aber erheblich besser erreichen.

Die zweite Nische für den Hörfunk ergibt sich aus den geringen technischen Voraussetzungen für dieses Medium. Mit Hilfe des Telefons können Hörerinnen und Hörer direkt in das laufende Programm geschaltet werden. Auch wenn die Möglichkeiten direkter Publikumsbeteiligung in Deutschland bei weitem noch nicht so weitgehend umgesetzt worden sind, wie dies etwa in den USA der Fall ist, wo eine Fülle von »Talk Radio«-Stationen ausschließlich Hörergespräche zu verschiedenen Themen ausstrahlen, ist diese Programmform auch hierzulande populärer geworden. Allerdings hat die Publikumsbeteiligung nur in seltenen Fällen – dies meist bei nicht-kommerziellen Anbietern – das Anliegen, die politische Kommunikation zu fördern. Neben einigen teilweise bereits traditionsreichen Einzelsendungen wie *Hallo*

Ü-Wagen und *Alltagskonflikte*, die sich um ein wirkliches Gespräch mit und zwischen den Hörerinnen und Hörern bemühen, sieht die Regel der Publikumsbeteiligung anders aus: Die Hörerinnen und Hörer dürfen an Gewinnspielen teilnehmen, Verwandte grüßen und Musiktitel wünschen; als Gesprächspartner, zumal in politischen Fragen, werden sie kaum ernstgenommen.

Die öffentlich-rechtlichen Hörfunkprogramme werden überwiegend durch den Hörfunkanteil von 5,32 Euro an der monatlichen Rundfunkgebühr finanziert. 1996 betrug der Anteil der Gebühr an den Gesamteinnahmen für den Hörfunkbereich 85%, nur 3% entfielen auf ↗Werbung. Demgegenüber finanziert sich der privat-kommerzielle Hörfunk zu 84% aus Werbung. Dabei erzielen die landesweiten Hörfunkprogramme in der Regel Gewinn, während die wenigen bundesweiten Programme ihre Kosten nicht erwirtschaften können. Auch zahlreiche lokale Radios arbeiten nicht kostendeckend. Der Werbemarkt hat sich in den letzten Jahren aus der Sicht des Radios nicht gravierend verändert. 1997 konnte mit 1,6 Mrd. DM und einer Steigerung gegenüber dem Vorjahr um 3,0% ein Rekordwert für die auf den Hörfunk entfallenen Bruttowerbeaufwendungen verzeichnet werden. Der Anteil, den der Hörfunk am Gesamtwerbemarkt erzielen kann, ist jedoch leicht rückläufig; er lag 1997 bei 6%.

Literatur

Arbeitsgemeinschaft der Landesmedienanstalten: *Privater Rundfunk in Deutschland. Jahrbuch der Landesmedienanstalten 1999/2000.* München 2000.
ARD/ZDF (Hgg.): *Was Sie über Rundfunk wissen sollten. Materialien zum Verständnis eines Mediums.* Berlin 1997.
Arnheim, R.: »Radio«. In: Arnold, B.-P./Quandt, S. (Hgg.): *Radio heute. Die neuen Trends im Hörfunkjournalismus.* Frankfurt a.M. 1991. S. 275–283, hier S. 280.
Brecht, B.: »Der Rundfunk als Kommunikationsapparat«. In: Ders.: *Gesammelte Werke,* Bd. 18. Frankfurt a.M. 1967.
Brünjes, S./Wenger, U.: *Radio-Report. Programme – Profile – Perspektiven.* Bonn 1998.
Goldhammer, K.: *Formatradio in Deutschland. Konzepte, Techniken und Hintergründe der Programmgestaltung von Hörfunkstationen.* Berlin 1995.
Lindner-Braun, C. (Hg.): *Radioforschung. Konzepte, Instrumente und Ergebnisse aus der Praxis.* Opladen/Wiesbaden 1998.
Ory, S./Bauer, H.G.: *Hörfunk-Jahrbuch 2000/2001.* Berlin 2001.

Uwe Hasebrink

Räuber

Die ambivalent faszinierende Figur

Wie andere Figuren der Populären Kultur (etwa der ↗Abenteurer, der ↗Rebell oder der ↗Pirat) entzieht sich auch der Räuber einer eindeutigen Festlegung. Stets leiht er sich vom realen Räuber, vom frühen Mordbrenner, vom Raubritter, Buben, Gauner, Vaganten oder Bettler eine Maske, die nach den Bedürfnissen der ↗Unterhaltung oder den jeweiligen Erfordernissen von Diskursstrategien modelliert wurde.

Dabei schwankt die Differenz zwischen den Delinquenten und ihrer sekundären Zurichtung erheblich. Auch die Strafen für räuberliche Untaten werden von dieser Differenz beeinflußt. Spiegel des ↗Verbrechens kann die Strafe nur sein, wo die Tat offen zutage tritt, wo sie eindeutig und symmetrisch zu ahnden ist. Der Räuber wurde durch die literarischen und paraliterarischen Diskurse, durch literarische und paraliterarische Reflexe gleichsam gekrümmt, so daß er sich der eindeutigen juristischen Widerspiegelung mehr und mehr entzog. Daß vom bösen Räuber gewisse Anteile abgezogen wurden, der dann sozusagen gereinigt in populären Wunschlandschaften weiterlebte, dürfte auch den juristischen Reflexions- und Handlungsspielraum erweitert haben.

Die überkommene Figur des gerechten Räubers, des fiktionalisierten, erzählten, gewünschten Räubers also, diente im 18. Jh. als Diskursüberschuß bei den Bemühungen, die wirklichen Räuber und Verbrecher zu verstehen.

F.G. Pitavals erfolgreiche und eifrig kopierte Sammlung berühmter Verbrechen (*Causes célèbres et intéressantes*, 1744) ist Ausdruck und Agens dieses Versuchs. Der wirkliche ›Fall‹ wird literarisiert, die literarische Figur rückt an den realen Täter.

Nirgends läßt sich diese Bewegung besser belegen als bei Friedrich Schiller. Im Drama *Die Räuber* (1781) versammelt Schiller in der Figur des Karl Moor die Schatten einer ganzen Galerie edelmütiger, literarischer Räubergestalten. Und auch Goethes *Götz von Berlichingen* (1744), der als ›Selbsthelfer in anarchischer Zeit‹ das Echo eines idealischen Räubers ist, ist als gerechter Outlaw legitimiert, Gerechtigkeit gegen geltendes Recht anzuführen. Aber auch blassere ↗Helden wie sie in H.F. Möllers Rührstück *Sophie oder der gerechte Fürst* (1779) oder in den populären spanischen Räuberdramen begegnen, sind Beispiele des edlen Räubers.

Schiller, der als Herausgeber einer Pitaval-Auswahl und Kenner nicht nur der schwäbischen Räuber-banden ein hervorstechendes Interesse an spektakulären Verbrechen und Kriminalliteratur hatte, lernte durch seinen Philosophielehrer an der Karlsschule, Jakob Friedrich Abel, den Fall des Räubers Friedrich Schwahn, genannt Sonnenwirtle, kennen. In seiner ↗Zeitschrift *Thalia* veröffentlichte er 1786 – zunächst anonym unter dem Titel *Verbrecher aus Infamie*, 1792 dann *Verbrecher aus verlorener Ehre* – eine Erzählung, die eher eine psychologische Studie über den Einfluß restriktiver Lebensumstände und erbarmungsloser Obrigkeiten auf die Tatmotive des zum Räuber und Mörder gewordenen Gastwirtssohnes ist.

Schillers Räuber-Emphase verwandelt sich im *Verbrecher aus verlorener Ehre* in ein aufgeklärtes Interesse an der Innenseite aufsehenerregender Verbrechen. Die populären Konnotationen der Räuberfigur als ehrenhafter Outlaw, edelmütige Rächerexistenz, Armenhelfer und randständiger Waldmensch verhindern wie beim Sonnenwirtle oder später – 1802 – beim Schinderhannes keineswegs die Verurteilung zum Tod. Im Gegenteil, die öffentliche Hinrichtung kann selbst zum massenhaft besuchten Schauspiel werden; trotzdem wird dem Strafapparat die naturwüchsige Legitimation entzogen: Der Rechts- und Verbrechensdiskurs stellt sich den Reflexionen der Aufklärung und diese sind ganz und gar nicht unbeeinflußt von dem schön-schaurigen Schein, der den edlen Räuber umgibt.

Rinaldo Rinaldini (1798) von Christian August Vulpius ist Sohn eines Prinzen. Mit dem Adel überworfen, schädigt der edle Räuber hauptsächlich Übeltäter seines Standes. Vor allem aber jagt er Frauen hinterher, singt Romanzen und ist insgeheim auch noch im korsischen Freiheitskampf engagiert. Durch Johann Heinrich Zschokkes Dialogroman *Abaellino, der große Bandit* (1794, als Drama 1795) hatte sich Italien als ideale Räuberkulisse etabliert. Vulpius knöpfte sich die Vita des italienischen Banditen Angelo Duca vor, um seinem Rinaldo ein paar echt räuberische Züge zu verleihen. Aber auch ohne sie diente der literarische Räuber als Treibmittel für die Diskussion über Verbrechen und Strafe, über die Natur des Menschen, dem das Böse augenscheinlich nicht so fremd war, wie von der Anthropologie der Aufklärung erdacht.

Zugleich diente ihm der Räuber als Folie für eine populäre Reflexion der – soeben erst erfundenen – Kategorie des (bürgerlichen) Ich. Der Räuber Rinaldo ist – wie später Schinderhannes oder der ›Al Capone aus der Pfalz‹ in den 1960ern – Herrscher (mit allen Ingredienzien der Macht: Pässe, Geld, Staatsgebiet). Rinaldo leidet den ganzen Roman hindurch daran, daß er – modern gesprochen – ein negatives ↗ Image hat, daß alle Menschen in ihm nur den Räuber sehen. Andererseits ist sein Räubertum Voraussetzung für seine Ich-Stärke. Ohne das Vorurteil wäre er ein Niemand; so beläßt er es bei der Klage über das Vorurteil, das alle von ihm haben, versucht aber nicht, ihm entgegenzutreten. Seine Sentimentalität ist daher weniger trivial als vielmehr Anzeichen seines Konflikts, der im Kern der des Bürgers selbst ist: Herausgehobenes Individuum zu sein, ist nur möglich um den Preis des Verstoßes gegen die Werte und Normen der Gesellschaft.

Der Räuber galt nie als eindeutig und nur böse. Die Meinungen und Urteile und die Formen seiner populären Verklärung wechselten mit der Perspektive. Man schätzt, daß von der frühen Neuzeit bis weit ins 18. Jh. ständig etwa zehn Prozent der Bevölkerung unterwegs waren als Bettler, Fahrende, Gauner, ›arbeitslose‹ Landsknechte, als Scholaren, Musikanten und Schauspieler. Wer nahe genug an diesem fahrenden Bevölkerungsteil war oder ihm gar angehörte, der kannte die fließenden Übergänge vom Hausierer zum Dieb, vom kleinen Markträuber zum großen Gauner. Wer ständig Gefahr lief, zu hungern, zu frieren, auf der Straße krank zu werden und früh zu sterben, bewertete Raubdelikte anders als die Bestohlenen. Und daß die wechselnden Obrigkeiten mit ihren Häschern und mit der Unterstützung von Kirchen und Schulen die Räuber, Gauner und Vaganten nach Kräften bekämpften, ist auch nicht verwunderlich.

Bemerkenswert indes ist die Tatsache, daß sich zwischen den delinquenten Gruppen und den oberen, mit Macht und Besitz versehenen Schichten Unsicherheiten etablierten, moralische und ästhetische Kategorien, Gehorsamsreflexe und Widerstandsaffekte durcheinander gerieten. Räubergestalten zu Lande und zur See, männlichen oder weiblichen Geschlechts können dauerhaft populär nur werden und bleiben, wenn ihre faszinierenden, ›guten‹ Seiten stärker scheinen als ihre Verfehlungen. Exemplarisch läßt sich das Schwanken zwischen Verurteilung und Faszination am *Liber vagatorum* von 1510 zeigen. Der zunächst anonym gebliebene Verfasser dieses Gaunerbüchleins, sehr wahrscheinlich ein Spitalmeister aus dem südwestdeutschen Raum, führt zwanzig Arten des betrügerischen Bettelns auf, um die Bürger zu warnen. Seit der Zeit der Kirchenväter hält der Streit über die Frage an, ob Almosen nur an ehrliche, elende Bettler und Arme gegeben werden dürfen oder auch an ›betrügerische‹ Bettler, die Lügengeschichten erzählen, Krankheiten und Behinderungen vortäuschen, Armut und Theater verbinden. Der *Liber vagatorum* will endlich Klarheit schaffen, die Verstellungstricks und Lügenmär-

chen entlarven, die ›guten‹ von den ›bösen‹ Bettlern scheiden helfen. Das Unternehmen kann sich auf privilegierte Einsichten ins Gaunermilieu stützen, vor allem auf intime Kenntnisse der Geheimsprache, des Rotwelschen. So ist dem Warnbüchlein ein *vocabularius* mit etwa 220 rotwelschen Wörtern beigefügt. Nun kann man endlich verstehen, worüber sich die falschen Bettler, Räuber, Gauner, Diebe, Quacksalber, Sackpfeifer, Salbenkrämer, Gaukler und Jongleure unterhalten.

Zwei Jahre später verschärft Thomas Murner in der *Narrenbeschwörung* den Ton. Ertränken sollte man all diese Leutbetrüger, ihnen kein Wort glauben, auch wenn sie auf dem Marktplatz das wildeste Theater aufführen. Eine europäische Enthüllungsliteratur (Boehncke/Johannsmeier 1987, S. 55) deckt in dieser Zeit allerorten die Tricks und die Geheimkommunikation der Gauner auf. Martin Luther gibt 1528 den *Liber vagatorum* unter dem Titel *Von der falschen Betler buberey* heraus und klärt darüber auf, daß die ›Hebräisch‹ sprechenden Gauner dem Reich des Bösen entstammen würden und anders als die gutwilligen, arbeitsamen Armen mit aller Härte zu bekämpfen seien.

All diese Distinktionsliteratur, die dabei helfen soll, den Trug und die Gaukelei der armen Spieler zu durchschauen und die ›betrügerischen‹ Bettler auszusortieren, kann nicht verhindern, daß die Gaukler, Diebe und Simulanten mit ihrer Sprache, ihren Zinken (Siebenmorgen 1995, S. 39–47) und seltsamen Bräuchen nicht nur gefürchtet und verurteilt, sondern auch bewundert und beneidet werden. Mit ihren karnevalesken Verkehrungen, Maskierungen und der geheimen Sondersprache des Rotwelschen repräsentieren sie aus der Sicht von Kirche und Obrigkeit den teuflischen Trug des Bösen; für das Publikum auf den Marktplätzen oder vor der Kathedrale gehören sie auch zur popularen Lachkultur (vgl. Bachtin 1969) und faszinieren in ihren Differenzen und geheimnisvollen Praktiken. Und nicht bloß das Publikum der kleinen Leute schwankt zwischen Abwehr und Faszination. Vielmehr kreuzen sich auch in den Werken der großen Kompilatoren der popularen Lachkultur der Renaissance Abscheu und Feier. Johann Fischart zitiert 1590 in seiner *Geschichtsklitterung* die Kultur der Gauner, Hans Michael Moscherosch übernimmt dann in *Gesichte Philanders von Sittewald* (1650) den rotwelschen Wortschatz des *Liber vagatorum* und Grimmelshausen schwankt vollends zwischen der Verdammung der Gauner und Gaukler und dem Lobpreis ihres ungebundenen Lebens.

Die reale Gewalt und Brutalität, die in den Verbrechen von Räubern und Mordbrennern im 16. Jh.

zutage tritt, darf keineswegs verharmlost werden. Spicker-Beck hat in ihrer grundlegenden Studie mit dem Titel »*... als ob er ein hun umbringe und erwurge« – Räuber und Mordbrenner im 16. Jahrhundert* (1995, S. 17–27) erschreckende Zeugnisse vom Ausmaß an Gewalttätigkeit der Räuber und Mordbrenner geliefert. Oft wurde aus geringstem Anlaß gemordet, Feuer gelegt und gewütet. Nicht selten rekrutierten sich die ›mordtprennerischen Bueben‹ aus Landsknechten, die sich nach Kriegen (›Loch im Krieg‹) im gewöhnlichen Leben nicht mehr zurechtfanden. Auch einfache Bauern, Krämer oder reisende Kaufleute gehörten zu den Opfern. Es wäre gewiß fatal, die ständige Erfahrung von Gewalt und Verbrechen im Leben der ›kleinen Leute‹ auszuklammern oder zu leugnen. Und diese Erfahrung sollte sich bis zum Beginn des 19. Jh. kaum ändern. Auch wäre es falsch, die Ambivalenzen der Lachkultur, die körperlichen Qualen und Gewaltpraktiken neben den Ausschweifungen zu unterschlagen. Dennoch waren die schrecklichen Erfahrungen mit Räubern und Mordbrennern nicht eindeutig interpretierbar; denn immer wieder stellte sich heraus, daß die marodierenden Banden »als Instrument einer Art verdeckten Kriegsführung fungierten« (Spicker-Beck 1995, S. 21), daß sie die Mordpläne, Intrigen und Rachefeldzüge von Herzögen, Landsknechtführern oder anderen rivalisierenden Herrschaften zu vollstrecken hatten. Alltägliche Erfahrungen mit Brutalität, unberechenbarer Gewalt, korrupter Herrschaft, mit Hunger, Feuersbrunst und Krieg widersprechen der fiktiven Produktion edler Räuber nicht, sie machen sie notwendig.

Den brüchigen Verhältnissen von adligen Intrigen und korrupter Herrschaft setzen Figuren wie Gamelyn (*The Tale of Gamelyn*, um 1340) und Robin Hood (*A Gest of Robyn Hode*, 1340/50) eine eigene, ›echte‹ Gerechtigkeit entgegen, die im Wald ein exterritoriales Gelände etabliert, wo die bösen Reichen bestraft, die guten Armen aber belohnt werden. So werden gute, edle, gerechte Räuber gemacht und in Balladen, Sagen oder Erzählungen dauerhaft etabliert als Kippfiguren, die ihre abweichende Energie bewiesen haben, um sie endlich auch einmal für eine verkehrte Welt einzusetzen, in der es gerechter zugeht als in der richtigen.

Der Wilderer

Eine besonders stabile Ausprägung des edlen Räubers ist der Wildschütz, auch Raubschütz oder Wilderer genannt. Die verheerenden Wirkungen des adligen Jagdprivilegs erfuhren die kleinen Bauern tagtäglich.

Die herrschaftlichen Wildschweine etwa durften die Felder der Bauern heimsuchen ohne von ihnen geschossen, geschweige denn gegessen zu werden. Bittere Armut und Hungersnöte auf der einen Seite und der ausschließlich den adligen Sonntagsjägern vorbehaltene Wildreichtum mußten fast zwangsläufig die Wilderertradition begründen, die schließlich in einen regelrechten Krieg mündete. Allein im bayerischen Isarkreis wurden in nur zwei Jahren (1834/35) dreizehn Wilderer und vier Förster getötet. Der bekannteste und bis heute tief verehrte Wildschütz ist der 1736 im schwäbischen Kissing geborene und 1771 in Dillingen hingerichtete Mathias Klostermayr, genannt der Bayerische Hiesel. Der wichtigste Grund für seine anhaltende Popularität dürfte sein, daß er die Wilderei zu seinem politischen Programm erklärte und damit propagandistisch durch die Lande zog. Für ihn war es ein Naturrecht, Tiere jagen zu dürfen. Obrigkeitliche Verbote erkannte er nicht an. Er versuchte sogar immer wieder, die Vertreter der Staatsmacht von seinen Gedanken zu überzeugen. In einem anonym überlieferten bayerischen Lied aus dem 19. Jh. wird die fast religiöse Verehrung des Bayerischen Hiesel oder Hiasl evident: »I bin da boarisch Hiasl, koa Kugl geht mar ei / drum fürcht i koan Jaga, und sollts da Teifi sei. / [...] / Und kommt mein letztes Wörtl / Mach ich die Augen zu, / Soldaten und ihr Jäger / Erst nachher habts a Ruh. / Dann wird sich's Wild vermehren / Und springen kreuzwohlauf, juchhe, / und die Bauern werden rufen: / Hiasl, geh, steh wieder auf!«

Populäre Räuberromane

Seine größte Zeit erlebte der reale Räuber in den Jahren zwischen der Französischen Revolution und dem Wiener Kongreß. Unsichere Verhältnisse in der Folge der Revolution, Kleinstaaterei, gewiß auch große Not durch Mißernten, Teuerung, übermäßige Belastung der sozialen Sicherheitssysteme der Kirchen und Gemeinden schufen günstige Voraussetzungen für mehr oder weniger organisierte Übergriffe von Räubern. Besonders aus dieser Zeit sind Gerichtsprotokolle, Fahndungslisten und viele Aufzeichnungen der Verfolger und Bekämpfer, aber auch von barmherzigen Kirchenmännern erhalten, die in geduldigen Verhören und Gesprächen um das Seelenheil der verurteilten Delinquenten besorgt waren. Solche ›Realien‹ – wie auch immer gefärbt von den Rettungs- oder Verfolgungsstrategien der Erzieher oder Justizangehörigen – werden aber in dieser Zeit bei weitem übertroffen von der Masse der Räuberromane.

Zwischen 1795 und 1850 erscheinen 320 Räuberromane in Deutschland, zusätzlich ca. 70 Neuauflagen und Nachdrucke (vgl. Dainat 1996). Mit ihnen werden nicht bloß die Bedürfnisse nach edlen Räubern und zunehmend auch Räuberinnen gestillt, sondern auch der Wunsch nach einem schauerlichen Kontrast zur biedermeierlichen Gemütlichkeit. Insbesondere wenn die Resultate der Französischen Revolution diskreditiert werden sollen, kennt die Scheußlichkeit des Räubers, der in Diensten der Revolution steht, keine Grenzen. Gelegentlich wird die gesamte Revolution als überaus geschickte Verschwörung von Räuberbanden dargestellt. Die schwarze Gestalt des blutdürstigen, sinnlos gewalttätigen und sexuell hyperpotenten Räubers läßt den edlen Räuber, dem nun der edle Wilde als Projektion eines vorzivilisatorischen Naturmenschen Gesellschaft leistet, um so gerechter und hilfreicher erscheinen.

So verbreitet sind jetzt reale und literarische Räuber, daß gelegentlich von der ›Räuber- und Franzosenzeit‹ gesprochen wird. Diese Kombination führt zum ›Räuber par excellence‹, zum Schinderhannes. Daß Johannes Bückler zur populärsten Räuberfigur in Deutschland und darüber hinaus werden konnte, hängt auch damit zusammen, daß ihn nicht nur die französische Besatzungsmacht im linksrheinischen Gebiet als allgegenwärtigen Feind stilisierte, sondern die Pariser Regierung ihm die Ehre erwies, ihn zum gefährlichsten Staatsfeind zu erklären.

In der Figur des Schinderhannes spaltet sich schon zu dessen Lebzeiten (1779 oder 1780, spätestens aber 1783 bis 1803) die populäre Fiktion vom realen Räuber ab. Kein anderer Räuber dieser Zeit arbeitet dermaßen geschickt am eigenen Image als unbesiegbarer, gerechter Freund der kleinen Leute, der ihre mehr oder weniger geheimen Affekte gegen die französische Besatzungsmacht und jüdische Kaufleute aufnimmt und vollstreckt. Schon Anton Keil, der Öffentliche Ankläger im Departement Roer und erfolgreiche Ermittler gegen die Räuberbanden der Region, sah sich veranlaßt, gegen die Legende vom starken, mächtigen und mutigen Schinderhannes zu polemisieren. In seinem berühmt gewordenen Werk *Aktenmäßige Geschichte der Räuberbanden auf beyden Ufern des Rheins* vergleicht er die wirklich schweren Jungs der ›Großen Niederländischen Bande‹ – darunter der jüdische Räuber Abraham Picard – mit den Spießgesellen der Schinderhannes-Bande (›die nie eine richtige Räuberbande war‹): »Beschränkter, schwachsinniger, zaghafter werden sie im Vergleiche die Matadore der Schinderhannes-Bande finden, kleiner, kurzsichtiger, armseliger ihre meisten Entwürfe und Anschläge, geringer, unbeträchtlicher ihre Beute, weniger ausgedehnt ihr Raubtheater, gleich-

sam das Ganze sich drehend um eine einzige Person, um den Johann Bückler« (Keil 1807, S. 5).

Der Schinderhannes konnte nicht schreiben, wußte aber, wie man Schreiber für den Nimbus eines magischen Helden einsetzt. Ein verkrachter Student im Bannkreis von Johannes Bückler erfand für ihn den geheimnisvollen Namen ›Johannes durch den Wald‹, mit dem er ›Passierscheine‹ unterzeichnete, die gegen gute Bezahlung freies Geleit durch die Wälder des Hunsrück oder Taunus sicherten. Die feine Gesellschaft, die es sich leisten konnte, abends vor dem Kamin in Büchern zu blättern, suchte und fand in Johannes Bückler ihren leibhaftigen ›Abaellino‹ oder ›Rinaldo Rinaldini‹. Die rührende Liebesgeschichte mit Julchen Blasius und später das arme, unschuldige Räubersöhnchen fügten sich in diese triviale Idylle.

Die Fiktionalisierung des Realen setzt schon früh ein. Noch zu Lebzeiten des Schinderhannes verfaßt der seinerzeit bekannte Unterhaltungsschriftsteller Ignaz Ferdinand Arnold (1774–1812) einen biographischen Roman über ihn: *Schinderhannes, Bückler genannt, der berüchtigte Räuberhauptmann. Ein wahrhaftes Gegenbild zum Rinaldo Rinaldini*. Als Gegenentwurf wählt derselbe Arnold 1805 aus dem ehemaligen Umfeld von Johannes Bückler eine Figur (Johann Christian Reinhard), versieht sie mit dem Namen ›der schwarze Jonas‹ und macht daraus im gleichnamigen Roman ein menschenfressendes Ungeheuer. Bis heute bleibt die Figur des Schinderhannes in der Populären Kultur lebendig und produktiv. In der zweiten Hälfte des 19. Jh. erscheinen drei Kolportageromane mit ihm als Hauptfigur. Der Räuber ist auch die populärste Titelfigur des Kolportageromans dieser Zeit. Die Bibliographie von Kosch (1993) führt unter dem Titelstichwort ›Räuber‹ 39 Romane auf.

Mathy faßt die Geschichte der Fabrikation des Schinderhannes zusammen: »Hunderte von Gedichten und Liedern, Volks-, Puppen- und Schauspielen, von Lebenserinnerungen, Erzählungen, Volksbüchern, Trivialgeschichten, Kolportagen, Romanen, von kriminalistisch-biographischen Versuchen, Theaterstücken, Filmen, Musicals, Operetten und gar einer Oper sollten in den fast 200 Jahren seit den ersten Steckbriefen und dem ersten Schinderhannes-Gedicht von 1798 folgen. Sie sollten an der Stilisierung und Mystifizierung dieses Schinderhannes mitwirken und so zu dem Ruhm beitragen, ›ein Räuber zu sein, wie er im Buche steht‹« (Mathy 1989, S. 51). Carl Zuckmayer schuf mit der *Mainzer Moritat vom Schinderhannes* (uraufgeführt am 23. Januar 1923), dem Volksstück vom Schinderhannes (Oktober 1927) und mit dem Drehbuch zum Schinderhannes-

Film, der im Februar 1928 Premiere hatte, die Voraussetzungen dafür, daß Johannes Bückler auch im 20. Jh. der populärste Räuber blieb. Der Stummfilm von 1928, der im Verleih der linken Prometheus Film auch international Erfolg hatte, bot Anlaß, die historische mit der fiktiven Räuberfigur abermals kräftig zu verwechseln. Kurt Bernhardt, der Regisseur des Films, äußerte sich 1977 in einem Interview: »Ja, das war der Schinderhannes, nach dem Stück von Zuckmayer. In gewisser Weise auch ein revolutionäres Thema. Schinderhannes war ein deutscher Volksheld, der wie Robin Hood den Reichen nahm und den Armen gab« (Stiftung Deutsche Kinemathek 1982, S. 89). Zuckmayer war noch an weiteren Schinderhannes-Verfilmungen beteiligt. Auch an der ganz und gar mißlungenen (von Helmut Käutner), die aber dafür verantwortlich ist, daß der ›normannische Kleiderschrank‹ Curd Jürgens als Schinderhannes (mit Maria Schell als tränenreicher Räuberbraut) 1958 ins kollektive Bildgedächtnis einging, als edler Sozialbandit, dem nichts mehr am Herzen liegt als die Umverteilung des gesellschaftlichen Reichtums. In einem Dokumentarspiel mit dem Titel JOHANNES DURCH DEN WALD versuchte das ZDF am 1. April 1968, die einschlägigen Legenden vom edlen Räuber Schinderhannes mit historischen Tatsachen zu konfrontieren. Das konnte aber nicht verhindern, daß der Schinderhannes als ›edler Räuber‹ und gerechter Sozialrebell im Sog der Studentenrevolte wiederauferstand.

Literatur

Bachtin, M.: *Literatur und Karneval*. München 1969.
Boehncke, H./Sarkowicz, H. (Hgg.): *Die deutschen Räuberbanden. In Originaldokumenten und kommentiert.* 3 Bde. Frankfurt a. M. 1991.
Boehncke, H./Sarkowicz, H. (Hgg.): *Blutiges Biedermeier. Schreckliche Geschichten aus der guten alten Zeit.* Frankfurt a. M. 1996.
Boehncke, H./Johannsmeier, R.: *Das Buch der Vaganten. Spieler, Huren, Leutbetrüger.* Köln 1987.
Dainat, H.: *Abaellino, Rinaldini und Konsorten. Zur Geschichte der Räuberromane in Deutschland.* Tübingen 1996.
Danker, U.: *Die Geschichte der Räuber und Gauner.* Düsseldorf/Zürich 2001.
Keil, A.: *Actenmässige Geschichte der Räuberbanden an den beyden Ufern des Rheins.* Köln 1807.
Kosch, G./Nagl, M.: *Der Kolportageroman: Bibliographie 1850 bis 1960.* Stuttgart 1993.
Mathy, H.: *Der Schinderhannes zwischen Mutmaßungen und Erkenntnis.* Mainz 1989.
Siebenmorgen, H. (Hg.): *Schurke oder Held. Historische Räuber und Räuberbanden.* Sigmaringen 1995.
Spicker-Beck, M.: »›... als ob er ein hun umbringe und erwurge‹ – Räuber und Mordbrenner im 16. Jahrhundert«. In: *Siebenmorgen (1995).* S. 17–27.
Stiftung Deutsche Kinemathek (Hg.): *Aufruhr der Gefühle. Die Kinowelt des Curtis Bernhardt.* München/Luzern 1982.

Heiner Boehncke

Rebell

Ein Rebell lehnt sich gegen eine etablierte – ständische, nationale, staatliche oder kirchliche – Autorität auf. Er versucht, durch seine Opposition gegen einen illegitimen oder unrechtmäßigen Machthaber Gerechtigkeit herzustellen. In der neueren Populärkultur seit den 1950er Jahre hat man es hingegen meist mit Rebellen zu tun, die sich weniger einer bestimmten Autorität als allgemein dem Zwang zur sozialen Konformität widersetzen. Sie repräsentieren auch keine unterdrückte Klasse oder soziale Gruppe, sondern treten als Individuum oder als Vertreter einer jungen Generation und ihres Lifestyles auf.

Die Ambivalenz der Rebellen

Rebellenfiguren in der Populärkultur sind meist ambivalent. Sicherlich ist ihre Rebellion immer *gegen* etwas gerichtet. Sie sind aber keine nur negativen Figuren, sondern stellen als ⁄ Helden auch positive Werte dar, oft auch das Bestreben, verlorene Tugenden wiederherzustellen oder menschlichere Zustände zu erreichen. So definiert Camus den Geist der Revolte als die »Solidarität der Menschen« (1953, S. 27) und betont, daß »der Revoltierende das verteidigt, was er ist« (S. 22). Rebellen stellen also sowohl Oppositions- als auch Integrationsfiguren dar. Rebellenfiguren sind auch nicht automatisch Revolutionäre oder Umstürzler, sondern sind oft rückwärtsgerichtet und zielen eher auf die Restauration früherer Zustände. Gleichwohl haben Rebellenfiguren in der populären Kultur immer wieder als Kristallisationspunkte gedient, an denen sich in der Bevölkerung Widerstand und Protest gegen Unterdrückung und Unrecht ausgedrückt haben. Zugleich verkörpern sie die in der Realität nicht eingelösten Wünsche nach Gerechtigkeit und einer besseren Gesellschaft. Dadurch repräsentiert ihre Auflehnung utopische Hoffnungen auf Freiheit, Gleichheit und Gerechtigkeit in einer besseren Welt, auch wenn diese oft als Wiederherstellung einer alten Ordnung präsentiert wird. Da diese Grundwerte allgemein verbreitet und immer wieder aktuell sind, weisen die Legenden von Rebellen oft eine ausgeprägte Langlebigkeit auf. Die Geschichten von Figuren wie Spartakus und Robin Hood sind in vielen Fassungen und verschiedenen Medien von der mündlichen Erzählung bis hin zur Verfilmung (sogar in einer komischen Oper und einem Ballett) erzählt worden.

Populäre Rebellenfiguren sind keine Anarchisten. Der Rebell lehnt sich nur gegen eine *illegitime* Autorität auf. Oft ist er an der Grenze zum Outlaw, aber da er seine Taten im Namen eines höheren Prinzips, meist der Gerechtigkeit, ausführt, bleibt er ein positiver Held. Der Rebell ist volksnah. Er will keine völlig neue Gesellschaft verwirklichen, sondern versucht nur, Mißstände in der gegebenen Ordnung zu beseitigen. Auch die neuere Art Jugendrebell, der ›rebel without a cause‹, der scheinbar nur die Auflehnung der Jugend gegen die Gesellschaft und die Werte der Elterngeneration ausdrückt, repräsentiert zugleich eine Sehnsucht nach Zugehörigkeit, Familie und sogar nach klaren Autoritätsverhältnissen. In ihren persönlichen Eigenschaften – z.B. Gerechtigkeitssinn, Unbeugsamkeit und der Mut, gegen stärkere Kräfte anzukämpfen – sind Rebellen gut geeignet, in der Unterhaltungskultur als positive Helden und Identifikationsfiguren zu dienen.

Robin Hood

Eine besonders langlebige und weit verbreitete Rebellenfigur ist Robin Hood (vgl. Knight 1994; Carpenter 1995; Harty 2000). Die historischen Ursprünge der Figur sind umstritten, aber sie geht wohl auf das 15. oder 14. Jh., vielleicht noch viel weiter zurück. Manche sehen die Quelle der Figur in der Unterdrückung der englischen Bauern um 1381. Die Figur spricht aber auch allgemeinere, zeitlich übergreifende Vorstellungen an: Seit der Entstehungszeit des Mythos gibt es unzählige mündlich überlieferte Erzählungen, Balladen, Theaterstücke, Gedichte, Bilder, ↗Filme, Fernsehserien, Jugendbücher, ↗Comics, wissenschaftliche Abhandlungen, ↗Ausstellungen und sogar ein Themenpark in Nottingham, die sich alle um den rebellischen Helden drehen (vgl. Hahn 2000). Schon die frühen Balladen wie *Gest of Robyn Hode*, *Robin Hood and the Potter* und *Robin Hood and Guy of Gisborne* präsentieren unterschiedliche Motive und Handlungsvarianten. Seitdem ist die Robin Hood-Legende noch vielfältiger geworden. Von einer Figur, die den angelsächsischen Widerstand gegen die normannische Aristokratie verkörperte, hat sich Robin Hood zum britischen Nationalhelden, darüber hinaus zu einer weltweit bekannten Figur entwickelt, die in England, Amerika und Japan fast gleichermaßen populär ist. In über 60 Filmen ist Robin Hood dargestellt worden (Harty 2000, S. 88), oft von führenden ↗Stars wie Douglas Fairbanks (ROBIN HOOD, 1922), Errol Flynn (THE ADVENTURES OF ROBIN HOOD, 1938), Sean Connery (ROBIN AND MARIAN, 1976) und Kevin Costner (ROBIN HOOD: PRINCE OF THIEVES, 1991), aber auch von weniger bekannten Schauspielern in B-Movies sowie als Zeichentrick-

figur – ein Fuchs – im Disney-Film (THE STORY OF ROBIN HOOD, 1952).

Die Robin-Hood-Legende ist über die Jahrhunderte in sehr unterschiedlichen Variationen erzählt worden. So etwas wie ein Kern wird von einigen Grundmotiven gebildet, die zwar auch variieren, aber immer wieder erkennbar sind (Knight 2000, S. 115–116). Dazu gehören das Berauben der Reichen und die Beschenkung der Armen, Tarnung und Tricks, die Gemeinschaft der Ausgestoßenen und vor allem ein eigener Gerechtigkeitscode – das höhere Gesetz der Rebellen. Weitere häufig, aber nicht immer wiederkehrende Elemente sind u.a. die verschiedenen Nebenfiguren wie Little John, Friar Tuck oder Maid Marian sowie Motive wie Rettung, meisterhaftes Bogenschießen, das Leben im Wald, Prinz Johns ungerechte Steuern und seine Verschwörung gegen König Richard. Robin verbündet sich, trotz seiner adligen Herkunft, mit dem einfachen angelsächsischen Volk gegen die oberen Klassen – die normannischen Adligen und den Klerus.

Robins Rebellion ist aber eine eingeschränkte: »[...] these outlaw stories [...] are at once traditional and conservative, yet about resistance and rebellion; many versions celebrate the outlaw's anarchic instincts or his commitment to absolute justice, yet many end by revealing his unwavering support for ›true‹ authority in the person of the king, the most powerful symbol of old values and national identity« (Harty 2000, S. 9). Der Rebell zielt letztlich nur auf Reform. Das geläufigste Motiv der Robin-Hood-Geschichten – von den Reichen stehlen, um die Armen zu beschenken – scheint sich ganz und gar gegen die Herrschenden zu richten. Ziel ist aber eigentlich nur, die Gerechtigkeit wiederherzustellen, die vorher durch John und seine Anhänger gestört wurde. Der Rebell bringt nicht Unordnung in das soziale System, sondern er versucht, das bereits gestörte Gleichgewicht wieder auszugleichen. So steht am Ende der Robin-Hood-Geschichten nicht etwa ein Sieg der Unterdrückten über die Adligen, sondern die Rückkehr des legitimen Königs und Robins Rückkehr in seine angestammte soziale Position als Robin von Locksley.

Deutsche Rebellen

Auch deutsche Rebellen zeigen die Ambivalenz von Rebellion und Integration. Eine Figur wie Götz von Berlichingen verkörpert die historischen Spannungen im Übergang vom Mittelalter auf die Neuzeit und wird mit der Neuerzählung in Goethes Drama mit zeitgenössischen Themen weiter verkompliziert.

So vertritt Götz als Ritter das alte Naturrecht gegen das abstrakte römische Recht des kaiserlichen Hofes. Er war vor allem durch die Fehde motiviert, ließ sich – wenn auch widerwillig – zum Führer der aufständischen Bauern machen, die aus wirtschaftlichen Gründen, aber auch politisch gegen die Reichs- und Landesherrschaft und ihre Einschränkungen der früheren bäuerlichen Autonomie rebellieren. Sein subjektives Rechtsempfinden und sein Streben nach Autonomie machen Götz zum Rebellen, er repräsentiert jedoch einen historisch überholten Stand, der durch die komplexere und eher rationale neue, modernere Gesellschaft abgelöst wird (Hesse 1988, S. 470 f.). Goethe macht seinen Götz zu einer Figur, die Freiheit, Natürlichkeit, Ehre und Treue repräsentiert und daraus ihre ursprüngliche, aufbegehrende Kraft bezieht. Das Zwiespältige der Figur ist an ihrem Ende abzulesen: Goethe läßt ihn nach der Niederwerfung des Aufstands im Gefängnis sterben (anders als der historische Götz von Berlichingen). Obwohl er seine Niederlage und die Vergeblichkeit seines Kampfes erkennt (»Meine Stunde ist gekommen«), stirbt er mit dem Wort »Freiheit« auf den Lippen.

Bei Kleist geht die Ambivalenz des Rebellen und seiner Suche nach Gerechtigkeit in der Geschichte von Michael Kohlhaas noch weiter. Rachelust und absolutes Gerechtigkeitsstreben treiben ihn dazu, sich mit Gewalt gegen seine Widersacher aufzulehnen. Kleist treibt die Paradoxie des rechtschaffenen Rebellen zum Höhepunkt. Schon als Kohlhaas vorgestellt wird (»einer der rechtschaffensten zugleich und entsetzlichsten Menschen seiner Zeit«) wird die Ambivalenz der Figur betont. Auch das Thema und der Handlungskern werden gleich vorweggenommen: »Das Rechtsgefühl aber machte ihn zum Räuber und Mörder«. In der Sache hat er Recht, und zur Gewalt greift der zunächst widerwillige Rebell erst, als alle anderen Wege vergeblich zu sein scheinen. Dennoch tut er mit seinem Rachezug auch Unrecht. Am Ende ist es das juristische System, das ihm Gerechtigkeit bringt; allerdings ist mehr als fraglich, ob es ohne seinen Aufstand und seine Gewalt je dazu gekommen wäre. Der Rebell schafft Gerechtigkeit, aber nur, indem er sich selbst schuldig macht; Kleist läßt ihn bereitwillig und mit Einsicht zu seiner eigenen Hinrichtung schreiten.

Revolutionäre

Erfolgreiche Rebellen als populäre Figuren gibt es vor allem in Legenden um historische Revolutionäre in den Ländern mit einer bürgerlichen Revolution. In den USA gibt es eine große Bandbreite von Helden der Revolution gegen die englische Krone. Sie reichen von den Bürgern Bostons, die (angeblich) aus Wut über unfaire Steuern eine Schiffsladung englischen Tees in den Hafen kippten, bis hin zum Landesvater George Washington, der als politische und militärische Leitfigur dient. In zahlreichen Anekdoten, Erzählungen sowie in Kinder- und Schulbüchern werden führende politische Figuren wie Patrick Henry oder Benjamin Franklin als Gründer der amerikanischen Demokratie beschrieben und für ihren couragierten Widerstand gegen die britische Ausbeutung der Kolonien gepriesen. Auch militärische Helden wie der Fregattenkapitän John Paul Jones gehören zum amerikanischen Gründungsmythos. Besondere Figuren sind die Frontiersmen wie Daniel Boone, der über den Widerstand gegen die englische Herrschaft hinaus als ↗ Abenteurer und Kolonialist auch eine spezifisch amerikanische Ideologie der Freiheit und des Individualismus verkörpert. Die Revolutionäre unterscheiden sich von anderen Rebellenfiguren: Sie haben ein politisches Ziel und führen Veränderungen in der Gesellschaftsordnung herbei. So rebellieren sie nicht nur gegen die alte Ordnung, sondern bauen zugleich eine neue auf, die nach anderen Prinzipien funktioniert. Auch hier geht es darum, Mißstände zu beseitigen – nur daß diese nicht mehr aus der Willkür einzelner, sondern aus dem System selbst resultieren, das daher abgeschafft oder verändert werden muß, um Gerechtigkeit herzustellen. Der gesellschaftliche Umbruch, der durch die Revolutionäre herbeigeführt wird, wird in den Erzählungen sanktioniert. Daher sind zwar die Geschichten fiktional, nicht aber die Figuren.

Die moderne Jugendrebellion

Während die klassischen Rebellen in der Moderne keineswegs an Interesse verloren haben, ist ein neuer Typus dazugekommen: der Jugendrebell. Er lehnt sich nicht gegen politische, ökonomische oder soziale Unterdrückung und Mißstände auf, sondern rebelliert aus einer Position der Entfremdung und Anomie gegen die Anpassung an eine als langweilig und sinnlos empfundene Gesellschaft. Diese Figuren reflektieren die Entwicklung einer neuen Generation in den 1950er Jahren: die ›Halbstarken‹, ›juvenile delinquents‹ und unangepaßte Teenager. Diese Entwicklung wird als Reaktion auf die Erfahrung des Zweiten Weltkriegs und der nuklearen Bedrohung, auf die Anonymität und den Zwang zur Konformität in der Massengesellschaft, als Resultat der Verlängerung der Jugend durch längere Schul- und Ausbildungszeiten oder als Folge der Sinnentleerung in der Konsumgesellschaft interpretiert. Der Psychologe Robert Lindner, der mehrere Studien zum Phänomen durchführte – eine Fallstudie wurde zur Vorlage für den Film Rebel Without a Cause –, führt die Jugendrebellion auf die Enge und der Repression der Zeit zurück. Da die Gesellschaft keine kanalisierte Möglichkeiten der Abweichung bietet, produziert sie selbst die Auflehnung und sogar Gewalt, die sie verhindern wollte (vgl. Mellen 1977).

Die Entwicklung einer ↗ Jugendkultur mit einem eigenen Lebensstil, der sich in Kleidung, ↗ Musik (Rock'n'Roll) und im Habitus vom Slang und Sprechweise bis hin zur Körperhaltung ausdrückte, war nicht nur verbunden mit der normalen Ablösung von den Eltern, sondern mit einer tiefergehenden Rebellion gegen ihre Lebensform und ihre Werte. Die Jugendrebellion war im Amerika der McCarthy-Zeit nicht nur eine Sache der Unterschicht, sondern auch in den Vororten der weißen Mittelschicht zu finden. In Deutschland war sie hingegen z. T. stärker politisiert und in der Arbeiterklassen situiert, übernahm aber auch Formen der amerikanischen Jugendkultur (vgl. Maase 1992). So entzündete sich die Empörung über die ›Halbstarken‹ nicht zuletzt an den Randalen und zertrümmerten Stühlen nach Auftritten von Bill Haley oder andern Rock'n'Roll-Musikern oder nach Filmen wie Rock Around the Clock (vgl. Simon 1995).

Zentrale Darstellungen des jugendlichen Rebellen finden sich in Filmen der 1950er Jahre, allen voran Marlon Brando in The Wild One (Der Wilde, 1954) und James Dean in Rebel Without a Cause (Denn sie wissen nicht, was sie tun, 1955). Bis heute haben diese Stars und ihre Figuren das Bild des jugendlichen Rebellen in der Öffentlichkeit geprägt. Brando war bereits durch seine Theaterrollen und in Filmen wie A Streetcar Named Desire (1951), Viva Zapata (1951) und On the Waterfront (1953) ein Star, als er den Anführer einer jugendlichen Motorradbande in The Wild One spielte. So war er als Antiheld aus der Unterschicht typisiert, der sich verbal nicht ausdrücken kann und daher zur Gewalt greift.

Brandos ›Wilder‹ ist ein Rebell, der nicht in die biedere Normalität der bürgerlichen Existenz paßt. Allerdings gibt es auch Momente, in denen er Sehnsucht nach Zugehörigkeit zeigt, insbesondere in der Liebesgeschichte mit der Kellnerin Cathy. Die beiden finden sich attraktiv, leben aber in völlig verschiedenen Welten und können kaum miteinander kommunizieren. Am Ende nimmt er von ihr Abschied und fährt davon; beide wissen, daß sie nicht zueinander finden können.

Was Brando in seinen frühen Rollen zum Rebellen macht, ist vor allem die Ablehnung des bürgerlichen Lebensstils. Die Rebellion bietet aber außer einem anderen Lebensstil keine Alternative. Sie findet als Angriff auf Dekorum, gutes Benehmen und Konformität statt, äußert sich als Lebensstil, Habitus und sogar als Mode. (Brando als Johnny verhalf Jeans und Lederjacken zu ihrer Bedeutung für die jugendliche ↗ Subkultur). Brandos Rolle und der Film The Wild One hatten trotzdem eine gesellschaftliche Brisanz. Obwohl das Studio den Film im Vergleich zur Vorlage an etlichen Stellen entschärfte, wetterten viele Kritiker gegen seine unmoralische Wirkung. In Großbritannien durfte er erst 14 Jahre später in den ↗ Kinos gezeigt werden, da die Zensoren fürchteten, er könnte zu Gewalt und Kriminalität anstiften (McGee/Robertson 1982, S. 24; vgl. McCann 1991, S. 15).

Brando baute in weiteren Filmen ein ↗ Image als wandlungsfähiger Schauspieler auf. So wurde nicht er, sondern James Dean zum prototypischen Jugendrebellen, obwohl auch Deans Image in der Rezeption einigem Wandel unterworfen war (vgl. Lowry/Korte 2000, S. 147–177; Wulff 1990). Dean spielte Hauptrollen in nur drei Filmen – East of Eden, Rebel Without a Cause und Giant. Schon East of Eden gab ihm seine Rolle als Rebell oder vielmehr als aufmüpfiger Junge, der seine Position im Leben, seine Identität sucht und dabei gegen die Heuchelei und die sinnlos gewordene Strenge des Vaters rebelliert, aber zugleich sich nichts mehr ersehnt als seine Anerkennung und Liebe. Rebel Without a Cause, der erst nach Deans Tod durch einen Autounfall erschien, festigte sein Image und machte ihn weltweit zur ↗ Ikone der Teenager-Generation.

Dieser Film setzte sich direkt mit dem zeitgenössischen Phänomen der ›Juvenile Delinquents‹, der kriminellen oder ›auffälligen‹ Jugendlichen, auseinander. Im Vergleich zu The Wild One scheint Rebel Without a Cause weitaus harmloser zu sein, denn die Handlung findet nicht unter Außenseitern und Randgruppen, sondern in der bürgerlichen Mittelschicht statt. Aber genau darin lag die eigentliche Bedrohung der Jugendkultur der 1950er Jahre: Es waren gerade die ›Kinder aus gutem Hause‹, die anfingen, all das abzulehnen, wofür die Eltern lebten.

Popstars wie Brando, Dean und Elvis, aber auch spätere Rockstars bis hin zu den Punks waren immer wieder für die Jugendlichen bedeutsam und für die Eltern erschreckend, weil sie in ihrer Kleidung, den Frisuren, ihrer Art zu reden und sich zu bewegen die tradierten Konventionen sichtbar ablehnten. Sie setzten sich über die Regeln der älteren Generation hinweg und mißachteten Anstand, Höflichkeit, Manieren und Haltung. So waren auch die meisten Jugenddelikte der ›Halbstarken‹ Übertretungen von Besitz- und Anstandsgesetzen wie Sachbeschädigung oder Erregung öffentlichen Ärgernisses (Luger 1991, S. 106). Erst wenn man sich vergegenwärtigt, wie die ältere Generation noch ein Jahrzehnt später auf die Beatles und die protestierenden Studierenden reagierte (obwohl sie aus heutiger Sicht vollkommen brav aussehen), kann man einschätzen, wie provokativ solche äußerliche Rebellion in den 1950er Jahren wirken konnte. Auch in den politischeren 1960er Jahren basierte noch viel von der gesellschaftlichen Sprengkraft der Jugendrebellion auf der äußeren Erscheinung und der Abweichung von erwarteten Verhaltensmustern. Den Jugendrebellen in den 1950er Jahren ging es primär um Fragen der Lebensform, die sich direkt in Moden und Verhaltensweisen ausdrückte. Erst vor diesem Hintergrund wird James Deans Status als prototypische Rebellenfigur einsichtig und es wird auch deutlich, warum dieses Rebellentum in Zeiten politischer Opposition als Modell oder Leitbild weniger populär war (vgl. Wulff 1990, S. 20).

Die Teenager-Rebellion, die sich vor allem als Suche nach Identität und Zugehörigkeit bei gleichzeitiger Ablehnung der gegebenen Zustände und der Elterngeneration gestaltet, war Resultat und Symptom der Auflösung traditioneller kultureller und gesellschaftlicher Formen in der Nachkriegszeit. Gerade in seiner Ambivalenz ist der jugendliche ›rebel without a cause‹ aber auch eine typische Erscheinungsform der populären Rebellenfigur, die sich immer gegen etwas auflehnt, aber im Namen höherer Werte oder der Hoffnung auf Gerechtigkeit und auf die Integration in eine bessere Gemeinschaft.

Literatur

Blunk, L.: »Red Robin: The Radical Politics of Richard Carpenter's Robin of Sherwood«. In: Hahn, T. (Hg.): *Robin Hood in Popular Culture: Violence, Transgression, and Justice.* Cambridge 2000. S. 29–39.

Camus, A.: *Der Mensch in der Revolte.* Reinbek 1953.

Carpenter, K. (Hg.): *Robin Hood. Die vielen Gesichter des edlen Räubers.* Oldenburg 1995.

Harty, K. J.: »Robin Hood on Film: Moving Beyond a Swashbuckling Stereotype«. In: Hahn, T. (Hg.): *Robin Hood in Popular Culture: Violence, Transgression, and Justice.* Cambridge 2000. S. 87–100.

Hesse, G. et al.: »Götz von Berlichingen mit der eisernen Hand«. In: Jens, W.: *Kindlers Neues Literaturlexikon*, Bd. 6. München 1988. S. 470–473.

Knight, S.: *Robin Hood: A Complete Study of the English Outlaw.* Oxford 1994.

Ders.: »›Which Way to the Forest?‹ Directions in Robin Hood Studies«. In: Hahn, T. (Hg.): *Robin Hood in Popular Culture: Violence, Transgression, and Justice.* Cambridge 2000. S. 111–128.

Lowry, S./Korte, H.: *Der Filmstar.* Stuttgart/Weimar 2000.

Luger, K.: *Die konsumierte Rebellion. Geschichte der Jugendkultur 1945–1990.* Wien 1991.

Maase, K.: *BRAVO Amerika. Erkundungen zur Jugendkultur der Bundesrepublik in den fünfziger Jahren.* Hamburg 1992.

McCann, G.: *Rebel Males: Clift, Brando and Dean.* London 1991.

McGee, M. T./Robertson, R. J.: *The J. D. Films. Juvenile Delinquency in the Movies.* Jefferson, N. C./London 1982.

Mellen, J.: *Big Bad Wolves. Masculinity in the American Film.* New York 1977.

Roth, B./Roth, S.: *James Dean.* Köln 1987.

Simon, T.: *Raufhändel und Randale.* Wiesbaden 1995.

Wulff, H. J.: »Deanophilie: Bemerkungen zu einem Idol im Wandel der Zeiten«. In: *Kinoschriften* 2 (1990) S. 7–31.

Stephen Lowry

Reihe

Reihe (mittelhochdeutsch: *rihe*, althochdeutsch: *rihan* ›auf einen Faden ziehen‹, ›spießen‹) bezeichnet ein formales Ordnungs- und Produktionsprinzip von Medieninhalten (Sendungen, Artikeln) und/oder künstlerischen Darbietungen. Reihen gibt es in vielen ↗Genres und allen ↗Medien. Mit dem Begriff wird auf einen losen Zusammenhang (›lose Kopplung‹) ihrer Elemente verwiesen.

Der Begriff der Reihe ist in seiner populären Verwendung systematisch unterbestimmt. Reihungen und Reihenphänomene werden systematisch nur im Rahmen physikalisch-chemischer oder mathematischer Wissenschaftsbereiche betrachtet. Dabei unterscheidet man zwischen endlichen und unendlichen Reihen sowie zwischen arithmetischen Reihen, geometrischen Reihen und Potenzreihen. Gemein diesen Reihen, daß zwischen ihren Gliedern ein vom mathematischen Faktor bestimmter fester Abstand herrscht – ob nun Differenz-, Multiplikations- oder Potenzfaktor – und eine Regelmäßigkeit. Zur Reihe gehören also vom systematischen Standpunkt aus neben der Leitunterscheidung endlich/unendlich auch die Dimensionen Wiederholung/Fortsetzung und Intervall. Die Frequenz hingegen ist hier (noch) nicht von Bedeutung. Sinnvoll scheint die Bezeichnung Reihe aber erst ab mindestens drei Elementen zu sein.

Neben der mathematisch-formalen Definition von Reihe (eingedenk der Verwendung des Begriffs in der Zwölftonmusik) lassen sich die genannten wesentlichen Merkmale in der alltagssprachlichen Kommunikation zuverlässig überprüfen an Redewendungen wie ›etwas auf die Reihe bekommen‹. Dem steht die militärisch-strenge Tradition (›in Reih und Glied‹) mit einer stärker eingegrenzten Verwendung des Begriffs gegenüber; eine streng geordnete Aufeinanderfolge, die auch in Redewendungen wie ›aus der Reihe tanzen‹ vorausgesetzt wird. Weitere Beispiele für Reihe als stark geordnete Abfolge reichen vom Reihenhaus über den Reihenmotor bis zum Reihengrab.

Reihung als ästhetisches Prinzip ist ein altes kulturelles Phänomen, das sich seit der Antike immer wieder in Architektur, Skulptur und Malerei vorfinden läßt. Allerdings geht sie häufig auf eine höhere »Logik der Wiederkehr des Gleichen« zurück (Zitko 1998, S. 159). Durch die Unterteilung des Raumes in Einheiten wird die Wahrnehmung desselben auch zeitlich strukturiert. Die gestaltete Raumstruktur »taktet den Ablauf des Sehens und schafft [...] eine Rhythmisierung des Zeitflusses« (ebd.). Von hier aus ergibt sich über mehrere Zwischenschritte ein Bezug zum rituellen Handeln, das Zeit in bestimmte, wiederkehrende Handlungen teilt. Dieser Zusammenhang ist im 20. Jh. u. a. durch den Nationalsozialismus erkannt und über die Einbeziehung ritualisierender Strukturelemente verwertet worden. Daraus schließt Zitko, daß die Reihung kein neutrales und unschuldiges ästhetisches Sprachmittel mehr sei. Im ästhetischen Ausdruck sollten Reihung und Serialität nur dann eingesetzt werden, wenn die »Implikationen des Reihenprinzips im Blick behalten« und gegebenenfalls offengelegt, also parallel mitreflektiert werden. In den audiovisuellen Medien ist dies allerdings an keiner Stelle der Fall.

Wird die narrative Reihe mit wechselnden Plots und Personen im Gegensatz zur ↗Serie als Produktions- und Anordnungsprinzip verstanden, so hat sie ihren Ursprung wahrscheinlich in den fortlaufenden Lektüren der Buchreligionen. Im sich ausdifferenzierenden Mediensystem darf gegebenenfalls auch die Kolumne als Vorläufer der Reihe betrachtet werden. Nachfolger sind Buchreihen oder der Groschenroman (↗Romanheft). Im ↗Radio finden sich Äquivalente sowohl in Feature-Reihen als auch in Morgenandachten oder Hörspielreihen. Dabei ist die Reihe immer beides: formales Strukturprinzip und auf Fortsetzung angelegt. Hinter der Reihe steht in der Regel immer ein Programm. Sie ist also nicht nur ein fester Sendeplatz mit fortlaufendem Titel.

Im dominanten öffentlich-medialen Kontext tritt die Reihe als Strukturierungsprinzip neben die ›Serie‹ und kann am besten in Abgrenzung zu ihr verstanden werden. Während der Begriff Serie in seiner Bedeutung als Gattungsbegriff für fiktionale TV-Mehrteiler auch in allgemeine Lexika und Enzyklopädien Eingang gefunden hat, bleibt der Begriff Reihe in Standardlexika nicht auf den fernsehmedialen Kontext begrenzt (vgl. Brockhaus, Duden etc.). Das Prinzip der Reihung gilt aber zumindest als

publizistisches Prinzip. Am deutlichsten wird der Unterschied aber am Beispiel von Serie und Reihe im ↗Fernsehen. Während die TV-Serie primär auf fiktionale Texte zurückgreift, ist die TV-Reihe inhaltlich nicht festgelegt. Knut Hickethier versteht Reihe zwar in einem engeren Sinn auf fiktionale Texte begrenzt, wenn er darunter abgeschlossene Folgen versteht, die nur noch durch einen – zumeist visuellen – Rahmen und Titel zusammengehalten werden: »Der Zusammenhalt zwischen den einzelnen Teilen ist hier nur locker« (Hickethier 1996, S. 185). Damit stützt er das als wesentlich erachtete Strukturmerkmal der ›losen Kopplung‹. Empirisch sind aber sowohl Informations- und Dokumentations- als auch Krimi- (z. B. *Tatort* in der ARD), Fernsehspiel- oder Theaterreihen (z. B. *Die aktuelle Inszenierung* im ZDF) vorfindbar. Daher ist Fiktionalität kein Kriterium zur Beschreibung oder Eingrenzung der Reihe. Während bei der TV-Serie Rhythmus bzw. Sendefrequenz von besonderer Bedeutung sind, ist dies bei der TV-Reihe nicht der Fall. Es wird zwischen Mini-Serien (bis zu 13 Folgen), Fortsetzungsgeschichten, Serien mit abgeschlossener Handlung und lang laufenden Serien unterschieden (ebd.). Die TV-Reihe hat als loses Struktur- und Produktionsprinzip keine solchen Untergruppen. Laufzeit und Frequenz einer Reihe sind zumeist nicht an der Handlung, einem bestimmten Werbeumfeld oder der Zuschauerquote orientiert, sondern eher von einem Produktions- und Sendeplan im Rahmen der übergreifenden Programmplanung (z. B. *Das kleine Fernsehspiel* im ZDF), einer Redaktion (z. B. *37°* im ZDF) oder sogar einer Produktionsfirma und deren Kontraktlaufzeit bestimmt. Im dualen Rundfunksystem sind Reihen in Privatsendern auch zum formalen Gewand für sog. ›Sendefenster‹ gesellschaftlich relevanter Gruppen oder unanhängiger Anteilseigner geworden (z. B. *10 vor 11* der DCTP auf RTL).

Im Gegensatz zur TV-Serie, die regelmäßig kulturkritisch hinterfragt wird (z. B. Daily Soaps als Werbeumfeld), stand die Reihe nie nennenswert unter Ideologieverdacht. Im Gegenteil. Bei kursorischer Betrachtung der bundesdeutschen Fernsehgeschichte fällt auf, daß die Reihe ein Produktions- und Sendeformat ist, das bevorzugt für Zielgruppen- oder Spartenprogramme mit eher geringen Zuschauerzahlen eingesetzt wurde. Reihen tauchen tendenziell häufiger im Programmschema öffentlich-rechtlicher als privater ↗Sendeanstalten auf. Für Heller ist die Reihe – bezogen auf das Beispiel des künstlerisch anspruchsvollen Dokumentarfilms – zugleich Fluch und Segen: »Stellt die Reihe für den Redakteur ein wichtiges Element der Strategie in der Auseinandersetzung um Programmteile und Sendeplätze dar, um damit überhaupt erst Freiräume für kontinuierliche, konzeptionell planerische Filmarbeit zu schaffen, so vermitteln sich in ihr für den Filmemacher in der Regel die Ökonomie und Programmpolitik der Zeitmaschine Fernsehen: in der Standardisierung der Produktionsabläufe, in der Anpassung an die vom Programmschema vorgegebenen Formate, in dem mit Blick auf den Sendeplatz und auf die zu erwartenden Einschaltquoten rezeptionsorientierten Kalkül, das nahezu zwangsläufig auf die ästhetische Form und Sujetbehandlung der Reihenbeiträge durchschlägt« (Heller 1994, S. 5f.). Im künstlerischen Kontext ist das Produktions-/Sendeprinzip der Reihe somit auch als Beschränkung des künstlerischen Schaffens begreifbar.

Als thematisch und strukturell ›lose Kopplung‹ treten meist die einzelnen Produktionen/Sendungen mit ihrem je eigenen Titel in den Vordergrund. Die Zugehörigkeit zur Reihe wird allenfalls per Ansage oder durch einen visuellen Hinweis (Reihen-Logo) vor Beginn der Produktion/Sendung verdeutlicht. Dabei könnte das wiederkehrende Strukturmerkmal in gleichbleibendem Reihentitel, Programmplatz, Sendungsdauer und -kontext liegen (vgl. Heinze 1991). Für das Verständnis des ⁊ Films oder seine Einordnung ist die Reihenzugehörigkeit in der Regel nicht relevant.

Bei fiktionalen Reihen ändern sich die Darsteller regelmäßig, und es sind auch Mischformen zur Serie möglich. Als Beispiel mag die reihenhafte Verschränkung von Episodenserien dienen, die in der *Tatort*-Reihe zusammengefaßt werden. Die gesammelten Beobachtungen legen die systematische Deutung nahe, daß eine Reihe – im Gegensatz zur Serie – nicht über Teile verfügt, sondern über Elemente. Deshalb empfiehlt sich auch nicht, diese Elemente Folgen zu nennen, weil sie die Reihe formal fortsetzen, ohne inhaltlich Fortsetzung zu sein.

Die Reihe hat keine organische Länge und kann genauso gut nur wenige Monate wie viele Jahre Laufzeit haben. Häufig werden Reihen im zweiwöchentlichen oder monatlichen Rhythmus gesendet. Wöchentliche oder tägliche Reihen sind hingegen selten. Entsprechend ist das Werbeumfeld für die Konzeption der Reihe im öffentlich-rechtlichen Fernsehen weniger ein Entscheidungskriterium als beispielsweise der öffentlich-rechtliche Informations- und Bildungsauftrag. Im Privatfernsehen – etwa bei der Zusammenfassung von zuvor selbständigen Spielfilmen zu einer Reihe – dienen Reihe und Reihentitel als Marken, die zur Imagebildung (⁊ Image) und Profilierung der Sendeanstalt beitragen sollen (z. B. *Die besten Filme aller Zeiten* auf Kabel1). Die Reihe in diesem Sinn kann und soll die Zuschau-

erbindung stärken und erfüllt damit die gleiche Funktion wie die fiktionale Fernsehserie.

Literatur

Heinze, H.: »Kontextualisierung. Überlegungen zu einem historischen Gattungsbegriff der bundesdeutschen Fernsehserie«. In: Kreuzer, H./Schanze, H. (Hg.): *Bausteine II, Arbeitshefte Bildschirmmedien 30*. Siegen 1991. S. 79–83.
Heller, H. B.: »Einleitung«. In: Ders. (Hg.): *Reihen und Aspekte des Dokumentarfilms im Fernsehen der Gegenwart, Arbeitshefte Bildschirmmedien 45*. Siegen 1994. S. 3–8.
Hickethier, K.: *Film- und Fernsehanalyse*. Stuttgart/Weimar 1996.
Zitko, H.: »Der Ritus der Wiederholung. Zur Logik der Serie in der Kunst der Moderne«. In: Hilmes, C./Mathy, D. (Hgg.): *Dasselbe noch einmal: Die Ästhetik der Wiederholung*. Wiesbaden 1998. S. 159–183.

Lars Rademacher

Reklame ⁊ Werbung

Revue ⁊ Varieté

Romanheft

Nach heutigem Standard erscheinen Romanhefte in gezählten, wöchentlich erscheinenden Serien. Jedes oktavformatige (15×22,5 cm) Heft bringt eine abgeschlossene Erzählung, Roman genannt. Die Hefte sind zweispaltig gedruckt und 64 Seiten stark, hinzu kommt ein vierseitiger, vierfarbiger Umschlag, dessen Innen- und Rückseiten für Fremd- oder Eigenwerbung genutzt werden. Orts- und Verlagsangaben finden sich wie bei ⁊ Zeitschriften nur im Impressum, nicht auf dem Umschlag, noch auf dem zuweilen vorhandenen Titelblatt. Die vordere Umschlagseite stellt den Serientitel groß, den Hefttitel weniger groß heraus. Sie ist illustriert – zumeist mit einem in Atmosphäre und ⁊ Genre einführenden Bild. Produktion und Vertrieb sind streng durchrationalisiert.

Überschneidungen mit anderen Publikationsformen

Von all diesen Kennzeichen, die auf dem Markt seit Mitte der 1960er Jahre zur Norm wurden, ist aber keines für das Romanheft verpflichtend. Ungezählte Serien, oder Serien, bei denen einzelne Nummern nicht gezählt waren, kommen genauso vor wie Hefte, bei denen der Serien- gegenüber dem Stück-Titel in den Hintergrund tritt. Vielfach läßt sich daher nicht sicher entscheiden, ob ein Einzeltitel oder eine Serie vorliegt.

Neben der wöchentlichen Erscheinungsweise kommen auch vierzehntägiges oder monatliches Erscheinen vor. Aber selbst Periodizität ist kein verpflichtendes Kriterium, da bis 1950 die meisten Serien keine Angaben zur Erscheinungsweise machen und viele Nummern parallel angeboten und verkauft wurden. (Vor allem wegen der vor dem Krieg noch größeren Bedeutung des Direktversands). Auch das Kennzeichen des abgeschlossenen Romans verliert bei näherer Betrachtung seine Bedeutung: Weil erfolgreiche Titel den Charakter von Endlos-Serien (z. B. *Perry Rhodan* 1961 ff.) haben und damit zum Lieferungsheftroman changieren, oder weil Mini-Serien, die über einige Hefte laufen, vorkommen. Das Prinzip des Ein Heft/Eine Erzählung wird ebenfalls durchbrochen, wenn zwei oder mehrere Erzählungen angeboten werden. Die Romanheft-Serie tendiert in diesen Fällen zum Magazin und schließlich haben die amerikanischen Pulps wie ihre deutschen Entsprechungen zwar die Zählweise von Zeitschriften. Sie gehören aber wegen ihres Inhalts (keine aktuellen, ausschließlich fiktionale Texte) weniger zu den Zeitschriften als zu den Roman-Serien.

Auch dem heutigen 64-Seiten-Standard-Umfang kommt keinesfalls verpflichtende Bedeutung zu. Zum einen haben viele erfolgreiche Serien der Kaiserzeit ein Quartformat (21,5×27,5 cm) und daher entsprechend nur einen Umfang von 32 Seiten; zum zweiten sind besonders in der Zeit der Weimarer Republik auch kleinere Oktavformate (zumeist: 11×17,5 cm) sehr beliebt. Diese haben häufig einen Umfang von 6 Druckbögen, also 96 Seiten; es kommen aber auch Serien mit einem Standardumfang von 192 Seiten vor (etwa *John Klings Erinnerungen*, 1931–39). Diese ganzzeilig, nicht spaltig gedruckten Serien stehen Taschenbüchern nahe. Andererseits finden sich geringere Umfänge auch bei den Kleinformaten, die, wenn sie nicht mehr geheftet sind, einen Übergang zu den Moritaten-Blättern darstellen.

Nicht nur in der Machart und in der Erscheinungsweise, auch in der Aufmachung unterscheiden sich die verschiedenen Romanheft-Serien und damit ihre kommunikative und ästhetische Funktion. ↗Werbung auf dem Umschlag, die den schnellen Konsum signalisiert und die Romanhefte in die Nähe von Zeitschriften rückt, findet sich zwar zumeist, aber nicht immer (vgl. etwa *Die Kurzgeschichte*, 1941). Und auch die Umschlagillustration, der in der Frühgeschichte des Mediums eine Signalwirkung zu-

kommt, ist kein absolut verpflichtendes Kriterium, das Buch- von Heftreihen unterscheidet.

Ebenso sind der anonym bleibende Autor oder gar die Vielzahl von Autoren, die einen Serien-Helden (*Jerry Cotton/Nick Carter*; ↗Held) verwenden und sich nach einem vorgegebenen Schema in den Dienst des Serienformats stellen, keineswegs die verpflichtende Norm. Zwar gibt es schon im 19. Jh. Schreibanweisungen für Serienautoren. Diese zielen aber ebenso auf Originalität wie auf Erfüllung von Qualitätsstandards (vgl. Johannsen 1950, S. 4). Vor allem aber lassen sich die zahllosen Nachdrucke der Werke von Buch-Autoren in Heften – seien es Wilhelm Hauff oder Friedrich Schiller, Eugenie Marlitt oder Hedwig Courths-Mahler – nicht aus der Geschichte des Romanhefts ausschließen, ohne der Publikationsform Gewalt anzutun. Serien wie die *Roman-Zeitung* (1949–90), die überwiegend Romane der Weltliteratur bringen, gehören zum Heftroman. Noch komplexer erscheint das Verhältnis von Romanheft und Buch, bedenkt man, daß nicht wenige Romanheft-Serien (kaum bearbeitet oder sogar textidentisch) auch als Buchserien vertrieben werden. So stehen bei *Jerry Cotton* oder bei *Kommissar X* Taschenbuch und Romanheft nebeneinander. Darüber hinaus geht die dichotomische Vorstellung vom anonymen und gesichtslosen Romanheft-Autor, der hinter seiner Titelfigur verschwindet einerseits, und dem bekannten Autor andererseits, dessen Name für den Leser wichtiges Signal für die Lesehaltung ist, an der Wirklichkeit des Heftromans vorbei. Im Heftroman werden die pseudonymen Autoren genauso häufig zu Qualitätsmerkmalen wie auf dem Buchmarkt. G. F. Unger steht im Western-Genre für ein Markenprodukt, gleichgültig, ob er als Buch- oder Heftroman-Autor auftritt.

Auch inhaltlich oder gar sprachlich-stilistisch bilden Heftromane keine streng von anderen Publikationsformen zu scheidende Klasse. Sensationelles, Abenteuerliches (↗Abenteurer), Zugespitztes, Gefühlvolles gibt es in jedem Publikationsgenre, wie es auch Betuliches oder Belehrendes in Form von Romanheft-Serien gibt.

Überblickt man größere Strecken der Geschichte des Romanhefts, zeigt sich die bunte Vielfalt der Formen und Formate. Ausstattungsgewohnheiten, die ihm in der Gegenwart oder zu einem anderen Zeitpunkt ein verpflichtendes Gesicht, einen festen Charakter zu geben schienen, erweisen sich bei genauerer Kenntnis seiner Geschichte als zweitrangig. Immer wieder tendiert das Romanheft in die Nähe anderer Publikationsklassen, verwirklicht mediale Übergangsformen, die beim starren Blick auf nur ein Muster allzu leicht übersehen werden.

Design

Trotz der Unmöglichkeit, formal oder inhaltlich das Romanheft exakt zu fassen, gibt es so etwas wie ein charakteristisches ↗ Design. Die zentrale Idee dieses Designs ist das Herausstellen der Serie und das Hintanstellen des Einzeltitels. Das obere Drittel oder Viertel zeigt den Serientitel. Er annonciert das Genre, wobei Typographie, Schmucksymbole (Kronen oder Herzen) oder Untertitel die Titelgebung dabei unterstützen. Zumeist ist ein stilisiertes Porträt des Titelhelden in die Titelzeile integriert. Die Nummer, durch die der Leser das Heft in der gestaffelt gehängten Auslage am Kiosk identifiziert, findet hier ebenfalls ihren Platz. Gegenüber dem Serientitel hat der Einzeltitel geringere Bedeutung. Er ist typographisch zumeist deutlich kleiner gehalten und befindet sich – oft ohne Nennung des Autors, den erst das Titelblatt bringt – am unteren Heftrand unterhalb des (zumeist) bunten Titelbildes. Auch das Titelbild unterstreicht die Grundidee des Layouts und hebt eher das Genre denn die einzelne Nummer hervor, indem es irgendeine zum Genre passende Illustration – im Krimi besonders häufig ein Filmstill – zeigt. Auch die Hefttitel unterstreichen die Genres. Generell sind Spannungsromane (die sog. Männer-Unterhaltung) knapper bzw. informativer gehalten, etwa »Unter den Puelchen« (*Neue Volksbücher* Nr. 443, 1890), »Das geheimnisvolle Schloß in Mexiko« (*Texas-Jack. Der große Kundschafter* N. F., 3. 1932). Demgegenüber haben die Liebesromane (sog. Frauen-Unterhaltung) ausführlichere bzw. appellative Titel. Etwa: »Was zählt mehr als unser Glück« (*Bastei Fürsten-Roman* Nr. 328, 1974) oder »Karl Steldinger und seine drei Bräute« (*Loreley-Roman* Nr. 205, 1926). Ist der Umschlag durch Gestaltung und Druckqualität (seit den 1960er Jahren durchweg Hochglanzpapier) darauf abgestellt, attraktiv, ja hochwertig zu erscheinen, um dem ↗ Image des billigen Massenprodukts entgegenzuwirken, stellen Druckanordnung und Druckqualität des Heftinnern dieses geradezu heraus. Zeitungspapier, jahrzehntelang stark holzartig (vgl. die US-amerikanische Bezeichnung Pulp für die Groschenhefte), spaltiger Druck, ein handliches Format, kurze Absätze und Abschnitte, kurze Sätze, große Typographie erleichtern nicht nur das Lesen, sondern animieren zum Lesen als einer Tätigkeit, die nur wenig aus dem Alltag herausgehoben wird und überall und nahezu immer auch für kurze Zeitintervalle geeignet ist. Erleichtert der Umschlag die Orientierung und verleiht dem Romanheft Gediegenheit, so erleichtert die Gestaltung des Innern die Lektüre und verleiht dem Romanheft so etwas wie Alltäglichkeit. Macht der Umschlag das Massenprodukt kostbar, stellt die Gestaltung des Drucks den Massencharakter heraus.

Produktion und Distribution

Heftromane werden in kleinen und Kleinstbetrieben – vgl. den sprichwörtlichen »Einmann-Verlag« (Mannheim), der 1951 u. a. die Serie *Liebe in Ketten* herausbrachte – wie in Großbetrieben mit mehreren hundert Angestellten hergestellt. »Die gern behauptete Dichotomie« (Pforte 1979, S. 14) der zwei Verlagssysteme Buch- bzw. Heft-Verlage erweist sich als unhaltbar. Buch- wie Heftroman sind Waren, ihre Produktions- und Distributionsformen sind »nur graduell unterschieden« (ebd.). Buchroman-Reihen folgen den gleichen Marktstrategien wie Heftroman-Serien; beide können in gleichem Maße standardisiert sein. Zwischen *Fischers Bibliothek zeitgenössischer Romane* (ab 1905) mit Erstdrucken Th. Fontanes, H. Hesses oder Th. Manns und der Heftroman-Serie *Der 30 Pfennig Roman* mit Nachdrucken Fontanes (Aufwärts Vlg. 1936–45) besteht, was den Serien-Charakter (bis auf den gleichmäßigen Umfang) angeht, kein Unterschied. Sujet, Genre, Autoren, Sprache der einzelnen Bände bzw. der einzelnen Nummern sind in beiden Serien gleichermaßen unterschiedlich. Die Gleichförmigkeit bzw. der Seriencharakter sind weniger Ergebnis eines literarischen oder kulturellen Niveaus, als Folge wirtschaftlicher Überlegungen und Möglichkeiten.

Hat das Romanheft auch kein Exklusivrecht auf Standardisierung, gehört andererseits eine gewisse Standardisierung zu seinen Voraussetzungen. Ein geringeres oder größeres Variationspotential innerhalb einer Serie ist dabei Resultat der verschiedenen Produktionsformen. Nicht ein bestimmtes Standardisierungsmaß ist aber das Besondere am Romanheft und seiner Produktionsweise, sondern daß ein Zusammenhang existiert zwischen dem Niveau durchrationalisierter Produktion und einer an dieses Niveau gekoppelten Verbindung von Produktions- und Schreibprozeß. Während im Buchverlag durchrationalisierte Produktion nach wie vor höchst individuelle Literatur- und Buchformen entstehen läßt, schaffen durchrationalisierte Produktions- und Distributionsformen beim Romanheft ein auch literarisch immer mehr standardisiertes Produkt, was keinesfalls kulturkritisch verstanden werden muß. Die Grenzen der Standardisierung werden vom Markt vorgezeichnet. Daß es sie gibt, läßt sich theoretisch begründen und praktisch beobachtend erahnen: Die

Grenze liegt dort, wo der Seriencharakter der Erzählung nicht mehr zum Weiterlesen motiviert.

Wiewohl wir nur wenig über den Produktionsprozeß von Romanheften aus der Zeit vor 1960 wissen – und das betrifft immerhin rund 100 Jahre Romanheft-Geschichte – läßt sich aus der Betrachtung der Produkte schließen, daß die Produktion vor 1960 sehr unterschiedlich, ja personell bestimmt war. Die Heftserien – auch die, die durch einen Titelhelden ein größtmögliches Maß an Standardisierung versprachen – besaßen »so wenig [...] verbindendes Hintergrundkolorit [daß] den einzelnen Autoren die Möglichkeit einer Eigenprofilierung« (Schmidtke 1979, S. 70) gegeben war. »Was da der eine oder andere Autor dem Serienhelden an Aufgabenstellung zuwies, zuweilen aber auch, wie das Erdachte dann erzählt wurde, blieb viel intensiver mit dem Verfassernamen verbunden, als in Reihen mit starkem Konzeptzwang« (ebd.). Sprachlich standardisierte Heftroman-Serien waren daher bis 1960 nur möglich, wenn ein Autor Verfasser der ganzen Serie war. Serien mit großer Verbreitung wie *Buffalo Bill* oder *Jörn Farrow's U-Boot-Abenteuer* sind Unternehmungen, an denen mehrere Autoren beteiligt waren, gleichgültig, ob das gleiche Autorenpseudonym angegeben wird oder nicht. Die Vielfalt der Formen und Formate und ihre Abhängigkeit von individuellen wie ökonomisch bestimmten Produktionsformen erlaubt es hier nur, die Produktion und Distribution eines einzigen Romanhefttyps, den der Konzeptserie, darzustellen. Dieser Typ entsteht erst im Zusammenhang mit dem seit 1960 verstärkt einsetzenden Konzentrationsprozeß unter den Anbietern von Romanheften. Und nur von seiner Herstellung liegen einigermaßen verläßliche Fakten und Einsichten vor. Nur auf diesen Typ trifft in vollem Wortsinn die Rede von der »industriellen Fließbandproduktion« (Ziermann 1983, S. 96) zu. Die Produktion dieses Hefttyps ist von vier Institutionen bestimmt: Den Serienkonzepteuren, den Serienerfüllern, externen Prüfstellen, Verkaufskontrolleuren. Der Verlag, Lektoren oder gar die »Verlagsleitung« (Wernsing/Wucherpfennig 1976, S. 11) erarbeiten bzw. billigen oder vervollständigen ein von außen angebotenes Serienkonzept (Krämer 1990, S. 217 ff.). Das Serienkonzept wird von Autoren umgesetzt, die teils ein Konzept für einzelne Titel vorgelegt bekommen oder ein solches dem Verlag vorlegen und abprüfen lassen. Der Verlag unterstützt seine Autoren bei der Entwicklung solcher Konzepte für Einzeltitel durch Schreibanweisungen, die im Roman-Geschäft eine lange Tradition haben. Solche Anweisungen, die das fixierte Serienkonzept in geordneter Form nach den Titelfiguren, anderen Charakteren, Ort, Handlung etc. erläutern,

gehören heute zum Alltag nicht nur von Romanheft-Produktionen, sondern auch von TV-Serien. In der Literaturwissenschaft wie in Publikumszeitschriften wird auf ihre Existenz bei literarischen Serien (unnötigerweise) mit einem entlarvenden Gestus hingewiesen. Der scheinaufklärerische Impetus verstellt die Einsicht nicht nur in die ökonomische Notwendigkeit, sondern vor allem in die literarische Produktivität dieses Verfahrens. Das mehrfach Verdichtungen provozierende Produktionsverfahren fördert Durchsichtigkeit der Formensprache und die Darstellung großer Themen in den verschiedenen Genres. (Beispielsweise wird der Mensch als eine in Frage gestellte Leib-Seele-Einheit im Geisterjäger-Genre behandelt). Die Produktionsweise verhilft daher dem Romanheft, auch wenn es stilistisch im Vergleich zum Buchroman weniger elaboriert ausgeformt zu sein scheint, zu einer dichten Sprache, die erst erklärt, warum Millionen Käufer Jahr für Jahr zum Romanheft greifen. In die ineinander verschränkten Aktionen von Lektorat und Autor sind noch die Richtlinien bzw. die Überprüfungskriterien der Bundesprüfstelle für jugendgefährdende Schriften bzw. der freiwilligen Selbstkontrolle der Romanheft-Verleger sowie die zwar weniger kodifizierten, aber nichtsdestoweniger bedeutsamen Richtlinien der Leser- und Werbemarktforschung integriert (vgl. Stadler 1978, 242 f.). Die verschiedenen Prüfstellen des Textes sorgen dafür, daß der Dumme am Ende des Produktionsprozesses nicht der Leser, sondern der Autor ist.

Das schwächste Glied im Kommunikationssystem Romanheft sind die Heftroman-Autoren vor allem deshalb, weil ihre Verträge mit dem Verlag erst Gültigkeit erhalten, wenn ihre Texte durch die Prüfstellen des Bundes und der Verlage durchgegangen sind.

Die Honorare, die heute bei eingeführten Autoren etwa um die 1000 € pro Heft liegen, verursachen den geringsten Teil (3 %) der Produktionskosten. Insofern sind die kritischen Bemerkungen, die sich in der Literatur immer wieder finden, daß der Profit der Verlage wesentlich in den niedrigen Autorenhonoraren begründet sei, mit Vorsicht zu genießen. 50 % der Kosten entfallen auf den Vertrieb, 25 % auf die Verlagsorganisation, Druck und Bindekosten, »so bleibt dem Verleger ein Gewinn von 22 %« (Pforte 1979, S. 25). Bei wöchentlichen Druckauflagen von 40.000 mit erfolgreichen Serien ergibt sich daher ein ordentlicher Überschuß, auch »wenn davon auszugehen ist, daß die Druckauflage auch bei guter Kalkulation 20–30 % höher ist als die Verkaufsauflage« (Pforte 1979, S. 25). Allerdings ist seit Mitte der 1960er Jahre das Geschäft schwieriger geworden.

Produktionssteigerungen sind nur noch durch höheren Aufwand und mehr Serien zu erreichen. So erreicht der Bastei Verlag, der 1953 in das Geschäft einstieg, 1960 pro Serie eine wöchentliche Druckauflage von knapp 60.000; 1965 konnte er die Durchschnittsauflage der nunmehr 12 Serien auf mehr als 85.000 steigern, um schon 1970 (16 Serien) ein Absinken auf 75.000 hinnehmen zu müssen. Die wöchentliche Gesamtauflage aller Serien stieg bis 1976/77 auf 1,55 Mio. an, verharrt mit geringer negativer Tendenz seitdem auf etwa gleich hohem Niveau, wobei die Nachwendejahre noch einmal ein Zwischenhoch bis 1993/94 brachten. Diese Entwicklung (kleinere Verlage erzielen nur die Hälfte und weniger pro Serie) läßt sich auf alle großen Verlage übertragen, so daß sich nach den erstmals von Krämer (1990) kritisch überprüften und revidierten Zahlen eine wöchentliche Gesamtauflage aller Verlage von 1970: 3,7 Mio., 1983: 5,8 Mio., 1993: 5,3 Mio. ergibt, was aufs Jahr gerechnet Produktionszahlen in der Größenordnung von rund 250 Mio. ausmacht

Dieses Geschäft lag in der BRD (zum Heftroman der DDR vgl. Gaida 1975; Mallinckrodt 1984; Schoenfelder 1976) zunächst in den Händen zahlreicher kleinerer Verlage, die häufig nur 1–4 Serien herausbrachten. Schalow (1992, S. 15 ff.) führt für die Jahre von 1946–48 Serien von rund 50 verschiedenen Verlagen an. Für 1953 nennt Stadler (1978) nach dem ADW-Zeitungskatalog, der allerdings nur die für die Werbewirtschaft interessanten Verlage und Reihen nennt, noch insgesamt 23 Verlage. Der Konzentrationsprozeß ging bis in die 1960er Jahre kontinuierlich weiter. Ab 1970 haben die kleineren nur noch »einen Marktanteil von 4–6 %, was einer Auflagenhöhe von ca. 150.000–330.000 entspricht.« (Krämer 1990, S. 153).»Die aktuelle Situation (1993) sieht nach den Angaben in Willy Stamms *Leitfaden für Presse und Werbung* (1993) folgendermaßen aus: Marktführer ist der Bastei-Verlag [mit einem Marktanteil von mehr als 50 %]. [...] Der zweitgrößte in diesem Geschäft ist Pabel/Moewig. [...] Stamms Leitfaden verzeichnet außer diesen beiden [...] nur noch zwei Heftchen-Verlage: den Kelter-Verlag« (Strobel 1994, S. 227 f.) und den AV top spezial Verlag. Neben ihrer ökonomischen hat die Konzentration auf wenige Verlage auch kommunikative Bedeutung. Sie erleichtert das Durchsetzen gleichbleibender Standards und fördert eine Marktbindung der Käufer und Leser, nicht zuletzt mit der Folge einer relativ stabilen Leserate.

Bei der Distribution konkurrieren bis in die 1970er Jahre zwei Vertriebswege: »Die Auslieferung der Heftromane über das Zeitschriftengrosso an den Einzelhändler und die Auslieferung über verlagseigene Vertriebsorganisationen« (Pforte 1979, S. 23). Hauptabnehmer sind Kioske, Bahnhofsbuchhandlungen, Kaufhäuser, Lebensmitteleinzelhandel und Schreibwarengeschäfte. Nach wie vor gibt es auch die Möglichkeit des Direktbezugs, zumeist im Abonnement.

Die Verlage unterstützen den Betrieb durch Werbung im TV und in Publikumszeitschriften, sowie durch eine von Fall zu Fall sehr unterschiedliche Leserbetreuung. Vor allem im Bereich der Männer-Unterhaltung (in Männer- oder Frauen-Unterhaltung gliedern die Verlage und die Werbewirtschaft die Produktionen ein) regen die Verlage zum Sammeln der Hefte an (↗ Sammler). Sammelmappen werden angeboten, Leserbriefe veröffentlicht und bei der Konzeption der Hefte berücksichtigt (vgl. Nutz 1987; Schemme 1983) und Fan-Clubs (↗ Fan) unterstützt bzw. gegründet. Für retrospektiv orientiertes Sammeln hat sich seit 1970 ein eigener Markt mit Spezialgeschäften, Tauschbörsen, Auktionen und Preiskatalogen (vgl. Schalow 1992; Pilz 1996) ausgebildet. Für Hefte der frühen 1950er Jahre oder für Vorkriegsausgaben aus dem Segment der Männer-Unterhaltung werden 75 € und mehr gezahlt. Im Einzelfall werden (auf einer Auktion im Jahre 1982) sogar 1.000 DM für ein Romanheft (aus der Nachkriegsserie *Rolf Torring's Abenteuer*) erzielt.

Geschichte

Romanhefte sind ›populärer Lesestoff‹ (vgl. Schenda 1977, S. 26 ff.). Daher gehören zu ihrer Vorgeschichte alle in großer Stückzahl produzierten und vertriebenen Publikationsformen, sofern in ihnen literarische ↗ Unterhaltung angeboten wurde. Produktionstechnisch stehen den Heften das ↗ Flugblatt, die Broschüre, das Taschenbuch, die Zeitschrift, die Lieferungs- und Fortsetzungsromanwerke nahe; formensprachlich ist das Romanheft mit der gesamten erzählerischen Unterhaltung verwandt. ↗ Räuber etwa haben eine durchgängige Konjunktur in allen erzählenden Medien der Unterhaltung: sie treten im Ritter-Räuber-Schauer-Roman des späten 18. Jh. ebenso auf wie in sensationellen Kolportage- oder Lieferromanen des 19. Jh., in Zeitschriften- und Zeitungsromanen oder in Romanheften des 19. und 20. Jh. wie in den audiovisuellen Medien unserer Tage.

Die erzählerische und technische Verwandtschaft des Romanhefts mit anderen Publikations- und Erzählformen – besonders mit der »zwischen 1955 und 1960« (Kosch/Nagl 1993, S. 65) zu Ende gegangenen Geschichte des Kolportageromans – führt zu Problemen beim Ansetzen der Geschichte des Romanhefts. Die Unsicherheit, was ein Romanheft ist und womit dann seine Geschichte beginnt, hat nicht zuletzt ihre Ursache in dem für Deutschland zunächst fehlenden Begriff. Galle (1988, S. 5) datiert »die ersten echten Heftreihen« wohl zu spät in die Jahre »um die Jahrhundertwende«. In den USA hingegen, also in einem zahlenmäßig (im 19. Jh.) kleineren Buchmarkt, konnte man sich auf ein viel exakteres Datum einigen, da schon früh die Verlagsseite einen Begriff für das Romanheft durchsetzte. So datiert Johannsen (1950, S. 31) (und ebenso Bragin 1938) den Beginn der Romanheft-Geschichte exakt auf den 9. 6. 1860. »Then, on June 9, the Tribune carried the announcement: ›Beadle's Dime Novels‹, No. 1. Ready this morning. The Best Story of the Day, by the star of American authors. ›Malaeska, the Indian Wife of the White Hunter‹«. Der schlagkräftige Name, auf dem ein ganzer Werbefeldzug »BOOKS FOR THE MILLION! A Dollar Book for a Dime!!« (Anzeige *New York Tribune*, 7. 6. 1860) aufbaute, überzeugte die Leser wie die Wissenschaft. Nimmt man das erste Heft (und die nächsten 27 folgenden) in die Hand, stellen sich aber Zweifel ein. Malaeska ist ein Nachdruck aus *The Ladies' Companion* aus dem Jahre 1839; die Aufmachung dieses angeblichen ›Yellowbacks‹ ist sehr schlicht. Es gibt keine Illustration auf dem Umschlag, Sprache und Stil, Umfang und Druck sowie Papierqualität unterscheiden sich kaum von den zeitgleichen (und früheren) deutschen Buch-Romanreihen wie *Eisenbahn-Unterhaltungen* (ab 1862). Der Unterschied zum Buchroman wird zunächst allein durch die Werbung gemacht. Irwin P. Beadle zielt von Beginn an auf ein Massenpublikum (↗ Publikum) und produziert nicht einfach relativ billige und bequem zu lesende Bücher. Erst ab Nr. 29 von *Beadle's Dime Novels* (und auf den Nachauflagen der ersten Nummern) gibt es eine Umschlag-Illustration und erst ab Nr. 66 verspricht Beadle periodisches Erscheinen. Aber erst mit den *New Dime Novels* (ab 1874) findet Beadle zu einer Umschlag-Aufmachung, die in der Folge für das Romanheft prägend wurde (und die sich auf dem deutschen Markt erst ab der Jahrhundertwende durchsetzte): starke graphische Unterteilung von Serienkopf, bunter Umschlag-Illustration und Einzeltitelei.

Mit der Erkenntnis der allmählichen Entstehung des Romanheftes können seine kulturhistorischen Wurzeln, der durch die Frontier-Erfahrungen entstandene nordamerikanische Nationalismus (vgl. Johannsen 1950, S. 4) und die Sensationelles herausstreichende Medienkultur, stärker zutage treten. Und es wird auch das Nebeneinander von deutschen (und europäischen) Eigenentwicklungen und Übernah-

men aus dem US-Markt leichter verständlich. So geben Layout und Stil der ersten deutschen Romanhefte vom Typ der *Neuen Volksbücher* oder *Neue Volks-Bibliothek* (1875) keinen Anlaß, US-amerikanische Einflüsse anzunehmen. Allerdings sind die das Erscheinungsbild des Romanhefts dominierenden Serien Übernahmen oder Anleihen US-amerikanischer Produktionen: etwa *Buffalo Bill* (ab 1905); *Nick Carter* (ab 1906).

Der Erfolg des neuen Mediums rief auch Kritik hervor. Wie die Lieferungsromane und der ↗ Kolportagebuchhandel, hatten auch die Romanhefte und ihre Vertreiber eine teils wirtschaftlich, teils politisch und pädagogisch motivierte Auseinandersetzung und verschiedenste Verkaufsbeschränkungen zu erleiden (vgl. Kosch/Nagl 1993, S. 292 ff.). Die Schund- und Schmutzdebatte (vgl. Schultze 1909) führte aber erst im Krieg zu harten Einschränkungen und Verboten, der die Verlage mit einer immer stärker werdenden nationalistischen Sprache zu entkommen suchten. Zugleich mit der Kritik fanden Autoren und Verleger aber auch Verteidiger und verständnisvolle Kommentatoren (vgl. Hyan 1909; Kelchner/Lau 1928; Epstein 1929). Nach 1918 bestimmen zunächst Neuauflagen der Vorkriegsserien das Bild; mit dem allmählichen Niedergang des Kolportageromans entstehen Romanheft-Serien für Frauen und erste Geschäfte im Medienverbund zwischen ↗ Film und Romanheft werden in Gang gebracht (vgl. Bleckman 1992). Die Haltung der NSDAP zum Romanheft ist zwiespältig; wird es in offiziösen Stellungnahmen schon 1933 angegriffen, begnügt man sich zunächst mit dem Durchsetzen nationalistischer Töne. Erst ab Kriegsbeginn werden die meisten Serien – mit Ausnahme einiger Kriegspropagandaliteratur, Frauenunterhaltung und Serien ohne Titelhelden – verboten (Einzelheiten vgl. Galle 1988). Die Stunde Null war auch für das Romanheft kurz. 1946 schon erscheinen neue Ausgaben. Bald folgen – wie nach dem ersten Weltkrieg – Nachdrucke bzw. Bearbeitungen der alten Serien. Eine zweite, diesmal international geführte Debatte über den Unwert des Romanhefts führt 1953 zum Schmutz- und Schundgesetz und 1954 zur Gründung der Bundesprüfstelle für jugendgefährdende Schriften. Im Vorfeld dieser Debatte hatten die Verleger durch Gründung eines einheitlichen Verbandes und der Einrichtung der ›Freiwilligen Selbstkontrolle deutscher Zeitschriftenverleger‹ durch den sog. Remagener Kreis (vgl. Stadler 1978, S. 135 f.) radikaleren Maßnahmen vorgesorgt. Ergebnis der Debatte sind ein einheitlicher Standard der Romanhefte und eine Förderung des Konzentrationsprozesses. Die Liberalisierung der Pornographie-Bestimmungen im Jahre 1973 bringen für das Romanheft wie für andere Medien neue Genres (↗Horror, Erotika) und neue Genremischungen (vgl. z.B. *Lassiter* ab 1972) hervor. Gleichzeitig entstehen dem Romanheft durch Serien von »Taschenheften« (Krämer 1990, S. 153) besonders auf dem Gebiet der Frauenunterhaltung eine starke Konkurrenz. Während dieses Publikationsformat zusammen mit dem Siegeszug der Pocketbooks in den USA die Pulps verdrängt hat, bleibt das Romanheft in Deutschland nicht zuletzt durch eine gezielte Preispolitik bis heute konkurrenzfähig.

Die Entwicklung neuer und das Verschwinden alter Genres verläuft beim Romanheft parallel zu anderen Sparten Populärer Kultur. So wird in den 1950ern die Science-fiction (↗Zukunft) zu einem führenden Genre, während das Western-Heft allmählich stirbt, und mit der Fantasy-Welle auf dem Buch- und Filmmarkt entstehen entsprechende Romanheftformate.

Erzählung und Leser

Radway (1991) hat die Leserinnen von ›Romances‹ im Taschenheftformat als Frauen gekennzeichnet, die bemerkenswert häufig von Leserinnen zu Autorinnen werden, die in der Lage sind, die Einzeltitel sprachlich und stilistisch differenziert wahrzunehmen und zu beurteilen. Sie realisieren in der Lektüre eine Möglichkeit, produktiv mit ihrer Frauenrolle umzugehen: Liebesromane lesend eine Art Freiheitserklärung zu unterzeichnen, im Lesemotiv ›Escape‹ sowohl Ausflucht als auch Utopie zu verwirklichen, mit anderen Worten, Romanhefte als Literatur, »Populäres als Kunst« (Hügel 1995) zu lesen. Dieser empirisch abgesicherten Sicht des Romance-Lesens als einer sich ästhetisch und kommunikativ nicht vom Lesen sog. hoher Literatur unterscheidenden Tätigkeit ist das Argument von Nutz (1987, S. 102) entgegenzuhalten, daß hoher Nutzungswert und geringer Bedeutungswert durchaus miteinander zu verbinden sind. Radway hat diesem – ihr gleichgültigen Argument – Vorschub geleistet, indem sie bei ihrer Text-Interpretation nur auf eine an den Arbeiten von Vladimir Propp orientierte morphologische Plotanalyse setzt. Daher erhält sie als Ergebnis ihrer Text-Analysen nur ein Schema »The narrative structure of the ideal romance« (Radway 1991, S. 134) und kümmert sich nicht um die Differenz zwischen ihrer schematischen Beschreibung und den genaueren Wahrnehmungen der Leserinnen. Immerhin kommt sie durch ihren ethnographischen Ansatz weit über das hinaus, was von deutschen Literaturwissenschaftlern über Wirkung und in der Folge auch über die

Vielschichtigkeit der Texte und mögliche Lesearten festgestellt wird (vgl. »Schwarz/Weiß-Schema« und »lebensbereichernde Ersatzbefriedigung«, Hermand 1988, 90 f.; »Simplifikation und Happy End«, Davids 1984; »Verkürzung der Wirklichkeit« und »Technik der Typisierung«, Nusser 1976).

Bisher sind allein die statistischen Leser umfassend erforscht (vgl. Nutz/Schlögell 1991, S. 189). »Die Leserschaft der Heft- und Taschenromanleser setzt sich aus allen Schichten der Bevölkerung zusammen, wenn auch die Tendenz auf die Angehörigen der unteren Mittel- bzw. der Unterschicht zielt« (vgl. auch Stadler 1978, S. 266 ff.; Nutz/Schlögell 1986; Nutz 1997.)

Der Hauptgrund für die unbefriedigende Forschungslage liegt in der Seltenheit von Einzelanalysen von Titeln, Formaten oder Genres. Struktur und Wirkung ganzer Genres und Traditionen oder sogar der ganzen Publikationsform sollen durch »Modellanalyse« (Waldmann 1972) weniger Hefte erfaßt werden, so daß die Forderung von Koebner (1970): »Der Interpret der Trivialliteratur erkennt sein Objekt auch als Individualität an, nicht nur als Schnittpunkt verschiedener Traditionen und Tendenzen«, höchstens von einigen Arbeiten zum SF-Genre (vgl. Stache 1986; Krämer 1990) erfüllt wird.

Einzelanalysen, wie Koebner sie fordert, müßten versuchen, die historische Entwicklung des Romanhefts zu erfassen, das Besondere der einzelnen Hefte gegenüber seinem Format zu beschreiben. Dann würden auch die Eigenheiten und der Gestaltungswille der Autoren bewußt werden, die keineswegs durchweg nur eine gesichtslose und uniforme Sprache pflegen. Die hartnäckigen Bemühungen von Autoren wie Georges Simenon oder Heinz Werner Höber, sich vom Romanheft zum Taschenbuch oder gar zum gebundenen Buch hochzuschreiben, sprechen ebenso dafür, den Romanheft-Autor als Autor und nicht bloß als Fabrikarbeiter anzusehen, wie die Selbstzeugnisse von Autoren (vgl. etwa die Bekenntnisschrift des Kolportageroman-Autors Robert Kraft in *Die Augen der Sphinx*, 1908/09 oder Jörg Weigand, *Ein Stück Buchgeschichte*, 1995). Daß solche Lesebemühung möglich und fruchtbar ist, beweist jeder Griff in die Vorratskammern der Antiquare und Kioske – wenn man zu lesen versteht.

Literatur

Bleckman, M.: *Harry Piehl. Ein Kino-Mythos und seine Zeit.* Düsseldorf 1992.

Bragin, C.: *Dime Novels. Bibliography 1860–1928.* New York 1938.

Davids, J.-U.: »Das Wildwest-Romanheft in der Bundesrepublik: Zur inhaltlichen Analyse«. In: Škreb, Z./Baur, U.:

Erzählgattungen der Trivialliteratur. Innsbruck 1984. S. 177–194.

Epstein, H.: *Der Detektivroman der Unterschicht.* Frankfurt a. M. 1929.

Gaida, E.: »Die Heftreihenliteratur der DDR. Begriff und Geschichte«. In: *Untersuchungen zur sozialistischen Unterhaltungsliteratur 1.* Potsdam 1975. S. 87–105.

Galle, H. J.: *Groschenhefte. Die Geschichte der deutschen Trivialliteratur.* Frankfurt a. M./Berlin 1988.

Hermand, J.: »›Weil man in ihnen etwas erlebt, was man sonst nicht erlebt.‹ Bestseller- und Heftchenromane in der Bundesrepublik seit 1965«. In: *Amsterdamer Beiträge zur neueren Germanistik* 25 (1988) S. 79–103.

Hügel, H.-O.: »Populäres als Kunst. Eigenständigkeit und Intentionalität im Musikvideo«. In: Schneider, R. (Hg.): *Musikvermittlung.* Kassel 1995. S. 166–194.

Hyan, H.: *Sherlock Holmes als Erzieher.* Berlin 1909.

Johannsen, A.: *The House of Beadle and Adams and its Dime and Nickel Novels. The Story of a Vanished Literature.* Norman 1950.

Kelchner, M./Lau, E.: »Die Berliner Jugend und die Kriminalliteratur. Eine Untersuchung aufgrund von Aufsätzen Jugendlicher«. In: *Beihefte zur Zeitschrift für Angewandte Psychologie* 42 (1928).

Koebner, T.: »Zum Wertungsproblem in der Trivialroman-Forschung. Drei Skizzen«. In: Goetze, A./Pflaum, H. G. (Hgg.): *Vergleichen und Verändern.* München 1970.

Kosch, G./Nagl, M.: *Der Kolportageroman. Bibliographie 1850 bis 1950.* Stuttgart/Weimar 1993.

Krämer, R.: »Die gekaufte »Zukunft«. Zu Produktion und Rezeption von Science-fiction in der Bundesrepublik Deutschland nach 1945«. In: *Archiv f. d. Geschichte d. Buchwesens* 34 (1990) S. 117–265.

Mallinckrodt, A.: *Das kleine Massenmedium. Soziale Funktion und politische Rolle der Heftreihenliteratur in der DDR.* Köln 1984.

Nusser, P.: *Romane für die Unterschicht. Groschenhefte und ihre Leser.* Stuttgart 1973.

Ders.: »Zur Rezeption von Heftromanen«. In: Rucktäschel, A./ Zimmermann, H. W. (Hgg.): *Trivialliteratur.* München 1976. S. 61–79.

Nutz, W.: »Der Krieg als Abenteuer und Idylle. Landser-Hefte und triviale Kriegsromane«. In: *Acta Universitatis Wratislaviensis* 62, 853 (1987) S. 99–115.

Ders.: *Trivialliteratur und Popularkultur: vom Heftromanleser zum Fernsehzuschauer. Eine literatur-soziologische Analyse unter Einschluß der Trivialliteratur der ehemaligen DDR.* Opladen 1997.

Nutz, W./Schlögell, V.: »Die Heftroman-Leserinnen und -Leser in Deutschland. Beiträge zur Erfassung popularkulturaler Phänomene«. In: *Communicationes* 17, 2 (1991) S. 133–235.

Dies.: »Der Heftromanleser als popularkulturale Erscheinung«. In: *Communicationes* 12, 2 (1986) S. 7–39.

Pearson, E.: *Dime Novels. Or following an Old Trail in Popular Literature.* Boston 1929.

Pilz, M.: *Katalog der österreichischen Romanhefte von 1906 bis heute.* Wien 1995/1996.

Pforte, D.: »Produktionsformen und -bedingungen von Heftromanen in der Bundesrepublik Deutschland«. In: *Acta Universitatis Wratislaviensis* 31, 382 (1979) S. 13–35.

Radway, J. A.: *Reading the Romance. Woman, Patriarchy and Popular Literature.* Chapel Hill/London 1991.

Schalow, M.: *Allgemeiner deutscher Roman-Preiskatalog.* Schönau 1992.

Schemme, W.: »Aktionsfeld Horror-Heftroman. Ergebnisse einer Leserbriefanalyse«. In: *Wirkendes Wort* 33 (1983) S. 309–326.

Schenda, R.: *Volk ohne Buch. Studien zur Sozialgeschichte der populären Lesestoffe 1770–1910.* München 1977.

Schmidtke, W. G.: *Billy Jenkins. Ein wahrer Held. Wirklichkeit und Phantasie eines ungewöhnlichen Lebens.* Braunschweig 1979.

Schoenfelder, C.: »Zu einigen Aspekten der Gestaltung eines sozialistischen Menschenbildes in den Detektiv- und Abenteuererzählungen der Heftreihenliteratur«. In: *Untersuchungen zur sozialistischen Unterhaltungsliteratur 2* (1976) S. 63–74.

Schultze, E.: *Die Schundliteratur. Ihr Vordringen, ihre Folgen, ihre Bekämpfung.* Halle 1909.

Stache, R.: *Perry Rhodan. Überlegungen zum Wandel einer Heftroman-Serie.* Tübingen 1986.

Stadler, F.: *Der Heftroman. Formen und Inhalte, Geschichte, Produktion und Massenwirksamkeit, dargestellt am Beispiel des Bastei-Verlags.* Salzburg 1978.

Strobel, R.: »Heft/Heftchen«. In: Faulstich, W. (Hg.): *Grundwissen Medien.* München 1994. S. 219–234.

Thresen, H.: »Die Romanfabrik. Ein Groschenheftschreiber packt aus«. In: *Texte zur Trivialliteratur. Über Wert und Wirkung von Massenware.* Stuttgart 1997. S. 48–54.

Waldmann, G.: »Der Trivialroman als literarisches Zeichensystem. Modellanalyse eines Frauenschicksals-Adels-Heftromans«. In: *Wirkendes Wort* 22 (1972) S. 248–267.

Weigand, J.: *Träume auf dickem Papier. Das Leihbuch nach 1945 – ein Stück Buchgeschichte.* Baden-Baden 1995.

Wernsing, A. V./Wucherpfennig, W.: *Die ›Groschenhefte‹. Individualität als Ware.* Wiesbaden 1976.

Ziermann, K.: *Vom Bildschirm bis zum Groschenheft. Der Literaturbetrieb in der BRD. Machtstrukturen und Widersprüche.* Berlin 1983.

Hans-Otto Hügel

Rundfunk ↗ Radio

Rundfunkgerät

Die Media-Analyse 1999 besagt: Die Deutschen hören mehr und länger ↗ Radio als je zuvor, im Schnitt laufen die Radios 220 Minuten pro Tag, und zwar bei 84,3 Prozent der Bundesbürger. Noch nie gab es in Deutschland so viele Hörer – das Radio, schon häufig totgesagt, ist heute ›mega in‹ und für den Tagesablauf von über 52 Millionen Bundesbürgern unentbehrlich. Wie einladend es als Gebrauchsartikel für den Benutzer ist, hängt nicht nur von seiner technischen Güte, sondern auch von seiner äußeren Gestalt, dem ↗ Design, ab.

Der Start

Der Rundfunk, ein technisches Relikt des Ersten Weltkriegs, begann in Deutschland Ende Oktober 1923, auf dem Höhepunkt der Inflation. Ästhetik oder zumindest formaler Gestaltungswille waren bei den ersten Radioapparaturen nicht zu erkennen: Eine scheinbar wirre Anhäufung von Spulen, Drähten, Röhren, in deren Licht man sogar lesen konnte, wurde begleitet von unentbehrlichen Zubehörteilen wie Batterien, Verstärkern und anderen gefährlich anmutenden Gegenständen, aus denen eigentlich nur technisch Vorgebildete, wie etwa die zahlreichen Funker des Ersten Weltkriegs, Geräusche hervorzaubern konnten. Der Absatz dieser recht teuren Geräte blieb daher weit hinter den Erwartungen zurück, es gab zunächst kaum zahlende Rundfunkteilnehmer (Januar 1924: 1.500). Erst als im Frühjahr 1924 der Selbstbau von Empfangsgeräten freigegeben worden war, fand der Rundfunk Verbreitung. Die Ende 1924 registrierte halbe Million Hörer empfing das Programm zwar in schlechter Tonqualität, aber billig durch den Detektorapparat: das einfachste Radio, das es je gab. Auf der Empfangsseite wurden weder Batterien noch Strom benötigt, sondern es genügte ein Holzbrettchen, auf dem der Detektor befestigt war, eine Antenne und ein Kopfhörer. Die Kunst des Radiofreundes bestand darin, eine feine Drahtspitze auf den Punkt des Detektorkristalls zu plazieren, auf dem die durch die Antenne empfangenen elektrischen Tonschwingungen als hörbare Schallwellen im Kopfhörer umgesetzt wurden. Ein solch einfaches Gerät konnte gekauft, aber auch selbst gebaut werden, so daß das Hörerlebnis oft nur unter Mühen zu erreichen war.

Durch rationalisierte Produktion und Standardisierung einzelner Bauelemente verdrängte ab Mitte 1926 das Röhrengerät den Detektorapparat und der Lautsprecher den Kopfhörer. Der allein und konzentriert werkelnde Radioamateur war out, Radiohören als Familienvergnügen in. Die Zeit des Radios als Dekorationsgegenstand begann. Bei den Empfangsteilen war es gelungen, die Apparatur mit einem einzigen (meist Holz-)Gehäuse zu umschließen; ein schmuckloser Kasten noch, dessen Funktion erst nach Öffnen des Deckels erkennbar wurde. Die Gestaltung der Geräte sollte scheinbar auch dem Laien vermitteln, den Funktionsablauf der Radiotechnik verstanden zu haben: Öffnen + Schließen = Erklingen + Verstummen.

Als 1927/28 anstelle des umständlichen batteriebetriebenen das netzbetriebene Radio auf den Markt kam, war der Erfolg endgültig da. Die Gehäuse-Produktion ging (noch vorsichtig) in Serie, wobei auch leichteres und billigeres Material wie Blech und Preßstoff verwendet wurde. Die Radios hatten häufig Regiepult-Charakter, wobei die freiliegenden Röhren die Funktion des Gerätes unterstrichen und der Technikbegeisterung in Deutschland Ende der 1920er Jahre Rechnung trugen. Hin- und hergerissen zwischen Stolz, Ratlosigkeit und dem Wunsch, außen zu

zeigen, was innen passiert, Abmessungen zwischen Handkoffergröße und der eines Backsteins – zwischen diesen Polen überrascht uns heute das Radiodesign der 1920er Jahre durch später kaum mehr erreichte Experimentierfreudigkeit.

Massenmedium

Technologisch entscheidend für die 1930er Jahre war die Einführung des elektrodynamischen Lautsprechers, der eine neue Kompaktbauweise von Empfänger und Klangkörper ermöglichte. Beide bisher selbstständig nebeneinander stehenden Einheiten verschmolzen zu einem Bauteil, wurden dadurch handlicher, billiger und damit für breitere Käuferschichten zugänglich. Die staatlich verordneten Bakelit-Radios VE 301 (Volksempfänger) und DKE 1938 (›Goebbels-Schnauze‹) markierten einen Schnitt in der jungen Geschichte des elektronischen Mediums: Die Typenbezeichnung VE 301 steht für den Tag der nationalsozialistischen Machtergreifung, den 30. 1. 1933. Dieses Radio gilt heute als Synonym für den diktatorischen Staatsapparat. Billig in der Bauweise, gefertigt in hohen Stückzahlen und simpel in der Handhabung, war der VE 301 ein nüchterner dunkler Kasten mit hellbespanntem Lautsprecherloch, ein ›Radio für Arme‹ (RM 76,–) und gleichzeitig Macht- und Unterdrückungsmedium.

Mit begründeter prosperierender Volkswirtschaft ist ab Mitte der 1930er Jahre eine Hinwendung zum Monumentalen, zum Radio-Tempel zu beobachten – vielleicht Versuche der Designer, den Dingen des Alltags phantasievoll auszuweichen. Die Gehäuse-Formen nahmen Architektur-Zitate auf wie das Telefunken-Gerät »Nauen« (eine Imitation des Übersee-Senders Nauen) oder wurden von gotischen Elementen und Horizontalen bestimmt. Feingemaserte Edelholzgehäuse, goldfarbig gehaltene Metallfronten und aufwändige Messingbeschläge bewiesen: Das Radio war der Chinavase oder der Goethe-Büste als Schaustück gutbürgerlichen Komforts ebenbürtig geworden.

Die Kriegs- und ersten Nachkriegsjahre bedeuteten einen Produktions- und damit auch einen Design-Stillstand. Die Neufertigung von Geräten in Deutschland musste nach 1945 aufgrund von Materialmangel noch einmal alle Etappen der Entwicklung durchmachen, angefangen vom Detektorempfänger bis zum Spitzensuper. Sie erreichte erst 1948 qualitätsmäßig etwa den Stand von 1936. Dabei entwickelten die Konstrukteure kaum neue, überzeugende Entwürfe, sondern setzten auf die solide Kastenform der 1930er Jahre. Drucktasten, große übersichtliche Skalen, Zierleisten auf ›edlem‹ Holz waren bis 1955 kennzeichnend. Dann wurde auf der Düsseldorfer Funkausstellung von der Firma Braun ein Radio vorgestellt, das das deutsche Nachkriegsdesign der Rundfunkindustrie revolutionierte, der SK 1: ein handliches Kleinradio, *Super* und *Kompakt*, als Beginn einer Serie – vom SK 1 bis zum SK 55 –, Design als Philosophie. Der bürgerlichen Vorliebe, im Wohnbereich technische Geräte in Möbeln zu verstecken, wurde mit einem als funktionalistisch bezeichneten Design begegnet: gezwungene Strenge, in der das ›Möbel‹ auf nützliche Verschalung reduziert ist.

Durch technische Innovationen – Platinen, Transistoren, Chips, Solarzellen – wurden seit den 1970er Jahren die Geräte miniaturisiert. Dadurch konnten transportable Geräte hergestellt werden, die Radiohören außerhalb der Wohnung möglich machten. Diese Entwicklung hatte (siehe Autoradio) auch Auswirkungen auf das Radioprogramm. Gleichzeitig wurde das Wertobjekt Radio im häuslichen Bereich zu einem kurzlebigen Modeartikel. Bis auf die Anlage im Wohnzimmer. Dort ist es mittlerweile für den Nichtfachmann fast ausgeschlossen, einen Hersteller äußerlich vom anderen zu unterscheiden: Es sind entweder langgestreckte oder würfelähnliche, jedenfalls immer stapelfähige Kästen, meist silberfarben oder schwarz, die als Tuner und Transmitter im Rack stehen und, ebenso wie Boxen, aus der gemeinsamen Hülle ausgeschert sind, aber dennoch kein Eigenleben führen können.

Literatur

Dahl, P.: *Radio. Sozialgeschichte des Rundfunks für Sender und Empfänger.* Reinbek 1983.
Diller, A.: *Rundfunkpolitik im Dritten Reich.* München 1980.
Lerg, W. B.: *Die Entstehung des Rundfunks in Deutschland. Herkunft und Entwicklung eines publizistischen Mittels.* Frankfurt a. M. 1970.
Riedel, H.: *60 Jahre Radio. Von der Rarität zum Massenmedium.* Berlin 1987.
Dies.: *Lieber Rundfunk. … 75 Jahre Hörergeschichte(n).* Berlin 1999.

Heide Riedel

Sammler

Der Sammler ist in der Populären Kultur eine Rezeptionsfigur ganz eigener Prägung. Zwar verlangt auch die auf ↗ Unterhaltung ausgerichtete Rezeption oder der gemeinschaftliche und gemeinschaftsstiftende Besuch von Veranstaltungen (etwa aus dem Bereich des ↗ Sports, der ↗ Musik oder des Stardoms) den Teilnehmern an der Populären Kultur Aktivität ab;

unter ihnen zeigt aber der Sammler am meisten Initiative, selbst wenn er sich dabei nicht voll aus kulturindustriellen wie hochkulturellen und alltagskulturellen Zusammenhängen lösen kann. Sammeln ist in der Populären Kultur eine beliebte Praxis. Durch das Sammeln von Objekten des ↗ Alltags versichert man sich der eigenen Welt, zeigt sich kreativ oder demonstriert, wenn der Sammler zugleich ein ↗ Fan ist – und nahezu alle Fans sind zugleich Sammler (vgl. Krischke-Ramaswamy 2002, S. 64 f.) – Nähe zum ↗ Star.

›Sammeln‹, transitiv und im weitesten Sinn gebraucht, verstanden als ›etwas aufheben‹, bezeichnet eine Tätigkeit, die Tier und Mensch gemeinsam ist. Wer sammelt, häuft etwas an, liest etwas auf, bringt etwas an sich. Sprichwörtlich geworden sind der Hamster oder das nüssesammelnde Eichhörnchen. Auf die Gemeinsamkeit menschlicher und tierischer Existenzsicherung zielt auch die Formel vom ›Jäger und Sammler‹, mit der das urtümliche, vergleichsweise kulturferne Leben der ersten Menschen umschrieben wird.

Sammeln im engeren Sinn verstanden als ›etwas aufheben, um eine Sammlung anzulegen‹, dient hingegen nicht der Existenzsicherung. Eine Sammlung hat zunächst keinen lebenspraktischen Sinn. Vorratshaltung, die eiserne Ration in der Speisekammer ist keine Sammlung, so ungenutzt sie auch über lange Zeit bleibt. Der Antiquitätenhändler oder der Galerist, der die Bilder eines Malers oder Gemälde einer bestimmten Epoche aufhebt, um später höhere Preise zu erzielen, betreibt bloße Vorratshaltung, sichert ökonomisch seine Existenz. Der Sammler zielt jedoch nicht auf Existenzsicherung, stellt sich nicht in den Kreislauf der Reproduktion, sondern in den Zusammenhang der Kultur. Vorratshaltung von Sammlung abzugrenzen, ist in vielen Fällen schwierig, u. a. weil beiden das Moment der Ordnung oder ein persönlich begründetes Auswahlprinzip gemeinsam sein kann. Ein Bestand von Schriften wichtiger Philosophen des 20. Jh. in Erstdrucken, gesammelt von einem Germanistik-Professor z. B., ist eher Vorratshaltung, auch wenn dieser eine bestimmte, nach Zeit und Zweck festgelegte Verwertungsabsicht noch nicht angeben kann. Die Grenzen zwischen Sammlung und Nicht-Sammlung sind fließend.

Die Sammler von Berufs wegen in ↗ Museen und Archiven können im Zusammenhang der Populären Kultur jedoch außer Betracht bleiben. Sie haben die Aufgabe, für die Öffentlichkeit etwas zusammenzutragen, zu erschließen und auszustellen. Fremdbestimmt, der Satzung ihres Hauses verpflichtet, legen sie keine Sammlung an, sondern betreiben im öffentlichen Auftrag kulturelle Vorratshaltung. Sie sind,

wenn man so will, öffentlich bestallte Antiquitätenhändler oder Antiquare.

Auch Horten, das im Einzelfall – siehe die sich in
jüngster Zeit häufenden Berichte von sog. Müll-
sammlern, die nichts wegwerfen können und buchstäblich im Müll ersticken – zur Asozialität führt, ist
nicht Sammeln. Daher ist der ›Messie‹ ebenso eine
Figur der ↗Alltagskultur wie der sozial besser gestellte Schnäppchenjäger, der auf dem Flohmarkt alte
Stücke aus allen Gebieten anhäuft, solange er sie nur
unter ihrem vermuteten Wert bekommt. Auch dieser
sammelt nicht, selbst wenn er wie der Sammler das
Jagdfieber schätzt, sondern er hortet, betreibt Werte-
anhäufung. Eine besondere Form des Hortens ist das
Aufkaufen von Gegenständen, um sie – etwa im
Wohnzimmer – aufzuheben und zu präsentieren.
Solche Versuche, soziales ↗Image zu steigern, etwa
durch drei im ›Jugendstil‹ gehaltene Buchmeter, folgen einem sozialpsychologischen Motiv, das eher zur
Alltags- denn zur Populären Kultur gehört. Zum
Sammeln gehört ein Interesse an der Sache und das
heißt auch, daß der Sammler etwas vom Gesammelten verstehen muß. Ein Ignorant kann nie ein Sammler sein.

Sammeln ist ebenfalls zu unterscheiden vom
Hobby. Hobby meint jede Art von Freizeit-Gestal-
tung, die in irgendeiner Weise planmäßig oder langfristig betrieben wird. Ist das Sammeln, dem diese
drei Elemente auch eigen sind, insofern Freizeitgestaltung, so unterscheidet die Sprache trotzdem
aus gutem Grund zwischen Sammeln und Hobby.
Dies liegt wohl daran, daß unter Sammeln zunächst
und lange Zeit eine in der Hochkultur angesiedelte
Tätigkeit verstanden wurde. Sammler, das waren
Menschen, die sich mit wertvollen Dingen, mit Kunst
und Antiquitäten beschäftigten. Seitdem die Sammler von Objekten des Alltags, die Alltags-Sammler,
sich bemerkbar machen, ist diese Unterscheidung
jedoch anders zu begründen. Sammler haben ein
besonderes Verhältnis zu den Gegenständen, mit denen sie sich beschäftigen. Der Hobbymaler stellt ein
Bild her. Der Hobby-Sammler beschäftigt sich mit
fremden Bildern. Als Hobby kann ich Bonsai-Bäum-
chen züchten – und sie dann aufheben; gesammelt
im eigentlichen Sinn aber wird nichts Lebendiges.
(Nur in übertragenem Sinn spricht Willi Reichert
1971, S. 107, z. B. davon, daß er eine Sammlung von
»merkwürdigen Zeitgenossen« anlegt). Der Sammler
hält eine gewisse Distanz zu den Dingen seines Interesses, so sehr sie ihm vertraut sind. Das Selbst-
produzierte oder Gezüchtete unterläuft diese Distanz
und damit die Möglichkeit, daß das Sammlungs-
stück, die Sammlung dem Sammler Kunde gibt von
einer unbekannten Welt. Hobby ist, so läßt sich

sagen, Beschäftigung mit dem Vertrauten, Sammeln
mit dem Unvertrauten, so eng es dem Sammler auch
ans Herz wachsen mag. Nicht zuletzt hierin gründet
sich die ironische Haltung, die viele Sammler zu
ihrem Tun haben.

Schließlich ähneln Sammlungen – in jüngster Zeit
vermehrt – Kunstwerken und damit rückt auch der
Künstler in die Nähe des Sammlers. Künstler wie
Christian Boltanski zeigen gesammelte Erinnerungs-
stücke aus ihrer Biographie und erklären sie – überzeugend – zur Kunst (vgl. den Untertitel der Ausstellung »Deep Storage« ›Arsenale der Erinnerung.
Sammeln, Speichern, Archivieren in der Kunst‹). Andere, wie Karsten Bott, zeigen großflächig ausgebreitet Restbestandteile von Alltags- und Populärkultur: Flaschen, ↗Zeitungen, Comic-Hefte, Konserven-
dosen aus ihrer »Sammlung zur Alltagskultur« (Katalog). Ein solches Vorgehen der Künstler wird nicht
zuletzt dadurch möglich, daß es sowohl zum Begriff
der Kunst wie zu dem der Sammlung gehört, daß ihr
Sinn erst im Akt kennerschaftlicher Rezeption hergestellt wird und daß die Kunst wie die Sammlungen
in einem ökonomiefeindlichen, zumindest ökono-
miefernen Raum stehen. Sammler und Künstler haben aber ein unterschiedliches Selbstverständnis, das
ihr Tun in klar voneinander getrennte kulturelle
Kontexte einordnet.

Populärkulturelles Sammeln im
Kreislauf der Ökonomie

Aus der Zweckferne wie aus der Selbstbezüglichkeit
von Sammlungen hat die Wissenschaft eine ›Definition‹ entwickelt: Sammlungen sind demnach »Zusammenstellungen natürlicher oder künstlicher Gegenstände, die zeitweilig oder endgültig aus dem
Kreislauf ökonomischer Aktivitäten herausgehalten,
auf besondere Weise geschützt und ausgestellt werden, damit sie den Blick auf sich ziehen« (Pomian
1988, S. 20). Pomians Definition hat in der Wissenschaft durchweg Anerkennung gefunden. Wendet
man sie auf Sammlungen von Objekten des Alltags
an, bemerkt man aber, daß die angegebenen Kennzeichen, ihre besondere Weise der Wertschöpfung
und Sinngebung, ihr Ausstellungscharakter wie die
außergewöhnliche Sicherung nur auf wenige Alltags-
Sammlungen zutreffen.

Pomian hat seine Definition an Kollektionen der
Hochkultur gewonnen. Und es ist daher zu vermuten, daß die Differenz zwischen seinem Samm-
lungsbegriff und dem für populärkulturelle Sammlungen gültigen auf den Unterschied von Hoch- und
Alltagskultur verweist und ihn erhellt: Zentral für

Pomian ist die ökonomische Sonderstellung des Gesammelten. Sie ist für ihn die Voraussetzung für die besondere kulturelle Bedeutung von Sammlungen, »die an dem Austausch teilnehmen, durch den die sichtbare Welt mit der unsichtbaren verbunden ist« (ebd., S. 43), weil die hochkulturelle Sammlung zwar finanziellen Wert hat, aber trotzdem nicht am Kreislauf der Ökonomie teilnimmt.

Eine solche Feststellung ist für populärkulturelle Sammlungen zumeist nicht sinnvoll; denn nur von wenigen Alltagsobjekten kann man sagen, daß sie ökonomisch von Wert sind, folglich aus dem ökonomischen Kreislauf herausgehalten werden. Zwar nehmen auch die Alltagsobjekte als Sammlungsstücke nicht mehr am ökonomischen Kreislauf teil; aber dies taten sie auch schon nicht, bevor sie den Sammlungen einverleibt wurden. Eine gestempelte Marlene Dietrich, ein – womöglich leergeschriebener – Kugelschreiber mit Werbeaufschrift hat keinen finanziellen Wert. Höchstens einen negativen, denn diese Dinge müssen entsorgt werden. Man kann sie daher auch nicht dem ökonomischen Kreislauf entziehen. Und selbst bei den – laut Katalog bis zu 100 Euro wertvollen – Überraschungseiern ist die Feststellung des zeitweiligen Herausnehmens aus dem ökonomischen Kreislauf sinnlos, da die Ü-Eier – wie viele Produkte unserer Wirtschaft – geradezu hergestellt werden, um in Sammlungen, ökonomisch gesehen, zu verschwinden. All die Gedenkmedaillen, die Enten, Hähne, Halbmonde und was es sonst an bevorzugten Objekten des Alltags gibt, werden vorwiegend hergestellt, um gesammelt zu werden.

All diese Dinge sind Überproduktion. Sie werden – zunächst jedenfalls – nicht gebraucht; ihr Sinn ist mit der Produktion und Vermarktung nicht vorgegeben, er entsteht oder mißlingt beim Verbraucher. Sie sind aber auch nicht Luxus, der soziale Distinktion, die Demonstration eines höheren sozialen Images, ermöglicht – »Ich kann's mir leisten« – und sie dienen auch nicht, jedenfalls nicht in den meisten Fällen, dem Schmuck der Wohnung. Als Schmuck hängt man vielleicht einen oder einige Weihnachtsteller, nicht aber eine ganze Sammlung an die Wand. Dieser Überproduktion ist ein Gebrauchswert, eine Funktion durch ihre Herstellung bloß formal beigegeben. Sie ist nur zum Sammeln geeignet. Solche Produkte werden außerhalb von Sammlungen nicht gebraucht, d.h. ihr Sinn wird erst vom Sammler hinzugefügt. Von hier aus versteht man, warum die zum Sammeln hergestellten Produkte soviel ihres ökonomischen Wertes verlieren, sobald die Sammlung aufgelöst wird. Da ihr Sinn wesentlich vom Sammler produziert wird, geht das, was sie eigentlich wertvoll macht, mit der Freigabe zur Veräußerung wieder

verloren. Während es für Kunst und Kunsthandwerk, vornehmlich für älteres, einen Markt gibt, der nach festen und allgemein akzeptierten Kriterien (Provenienz, handwerkliche Güte, Material) den ökonomischen Wert von Sammlungen und Sammlungsstükken wenigstens innerhalb gewisser Grenzen über anerkannte Institutionen (Auktionen, Kataloge) vermittelt und daher berechenbar macht, kennzeichnet die Sammlungen von Alltagsobjekten, daß sie ökonomisch jenseits oder in einem nach relativ freien Bewertungsregeln operierenden Markt angesiedelt sind. Die Grenze zwischen der Alltags-Sammlung und der, die zu einem etablierten Markt bzw. zur Hochkultur zählt, ist also stets im Fluß. Sie verwischt sich, sobald die Regeln, nach denen ein Sammlungsmarkt sich organisiert, sich verfestigt. Die zahlreichen Kataloge, die es inzwischen für Sammelobjekte des Alltags gibt (Ü-Eier-Preiskatalog; Romanheft-Preiskatalog) zeigen, daß die Sammler-Nachfrage das kostbar werden läßt, was zunächst nur für den Einzelnen Wert gehabt hatte. Die zur Hochkultur zählenden Stücke verlieren ihren Wert auch dann nicht, wenn sie wegen ihres Sammlungscharakters »aus dem Kreislauf ökonomischer Aktivitäten« herausgehalten werden; Sammlungsstücke aus dem Alltag haben jedoch für sich genommen keinen oder nur einen geringen Wert. Jedenfalls keinen, der eine Nachprüfung etwa durch eine Versicherung unbeschadet überstünde.

Sammeln in der postindustriellen Gesellschaft

Während Sammlungen von Hochkultur, also von Luxus, zusammen mit dieser entstehen (schon im alten Ägypten und im antiken China wurde gesammelt, wie Grabbeigaben zeigen, vgl. Pomian 1988), gibt es Sammlungen von Alltagsobjekten erst seitdem es in größerem Stil Überproduktion gibt. Für Karl Marx ist »Ueberproduktion« im *Kommunistischen Manifest* von 1848 eine Erscheinung aus jüngerer Zeit, ermöglicht durch die Industrialisierung und die ihr folgende Neuorganisation des Handels und der Gesellschaft. Der Beginn des industriell geförderten Sammelns von Alltagskultur im Jahre 1862, als zum ersten Mal Alben zum Briefmarkensammeln hergestellt und vertrieben wurden – ohne Beteiligung der Industrie läuft in Alltags- wie in Populärer Kultur nichts – bewahrt historisch noch diesen Zusammenhang. Während in der vorindustriellen Gesellschaft die Dinge solange benutzt (bzw. geflickt) wurden, bis sozusagen nichts mehr übrig war, stellt die industrielle Gesellschaft Dinge bereit, im Bewußtsein, daß sie nicht bis zu ihrer Nutzungs-Grenze benutzt werden. Je mehr sich die Warenproduktion beschleunigt, desto mehr Dinge werden hergestellt, die niemand mehr aufbraucht oder gar braucht und die doch – ganz von außen gesehen – nicht verbraucht erscheinen. »Sowas kann man doch nicht einfach wegwerfen«, sagt ein Sammler von Dauerserien-Briefmarken (zit. n. Hügel 1999, S. 103). Während die industrielle bzw. die frühindustrielle Gesellschaft das Hergestellte wegwirft, wenn es völlig unbrauchbar wurde bzw. wenn ein (wesentlich) verbesserter Typ auf dem Markt kam, entscheidet sich die hoch- oder postindustrielle Gesellschaft nicht mehr nach solchen Nützlichkeitserwägungen. In ihr wird vielfach weggeworfen oder einfach unbeachtet liegengelassen, was eigentlich noch nutzbar wäre. Kugelschreiber, Bierflaschen, Trinkgläser, Briefmarken, ↗ Comics, Spielzeugautos, Spielzeugfiguren, Bücher, Puppen, Parfümflakons, Minischnapsflaschen, Salzbehälter, Tee-Eier, Postkarten, Spardosen, Telefonkarten, Ü-Eier, Zigarettenpapier, all das und mehr wird nicht oder vielfach nicht in Gänze seinem vorbestimmten Zweck entsprechend verbraucht. Die zahlreichen verkleideten Gebrauchsgegenstände, Feuerzeuge, die sich als Spardosen tarnen oder umgekehrt, sind Ausdruck der blasser gewordenen Bedeutung, die die Funktion der Gegenstände hat. Von Jahr zu Jahr steigt die Zahl der Dinge, die nicht zu einem lebenspraktischen Zweck, sondern zum Wegwerfen, Sofort-Recyclen oder zum Sammeln produziert werden (vgl. die Telefonkarten. Wertvoll sind sie nur unbenutzt!). Man kann daher sagen: Der Sammler entsorgt die Überproduktion, indem er für sich – und damit für andere – die Schönheit der Gebrauchsgüter in der Alltagskultur entdeckt und bewahrt. Wenn seine Arbeit erfolgreich ist, findet er – siehe die Kataloge zu Groschenheften, die Auktionen von Emailleschildern und Werbeplakaten – allgemeine Anerkennung. Zum Preis allerdings, daß die Alltagskultur dann zur Gebrauchskunst mutiert. Der Sammler von Überproduktion in der Überflußgesellschaft ist daher beständig in Gefahr, die Grundlagen seiner Existenz zu vernichten. So sehr auf der einen Seite Initiativen wie das *Sammler-Journal* (seit 1971) oder die Flohmarkt-Bewegung (in der BRD fanden organisiert und in überregionalen Blättern bekanntgemacht im letzten Jahr mehr als 2.800 Flohmärkte statt) Menschen zum Sammeln hinführen, Sinn für Qualität schaffen, dazu animieren, sammelwürdige Stücke aufzuheben, so sehr vernichtet solche Professionalisierung den Charme und den Charakter des Alltags-Sammelns. Letztlich entzieht es ihm sogar die Basis. Denn populärkulturelles Sammeln wird eher auf Sinngebung durch den Sammler

und weniger durch den vom Markt oder durch den von der kulturellen Tradition vorgegebenen Wert gegründet. Je weniger die Stücke wie die ganze Sammlung Tauschwert haben, desto entschiedener wird vom Sammler Sinngebung und damit kulturelle Werteproduktion verlangt. Für sich sammelnd, der Öffentlichkeit Kulturgüter entziehend, bewahren die Sammler sie zugleich für die Gesellschaft. Verbinden – den Warenproduzenten nicht unähnlich – dialektisch Eigennutz und gesellschaftliche Pflicht.

Bedeutung der Sammlungen

Sammler, die dem traditionellen Bild des (Kunst)-Sammlers entsprechen, mit ihrem Sammeln öffentlich Reputation erwerben, ein Lebenswerk vorlegen (vgl. das Beispiel von Peter Ludwig), sind zahlenmäßig eine Minderheit unter populärkulturellen Sammlern. Die Mehrzahl sammelt »nur für sich«, wie einer der Sammler sagte (zit. n. Hügel 1999, S. 26). Sie wählen ein Sammelgebiet aus, das für niemanden sonst Wert zu haben scheint. (Daß sich dann im Lauf der Zeit herausstellt: es gibt immer auch Kollegen, steht auf einem anderen Blatt). Und sie suchen auch nicht durch die der Sammlung gegebene Ordnung und Systematik kulturhistorisch Bedeutsames zu erschaffen. Gemeinsam ist den populärkulturellen Sammlern, daß sie sich sammelnd die Welt erschließen, ihre Welt. Der Sammler will »wissen, auf welchem Grund er steht«. So begründete ein Naturaliensammler sein Tun (zit. n. Hügel 1999, S. 27). Gleiches ließe sich auf das Sammeln von Zivilisationsgegenständen anwenden. Solche Erkenntnis – und dies ist entscheidend – ist aber beim Alltags-Sammeln kaum übertragbar. Das Gesammelte – im angesprochenen Fall die Hölzer und Vogelfedern aus der Heimat – wird zwar fachmännisch präpariert, aber nicht (natur)wissenschaftlich geordnet und ausgewertet. Der Sammler hat keine naturkundliche Mustersammlung seiner Heimatregion angelegt, sondern seine persönlichen Erfahrungen der Landschaft objektiviert. Was die Sammlung bedeutet, ist aber nicht irrational. Die Bedeutung ist für einen Dritten nachvollziehbar, aber den Sinn zu realisieren, das vermag nur der Sammler. Der Sammler ist gleichsam von seiner Sammlung gezähmt worden wie sie von ihm, um mit den Worten aus der berühmten Szene zwischen dem kleinen Prinzen und dem Fuchs von Saint-Exupéry zu sprechen. Sammler und Sammlung sind eine unverwechselbare Beziehung eingegangen, die, wie bei allen affektiven Beziehungen, bestehen bleibt, wenn und solange sie gepflegt wird.

Beziehung von Sammler und Sammlung

Weil die Sammler das Gesammelte schön finden, umgeben sie sich auch mit ihm. Die Sammlung befindet sich in nahezu allen Fällen nicht nur in der Wohnung, sondern gehört zu ihr. Ob die Präsentation oder Unterbringung in der Wohnung als Ausstellen begriffen werden kann (was nötig wäre, um hoch- und populärkulturelles Sammeln für gleich zu erachten), erscheint fraglich. Eine ↗ Ausstellung macht etwas öffentlich, indem sie es zeigt. Und dies ist bei den Alltags-Sammlungen, im Gegensatz zu denen von Hochkultur, nicht der Fall. Die großen Sammler von Hochkultur, die der Wissenschaftler zumeist als Paradigma im Auge hat, wenn er über Sammler und Sammlungen nachdenkt, agieren in der Öffentlichkeit, auch wenn ihre Sammlungen ebenfalls in den Privaträumen aufgehängt bzw. aufbewahrt werden oder wurden. Sammler wie der Dresdner Woldemar von Seydlitz (gest. 1922) waren als Sammler öffentliche Personen, ihr Sammeln war bekannt; die gute Gesellschaft, die für sich das Bewußtsein hatte, das Beste des Staates zu repräsentieren, traf sich dort. Nicht selten bildeten und bilden große Privatsammlungen wie die von Seydlitz den Unterbau für die öffentlichen Museen, entstehen und wachsen in Kontakt und Absprache mit ihnen.

Von den Alltags-Sammlungen kann man hingegen nicht sagen, daß sie präsentiert werden, »damit sie den Blick auf sich ziehen« (Pomian 1988, S. 20). Gewiß erfreut sich der Sammler an den Schätzen, die ihn umgeben. Ob aber die tägliche Vertrautheit mit der Sammlung wie mit allem anderen, was ihn in der Wohnung umgibt, es fördert, »den Blick auf sich zu ziehen«? Gerade bei den Sammlungen, die den Besucher in ihren Bann schlagen, weil sie buchstäblich die Wohnung (oder wenigstens einen großen Teil davon) beherrschen – etwa die zahllosen Enten, Hähne, Halbmonde, aber auch die in Kisten und Stehsammlern aufbewahrten Comics – von diesen kann man eigentlich nicht sagen, »sie ziehen den Blick auf sich«. Gewiß, sie sind unübersehbar. Der populärkulturelle Sammler umgibt sich aber nicht mit ihnen, um sie zu zeigen, sondern weil er mit ihnen lebt. Und dies sieht man den Sammlungen, die förmlich Besitz vom Wohnraum ergriffen haben, auch an. Insofern ist sogar fraglich, ob auf die Alltags-Sammlungen generell zutrifft, daß sie »an einem abgeschlossenen, eigens zu diesem Zweck eingerichteten Ort« (ebd., S. 16) aufbewahrt werden. Von den Sicherheitsfragen einmal abgesehen, kann die eigene Wohnung insgesamt als ›besonderer Ort‹ im Sinne von herausgehoben, für eine bestimmte Funktion hergerichtet, kaum gelten, denn die Regale und Vi-trinen, die die Sammler angeschafft haben, dienen vor allem dazu, daß die Sammlung sich in das Leben des Sammlers auch räumlich integrieren läßt.

Umgeben von ihren Sammlungen, die in ihrer Nähe sind, die sie berühren können, werden Sammler zu »glückliche[n] Menschen« (vgl. Stefan Zweigs Erzählung von einem blinden Handschriftensammler), nicht zuletzt deshalb, weil sie das, was für sie der selbstgewählte, ja selbstgefundene Sinn des Lebens ausmacht, ständig sinnlich um sich haben.

Literatur

Baudrillard, J.: »Die Sammlung«. In: Ders.: *Das System der Dinge. Über unser Verhältnis zu den alltäglichen Gegenständen.* Frankfurt a. M. 1997. S. 110–138.
Benjamin, W.: »H (Der Sammler)«. In: Ders.: *Das Passagen-Werk. Aufzeichnungen und Materialien* Bd. 1. Frankfurt a. M. 1996. S. 269–280.
Groys, B.: *Logik der Sammlung am Ende des musealen Zeitalters.* München 1997.
Hügel, H.-O. (Hg.): *Hildesheim Sammelt. 53 Sammlungen zur Alltags- und Hochkultur.* Hildesheim 1999.
Krischke-Ramaswamy, M.: *Beziehungsmodelle des Zusammenhangs zwischen ästhetischer Wahrnehmung und sozialer Einordnung bei der Rezeption von Neil Diamond. Eine Diskussion auf der Grundlage einer empirischen Untersuchung von Neil Diamond Fans.* Dipl. Hildesheim 2002.
Löffler, K.: »Die kleinen Dinge des Alltags«. In: Rutschky, M. (Hg.): *Sammeln.* Berlin 1996. S. 13–22.
Pomian, K.: *Der Ursprung des Museums. Vom Sammeln.* Berlin 1988.
Reichert, W.: »Der Sammler«. In: *Wunderliche Zeitgenossen.* München 1971. S. 107–113.
Salber, D.: »Erfahrung Sammeln«. In: Salber D./Salber, W.: *38 Sammlungen.* Köln 1981. S. 18–26.
Schaffner, I./Winzen M. (Hgg.): *Deep Storage. Arsenale der Erinnerung. Sammeln, Speichern, Archivieren in der Kunst.* München/New York 1998.
Springer, P. (Hg.): *Gesammelt in und um Oldenburg. Aspekte der Alltagskultur. Zur Ausstellung im Oldenburger Kunstverein v. 8.1. – 17. 2. 1984.* Oldenburg 1984.
Zweig, S.: *Die unsichtbare Sammlung. Eine Episode aus der deutschen Inflation.* Berlin 1927.

Hans-Otto Hügel

Schallplatte/CD

Schallplatte und Compact Disc (CD) zählen zu den Speichermedien. Sie speichern akustische Signale, die auf dazugehörigen Abspielgeräten wie Schallplattenspieler bzw. CD-Player reproduzierbar sind. Beide Tonträger haben zwar die Form einer flachen, runden Scheibe, sie stützen sich jedoch auf völlig unterschiedliche Aufnahme- und Wiedergabetechniken. Während die herkömmliche Schallplatte mit analoger Rillentechnik (↗ Musikkassette/Tonband) arbeitet, verwendet die CD digitale Lasertechnik (s. u.). Der Begriff ›Schallplatte‹ wurde das erste Mal im

Zusammenhang mit Emil Berliners Erfindung des Grammophons benutzt, bei dem die zuvor gebräuchliche Edison-Walze durch eine runde, flache Scheibe ersetzt wurde. Da die flache Scheibe eher zur Reproduktion geeignet war als die bis dahin gängige Walze, legte Berliner mit ihr den Grundstein für die Industrialisierung des Kulturgutes ↗ ›Musik‹ und des Mediums ›Schallplatte‹.

Technik

Die technischen Basissysteme der Schallplatte gründen sich auf die Walzentechnik von Edison (1877) und ihrer Weiterentwicklung durch Berliner (1887); die der CD auf die Laservisionsverfahren der Firmen RCA und JVC, insbesondere auf die musiktechnische Standardisierung als Compact Disc durch die Unternehmen Philips und Sony im Jahr 1982. Die Schallplatte verwendet ein ›analoges Verfahren‹ der Aufzeichnung und Wiedergabe, d. h. die Aufzeichnung erfolgt durch die Umwandlung der wechselnden Spannung des elektronischen Signals in eine andere Meßeinheit, die sich um denselben Wert ändert. Bei der Schallplatte geschieht dies durch das Eingravieren der Spannungsvarianzen mittels eines Plattenschneiders. Auf diese Weise entstehen Schallrillen auf einer Lackfolie, die schließlich als Preßmatrize zur Herstellung der Schallplatte verwendet wird. Im Lauf ihrer Geschichte hat die Schallplatte häufiger ihre Gestalt gewechselt: So existieren verschiedene Schallplattenarten wie u. a. die Schellackplatte, die mit 78 Umdrehungen pro Minute (UpM) lief, die Single mit 45 UpM sowie die Langspielplatte (LP) mit 33 1/3 UpM. Die Durchmesser variieren: Sind heute 30 cm Durchmesser das Standardmaß für Langspielplatten, waren in den 1950ern und 1960ern auch 14,5 cm Durchmesser üblich. Bei den Singles ist die gebräuchlichste Form jene mit 17 cm Durchmesser, daneben existieren die Maxi-Single mit 30 cm sowie die 10-inch-Single mit 25 cm Durchmesser. Die Wiedergabe erfolgt durch einen Tonabnehmer (Saphir) über einen Schallplattenspieler und Lautsprecherboxen, wobei die beiden Aufzeichnungen bei einer Stereoplatte zunächst gemeinsam abgetastet, dann jedoch elektronisch getrennt und über zwei verschiedene Kanäle zu den Boxen geleitet werden.

Aufnahme- und Wiedergabetechnik bei der CD dagegen verwenden ein ›digitales Verfahren‹. Der Speicherungsprozeß der akustischen Signale erfolgt erst, nachdem diese in einen binären Code umgewandelt wurden. Diese Abfolge von Ein-Aus-Signalen wird auf einem Digitalband aufgezeichnet und auf der CD in eine Reihenfolge mikroskopisch klei-

ner, einzelner Signalelemente, den sog. Pits, gebracht, die in Form einer bis zu 5 km langen Spirale auf der CD-Scheibe von innen nach außen verlaufen. Zum Zweck der Wiedergabe schließlich werden diese Informationen von einem Laserstrahl gelesen und in Spannungswerte überführt (zu weiteren technischen Einzelheiten vgl. Halbscheffel/Kneif 1992, S. 86 f.).

Geschichte

Die erste erfolgreiche Umsetzung der Idee, Schall zu konservieren und wiederzugeben, vollzog sich 1877 mit der Entwicklung des sog. Edison-Phonographen. Dieser arbeitete mit Walzen-Technik: Mit Hilfe von Trichter, Membran und metallenem Stift wurde der Schall in Stanniol oder Wachs eingraviert, wobei die Schallschwingungen durch die unterschiedliche Tiefe der Ritze in der Walze gespeichert wurden. Aufgrund der Walzenform besaß der Edison-Phonograph jedoch nur begrenzte Aufnahme- und Reproduktionsmöglichkeiten und litt unter einer verzerrten Klangwiedergabe. Eine wesentliche Weiterentwicklung stellte das von Emil Berliner 1887 entwickelte Grammophon dar. Es verwendete flache, wachsbeschichtete Zinkplatten zur Klangwiedergabe, die ähnlich wie bei dem Phonographen mittels Trichter, Membran und Stift hergestellt wurden, jedoch im Unterschied zu diesem die Schallschwingungen durch die seitliche Auslenkung der Rillen wiedergab. So war es möglich, eine Negativmatrize anzufertigen, die durch Pressung vervielfältigt werden konnte. Die ersten Schallplatten bestanden zunächst aus Hartgummi, 1897 ersetzt durch Schellack, einer Mischung aus Baumharz und Wachsabscheidungen. Berliner gründete 1893 die States Grammphone Company und zwei Jahre später erschienen die ersten Schallplattenpressungen im Handel. Um 1900 wurden bereits über 5000 Einzeltitel, vornehmlich Tanzmusik und Opern angeboten. Der Umsatz stieg beträchtlich: 1906 wurden 1,5 Millionen und 1907 bereits 18 Millionen Schallplatten in Deutschland verkauft.

Insgesamt war die neue Technik jedoch mit diversen Problemen verbunden: Die Wiedergabequalität ließ zu wünschen übrig und die Speicherkapazität war äußerst gering. Eine grundlegende Änderung führte die elektrische Tonaufzeichnung in den 1920er Jahren herbei: Der Hertzbereich und damit die Klangqualität vergrößerte sich von 600 Hz bis 2000 Hz auf 100 Hz bis 5000 Hz, Trichter und Schalldosen wurden durch Mikrophone ersetzt, hinzu kamen Schallwandler, Kopfhörer sowie elektroakustische Verstärker, die die Wiedergabequalität der Abspielgeräte verbesserten. Die Aufnahmen klangen dadurch dynamischer und weniger verzerrt. Diese technischen Neuerungen ließen den Schallplattenumsatz wiederum in die Höhe schnellen: Allein in Deutschland wurden 1930 30 Millionen Stück verkauft. Auch das sich in den 1920er Jahren entwickelnde Verfahren der Magnetbandaufzeichnung kam der Schallplattenproduktion zugute: Das Tonband wurde als Zwischenspeicher bei der Plattenpressung benutzt und vereinfachte damit die Plattenaufnahmetechnik wesentlich. 1948 brachte CBS die Mikrorillen-Langspielplatte auf den Markt, die statt aus Schellack aus dem bruchsicheren und geräuschärmeren Kunststoff Polyvinylchlorid (heute auch: Polystyrol, Vinylid) hergestellt und statt mit 78 UpM mit 33 1/3 UpM abgespielt wurde, wodurch die Bespieldauer auf 20 Minuten pro Seite vergrößert wurde. 1949 entwarf RCA die 17-cm-Platte, die mit 45 UpM lief. Dieses Modell sollte als Single in die Geschichte eingehen und den Schallplattenmarkt in Longplay- (LP = Langspielplatte) und Single-Formate teilen. Eine weitere Verbesserung stellte das Blumleinsche Stereosystem (1931) dar, das durch den Einsatz einer zweikanaligen Aufnahme- und Wiedergabetechnik das räumliche Klangbild der Musik eher erfaßte, sich aber erst 1958 durchsetzte. Die Tonträgerindustrie entwickelte sich in der Folge zu einer umsatzstarken Branche: Durch den Verkauf von LPs und MCs (Musikkassetten) wurden 1972 100 Millionen und 1978 bereits 200 Millionen DM in der Bundesrepublik umgesetzt.

1979, als der Aufschwung der Tonträgerindustrie ins Stocken geraten war, stellte Philips ein weiteres neues Ton(träger)system vor: Die Compact Disc (CD) bzw. den CD-Player. Die aus Markolon, einem glasklaren Kunststoff, bestehende und mit Lasertechnik arbeitende CD wälzte den Musikmarkt vollständig um. Nach ihrer offiziellen Einführung in den Handel (1983) durch die kooperierenden Unternehmen Philips, Sony und Polygram verdrängte die CD die LP als Tonträger innerhalb von zehn Jahren nahezu vollständig (s. u.), da sie sich durch eine bessere Klangqualität (durch die Lasertechnik entfällt jegliches Rauschen und Knistern), einfachere Handhabung bzw. Manipulierbarkeit (die CD ist, im Gegensatz zur Schallplatte, klein und handlich und die einzelnen Songs können über Tracks direkt angesteuert werden) und größere Robustheit (geringe Anfälligkeit für Abnutzung und Verschleiß) auszeichnet. Auch bringt die größere Speicherkapazität des neuen Mediums eine erhebliche Platzersparnis für Plattensammlungen mit sich. In der Folgezeit entstanden die CD-Single und der Discman, ein dem ↗Walkman ähnliches, portables Abspielgerät für das CD-Format. Die vorerst letzte Neuheit ist in der von Sony 1993 in den Handel gebrachten Mini Disc (MD) zu sehen. Die vorherrschende Zukunftstechnik des Musikmarktes wird aller Voraussicht nach aus einer Vernetzung und Integration der ↗Medien CD, ↗Video und PC (↗Computer) bestehen.

Ökonomische Daten

Zuverlässige Zahlen über die Tonträgerbranche stellen drei Institutionen zur Verfügung: Der Bundesverband der phonographischen Wirtschaft (Industriedaten), der GfK Panel Service (Käuferdaten) und die Media Control (↗Charts).

Insgesamt ist die Musikwirtschaft der bedeutendste Bereich innerhalb der ↗Kulturindustrie: Mit aktuell knapp 5 Mrd. DM Umsatz liegt sie heute vor der Filmindustrie sowie den Videoanbietern. Der deutsche Tonträgermarkt nimmt 1997 mit einem Umsatz von 4,91 Mrd. DM (Marktvolumen nach Wert) bzw. 268 Mio. Stück verkaufter Tonträger (Marktvolumen nach Menge) weltweit den dritten Platz ein, was einem Weltmarktanteil von 8 % entspricht, und ist mit mehr als 17.000 neuen Veröffentlichungen pro Jahr einer der facettenreichsten (für weitere Details des deutschen Tonträgermarktes vgl. Mahlmann 1997, Zombik 1999). Untersucht man diese Entwicklung hinsichtlich der verschiedenen Tonträgerformate, so ergibt sich folgendes Bild: In den Jahren 1987–96 verdrängt die CD die LP vollständig, so daß deren Marktanteil 1994 unter 1 % fällt. Bis 1993 kann die CD ihren Marktanteil von 26 % auf 79 % nahezu verdreifachen, danach jedoch stagniert der Aufwärtstrend. 1996 pendelt sich der Marktanteil der CD bei etwa 85 % ein (ergänzend vgl. Jaspersen 1994). Kassetten halten einen marginalen Marktanteil von 6 %. Auch im Single-Bereich findet ein Wechsel des Produkttyps von der traditionellen Schallplatten- zur CD-Single statt: 1993 sind gerade mal 1 Mio. der verkauften Singles Schallplatten, die restlichen 34,5 Mio. entfallen auf das CD-Format. Der Trend zu einem einheitlichen Tonträgerformat, der CD, hat sich damit durchgesetzt.

Vertrieb

Tonträger werden entweder direkt durch den Handel oder indirekt durch die Medien vertrieben. Direkter Vertrieb impliziert im Gegensatz zur Mediendistribution die Gestaltung eines gegenständlichen Produktes: Schallplatten bzw. CDs werden in besonderen Verpackungen oder Hüllen angeboten, dem Platten-Cover bzw. der CD-Hülle inklusive Booklet. Die Gestaltung des Covers hat eine lange Tradition: Seit den 1960er Jahren ist es üblich, Neuerscheinungen mit einem aufwendigen Cover (Klapp-Covers, diverse Effekte, Gestaltung durch Künstler etc.) zu versehen, da es oft nur das Cover war, das einen bildlichen Eindruck der Künstler und ihrer Musik zu vermitteln vermochte. Heutzutage wird diese Funktion vornehmlich durch die Musiktelevision ersetzt, weshalb das Tonträgerformat der 1990er Jahre, die CD, auch mit einer bildlich sparsameren Hülle auszukommen scheint: Das Booklet, ein Beiheft, das sich in der CD-Hülle befindet, zeigt zwar auf der Vorderseite eine Art Cover, dient jedoch vornehmlich der Vermittlung von Hintergrundinformationen (Songtexte, Fotos etc.). Kurz: War die klassische Funktion des Covers plakativ, so wandelte sie sich im Zuge der Visualisierung von Popmusik zu einer informativen.

Hinsichtlich der Vertriebswege sind deutliche Konzentrationstendenzen zu beobachten: Die Zahl der Verkaufstellen schrumpfte von 1975 bis 1985 nahezu um die Hälfte und vergrößerte sich selbst 1991 mit dem Hinzukommen der neuen Bundesländer nicht. Die zehn größten Händler machen dabei 50 % des Umsatzes. Die zunehmende Konzentration fördert, so Jaspersen (1998), die Verbreitung von Spitzentiteln, da sich der Großhandel durch eine aggressive Preispolitik und durch die Spezialisierung auf wenige gutgehende Titel der Gruppe der Intensivkäufer bemächtigt. Bereits 1996 laufen fast 40 % der Absätze über Großbetriebsformen, weitere 40 % über Verbrauchermärkte, Filialunternehmen und den Einzelhandel sowie 16,5 % über Direct Mailing. Verlierer sind die kleinen Einkaufsstätten, die 1996 nur noch 6,4 % verzeichnen können, Gewinner dagegen die Mega-Stores wie Saturn Hansa, WOM oder Media Markt (vgl. Jaspersen 1998). Folgt man dagegen Lieb (1995) und teilt die Vertriebswege danach auf, ob dem Endverbraucher ein breit gefächertes Sortiment und qualifiziertes Personal zur Verfügung stehen oder nicht, so ist ersterer, der sog. Fachhandel, mit 60 % Marktanteil weiterhin der wichtigste Anbieter. Größter Konkurrent sind SB-Warenhäuser und Verbrauchermärkte, die ihre Verkaufsflächen Großhandelsbetrieben, sog. Rackjobbern, überlassen, die für Bestückung und Präsentation selbst verantwortlich sind. Sie kamen 1990 auf einen Umsatzanteil von 30 %. Bei der indirekten Distribution spielen ↗ Radio und ↗ Fernsehen die wichtigste Rolle. In den 1920er Jahren noch als Konkurrenz empfunden, ist das Radio heute die Hauptquelle der Verbreitung populärer Musik: 98 % der bundesdeutschen Haushalte verfügen über ein Hörfunkgerät, 71 % über zwei oder mehr (vgl. Media Perspektiven 1998, S. 67). Der Sendeanteil von auf Tonträgern produzierter Musik liegt bei den öffentlich-rechtlichen ↗ Sendeanstalten

bei über 90 %, bei den Privaten bei 100 %. Der Musikanteil im TV ist, abgesehen von ↗ Videoclips, die seit den 1980er Jahren zur Musik-Promotion dazugehören, und Musikspartenkanälen wie MTV und VIVA (vgl. Neumann-Braun 1999), eher gering.

Eine zukunftsweisende Form der Distribution von Tonträgern entstand durch die Weiterentwicklung und Vernetzung der technischen Systeme ›↗ Internet‹, ›CD‹ und ›Computer‹. Musik auf Abruf, ›music on demand‹ (MoD), ist das neue Schlagwort. Dahinter verbirgt sich zweierlei: Zunächst versteht man darunter den Versandhandel mit materialen Tonträgern via Internet, der dem herkömmlichen Mail-Order-Verfahren ähnelt. Die Branchenführer, CDnow und N2K/Music Boulevard, haben weltweit einen Kundenstamm von 1,2 Millionen Nutzern und Nettoverkäufe von 75 Mill. US-$ im Zeitraum September 1997 bis 1998 zu verbuchen. Obwohl der Onlinevertrieb mit 50 Mio. US-$ 1997 noch marginale Anteile am Gesamtumsatz der Branche verzeichnet (0,5 %), kann er bemerkenswerte Wachstumszahlen vorweisen und wird in Zukunft an Bedeutung gewinnen (vgl. Hertz 1999, S. 67). Darüber hinaus versteht man unter ›music on demand‹ den nicht materiellen Vertrieb von digitalisierter Musik bzw. das Herunterladen (Downloading) digitalisierter Musikdateien. Durch Fortschritte bei der Datenkompression und sinkende CD-Brenner-Preise (um 2002 ca. 250,– €) ist es möglich geworden, sich eigene CDs über das Internet zusammenzustellen. Die Zauberformel heißt MPEG Audio Layer 3 (kurz: MP3), womit ein Datenkompressionsverfahren bezeichnet wird, das Audiodaten um den Faktor 12 verkleinert, ohne dabei die Klangqualität einer CD zu verlieren. Die Popularität der MP3-Sounddateien ist in den letzten Jahren erheblich angewachsen: Nach dem Stichwort ↗ ›Sex‹ ist es der zweithäufigst eingegebene Suchbegriff im Internet. 5 bis 10 Millionen MP3-Player-Programme wurden einer Schätzung zufolge bisher aus dem Netz heruntergeladen (vgl. Hertz 1999, S. 67). Der Alptraum der Musikindustrie könnte wahr werden: Das Netz wird zu einem gigantischen Plattenladen, in dem sich jeder nach Herzenslust, kostenlos versteht sich, bedienen kann.

1997 gaben 83,5 % der Bundesbürger an, mehrmals in der Woche Radio zu hören. Somit ist Radio hören, nach dem Fernsehen mit 94,1 %, die zweitbeliebteste Tätigkeiten der Deutschen. Gefragt nach direkter Tonträgernutzung, die mit einer bewußteren Entscheidung, Musik zu hören, verbunden ist, gaben 30,3 % an, mehrmals die Woche Schallplatte, Kassette oder CD zu hören. Immerhin rangieren die Tonträger damit auf Platz 5 der beliebtesten Freizeitbeschäftigungen (vgl. Media Perspektiven 1998, S. 70).

Über das Kaufverhalten geben die Maße Käuferreichweite (KR) und Käuferintensität (KI) Auskunft. Die KR gibt das Verhältnis zwischen der Anzahl potentiell möglicher Käufer und tatsächlicher Käufer bezogen auf 100 % an; sie ist ein Maß für die Breite der Nachfrage. Die KI gibt an, wieviel ein Käufer im Jahr durchschnittlich für Tonträger ausgibt bzw. welche Anzahl an Tonträgern er erwirbt; sie ist ein Maß für die Tiefe der Nachfrage. Die KR lag 1997 bei 53 % und die KI bei 7,1 Stück bzw. 153,– DM. Berücksichtigt man die Streuung innerhalb des Kaufverhaltens, so sind 48,9 % Nichtkäufer von Tonträgern, 45,4 % kaufen 1 bis 9 Stück pro Jahr und lediglich 5,7 % sind Intensivkäufer. Nur diese letzte Gruppe beansprucht tatsächlich die wachsende Produktvielfalt. Sie ist mit 42,9 % am Umsatz beteiligt (vgl. auch Mahlmann 1998). Weitere zentrale Aspekte hinsichtlich der Akzeptanz von Tonträgern sind die Fragen nach altersspezifischer Nutzung und geschmacklichen Präferenzen. Differenziert man Repertoiresegmente nach Alter, so ergibt sich bei 40 Jahren ein Schnitt: Die Jüngeren hören vornehmlich Pop, Rock und Dance, die Älteren dagegen Schlager, Volksmusik und Klassik. Obwohl die Jüngeren nur 46 % der Gesamtbevölkerung ausmachen, erwerben sie 71,5 % des Angebots an Tonträgern.

Tonträgermarkt und der Wandel der Unterhaltungskultur

Im soziokulturellen Bereich spielen Schallplatte und CD als Träger populärer Musik eine zentrale Rolle für die Herausbildung von ↗ Jugendkulturen und -szenen (vgl. Baacke 1985, Kemper u. a. 1998). Seit der Entstehung eines spezifischen und lukrativen Jugendmarktes in den 1950ern (vgl. dazu Frith 1993), ist es v. a. die Medien- und Entertainment-Branche, die mit immer neuen Produkten um die Gunst der Jugend und ihr stetig wachsendes Budget buhlt. So wird die Tonträgerbranche seit ihren Anfängen von internationalen Musikkonzernen beherrscht, die sich zumeist auch in anderen, vornehmlich Unterhaltungssparten betätigen. Heute teilen sich 5 große ›major-companies‹, Warner Music, Sony Music, Polygram, EMI/Virgin und BMG, den Musikmarkt untereinander auf und erzielen gemeinsam einen Marktanteil von über 85 %. Den Rest bestreiten kleine Labels, auch ›independents‹ genannt, die zumeist nicht für die große Masse produzieren und sich häufig auf bestimmte Musikgenres (↗ Genre) spezialisiert haben. Diese im Musikbereich zu beobachtende vertikale und horizontale Konzentration (vgl. Banks 1996, Burnett 1996, Frith 1988) bedeutet eine umfassende Kontrolle des Musikgeschehens durch gigantische Medienkonglomerate. Eine solche Oligopolisierung bleibt nicht ohne Wirkungen für die Musik- und Unterhaltungskultur.

Folgende Tendenzen lassen sich ausmachen (vgl. dazu Schmidt 1999): (1) *Artifizialisierung*: Die Reproduzierbarkeit von Musik durch Tonträger wie Schallplatte und CD verdrängt den Live-Auftritt zusehends und bestimmt heute die Geschicke der überwiegenden Zahl der (Pop)Musiker. Die Grenzauflösung zwischen künstlicher und Live-Performance sowie das damit verbundene »displacement of the musician« (Goodwin 1992, S. 32) haben eine Relativierung auditiver Musik bei gleichzeitiger Aufwertung von visuellen Qualitäten bewirkt: Mehr und mehr bedeutet ›live‹ weniger das aktuelle Erzeugen von Musik als vielmehr die Inszenierung einer dem jeweiligen Starimage (↗ Image) angemessenen ↗ Show. (2) *Kommerzialisierung*: Musik fungiert mehr und mehr als kulturelles Kapital: Der Wert von ↗ Stars und Popmusik bemißt sich daran, ob sie in der Lage sind, andere Produkte wie ↗ Filme, TV-Sendungen und Konsumgüter erfolgreich zu bewerben. Die Musikindustrie verschiebt dadurch ihre Einnahmequellen: Statt Tonträger zu verkaufen (hard sell), bietet sie Rechte an erfolgreichen Musikproduktionen feil (sell of image) (vgl. Frith 1988). (3) *Standardisierung*: Die globale Vereinheitlichung der an ökonomischen und werbestrategischen Kriterien orientierten Produktion setzt musikalischer Ausdrucksfreiheit enge Grenzen: Musik soll sich, bei gleichzeitig geringem Kostenaufwand, gut verkaufen und effektiv für andere Produkte werben, im Idealfall weltweit auf die gleiche Art und Weise. (4) *Domestizierung*: Durch die zunehmende Ästhetisierung von ↗ Werbung und Konsum spielt populäre Musik eine Schlüsselrolle bei der globalen Errichtung einer jugendlichen Sozialsymbolik, die sich um Artikel der Konsumgüterindustrie formiert. Jugendkulturen erscheinen auf diese Weise als um Konsumgewohnheiten und Musikvorlieben herum gruppierte mediale Konstrukte. Musik degeneriert darin zum internationalisierten Werbecode, zum marketingstrategischen Suchraster, mit dem über musikstilistische Klassifikationen Ordnung in einen zusehends unübersichtlicher werdenden Jugendmarkt gebracht wird.

Literatur

Baacke, D.: »Jugendkulturen und Popmusik«. In: Ders./Heitmeyer, W. (Hgg.): *Neue Widersprüche: Jugendliche in den 80er Jahren.* Weinheim/München 1985. S. 154–174.

Banks, J.: *Monopoly Television. MTV's Quest to Control the Music.* Boulder 1996.

Burnett, R.: *The Global Jukebox. The International Music Industry.* London/New York 1996.

Frith, S.: »Video Pop: Picking up the Pieces«. In: Ders. (Hg.): *Facing the Music. Essays on pop, rock and culture.* London 1988. S. 88–130.

Ders.: »Youth/ Music/ Television«. In: Ders./Goodwin, A./ Grossberg, L. (Hgg.): *Sound and Vision: the Music Video Reader.* London 1993. S. 67–84.

Goodwin, A.: *Dancing in the Distraction Factory. Music Television and Popular Culture.* London 1992.

Halbscheffel, B./Kneif, T.: *Sachlexikon Rockmusik.* Reinbek 1992.

Hertz, M.: »Music on demand: Chance oder Risiko für die Musikindustrie? Das Internet als neuer Markt der stagnierenden Tonträgerbranche«. In: *Media Perspektiven* 2 (1999) S. 63–72.

Jaspersen, T.: »Die wirtschaftliche Entwicklung der Tonträgerindustrie: ein historischer Abriß von 1980–1990«. In: Faulstich, W./Schäffner, G. (Hgg.): *Die Rockmusik der 80er Jahre.* Bardowick 1994. S. 166–186.

Ders.: »Tonträger – Schallplatte, Kassette, CD«. In: Faulstich, W. (Hg.): *Grundwissen Medien.* München 1998. S. 367–391.

Kemper, P./Langhoff, T./Sonnenschein, U. (Hgg.): »*but I like it*«. *Jugendkultur und Popmusik.* Stuttgart 1998.

Lieb, J.: »Schallplatte/CD«. In: Faulstich, W. (Hg.): *Grundwissen Medien.* München 1995. S. 275–295.

Mahlmann, C.: »Strukturen des deutschen Tonträgermarktes«. In: Moser, R./Scheuermann, A. (Hgg.): *Handbuch der Musikwirtschaft.* Starnberg/München 1997. S. 161–184.

Ders.: »Musik ohne Grenzen. Der deutsche Tonträgermarkt in der Statistik: Zahlen, Hintergründe, Kommentare«. In: Gorny, D./Stark, J (Hgg.): *Jahrbuch pop & kommunikation 98/99.* München/Düsseldorf 1998. S. 36–41.

Media Perspektiven: Basisdaten 1998. Frankfurt a. M. 1998.

Neumann-Braun, K. (Hg.): *Viva MTV. Popmusik im deutschen Fernsehen.* Frankfurt a. M. 1999.

Schmidt, A.: »Sound and Vision go MTV. Die Geschichte des Musiksenders bis heute«. In: Neumann-Braun (Hg.) 1999.

Zombik, P.: *Wirtschaftsbericht 1998. Der Markt für Compact-Discs, Musiccassetten und Schallplatten,* Quelle: www.ifpi.de/miz/Wirtschaftbericht%201998. 14.04.99. S. 1–12.

Klaus Neumann-Braun/Axel Schmidt

Schauer ↗ Horror

Schlager ↗ Musik

Science-fiction ↗ Zukunft

Sendeanstalt

Das Fernseh- wie das Hörfunkprogramm in Deutschland wird von Sendern veranstaltet, d. h. sie kaufen oder produzieren das Programm und senden es über verschiedene Kanäle (terrestrische Ausstrahlung, die von Antennen empfangen wird, Kabel oder Satellit) an nahezu alle Privathaushalte. Bis 1984 gab es nur öffentlich-rechtliche Sender, dann wurde ein duales System mit privatwirtschaftlicher Konkurrenz eingeführt. Im Moment findet eine Spezialisierung in Spartenkanäle statt (beim Hörfunk in Lokalsender).

Die Anfänge

Die Technik des ↗ Fernsehens – auf das sich die Darstellung hier konzentriert – geht auf Erfindungen des ausgehenden 19. Jh. zurück. Ab 1920 wurde in verschiedenen Labors der Funk- und Elektroindustrie in enger Zusammenarbeit mit der Post an Lösungen für die Realisierung eines Sendebetriebs gearbeitet. Nach verschiedenen Versuchssendungen begann am 22. 3. 1935 die weltweit erste regelmäßige Fernsehausstrahlung durch die Reichs-Rundfunk-Gesellschaft. Der erneute Start des Fernsehbetriebes in Westdeutschland nach dem Zweiten Weltkrieg wurde in erster Linie von den Rundfunkanstalten betrieben, hier insbesondere vom NWDR in Hamburg, der Ende 1950 mit ersten Versuchssendungen begann. Da die Alliierten für eine föderale Struktur des Rundfunks plädierten, regelten die sechs Sender NWDR, BR, RB, HR, SDR und SWF 1953 im Fernsehvertrag der »Arbeitsgemeinschaft der öffentlich-rechtlichen Rundfunkanstalten der Bundesrepublik Deutschland« (ARD) ihre Zusammenarbeit für ein Gemeinschaftsprogramm, das am 1. 11. 1954 bundesweit auf Sendung ging. In der DDR begann man 1952 mit Versuchssendungen und regelmäßigen Fernsehsendungen. Ab dem 1. 1. 1956 übernahm der Deutsche Fernsehfunk (DFF) die Ausstrahlung des täglichen Programms. Seit Oktober 1969 wurde ein zweites Programm in Farbe gesendet, das jedoch nicht überall zu empfangen war. Auch wenn sich das Fernsehen in der DDR immer stärker in Richtung ↗ Unterhaltung entwickelte, stand es unter staatlicher Kontrolle und war den Direktiven der Sozialistischen Einheitspartei SED unterworfen. Lange Zeit wurde der Empfang westdeutscher Fernsehsender offiziell unter Strafe gestellt; er ließ sich jedoch zu keiner Zeit verhindern.

Im Westen versuchte Bundeskanzler Konrad Adenauer ebenfalls staatliche Kontrolle über das Fernsehen zu bekommen und gründete 1960 die »Deutschland Fernseh GmbH«. Das Bundesverfassungsgericht erklärte in seinem berühmten Fernsehurteil 1961 das Vorgehen der Bundesregierung für verfassungswidrig. Statt dessen wurde 1962 durch einen Staatsvertrag das ZDF in Mainz als zweites bundesweites öffentlich-rechtliches Programm gegründet und ging 1963 auf Sendung. Ab 1964 kamen bei den einzelnen ARD-Anstalten lokale Dritte Programme hinzu, die zunächst als Bildungsfernsehen begannen. Inzwischen sind sie zu Vollprogrammen geworden und können als einzige steigende Einschaltquoten mit einem Marktanteil von zusammen über 12,5% (2000) verbuchen. Ab 1967 wurde im Westen das Farbfernsehen eingeführt.

Die Finanzierung der öffentlich-rechtlichen Sender erfolgt zum einen über die monatliche Rundfunkgebühr, die jeder Haushalt zahlen muß, der ↗Radio und/oder Fernsehen empfängt, und zum anderen über Werbeeinnahmen. ↗Werbung darf nur eingeschränkt in Werbeblöcken zwischen 17.30 Uhr und 20 Uhr ausgestrahlt werden. Alle öffentlich-rechtlichen Anstalten haben den Auftrag, der Information, Bildung und Unterhaltung zu dienen. Ein Schwerpunkt liegt auf der Information, deren Programmanteil bei 40% bis 50% liegt. Dieser Auftrag hat sich auch in der Struktur der Sender niedergeschlagen. Die Hauptabteilungen der Fernsehsender umfassen meist die Bereiche Politik und Wirtschaft, Regionalprogramme, Spiel und Unterhaltung, Kultur, Erziehung und Wissenschaft mit entsprechend detaillierten Untergliederungen. Die langfristige Programmplanung mit entsprechenden Produktionsetats schränkt in der täglichen Produktion die kreativen Spielräume sehr ein. Dies gilt insbesondere für die Koordination des Ersten Programms unter Einbeziehung aller ARD-Anstalten (BR, SWR, SR, HR, WDR, NDR, RB, SFB, ORB, MDR) nach festen Zuliefererquoten und für gemeinsame Programmaktivitäten wie 3Sat, Phoenix, Kinderkanal oder Arte.

Die Organe der öffentlich-rechtlichen Anstalten sind miteinander vergleichbar. Eine zentrale Funktion hat der Rundfunk- oder Fernsehrat, in dem Vertreter von Ländern und Parteien ebenso sitzen wie gesellschaftlich relevante Gruppen. Seine Aufgabe ist das Aufstellen von Programmrichtlinien, die Programmkontrolle und die Beratung des Intendanten bei der Programmgestaltung. Er hat das Recht, im nachhinein Sendungen zu kritisieren und den Intendanten, zuständige Abteilungsleiter oder Redakteure zu tadeln. Der Verwaltungsrat überwacht die Geschäftsführung und sichert die wirtschaftlichen Grundlagen. Der Intendant ist für die gesamten Geschäfte der Anstalt einschließlich der Gestaltung des Programms verantwortlich und wird vom Rundfunkrat in der Regel für fünf Jahre gewählt. Auffällig ist, daß zumindest vor den Zeiten kommerzieller Konkurrenz die Intendanten lange Amtszeiten aufwiesen. Prof. Karl Holzamer, erster Intendant des ZDF, leitete die Anstalt beispielsweise 15 Jahre, der zweite Intendant Prof. Dieter Stolte schied 2002 erst nach 20 Jahren aus. Sein Stil galt als patriarchalisch,

und er nahm insbesondere Einfluß auf Personalentscheidungen, die er einem politischen Proporz unterwarf. Während seiner Amtszeit wurden zwar 3Sat und Arte aufgebaut und starteten die Multimediaaktivitäten vom ZDF. Trotzdem haftet dem Sender der Ruf an, ein betuliches Programm für vorwiegend ältere Zuschauer zu bieten.

Inwieweit sich Intendanten aktiv ins Programm einmischen oder sich eher als die Spitze einer Verwaltung sehen, ist von Fall zu Fall verschieden. Das Profil eines Senders bestimmt sich eher über das Programm und deren Macher als über die Person des Intendanten. Im Idealfall tritt ein Intendant in der Öffentlichkeit loyal für die Arbeit seiner Mitarbeiter ein, ermöglicht Experimente und verteidigt sie insbesondere gegen öffentliche Angriffe, wie es z.B. Hans Bausch, der von 1985–1989 Intendant des Süddeutschen Rundfunks war, getan hat. Obwohl er als konservativ galt, konnte sich der Süddeutsche Rundfunk in der Ära Bausch durch zeitkritische Dokumentationen wie die Reihen *Zeichen der Zeit* oder *Sterns Stunde* ebenso profilieren wie durch experimentelle Fernsehspiele.

War das öffentlich-rechtliche Programm eher um gesellschaftliche Akzeptanz und die Erfüllung des Programmauftrags bemüht, also etwas behäbig und altbacken daher kam, sahen sich die kommerziellen Sender am Anfang als Herausforderer, die eher durch Provokation auffallen mußten. Helmut Thoma, erster Geschäftsführer von RTL-plus, formulierte es so: »Wenn man sich friedlich unterhält, sehen weniger Leute zu, als wenn man sich gegenseitig anbrüllt. So ist dies nun einmal« (Helmut Thoma, Interview in Wiener 4/1991, S. 109). Und Marktanteile zu gewinnen ist das primäre Ziel der privaten Sender. Dies ist RTL mit Sendungen von *Tutti Frutti* bis *Big Brother* oder den provokanten Talkshows am Mittag auch immer wieder gelungen. Inzwischen hält Thomas Nachfolger Gerhard Zeiler Provokationen für weniger wichtig: »Wir sind Mainstream, aber Mainstream ist nicht Trash. Als Marktführer müssen wir breit, mehrheitsfähig sein« (Süddeutsche Zeitung, 23.3.2001).

Private Konkurrenz

Der Einführung ›Neuer Medien‹ in der Bundesrepublik ging eine langwierige Diskussion um Chancen und Risiken voraus. Ab 1975 wurde die Privatisierung des Fernsehens als Alternative zum öffentlich-rechtlichen System gefordert, dem vor allem von den konservativen Parteien zunehmend politische Einseitigkeit vorgeworfen wurde. Eine Hoffnung der Befür-

worter war, daß durch mehr Programme eine größere Vielfalt erzielt werden könnte. 1974 wurde vom
Bundespostministerium die »Kommission für den
Ausbau des technischen Kommunikations-Systems
(KtK)« gegründet. In ihrem Schlußbericht 1976
empfahl sie vor der allgemeinen Einführung des
Kabelrundfunks die Durchführung von Kabelpilot-
projekten, die dann in Berlin, Dortmund, München
und Ludwigshafen stattfanden. Nach dem Regie-
rungswechsel 1982 begann die Bundespost bereits
vor Abschluß der Pilotprojekte mit der flächendek-
kenden Kupfer-Verkabelung. Damit wurde die technische Grundlage für die Einführung des dualen
Fernsehsystems im Jahr 1984 gelegt.

Die erhoffte Erweiterung des Programmangebots
und die politische Vielseitigkeit sind durch die Privatisierung nicht erreicht worden. Im Vordergrund
steht die Kommerzialisierung, die stärkere Ausrichtung auf die Unterhaltung und die Orientierung an
den Einschaltquoten als allein gültigem Erfolgsmes-
ser. Dies ist mit einer zunehmenden Trivialisierung
verbunden. Inzwischen sind über Kabel und Satelli-
tenschüssel bis zu 34 öffentlich-rechtliche und kommerzielle Fernsehkanäle zu empfangen. Durch diese
Flut an Programmen und die Aufsplitterung nach
Interessen hat das Fernsehen weitgehend seine gemeinschaftsstiftende Funktion verloren.

Die privaten Sender sind in ihrer Struktur und der
Zahl der Mitarbeiter straffer organisiert. Viele Auf-
träge und Funktionen werden nach außen vergeben.
Als zwei große Senderfamilien entwickelt haben sich
CLT-Ufa (RTL, RTL II, Vox, Super RTL) mit dem
Bertelsmannkonzern im Hintergrund und die Kirch-
Gruppe (SAT 1, Pro7, Kabel 1, EM.TV, DSF), die
international mit Rupert Murdoch und Silvio Berlus-
coni verflochten ist. Bisher ist es jedoch nur RTL,
Pro7 und Viva gelungen, Gewinne zu erwirtschaften
und die immensen Startkosten zu refinanzieren. Von
den 33,56 Mio. Fernsehhaushalten empfingen im
Jahr 2000 über die Hälfte, nämlich 56,2% das Fernsehen über Kabel, 32,4% über Satellit und nur noch
11,4% terrestrisch (Media Perspektiven: Basisdaten
2000, S. 8). ARD und ZDF erzielten 1999 insgesamt
Werbeeinnahmen von 673,7 Mio. DM, während die
privaten Sender mit RTL als Marktführer Werbeeinnahmen von über 7,7 Milliarden Mark verbuchen
konnten, d.h. mehr als zehnmal soviel (ebd., S. 11,
19). Wichtiges Programmelement sind immer noch
Spielfilme (↗Film). Die Zahl der ausgestrahlten
Spielfilme bei ARD und ZDF verdoppelte sich in den
1990er Jahren auf 5.290 (1999), im Privatfernsehen
verdreifachte sich die Zahl auf 5.183 (1999), wobei
sie insgesamt auf über 20.000 Sendeplätzen gezeigt
wurden, d.h. jeder Spielfilm wurde mindestens einmal

wiederholt. Der deutsche Fernsehmarkt gilt weltweit
als einer der profitabelsten nach den USA. Deshalb
stiegen die Lizenzsummen selbst für zweit- und dritt-
klassige Produkte und die Sender gehen mehr und
mehr zu Eigenproduktionen über, die mit entsprechend hohen Budgets ausgestattet werden können
und auf ein höheres Zuschauerinteresse und Senderi-
dentifikation stoßen, als dies angekauften Spielfilmen
gelingt. Marktführer war 2000 die ARD (14,4%)
knapp vor RTL und ZDF und den dritten Programmen, während mit einigem Abstand SAT 1 und
Pro7 folgten. Die übrigen Sender wiesen unter 5%
Marktanteil auf (ebd., S. 74). Bei weitem die erfolgreichsten Sendungen sind weiterhin Unterhaltungsshows mit Starmoderatoren (↗Star, ↗Moderator) wie
Günther Jauch (*Wer wird Millionär?*, RTL) oder Thomas Gottschalk (*Wetten daß ...?*, ZDF) und natürlich
große Sportereignisse (↗Sport) wie Fußball, Formel
1-Rennen, Olympiaden, Weltmeisterschaften usw.

Ungewisse Zukunft als Massenmedium

In den nächsten Jahren stehen erhebliche Veränderungen an, die insbesondere dem Fernsehen die
Funktion als Massenmedium nehmen können.
Schon heute splittet sich durch die vielen empfangbaren Programme das Publikumsinteresse (↗Pu-
blikum). Das öffentlich-rechtliche Fernsehen hat bereits Spartenkanäle wie Arte, 3Sat, den Kinderkanal,
BR α, den Ereigniskanal Phoenix und den Theater-
kanal aufgebaut und ist damit am Markt erfolgreich.
Zwar ist die Kirch-Gruppe trotz milliardenschwerer
Investitionen mit der Einführung der digitalen Pro-
grammplattform DF 1 mit einem ganzen Bouquet
von Spartenkanälen gescheitert und fand nicht die
nötige Abonnentenzahl. Auch der Zusammenschluß
mit dem ersten Pay-TV Kanal Premiere zum neuen
Sender Premiere World konnte die Akzeptanz nicht
wesentlich steigern, und die Zahl der Abonnenten
stagniert bei 2,3 Millionen. Das frei und kostenlos
empfangbare Fernsehprogramm soll nach Vorstellungen der Kirch-Gruppe mittelfristig durch ein System ersetzt werden, bei dem jedes Programm bezahlt werden muß. Dies hat im Frühjahr 2001 der
Kampf um die Fußballrechte und Formel 1 sehr
deutlich gezeigt. In erster Linie sollen sensationelle
und quotenträchtige Sportereignisse exklusiv im Pay-
TV angeboten werden. Nur so lassen sich die riesigen
Investitionen refinanzieren. Ob die Zuschauer jedoch
bereit sind, dafür zusätzliche Gebühren zu zahlen
und wie hoch diese sein können, muß sich zeigen.
Die Kirch-Gruppe ging 2002 in die Insolvenz und
wurde an verschiedene Interessenten verkauft.

Konvergenz ist das neue Schlagwort, d. h. das Zusammenwachsen verschiedener ↗Medien wie Fernsehen, ↗Computer und ↗Internet. »»Big Brother war der Urknall‹, sagt Hans Mahr, Geschäftsführer von RTL New Media, ›die erste Fernsehsendung, die auch im Internet präsent war und konvergent funktioniert hat.‹ Über 50 Millionen Mal wird die Inszenierung aus dem Container pro Monat angeklickt« (Spiegel, 49/2000, S. 148). Eine zentrale Rolle kann dabei das Kabelnetz der Telekom spielen, denn darüber lassen sich Texte, Bilder und Töne in hoher Auflösung wesentlich schneller verbreiten als über die Telefonleitung. Entsprechend aktiv werden Allianzen geschmiedet. T-Online hat sich sowohl mit dem ZDF als auch mit dem Springer-Konzern verbunden. Bertelsmann konzentriert seit längerem seine Medienaktivitäten auf das Internet und hat Anfang 2001 die Mehrheit bei der RTL-Gruppe übernommen. Eine weitere Veränderung könnten digitale ↗Videorecorder bewirken, bei denen Fernsehprogramme bis zu 30 Stunden auf einer Festplatte gespeichert und individuell abgerufen werden können. Das Gerät hilft, sich im Angebotsdschungel digitaler Kanäle zurechtzufinden. Damit soll jeder sein eigener Programmchef werden können. Doch diese Illusion wurde schon 1980 bei der Einführung des Videorecorders geweckt.

Literatur

Bausch, H.: *Rundfunkpolitik nach 1945.* 2 Bde. München 1980.
Behrens, T: *Die Entstehung der Massenmedien in Deutschland.* Frankfurt a. M. u. a. 1986.
Hall, P. C. (Hg.): *Fernsehen im Überfluß.* Mainz 1996.
Kreuzer, H./Thompson, C. W. (Hg.): *Geschichte des Fernsehens in der Bundesrepublik Deutschland.* 5 Bde. München 1993/94.
Landesz. für Pol. Bildung B/W (Hg.): *Medienpolitik.* Stuttgart u. a. 1987.
Media Perspektiven: Basisdaten. Daten zur Mediensituation in Deutschland 2000. Frankfurt a. M. 2000.
Uricchio, W. (Hg.): *Die Anfänge des Deutschen Fernsehens.* Tübingen 1991.
ZDF Schriftenreihe H. 31: Neue Fernsehempfangstechniken. Mainz 1985.

Kay Hoffmann

Serie

Die Serie ist eine allgemeine Präsentations- und Vermittlungsform der Kultur, die dem Berichten und Erzählen der Geschehen der Welt innewohnt und die aus den Prinzipien der erzählerischen Sukzession und Kausalität entsteht. Aus dem ›und-dann-und-dann‹ des Erzählens lassen sich leicht Episoden des Erzählens bilden, die schließlich in einzelnen Etappen dargeboten werden, also einzelne ›Folgen‹ bilden, die zusammen (als Kette von einzelnen Folgen) die Form der Serie entstehen lassen. Ein solches Erzählen in Etappen entsteht immer dann, wenn der Umfang des zu Erzählenden größer ist als die zur Verfügung stehende Zeit im Rahmen einer kommunikativen Situation, oder wenn es wiederkehrende Gelegenheiten gibt, an denen erzählt werden kann (so neigen z. B. die Medien mit ihren feststehenden Programmschemata und daraus resultierenden Sendeplätzen zur Serialität).

Von diesen Bedingungen, die zu ›seriellen‹ Angeboten führen, ist das Produkt, die ›Serie‹ zu unterscheiden, denn die Existenz einer wiederkehrenden Gelegenheit, z. B. ein feststehender Sendeplatz oder ein täglicher Aufführungstermin, muss nicht zwangsläufig zum Produkt ›Serie‹ führen: Der Programmplatz kann auch mit jeweils wechselnden Einzelprodukten besetzt werden. Trotz zahlreicher Vorläufer in der literalen und theatralen Kultur ist die Serie deshalb vor allem eine Erscheinungsform der Massenmedien. Als ›Serie‹ werden hier alle mehrteiligen, miteinander verknüpften Formen des Erzählens und Berichtens (zumeist fiktionale Darstellungen) bezeichnet, wobei diese Definition weiter gefaßt ist als andere Definitionen (z. B. versteht Lothar Mikos (1987) unter ›Serie‹ nur die auf unbegrenzte Dauer angelegten Fernsehserien).

Vorläufer der massenmedialen Serie

Serielle Erzählungen gibt es in allen Kulturen und auch im europäischen Kontext. Die ältesten überlieferten Vorläufer der massenmedialen Serie sind die antiken Epen, etwa die *Ilias* und die *Odyssee* Homers, die der oralen Überlieferung entstammen und rhapsodisch vorgetragen wurden. Aufgrund ihres Umfangs wurden sie in einzelnen ›Gesängen‹ dargeboten, die durch ihren Inhalt und die Verknüpfung zwischen den ›Gesängen‹ in ihrer Einheit zusammengehalten wurden. Auch die Märchensammlung *1001 Nacht* bildet einen Zusammenhang, in dem die Fiktion einer Fortsetzungsgeschichte als Rahmen aufgebaut wird. Hier wird bereits sehr früh eine serielle Form, die des Cliffhangers, eingeführt, indem nämlich Scheherazade, die dem Kalifen jede Nacht ein Märchen erzählen muß, immer am spannendsten Moment mit dem Versprechen ›Das Beste von meiner Erzählung kommt erst noch!‹ abbricht, woraufhin der Kalif sie bittet, in der nächsten Nacht weiter zu erzählen und sie damit ihr Leben rettet (vgl. Hickethier 1989).

Serielles Erzählen findet sich als Zeitungs- und Feuilletonroman in den periodisch erscheinenden Printmedien und hat hier vor allem die Funktion, die Leser dauerhaft an die ↗Zeitung zu binden. Sind es zum einen bereits fertig ausgeschriebene Romane, die in der Zeitung abgedruckt und zu diesem Zweck in einzelne Folgen portioniert werden (so z. B. bereits bei Daniel Defoe und Charles Dickens), so entstand im 19. Jh. auch die Form des Zeitungsromans, der direkt für die ↗Zeitschrift geschrieben und bereits abgedruckt wird, bevor der Autor das Werk abgeschlossen hat. Bekanntestes Beispiel dafür ist Eugene Sues Roman *Die Geheimnisse von Paris*, der 1942–43 im Pariser *Journal des Debats* erschien, eine ungeheure Popularität erreichte und der Zeitung zu einer gewaltigen Auflagensteigerung verhalf. Sue war mit seinem Schreiben dem Abdruck nur wenige Tage voraus, er füllte seinen Roman mit Anspielungen auf das Pariser Tagesgeschehen, erfand immer neue Handlungsstränge, bis die Fäden der Handlungsführung so sehr verstrickt waren, daß der Roman nur durch eine fast schon gewaltsame erzählerische Aktion beendet werden konnte.

In der zweiten Hälfte des 19. Jh. etablierte sich auch in Deutschland der Zeitungsroman und der Novellenabdruck in Fortsetzungen in den Zeitschriften (fast alle Autoren des bürgerlichen Realismus druckten ihre Novellen zuerst in Zeitungen und Zeitschriften ab und lebten von den hier erzielten Einnahmen). Gleichzeitig fand serielles Erzählen in der Heftchen- und Kolportageliteratur (↗Kolportagebuchhandel) ein weiteres Feld. In den 1950er Jahren gewann der Zeitungsroman als Illustriertenroman (vor allem in der *Hör Zu* – der Chefredakteur Eduard Rhein schrieb hier unter dem Pseudonym Hans Ulrich Horster große sentimentale Zeitromane) eine neue Blüte. Bis heute gibt es den Romanabdruck in den Zeitungen, wobei heute vor allem fertig ausgeschriebene Romane vorabgedruckt bzw. parallel zum Erscheinen der Buchausgabe in Fortsetzungen präsentiert werden (z. B. in der *FAZ* werden auf diese Weise herausragende Neuerscheinungen, z. B. von Martin Walser u. a., präsentiert).

Serien in den zeitbasierten Medien

In den zeitbasierten Medien (↗Kino, ↗Radio, ↗Fernsehen u. a.) gewann die Serie ihre eigentliche, überragende Bedeutung als Präsentationsform. Das Interesse des ↗Publikums besteht vor allem darin, daß gegenüber Serien eine eindeutige Erwartung entwickelt werden kann, weil immer gleiche oder doch ähnliche Unterhaltungsangebote geliefert werden.

Vermeidung von Erwartungsenttäuschung und Rezeptionssteuerung bilden deshalb (ähnlich wie beim ↗Genre) die grundlegende Motivation für die anhaltende Zuwendung zur Serie.

Die zeitbasierten Medien fordern von der Serie als formale Eigenschaften in der Regel die Einhaltung eines genau fixierten zeitlichen Umfangs (25- bzw. 30 Minuten-Dauer, 45- bzw. 60 Minuten-Dauer usf.), einen auf Wiedererkennbarkeit angelegten immer gleichen Vor- und Abspann sowie weitere medial gleichbleibende Formeigenschaften. Diese Eigenschaften haben sich als Norm historisch herausgebildet.

Entstanden ist dabei eine doppelte Formstruktur: Zum einen gibt es einen die Serie als Ganzes übergreifenden dramaturgischen und inszenatorischen Zusammenhang, zum anderen eine nur die einzelne Folge betreffende Einheit von Dramaturgie, Figurengestaltung und Handlungsführung. Seriendramaturgie und Folgendramaturgie sind zwar aufeinander bezogen, aber nicht identisch. So sind z. B. langlaufende Serien zum Ende hin prinzipiell offen, also auf Endlosigkeit hin angelegt, ihre einzelnen Folgen sind jedoch immer genau auf ein Ende hin kalkuliert (münden z. B. in der *Lindenstraße* in den kleinen Cliffhanger eines eingefrorenen Bildes).

Das Kino kennt bereits in der Stummfilmzeit die Filmserie, meist handelt es sich hier um Abenteuer- und Kriminalfilmserien (↗Abenteurer, ↗Verbrechen), im amerikanischen Kino auch um Westernserien und um den Slapstick. Um einen ↗Helden (oder eine Heldin) herum wurden jeweils von ↗Film zu Film neue Geschichten erzählt (z. B. Harry Higgs, Harry Hill, Joe Debbs, Phantomas). In den 1930er Jahren entstand daraus die Abenteuer- und Kriminalfilmserien (›Sequels‹), in denen die Helden immer wieder neu großartige Geschichten durchstanden. Auch bei den Kinofilmserien bestand das Hauptinteresse der Produzenten in der Zuschauerbindung und der Erwartungssteuerung. Selbst heute noch gibt es Kinofilmserien, wenngleich diese in ihrem Umfang geringer sind (etwa Indiana Jones, Star Trek, Star Wars u. a.). Die Tendenz des Kinos, sich zu einem Medium des besonderen Medienereignisses und des audiovisuellen Spektakels zu entwickeln, steht der seriellen Kinoproduktion entgegen.

Das Radio bediente sich vor allem in seiner kommerziellen Ausgestaltung in den USA der Serie als Präsentationsform und als Erkennungsmerkmal eines Senders (weil in der Anfangszeit mehrere Sender häufig eine Frequenz benutzten). Da die Sender von Unternehmen der Waschmittelindustrie finanziert (gesponsert) waren, wurden die Serien auch ›Seifenopern‹ (soap operas) genannt. Die Radiosender strahlten die Serien häufig tagsüber aus (›daily serial‹), weil diese überwiegend an Hausfrauen adressiert waren und von ihnen bevorzugt gehört wurden. Bevorzugtes Genre war das Melodram, das Beziehungskonflikte in einem meist häuslichen Rahmen präsentierte. Dramaturgisches Kennzeichen war, daß die Soaps weniger die Konflikte selbst darstellten, sondern mehr die Figuren über sie wieder und wieder reden ließen. Daneben gab es auch Kriminalserien, die zumeist am Abend gesendet wurden, weil dieses Genre vor allem von den männlichen Hörern bevorzugt wurde. Unterschieden wird deshalb zwischen den tagsüber ausgestrahlten Serien (›daytime serial‹) und den abends gesendeten Serien (›primetime serial‹).

Die Radio-Serials wurden schon in den 1920er Jahren täglich ausgestrahlt. Sie sind im Rundfunk bis in die 1960er Jahre vertreten. Erst mit der Veränderung der Radionutzung in Folge der Ausbreitung des Fernsehens verschwanden die Serien aus dem Radio. Diese Radioserien wurden nach 1945 als Vorbild für die neu entstehenden Fernsehserien genommen.

In Deutschland gab es keine vergleichbare Serienproduktion. Zwar wurde vereinzelt in der Rundfunk- und der frühen Fernsehproduktion von 1945 der Begriff der ›Serie‹ und der ›Folge‹ verwendet, doch waren damit zumeist Dokumentarsendungen gemeint, die dann über mehrere Landschaften, Orte etc. berichteten. Die Serienform galt durch ihre literarischen Formen (Kolportagehefte etc.; ↗ Romanheft) als trivial und schien Kritikern und Programmmachern für den Rundfunk nicht geeignet.

Historische Entwicklung der Fernsehserie im deutschen Fernsehen

Der Ausbau des Fernsehens in den USA durch die Radio-Networks Anfang der 1950er Jahre hatte sehr früh dazu geführt, daß auch für das neue Medium Fernsehen die Form der Serie erprobt wurde. Aufgrund der rasanten Ausbreitung des amerikanischen Fernsehens Anfang der 1950er Jahre und der damit einsetzenden Abwanderung des Kinopublikums stiegen die amerikanischen Major Companies sehr früh in die Fernsehproduktion ein und wandten sich auch der Serienproduktion zu. Von dort aus ging auch ein Verwertungsdruck auf die filmische Serienproduktion aus, so daß die amerikanischen Serienproduzenten nach außeramerikanischen Zweitverwertungsmöglichkeiten suchten.

Von Amerika ausgehend kam die Serie auch in das Fernsehen der Bundesrepublik, selbst wenn in Deutschland sehr früh schon – nach amerikanischem Vorbild – Serien als Eigenproduktionen entstanden. In den 1950er Jahren zunächst nur in einzelnen Folgen unregelmäßig gesendet, wurden die amerikanischen Serien ab Beginn der 1960er Jahre gezielt eingekauft und entwickelten sich zu wesentlichen Bestandteilen der populären Fernsehkultur der Bundesrepublik. Als solche haben sie bis heute ihren angestammten Platz in den deutschen Fernsehprogrammen.

Im bundesdeutschen Fernsehen setzt die deutsche Serienproduktion zunächst mit kleinen Serien von sogenannten ›Mitmachkrimis‹ Anfang der 1950er Jahre ein, um dann sehr schnell in eine deutsche Präventiv-Krimiserie *Der Polizeibericht meldet* zu münden, die die Darstellung von Trickbetrügereien, Diebstählen etc. mit polizeilichen Ermahnungen und Belehrungen verband. Aus dieser Serie entstand 1958 die wesentlich vom Drehbuchautor Wolfgang Menge und Regisseur Jürgen Rohland bis 1968 geprägte *Stahlnetz*-Serie. 1954 ging auch die bis 1960 produzierte langlaufende Familienserie *Unsere Nachbarn heute abend: Die Schölermanns* (Buch Rolf und Alexandra Becker u. a.; Regie: Ruprecht Essberger u. a.) auf Sendung. Insgesamt produzierte der NDR 111 Folgen der Serie.

Beide Genres, Familienserie und Krimiserie, prägten die deutsche Serienproduktion entscheidend. Andere Genres waren kaum vertreten, das Genre des Science-fiction z. B. blieb mit *Raumpatrouille – Die phantastischen Abenteuer des Raumschiffs Orion* (Buch: Rolf Honold, W. G. Larsen; Regie: Michael Braun u. a.) mit sieben Folgen im Jahre 1966 singulär.

Für die Krimiserien der 1960er Jahre waren am Anfang die Durbridge-Mehrteiler (Miniserien bis zu sechs Folgen) prägend. Legendär wurde der Mehrteiler *Das Halstuch* von 1962, bei dem über 90 % der Fernsehzuschauer vor dem Bildschirm saßen. Durch die ab 1962 vermehrt ins Programm genommenen amerikanischen Krimiserien (*77 Sunset Strip*, *Perry Mason*, *New Orleans Bourbon Street* u. a.) wandelte sich der Publikumsgeschmack. Es entstand ein Bedarf nach kontinuierlich ausgestrahlten Krimiserien, parallel dazu nahm die Produktion und der Vertrieb von Kriminalromanen zu. Die deutschen Krimiserien im Fernsehen wurden zunächst in den Vorabendprogrammen (zwischen 18 und 20 Uhr) als redaktioneller Rahmen für die ↗ Werbung eingesetzt. Ab 1969 gab es beim ZDF mit der Krimiserie *Der Kommissar* (Buch: Herbert Reinecker) und ab 1970 bei der ARD mit der *Tatort*-Reihe auch deutsche Krimiserien im Abendprogramm, die dann das Bild der Fernsehserie im deutschen Fernsehen der 1970er Jahre wesentlich bestimmten.

Im Genre der Familienserien traten in den 1960er Jahren zunächst kleinteilige Episodenserien wie *Alle meine Tiere* (ab 1962) und *Der Forellenhof* (ab 1965) hervor, die in der Wahl der Motive und Sujets am deutschen Kinofilmgenre des Heimatfilms (↗ Heimat) anknüpften. Hintergrund und Kontrast bildete die Etablierung amerikanischer Familien- und Tierserien wie *Fury, Lassie, Flipper* sowie der Familienwestern *Bonanza* und *High Chapparal* im deutschen Fernsehen der frühen 1960er Jahre.

Die deutschen Varianten der Familienserien wandelten sich in den 1960er Jahren zu einer kritischen Auseinandersetzung mit der Familie (ab 1965: *Die Unverbesserlichen* (Buch: Robert Stromberger, Regie: Claus Peter Witt), die dann in den 1970er Jahren von Serien wie *Ein Herz und eine Seele* (von Wolfgang Menge, ab 1973), *Acht Stunden sind kein Tag* (von Rainer Werner Fassbinder) abgelöst wurden).

Im Fernsehen der DDR spielte die Serie als Form nur eine marginale Rolle. Vom Selbstverständnis, aber auch vom Produktionsverständnis war das DDR-Fernsehen auf eine Einzelfilmproduktion angelegt. Erst in den 1970er Jahren fand in der DDR-Fernsehpublizistik eine Diskussion der Serienform statt; eine umfangreiche eigene Serienproduktion kam im DDR-Fernsehen nur im Bereiche des Kriminalgenres (*Blaulicht, Der Staatsanwalt hat das Wort, Polizeiruf 110*) zustande, in anderen Genres (Familie: *Einzug ins Paradies*, Seefahrt: *Zur See*) blieben Serien in der Zahl ihrer Folgen begrenzt und selten.

Die bundesdeutsche Serienproduktion hatte sich spätestens Anfang der 1970er Jahre weitgehend professionalisiert, nicht zuletzt durch die Produktion zahlreicher Vorabendserien (Dauer: 25 Minuten), die in Staffeln produziert und immer wieder neu aufgelegt wurden. Im Vordergrund stand zumeist eine sozialkritische Auseinandersetzung mit der Umwelt.

Die 1980er Jahre sind durch die Etablierung der amerikanischen Erfolgsserien *Dallas* und *Dynasty* (*Der Denver-Clan*) bestimmt, auf die die Fernsehsender mit der *Schwarzwaldklinik* (ab 1985) und der *Lindenstraße* (ebenfalls ab 1985) als ›deutsche Antwort‹ reagierten. Die *Lindenstraße* stellte die erste deutsche langlaufende Serie dar, für die ein eigenes Studio gebaut wurde. Diese wöchentlich einmal ausgestrahlte Serie läuft gegenwärtig immer noch, die Fortsetzung der Produktion wurde zumindest bis zum Jahr 2005 vereinbart.

Mit der Zulassung kommerzieller Programmanbieter nahm ab 1985 die Ausstrahlung ausländischer Serien in beträchtlichem Umfang zu, da die neuen Anbieter ihre Programme vor allem mit billig eingekauften amerikanischen Serien füllten, die zum großen Teil bereits Jahre zuvor bei ARD und ZDF gelaufen waren. Dieses Überangebot an Serien führte dazu, daß ab 1992 ein Rückgang der durchschnittlichen Einschaltquoten bei den amerikanischen Serien zu verzeichnen war. Zunächst RTL, dann auch SAT.1 und Pro Sieben reagierten darauf und begannen, deutsche Serien zu produzieren. RTL ging ab 1992 mit der Ausstrahlung der ersten täglich erscheinenden Serie, der Daily Soap *Gute Zeiten, Schlechte Zeiten*, auf Sendung, ihr folgten – nach dem anhaltenden Interesse vor allem von Jugendlichen – die anderen Sender mit eigenen Daily Soaps (u. a. *Verbotene Liebe, Marienhof*).

Waren die 1990er Jahre durch eine ungeheure Zunahme an Serien in den Programmen und ein Nebeneinander unterschiedlichster Serienformen bestimmt, so zeichneten sich am Ende des Jahrzehnts auf der einen Seite mit den *Fussbroichs*, auf der anderen mit *Big Brother* neue Innovationen in der Serie ab. Aufgrund des Überangebots an (fiktionalen) Serien in den verschiedenen Programmen entstand sowohl bei den Zuschauern als auch bei den Programmmachern ein Verlangen nach mehr Authentizität der Figuren. Viele Zuschauer wollten nicht mehr länger die immer gleichen Seriengeschichten mit ihren weitgehend standardisierten Formen und Inhalten erzählt bekommen. Mehr Realismus war deshalb bei den öffentlichen-rechtlichen Serien (wie den *Fussbroichs*) die Zielsetzung, mehr (inszenierte) ›Reality‹ war die Strategie bei der kommerziellen Serienkonkurrenz (Prototyp *Big Brother*).

Generell ist jedoch zu Beginn des neuen Jahrhunderts ein Rückgang der fiktionalen Serien in den Programmen zu beobachten. Serien werden in den Programmen mehr und mehr durch Talk-Shows (Daily Talks) und Gameshows (↗ Show) ersetzt, die auch von ihren Produktionskosten her deutlich preiswerter zu produzieren sind als Serien.

Die Fernsehserie und ihre Formen

In der Fernsehgeschichte bildeten sich unterschiedliche Formen der Fernsehserie heraus:

1. Das Modell der Serie mit abgeschlossenen Folgenhandlungen. Diese Serienform kennt einen festen Stamm an Figuren, zu dem für die einzelne Folge jeweils neue hinzukommen. In der Regel besteht zu Beginn ein harmonischer Zustand, der durch ein Ereignis gestört wird. Diese Störung wird durch das Stammpersonal wieder beseitigt, so daß am Ende der Folge wieder der Ausgangszustand hergestellt ist. Die Figuren bleiben stereotyp dieselben, sie verändern sich im Verlauf der Serie nicht, so daß die einzelnen

Folgen untereinander austauschbar sind. Diese Folgenkonstruktion hat in den 1950er und 1960er Jahren den Export amerikanischer Serien stark gefördert, weil sich die Abnehmer in den verschiedenen Ländern unterschiedliche Folgen aus dem Gesamtangebot aussuchen und ihre Reihenfolge beliebig festlegen konnten. Vor allem Krimiserien bevorzugen dieses Prinzip.

2. Das Modell der Fortsetzungsgeschichte. Hier baut jede Folge auf der vorangegangenen auf und die einzelnen Figuren machen mehr oder weniger individuelle Lernprozesse durch. Beim Zuschauer ist der Druck, keine Folge zu verpassen, um nicht den Erzählfaden zu verlieren, relativ groß. Fortsetzungsgeschichten gibt es in unterschiedlichen Varianten: (a) Die ›Familiensaga‹ setzt meist in lange vergangenen Epochen ein und erzählt, oft mit großen Zeitraffungen, die Geschichte einer Familie über verschiedene Generationen hinweg. Irgendwann kommt sie unvermeidlich in der Gegenwart an, wo sie dann auch ihr Ende findet. (b) Als weitere Variante gibt es Fortsetzungsgeschichten über einen enger begrenzten Zeitraum einer Familie oder einer anderen Gruppe von Menschen, die dann meist in einem zeitlosen Raum angesiedelt sind und deren Veränderungen kurzschrittiger erzählt werden. Hierbei handelt es sich meist um in einzelnen Staffeln produzierte Serien (z. B. *Unser Lehrer Dr. Specht*), die so lange immer wieder aufgelegt werden, bis das Zuschauerinteresse nachläßt. (c) Als dritte Form hat sich die langlaufende Fortsetzungsgeschichte herausgebildet, die den dargestellten Ausschnitt in kürzer aufeinander folgenden Stationen und mit noch geringeren Zeitauslassungen erzählt. Hierdurch entsteht der Eindruck einer Gleichzeitigkeit von Seriengeschehen und Zuschaueralltag, so daß der Eindruck von parallel neben der realen Welt bestehenden Scheinwelten entsteht, in die wir als Zuschauer Einblick nehmen können. Auch eine solche, letztlich auf Endlosigkeit angelegte Serie ist irgendwann einmal zu Ende, spätestens dann, wenn kein Zuschauer sie mehr sehen will.

3. Neben diesen beiden Grundtypen sind Serienformen entstanden, die im Rahmen der Fortsetzungsgeschichte unterschiedliche Elemente mischen. So hat sich innerhalb der wöchentlich oder täglich ausgestrahlten langlaufenden Serien der Typus einer mehrsträngigen Serie entwickelt. Er besteht, wie z. B. bei der *Lindenstraße*, aus mindestens drei Handlungssträngen, bei denen in einer Folge ein Strang zu einem Abschluß gebracht wird, ein anderer fortgeführt wird und ein dritter neu begonnen wird. Damit können, ohne daß der Zuschauer allzu sehr bei Auslassung einer Folge keinen Anschluß mehr

findet, Handlungen beendet oder neu begonnen werden, Figuren in die Serie hinein- und hinausgeschrieben werden usf. Dieses Schema der ›Zopfdramaturgie‹ (weil die Handlungsstränge wie ein Zopf geflochten werden) ist hier nur als Prinzip skizziert, denn es kann in der Praxis der konkreten Folgengestaltung unterschiedlich variiert werden: Es können auch mehr als drei Handlungen parallel geführt werden, und es kann mehr als ein Strang weitergeführt werden.

Serien können nicht nur die Verknüpfungsformen kombinieren, sondern auch Elemente aus unterschiedlichen Genres. Sie können die Modi des Erzählens und Darstellens mischen sowie unterschiedliche Gattungszugehörigkeiten miteinander verbinden. Die einfachste Form ist die Genremischung, die vor allem im Bereich der zur Werbezeit ausgestrahlten ›Vorabendserien‹ häufig zu finden ist: die Kriminalkomödien, Familienwestern, Science-fiction-Parodien. Ziel ist es dabei, ernste Genresujets humorvoll und damit werbefreundlich darzubieten. Eine solche Mischung der Erzähl- und Darstellungsmodi hat sich in den 1990er Jahren durchgesetzt, indem in die fiktionalen Serien dokumentarische Bezüge integriert wurden (z. B. in der WDR-Serie *Die Fussbroichs*, in der eine Arbeiterfamilie sich selbst spielt).

Eine Mischung der Gattungszugehörigkeiten betreiben die sogenannten ›Reality Soaps‹, bei denen keine ›Fiktion‹ mehr im klassischen Sinne vorhanden ist, sondern die Figuren sich selbst ›spielen‹, hier also eine Art von ›Dokumentation‹ mit beigemischten Show-Elementen die Form bestimmt. Der Prototyp ist die Serie *Big Brother*, die die Beziehungen in einer Menschengruppe zeigt, die über eine längere Zeit (100 Tage) zusammengesperrt wird, dabei Interaktionskonflikte durchlebt und aus der in regelmäßigen Abständen eine beteiligte Figur vom Publikum aus der Serie ›herausgewählt‹ wird. Die einzelnen im Programm gezeigten Folgen stellen Zusammenschnitte des Tagesgeschehens der Figuren dar, der Zusammenschnitt folgt den Prinzipien der fiktionalen Serie.

Die Formentwicklung der Serie wird im wesentlichen dadurch bestimmt, daß die Gewöhnung an lange bestehende Serienformen zu ›Abnutzungen‹ und ›Ermüdungen‹ führen kann und als Reaktion darauf immer wieder neue Forminnovationen gesucht werden, um die Zuschauerbindung an Serien und Programme zu festigen und zu stärken. Die Erfindung neuer Serienformen dient damit vor allem der Aufmerksamkeitsgewinnung auf dem Markt der Zuschauer und bildet damit ein Mittel der Konkurrenz der Programmanbieter.

Es ist jedoch schwer, wirklich neue und zugleich langfristig tragende Formen zu erfinden. Denn das populäre Erzählen in den Massenmedien stützt sich in der Regel auf die alten Grundformen des Erzählens, die stark konventionalisiert und kulturell habitualisiert sind und deshalb vom Publikum nicht mehr bewusst als Form wahrgenommen werden.

Realitätsschein, Mythos und Sinnstiftung

Der Erfolg der Serie als populärer Erzählform wird durch eine Reihe von Ambivalenzen geprägt: einerseits überschaubare Geschichten innerhalb der Folge zu bieten, andererseits in einen großen, eher unüberschaubaren Gesamtzusammenhang, den ›Kosmos‹ der Serie, eingebunden zu sein; einerseits kontinuierlich ein Geschehen der Figuren zu zeigen, andererseits immer nur in mehr oder minder großen Abständen (also diskontinuierlich) etwas erzählen und zeigen zu können. Weiterhin gehören dazu das Verhältnis von Schema und Variation in Erzählung und Dramaturgie sowie das von Typus und Stereotyp der Figur auf der einen und ihrer sinnlichen Vergegenwärtigung durch einen Darsteller auf der anderen Seite.

Kennzeichnend für die Fernsehserie ist der große Realitätseindruck, der bei den Serien durch die Benutzung stark konventionalisierter filmischer Darstellungsformen entsteht, die leicht verständlich sind. Das filmische Erzählen in den Serien führt dazu, daß der Zuschauer häufig den Eindruck hat, er habe es hier nicht mit dem Werk eines Autors, sondern mit dem Leben selbst zu tun, und dies in zugespitzter, geballter Form. In den Serien erscheint der Bildschirm wie ein »durchsichtiges Fenster für die in der Handlung stattfindenden Ereignisse« (Ang 1985, S. 50). Diese ›Transparenz‹ des Mediums erzeugt ein Gefühl der Einbeziehung der Zuschauer, das dadurch gesteigert wird, daß diese Darstellung in starkem Maße emotionalisiert ist, also zu einer Kette von Emotionshöhepunkten verdichtet wurde.

Dieser Realitätsschein steht in einem Spannungsverhältnis dazu, daß die einzelnen Serien letztlich eine eigene Welt (Günter Giesenfeld (1994) spricht hier von einer »parallelen Welt«) erzeugen, die sich durch zentrale, letztlich mythische Konstruktionen definiert und diese in immer neuen Variationen durchspielt, es sind letztlich ›Geschichten von der letzten Instanz‹, als ›letzte Absicherungen gegen den Absturz des Denkens wie des Fühlens‹, wie es Norbert Schneider formuliert hat. Diese mythische Basis bildet den Hintergrund für die scheinbar ganz im diesseitigen Alltag verhafteten Seriengeschichten. Sie

erklärt auch, warum sich viele Zuschauer wieder und wieder immer gleiche oder doch ähnliche Geschichten ansehen: Sie geben auf eine strukturelle Weise durch das Zeigen von immer gleichen Beziehungen und ihren Konflikten eine Gewißheit von der Welt, in der wir leben, und versichern, daß das Leben sinnvoll ist (vgl. Hickethier 1991).

Der in der Serie erzeugte Realitätsschein darf aber nicht mit Realismus verwechselt werden, denn es geht der Serie – und dies ist auch das oft unbewußt bleibende Interesse der Zuschauer – nicht um eine mimetische Abbildung des Alltags, sondern darum, in der Form fiktionaler Überhöhung und Verdichtung zu einer sinnhaften und sinnstiftenden Erklärung und Veranschaulichung von Welterfahrung und Welterleben zu kommen.

Die Serie als kulturelles Forum

Die Serienforschung hat sich in den 1980er Jahren mit der Faszination an den Serien beschäftigt und in den Serien ein ›kulturelles Forum‹ (Newcomb/Hirsch 1986) der Gesellschaft gesehen. Die Zuschauer erhalten mithilfe der Serien Einblicke in andere Lebenszusammenhänge und sehen, wie andere Menschen Konflikte, Sachverhalte etc. bewerten und mit ihnen umgehen. Dabei ist unerheblich, daß es sich hier um fiktionale Konstruktionen handelt, weil die Serien nach den in ihnen enthaltenen Plausibilitätspartikeln bewertet werden. Die Fernsehserie ermöglicht vor allem Einblicke in Grenzbereiche, die sonst der alltäglichen Erfahrung nicht zugänglich sind. Die in den Serien zu findenden Überzeichnungen, die die Serienfiguren wie Ungeheuer auf einer Bühne erscheinen lassen, fördern die Funktion des kulturellen Forums, weil sie den Figuren den Nimbus des Interessanten verleihen und gleichzeitig die Bewertung durch die Zuschauer herausfordern. Die Serienfiguren werden damit zu »Elementen der Dramaturgie des öffentlichen Bewusstseins« (ebd., 181 f.).

Der Zuschauer will beispielhaft Verhalten von anderen Menschen in gesetzten und gestellten Situationen vorgeführt bekommen. In den Geschichten geht es dabei um ›plausibles‹, also vom Zuschauer nachvollziehbares und als möglich empfundenes Verhalten. Wenn Zuschauer ihre Serienfiguren auf ihr Verhalten in den unterschiedlichen Situationen prüfend betrachten, stellt sich die Serie als eine Kette von Verhaltenseinheiten dar: Die Zuschauer können sich ein Bild davon machen, wie man sich in dieser oder jener Situation bewegt, benimmt, wie dies andere bewerten und welche Folgen es hat. Serien sind damit – gerade durch ihre kontinuierliche Präsenz in den Programmen – Teil einer kulturerzeugenden Bilderproduktion.

Sie sind in einer dominanten Weise daran beteiligt, einen televisionären Hauptstrom der Gegenwartskultur zu formulieren, eine Art ›Mainstreaming‹ zu erzeugen. Es ist kein Zufall, daß sich Produktionen der Hochkultur (im ↗ Theater oder in der Literatur) häufig in Abgrenzung von diesem kulturellen Mainstream der Populären Kultur definieren. Dieser Mainstream besteht nicht allein in der Durchsetzung von Verhaltensstereotypen, Wahrnehmungskonventionen und konsensuellen Normen und Werten, sondern auch darin, daß hier strittige Probleme der Gesellschaft (Rassismus, Genderthemen, Sexualität etc.) immer wieder neu verhandelt und in unterschiedlichen Bewertungspositionen angeboten werden.

Das Mainstreaming besteht nicht darin, die Zuschauer auf eine Position einzuschwören, sondern darin, einen Rahmen zu bestimmen, in dem Positionen zugelassen werden, die die Bandbreite des ›Normalen‹ und ›Zulässigen‹ definieren. In dieser Funktion sind die Serien zentral für die Formulierung und Durchsetzung der Popularkultur.

Literatur

Ang, I.: *Das Gefühl Dallas. Zur Produktion des Trivialen.* Bielefeld 1985.
Balke, F. u. a. (Hgg.): *Big Brother. Beobachtungen.* Bielefeld 2000.
Giesenfeld, G. (Hg.): *Endlose Geschichten. Serialität in den Medien.* Hildesheim 1994.
Göttlich, U.: »Fernsehen und Alltagsdramatisierung: Zur Theatralität des Alltäglichen am Beispiel der Vorabendserien«. In: Schicha, C. u. a. (Hgg.): *Medieninszenierungen im Wandel.* Münster/Hamburg/London 1999. S. 50–61.
Ders./Neumann, A.: »Daily Soaps als Lebensmittel? Eine Analyse von Zuschauerpost«. In: *Medien praktisch* 24, 4 (2000) S. 33–37.
Heckner, S.: »›Marienhof‹: Die Kernseife unter den deutschen Soaps«. In: *TelevIZIon* 13, 2 (2000) S. 15-17.
Hickethier, K.: »›Das Beste von meiner Erzählung kommt erst noch.‹ Historisches und Gegenwärtiges zum Erzählen in Raten«. In: *TheaterZeitSchrift* 9, 1 (1989) S. 76–93.
Ders.: *Die Fernsehserie und das Serielle des Fernsehens.* Lüneburg 1991.
Keller, H.: *Kultserien und ihre Stars.* Berlin 1996.
Knilli, F. (Hg.): *Die Unterhaltung der deutschen Fernsehfamilie.* München 1971.
Lecke, B.: »›Geschäftsauslagen für Lebensmuster‹? Die Lifestyle-Angebote der Soap Operas für Jugendliche am Beispiel ›Verbotene Liebe‹«. In: Schäfer, E. (Hg.): *Internet, Film, Fernsehen: zur Nutzung aktueller Medien als Folie für Selbst- und Weltbilder.* München 2000. S. 135–147.
Martenstein, H.: *Das hat Folgen. Deutschland und seine Fernsehserien.* Leipzig 1996.
Mikos, L.: »›It's a family affair‹: Fernsehserien und ihre Bedeutung im Alltagsleben«. In: Thomas, G. (Hg.): *Religiöse Funktionen des Fernsehens?* Wiesbaden 2000. S. 230–245.
Ders.: »*Es wird dein Leben!*« *Familienserien im Fernsehen und im Alltagsleben der Zuschauer.* Münster 1993.
Ders.: »Fernsehserien. Ihre Geschichte, Erzählweise und Themen«. In: *Medien und Erziehung* 31, 1 (1987) S. 2–16.
Ders. u. a.: *Im Auge der Kamera. Das Fernsehereignis Big Brother.* Berlin 2000.
Newcomb, H. M./Hirsch, P. M.: »Fernsehen als kulturelles Forum«. In: *Rundfunk und Fernsehen* 34, 2 (1986) S. 177–190.
Scherer, B. u. a.: *Morde im Paradies. Amerikanische Detektiv- und Abenteuerserien der 80er Jahre.* München 1994.
Stedman, R. W.: *The Serials. Suspense and Drama by Installment.* Norman/Oklahoma 1977.

Knut Hickethier

Sex

Die Bezeichnung ›Sex‹, aus dem amerikanischen Sprachgebrauch stammend, hat sich zu einem semiotischen Passepartout in der populären Kultur entwickelt, das sehr unterschiedliche, wenngleich aufeinander bezogene Aspekte beschreibt:

›Sex‹ ist zunächst die verkürzte und verkleinerte Bezeichnung für Sexualität, vor allem für die angenehme, unverbindliche und unproblematische Seite der Sache. Während ›Sexualität‹ in die schweren Sinnsysteme von Wissenschaft oder Moral führt, ist Sex jener Teil, über den man sprechen, den man erzählen, den man abbilden kann, ohne an Grundlagen und Verbote der gesellschaftlich wie kulturell eingeführten sexuellen Gebrauchs- und Darstellungsweisen zu gelangen.

›Sex‹ ist zum zweiten die Verkürzung von ›Sex Appeal‹. (In einem Woody Allen-Satz läßt sich der eine mit dem anderen Aspekt verbinden: »Sie hat mehr Sex in der Stimme als ich in meinem Leben je gehabt habe«).

Schließlich ist ›Sex‹ auch so etwas wie eine Genre-Bezeichnung. Sex-Filme, Sex-Comics, Sex-Romane etc. sind Produkte, die über den Bereich der erotischen Ikonographie im Mainstream hinausgehen, dabei aber noch nicht vollständig Pornographie sind. Die eigentliche Attraktion dieser Genres liegt zwar in der Stimulation des (männlichen) Nutzers. Dies wird aber mit einem dramaturgischen Vorwand – noch hat man eine Geschichte zu erzählen – kaschiert. Daher bezeichnet man sie als Sexploitation.

›Sex‹ umschreibt also das Bezeichnete (die Sexualität als soziale Praxis in einem kulturellen Code), die Bezeichnung (›Sex‹ als Zeichensystem dieses Codes, geteilt in notierte und konnotierte Elemente) und schließlich das Bezeichnende (Sex als ästhetische Strategie, als Fokussierung des Blicks und der Neugier im Dienste des Begehrens). Es liegt auf der Hand, daß diese Elemente Synchronisation verlangen und deren Fehlen Synchronisationskatastrophen provoziert.

Ästhetische Strategien und gesellschaftliche Funktionen

Als semiotisches System produziert ›Sex‹ in den populären Erzählungen, so lange wir uns im Mainstream befinden, klare ästhetische Strategien.

Auf der Ebene der Erzählung dient Sex als Belohnung für richtiges und denunziert falsches Verhalten oder dient als Motiv und Motor der dargestellten Handlung. So bekommt einerseits der Pirat die schöne Prinzessin, wenn er seine Freibeuterei aufgibt. Der junge aufstrebende Mensch ist sexuell erfolgreich, der absteigende macht sich lächerlich. Die Sexualität des eigenen ist ›gesund‹, die des ›Fremden‹ ist ›krank‹ und ›böse‹ etc. Andererseits werden der böse Verführer und die ↗Femme fatale – die im Melodrama den tugendhaften bürgerlichen Menschen zu vernichten drohen – wie die maskierten, sexuell abnormen Mörder in den Slasher Movies (↗Horror) in der Nachfolge von HALLOWEEN erzählerisch demaskiert. Solch entschiedener, ja rigider Umgang mit den vom Sex bestimmten bzw. auf Sex gepolten Figuren ist dann unnötig, wenn der Sex als logischer Teil der Handlung erscheint.

So löst sich das erotische Affektbild im größten Skandalfilm der deutschen Nachkriegsgeschichte, Willi Forsts DIE SÜNDERIN (1950), nicht von der Empfindung der Protagonisten. Die Handlung ist also in einem solchen Fall kein Vorwand für das erotische Bild, sondern Motor des Dramas. Die Darstellung von Sex hat jenseits der erzählerischen Ebene auch utopische Funktion. Tarzan und Jane gehen im Urwald anders mit ihren Körpern um als die Menschen in der Stadt. Der deutsche Mensch der Wirtschaftwunderzeit geht im Film der 1950er auf Ferienreise in den Süden, um seine Sinnlichkeit zu befreien. Außerdem kann die Darstellung von Sex dem soziokulturellen Ausgleich, der Befriedigung sozialer Neugierde oder der Überwachung dienen. Eine Mainstream-Komödie der Doris-Day-Art in den 1960er Jahren zeichnet sich dadurch aus, daß unentwegt von etwas geredet wurde, was im Bild nie stattfindet. Die verschärfte Form einer solchen Erzählstrategie zeigen die Soap Operas unserer Tage bis hin zur scheinbar bewußten Inszenierung des Skandals als Dauerzustand, wie etwa bei den TV-Boulevardmagazinen am frühen Abend. ›Sex‹ sorgt hierbei als Unterhaltung für den Ausgleich zwischen unterschiedlichen moralischen Kulturen in einer Gesellschaft und verhindert eine allzu tiefgreifende Ungleichzeitigkeit der Codes.

Und schließlich ist ›Sex‹ nicht nur eine Befriedigung der sozialen Neugier und der gegenseitigen Überwachung. Daher gibt es neben der Konstruktion des sexuellen Ideals – oder deren Karikatur – immer auch das Bild des ›Gewöhnlichen‹; neben dem Körper der ›Sex-Göttin‹ den Körper der fiktiven Nachbarin.

Ästhetische und moralische Grenzen

Die moralische Konstruktion des ›unmoralischen‹ Bildes findet ihre Grenze dort, wo sie als Maskerade durchschaut oder gar abgelegt wird. Der vielsagende Begriff in der moralischen Kritik und in juristischen Auseinandersetzungen dazu lautet ›selbstzweckhaft‹: ›Sex‹ ist paradoxerweise dann offensichtlich böse, wenn er nichts anderes als ›Sex‹ ist. Die graue Zone zwischen dem Mainstream des Erlaubten und gar Erwünschten und der Peripherie des Unerwünschten und gar Verbotenen tendiert daher zum Wuchern. Denn: Wie das Gewalt-Bild (↗Gewalt), so ist auch das ›Sex‹-Bild in der Entwicklung der populären Kultur zugleich Motor und Störfall. ›Sex & Crime‹ bezeichnet den moralischen Grenzfall in der Massenproduktion der Traum- und Bilderfabriken, eine Sphäre des Noch-nicht-ganz-verbotenen und Nichtmehr-ganz-erlaubten. Es scheint, daß in bestimmten Phasen der Kulturgeschichte, die offenkundig an politische und ökonomische Parameter geknüpft sind, wie zum Beispiel an die Krisenzyklen der freien Marktwirtschaft oder an die Instabilität gesellschaftlicher Herrschaft, die Grenzen in Bewegung geraten.

Dabei funktioniert das Spiel mit dem Verbotenen (der entblößte und dann der geöffnete Körper, sexuelle oder gewalttätige Eindringen und Verschmelzen, die Berührung und die Ausscheidung, die perverse Inszenierung und die krankhafte Deformierung) aufgrund eines dreiteiligen semiotischen Dramas: Die Erzählung ergibt einen Vorwand für das Bild, das wir, sobald wir es isolieren, wesentlich skandalöser als im Fluß der Handlungen sehen. Der Begriff, und sei es ein four-letter word, verliert seinen Schrecken, wenn er im Zusammenhang eines komischen Mißverständnisses geäußert wird. Aber das unschuldige Bild wird mithilfe eines Begriffes auch zu einer höchst mehrdeutigen, ja obszönen Ansprache. So wird in der tagträumerischen Erzählung der Sex in der Populären Kultur auf vierfache Weise geduldet: 1. Im kontrollierten Bereich der kulturellen Peripherie ist er nicht verboten, auch wenn er nicht als kulturell erwünscht gilt. 2. In der Form der ›Öffnung eines Ventils‹ provoziert er Gelächter. 3. der perfekten Synchronisation von sexuellem Bild und sexueller Ordnung dient ›Sex‹ als Instrument bei der Produktion von Paar und Familie. 4. Ein sexuelles Bild kann als perfekte Maskerade unerkannt bleiben, wenn es in einen unverfänglichen erzählerischen Zusammenhang eingebettet ist.

Der Grad von Erlaubtem und Verbotenem richtet sich dabei natürlich auch nach der Beziehung zwischen dem Blick und dem Bild, der Erzählung und der Rezeption, wenn man so will, einer semiotischen Täter/Opfer-Beziehung, für die es unterschiedliche Modelle gibt:

1. Das unschuldige Objekt und der unschuldige Blick: Beide Beteiligten versichern einander, daß nichts ›Böses‹ intendiert ist. Wir kennen die Szene aus einem deutschen Heimatfilm oder aus einem Western: Die Kamera sieht einer Frau bei der Entkleidung zu, und ehe wir uns für diesen nicht sich wenden wollenden Blick zu schämen beginnen können, versichert der Held (Stellvertreter des Blicks) der Heldin (Stellvertreterin des Bildes) seine Harmlosigkeit; es mag sich sogar die Beziehung zwischen Blick und Bild umdrehen.

2. Das schuldige Objekt und der unschuldige Blick: Der Verführer oder die Verführerin zeigen sich der Kamera in der sexuellen Inszenierung des eigenen Körpers, und der Blick kämpft, erfolgreich oder vergebens, gegen diese Zumutung.

3. Das unschuldige Objekt und der schuldige Blick: Die Kamera – natürlich kann das der Satzbau wie ein Zeichenstift ebenso bewerkstelligen – adjustiert unseren Blick für eine Zeit auf den eines Folterknechts, eines Arztes oder eines Gewalttäters, und für diesen Augen-Blick schauen wir gezwungenermaßen wollüstig sadistisch und fetischistisch. In Jaws dürfen wir den Körper einer schwimmenden Frau mit den Augen eines hungrigen weißen Hais sehen.

4. Das schuldige Objekt und der schuldige Blick. Die sexuelle Inszenierung als geschlossenes semiotisches System, das Lächeln des Pin Up-Modells, das dem Betrachter suggeriert, sie habe nicht das Geringste dagegen, in entblößter Stellung ungeniert angestarrt zu werden.

Genres

In der Meta-Ordnung der populären Kultur werden aus diesen Blick/Bild-Beziehungen wiederum Genres. Der Sexfilm entwickelt sich in einer Art semiotischen Kurzschluß von Modell 1 und Modell 4. Im ›Nudistenfilm‹, der Urform des Sexfilms, ist die Unschuld von Blick und Bild so sehr zur gemeinsamen Ideologie geworden, daß jede Nebenhandlung nur der Bestrafung jener gelten kann, die etwas ›Schlechtes dabei denken‹. Und selbst der reine Pornofilm

geht von einer vollständigen Synchronisierung von Blick und Bild in einer gemeinsamen Inszenierung aus: Was gesehen werden kann, ist möglichst genau auch das, was gezeigt werden will. Natürlich stimmen diese beiden Synchronisierungen selten überein, wenn man den Produktionsprozeß und die Verwertungsinteressen ansieht; sie generieren indes eine ›Erzählung‹, die den Genuß des verbotenen Blicks auf eine andere Weise legitimiert als die klassische Form der – mythischen – Erzählung: Der Körper muß hier weder Medium noch Zeichen sein, er ist selber das reine Thema, der einzig relevante Inhalt von Blick und Bild. Die Erzählung ist so sehr auf den Körper ausgerichtet, daß sie nicht einmal mehr als Maske benötigt wird: Der Körper ist zugleich Bild, Erzählung und Begriff und verdrängt alles andere. Das ist ein Augenblick der Erhabenheit und einer der Trivialität zugleich.

Im Reich der verbotenen Bilder ist dieser tautologische Fetischismus der Normalzustand. ›Pornographie‹ in einem klassischen Sinn ist für die Gesellschaft denn auch erst durch bestimmte Bewegung der Devianz ›interessant‹ (ansonsten mag man sie verdammen, verbieten, pönalisieren, ignorieren oder gesellschaftlich beschränken: ›Nur für Erwachsene‹).

Eine ganz ähnliche Ordnung gibt es für die Genres der Negation, den Horrorfilm oder den Thriller, deren Bilder von der Gefährdung bis zur (blutigen) Öffnung der Körper reichen. Wenn in einem ›gothischen‹ Horrorfilm à la Dracula Sexualität als ein Akt der symbolischen Gewalt geschildert wird, nehmen Slasher-Movies wie Halloween oder Freitag der 13. ein fetischistisches Zerstören und Zerstückeln des Körpers vor. Der Begriff der ›Gewaltpornographie‹ meint also weniger Ausmaß und Begründung der Gewalt als eine Haltung des Bildes zum Körper.

Diskurs zwischen Peripherie und Mainstream

Das Spiel mit den ästhetischen und moralischen Grenzen, das Pornographie historisch und sozial erst möglich macht, etabliert eine Bewegung zwischen dem kulturellen Mainstream und einem peripheren Kulturraum. Die Diskurse zwischen Peripherie und Mainstream können unterschiedliche Formen annehmen. Sie tun dies am konsequentesten und am wahrscheinlichsten dort, wo die Medienmärkte in Bewegung geraten sind:

Die Verschiebung und Aufweichung der Grenzen zwischen der erotischen Mainstream-Mythologie und -Ikonographie und den Peripherien von Sexploitation, Trashkultur, erotischen Subkulturen und

Pornographie ist eine Aufweichung der moralischen und semiotischen Codes, die anscheinend einem unstillbaren Bedarf nach Sensationen auf Seiten des ↗Publikums, mehr noch aber dem Konkurrenzkampf der Medien entspricht. Die Grenzüberschreitung selbst wird dabei zur Nachricht.

Die Ausweitung des Peripheren über die kulturellen Grenzen entsteht nicht zuletzt durch die Bildung und die Auflösung von Subkulturen mit jeweils eigenen Sprachen und Bildformen. Was in der einen Kultur ›Ehrlichkeit‹ ist, das verwandelt sich in der anderen in ›sexploitation‹ und umgekehrt.

Dabei läßt das Wuchern der grauen Zone zwischen Mainstream und Peripherie einen verbindlichen Code in der Mitte der Gesellschaft nicht mehr zu. Statt dessen bilden sich immer kompliziertere und auch indirekte Formen der Kommunikation mit erotischen Bildern. Strategien von Sexploitation gelangen vom Rand in die Mitte und werden Teil der Mainstream-Erzählung im Sonntagabend-Fernsehkrimi wie der Werbung.

Daher wird man sich von der Vorstellung wohl verabschieden müssen, eine Grenze zwischen dem erlaubten und dem wenn nicht verbotenen, so doch ›nicht akzeptierten‹ aufgrund eines gültigen Codes ziehen zu können. Trotzdem läßt sich – wie die Tageskritik einschlägiger Erzählungen und Filme belegt – Sex in der Unterhaltung in die Kategorien des ›Nützlichen‹ einerseits und des ›Gefährlichen‹ andererseits einordnen.

Erzählungen des Mainstream

Die Mainstream-Erzählung der Liebe, der Paare und der Ordnung werden verpackt in das Komödiantische, das Melodramatische oder in ↗Action. Das Komödiantische erprobt den Regelverstoß, kritisiert aber nicht selten die Starrheit der Regeln, im allgemeinen, um sie (umgeformt) schließlich doch zu bestätigen. Das Melodramatische entwickelt ein moralisches System als Ausdruck unabwendbaren Schicksals: Die Liebe wird bestätigt durch das Opfer, Sexualität wird vom Körperlichen ins Psychische übersetzt (so wie in der Komödie das Körperliche sich sozusagen wider Willen gegen das Psychische durchsetzt). Action übersetzt dabei das Gefühl in erzählerische Bewegung: Die Liebe ist Ausgangspunkt und Ziel einer Bewegung in die Gesellschaft und Motor der Geschichte. In der einfachsten Form ist die Liebe die Belohnung für eine Heldentat oder eine gewaltsame Problemlösung. Entscheidend bei all diesen Erzählweisen der populären Kultur ist die Übersetzung intimer erotischer Energien in öffentliche und symbolische Handlungen. Da die Liebe unsichtbar und Sexualität nicht darstellbar ist, werden sie durch Bilder und Handlungen symbolisch übersetzt. Alle Mainstream-Produktionen suchen nach Bildern, in denen das individuelle Begehren mit den gesellschaftlichen Codes in Beziehung gesetzt wird.

Sexualität als Bild, Begriff und Erzählung ist positiv wie negativ an die Erfüllung allgemeiner sexueller Normen gebunden, alles andere wird, wenn nicht als Vergehen, so doch als Mißgriff oder wenigstens Umweg angesehen. Beziehungskomödien und Soap Operas sind zeitgemäße Formen einer polyphoneren Form dieser Ordnung, die verschiedene ›gute‹ Modelle des Paares und der Familie vorschlagen. Sie sind heute offener in Form und Geschichte als in den 1950er Jahren, aber weit entfernt von der Vorstellung einer ›sexuellen Revolution‹, deren Abglanz in den 1970er Jahren selbst die unteren Kulturwaren beleuchtete. Das sexuelle Bild, auch in einer durchaus expliziten Form, kann daher nur als Teil dieser Verhandlung der sexuellen Ordnung gelten. Jeder Star in der populären Kultur ist nicht nur ein Rollenmodell und Vorbild, sondern auch eine perfekte semiotische Einheit zur Darstellung einer sexuellen, moralischen und ästhetischen Lebensstrategie.

Integration und Distanzierung

›Sex‹ ist also jener Bereich der populären Kultur, in dem die Auseinandersetzung zwischen dem Körperlichen und dem Gesellschaftlichen geführt wird. Die beiden Extreme dabei sind: das reine, moralose Bild des Körpers (Pornographie, Gewaltpornographie, das ›verbotene Bild‹) auf der einen, erfahrungslose, abstrakte Moral auf der anderen Seite. Im ›Empörungsbild‹ (etwa auch in einer dirty Talk Show) kann sich beides direkt begegnen. Die meisten Strategien in der Unterhaltung aber suchen Zwischenwege, die Elemente der Integration und Elemente der Distanzierung verwenden. Wenn in den Gewalt-Genres eher die Strategien der Distanzierung benutzt werden (der Körper im *Tatort* kommt vor allem als Leiche vor; die Morde in einem Slasher-Movie sind die Strafe für die Überdosis Sex & Drugs & Rock'n'Roll, die sich die Opfer geleistet haben), so ist ›Sex‹ vor allem jener Bereich, in dem Strategien der Integration – durch inflationären Gebrauch des Skandalösen, Sexploitation, Erotismus, Einbettung in Subkultur, Sex-Entertainment, Mainstream-Pornographie, enge Grenzziehungen – erprobt werden:

Selbst innerhalb der Mainstream-Kultur wird beständig (schon aus Gründen der Konkurrenz von

Programmen und Medien) die Grenzüberschreitung erprobt und das Skandalöse zur inflationären Währung gemacht, wie das unentwegte Benutzen von four-letter words in den Comedy Shows eines Ingo Appelt zeigt. Die Dynamik, die von den Grenzüberschreitungen ausgeht, erstarrt schnell wieder, wenn das Skandalöse alltägliche Routine und in den Code der Mainstream-Kultur übernommen wird. Die Geschichte jedes Mediums läßt sich daher auch schreiben als die Geschichte seiner Skandale, seiner Sex-Zensurfälle, seiner Schlüsselwerke für die Veränderung der Bild- und Begriffs-Codes. Der Skandal ist der Testfall in der Verhandlung von Sex in der Kultur; er zieht nicht nur die Grenzen neu, er gibt dem semiotischen Geschehen ›Sex‹ auch die Bedeutung zurück, die es in der medialen Gewöhnung und Serialisierung verliert.

Im Unterhaltungssegment der Sexploitation geht es um Sex und allenfalls im nebenhinein noch um anderes. Sex ist hier noch in eine feste dramaturgische und oft auch moralische Form gebracht. Klassische Sexploitation-Genres sind Aufklärung, Frauengefängnis-Filme, Historische Romanzen etc. Hollywood schaffte es in der Zeit der großen Studios bis in die 1950er Jahre, aus Bibel-Verfilmungen ein Sexploitation-Genre zu machen. Auf dem deutschen Zeitschriftenmarkt der 1970er Jahre war es (vgl. die legendären *St. Pauli Nachrichten*) schwer auszumachen, ob politische Information mit Sex, oder Sex mit politischer Information verkauft wurde, und ein Medium wie die BILD-Zeitung hat Sexploitation perfekt in ein eigenes System integriert.

Wo in der Sexploitation Sex durch Dramaturgie und in gewisser Weise Hysterie maskiert und befördert wird, ist im Erotismus (von frz.: *érotisme*) Sex dadurch aufgewertet, daß die Bilder und Erzählungen, wenn nicht in den Rang von Kunstwerken, so doch in den Zusammenhang von kunsthandwerklicher ästhetischer Ambition gestellt werden. Zum Erotismus mögen Filme wie die der *Emanuelle*-Serie, Akt-Fotografien im Coffee Table Book-Format, ↗ Comics wie *Barbarella* oder der ›Porno Chic‹ der jüngsten französischen Literaturwelle zählen. Offensichtlich gibt es Kulturen und Bild-Traditionen, die eher der Sexploitation und solche, die eher dem Erotismus zuneigen.

Im Sex-Entertainment finden Formen des sexuellen Bildes und seiner Inszenierungen Verwendung, die zumindest von einem Teil des Mainstreams akzeptiert werden. Beispiele sind die erotischen Darstellungen des Pop-Stars auf der Bühne, die Ausschnitte der Dirndl-Kleider der Volksmusik-Sängerinnen und der voyeuristische Blick der Kameras darauf, Striptease (bei dem im zweiten Teil des Be-

griffs die Grenze der erotischen Inszenierung beschrieben ist), Sex in der Werbung, der ›Softcore‹-Film im TV-Spätprogramm. Abseits des gesellschaftlichen Mainstreams produzieren Subkulturen (homosexuelle Szenen, ↗ Jugendkulturen, Pop-Tribes, Ghetto-Kulturen) aus sich heraus erotische Inszenierungen, die zugleich Provokation für den Mainstream als auch ›Vorschläge‹ sind.

Ebenfalls am Rand des gesellschaftlichen Konsenses steht die Mainstream-Pornographie. Sie ist Teil der von allen Beteiligten (Produzenten, Konsumenten, Händlern und Zensoren) als solche identifizierten pornographischen Kultur, die vom Gesetz geduldet und nicht unter Strafe gestellt ist (solange gewisse Auflagen jeweiliger Jugendschutzgesetze befolgt werden). Dieser Bereich wird zwar von der Allgemeinheit akzeptiert, aber doch mißbilligt: Niemand protestiert gegen den Beate-Uhse-Laden in der Fußgängerzone, aber nur wenige Menschen würden sich gerne von ihren Nachbarn bei einem Besuch darin erwischen lassen (dieser Widerspruch ist eine selten versiegende Quelle des Komischen in unserer Kultur, das an anderen Orten der Welt schwer zu verstehen ist).

Die (relative) ›Freigabe‹ von Pornographie in den meisten europäischen Kulturen hat zu einer engeren Grenzziehung zum Bereich des nach wie vor verbotenen Bildes geführt, das nun vielleicht am ehesten auch als ›Bild des Verbotenen‹ bezeichnet werden könnte. In diesem Bereich des ›letzten‹ Tabus kommen die Diskurse von Sexualität und Gewalt wieder zueinander. Noch gibt es dabei kulturelle Unterschiede (was in Deutschland als ›harte Pornographie‹ verboten ist – zum Beispiel Sexualität zwischen Mensch und Tier – ist in anderen Ländern geduldet), aber es bildet sich eine Art von globalem Konsens: Das sexuelle Bild darf weder durch Gewalt entstehen noch Gewalt als erotisches Ideal preisen. Natürlich ist wiederum die Definition dessen, was dabei Gewalt ist, höchst umstritten. Die Hoffnung, daß sich durch eine Veränderung der Grenzziehung der Widerspruch zwischen staatlichem Gebot, gesellschaftlicher Praxis und individuellem Verhalten verringern würde, hat sich nur teilweise erfüllt. Die ›Kinderpornographie‹ als schreckliches Ende beschäftigt die Gesellschaft zugleich als wirkliches Problem und als symbolische Projektion.

Die Lust, die Angst und das sexuelle Bild

›Sex‹ bezeichnet nicht nur die semiotische, kulturelle und moralische Problemzone der populären Kultur, in der zwischen Integration und Ausschließung das

Bild des Körpers verhandelt wird, ›Sex‹ bezeichnet auch den prekären Bereich der Bilder, in denen sich in wechselnder Intensität und unter wechselnden ideologischen Vorzeichen Angst und Lust begegnen.

Die Sucht der populären Kultur nach tausenderlei Zugängen zum sexuellen Bild und zu ›Sex‹ als populärem Diskurs steht einem sich in etwa demselben Maße steigernden Unbehagen entgegen. Wir haben gewiß nicht zu Unrecht Angst vor diesem Bild auf einem Markt, dessen Mechanismen wir weder durchschauen noch gar mit bestimmten können, zumal wir nicht wissen, ob das sexuelle Bild von unserem Überdruß oder von unserem Mangel, von der Unerschöpfbarkeit des Begehrens oder der Erbärmlichkeit der emotionalen und körperlichen Praxis Zeugnis ablegt. Die populären Bilder vom Sex sind stets ambivalent. Sie scheinen Freude am Sex auszudrükken und drücken zugleich die Möglichkeit des Kreislaufs von Ausbeutung und Verdinglichung aus. Sie pulsieren zwischen Trivialität und Hysterie. Je mehr sie den Zusammenhang mit einer für sich sinnvollen Erzählung verlieren, erzählen sie nicht mehr von einer Befreiung, schon gar nicht von einer Utopie (und sei's von jenem ›Pornotopia‹, von dem die Autoren der großen manischen Beschreibungen des Sexuellen schwärmen konnten), sondern nur noch von der Fetischisierung des Körpers auf dem Markt, von der grenzenlosen Sehnsucht, den Körper zugleich zu erfahren und ihn zu einem gewinnbringenden Objekt zu formen.

Deshalb bedarf es kaum der sozialen Gewalt, nicht einmal des wirtschaftlichen Drucks, um gerade die Mitte der Gesellschaft zugleich zu einer manischen Konsumtion wie zu einer manischen Produktion des ›Sex‹-Bildes zu bringen. Die Hoffnung steckt in diesem Bild, der Körper, der nicht mehr Subjekt der Geschichte (nicht einmal der eigenen) sein kann, könne als Objekt der Begierde überleben. So lädt es sich mit jener Verzweiflung auf, die immer wieder zu einem Zusammenstoß des sexuellen und des apokalyptischen Bildes führt. Anders gesagt: Ein nicht unerheblicher Teil des ›Sex‹-Diskurses, der vor allem von der Angst der Menschen vor der sexuellen Provokation erzählte, hat sich in einen anti-sexuellen Diskurs verwandelt. Da dieses Bild kein Glück mehr versprechen kann, das über den kleinen Besitz hinausgeht, der sich schnell entwertet, gebiert es selbst die Monster, die unsere Traumfabriken und Bildermaschinen in mindestens gleich großer Anzahl wie die erotischen Bilder von Ideal oder Fetisch verlassen. Auch darin liegt die Doppelgestalt der Provokation von Sexualität und Gewalt im Bild und in der Erzählung.

Literatur

Boyer, M.: *Stratégies du cinéma. Entre érotisme et pornographie. De la fin des années 50 au début des années 80.* Lille 1985.
Gorsen, P.: *Das Prinzip Obszön. Kunst, Pornographie und Gesellschaft.* Reinbek 1970.
Hunt, L. A. (Hg.): *Die Erfindung der Pornographie. Obszönität und die Ursprünge der Moderne.* Frankfurt a. M. 1994.
Kappeler, S.: *Pornographie. Die Macht der Darstellung.* München 1980.
Lensseo, M.: *Schaulust. Erotik und Pornographie in den Medien.* Opladen 1992.
Merten, E./Mainusch, H.: *Pornotopia. Das Obszöne und die Pornographie in der literarischen Landschaft.* Frankfurt a. M. 1971.
Pease, A.: *Modernism, Mass Culture, and the Aethetics of Obscenity.* Cambridge u. a. 2000.
Rückert, C.: *Frauenpornographie. Pornographie von Frauen für Frauen. Eine kulturwissenschaftliche Studie.* Frankfurt a. M. u. a. 2000.
Seeßlen, G./Kling, B.: *Unterhaltung. Lexikon zur populären Kultur. Bd. 2. Komik, Romanze, Heimat und Familie, Sport und Spiel, Sex.* Reinbek 1977.
Seeßlen, G.: *Liebe, Sehnsucht, Abenteuer. Essays.* Frankfurt a. M. u. a. 1988.
Ders.: *Der pornographische Film. Von den Anfängen bis zur Gegenwart.* Frankfurt a. M. u. a. 1994.
Ders.: *Erotik. Ästhetik des erotischen Films.* Marburg 1996.

Georg Seeßlen

Show

Die Show (Substantivbildung zum engl. *to show*: zeigen, darbieten, zur Schau stellen) bildet eines der paradigmatischen ↗ Genres der populären ↗ Unterhaltung und hat einem gesamten Sektor der kommerziellen Medienkultur den Namen ›Showbusiness‹ gegeben. Im Kern geht es in Shows um die Darbietung besonderer Attraktionen in einer abwechslungsreichen Abfolge von ›Nummern‹ durch ein Ensemble von Darstellern für ein Präsenzpublikum. ↗ Vaudeville, Variety- und Freakshow sind historische Beispiele dieser im späten 19. Jh. entstandenen Unterhaltungsform, die mit der Entwicklung der technischen Medien ihren kulturellen Ort heute vor allem im Fernsehen gefunden hat, wo sie zu den wichtigsten Programmformen zählt. Neben den ›klassischen‹ Subgenres der ›großen Samstagabendshow‹, der Quiz-, der Spiel-, der Talk- und der Interaktionsshow, hat sich im Zuge der Kommerzialisierung der Rundfunkmedien nicht nur eine große Zahl thematischer Varianten wie etwa die ›Sportshow‹, die ›Daily Talkshow‹ oder die ›Beziehungsshow‹ herausgebildet. Im Lauf der 1990er Jahre sind darüber hinaus auch Hybridformen entstanden, in denen die Dramaturgie der Show die Darbietung von Themen, Gästen oder Kandidaten regiert, so etwa bei der ›News-Show‹ oder der ›Reality-Show‹. In diesem

Sinne kann man heute von der Show als einem dominanten Modus des kommerzialisierten Fernsehens sprechen.

Vorgeschichte

Die Show kennt zahlreiche historische Vorläufer wie beispielsweise die Zurschau-Stellung von zwerg- oder krummwüchsigen Menschen oder von medizinischen Abnormitäten auf mittelalterlichen Marktplätzen; die Präsentation akrobatischer, musikalischer, komischer oder dramatischer Nummern auf Jahrmärkten (↗ Volksfest); die Ausstellung fremder Menschen, Tiere und Kulturen auf Weltausstellungen oder in Tierparks. Doch ihre institutionelle Form erhält die Show mit der Entstehung von Vaudeville, Music Hall und ↗ Varieté in den letzten Jahrzehnten des 19. Jh. Hier findet ein illiterates, aber keineswegs ausschließlich proletarisches Publikum, das im Zuge der Industrialisierung, Migration und rapiden Verstädterung in der zweiten Hälfte des 19. Jh. entsteht, in seiner freien Zeit Angebote, um seine Unterhaltungsbedürfnisse zu stillen (vgl. Maase 1997).

Der amerikanische Begriff des ›Vaudeville‹ ist zurückzuführen auf die französische Form des Schäferspiels mit musikalischen Zwischenspielen. Doch erst um 1890 wird der Begriff des ›Vaudeville‹ gebräuchlich, um ein Programm zu bezeichnen, das aus ebenso kurzen wie abwechslungsreichen Attraktionen ohne narrativen Zusammenhang oder thematischen Rahmen zusammengestellt ist. Die typische Vaudeville-Show besteht um 1890 aus zehn Nummern der folgenden Typen: Zaubern, musikalische Darbietungen (insbesondere Gesangssolos oder -duette), Tanzvorführungen, Akrobatik und Jonglieren, komische Nummern, Tiervorführungen, Imitation von Berühmtheiten sowie Auftritte von Kriminellen, Boxern und anderen Berühmtheiten aus den täglichen Nachrichten (vgl. American Variety Stage). Auch für die in diesem Zeitraum entstehenden europäischen Varianten – die Music Hall in England und in Frankreich, das Varieté in Deutschland – ist ein solches Nummernprogramm von einzelnen Attraktionen charakteristisch.

In diese Form der städtischen Massenunterhaltung schleicht sich Ende des 19. Jh. der Stummfilm als Attraktion mit der Vorführung bewegter Bilder ein, bevor das Kino mit einer dem Vaudeville resp. der Music Hall oder dem Varieté entlehnten Nummerndramaturgie diese Orte des populären Vergnügens mehr und mehr verdrängt und so am Anfang des 20. Jh. selbst die attraktivste Form der städtischen Massenunterhaltung wird. So empfiehlt die deutsche

Fachzeitschrift für Kinobetreiber »Lichtbild-Bühne« noch 1910 als »Normalformel für Programmzusammenstellungen« den folgenden Ablauf: »Musikpièce, Aktualität, Humoristisch, Drama, Komisch. – Pause. – Naturaufnahme, Komisch, Die große Attraktion, Wissenschaftlich, Derbkomisch« (nach Heller 1985, S. 32). Solche Programme werden von ›Kinoerzählern‹ oder auch ›Kinoerklärern‹ präsentiert, die im angelsächsischen Raum den sprechenden Namen ›Showmen‹ erhalten haben. Die Showmen führen nicht nur die auf Film aufgenommenen Attraktionen vor, sie erklären sie auch, bieten sie im zweifachen Sinne dar. Während das Nummernprogramm im Kino im Laufe der 1910er Jahre langsam durch den abendfüllenden Spielfilm verdrängt wird, bleibt der Film in sogenannten ›Bühnenschauen‹ bis Ende der 1920er Jahre fester Bestandteil der Darbietung eines variationsreichen Nummernprogramms (vgl. Berg 1989).

Showmaster

Wie das Kino suchen auch die neuen elektronischen Medien ↗ Radio und später ↗ Fernsehen Anschluß an diese bewährte Form der populären Massenunterhaltung. Im kommerziellen US-amerikanischen Fernsehen gehören Anfang der 1950er Jahre beinahe 50 % des gesamten Programms dem Genre der Variety Show an (vgl. Scheurer 1985), wobei diese Programme zum Teil die ↗ Stars des Vaudeville oder der Radio-Variety-Show (wie Eddi Cantor, Jimmy Durante und Bob Hope) in den Mittelpunkt stellen. Auch im deutschen Fernsehen ist die Show von Beginn an ein wesentlicher Bestandteil des Unterhaltungsprogramms. Insbesondere Peter Frankenfeld schließt mit seinen Shows an die Varieté-Tradition des ›bunten Abends‹ an. Die neue mediale Konstellation, nämlich die Liveübertragung einer Show für ein verstreutes ↗ Publikum zu Hause am Radio resp. vor dem Bildschirm, bringt es mit sich, daß die Präsentatoren als ›master of ceremonies‹ nicht nur den Rahmen für die einzelnen Shownummern oder das dargebotene Spiel der Live-Show schaffen müssen, sie sorgen auch für den Kontakt mit dem Publikum ›zu Hause vor den Bildschirmen‹. Sie sind nicht allein Mittelpunkt des Showgeschehens, sondern werden auch zur zentralen Figur für das mediale Publikum und geben so der jeweiligen Show buchstäblich Gesicht und Charakter (zur Funktion des Showmasters vgl. Parr 2001; Thiele 2001).

Aus empirischen Untersuchungen geht hervor, daß Showmaster durch ihr ›parasoziales‹ Verhalten, nämlich durch direkte Anrede des Fernsehpublikums und auch nonverbal durch vermeintlichen Blickkontakt, ihre Fernsehzuschauer direkt adressieren, um eine gleichsam direkte kommunikative Beziehung zwischen der Sendung bzw. dem Moderator und den Zuschauern aufzubauen (vgl. Berghaus/Staab 1995). Showmaster wie Peter Frankenfeld, Hans-Joachim Kulenkampff, Hans Rosenthal, Rudi Carrell, Wim Toelke, Dieter Thomas Heck, Frank Elstner, Thomas Gottschalk oder Günther Jauch, so belegen Befragungen, gehören nicht nur zu den bekanntesten Persönlichkeiten des Fernsehens überhaupt (vgl. Parr/Thiele 2001), sie haben in der Bevölkerung häufig auch einen höheren Bekanntheitsgrad als Spitzenpolitiker oder Bundespräsidenten (vgl. Jörg 1984). Darum ist es nicht erstaunlich, daß der Name des Showmasters häufig im Titel einer Show prangt.

Die Showmaster sind diejenigen, die das Bild des Genres im Fernsehen prägen und ihm Kontinuität verleihen. Aus der – noch recht unvollständig aufgezeichneten – Geschichte der Show im deutschen Fernsehen geht hervor, daß es eine kleine Zahl von Showmastern ist, die die zum Teil rasch wieder verschwindenden Formate dieser Programmform präsentiert. So stehen die Namen Peter Frankfeld und Hans-Joachim Kulenkampff – Showmaster, die ihre Erfahrungen auf der Varietébühne resp. im Hörfunk sammelten und die die bundesdeutsche Fernsehunterhaltung bis Ende der 50er Jahre prägen – in Verbindung mit einer Vielzahl unterschiedlicher Showformate. Frankenfeld, in den Anfangsjahren bekannt für Shows wie *1:0 für Sie* (1954–1955), *Bitte recht freundlich!* (1956–1957), *Viel Vergnügen!* (1957–1958), *Heute abend Peter Frankenfeld* (1959) oder *Guten Abend!* (1960–1961), steht dabei stärker in der Tradition des stand-up comic, der ein Programm von Varieténummern und Spielen mit Kandidaten aus dem Saalpublikum darbietet. Hans-Joachim Kulenkampff, in den Anfangsjahren bekannt für Shows wie *Wer gegen wen?* (1953–1956), *Zwei auf einem Pferd* (1956–1957), *Die glücklichen Vier* (1957–1958), *Sieben auf einen Streich* (1958–1959), *Quiz ohne Titel* resp. *Der große Wurf* (1959–1960), setzt dabei mehr auf Shows mit der Gesamtdramaturgie eines Gewinnspiels, wobei er sich auf die Leitung des Spiels und eine hintersinnige Moderation konzentriert (vgl. dazu insges. Hallenberger/Kaps 1991).

Kulenkampffs Stil ist kennzeichnend für die weitere Entwicklung und Ausdifferenzierung der Show im bundesdeutschen Fernsehen. Zwar bleibt die Tradition des stand-up comic bei Moderatoren wie Jürgen von der Lippe oder Harald Schmidt oder in bestimmten Subgenres der Show wie der *Late Night Show* lebendig. Und auch die Tradition des ›bunten

Abends‹ überlebt im vergleichsweise reichen bundesdeutschen öffentlich-rechtlichen Fernsehen länger als in den Programmen anderer westlicher Fernsehnationen. Dem Anspruch auf gehobene Unterhaltung für die ganze Familie folgend, hat die abendfüllende ›große Samstagabendshow‹ mit einem variationsreichen Angebot für alle Altersgruppen – Spiele mit Laien und Berühmtheiten sowie Gastauftritte bekannter Stars – noch immer ihren festen Programmplatz, wenn sich auch alle erfolgreichen Formate dieser Tradition die Gesamtdramaturgie eines Gewinnspiels zueigen gemacht haben: *Der goldene Schuss* mit Lou van Burg resp. Vico Torriani (ZDF 1967–1970), das kontrovers aufgenommene *Wünsch dir was* mit Dietmar Schönherr und Vivi Bach (ZDF 1969–1972), *Am laufenden Band* mit Rudi Carrell (ARD 1974–1979), *Auf los gehts los* mit Joachim Fuchsberger (ARD 1977–1986) oder *Wetten dass ...?* mit Frank Elstner resp. Thomas Gottschalk (ZDF seit 1981) gehören zu den erfolgreichsten Beispielen dieser Tradition.

Typologie

Doch jenseits solcher ebenso prestigeträchtiger wie konstenaufwendiger großer Unterhaltungsshows, in denen trotz eines rahmenden Gewinnspiels die Tradition des Nummernprogramms sichtbar fortlebt, haben sich unter dem Einfluß der kommerziellen Showproduktion des US-amerikanischen Fernsehens und des internationalen Handels mit diesen Formaten die deutlich umrissenen Subgenres der Quizshow, der Game Show, der Talkshow und der Interaktionsshow herausgebildet. Diese stellen, wie ihre Namen ausweisen, jeweils ein charakteristisches Element in den Mittelpunkt: ein Quiz, ein Spiel, ein Gespräch oder eine soziale Interaktion, die in den neueren Varianten wie der Beziehungsshow oder der Realityshow über das Showgeschehen hinaus sozial folgenreich sein kann. Shows dieser Typen werden in der Regel kostengünstig en suite produziert und sind umstandslos in die ›Timeslots‹ der ›gestrippten‹ Programme kommerzieller und kommerzialisierter Sender einzupassen. So wird eine Show von brutto 30 oder 60 Minuten Länge beispielsweise täglich auf dem selben Programmplatz ausgesendet, um die werbestrategisch wichtige Kopplung von Sendeplatz und Zielpublikum aufbauen zu können.

In allen hier genannten Subgenres der Show geht es im Kern, wie Hügel (1993a) in seiner Gattungstheorie der Fernsehshow darlegt, um das Meistern einer gestellten Situation durch das an der Produktion beteiligte Ensemble aus Moderator, Kandidaten resp. Gästen und Saalpublikum; oder aus der Sicht des Fernsehpublikums formuliert: Es schaut einem Ensemble beim Meistern einer gestellten Situation zu. Demnach geht es also nicht, wie die Sendeanstalten, die ihr Programm legitimieren wollen, oder die Kritiker der Show es behaupten, um die Vermittlung von Wissen oder rhetorischer Fähigkeiten, um die Übertragung bestimmter Überzeugungen oder die Anleitung zu interaktiven Fähigkeiten. Vielmehr fällt in der Perspektive des »Meisterns der Situation« der historisch bedingte Charakter der Show-Spiele und damit der Bezug zwischen Unterhaltung und Sozialgeschichte ins Auge: »Quiz und Spiele vom Typ *Einer wird gewinnen* korrespondieren mit der Wissens-Bildungs-Einschätzung und dem Leistungsdenken der Fünfziger und frühen Sechziger, Interaktionsspiele [vom Typ *Wünsch dir was*] dem Geist der späten Sechziger und Siebziger« (Hügel 1993a, S. 37). Beziehungsshows wie *Herzblatt* oder *All You Need Is Love* reflektieren die Entgrenzung von öffentlicher Sphäre und privatem Raum seit den 1980er Jahren und zeigen den Wandel des Fernsehens zu einer sozialen Institution, die mehr und mehr auch im praktischen Sinne im Alltagsleben wie in wichtigen Lebensfragen ihrer Zuschauer eine Rolle zu spielen beginnt (vgl. Reicherts 2000). Doch solche sozialgeschichtlichen Einordnungen der Show und ihrer Subgenres können weder ihre Formengeschichte noch ihre Dramaturgie erklären.

So lassen sich die Subgenres der Shows hinsichtlich ihres typischen Stoffes beschreiben, nämlich anhand der Wissensgebiete, Fertigkeiten, adaptierten Spiele oder sozialen Situationen aus dem Alltagsleben, die in der Show zum Gegenstand von Spiel und Darbietung werden. Die klassische Quizsendung läßt sich nach Art der Kandidaten (Prominente oder Laien) oder nach Art der in Frage stehenden Wissensgebiete unterscheiden: In *Hätten Sie's gewußt* (ARD 1958–1969, Heinz Maegerlein) ging es um Bildungswissen, in *Was bin ich?* (ARD 1955–1989, Robert Lembke), *Alles oder Nichts* (ARD 1956–1988, wechselnde Moderatoren) oder *Erkennen Sie die Melodie?* (ZDF 1969–1985, wechselnde Moderatoren) oder *Der Preis ist heiß* (RTL 1988–1997, Harry Wijnvoord) um Spezialwissen in verschiedensten Fachgebieten. Dagegen steht in Shows wie *Der Schwächste fliegt* (RTL, Sonja Zietlow) oder in *Wer wird Millionär?* (RTL, Günther Jauch) das Allgemeinwissen (wie es im US-amerikanischen Gesellschaftsspiel ›Trivial Pursuit‹ gefaßt ist) der Kandidaten auf dem Prüfstand.

Game Shows lassen sich in zwei Typen einteilen (vgl. Hallenberger/Foltin 1990): einerseits in »Fernsehgesellschaftsspiele« wie Begriffsspiele (*Die Montagsmaler*: ARD 1974–1990, Frank Elstner; *Dalli Dalli*: ZDF 1971–1986, Hans Rosenthal) oder Per-

sönlichkeitsspiele (*Flitterabend*: ARD 1988–1996, Michael Schanze; *Geld oder Liebe*: ARD 1989–1999, Jürgen von der Lippe); und andererseits in handlungsorientierte Game Shows wie rekordorientierte, sportliche und verhaltensorientierte Spiele (*Spiel ohne Grenzen*: ARD 1965–1980, wechselnde Moderation; *Mann-o-Mann*: Sat.1 1992–1995, Peer Augustinski).

Talkshows lassen sich wiederum nach Art der Kandidaten (Professionelle, Prominente, Laien), aber auch nach den Topoi des Gesprächs wie Politik (*Sabine Christiansen*: ARD seit 1997), Biographie (*Heut' abend*: ARD 1980–1991, Joachim Fuchsberger), alltägliche Erfahrungen und Lebensprobleme (*Jürgen Fliege*: ARD) einordnen.

Interaktionsshows wie beispielsweise die Beziehungsshows lassen sich entsprechend der verhandelten Situationen wie Dating (*Herzblatt*: ARD seit 1986, wechselnde Moderatoren), Konfliktlösen (*Nur die Liebe zählt*: RTL/Sat.1 seit 1993, Kai Pflaume), Versöhnung (*Verzeih mir*: Sat.1 1992–1994, Ulla Kock am Brink) oder Hochzeit (*Die Traumhochzeit*: RTL seit 1992, Linda de Mol) unterscheiden.

Auch bieten die verschiedenen Formen und Grade der Regulierung, die ein Subgenre der Show den beteiligten Akteuren offeriert, eine Möglichkeit, um die Unterschiede der Subgenres auszubuchstabieren (vgl. dazu Hügel 1993a). Während die Quizshow den Kandidaten kaum mehr Spielraum bietet als die richtige oder eben eine falsche Antwort zu geben und damit dem Showmaster die Position des Richters, Lehrers oder manchmal auch Helfers zuweist, bietet die Game Show den Beteiligten einen weit größeren Spielraum. Hier gelten relative, aber meßbare Leistungen (schneller als ... oder weiter als ...), häufig sind aber auch – je nach Spiel – Team- und Kooperationsfähigkeit, Kombinationsschnelligkeit, Kreativität, Einfühlungsvermögen oder andere soziale Fähigkeiten gefragt, die zum meßbaren Unterschied führen. Das kann soweit gehen, daß das Saalpublikum über die Bewertung von Leistung und Darbietung der Kandidaten urteilt, während dem Showmaster neben der Rolle des Schiedsrichters auch die Rolle des Unterstützers offen steht.

Die Talkshow ist im Vergleich mit der Quiz- und Game Show am wenigsten formal reguliert, geht es doch abhängig vom spezifischen Rahmen einer Talkshow um so verschiedene Aspekte wie Überzeugungskraft der Rede, Wahren des Standpunkts, Witz und Esprit der spontanen Äußerung, Authentizität des Sprechers, Reaktionsgeschwindigkeit, Offenheit des Bekenntnisses und dergleichen mehr. Hier kann die Funktion des Showmasters, der sich als Moderator des Gesprächs im engen Sinne, als kritischer

Journalist, interessierter Freund oder einfühlsamer Psychologe geben kann, in einem breiten Spektrum variieren. Auch dem Publikum stehen je nach Format verschiedene Rollen zwischen interessiertem Zuhörer, kritischem Richter und parteiergreifender bis johlender Meute wie in manchen Daily Talkshows offen. Bei der Interaktionsshow haben die Gäste und Kandidaten die vergleichsweise stärkste Position inne, denn sie sind es, die schließlich selbst über den Ausgang der Situation entscheiden. Hier sind die Showmaster Moderatoren eines sozialen Prozesses, in dem sie als Ratgeber, Kumpel oder Glücksbringer fungieren können. Das Saalpublikum ist vor allem Augenzeuge eines sozialen Prozesses.

Die beschriebenen zwei Kriterien – nämlich einerseits die dargebotenen Stoffe, Fertigkeiten und adaptierten Spiele resp. Situationen, und andererseits die unterschiedlichen Grade der Regulierung des Handlungsspielraumes der verschiedenen Akteure – bieten die Möglichkeit, eine Typologie der Fernsehshow zu entwickeln, die auch die jüngeren Entwicklungen des Genres fassen kann. So ist der Handlungsspielraum der Kandidaten in *Der Schwächste fliegt* während der Fragerunden extrem eingeengt, doch durch die Aufgabe der mit- wie gegeneinander angetretenen Spieler, das schwächste Glied des Teams nach jeder Fragerunde selbst aus dem Spiel zu werfen, erhalten Taktik und soziales Vermögen eine Bedeutung, wie sie in einem wirklich ›harten‹ Wissensquiz völlig fehl am Platze wäre. In gewissem Sinne handelt es sich bei *Der Schwächste fliegt* denn auch um eine Hybridform von Quiz- und Interaktionsshow.

Die wissenschaftliche Beschäftigung mit der Fernsehshow hat wegen ihrer kulturellen Geringschätzung als populäre Massenunterhaltung relativ spät eingesetzt, jedoch vor allem im deutschsprachigen Wissenschaftsraum zu reichen Einsichten und einer lebhaften Diskussion geführt (vgl. die Forschungsüberblicke von Wulff 1992, Wulff 1995 und Thiele 2001). Während die angloamerikanische Forschung in der Tradition der Cultural Studies vor allem an der Legitimation des Gegenstands Show arbeitet und sie in diesem Zusammenhang als Beweisstück der Subversivität von populärer Kultur verhandelt (vgl. Fiske 1999), haben sich im deutschsprachigen Wissenschaftsraum verschiedene Forschungsrichtungen herausgebildet, von denen hier nur einige wenige Beiträge herausgehoben werden können.

Eine *kommunikationspragmatische* Richtung betrachtet die Show unter dem Stichwort der ›Situationalität‹. Hier ist die Frage nach den Regeln zentral, die das Rollen- und Kommunikationsgefüge der in der Show inszenierten spielerischen Situation organisieren und damit die Verhaltensspielräume der Be-

teiligten regulieren (vgl. Wulff 1994; Parr 2001). Eine *soziologisch-phänomenologische* Richtung untersucht die subjektiven Motive und Gratifikationen der an Shows beteiligten Laien wie der Zuschauer und beschreibt mit dem Phänomen der »Kommunion des Dabeiseins« eine quasi-religiöse Funktion vor allem neuerer Reality-Shows, die einer Selbstversicherung der Existenz von Beteiligten wie Zuschauern dienen (vgl. Keppler 1994; Reicherts 2000). Eine *diskursanalytische* Richtung lenkt das Augenmerk auf die Show als einer Agentur gesellschaftlichen Verkehrs, die sozialen Veränderungen als Ausdruckfläche dient. Durch die besondere Rahmung der in der Show dargebotenen Situationen können diese auch und gerade im Modus der Unterhaltung sichtbar werden (vgl. Müller 1999). Eine *ästhetisch-hermeneutische* Richtung stellt die Dramaturgie der Show ins Zentrum und entwirft eine Typologie der Subgenres der Show, ausgehend von den verschiedenen Graden der Freiheit der am »Meistern der Situation« beteiligten Akteure (vgl. Hügel 1993a) – dies mit dem Ziel einer Gattungstheorie der Show als Beitrag zur Geschichte der Unterhaltung.

Aus der mehr *quantitativ orientierten (Wirkungs-) Forschung* zur Fernsehshow in der Tradition der Massenkommunikationswissenschaft schließlich geht hervor, daß Zuschauer nicht nur – wie oben bereits ausgeführt – der Persönlichkeit des Showmaster besondere Bedeutung zumessen, sondern daß sie Shows wegen ihrer Partizipationsangebote als eine besonders attraktive Programmform schätzen: »Zuschauer wollen, wenn sie fernsehen, in verschiedenen Formen und im weitesten Sinn mitmachen; und vom Fernsehen erwarten sie entsprechende Angebote. Sie wollen in den Programm- und Sendungsablauf eingebunden sein, sie wünschen sich insbesondere von Fernseh-Shows Möglichkeiten zur eigenen Beteiligung: sie wollen mitdenken, mitraten und mitmachen, um etwa ihr Wissen zu überprüfen oder sich mit anderen Familienmitgliedern zu messen; sie wollen sich aber auch direkt an Gewinnspielen beteiligen oder ihre Meinung, ihr Urteil (etwa als Jury) äußern« (Berghaus/Staab 1995, S. 152). Und die Analyse von Daten der Gesellschaft für Kommunikationsforschung zeigt, daß Zuschauer bei keiner anderen Sendeform des Fernsehens so wenig umschalten wie bei Shows (vgl. Ottler/Baldauf 1997). Weil dieses Zuschauerverhalten sowohl für das Showprogramm selbst wie für ihre Werbeunterbrechungen gilt, kann man folgern, daß sich Zuschauer in der für Unterhaltung geradezu idealtypischen Schwebe zwischen Nähe und Distanz, Aufmerksamkeit und Ablenkung, Mitmachen und innerlich Abschalten befinden, die die »ästhetische Zweideutigkeit der Unterhaltung«

hervorruft (vgl. Hügel 1993b). Der Boom neuer und zuletzt auch immer kostspieligerer Showformate wie *Der Schwächste fliegt (The Weakest Link)* oder *Wer wird Millionär? (Who wants to be a millionaire?)* scheint die Permanenz der Show als sich immer wieder wandelnde Form der populären Unterhaltung im kommerziellen Fernsehen zu bestätigen, auch und vielleicht gerade wenn viele Internetsites mit dem Angebot, bei vergleichbaren Spielen direkt und aktiv mitzuspielen, das Fernsehpublikum abzuwerben versuchen. Das Vergnügen, das dem Publikum einer Fernsehshow vergönnt ist, nämlich der Darbietung des Meisterns einer Situation nah und distanziert zugleich beizuwohnen, dieses spezifische Vergnügen vermag das Internet seinen usern nicht zu bieten.

Literatur

American Variety Stage. Variety and Popular Entertainment 1870–1920, URL: http://memory.loc.gov/ammem/vshtml/vshome.html.

Berg, J.: »Die Bühnenschau. Ein vergessenes Kapitel der Kinoprogrammgeschichte«. In: Hickethier, K. (Hg.): *Filmgeschichte schreiben. Ansätze, Entwürfe und Methoden.* Berlin 1989. S. 25–42.

Berghaus, M./Staab, J.F.: *Fernseh-Shows auf deutschen Bildschirmen. Eine Inhaltsanalyse aus Zuschauersicht.* München 1995.

Fiske, J.: »Frauen und Quiz-Shows: Konsum, Patriarchat und widerständige Vergnügen«. In: Engelmann, J. (Hg.): *Die kleinen Unterschiede. Der Cultural Studies-Reader.* Frankfurt a.M. 1999. S. 175-186.

Hallenberger, G./Foltin, H.-F.: *Unterhaltung durch Spiel. Die Quizsendungen und Game Shows des deutschen Fernsehens.* Berlin 1990.

Hallenberger, G./Kaps, J. (Hgg.): *Hätten Sie's gewußt? Die Quizsendungen und Game Shows des deutschen Fernsehens.* Marburg 1991.

Heller, H.-B.: *Literarische Intelligenz und Film. Zu Veränderungen der ästhetischen Theorie und Praxis unter dem Eindruck des Films 1910–1930 in Deutschland.* Tübingen 1985.

Hügel, H.-O.: »›Da haben Sie so richtig schlecht gespielt‹. Zur Gattungstheorie der TV-Show«. In: Hügel, H.-O. /Müller, E. (Hgg.): *Fernsehshows: Form- und Rezeptionsanalyse.* Hildesheim 1993a. S. 35-47.

Ders.: »Ästhetische Zweideutigkeit der Unterhaltung. Eine Skizze ihrer Theorie«. In: *Montage/av 2,* 1 (1993b) S. 119-141.

Jörg, S.: *Unterhaltung im Fernsehen. Show-Master im Urteil der Zuschauer.* München 1984.

Keppler, A.: *Wirklicher als die Wirklichkeit? Das neue Realitätsprinzip der Fernsehunterhaltung.* Frankfurt a.M. 1994.

Maase, K.: *Grenzenloses Vergnügen. Der Aufstieg der Massenkultur. 1850–1970.* Frankfurt a.M. 1997.

Müller, E.: *Paarungsspiele. Die Beziehungsshow in der Wirklichkeit des neuen Fernsehens.* Berlin 1999.

Ottler, S./Baldauf, S.: »Das Märchen von der Zapp-Manie«. In: *Tele Images* 1 (1997) S. 18-21.

Parr, R.: »Blicke auf Spielleiter – strukturfunktional, interdiskurstheoretisch, normalistisch«. In: Parr/Thiele 2001. S. 13-38.

Ders./Thiele, M. (Hgg.): *Gottschalk, Kerner & Co. Funktionen der Telefigur ›Spielleiter‹ zwischen Exzeptionalität und Normalität.* Frankfurt a.M. 2001.

Reicherts, J.: *Die Frohe Botschaft des Fernsehens. Kulturwissenschaftliche Untersuchung medialer Diesseitsreligion.* Konstanz 2000.

Scheurer, T.: »The Variety Show«. In: Rose, B.G. (Hg.): *TV Genres. A Handbook and Reference Guide.* Westport/London 1985. S. 307–327.

Thiele, M.: »Spielshows und Spielleiter – ein Forschungsüberblick«. In: Parr/Thiele 2001. S. 39–101.

Wulff, H.J.: »›Wie es Euch gefällt …‹ Neuere deutschsprachige Arbeiten zur Analyse von Game-Shows und Quizsendungen. Sammelrezension und problemorientierter Literaturbericht«. In: *Rundfunk und Fernsehen* 40, 4 (1992) S. 557–571.

Ders.: »Situationalität, Spieltheorie, kommunikatives Vertrauen. Bemerkungen zur pragmatischen Fernseh-Analyse«. In: Hickethier, K. (Hg.): *Aspekte der Fernsehanalyse. Methoden und Modelle.* Münster/Hamburg 1994. S. 187–203.

Ders.: »Zwischen Nähe und Distanz. Neue Arbeiten zur Showkommunikation«. In: *Rundfunk und Fernsehen* 43, 1 (1995) S. 71–79.

Eggo Müller

Soap-Opera ↗ Serie

Sortimentsbuchhandel

Die Buchhandlungen des Sortimentsbuchhandels stellen den verbreitenden Zweig des Gesamtbuchhandels dar. Der Begriff ›Sortiment‹ leitet sich aus dem Lateinischen *sortire,* unter bestimmten Gesichtspunkten auswählen, ordnen bzw. aus dem italienischen *sortimento,* Warenauswahl, Zusammenstellung von verschiedenartigen Gegenständen derselben Gattung her.

Innerhalb des Gesamtbuchhandels bildet der stationäre Sortimentsbuchhandel die Hauptvertriebsform für Verlagserzeugnisse. Der Sortimenter oder Buchhändler (synonyme Begriffe) kauft auf eigene Rechnung, zum Teil mit Remissionsrecht, aus dem Buch- und Medienangebot verschiedener Verlage eine selbst getroffene Auswahl an Neuerscheinungen und Backlisttiteln, um sie seinem Zielpublikum im individuell gestalteten Ladenlokal zu präsentieren. Buchhandlungen mit Sortimentsbreite haben ein vielfältiges Titelangebot in mehreren Bereichen vorrätig, z.B. Belletristik, Sach- und Kinderbücher und Regionalia. Im Gegensatz dazu steht die sogenannte Sortimentstiefe, die vor allem das Fach- oder Spezialsortiment auszeichnet. Es bietet zu einem Bereich möglichst vollständig alle lieferbaren Titel an, z.B. zu Medizin oder Jura.

Darüber hinaus kann i.d.R. jedes lieferbare Buch über Zwischenbuchhändler, sog. Barsortimente, bis zum nächsten Tag besorgt werden. Die Serviceleistungen, wie Beratung und Bestellung, sowie die

Sortimentszusammenstellung dienen der Profilierung, da durch die Preisbindung für deutschsprachige Verlagserzeugnisse keine aktive Preispolitik möglich ist. Ein Buch-Sortiment wird heute meistens mit anderen Medien ergänzt, z. B. mit sog. Hörbüchern, Musik-CDs (↗ Schallplatte/CD), Kassetten, ↗ Videos, Software und buchhandelsnahen Produkten wie ↗ Zeitschriften, ↗ Zeitungen, Kalendern, Landkarten, Musikalien (↗ Musik), Kunstdrucken, Papier- und Schreibwaren und Non-Book-Artikeln, die von Verlagen in Kombination mit Büchern angeboten werden, z. B. Stofftiere zu Kinder-, Nudeln zu Kochbüchern usw.

Durchschnittliche Buchhandlungen haben heute zwischen 10.000 und 120.000 Titeln vorrätig. Man unterscheidet Sortimente nach Bahnhofs-, Kaufhaus- und Großflächenbuchhandlungen, z. T. mit Filialen. Außerdem gibt es Buchclubs (↗ Buchgemeinschaft), Buchverkaufsstellen, Antiquariate, Moderne Antiquariate und als neueste Entwicklung den Internetbuchhandel (↗ Internet). Hier greift allerdings der Sortimentsbegriff nicht mehr, da, abgesehen davon, daß kein Ladenlokal existiert, versucht wird, möglichst alle lieferbaren Titel über eine Datenbank den Kunden zur Recherche und Bestellung anzubieten, das Angebot also gerade nicht durch eine vom Sortimenter getroffene Auswahl einzuschränken. Verlage vertreiben über den stationären Sortimentsbuchhandel ca. 60 % ihrer Bücher, doch Nebenmärkte, wie Apotheken, Gartencenter u. ä., sowie der Direktvertrieb der Verlage bedeuten für die Sortimente ernsthafte Konkurrenz.

Geschichte und Gegenwart

Handel mit Büchern bzw. Schriften läßt sich seit Bestehen von Schriftrollen nachweisen, wobei es meistens um bestellte Abschriften ging. Von kommerziellem Buch-Handel in nennenswertem Umfang kann man erst sprechen, seit Bücher auf Vorrat für ein anonymes ↗ Publikum hergestellt wurden. Mit Ausbreitung der Drucktechnik Gutenbergs im 15. Jh. entstanden erstmals größere Mengen relativ preiswerter Bücher, die von den Verlegern nicht nur gedruckt, sondern auch vertrieben wurden. Diese sog. Druckerverleger handelten mit ihren ungebundenen Druckbogen auf den Messen in Frankfurt am Main und ab der Mitte des 18. Jh. vor allem in Leipzig. Der überregionale Handel, durch die Gelehrtensprache Latein von Ländergrenzen unabhängig, zielte auf das kleine, lesekundige Publikum der Begüterten und Gebildeten. Mit zunehmender Ausbreitung der Volkssprache Deutsch konnten bzw.

mußten sich die Produktion und der Handel mit den Druckwerken regional konzentrieren. Die Folge waren zahlreiche Einzelblattdrucke, Kalender und Bibeln für den Gebrauch in privaten Haushaltungen, die auf regionalen Märkten in schnell aufgeschlagenen Ständen angeboten oder von angestellten Buchführern mit anderen Handelswaren auf ihren Wanderungen in Dörfern und auf Jahrmärkten vertrieben wurden. Die Druckerverleger erweiterten im 16. Jh. ihre eigene Produktion, indem sie Bogen anderer Verleger gegen ›eigenen Verlag‹ eintauschten. Mit diesem vielfältigeren Angebot entstand erstmals ein Sortiment an Büchern. Die Berufsbilder trennten sich nun in Drucker und Verleger einerseits und Verlegersortimenter andererseits. Jeder Verleger wurde durch den Tausch gleichzeitig auch Sortimenter. Die seit Mitte des 16. Jh. erscheinenden Meßkataloge gaben erstmals einen Überblick über potentiell verfügbare Bücher, die auf Wunsch der Kunden bestellt wurden. An die Stelle des Tauschverkehrs trat – in Leipzig eingeführt von Philipp Erasmus Reich – in der zweiten Hälfte des 18. Jh. der Nettohandel, »d. h. jene Geschäftsform, bei der die Verlagsprodukte gegen bar bzw. bei kurzem (halbjährlichem) Kredit zu einem Nettopreis verkauft wurden« (Plaul 1983, S. 61). Dagegen wurde in Süddeutschland das Prinzip der Kommissionslieferung eingeführt, bei der die Buchhändler sich gegenseitig »ihre neuesten Erzeugnisse [lieferten …], die sie bis zur Abrechnung im Angebot einbehielten« (ebd., S. 62) bzw. wieder zurückschickten. Von hier war es nur ein kleiner Schritt zur Einführung selbständiger Kommissionsbuchhändler, die den direkten Verkehr zwischen Verleger und Sortimenter überflüssig machten, und damit die Möglichkeit schufen, »Neuerscheinungen dem Publikum nicht mehr, wie bisher, erst während bzw. nach den Messen vorzulegen, sondern laufend, das ganze Jahr hindurch anzubieten« (ebd.). Die Folge war eine Steigerung der Buchproduktion, die ihrerseits die Voraussetzung schuf für eine Popularisierung des Buchmarktes und damit des Lesens.

Als 1796 Friedrich Christoph Perthes in Hamburg die als erstes reines Sortiment (ohne Verlag) geltende Buchhandlung eröffnete, hatte sich das Lesepublikum schon stark erweitert; man fand sich zusammen in ↗ Lesezirkeln und ↗ Lesegesellschaften oder versorgte sich mit Büchern aus ↗ Leihbibliotheken. Die unteren Schichten des Volkes deckten den Lesebedarf über sog. Kolportageromane. Die Sortimente entdeckten die zunächst so empfundene Konkurrenz als Absatzerweiterung, stellten selber Kolporteure (↗ Kolportagebuchhandel) ein und errichteten ↗ Leihbibliotheken im eigenen Ladenlokal.

War es bis zum Anfang des 19. Jh. noch üblich, daß die Verlage alle Novitäten an alle ihnen bekannten Buchhandlungen schickten, begannen die Sortimenter nun, selbst aus dem Verlagsangebot auszuwählen, das im *Börsenblatt für den deutschen Buchhandel* (gegründet 1832) angezeigt wurde. Es entstanden je nach Ortsgröße, -lage und Publikum unterschiedliche Sortimente. Das Angebot an Büchern wurde durch andere Artikel wie Noten, Landkarten, Globen, Schreibwaren und -geräte jeder Art, Postkarten, Kunstdrucke u. ä. erweitert. Der Buchhändler erreichte seine Kunden durch Ansichtssendungen, Werbebriefe oder, besonders zu Weihnachten, durch eigene Kataloge. Ende des 19. Jh. setzte sich auch das Schaufenster als Werbefläche durch, die Ladengestaltung gewann an Bedeutung. Die vollständige Selbstbedienung aber wurde erst in den 1950er Jahren die Regel. Auch der Anteil des Barverkaufs überstieg erst dann den Anteil des bis dahin üblichen Rechnungsverkaufs.

»Die Zahl der Sortimentshandlungen vermehrte sich von 887 im Jahr 1843 auf 1325 im Klassikerjahr 1867 und auf 3375 im Jahr 1880« (Wittmann 1999, S. 260). Durch die große Zahl der Sortimente konnte von einer flächendeckenden Versorgung mit Büchern gesprochen werden. Nicht vorrätige Titel wurden schon seit Mitte des 19. Jh. innerhalb weniger Tage bei den Barsortimenten in Leipzig bestellt.

Die 1888 zwischen Verlagen, Barsortimenten und Buchhandlungen vereinbarte Preisbindung garantierte den Lesern ortsunabhängig gleiche Buchpreise. Bis heute trägt die Preisbindung auf diese Weise zur Existenzsicherung kleinerer Sortimente auf dem Land bei. Historisch spiegelt sich in den jeweiligen Sortimenten das Kulturverständnis und vor allem die Freizeitgestaltung jeder Epoche. So gewannen die Bereiche Reisen, Kochen und Populärwissenschaft nach dem Zweiten Weltkrieg an Bedeutung, während Musikalien und Noten – im 19. Jh. ein wesentlicher Umsatzfaktor – aus den meisten Buchhandlungen fast ganz verschwanden.

Die sog. Bücherkrise Ende der 1920er Jahre erfaßte den gesamten Buchmarkt. Das ↗ Kino und eine Vielzahl von Zeitschriften traten als neue Massenmedien in Konkurrenz zum Buch. Daran änderten auch die überdurchschnittlichen Verkaufszahlen einzelner Bestseller nichts. Der Bereich Belletristik, aus dem die meisten der Bestseller stammen, machte damals wie heute weniger als ein Viertel eines Sortimentsumsatzes aus.

Zahlreiche neue Buchgemeinschaften (Buchclubs) religiöser, weltanschaulicher oder beruflicher Ausrichtung versorgten ihre Mitglieder mit ausgewählten Büchern zu günstigeren Preisen, als sie eine Buchhandlung bieten konnte. Mit Beginn der NS-Herrschaft mußten Buchhandlungen jüdischer Inhaber schließen und die Sortimentsbestände wurden von Büchern jüdischer oder politisch verfemter Autoren ›gesäubert‹. Die Aufhebung der eingeschränkten Auswahl an Lesestoff führte nach Kriegsende zunächst zu einem wahren Leseboom. Bis in die 1970er Jahre verzeichnete die Buchbranche in der Bundesrepublik Zuwachsraten, die bei den Sortimenten oft sogar über denen des Einzelhandels lagen.

In der DDR, für die weiterhin Leipzig das Zentrum des Buchhandels geblieben war, erfolgte die Buchversorgung über Volksbuchhandlungen (1989 gab es 710), die dem Kultusministerium unterstanden und vor allem politisch-ideologische, sog. gesellschaftswissenschaftliche und belletristische Bücher der DDR-Verlage im Sortiment hatten. Daneben existierten ca. 400 nicht-staatliche Buchverkaufsstellen.

Bei der Einführung des Taschenbuches in den 1960er Jahren vermutete man noch, die Personalkosten wären im Vergleich zu den niedrigen Taschenbuchpreisen zu hoch. Heute machen Taschenbücher durchschnittlich 14 % des Sortimentsumsatzes aus und sind aus dem Buchangebot nicht mehr wegzudenken.

Mit dem Unternehmen Hugendubel eröffnete 1979 in München das erste Großflächensortiment. Heute sind in jeder Großstadt diese nicht mehr Buchhandlung, sondern Medienkaufhaus genannten Sortimente mit einer Fläche von mehr als 2.000 qm zu finden, deren Konzept der Erlebnisbuchhandlung oft in Filialen fortgesetzt wird. Die Kombination verschiedener Print-, On- und Offline-Medien mit dazu passenden Non-Book-Artikeln soll den Kunden Information und ↗ Unterhaltung in jeder gewünschten medialen Form bieten und ihn dazu verführen, mehr als ›nur‹ ein Buch zu kaufen.

Prognosen sehen die Zukunft der Buchhandlungen darum entweder in den sehr großen Sortimenten, die mit ihrem Bestellvolumen bessere Rabatte von den Verlagen erhalten, oder in den ganz kleinen Buchhandlungen mit einem stark spezialisierten Angebot, das sie über eine eigene Homepage auch den ortsfernen Kunden zum Bestellen anbieten. Die 4.790 Sortimente, die Mitglieder des *Börsenvereins des deutschen Buchhandels* (der Standesorganisation, die alle Sparten vereint) sind, sowie die nicht oder in anderen Verbänden organisierten 3.000 Buchvertreiber (1998) werden in den nächsten Jahrzehnten zeigen, in welcher Form der Sortimentsbuchhandel auf die sich verändernden Marktbedingungen reagiert.

Literatur

Adrian, W.: »Frauen im Buchhandel«. In: *Archiv für die Geschichte des Buchhandels* (1999) S. 147–250.

Börsenverein des Deutschen Buchhandels (Hg.): *Buch und Buchhandel in Zahlen.* Frankfurt a. M. 1952ff.

Heinrichs, H.: *Der Strukturwandel im Buchhandel – Gefahr oder Chance?* Köln 1989.

Kapp, F./Goldfriedrich, J.: *Geschichte des deutschen Buchhandels.* 4 Bde. Leipzig 1886–1913.

Kirchhoff, A.: *Beiträge zur Geschichte des deutschen Buchhandels.* 2 Bde. 1851, 1853. Faks. Osnabrück 1966.

Plaul, H.: *Illustrierte Geschichte der Trivialliteratur.* Leipzig 1983.

Schürmann, A.: *Organisation und Rechtsgewohnheiten des Deutschen Buchhandels.* 2 Bde. Halle 1880, 1881.

Umlauff, E.: *Beiträge zur Statistik des Deutschen Buchhandels.* Leipzig 1934.

Wittmann, R.: *Geschichte des deutschen Buchhandels.* München 1999.

Kirsten Steffen

Spiel

Der Begriff des Spiels ist im populären wie im wissenschaftlichen Sprachgebrauch vage, mehrdeutig und inkonsistent. Versuche, das Spiel von seinen üblichen Gegenbegriffen her einzugrenzen (Ernst, Arbeit, Zwang, Notwendigkeit) und präzise zu fassen, engen zwar den Begriffskern ein wenig ein. Jedoch bleibt es im Einzelfall immer noch schwierig, kategorial abzugrenzen, was man als spielerische vs. nicht-spielerische Tätigkeit verstehen sollte.

Die Selbstinterpretation des Akteurs ›ich spiele‹ wie die fließenden Übergänge vom Spiel zu Ernst oder zur Arbeit – man denke an Profisportspieler, Schauspieler oder Casinospieler – deuten allenfalls ein Ungefährverständnis von dem an, was sich unter exakten Kriterien kaum eindeutig beschreiben läßt. Dennoch mag es hinreichen, Spiel immer dann anzunehmen oder spielerische Elemente in körperlichen, geistigen und sozialen Handlungen zu unterstellen, wenn folgende Merkmale zu beobachten sind:

– Freiwilligkeit der Tätigkeit (vs. Bestimmtheit durch innere und äußere Zwänge)
– Zweckfreiheit (die Tätigkeit hat ihren Sinn in sich selbst und ist nicht Mittel zum Zweck, der außerhalb ihrer selbst liegt)
– Lustbetontheit (die Tätigkeit geht in der Regel mit positiven Affekten wie Freude, Zerstreuung, Spaß einher)
– Ambivalenz und Risiko (die Tätigkeit kann ge- oder mißlingen bei geringen Konsequenzen für den Spieler)
– Entrücktsein (Aufgehen im Hier und Jetzt ohne zeitperspektivische Bezüge der Spielsituation)

– Virtualität und Fiktionalität (Spiele bewegen sich auf der Ebene des Als-ob)
– Unproduktivität (es werden keine materiellen Güter geschaffen, Spiele sind episodische Ereignisse herausgehoben aus dem Fluß zielgerichteter Lebensgestaltung)
– Spontaneität/Kreativität (hoher Freiheitsgrad selbstbestimmter Handlungsabläufe, sanktionsfreies Probehandeln)
– Beliebigkeit (Spiele haben zwar Regeln, diese sind aber ohne äußeren ›Sachzwang‹ willkürlich gesetzt, wenngleich sie oft zweckrationale Arbeitsabläufe nachbilden und zuweilen auch umkehren oder karikieren)

Aus der Kombination dieser Merkmale entstehen grundlegende Motivations-Anreizmuster für Spieler, die ihre Entsprechung im Spielkonzept, den Regeln und im Spielmittel (Spielzeug) finden. Diese Muster sind zeitlos. Ihre historische Konkretion erfahren sie immer wieder neu in den Präferenzen und Thematiken, die eine Gesellschaft bewegen. Die populäre Kultur, ihre Werte, Einstellungen, ↗ Genres, und Sendeformate, Moden und ↗ Idole erweisen sich dabei als ein beachtlicher Anstoß, uralte Spielideen in aktuell-moderne Spiel-Konzepte zu verwandeln.

Klassifikation von Spielen

Es gibt eine Reihe von Versuchen, die bunte Vielfalt der Spiele nach Funktions- und Organisationsprinzipien zu klassifizieren. Zum Beispiel unterscheidet Herman (1976) nach Zufalls- und Kompetenzspielen. Rubinstein (1961) nennt Funktions-, Konstruktions-, Sujet-, Rollen-, und Regelspiele. Van der Kooij/de Groot (1977) bilden Klassen wie Wiederholungs-, Konstruktions-, Imitations- und Gruppierungsspiele. Bekannt geworden ist ein Begriffsschema von Caillois (1982), nach dem Spiele und Spielideen differenziert Wettkampf (agon), Zufall (alea), Nachahmung (mimikry) und den Rausch (ilinx) akzentuieren. Quer zu diesen Unterteilungen stehen die Begriffe *paidia* und *ludus*, so daß sich eine Matrix von acht Spieltypen ergibt. Erschöpfend sind diese Klassifikationen sicherlich nicht, insofern Grenzfälle spielerischer Elemente in ↗ Unterhaltung und demonstrativem Konsum nicht recht einzuordnen sind. Der quasi-spielerische Umgang mit Kleidermoden, Events der Musikszene oder die merkwürdige Verschwisterung von aktivem und passivem Spiel der Medienunterhaltung sind Beispiele, in denen klassische Spiele zu kollektiven Ereignissen eigener Qualität umorganisiert werden.

Der abstrakte Sachverhalt des Spielens ist zwar ein ahistorisches Phänomen (Jünger 1953) – selbst höhere Säugetiere zeigen in ihrer Kindheit spielanaloges Verhalten (Buytendijk 1933; Symons 1978) –, nicht aber die jeweiligen Manifestationsformen in den Regeln und Spielzeugen. Nur wenige Spiele haben über die Jahrhunderte oder gar Jahrtausende hin ihre Prinzipien und Gestalt nicht geändert. So sind Puppen, Würfel, Brettspiele schon prähistorisch nachweisbar.

In den frühen Hochkulturen in China, Indien, Persien, Mesopotamien und Ägypten sind bei unsicherer Deutung ihrer Funktion und Datierung Spiele wie Go, Backgammon, Halma, Mühle, Schach und allerlei Würfelspiele bekannt. Der Astragal, ein Würfel aus Sprunggelenksknochen von Schafen, Rindern, Ziegen, soll bereits vor 3000–5000 Jahren kulturübergreifend verbreitet gewesen sein. Noch heute ist er als Spielobjekt erhältlich (›osselets‹).

Es bleibt wohl im Dunkeln, ob jene früheren Spiele kultisch-religiösen Praktiken oder rein weltlichen Vergnügen gedient haben. Wahrscheinlich wird beides der Fall gewesen sein. Die Funde sind in Tempelanlagen nicht seltener vertreten als im Wohnambiente unserer Vorfahren. Den überkommenen Brettspielen (›Bohnenspielen‹) wird u. a. nachgesagt, ihr Ursprung sei einerseits Ausdruck magischer Vorstellungen von kosmologischen Weltbildern wie auch symbolische Repräsentation von Landverteilungsproblemen seßhaft gewordener Agrarkulturen. Die frühesten Spielartefakte stammen bezeichnenderweise aus der Jungsteinzeit.

Spieltheorien

Die universelle Verbreitung des Phänomens Spiel legt nahe, einen genetisch programmierten Spieltrieb zu postulieren und Spiele als Äußerungsformen psychobiologischer Antriebe zu verstehen, die bestimmte Funktionen in der Ontogenese und Sozialisation erfüllen. In der Reihe dieses Theoretisierens sind Autoren wie Spencer (1873 »Überschußtheorie«), Tolman (1932 »Bewegungshunger«), Bühler (1932 »Funktionslust«), Carr (1902 »Katharsis«), Groos (1922 »Einübung«), Gulick (1920 »Wiederholung der Phylogenese«) zu stellen.

Die angedeuteten biologischen Grundfunktionen werden indes kulturell überformt. Sie sind Basis der sich ausdifferenzierenden Ziele und Zwecke sekundärer und tertiärer Antriebe und Motive im Verlaufe individueller und kollektiver Entwicklung.

Phänomenologische Theorien des Spiels (Scheuerl 1975; Rüssel 1972; Chateau 1969; van der Kooij/de Groot 1977) betonen in ihren deskriptiven Analysen die Gerichtetheit, situative Gebundenheit und dialogische Umfeldbezogenheit des Spielens.

Entwicklungspsychologische Ansätze (Bühler 1932; Berlyne 1960; Piaget 1969; Sutton-Smith 1978; Elkonin 1980) haben vor allem sorgfältige Beobachtungen des Kinderspiels in Abhängigkeit vom Entwicklungsalter zum Ausgangspunkt von Theorien der funktionalen Rolle des Spielens in der Erschließung von Ich und Welt auf der Ebene der Psychomotorik, der Kognition, der Emotion und Sprache gemacht. Spiel wird aus dieser Sicht ein bedeutsames Agens zur Förderung der geistig-seelischen Entwicklung.

Psychoanalytische Spieltheorien (Ericson 1957; Waelder 1974; Hartmann 1974) heben auf die stellvertretende symbolische Bearbeitung unbewußter, vorbewußter, verdrängter oder beeinträchtigter Motive im Spiel ab. Spiel hat hier einen kompensatorischen, gegenregulierenden, aber auch positiv befreienden Charakter gegenüber inneren und äußeren Versagungen des Lebens. Ins Kollektive gewendet sind Spiele ggf. Symptome von inneren Friktionen ganzer Gesellschaften.

Sozialpsychologische Konzepte setzen an der Funktion des Spielens – insbesondere der Rollen- und Regelspiele – im Kontext der Einübung sozialer Normen, Rollen und Erwartungen an. Im Spiel wird auf einer sanktionsfreien Ebene Realität nachgeahmt und experimentierend simuliert. Die Fiktion und Virtualität des Spielens bereiten den Boden für eine konzeptionelle Vorwegnahme der »Ernstsituation« vor (Smilansky 1973; Kochan 1976; Daublensky 1973). Im Umkreis dieser Auffassung sind zahlreiche Überlegungen entstanden, Spiele als Instrumente zum Erwerb sozialer Kompetenz zu empfehlen und einzusetzen.

Nicht zuletzt sind philosophisch-anthropologische und kulturwissenschaftliche Theorien des Spiels zu erwähnen. Friedrich Schillers berühmtes Diktum »Der Mensch spielt nur, wo er in voller Bedeutung des Wortes Mensch ist, und er ist nur da ganz Mensch, wo er spielt« hat großen Einfluß auf die ästhetische Theorie genommen (Literatur, bildende Kunst, ↗ Musik, ↗ Theater, soweit diese als ›Spiele‹ zu verstehen sind). Huizinga (1956) hat in seinem Werk *Homo ludens* die kulturellen und zivilisatorischen Leistungen des Spielerischen im Menschen eindrucksvoll dargestellt (vgl. Buytendijk 1933; Sutton-Smith 1978).

Vermarktung und Professionalisierung

Spielzeugherstellung ist im 20. Jh. zu einem respektablen Industriezweig geworden. Sportspiele sind inzwischen Gegenstand weltweiter Vermarktung durch Vereine und Verbände. Die private Sphäre des Spielens in Familie und Peergruppe steht einem Angebot öffentlich und kommerziell betriebener Einrichtungen wie Spielplätzen und -feste, Erlebnisparks (Disney-Land), Spielhallen und Massen-Events gegenüber (Love-Parade, Rockkonzerte, Open-Air-Happenings).

Während diese und ähnliche Spielphänomene noch als moderne Metamorphosen analoger Veranstaltungen aus vergangenen Zeiten interpretiert werden könnten (Spiele und Feste der Antike, Gladiatorenkämpfe, Ritterturniere, Traditionsaufzüge usw.), ist mit den elektronischen Medien – insbesondere dem ↗ Fernsehen – eine neue Qualität der Spielkultur auf den Plan getreten. Das herkömmliche Spiel bildet in der Spielsituation in der Regel die reale Welt fiktiv ab. Man spielt »Räuber und Gendarm« oder Monopoly, ohne wirklich Polizist, Räuber oder Immobilienkaufmann zu sein. Diese Fiktionalität bzw. Virtualität wird in den Medien auf eine Metaebene gehoben, indem der Spieler gar nicht mehr beim Spiel konkret anwesend ist, sondern als Zuschauer mimetisch das Geschehen nachvollzieht und sich spielerisch mit ihm identifiziert. Es ist ein Spielen zweiter Ordnung für den Zuschauer von Talkshows (↗ Show), Quizsendungen, Ratewettbewerben und anderer Genres mehr, mit einer eigentlichen Form von Ferne und virtueller Nähe, die zuweilen überbrückt wird durch die Möglichkeiten elektronischer Medien, Pseudointeraktivität zu stiften (›Ted‹, Hotlines, Hörer/Seher-Telefone, Preisausschreiben, Meinungsumfragen und Kundenbindungsprogramme; ↗ Interaktives).

Das Medienspiel wirkt zurück auf das Realspiel, indem es ↗ Idole schafft. Der Pop- und Sportstar (↗ Star), der Entertainer, der ↗ Moderator, das Model, die Szene und auch die Thematiken der Medien bestimmen kurz- und mittelfristige Trends des Spiel- und Freizeitverhaltens zumindest mit. Die weltweite elektronische Vernetzung suggeriert Omnipräsenz und Omnipotenz, in dem der Umgang mit den Medien selbst zu einem Spiel wird (Internet-Surfen, Chatting, User-Groups mit Clubcharakter, Zapping).

Mit dieser Entwicklung gehen zwei bemerkenswerte Phänomene einher. Erstens eine Professionalisierung der Spielorganisation (Manager, Impressarios, Animateure und hauptberufliche Organisatoren von Spielveranstaltungen, die bislang im Ehrenamt von Vereinen tätig waren), zweitens eine vielseitige Diffusion von Spiel und Arbeit (Opaschowski 1987). Spielerische Hobbys werden zum Beruf (Profisport), und Arbeit wie Alltagshandeln werden tendenziell ins Spielerische gerückt (Kleidermoden, ›Szenengastronomie‹, Partykultur, Erlebnisurlaub). Parallelen dazu findet man sicherlich auch in der Vergangenheit. Neu ist hingegen die nahezu epidemische Verbreitung ursprünglich lokal begrenzter Spielideen weltweit und das systematische Geschäft der Spielvermarktung. Neu ist wohl auch, spielerisches Verhalten nicht nur Kindern, sondern auch Erwachsenen zuzugestehen.

Spielkritik

Spiel wird in der gegenwärtigen Kultur im allgemeinen mit positiven Assoziationen verbunden. Es wird gefördert oder doch zumindest toleriert. Das gilt jedoch nicht für alle Spiele und nicht immer für Situationen, in denen Spiel und Spaß unverhältnismäßig dem Ernst der Lebensführung abträglich zu sein scheinen. Schon Plato (*Politeia*) hat sich ziemlich reserviert zum Nutzen des Spiels in der Kindererziehung (zum Manne) geäußert. Im Verlaufe der Geistesgeschichte hat es immer wieder weltanschaulich und religiös begründete Spielaversionen gegeben – oft unter Bezug auf das biblische Wort, man solle sein Brot im Schweiße seines Angesichts verdienen (Genesis). Die ›Spielbewegung‹, eine ausdrücklich für Nutzen und Frommen des Spiels plädierende Haltung, datiert erst auf die Mitte des 19. Jh. Wenn wir heute Spiel für Kinder und Erwachsene mehr oder minder als selbstverständliche Erscheinungsform menschlichen Verhaltens akzeptieren, es auch als eine psychosoziale Notwendigkeit verstehen, dann geht diese Einstellung wesentlich auf anthropologische, philosophische und pädagogische Vorstellungen vom geglückten Leben jener Bewegung zurück.

Dennoch sind eine Reihe von Spielen und das Ausmaß des Spielerischen in der gegenwärtigen Lebensgestaltung nicht gänzlich frei von ambivalenten Urteilen und manifesten Dekadenzvermutungen (Postman 1985). Es lassen sich einige Begründungsfiguren allgemeiner und spezieller Art unterscheiden:

1. Der epochale Anstieg der Freizeit hat u. a. eine ausgeprägte Spiel- und Spaßkultur angeblich oberflächlicher und seichter Art hervorgebracht. Sie bewegt Abermillionen, denkt man nur an die populären Sportspiele. Daran knüpfen mindestens zwei Befürchtungen an: der praktizierte Hedonismus in solchen Phänomenen unterminiere das tradierte Arbeitsethos und beschädige die leistungsorientierten Grundlagen der Zivilisation. Vor Werten der Hochkultur seien jene Formen popularen Amusements

eher Symptome eines Niedergangs zum permanenten Karneval als Ausdruck eines durchaus verständlichen Spielinteresses des »Volkes« (Bloom 1988, Postman 1985). Comicisierung der sog. ›E-Kultur‹ oder gar Ent-Alphabetisierung werden als atavistischsinnliche Welt in Gegensatz zur Persönlichkeitsformung auf abstrakt-geistiger Ebene gebracht.

Das bunte Experimentieren mit tradierten Verhaltensmustern, gar deren Provokation – seien es Mode, Outfit, Libertinage – wirkt subversiv in bestehenden Ordnungen. Das Spiel auf dieser Ebene ist daher kein platter Spaß, sondern, ob gewollt oder ungewollt eine Aufweichung von tradierten sozialen Strukturen, Sitten und Gebräuchen. Die spielerische Popkultur leiste so in einem vergleichsweise toleranten Klima Minirevolutionen ›von unten‹, die gleichsam Vorboten und Symptome eines Wertewandels seien. Es entbehrt hingegen nicht einer gewissen Ironie zu beobachten, wie selbst die exzentrischsten Spielereien von Teil- und ↗ Subkulturen in kürzester Zeit salonfähig werden, dank moderner Vermarktungstechniken. Schrille Abenteuersportarten finden schnell ihre Veranstalter und kommerzielle Nutzung. Der Punker sieht sich alsbald als Modelvorbild auf den Laufstegen von Mailand und Paris wieder, und die Protestrandale werden umgehend in öffentlichen Happenings organisiert.

2. Eine weitere Kritik, die eng mit der ersten verbunden ist, richtet sich auf die anscheinende Fremdbestimmtheit einer Reihe von Spielen der Popularkultur. Vor dem sicherlich etwas idealisierenden Hintergrund einer Auffassung des Spiels als freie und kreative Selbstentfaltung hält man die ›massenhafte‹ Übernahme vorfabrizierter Spielideen und außengelenkter Arrangements für unproduktiv oder gar abträglich für den Individuationsprozeß. Spielen sei in den Sog rein konsumatorischer Entfremdung von eigenschöpferischer Potenzen geraten. Freiheit der Selbstbestimmung läge nur noch in der Auswahl aus dem unüberschaubaren Angebot der trendsensiblen ›Macher‹ von Events, Moden und Spielzeugen. Die Spielerfindung überlasse man dritten Spezialisten. Für diese kulturkritische Position finden sich durchaus Belege.

Medien, Hersteller und Veranstalter setzen auf die Agenda (Agenda-setting-Theorie), was zu spielen sei, und forcieren gleichsam eine Präferenzuniformierung durch ihre Merchandisingpraktiken (Sekundär- und Tertiärverwendung von Rechten und Lizenzen). Pop-Stars, erfolgreiche ↗ Filme und TV-Sendungen, Sportidole werden ›vermarktet‹ bis hinunter zu Identifikationsaccessoires des Devotionalienhandels mit Nachbildungen der Themen und Akteure im Spielzeug. Aus der Comic-Figur Mickey-Mouse (↗ Comic)

ist die Walt-Disney-Welt geworden. Pop-Größen wie ›Elvis Presley‹ oder ›Michael Jackson‹ bewegen in ihren milliardenschweren Unterhaltungskonzernen das »Mimikry-Spiel« (vgl. Caillois 1982) im Kultus um ihre Person. Eine besonders intensive spielerische Nachahmung, ja Anverwandlung des Idols ist das Karaoke – ein Nachsingen populärer Songs vor dem Hintergrund der Band-Musik. Vergleichbare Spielfreude vermitteln Simulatoren und Cyber-Automatiken, mit und in denen man den Rennfahrer oder Astronauten, Comic-Helden oder Fußballspieler imaginativ nach- und mitvollziehen kann.

3. Der technologische Fortschritt hat, wenn nicht die Spielideen, so doch die Spielzeuge erfaßt. Video-, Computer-, Bildschirmspiele (Game-Boys) versetzen den Spieler in einen virtuellen Raum, in dem er ebenso virtuell-unphysisch agieren kann. Die Kritik an dieser Entwicklung zielt auf – allerdings unbestätigte – Risiken solcher Spielarrangements, sie vernachlässigten physisch-sensorische und sozialkommunikative Funktionen tradierter Spiele. Den ›Computer-Kids‹ drohe ein solipsistisches Weltbild. Dem steht die Ansicht entgegen, Spiele der Informationstechnologie bereiteten Kinder und Jugendliche vorzüglich auf eine partiell elektronisierte Umwelt der Zukunft vor. Empirische Untersuchungen haben bislang kaum Anlaß gegeben, jene pessimistischen Kassandrarufe der Spielkritik zu dramatisieren (Swoboda 1995).

4. Von der Kritik am Ausmaß des Spielerischen in einer Gesellschaft schlechthin, am Umfang der Fremdsteuerung des Spielens und an den medialen Konkretisierungen der Spielideen ist jene Argumentation zu unterscheiden, die sich problematisierend auf die Spielthematiken bezieht. Einige Spiele – gar nicht wenige – bilden zum Leidwesen der Kritik eben nicht allein Sachverhalte und Gegenstände der offiziellen Hoch- und ↗ Volkskultur ab, sondern sie wenden sich auch deren Schattenseiten zu. Mord und Totschlag, Raub und Betrug, ↗ Sex und Sadismus, Krieg, Verwüstung und Rassismus sind einige von den Genres, die über alle Altersstufen hin als Spielangebot eine nicht unerhebliche Zahl von Präferenzen finden: martialisches Spielzeug für Kinder, ›Ballerspiele‹, Gangsterjagden, GULAG- und KZ-Spiele für den Home-PC, Star Wars, Horror-Videos (↗ Horror), Porno-Animationen im ↗ Internet, gewalttätige Western- und Krimiserien (↗ Serie) im Fernsehen und nicht zuletzt Talkshows, in denen unbedarfte Teilnehmer angeregt werden, ihr (sexuelles) Intimleben der Öffentlichkeit preiszugeben. Zwar suche man über Institutionen wie ↗ Zensur, Indizierung, freiwillige Selbstkontrolle oder Gesetze (z. B. Gesetz zum Schutz der Jugend, StGB, Gewerbeordnung etc.) die

gröbsten Verletzungen des ›guten‹ Geschmacks und des ethischen Konsenses zu verbieten, zu sanktionieren oder am Markteintritt zu hindern, jedoch gelänge das nur halbherzig, zumeist mit wenig Erfolg. Den Anbietern macht man den Vorwurf, eigennützig zur Steigerung von Einschaltquoten, Auflagen und Absatz die sittlichen Grundlagen des Gemeinwesens fahrlässig zu gefährden. Gegen diese Vorwürfe wird auf kathartische Effekte hingewiesen, die ein Ausleben in der Realität minderten.

Empirische Forschung zu diesen und ähnlichen Kontroversen stößt an Grenzen der Interpretation vorgefundener Korrelationen zwischen Spiel- und Alltagsverhalten. Was ist Ursache, was ist Wirkung? Ist zum Beispiel reale Gewalt Ursache für ihre Abbildung in Spielen (Krieg hat Kriegsspielzeug zur Folge) oder bereitet eine aggressive Spielthematik die Neigung für gewalttätiges Verhalten in der Realität vor? Sind beide Sachverhalte letztlich Symptome hintergründiger Einflußgrößen, die sich im Spiel und im Alltag gleichermaßen niederschlagen (Haase 1992)?

5. Glücksspiele stehen seit alters her als Zufallsspiele insoweit unter Kritik, wie ihre Akteure um Geld und/oder materiellen Gewinn konkurrieren. Ihre Ausübung unterliegt strengen gesetzlichen Bestimmungen (gegenwärtig z. B. StGB §284ff, Gewerbeordnung §33 und anderen Ausführungsbestimmungen), wird indes mehr oder minder im Auf und Ab der Zeiten und in Abhängigkeit von fiskalischen Begehrlichkeiten lizenziert. Mehr als drei Viertel der Bevölkerung sollen nach Umfragen an solchen Spielen teilnehmen (Haase 1992). Für problematisch hält man diese Spiele als Quellen der Suchtentwicklung (Spielsucht) und Kriminalität (Beschaffungskriminalität zur Befriedigung der Spielsucht).

Gegenwärtige Tendenzen

Der Anstieg frei verfügbarer Zeit (Freizeit) in den letzten Jahrzehnten hat in den westlichen Industrienationen zu einer erheblichen Steigerung der Nachfrage nach Angeboten des Spiels, ↗ Sports und der Unterhaltung allgemein geführt. Die rein quantitative Expansion freizeitbezogener Tätigkeiten hat zugleich auch eine Akzentverschiebung der Wertschätzung von Disziplin, Leistung, Spiel, Zerstreuung und ungebundener ›Selbstverwirklichung‹ mit sich gebracht. Unverkennbar ist die Tendenz, spielerische Lebensgestaltung für legitim zu halten. Das bestimmt nicht nur das Spielangebot im engeren Sinnes des Wortes, sondern diffundiert ins zweckrationale Alltagshandeln. Information und Entertainment verschmelzen zu ↗ ›Infotainment‹, Bildungsgüter werden aufgepeppt, Kunstpräsentation gerät zum ›Performanceereignis‹. Es ist ein Zug der Zeit, sich nicht allein vergnügen zu wollen – das wird immer schon so gewesen sein – sondern Spiel, Spaß und Vergnügen in alle möglichen, auch ernsthafte Lebensbereiche hineinzutragen. Damit tritt eine Entgrenzung auf, die als ironisches Spiel mit diesen Grenzen gedeutet werden kann, jedoch auch die Gefahr in sich birgt, das Schöne, Wahre, Gute wie das Abstoßende, Falsche und Amoralische zu einem spielerischen Mix zu verquicken.

Eine einheitliche Linie der gegenwärtigen Spiellandschaft zu zeichnen, ist nicht einfach. Viele Tendenzen überschneiden sich. Vielleicht ist gerade das ein Charakteristikum der popularen Spielkultur. Es dürfte kaum eine Zielgruppe geben, die nicht von einem maßgeschneiderten Angebot der Unterhaltungsindustrie bedient würde. Passive wie aktive Spiele (Zuschauer vs. Akteur) gehen im realen wie virtuellen Raum eine enge Verbindung ein, bedingen sich wechselseitig und geben dem Teilnehmer beliebige Chancen, zwischen den Räumen und Themen zu flanieren.

Die tradierten Spiele haben zwar nichts von ihrer Attraktivität eingebüßt. Sie werden jedoch modifiziert und überlagert von moderner Technologie, neuen Materialien und Produktionstechniken (Brettspiele vs. Bildschirmspiele, manuelle Mechaniken vs. elektronische Automaten, Holz/Papier vs. Kunststoff, usw.). Die gelegentliche Verfremdung, oft auch Bereicherung, die sie darin erfahren, gibt ihnen den Reiz des Neuen (z. B. Schach vs. Schachcomputer, klassische Puppen vs. Barbie und besonders grotesk Haustiere vs. Tamagotchi).

Deutlich wird heute das Spiel der Jugend und der Erwachsenen auf eine weitere Öffentlichkeit bezogen. Es ist nicht allein die Darstellung des Spiels in Veranstaltungen und deren mediale Vermittlung, das diese Bezüge hat, sondern auch das Demonstrative der individualistischen Selbstdarstellung. Das Spiel vergnügt nicht nur, es soll auch signalisieren, was man hat, kann und wie man von anderen gesehen werden will (Labeling der Kleidermoden, Wahl von Produktmarken, Teilnahme an Trendsportarten, exklusive Hobbys usw.).

Spiele der Popularkultur kommen nicht mehr allein aus der bodenständigen Folklore des Nahraums, sondern sind z. T. Importe der ›global players‹. Sie verlieren damit an Authentizität, gewinnen aber an Vielfalt. Dennoch sind den Adaptationen Grenzen gesetzt. Der Ursprung der Spiele aus dem Lokalkolorit ist nach wie vor eine Barriere für Implantationen weltumspannender Vermarktungsstrategien.

Versuche, im Volk tiefverwurzelte Spiele in andere Kulturen zu übertragen, enden zumeist in ephemeren Erfolgen und allenfalls in Bevölkerungsnischen.

Zusammenfassend lassen sich die gegenwärtigen Entwicklungen des popularen Spiels nach zehn Aspekten ordnen:

1. Generelle Zunahme spielerischer Lebensgestaltung mit Überstrahlungseffekten auf das Arbeits- und Alltagsverhalten (populistische Inszenierung)
2. Diffusion kulturferner Spiele in lokale Spielkulturen (internationale Expansion)
3. Ausbreitung von Spielen über soziodemographische und soziokulturelle Schranken hinweg (Popularisierung von Elitespielen)
4. Intensivierung von Spielerlebnissen (Risikosuche, Rekordjagd, rauschhafte Exaltationen, multiple ›Kicks‹)
5. Verlagerung des fiktiven Spiels ins Imaginäre (Medienspiele)
6. Technologische Innovationen und Revolutionen innerhalb klassischer Spielideen (insbesondere Elektronisierung von Spielzeugen, Automatenspiele)
7. Diversifikation des Spielangebots in horizontaler (qualitative und preisliche Differenzierung identischer Spielideen), vertikaler (Merchandising von Vor- und Nachprodukten eines Spiels) und lateraler Richtung (Aufbau komplexer Spielparks)
8. Demonstrative Spielformen (Spiele dienen nicht nur der Unterhaltung, sondern dem öffentlichen Selbstausdruck)
9. Variabilität der Spielpräferenzen (das Individuum vagiert zwischen unterschiedlichen Spielen in rascher Folge)
10. Professionalisierung, Kommerzialisierung und Institutionalisierung in Medien, privatwirtschaftlichen Unternehmungen und Vereinen.

Ohne Frage werden diese Entwicklungen auch von Gegentendenzen begleitet. Pflege spielerischen Brauchtums, individuelle Selbstorganisation, weg von der quasi-industriellen Spielproduktion, Besinnung auf die spielerische Selbstfindung sind solche Antworten. Es bleibt abzuwarten, wann solche eher nischenhaften Phänomene vom gegenwärtig breiten Strom konsumatorischer Spielneigungen der Popularkultur aufgesogen werden.

Literatur

Berlyne, D. E.: *Conflict, Arousal, Curiosity.* New York 1960.
Bloom, A.: *Der Niedergang des amerikanischen Geistes.* Hamburg 1988.
Bühler, K.: *Die geistige Entwicklung des Kindes* [1924]. Jena 1932.
Buytendijk, E. J. J.: *Wesen und Sinn des Spiels. Das Spielen der Menschen und der Tiere als Erscheinungsform des Lebenstriebs.* Berlin 1933.
Caillois, R.: *Die Spiele und die Menschen* [1960]. Stuttgart/ Frankfurt a. M. u. a. 1982.
Carr, H. A.: *The Survival Values of Play.* Colorado 1902.
Chateau, J.: *Das Spiel des Kindes. Natur und Disziplin des Spiels nach dem 3. Lebensjahr.* Paderborn 1969.
Daublensky, B.: *Spielen in der Schule.* Stuttgart 1973.
Elkonin, Daniil: *Psychologie des Spiels.* Köln 1980.
Ericson, E. H.: *Kindheit und Gesellschaft.* Stuttgart 1957.
Groos, K.: *Das Spiel. Zwei Vorträge.* Jena 1922.
Gulick, H. L. *Philosophy of Play.* New York 1920.
Haase, H.: *Der Spieler zwischen Wissenschaft und Propaganda.* Düsseldorf 1992.
Hartmann, K.: »Über psychoanalytische Funktionstheorien des Spiels«. In: Flitner, A. (Hg.): *Das Kinderspiel.* München 1974. S. 76–88.
Herman, R. K.: *Gamblers and Gambling.* Lexington 1976.
Huizinga, J.: *Homo Ludens. Vom Ursprung der Kultur im Spiel* [1938]. Reinbek 1956.
Jünger, F. G.: *Die Spiele. Ein Schlüssel zu ihrer Bedeutung.* Frankfurt a. M. 1953.
Kochan, B. (Hg.): *Rollenspiel als Methode sprachlichen und sozialen Lernens.* Kronberg 1976.
Kooij, R. van der/De Groot, R.: *That's all in the Game. Theory and Research, Practice and Future of Children's Play.* Rheinstetten 1977.
Opaschowski, H. W.: »Leben nach dem Jahr 2000«. In: Schwarz, C. u. a. (Hgg.): *Marketing 2000. Perspektiven zwischen Theorie und Praxis.* Wiesbaden 1987. S. 341–364.
Piaget, J.: *Nachahmung, Spiel und Traum.* Stuttgart 1969.
Postman, N.: *Wir amüsieren uns zu Tode.* Frankfurt a. M. 1985.
Rubinstein, S. L.: *Grundlagen der allgemeinen Psychologie.* Berlin (Ost) 1961.
Rüssel, A.: »Spiel und Arbeit in der menschlichen Entwicklung«. In: Thomae, H. (Hg.): *Handbuch der Psychologie* Bd. 3, Entwicklungspsychologie. Göttingen 1972. S. 502–534.
Schiller, F.: *Über die ästhetische Erziehung des Menschen in einer Reihe von Briefen* [1795]. Stuttgart 1965.
Scheuerl, H.: *Theorien des Spiels. Erweiterte und ergänzte Neuausgabe der Beiträge zur Theorie des Spiels.* Weinheim 1975.
Schlicht, W.: *Sport und Primärprävention.* Göttingen 1994.
Smilansky, S.: *Wirkungen des sozialen Rollenspiels auf benachteiligte Vorschulkinder.* München 1973.
Spencer, H.: *Principles of Psychology.* New York 1873.
Sutton-Smith, B.: *Dialektik des Spiels. Eine Theorie des Spiels, der Spiele und des Sports.* Schorndorf 1978.
Swoboda, W. H.: »Die Diskussion um das Bildschirmspiel«. In: Schilling, F./Haase, H./Bönner, K.-H. (Hgg.): *Spielen an Automaten. Ergebnisse, Analysen, Kontroversen.* Egelsbach/ Frankfurt a. M./Washington 1995. S. 191–210.
Symons, D.: »The Question of Function: Dominance and Play«. In: Smith, E. O. (Hg.): *Social Play in Primates.* New York 1978. S. 27–36.
Tolman, E. C.: *Purposive Behavior in Animals and Men.* New York 1932.
Waelder, R.: »Die psychoanalytische Theorie des Spiels«. In: Flitner, A. (Hg.): *Das Kinderspiel.* München 1974. S. 50–61.

Henning Haase

Spielleiter

Von Spielleitern ist heute vor allem in drei gesellschaftlichen Teilbereichen die Rede: In Sport- und (Spiel-)Pädagogik (↗Sport, ↗Spiel), einschließlich Theaterpädagogik werden darunter die mal stärker erzieherisch, mal eher auf die regelgemäße Durchführung von Mannschafts- und insbesondere Ballspielen orientierten Instanzen mit juridischer und/oder pädagogischer Sanktionsmacht wie Schiedsrichter, Gruppenleiter, Übungsleiter usw. verstanden.

Dieser ältere Spielleiterbegriff wurde mit den ersten Kollektivspielen im ↗Internet in deren Terminologie übernommen. Für die Teilnahme an solchen computerbasierten Spielen muß man sich in der Regel zunächst bei einem Spielleiter – im Jargon häufig mit ›SL‹ abgekürzt – anmelden, der die Aufgabe hat, das Spielgeschehen zu sammeln und für die anderen, nicht unbedingt gleichzeitig agierenden Teilnehmer transparent zu halten. In Fantasy-Spielen organisiert er etwa die Verteilung und Konturierung der Charaktere. Häufiger als bei den in der Regel anonym oder unter Phantasienamen agierenden Mitspielern sind die SL namentlich bekannt. Sie haben meist Zugriff (access) auf zusätzliche oder hierarchisch höhere Dateigruppen und können regulierend in den Spielverlauf eingreifen.

Auch für das ↗Fernsehen ist in den letzten Jahren zunehmend von Spielleitern die Rede, wobei der Begriff entgegen seiner umgangssprachlichen Form durchaus medienwissenschaftlich-terminologischen Charakter hat. Er verweist zum einen auf die allgemeine Spieltheorie in der Tradition von Johan Huizinga (vgl. Hallenberger/Foltin 1990, S. 29 ff.) bzw. Roger Caillois (vgl. Friedrich 1991, S. 50 f.) und steht zum anderen zugleich in Opposition zu den inzwischen eher umgangssprachlich und häufig wenig präzise und reflektiert verwendeten Bezeichnungen ›Showmaster‹ oder ↗›Moderator‹. Obwohl die Tele-Spielleiter eigentlich nur eine variable Restgröße mit geringer Aktionsbreite in einem zuvor festgelegten und häufig sogar fertig eingekauften ›Format‹ sind, stehen sie mit den bei nahezu allen Sendern auf vielfältigste Weise fest verankerten Spielshows doch im Mittelpunkt eines allein schon quantitativ besonders wichtigen Programmbereichs des Fernsehens und daher in einem der traditionellen Popularkultur. Die Spielleiter stehen unter den ↗Stars des Fernsehens in der Gunst der Zuschauer zudem ganz oben (vgl. die Rankinglisten bei Strobel/Faulstich, Bd. 1, 1998, S. 18 f. und den Befund von Berghaus/Hocker/Staab 1994, S. 27).

Funktionen

Spielleiter, verstanden als lenkende Zentren von Quiz-, Spiel-, Game- oder sonstigen ↗Shows mit Wettbewerbscharakter, stellen die komplexeste unter den populären Funktionsfiguren des Fernsehens dar, da sie das gesamte Spektrum der von Anchorman, Ansager, Kommentator, Moderator oder auch Talkmaster für je einen Ausschnitt geleisteten Aufgaben insgesamt zu erfüllen haben. Sie müssen ständig zwischen diesen Spezialfunktionen hin und her changieren. Unter dieser Perspektive ist die Frage ›Was ist ein Spielleiter?‹ präziser zu formulieren als ›Die Erfüllung welcher Funktionen (im Rahmen der mit dem jeweiligen Spielshowformat gemachten Vorgaben) ist für die verschiedenen Spielleiter charakteristisch und wie sind sie damit von den anderen populären Funktionsfiguren des Fernsehens unterschieden?‹ Damit stellt sich zugleich die Frage nach einem Katalog solcher Funktionen, der – unterhalb der globalen Ebene von ›Präsentieren eines Formats‹ – umfassen könnte: Erstens das häufig *introduzierende Adressieren* (vgl. Hippel 1993) der Bildschirmzuschauer, des Saalpublikums, der Kandidaten, der Showgäste, der Kamera und verschiedenster ›Wir-Kollektive‹ wie ›Wir vom Fernsehen‹, ›Wir, die Macher-Zuschauer-Gemeinschaft‹, ›Wir hier im Saal‹, ›Wir, die Gemeinschaft der lange Aufgebliebenen‹ usw.; dann zweitens das *Moderieren* der Kandidaten, des Publikumsverhaltens, der auftretenden Künstler und Prominenten und vor allem von Übergängen zwischen den verschiedenen Teilelementen von Spielshows.

Weiter erscheinen Spielleiter aus kommunikationswissenschaftlicher Perspektive und mit Blick auf das Spielgeschehen und seine ›Situationalität‹ sowohl gegenüber den direkt Beteiligten als auch den Saal- und Bildschirmzuschauern als Vertreter der Spielregeln und damit als Garanten »kommunikativen Vertrauens« (Wulff 1994, Woisin 1989). Allerdings kollidiert diese auf verabredeten Regeln basierende Funktion von Spielleitern häufig mit dem immer erst im Nachhinein des aktuellen Spielgeschehens möglichen flexibel-normalisierenden Managens der Spielshow insgesamt. Die verabredeten Spielregeln scheinen dann nur so lange zu gelten, wie sie den flexiblen Ablauf/Fortgang der Show insgesamt nicht in Frage stellen. Als Spezialfall des *Moderierens* läßt sich nämlich – drittens – ein beständiges *Transformieren* von Ungewünschtem bzw. Unerwartetem jeglicher Art in Gewünschtes und Verwertbares feststellen. Exemplarisch ist Hans Rosenthals längst zum geflügelten Wort gewordene Saalpublikums-Frage ›Wollen wir's gelten lassen?‹, mit der auch noch so abstruse Fehlgriffe in ›richtige‹ Antworten umgemünzt werden konnten. Viertens zu nennen ist das *Animieren* der Kandidaten zu (Selbst-)Darstellung und Leistungen, der Bildschirmzuschauer zu Rückmeldungen und sogenannten ›Interaktionen‹ jeglicher Art, wie z. B. Abstimmungen per TED, und fünftens das *Orgiasmieren* der Saalzuschauer. So war es Hans Rosenthals Spezialität, die unsichtbare Abstimmung des Saalpublikums über die Kandidatenleistungen via Elektrokontakten dadurch auch für die Bildschirmzuschauer zu visualisieren, daß er mit dem eigenen Körper symbolisch lesbare Extremkurven in die Luft malte und diese häufig in Zeitlupe wiederholten Sprünge gleichzeitig prägnant verbalisierte: ›Das war Spitze‹.

Auf der Basis einer solchen Ausdifferenzierung von Einzelfunktionen lassen sich Typen von Spielleitern als je verschiedene und daher charakteristische Bündelungen, d. h. Betonung und Ausblendung von Funktionen beschreiben: etwa ein Typus des ›Provokateurs‹, der das Animieren zu Lasten des Transformierens dominant setzt, dann ein Typus des ›Normalisierers‹, der alle Aspekte des Spielgeschehens in genauem Gegensatz dazu ständig auf symbolische ›Mitten‹ und ›Durchschnitte‹, auf ↗›Alltag‹ oder ›Gewohntes‹ hin transformiert, oder der lediglich minimalistisch moderierende ›coole Anchorman‹ vom Typ eines Wim Thoelke, der das komplexe und vielschichtige Funktionsspektrum des Spielleiters in auf die Spitze getriebener Arbeitsteilung an einen ganzen Stab von Assistenten und Hintergrundfiguren wie Juristen und Themenexperten mit jeweils eng begrenzten Spezialfunktionen abgegeben hat, und schließlich die dann meist auch weiblichen ›identifikatorisch nahen‹ Spielleiterinnen wie Ulla Kock am Brink und Linda de Mol, die – als sechste wichtige Funktion – ständig das gesamte Spiel- und Showgeschehen in persönlichste Belange der Kandidaten (und umgekehrt) zu *konvertieren* haben (vgl. z. B. *Traumhochzeit*), woraus Effekte von Pathos entstehen, die diese Spielleiterinnen selbst wiederum als Hort mitfühlender Emotionalität erscheinen lassen.

Gegenüber solcher Addition von Funktionen zu charakteristischen Bündeln sind Spielleiter zudem als Orte der Verknüpfung gesellschaftlicher Teilbereiche zu beschreiben, denn die Spielleiter präsentieren sich selbst häufig als Orte der Zusammenführung von eigentlich Gegensätzlichem, von ›großem Fernsehstar‹ und ›Grundschullehrer‹ im Falle Thomas Gottschalks, von ›Freundin‹ und gleichzeitig ›exponierter Showmasterin‹ im Falle Linda de Mols. *TV Today* realisiert diese Struktur für Sat-1 Star Kai Pflaume bildlich in hartem schwarz/weiß Kontrast als ›zwei Seelen in der Brust‹ des einen Spielleiters (Luft 1998, S. 17), d. h. als gleichzeitige Behauptung zweier ein-

ander eigentlich ausschließender Positionen; das *FAZ-Magazin* für Harald Schmidt kaum anders als durchgängige Gleichzeitigkeit von Biedermann und Brandstifter (vgl. Klein 1997, S. 11–16).

Auch als Konzept von Spielshows überhaupt läßt sich herausstellen, daß Kopplungen von nicht per se miteinander verbundenen Lebensbereichen in den Vordergrund gerückt und dann im Verlauf der Show durchgespielt werden, etwa ›Politik‹ und ›Spiel‹ bei *Wetten, dass …?*. Solche Verknüpfungen erfolgen aber in erster Linie nicht durch gemeinsame Merkmale. Gottschalk stellt sich nicht hin und sagt: ›Wetten, dass …?‹-Gucken ist wie Haribo naschen, ist wie als Saalzuschauerin vom Bundeskanzler nach der Show nach Hause gefahren werden, ist wie Klassenlotterie spielen‹. Die Kopplung geschieht vielmehr innerhalb der Spielshow als ›Ineinanderschütten‹ von Themen und Sparten. Beide, Spielleiter und Spielshows, bieten damit (Lebens-)Totalitäten, wie sie die empirische Realität nicht zu bieten hat. Die Spezifik und zugleich die Popularität moderner Spielleiterfiguren ist also zu einem nicht unerheblichen Teil gerade auch in ihrer Fähigkeit zur Verknüpfung ganz unterschiedlicher Themen und mit ihnen ganz unterschiedlicher gesellschaftlicher Teilbereiche zu suchen. Auf der Ebene der das Fernsehen begleitenden Programmzeitschriften wird diese Struktur häufig weitergeführt, so daß Spielleiter zu Gegenständen werden, mittels derer sich mühelos über die verschiedensten Gegenstände kommunizieren läßt.

Entwicklung seit den 1950er Jahren

Als Vorläufer der heutigen Fernseh-Spielleiter kann man vor allem den »Conférencier« des ↗Kabaretts ansehen. Manche Spielleiter der ersten Fernsehstunde, etwa Peter Frankenfeld, haben ihre primären Bühnenerfahrungen im Kabarett der 1930er Jahre gemacht und viele Strukturelemente daraus für ihre Spielleitertätigkeit übernommen (vgl. Strobel/Faulstich 1998, Bd. 1, S. 28 f.). Der gleichermaßen aus anthropologischer, theatergeschichtlicher, linguistisch-kommunikationswissenschaftlicher und auch kulturhistorischer Perspektive konstatierte ›Despotismus‹ von Spielleitern (vgl. Sprenger 2001) läßt sich bis zum ›Master of Ceremony‹ des (höfischen) ↗Theaters zurückverfolgen.

In diachroner Betrachtung der Funktionen von Spielleitern läßt sich für die Zeit seit 1954 eine entsprechende Entwicklungslinie von den beständig schulmeisternden Bildungslehrern Hans-Joachim Kulenkampff (vgl. Herzogenrath 1991, Strobel/Faulstich 1998, Bd. 1, S. 81–107), Heinz Maegerlein (*Hät-*

ten Sie's gewusst?) oder Helmut Lange (*Kennen Sie Kino?*) in den 1960er und 1970er Jahren über Michael Schanze und Frank Elstner, letzterer eine Art modernisierter ›Kuli‹, in den 1980er und Thomas Gottschalk, Johannes B. Kerner, Kai Pflaume und anderen in den 1990er Jahren als modern-moderaten Unterhaltern der Mittelmäßigkeit und vor allem ›Darstellern in eigener Sache‹ (Nutt 1993, S. 58) ausmachen, bis hin zum satirischen Harald Schmidt auf der anderen Extremposition der Entwicklungslinie.

Demgegenüber stellt Faulstich Typenkreise auf, die eher am jeweiligen Star-Image (↗ Image) orientiert sind (vgl. Strobel/Faulstich 1998, Bd. 4, S. 202–207), und zeichnet ihre Entwicklung vom Beginn des deutschen Nachkriegsfernsehens bis heute nach. Dabei sieht er eine zunehmend komplexer werdende Ausdifferenzierung von »vier Grundtypen des deutschen Fernsehstars«, die zugleich immer neue Kombinationsmöglichkeiten eröffnet habe: Ausgehend von der Quartas »Entertainer« wie Caterina Valente und Vico Torriani, »Präsentatoren« wie Peter Frankenfeld ab 1958, »Quizmaster« wie Robert Lembke oder Hans-Joachim Kulenkampff und »Moderatoren« wie dem frühen Frankenfeld bis 1958, sieht Faulstich Evolutionsphasen beginnen mit a) der ab 1963 neu entstehenden ARD/ZDF-Konkurrenz, b) einer Phase der »Ausdifferenzierungen, Verschiebungen, Überlappungen« ab 1974 und c) einer seitdem zu beobachtenden erneuten Phase der »Modifikation der Grund- und Ergänzungstypen« um »Plauderer« wie Thomas Gottschalk und Alfred Biolek oder den »singende[n] Moderator« Michael Schanze.

Die Typisierung der Fernsehstars macht auch deutlich, daß der Tele-Spielleiter eine Domäne der Männer ist. In geschlechtsspezifischer Perspektive erweist er sich als Ort, durch den über die genannten Funktionen auch das Geschlechtermißverhältnis sowie Männlichkeits-/Weiblichkeitsvorstellungen tradiert werden. Das introduzierende Adressieren etwa gilt nicht immer den Zuschauern insgesamt, sondern manchmal nur den weiblichen Zuschauerinnen, oft jedoch allein dem ›Wir‹ des Spielleiter-Zuschauer-Männerbundes. Das Moderieren eines Kandidaten oder einer Kandidatin und das Transformieren ihrer jeweiligen Leistungen (re-)produziert dann häufig Geschlechterdifferenzen und -hierarchien. Dieser Funktion des Geschlechtertradierens entspricht als formatspezifisches Showelement die Inszenierung der Beziehung Spielleiter/Assistentin. Die seit Anfang der 1990er Jahre zu beobachtende Tendenz, daß Spielshows ihren Quiz- und Wettbewerbscharakter stärker mit Emotionen und dem Testen von Beziehungskonstellationen verkoppeln, geht mit einer deutlich sichtbaren Erhöhung des Anteils der Frauen unter den Spielleitern (vgl. Röser 1995) einher.

Aktuelle Tendenzen

Die aktuellsten Entwicklungstendenzen zeigen zum einen eine Übernahme von Spielleiterfunktionen in andere ↗ Genres der Fernsehunterhaltung (↗ Unterhaltung). Endeten die Überraschungsmomente in den Spielshows von Rudi Carrell in fast therapeutischen Szenarien, so läßt sich umgekehrt zeigen, daß die in Daily-Talks geschaffenen, quasi-therapeutischen Situationen von Kandidaten, ↗ Publikum und Moderatoren zunehmend als Spiel um möglichst große Redeanteile aufgefaßt werden (vgl. Niehaus 2001). Für Sportsendungen läßt sich die Verdoppelung des Geschehens in ein ›Sportspiel‹ und ein ›Gesellschaftsspiel‹ konstatieren, häufig präsentiert durch arbeitsteilig operierende Spielleiterduos, von denen der eine Elemente des Spielleiters aus dem sportpädagogischen Feld aufgreift – z. B. eine eigene juridische Interpretation des Sportgeschehens liefert –, der andere typische Elemente von Gameshow-Spielleitern übernimmt, z. B. die Kommentare der ersten Ebene in die des Gesellschaftsspiels transformiert (vgl. Adelmann/Stauff 2001).

Zum anderen kann als ebenfalls neuere Entwicklung die Tendenz zur ›Normalisierung‹ gelten, die es Kandidat, Spielleiter, Saal- und Bildschirmzuschauer ermöglicht, sich selbst zu symbolischen ›Mitten‹, ›Alltäglichkeiten‹ oder ›Normalfeldern‹ in Relation zu setzen (vgl. Parr 2001). Spielleiter bringen ständig die verschiedensten inhaltlichen Füllungen solcher symbolischer ›Mitten‹ ins Spielgeschehen ein, d. h. sie machen ständig Vorschläge, Normalfelder mal rechts und links, mal oberhalb und unterhalb statistischer Durchschnitte, Normativitäten, Alltäglichkeiten, Üblichkeiten, Regelmäßigkeiten, Rituale und Routinen zu errichten. Spielshows und Spielleiter bieten dann zweierlei gleichzeitig: die Lust am Exzeptionellen, an De-Normalisierung und die Versicherung von Normalität. Normalitätsproduktion jeglicher Art zu managen ist dann die vielleicht vorrangigste Funktion von Spielleitern unter den Bedingungen einer seit etwa 1988 vermehrt als permanente De-Normalisierung erfahrbaren faktischen Lebensrealität.

Literatur

Adelmann, R./Stauff, M.: »Spielleiter im Fernsehsport«. In: Parr/Thiele 2001. S. 154–186.

Berghaus, M./Hocker, U./Staab, J. F.: »Fernseh-Shows im Blick der Zuschauer. Ergebnisse einer qualitativen Befragung zum Verhalten des Fernseh-Publikums«. In: *Rundfunk und Fernsehen* 42, 1 (1994) S. 24–36.

Friedrich, P.: »Der Ernst des Spiels. Zur Semantik des Negativen in Quiz- und Gameshows«. In: Tietze, W./Schneider, M. (Hgg.): *Fernsehshows. Theorie einer neuen Spielwut.* München 1991. S. 50–79.

Graventa, A.: *Showmaster, Gäste und Publikum. Über das Dialogische in Unterhaltungsshows.* Bern u. a. 1993.

Hallenberger, G./Foltin, H.-F. (Hgg.): *Unterhaltung durch Spiel. Die Quizsendungen und Game Shows des deutschen Fernsehens.* Berlin 1990.

Herzogenrath, C.: *Hans-Joachim Kulenkampff im deutschen Fernsehen. Charakteristische Formen der Moderation.* Bardowick 1991.

Hippel, C.: »Vorbemerkungen zu einer Theorie der Adressierung«. In: Hügel, H.-O./Müller, E. (Hgg.): *Fernsehshows. Form- und Rezeptionsanalyse. Dokumentation einer Arbeitstagung an der Universität Hildesheim. Januar 1993.* Hildesheim 1993. S. 82–90.

Klein, H.: »Harald Schmidt«. In: *Frankfurter Allgemeine Magazin,* 16. 5. 1997. S. 11–16.

Luft, M.: »Der wahre Kern von Pflaume. … Die Karrierestationen des TV-Stars beobachtete: Marcus Luft«. In: *TV Today* 22 (24.10.–6. 11. 1998) S. 15–17.

Niehaus, M.: »›Action talking‹ und ›Talking cure‹ – Der Spielleiter als Therapeut.« In: Parr/Thiele 2001. S. 135–153.

Nutt, H.: »›Geh aufs Ganze‹. Anmerkungen zu Gameshows im Fernsehen«. In: Hügel, H.-O./Müller, E. (Hgg.): *Fernsehshows. Form- und Rezeptionsanalyse. Dokumentation einer Arbeitstagung an der Universität Hildesheim, Januar 1993.* Hildesheim 1993. S. 57–65.

Parr, R./Thiele, M. (Hgg.): *Gottschalk, Kerner & Co. Funktionen der Telefigur ›Spielleiter‹ zwischen Exzeptionalität und Normalität.* Frankfurt a. M. 2001.

Parr, R.: »Blicke auf Spielleiter – strukturfunktional, interdiskurstheoretisch, normalistisch.« In: Parr/Thiele 2001. S. 13–38.

Röser, J.: *Fernsehshows der 90er Jahre. »Alles Männer … oder was?«.* Münster/Hamburg 1995.

Sprenger, V.: »Despoten auf der Bühne – Regulation und Kontrollverlust in der Inszenierung von Macht.« In: Parr/Thiele 2001. S. 189–208.

Strobel, R./Faulstich, W.: *Die deutschen Fernsehstars.* 4 Bde. Göttingen 1998.

Woisin, M.: *Das Fernsehen unterhält sich. Die Spiel-Show als Kommunikationsereignis.* Frankfurt a. M. u. a. 1989.

Wulff, H.-J.: »Situationalität, Spieltheorie, kommunikatives Vertrauen: Bemerkungen zur pragmatischen Fernseh-Analyse.« In: Hickethier, K. (Hg.): *Aspekte der Fernsehanalyse. Methoden und Modelle.* Münster/Hamburg 1994. S. 187–203.

Rolf Parr/Matthias Thiele

Spion

»The thrillers are like life […] The world has been remade by William Le Queux«, läßt Graham Greene eine Romanfigur in *The Ministry of Fear* sagen, und benennt mit Le Queux einen Autor, der den Beginn des englischen Spionageromans markiert. Daß der Spionageroman ›factfiction‹ ist, etwas mit der Wirklichkeit der Spionage, dem ältesten, oder zweitältesten, Gewerbe der Welt, zu tun hat, macht ihn für viele Leser so reizvoll. Beinahe nichts, was sich die Autoren des ↗ Genres ausgedacht haben, ist nicht irgendwann Realität geworden (man könnte Analogien zur Science-fiction ziehen). Angeblich soll das russische KGB Ian Flemings James-Bond-Romane als Schulungsmaterial verwendet haben.

Es hat nicht an Versuchen gefehlt, Spionageromane vor William Le Queux, Edward Phillips Oppenheim, Erskine Childers und John Buchan in der englischen Literatur und Subliteratur zu finden, aber als voll entwickeltes Genre taucht der Spionageroman erst im spätviktorianischen Zeitalter auf. Er begleitet Englands imperiale Größe und kommentiert Englands Niedergang. Man kann 100 Jahre englischen Spionageromans auch als Seismograph für englische Werte und kollektive Neurosen verstehen. Der Spionageroman ist eine durchweg englische Literaturgattung; zwar lassen sich von einem bestimmten Zeitpunkt ab in beinahe allen Literaturen Spionageromane finden, sie bleiben aber in den meisten Fällen Derivate. Der Geheimagent findet sich auch in allen Sorten von TV-Serien (↗ Serie) und Literaturverfilmungen (die von Hitchcock bis Arnold Schwarzenegger reichen), in denen er sich wie »James Bond« kulthaft verselbständigen kann. Im Bereich des Dramas ist Alan Bennett der einzige, der in Theaterstücken wie *The Old Country, An Englishman Abroad* und *A Question of Attribution* literarisch überzeugenden Gebrauch von der Figur des Agenten gemacht hat.

Schon lange vor dem spätviktorianischen Spionageroman haben wir schriftliche Zeugnisse, die von Spionen handeln. Delilah war eine Agentin der Philister, Moses schickte zwölf Spione nach Kanaan – die Bibel ist voller Spione (auch die ersten Belege des Wortes *spy* in der englischen Sprache entstammen der Bibel). Aber nicht nur die Bibel, auch die Texte der Geschichtsschreibung bieten uns Geheimagenten und Spione. Alfred der Große schleicht sich als Barde verkleidet in das Lager der Dänen, um es auszuspähen: Beinahe jede historische Darstellung der Spionage präsentiert als eine Art Exordialtopos eine Liste von mythischen und historischen Personen, die als Agenten tätig waren. Vom Geheimdienst der Ägypter über den ersten englischen Geheimdienst unter der Leitung von Sir Francis Walsingham zur Zeit Elisabeths I. bis zur Gründung von MI5 und MI6 im 20. Jh. ist eine lange Zeit, die voll von Berichten über Geheimagenten ist. Ähnlich wie Dorothy Sayers in *Great Short Stories of Detection, Mystery and Horror* (1928) Vorläufer der Detektiverzählung in den Apokryphen, der *Aeneis* und bei Herodot gefunden hat, könnte man solche Erzählungen und Berichte als Vorläufer des Spionageromans sehen.

Die Übereinstimmung des Spionageromans des

20. Jh. mit der Realität von Geheimdiensten und Agenten (vgl. Lenz 1987) beruht sicher auch auf der Tatsache, daß viele Autoren (wie John Buchan, Compton Mackenzie, Graham Greene, Ian Fleming und John le Carré) aus eigener Erfahrung intime Kenntnisse der Welt der Geheimdienste hatten. Die Geheimdiensttätigkeit der Autoren ist keine *conditio sine qua non*, um Spionageromane zu schreiben, sie kann aber für den Hauch von Authentizität bürgen.

Der Geheimagent als literarische Figur, der als ›cultural hero‹ Englands ähnliche Dimensionen annimmt wie der amerikanische Cowboy, betritt die Bühne in dem Augenblick, in dem die Figur des ↗ Detektivs literarhistorisch schon ihren ersten Höhepunkt erreicht hat. Sowohl bei der Form des Romans als auch dessen ↗ Held werden wir ›crossovers‹ verzeichnen können, die eine klare definitorische Abgrenzung von Spionageroman, Detektivroman und Thriller häufig schwer machen, zumal die genau definierte Tätigkeit des Geheimagenten als Spion/ Gegenspion in den meisten Romanen des Genres unscharf bleibt. In politischen Krisenzeiten werden auch beliebte und etablierte Detektive im (Geheim-) Dienst ihrer Majestät tätig werden.

Spionageromane sind, wie Detektivromane, ›formula fiction‹. Selbst in den Werken, in denen der Roman das Genre transzendiert (wie bei Graham Greene und John le Carré), scheinen die Reste der ›formula‹ durch. Man kann den Begriff ›formula fiction‹ zur Abqualifizierung des literarischen Produkts verwenden, man kann ihn aber auch, und das haben Cawelti (1976) und Sauerberg (1984) gezeigt, strukturell funktional machen. John Buchan hatte *The Thirty-Nine Steps* als ›romance‹ bezeichnet und damit die Grundlage für die Gattung benannt. Northrop Fryes Definition der ›romance‹ in *Anatomy of Criticism*: »The essential element of the plot in romance is adventure, which means that romance is naturally a sequential and processional form [...]. At its most naive it is an endless form in which a central character who never develops or ages goes through one adventure after another until the author himself collapses. We see this form in comic strips where the central characters persist for years in a state of refrigerated deathlessness« (1990, S. 186), schließt auch den Spionageroman ein und sicherlich die meisten Formen populärer Literatur, ›comic strips‹ (↗ Comic) inklusive. Auf dieser abstrakten Ebene der ›romance‹ haben natürlich auch die Helden des Spionageromans Eigenschaften, die man auf Märchen, mittelalterliche Ritterromanzen, auf das altenglische Beowulf-Lied, griechische oder nordische Heldensagen zurückführen kann. Joseph Campbell hat mit *The Hero with a Thousand Faces* die Basis für derartige

Untersuchungen gelegt (man könnte auch Sir James George Frazer, Jessie L. Weston oder C. G. Jung heranziehen). Diese Verwandtschaft teilt der Geheimagent mit vielen Figuren der populären Literatur, was ihn aber unverwechselbar macht, sind nicht die archetypischen Strukturen, sondern die Nuancen der spezifisch englischen Rolleneinkleidung.

Krisenliteratur

Der Held des frühen Spionageromans, sei es in *The Battle of Dorking* (1871), *The Riddle of the Sands* (1903) oder *The Thirty-Nine Steps* (1915), ist immer ein Gentleman, ein Idealbild der viktorianisch-edwardianischen Epoche (vgl. Grella 1967). Das Zeitalter der Königin Viktoria hatte den Gentleman als Ideal der bürgerlichen Mittelklasse hervorgebracht, ein seltsames Produkt von Begeisterung für die ›chivalry‹ des Mittelalters (vgl. Girouard 1981) und der ›muscular Christianity‹ und dem Sportsgeist der englischen Public Schools (vgl. Howarth 1973). Die Appellation an Public-School-Ideale, den Mythos der Eliteuniversitäten, das Nennen vornehmer Clubs (Richard Usborne ist von *Clubland Heroes* sprechen) und Garderegimenter, die Hervorhebung der ›richtigen‹ Londoner Adresse, des ›richtigen‹, klassenspezifischen Akzents, die Betonung eines unfehlbaren sartorialen (und kulinarischen) Geschmacks wird hundert Jahre lang den Spionageroman durchziehen. Selten seit Marcel Proust ist der langsame Tod einer Oberklasse mit ihren Manieren und Manierismen so minutiös beschrieben worden wie im englischen Spionageroman. Und das nicht nur bei Autoren wie John Buchan, Dornford Yates und Ian Fleming, die ›class consciousness‹ ist bei den Autoren des neueren, realistischen Spionageromans beinahe noch stärker ausgeprägt. Auch wenn die ›working class heroes‹ bei John le Carré, der anonyme Held Len Deightons oder Brian Freemantles Charlie Muffin als gesellschaftliche Parias gegen das Establishment der Gentlemen revoltieren, wirken sie nur wie eine verspätete Auflage der Angry Young Men, die den Klassenkampf neu inszenieren. Der Leser von englischen Spionageromanen möchte nicht nur alle internationalen Konflikte zugunsten des Westens (sprich England) gelöst sehen, er möchte auch die angeschlagenen englischen Werte noch einmal verteidigt sehen in dieser permanenten Götterdämmerung des englischen Establishments. Romane sind auf vielen Ebenen lesbar, auch Spionageromane. Zwei Aspekte machen deren besondere Anziehungskraft aus: Sie sind Krisenliteratur (vgl. Harper 1969), und ihre Helden fungieren als Stellvertreter des Lesers. Frühe Spionageromane handeln noch nicht von einem Professional wie James Bond, sondern haben als Helden einen Amateur-Jedermann, der in internationale Konflikte und Verschwörungen hereingezogen wird. ›Tua res agitur‹ könnte auf der Titelseite jedes dieser Romane stehen.

Immer wieder müssen die Helden des Spionageromans die Brüchigkeit von Werten und Loyalitäten erkennen, das Krisenhafte ihrer Existenz und das Chaos, das sich hinter der scheinbar wohlgeordneten Welt der ›middle class‹ verbirgt. Diese Entwurzelung des Helden, seine Identitätskrise, seine Einsamkeit, sein Geworfensein in das Chaos einer nicht mehr heilen Welt (Themen, die wir bei Ambler und Greene wiederfinden, aber auch bei Deighton und le Carré), das sind Themen der Moderne. Das Erschrecken des Helden ist unser Erschrecken, aber eine derart existentialistische Literatur hätte wenig Chancen auf kommerziellen Erfolg, wenn wir als Leser nicht wüßten, daß unseren Stellvertreter, den Geheimagenten, ein ›happy ending‹ erwarten wird. Die Gattungskonventionen der Auseinandersetzung zwischen Gut und Böse, des melodramatischen Siegs des Guten am Ende des Romans, ruinieren die Chancen des Spionageromans, zu der Krisenliteratur des »Age of Anxiety« (W. H. Auden) zu werden. Erst der realistische Spionageroman der 1960er Jahre wird das ändern. Für Alec Leamas in The spy who came in from the cold gibt es kein ›happy ending‹ mehr.

Der Gentleman als Serienheld

Richard Hannay ist John Buchans (1875–1940) erster Serienheld im Bereich des Spionageromans. Daß heute kaum jemand in Deutschland diesen Namen kennt, während ein fiktiver James Bond in aller Munde ist, soll nicht darüber hinwegtäuschen, daß Buchan in den ersten 40 Jahren des 20. Jh. ein vielgelesener und beachteter Autor war und die Wertvorstellungen seines Helden Generationen von Engländern beeinflußt haben (Usborne 1974, S. 81–99). James Bond ist ein ironisches Marketingprodukt, das Eigenleben gewonnen hat. Richard Hannay war England. Buchan ist ein Erzähler in der großen schottischen Tradition von Sir Walter Scott und Robert Louis Stevenson. Er kann atemberaubend erzählen, aber seine Helden sind ein wenig eindimensional. Doch gerade das Plakative einer Sprachrohrfigur für die Oberklassenideologie des englischen Gentleman macht Hannay zum idealen ersten Serienhelden der Spionageliteratur. Buchan transportiert Scotts Formel aus Waverley, der ›novel of flight & pursuit‹, in das 20. Jh. Und Alfred Hitchcock wird davon so

begeistert sein, daß er diese Formel zur Basis seiner filmischen Thriller macht. Selbst North by Northwest ist nichts als ein Remake von The Thirty-Nine Steps.

Buchan legt in seinen Romanen eine Vielzahl von Elementen fest, die wir nicht nur bei seinen Bewunderern wie Graham Greene oder Michael Innes (The Secret Vanguard) finden, sondern die in Variationen konstitutiv für den Spionageroman des 20. Jh. werden: die internationale Verschwörung gegen England, die Personifizierung des Bösen (vielleicht ein Ableger von Doyles »Napoleon of Crime« Professor Moriarty), die Rettung des Vaterlands in letzter Sekunde, Nebenfiguren, die dem Helden in auswegloser Lage helfen (vgl. Sauerberg 1984, S. 128–131: »the hero's helpers«), schneller Wechsel der Schauplätze, detaillierte Beschreibung der Welt der Upper Class. Und die Situation der Vergabe des Auftrags an Hannay durch den Chef des Geheimdienstes in Greenmantle (1916) wird sich als Romananfang in allen James Bond-Romanen finden.

Phantasiefiguren

Spionageromane sind, wie alle populäre Literatur, Ideologieträger; Buchans puritanische Ideologie eines Upper Class-England ist da noch die harmloseste. Problematisch wird es allerdings bei den Bulldog-Drummond-Romanen von »Sapper« (i. e. Herman Cyril McNeile 1888–1937). Der pensionierte Colonel schuf mit seinem Gentlemanhelden Bulldog Drummond eine ›fantasy figure‹, die vielen englischen Kritikern als direktes Vorbild für James Bond erschien. Im ersten Bulldog-Drummond-Roman 1920 versucht ein ›master criminal‹ namens Carl Peterson (die Nähe zu einer Figur wie Flemings Ernest Stavro Blofeld liegt auf der Hand) mit einer Organisation, die nicht vor Gewalt und Totschlag zurückschreckt, die gesamte englische Wirtschaft zu ruinieren. Die Bolschewisierung Englands wird nur durch den Gentleman und Ex-Offizier Drummond und (›the hero's helpers‹) befreundete Offiziere und ehemalige Soldaten seines Regiments verhindert. Die Geschichte ist nicht ganz neu, die Fu-Manchu-Romane von Sax Rohmer boten ähnliches, und Leslie Charteris wird mit seinem Helden Simon Templar, »The Saint« (Roger Moore spielte ihn in der TV-Serie der 1960er Jahre, bevor er James Bond wurde), die Formel unwesentlich variieren. Die Feinde Englands verwenden bei Sapper hochmoderne Technik, in The Final Count (1926) plant der Erzschurke Peterson, aus einem Zeppelin Unmengen tödlichen Nervengifts über England abzuwerfen – wir werden das Motiv leicht abgewandelt in Flemings Moonraker wiederfinden. Populäre Figuren wie »Zorro« oder »The Scarlet Pimpernel« mögen ja liebenswerterweise fiktional Recht und Ordnung wiederherstellen, bei Sapper bekommen die Taten von Bulldog Drummond und seiner schwarzen Truppe eindeutig etwas Faschistoides. Und sie sind voller Gewaltdarstellungen, einem Phänomen der Massenliteratur, dem George Orwell 1944 in seinem Essay »Raffles and Miss Blandish« noch mit schöner moralischer Entrüstung begegnen konnte. Er wußte nicht, zu welchen Formen Unterhaltungsliteratur und TV (↗ Fernsehen) in der zweiten Jahrhunderthälfte noch fähig sein würden. Gewaltdarstellungen können als eine Art Ersatzhandlung eine Katharsis bedeuten, die potentielle Gefahr von Nachahmungshandlungen ist allerdings heute nicht zu unterschätzen (vgl. Twitchell 1989).

Die 1920er und 1930er Jahre bringen neben Sapper und anderen (z. B. Dornford Yates oder Bruce Graeme) noch eine andere Form des Spionageromans, deren Helden sich kaum für eine Genealogie der populären Heldenfiguren eignen, da das Hauptaugenmerk dieser realistischen Romane (z. B. Eric Ambler, Somerset Maugham, Graham Greene) auf der ›great tradition‹ des englischen Romans liegt, nicht auf der im 19. Jh. entstandenen Nebenlinie der melodramatischen ›sensational novel‹, als deren Fortsetzung die ›shockers‹ und ›thrillers‹ gesehen werden können. Je plakativer der Held wird, desto eher kann er kann ein vom Marketing und ›spin off‹-Produkten von ↗ Film und TV genährtes Eigenleben führen.

James Bond

James Bonds erster Auftritt verlief, gemessen an seinem heutigen Status als ›cultural hero‹, eher unspektakulär. Die Verkaufzahlen des ersten Romans berechtigten nicht zu der Annahme, daß der Marineoffizier mit der Doppelnull zum weltweit populärsten Helden der Unterhaltungsindustrie werden sollte. Ian Fleming (1908–1964) hatte seine Romane in schöner Bescheidenheit als ›straight pillow fantasies of the bang-bang, kiss-kiss variety‹ bezeichnet. Er hat den Einfluß von Sappers Bulldog Drummond zurückgewiesen (aber den von E. Phillips Oppenheim und Sax Rohmer zugegeben) und sah seine Romane und seinen Helden in der Tradition der amerikanischen ›hard-boiled school‹, sprich Raymond Chandler (mit dem er befreundet war) und Dashiell Hammett. Literarhistorisch ist Bond keine neue Figur, die Elemente der Romane sind schon bei Sapper, Peter Cheyney oder Mickey Spillane angelegt, und eine ähnliche Codenummer hatte schon der

Agent OSS 117 des Franzosen Jean Bruce. An der Figur James Bond ist die Rezeption durch ↗ Publikum und Kritik und die Vermarktung besonders interessant. Als die Schweizer Uhrenmarke Moeris 1966 ein Uhrenmodell »James Bond 007« auf den Markt brachte (Sean Connery trug eine Rolex Submariner – 30 Jahre später wird Omega für eine Uhr mit »James Bond's Choice« werben), war der Markt schon voll von Produkten, die den Namen ›James Bond‹ trugen, von Anzügen bis zum Rasierwasser, wenig bekleidete »Bond Girls« wurden zum festen Repertoire des *Playboy* (Cover-stories: November 1965, Juli 1979, September 1987). Im Dezemberheft 1997 druckte das britische *GQ* unter dem Titel »Live and Let Buy« eine Liste von 35 Kultobjekten, die man auch heute noch kaufen kann, und im September 1998 gelangten bei Christie's in London 250 Devotionalien aus der Welt James Bonds zur Versteigerung. Bücher wie *The Ultimate James Bond Trivia Book* (1996) erfreuen sich der Beliebtheit ebenso wie der 1996 erschienene Band *Dressed to Kill: James Bond The Suited Hero* (gesponsert von Brioni, dem Schneider der Anzüge von Pierce Brosnan), der den bisherigen Höhepunkt der Bond-Verehrung darstellt. Flemings Romane mochten in den 1950er Jahren neu und modern wirken, das Weltbild stammt in diesen modernen Märchen des Kalten Krieges immer noch von der Jahrhundertwende (vgl. Hindersmann 1995, S. 148–155). Dennoch belebten die Romane als Synergie-Effekt das Genre neu und avancierten zur Lieblingslektüre John F. Kennedys. Auch wenn sie zuerst nur zu derivativen Varianten (z. B. William Haggard, »the adult's Ian Fleming«), Satiren wie John Gardners Boysie Oakes-Romanen (*The Liquidator*) und Imitationen wie Kingsley Amis' (als »Robert Markham«) *Colonel Sun* oder den Bond-Romanen von John Gardner führten. Daß die Romane Flemings und sein Held ironischer, intelligenter und doppelbödiger sind als viele der Verfilmungen, wird all den Kritikern verborgen bleiben, die nicht das englische Original lesen.

The Sixties: Len Deighton

In den frühen 1960er Jahren, als Sean Connery als Inkarnation Bonds erste Triumphe auf der Leinwand feierte (was auch immense Auflagenzahlen der Romane Flemings bedeutete), traten in England zwei neue Autoren in Erscheinung, die den Status und die Form des Spionageromans wirklich verändern sollten, John le Carré und Len Deighton. Gegen Len Deightons *The Ipcress File* (1962) wirkten die Romane Flemings antiquiert. *The Ipcress File* (von Fleming als »the thriller of the year« bezeichnet, wenig später aber sollte er *Funeral in Berlin* als »kitchen sink writing« abqualifizieren) spiegelte das ›Swinging London‹ wider; und Deighton und le Carré hatten noch auf eine andere Weise die Hand am Puls der Zeit. Beinahe monatlich wurde die Nation durch Geheimdienstskandale erschüttert, die bis in die Chefetagen von MI5 und MI6 reichten. Namen wie Kim Philby, Guy Burgess, Donald Maclean und Sir Anthony Blunt füllten die Schlagzeilen, der Satz vom ›Abgrund an Landesverrat‹ traf auf Großbritannien zu. Nichts war mehr heilig im Heiligsten des Establishments. Die Gralshüter der englischen Werte entpuppten sich als Trinker, Homosexuelle und KGB-Agenten. Die Enthüllungen von Phillip Knightley in der *Sunday Times* lasen sich, als hätte John le Carré das Drehbuch für die Wirklichkeit geschrieben. Zeitgemäßer als in dieser Zeit konnte der Spionageroman nicht mehr sein, und es ist sicherlich ein Glücksfall, daß er in le Carré und Deighton zwei kompetente Autoren gefunden hatte, die dem Phänomen des nationalen Hochverrats literarisch adäquat begegneten.

Wenn auch die drei Bernard-Samson-Trilogien (*Game, Set, Match* 1983–1985, *Line, Hook, Sinker* 1988–1990 und *Faith, Hope, Charity* 1994–1997) nicht mehr die Qualität der frühen »Harry Palmer«-Romane (*The Ipcress File, Horse Under Water, Funeral in Berlin, Billion Dollar Brain*) haben, so muß man doch die Originalität der ersten Romane Deightons bewundern. Die Personifikation des anonymen Romanhelden durch Michael Caine in den Verfilmungen (durch den gleichen Produzenten, der auch die James-Bond-Filme herausbrachte) bewirkten einen regelrechten Fan-Kult (↗Fan, ↗Kult) in England, aber eben nur in England: Dieser Held war zu intellektuell und kompliziert, als daß er exportiert werden konnte. Während das Lob vieler national berühmter Kritiker und Institutionen durchaus echt war, lobten in dieser Zeit auch viele Kritiker Len Deighton, weil sie Ian Fleming nicht ausstehen konnten und seine Romane als einen Gegenpol empfanden. Deightons anonymer Held war der verkörperte Zeitgeist, er war ebenso neu wie die Beatles – und er war ein ›working class hero‹! Zum ersten Mal in der Geschichte des Spionageromans war der Geheimagent jemand, der (ebenso wie sein Autor) nicht die Eton-Oxbridge-Karriere gemacht hatte. Die literarischen Ahnen dieses lakonischen und schlagfertigen gesellschaftlichen Außenseiters sind neben den Romanhelden der Angry-Young-Men-Bewegung eher in der amerikanischen 'hard-boiled school‹ zu suchen als bei Buchan oder Fleming (der sich ja auch darauf berufen hatte). Hammetts namenloser »Continental Op«-Detektiv

ist in seiner desillusionierten ›toughness‹ Deightons Helden näher als Chandlers romantischer Ritter Philip Marlowe. In den frühen Romanen erzählt der Ich-Erzähler die Story kryptisch und elliptisch, mit Fußnoten, Kreuzworträtseln, Schachregeln und Horoskopen – die Romane, deren Stil der Sprachkunst von Raymond Chandler viel verdankt, nahmen etwas vorweg, was 20 Jahre später als Errungenschaften des postmodernen Erzählens gefeiert wurde. Der Erzähler selbst ist, im Gegensatz zu Richard Hannay und so vielen Helden des Spionageromans, keine moralisch bewertende Instanz mehr.

John le Carré

Leser, die sich nach einem Mehr an auktorialem Kommentar und moralischen Kategorien in der Welt des Verrats sehnten, waren mit Deightons Zeitgenossen John le Carré gut bedient. Le Carré ist als legitimer Nachfolger von Graham Greenes ›entertainments‹ bezeichnet worden, und sein über 30 Jahre umspannendes Werk ist inzwischen von reichhaltiger Sekundärliteratur (vgl. Schmid 1998) abgesicherte akzeptierte Hochliteratur. Auch den Fall der Mauer und den Zusammenbruch der Sowjetunion mit dem Wegfall der alten Feindbilder haben die Romane überlebt. Der Moralist le Carré hat es in seinen neuesten Romanen verstanden (nachdem er seinen Serienhelden George Smiley mit *The Secret Pilgrim* 1990 aufgegeben hatte), sich den neuen Gegebenheiten anzupassen. Die Welt des Geheimdienstes ist nunmehr eine Welt, die, anders als in der Smiley-Saga, keine Sicherheit mehr bietet. George Smiley begann sein literarisches Leben in le Carrés melodramatischem Erstling *Call for the Dead* (1961) dem eine achtseitige Vita, »A brief history of George Smiley«, beigegeben war. In le Carrés erstem realistischen Spionageroman *The spy who came in from the cold* (1963) spielt er nur eine Nebenrolle. Die voluminöse Smiley-Saga (*Tinker Tailor Soldier Spy, The Honourable Schoolboy, Smiley's People*) kann als eine Art *Forsyte Saga* des englischen Geheimdienstes gesehen werden. Smiley ist in diesen Romanen die einzige ehrliche und moralische Instanz in einer Welt von Verrat und Betrug. Die Romane zeigen strukturelle Ähnlichkeiten zum Artusroman: Die Ritter der Tafelrunde als Geheimdienstoffiziere, deren Welt wie in Sir Thomas Malorys *Le Morte Darthur* zusammenbricht. Le Carré hat in vielen Interviews keinen Hehl aus seiner sozialistischen Überzeugung und seiner Verachtung der englischen Oberklasse gemacht, aber dennoch sind die Sympathieträger dieser Romane ebenso wie ihr Autor Produkte der Public Schools und Repräsentanten eines Gentlemanideals, das von Buchans Helden nur graduell verschieden ist.

Es ist ein Kennzeichen der ›formula fiction‹, daß sie die Welt zu ordnen versucht. Wie Raymond Chandlers unzeitgemäßer ritterlicher Held Philip Marlowe in einer unheroischen Welt Recht und Gerechtigkeit wiederherzustellen versucht, so versucht George Smiley, eine verlorene Ordnung im Geheimdienst (= England) wiederherzustellen. Es ehrt le Carré, daß er diese Formelhaftigkeit aufgegeben hat und mit den Romanen von *The Russia House* (1989) bis *The Tailor of Panama* (1996) zu den Anfängen von *The Spy who Came in From the Cold* und *The Looking-glass war* zurückgekehrt ist. Er hat dem Genre und dessen Helden neue Dimensionen gegeben und zugleich gezeigt, daß die einst so geringgeschätzte ›formula fiction‹ eine Art Chamäleon der populären Literatur ist, beständig wandlungsfähig und anpassungsfähig an Ideologien und Ideale der jeweiligen Zeit.

Literatur

Amis, K.: *The James Bond Dossier*. London 1965.
Atkins, J.: *The British Spy Novel*. London 1984.
Becker, J.P.: *Der englische Spionageroman*. München 1973.
Bennett, T./Woollacott, J: *Bond and Beyond: The Political Career of a Popular Hero*. London 1987.
Cawelti, J.G.: *Adventure, Mystery, and Romance: Formula Stories as Art and Popular Culture*. Chicago 1976.
Ders./Rosenberg, B.: *The Spy Story*. Chicago 1987.
del Buono, O./Eco, U. (Hgg.): *Der Fall James Bond: 007 – ein Phänomen unserer Zeit*. München 1966.
Denning, M.: *Cover Stories: Narrative and Ideology in the British Spy Thriller*. London 1987.
Dressed to Kill: James Bond The Suited Hero. Paris 1996.
Frye, N.: *Anatomy of Criticism* [1957]. London u.a. 1990.
Girouard, M.: *The Return to Camelot: Chivalry and the English Gentleman*. New Haven 1981.
Greene, G. *The Ministry of Fear*. Harmondsworth 1986. [London 1973].
Grella, G.: *The Literature of the Thriller: A Critical Study*. Diss. Univ. of Kansas 1967.
Harper, R.: *The World of the Thriller*. Cleveland 1969.
Hindersmann, J.: *Der britische Spionageroman: Vom Imperialismus bis zum Ende des Kalten Krieges*. Darmstadt 1995.
Howarth, P.: *Play Up and Play the Game: The Heroes of Popular Fiction*. London 1973.
Hügel, H.-O./Moltke, J.v.: *James Bond. Spieler und Spion*. Hildesheim 1998.
Lenz, B.: *Factifiction. Agentenspiele wie in der Realität: Wirklichkeitsanspruch und Wirklichkeitsgehalt des Agentenromans*. Heidelberg 1987.
Monaghan, D.: *The Novels of John le Carré*. London 1985.
Palmer, J.: *Thrillers: Genesis and Structure of a Popular Genre*. London 1978.
Sauerberg, L.O.: *Secret Agents in Fiction: Ian Fleming, John le Carré and Len Deighton*. London 1984.
Ders.: »Secret Agent Fiction: A Survey of its Critical Literature With a Bibliography«. In: *Clues: A Journal of Detection* 7, 2 (1986) S. 1–31.
Schmid, S.: »Die Unsterblichkeit der Schattenmänner: John le Carré und der britische Spionageroman nach dem Kalten Krieg«. In: *Literatur in Wissenschaft und Unterricht* XXXI, 4 (1998) S. 343–363.
Twitchell, J.B.: *Preposterous Violence: Fables of Aggression in Modern Culture*. New York 1989.
Usborne, R.: *Clubland Heroes: A Nostalgic Study of Some Recurrent Characters in the Romantic Fiction of Dornford Yates, John Buchan and Sapper*. London 1974.

Jens P. Becker

Sport

Was im Bereich des Sports ↗populär ist, hängt von oft widersprüchlichen Bewertungen ab, unterscheidet sich von Land zu Land und verändert sich im historischen Prozeß. Zusammensetzungen von ›Sport‹ einerseits und ›populär‹, ›volkstümlich‹ oder ›Volks-‹ andererseits sind häufig, weisen aber in unterschiedliche Richtungen und basieren auf sehr verschiedenen historisch-sozialen Voraussetzungen. In einigen Ländern bezeichnet ›Volkssport‹ so etwas wie Breiten- oder Massensport, mit sozialistischen oder kommunistischen Vorzeichen, wie in Italien ›sport popolare‹. ›Volkssport‹ hieß zunächst eine deutsche sozialistische Zeitschrift und wurde später in den Anfängen der DDR zum Programmbegriff; in der NS-Zeit erhielt der Begriff zeitweilig nationalistische Untertöne – und ›völkischer Sport‹ rassistische. Im Englischen assoziiert man mit ›sport in popular culture‹ besonders die Welt der Fußball-Fans, Seite an Seite mit Rockkultur und ↗Jugendkulturen. In Amerika bezeichnet ›volkssport‹ ein breitensportliches Wandern, ›volkswalk‹, ergänzt um ›volksbike‹, ›volksski‹ und ›volksswim‹. Über alledem wölbt sich der medienindustriell vermittelte populäre Unterhaltungssport (↗Unterhaltung) nach westlichen Standards, mit Fußball, Boxen, Radsport, Formel-1-Rennen, Tennis, Leichtathletik und Alpin-Ski als leitmotivischen Sportarten, mit regionalen Wachstumsbranchen wie Golf, Handball, Basketball, American Football und Eishockey sowie mit Tanzsport, Eiskunstlauf, Bodybuilding und Wrestling als Grenzphänomenen zu ↗Show, Revue oder ↗Zirkus.

Sport als Teil der Populärkultur geht also in der Unterhaltungs- und Medienpopularität nicht auf, sondern steht mit dieser in einer komplexen Wechselwirkung. Teils ging der Mediensport aus populärem Volkssporttreiben hervor, teils regte er neue volkssportliche Praktiken an, teils bildeten sich volkstümliche Sportpraktiken gerade im Widerspruch zur Kolonialität der Unterhaltungsindustrie heraus. Gemeinsam ist dem aktiv-populären und dem passiv-medienpopulären Sport ein Spannungsverhältnis zur aristokratisch-bürgerlichen Bildungskultur.

Das allen Populärsport übergreifende Muster wird strukturiert durch die grundlegende Differenz zwischen Staat, Markt und Zivilgesellschaft. Marktsport folgt der kommerziellen Logik von Produktion und Gewinnoptimierung und setzt auf die Freiheit des Leistens, hat also eine Affinität zum Zirkus- und Hochleistungssport. Populär in diesem Sinne ist ein Sportangebot, das unterhaltsam ist und sich verkauft; typisch dafür sind Leistungs- und Rekordproduktion. Öffentlich-politischer bzw. Staatssport folgt hingegen der Logik öffentlicher Distribution von Gütern unter dem Primat politischer Bewertung und steht der massendisziplinären Mobilisierung nahe. Er geht typisch in militärischem, schulischem oder gesundheitspolitischem Rahmen vor sich. Was populär sei, bestimmt sich hier eher von der demokratischen, nationalen oder ›völkischen‹ Integration und Wohlfahrt her. Zivilgesellschaftlicher oder popularer Sport als ein Drittes ist bestimmt von Selbstorganisation und Freiwilligkeit von unten und zeigt sich in Gestalt von Volksspielen, Vereinssport und -turnen, Straßenmannschaften und bewegungskulturellen Festen. Populär ist hier, was freiwillige Aktivität auslöst.

Grundlage allen Sports ist die Körperlichkeit. Der bewegte menschliche Körper erscheint im Sport selbst als Medium. Körperliche Praxis und Sinnlichkeit ist Ausgangspunkt für Gefühle und Außer-sich-Sein, für kulturelle Bedeutung und Identifikation sowohl beim Aktiven als auch beim Zuschauer. Als kulturelles Ritual steht Sport in Wechselwirkung mit mythischen Bildern, mit Phantasien, die nicht die Praxis selbst, sondern deren Überbauten sind.

Beispiel Boxen

Die Popularität des modernen Sports ist auch insofern nicht homogen, als sie sich in hohem Grade nach Sportarten differenziert. Deren Auf und Ab ist von der Geschichte sozialer Klassen und von geschlechtspolitischen Widersprüchen bestimmt.

Das Boxen ging aus einer älteren Unterhaltungskultur hervor und über die Sport- in die neue Medienkultur über (Rauch 1992). Das moderne Boxen hatte Vorläufer in England seit dem frühen 18. Jh. und wurde um die Jahrhundertwende in Metropolen wie Paris als Volksschauspiel und kommerzielles ›spectacle‹ populär. Sein Ort waren zunächst die Music-Hall, Moulin rouge und Folies-Bergère, ↗ Zirkus und Revue. Die Boxer, oft amerikanische Farbige mit ihrer als ›animalisch‹ angepriesenen Exotik, traten Seite an Seite mit Balancierkünstlern und Gummifrauen, Dressurreitern und Feuerschluckern, Kraftakrobaten, türkischen Ringern und orientali-

schen Bauchtänzerinnen auf – vor ›unteren‹ Klassen wie vor den wohlhabenden Bourgeois.

Hinzu kam um 1900 ein neues Interesse an der Hygiene des Körpers, ›hygiène corporelle‹ oder ›culture physique‹. Im Club des culturisme übte sich die männliche bürgerliche Jugend in Boxen, Gymnastik und Hantelübungen, also einer Art des Bodybuilding. Eine andere, noch exklusivere Variante des gymnastischen Boxens übte man im ›Waffensaal‹, das ›französische Boxen‹, das besonders den Fußstoß kultivierte. Zusammen mit Fechtkunst und Stockkampf stand es in militärisch-aristokratischer Tradition.

In diese Situation stieß der Boxsport englischen Ursprungs. Er wurde getragen vom anglophilen Bürgertum und organisierte sich in Sportverbänden wie dem »Automobile Club de France« und der »Fédération Française des Sports de Boxe«. Hier erschien das Boxen Seite an Seite mit Autorennen, Fahrradrennen und anderen Sportwettkämpfen. Jetzt ging es um Leistung, und die maßgebliche Sportzeitung L'Auto brachte ihren Lesern das Können und die Karriere des jeweiligen Boxers in Zahlen und Ergebnissen nahe. Der Boxverband legte Regeln für die Meisterschaften und Titelkämpfe fest, regulierte die Rekrutierung und Aufgabe der Schiedsrichter, die Klasseneinteilung der Boxer und die Vergabe von Lizenzen. Der Ort dieses Boxsports wurde der Pariser Sportpalast von 1910, Palais des Sports oder Vélodrome d'hiver. Von hier aus wurde das ›seriöse‹ sportive Boxen dem Milieu der music-halls entzogen. Das Innovative des neuen Boxens lag in der Technik. Vom Boxer wurde eine strikte Rationalisierung der Lebensführung gefordert. Hinzu kam die Nationalisierung des Boxens, das zu einem Feld der ›identité nationale‹ wurde. Nach dem Ersten Weltkrieg widmete man den gefallenen und kriegsversehrten Boxern einen patriotischen ↗ Kult, und den Weltmeisterschaftskampf von 1921 dramatisierten die Medien als einen Kampf der französischen Intelligenz und Technik gegen die amerikanische brutalité. Im Deutschland der 1930er Jahre verknüpfte man mit der Gestalt Max Schmelings ähnliche Phantasien nationaler Überlegenheit.

Die Massenmedien waren ein wesentlicher Akteur der neuen Boxkultur. Sie lieferten die Bilder der Kampfereignisse. Sie entwickelten die Werte und modellierten die zum Boxen gehörigen Emotionen. Erst aus den Medien – ↗ Zeitungen, ↗ Radio – erwuchs das Boxerleben als Karriere. Nun ging es nicht mehr nur darum, daß irgendwer hier gewann oder dort verlor, sondern im medialen Prozeß konstruierte sich ein durchgehender Zusammenhang, der zeigte, wohin das Leben führte oder führen sollte: zur Gestaltung der Leistung. Boxsport war ferner eine neue Form gesellschaftlicher Organisation, geprägt durch Regeln, Verbandsbildung, Lizenzen, Hierarchie der Ausscheidungskämpfe und Bürokratie der Funktionäre. Die privaten Veranstalter wurden allmählich, nicht ohne Konflikte, der Sportföderation unterworfen. Die Ordnung der Meisterschaften grenzte sich gegen das Herausforderungsprinzip des Kampfsports älterer Art ab. Aus ›la lutte‹ wurde ›la boxe‹. Boxen wurde damit ein lebendiger Ausdruck dessen, was die moderne Gesellschaft Fortschritt nannte. Auch im Rahmen des Arbeitersports spielte das Boxen eine bedeutsame Rolle. In Deutschland hing der Punchingball im Schlafzimmer des funktionalistischen Künstlers und im Übungsraum der Studentenverbindung, im Kellerlokal der Arbeiterathleten und in der NS-Ordensburg.

Die Popularität des Boxens entwickelte sich jedoch nicht linear weiter. Nach dem Zweiten Weltkrieg verlor der Boxsport stark an Attraktivität unter den aktiven Sportlern, die sich nun eher dem Judo zuwandten. Außerdem erlebte das Boxen eine soziale Marginalisierung. Das Bürgertum, aber auch die klassische Arbeiterklasse zogen sich zurück und überließen das Feld sozialen Randgruppen, insbesondere ethnischen Außenseitern wie den Afroamerikanern in den USA und später jungen türkischen Einwanderern in Berlin und Kopenhagen. Die Medien verloren zunächst ihr Interesse. Aber gerade hier geschah in den 1960er Jahren eine Innovation. Das amerikanische ↗Fernsehen gewann dem Boxsport ungewohnte visuelle Dimensionen ab, indem es mittels der Nahaufnahme das zerquetschte Gesicht des Boxers im Augenblick des Schlages ins Wohnzimmer holte. Cassius Clay alias Muhammad Ali wurde zum Pionier und Meister des neuen mediatisierten Schauspiels. Eine neue Struktur des Boxsports entstand, die ganz auf die Spitze, auf den TV-Schausport ausgerichtet war und mit einer schmalen sozialen Basis auskam. Auch auf den Zuschauer am Ring konnte man jetzt weitgehend verzichten; er bildete nur mehr das Dekor. Das Boxen, einst der Kampfsport par excellence der Moderne, mutierte damit einerseits zur Gegenkultur und andererseits zum Medienzirkus. Der Überbau des populären Showbusiness und die Basis volkstümlich-ritueller Praxis fielen auseinander.

In dieser Situation erwuchs dem Boxen mit dem Catchen eine Konkurrenz. Während der Judosport das Boxen auf der kampfsportlichen Seite überholte, setzte seit den 1950er Jahren das professionelle Schauringen auf der Seite des Schausports zur Überholung an. An die Stelle der Karriere als Muster des Boxerlebens trat beim Catchen die Ausstellung von Personentypen, von fiktionalen Als-ob-Figuren. Statt ernster Identitätsarbeit, wie sie das Boxen zum Fest nationaler oder sozialer Identifikation gemacht hatte, entfaltete sich ein groteskes Rollenspiel, das über den Ring hinaus in den Saal übergriff und Catcher, Schiedsrichter und ↗Publikum in einem Totaltheater durcheinandermischte. Wo das Boxen sowohl auf der Seite der Ausübenden als auch auf der des Publikums eine reine Männersache gewesen war, da fiel im Publikum des Catchens der wachsende Anteil von Frauen auf, besonders auch von älteren Frauen der Unterschicht. Das Schauspiel der Gewalt wechselte sein ↗Genre.

Beispiel Fußball

Die Entwicklung des Fußballsports deckt sich mit derjenigen des Boxsports nur teilweise. Hier lassen sich drei Phasen unterscheiden (Eisenberg 1997, Regionalstudien: Lindner 1978, Horak/Maderthaner 1997). Im 19. Jh. fand das moderne Fußballspiel – nach dem Modell des in englischen Public Schools und Vereinen betriebenen Spiels – in bürgerlich-anglophilen Kreisen und unter Pädagogen Interesse. Es etablierte sich in Vereinen und Verbänden. Mit dem Ersten Weltkrieg wurde das Spiel – in einer zweiten Phase – zum Massenphänomen. Berufsfußball, Arbeiterfußball, nationalistische und patriotische Nutzungen sowie verschiedene Formen des Staatsamateurismus setzten unterschiedliche Akzente. Daran schloß sich mit den 1960er Jahren eine dritte Phase an, in der der Spitzen-Fußballsport ein Kapitalphänomen wurde. Die neue ökonomische Struktur, die TV-Transmission mit Reklameeinnahmen in Milliardenhöhe verband, veränderte grundlegend die Mechanismen lokaler Identifikation. An die Stelle der ›local supporters‹ traten ›soccer interested consumers‹.

Historischer Überblick – Die Anfänge

Der moderne Sport hat einen historischen Vorläufer in der volkstümlichen Spiel-, Fest-, Jahrmarkts- und Vergnügungskultur der Vormoderne. Gegen diese ↗Volkskultur mit ihren ›obszönen‹ und ›heidnischen‹ Zügen richtete sich über Jahrhunderte hin der Kampf sozialer Eliten in Kirche und Staat. Spielverbote waren jedoch weniger wirksam als die ›Volksaufklärung‹ von oben, die seit dem Ende des 18. Jh. gymnastisch-militärische Übungen an die Stelle der Spiele setzte oder diese in sportliche Wettkämpfe ›rationeller‹ Art umwandelte.

Damit begann die erste Phase des modernen populären Sporttreibens. Die moderne Transformation der Spielkultur löste die Volksspiele aus ihrem alten Festzusammenhang und schuf zugleich eine neue sportiv-mediale Festlichkeit. Vergegenständlicht in der Stoppuhr, die sich seit den 1730er Jahren vom englischen Pferderennen und Läuferrennen her ausbreitete, kam die Leistungsmessung ins Spiel und mit dieser der Rekordgedanke sowie die Praxis des sportartspezifischen Trainings. Im Sinne fachdisziplinärer Spezialisierung entstanden Klubs und Organisationen, die sich auf bestimmte Aktivitätsformen ausrichteten. Mit der sportiven Fachlichkeit wurde einerseits die Ganzheit des aus Wettkämpfen, Spielen, Ritualen, Maskierung, ↗Musik, Tanz, Völlerei und anderen Vergnügungen bestehenden Volksfests gesprengt. Andererseits wurde durch die Feststellung von Rekorden die überörtlich gültige sportliche Leistung sichtbar gemacht, die zu kollektiver Identifikation herausforderte, und damit der Weg zu neuen Festkulturen eröffnet.

Ein anderer Typus der modernen populären Festkultur knüpfte an die militärische Parade an. Massenspiele neuer Art entfalteten sich im revolutionären Frankreich nach 1789, wo bei patriotischen Feiern Tausende in Reih und Glied aufmarschierten und vor einem ›Altar des Vaterlandes‹ der neuen Demokratie huldigten. Größere Kontinuität als populäre Praxis erhielt das Turnen, das Friedrich Ludwig Jahn um 1811 auf der Berliner Hasenheide begann. Es kombinierte Spiel, Übung an Geräten, Wettkampf, gymnastische Gleichrichtung, Wandern, Fest und Gesang mit oppositioneller politischer Demonstration. Andere emanzipatorische Bewegungen wie die slawische Sokol-Gymnastik, das jüdisch-zionistische Turnen und die dänische ›folkelig gymnastik‹ entwickelten im 19. Jh. entsprechende Formen des demokratischen und nationalen Fests. Allerdings trat in der Restaurationszeit nach 1848 zunehmend die Massendisziplinierung in geschlossenen Formationen in den Vordergrund. Daran knüpfte die Festkultur der sozialistischen Arbeiterbewegung an, später der Staatssport in Osteuropa und schließlich in zahlreichen Ländern der Dritten Welt. Über die Unterschiede im politischen Inhalt hinweg ging es in allen Fällen darum, über massenhaft gleichgerichtete Bewegungen die Identifikation und Energie des ›Volkes‹ augenfällig zu machen.

Andere Impulse kamen vom Zirkus her. ›Kunstläufer‹ erschlossen einen neuen Markt und wurden mit ihren Schaustellungen, insbesondere zwischen 1820 und 1870, zu Vorläufern des modernen Berufssportlers (Oettermann 1984). Das korrespondierte mit dem englischen Sport, der sich im Zusammenhang von Wette und Leistungsmessung, Klubgründung und kommerzieller Schaustellung im 18. Jh. herausgebildet hatte und im 19. Jh. für das anglophile Bürgertum Europas zum Vorbild wurde. Bald folgte auch die Arbeiterklasse der Faszination dieses Modells. Die Rahmenbedingungen für die Leistungen wurden im Sport standardisiert, was einen überörtlichen Vergleich von Rekorden möglich machte. Außerdem erhob der Sport einen pädagogischen Anspruch auf Allgemeinnützlichkeit des regelhaften Trainings. Und schließlich enthielt der Sport einen Identifikationsappell, der das Ich des Zuschauers in ein Wir integrierte: ›Wir haben gesiegt‹.

Massensport

Gegen Ende des 19. Jh. begann eine zweite Phase des populären Sports. Jetzt verband sich der Sport mit neuen Medien der Leistungsvermittlung, insbesondere mit der Ausstellung und der Presse. Das Ausstellungswesen hatte sich im 19. Jh. zu einer wichtigen Drehscheibe industrieller Kommunikation entwickelt und richtete sich über die wirtschaftliche Funktion, Waren vorzuweisen und mit Produkten zu konkurrieren, zunehmend auf nationale und internationale Repräsentation aus. In diesem Rahmen kam dem Sport wachsende Bedeutung zu. Teils dienten Sportereignisse den neu entstehenden Gewerbezweigen zur ↗Werbung für ihre Sportprodukte. Teils boten die Ausstellungen Gelegenheit, unter Überschriften wie ›öffentliche Wohlfahrtspflege‹ oder ›soziale Hygiene‹ staatliche Leistungen in den Bereichen von Sportförderung, Anlage von Volksparks und Spielplätzen usw. vorzuweisen. ›Leistung‹ bildete einen gemeinsamen Oberbegriff für Sport und Industrie. Seit den 1880er Jahren wurde eine Vielfalt von deutschen und internationalen Sportartikelmessen, Gewerbe- und Hygieneausstellungen mit Sportabteilungen organisiert. Oft wirkten dabei Sportaktivitäten als besonderer Publikumsmagnet, und bisweilen wurde eigens für sie eine Kampfbahn angelegt. Die Olympischen Spiele von 1900 in Paris und 1904 in St. Louis waren gewissermaßen die Sportabteilungen der dortigen Weltausstellungen.

Der Sport wurde aufgrund seines populären Massenappells zu einem wichtigen Faktor des Pressewesens. Neben dem Genre der Turnzeitungen – seit 1846 – erschienen seit den 1880er Jahren Sportzeitungen verschiedener Art. So zählte man in Deutschland um 1900 allein 15 Zeitschriften des Fahrradsports. Versuche von gänzlich auf Sport spezialisierten Tageszeitungen – *Sport im Wort* nach 1906 – setzten sich in Deutschland auf die Dauer nicht durch, wohl aber in anderen Ländern. Sport-beilagen wurden zum festen Bestandteil des redaktionellen Angebots von Tageszeitungen. Und noch bevor die Illustrierte als Massenmedium richtig in Gang kam, erschien bereits 1895 die erste Sportillustrierte, *Sport im Bild* des Großverlagshauses Scherl. Zeitungen und Sportzeitschriften gehörten zu den ersten Arrangeuren kommerziell ausgerichteter Massenveranstaltungen, z. B. von Autowettrennen.

Sport als Rekordproduktion, pädagogischer Leistungsappell, individuelles und kollektives Identifikationsangebot – auf dieser Grundlage entwickelte Pierre de Coubertin den Olympismus als ein volks-pädagogisches Projekt, beginnend mit den Spielen 1896 in Athen (Alkemeyer 1996). Auf die Dauer und nach einigen Anlaufschwierigkeiten glückte es, daraus ein Massenspektakel von Weltformat zu machen. Die olympische Inszenierung des Sports befand sich jedoch seit ihren Anfängen in einem Spannungsverhältnis zwischen populärer und elitärer Kultur. Einerseits legitimierte der Olympismus sich mit Hinweis auf die volkstümliche Sportpraxis und appellierte an den massenhaften Medienkonsum. Andererseits hofierte er die Elite des Sports und entwickelte einen neofeudalen Repräsentations- und Kongreßstil mit aristokratischen Attitüden und logenartigen Verbänden, die über die administrative Macht und zunehmend über finanzielle Gewinne verfügten. Zwischen 1912 und 1936 wurde das olympische Zeremoniell mit Eröffnungs- und Abschlußfeier, Ringsymbol und Flamme, Fackellauf und Weihespiel entwickelt als ein Versuch, die Kulturkluft rituell zu überbrücken und die Weltausstellung von Spitzenleistungen als ein populäres Fest zu inszenieren.

Neue Impulse von unten her erfuhr der Sport als populäre Kultur durch die Lebensreformbewegungen um die Jahrhundertwende. Wandern, Spiele, Gymnastik und Sportwettkämpfe im Freien, Schwimmen, Nacktkultur und Pfadfinderwesen verbreiteten sich, insbesondere als Freiluftaktivität von Jugendlichen. In der Folgezeit wurden vielerorts Freibäder, Spielplätze, Volksparks und Jugendherbergen angelegt. Auch Kraftsport und Bodybuilding erfuhren Impulse aus der Lebensreformkultur heraus. Der Arbeiter-sport, insbesondere derjenige der Arbeiterjugend, nahm viele Züge der Reformbewegung auf, darunter auch den Begriff der ›Körperkultur‹.

Auf solcher Grundlage erfuhr der zivilgesellschaftlich selbstorganisierte und auf Freiwilligkeit beruhende Vereinssport in der Zwischenkriegszeit einen markanten Aufschwung. Zunächst kam die ideologische und praktische Vielfalt des Sporttreibens in einer Vielfalt von konkurrierenden Organisationen zum Ausdruck – proletarische Straßenmannschaften

und bürgerliche logenähnliche Zusammenschlüsse, sozialistische Arbeitersportvereine und ›unpolitische‹ Klubs unterschiedlicher Sportdisziplinen, völkische Turn- und christliche Jugendvereine, Betriebssport-organisationen und halbmilitärische Wehrsportver-bände sowie Sportvereine ethnischer Minderheiten, polnische Sokoln im Ruhrgebiet, dänische ›volkliche Gymnastik‹ in Schleswig und zionistischer Maccabi-Sport. Örtlich und überregional bildeten solche Vereine und Verbände teils Kartelle miteinander, teils standen sie in erklärtem Kampf gegeneinander. In Massenfesten wie den Arbeiterolympiaden und Spartakiaden, den Turn- und den Sokolfesten präsentierten sie sich der Öffentlichkeit mit ihren Leistungen und ihrer Massendisziplin.

Dachorganisationen bemühten sich schon früh um eine Sammlung der Vereine in gesamtnationalen Sportorganisationen. Das geschah oft aus staatsnahen Interessen heraus, mit Blick auf öffentliche Subventionierung und unter Hinweisen auf den volks-gesundheitlichen Nutzen, oft auch mit militärischem Einschlag. In Deutschland verwirklichte der NS-Staat 1933 den organisierten Einheitssport durch die teils ›freiwillige‹, teils gewaltsame Gleichschaltung der konkurrierenden Verbände. Der Sonderweg-Anspruch der völkischen Turner wurde zugunsten des olympischen Leistungssports, wie er 1936 in Berlin inszeniert wurde, zurückgedrängt. Die Verklärung der Sportarrangements durch Weihe- und Thing-spiele, Leni Riefenstahls Ästhetisierung der olympischen Körperkultur und die monumentalen Sportfeldbauten machten die spezifisch faschistische Körperdisziplinierung sichtbar (Eichberg 1977, Alkemeyer 1996). Die Inszenierung des ›arischen‹ Körpers in Gestalt athletisch-heroischer Plastiken hatte gewisse Parallelen in sowjetischen Körperbildern der Stalinzeit. In den skandinavischen Ländern bemühte man sich um eine sozialdemokratisch-wohlfahrts-staatliche Sportförderung. Gemeinsam war den ansonsten widersprüchlichen Tendenzen die staatliche Annäherung an den Sport als ein volkspädagogisches Projekt zur Verbesserung des Menschen. Der Kalte Krieg verstärkte später den Zugriff des öffentlich-staatlichen Interesses auf den Sport, und es erschien die Sozialfigur des Staatsamateurs.

Bereits in der Zwischenkriegszeit wiesen einige Trends jedoch von der bürgerlichen Öffentlichkeit der Sportvereine über die formierte Öffentlichkeit hinaus auf eine neue medienindustrielle Öffentlichkeit. Die Massenornamente der arbeitersportlichen, turnerischen und faschistischen Aufmärsche hatten ihre Entsprechung in der Revue als einer kommerziellen Präsentationsform. Für die Startphase des Rundfunks als eines populären Mediums spielten

Sportberichte eine wichtige Rolle, und seit 1924 bildeten sie ein regelmäßiges Radio-Genre. Das Fernsehen brachte erste direkte Übertragungen von den Olympischen Spielen 1936; darauf folgten 1939 Direkttransmissionen von Box- und Fußballveranstaltungen und bald darauf auch von anderen Sportwettkämpfen. Mit den elektronischen Medien eröffnete sich der Markt neue Möglichkeiten, sich den Sport anzueignen und ihn mit kommerziellem Gewinn zur Ware zu machen. Die beiden Hauptsäulen der auf den Passivsport gerichteten Unterhaltungsindustrie waren die große Show im ↗Stadion und der privatisierte Sportkonsum im Wohnzimmer, am Volksempfänger und später am Fernsehschirm. Ältere Marktelemente, die mit dem Sport und seiner Gemeinschaftskultur verbunden waren, wie Kaffeehaus, Kneipe und Schlager, traten demgegenüber in den Hintergrund.

Sport in der Medienkultur

In einer dritten Phase erfuhr der populäre Spitzensport, insbesondere unter dem Einfluß des Kalten Kriegs zwischen Ost und West, eine strukturelle Veränderung dadurch, daß anstelle einzelner Athleten zunehmend ganze Systeme zum Wettkampf antraten. Die wachsenden Ansprüche an den Einzelsportler führten zum Einsatz von Trainern, Ärzten, Psychologen, Managern und anderen begleitenden Experten, die nach und nach die Anzahl der Sportler bei internationalen Wettkämpfen weit überwogen. Die individuelle Sportleistung wurde darüber hinaus von komplexen Systemen der Talentsuche und -rekrutierung, der Forschung, des Testwesens, der Technologieentwicklung und der Finanzierung abhängig. Doping war eine logische Folge (Hoberman 1992).

Mit dem Ende des Kalten Kriegs um 1990 verschob sich das Gewicht von der Systemkonkurrenz der Staaten zur Konkurrenz kommerzieller Anbieter. Über Sponsoren, Sportausrüster und Medienindustrie floß das große Geld in den Sport, der dadurch in den 1980/90er Jahren zu einer der weltweit führenden ökonomischen Wachstumsbranchen wurde. Auf der Grundlage der in Einschaltquoten gemessenen Popularität von Sportsendungen verschärfte sich der Kampf der Mediengiganten um die Transmissionsrechte, kauften sich Sponsoren Klubs, die sie mit ihrem Firmennamen versahen, verwandelten sich andere Klubs in börsennotierte Firmen und intensivierte sich der internationale Spielerkauf. Sport wurde ein Hauptgenre zur Plazierung von Fernsehwerbung und bei der Etablierung von Kanälen des

Pay-TV. Die immensen Gewinne des Internationalen Olympischen Komitees aus TV-Rechten an den Olympischen Spielen – 441 Mio. Dollars in Barcelona 1992 – förderten Korruption und mafiotische Zustände im Olympismus (Simson/Jennings 1992).

Durch die Verselbständigung des neuen kommerziellen Sport-Zirkus vertiefte sich zunehmend die Kluft zwischen Elite- und Breitensport. Auch der Sportjournalismus war der neuen Systemdynamik kaum gewachsen. Er setzte traditionell auf das Spektakuläre und Sensationelle sowie die Personalisierung des ↗Stars, orientierte sich an der Simulation und Stimulation von Gefühlen und appellierte an Voyeurismus und die Eingeweihtstimmung im Expertenkreis. Wo kritische Analysen des Sportsystems auftauchten, wurden sie eher auf die Kulturseite oder ins Feuilleton verdrängt. Die Sportseiten blieben den Ergebniszahlen vorbehalten, wie sie sonst nur bei den Börsennotierungen eine Parallele fanden, sowie den Bildern aus der Welt der Stars und den Reportagen im Ton des Insiders. Es ging um Mythos statt um Kritik. Seit den 1980er Jahren verbreiten sich allerdings Selbstkritik und neue Formen des Enthüllungsjournalismus (Møller/Sejer 1998).

Die Mediatisierung und Globalisierung des Sports als Unterhaltungsindustrie brachte nicht nur Vereinheitlichungen nach den Prämissen des Markts und des Hochleistungssports hervor, sondern auch neue Überraschungen. Einige davon betreffen das Verhältnis zwischen den westlichen Industriegesellschaften und der Dritten Welt. Athleten aus Afrika, Asien und Lateinamerika, zunächst unterschätzt, dann seit den 1950/60er Jahren als Reservearmee betrachtet, wurden seit den Olympischen Spielen von Mexico City 1968 immer sichtbarer und populärer (Bale/Maguire 1994). Teils versahen sie den Weltspielermarkt mit neuen Akzenten, so wenn ein dänisches Publikum sich in der Popularität des kenianischen Läufers Wilson Kipketers sonnte (Bale/Sang 1996). Teils entstanden neuartige Identifikationen, z.B. die Orientierung der ›Black American identity‹ am erfolgreichen Athleten, an Jack Johnson, Joe Louis, Jesse Owens und Muhammad Ali (Hoberman 1997). Andererseits verbreiteten sich im Westen, insbesondere in Jugendkulturen, exotische Innovationen, oft als Gegenpraktiken zum standardisierten Sport – Capoeira, Taekwon-Do, Thai-Boxen, Kung Fu, Wushu und Tai Chi Chuan, Yoga, Chi Gong, Afrotanz.

Weitere Überraschungen geschahen im jugendkulturellen Umgang mit Sport und Medien. Teils wurde das Sporttreiben, für das man sich von Fall zu Fall engagierte, abgetrennt von nachhaltigen Identitätsprozessen. Dem Zapping zwischen den Kanälen entsprach das Zappen zwischen verschiedenen Aktivitätsformen. Die Medien reagierten darauf, indem sie auf Sportarten einwirkten, sich telegen umzugestalten und damit dem Kanalwechsel entgegenzukommen; an solchen Fragen drohte sich z. B. Judo bereits in den 1970er Jahren zu spalten. Am Horizont zeichnet sich die Produktion ganz neuer telegener Sportarten mit Popularitätsappell ab, die gänzlich ohne Aktivitätsbasis in der Bevölkerung auskommen.

Wo dennoch Prozesse der Identifikation am Spitzen- und Unterhaltungssport abliefen, unterliefen sie oft das offiziell erwünschte Bild. Die Fankultur des Fußballs (↗ Fan) brachte schon frühzeitig Gewaltausbrüche. Im englischen Fußball zählte man zwischen 1900 und 1995 insgesamt 281 Tote und 3500 Verletzte bei 27 Zwischenfällen (Williams in Bale/Moen 1995). Seit den 1960er Jahren trat dann, zuerst in England, die Gestalt des Hooligan hervor. Teils inszenierte sich der Hooliganismus speziell für die Medienaufmerksamkeit, teils wurde er durch ein Labeling der sensationssuchenden Medien erst ›produziert‹. Auch Identifikationszumutungen an den Sport von oben her konnten zu unvorhersagbaren Ergebnissen führen. So war der Endkampf Ungarn-Westdeutschland bei der Fußball-WM 1954 von der ungarischen Regierung zu einer Systementscheidung zwischen ›den beiden Lagern‹ erklärt worden mit der Folge, daß die Niederlage der eigenen Mannschaft in Ungarn als nationale Tragödie wirkte; das führte zu Unruhen, die nicht ohne Einfluß auf den Aufstand von 1956 blieben. 1969 gab der Sieg der tschechoslowakischen Nationalmannschaft über das sowjetische Team bei der Eishockey-WM den Anstoß zu schweren Ausschreitungen in verschiedenen tschechischen und slowakischen Städten; Aeroflot-Büros, sowjetische Kasernen und Kommandanturen wurden gestürmt oder in Brand gesteckt. Der populäre Spitzensport sicherte über seine Identifikationsmechanismen also nicht nur Sozialdisziplinierung und systemkonforme Konditionierung, sondern ermutigte auch Tribalisierungen neuer Art.

Neben dem Sport olympischen Typs und abweichend von dessen Leistungsmodell verbreitete sich in den 1980/90er Jahren der Gesundheitssport als ein neues Feld populärer Sportkultur. Der Altensport wuchs explosionsartig. ›Volkssport‹ wurde in den USA zu einem Begriff für wettkampffreies Wandern, Schwimmen und Radfahren. Volksläufe und Stadtmarathons entwickelten sich zu Volksfesten. Jogging und Aerobics wurden Massenaktivitäten, und der Markt reagierte durch neuartige Angebote ›nichtsportlichen Sports‹ (Dietrich/Heinemann 1989). Obwohl die Anziehungskraft solcher Aktivitäten nicht auf den Appell des medialen Leistungssports zurück-

geführt werden kann, lassen sich in ihnen vielfach die mediensportlich vermittelten Körperbilder wiedererkennen. Es geht nicht mehr um das ›Schneller, Höher, Stärker‹, sondern darum, ›jung, smart und fit‹ zu sein‹ statt ›alt, verfallen und behindert‹. Auf vergleichbare Weise oszillierte der Funsport kalifornischen Typs zwischen Gegenkultur und Reintegration in den Leistungssport – New Games, Frisbee, Inlineskating, Skateboard, Surf, Snowboard. Tanzmoden folgten in schnellem Wechsel aufeinander, von Twist über Disco, Breakdance, Pogo und Hiphop bis zu Techno Raves. Motorsportliche Aktivitäten reinszenierten Medienbilder von Geschwindigkeit und Crash.

Wo bislang die langen Linien der modernen Sportentwicklung durch die fachliche Spezialisierung nach Sportdisziplinen geprägt waren, zeichnen sich nun neue Fusionen ab – Fusionen des Sports mit Zirkus, Musik und Tanz, ↗ Theater, Tourismus und Therapie, insbesondere aber erneute Fusionen von Sport und Fest. Alte Volksspiele fanden wieder Aufmerksamkeit und wurden Bestandteil neuer Dorf- und Stadtteilfeste. Internationale Volksspielfestivals nahmen seit den 1980er Jahren zu. In Osteuropa und Mittelasien – Mongolei, Tatarstan, Kasachstan – trugen traditionelle Spiele und Feste zum kulturell-politischen Abkoppelungsprozeß bei.

Ähnlich unübersichtlich wurde die Lage im Bereich des Geschlechtspolitischen. Der moderne Sport trug ursprünglich eindeutig Züge patriarchaler Dominanz und Prüderie – ›der leistende Mensch als Mann‹ bzw. ›Sport statt Onanie‹. Nur schrittweise ließ man neben dem sportiven Mainstream den Sport von Frauen, Kindern, Alten, Behinderten etc. zu, gewissermaßen als eine fachliche Spezialisierung. Die Erotik des Sports blieb ein tabuisiertes Thema. Im Zuge der Verschmelzung von Sport- und Medienkultur offenbarte der Sportstar – Mann wie Frau – jedoch zunehmend erotische Züge, bis hin zum Pinup und Sexidol (↗ Sex, ↗ Idol/Ikone). Die Erotik des Sports genau zu bestimmen, erwies sich jedoch in dem Maße als schwierig, in dem exhibitionistische, sadistische, masochistische, narzißtische, heterosexuelle, homoerotische und androgyne Tendenzen sich widersprüchlich bemerkbar machten (Guttmann 1996).

Bei aller Widersprüchlichkeit blieb in der modernen Medien- und Unterhaltungskultur das auf Spannung und Drama orientierte leistungsproduzierende Sportmodell hegemonial. Als populäres Schauspiel bringt es grundlegende Normen moderner Gesellschaftlichkeit zum Ausdruck – Hochleistung, *Citius, altius, fortius*, ›Zentimeter, Gramm, Sekunde‹. Eine höhere Gerechtigkeit verspricht, daß ›der bessere gewinnt‹ und ›jeder seines eigenen Glückes Schmied‹ sei. Gleichzeitig gibt der Leistungssport aber vor, nichts außerhalb seiner selbst abzubilden. Hierin liegt zugleich ein wichtiger Bestandteil seiner kulturellen Bedeutung. Einerseits läßt der Sport den Betrachter ganz im Hier und Jetzt aufgehen, hingerissen von der Frage nach Sieg und Niederlage, im Spannungsverhältnis von Eros und Thanatos (Hortleder/ Gebauer 1986). Andererseits verweist der Sport als ›Epiphanie der Form‹ (Gumbrecht 1999) auch auf nationale und kulturelle Besonderheiten. So läßt sich etwa American Football als Bild der US-amerikanischen Landnahme oder als eine erfolgreiche Maschine der Sozialtechnik verstehen. Nicht zwei Sportereignisse sind einander gleich – und doch weisen Tendenzen hin auf eine weltweite Standardisierung. Neben dem hegemonialen Modell der Leistungs-Show sind Tendenzen eines Körper-Narzißmus unübersehbar – der Sport bietet dem Ich ein Feld, sich als ein individuelles Selbst zu ›finden‹ und körperlich zu inszenieren. Und darüber hinaus stellen neue Tribalisierungen eine unüberschaubare und widersprüchliche Vielfalt von Identifikationen und Nostrifikationen in Aussicht.

Literatur

Alkemeyer, A.: *Körper, Kult und Politik.* Frankfurt a. M. 1996.
Bale, J./Sang, J.: *Kenyan Running.* London 1996.
Ders./Maguire, J. (Hgg.): *The Global Sports Arena.* London 1994.
Ders./Moen, O. (Hgg.): *The Stadium and the City.* Keele 1995.
Christensen, K. et al. (Hgg.): *International Encyclopedia of Women and Sports,* Bd. 1–3. New York 2001.
Dietrich, K./Heinemann, K. (Hgg.): *Der nicht-sportliche Sport.* Schorndorf 1989.
Eichberg, H.: *Leistung, Spannung, Geschwindigkeit.* Stuttgart 1978.
Ders. u. a.: *Massenspiele.* Stuttgart 1977.
Eisenberg, C. (Hg.): *Fußball, soccer, calcio.* München 1997.
Gumbrecht, H.-U.: »Epiphany of Form. On the Beauty of Team Sport«. In: *New Literary History* 30 (1999) S. 351–372.
Guttmann, A.: *The Erotic in Sports.* New York 1996.
Ders.: *Sports Spectators.* New York 1986.
Hoberman, J.: *Darwin's Athletes.* Boston 1997.
Ders.: *Mortal Engines.* New York 1992.
Horak, R./Maderthaner, W.: *Mehr als ein Spiel. Fußball und populare Kulturen im Wien der Moderne.* Wien 1997
Hortleder, G./Gebauer, G.: *Sport – Eros – Tod.* Frankfurt a. M. 1986.
Lindner, R.: »*Sind doch nicht alles Beckenbauers.*« Zur Sozialgeschichte des Fußballs im Ruhrgebiet. Frankfurt a. M. 1978.
Mangan, J. A. (Hg.): *Tribal Identities. Nationalism, Europe, Sport.* London 1996.
Møller, J./Sejer Andersen, J. (Hgg.): *Society's Watchdog – or Showbiz' Pet? Inspiration for a Better Sports Journalism.* Vejle 1998.
Oettermann, S.: *Läufer und Vorläufer.* Frankfurt a. M. 1984.
Rauch, A.: *Boxe, violence du 20ème siècle.* Paris 1992.
Simson, V./Jennings, A: *The Lords of the Rings.* London 1992.
Ueberhorst, H. (Hg.): *Geschichte der Leibesübungen,* Bd. 1–6. Berlin 1972–89.

Henning Eichberg

Stadion

Das Sportstadion ist – ebenso wie der ↗ Sport selbst – ein charakteristisches Phänomen moderner Populärkultur, eine ↗ Ikone der Modernität. Trotz seiner klaren – sphärischen oder rektangulären – Form und Funktionalität ist es als kulturelles Gebilde vieldeutig. Als panoptischer Bau ist das Stadion ein ↗ Theater, trägt aber, wie zahlreiche Stadionnamen zeigen, auch Züge von Park oder Garten. Es bietet als Kathedrale Raum für Massenrituale und ist doch zugleich Messegelände und Raum für die Produktionsausstellung von sportlicher Leistung. Es diente von Fall zu Fall als Gefängnis oder KZ und ist auch bei Ausschreitungen und Katastrophen ein Ort des Horrors. Seine Umwohner erleben das Stadion bisweilen als einen Slum, doch kann es seinen Nutzern auch als ein ›heiliger Ort‹ erscheinen.

Eine weitere Vieldeutigkeit des Stadions liegt darin, daß es sich gleichzeitig um einen Raum und einen Ort handelt. Als Raum ist das Stadion standardisiert, so wie die Bedingungen modernen Leistens quantitativ bestimmt und normiert sind; es ist ebenso wie andere Sportstätten als funktionales Modell von einem Ort zum anderen transferierbar. Als Ort ist das Stadion hingegen einmalig, ob als ›heilige Stätte‹ oder als Ort von Ausschreitungen; mit ihm verbinden sich Gefühle und Prozesse der Identitätsbildung. Bei der Planung und insbesondere bei der Umlegung moderner Stadien kommt es nicht selten zu Zusammenstößen zwischen den Raum- und den Ortsqualitäten des Stadions.

Die wechselhafte Geschichte des Stadions widerlegt die Vorstellung von einer linearen Entwicklung von Rationalität, Industrialisierung und Massenaktivität. Statt dessen wird ein Spannungsverhältnis zwischen Macht, Volk und Kommerz sichtbar. Das Panoptische des Stadions gebietet dem Volk hinzusehen – auf seine sportiven Stellvertreter oder auch auf die staatliche Macht, die sich damit eine Gelegenheit schafft, gesehen zu werden. Der Zusammenhang von Staatsmacht und Stadion erklärt das Phänomen jedoch nicht zureichend, denn der europäische Absolutismus mit seinem Zentralstaat und seiner Stadtgeometrie hatte für das Stadion keine Verwendung, und auch dem kaiserlichen China war das Stadion fremd (Brownell in Bale/Moen 1995). Spezifisch modern wurde das Stadion als eine räumliche Konfiguration, bei der das Volk sich selbst ins Angesicht schaute. Es gehört damit ins Zeitalter der Demokratie. Der Markt fügte dem Stadion die Dimension hinzu, daß es zugleich darum gehe wegzuschauen. Im kommerziellen Sinne populär war, was dazu diente, sich in simulierten Welten zu ›zerstreuen‹.

Beispiel Kopenhagen

In Kopenhagen zogen im späten 19. Jh. Jugendliche, besonders aus den Arbeitervierteln, zu ihren Vergnügungen und insbesondere zum Ballspiel auf den ›Fælled‹, die Bürgerweide. Auf Initiative der sozialdemokratischen Stadtregierung wurde daraus ab 1909 der ›Fælledparken‹, nach dem Vorbild des Londoner Hyde Park. Mit Spazierwegen, Wiesen, Baumgruppen und Spielplätzen wurde der Park eine grüne Oase der dänischen Metropole und ist bis zur Gegenwart ein Ort volkstümlicher Feste (↗Volkskultur) vom 1. Mai über die politischen Volksfeste der Graswurzelbewegungen bis zum »Großen Spieltag« der Sportvereine.

Ein Teil des ›Fælled‹ wurde 1911 als ›Idrætsparken‹ abgetrennt und Streitpunkt zwischen der Stadtregierung und den reichen Fußballklubs. Der Sportpark bestand aus 12 Fußballfeldern, einem Nationalstadion, das 10.000, später über 50.000 Zuschauer faßte, und einem Klubhaus mit Tribüne. Das repräsentative Gebäude war ein Monument sozialdemokratischen Bürgersinns, und das Stadion wurde ein ›heiliger‹ Ort dänischer Fußballkultur (Toft in Bale/Moen 1995).

Im Zuge der Transformation des Spitzensports in eine mediale Unterhaltungsindustrie ›veraltete‹ die Anlage seit den 1960er Jahren und wurde 1990/92 durch das neue Stadion *Parken* ersetzt. Der private Träger, eine Versicherungsgesellschaft, setzte den Bau gegen die lebhaften Proteste von Anliegern durch. Die neue Betonanlage mit massiven Bürotürmen und Raum für 40.000 Zuschauer wurde eine der teuersten Bauten Dänemarks, und die Trägergesellschaft meldete wenige Jahre nach Eröffnung den Konkurs an (Nagbøl in Puig/Ingham 1993, Jørgensen in Bale/Moen 1995). Bürgerweide, Sportpark, Betonstadion – das dänische Beispiel zeigt die Bedeutung von Veränderung und Konflikt im historischen Prozeß des populärkulturellen Orts.

Beginn des modernen Stadions

In der römischen Antike erschien das Stadion als Monument imperialer Kolonialkultur. Es diente als Schauplatz agonistischer Wettkämpfe und blutiger Tier- und Gladiatorspiele, staatlich-religiöser Rituale und kaiserlicher Machtdemonstration und wurde gelegentlich zum Ort von Zusammenstößen zwischen den sogenannten Zirkusparteien. Von Nordafrika bis an den Rhein machte das Stadion ein oder gar das Zentrum urbaner Kultur aus. Es machte sichtbar, daß das römische Imperium von den Festen, die Herrschaft und Populus verbanden, mindestens ebenso wie von der militärischen Macht getragen wurde. Mittelalter und frühe Neuzeit hatten hingegen für diese Bauform keine Verwendung und kannten sie nur noch als Ruine.

Die Moderne begann mit einer praktischen Wiederentdeckung des Stadions, zuerst in England. In den 1720er Jahren entstanden das erste Amphitheater des Boxmeisters James Figg in London und der Plan eines ›Grand Circus‹ für Sportwettkämpfe in der englischen Stadt Bath. In den 1780er Jahren begegnete Goethe in Verona dem römischen Stadion noch als einem antiken Überrest, registrierte jedoch eine Faszination, die Neues vorwegnahm: Das Amphitheater sei »recht gemacht, dem Volk mit sich selbst zu imponieren, das Volk mit sich selbst zum besten zu haben«.

Damit begann die erste Phase des modernen Stadions, als ein Teil des Zeitalters der Revolution. Der französische Architekt Étienne-Louis Boullée entwarf um 1790 ein utopisches kreisrundes ›Colisée‹ für 300.000 Zuschauer nach römischem Modell. Verwirklicht wurde 1790 hingegen ein aus Erdwällen bestehendes Stadion, das das Volk von Paris zur Erinnerung an die Revolution des Vorjahrs eigenhändig auf dem »Champs de Mars« errichtete. 400.000–600.000 Menschen verfolgten dort die politisch-religiöse Feier des Vaterlands und danach sportliche Wettkämpfe. Die technischen Mittel der Kommunikation waren solchen Größenordnungen allerdings noch nicht gewachsen. Napoleon nutzte das Marsfeld weiter für repräsentative Paraden und Machtdemonstrationen. Aber auch die Arena, die er um 1806 in Mailand anlegen ließ, um die Eroberung Italiens mit der pompösen Aufführung einer Seeschlacht zu feiern, blieb ein Provisorium.

Permanente Anlagen entstanden bald darauf aus wirtschaftlichen Interessen heraus. In den Metropolen der westlichen Welt bauten kommerziell interessierte Unternehmer seit den 1850er Jahren feste Zirkusbauten (↗Zirkus) für sportliche Vorführungen und Wettkämpfe verschiedener Art – »Cirque d'Hiver« in Paris, »Madison Square Garden« in New York, »Albert Hall« in London, den »Sportpalast« in Berlin. Solche Sportpaläste waren ein Teil der neuen Zuschauer-Vergnügungskultur, die sich zur gleichen Zeit in Tivoli-Vergnügungsparks, Hippodromen,

naumachischen, d. h. für das Nachstellen von See-
schlachten geeigneten Amphitheatern und später Ve-
lodromen manifestierte.

Einen anderen Ausgangspunkt hatten die Turn-
anlagen, die mit dem Turnplatz von 1811 auf der
Hasenheide bei Berlin begannen. Die Anlagen im
Grünen mit ihren vielfältigen Spielmöglichkeiten,
Feldern und Geräten wurden Orte volkstümlicher
Selbst- und Festaktivität. Die Turnplätze wichen aber
seit den 1840er Jahren den Turnhallen, die die Bewe-
gungstätigkeit in Mauern faßten, disziplinierten und
den Vereinen, Schulen und Gemeinden zur Repräsentation dienten. Einen Kontrast dazu brachte der
englische Sport als Rasensport. Sein Ort war die
parkartige Grünanlage; Baseball und Cricket haben
bis zur Gegenwart ein ›pastoral image‹ bewahrt.
Landschaftsparks, wie der dänische ›Fælledparken‹,
führten jedoch bereits in eine neue Phase hinein.

Ort der Massenformierung

Um die Jahrhundertwende begann die zweite Phase
des modernen Stadions als einer permanenten Anlage. 1869 hatte man das Hippodrom des Herodes
Atticus in Athen ausgegraben, das nun 1896 für die
ersten Olympischen Spiele mit 40.000 Zuschauern
genutzt wurde. Das gab den Anstoß zu nationalstaatlich motivierten Stadionplänen in verschiedenen
Ländern Europas. Im Berliner Grunewald entstand
1912 das *Deutsche Stadion* mit pompösem »Kaiserpa-
villon«, und um 1920 gab es in Deutschland etwa
10 Kampfbahnen, meist Erdstadien. Zur dieser Zeit
hatte man in Amerika bereits monumentale Stadien
im Hochbau für bis zu 100.000 Zuschauer errichtet,
meist für den Universitätssport (Havard, Yale, Chicago), aber auch von militärischer Seite (*Soldiers'
Field* Chicago) und oft mit neuklassischen Stilele-
menten. Sie wurden zum Vorbild deutscher Anlagen,
die sich bis 1929 auf mehr als 125 Stadien in 100
Städten vermehrten. Arbeits- und Sportbezirk seien
die Pole der modernen Stadt, so wie im Mittelalter
Kirche und Markt, hieß es um 1920.

Daneben verbreitete sich der neue Typus des
Volks- oder Stadtparks, beginnend mit dem *Volks-
park* in Berlin 1909, Hand in Hand mit dem Ein-
flußgewinn der Arbeiterbewegung. Reformerische
Planer wie Martin Wagner (Berlin) sahen darin »eine
Revolution des Körpers gegen den Ungeist eines
engstirnigen, von der Macht der Bodenspekulation
beherrschten Städtebaus«. Eine andere Art von
Sportraum entstand mit den Straßen für Automobil-
sport in England (Brookland 1907), Amerika (India-
napolis 1909) und Berlin (*Automobil- und Übungs-*

strasse AVUS 1921, Nürburgring 1927). Die kreu-
zungsfreie Trasse, z. T. mit Tribünen versehen, diente
dem Sportrennen, wurde aber bald auch zum Modell
der Autobahnen, die – wie ein Planer es 1928 beschrieb – »weitblickende Diktatoren wie Mussolini in
Italien, Primo de Rivera in Spanien und Pangalos in
Griechenland ihren Ländern zum Segen« verwirk-
lichten.

Ähnlich widersprüchlich waren die politisch-gesellschaftlichen Nutzungen des Stadions. Als Theater-
mann schrieb Bertolt Brecht 1926: »Unsere Hoffnung
gründet sich auf das Sportpublikum. Unser Auge
schielt, verbergen wir es nicht, nach diesen Zement-
töpfen, gefüllt mit 15.000 Menschen aller Klassen
und Gesichtsschnitte, dem klügsten und fairsten
↗ Publikum der Welt.« Der Arbeitersport nutzte das
Stadion unter Einsatz von Sprech- und Bewegungs-
chören als Feststätte für das Massenornament tur-
nerischer Demonstrationen, für rotsportliche Spartakiaden und politische Arbeiterweihespiele, so bei den
Arbeiterolympiaden in Frankfurt am Main 1925 und
Wien 1931. Der NS-Staat versuchte 1933, mit sogenannten »Stadionspielen« und »Thingspielen« daran
anzuknüpfen, vermochte es aber auf die Dauer nicht,
das ↗ Genre des Massentheaters zu handhaben; statt
dessen wurde der Aufmarsch in Reih und Glied auf
eigens dafür angelegten Paradefeldern zum faschistischen Modell formierter Öffentlichkeit. 1936 stand
jedoch im Berliner Reichssportfeld auch die erste –
kanonenähnliche – Fernsehkamera für die Live-
Übertragung der Olympischen Spiele und öffnete
damit den Weg in eine neue Ära des populärkulturellen Orts bzw. der Ortlosigkeit.

Nach 1945 wurde der Ausbau von Stadien und
Autobahnen im Konsens zwischen staatlich-öffent-
lichem Handeln und organisiertem Sport fortgeführt. Das führte auch zum flächendeckenden Ausbau von Sporthallen und Schwimmbädern. Man
folgte dem »Goldenen Plan«, mit dem der organisierte Sport in den 1950/60er Jahren seine Forderungen an den Staat stellte und durchsetzte. Kaum war
der Plan – gegen Mitte der 1970er Jahre – erfüllt,
erhob sich allerdings erste ökologische Kritik gegen
das rein quantitative Denken des Sportfunktiona-
lismus und seine Containerarchitektur; damit begann eine neue Phase mit neuen Widersprüchen.

Stadien in der virtuellen Kultur

Die dritte Phase des Stadionausbaus seit den 1960er
Jahren war gekennzeichnet durch die Professionalisierung des Spitzensports und die Kommerzialisierung der führenden Klubs. Die medientechnologi-

sche Entwicklung und die Globalisierung der sportiven Unterhaltungsindustrie machten neue Anstrengungen mit Flutlicht, Plastikrasen, elektronischer Ausstattung und VIP-Lounges erforderlich. Nach und nach wurden eine Reihe von klassischen Stadien aus den Stadtzentren in Außenviertel verlegt, um dort in neuestem ↗ Design neu zu entstehen. Dagegen erhob sich sowohl Protest von Anliegern, die über Verkehrsbelastung etc. klagten, als auch Widerstand von Anhängern des traditionellen Vereins, die damit ihren ›Ort‹ verloren. Der *genius loci* des Spiels unterlag einem Entfremdungsprozess.

Zugleich entwickelte die Fankultur (↗ Fan) im und um das Stadion neue Züge. Im England der 1960er Jahre erschien erstmals der ›Hooligan‹, der das Stadion zur gewalttätigen Selbstdarstellung seiner Gruppe im Kampf mit anderen Fangruppen nutzte. Entgegen den von den ↗ Medien verbreiteten Annahmen, für die Gewaltausbrüche seien kriminelle und rechtsradikale Verschwörungen verantwortlich, machte die Soziologie auf die Rolle der ›rougher sections of working class‹ aufmerksam, wies auf die karnevalistischen Züge der Fankultur hin sowie auf die Bedeutung des Stadionraums, auf die Ökologie der Entfremdung. Daß die Fankultur im Stadion auch andere Wege gehen konnte, zeigte die Kontrastfigur des ›Roligan‹, der zuerst im Dänemark der 1980er Jahre auftauchte. Er inszenierte sich – trotz vergleichbaren Alkoholkonsums und nationaler Begeisterung – betont friedlich, mit grotesken Accessoires und Gesichtsbemalung in den Nationalfarben, Liedern und Sprech-Bewegungschören sowie einer deutlich stärkeren Teilnahme von Frauen und Familien. Unabhängig von ihren spezifisch nationalen Ursprüngen wurden Hooligan und Roligan zu international gültigen Sozialfiguren.

Die architektonische Gestaltung des Stadions war jedoch mehr von Angstbildern bestimmt, wie sie in den Zuschauerausschreitungen im Heysel-Stadion von Brüssel 1985 mit 39 und in der Katastrophe im Hillsborough-Stadion von Sheffield 1989 mit 96 Toten einen Höhepunkt fanden. Aufgrund dessen wurde zum einen der Standard des all-seater Stadions verordnet, das die Sozialkultur der Stehplätze mit ihren dialogischen Qualitäten rigide einschränkte. Zum anderen wurden die Sicherheitsmaßnahmen verstärkt durch Videokontrollstationen der Polizei und unterirdische Gefängniszellen, elektrisch geladene Zäune und Abschnittsbefestigungen sowie getrennte Zugangskorridore und Abschnitte für unterschiedliche Zuschauergruppen.

Auf der unterhaltungsindustriellen Seite wuchsen dem Stadion neue Funktionen zu. Es wurde zum Ort von Großveranstaltungen der Rock- und Popmusik –

und für Papstmessen. Auch innerhalb des olympischen Sports nahmen Showelemente zunehmend Raum ein, mit Massenornamenten in farbigen Trachten und folkloristischen Schauspielen, Maskottchen und unterhaltsamen Kommentatoren, Brass Bands und Pausen-Girls, bekannten Schauspieler/innen und Schlagersänger. Meisterschaften wie »Springen mit Musik« und Show-Einlagen in den Pausen produzierten neue Fusionen der Popkultur.

Zudem verändert sich der Blick, den das Publikum herkömmlicherweise von den Tribünen auf das Sportfeld richtete. Durch Großschirme wird das Hinschauen teils fokussiert und damit das Panoptische verstärkt, teils aber auch gesplittet, indem die Ereignisse auf dem Stadionfeld teils herangezoomt und teils kommentiert werden. Es entsteht eine neue virtuelle Realität. Schirme auf den einzelnen Plätzen und der Einsatz interaktiver Television (↗ Interaktives) zeichnen sich als nächste Möglichkeiten ab. Durch eine Hybridisierung des Stadions mit der screen-Kultur nähert man sich dem Blick des Zapping.

Baulich fand das seine Parallele in der Ausweitung von Stadion und Sportstätte zum ›postmodernen‹ Supermarkt. Der »SkyDome« in Toronto wurde zu Beginn der 1990er Jahre als »das größte Vergnügungszentrum der Welt« beworben (Bale 1994, S. 175–76). Mit einer klimatisierten Passage an eine Bahnstation angeschlossen, umfaßt das Stadion zahlreiche Restaurants, Snack Bars und Cafés, private Suiten und hunderte von Hotelzimmern, von denen man teilweise direkt das Spielfeld überschauen kann, sowie Fitness Clubs, Squash Courts, Sauna und Whirlpools. Das Stadion selbst ist mit seinem synthetischen Bodenbelag flexibel für Baseball-, Fussball- und Cricketwettkämpfe sowie für Opern, Rockkonzerte (↗ Konzert) und Warenausstellungen (↗ Ausstellung) eingerichtet. Seine Sitzplätze geben je nach Arrangement zwischen 10.000 und 70.000 Menschen Raum, und 43 vorbereitete Kamerapositionen machen Übertragungen möglich. Die Grenzen sind damit fließend zur Kunstlandschaft für den Freizeitsport, wie sie z. B. 1992 als »Wild Blue Yokohama« in Tsurumi bei Tokio entstand (Kural 1999). Auf 15.800 m² wird hier eine karibische Meeresküste mit Strandleben simuliert, mit Vogelgesang aus Lautsprechern und tropischer Vegetation, ›Korallen‹ und ›Ruinen‹, Solarien für das Sonnenbaden und zahlreichen Restaurants, künstlichem Sonnenuntergang und einem Riesenschirm für die abendliche Lasershow. Nach der zweiten Natur des Sportparks zeichnet sich damit eine dritte Natur ab, die die Simulation selbst simuliert.

Die virtuellen Elemente des Stadions, die Sportstätte als shopping mall und die simulierte Landschaft machen als Extreme allgemeine Entwicklungstendenzen sichtbar, die weit über den klassischen Sport hinausführen. Die Geschichte des Stadions zeigt allerdings auch, daß dieser Ort populärer Kultur seit jeher mehr präsentierte als nur ein Sportfeld.

Literatur

Bale, J.: *Landscapes of Modern Sport*. Leicester 1994.
Ders.: *Sport, Space and the City*. London 1993.
Ders./Moen, O. (Hgg.): *The Stadium and the City*. Keele 1995.
Dressen, W. (Hg.): *Selbstbeherrschte Körper*. Berlin 1986.
Dunning, E./Murphy, P./Williams, J.: *The Roots of Football Hooliganism*. London 1988.
Eichberg, H.: *Body Cultures*. London 1998.
Ders.: *Leistungsräume. Sport als Umweltproblem*. Münster 1988.
Kural, K.: *Playing Fields. Alternative Spaces for Sports, Culture and Recreation*. Kopenhagen 1999.
Nagbøl, S./Bale, J.: *A View of Football. Sport and a Sense of Place*. Jyväskylä 1994.
Puig, N./Ingham, A. (Hgg.): *Sport and Space*. München 1993.
Verspohl, F.: *Stadionbauten von der Antike bis zur Gegenwart*. Giessen 1976.

Henning Eichberg

Star

Unter einem Star versteht man eine durch die ⁊ Medien bekannt oder berühmt gewordene Person, insbesondere Schauspieler, Sänger oder Sportler, die durch ihr ⁊ Image, d. h. durch Vorstellungsbilder von ihren Eigenschaften und ihrer Erscheinung charakterisiert sind. Ein Starimage umfaßt sowohl die Leistung (vgl. Hügel 2003) des Stars als auch sein Privatleben. Bei Filmstars wird das Image sowohl durch die Rollen und gespielten Figuren als auch durch das Wissen um das Privatleben und die Person des Stars geformt. Die Attraktivität und die Images von Sportlern, Musikern, Künstlern und ähnlichen Stars basieren auch auf ihrem Erfolg, ihrer Arbeit und ihren Taten. Dadurch setzen sich Stars von anderen Prominenten, Celebrities und Medienpersönlichkeiten ab, die nur als Personen und nur durch ihre Präsenz in der Öffentlichkeit bekannt sind.

Aus der Popularität der Stars ergibt sich ihre Funktion für die Medienindustrie. Stars werden gezielt als Attraktion in ⁊ Werbung und Marketing für Medienprodukte wie ⁊ Filme, Fernsehserien, ⁊ Videos oder Tonträger, aber auch für die verschiedensten Konsumgüter eingesetzt. Daher werden Starimages oft mit publizistischen Mitteln planmäßig entwickelt und verbreitet. Dabei werden unbekannte ›Starlets‹ zu Stars aufgebaut, und Stars einem breiten und

internationalem ⁊ Publikum nahegebracht. So können sie zu ›Super‹- oder gar ›Mega-Stars‹ avancieren, wobei solche Bezeichnungen auch zur typischen Übertreibung – dem ›Hype‹ – der Publicityagenten und Medien um die Stars gehören. Entscheidend ist letztlich das Publikum; erst die populäre Rezeption macht den Star zum Star. Wenn sie bei einem bestimmten oder breiten Publikum etabliert sind und durch ihre Images mit speziellen Bedeutungen assoziiert werden, können sich allgemein bekannte Stars zu kulturellen ⁊ Ikonen entwickeln, die typische Strömungen ihrer Zeit und Gesellschaft ausdrücken.

Starimage

Stars bieten eine besondere ›Performance‹ auf ihrem Gebiet der ⁊ Unterhaltung, sei es Schauspiel, ⁊ Sport, ⁊ Musik etc., die ihr Image bestimmt (vgl. Lowry/ Korte 2000).

Das Image bildet sich aus allen öffentlichen Aussagen, Bildern und Informationen über den Star als Darsteller, Figur und (›Privat‹-)Person (vgl. Dyer 1986, S. 2–3). Die Elemente des Images werden durch verschiedene Medien (Presse, Film, ⁊ Fernsehen, Werbung) und verschiedene Formen der Kommunikation (verbale Aussagen, Mimik, Gestik, Stimme, Schauspielkonvention, Narration) vermittelt. Sie betreffen unterschiedliche Aspekte: Persönlichkeit, physische Erscheinung, Lebensstil, Ansichten, Verhaltensweisen, Mode. Bei Filmstars unterscheidet man zwischen dem innerfilmischen Image, das aufgrund der Darstellung der Figuren und der spezifisch filmischen Inszenierung des Stars entsteht, und dem außerfilmischen Image des Stars als Person (vgl. Lowry 1997). Das innerfilmische Image wird sowohl von der schauspielerischen Leistung des Stars als auch von der filmischen Inszenierung und der Gestaltung der Bilder geprägt. Man denke etwa daran, wie sehr Kostüme, Beleuchtung, Kamerastil und die Inszenierung Marlene Dietrichs glamouröse Erscheinung herausstellten. Die inner- und außerfilmischen Teile des Images können unterschiedlich gewichtet und aufeinander abgestimmt sein (vgl. Dyer 1979, S. 142–149), meistens besteht aber zwischen ihnen eine Kontinuität, die besonders im klassischen Hollywood-Starsystem systematisch gefördert wurde.

Starimages werden aufgebaut und eingesetzt, weil sie auch wirtschaftliche Auswirkungen haben. Sie funktionieren wie Markenzeichen, die dem Publikum ein besonderes Erlebnis versprechen. Daher hat die Unterhaltungsindustrie, aber auch der Star selbst, ein Interesse daran, ein attraktives, effektives und oft auch konstantes Image zu entwickeln und am Publikumsgeschmack auszurichten. Erst ein in sich konsistentes und relativ gleichbleibendes Image läßt sich planmäßig in der Vermarktung des Stars und seiner Produkte einsetzen. So haben sich die Hollywoodstudios nicht nur um die Entstehung des Starimages gekümmert, sondern auch um seine Pflege durch Publicity, Fanclubs und Fanpost, Klatschgeschichten und vor allem durch die Auswahl der Rollen und die gezielte Produktion von Drehbüchern. Von Nachteil konnte sein, daß ein Star sehr eng auf eine bestimmte Rolle festgelegt wurde, die nur noch leicht variiert wurde. So haben manche Stars versucht, ihre Rollenrepertoires zu erweitern, was oft – wie im Fall von Bette Davis – zu jahrelangen Kämpfen mit den Studios führte (vgl. Klaprat 1985). Solche Abweichungen vom Klischee konnten dem Star Anerkennung für seine schauspielerische Leistung bringen (wie bei Bette Davis) oder zu einer interessanten oder ironischen Brechung des vorher feststehenden Images führen, wie in den späteren Arbeiten von Clint Eastwood oder John Wayne. Weichen die Stars aber in ihren Rollen oder – wie Ingrid Bergman mit ihrer Affäre mit Rossellini – in ihrem Privatleben zu sehr vom bestehenden Image ab, gerieten sie in Gefahr, ihre Akzeptanz beim Publikum zu verlieren (vgl. McLean 1995; Damico 1991).

Solche Reaktionen, aber auch der unerwartete Erfolg eines bisher unbekannten Darstellers oder ein filmischer Flop trotz Besetzung mit großen Stars, deuten auf die letztlich ausschlaggebende Rolle des Publikums. Erst wenn die Rezipienten sich für einen Künstler interessieren, sich mehr oder weniger stark emotional auch an seinem Leben beteiligen, vielleicht sogar zu ↗ Fans werden, wird er wirklich zum Star.

Fans

Die Interaktion mit dem Publikum kann eine sehr unterschiedliche Intensität entwickeln und unterschiedliche Formen annehmen. Die spektakulären Formen von Fanaktivitäten – wie die Massentrauer um Rudolf Valentino oder Lady Di, die Fans, die überzeugt sind, daß Elvis lebt, die hysterischen Ausbrüche bei Auftritten der Beatles oder neuer BoyGroups oder die Nachahmung von Stars durch Fans – sind nur ein Teil des Spektrums. Genauso typisch sind gemäßigte Reaktionen: Interesse an Klatsch in der Regenbogenpresse, Besuch von Filmen oder Konzerten eines bevorzugten Stars, Nutzung als Vorbild für Mode, Gestik oder Verhaltensweisen etc. Dazwischen gibt es verschiedene Formen der ›Identifikation‹, ›Projektion‹ und Interaktion der Fans mit dem

Starimage. Teils laufen diese Prozesse direkt im ↗ Kino bzw. beim Auftritt des Stars ab – z. B. Empathie oder Sympathie, der Wunsch nach Nähe oder das Gefühl, so zu sein wie der Star –, teils werden sie zum Teil des Lebens der Fans – etwa, wenn sie Fanclubs gründen, Devotionalien sammeln oder den Star imitieren oder zum ↗ Idol erheben.

Das Starimage ist ein Vorstellungsbild, also ein mentales und gegebenenfalls emotionsbeladenes Konstrukt. Erst in der Rezeption wird aus all den Informationen, Bildern und Texten von und über den Star das eigentliche Image im Kopf des Rezipienten konstruiert. Das heißt, daß die Fans nicht nur sämtliche öffentlich zugänglichen Elemente des Images selektieren, gewichten und emotional darauf reagieren, sondern auch ihre eigene Erfahrung und vor allem den kulturellen Kontext dabei heranziehen. So können die Reaktionen auf einen Star sehr disparat sein und eine historische Dimension erhalten. (Rock Hudsons Image hat sich seit den 1950er Jahren stark gewandelt, nicht nur durch das inzwischen öffentliche Wissen um seine Homosexualität und seine Erkrankung und seine tödliche HIV-Infektion, sondern noch stärker wegen eines Wandels im öffentlichen Diskurs über diese Themen).

Funktionen

Trotz der unterschiedlichen individuellen und historischen Rezeption sind Starimages nie völlig heterogen oder beliebig. Stars sind dadurch definiert, daß sie eine breite Wirkung oder eine intensive Wirkung auf eine bestimmte Gruppe oder ↗ Subkultur ausüben. Daher werden erst diejenigen zu Stars, die auf einen signifikanten Teil der Bevölkerung positiv wirken und Themen verkörpern, die aktuell und für die Gesellschaft oder zumindest eine bestimmte Fangruppe relevant sind.

Deshalb haben Stars eine kulturelle und gesellschaftliche Dimension. Sie dienen als personalisierte Darstellungen aktueller Fragen und Probleme, insbesondere als Verkörperungen möglicher Formen der persönlichen Identität, der Werte, der Geschlechterrollen sowie politischer, moralischer und religiöser Haltungen. Indem sie ihren Fans als Modell von Werten, Eigenschaften und Moden in Kleidung und persönlichem Habitus dienen, sind sie zugleich Kristallisationspunkte, an denen kulturelle Tendenzen und oft Konflikte sichtbar werden. Starimages – auch die äußeren Erscheinungsbilder der Stars – werden zu kulturellen ↗ Ikonen. Die Erscheinung des Stars – sein Körper, Gesicht, seine Art zu gehen, seine Stimme – wird zum überdeterminierten Bild von allem, was er repräsentiert: von persönlichen Eigenschaften, Werten, einer Lebensweise, oft einer bestimmten Form persönlicher Souveränität, Männlichkeit oder Weiblichkeit, von Wünschen und Sehnsüchten.

Man spricht vom Star als ›Mythos‹, womit sowohl das Besondere als auch das Typische gemeint ist. Einerseits bieten Stars vereinfachte, oft sogar stereotype Bilder von Menschen und Problemen, andererseits sind sie auch von den Widersprüchen gekennzeichnet, die sie verkörpern und auf die sie antworten. Als »individualisierte soziale Typen« (Reeves 1988) müssen sie als unverwechselbare Individuen erscheinen, zugleich aber für ihre Zeit typisch sein. Diese innere Widersprüchlichkeit des Stars ist notwendig und erhöht die Attraktivität. Ein Starimage muß klar, verständlich, vereinfacht und dem Publikum ähnlich sein, damit die Zuschauer sich mit dem Star ›identifizieren‹ können und in ihm ihre eigenen Interessen verkörpert sehen. Der Star muß aber auch als ein besonderes, außergewöhnliches Individuum erscheinen, um das Interesse zu fesseln und vielleicht auch als Idol, zumindest als Projektionsfläche für Wünsche zu funktionieren.

Geschichte

Obwohl es Versuche gibt, Stars als Phänomen der gesamten Menschheit zu deuten, sind sie ein Produkt der Moderne. Früher gab es ↗ Helden, Herrscher oder mythische Figuren, die vor allem aufgrund mündlicher oder schriftlicher Erzählung bekannt waren, aber es waren vor allem ihre Taten, die zählten. Der Star als Image einer Person, die aufgrund ihrer persönlichen Eigenschaften bekannt und beliebt wird, entstand erst in der Moderne. Erst dann konnte eine reale Person, vor allem ein Darsteller, ein Image entwickeln, das öffentlich verbreitet wurde und eine eigene – sowohl von der Person wie auch von den gespielten Rollen oder realen Taten abgelöste – Bedeutung bekam. Die Stars verdanken nicht wenig ihrer Wirkung den Massenmedien – der illustrierten Presse, vor allem aber dem Film und später dem Fernsehen, die durch (bewegte) Bilder und Ton die besondere Präsenz der Stars vermitteln.

Der Begriff ›Star‹ wurde zunächst im 19. Jh. für besonders bekannte und beliebte Darsteller im ↗ Theater gebraucht. Während sie direkt, also auf der Bühne, nur eine relativ begrenzte Wirkung entfalten konnten, trugen Presse und Bilder – vor allem Sammelkarten – dazu bei, daß bereits damals Merkmale eines breiteren Starkults entstanden, in denen man prototypische Formen der späteren Entwicklung des

Filmstars erkennen kann. Theater und Oper brachten ↗ Virtuosen und ↗ Diven hervor, deren Images auf ihren besondere Leistungen beruhten, aber auch darüber hinaus gingen und die besondere »Aura« der Starpersönlichkeit enthielten (vgl. Hickethier 1997). Prägend für das Starphänomen war das Kino, das zum ersten Mal Stars tendenziell der ganzen Bevölkerung, sogar der ganzen Welt präsentieren konnte. Bis heute ist der Filmstar idealtypisch für das Phänomen, wenngleich andere Medien und andere Kunstformen ihre eigenen Startypen hervorgebracht haben und neuere Stars wie Madonna oft in mehreren Branchen arbeiten.

Erster internationaler Filmstar war Asta Nielsen, die ab 1910 als ↗ Vamp und erotische Frau in einer Reihe von dänischen und später deutschen Filmen berühmt wurde. Bereits bei den frühen Stars stimmten das Starimage mit den typischen Rollen überein (z. B. Asta Nielsen als die exotische, sexuelle Frau, Henny Porten als die mütterliche, deutsche Frau). Stars und das Starsystem gewannen ab 1917, vor allem als Teil des Hollywood-Studiosystems an allgemeiner Bedeutung. Dort wurden sie zu einem zentralen Faktor in der Filmproduktion, -vermarktung und -rezeption. Im ›Starsystem‹ Hollywoods wurden Stars gezielt als Marketingfaktor aufgebaut und eingesetzt. Während in der ersten Phase der Hollywood-Filmindustrie die Darsteller zunächst anonym oder nur durch ihre Rollen (etwa als ›Biograph Girl‹ usw.) bekannt waren, wurden sie ab etwa 1910 als Schauspieler namentlich benannt und durch Kinowerbung und Magazine in die Öffentlichkeitsarbeit der Studios einbezogen. Die bekannten Filmschauspieler wurden aber zunächst nur als Darsteller, jedoch nicht als Privatperson behandelt (laut De-Cordova (1990) gab es in dieser Phase »picture personalities«, aber keine »stars«). Stars im engeren Sinne gab es erst, als auch noch deren – reale oder fiktionale – Privatleben durch Presse und Publicity zum Gegenstand der Medien wurde.

Im entwickelten Hollywood-System seit den 1920er Jahren wurden Schauspieler systematisch zu Stars aufgebaut. Dazu gehörte, daß das Image eines Stars festgelegt, an die Wünsche des Publikums angepaßt und gezielt verbreitet wurde (vgl. Kehr 1979; Klaprat 1985). Die Publicity-Abteilungen der Studios übernahmen solche Imagepflege und organisierten auch die Gestaltung der Live-Auftritte, der gezielten Plazierung in Fotos und Magazinartikeln, die Berichterstattung über die Person und die Inszenierung des Privatlebens, die Verbreitung oder Zurückhaltung von Information über die Stars und nicht zuletzt die Bewältigung der Fankorrespondenz. Da die Hollywood-Schauspieler meist durch siebenjährige

Verträge an die Studios gebunden waren, mußten sie die Rollen übernehmen, die ihnen zugeteilt wurden und sich nach Gutdünken des Studios für Werbung und Publizität einsetzen lassen. Dies schloß die Kontrolle über die Gestaltung des Privatimages ein.

Sinn der strengen Imagegestaltung war, Stars als Markennamen zur Produktdifferenzierung einzusetzen. Sie sollten den Erfolg an den Kinokassen garantieren und so zur Risikominderung bei teuren Produkten auf einem schwer kalkulierbaren Markt beitragen. Kontinuität des Starimages von Film zu Film und zwischen den Filmrollen und dem öffentlichen Image des Stars als ›Person‹ war eine zentrale Komponente in dieser Marktstrategie. Durch informelle Marktforschung aufgrund von Fanbriefen, Fragebögen bei Previews, Kassenergebnissen und den Berichten der Kinobesitzer wurde die Zuschauerreaktion auf Filmrollen kontrolliert; hatte sich eine Rolle als besonders erfolgreich für einen Schauspieler oder eine Schauspielerin herausgestellt, wurde sein oder ihr Image entsprechend festgelegt, sowohl für zukünftige Rollen als auch in der Publicity. Ein Erfolg führte zur Produktion einer Serie von ähnlichen Filmen, sogenannten Starvehikeln, die dem bestehenden Image eines Stars ›maßgeschneidert‹ waren.

Auf diese Weise wurde der Aufbau von Stars systematisch betrieben. So waren die Hollywoodstudios auch stets auf der Suche nach jungen Schauspielerinnen, die zunächst kleinere Rollen bekamen, um ihre Attraktivität zu testen. Kamen solche ›Starlets‹ beim Publikum an, wurden sie in weiteren solchen Rollen eingesetzt und ein entsprechendes Privatimage wurde konstruiert, mit Glamourfotos, Interviews und gezielten Auftritten sowie mit einer offiziellen Biographie ausgeschmückt und an die populäre Presse gebracht. Wenn diese Strategie funktionierte, wurde das Starlet zum Star und es entstand ein artifizielles, aber stimmiges Image, in dem die inner- und außerfilmischen Anteile weitgehend übereinstimmten.

Das Starsystem war eng an das Hollywood-Studiosystem gebunden. Als Ende der 1940er und Anfang der 1950er Jahre Antitrust-Prozesse die vertikale Integration der Industrie beendeten und zugleich Fernsehen und Veränderungen im Freizeitverhalten zu einem starken Rückgang in der Nachfrage führten, begann eine krisenhafte Restrukturierung der Filmindustrie, die auch für das Starsystem gravierende Folgen hatte. Die Laufzeiten der Verträge wurden kürzer, daher investierten die Produktionsfirmen nicht mehr in den Aufbau von Stars. Unabhängige Produzenten spielten eine immer wichtigere Rolle, und es wurden wesentlich weniger Filme gedreht. Für einige große Stars bedeutete diese Entwicklung mehr

Freiheit: Sie konnten ihre Rollen selbst wählen, sich von Stereotypen befreien und als Charakterdarsteller, teilweise auch als Regisseure und Produzenten engagieren. Weniger populäre Darsteller hatten zunehmende Schwierigkeiten, Arbeit zu finden und wanderten z. T. ins neue Medium Fernsehen ab. Ein festes Image wurde bei »instant stars« (Walker 1970), die aufgrund eines einzigen Films zum Star avancierten, sowie bei ›Schauspieler-Stars‹, deren Wirkung gerade auf ihrer Wandelbarkeit und ihrem intensiven ›Aufgehen‹ in unterschiedlichen Rollen basiert, weniger wichtig. Stars wie Marlon Brando, Dustin Hoffman, Meryl Streep und Robert DeNiro, die in sehr unterschiedlichen Filmen und Rollen zu sehen sind und die versuchen, ihr Privatleben aus der Öffentlichkeit abzuschirmen, lassen sich nicht mehr wie die klassischen Stars auf ein kontinuierliches Image festlegen.

Nach dem Ende des Studiosystems investierte die Filmindustrie nicht mehr in den Aufbau von Stars. Stars entstanden nun aufgrund eines erfolgreichen Films oder kamen als ›Crossover-Stars‹ aus anderen Unterhaltungsbranchen wie Sport, Fernsehen, Musik. In den 1960er und 1970er Jahren waren vor allem junge Stars oder ›Antistars‹ gefragt, die nicht so sehr ↗ Glamour als vielmehr das Lebensgefühl der jungen Generation ausdrückten. Seitdem erfüllen Stars zunehmend die Funktion, das Lebensgefühl einer bestimmten Generation oder Zielgruppe zu verkörpern. Galten die Stars der klassischen Hollywoodzeit tendenziell als Ausdruck der gesamten Gesellschaft, zeigen die neueren Stars und ihre Images eine wesentlich stärkere Diversifizierung.

Der Untergang des großen Starkinos nach dem Ende des Studiosystems war trotzdem nur von relativ kurzer Dauer. Die Blockbuster-Strategie, die mit dem ›New Hollywood‹ seit etwa 1975 und verstärkt seit den 1980er Jahren aufgekommen ist, zielt auf sehr teure und breitenwirksame Filme. Damit haben Stars ihre wirtschaftliche Funktion wiedergewonnen. Große Stars sind eine der wichtigsten Voraussetzungen für die Kassenerfolge im heutigen Hollywood. Deshalb ist das Filmgeschäft dort in den letzten Jahrzehnten von einer Gagenspirale geprägt, publikumsträchtige Schauspieler können oft auch als Produzenten und Regisseure bei ihren Filmen agieren.

Im Fernsehen machen sich neue Tendenzen bemerkbar: Sogenannte Reality-Shows versuchen, synthetische Stars zu produzieren. Dabei werden Alltagsmenschen als Stars und Medienpersönlichkeiten lanciert und mit entsprechender Publicity wird versucht, ihre weitere Karriere im Fernsehen oder in der Musikbranche aufzubauen. Obwohl solche Formate wie *Big Brother* zunächst großes Aufsehen erregten, ist es fraglich, ob diese Strategie längerfristig erfolgreich sein wird. Sicher ist, daß die Medien und vor allem das Fernsehen einen enormen Bedarf an Prominenten haben, um die Sendezeit der Talkshows zu füllen und den Wünschen des Publikums nach Einblicken in das ›authentische‹ Leben von Menschen zu erfüllen. Dieser Bedarf kann von den Film- und Medienstars allein kaum gedeckt werden; schon deshalb wird es weitere Versuche geben, Celebrities ›synthetisch‹ zu erzeugen.

Literatur

Damico, J.: »Ingrid from Lorraine to Stromboli: Anaylzing the Public's Perception of a Film Star.« In: Butler, J.G. (Hg.): *Star Texts: Image and Performance in Film and Television.* Detroit 1991. S. 240-253.

DeCordova, R.: *Picture Personalities: The Emergence of the Star System in America.* Urbana, Ill. 1990.

Dyer, R.: *Stars.* London 1979.

Ders.: *Heavenly Bodies. Film Stars and Society.* Houndsmills/ London 1986.

Hickethier, K.: »Vom Theaterstar zum Filmstar. Merkmale des Starwesens um die Wende vom 19. zum 20. Jahrhundert«. In: Faulstich, H./Korte, H. (Hgg.): *Der Star. Geschichte – Rezeption – Bedeutung.* München 1997. S. 29–47.

Hügel, H.-O.: »Weißt du wie viel Sterne stehen? Zu Begriff, Funktion und Geschichte des Stars«. In: Bullerjahn, C./ Löffler, W. (Hgg.): *Musikermythen.* Hildesheim 2003 [in Vorbereitung].

Kehr, D.: »A Star is Made«. In: *Film Comment* 15, 1 (1979) S. 7–12.

Klaprat, C.: »The Star as Market Strategy: Bette Davis in Another Light.« In: Balio, T. (Hg.): *The American Film Industry.* Madison 1985. S. 351–376.

Lowry, S. »Stars und Images. Theoretische Perspektiven auf Filmstars«. In: *montage/av* 6, 2 (1997) S. 10–35.

Lowry, S./Korte, H.: *Der Filmstar.* Stuttgart/Weimar 2000.

McLean, A.L.: »The Cinderella Princess and the Instrument of Evil: Surveying the Limits of Female Transgression in Two Postwar Hollywood Scandals«. In: *Cinema Journal* 34, 3 (1995) S. 36–56.

Reeves, J.L.: »Television Stardom: A Ritual of Social Typification and Individualization«. In: Carey, J.W.: *Media, Myths, and Narratives. Television and the Press.* Newbury Park 1988. S. 146-160.

Walker, A.: *Stardom: The Hollywood Phenomenon.* London 1970.

Stephen Lowry

Theater

Im Zusammenhang der Populären Kultur gilt es bei diesem Lemma, der Tradition des Unterhaltungstheaters nachzugehen. Bedingt durch das Medium ist dieser Begriff komplex. Er umfaßt die szenische Realisation (Aufführung) von teilweise als Text bzw. Partitur vorliegenden Werken und deren typologische Entfaltung (z.B. in ›Posse‹, ›Boulevardstück‹, ›Schwank‹, ›Komödie‹, ›Operette‹, ›Revue‹ oder ›Musical‹) in ihrer historischen Entwicklung, genauso wie die Organisationsformen der Produktion in künstlerischer und kommerzieller Hinsicht besonders seit Mitte des 19. Jh. und damit zusammenhängend die Orte der Produktion. Symptomatisch für die geringe Wertschätzung, die das unterhaltende Theater von Anbeginn an genoß, ist neben der Anmerkung des Aristoteles im fünften Buch seiner Poetik: »Die Komödie […] wurde nicht ernst genommen; daher blieben ihre Anfänge im dunkeln« der Umstand, daß seine eigenen Ausführungen zur Komödie im Gegensatz zu denen zur Tragödie verlorengegangen sind.

Allerdings sind weder bestimmte Dramenformen, wie etwa die Komödie mit der dazugehörigen Theaterpraxis, deckungsgleich mit dem Begriff des Unterhaltungstheater noch bedeutet die Forderung der Theatertheoretiker und -praktiker, der Unterhaltung einen hohen Stellenwert auf der Bühne zuzuweisen, schon deren Einlösung. Auch Autoren, von denen wir es nicht vermuten, preisen am Theater als höchsten Zweck, »Vergnügen auszuspenden und Glückliche zu machen« (Schiller 1905, S. 138), während in Bertolt Brechts Schriften zum Theater die Worte ›Spaß‹ und ›Vergnügen‹ überraschend häufig auftauchen. Allerdings schränken beide ihre Hinwendung zur Unterhaltung stark ein, wenn bei Schiller das Vergnügen »ein Mittel zur Sittlichkeit wird« (ebd., S. 141) oder Brechts Spaß der an der Veränderung der Gesellschaft ist.

Von einem Theater der Unterhaltung kann (historisch und typologisch) erst dann gesprochen werden, wenn sich Unterhaltung von erzieherischen Zwecken jeder Art emanzipiert und als Geschäftsunternehmen interessant wird. Dies gilt für einige historische Erscheinungsformen wie die Commedia dell'arte und für das bürgerliche Theater seit der zweiten Hälfte des 19. Jh. Dazu gehört auch das Zurücktreten der ↗ Zensur, wenn auch ihr völliger Wegfall nicht zwingend ist. Zensureingriffe und Unterhaltungswert der Darbietungen stehen in einem bestimmten Abhängigkeitsverhältnis. Attacken auf das Unterhaltungstheater im Namen moralischer Glaubenssätze stören, stärken aber auch die Attraktivität des Dargebotenen. Zum Unterhaltungstheater als Geschäftsbetrieb gehört ein amüsierwilliges, finanziell potentes ↗ Publikum, das neben dem Geld auch über die notwendige Zeit für theatrale Vergnügungen verfügt. Unterhaltungstheater ist städtisch, in seiner höchsten Ausformung in Operette, Revue und Musical dezidiert großstädtisch. Nur in der Groß- und Weltstadt ist das massenhafte Publikum vorhanden, nur hier rentieren sich die eigens errichteten Darbietungsstätten. Die identitätsstiftende Atmosphäre der Häuser, aber auch avancierteste Technik für die Abläufe der Shows sind notwendige Voraussetzungen für den kommerziellen

Erfolg, der das einzige Ziel der Betreiber war und ist.

Zäsuren für das Unterhaltungstheater waren in den letzten 100 Jahren der Erste Weltkrieg mit seinen politischen und gesellschaftlichen Umwälzungen, gefolgt von Inflation und Weltwirtschaftskrise mit der Umwertung vieler überkommener Werte. Eine besondere Zäsur für das deutsche und österreichische Unterhaltungstheater stellt die Nazizeit mit dem Aderlaß an jüdischen Unterhaltungskünstlern dar, die verfolgt, ermordet oder in die Emigration vertrieben wurden. Das großartige Tableau des Unterhaltungstheaters in der Weimarer Republik konnte auch aus diesem Grunde nach Kriegsende nicht mehr belebt werden. Einen tiefen Einschnitt in die Ausgehgewohnheiten großer Massen eines potentiellen Publikums bedeutete gegen Ende des 20. Jh. die beinahe kostenlose Möglichkeit, Unterhaltungsbedürfnisse durch das ↗ Fernsehen befriedigen zu können. Das Fernsehen entwickelte sehr erfolgreiche eigene Formen der theatralen Unterhaltung: Spielshows aller Art, Talkshows (↗ Show), wöchentliche, ja tägliche Soaps (↗ Serie), ↗ Comedys u. a. m. Dieser Konkurrenz stellt sich das Unterhaltungstheater mit der Entwicklung neuer Formen theatraler Unterhaltung, etwa mit dem sog. Theatersport, einer Art Improvisationstheater mit Eingreifmöglichkeiten des Publikums, dem Live-Theater mit seinen Rückgriffen auf eine Alltagsästhetik oder dem weiten Bereich der Performance-Kunst, die sich vom avantgardistischen Bürgerschreck der 1980er Jahre zur anregenden Spaßveranstaltung verändert hat. Eine andere Strategie des Unterhaltungstheaters besteht in der Event-Kultur, der organisierten Kommunikation auch über den Theaterbesuch hinaus.

Die Krise des Broadway, wo Produktionen mit manchmal jahrzehntelanger Laufzeit Neuproduktionen mit ihrem unkalkulierbaren finanziellen Risiko mehr und mehr verhindern, aber auch das vorläufige Stagnieren eines knapp zehnjährigen Musicaltheater-Booms in Deutschland verweisen auf die systemimmanente Krisenanfälligkeit des Unterhaltungstheaters. Es ist einerseits beharrend (die alten Komödien, Operetten und Musicals werden immer wieder und immer noch erfolgreich gespielt), andererseits wie keine andere Theaterform der Konkurrenz neuer Medien ausgesetzt. Zum Beispiel gibt es das einstmals beliebte ↗ Genre des Kriminalstückes auf der Bühne überhaupt nicht mehr, während es von Krimis, von Tatorten und Kommissaren auf allen Fernsehkanälen nur so wimmelt.

Unterhaltungstheater ist immer auch Geschäftstheater. Es legitimiert sich nicht wie das subventionierte Kulturtheater über seinen Kunstwert, sondern über seinen kommerziellen Erfolg, der immer auch Publikumserfolg sein muß. So herrscht durch den Druck der Medienkonkurrenz ein ständiger Zwang zur Innovation, ohne daß dabei allerdings das potentielle Publikum verstört werden dürfte, das in seiner Masse Experimenten auch auf dem Gebiet der Unterhaltung ablehnend gegenübersteht.

Das Unterhaltungstheater weist die Besonderheit auf, daß es über weite Strecken seiner historischen Entfaltung keiner Literarisierung unterlag und nicht an den Werkbegriff, der sich besonders seit dem 18. Jh. ausbildete, zu binden ist. Es gibt zwischen der Antike und der Renaissance praktisch keine schriftlich fixierten Werke des Unterhaltungstheaters, aber natürlich unterhaltende Theaterpraxis, die allerdings schlecht dokumentiert ist. Es gibt darüber hinaus, auch in den Hochzeiten des literarischen Unterhaltungstheaters parallel zu dessen Formen eine unendliche Vielfalt von szenischen Manifestationen nichtliterarischen Unterhaltungstheaters, dessen Aufführungen von der Theatergeschichtsschreibung nur am Rande zur Kenntnis genommen wurde und deren Ergebnisse mit den philologisch und museologisch arbeitenden Methoden der traditionellen Wissenschaft auch nicht annähernd zu beschreiben waren oder sind.

Antike und Mittelalter

Unterhaltung ist in der westlich-abendländischen Kultur Teil des überlieferten Theaters von Anbeginn an: Zu den attischen Dramenwettbewerben im 5. Jh. v. Chr. hatten die Dramatiker eine Tetralogie einzureichen, wobei den drei Tragödien das Satyrspiel als fester Bestandteil folgte. Die Götter und Heroen der Satyrspiele, die metrische Gestaltung der Verssprache, ihre Kostümierung entsprachen weitgehend den Tragödien, denen sie in der Abfolge der Aufführungen zeitlich nachgeordnet waren. Erhalten geblieben sind neben dem *Kyklop* des Euripides (ca. 485–406 v. Chr.) ausschließlich Fragmente.

Zu unterscheiden von den heiteren Satyrspielen sind die politisch-satirischen, die Götterwelt karikierenden attischen Komödien, für die es gleichfalls einen Wettbewerb gab, bei dem jeder Bewerber allerdings nur ein Stück einreichen durfte. Bedeutendster Vertreter ist Aristophanes (etwa 445–385 v. Chr.), von dessen 44 Komödien sich 11 erhalten haben, die zum Teil in Bearbeitungen auf der Gegenwartsbühne lebendig geblieben sind (z. B. *Lysistrata*, *Der Frieden*, *Die Vögel*). Weniger die Komödien des Aristophanes als die Menanders (342–291 v. Chr.) überlebten in Adaptionen durch Plautus (250–184 v. Chr.) und

Terenz (195–159 v. Chr.) den Transfer von Griechenland nach Rom. An die Stelle der großen staatspolitischen Komödie trat ein lebendig-karikiertes Spiegelbild des römischen Großstadtlebens (vgl. Prang 1968, S. 27). Plautus' berühmtestes Stück *Amphitryon* ist im Original und vor allem in Bearbeitungen und Neudeutungen über Molière, Kleist, Giraudoux, Hacks u. a. bis in unsere Zeit auf der Bühne lebendig geblieben.

Zwischen den Komödienautoren der griechischen und römischen Antike und dem Wiederentstehen einer großen literarischen Komödientradition mit den Werken Shakespeares, Molières, Lope de Vegas u. a. liegen mehr als 1500 Jahre, in denen es zwar kein europäisches Lustspiel von literarischem Rang gibt, aber viele Formen theatraler Unterhaltung, die bei den volkstümlichen Stegreifspielen, den süditalischen Atellanen oder dem Mimus, einem possenhaften Spiel vor allem in Sizilien ihren Ausgang nehmen und zum Fastnachtsspiel wie zur Commedia dell'arte führen und den vitalen, im Blickwinkel der Aufklärung lange unterschätzten Zweig des nichtliterarischen Unterhaltungstheaters initiieren (vgl. Prang 1968, S. 37).

Bescheidene unterhaltende Anteile enthielten die geistlichen Spiele des Mittelalters, wenn etwa der Lustigmacher (Vorform des Hans Wurst) Herodes die Ankunft der Heiligen Drei Könige meldet und beiseite über den schwachen König witzelt, der sich vor einem Kind fürchtet. Das Unterhaltungstheater war allerdings weniger in den Kirchen zu Hause als bei den Festen, auf denen Possenreißer und Tänzer, Spielleute, Gaukler und Pantomimen das Feld beherrschten und sehr erfolgreich waren. Die theatrale Unterhaltung kulminierte besonders in den Fastnachtsspielen mit ihrem literarisch meist improvisierten, gestisch drastischen Repertoire eines Grotesknaturalismus, bei dem die Karikierung von Lastern und Gebrechen, Anspielungen auf Sexuelles und Obszönes, Gerichts- und Hochzeitsszenen mit Streitereien und Saufgelagen den Unterhaltungswert ausmachten (vgl. Devrient 1967, S. 83). Im weiteren Verlauf der Ausgestaltung dieser Fastnachtsspiele finden wir Vorformen (auch durch ein Aufgreifen antiker römischer Unterhaltungsformen) der Typenkomödie, wenn etwa die Bauern als dumm, sauf- und freßlustig erscheinen, die Ehemänner als impotente Pantoffelhelden und die Kaufleute als Wucherer und Halsabschneider die Szene betreten.

Während nördlich der Alpen im ausgehenden Mittelalter eine allgemeine Verrohung der Sitten zu beobachten ist, kündigt sich in Italien mit dem Humanismus deren Verfeinerung an. Mit der Wiederentdeckung der Antike entstand für die gebildeten Stände die Humanistenkomödie, die teilweise plautinische Motive aufnahm. Für die Theatergeschichte nicht nur des Unterhaltungstheaters wird allerdings die Commedia dell'arte wichtig, eine Volkskomödie mit einem festumrissenen Arsenal komischer Figuren.

Die Schauspieler improvisierten keineswegs allabendlich spontan, sondern bauten die Aufführung aus sprachlichen und artistischen Versatzstücken, den *lazzi* (Gags), die sie mit lokalen Anspielungen auf den jeweiligen Spielort anreicherten.

Die wichtigsten vier (Halb-)Masken waren die *Vecchi* (die Alten), *Pantalone*, Kaufmann und Bürger der Republik Venedig, und *Dottore*, der vertrottelte Rechtsgelehrte aus Bologna, sowie die Dienerfiguren (*Zani*, von Giovanni, dessen Name sich als Hans Wurst, Jean Potage, Jan Pickelhäring über Europa verbreitete). *Arlecchino* (auch *Truffaldino, Arlequin* im französischen und Harlekin im deutschen Theater) und *Brighella* stammen aus Bergamo vom Lande. Zu den Masken gesellten sich die unmaskierten *Innamorati* (die Liebenden) und einige wechselnde Randfiguren, die für Abwechslung in den Intrigen sorgten.

Der 26. 1. 1786 gilt offiziell als das Ende der Commedia: Der letzte *Arlecchino*, Antonio Sacchi, erklärt 80jährig seinen Rücktritt von der Bühne. Die Commedia dell'arte erlebt jedoch die Phase ihrer literarisierenden Umwandlung mit Carlo Goldoni (1707–1793). Der gebürtige Venezianer ging 1762 an das »Théâtre des italiens« nach Paris und schuf, beeinflußt von Molière, in seinen ca. 150 Stücken die psychologisch motivierte Charakterkomödie, deren realistische Handlungsführung in volkstümlichem Milieu unter Einbeziehung der Alltagssprache vonstatten geht. Ausläufer dieser sich weiterentwickelnden Komödienform prägen mit Eduardo de Filippo (1900–1984) und Dario Fo (geb. 1926) noch das italienische Unterhaltungstheater in der zweiten Hälfte des 20. Jh. So wie die Theaterwissenschaft die Vorläufer der Commedia über die mittelalterlichen Joculatoren weit in die Antike zu den römischen Pantomimen und den Atellanen zurückverfolgt, schlägt sie den Bogen bis zu den Clownerien Charlie Chaplins (↗ Clown) oder Buster Keatons im Stummfilm des ersten Drittels des 20. Jh.

Die Literarisierung des Unterhaltungstheaters

Seit Ende des 16. Jh. vollzog sich zeitverschoben in England, Frankreich und Spanien mit dem Übergang von den Wandertruppen zu stehenden Bühnen auch die Literarisierung des Unterhaltungstheaters. William Shakespeare (1564–1616) mit seinen Komödien

Was ihr wollt, Wie es euch gefällt, Viel Lärm um nichts u. a. in London, Molière (1622–1673) mit *Der Misanthrop, Der Geizige, Tartuffe* und weiteren 23 Komödien in Paris, Tirso de Molina (1571–1648) mit *Don Gil von den grünen Hosen* und anderen Komödien in Madrid zeitgleich mit den übrigen Lustspieldichtern des *siglo d'oro* arbeitend, seien stellvertretend genannt.

Mit dem Altwiener Volksstück entstehen im Biedermeier Formen eines bürgerlichen Unterhaltungstheaters. Von den Haupt- und Staatsaktionen Josef Anton Stranitzkys (1676–1726) mit seinem Hanswurst im Kostüm des Salzburger Bauern, den durch Parodie und Zauberelemente erweiterten Stücken des Stegreifspielers Joseph von Kurz-Bernardon führt der Weg zu Philipp Hafner (1731–1764), der mit seinen Lokalstücken zum eigentlichen Schöpfer des Alt-Wiener Volksstückes wird: Verbürgerlichung des Milieus trotz teilweiser Beibehaltung der von der italienischen Stegreifkomödie übernommenen Typenbezeichnungen, Wien als bewußt gewählter Ort der Handlung, Dialekt und Liedeinlagen (Standeslied) sind Baumerkmale, die in Lokalstück, Zauberstück und Parodie ihre über 100 Jahre gültige Ausformung finden. Nach der Zwischengeneration J. A. Gleich (1752–1841), A. Bäuerle (1786–1859) und K. Meisl (1775–1853) findet das Alt-Wiener Volksstück seinen Höhepunkt in den Werken von Ferdinand Raimund (1790–1836) mit *Der Bauer als Millionär, Der Alpenkönig und der Menschenfeind* und *Der Verschwender* und von Johann Nestroy (1801–1862) mit *Der böse Geist Lumpacivagabundus, Der Zerrissene, Der Talisman* etc. Bei Raimund kann man gut beobachten, wie durch die Neigung zum Bedeutungsvollen, zur quasibarocken Allegorie die Grenzen des Nurunterhaltenden überschritten werden. Nestroys Eigenart und Stärke sind nicht wie bei Raimund Verinnerlichung der Handlung, Stimmungskunst und Verwesentlichung des Zauberapparates, sondern die scharfzüngige Realistik in den Lokalstücken. Die Stereotype des Altwiener Volksstückes werden bei Nestroy zu gemischten Figuren, und das moderne Leben erhält mannigfaltig Einzug auf die Bühne.

Trotz des seit 1752 geltenden Extemporierverbotes und obwohl durch die Zensurvorschriften die meisten allgemein interessierenden Themen auf der Bühne verboten waren – nicht thematisiert werden durften z. B. Staatsinstitutionen, Königtum, Behörden, Parlament, Gesetzgebung, Religion und Konfession, Anstand, Moral, gesellschaftliche Ordnung, Ehe, alle lebenden Personen –, wurde das Theater zum Mittelpunkt des öffentlichen Lebens in der Metternich-Ära zwischen 1809 und 1848. Nur im Theater durfte sich das Volk öffentlich versammeln. Das Theater mit seinen Möglichkeiten versteckter Anspielungen und der Extempores, die allen Verboten zum Trotz nicht auszurotten waren, wurde zum Ventil des aufgestauten Unmuts über die friedhofsähnlichen gesellschaftlichen Verhältnisse. Doch waren die Freiheiten, die sich die Unterhaltungsbühne nahm, nicht bedeutend. Die Lebensfreude, die in den Werken des Altwiener Volksstückes Ausdruck findet, spiegelte nur die andere Seite der Lähmung des öffentlichen Lebens.

Die parodistischen Elemente des Altwiener Volksstückes, die Verwienerung des Milieus, die große Rolle der Auftritts- und Standeslieder, der musikalischen Einlagen überhaupt, machten – unter Benutzung von Anleihen aus Paris (Offenbach) und auch London (Sullivan) – die Entwicklung zur Wiener Operette plausibel, die durch ihr goldenes, silbernes und bronzenes Zeitalter mit Ausläufern bis zur Mitte des 20. Jh. lebendig bleibt. Ein anderer Entwicklungsstrang führt vom Alt-Wiener Volksstück über die Charakterbilder Friedrich Kaisers (1814–1874), die realistischen Volksstücke Ludwig Anzengrubers (1839–1889) zu den Meisterwerken Ödön von Horváths (1900–1938) *Geschichten aus dem Wiener Wald, Kasimir und Karoline* u. a. und wirkt noch in jüngster Zeit in den Stücken von R. W. Fassbinder (1946–1982), F. X. Kroetz (geb. 1946) oder Peter Turrini (geb. 1944) mit ihrer dezidiert politisch-gesellschaftskritischen Ausrichtung weiter, womit allerdings die Hauptabsicht des Unterhaltungstheaters unterlaufen wird: die zweckfreie Unterhaltung.

Typologie des modernen Unterhaltungstheaters seit der Operette

Mit dem Siegeszug der Operette in der zweiten Hälfte des 19. Jh. in den europäischen Metropolen Paris – Jacques Offenbachs (1819–1880) *Orpheus in der Unterwelt* hatte 1858 Premiere –, Wien – anfänglich nach dem Vorbild Offenbachs von Franz von Suppé (1819–1895) etwa mit *Die schöne Galathee* (1865) eingeführt und von Johann Strauß (1825–1899) mit Werken wie *Die Fledermaus* (1874) und *Der Zigeunerbaron* (1885), Carl Millöcker (1842–1899) mit *Der Bettelstudent* (1882) und anderen Komponisten zur Blüte gebracht –, London – Arthur Sullivans (1842–1900) *Der Mikado* (1885) – und Berlin – Paul Lincke (1866–1946) mit *Frau Luna* (1899) – nahm nicht nur eine neue musikalische Form den ersten Platz des Unterhaltungstheaters ein, es bahnte sich überhaupt eine Aufspaltung der theatralen Unterhaltungsformen an. Die einen besaßen einen hoch spezialisierten teuren Apparat (etwa die Operette mit Orchester

Chor und Ballett), die anderen kamen mit einem Minimum an Personal und Ausstattung aus und werden als Sprechtheater dem Boulevardtheater bzw. unterschiedlichen Ausformungen des Volkstheaters zugerechnet.

Die großen Apparate sind aber Voraussetzung nicht allein für die Operette, deren sog. silbernes Zeitalter von Komponisten wie Franz Lehár (1870–1948) mit der *Lustigen Witwe* (1905) und Emmerich Kálmán (1882–1953) mit der *Gräfin Mariza* (1924) repräsentiert wird. Auch die großstädtische Revue als eine typische Unterhaltungsform der 1920er und 1930er Jahre oder das Musical sind ohne attraktive Ausstattung und ohne Ballett, Chor und Orchester nicht denkbar. Das Musical entwickelte sich ab etwa 1900 in den USA aus Elementen der Operette, der Komischen Oper, der Revue und des Balletts.

Parallel zu den Großformen entstanden gegen Ende des 19. Jh. auch kleine musikalisch-literarische theatrale Formen wie etwa das Cabaret, das Tanzkabarett (↗ Kabarett) und das Nummern-Varieté mit seiner Folge von artistischen Darbietungen, Gesangs- und Tanzauftritten in den Cafés Chantants, in denen gegessen und getrunken werden konnte, während man den Darbietungen der Unterhaltungskünstler lauschte. Sie entwickelten sich zum Typus des Café Concert weiter mit oft immerhin bis zu 1.500 Plätzen. Der Durchbruch für diese gemischten Formen theatraler Unterhaltung kam in Paris 1864 mit der Gewerbefreiheit für Theaterdirektoren und dem Recht zu allen Formen von Aufführungen. Zur gleichen Zeit wie in Paris die Café Chantants eröffnete Charles Morton in London 1852 die erste Music-Hall und errichtete damit einem in den Pubs gepflegten Vergnügen das erste speziell hierfür geschaffene Gebäude. 1856 gab Friedrich Gottlieb Großkopf dem ersten Berliner Café Chantant den stramm germanischen Namen »Walhalla«. 1866 nannte Carli Callenbach sein Etablissement »Théâtre varieté«, Spezialitätentheater, dessen Name als ↗ ›Varieté‹ für die ganze Richtung zum Begriff wurde und als deren berühmtester Vertreter der 1888 gegründete »Wintergarten« galt. 1922 gab es in Berlin schon 167 Varietébühnen, die ihrem Publikum eine Mischung aus Artistik, Tanz, Sketchen und Conférencen anboten. Nach dem Zweiten Weltkrieg ließ sich die Form nicht wieder beleben und blühte erst in den 1990er Jahren in bescheidenem Umfang wieder auf.

Unterhaltungstheater als Geschäftstheater

Der ungeheure Boom des Unterhaltungstheaters als Geschäftstheater ist in Deutschland und vor allem in Berlin dem Gesetz über die Gewerbefreiheit zu verdanken, das für die Länder des Norddeutschen Bundes 1869 in Kraft trat und 1871 mit der Gründung des Deutschen Reiches von den anderen deutschen Staaten übernommen wurde. Im Deutschen Reich verdreifachte sich die Zahl der Theater von 200 auf 600. In der Reichshauptstadt gab es um 1900 bei ca. 1,7 Mio. Einwohnern 15 vorwiegend der Unterhaltung dienende private Bühnen mit 18.000 Sitzplätzen, und 12 als Possen- und Varieté-Theater ausgewiesene Spielstätten mit noch einmal 20.000 Plätzen. War bis dahin das unterhaltende Theater vor allem Bestandteil des Mehrspartentheaters mit kulturellem Anspruch, so schuf sich das Geschäftstheater eigene angemessene Spielstätten, die den kulinarischen Bedürfnissen der Zuschauer ebenso entgegen kamen wie der Maximierung des Profits der Unternehmer.

Die Großstädte ermöglichten und verlangten die Spezialisierung der Häuser für die unterschiedlichen Formen des unterhaltenden Theaters (›Revue‹, ›Posse‹, ›Salonstück‹, ›Ausstattungsrevue‹, ›Kabarett‹, ›Varieté‹ etc.). Mit dieser Spezialisierung begab sich das unterhaltende Theater auf die überlebensnotwendige Suche nach einem, seinem gerade an dieser speziellen Form interessierten Publikum. Die soziale Schichtung im Stadtviertel, das Ambiente der näheren Umgebung wurde für solche Geschäftstheater genauso wichtig wie deren großzügige und luxuriöse Ausstattung. So konnten verschiedene Formen des Unterhaltungstheaters erfolgreich nebeneinander existieren, da sie mit jeweils eigenen Mitteln auf Rezipienten verschiedener sozialer Schichten mit deren je unterschiedlichen Unterhaltungsbedürfnissen und materiellen Möglichkeiten zielten. Pflegte in Berlin etwa das »Rose-Theater« im proletarischen Stadtbezirk Friedrichshain Volkstück, Posse, Schwank und bodenständige Operette, so strömte das bürgerliche Publikum zur großen Operette ins »Metropol-Theater« in die Friedrichstraße, die Liebhaber des Varietés frequentierten den »Wintergarten«, während es im »Admiralspalast« an der Friedrichstraße mit einem ungeheuren Aufgebot an Menschen, Kostümen, Nuditäten, Bildern mit und ohne Zusammenhang in den Haller-Revuen für die Nachtschwärmer »Drunter und Drüber« ging. Ganz ähnlich war das Unterhaltungstheaterangebot in den anderen Welt-Metropolen strukturiert.

So wie die Operette und bestimmte Formen des Cabarets ihren Siegeszug von Paris aus antraten, hatte auch die Revue – neben der Operette *die* Großform musikalischen Unterhaltungstheaters bis zum Zweiten Weltkrieg – als Ausstattungsrevue ihren Ausgangspunkt in der französischen Metropole, als in der Belle Epoque die satirisch-literarischen Elemente in der theatralen Unterhaltung zusehends an Bedeutung verloren. Als erste Ausstattungsrevue gilt *Place aux jeunes* von 1886 in den »Folies Bergère«. Dort trat auch Ende des 19. Jh. die erste noch kleine Girltruppe auf. Die Pariser Revuebilder wurden in den Theatermetropolen London, New York und Berlin übernommen und, angereichert durch traditionelle nationale Elemente theatraler Unterhaltung, weiter entwickelt. So hatte etwa in New York das ↗ Vaudeville, eine Mischform aus »Song und Tanz, Akrobatik und Humor, Dressurakt und Zauberei mit Anleihen bei Minstrel, Zirkus und Operette« (Schmidt-Joos 1965, S. 40) den Boden für den Siegeszug der Ausstattungsrevue bereitet, die dann zwischen 1907 und 1931 in Florenz Ziegfelds (1868–1931) 21 Revuen mit seinen »Follies« nationale Institution wurde.

Auch die deutsche Ausstattungsrevue besonders der 1920er Jahre (verbunden mit den Namen Erik Charell, Hermann Haller und James Klein) in Berlin zielte direkt auf sinnliche Reize ab: Neben Conférence und Sketchen, durch die eine lockere Handlungsstruktur begründet wurde, nahmen ↗ Musik und Tanz eine besondere Stellung ein. Unter schlagwortartigen Titeln wie *An alle* (Charell 1924) oder *Berlin ohne Hemd* (Klein 1926) und mit bis zu 80 Ausstattungsbildern traten die Revuen in Konkurrenz zueinander. Zum unentbehrlichen Bestandteil jeder Revue zählten allerdings die Girls, eine Truppe von »in Größe, Wuchs und Haarfarbe möglichst ähnlichen Tänzerinnen« (Kothes 1977, S. 65). Die Perfektion, mit der die Girls ihre Glieder symmetrisch-einheitlich schwangen, ließ ornamentale Bilder entstehen, die ihre Herkunft vom Jugendstil nicht verleugneten, der auf diese Weise eine Symbiose mit der auf allen künstlerischen Gebieten angesagten Sachlichkeit einging. Zur Girltruppe gesellten sich Tanzsolisten mit akrobatischen Nummern oder auch mit Nacktszenen.

Gegen Ende der 1920er Jahre löste sich die Revue als dominierende theatrale Unterhaltungsform nach und nach auf und ging z. T. mit der Operette als ›Revueoperette‹ eine neue Verbindung ein, deren auch heute noch erfolgreichstes Beispiel Ralph Benatzkys (1884–1957) *Im weißen Rößl* (1930) ist.

Das neue Musical

Zwischen den Kriegen wurde New York mit seinem Broadway zur Welthauptstadt des Unterhaltungstheaters, speziell des Musicals, der von nun an dominierenden Form musikalischer szenischer Unterhaltung. Als erstes Musical gilt *Show Boat* von Jerome

Kern (Musik) und Oscar Hammerstein II (Buch und Song-Texte), das 1927 am Ziegfeld-Theater Premiere hatte: »Buch, Text, Musik und Handlung bilden eine Einheit, die psychologische Motivierung ist glaubhaft, die Charaktere sind überzeugend« (Schmidt-Joos 1965, S. 159). Höhepunkte des klassischen Musicals waren u. a. *Oklahoma* (1943) von Richard Rodgers (Musik) und Oscar Hammerstein II (Text), *Carousel* (1945) und *The King and I* (1951) vom gleichen Autorenpaar, *Annie Get Your Gun* (1946) vom Komponisten und Liedtexter Irving Berlin, *Kiss me Kate* (1948) und *Can Can* (1953) von Cole Porter, *West Side Story* (1957) von Leonard Bernstein, *Hello Dolly!* (1964) von Jerry Herman. Zum alles überragenden Erfolg des klassischen Musicals wurde *My Fair Lady*, das 1956 am Mark Hellinger Theatre in New York Premiere hatte. Frederick Loewes (Musik) und Alan Jay Lerners (Buch und Songtexte) Musical trat seinen Siegeszug um die Welt an und erreichte mit der Premiere am 25. 10. 1961 am Berliner Theater des Westens Deutschland. Kostüme und Bühnenbilder waren vom Broadway übernommen. Das auf George Bernard Shaws Komödie *Pygmalion* (1913) zurückgehende Musical hatte wohl deshalb einen so überragenden Erfolg (2717 aufeinanderfolgende Vorstellungen in New York, 2281 in London, Inszenierungen von Reykjavik bis Buenos Aires und eine höchst erfolgreiche Verfilmung mit Rex Harrison und Audrey Hepburn 1964 in dem mit einem Aufwand von 20 Mio. Dollar seinerzeit teuersten Filmprojekt Hollywoods), weil sich auf den Ebenen der konventionell-europäisch orientierten Musik, dem Libretto und der vor dem Ersten Weltkrieg in London spielenden Märchenhandlung vom Aschenputtel und dem Prinzen altes und neues Theaterpublikum angesprochen fühlte. In Deutschland lief *My Fair Lady* ab der Spielzeit 1965/66 unter seinem englischen Titel in den Stadttheatern im Normalspielplan mit größtem Erfolg.

Eine neue Generation von Musicals kündigte sich 1967 mit *Hair* (Musik von Galt McDermot) an, einem Pop-Musical, das den Mythos der Blumenkinder erfolgreich am Broadway und auf einer anschließenden Welttournee vermarktete. Aber auch das als blasphemisch empfundene Rockmusical des damals 21jährigen Londoner Andrew Lloyd Webber *Jesus Christ Superstar*, das von 1972 bis 1980 allein in London 3358 Aufführungen erlebte, war Vorläufer eines neuen Musicaltyps mit vorgeblich härteren Stoffen und einer moderneren, weniger (operettenhaft) melodiösen Musiksprache. Andrew Lloyd Webber ist zweifelsohne der große Meister dieses neuen Musicals mit seinen Hits *Cats* (1981, ab 1986 im Hamburger Operettenhaus vor fünfeinhalb Mio. Zuschauern), *Starlight Express* oder *Das Phantom der Oper*, das es in neun Jahren Laufzeit bis 1999 auf über 6 Mio. Besucher allein in der Hamburger »Neuen Flora« brachte. Claude Michel Schönbergs (Musik) Musical *Les Misérables*, das höchst erfolgreich die Leiden der Armen besingt, oder desselben Komponisten *Miss Saigon*, ein Melodram um einen GI und sein vietnamesisches Mädchen im Vietnam-Krieg, sind Beispiele für vorgeblich realitätsbezogene Stoffe. Erfolgreichster Vermarkter des Musical-Booms, der seit Ende der 1980er Jahre auch die deutsche Unterhaltungsbranche elektrisierte, ist ohne Zweifel Webber. 1995 liefen in 20 Ländern über 30 Produktionen seiner Musicals. Seine Firma RUG (The Really Useful Group Limited) machte im gleichen Jahr ca. 125 Mio. € Umsatz und einen Gewinn von 50 Mio. €. RUG vergibt nicht nur Lizenzen, sondern ist an Plattenlabels beteiligt, entwickelt eigene Produktionen und baut eine eigene Theaterkette zur Vermarktung auf. Auch das Merchandising-Geschäft spielt eine nicht unwichtige Rolle im kommerziellen PR-Bereich.

Vor ihrem Konkurs hatte Rolf Deyhles Stella AG 1999 mit 7 Musicals den Löwenanteil im deutschen Musical-Zirkus, wobei für einzelne Produktionen nicht nur nagelneue Theater aus dem Boden gestampft wurden, sondern eine eigens für diese Produktionen entwickelte Infrastruktur, die etwa in Stuttgart-Möhringen von Hotels über gastronomische Einrichtungen aller Art und für jeden Geldbeutel bis zum Beauty- und Wellness-Bereich für die Besucher der beiden Musicalproduktionen reicht. Bedeutende Musical-Standorte sind nach New York und London im deutschsprachigen Bereich vor allem Wien und Hamburg. Ende der 1980er und in den 1990er Jahren wurde im Wettbewerb der Städte um die vermeintlich für den Fremdenverkehr und das Steueraufkommen lukrativen Musicalstandorte in Deutschland als zumindest indirekte Subvention viel kommunales Geld investiert, von der günstigen Überlassung von Grundstücken bis zum Bau von Parkhäusern.

Alternative Versuche mit dem Musical wie etwa Peter Zadeks Kreation des Jugendmusicals *Andi* (1987) am Hamburger Schauspielhaus mit der Pop-Band »Einstürzende Neubauten« fanden zwar starkes publizistisches Interesse, aber kaum Nachfolger. Wie immer bei Paradigmenwechseln in der Unterhaltungsbranche, schienen sich mit dem Aufkommen des neuen Musicals, verbunden mit den neuen und aggressiven Formen ihrer Vermarktung, die Formen bisheriger theatraler Unterhaltung zu marginalisieren. Nach dem Abflauen des Überraschungseffektes und des Austestens der möglichen Standorte, pendelt sich wohl der Markt des Unterhaltungstheaters am Anfang des 21. Jh. neu ein: Zu den traditionellen Formen der Theaterunterhaltung tritt dauerhaft das neue Musical.

Literatur

Baumgarten, M./Freydank, R.: *Das Rose-Theater – Ein Volksstück im Berliner Osten 1906–1944*. Berlin 1991.
Devrient, E.: *Geschichte der deutschen Schauspielkunst*. Berlin 1967.
Esrig, D. (Hg.): *Commedia dell'arte*. Nördlingen 1985.
Fitzpatrick, T.: *The Relationship of Oral and Literate Performance Process in the Commedia dell'arte*. Lewiston 1995.
Freydank, R. (Hg.): *Theater als Geschäft – Berlin und seine Privattheater um die Jahrhundertwende*. Berlin 1995.
Greiner, B.: *Die Komödie*. Tübingen 1992.
Gromes, H.: *Vom Alt-Wiener Volksstück zur Wiener Operette*. Diss. München 1967.
Günther, E.: *Geschichte des Varietés*. Berlin 1978.
Hein, J. (Hg.): *Das deutsche Volksstück im 19. und 20. Jh.* Düsseldorf 1973.
Jansen, W. (Hg.): *Unterhaltungstheater in Deutschland – Geschichte, Ästhetik, Ökonomie*. Berlin 1995.
Kloose, R./Reuter, T.: *Körperbilder – Menschenornamente in Revuetheater und Revuefilm*. Frankfurt a. M. 1980.
Klotz, V.: *Bürgerliches Lachtheater (Komödie, Posse, Schwank, Operette)*. Reinbek 1987.
Kothes, F.-P.: *Die theatralische Revue in Berlin und Wien 1900–1938*. Wilhelmshaven 1977.
Kröner, W.: *Die italienische Commedia dell'arte*. Darmstadt 1976.
Lichtfuss, M.: *Operette im Ausverkauf*. Wien/Köln 1989.
Pandolfi, V. (Hg.): *La Commedia dell'arte. Storia e testo*. 6 Bde. Firenze 1957–1961.
Prang, H.: *Geschichte des Lustspiels*. Stuttgart 1968.
Schiller, F.: »Über den Grund des Vergnügens an tragischen Gegenständen«. In: Ders.: *Sämtliche Werke. Säkularausgabe*. Bd. 11. Stuttgart 1905. S. 139–154.
Schmidt-Joos, S.: *Das Musical*. München 1965.
Schneidereit, O.: *Berlin, wie es weint und lacht – Streifzüge durch Berlins Operettengeschichte*. Berlin 1976.
Weinreich, O.: »Zur Geschichte und zum Nachleben der griechischen Komödie«. In: Aristophanes: *Sämtliche Komödien*. Zürich/Stuttgart 1968. S. VII-CXCVII.

Hartwin Gromes

Theatralität

Das Bedeutungsfeld: Enger und weiter Theatralitätsbegriff

Der Begriff ›Theatralität‹ machte in den letzten Jahren Karriere: charakterisierte er ursprünglich das Spezifische des ⁊Theaters, avancierte er inzwischen zu einem Schlüsselbegriff der Kultur- und Sozialwissenschaften. Die Ethnologen entdeckten ihn als anthropologische Kategorie, markierten mit ihr symbolisierende Tätigkeiten, mit denen Menschen und Gesellschaften ihre Wirklichkeitserfahrungen in nicht verbale Zeichen, Aktionen und Rituale verwandeln (Turner 1989; Schechner 1990). Die Sozialwissenschaften nutzten das Theater als Modell, um das Netz sozialer Verabredungen und Regeln und damit die Selbst- und Rollendarstellung in verschiedenen gesellschaftlichen Situationen zu untersuchen (Goffman 1969; Rapp 1973; Willems/Jurga 1998). Philosophen konstatieren die dramatische Ereignishaftigkeit des Denkens in der Moderne oder versuchen zu zeigen, welche Theatralitätskonzepte dem Philosophieren eingeschrieben sind (Schramm 1996; Sloterdijk 1986). Interdisziplinäre Forschungsprogramme propagieren »Theatralität« als kulturelles Modell der Kulturwissenschaften, an dem alle teilhaben sollten, deren Themen und Untersuchungsgegenstände durch inszenatorische Verfahren und theatrales Handeln konstituiert werden, da unsere Gegenwartskultur sich zunehmend nicht mehr in Werken, sondern in theatralen Prozessen formuliere (DFG-Schwerpunktprogramm Theatralität). Für die Populäre Kultur hat Theatralität ganz besonders dort Bedeutung, wo das kulturelle Geschehen sich auf den Bühnen der elektronischen Medien abspielt. ›Mediale Theatralität‹ kommt dabei als Gegenstandsbereich in den Blick, der mediale Produktions- und Wirkungszusammenhänge mit spezifischen Theatralitätskriterien umfaßt.

Der Theatralitätsbegriff führt eine Reihe von Korrespondenzbegriffen mit sich, etwa Geste, Rolle, Inszenierung, Ereignis, körperliche Präsenz, Authentizität, die auf seine Theaterherkunft verweisen. An ihnen orientieren und klären sich Gegenbegriffe, die mit den Massenmedien zunehmend an Bedeutung gewonnen haben, wie z. B. Pose, Effekt, Simulakrum, mediale Simulation, virtuelle Realität. Aus diesem intermedialen Zusammenhang ergeben sich neue Differenzierungen von Theatralität. Diese sind verknüpft mit der Frage, wie und wohin sich die tradierte dichotomische Wirklichkeitsvorstellung von Sein und Schein, die nicht nur für das Theater, sondern für unsere ganze Kultur über Jahrhunderte galt, auflöst und entwickelt. Daß die ganze Welt Bühne sei und alle Menschen Spieler – diese von Shakespeare in seinen Werken zu einem ersten theatralen Höhepunkt geführte Theatermetapher hat in einer Gegenwart der Internet-, Fernseh- oder Life-Style-Auftritte, einer rasant unsere Lebens- und Darstellungsgewohnheiten verändernden Elektronik und einer vielerorts wahrzunehmenden Ästhetisierung der Lebenswelt freilich andere Funktionen und Bedeutungen als in Zeiten, die von metaphysischen Fragen überwölbt und angetrieben wurden.

Die Alltagssprache hinkt solchen Begriffsverschiebungen hinterher. Das Wort ›theatral‹ ist umgangssprachlich eher negativ besetzt. Aufgedonnertes Diven-Gehabe, übertriebene Selbstdarstellerei oder taktisch eingesetzte Täuschungen, mit denen sich Sportler im Spiel Vorteile verschaffen wollen, werden mit dem Wort ›theatral‹ im Sinne von wichtigtuerisch oder nur vorgetäuscht belegt. In Redewendungen wie »alles Theater«, »mach nicht so ein Theater« oder »das ist Schauspielerei« wirkt ein Theaterverständnis nach, das die Wirkung der Illusion favorisiert. Und es klingen Untertöne an, die das Theater als Anstalt des (falschen) Scheins diskreditieren. Dieser Als-Ob-Status des alten Illusionstheaters hat freilich heute Hochkonjunktur in vielen szenischen Formen der Massenmedien. Umgekehrt ist dort, wo spektatorische Ereignisse ihren Spektakelcharakter offenlegen, ja hervorheben (was ebenfalls häufig für Veranstaltungen der Populären Kultur zutrifft), ›theatral‹ ein Qualitätsausweis. Die Theatralität des ↗ Zirkus wird nicht nur von den Zuschauern goutiert, sie setzt, was die kalkulierten Effekte betrifft, auch für die Kunstform Theater und ihre Produzenten Maßstäbe. Die Theatralität des Pop-Konzerts – Lichtdesign, die je eigene Bewegungschoreographie der Bands, Nebelmaschinen und Bühnenaufbauten – ist Conditio sine qua non und wird vom Zuschauer gerne bezahlt.

Die sinnliche Vielfalt und Gleichzeitigkeit des Szenischen verweisen auf den modernen Ausgangspunkt der Theatralität: die Kunstform Theater, die sich zunehmend ab Ende des 19. Jh. ihre ästhetische Autonomie erkämpft, nicht mehr nur in Szene gesetzter Text oder Arrangement des Dramas und seiner Figuren ist. Theatralität zielt also zunächst einmal auf Inszenierung und auf eine Kunstpraxis, die eigengewichtig und selbständig die plurimedialen Qualitäten des Theaters ins Spiel bringt: Raum und Körperlichkeit, Licht und Bewegung, Sprache und ↗ Musik – alle sogenannten theatralen Sprachen, die die Interaktion zwischen Bühnengeschehen und Zuschauern in Gang setzen und den theatralen Prozeß zum Live-Ereignis machen.

Wurde diese Interaktion in Hoch-Zeiten der Semiotik vor allem als theatraler Zeichen- und Bedeutungsprozeß erfaßt, mit der Akzentuierung der besonderen Bedeutungsmobilität theatraler Zeichen (Fischer-Lichte 1983), wird sie in den letzten Jahren als sinnlich-körperliche Wahrnehmung und Erfahrung gefeiert, die mehr ist als Bedeutung, ja dieser auch gänzlich entbehren kann (Lehmann 1999). In den Vordergrund gerückt wird damit zugleich die präsentische Einmaligkeit des theatralen Ereignisses in einer durch Reproduzierbarkeit und Simulation bestimmten Medienwelt.

›Theatralität‹ überschreitet in der theaterwissenschaftlichen Betrachtung ab den 1970er Jahren die

Grenzen des ästhetisch abgesteckten Terrains, auch wenn der Begriff sinnvollerweise immer wieder auf die Kunstform bezogen wird. Wieder- und neu entdeckt werden die subversiven Traditionen des Volkstheaters als Gegentheater, eine dialektisch gedachte Geschichte des Nichttheaters, wie es sich in ↗ Zensur und Theaterverbot manifestiert, vor allem aber die Theatralisierung des Lebens in gesellschaftlichen Zusammenhängen (Münz 1998). Diese Ausweitung des Theaterbegriffs rückt neue Aspekte in den Blickpunkt: etwa den Zusammenhang zwischen sozialen Kommunikationsformen und Formen des Kunsttheaters. Theatralität wird als historischer Wirkungsfaktor vor allem ideologischer Art gesehen und damit zugleich die Macht symbolischer Vorgänge. Explizit wird die Brücke zu den Cultural Studies geschlagen, die die Verflechtungen einer politisch-sozial-kulturellen Darstellung beschreiben, etwa am Beispiel der theatral ausgefochtenen Kämpfe um kulturelle und politische Hegemonie im England des 18. Jh. (Fiebach 1998). Politik als Theater, Theater der Politik ist ein wichtiges Feld dieses erweiterten Theatralitätsbegriffs (Meyer 1998).

Je weiter sich der Begriff der Theatralität öffnete, Theater überall entdeckt und verortet wurde, umso mehr kam man in Bedrängnis, Theater generell zu definieren. Die klassische, am Kunsttheater gewonnene A-B-C-Formel Bentleys (A spielt B vor C) war schon in dem Augenblick zu modifizieren, wo theatrale Darstellung nicht mehr allein an Rollenverkörperungen (spielt B) gebunden wurde. »Als Wirklichkeit (Theater) wird eine Situation erfahren, in der ein Akteur an einem besonders hergerichteten Ort zu einer bestimmten Zeit sich, einen anderen oder etwas vor den Blicken anderer (Zuschauer) darstellt oder zur Schau stellt«, heißt es in heutiger Definition (im DFG-Antragspapier). Da das Theater nicht mehr an einen institutionellen Ort gebunden ist, macht »der besonders hergerichtete Ort« viele Bühnen möglich. Daß Darstellen und Zur-Schau-stellen alternieren oder variieren können, fixiert Schauspielen nicht mehr nur auf intentional gehandhabte Kunstfertigkeiten. ›Wir alle spielen Theater‹ oder können zu einer bestimmten Zeit etwas zur Schau stellen. Und dem Zuschauer wird jetzt die Möglichkeit einer Realitätserfahrung in neuer Reihenfolge (»Wirklichkeit (Theater)«) zugeordnet, die nicht nur Illusionierung meint.

Ob und wann etwas ›Theater‹ genannt werden kann, entscheidet nach heutigem Verständnis der Zuschauer, im derzeitigen theoretischen Diskurs der wissenschaftliche Betrachter. Dabei kann der theatrale Blick vieles zu Theater machen, was bisher so nicht erfaßt wurde. Dies führt zu der eingangs skizzierten vielfältigen Anwendung des Begriffs ›Theatralität‹ in unterschiedlichen Wissenschaftsdisziplinen und -kontexten und dazu, daß Theatralität oft als ›freischwebendes Diskurselement‹ fungiert. Der Begriff ›Theatralität‹ als metaphorisch aufgeladene Leerstelle hat den heuristischen Vorteil, unterschiedliche Wissenschaftsdisziplinen miteinander ins Gespräch zu bringen und alte ›Fachgegenstände‹ neu zu sehen und zu konstruieren. Wo es aber nicht nur um eine wissenschaftliche Suchbewegung geht, sondern der Kunst- und Wirklichkeitsbezug von Theatralität erfaßt werden soll, stellen sich alte Fragen: Wann ist ein sozialer Vorgang Spiel, wann greift der Ernst des Lebens? Die sog. Selbstreferentialität des (Kunst-)Theaters, also seine ästhetischen Bestimmungen, sein Spielcharakter, wird zunehmend undeutlicher in einer in vielen Lebensbereichen ästhetisierten Umwelt. Die Sozialpflichtigkeit des Handelns ist als Kriterium zumindest in einigen davon noch verläßlich: Der tägliche Auftritt des Chefarztes und seines Mitarbeiterchors am Krankenbett des Patienten bei der Visite wird letztlich am Erfolg der medizinischen Bemühungen gemessen, nicht an der theatralen Eleganz. Das Theater der Politik freilich ist schon auf dem Wege sich von der Sozialpflichtigkeit zu verabschieden. Für die Bestätigung eines Politikers im Wahlergebnis ist seine mediale Darstellungspotenz möglicherweise schon wichtiger als sein politisches Tun und seine Folgen. Für die Theatralitätsdefinition heißt das: Die primäre Funktion des Handlungsvorgangs entscheidet darüber, ob etwas Theater ist oder nicht. Die Frage, ob »konsequenzfreies oder konsequenzvermindertes Handeln« (Kotte 1998, S. 123) vorliegt, dient dabei als Entscheidungshilfe.

Mediale Theatralität: Inszenierungskonstrukte

Das Leitmedium der Populären Kultur, das ↗ Fernsehen, ist der Ort, wo Kunst und Leben inszenatorisch zusammengeführt, verknüpft und vermischt werden. Das gilt für die theatralen medialen Formen ganz besonders. Aktuell beliebte Sendeformate wie Reality-TV oder Doku-Soaps signalisieren schon in der Genre-Bezeichnung, daß die alten Unterscheidungen von fiction und non-fiction hier nicht mehr greifen oder gelten sollen. Eigen ist ihnen das im Titel eingeschriebene Versprechen der Authentizität: Authentische Menschen in authentischen Alltagssituationen befriedigen dabei weniger den vorgegebenen Hunger nach Wirklichkeit, als ein voyeuristisches Interesse des Zuschauers. Und Authentizität ist nicht Wirklichkeit pur, sondern ein Effekt der Darstellung, eine besondere Inszenierungsstrategie. Deshalb spricht man hier zu Recht von einem Authentizitätsparadox (Berg/Hügel/Kurzenberger 1997). Denn die Inszenierung soll möglichst unsichtbar bleiben, würde ihre Offenlegung doch die behauptete Unmittelbarkeit des Gezeigten als beabsichtigte Darstellung offenbaren. Unter anderem deshalb braucht es zur Beglaubigung des Dargestellten Gefühl und Intimität. Beide gelten in unserer Kultur und Theatertradition als Ausweis und Garant des Unmittelbaren und Spontanen. Sie sind daher wichtige Ingredienzen der Inszenierung.

Analoges charakterisiert die mediale Darstellungsform Talk-Show. Auch dieser Schaudialog ist paradoxer Art: Er inszeniert Persönliches vor einem Millionenpublikum, entfaltet und suggeriert spontane Privatheit und gehorcht dabei doch festgelegten Funktionen, Rollenzuschreibungen und Spielregeln bei gleichzeitiger Gesprächs- und Darstellungsoffenheit (z. B. die Auswahlkriterien der Kandidaten, Konsens- oder Konfrontationsstrategien der Interviewer). Das Non-Verbale, die vermeintlichen oder tatsächlichen unwillkürlichen Darstellungsmomente, wie sie sich in Gestik, Mimik und Stimme bei der körperlich situativen Selbstpräsentation zeigen, sind für den beabsichtigten Authentizitätseindruck dabei mindestens ebenso wichtig wie die Themenwahl. Hier sind Lebenskrisen, persönliche Erfolge und Abstürze, vor allem aber tabuisierte Themen aus dem Intimbereich besonders geeignet, die Darsteller über Hoffnungen und Ängste, Glücks- oder Katastrophenerlebnisse mit dem ↗Publikum identifikatorisch kurzzuschließen oder dessen voyeuristische Neugier zu wecken. Wichtig ist der Live-Art-Charakter der medialen Darstellung. Direkt vor den Augen und Ohren der Zuschauer entscheidet sich, wie die Dialogpartner die Aufgaben der Selbstdarstellung bewältigen. Dieses agonale Prinzip strukturiert auch die benachbarten Game-Shows, bei denen es oft weniger um die zu lösende Spielaufgabe und den Gewinn geht als um eine angemessene und geglückte Selbstpräsentation (vgl. Hügel 1993). Diese hat bei prominenter Rollenbesetzung einen zusätzlichen Reiz, steht doch dabei das Vermögen der Darsteller im Mittelpunkt, mit vorgeprägten Images zu jonglieren, sie zu bestätigen und/oder sie möglichst witzig oder provokativ zu durchbrechen.

Solche Darstellungsqualitäten und -ansprüche gelten freilich nicht nur für mediale Formen der intentionalen Unterhaltungssendungen. Politiker und Personen des öffentlichen Lebens haben bei ihrer Präsentation ähnliche Darstellungsaufgaben. Politik werde durch Pop ersetzt, ↗Unterhaltung gehe vor Information, lautet der kulturkritische Befund. Man

könnte aber auch sagen, die Techniken der Dramatisierung und Theatralisierung, das ins Bild-Setzen und die Inszenierung der Fernseh-Realität gehorchen im Bereich der Fiktion und der Fakten (wobei diese Entgegensetzung eine vermeintliche ist) den gleichen Gesetzen und schielen auf dieselbe Publikumswirkung. Dabei ist nicht nur eine zunehmende Standardisierung der Inszenierungsmuster zu konstatieren und eine Verwendung derselben Techniken durch die verschiedenen Sendeformate (Göttlich/Nieland/ Schatz 1998, S. 11–19), sondern auch ein Rückgriff auf klassisch dramatische und theatrale Regeln, die im avancierten Kunsttheater längst obsolet geworden sind. In den Medien Fernsehen und ↗Film beherrscht neben den Comedy-Formen (↗Comedy) das Theater aristotelischer Prägung die Szene. Freilich, seine theatrale Kraft entwickelt sich hier als reine Wirkungsmechanik: Das Medium Fernsehen wird dabei zusehends mehr zu einer gigantischen Dramatisierungsmaschine, die Realitäten unterschiedlicher Art und Herkunft so verarbeitet, daß die Wirklichkeit als Pointenlieferant erscheint oder als eine personalisierte, emotionsträchtige Kette von ergreifenden oder skandalösen Ereignissen begriffen werden kann. Dramatisierung im Sinne einer konflikthaften Zuspitzung des Sendeereignisses, der geschickt dosierte Spannungsaufbau, retardierende und beschleunigende szenische Verfahren, Typisierung und Kontrastierung des dargestellten Personals, vor allem aber die emotionale Anschlußfähigkeit des Konflikts, Problems oder der real bzw. medial hergestellten Katastrophe an den Zuschauer sind die dramaturgischen Rezepturen. Sein Rezeptionsinteresse soll und kann an der Stelle geweckt werden, wo er sich einfühlt und identifizieren kann, das Präsentierte ihn so affiziert und angeht, daß er es auf seine eigenen Lebenswünsche und Vorstellungen bezieht. Der Terminus ›Affekt-Fernsehen‹ (Bente/Fromm 1997) bringt diese generelle Tendenz auf einen extremen Begriff: Affekte auf der Ebene der Darstellung und des Dargestellten, Emotion auf seiten der Rezipienten. Freilich, die kathartischen Wirkungen der Emotionen verpuffen und schwächen sich ab mit ihrer seriellen Häufigkeit. Also müssen die Inszenierungsarrangements und Sendeformate zunehmend einprägsamer werden.

Wo die Inszenierung zur Schalt- und Schlüsselstelle der Wirklichkeitskonstruktion wird, wird Realität zunehmend fiktiv. Nietzsches Wort vom Fiktionscharakter alles Wirklichen gewinnt durch fortschreitende Medialisierung seine besondere Bedeutung. Wenn Wirkungs- und Wahrnehmungscodes kalkuliert nur auf sich selbst verweisen, entsteht nicht nur eine sog. »Hyper-Realität« (Baudrillard 1982), sondern auch totales Theater, freilich in dem alten und neuen Sinne einer Simulation, der weder Distanz zur Bühne noch perspektivische Durchdringung der Bilder, noch der interaktive Ereignischarakter (↗ Interaktives) des dramatischen Kunstwerks, dafür aber Vereinnahmung durch die Bilder und Vermischung der Realitäten eignet.

Alltagswahrnehmung ist heute nicht nur mit medialer Wahrnehmung verbunden, sie ist von ihr gar nicht zu trennen. Psychische und soziale Räume sind von medialen Konstruktionen durchdrungen. Inszenierung und (Medien)-Alltag werden dabei als Rückkoppelungsbeziehung erkennbar (vgl. Ontrup 1998). Das zeigt, welche bewußtseinsformende und damit auch politische Macht den Fernsehinszenierungen generell eigen ist, deren Serialität und/oder strukturelle Gleichschaltung jedoch wenig gemeinsam haben mit der Theaterinszenierung alten Typs. Ging es hier um den schöpferischen (Regie)-Entwurf, die kreative Setzung einer spezifischen und damit jeweils einmaligen und in sich abgeschlossenen Welt, regiert im Fernsehen der inszenatorische und darstellerische Standard, der Inszenierung durch die Medien für die Medien ist und damit einer nicht nur die ästhetischen Kommunikationsformen regelnden Selbstreferenz entspringt. Wenn ein heutiges ARD-Papier für Fernsehserien (↗ Serie) und -spiele festschreibt, sie hätten »attraktiv«, »spannend und bewegend«, »heiter-komisch-emotional«, vor allem »unkompliziert« zu sein, wenn sie zur Prime-Time gesendet werden wollen, dann läßt sich pointiert sagen: Die Einschaltquote inszeniert und nicht der Regisseur oder Autor mit wirklichkeitsentdeckenden künstlerischen oder informativen Ambitionen (ARD/Süddeutsche Zeitung vom 5./6.8.00, S. 20).

Das klingt medienkritisch und kulturpessimistisch und ist es auch in dem Maße, wie bestimmte Fernsehkonstrukte ihre Benutzer entmündigen, indem sie diese zu Marken- und Lebensstilen verführen wollen (Kultmarketing) oder zu politischen Einstellungen bringen allein auf der Basis von Betroffenheit und Befindlichkeiten. Dem pauschalierenden Geschrei über Wirklichkeitsverlust muß man aber genauso wenig zustimmen wie der Abwertung der medialen Ausdrucksformen als Spektakelkultur. Festzuhalten ist die Aufwertung der Fiktionalität als Realitätsverhältnis und Wirklichkeitskonstrukt.

Theatralität und populäre Kultur

Populäre Kultur bedient sich der Theatralität, Theatralität bedient sich der Populären Kultur. Das gilt für die öffentliche Alltagsdarstellung genauso wie für die

medialen Darstellungsformen, nicht zuletzt auch für das Kunsttheater. Populäre Kultur als medial vermittelte Kultur ist eine Kultur mit hohem Inszenierungsgrad, der sich in medialen Zeiten in seinen Wirkungen potenziert. Diese freilich sind, wie gezeigt, meist die alten und erprobten affektiven Wirkweisen. Wichtig, weil beim Publikum beliebt, sind die Unterhaltungsfunktionen: Unmittelbarkeit, physische Ansprache (auch in ihrer verbildlichten Form), Spaß- und Erlebnisfaktor (↗ Erlebniskultur). Damit verknüpft: identifikatorische Bedeutungsangebote, die theatral hergestellt werden und/oder als theatrale kulturelle Praxen ihr gesellschaftliches Eigenleben führen. Alle diese Rezeptionsweisen zielen auf Gegenwärtigkeit im Sinne von Präsenz und Vergegenwärtigung, aber auch im übertragenen Bedeutungssinn: Ausdruck des Zeitgeistes.

Populäre Kultur und mit ihr vor allem die mediale Theatralität der Unterhaltung sind in der Regel nicht subventionierte Kultur. Sie müssen sich auf dem Markt konkurrierender Unterhaltungsangebote durchsetzen, stehen immer im Wettbewerb um die Aufmerksamkeit des ↗ Publikums. Gleichzeitig machen sie Unterhaltung zum Markt. Das Kommerzielle verbindet und stimuliert ihre Entwicklung und verstärkt ihren Lebensbezug. Dabei realisiert sich auf nicht vorhergesehene Weise eine Wunschvorstellung, die die Kunst der theatralen Avantgarde immer zu verwirklichen suchte, nämlich Kunst und Leben zu verbinden.

Um die Eigenart von Formen der populären Kultur und ihrer Theatralität genauer zu fassen, verdienen zwei Parameter besondere Aufmerksamkeit: Fiktionalisierung und Intermedialität. Auch sie stehen im Wechselverhältnis, prägen unterschiedliche Fiktionalisierungen der Wirklichkeit in Inszenierungen verschiedener ↗ Genres und Sendeformate. Selbstdarstellung z. B. kann im personal/offenen dialogischen Prozeß (*Boulevard Bio*) oder im themenzentrierten stattfinden (*Sabine Christiansen*). Sie kann Rollenfindung und Rollenbrechung bedeuten (Boris Becker als Sportler und als Figur des öffentlichen Interesses). Sie kann sich in fixen nicht-fiktiven Rollen (der Kritiker-Papst Reich-Ranicki) oder in fixen fiktiven Rollen abspielen (der Comedy-Blödler Hallervorden). Sie kann aber auch hervorgehobener Teil fiktiver Rollen sein (Klausjürgen Wussow als Klausjürgen Wussow und Dr. Brinkmann) und dabei zugleich zu einer anderen Form der Fiktionalisierung, nämlich zur Imagebildung des Schauspielstars (↗ Star) beitragen. In seltenen medialen Fällen kann Selbstdarstellung, indem sie eigene Rollenfixierungen und fremde Rollenerwartungen überschreitet, auch zur Neudefinition, zur Selbstwerdung der darstellenden Person in der eigenen Lebenswirklichkeit werden (Plessner 1974).

Intermedialität prägt und definiert theatrale Prozesse der Populären Kultur zeitversetzt und/oder zeitidentisch. So können z. B. mediale Kriterien des alten Kunsttheaters und solche der Massenmedien gleichzeitig und zeitverschoben als Darstellungseinheit zum Zuge kommen: Einmaligkeit und Reproduzierbarkeit, Körperlichkeit und Simulation, empirische Realitätswahrnehmung und Virtualität müssen, wie z. B. die Sportinszenierung (↗Sport) im Fußballstadion (↗Stadion) zeigt, keine sich ausschließenden Gegensätze sein. Intermediale Produktionsverfahren können technisch vermittelte und unmittelbar personale Kommunikationsformen ganz unterschiedlich zusammenführen: kontrastierend oder verschränkend, affirmierend oder provokativ, stimulierend oder vertiefend, was Pop-Konzerte, Love-Paraden und Live-Art-Videoinstallationen exemplarisch belegen.

Der Transfer personal theatraler Kommunikation in die elektronischen Massenmedien vollzieht sich allerdings meist nicht ohne Änderung der Kommunikations- und Wahrnehmungsbedingungen. Die Gesetze leiblicher Anwesenheit, die Langsamkeit der Wahrnehmungs-, Denk- und Urteilsgeschwindigkeiten, die einander physisch zugewandte Aufmerksamkeit persönlicher Interaktionsweisen sind den Darstellungsregeln und den Sendeformaten der technischen Massenmedien fremd, wenngleich sie dort vereinzelt inzwischen wieder einen Sonderplatz und Spezialstatus einnehmen (z. B. beim TV-Sender Phoenix). Dafür gewinnt das Theatralitätskriterium des Hervorhebens und Zeigens auf den elektronischen Bühnen seine eigene Wichtigkeit und Bedeutung mittels der klassischen filmischen Verfahren wie Einstellung, Schnitt, Bildformat, Zeitsequenz etc. Die intermediale Verschiebung der Darstellungsqualität wird am spektakulärsten sichtbar, wo aus dem Zeigen ein millionenfach verstärktes Sich-Zeigen wird, mediale Vervielfachung als Ich-Vergrößerung mit daraus resultierenden Suchtwirkungen fungiert.

Die ›Verkunstung‹ der populären Kultur

Die Durchdringung unserer Lebenswelt durch Populäre Kultur und der ihr eigenen vielfältigen Theatralität, die Tatsache, daß heutige Wirklichkeitserfahrung immer mediale Erfahrungen einschließt, wird am signifikantesten in der Theatralität des gegenwärtigen Kunsttheaters sichtbar und reflektiert. Keine heutige Klassiker-Inszenierung, die etwas auf sich hält, kommt ohne Elemente der populären Kultur aus,

verzichtet auf Installationen der elektronischen Medien. Das Theater nimmt dabei nicht nur seinen Auftrag der Vergegenwärtigung klassischer Texte ernst, junge Regisseure goutieren den Reiz, ihre persönlichen medialen Wirklichkeitserfahrungen auf Stücke vergangener Epochen zu projizieren und sie dadurch neu zu kontextualisieren. Das ist ein bewährtes hermeneutisches Verfahren, das freilich oft je nach Mediendesign spektakulär daherkommt. Innovativer sind jene Theaterformen, die Populäres als Spielmaterial verwenden oder den Prozeß der Durchdringung der sog. hohen Kultur durch die populäre nutzen oder vorführen: Alte und neue Musik, populäre und klassische Sounds, ehrwürdiges Volksliedgut und Schlagertrivialität gehen zum Beispiel bei dem Musik- und Theatermacher Marthaler bunte, klangvolle und verwirrend schöne Mischungen ein.

Ins Zentrum der hier immer wieder angesprochenen Entwicklung fortschreitender Medialisierung und Theatralisierung der Lebenswelt zielen allerdings vor allem avantgardistische Theaterformen, die von vornherein, also gezielt auf der nur noch schwer zu ziehenden Grenze zwischen Kunst und Leben, Öffentlichkeit und Privatheit, ästhetischem und sozialem Rollenspiel angesiedelt sind. Es sind Aktionen im Leben, innerhalb und außerhalb der institutionalisierten Theaterräume. Live-Art lautet ihr Signet, die Bewegung ist international, initiiert allerdings von englischen Theatergruppen wie »Forced Entertainment« und »Desparate Optimists«. Ihr Darstellungsziel ist eine »Ästhetik der Unentscheidbarkeit« (Lehmann 1999), ihre Techniken sind meist der populären medialen Kultur entnommen. Das Fragespiel »Quizoola!« der Gruppe »Forced Entertainment« zum Beispiel besteht aus 2.400 Interviewfragen und ist eine »performance of questions and answers« ohne geregelte Abfolge, mit offenen Antwort- und Reaktionsmöglichkeiten der Spielpartner. Hier vermischt sich das Verhältnis zwischen Darsteller und Figur, die Bezugnahme auf echte bzw. vermeintliche biographische Aussagen der Darsteller, auf die inszenierte oder nicht inszenierte Darstellung von Spontaneität. Darstellungs- und Reflexionsziel ist ›true fiction‹, der meist vergebliche Versuch, durch Selbstdarstellung Identität zu gewinnen.

Der deutsche Protagonist dieser Bewegung ist der Pop- und Medienstar Christoph Schlingensief, der bei den Wiener Festwochen im Jahre 2000 vor dem Opernhaus in einer dort aufgebauten Containersiedlung seine *Big Brother*-Version mit echten Asylanten (nach)spielte (Jeden Tag wurden zwei Asylanten zur Abschiebung aus den Containern herausgewählt). Diese »Provokation durch Affirmation« führte zu den produktivsten Mißverständnissen – so stürmten

z. B. Anti-Haider-Demonstranten die Containerburg und entfernten das dort aufgepflanzte Transparent »Ausländer raus«. »Es war faszinierend unklar«, stellte Anstifter Schlingensief beglückt fest und verbuchte diesen Angriff als »obszönstes Moment« der Aktion. Einer ihrer zahlreichen prominenten Besucher, der Philosoph Peter Sloterdijk, beschreibt sie als eine »Art von Ereignismanagement«, von dem »Menschen im Kontext eines Eliminationsspiels als Unterhaltung angeboten werden« (Sloterdijk 2000, S. 1f.). Der analytische Blick des Philosophen ist dabei nur einer unter vielen. Schlingensiefs Aktion wurde vor Ort von vielen mit der Wirklichkeit verwechselt. »Immer gibt es Passanten, die dem Ausländer-raus-Slogan zustimmen [...] während sich Touristen entsetzt bei ihrer Botschaft beschweren: Österreich ist ja noch schlimmer, als sie dachten!« (Kraliceck 2000, S. 5). Die Unterscheidung zwischen dominant ästhetisch-spielerischen Tätigkeiten und solchen, die theatrale Kennzeichen aufweisen, aber von ihrer dominanten Funktion her »als notwendige Bestandteile sozialer Praxis« zu begreifen sind (Fiebach 1983, S. 1690 f.), war – zumindest punktuell – unmöglich geworden und damit ein letztes Theatralitätskriterium in Frage gestellt, das Theater und soziale Wirklichkeit als getrennte Sphären kenntlich machen will. Im Spannungsfeld von Inszenierung und Authentizität wurde sichtbar, wie unsere mediale Wirklichkeit verfaßt ist, wie intermedial sie funktioniert und wie schwierig es ist, die Fiktionalisierungen von der Wirklichkeit zu trennen. Schlingensiefs Fragen: »Ab wann glaube ich, daß es sich hier um Theater handelt? Was glaube ich den Medien? Kann ich der Oberfläche trauen?« haben die übliche Fragerichtung verkehrt: Nicht nach der sog. Wirklichkeit wird jetzt gefragt, sondern nach der Wirklichkeit des Theatralen im Leben.

Literatur

Baudrillard, J.: *Der symbolische Tausch und der Tod*. München 1982.

Bente, G./Fromm, B.: *Affektfernsehen – Motive, Angebotsweisen und Wirkungen*. Opladen 1997.

Berg, J./Hügel, H.-O./Kurzenberger, H. (Hgg.): *Authentizität als Darstellung*. MuTh Bd. 8. Hildesheim 1997.

Fiebach, J.: »König und Dirigent für die Musik seiner Rede. Grenzverschiebungen in Kunst- und Kulturwissenschaften«. In: *Weimarer Beiträge* 29, 10 (1983) S. 1685–1708.

Ders.: »Theaterstudien als Cultural Studies« In: Fiebach, I./Mühl-Benninghaus, W. (Hgg.): *Keine Hoffnung keine Verzweiflung. Versuch um Theaterkunst und Theatralität*. Berlin 1998. S. 183–204.

Fischer-Lichte, E.: *Semiotik des Theaters*. 3 Bde. Tübingen 1983.

Goffman, E.: *Wir alle spielen Theater*. München/Zürich 1969.

Göttlich, U./Nieland, J.-U./Schatz, H.: »Kommunikation im Wandel. Zur Theatralität der Medien«. In: Dies. (Hgg.): *Kommunikation im Wandel. Zur Theatralität der Medien*. Köln 1998. S. 11–19.

Hügel, H.-O.: »›Da haben Sie so richtig schlecht gespielt‹. Zur Gattungstheorie der TV-Show«. In: Ders./Müller, E. (Hgg.): *Fernsehshows. Form- und Rezeptionsanalyse*. Hildesheim 1993.

Kotte, A.: »Theatralität: Ein Begriff sucht seinen Gegenstand«. In: Ahrends, G.: *Forum Modernes Theater* 13, 2 (1998) S. 117–133.

Kralicek, W.: »Österreich wie es stinkt und lacht. Über Christoph Schlingensiefs Container-Aktion ›Bitte liebt Österreich!‹ – und was bei den Wiener Festwochen außerdem noch gespielt wurde«. In: *Theater heute* 8, 9 (2000) S. 4–7.

Lehmann, H.-T.: *Postdramatisches Theater*. Frankfurt a. M. 1999.

Meyer, Th.: *Politik als Theater. Die neue Macht der Darstellungskunst*. Berlin 1998.

Münz, R.: *Theatralität und Theater. Zur Historiographie von Theatralitätsgefügen*. Berlin 1998.

Ontrup, R.: »Die Macht des Theatralischen und die Theatralität der Macht. Vorüberlegungen zu einer Theorie der Medientheatralität«. In: U. Göttlich/J.-U. Nieland/H. Schatz (Hgg.): *Kommunikation im Wandel. Zur Theatralität der Medien*. Köln 1998. S. 20–35.

Plessner, Helmuth: »Soziale Rolle und menschliche Natur«. In: Ders.: *Diesseits der Utopie*. Frankfurt a. M. 1974. S. 23–35.

Rapp, U.: *Handeln und Zuschauen. Untersuchungen über den theatersoziologischen Aspekt in der menschlichen Interaktion*. Darmstadt/Neuwied 1973.

Schechner, R.: *Theater-Anthropologie, Spiel und Ritual im Kulturvergleich*. Reinbek 1990.

Schramm, H.: *Karneval des Denkens. Theatralität im Spiegel philosophischer Texte des 16. und 17. Jahrhunderts*. Berlin 1996.

Sloterdijk, P.: *Der Denker auf der Bühne. Nietzsches Materialismus*. Frankfurt a. M. 1986.

Ders.: »Der Theatervirus. Peter Sloterdijk im Gespräch mit Christoph Schlingensief«. In: *Theater heute* 8, 9 (2000) S. 1f.

Theatralität – Theater als kulturelles Modell in den Kulturwissenschaften. DFG-Antragspapier 1995.

Turner, V.: *Vom Ritual zum Theater. Der Ernst des menschlichen Spiels*. Frankfurt a. M./New York 1989.

Willems, H./Jurga, M. (Hgg.): *Inszenierungsgesellschaft. Ein einführendes Handbuch*. Opladen/Wiesbaden 1998.

Hajo Kurzenberger

Themenpark ↗ Volksfest

Trivialität ↗ Kitsch

Vamp

Mit ›Vamp‹ (eine Verniedlichung von ›Vampir‹) bezeichnet man eine männerzerstörende Frau, die ihre Sexualität einsetzt, um einen Mann zu verführen und auszubeuten. Der Vamp macht sich den Mann hörig. Verwandt mit der ↗›femme fatale‹, der unbarmherzigen Frau (»belle dame sans merci« – Keats) und der

›Goldgräberin‹ (›Golddigger‹), gehörte dieses aus der Angst vor der Frau entstandene Bild zur bürgerlichen Mentalitätsgeschichte in der zweiten Hälfte des 19. und am Anfang des 20. Jh.. Als Motiv kommt der Vamp in der Malerei, der Literatur und im ↗ Theater vor, erreicht aber seine breiteste Wirkung vor allem in den 1910er Jahren als stereotype Figur im ↗ Film.

Beispiel

Obwohl der Vamp in verschiedenen kulturellen Bereichen weit verbreitet war, lassen sich die wesentlichen Merkmale dieser Figur gut an einem prototypischen Beispiel darstellen: Der Rolle der Theda Bara in A FOOL THERE WAS (1915). Dieser Film basiert auf den populären, gleichnamigen Roman- und Theaterfassungen von Porter Emerson Browne. Der Stoff war also bereits bekannt, bevor der Film erschien. A FOOL THERE WAS wurde zu einem der erfolgreichsten Filme seiner Zeit, was sicherlich an der Handlung sowie an der Ausstrahlung des neuen ↗ Stars Theda Bara lag, deren ↗ Image als exotische und erotische Frau im Film wie in der ihn begleitenden Publicity systematisch aufgebaut wurde.

Der Film beginnt mit einer Darstellung der heilen Welt einer glücklichen, wohlsituierten Familie: John und Kate Schuyler, ihre Tochter, Kates Schwester Elinor und Tom, ein Freund der Familie, verbringen einen sorgenfreien Nachmittag am Meer. Der Vamp, noch in der Begleitung ihres letzten Opfers, lauert in der Nähe und beobachtet die Familie, die den Wohlstand und den gehobenen Sozialstatus genießt, die der Vamp anstrebt. Dieser Vamp ist nicht dämonisch, sondern vielmehr sozial und psychologisch motiviert. Sie – uneheliche Tochter einer armen Frau, die bei der Geburt starb, und eines herzlosen Aristokraten, der sie im Stich ließ – will dem Elend, in dem sie aufgewachsen ist, entkommen und sich nebenbei an den Männern rächen (vgl. Staiger 1995, S. 152–153).

Daß sie darin erfolgreich ist, sieht man etwas später in einer Szene am Hafen, als sie aufs Schiff gehen will, um John Schuyler während der Reise nach England zu verführen. Als sie aus dem Taxi steigt, wird sie von einem elenden Bettler angeklagt, ihrem vorletzten Opfer. Kalt und unbeeindruckt von seiner Klage läßt sie ihn vertreiben. Indes kommt der letzte Liebhaber dazu und mischt sich unter die Schiffspassagiere. Als die Vampirin an Deck kommt, zielt er mit einer Pistole auf sie. Die Frau bleibt kühl und beherrscht, beugt sich nur zu ihm und flüstert den berühmten Satz, der seitdem zu einer stehenden amerikanischen Redewendung geworden ist: »Kiss me, my fool«. Er läßt die Pistole langsam herunter, dreht sie dann plötzlich und erschießt sich selbst. Der Vamp wendet sich langsam ab und läßt ihn liegen.

John Schuyler, der Familienvater aus gutem Hause, an ein bequemes Leben mit seiner treu dienenden Frau gewöhnt, zeigt sich der Verführungskunst und der animalischen Sexualität der Vampirin gegenüber hilflos. Die lasterhafte Frau verführt ihn mit ihrer Erotik, mit Luxus und Nichtstun und mit Alkohol. Ihr völlig verfallen, vergißt er Pflicht und Familie. Ihre parasitische, ›blutsaugende‹ Macht über ihn wirkt sich auch körperlich aus: er wird dünner, schwächer und seine Haare werden weiß.

Nach und nach wenden sich seine Freunde von Schuyler ab. Der Plan der Vampirin, durch ihn Zugang zur besseren Gesellschaft zu erhalten, schlägt somit fehl. Das hält sie aber nicht davon ab, ihr Opfer weiter in den Ruin zu treiben. Willenlos dem Vamp ausgeliefert, verliert Schuyler nach und nach seine Familie, sein Geld, seine Freunde, seine gesellschaftliche Position und seine Gesundheit. Am Schluß liegt er ausgelaugt und fast tot da, während die Vampirin, die ihn gerade verläßt, Blumen auf ihn streut.

Allerdings gibt der Film, wie der Roman und das Theaterstück, weniger dem Vamp als dem schwachen, willenlosen Mann die Schuld. Der Vamp ist gleichsam eine Naturkraft, abseits von aller Moral. So erreicht die Frau zwar nicht ihr Ziel, aber sie wird am Ende auch nicht bestraft, sondern geht ihren Weg weiter. Die Schuld trägt offenbar eher der Mann, der Narr, der sich verführen läßt. Seine Verlust an Selbstkontrolle, als er dem Lustprinzip statt dem Arbeitsethos folgt, ist Ursache seines Untergangs. Hierin folgt der Film dem dominanten Diskurs der Zeit, wonach Männlichkeit durch Aktivität, Willenskraft, Selbstkontrolle – kurz dem Über-Ich – definiert wird, während Weiblichkeit viel näher am Lustprinzip, an der Natur und dem Es lokalisiert ist.

Die Figur der Frau bleibt daher ambivalent und offen. Obwohl der Vamp sicherlich für viele ein Schreckbild war, übte er eine große Attraktion aus, die Theda Bara zu einem der populärsten Stars der Zeit machte. Ihr Image war durch diese Rolle geprägt, und die Publicity betonte, oder vielmehr erfand, die exotischen Elemente ihres Privatlebens. Allerdings hielt Bara es auch für nötig, darauf hinzuweisen, daß sie auf der Leinwand nur eine Rolle spiele und in Wirklichkeit religiös und warmherzig sei (Staiger 1995, S. 159). Theda Bara stellte aber auch die Rolle des Vamps erstaunlich differenziert und sogar explizit aus einer feministischen Perspektive dar: Der Vamp sei die Rache der Frauen an den Männer, die viel öfter und auf viel schlimmere Weise Frauen ausbeuten und zerstören würden (ebd.,

S. 160). So gesehen ist der Vamp zwar die ›böse‹ Frau, bietet aber positive Momente der Selbstkontrolle, der Stärke und der Attraktivität, besonders im Vergleich zu der zwar tugendhaften, guten, aber blassen, machtlosen und nur sich aufopfernden Ehefrau.

Sicherlich ein Ausdruck der dichotomischen Definition der Frau als entweder ›gut‹ (jungfräulich, tugendhaft oder mütterlich) oder ›böse‹ (die ›Hure‹), verkörpert die Figur des Vamps eine Schreckensvision der männlichen Moral: Die sexuelle Frau als teuflische Naturkraft, die die Zivilisation zerstört und die Männer zu Sklaven ihrer Gelüste macht. Allerdings, wie Janet Staiger bemerkt, werden die Grenzen dieser Dichotomie dadurch aufgeweicht, daß der Vamp das Bild einer zwar dämonischen, aber faszinierenden und in mancher Hinsicht sogar positiven weiblichen Macht darstellt. So verkörpern der Vamp und der Vamp-Film widersprüchliche Momente der diskursiven Ausarbeitung der Weiblichkeit in dieser Zeit.

Geschichte

Die Vorstellung einer Frau, die die Männer zerstört, aussaugt oder umbringt, hat eine lange Geschichte in der westlichen Kultur. Der Vamp hat eine Reihe von Vorläuferinnen: biblische Gestalten wie Salome, Delila und Judith, mythologische wie Undine und historische wie Kleopatra oder Lucrezia Borgia. Die engere Vorstellung der verführerischen ›femme fatale‹ und insbesondere die Verknüpfung von Erotik und einer destruktiven Macht über den Mann entstehen aber erst in der zweiten Hälfte des 19. Jh. und finden sich in unterschiedlicher Ausprägung etwa bei Sacher-Masoch (*Venus im Pelz*) und Wedekind (*Lulu*). Es liegt nah, das Aufkommen des Vamps als Ausdruck einer Übergangszeit zu sehen, in der die alten Rollenvorstellungen noch vorherrschen, aber zunehmend in eine Krise geraten. So resultiert diese Vorstellung aus den Spannungen zwischen der rigiden Moral des 19. Jh. und der subalternen Situation der Frau in der bürgerlichen Gesellschaft auf der einen Seite, und auf der anderen Seite den in dieser Zeit zunehmenden Tendenzen zur Auflockerung der Sitten und zur Emanzipation der Frau, die sich Anfang des 20. Jh. enorm beschleunigten. Im Bild der dämonischen, blutsaugenden Frau sind die Angst und die Abwehr der Männer erkennbar, die sich im ›Krieg der Geschlechter‹ imaginierten.

In der Literatur kommt die Figur des Vamps in besonders ausgeprägter Form in Rudyard Kiplings Gedicht »The Vampire« (1897) und Baudelaires »Die Verwandlungen des Vampirs« (1857) zum Vorschein.

In diesen Gedichten wird nicht nur die dämonische Frau evoziert, sondern konkret das Motiv des Vampirs als Verbindung von Sexualität und Zerstörung eingeführt.

Weibliche Vampire waren auch in der Malerei des fin-de-siècle weit verbreitet – oft auch als Darstellung biblischer und klassischer Motive. Beispiele sind: Edvard Munchs »Harpyie« (1894) und »Vampyr« (1895); Aubrey Beardsleys Illustration zu Oscar Wildes *Salome*; Philip Burne-Jones' Bild »The Vampire« (ca. 1897), das Kipling zu seinem Gedicht inspirierte, und in Deutschland vor allem Bilder von Franz von Stuck, der serienweise männermordende Weiber malte.

Die ›femmes fatales‹ und Vamps des 19. Jh. stellen primär die Wiederkehr der verdrängten weiblichen Sexualität dar: Da die Frau rein, passiv, aufopfernd und mütterlich zu sein hatte, wurde ihre aktive Sexualität als abnorm, zerstörerisch und bedrohlich definiert. Der Dichotomie von ›Madonna‹ und ›Hure‹ entsprechend, wurde weibliche Lust als eine sexuelle Gier vorgestellt, die aber nicht so sehr lustbetont als – in Form von Geld- und Machtgier – zerstörerisch gedacht war. Aus purer, sadistischer Lust treiben die Film-Vamps Männer in den Ruin, aber auch, um an ihr Geld zu kommen. Mit dem gesellschaftlichen Wandel im 20. Jh. begann die Dämonisierung der weiblichen Sexualität langsam abzunehmen, die Konflikte aufgrund der nicht nur beruflichen Emanzipation der Frauen blieben aber virulent. Die fortschreitende Modernisierung brachte die neue Rolle des ›Flapper‹ oder die ›Neue Frau‹ als ein positives Gegenbild. Diese jungen Frauen waren sexuell emanzipiert, berufstätig und eigenständig. Im Lauf der 1920er Jahre wurde dementsprechend aus dem dämonischen Vamp nach und nach die ›Goldgräberin‹, die in erster Linie am Geld – und als Frau der unteren Klasse auch an dem damit verbundenen sozialen Status – interessiert ist, aber nicht mehr die zerstörerische sexuelle Urkraft des Vamps besitzt. Dieses Stereotyp hat noch ein Nachleben bis hin zu den Marilyn Monroe-Figuren in Filmen wie GENTLEMEN PREFER BLONDES und SOME LIKE IT HOT, bei denen aber Naivität und Natürlichkeit die vorherrschende Eigenschaften sind. Marilyn Monroe ist noch die Verführerin, aber überhaupt keine Blutsaugerin. Das prototypische weibliche Sexsymbol der 1950er Jahre ist harmlos – Sex mit ihr verspricht, in den Worten von Norman Mailer, wie »ice cream« zu sein.

Der Vamp als populäre, massenverbreitete und immer wiederkehrende Figur hat seinen Höhepunkt im Film bereits am Anfang des 20. Jh. erreicht. Neben Theda Bara waren bekannte Darstellerinnen dieses Typus Louise Glaum, etwa in A Law unto Her-self (1918), I Am Guilty (1921) und vor allem Sex (1920), Lyda Borelli in Rapsodia satánica (1915), Barbara La Marr, deren Privatleben und Drogen-probleme das exotische Image aus verschiedenen Fil-men weiterführt, und Pola Negri. Während die Hol-lywood-Vamps Anfang der 1920er Jahre allmählich aus der Mode kamen, findet man diese Figur noch in den späteren 1920er und sogar Anfang der 1930er Jahre im deutschen Film. Die Frauenfiguren in den sogenannten Straßenfilmen sowie die Rollen von Lya De Putti in Varieté (1925), Brigitte Helm in Me-tropolis (1927) und Marlene Dietrich in Der Blaue Engel (1930) bieten einige Beispiele. Auch Louise Brooks, die die Lulu in G. W. Pabsts Die Büchse der Pandora (1929) spielte, verkörperte noch Momente dieses verführerischen Frauentypus; sie bleibt aber eher eine Naturkraft, ohne die Berech-nung und niedere Beweggründe des klassischen Vamps. Die Figur der kalten Männerzerstörerin kehrt in einer eher naturalistischen Form in den ame-rikanischen ›films noirs‹ der 1940er Jahre wieder, vor allem in der Barbara-Stanwyck-Figur in Double In-demnity (1944), und findet ein erneutes, aber wie-derum stark abgewandeltes Nachleben in Filmen der 1990er Jahre wie Basic Instinct, Fatal Attraction und Body of Evidence.

Literatur

Dijkstra, B.: *Das Böse ist eine Frau. Männliche Gewaltphan-tasien und die Angst vor der weiblichen Sexualität.* Reinbek 1999.

Gay, P.: *Erziehung der Sinne. Sexualität im bürgerlichen Zeit-alter.* München 1986.

Staiger, J.: *Bad Women. Regulating Sexuality in Early American Cinema.* Minneapolis 1995.

Stein, G. (Hg.): *Femme fatale – Vamp – Blaustrumpf. Sexualität und Herrschaft.* Frankfurt a. M. 1984.

Stephen Lowry

Varieté

Das Varieté (frz.: Vielfalt) ist eine als ›Theater des Sinnlichen‹ apostrophierte international verbreitete Variante der darstellenden Kunst zur ↗ Unterhaltung im urbanen Raum, in der Regel an eine Bühne gebunden und verknüpft mit Gastronomie (›Ver-zehrtheater‹). Das Varieté schafft in ästhetischer Weise eine lebende Bilderwelt des Exzentrischen, deren Primärbotschaft Lebensfreude und Freude am außergewöhnlichen Vermögen des Menschen ist.

Entstanden als bewußte Alternative des aufstre-benden Bürgertums zur etablierten, höfischen Krei-sen vorbehaltenen Bühnenkunst des 18. Jh., ist es

noch stärker als der ↗ Zirkus eine ›demokratische Kunst‹, die alle sozialen Schichten und ein breites Altersspektrum bedient. Der Sammelbegriff Varieté, abgeleitet von den ›Varietés amusants‹ des ↗ Vaude-ville, wurde erst um 1850 in Deutschland eingeführt und setzte sich wegen den weltweiten Engagements der Artisten international durch, wobei er sowohl für die Kunst als auch für die Spielstätte verwendet wird.

Varieté jedoch existierte seinem Wesen nach längst vor den ersten Varietétheaterbauten als *inhaltliches Programm,* als synthetische Kunst. In seiner Genea-logie gleichermaßen mit ↗ Theater und Zirkus ver-wandt, Konglomerat von Bestandteilen anderer Küns-te und Nichtkünste, emanzipierte es sich zur eigen-ständigen Bühnenkunst, gekennzeichnet durch eine dem Zirkus ähnliche sinnlich erlebbare *Einheit der Vielfalt,* die keinerlei Erklärung bedarf. Das pro-fessionelle Varieté fügt Darbietungen – selbständig existenzfähige Einzelne – zu einem sinnvollen Gan-zen, zu neuer Qualität zusammen, die über bloße Summierung der Einzelqualitäten hinausgeht. So bietet es dem Betrachter stets zwei Wirkungsebenen: jene, die vom Einzelnen und jene, die von der Ge-samtinszenierung ausgeht. Nach Latsch gleicht ein Varietéprogramm einem Mosaik. Dieses »ist ein künstlerisch geschlossenes Ganzes. Die Steinchen müssen in Größe und Farbe zueinander passen, müs-sen behauen, geschliffen, bearbeitet werden, um or-ganisch ein Teil des einheitlichen Mosaikbildes zu werden, das der Künstler gestalten will« (1965, S. 20). Solche »Steinchen« können neben artistischen und anderen Darbietungen auch in sich schlüssige Schau-bilder, Sketche, Musikstücke u. a. sein. Das Varieté ist offen für alles, was *Unterhaltungswert* besitzt und sich harmonisch in das »Mosaikbild« einfügt.

Unterhaltungswert jedoch ist keine konstante Größe. Wie jede Zeit ihren Zirkus hat, hat jede Zeit ihr Varieté. Dieses nähert sich seinem zweiten Ver-wandten, dem Theater, mal mehr, mal weniger. Auf diesen originären Zusammenhang verwies Fuchs bereits 1909: »Das Drama in seiner einfachsten Ge-stalt ist rhythmische Bewegung des Körpers im Raum. Das Varieté ist die Stätte, wo das Drama in dieser seiner einfachsten Form noch heute gepflegt wird [...]. Technische Höchstleistungen des Varietés sind ja immer an sich schon künstlerisch« (S. 179, 185).

Am fundamentalen Unterschied von Theater und Varieté jedoch kann das nichts ändern. Im Gegensatz zum Theater bedarf das Varieté keiner wohl organi-sierten dramatischen Handlung, in welcher der Ein-zelne allein im Dienst des Ganzen steht. Das Varieté kennt kein Rollenspiel; es interpretiert nur sich selbst. Mag der Inszenierungsaufwand, manifestiert etwa in Kostüm, Lichtdesign, ↗ Musik, Choreographie, noch so hoch sein: beim Einzelnen bleibt die eigene Persönlichkeit sichtbar. Ihre Ausstrahlungskraft, ihre Originalität und Kreativität, ihr Kommunikationsvermögen sind entscheidende Wirkungsfaktoren.

Sparten und Erscheinungsformen

Wie das Theater kennt das Varieté Sparten, wenngleich sich diese weniger gravierend unterscheiden als die des Theaters und heute in praxi undifferenziert unter ↗ Show subsummiert werden: Nummernvarieté, Varietéspiel, Cabaret, Revue. Beim ›Nummernvarieté‹ als verbreitetster Form mit geringstem Inszenierungsaufwand werden Darbietungen der Artistik, der Unterhaltungsmusik, der Vortragskunst, des Tanzes sowie ↗ Genres, die in keine dieser tradierten Kategorien einzuordnen sind, unter einem bestimmten Spannungsbogen (Elementardramaturgie) aneinander gereiht. Im Gegensatz zum gegenwärtig simplifizierenden Sprachgebrauch, der Artistik mit Körperkunst gleichsetzt, ist Artistik ein Sammelbegriff für Darbietungen mit *überwiegend* körperlichen bzw. manuellen Übungen. Dazu zählen Akrobatik (Körperkunst), Äquilibristik, Jonglerie, aber auch Dressur, Clownerie, Magie und selbst Instrumentalvirtuosen.

Das ›Varietéspiel‹ integriert die Nummern in eine bescheidene, meist lose geknüpfte Spielhandlung, die allein mit den Mitteln des Varietés ausgedeutet wird. Es war zu Zeiten, etwa in den Golden Twenties und im deutschen Nachkriegsvarieté, en vogue. In den ehemals ›sozialistischen‹ Staaten wurde es häufig genutzt, um die natürlichen Grenzen der ›klassenindifferenten‹ Artistik zu sprengen und Ideologie zu produzieren. Heute wird es meist im Sinne von Traum-, Phantasie- und Märchensujets angewandt.

Die Bezeichnung ›Cabaret‹ leitet sich zwar vom ersten literarischen ↗ Kabarett in Paris, dem 1881 eröffneten »Chat noir«, her, bedeutet am Varieté jedoch etwas anderes: die kleine Form eines Programms auf Podium oder Parkett einer Tanzgaststätte, die sowohl Nummernvarieté, Varietéspiel oder (Mini-)Revue sein kann. Ihr besonderes Charakteristikum erhält sie durch Akzentuierung des Erotischen. Als Floor-Show in den 1920er Jahren wurde es in den USA vom Impresario und Revuegründer Florenz Ziegfeld (Ziegfeld-Follies) als nächtliche ›Draufgabe‹ zu seinen großen Shows kreiert. Es wurde auch Tanzkabarett genannt, in der DDR korrekterweise Tanzvarieté.

Aus den Cabarets erwuchsen die Nightclubs. Die ›Revue‹, ursprünglich eine Theaterform, die zum Ende des 19. Jh. aus dem Niedergang der dramatischen Kunst gleichsam als Übertreibung der Operette hervorgegangen war, wurde vom Varieté okkupiert und perfektioniert. »Aus verschiedenen verwandten Gattungen wie Feerie, Ausstattungsstück, Posse, Cabaret, Musik-Hall, Varieté und Operette verbindet die Revue deren Einzelelemente zu einer neuen Form aus Wort, Musik und Tanz« (Kothes 1977, S. 13). Durchaus aber auch der Artistik und Magie! Man unterscheidet in Jahresrevue (Rückblickcharakter), Ausstattungsrevue und Varietérevue – je nach Stellenwert der Artistik in der Inszenierung.

Mit der Evolution des Varietés und seiner totalen Kommerzialisierung, verbunden mit Konzentrationsprozessen (erster europäischer Varietétrust um 1890 von Sir Edward Moss in England mit 33 Spielstätten), bildete sich nicht nur der sog. ›internationale Varietéstil‹ – Nummernprogramme in 14tägigem bzw. Monatswechsel – heraus, der sich seiner Effizienz wegen für ein halbes Jahrhundert weltweit durchsetzte, es entstand zugleich eine »Vielzahl von Erscheinungsformen, deren Inhalt und Zielfunktion, ästhetische Normen und materielle Möglichkeiten des Varietés« vom Charakter der jeweiligen Epoche bestimmt sind (Günther 1981, S. 14).

Die Grundelemente des Varietés

Entwicklungsgeschichtlich stehen an erster Stelle Gesang, Komik und Tanz. Sukzessive kamen Artisten und insbesondere Akrobaten aller Art, Dresseure, Zauberkünstler etc. hinzu, national verschieden, schließlich mit dem internationalen Varietéstil unisono auf der Welt. Der Varietéboom bewirkte eine insbesondere quantitative, durchaus auch qualitative Erweiterung des Nummernspektrums, eine ungeheure Differenzierung und Spezialisierung innerhalb der Genregruppen, jedoch auch Typisierung, Standardisierung, Uniformierung, zumal der Zeitrahmen einer artistischen Darbietung auf sieben bis zwölf Minuten begrenzt wurde. In der Akrobatik begünstigte die Spezialisierung die Entwicklung von Spitzenleistungen und löste – bei parallel dazu wachsender Bedeutung des ↗ Sports im öffentlichen Leben – eine Rekordsucht aus, die sich vom eigentlichen Inhalt und Zweck der Arbeit entfernte (z.B. 235 Riesenarmaufschwünge einer Miss Lalage). So triumphierte einige Jahrzehnte Handwerk über Kunst, was zum Niedergang des Varietés beitrug.

Die Gegenbewegung – Rückbesinnung auf die qualitätsvolle Darbietung und deren legitimen Unterhaltungszweck – ging im letzten Drittel des 20. Jh. namentlich von Frankreich, Russland, Kanada, auch China, aus.

Die erste und entscheidende Voraussetzung für die künstlerische Qualität ist dabei der Unterhaltungswert. Nur über diesen rezipiert der Zuschauer die Botschaft. Im Varieté von heute steht Spitzen*wirkung* vor Spitzen*leistung.*

Die erste tragende Säule des Varietés bildet der *Gesang*; bereits in den Frühformen und in allen Varietéländern gleichermaßen. In England und Frankreich meist der Sologesang, der den Alltag und die Sehnsüchte der Menschen oder laszive Erotik spiegelte, in Österreich und Deutschland eher der Gruppengesang (Wiener Volkssänger; Humoristische Herrensänger-Gesellschaften). Besonderen Stellenwert hatten Gesangskomiker und Sängerinnen frivoler Lieder. Sie avancierten zu den ersten ↗ Stars des Varietés. Ob Straßenballade, Chanson, Wiener Lied, Gassenhauer, Couplet, Song: Was eingängig war, wurde vom ↗ Publikum mit- oder nachgesungen. Sänger ließen ihre Texte auf Blättern oder in Heftchen drucken und verkauften sie – Vorläufer der Musikverlage. Mit Emil Berliners Plattengravierung (Schellackplatte; ↗ Schallplatte/CD) begann 1887 die totale Vermarktung von Liedern, aber auch Sketchen und heiteren Vorträgen des Varietés. Die damit einhergehende, später von Rundfunk und ↗ Fernsehen geförderte Verselbständigung des Unterhaltungsliedes bis hin zu Schlager und Rockballade wirkte wiederum auf das Varieté zurück. Dieses ließ keinen musikalischen Bereich aus, räumte jedoch dem erzählenden Lied einen Vorrang ein. So gilt bis heute das Chanson als varietétypisches Lied.

Die *Musik* am Varieté, früher von Varietéorchestern im Bigbandsound sowohl zur Begleitung der Darbietungen als auch als eigene, meist instrumentale Nummern gespielt, unterscheidet sich kaum von der sonstigen Unterhaltungs- und Tanzmusik. Sie folgt den Trends. Einziger Unterschied: Sie bezieht klassische Stücke ein, die die Virtuosität des Klangkörpers belegen.

Die *Komik*, gleichermaßen Geburtshelfer des Varietés, zeitweilig Lehrfach an britischen *Fun factories* und deutschen Komikereien, prägte in heute schwerlich nachzuvollziehender Vielfalt den Charakter der Programme (zu Einzelheiten vgl. Günther 1981).

Als »schöne Seele des Varietés« bezeichnete Mistinguett (1875–1956) den *Tanz*, der ebenfalls von Anbeginn an prägend war. Im Laufe der Entwicklung tauchten alle Formen des Tanzes vom Volkstanz über Ballett und Gesellschaftstanz, Jazzdance und Schönheitstanz bis zum Breakdance im Varieté auf. Die

Bewegung zur Erneuerung des Tanzkunst am Beginn des 20. Jh. (Ausdrucks-, Barfuß-, Neuer Künstlerischer Tanz) fand anfangs nur im Varieté Widerspiegelung. Als typische Varietétänze gelten Cancan und Girltanz. Der Cancan, ein ›freier Tanz‹, seinerzeit höchster Ausdruck von Frivolität, wurde in den 50er Jahren des 19. Jh. in Paris vom Kapellmeister des Vergnügungslokals »Ely«, Dufour, kreiert und von Midinetten und Wäscherinnen lasziv-aufreizend getanzt. Alphonse Zidler, der 1889 das Moulin Rouge gründete, machte ihn zu dessen Markenzeichen. Seine ersten Stars, durch Toulouse-Lautrec in die bildende Kunst eingegangen, hießen La Goulue und Jane Avril.

Den Girltanz, der auf Uniformierung und absoluter Synchronität motorischer Bewegungen der Gruppe, fußend auf dem choreographischen Element der Reihe, basiert, entwickelte der britische Sergeant John Tiller (1853–1925). Er wählte gleich große und gleich aussehende Mädchen aus und drillte sie nach militärischem Vorbild. Um 1880 stellte er die erste Girltruppe für den Export zusammen. Von 1918 an eroberte der Girltanz die Varietébühnen der Welt.

Ein Eckpfeiler für das Nummernvarieté von fundamentaler Bedeutung ist der Conférencier (frz. Redner/Vortragender). Ohne ihn besäße das Mosaik der Varietédramaturgie keinen Rahmen. Der Conférencier hält nicht nur das Programm zusammen und führt es, sagt auch nicht allein die Nummern an; stellt die lebende Brücke zum Publikum dar. Im Gegensatz zu den meisten Darbietungen steht ihm das Wort zur Verfügung, so daß er jedem Programm das Vorzeichen setzen, die Stimmung anheizen oder abkühlen, den Geist des Ganzen prägen, die Zuschauer in eine gewünschte Richtung lenken, orientieren oder desorientieren kann. Im simpelsten Fall agiert er mit Witzen, Wortspielen, Gedichten u. a., im besten ist er aktueller Kommentator von Zeit und Ort, der mit Esprit Ereignisse, Erscheinungen, Verhaltensweisen, prominente Persönlichkeiten u. a. glossiert. Als ›Mr. Chairman‹ war dieser Typus bereits in den ersten britischen Music-Halls anzutreffen. In Deutschland, Österreich und Russland/Sowjetunion erlangte er größte Verbreitung, politische Brisanz und Signifikanz. Allerdings musste er hier auch größte Einflußnahme der Staatsmacht hinnehmen – bis zu Auftrittsverboten.

Geschichte

Geburtsland des Varietés ist *Großbritannien*. Gegen Ende des 18. Jh. gingen Pubs und Tavernen – zuerst in Industrie-, Handels- und Hafenstädten – dazu über, im Hinterzimmer/Saal ihren männlichen Gästen bunte, jedoch deutlich erotisch akzentuierte Programme zu bieten. Daraus entstanden Pub- und Saloon-Theatres bzw. Tavern-Concert-Rooms, die Ausschnitte/Einzelteile aus Theater, Pantomime, Tanz, Zirkus, Burleske u. a. aneinander reihten. Hauptsache, es amüsierte mit seiner Frechheit (auch im politischen Sinne), Derbheit und Frivolität das Publikum und ließ den Umsatz steigen. Die ›Kultivierung‹ der Programme, woraus auch der Einlaß für Frauen folgte, ermöglichte ein planmäßiges Angebot, und das Varieté erreichte in den Music-Halls eigene künstlerische Produktivität. Die ersten waren: Star-Music-Hall in Bolton (1832) und Adelphi, Sheffield (1833). 1911 bestanden in London 60 Music Halls, davon 11 im noblen Westend. Jede hatte ihr eigenes Profil und eigene Stars. Im ganzen Land stieg die Anzahl auf über 350. Außerdem bereisten unzählige Tourneevariétés die Insel. Variétékonzerne, teils global verflochten, entstanden, die das französische *Grand spectacle* ebenso importierten wie den internationalen Variétéstil. Mit dem Siegeszug des ↗ Films und später des Fernsehens verödete die Variételandschaft. Letzte Bastionen blieben die großen Revue-Tempel à la Paris, Dinner-Theater, Nachtvariétés/Nightclubs, die sich nicht mit Striptease begnügen, sowie Sonntags-Familien-Variétés in der Provinz. In den 1970er Jahren avancierte London zum ›Weltzentrum der Travestie‹. Wo es sich irgend anbot, wurden gigantische Travestierevuen (mit allen Elementen des Varietés) inszeniert. Immer häufiger gibt es Versuche, das Varieté in seiner Ganzheit wiederzubeleben.

In *Frankreich* begann die Ausprägung des Varietés mit den Cafés chantant, deren erste zu Beginn des 19. Jh. in Lyon und Marseille nachweisbar sind. Hier wurde nicht nur das Lied und insbesondere der Refraingesang gepflegt, ebenso traten Komiker, Mimiker und ›absonderliche Menschen‹ auf. Die Beliebtheit der Programme sorgte für die Verbreitung dieser eigenwilligen Cafés im ganzen Land. Bereits 1846 wurden sie von den Cafés concert abgelöst, regulären Restauranttheatern. Deren Programme zeichneten sich durch eine Besonderheit aus: erster Teil Nummernvarieté, zweiter Solistenprogramm (Komiker, Sänger), dritter Pantomime (Einakter im Boulevardstil, ohne stumm sein zu müssen). Die größten und elegantesten nannten sich ›Folies‹ (frz: Vergnügungsstätte), orientierten sich an der britischen Music-Hall und entwickelten eine spezifische Programmform, die sich bis heute erhalten hat: das Grand spectacle (Music Hall à grand spectacle = aufwendige Revueform). Die prägendsten Etablissements: Folies Bergère (gegr. 1869), Moulin Rouge (1889), Casino de Paris (1890), Lido (1946), Crazy Horse Saloon (1951), Olympia (1892/1954), Paris Latin (Neugründung 1978). Diese Besonderheit und der entwickelte Tourismus dürften die Gründe dafür sein, daß die diversen ›Varietékrisen‹ in Frankreich am wenigsten spürbar blieben, vielmehr in den letzten 20 Jahren eine Vielzahl neuer, meist kleinerer Spielstätten entstand.

Noch bevor es Deutschland erreichte, etablierte sich das Varieté in *Österreich*. Ausgangspunkt sind hier die Ballsäle Wiens, die multifunktional ausgelegt waren: ›Varieté, Redoute, Schlemmerlokal und Panoptikum in einem‹. Die Spielart der k.u.k.-Monarchie trug von Anbeginn operettenhafte Züge und orientierte sich sowohl am Volkssängertum als auch am Walzer. Sie ließ sich am idealsten mit der Revue realisieren. Erste Variétés waren das Universum (1834) und das Neue Elysium (1840). Stark musikalisch ausgerichtet, nahmen sie auch Possen, Schwänke, Kurzoperetten ins Programm. Das erste Spezialitätentheater, welches die Artistik ins Zentrum rückte, rief 1888 Anton Ronacher ins Leben. In den 1920er Jahren trug die »Wiener Revue« den Sieg über den internationalen Variétéstil davon. Mit dem Anschluß an Nazideutschland 1938 jedoch kam es zum größten Aderlaß: Die meisten Organisatoren und Protagonisten des Varietés waren Juden und emigrierten. Alle Versuche, nach dem zweiten Weltkrieg die Tradition wieder zu beleben, waren nicht von Dauer.

In *Deutschland* begann die Variétéentwicklung auf Grund nationaler Zersplitterung relativ spät und widersprüchlich. Am Anfang standen die Polkakneipen einerseits und die von Zimmerleuten für Zirkusgastspiele errichteten Holzbauten, in denen zwischenzeitlich »Specialitäten-Vorstellungen« geboten wurden, andererseits. Daraus gingen Singspielhallen (musikalische Genres, Komik) und Spezialitätentheater (akrobatisch-artistische Genres) hervor, die nebeneinander bestanden und sich erst spät vereinigten. Parallel dazu entdeckten noble Gartenlokale und reguläre Theater das Varieté. Sog. Tingeltangels suchten in primitiver Form, die Cafés chantant zu kopieren. Gleichzeitig entstanden in industriellen Ballungsgebieten Variétés nach britischem Vorbild (und mit britischem Kapital). Als allererstes in Chemnitz der Lindensaal (um 1855). 1879 wurde er durch den plüschigen Mosella-Saal ersetzt, das erste deutsche Varieté mit elektrischer Beleuchtung. In Dresden arrangierte Carl August Thieme (1831–1895), der als ›erster Variétéfachmann Deutschlands‹ gilt, 1869/70 im Ballsaal des Victoria-Salons erste Variétévorstellungen nach englischem Muster für ein ›vornehmes Publikum‹. 1906/07 existierten in 66 Städten bereits

116 Varietés (ohne Cabarets); 1930 in 119 Städten 360, darunter 20 Kinovarietés (↗Kino).

Nach Krieg und deutscher Spaltung entwickelte sich das Varieté unterschiedlich. Im Westen folgte einem Boom in den 1950er/1960er Jahren der totale Zusammenbruch der Varietélandschaft unter dem Einfluß des Fernsehens und der Expansion von Stripteaselokalen. Allein das Hansa-Theater in Hamburg (erstes Programm März 1894) überlebte. Demgegenüber hielt der Osten bis 1989 am Varieté fest.

In *Rußland* heißt das Varieté Estrade. Allerdings werden unter diesem Begriff ebenso Folkloreensembles, Theater der Miniaturen (Kabaretts), aber auch Puppenspiel, ›Jazz‹ (Tanzmusik) und Freiluftkonzerte (↗Konzert) subsumiert. Seit dem Sturz des Kommunismus treten Bezeichnungen der westlichen Welt in den Vordergrund. Entstehung und Evolution des Varietés vollzogen sich unter den politischen und sozialökonomischen Prämissen zögerlich und widerspruchsvoll. Infolge der Russisch-Französischen Allianz von 1892 wurden französische Varietéformen übertragen, kopiert oder mit russischen Formen der Geselligkeit verknüpft, dienten jedoch allein dem Amüsement der Oberschicht. Größere Bedeutung als im übrigen Europa erlangten Sommerbühnen in Erholungsparks und sog. Filmdivertissements (Kinovarieté), die einem breiteren Publikum zugänglich waren. Mit Lenins Revolution von 1917 wurden zunächst alle ›bürgerlichen Etablissements‹ geschlossen und durch mobile Agitationstrupps ersetzt, in denen wortintensive Genres, Clowneren eingeschlossen, dominierten. Die Akrobatik schlug man dem Zirkus zu, wobei auch sie ›sowjetisiert‹ werden sollte. Mit der ›Neuen Ökonomischen Politik‹ begann 1921 eine Lockerung. Vor allem kleine Cabarets öffneten wieder. 1937 gab es das erste Studio für Estradenkunst (Ausbildungsstätte für Varietékünstler). Parallel dazu entstanden in allen Großstädten Estradentheater. Nach dem Überfall durch Hitlerdeutschland wandelten sich die meisten zu sog. Frontestraden. Eine planmäßige Entwicklung der Estradenkunst begann erst wieder Ende der 1950er Jahre. Jetzt wurden neben den Wort- vor allem musikalische Genres gefördert. 1980 verfügte die damalige Sowjetunion über 20.000 Estradenkünstler, nicht gerechnet Akrobaten, ↗Clowns, Dresseure, die dem Zirkus zugeordnet blieben. Mit dem Fall des Eisernen Vorhangs entwickeln sich vor allem Nachtvarieté und erotisch akzentuierte Revue.

In den USA entstand das Varieté mit den Immigranten aus Europa in allen hier bekannten Formen fast gleichzeitig, assimilierte sich zum ›nationalen Entertainment‹ des 19. Jh. Nur wenige Formen wurden angepaßt (z.B. mutierten Cafés concert zu ›Honky-Tonks‹), die meisten vermischten sich zu spektakulären Shows mit unterschiedlichen Bezeichnungen. Das erste Vaudeville House eröffnete William Valentine 1840 in New York. Vaudeville wurde fortan mit Nummernvarieté gleichgesetzt, gliederte sich jedoch entgegen dem Vorbild in drei Teile. Im ersten traten Akrobaten, Jongleure, Zauberkünstler etc. auf, im zweiten Gesangskomiker, Instrumentalsolisten, Monologisten (= Wortkünstler), während im dritten Sketche, Einakter, Gesangs- und Tanzschauen geboten wurden. 1843 erfand Daniel D. Emmet die Minstrelshow der als Neger geschminkten Weißen, ebenfalls dreigeteilt. Daraus ging die Burlesque-Show hervor, die sich nicht mehr an ›Abteilungen‹ orientierte, sondern alles Unterhaltsame mixte. Um 1935 wurde sie zur Geburtsstätte des Striptease (durch Gypsy Rose Lee). Erste Extravaganza, technisch aufwendiges und vielfältiges Theatervarieté, 1860 in New York; erste Show, die diese Bezeichnung trug, The passing Show 1894; erste Follies (geschriebene und durchkomponierte Revuen) 1907 im Liberty Theatre durch Florenz Ziegfeld. Bereits vor der Jahrhundertwende setzte einerseits durch Industriemagnaten, die ins Varieté investierten, andererseits durch Varietéunternehmer selbst ein Monopolisierungsprozeß ein. Der größte aller Varietéunternehmer war ›Varietézar‹ E.F.W. Albee, der ›Rockefeller des Varietés‹. Dessen Imperium umfasste über 350 Varietés in den Staaten und arrangierte Touren durchs ganze Land. Auch standen die meisten Varietéketten Mittel- und Südamerikas unter seinem Einfluß. Bis 1929 erreichten Varietéaktien an der New Yorker Börse höchste Notierungen. So umfassend der Aufstieg war, so total der im Gefolge der Weltwirtschaftskrise einsetzende Zusammenbruch des Varietés. Investiert wurde jetzt nur noch ins neue Medium Film. Mit wenigen Ausnahmen von Special-Inszenierungen, etwa der Radio-City-Music Hall New York, starb das Varieté. Varieté heute findet, wenn überhaupt, in Nightclubs, Amateurvereinen und vielleicht noch in der Provinz statt. Ausnahme von der Regel: Las Vegas, Spielerparadies und Showzentrum, wo insbesondere die Revue gepflegt wird. Eine spezifische Form des amerikanischen Varietés bildeten die Eisrevuen, die Bühnenprogramme ›auf Kufen stellten‹.

Das Neue Varieté

Für die kreative künstlerische Innovation des Varietés, wie sie sich heute insbesondere in Deutschland zeigt, wurde der Begriff ›Neues Varieté‹ geprägt. Ausgehend von der mittlerweile ›etablierten Revolution‹

der Theaterszene in den 1970er Jahren, die Natural Theatre, Clownpower, Foolsbewegung etc. hervorbrachte, prägten sich mit ihr neue Innerlichkeit und ›neue Gefühlskultur‹ aus. »Die neuen Theaterformen rückten vom Primat des gesprochenen Wortes gänzlich ab und behandelten statt dessen Mimik, Pantomime, Tanz, Musik, Artistik und Sprache, aber auch die verschiedensten Bewegungsrituale, Wortmusik und Geräusche als ebenbürtige Elemente« (Eberstaller 1988, S. 18). Als allererstes reagierte der österreichisch-deutsche Zirkus Roncalli von Bernhard Paul, der mit seiner Spiel-Art und dem Konzept vom Gesamtkunstwerk einen international wirkenden ›Roncalli-Effekt‹ auslöste, welcher selbst hinter dem Eisernen Vorhang, namentlich in der damaligen Sowjetunion, zu gravierenden Veränderungen insbesondere in der Artistenausbildung führte (wovon heute das Neue Varieté profitiert). In der zweiten Hälfte der 1980er Jahre führte diese Bewegung zur Reanimation des Varietés in Deutschland. Mit Eröffnung des Sommer-Varieté-Theaters auf dem Stuttgarter Killesberg am 1.5. 1980 wurde für Westdeutschland die Varietérenaissance eingeleitet. Stuttgart setzte auf traditionsbewußtes Familienpublikum und scheiterte letztlich wohl gerade deswegen. Nach kurzfristiger Auslagerung in ein Zelt im Citybereich und Konzeptionsänderung schloß das einzige kommunale Varieté am 31. 10.1992. Die tatsächliche (inhaltliche) Erneuerung begann mit dem Berliner Scheinbar Varieté (1986) und Corny Littmanns Schmidt/Schmidts Tivoli in Hamburg (1988). Jedoch konnte sich dieses sog. ›gnadenlose Varieté‹ nicht auf Dauer durchsetzen. Erst Johnny Klinke/Margareta Dillinger begründeten mit dem Tigerpalast Frankfurt a.M., eröffnet am 30. 9. 1988, das Neue Varieté. Weitere Eckpfeiler der Erneuerung das Berliner Wintergarten Varieté (1992), das Friedrichsbau Varieté Stuttgart (1994), Roncallis Apollo Varieté Düsseldorf (1997), alle drei der Deutschen Entertainment Aktiengesellschaft, Vorstandsvorsitzender Peter Schwenkow, zugehörig. Heute hat das nach Klinke ›sanfte Nachtleben‹ in den Altbundesländern Hochkonjunktur. Zum Ende des Jahres 2001 stieg die Zahl der Varietés auf 28, nicht gerechnet jene in den zahlreichen Freizeitparks. Die bedeutendsten außer den genannten: Varieté et cetera, Bochum (1999), GOP Hannover (1992), GOP Essen (1996), GOP Bad Oeynhausen (2000), Luna Varieté & Theater, Dortmund (1993), Starclub Fulda (1999), Starclub Kassel (1996), Varieté Palast Speyer (1998). Im Osten Berlins überdauerte die Wende nur der Friedrichstadt-Palast als Revuetheater. Einzige Neugründung in den jungen Bundesländern das Krystallpalast Varieté in Leipzig, 1997 von Bert Kallenbach und Katrin

Troendle ins Leben gerufen. »Die täglich angebotene Platzzahl aller Varietétheater[…] stieg seit Mitte der achtziger Jahre um 750 Prozent, von rund 800 im Jahre 1986 auf 6 000 Plätze 2000«, bilanziert Jansen. »Die Zahl der jährlichen Aufführungen stieg im selben Zeitraum von rund 600 auf 5 500 und die der jährlichen Besucher von knapp 300 000 auf 1,4 Millionen« (Jansen 2001, S. 5).

Literatur

Berg, R.: *Varieté. Gut gelaunt durchs Wirtschaftswunder*. Hannover 1988.

Eberstaller, G.: »Clownpower«. In: *Kassette 11*, Berlin 1988.

Fuchs, G.: *Die Revolution des Theaters*. München/Leipzig 1909.

Günther, E.: *Geschichte des Varietés*. Berlin 1981.

Ders.: *Das Neue Varieté*. Manuskript. Dresden 2000.

Jansen, W.: *Varietétheater in Deutschland*. Düsseldorf 2001.

Kothes, F.-P.: *Die theatralische Revue in Berlin und Wien 1900–1938*. Berlin 1977.

Latsch, G.: *Vom Tingeltangel zur Heiteren Muse*. Leipzig 1965.

Ernst Günther

Vaudeville

(frz., abgeleitet von *voix de ville*: Stimme der Stadt). Bezeichnet sowohl eine bestimmte Art Lied, das etwa dem deutschen ›Gassenhauer‹ entspricht, und ein bestimmtes Theaterstück, vergleichbar dem deutschen ›Volksstück‹, als auch das entsprechende ↗ Theater und ebenso ein ↗ Varieté.

Die Liedart Vaudeville erwuchs einer bis ins 15. Jh. zurückreichenden französischen Tradition, aktuelle Ereignisse und Erscheinungen in Form von Bänkelgesang, Couplet oder Chanson musikalisch zu kommentieren. Gleich den britischen Street ballads trugen die Vaudevilles zumeist oppositionellen Charakter. Bei der geistigen Vorbereitung der Französischen Revolution spielten sie keine unerhebliche Rolle. Selbst die Marseillaise ist ein Vaudeville. Als Klassiker des Vaudeville gilt der Dichter und Sänger Béranger (1780–1852). Vaudeville als Theaterstück meint(e) ein Possenspiel mit Gesang, eine Burleske, eine Farce, eine Boulevardkomödie. Anspruchslose, meist musikalisch geprägte ↗ Unterhaltung für ein Massenpublikum (spöttisch: ›Dienstmädchen-Komödie‹).

Das Theater Vaudeville war ein Boulevardtheater. Seine Existenz verdankt es der im Gefolge der Revolution verkündeten Theaterfreiheit. Obgleich sich die frühen Vaudeville-Theater gern als ›Varietés Amusants‹ bezeichneten, waren sie (zunächst) keine Varietés. Die Bezeichnung wollte wortwörtlich verstanden sein: ›Vielfalt des Spaßigen‹. Mit der Zeit jedoch griffen immer mehr Vaudevilles in Ermangelung von Stücken auf varietétypische Darbietungen zurück, die in der ersten Hälfte der Vorstellung präsentiert wurden. Insofern zählen die Vaudevilles zu den legitimen Vorfahren des Varietés.

1807 schränkte Napoleon die Theaterfreiheit ein. Insbesondere beschnitt er die Rechte der Boulevardtheater. Nur wenige konnten unter den neuen Prämissen überleben. Um 1810 wurde in Paris mit dem »Theatre des Varietés« ein Vaudeville-Theater des ›gehobenen Anspruchs‹ gegründet, das sich in der zweiten Jahrhunderthälfte zur bedeutendsten Boulevardbühne Frankreichs profilierte. Seine Protagonisten waren so populäre Schauspieler und Sänger wie Judic, Rejane, Dupuis, Baron, Christian, Lassanche, die als ›ehrenhafte Künstler‹ das eigentliche Varieté in den Cafés concert bzw. Music Halls eher verachteten.

In Frankreich hieß das Varieté bis zur Durchsetzung des sog. internationalen Varietéstils zu Beginn des 20. Jh. weder Vaudeville noch Varieté. Die Bezeichnung Vaudeville fürs Varieté wählte man allein in den Vereinigten Staaten von Amerika.

Literatur

Günther, E.: *Geschichte des Varietés*. Berlin 1978.

Ernst Günther

Verbrechen

Den Darstellungsgegenstand ›Verbrechen‹ teilt die populäre Kultur mit Hoch- und ↗ Volkskultur. Wie bei anderen Stoffen gilt auch für das Verbrechen: Nicht was, sondern wie und in welchem Kontext etwas erzählt wird, bestimmt den Charakter eines Artefakts. Welche Verbrechenserzählungen zur Populären Kultur gezählt werden können, entscheidet sich daher bei der Antwort auf die Frage, wo und wie das Populäre sich in Verbrechenserzählungen zu erkennen gibt. Erzählungen wie *Richard III.* oder *Schneewittchen* zählen, so verbreitet und bekannt sie auch sein mögen, gewiß nicht zur populären Kultur, sondern zur Volks- bzw. zur Hochkultur. Das Kriterium einer populären Verbrechensgeschichte ist nicht ihre Bekanntheit, noch der verlegerische Erfolg, sondern ihre Zugehörigkeit zu einer kriminalliterarischen Tradition. Erst die Unterscheidung zwischen Erzählungen von Verbrechen, die zu irgendeiner kriminalliterarischen Tradition gehören, und denen, bei denen dies nicht der Fall ist, läßt den Zusammenhang von Stoff- und Genregeschichte in den Blick kommen, erlaubt eine genauere Fassung der Termini, die

im Feld der Kriminalliteratur gebraucht werden und ermöglicht »das Fruchtbarwerden [des] Thema[s] in bestimmten [...] Augenblicken« (Frenzel 1958, S. 895) zu zeigen.

Begriffe und Typologie der Erzählungen vom Verbrechen

Von Verbrechen wird erzählt seit es Verbrechen gibt. Die verschiedenartigsten Mythen und Märchen wie *Kain und Abel*, *Ödipus* oder *Rotkäppchen* – »ein interessanter Fall von Verkleidung in Verbindung mit einem Mordversuch«, wie Symons (1972, S. 12) spöttisch bemerkt – sind in unser aller Gedächtnis. Wer aber hieraus die Universalität der Kriminalliteratur ableitet, unterschlägt die Differenz von Moral und Strafrecht und setzt das Gegensatzpaar ›gut/böse‹ mit ›rechtmäßig/unrechtmäßig‹ gleich. Herodots Erzählung vom Meisterdieb, Shakespeares *Hamlet* oder Märchen wie *Schneewittchen* können nur in uneigentlicher Sprechweise als Kriminal-Erzählung oder als »Kriminal-Dichtung« (so Ludwig 1930, S. 57) bezeichnet werden, wenn der im Deutschen gegenüber dem Lateinischen ›criminalis‹ eingeschränkte Sinn der Vorsilbe ›kriminal-‹ unbeachtet bleibt. Bedeutet ›criminalis‹ allgemein ›das Verbrechen betreffend‹, zielt ›kriminal-‹ auf das, was Strafrecht, Strafverfahren, Straftat, also was Verbrechen und Staat wie Gesellschaft betrifft (vgl. auch die österreichische Bezeichnung ›das Kriminal‹ für das, was in Deutschland ›die Strafanstalt‹ heißt). Entsprechend dieser Bedeutung zählen Erzählungen, die das Verbrechen in naturrechtlichem Zusammenhang darstellen (*Kain und Abel*), nicht zur Kriminalliteratur. Auch wenn das Verbrechen strikt als individualpsychologisches Problem geschildert wird – etwa: Arthur Schnitzler (1862–1931), *Der Mörder* (1912) – liegt keine Kriminal-Geschichte vor. Nicht zur Kriminal-Literatur rechnet man auch jene Geschichten, bei denen zwar von Verbrechen erzählt wird, deren Strafwürdigkeit im Rahmen des Kriminalrechts jedoch außen vor bleibt. Dies gilt z. B. für das Märchen von *Hänsel und Gretel*. Auch Erzählungen, in denen das Verbrechen nur als böse Tat vor Gott oder vor Sittengesetz und Schicksal gewertet wird, sind so verschieden von Kriminalliteratur, daß sie sinnvollerweise nicht unter den gleichen Begriff fallen sollten. Sie zählen zur Verbrechens-Literatur, während die Bezeichnung ›Kriminalliteratur‹, unabhängig von ihrem erzählerischen und künstlerischen Rang, allen Formen und Erzählungen vorbehalten sein sollte, die das Verbrechen *in* der Erzählung entsprechend der Wortbedeutung von Kriminal als

Verstoß gegen Gesetze von Gesellschaft und Staat, also als Kriminalfall werten: Erst das ›Kriminal-Verbrechen‹ macht eine Erzählung zur ›Kriminal-Literatur‹!

Die Kriminalliteratur kennt viele verschiedene Themen, von denen keines in irgendeiner Weise charakteristischer für sie ist als ein anderes, auch wenn einzelne Themen, z. B. die Arbeit eines Detektivs, historisch größere Bedeutung als andere haben (vgl. die Rede von der Detektivgeschichte als ›klassischem Kriminalroman‹ u. a. bei: Düsing 1993, S. 8). Erzählungen, die zur Kriminalliteratur gehören, können die Vorgeschichte des Täters oder seines Opfers, die Tat oder den Tathergang, die Aufklärung (durch ganz verschiedene Institutionen) oder das Zustandekommen des Urteils erzählen. Überdies können diese Elemente analytisch oder synthetisch dargeboten werden. (Ein besonderes »Kriminalschema«, das einigen Autoren zufolge – Schönhaar 1969; Marsch 1972; Düsing 1993 – grundlegend für die Gattung sei, gibt es aber nicht). Kriminalliterarische Erzählungen sind der Unterhaltung oder der Belehrung gewidmet und spielen in den verschiedensten Milieus der Gesellschaft. Wenn diese mit dem ›Kriminal‹ in Zusammenhang stehen (Spionage/Polizei/Gericht), entwickeln sich Sub-Genres mit wiederum speziellen Möglichkeiten. Unverzichtbar für die Kriminalliteratur ist weder ein bestimmtes Thema noch eine bestimmte Erzählweise oder ein bestimmtes erzählerisches Niveau, sondern daß ein Element des Kriminalfalls strukturbildend für die Erzählung ist. Erzählweisen wie Themen der Kriminalliteratur lassen sich daher keinesfalls auf einen Musterplot einengen – und sei er noch so formelhaft weitgefaßt wie: »Heile Welt – Chaos – Finden und Ausstoßen des Sündenbocks« (Buchloh/Becker 1973, S. 14). Das Vergnügen an der Kriminal-Literatur entspricht nicht nur der »Beseitigung einer Verunsicherung, einer Bedrohung, die Wiederherstellung einer gestörten Ordnung«, wie Düsing (1993, S. 12) meint, der sich dabei auf Nusser (1992, S. 160) beruft:»Mit dem nach der Überführung des Verbrechens wieder hergestellten, störungsfreien Zustand ante rem gewinnt der Leser seine Gewissheit zurück, in einer gerechten funktionierenden, zumindest aber in einer reparablen Welt zu leben«. Das ist eine zu formale Beschreibung von Aufbau und Intention der Kriminalgeschichte. Zu den großen Themen der Kriminalliteratur gehört nicht zuletzt der durch Verbrechen irreparabel gemachte Zustand der Welt. Mit der Entdeckung des Täters ist keineswegs immer ihr Sündenfall repariert (vgl. Mickey Spillane: *Ich, der Richter* oder Sjöwall/Wahlöö: *Verschlossen und verriegelt*).

Es ist angesichts der Vielfalt der möglichen Erzählweisen, Erzählformen, Themen und Motive kaum sinnvoll, ein geschlossenes System von Sub-Genres aufzustellen, aber Unterschiede sind benennbar: Das Kriminal-Verbrechen kann als erklärbar oder als nicht aufklärbar dargestellt werden. Wird ein Fall als erklärbar (= lösbar, sozial bewältigbar, integrierbar) erzählt, handelt es sich um eine Kriminal-Geschichte – wird ein Fall als nicht erklärbar erzählt, so liegt eine Kriminal-Dichtung vor. Kriminal-Geschichte und Kriminal-Dichtung unterscheiden sich also nicht durch ihren literarischen Wert, wie die Forschung vielfach meint und damit wertende und typologische Betrachtung vermischt (vgl. Gerber 1971, S. 413 »Der Kriminalroman ist eine Stutzform der Verbrechensdichtung«). Als Sammelbezeichnung ist ›Kriminal-Dichtung‹ ein beschreibender Begriff, der Texte mit einem bestimmten Darstellungsziel meint. Kriminal-Dichtungen finden sich sowohl in Romanserien verfaßt von Genre-Autoren (z. B. Jan Willem van de Wetering: *Rattengang* oder Patricia Highsmith: *Der talentierte Mr. Ripley*) wie in Werken von Autoren, die sich nur vereinzelt der Kriminal-Literatur zuwenden (z. B. Joseph Roth *Beichte eines Mörders, in einer langen Nacht*, 1936).

Der Oberbegriff ›Kriminalliteratur‹ wie die beiden Unterbegriffe ›Kriminal-Geschichte‹ und ›Kriminal-Dichtung‹ werden daher hier nicht als Gattungsbegriffe verstanden. Es gilt Frenzels Diktum (1958, S. 895) zur Kriminalgeschichte: »Der Zusammenhang der einzelnen Repräsentanten der Gattung ist lose und der Gattungsbegriff daher weitmaschig«. Unterscheidbare Erzähltraditionen, die, wie bei Gattungen generell, von einzelnen erfolgreichen Mustererzählungen ihren Ursprung nehmen, gibt es vor allem beim Krimi, also bei kriminalliterarischen Texten, die zur ↗ Unterhaltung erzählt werden. Und diese stehen daher im Zentrum des Interesses bei einer Darstellung zur Populären Kultur.

Stoff- und Textgeschichte des Verbrechens

Mit dem Begriff ›Kriminalliteratur‹ = Erzählungen, in denen Kriminal-Verbrechen beschrieben werden, ist zugleich eine erste historische Zuordnung der Gattung gegeben. Literarisch interessant werden Kriminal-Verbrechen in dem Moment, in dem der Umgang mit dem Verbrechen zu einem offen diskutierten gesellschaftlichen Problem wird. Die Ablösung der peinlichen Gerichtsordnung(en) – maßgeblich war jahrhundertelang die *Constitutio criminalis carolina* von Karl V von 1532 –, die Kritik an der Folter (seit Friedrich von Spees berühmtem Werk *Cautio*

Criminalis oder rechtliches Bedenken wegen der Hexenprozesse, 1631), die Veröffentlichung von Gerichtsakten, die Entwicklung der Wissenschaft in Psychologie, Pädagogik und Physiognomik verweisen darauf, daß erst mit der Aufklärung im Verlauf des 17. bis 19. Jh. die Voraussetzungen für Kriminalliteratur entstehen (zu Einzelheiten vgl. Hügel 1978). Es ist deshalb nicht verwunderlich, daß der Begriff ›Kriminal-Geschichte‹ als Gattungsbezeichnung in Deutschland erst 1796 als Buchtitel von August Gottlieb Meißner (1753–1807) erscheint. Meißner stellt in seinen ›Kriminal-Geschichten‹, zum Beispiel in *Blutschänder, Feueranleger und Mörder zugleich, dem Gesetze nach, und doch ein Jüngling von edler Seele* die Frage nach der Psychologie des Täters *und* die Frage nach der strafrechtlichen Würdigung des Verbrechens. Damit unterscheiden sich solche Geschichten, die in der zweiten Hälfte des 18. Jh. entstehen, entschieden von den Mysteries, den Schauer-, Geheimnis- und Abenteuerromanen. In *Ambrosio; or, the Monk* von Matthew Gregory Lewis (1775–1818) oder in den Christian Heinrich Spieß (1755–1799) zugeschriebenen *Criminalgeschichten voller Abentheuer und Wunder und doch streng der Wahrheit getreu* (1801) fehlt genau diese Verbindung. Hier werden die Täter zwar auch psychologisch (wenn auch z. T. holzschnittartig) erfaßt; statt der Einordnung in einen strafrechtlichen Zusammenhang bemühen die Autoren aber einen Wunderapparat, der die Taten sensationell, d. h. aus jedem Erklärungszusammenhang herausfallend erscheinen läßt. Die fruchtbare Spannung »zwischen gesetzlicher und moralischer Zurechnung; zwischen dem Richter, der nach Thaten und demjenigen, der nach dem Blick ins Innerste des Herzens urtheilt« (Meißner), die die Kriminalliteratur von ihrem Beginn an trägt, existiert im Schauer-Roman gerade nicht. »Der Schauer-Roman [ist] als Konstrukt einer selbständigen literarischen Wirklichkeit anzusehen – mit deutlichen Funktionsabgrenzungen gegenüber der ›realistischeren‹ Kriminal-Geschichte« (Schönert 1983, S. 103). In der erzählenden Kriminalliteratur des frühen 18. Jh. wird der Verbrecher mit seiner Tat, nicht mehr als »Geschöpf fremder Gattung« (Friedrich Schiller *Verbrecher aus verlorener Ehre*, 1786) vorgestellt. Trotz der sozialen oder psychologischen Kontexte des Verbrechens läßt die Kriminalerzählung das Verbrechen immer menschlicher und zugleich paradoxerweise immer unmenschlicher erscheinen; denn: »Die Motive des Verbrechers sind letzte, unerklärbare Gewohnheiten« (Pfeiffer 1960, S. 191). Während der Schauer-Roman den Grund für das Schreckliche ins Jenseitige legt, unterstreicht die Kriminalliteratur die Verantwortung des Menschen und zeigt, daß nichts

so menschlich ist wie das Unmenschliche, so daß der aufklärerische Erzähler mit jedem Mehr an Erkenntnis zugleich den Schrecken vergrößert, den die letztlich unerklärlich bleibende Tat hervorruft, auch wenn der Täter ermittelt ist.

Mit solchem Schrecken gehen die Autoren sehr unterschiedlich um. In den erbaulichen Schuld-Sühne-Geschichten (vgl. Schönert 1983, S. 1039) – etwa in der oben erwähnten Geschichte Meißners wie in biographischen oder autobiographischen Erzählungen krimineller Karrieren – etwa Schillers *Verbrecher aus verlorener Ehre* – wird die gerechte Strafe, die der Täter erhält, betont. Dabei wird der moralische Effekt häufig noch gesteigert, indem der Täter in seine Strafe einwilligt, während es in den kurzen Kriminal-Anekdoten – etwa in Meißners *Mörder, der sich zwingt, eine Ursache zu finden* – eher beim Konstatieren der merkwürdigen, letztlich unerklärlichen (Blut-)Tat bleibt: »Seine Richter gaben sich alle mögliche Mühe, von dem Mörder noch irgendeine andere Ursache dieser blutigen That herauszubringen; es war umsonst. Auch bedarf der Kenner der menschlichen Natur keiner andern, um sie zu begreifen«.

Das psychologische Interesse der Kriminalliteratur des späten 18. und frühen 19. Jh., das auf ein eingestimmtes ↗ Publikum traf (vgl. etwa Johann Kaspar Lavater: *Physiognomische Fragmente* von 1771 ff.), fußte nicht zuletzt auf der erzählerisch vorgetragenen Behauptung des Wirklichkeitsbezugs. Verbrechen schien eine so ernste Angelegenheit zu sein, daß von ihm nur als Tatsachen-Ereignis erzählt werden konnte. Auch wenn die Autoren dabei Erzähltechniken anwenden, die ebenso in zeitgenössischen fiktionalen Erzählungen vorkamen: fingierter Herausgeberbericht, fingierte Quellenangaben oder verschlüsselte Namen- und Ortsangaben, so unterstreichen die nahezu immer vorhandenen Wirklichkeitsbehauptungen den Ernst, den die erzählerische Behandlung des Verbrechens beanspruchte, auch und gerade wenn sie sensationell daherkam. Und nicht zuletzt verdankt die Kriminalliteratur diesem erzählerischen Ernst ihre große Popularität, bot er doch durch alle Epochen hindurch ein Alibi für die unterhaltende Aufbereitung des Verbrechens.

Dem Charakter der Wirklichkeitserzählung verdankt die Kriminalliteratur nicht zuletzt eine Form, die »wir heute nach ihrem berühmtesten Vertreter François Gayot de Pitaval (1673–1743) ›Pitaval-Geschichten‹ nennen. Es handelt sich hierbei um nichtfiktionale Berichte berühmter Kriminalfälle« (Hügel 1978, S. 82). »Die Pitaval-Geschichten verfolgen im wesentlichen drei Intentionen. Einmal wollen sie sensationelle Begebenheiten darstellen, zweitens juristische Probleme und Grenzsituationen näher bringen und drittens die psychologischen und historischen Hintergründe des Kriminalfalls anschaulich machen« (ebd., S. 83). Wenn auch die drei Intentionen in jedem Prozeßbericht nachzuweisen sind (vgl. Schillers Vorrede zur Ausgabe von Fr. I. Niethammer), trifft für das gesamte ↗ Genre zu, was ein zeitgenössischer Rezensent zu den ersten beiden Bänden des ›Neuen Pitaval‹ (1842–1890) schrieb: »Wenn das Buch auch zunächst der Unterhaltung gewidmet, bleibt das psychologische Interesse nicht unbefriedigt« (Bll.f.lit.Unterhaltung 1842, S. 885).

Die Revolution von 1848 brachte entscheidende Veränderungen auf dem Gebiet des Strafrechts. Die meisten deutschen Staaten schafften den schriftlichen Inquisitionsprozeß, der nur das Geständnis oder die Aussage von zwei sogenannten guten Zeugen als vollen Schuldbeweis anerkannte, zugunsten des öffentlichen und mündlichen Anklageverfahrens ab. Verhalf das neue Anklageverfahren schon von sich aus dem Verbrechen zu größerer Publizität, so tat die Lockerung der Zensurbestimmungen für die Tagespresse ein übriges. In Zeitungen wie der *Gerichtszeitung* (ab 1853) und der *Tribüne* (ab 1861) oder in Buchreihen wie den *Eisenbahn-Unterhaltungen* (ab 1862) wurde von nichts so oft erzählt und berichtet wie von Verbrechen. Und auch in den Familienblättern, die nach 1848 zum Leitmedium aufstiegen, wurden die Verbrechen zu einem unverzichtbaren Gegenstand. Bis in die 1870er Jahre kommt kein *Gartenlauben*-Band (gegr. 1853) ohne eine Kriminalerzählung aus, und auch später bleibt das Verbrechen für die meisten Familienzeitschriften und illustrierten Unterhaltungsblätter ein wichtiges Thema.

In den Erzählungen von Verbrechen – fiktional wie berichtend – treten neben die Verbrecher, die zunehmend in ihrem sozialen Umfeld gesehen werden, die staatlichen Institutionen und ihre Vertreter, die sich mit dem Verbrechen beschäftigten. Dabei ist die Literatur nicht einfach Spiegel der Wirklichkeit. Erzählerisch geben viele der Kriminal-Erzählungen zunächst noch den Stand des alten Inquisitionsprozesses wieder und bleiben, auch was das Erzählziel angeht, den erbaulichen Geschichten verpflichtet. Das mag z.T. biographische Gründe haben – so kannte der nach der Revolution aus dem Staatsdienst gejagte ehemalige Richter Jodokus Donatus Hubertus Temme (1798–1881), der in der *Gartenlaube* geradezu ein Monopol auf das Thema hatte, aus eigener Erfahrung nur den alten Prozeß. Der Erfolg erbaulicher Erzählungen, die den Sühnegedanken zentral machen – etwa von Ernst Fritze (d.i. Luise Reinhardt, 1807–1878), Ernst v. Waldow (d.i. Lodoiska v. Blum, 1842–1927) oder auch Theodor Fon-

tane (1819–1898) –, zeigt aber, daß »der Austausch zwischen Literatur und Rechtssystem in der Phase von 1850–1880/1900 begrenzt« war (Schönert 1983, S. 119). Auch der soziale Blick auf den Verbrecher bleibt bis zur Jahrhundertwende eher Ausnahme. So findet Ernst Dronke (1822–1891), der 1846 in seinen *Polizeigeschichten* soziale Ungerechtigkeiten als Ursache für das Verbrechen angeprangert hatte, zunächst keine Nachfolger; traditionsbildend war eher E. Sue mit seinen *Les Mystères de Paris*. Deren zweigleisige Erzählstrategie suchte einen Lösungsweg für das Kriminalitätsproblem anzubieten: »Weckung des moralischen Gewissens bei einzelnen Tätern und vorbeugende Maßnahmen zur Linderung der wirtschaftlichen Not« (Hügel 1978, S. 133). Damit wurde man zwar den sozialen Ursachen des Verbrechens wenigstens zum Teil gerecht, beließ es aber trotzdem bei der rigorosen moralischen Verurteilung des Verbrechens. Dies führte historisch zu einer Ausgrenzung des Verbrechens, und bei Kolportage-Romanen (↗ Kolportagebuchhandel) im Extremfall zur Rechtfertigung von Selbstjustiz. (Vgl. Guido von Fels, d.i. Paul Walter, 1859–1918, *Jack, der geheimnisvolle Mädchenmörder*, 1897)

Die Verbindung von Kriminalliteratur und sozialem Roman, die in Frankreich Eugène Sue und in England Charles Dickens (1812–1870; *Barnaby Rudge* 1840/41; *Bleak House* 1852/53) erfolgreich realisiert hatten, wurde in der zweiten Hälfte des 19. Jh. von zahlreichen Autoren aufgegriffen. In Romanen von Adolf Bäuerle (1786–1859; *Zahlheim. Ein Wiener Kriminalroman*, 1856); Eugen Hermann v. Dedenroth (1829–1887; *Die Händler von Nachod. Eine moderne Criminalgeschichte'* 1870); Adolf Mützelberg (1831–1882; *Der Erbstreitpunktroman*, 1866); Adolf Streckfuß (1823–1895; *Zu reich!* 1877) und vor allem von Ewald August König (1833–1888; etwa *Va banque!* 1884) werden mehr und mehr zeittypische Verbrechen dargestellt. Vor allem nach dem Gründerboom der 1870er Jahre treten Spekulanten, Bankiers, Wucherer, Fabrikherren als Hauptfiguren auf und Wirtschaftsverbrechen bzw. wirtschaftlich begründete Taten bestimmen die Erzählungen. In gewissem Sinn haben diese Romane, auch wenn ihnen keine realen Fälle einzeln zugeordnet werden können, Zeitungsfunktion. Die Kriminalliteratur erhält einen sozialkritischen Anstrich. Von Verbrechen zu erzählen heißt von nun an, sich der Gegenwart zuzuwenden.

Neben der Aktualisierung bestimmt Verwissenschaftlichung die populären Erzählungen von Verbrechen in den Jahren zwischen 1880 und 1910. Angestoßen durch den literarischen Naturalismus und durch die diesen begleitenden und fördern-

den (populär)wissenschaftlichen Diskussionen im
Schnittbereich von Literatur, Kriminologie und Psychologie, entsteht ein breites Alltagswissen über das
Verbrechen. Dieses formuliert sich sowohl in Arbeiten, die eher literaturwissenschaftliche Ziele verfolgen (etwa F. Friedmann, *Verbrechen und Krankheit im
Roman und auf der Bühne*, 1889/90), in Texten, die
die Literatur zum Anlaß für kriminologische und
kriminalpsychologische Diskussionen nehmen (etwa
Fritz Böckel, *Kriminalgeschichten in Monatsschrift für
Kriminalpsychologie und Strafrechtsreform*, 1914/18)
wie in Novellen und Romanen. Vor allem kriminal-
anthropologische Probleme werden von den populären Autoren aufgegriffen und diskutiert, wobei Fragen »ob sich der Mensch in seiner Menschlichkeit in
seinem guten und schlechten Trieb mit der fortschreitenden Zivilisation geändert habe« (Böckel
1914, S. 18, 505), ob ein Zusammenhang zwischen
Physiognomie und Verbrechen bestehe (= Frage nach
der Erkennbarkeit und Kriminalprävention), ob verbrecherische Anlagen vererbt werden (Cesare Lombroso, 1836–1909, *Neue Fortschritte in den Verbre-
cherstudien*) und ob die psychologische Schulung der
Strafrechtsjuristen notwendig sei (vgl. die kriminal-
wissenschaftlichen und kriminalliterarischen Werke
des Krimi-Autors und Staatsanwalts Erich Wulffen
(1862–1936), die Diskussion und das »Bild des Verbrechermenschen« (vgl. Schönert 1991) bestimmten.
Auch diese Verwissenschaftlichung ist keine deutsche
Sonderentwicklung. So finden sich etwa Zitierungen
und literarische Verarbeitung von Lombroso auch bei
Edgar Wallace in den Erzählungen und Romanen um
die *Vier Gerechten*, ab 1905.

Parallel zur Aktualisierung und Verwissenschaftlichung der Kriminalliteratur bekommen die das Verbrechen bekämpfenden Figuren in England wie in
Frankreich oder in Deutschland mehr und mehr
Bedeutung. Der Beginn des 20. Jh. wird kriminal-
literarisch geradezu von der Detektiv-Figur (↗ Detektiv) dominiert. Der gesamteuropäische Erfolg von
Sherlock Holmes läßt ab 1892 auf Jahrzehnte die
Detektiv-Erzählung zur prägenden Form der Kriminal-Literatur werden. Im Genre der Gerichts-Re-
portagen (etwa von Sling, d. i. Paul Schlesinger,
1873–1928; Hermann Mostar, 1901–1973 bzw. später
von Gerhard Mauz, geb. 1925, oder Uwe Nettelbeck,
in der *Vossischen*, der *Süddeutschen Zeitung* bzw. dem
Spiegel oder der *ZEIT*), in Erzählungen von wahren
Fällen und in anderen eine Tendenz verfolgenden
Geschichten steht das Verbrechen aber weiterhin
noch im Mittelpunkt. (Frank Arnau, 1894–1976,
wendet sich etwa in *Der geschlossene* Ring, 1929,
gegen den Indizienbeweis, in *Gesetz, das tötet*, 1930,
gegen den § 218, und in *Stahl und Blut*, 1931, gegen

soziale Ungerechtigkeit). Nach 1933 verhinderte die
Nazi-Herrschaft in Deutschland gesellschaftskritische
Arbeiten und vom Verbrechen konnte bis nach dem
Ende des Zweiten Weltkrieges nur noch aus der
Perspektive der staatlichen Verfolger erzählt werden.

Neben dem Detektiv – aber längst nicht so streng
ausgeprägt – begründen auch die Figur des Hoch-
staplers (etwa von Ernest William Hornung,
1866–1921, Maurice Leblanc, 1864–1911, Patricia
Highsmith) und des ↗ Spions (etwa von Eric Ambler,
1909–1998, John Buchan, 1875–1940, Graham
Greene, 1904–1991, Ian Fleming, 1908–1964, Len
Deighton, geb. 1929) eine eigene erzählerische Tradition (vgl. Becker 1973, Hügel/Hügel 1993).

Nach dem Krieg sind Erzählungen vom Verbrechen stärker denn je eine Sache der Publizistik. Am
Verbrechen interessiert – anders als im frühen 19. Jh.
– nicht mehr das Skandalon, der letztlich uner-
klärliche Verstoß gegen das Sittengesetz, sondern das
Skandalöse, die Blut und Gewalt zeigende Außenansicht. Wo die Erzählung vom Verbrechen nicht durch
den Bezug auf das reale Ereignis und die dann in
Anspruch genommene Pressefreiheit geschützt ist,
fällt sie in den 1950er Jahren sehr schnell unter das
Verdikt der Jugendgefährdung. Einschlägige Buchreihen, ja ganze Verlage (z. B. der Walter Lehning-
Verlag mit seiner Panther- und Kranich-Reihe) werden durch die aus heutiger Sicht rigoros betriebene
Geschmackszensur (vgl. die jüngst veröffentlichten
Urteile zu Richard S. Prathers (geb. 1921), *Karneval
in Las Vegas* in Compart 2000, S. 293–299) behindert
und schließlich mundtot gemacht. Erst Mitte der
1970er Jahre liberalisierte Gesetzgebung ermöglichte
es, daß auch das Verbrechen wieder thematisches
Zentrum der Erzählung wird. Diese Wiederbelebung
der Verbrecherfigur hing mit einer gewissen Brutalisierung (bei der der Erfolg von Truman Capote
(geb. 1925), mit *Cold Blood*, 1966, wohl eine Signalwirkung hatte) und einem immer deutlicher bemerkbar werdenden Thementransfer zwischen
Presse, Buch, ↗ Film und ↗ Fernsehen zusammen.

Erzählungen vom Verbrechen
in Film und Fernsehen

Anders als in Deutschland gibt es in den USA eine
erzählerische Kontinuität bei Verbrechen und Ver-
brecherfiguren. Seit Mitte der 1940er Jahre zeigen vor
allem die Films Noirs, die das Erbe der in den Pulps
(US-amerikanische ↗ Groschenhefte) groß gewordenen Erzähler der sog. Black Mask School (vor allem
Dashiell Hammett, 1894–1941, Raymond Chandler,
1888–1959, Cornell Woolrich, 1903–1968) antraten,

den Verbrecher als gebrochenen Helden. Die Gangster (in *This Gun for Hire*, 1942, oder in *Asphalt Jungle*, 1950), die leidenschaftlichen Verliebten (in *Double Indemnity*, 1944, oder in *The Postman Always Rings Twice*, 1946), die auf der Flucht Resignierten (*The Killers*, 1946) oder die voll Gier ein besseres Leben Erstrebenden (*Niagara*, 1951) werden vom Zuschauer nicht verurteilt, obwohl die Verbrechen weder beschönigt noch vertuscht werden. Der genaue Blick auf die Täter und ihre Motive entschuldigt diese aber auch nicht. Es geht Regisseuren wie Howard Hawks (1896–1977), Robert Siodmak (1900–1973) oder Billy Wilder (1906–2002), weniger um Moral und schon gar nicht um Verbrechenspräventtion wie den früheren Aufklärern. Die Täter sind vielmehr Beispielfiguren für eine aus den Fugen geratene Welt. Der Pessimismus wird in den Films Noirs weder anthropologisch noch historisch begründet. Und vielleicht wirken diese Filme gerade deshalb auch heute noch so überzeugend, weil sie bei aller erzählerischen Genauigkeit keine Erklärungen anbieten.

Zum Teil neben, zum Teil innerhalb des Film Noir hat die Figur des Gangsters, der in den USA vor allem seit der Prohibition (1920–1933) die Tradition des ↗ Räubers fortsetzt, zu einem eigenen Film-Genre geführt. Die Gratwanderung zwischen »Volksheld« (Seeßlen 1980, S. 229 ff.) und »Verbrecher«, die den Lebensweg des Gangsters bestimmt, führt ihn in die Isolation, macht ihn zum »tragischen Helden« (ebd., S. 233–237). Damit hat der Gangster nicht nur per se eine Affinität zu den Charakteren der Films Noirs, er taugt daher auch zur Chiffre für Einsamkeit und Beziehungslosigkeit (vgl. etwa Alain Delon in Le Samurai, 1967, oder künstlerisch sehr viel weniger gelungen die Figur des Phil Drugg in Peter Franckes Roman *Über die Rumlinie*, Berlin 1932) und entwickelt sich zu einer moralisch zweideutigen Figur. Der Vorwurf der Realismusferne konservativer Kulturkritiker, die in solchen Filmen und Büchern eine Verherrlichung der ↗ Gewalt sehen (vgl. zuletzt die Diskussion um die Filme von Quentin Tarantino), verkennt die Selbstbezüglichkeit populärer Kultur. Gerade Genre-Figuren wie der Gangster können immer doppelt gelesen werden: Als (Spiel-)Figur eines selbstreferentiellen Systems oder als historisches Abbild.

Beim Gangster – im geringeren Maße trifft dies auch für andere Verbrechertypen zu – ist die Gleichzeitigkeit von Selbstreferentialität und Abbildfunktion von Beginn an gegeben. Die Sonderwelt, die das organisierte Verbrechen jeglicher Couleur ausgebildet hat, von den wandernden Gaunerbanden des 18. Jh. mit ihren Geheimschriften (Zinken) über die Großstadtganoven des 19. Jh. (vgl. *Die Mohikaner von Paris*, 1854, oder *Die Geheimnisse von Paris* von Alexandre Dumas, 1802–1870, bzw. Eugène Sue) bis hin zur Mafia machen den bürgerlichen Leser nicht nur auf die fremdartigen Sprachen, Regeln und Gewohnheiten neugierig; sie entwirklichten die Figuren dieser fremden Welten auch. Je gelungener, d. h. je genauer und dichter die Sonderwelt des Verbrechens in die Darstellung kommt, desto selbstreflexiver wird sie zugleich. Dies hat in der Genre-Tradition fast zwangsläufig dazu geführt, daß die Frage, in welcher Sphäre die Darstellung sich befindet, irrelevant wird. Im Extremfall fallen daher Genre-Etablierung und -Parodie zusammen, wie etwa in den Eddie-Constantine-Filmen der 1950er und 1960er Jahre oder in Pulp Fiction von Tarantino aus dem Jahre 1993/94, über den die Kritik schrieb: »Pulp Fiction [ist] Godard fürs Popcorn-Kino« (Fischer/Körte/Seeßlen 1998, S. 154).

Demgegenüber nimmt das Fernsehen, das noch mehr Heim- und Familienmedium ist, in seinen seriellen Eigenproduktionen eine traditionellere Position bei der Darstellung von Verbrechen ein. Wenn von Verbrechen erzählt wird, dient dies der Prävention oder der Verbrechensbekämpfung (vgl. *Aktenzeichen XY*), ist – in den Detektiv- und Kommissar-Serien – ritualisierte Demaskierung bürgerlicher Wohlanständigkeit (vgl. *Der Alte, Derrick*, u. a.) oder illustrierter Presseberich (etwa die TV-Verfilmung zu dem Serienpresser Dagobert) mit mehr oder weniger Doku-Touch und mehr oder weniger sensationellen Bildern. Als Live-Reportage spielt das Fernsehen auch bei diesem Stoff seine Stärke aus, bezahlt dann aber zugleich mit dem Verlust der Unterhaltungsfunktion.

Literatur

Becker, J.-P.: *Der englische Spionageroman. Historische Entwicklung, Thematik, literarische Form*. München 1973.

Buchloh, P. G./Becker, J.-P.: *Der Detektivroman*. Darmstadt 1973.

Compart, M. (Hg.): *Noir: Ein Reader*. Köln 2000.

Düsing, W. (Hg.): *Experimente mit dem Kriminalroman. Ein Erzählmodell in der deutschsprachigen Literatur des 20. Jahrhunderts*. Frankfurt a. M. u. a. 1993.

Fischer, R./Körte, P./Seeßlen, G.: *Quentin Tarantino*. Berlin 1998.

Frenzel, E.: »Kriminalgeschichte«. In: *Reallexikon der Literaturgeschichte*. Bd. 2. 1958. S. 895–899.

Gerber, R.: »Verbrechensdichtung und Kriminalroman«. In: Vogt, J. (Hg.): *Der Kriminalroman* I. München 1971. S. 404–420.

Hügel, H.-O.: *Untersuchungsrichter, Diebsfänger, Detektive. Theorie und Geschichte der deutschen Detektiverzählung im 19. Jahrhundert*. Stuttgart 1978.

Hügel, B./Hügel, H.-O. (Hgg.): *Doppeltes Spiel. Spionage- und Agentengeschichten*. München 1993.

Linder, J./Schönert, J.: »Verständigung über ›Kriminalität‹ in der deutschen Literatur 1850–1880. Vermittelnde Medien, leitende Normen, exemplarische Fälle«. In: Schönert 1983. S. 184–238.

Ludwig, A.: »Die Kriminaldichtung und ihre Träger«. In: *Germanisch-Romanische Monatsschrift* 18 (1930) S. 57–71, 123–135.

Mager, H.: ›Krimi und Crimen‹. *Zur Moral der Unmoral*. Halle (Saale) 1969.

Mandel, E.: *Ein schöner Mord*. *Sozialgeschichte des Kriminalromans*. Frankfurt a. M. 1987.

Marsch, E.: *Die Kriminalerzählung*. *Theorie – Geschichte – Analyse*. München 1972.

Nusser, P.: »Aufklärung durch den Kriminalroman«. In: *Neue deutsche Literatur* (1992) S. 70–90.

Pfeiffer, H.: »Beiträge zu Geschichte der Kriminalliteratur«. In: *Greifenalmanach auf das Jahr 1960*. S. 54–74.

Schönert, J.: »Zur Ausdifferenzierung des Genres ›Kriminalgeschichte‹ in der deutschen Literatur vom Ende des 18. bis zum Beginn des 20. Jahrhunderts«. In: Ders.: 1983. S. 96–125.

Ders. (Hg.): *Literatur und Kriminalität*. *Die gesellschaftliche Erfahrung von Verbrechen und Strafverfolgung als Gegenstand des Erzählens*. *Deutschland, England und Frankreich 1850–1880*. Tübingen 1983.

Ders.: »Bilder vom ›Verbrechermenschen‹ in den rechtskulturellen Diskussionen um 1900. Zum Erzählen über Kriminalität und zum Status kriminologischen Wissens.« In: Ders.: 1991. S. 497–531.

Ders. (Hg.): *Erzählte Kriminalität*. *Zur Typologie und Funktion von narrativen Darstellungen in Strafrechtspflege, Publizistik und Literatur zwischen 1770 und 1920*. Tübingen 1991.

Schönhaar, R.: *Novelle und Kriminalschema*. *Ein Strukturmodell deutscher Erzählkunst um 1800*. Bad Homburg 1969.

Seeßlen, G.: *Der Asphalt-Dschungel*. *Geschichte und Mythologie des Gangster-Films*. Reinbek 1980.

Symons, J.: *Bloody Murder*. *From the Detective Story to the Crime Novel: a History*. Harmondsworth 1974².

Hans-Otto Hügel

Video

Der Begriff Video (lat. *video*: ich sehe) ist terminologisch auf die Situation des Betrachtens bezogen. Er impliziert ein Phänomen der optischen Wahrnehmung, zielt auf den Aspekt des Sichtbaren, des Visuellen als einem wesentlichen Element audiovisueller Kultur. Video ist zugleich Symptom und Werkzeug der Mediengesellschaft. Video als kulturelles Phänomen schließt die direkte Anbindung des Gebrauchs des Mediums an das soziale Leben und den Alltag ebenso wie den Einsatz als Kunstform ein (vgl. der Begriff der ›video culture‹ bei Cubitt 1993). Die Heterogenität der Anwendungsbereiche geht einher mit einer »terminologischen Unbestimmtheit des Begriffs« und des Phänomens Video (Wollscheid 1993, S. 119 f.). Es gibt keine einheitliche Grundlage, Form und Zielsetzung auf der Ebene der technischen Produktion und Gestaltung, keine spezifische Ästhetik und keine Ausprägung eines spezifischen Rezeptionsrahmens des Mediums Video. Video ist weder ein autonomes Medium, d. h. unabhängig von allen anderen Formen der Kommunikation, noch ist es völlig abhängig von ihnen.

Technik

Video ist ein Speichermedium auf der Grundlage einer elektronischen Magnetbandaufzeichnung. Die elektromagnetische Speicherung basiert auf dem Prinzip des Tonbandes (↗ Musikkassette/Tonband): optische Signale, d. h. Lichtimpulse, werden von der Videokamera in elektronische Impulse umgewandelt und über einen Magnetkopf auf ein laufendes beschichtetes Magnetband aufgezeichnet. Aufnahme, Speicherung und Wiedergabe laufender Bild- und Toninformationen über einen Monitor erfolgen simultan, d. h. zeitgleich. Mit der Videotechnik aufgezeichnete Bilder können über weite Entfernungen und zu jedem Zeitpunkt direkt oder zeitlich verzögert, d. h. orts- und zeitunabhängig gesendet, gespeichert und beliebig häufig abgerufen werden.

Die Erforschung elektronischer Bildübertragungs- und magnetischer Speicherungssysteme läßt sich bis in das 19. Jh. zurückverfolgen. Militär und Ökonomie waren die treibenden Faktoren der technischen Medienentwicklung von Video und wesentlich an der Bestimmung der Umrisse, der Struktur und der Funktion der Apparatur und des ↗ Designs des Videomediums beteiligt (zur Technikgeschichte von Video vgl. Zielinski 1986 u. 1992 und ↗ Videorecorder).

Seit der Einführung von magnetischen Bildaufzeichnungsanlagen (MAZ) mit 2-Zoll-Recordern – dies waren immobile Studiogeräte, ebenso wie die zu dieser Zeit gebräuchlichen Fernsehkameras – durch die Firma Ampex 1956 bis Mitte der 60er Jahre hatte das ↗ Fernsehen das Monopol über die elektronische Videotechnik.

Der Gebrauch von elektronischer Kamera und Videorecorder als Aufzeichnungs- und Speichermedium, die Rezeption von Video über einen Monitor und der elektronische Videoschnitt sind die gemeinsame Grundlage der Video- und Fernsehtechnologie. Im Bereich des Fernsehens ist die elektronische Direktübertragung Grundlage des Ereignischarakters einer Live-Sendung und der Aktualität journalistischer Berichterstattung, wobei die Speicherfunktion des Videomediums die zeitversetzte Ausstrahlung von simulierten Live-Programmen und die Ausstrahlung vorproduzierter Sendungen sowie die Archivierung bereits gesendeter Programme möglich macht. Der sich in den letzten Jahren zeigende Materialverfall von Videobändern in den Archiven von ↗ Sendeanstalten und Kunstinstitutionen relativiert allerdings die Eignung von magnetischem Video als dauerhaftem Speichermedium.

Bis 1961 konnten Magnetbänder nur mechanisch geschnitten werden. Beim elektronischen Video-schnitt wird die Neuaufnahme eines Bandes in ein bereits bestehendes, im Wiedergabe-Modus laufen-des Band integriert. Die Verfahren des assemble- und des insert-Schnitts, bei denen das Bildmaterial des Ausgangsbandes – beim assemble-Schnitt auch der Ton auf der Synchronspur – verlorengeht, wurden später durch den ›übertragenen‹ Videoschnitt mittels Kopieren ersetzt, der ohne solche Verluste aus-kommt. Erst mit der Entwicklung des ersten trag-baren Videogerätes, bestehend aus einer Handka-mera mit tragbarem Videorecorder und ½ Zoll-Bän-dern, durch die Firma Sony 1965 wurde das Medium auch anderen Institutionen und interessierten Laien zugänglich.

Anwendungen

Im privaten Bereich wird die Videokamera zuneh-mend zum Ersatz für den Fotoapparat (↗Kleinbild-kamera) und die Amateur-Filmkamera. Der private Gebrauch des Videorecorders dient vor allem der Video-Kopie, der Aufnahme und zeitverzögerten Re-produktion ausgewählter Ausschnitte des Fernseh-programms und dem video-playback, dem Einsatz von Video als Reproduktionsmedium von vorprodu-zierten Bändern. Mit der Massenproduktion von Vi-deo als Software, von eigens für die Reproduktion via Videorecorder produzierten Videokassetten und de-ren Verleih und Vertrieb in ↗Videotheken hat sich die Nutzung des Videorecorders in den 1980er Jahren zu einer »globalen Kulturtechnik« entwickeln können (Zielinski 1989, S. 239 f.). Parallel dazu entsteht seit Mitte der 1970er Jahre ein Markt für ↗Videospiele und Spielhallen als deren Distributionsort.

Der Videonutzer ist nicht mehr an das einheitliche Programmangebot des Fernsehens und auch des ↗Kinos gebunden, er gestaltet vielmehr sein eigenes Heimvideo-Programm. Der damit einhergehende »Verlust des integrativen Charakters des Fernsehens« führt zum Entstehen von Teilöffentlichkeiten und zur Einführung von diese bedienenden, spezialisierten Verleih- und Vertriebs-Angeboten von Videotapes und Video-Magazinen, auf die das Fernsehen seiner-seits mit dem Vertrieb von Videotapes aus den eige-nen Programmangeboten reagiert (Hoffmann 1990, S. 265 f.). In der Filmindustrie hat sich eine spezielle Produktion für Videomärkte, die parallele Erstellung einer Kino- und einer TV- bzw. Videofassung eta-bliert, wobei insbesondere die Mitte der 1970er Jahre von Sony lancierte Einführung von Videosystemen im Beta-Format zu »tiefgreifende[n] Veränderungen der Verteilungs- und Nutzungsmodi für Filmisches« geführt hat (Zielinski 1989, S. 176 f.).

Video als Medium der simultanen Direktübertra-gung garantiert – anders als das an chemische Ent-wicklungsprozesse gebundene Medium ↗Film – die direkte Verfügbarkeit und sofortige Kontrollierbar-keit aufgezeichneter Bilder. In der Filmproduktion hat sich der Einsatz von Video – neben der post-production – vor allem in der Phase der pre-produc-tion, beim Erstellen bzw. Visualisieren von Drehbü-chern und storyboards, und in Form von sog. video viewfinders, der Begleitung von Aufnahmen mit fo-tografischem Film durch parallel montierte Videoka-meras, durchgesetzt, die die Planung, Kontrolle, Wie-derholbarkeit und Korrigierbarkeit von Filmaufnah-men ermöglichen. Das von Francis Ford Coppola 1979 propagierte und erprobte electronic cinema, die von der Filmindustrie Anfang der 1980er Jahre be-triebenen Versuche einer zunehmenden Auflösung der »mechanischen Abbildungsapparatur Film« durch »das magnetische Aufzeichnungssystem Vi-deo« als dessen Nachfolge, d. h. »Postkino« (Weibel 1984, S. 74) sind zunächst gescheitert (zur »Elektroni-sierung« der Spielfilmproduktion vgl. Hoffmann 1990).

Video als Aufzeichnungs- und Speichermedium ist prädestiniert als Beobachtungsinstrument zur Selbst- und Fremdkontrolle sowie als Dokumentationsme-dium in den unterschiedlichen Einsatzbereichen. Die Videotechnologie findet Anwendung in closed circuit – Überwachungssystemen in Parkhäusern, Banken, Geschäften usw., in Bereichen der supervision z. B. in der beruflichen Aus- und Weiterbildung und im Erziehungswesen, in der Psychotherapie und im ↗Sport, in der Wissenschaft, der Biotechnologie und Medizin, sie dient als Beweismittel im Justizwesen, als Mittel der Betriebs-Kommunikation und Public Relations.

Bildästhetik

Das elektronische Video- bzw. Fernsehbild setzt sich zusammen aus einzelnen Lichtpunkten oder Pixels, die auf dem Bildschirm aufleuchten. Das Video-Signal ›definiert‹ die Auflösung des optischen Kame-rabildes, das mittels eines Kathodenstrahls abgetastet, zerlegt und erst auf dem Monitor wieder zusammen-gesetzt wird. Das Videobild entsteht – und zerfällt zugleich wieder – in dem Moment, in dem es auf dem Bildschirm aufleuchtet und auf dessen Ober-fläche entlang der linearen Zeilenstruktur des Moni-tors ›geschrieben‹ wird (vgl. Paech 1994, S. 48). Da-bei ist es mehr noch als beim Film die Abstraktions-leistung des Betrachters und die Begrenztheit der optischen Wahrnehmung, die das Fernsehbild mög-lich macht (vgl. Gombrich 1972, S. 91).

Die ›realitätsgerechte‹ Abbildung auch komplexer Bildstrukturen mittels Video reicht bis heute nicht an die Bildqualität des fotografisch gespeicherten, auf die Leinwand projizierten Filmbildes heran, was vor allem in der geringen Bildauflösung und der damit verbundenen Nivellierung von Raumtiefe durch gestaffeltes Addieren schattenhafter Grau- bzw. unbestimmter Farbzonen und der daraus resultierenden ›Zweidimensionalität‹ bzw. ›Flachheit‹ des Monitorbildes begründet liegt. Der Eindruck der ›Enträumlichung‹ der durch Video transportierten Bildwelten entsteht auch durch das Fehlen eines festen Raumpunkts des Betrachters (vgl. Wollscheid 1993, S. 120). Bei der Video- bzw. Fernseh-Rezeption im Wohnzimmer, wo das ↗ Fernsehgerät gleichzeitig als Möbel, als Design im Raum fungiert, wie auch in öffentlichen Kunst-Räumen, in ↗ Museen, ↗ Ausstellungen, Galerien oder in urbanen Zentren, wie z. B. *shopping*-Arkaden, wird das Geschehen auf dem Video-Monitor oder auf Video-Wänden tendenziell ›nebenbei‹ oder ›im Vorbeigehen‹ rezipiert. Eine Ausnahme sind die selten stattfindenden Projektion von Video im Kino oder anderen Vorführräumen über einen Videobeamer. Videospezifische Nutzungsräume in Form von Mediatheken, die die individuelle Rezeption von Video in speziell dafür eingerichteten Kabinen erlauben, sind – neben Anbietern von Pornographie – wissenschaftlichen Institutionen (Museen und Archiven) vorbehalten.

Elektronische Video- bzw. Fernsehbilder sind durch den Einsatz von Trickgeneratoren und Synthesizern und die Anwendung analoger Verfahren der Bildmanipulation, wie Solarisation, Stanzen, chroma-key, colorizer, blue box, split-screen etc. modifizierbar und durch digitale Verfahren der Videographik, wie z. B. paint-Systeme zur Integration zweidimensionaler Graphiken, Animationssysteme zur Konstruktion bewegter zwei- und dreidimensionaler Objekte und Bildmanipulatoren, die z. B. die Rotation, Verformung, Duplikation oder das Kippen kompletter Videobilder möglich machen, beinahe unbegrenzt manipulierbar. Die Digitalisierung der Videoproduktion, die Berechenbarkeit jedes einzelnen Bildpunktes oder Pixels per ↗ Computer erlaubt die Herstellung manipulierter oder synthetischer videogenerierter Bilder und Räume. Die Verschmelzung von Video- und Computertechnologie und die damit verbundene generelle Transformierbarkeit und ›Immaterialität‹ des Videobildes leitet Mitte der 1980er Jahre eine »neue Ära in der Geschichte des elektronischen Bildes« ein, in der es nicht mehr nur als ›Abbild‹ der Realität, sondern als Träger virtueller Realitäten, ihrer Simulation fungieren kann (Lampalzer 1992, S. 116 ff.).

Digitaltechnik

Das Videosignal ist ohne Zwischenschritte in andere elektronische Aufzeichnungsformen überführbar, was das Video-System anschlußfähig an andere z. B. digitale Steuerungs- und Aufzeichnungssysteme macht. Das digitale Video braucht keine Kamera, es kann vielmehr visuelle und auditive Effekte über interfaces, touchscreens, light-pencils, alphanumerische Keyboards sowie auf Tonband, Schallplatte, CD (↗ Schallplatte/CD), Laser und Magnetband gespeicherte Texte, Geräusche, ↗ Musik und Bilder direkt integrieren und bearbeiten. Die enorme Flexibilität der digitalen Videotechnik ist mit einem großen Potential an Kreativität verbunden, wie z. B. auf der Ebene der Entwicklung neuer Formen der Repräsentation von Raum und Zeit und der Erprobung neuer Fusionen von Bild, Ton, Aktion und Darstellung bzw. Performance.

Neue Perspektiven für Video als »kinematographisches Medium« basieren auf der Verschmelzung von Video, Kino und Computer (Youngblood 1984, S. 120). In der Film- wie in der Fernsehproduktion ist die Technik des video-editing, des digitalen Schnitts, und der post-production, der Nachbearbeitung des fertigen Film- bzw. Videomaterials durch Trick- und Mischtechniken, colorisation etc. durchgesetzt. Die Umsetzung zweidimensionaler Entwürfe in bewegte Szenarien unter Verwendung von computer aided design (CAD) zur Simulation von Kulissen ersetzt in der Studiotechnik des Fernsehens zunehmend den Einsatz von in den 1970er Jahren entwickelten bildmanipulativen Verfahren wie blue box und Synthesizern. CAD wird – neben computergesteuerten Kameras, dreidimensionaler Computeranimation und der Simulation von Bewegungsillusionen – zunehmend auch bei der Filmproduktion eingesetzt.

Ein zentraler Anwendungsbereich der digitalen Videoproduktion unter dem Gesichtspunkt der Nutzung innovativer bildgenetischer Verfahren ist die ↗ Werbung. Digitales Video bestimmt die technischen und ästhetischen Standards in der kommerziellen ↗ Fotografie und bei der Herstellung von Werbespots, Demonstrations- oder Promotion-Videos, die über Fernsehen, ↗ Internet, Editionen u. a. distribuiert werden. Die experimentelle Erforschung avancierter Videotechnologien hat sich im Rahmen der Digitalisierung in den 1980er Jahren auch auf die industrielle Produktion von Promotion-Videos für populäre Musik, von ↗ Videoclips, jenseits des traditionellen Kunstbetriebs verlagert.

Dem Medium Video wird beim Einstieg in die Digitalisierung eine wichtige Funktion als »Übergangsmedium« zugeschrieben (Hoffmann 1990, S. 270), dessen zentrale Rolle innerhalb einer von audiovisueller ↗ Massenkultur geprägten Gesellschaft vom Computer als Leitmedium bzw. ›Hypermedium‹ einer sich neu formierenden Informationsgesellschaft übernommen wird (vgl. die bereits Mitte der 1980er Jahre von Bolter vorgenommene Einordnung des Computers als ›defining technology‹ unseres Zeitalters; Bolter 1986, S. 8 ff.). Die Einführung der digitalen Bildbearbeitung und -produktion sowie die Ablösung der elektromagnetischen Bildaufzeichnung- und Speicherung durch die digitale Speicherung und Distribution auf ↗ CD-Rom und DVD müssen dabei nicht das »Ende« (Hoffmann 1990, S. 270), sie können vielmehr eine qualitative Veränderung und Erweiterung der Videotechnologie und ihrer Anwendungsbereiche bedeuten. Video in Verbindung mit dem Computer stellt eine zentrale Schnittstelle (vgl. zum Begriff des Interface bei Halbach 1994, S. 168) immer stärker verbundener Netze zwischen zuvor getrennten ↗ Medien dar.

Die Integration von Video in elektronische Netzwerke, wie Datenbanken und E-mail sowie Videokonferenzschaltungen via Satellit ermöglichen neue Formen unmittelbarer Distribution, der direkten Abrufbarkeit und Kommunizierbarkeit von gespeicherten audiovisuellen Informationen, Ereignissen und neue Formen der multimedialen Produktion. Sie eröffnen neue Möglichkeiten der direkten Kommunikation und »quasisimultanen Ko-Produktion« (Zielinski 1989, S. 263). Die Besonderheit und zentrale Bedeutung des Mediums Video im zeitgenössischen Spektrum der Kommunikationsmedien – und in Abgrenzung zum Computer – liegt weniger in seiner Funktion als Speichermedium und medialem Archiv und in seiner Bedeutung als bildgenerativem Medium, als vielmehr in dem Element der Unmittelbarkeit, der direkten Übertragbarkeit und Kommunizierbarkeit von Live-Aktionen, Ereignissen und Informationen (vgl. Armes 1988, S. 213). Das Potential von Video als bislang schnellstem Kommunikations- und Transportmedium (vgl. zum Begriff des »Televideo« bei Battcock 1983, S. 31), die Konzeption von »Realitätsgemeinschaften«, die weltweit über Computernetze, Satellit, Bildtelefon miteinander kommunizieren (Youngblood 1984, S. 120) und von weltumspannenden künstlerischen Video-Netzwerken auf der Basis dezentralisierter medialer Kommunikation (vgl. zum Begriff der »Telematik« bei Ascott 1984, S. 57 f.) – vgl. die Entwürfe und Utopien von Videokünstlern und -theoretikern – sind wesentliche Aspekte und Perspektiven der gegenwärtigen Nutzung und Weiterentwicklung des Mediums Video.

Videokunst

Die »Offenheit, Kombinations- und Kommunikationsfähigkeit« des Mediums Video gilt ebenso für die Videokunst. Dies zeigt sich in der »Vielgestaltigkeit ihrer Formen« und ihrer intermedialen und interdisziplinären Ausrichtung, ihrer prinzipiellen ›Durchlässigkeit‹ für andere Medien, für andere Kunstrichtungen und -traditionen, auch für politische und gesellschaftliche Verwendungszusammenhänge (vgl. Lampalzer 1992, S. 16). Video als ein weiteres Instrumentarium zur Formulierung künstlerischer Anliegen, Ideen und Visionen sollte einerseits »neutral bleiben wie ein Bleistift« (John Baldessari zit. in Schweinebraden/Wichmann-Eichborn 1985, S. 292).

Andererseits ist das Verständnis von Video als Kunstform geprägt durch die Problematisierung des traditionellen Verhältnisses zwischen Kunst und Kultur, zwischen Kunstautonomie und der Einbindung medialer Praxis in das soziale Leben (vgl. Cubitt 1993, S. xviii). Aufgrund ihrer Reproduzierbarkeit und der Auflösung des Unikat-Charakters entzieht sich die Videokunst weitgehend dem traditionellen ökonomischen Verwertungszusammenhang Kunst, während sie andererseits im Bereich der medialen Kommunikation in einem ambivalenten Verhältnis zu den zentralen Anwendungsbereichen der Videotechnologie, insbesondere des Fernsehens steht.

Im Rahmen der Fluxusbewegung wurde das Alltagsgerät Fernsehen zum Gegenstand objektbezogener Aktionen, zur Zielscheibe teils ironisch-spielerischer, teils zerstörerischer Anti-Gesten.

Im reflexiven Umgang mit der Video-Technologie, dem Verhältnis von Realität und Medienrealität und der Informations- und Unterhaltungsfunktion des Fernsehens übten auch die Videokünstler der zweiten und dritten Generation Kritik am Fernsehen (vgl. Riley 1987). In Formen der ›Aneignung‹ (vgl. Ross 1986, S. 167), des direkten Zugriffs auf vorhandenes Material und die Bilderwelt des Fernsehens, dekonstruierten sie den Stil, die Darstellungskonventionen und Repräsentationsformen, auf denen sich aufbaut, was David Ross »the finely crafted illusion« von Fernsehen/TV nennt (ebd., S. 167 f.).

Der koreanische Künstler und Videopionier Nam June Paik propagierte bereits mit seinem ersten Videotape »of the Pope Paul VI's visit to New York« 1965 die Möglichkeit eines alternativen Do-it-yourself-Fernsehens. Im Rahmen der underground-Bewegung der 1960er Jahre wurde Video in erster Linie zur Dokumentation von Kunst- und Lebensformen der ↗ Subkultur, von Straßenaktionen und Performances eingesetzt. Die Aufzeichnung unwiederholbarer, spontaner Lebensäußerungen, der Provokation und des Schocks sollten der Distribution und Politisierung von Kunst und der Bildung einer Gegenöffentlichkeit dienen.

Die zunächst gescheiterten Bemühungen der Videokünstler und -aktivisten um einen Zugang zu den Massenmedien hatten in den 1970er Jahren mit der Einführung von Lokalsendern und ›offenen Kanälen‹ im Kabelfernsehen sowie verkleinerter, verbilligter und kompatibler Videoformate einen zumindest vorübergehenden Erfolg. Video wurde zum Hoffnungsträger einer Utopie der Demokratisierung von Information, der aktiven, kommunikativen Nutzung des Mediums und der Entwicklung dezentralisierter, selbstproduzierter Fernsehprogramme als Alternative zum technischen und ideologischen Monopol des Fernsehens.

Der »Bruch mit dem Topos Fernsehen« und der damit verbundene »Auflösungseffekt« (Berger 1983, S. 57 f.) bildeten die Grundlage für die Erforschung der wesentlichen Charakteristika des Mediums Video, seiner Kommunikationsstruktur und seiner künstlerischen Potentiale. Die einzigartige Möglichkeit des Mediums, Vorgänge und Ereignisse im Moment des Geschehens über die simultane Bildaufnahme und Wiedergabe unmittelbar wiederzugeben – bei gleichzeitiger Abwesenheit von Geräten für den elektronischen Schnitt – konvergierte mit der Verlagerung der Kunstproduktion vom Produkt zum Prozeß und der Gleichsetzung von Kunst und Leben in der sich in den 1960er Jahren entwickelnden Prozeß-Kunst, land art, body art, Konzept- und Performance-Kunst.

Auf der Simultanität von realem Vorgang und dessen Abbildung im Videomedium basiert das Potential von Video als ›Spiegel‹, wobei der im Videosystem Abgebildete sich »zugleich als Subjekt und als Objekt« erfährt (Heubach 1983, S. 63). Video als ›Spiegel‹ wurde in ›live‹ aufgeführten Video-Performances und Performance-Videos als Medium von konzeptuellen Inszenierungen und Untersuchungen der Körper-Sprache und z. T. ›narzißtischen‹ Selbstdarstellungen, Selbstgesprächen und -reflexionen (zu »the aesthetics of narcissism« vgl. Krauss 1986) entdeckt und erprobt.

In closed-circuit-Installationen wurde Video als ›Spiegel‹ über eine gezielte Raum-Inszenierung und die Koppelung von Kameraaufnahme und Bildwiedergabe über einen Monitor oder eine Projektionswand eingesetzt, um den Betrachter in den ›interaktiven‹ künstlerischen Prozeß mit einzubeziehen.

Mitte der 1970er bis Anfang der 1980er Jahre, zeigt sich in der Videokunst eine gesteigerte Sensibilität gegenüber den formalen Möglichkeiten der Gestal-

tung, u. a. auch durch den Einsatz von Misch-, Überblendungs- und Trickeffekten und der Computergraphik, und eine zunehmende Bedeutung der Montage bei der Gestaltung von Videotapes und Videoskulpturen. Die Videoskulptur verwendet den Monitor – anders als die auf Interaktionen, räumliche Prozesse und Erfahrungen ausgerichtete Videoinstallation – zugleich als Bildträger und als Objekt, als Skulptur im Raum, die mit dem auf dem Monitor ablaufenden Videotape eine konzeptionelle Einheit bildet (vgl. Fagone 1989).

In Videotapes und -skulpturen dominieren autobiographische, individualpsychologische, ethnographische, lebensweltliche, z. T. spirituelle Themen und Schöpfungen einer persönlichen Bildsprache. Daneben finden sich Auseinandersetzungen mit ↗ Alltagskultur, Massenmedien und politischen Themen, die mit vorgefundenem Material arbeiten.

Neue Entwicklungen

Wurde in den 1970er Jahren häufig »Video über Video, d. h. Video über das Phänomen Video gemacht« (Dieter Daniels zit. in Bódy/Bódy 1986 a, S. 116), so zeigt sich in den 1980er Jahren eine Loslösung von selbstreflexiven Formen und die ›Emanzipation‹ vom Kontext Fernsehen, was gleichzeitig zur selbstbewußten Produktion von »Video als Video« (ebd.) und zur Auflösung der Berührungsängste mit Formen massenmedialer Produktion im Fernsehen wie auch in der Werbung führt. In der mit der Digitalisierung eingeleiteten 3. Phase der Videokunst dominieren vor allem für die Distribution im Fernsehen produzierte ›hybride‹ und cross culture Film/Fernseh/Video-Produktionen und Videoclips die künstlerisch-innovative digitale Videoproduktion von single-channel-tapes und CD-Roms.

In den auch als ›cultural‹ bezeichneten, nichtkommerziellen Videoproduktionen zeigen sich Tendenzen zu narrativen, dramaturgisch geschlossenen Videotapes (vgl. zum Begriff des »New Narrative« bei Warwick 1986, S. 81) und zur Verschmelzung von bzw. der Entwicklung neuer Mischformen zwischen Dokumentarvideos und synthetischen Kunstvideos sowie neuer Kombinationen von Sehen und Lesen, Bild und Schrift/Text (zum Begriff der »Videografie« vgl. Preikschat 1987, S. 78 ff.). Die in dieser Phase besonders deutlich werdende Mischung von ästhetischen Konventionen und intermedialen Überschreitungen von Genregrenzen manifestiert sich auch in den – mit multimedialen Formen des postmodernen Musik-, Performance- und Bildertheaters korrelierenden – Formen des Videotheaters und der

Videooper und ganz besonders in ästhetisch innovativen Formen des Musikvideoclips. Als Hybrid zwischen Avantgarde und Populärkultur, Kunst und Werbung wurden die Videoclips in den 1980er Jahren als neues ›postmodernistisches‹ Gesamtkunstwerk zwischen ›E‹ und ›U‹ (↗E- und U-Kultur), als »Zentrum einer neuen Ästhetik« und »historisch fortgeschrittenstes Laboratorium für neue ästhetische Strategien« z. T. euphorisch begrüßt (Weibel 1984, S. 37).

Die »Tendenz zur Inszenierung von Realität«, die sich vor allem in den neuen Videoinstallationen der 1980er Jahre zeigte (Lampalzer 1992, S. 170), setzt sich in den z. T. interaktiven Multi-Media-Installationen der 1990er Jahre fort. Anders als die Videotapes haben sich Videoinstallationen und -skulpturen, denen gleichermaßen Akzeptanz und Erfolg durch Kritik und Ausstellungspraxis bescheinigt wird, innerhalb des traditionellen Kunstbetriebs durchsetzen können. Sie haben sich nicht nur unter den zentralen, mittlerweile musealisierten, zeitgenössischen Kunstformen etablieren können, sondern auch zu einer grundlegenden Veränderung der Rezeptionssituation in Ausstellungen und Museen geführt (vgl. Groys 1997).

Literatur

Armes, R.: On Video. London 1988.

Ascott, R.: »Kunst und Telematik«. In: Grundmann, H. (Hg.): Art Telecommunication. Wien 1984, S. 24-59.

Battcock, G.: »Der Frühling des televideo und die Ästhetik der Boeing«. In: Gruber/Vedder 1983. S. 24–31.

Bellour, R./David, C./van Assche, C. (Hgg.): Passages de L'Images. Paris 1990.

Berger, R.: »Video oder die künstlerische Herausforderung der Elektronik«. In: Gruber/Vedder 1983. S. 55–61.

Bódy, G./Bódy, V.: Axis: Auf der elektronischen Bühne Europas: eine Auswahl aus den 80er Jahren. Köln 1986.

Dies. (Hgg.): Video in Kunst und Alltag. Vom kommerziellen zum kulturellen Videoclip. Köln 1986 a.

Bódy, V./Weibel, P. (Hg.): Clip, Klapp, Bum. Von der visuellen Musik zum Musikvideo. Köln 1987.

Bolter, J. D.: Turing's Man: Western Culture in the Computer Age. Harmondsworth 1986.

Chris, C.: »Video Art: Dead or alive?« In: afterimage 24, 6 (1996/97) S. 2.

Cubitt, S.: Videography. Video Media as Art and Culture. London u. a. 1993.

Fagone, V.: »Licht, Materie und Zeitpunkt. Zwischen Videoinstallationen und Videoskulpturen. In: Herzogenrath/Decker 1989. S. 35–37.

Gombrich, E.: »The Visual Image«. In: Scientific American 219 (1972) S. 91.

Groys, B.: Logik der Sammlung. Am Ende des musealen Zeitalters. München/Wien 1997.

Gruber, B./Vedder, M. (Hgg.): Kunst und Video. Köln 1983.

Halbach, W. R.: Interfaces. Medien- und kommunikationstheoretische Elemente einer Interface-Theorie. München 1994.

Hanhardt, J. G. (Hg.): Video Culture. A Critical Investigation. Rochester/New York 1986.

Hausheer, C./Schönholzer, A. (Hgg.): Visueller Sound. Musikvideos zwischen Avantgarde und Populärkultur. Luzern 1994.

Hayward, P. (Hg.): Culture, Technology and Creativity in the Late Twentieth Century. London 1990.

Herzogenrath, W./Decker, E. (Hgg.): Video-Skulptur retrospektiv und aktuell: 1963–1989. Köln 1989.

Ders.: »Kunst zwischen ›E‹ und ›U‹. Die neuen Strategien der bildenden Künstler«. In: Katalog zur documenta 8. Bd. 1, Kassel 1987. S. 52–64.

Ders. (Hg.): Videokunst in Deutschland: 1963–1982. Stuttgart 1982.

Heubach, F.: »Die verinnerlichte Abbildung oder das Subjekt als Bildträger«. In: Gruber/Vedder 1983. S. 62–65.

Hoffmann, H./Schobert, W. (Hgg.): Sound and Vision. Musikvideo und Filmkunst. Schriftenreihe des Deutschen Filmmuseums. Frankfurt a. M. 1993.

Hoffmann, K.: »Am Ende Video – Video am Ende?: Aspekte der Elektronisierung der Spielfilmproduktion«. Berlin 1990.

Huffmann, K. R./Mignot, D. (Hgg.): The Arts for Television. Ausstellungskatalog. Amsterdam 1987.

Kaplan, E. A: Rocking Around the Clock. Music Television, Postmodernism and Consumer Culture. New York 1987.

Klonaris, M./Thomadaki, K. (Hgg.): Technologies et Imaginaires. Art cinéma art video art ordinateur. Paris 1990.

Krauss, R.: »Video. The Aestetics of Narcissism«. In: Hanhardt 1986. S. 179–191.

Lampalzer, G.: Videokunst: historischer Überblick und theoretische Zugänge. Wien 1992.

Paech, J.: »Bilder-Rhythmus. Konzepte der klassischen Avantgarde«. In: Hausheer/Schönholzer 1994. S. 46–63.

Phillips, W.: The Second Link. Viewpoints on Video in the Eighties. Alberta/Canada 1983.

Preikschat, W.: »Text und Bild. Bemerkungen zur Apokalypse in der Videografie.« In: Bódy G./Bódy V. 1986 a, S. 78–80.

Ders.: Video. Die Poesie der neuen Medien. Weinheim/Basel 1987.

Riley, B.: »Comic Horror. The Presence of Television in Video Art«. In: Huffmann/Mignot 1987. S. 84-98.

Ross, D.: »Truth or Consequences. American Television and Video Art.« In: Hanhardt, J. G. (Hg.) 1986, S. 167–178.

Schneider, I./Korot, B. (Hgg.): Video-Art. An Anthology. New York/London 1976.

Schweinebraden, J./Wichmann-Eichhorn, Freiherr v.: »Video. The Medium is the Message?« In: 1945–1985. Kunst in der Bundesrepublik Deutschland. Ausstellungskatalog. Berlin 1985. S. 292–299.

Shores, M.: The Rolling Stone Book of Rock Video. New York 1984.

Troy, M.: »Video Art: Long Live Video«. In: afterimage 24, 3 (1996/97) S. 4–5.

Warwick, M.: »New Narrative«. In: Bódy, G./Bódy, V. 1986. S. 81–86.

Weibel, P.: »Videotechnik und Filmästhetik. Anmerkungen zu einer Zukunftsindustrie«. In: Kunst und Medien. Ausstellungskatalog. Berlin 1984. S. 74–81.

Ders.: »Musikvideos von Vaudeville zu Videoville.« In: Bódy/Bódy 1986 a, S. 24–41.

Wollscheid, A.: »Flachland«. In: Hoffmann H./Schobert W. 1993, S. 118–123.

Youngblood, G.: »Ein Medium reift heran: Video und das Unternehmen der Kinematographie«. In: Linzer VeranstaltungsmbH (Hg.): Ars Electronica. Ausstellungskatalog. Linz 1984. S. 119–127.

Ders.: *Expanded Cinema*. London 1970.
Zielinski, S. (Hg.): *Video- Apparat/Medium, Kunst, Kultur. Ein internationaler Reader*. Frankfurt u. a. 1992.
Ders.: *Audiovisionen. Kino und Fernsehen als Zwischenspiele in der Geschichte*. Reinbek 1989.
Ders.: *Zur Geschichte des Videorecorders*. Berlin 1986.

Inga Lemke

Videoclip

»Ein kleiner Schritt für den Menschen, aber ein großer für die Menschheit«, das schien MTV sich selbst zuzurufen, als sein Sendestart 1981 Neil Armstrongs Mondlandung zeigte – die amerikanische Fahne ersetzt durch das MTV-Logo. Was von nun an rund um die Uhr gesendet wird, ist bald Gegenstand kontroverser Diskussionen in Öffentlichkeit und Wissenschaft: Sieht man im Videoclip einen kommerziellen Siegeszug der Musikindustrie, ein synästhetisches Kunstwerk aus Bild und Ton, ein demokratisches Massenmedium in Universalsprache? Unbestritten ist nur, daß die Einführung der drei- bis fünfminütigen Werbefilme für einen Musiktitel als Meilenstein der Fernsehgeschichte anzusehen ist und daß die Videoclips zum festen Bestandteil der Popkultur wurden. Meist sind Band bzw. Sänger, wie vom zahlenden Plattenlabel vorgeschrieben, über die Hälfte der Zeit im Bild, das Ambiente und, falls vorhanden, die filmische Narration fungieren analog zum ↗ Image der Band, manchmal auch zum Songtext (*performance clips*); experimentellere Formen können sich unabhängiger vom ↗ Star oder vom Song zu eigenen kleinen Kunstwerken entwickeln (Konzeptclips).

Die Budgets reichen von 50.000 Euro bis zu Millionenbeträgen und werden aus den Einnahmen des Musikers an das Label zurückgezahlt. Zwar spielt das Medium ↗ ›Video‹ in der Produktion zwischen Filmaufnahme, digitaler Bearbeitung und Fernsehverbreitung nur eine geringe Rolle, betont aber (lat. *video*: ich sehe) die visuelle Seite des ↗ Genres, die meist stärker als die akustische wahrgenommen wird und zuweilen sogar die Komposition beeinflußt: Die ↗ Musik soll sich visuell gut umsetzen lassen.

Die Bezeichnung ›Videoclip‹ verweist auch auf die Bedeutung des Mediums ↗ Video in den 1970er Jahren mit seinen künstlerischen und gesellschaftlichen Verwendungen. Von Anfang an galt der Videoclip als schwer zu kategorisieren. Seine spezifischen Genreeigenschaften scheinen bis heute darin zu liegen, daß er alle anderen ↗ Medien in sich aufnimmt und verdaut, Adaptionen oder *Bricolages* herstellt aus Avantgarde- und Musicalfilm, Werbespots, Tanz-

und Theaterbühnen (↗ Theater) oder digital erstellten Bildwelten. Zwei Popkultur-typische Klischees wurden von Anfang an am Videoclip abgehandelt: das des rasend schnell geschnittenen, verführerischen Taumels der Bilder, dessen Verheißungen nie zur Erfüllung gelangen können, und das des selbstreflexiven Mediums, das die Bedingungen der eigenen Produktion ständig thematisiert. Die erstgenannte Kritik ist verstummt, während die letztgenannte Charakterisierung, seitdem Begriffe und Diskurse postmoderner Theorie wie Cultural Studies und Dekonstruktion Eingang ins überregionale Feuilleton gefunden haben, zum Common Sense der Debatte über Videoclips zählt. Schon der erste gesendete Clip von den Buggles (1979) nimmt im Titel »Video Killed the Radio Star« die Bedeutung des Videoclips vorweg. Heute haben weniger als 10% aller Charthits keinen Videoclip. Zu Beginn des 21. Jh. konnte denn auch MTV seine 20jährige Erfolgsgeschichte mit monatelangen Ausstrahlungen von Clips feiern, flankiert von der aktuellen musikalischen und modischen Retro-Welle und von zwei eigens kreierten Formaten: dem ›Making of‹ von Clips insgesamt (*Xposed: Music Video Secrets Revealed*) und einzelner Clips berühmter Stars (*Making Of...*) sowie der ↗ Reihe *Becoming*, in der gezeigt wird, wie ein ↗ Fan nach Make-up und Choreographie im Set eines Clips eine Performance-Karaoke des Vorbilds abgibt. Auch das deutsche öffentlich-rechtliche ↗ Fernsehen hob im Jahr 2000 mit der Sendereihe *Fantastic Voyages: Eine Kosmologie des Musikvideos* die formal avanciertesten Beispiele hervor und dokumentierte, daß der Videoclip auch als Ort ästhetischer, konzeptueller und technischer Avantgarde zwischen den standardisierten Produktionen der Kommerzsender bestehen kann, wobei das Herausstellen des Kunstcharakters allerdings das Entscheidende überdeckt: Mainstream-Produktionen mit großem Budget haben von Anfang an demonstriert, daß die Gegenüberstellung Kultur/Kommerz mit dem neuen Genre überholt ist.

Die Vorgeschichte

Formale Genealogien (vgl. Weibel 1986) haben die Oper als multimediales Gesamtkunstwerk seit dem 16. Jh. oder Geräte wie die Farbklavierorgeln seit dem 17. Jh. als Ursprünge der Videoclips ausgemacht. Vorläufer aus der Filmgeschichte sind ausführlicher analysiert worden (vgl. Paech 1994). So wurde vor allem der Abstrakte ↗ Film, der seit Ende der 1910er Jahre geometrische Formen in visuellen Rhythmen auf der Leinwand komponierte (prominenteste Vertreter waren nach Oskar Fischinger, Viking Eggeling und Hans Richter auch Norman McLaren, Len Lye und Mary Ellen Bute), rückwirkend als gleichgesinnt im Experimentieren mit dem Verhältnis von Bild und Ton situiert, als ›Augenmusik‹. Der Bauhaus-Ästhetik gemäß sollten abstrakte Formen Alltag und Kunst zusammenbringen; weniger programmatisch als visuell erinnern sie heute vor allem an konzeptuelle Clips zu elektronischer Musik, die keine Stars in den Mittelpunkt stellen. (Techno, Rave und die DJ-Kultur finden als Musiksparten, die schwerer zu bebildern sind, da sie auf körperbetonten Massenereignissen beruhen, im Musikfernsehen sehr viel weniger statt. Im Musicalfilm liegen narrative und tänzerische Vorlagen für viele heutige Performance-Clips). Wo die Handlung stoppt, Musik durch Ballettformationen, tanzende Stars, Bühnenbilder und, wie in Busby Berkeleys Inszenierungen der 1930er Jahre, auch Kamerafahrten und Montagetechniken in die Choreographie einfließen, verselbständigt sich eine optisch-akustische Einheit. Filmische ›Soundies‹ illustrierten Swing-Auftritte in US-amerikanischen Kneipen der 1930er Jahre. Aus der experimentellen Filmgeschichte des 20. Jh. werden immer wieder Filmemacher wie Derek Jarman und Kenneth Anger als besonders einflußreich ausgewiesen, was sich eher in Techniken als Inhalten niederschlug. Bis heute sind die Geschlechterrollen überwiegend konventionell dargestellt, nur die sexualisierte Ausstellung von Männerkörpern kann als neue Tendenz gelten. Diese setzte allerdings bereits mit einzelnen Filmstars und mit Fernsehauftritten etwa von Elvis Presley ein. Mehrere seiner Auftritte in TV-Shows 1956 fallen zusammen mit fünf Nr.1-Hits im gleichen Jahr; 1957 folgte mit *Jailhouse Rock* der erste lange Film mit ›Rock'n'Roll‹, dessen berühmte Gefängnis-Tanzszene als Vorläufer eines Videoclips gelten kann: Die Szene, in der der Titelsong *Jailhouse Rock* von Elvis gesungen und durch eine Tanzchoreographie flankiert wird, könnte ohne weiteres aus dem Film entnommen und als eigenständiges Artefakt rezipiert werden. In den 1960ern kamen die sogenannten ›Demos‹ und ›Promos‹ dazu, die zunächst für musikinterne Werbezwecke produziert wurden, um Musiker bei Produzenten bekannt zu machen (Demos) oder produzierte Musik zu promoten (Promos), dann aber auch im Fernsehen zu sehen waren; als Klassiker gelten heute Bob Dylans *Subterranean Homesick Blues* von 1965 (ursprünglich Teil einer Dokumentation), *Penny Lane* und *Strawberry Fields* von den Beatles 1967: Aufnahmen der Stars waren teilweise mit Bildern von Landschaften usw. versetzt. Im selben Jahr produzierten die Beatles mit *Sgt. Pepper* das erste Album, das durch den extensiven Einsatz von Studiotechnik nicht mehr auf der Bühne

live gespielt werden konnte; so mußte statt einer Tournee also ein Film die Platte promoten. Sampling und Drumcomputer ließen visuelle Inszenierungen bei Live-Auftritten als Ersatz für das Vorproduzierte, dessen Herstellung nun nicht mehr *on stage* passierte, wichtiger werden. Für die Promos gab es Ende der 1970er Jahre in den USA zwei wöchentliche ›Musikvideo-Shows‹ (*America's Top Ten*, *Popclips*), ab 1983 in Deutschland *Formel Eins*. Ein mindestens ökonomischer Initialzünder wurde die Ausstrahlung des ›Clips‹ zu Queens Song *Bohemian Rhapsody*, der mit sechs Minuten Länge nicht im ↗ Radio gespielt wurde, nach der Fernsehausstrahlung 1975 aber neun Wochen lang die britischen Charts anführte – ein Signal für die Musikindustrie, die Ende der 1970er Umsatzeinbußen verzeichnete.

Dennoch blieb die Gründung eines Musikkanals der Fernsehindustrie vorbehalten. Die Entwicklungen in der Fernsehtechnik waren oft verbunden mit Musikdarstellungen, und so zeigte auch die erste transatlantische Satellitensendung Großbritanniens am 25. 6. 1967 die Beatles im Studio mit *All You Need is Love*. Die Einrichtung von Kabel- und Satellitenfernsehen in den USA Ende der 1970er Jahre führte zur Einrichtung von Spartenkanälen: In der Vielfalt der Sender wurden ebenso verschiedene Interessensgruppen bedient (narrowcasting) wie gleichzeitig eine maximale Zuschaueranzahl erreicht (globalcasting); auch die westeuropäische Deregulierung der Fernsehrechte hatte ein Mehr an TV-Kanälen zur Folge, während sich gleichzeitig ↗ Videorecorder und CDs (↗ Schallplatte/CD) durchsetzten. In diese Verzahnung von technischen Entwicklungen der Fernsehverbreitung, der Produktion und Promotion von Musik mit ökonomischen Interessen der Musikindustrie hinein fiel die Gründung von MTV, das seit dem 1. 8. 1981 sendet und den Videoclip als Genre institutionalisierte.

Die Fernsehgeschichte – Music Television

MTV bot der Musikindustrie einen Sendeplatz für die von ihnen produzierten Videoclips. Die ↗ Werbung für die Musik war kostenloses Programm für MTV, das nur noch in besonderes ↗ Design der Logos und Jingles und die Anmoderation der Clips investieren mußte – eine (auch mit 20 Mio. $) vergleichsweise geringe Startinvestition des Warner-Amex-Konzerns. Zunächst zielte MTV auf eine schmale Zielgruppe: ›narrowcasting‹ für die ›young urban white males‹. Im als einheitlich empfundenen Hintereinander von Videoclips, (anderen) Werbespots und Eigenwerbung wirkte das Prinzip des

›flow‹, die besondere Ästhetik des Fernsehprogrammflusses. Später lehnte MTV sich an Radioformate an, die im Stundentakt etwa die ↗ Moderatoren – jetzt nicht mehr Diskjockeys (DJs), sondern Videojockeys (VJs) – wechselten, und richtete Mitte der 1980er Jahre Sparten etwa für Rap und Dancefloor ein. Ein Gremium entscheidet wöchentlich, welche der eingesandten Clips gesendet werden, etwa 2/3 werden abgelehnt und nur ein kleiner Teil mehrmals täglich gespielt (heavy rotation). Entscheidend für die Auswahl sind zunächst der Musikstil (Country kommt z. B. selten vor, und schwarze Musik wurde trotz früher Erfolge Michael Jacksons jahrelang nicht gesendet, nicht aus rassistischen Gründen, angeblich, sondern wegen des Sendeprofils), dann die interne Zensurinstanz (↗ Zensur), die seit 1984 gegen Sex und Gewalt vorgehen will und daher viele Clips abgelehnt hat – als prominentestes Bespiel ist Madonnas Clip *Justify My Love* (1990) zu nennen. Viele Clips (bis zu 30%) werden beanstandet und gehen ggf. mehrmals zwischen den Produzenten und MTV in Bearbeitungen hin und her. Auch Sponsoren wie z. B. Pepsi dürfen in den Songs nicht kritisiert werden. Schließlich ist maßgeblich für die Auswahl der Clips, mit welchen Labeln Verträge bestehen. Denn schon in den 1980er Jahren nahm die Musikindustrie Lizenzgebühren für die Ausstrahlung von Clips, im Gegenzug verlangte MTV die Exklusivrechte an der Ausstrahlung. Je nach Vertrag kann sich MTV z. B. 30% der produzierten Clips eines Labels aussuchen, während das Label 10% bestimmen darf, die MTV übernehmen muß. Gegen diese Monopolpolitik mit ihren Knebelverträgen gab es praktisch keinen Widerstand. Nur einzelne Bands wie Sonic Youth weigerten sich in den 1980er Jahren, Musikvideos zu produzieren, die Dead Kennedys nannten 1985 ihr Album *MTV, Get Off the Air*, und die Replacements brachten 1986 das Video *Hold My Life* mit einer einzigen statischen Aufnahme eines Lautsprechers heraus. Aber drei Jahre nach Gründung schrieb MTV schwarze Zahlen und expandierte mit dem Tochterkanal VH-1 und regionalen Sendern. 1987 startete MTV Europe mit Dire Straits' *Money for Nothing* (erreichbar waren 1,6 Mio. Haushalte), 1988 folgte das spanisch-englische MTV International, 1990 MTV Brasilia, 1991 MTV Asia, dann MTV India, Russia usw. Seit Ende der 1980er wurden neben dem dayparting, stündlich wechselnden Formaten, auch non-music slots eingerichtet, die News und eigene Sendeformate wie *Beavis and Butthead*, *Unplugged*, die *Video Music Awards* oder *Jackass*.

Wie ›Radio mit Bildern‹ wird Musikfernsehen häufig im Hintergrund rezipiert. Als 1996 mit MTV2 der erste Kabelsender eingerichtet wurde, der auch im ↗ Computer empfangen werden kann, und MTV Deutschland interaktive Blöcke (↗ Interaktives) integrierte, war das die Antwort auf die Konkurrenz aus Köln: Viva wurde 1993 gegründet, moderiert in deutscher Sprache und strebte einen Anteil von 30% deutscher Produktionen an der Sendezeit an, der sich später auf 50% erhöhte. Seit 1997 verzeichnet Viva einen größeren Marktanteil als MTV, expandierte 1995 bis 2001 mit Viva2 und sendet seit dessen betrauertem Ende die experimentelleren Clips nur noch in Charlotte Roches Sendung *Fast Forward*. Mit dem neuen Sender Viva+ realisiert Chef Dieter Gorny den sogenannten ›CNN-Ansatz‹: Ein gesplitteter Bildschirm zeigt den Videoclip, darüber laufen Schriftbänder mit aktuell über das ↗ Internet eingespeisten SMS-Grüßen sowie Pop-News, ermöglicht durch ein Joint Venture mit AOL Time Warner, dem größten Medienkonzern der Welt.

Die aus der Filmindustrie bekannte Verflechtung von Kultur und Markt, die dazu führt, daß Merchandising und Product Placement das Kunstwerk weitgehend bestimmen, bleibt für den Videoclip weitgehend unbemerkt, war er doch nie etwas anderes als ein Werbeprodukt. Wenn es aber stimmt, daß jeder dritte oder vierte Haushalt der Welt MTV empfangen kann, sind Clips deutlicher als vermutet Stellvertreter westlicher Trends, individualistischer Jugend- und Popkultur. Auch die Musiksender sind Marken geworden, ihre VJs und VJanes sind Stars, ihre Webseiten umfassen Shops und Chats für die *community*, ihre Grafik und ›art breaks‹ sind stilbildend, ihr Rebellentum gehört zum Image. Im Gegensatz zur Auseinandersetzung um MP3 stellt das Downloaden von Clips für mtv.de und viva.tv kein Problem dar, liegt doch die Qualität digitalisierter Videoclips erheblich unter Fernsehniveau. Die ausdifferenzierte Cross-Promotion zwischen Konzertveranstaltern, Sponsoring, öffentlichem Casting (*Making the Band*, *Teen Star*) stellt eine Art spartenübergreifenden *flow* dar.

Video, Digitalisierung und Authentizität

Neben der Kunst- und der Fernsehgeschichte ist auch die des Mediums Video bedeutsam für die Geschichte des Videoclips. In den 1970er Jahren wurde Video durch seinen niedrigen Preis, leichte Handhabbarkeit und mobile Einsatzmöglichkeiten sehr schnell als Medium für eine politische Gegenöffentlichkeit, für Berichterstattung ›von unten‹, bildliche ›oral history‹, authentisches Dokumentieren auch jenseits der etablierten Medien in Anspruch genommen und auch in der Kunst als Medium der Selbstinszenierung, Selbstbespiegelung und Repräsentationskritik eingesetzt. Die Verfügbarkeit von Video, die Unabhängigkeit von großen Studios und deren technischer und personeller Ausstattung gab denjenigen mit der Kamera auch Möglichkeiten eigener Berichterstattung oder Repräsentation in die Hand, die vorher nicht oder ›nur als Abgebildete‹, wie es hieß, vorkamen. Daß beim Video im Gegensatz zum Film der Entwicklungsprozeß wegfällt, daß also eine Aufnahme praktisch sofort gezeigt werden kann (1967 noch mit einer Verzögerung von acht Sekunden), daß sich der oder die Abgebildete sofort auf dem Monitor sehen kann, war anfangs eine spektakuläre Eigenschaft des neuen Mediums: Es hob die Differenz zwischen Realität und Abbild auf, war in alternativer Hand politisch und ökonomisch unbestechlich und galt daher als umso authentischer.

Gleichzeitig ist Video der Manipulation näher als frühere Bildtechniken. Mit seiner Transformation des optischen Bildes in elektromagnetische Information war es nur ein kleiner medientechnischer Schritt hin zur Digitalisierung. Die Videos können daher spurloser als analoge Medien manipuliert werden. Foto (↗Fotografie) und Film kommt ein größerer Wahrheitswert zu als dem einfacher ›nachzubearbeitenden‹ und daher fälschbaren Videobild. Das Authentisch-Dokumentarische des Mediums rückt nun auf andere Weise ins Bewußtsein. Es vermittelt eine Glaubwürdigkeit, die gerade durch ›low tech‹ bezeugt wird, sichtbar an einer bewegten Handkamera, verwackelten oder grobkörnigen Bildern, geringer Tiefenschärfe, spezifischen Farben, dumpfem Ton oder typischen Einblendungen wie des Datums oder des REC-Zeichens. Videoclips haben mit einem sozialen und künstlerischen Gebrauch nur noch dann etwas gemeinsam, wenn sie ihn zitieren – und damit auch das scheinbar Natürliche, Authentische in seiner Inszeniertheit sichtbar machen. Diese mediale Referenz taucht vor allem in HipHop-Clips auf, bei denen in die Kamera gerappt und gestikuliert wird: Während traditionell Blicke in die Kamera strikt verboten sind, ist es hier gerade die inszenierte Bewußtheit der Aufnahmesituation, die die ›realness‹, die Glaubwürdigkeit besonders der Black community codiert.

Heavy Rotation und Crossover

Ein Videoclip ist auch insofern Werbeträger, als er die Wiedererkennbarkeit, die optische und akustische ›Corporate Identity‹ eines Stars garantieren soll. Ein Lied basiert schon musikalisch auf Wiederholungen, ein Videoclip muß oft gespielt werden, um seine Funktion zu erfüllen, und ein Star ist dann erst ein Star, wenn sein Bild in möglichst vielen Reproduktionen zirkuliert. So stellt sich seine Einmaligkeit her, die ständig mit dem Schauspielen im Clip, der Botschaft des Textes, parallel publizierter Vita und ↗Image erneuert werden muß, eine vieldimensionale Projektionsfläche, die mit größerer Selbstverständlichkeit und Lust als frühere Medien den Konsum miteinschließt. Diffus kritische Bezüge auf das Musikbusiness, Britney Spears' weinender Star *Lucky*, Eminems *Empty (without me)* oder George Michaels Fony-(*phoney* statt Sony)-Kopfhörer sind sendefähig genug, um auch das ↗Publikum anzusprechen, das die internen Brüche zwischen Bildern, Texten, Vita und Platten verträgt. Strategien wie Madonnas vielfacher Zitation und Inszenierung von Starimages und Geschäftspraktiken und die HipHop-eigene Personalunion von Textern und Rappern, die ihr oft als ghettotypisch dargestelltes Leben beschreiben, haben mit zeittypischen Authentizitätsmerkmalen darauf reagiert, sei es mit ausgestellter Künstlichkeit oder behaupteter Echtheit. Und auch die Kritik hat nach der Aufwertung durch kunsthistorische Bezüge, Verteufelung von Konsum oder euphorischer Begrüßung der Befreiung von etablierten Mustern in den 1990ern ein entspannteres Verhältnis zum Konglomerat Videoclip gefunden.

Auch Jeanswerbung, mit einzelnen Rocktiteln unterlegt, produziert Hits, Regisseure arbeiten oft für Film, Werbung, Modefotografie und Clips, kaum ein Kinofilm kommt ohne Popsongs aus, und Starregisseure wie Chris Cunningham oder Michael Gondry sind mittlerweile auch auf Filmfestivals mit Videoclips vertreten – Crossover ist nicht länger ein Privileg des ewig zitierenden intertextuellen Clips, sondern ein Netzeffekt um ihn herum. Wenn Nike mit *Freestyle* 2001 etwas dreht, was als Clip und nicht im Werbeblock gesendet werden soll, und Levi's nach einem Spot als nächstes dessen ›Making of‹ zeigt, hat es der Videoclip einmal mehr geschafft, nicht mehr nur Verhältnisse zwischen Ton und Bild neu zu gestalten, sondern ein Feld aus Genres und streng getrennten Geschäfts- und Genußbereichen für neue Fragen zu öffnen.

Literatur

Adelmann, R./Hoffmann, H./Nohr, R. F. (Hgg.): *REC – Video als mediales Phänomen*. Weimar 2002.

Bódy, V./Weibel, P. (Hgg.): *Clip, Klapp. Bum. Von der visuellen Musik zum Musikvideo*. Köln 1987.

Dreher, C. (Buch und Regie), Pape, R. (Realisation und Schnitt): *Fantastic Voyages. Eine Kosmologie des Musikvideos, 7 Teile à 60 Minuten*. Produziert von Ponton Intelligent Media für ZDF/3sat 2000.

Emons, H.: »Das mißverstandene Modell. Zur Rolle der Musik im abstrakten Film der Zwanziger Jahre«. In: Behne, K.-E.

(Hg.): *film – musik – video oder Die Konkurrenz von Auge und Ohr*. Regensburg 1987. S. 51–63.

Fiske, J.: »Videotechnik«. In: Adelmann, R. u. a. (Hgg.): *Grundlagentexte zur Fernsehwissenschaft*. Konstanz 2001. S. 484–502.

Frith, S./Goodwin, A./Grossberg, L. (Hgg.): *Sound And Vision. The Music Video Reader*. London/New York 1993.

Gehr, H. (Hg.): *Sound & Vision – Musikvideo und Filmkunst. Ausstellungskatalog, Deutsches Filmmuseum Frankfurt a.M.* Frankfurt a. M. 1993.

Grimm, S.: *Die Repräsentation von Männlichkeit im Punk und Rap*. Tübingen 1998.

Grossberg, L.: »The Media Economy of Rock Culture: Cinema, Post-Modernity and Authenticity«. In: Frith/Goodwin/Grossberg 1993. S. 185–209.

Hallenberger, G.: »Das Fernsehen in der ›Clip-Schule‹. Musikvideos und neue Magazinformen«. In: Ertel, D./Zimmermann, P. (Hgg.): *Strategien der Blicke. Zur Modellierung von Wirklichkeit in Dokumentarfilm und Reportage*. Konstanz 1999. S. 341–353.

Hausheer, C./Schönholzer, A. (Hgg.): *Visueller Sound. Musikvideos zwischen Avantgarde und Populärkultur*. Luzern 1994.

Hickethier, K.: »Fernsehästhetik. Kunst im Programm oder Programmkunst?«. In: Paech, J. (Hg.): *Film, Fernsehen, Video und die Künste. Strategien der Intermedialität*. Stuttgart 1994. S. 190–213.

Holert, B.: »Die Kunst der Kontrolle. Anmerkungen zu Video, Authentizität und Überwachung«. In: *Texte zur Kunst, Apparate* 21 (März 1996) Köln. S. 69–79.

Kaplan, E. A.: *Rocking Around the Clock. Music Television, Postmodernism, and Consumer Culture*. New York/London 1987.

Kleiler, D./Moses, R.: *You Stand There. Making Music Video: The Ultimate How-To Guide and Behind-the-Scenes Look at the Art of Music Video*. New York 1997.

Koch, G.: »FilmMusikVideo. Zu einer Theorie medialer Transgression«. In: *Frauen und Film* 58/59, »Farbe Film Musik« (Juli 1996) S. 3–24.

Kollektiv blutende Schwertlilie (alias Jutta Koether und Diedrich Diederichsen): »Wenn Worte nicht ausreichen. Was will das Video, und wer sind seine Eltern?«. In: Bódy/Weibel Köln 1987. S. 242–260.

Kurp, M./Hauschild, C./Wiese, K.: *Musikfernsehen in Deutschland*. Wiesbaden 2002.

Neumann-Braun, K. (Hg.): *VIVA MTV! Popmusik im Fernsehen*. Frankfurt a. M. 1999.

Paech, J.: »Bilder-Rhythmus. Konzepte der klassischen Avantgarde«. In: Hausheer/Schönholzer Luzern 1994. S. 46–63.

Poschardt, U.: *DJ Culture. Diskjockeys und Popkultur*. Reinbek 1997.

Reynolds, S.: »Seeing the Beat: Netzhautintensitäten in Techno- und Electronic-Dance-Videos«. In: Höller, C. (Hg.): *Pop unlimited? Imagetransfers in der aktuellen Popkultur*. Wien 2001. S. 93–107.

Weibel, P.: *Musik-Videos. Von Vaudeville bis Videoville*. In: Bódy, V./Bódy, G. (Hgg.): *Video in Kunst und Alltag: vom kommerziellen zum kulturellen Videoclip*. Köln 1986. S. 24–41.

Ulrike Bergermann

Videorecorder

Das Wesentliche an der Kulturtechnik des Videorecorders und ihrer populären Durchsetzung ist ihr spezifischer Bezug zur Alltagszeit. Mit seiner Hilfe wurde es erstmals umfassend möglich, in die Strukturen von Zeitbildern einzugreifen. Sie wurden dadurch reversibel. Man konnte sie beliebig manipulieren. Was mit der Lebenszeit nicht möglich ist, nämlich sie in Teilen oder ganz zu wiederholen, sie anzuhalten, sie physisch zu beschleunigen oder zu verlangsamen, wurde in der künstlichen Realität der Bilder machbar. Prinzipiell leistete das zuvor schon der ↗ Film. Allerdings waren und sind bei ihm zwischen der Aufnahme und der Projektion von bewegten Bildern noch industrielle Prozesse nötig. Beim Videorecorder hingegen geriet der gesamte Produktions- und Reproduktionsprozeß in die Hände der Mediennutzer, und das für ein Bruchteil der Kosten, die der Film verursachte. Zudem konnten Ton und Bild gleichzeitig manipuliert werden, weshalb die Bezeichnung ›Video‹recorder eigentlich unzureichend ist. Der Apparat integriert elektronisch Tonband- und Filmgerät. Der Videorecorder ist eine ›audiovisuelle Zeitmaschine‹.

Grundlegende technische Funktion des Videorecorders ist es, Bild- und Tonsignale zu speichern, indem er deren Frequenzen in elektromagnetische Impulse umwandelt, diese vermittels eines oder mehrerer Magnetköpfe auf ein Magnetband aufschreibt, sie für die Reproduktion abliest und wiederum in Form von Frequenzen zum Betrachtungsgerät (einem ↗ Fernseher oder Monitor) weiterleitet. Sollen dabei mit dem Ausgangsbild der Fernsehkamera annähernd identische visuelle Qualitäten entstehen, müssen Schreib- und Lesevorgang in großer Geschwindigkeit organisiert werden; das erfordert der hohe Frequenzumfang von Bildsignalen.

Die ersten Lösungsversuche leitete ein Denkvorgang in Analogie: Videoaufzeichnung sollte nach dem Prinzip der Tonaufzeichnung funktionieren. Das früheste bisher bekannte Patent stammt von dem russischen Ingenieur Boris Rechouloff aus dem Jahr 1922. Sein Vorschlag basierte auf Waldemar Poulsens System für elektromagnetische Tonaufzeichnungen von 1899. Der britische Fernsehpionier John L. Baird ließ sich 1926 den Vorschlag patentieren, die damals noch sehr niedrig aufgelösten Bilder des mechanischen ↗ Fernsehens auf Schallplatten zu speichern. Parallel dazu experimentierten verschiedene Labore in den USA, in England und in Deutschland mit der Aufzeichnung von Fernsehsignalen auf 35-mm-Film. Die erste praktikable Aufzeichnungsmethode war dann auch das ›Zwischenfilmverfahren‹, die vorübergehende Aufzeichnung von Fernsehbildern auf kinematographischem Film, die von den frühen 1930ern bis in die 1950er Jahre auch professionell eingesetzt wurde.

Die Experimente nach dem Zweiten Weltkrieg gingen wieder ganz von der Analogie zum Tonbandgerät aus, das unter der Nazi-Herrschaft zum funktionierenden Artefakt entwickelt worden war. Verschiedene Labore in den USA, darunter die RCA und die Bing Crosby Enterprises, benutzten ein Verfahren, bei dem ein feststehender Magnetkopf das Band in Spuren abtastet, die parallel zu dessen Bewegungsrichtung verlaufen (longitudinal). Den hohen Frequenzumfang des Fernsehsignals trachtete man dadurch zu bewältigen, daß einerseits die Spalte der Magnetköpfe in der Breite stetig verringert wurden und andererseits, indem man die Bandgeschwindigkeit drastisch erhöhte. Für das Fernsehen war diese Lösung unpraktikabel. Bei den entsprechenden apparativen Modellen in der ersten Hälfte der 1950er Jahre entstanden wagenradgroße Spulen mit nur wenigen Minuten Aufnahmekapazität; die Bänder rissen sehr leicht.

Die Entwicklung zunächst der ›Querspur‹- und dann der ›Schrägspur‹-Aufzeichnung stellte einen fundamentalen Eingriff in das analoge Lösungskonzept dar. Indem die Videoköpfe, zuerst im rechten Winkel zur Richtung des Bandtransportes und schließlich in der gleichen Richtung, in rotierende Bewegung versetzt wurden, konnte der in Kilometern meßbare Bandverbrauch erheblich reduziert werden. Ausschlaggebend für die Qualität der Reproduktion wurde nun nicht mehr die Transportgeschwindigkeit des Bandes, sondern die ›Relativgeschwindigkeit‹ (=Abtastgeschwindigkeit minus Bandgeschwindigkeit), neben anderen technischen Parametern wie der Breite und der Anordnung der Magnetkopfspalte und der Oberflächenstruktur des Bandmaterials. Aber in der Veränderung der zeitlichen Koordinate im Kopf-Band-Verhältnis liegt die Keimzelle für das Gelingen des technischen Projektes Videorecorder. Sie hat in der Geschichte des Artefaktes auch einen entscheidenden ökonomischen Effekt. Denn die Höhe des Bandverbrauches ist nicht nur ein mechanisches und praktisches Problem; nach ihr bemaß sich auf lange Sicht auch die Wirtschaftlichkeit für den Nutzer.

Der erste im professionellen Fernsehbetrieb einsetzbare Videorecorder wurde im April 1956 in Chicago von der Firma Ampex vorgestellt. Er benutzte das Querspur-Verfahren mit 4 Videoköpfen und mit 2 Zoll breiten massiven Spulen. Ab 1958 wurde er auch in deutschen Fernsehstudios eingesetzt. Parallel zu dessen Entwicklung experimentierten japanische und deutsche Techniker mit der Aufzeichnung von Videosignalen in schrägen Spuren auf nur 1 Zoll breiten, leichteren Bändern. Das erste funktionierende Modell wurde im September 1958 von Toshiba in Japan vorgestellt.

Auf dieser Basis entwickelte sich der Videorecorder in raschen Schritten von einer schwerfälligen, komplizierten und teuren Apparatur zum Artefakt, das für den Massenmarkt geeignet war. Bereits ab 1962 wurden verkleinerte Spulengeräte für die semiprofessionelle Nutzung angeboten. Sie kamen u. a. im Marketing, bei der Polizei, in der wissenschaftlichen Forschung, aber auch bereits in der künstlerischen Praxis zum Einsatz. Am 4. Oktober 1965 zeichnete der Koreaner Nam June Paik mit Hilfe einer transportablen Videoeinheit Bilder vom Besuch des Papstes in New York aus einem fahrenden Taxi auf und präsentierte die Konserve unbearbeitet in dem Szenencafé »Au Go Go« in Greenwich Village. Diese Papstbilder stehen für den Beginn einer Video-Kunstgeschichte im engeren Sinne. Die legendäre Sony-Portopak, die 1967 in Japan und 1968 in den USA auf den Markt kam und nur ein Bruchteil der vorhergehenden Apparate wog, wurde dann zur ↗Ikone für die politisch und sozial motivierten Gruppen der ›Video-Guerilla‹-Bewegung.

Der entscheidende Schritt der Zurichtung der Technik für die populäre Nutzung wurde in den 1970er Jahren mit der Kassettierung der Aufzeichnungsspulen gemacht, zunächst im semiprofessionellen Bereich mit dem ›U-Matic‹-System von Sony und ab Mitte der 1970er mit den nur taschenbuchgroßen Kassetten des ›Beta‹-Systems, ebenfalls von Sony. Aufgrund einer geschickten Lizenzpolitik setzte sich aber am Ende dieses Jahrzehnts das technisch schlechtere VHS-System von JVC (Victor Company of Japan) durch. Es etablierte sich ab den 1980ern als weltweiter Standard des ›Heimvideo‹ und verdrängte auch die europäischen Modelle vom Markt. Es ist bis heute weltweit das dominante System im Bereich der kommerziellen Videosoftware geblieben und wird erst allmählich von der Digital Versatile Disc (DVD) abgelöst. Für die Praxis der Aufzeichnung mit der Kamera wurde es im Laufe der Jahre zunächst ergänzt durch noch kleinere analoge Systeme im Format der Audiocassette (8 mm, High-8) sowie zunehmend durch digitale Formate.

Nicht nur in technologischer Hinsicht ist der Videorecorder Zeitmaschine. Es ist dies auch in seiner originären sozio-kulturellen Funktion. Die Inbetriebnahme der Quadruplex-Anlagen von Ampex diente der Synchronisation eines in verschiedenen Zeitzonen lebenden ↗Publikums. Sie ermöglichten es, den streng strukturierten, schnell die 24 Stunden des Tages durchlaufenden Fluß von audiovisuellen Botschaften so zu organisieren, daß er landesweit mit dem Alltagsprozeß der Zuschauer in Einklang gebracht werden konnte. Mithilfe der Maschine für die um bis zu vier Stunden versetzte Programmausstrahlung konnte eine identische televisuelle Zeiterfahrung für die Bewohner eines riesigen Subkontinents geschaffen werden.

Auch diejenigen Funktionen, die sich aus diesem Ursprung in immer größeren Verfeinerungen entwickelt haben, sind im wesentlichen zeitlicher Art. Mit Hilfe der magnetischen Aufzeichnung von Fernsehbildern wurde das Programm stetig aktualisiert. Die Nachrichten z. B. haben sich dadurch von einem anfangs an der Kino-Wochenschau angelehnten Format zu einer nahezu mit den weltweiten Ereignissen selbst zusammenfallenden Berichterstattung entwickelt und zudem wirtschaftlich enorm rationalisiert. Ganze Programmgenres (↗ Genre), von den Musik-Clips (↗ Videoclips) bis hin zu den aktuellen Spielarten des reality-tv sind ohne die Beschleunigungen durch die Videotechnik und ihre Unmittelbarkeit so nicht denkbar. Und auch die Auswirkungen auf die populäre Kinokultur (↗ Kino) haben wesentlich mit der audiovisuellen Zeitmaschine zu tun. Nachdem in den 1980ern und frühen 1990ern zunächst die Nachproduktion von Filmen (Schnitt, Spezialeffekte, Mischung) elektronisiert wurde, führten leichte und billige digitale Kameras mit eingebauten Recordern in der zweiten Hälfte der 1990er Jahre zur Herausentwicklung einer Spielfilmästhetik, die allerdings zuvor schon von den experimentellen Filmern des ›direct cinema‹ und des europäischen Autorenkinos erprobt worden war: ›Dogma‹ wurde zum Synonym für schnellere (und billigere) Produktionen, mit beweglicher Kamera, videospezifischen Dramaturgien und Oberflächen, die für die große Kinoleinwand adaptiert wurden.

Der Spielfilm, als immer noch begehrtes Zentrum audiovisueller Popularkultur geriet mit dem Videorecorder in das Zeitalter seiner privaten Verfügbarkeit. In Form der ausleihbaren oder käuflichen Videokassette, aber auch als Aufzeichnung aus dem Fernsehen, wurde er für eine Rezeption zugänglich, die mehr dem Akt der *Lektüre* als dem Kinoerlebnis verwandt ist. Mit Hilfe des Videorecorders kann der Ablauf eines Filmes beschleunigt, unterbrochen oder verlangsamt, die Chronologie der Erzählung kann verändert werden; man kann im Film quasi blättern, was in der DVD-Technik mit der direkten Adressierbarkeit einzelner Sequenzen, Szenen oder Einstellungen sich noch verstärkt. Gerade in denjenigen Gattungen, die am stärksten zur Popularisierung des Videorecorders als Kulturtechnik beigetragen haben, dem pornographischen Film (↗ Sex), dem Kriegs- und dem Actionfilm (↗ Action), hat sich diese veränderte Rezeption deutlich in einer dramaturgischen Verdichtung der gattungsspezifischen Attraktionen ausgewirkt: schnelle Reihung der Höhepunkte hintereinander, Vor- und Zwischenspiele fast gänzlich ausklammernd.

Aber nicht nur im Kontext des Fernsehens und des Spielfilmmarktes hat der Videorecorder in den letzten Jahrzehnten seine Bedeutungen innerhalb der Popularkultur entfaltet. In den privaten Haushalten entstanden Archive mit unzähligen Stunden aufgezeichneter ↗ Alltagskultur: Konzertmitschnitte der verehrten ↗ Stars, Aufzeichnungen von ihren Auftritten in den Kanälen für Musikvideos, von Interviews und ↗ Shows. Die vorher nur in gedruckter Form existierenden Sammlungen wurden durch individuelle elektronische Bild- und Tonarchive ergänzt. Und in weit umfangreicherer und vielfältigerer Form als zuvor die Schmalfilmtechnik wurde der Videorecorder zum Mittel der Dokumentation und Inszenierung privater Lebenszeit. Nachdem in den frühen 1980er Jahren die ersten Kameras mit integrierten Aufzeichnungsgeräten (camcorders) auf den Markt kamen, wurden weltweit Milliarden von Stunden familiärer, touristischer, intimer, aber auch öffentlicher Ereignisse aufgezeichnet, bearbeitet, in privaten Archiven abgelegt. Nur ein Bruchteil davon gelangt über die intime Öffentlichkeit der Aktivisten hinaus ins Licht der massenmedialen Institutionen. Was sich allerdings in der zweiten Hälfte der 1990er Jahre und zu Beginn des neuen Jahrzehnts über die Web-Cams im Internet artikuliert und ausstellt, ist ohne die vorhergegangene Einübung in die Kulturtechnik des Videorecorders nur schwer vorstellbar.

Literatur

Abramson, A.: *Electronic Motion Pictures. A History of the Television Camera.* Berkeley/Los Angeles 1955.
Ders.: *The History of Television, 1880 to 1941.* Jefferson, NC/London 1987.
Herzogenrath, W. (Hg.): *Videokunst in Deutschland 1963–1982.* Stuttgart 1982.
Zielinski, S.: *Zur Geschichte des Videorecorders.* Berlin 1986.
Ders. (Hg.): *Video – Apparat/Medium, Kunst, Kultur. Ein internationaler Reader.* Frankfurt a. M./Bern/Paris 1992.

Siegfried Zielinski

Videospiel

Die Geschichte der Video- und Computerspiele ist eine Geschichte der technologischen Innovationen. Kein anderes populäres Medium der Gegenwart ist so sehr von dem abhängig, was technisch mach- und darstellbar ist.

Seit 1971 die amerikanische Firma »Nutting Associates« mit »Computer Space« den ersten Videospielautomaten entwickelte und ein Jahr später die aus zwei weißen Balken und einem viereckigen Ball bestehende Tennis-Simulation »Pong« ihren Siegeszug auch in Wohnzimmer antrat, sind Video- und Computerspiele fester Bestandteil der Unterhaltungskultur. »Space Invaders« (1978), »Pac-Man« (1980), »Donkey Kong« (1981), »Pitfall« (1982), »Tetris« (1989), »Doom« (1994), »Tomb Raider« mit seiner Heldin (↗ Held) Lara Croft (1996) und »Pokémon« (1997) wurden allesamt kulturelles Allgemeingut und begründeten ihre eigenen ↗ Genres, Sub-Genres und interdisziplinären Vermarktungsauswüchse, und das bei weitem nicht nur in den Kinderzimmern.

Die Geschichte der Hardware-Entwicklungen ist 30 Jahre alt:

- Seit 1971 gibt es Arcade-Automaten in Spielhallen.
- 1972 werden die sogenannten Telespiele erfunden, die man an den heimischen Fernsehapparat (↗ Fernsehgerät) anschließen kann.
- 1977 bringt die Firma »Atari« mit ihrem VCS-System eine traditionsstiftende Heimkonsolengeneration hervor: Hardware-Grundgeräte, die man über Cartridges (Cassetten) mit verschiedenen Spielen laden kann.
- Durch den *Commodore 64* beginnt 1982 der bis heute andauernde Siegeszug der (nicht nur zum Spielen verwendbaren) Heimcomputer, dies führt u. a. 1984 zum (vorläufigen) Zusammenbruch der Spielkonsolenindustrie.
- 1989 entwickelt die Firma »Nintendo« die LCD-Konsole *Gameboy* im praktischen Hosentaschenformat.
- Seit Ende der 1980er Jahre werden von »Nintendo« und »Sega« wieder rein zum Spielen verwendbare Konsolen produziert, aber erst mit *Sonys* 32-Bit-Konsole *Playstation* wird 1995 ein neuer Millionenmarkt erschlossen. Als Speichermedium dienen ↗ CD-ROMs.
- Um die Jahrhundertwende gibt es 64- und 128-Bit-Konsolen mit und ohne Online-Anbindungen, die Skala ist nach oben offen, die DVD wird als neues Speichermedium erschlossen, auch die PCs werden mit immer neuen Grafikbeschleunigerkarten immer weiter hochgerüstet und liefern sich mit den Konsolen ein hartes Kopf-an-Kopf-Rennen auf dem expandierenden elektronischen Spielemarkt.

Mediencharakteristik

Der Vorteil der Videospiele gegenüber anderen Spiel-Medien wie dem Brettspiel oder dem reinen Denksporträtsel liegt in der unmittelbaren Reizanforderung. Jedes Videospiel erfordert ein zeitnahes Reaktionsvermögen, vergleichbar einer Sportart, wenngleich weniger ganzkörperlich. Insofern sind die ersten Videospielautomaten direkte Abkömmlinge der ↗ Flipper. In den letzten 30 Jahren jedoch hat sich das Medium Videospiel auch als neuartiges ›erzählerisches‹ Genre emanzipieren können. Heutzutage ist es nicht unüblich, daß Computerspiele eine Gesamtspieldauer von fünfzig, hundert oder noch mehr Stunden erfordern. Der Rezipient muß dem Produkt also hundert Stunden konzentrierte Aufmerksamkeit schenken – davon kann jeder Filmregisseur nur träumen.

Ebenso üblich ist es seit ein paar Jahren, daß zu besonders komplexen Spielen Lösungsbücher verkauft werden, die dem Spieler als Hilfe und Leitfaden dienen sollen. Man stelle sich das in einem anderen Kulturmedium vor: Der Zuschauer erwirbt eine Kinokarte und dazu noch ein Lösungsbuch, das ihm das reibungslose Betrachten und Verstehen des ↗ Filmes erst ermöglichen soll. Man kann hieran ermessen, welche ungewöhnlichen Anforderungen Videospiele an ihre Konsumenten stellen. Genauer: Die Konsumenten sind nicht eigentlich nur Konsumenten. Sie partizipieren vielmehr an einem interaktiven Gesamthandlungsverlauf (↗ Interaktives), dessen Abfolge und Ausgang maßgeblich von ihren Aktionen und Entscheidungen, von ihrer Geschicklichkeit und ihrem Trainingsstatus abhängen.

Die Komplexität und Vielfältigkeit des Mediums Videospiel wird am ehesten deutlich, wenn man einen Blick auf die Genres wirft, die sich im Laufe dreier Jahrzehnte entwickelt haben, und von denen viele nur in diesem Medium denkbar sind. Es gibt keine Future-Racer-Bücher, keine Denkspiel-Filme, keine Jump'n'Run-Musikalben, keine Strategie-Fernsehserien. All diese Genres kommen nur im Computer zu voller Entfaltung und ziehen dennoch einen wahren Kometenschweif medialer Wechselwirkungen nach sich (sei es als Kino-Verfilmungen oder als Soundtrack zum Spiel), dessen Auswirkungen auf Form und Zukunft der Populärkultur nicht unterschätzt werden sollten.

Genres

Entsprechend den Anforderungen, die Video- und Computerspiele an den Spieler stellen, lassen sich grundsätzlich Reaktions- und Strategiespiele unterscheiden, auch wenn häufig beide Fähigkeiten nötig sind. Bei den Jump'n'Runs und den Rennspielen, wie den Geschicklichkeits- und den Kampfspielen ist vorwiegend schnelle Reaktion nötig. Strategische Fähigkeiten werden vor allem bei den Rollenspielen und den Adventures sowie den Simulationsspielen gebraucht, in denen komplexe Aufgaben (Leite eine Stadt, werde Weltherrscher) gestellt werden. Im einzelnen unterscheidet man folgende ↗ Genres:

Bei ›Jump'n'Runs‹ bewegt der Spieler seine Spielfigur durch ein hindernisreiches Terrain. »Donkey Kong« und die diversen »Mario«-Fortsetzungen setzen immer wieder (kindgerechte) Standards in diesem Genre, bemerkenswert sind aber auch düstere Varianten wie das Grusel-Jump'n'Run »Castlevania« oder die sogar politisch und religiös verbrämte »Oddworld«-Serie.

›Denk- und Geschicklichkeitsspiele‹ sind entweder völlig abstrakt wie »Tetris« oder »Breakout«, in denen mit stetig steigender Geschwindigkeit und Schwierigkeit Symbole richtig angeordnet und/oder zerstört werden müssen, oder sie haben eine an Jump'n'Runs erinnernde Spielgraphik wie »Lemmings« und »Bomberman«. Der große Vorteil des Computers gegenüber herkömmlichen Geschicklichkeitsspielen wie z. B. »Tangram« liegt in der Beweglichkeit und Schnelligkeit der Spielgraphik, so daß eine neue Art von herausforderndem Streß erzeugt wird.

Die herkömmlichen ›Rennspiele‹ sind meistens Simulationen unterschiedlicher Motorsportarten, während ›Future Racer‹ wie »Wipeout«, »Rollcage« oder auch »Jet Rider« Hochgeschwindigkeitssportarten konstruieren, die es (noch) gar nicht geben kann. Sie legen meist besonderes Augenmerk auf ein futuristisches Ambiente und einen tanzbaren, technoiden Soundtrack.

›Beat'em-up‹ und ›Shoot'em-up‹ waren ursprünglich als Prügelspiele verschrien, aber die Zweikampfsimulationen haben sich zu immer ausgefeilteren und ästhetischeren Kampfsportsimulationen entwickelt. Herausragende Beispiele sind »Tekken«, »Virtual Fighter« und »Soul Calibur«, allesamt Spiel-Serien, in denen etwa alle zwei Jahre ein neues, technisch noch ausgereifteres Upgrade erscheint. Das Besondere am Beat'em-up-Genre sind die sogenannten Spezialattacken, die mittels sogenannter Combos ausgeführt werden können: Knopfdruckkombinationen, die der Spieler auswendig lernen muß und innerhalb von Sekundenbruchteilen fehlerfrei in das Steuerungselement eingeben muß, damit seine Spielerfigur eine ganz besondere Attacke (oder Parade) durchführt.

Beim ›Ego-Shooter‹ bewegt der Spieler seine Figur gehend, rennend, schleichend oder kriechend durch feindliches Terrain und eliminiert alles, was feindlich ist. Die Darstellungsperspektive beim Ego-Shooter ist die einer subjektiven Kamera, wodurch eine beson-

ders hohe atmosphärische Einbindung ins Spielgeschehen erreicht wird. Wegen ihres hohen Gewaltpotentials und der teilweise recht drastischen Graphikdarstellung ist Ego-Shootern wie »Doom«, »Quake« und »Turok« stets das besondere Augenmerk der Bundesprüfstelle für jugendgefährdende Schriften sicher. Der Erfolg eines intelligenten Shooters wie »Half-Life« jedoch zeigt, daß die Spieler dieses Genre nicht allein um der Gewalt Willen goutieren, sondern vielmehr wegen des ungemein hohen Suspense-Faktors.

›Rollenspiele‹ sind ein komplexes Spielgenre, in dem besonderes Augenmerk auf die Entwicklung der Charaktere gelegt wird. Je nach Ausprägung des Spieles hat man viel oder wenig Bewegungsfreiheit in der riesigen Fantasy-Welt. Herausragende ↗ Serien im Rollenspielsektor sind z. B. »Ultima« und »Final Fantasy«.

Den ›Adventures‹ (z. B. Lara Croft) ist ein Faible für sogenannte Puzzle-Elemente gemeinsam. Um in der Handlung voranzukommen, muß der Spieler Denksportaufgaben, Zusammensetz- und Verschieberätsel lösen.

›Simulationen‹ basieren auf der Fähigkeit des Computers, komplexe Sachverhalte rasend schnell zu berechnen und optisch ansprechend darzustellen. Genau genommen sind Simulationen keine Spiele im eigentlichen Sinne mehr, sondern grenzen bereits an Alltags- oder Berufsaufgaben. Der didaktische Aspekt der Simulationsspiele ist hierbei nicht zu unterschätzen, denn die meisten Simulationsprogramme legen großen Wert auf Detailreichtum und realistische Problembezogenheit. Wer sich einmal anhand eines Simulationsprogramms als Bürgermeister einer Großstadt versucht hat, wird mit interessanten Einblicken in die respektiven Sachzwänge und Konfliktfelder belohnt.

›Strategiespiele‹ sind Schlachtensimulationen, die entweder rundenbasiert ablaufen, was bedeutet, daß die gegnerischen Parteien wie bei einem klassischen Brettspiel nacheinander ihre Züge machen, oder in Echtzeit, wobei der Computer die Bewegungen aller Figuren simuliert und der Spieler lenkend eingreifen muß, so schnell und mit so viel Übersicht wie möglich.

Herausragende Beispiele für Strategiespiele sind die »Command & Conquer«-Serie sowie »Warcraft« und das auf einem Konfliktsimulationsbrettspielsystem basierende »Warhammer«. Ob es sich nun um komplexe Flugsimulatoren handelt, ob wie in der »Sim«-Serie städteplanerisch-soziale oder wie in der »Theme«-Serie architektonisch-ökonomische Aspekte im Vordergrund stehen, ob Flughäfen verwaltet, Straßenbahnen gesteuert oder ein Bundesliga-

Fußballverein gemanagt werden muß – dem Einfallsreichtum der Programmierer sind keine Grenzen gesetzt, und so ziemlich jedes Interessengebiet kann mittlerweile am Computer simuliert werden.

Die bislang neueste Entwicklung auf dem Computerspielsektor sind die durch fortschreitende Vernetzungstechnologien wie Internet und ISDN möglich gewordenen Netzwerkspiele oder ›Online-Spiele‹. Hier kämpfen Spieler in komplexen Shooter-Arenen gegeneinander, messen sich miteinander in strategischen Schlachtsimulationen oder bilden regelrechte Clans, in denen sich hunderte, ja tausende Spieler aus allen denkbaren Nationen tummeln. Während früher einer der Vorteile der Videospieltechnologie darin lag, daß man sich stundenlang mit sich alleine beschäftigen konnte (die *Gameboys* haben Millionen von Kindern langweilige Urlaubs-Autoreisen verkürzt), geht der Trend zu Beginn des dritten Jahrtausends eher in Richtung Zusammenschluß, Kräftemessen und Austausch.

Es ist nur noch eine Frage der Zeit, bis sich die ersten Computerspiel-Ligen als ernsthafte Sportarten werden etablieren können.

Ästhetik

Der Raum und die räumliche Erfahrung sind ein zentrales Motiv des Computerspiels. Ein Spiel beschreibt nicht, sondern wird erfahren, was das Experimentieren mit einer Menge von Raumentwürfen ermöglicht. Darum bemißt sich heute auch die Güte aktueller Spiele zu einem großen Teil nach der Anzahl der gleichzeitig darstellbaren Bildpunkte, Farben, bewegten Flächen und Lichtreflexe. Denn je mehr solcher Attribute ohne sichtbare Zeitverzögerung für jede Perspektivänderung zu berechnen sind, desto räumlicher und interessanter wird ein Spiel. Erst mit der heutigen Rechenkraft ist eine wirklich eigenständige Ästhetik möglich, die nicht mehr nur eine Adaption bekannter Raumtheorien ist.

Vor kaum 30 Jahren war das noch anders. Damals erzählten Computerspiele in Räumen, die einer Theaterbühne (↗ Theater) glichen. Der Unterschied war, daß man meist aus einer Draufsicht hinab auf das statische Spielfeld blickte. Die Hinweise auf den Spielraum waren spärlich und wenig subtil. Bei der ersten Spielkonsole der Welt, der 1972 erschienenen *Magnavox Odyssey*, mußte man auf seinen Fernsehschirm farbige Folien pappen, um zu wissen, wo überhaupt gespielt wird: Eishockey fand auf blauen, Tischtennis auf grünen Feldern statt.

Doch schon Anfang der 1970er Jahre begannen sich Spiele das Raumverständnis des ↗ Kinos anzueignen. Im Film gibt es immer einen Raum, der offscreen, also außerhalb des Blicks der Kamera existiert. Bewußt wird man sich seiner, wenn etwa eine Person auf die Kamera zu und an ihr vorbeiläuft, hinein in einen Raum, der nicht sichtbar, aber spürbar ist. Der Filmraum reicht durch den Blick der Zuschauer aus der Leinwand hinaus. Das erste Automatenspiel, in dem ähnliches geschah, trägt den vielsagenden Namen »Computer Space«. Hier blickt der Spieler zunächst frontal auf ein Stückchen Weltraum, in dem außerirdische Schiffe herumfliegen, die es abzuschießen gilt. Wenn aber ein Schiff auf der einen Seite des Schirms verschwindet, taucht es unmittelbar auf der anderen wieder auf. Offenbar sieht der Spieler nur die flache Darstellung eines kreisförmigen, in sich geschlossenen Raumes.

Auf ähnliche Weise adaptierten Computerspiele auch Kamerafahrten. Die Bewegung auf der horizontalen Achse war das zentrale Moment von Rennspielen wie »Street Racer« und »Skiing« auf den frühen Atari-Konsolen Ende der 1970er. Einfach gesagt, rast der Spieler geradeaus in einen unendlichen Raum. Hier wird der Raum jenseits des Bildschirms sehr bewußt eingesetzt, um im Spieler die Sehnsucht nach immer mehr Raumerfahrung aufzubauen, während er zugleich dessen Unendlichkeit erfährt. Die Geschwindigkeit, mit der man hier durch den Raum rast, wird zu einem rauschhaften Erlebnis, das allenfalls durch gelegentliche Kurven, Hindernisse und Mitraser gestört wird. Gerade bei Actionspielen wie »Quake« ist diese Raumerfahrung möglich, weil keine komplexe Handlung bremst. Daher sind die vermeintlich minimalistischen Spielkonzepte des Rennens und Schießens tatsächlich recht subtile Strategien zum Rausch am Raum.

Parallel zu dieser Adaption der Kamerafahrt übernahmen Computerspiele die Idee der Schnittfolge aus dem Film. Wie in den frühen Filmen des Regisseurs D. W. Griffith THE LONELY VILLA und A CORNER IN WHEAT von 1909 wird auch in dem Atari-Spiel »Adventure« von 1978 Raum als eine Schnittfolge statischer Perspektiven mit der Kamera auf gleicher Höhe zum Mittelpunkt des Gezeigten vermittelt. Der Spieler kann die ihn repräsentierende Figur durch diese Räume wie über eine Bühne führen. Dynamik entsteht erst durch ebenfalls aus dem Kino übernommene so genannte Schock-Cuts. In »Adventure« kann es passieren, daß der Spielcharakter gerade von einer Bühne zur nächsten läuft und dort plötzlich einen Drachen vorfindet. Eine Erfahrung, die man vielleicht in geschlossenen Räumen noch als Widerspiegelung der Realität akzeptieren kann. Aber auf offener Fläche wird deutlich, daß hier der Raum im Spiel nicht simuliert, sondern vielmehr gestaltet und als dramatisches Element benutzt wird.

Solche Konstruktionen sind in ihren Verweisen auf Räumlichkeit nur für Menschen decodierbar, welche Raum und Zeit der Spielwelt integrativ erleben. Raumtiefe etwa muß in Spielen wie im Film zwangsläufig auf einem zweidimensionalen Schirm mit Hilfe bestimmter Hinweise vermittelt werden. Hierbei bedienen sich Computerspiele alter Tricks. Etwa der in Renaissancegemälden so beliebten schachbrettartigen Böden, die durch Abstandsänderung einen Tiefeneindruck in den Bildhintergrund hinein ermöglichen. Ebenso funktionieren in Rennspielen die rotweißen Markierungen am Fahrbahnrand. Auch der Farbperspektive bedienen sich Computerspiele. Weit entfernte Gegenstände wirken bläulich und verschwommen, da ein Teil des Lichts mit bestimmten Wellenlängen in der Atmosphäre verloren geht. Dieses Verblauen wird in fast allen Computerspielen verwendet, die *Playstation 2* berechnet dies sogar automatisch.

Ende der 1990er Jahre sind solche Verfahren schon in Vergessenheit geraten, da die virtuellen Räume immer weniger als zeichenhafte Vermittlung zu erkennen sind. Die Graphik sieht heute einfach zu echt aus. Möglich machen dies schnelle Prozessoren und Mathematik. Die Welt des Computers besteht ja bekanntlich aus Nullen und Einsen, die Räumlichkeit eines Computerspiels jedoch aus einer Menge so genannter Polygone oder Vielecke. Über sie wird eine Textur – also die Beschaffenheit der Oberfläche – gelegt. Die mathematische Struktur trägt das Erblickte. Je schneller ein Prozessor ist, desto mehr Polygone können in den vier Dimensionen der Raumzeit berechnet werden und desto besser sieht ein Spiel aus.

Bei frühen Werken wie »Rebel Assault« gab es das Problem, daß Computer nicht schnell genug waren, jede erdenkliche Perspektive ohne sichtbare Verzögerung zu berechnen. Deshalb war die Raumerfahrung auch hier noch eine sehr filmische. Der Spieler konnte sich nur in eine Richtung bewegen – geradeaus. Ein Abweichen zur Seite war nur in sehr eingeschränktem Maße möglich. Das Spiel ähnelt einer langen Kamerafahrt. »Myst«, ein anderes Spiel mit vergleichbarer Qualität der Graphik, hingegen konzentrierte sich nicht auf die Bewegung, sondern ließ den Spieler eine Insel aus allen erdenklichen Perspektiven betrachten. Den Raum mußte der Spieler sich aus statischen Einzelbildern zusammenschneiden.

Dennoch ging es beim Wettlauf um die Bildpunkte nie um eine Simulation der Realität, sondern vielmehr um das Schaffen und Entdecken neuer Räume.

Das visualisieren einige Spiele sehr explizit. In »Civilisation« etwa beginnt man 4000 v.Chr. mit einem kleinen Stamm wilder Barbaren auf einem Fleckchen grünen Landes, umgeben von der Schwärze einer unbekannten Welt. Im folgenden gilt es Dörfer und Städte zu gründen, Dinge zu erfinden – aber vor allem, durch Kundschafter die Schwärze der Unkenntnis in eine Welt mit sichtbaren Wüsten, Wäldern und Ozeanen zu verwandeln. »Doom«, der Vorläufer von »Quake«, war 1993 so erfolgreich, weil der Spieler sich durch Labyrinthe und Verließe hindurchschoß und navigierte, um in einen Raum vorzudringen, der sich jeder Anschauung entzieht: in die Hölle. Sie ist in »Doom« allerdings kein metaphysischer Raum, sondern ein sehr konkreter, sichtbarer mit blutigen Pentagrammen und zerfetzten Eingeweiden an den Wänden.

Schon Platon versuchte, das Universum auf die Geometrie zurückzuführen. Dürer wollte den menschlichen Körper in der Reduktion auf simple geometrische Figuren darstellbar machen. Aber auch der Umkehrschluß ist möglich. Dürer und Platon abstrahierten nicht die Realität zu geometrischen Figuren, sondern erkannten sie als grundlegende Struktur der Welt. In einer radikalen Weise realisieren die auf Polygon-Geometrie aufbauenden Video- und Computerspiele diese Modellvorstellung. Denn in ihnen, besonders anschaulich z. B. in dem Ego-Shooter »Doom«, wird aus Polygonen ein Raum errichtet, wie wir ihn in den Tafelbildern der Moderne nicht mehr finden. Je kleiner und damit zahlreicher die Polygone in den Spielen werden, desto konkreter erscheint uns ihre Welt.

Literatur

Lischka, K.: *Spielplatz Computer. Kultur, Geschichte und Ästhetik des Computerspiels.* Hannover 2002.
Mertens, M./Meißner, T.O.: *Wir waren Space Invaders. Geschichten vom Computerspielen.* Frankfurt a. M. 2002.

Konrad Lischka/Tobias O. Meißner

Videothek

Eine Videothek bietet Konsumenten die Möglichkeit, gegen Verleihgebühr ↗ Filme, gespeichert auf Videokassetten, zu mieten. Die Kassetten kauft der Videothekar von Programmanbietern. Damit reiht sich der Videomarkt nach dem ↗ Kino und vor dem ↗ Fernsehen in die Verwertungskette der Ware Spielfilm ein und sorgt international für einen erheblichen Anteil der Einnahmen. In der Regel wird ein Filmtitel sechs Monate nach dem Kinostart auf ↗ Video und DVD herausgebracht, frühestens nach 18 Monaten zunächst im Pay-TV, dann nach frühestens weiteren sechs Monaten im frei empfangbaren Fernsehen gezeigt. Bei rund 600–700 neuen Spielfilmen pro Jahr gibt es sogenannte Videopremieren, die nicht im Kino gestartet wurden, und ›special-interest‹-Programme wie ›How-to-do‹- oder Reisevideos. Solche Filme machen ungefähr die Hälfte der Neuveröffentlichungen auf Video aus. Bestimmt wird der Markt jedoch eindeutig von Spielfilmen, die zuvor im Kino gestartet wurden.

Strukturelle Probleme eines neuen Mediums

Die Entstehung von Videotheken steht in engem Zusammenhang mit der Entwicklung des Mediums Video und der massenhaften Verbreitung von ↗Videorecordern ab 1975. Der Bedarf an Videofilmen wurde zunächst vor allem durch den Rundfunk- und Fernsehhandel gedeckt. Videotheken entstanden erst ab 1979, nahmen dann aber eine rasante Entwicklung. Ein Jahr später gab es in der BRD etwa 1.000 Videotheken, die knapp die Hälfte des Videoumsatzes erzielten. Höhepunkt der Verbreitung war 1987, als es in Westdeutschland 8.000 Geschäfte gab, davon 6.000 Videotheken, 600 Rundfunkhändler und 1.400 sonstige Verkaufsstellen wie Tankstellen oder Kioske. Seitdem sinkt ihre Zahl kontinuierlich. Zwar brachte die deutsche Wiedervereinigung 1990 eine kurzfristige Erhöhung der Zahl der Videotheken und Verleihstellen auf 9.500, nämlich 6.500 in den alten und 3.000 in den neuen Bundesländern. Inzwischen hat sich die Anzahl aber mehr als halbiert und es existieren nur noch 4.600 Videotheken (2000: West 3.700; Ost 900). Dabei findet ein Konzentrationsprozeß statt. Die höchsten Umsätze erreichen Einkaufskooperationen und Videoketten, die größere Verkaufsflächen und ein breiteres Angebot bieten.

Die ersten Videotheken konnten zunächst keine hochwertigen Spielfilme vertreiben, sondern eher Billigware und ↗Genres, die in keinem anderen Medium angeboten wurden, d.h. vor allem Action-, Kriegs-, Horror- und Pornoware (↗Action, ↗Horror, ↗Sex). Aus dieser Gründungsphase resultiert ein miserables ↗Image in der Öffentlichkeit, die in Videos lange Zeit eine primitive, schmuddelige ↗Unterhaltung von zweifelhaftem Niveau sah, wie eine von der Videobranche beauftragte Werbeagentur noch 1988 konstatierte. Dies hat sich auch nach dem Einstieg der großen amerikanischen Studios 1982 und einer Professionalisierung des Handels nicht wesentlich verbessert. Die Debatte um brutale Videos und eine

Horrorwelle im Kinderzimmer – eine symptomatische Reaktion bei der Einführung eines neuen Mediums – erlebte 1984 einen Höhepunkt. Am 1. 4. 1985 wurde das »Gesetz zum Schutz der Jugend in der Öffentlichkeit« verschärft. Danach mußten alle Videos von der Freiwilligen Selbstkontrolle (FSK) mit einer Altersfreigabe geprüft werden, was zuvor die großen Anbieter auf freiwilliger Basis getan hatten. Videotheken, die Programme für Personen ab 18 Jahren anbieten, dürfen von außen nicht einsehbar sein; Kinder und Jugendliche haben dann keinen Zutritt. Nach Erhebungen der »Interessengemeinschaft der Videothekare Deutschlands«, 1983 gegründet, waren 1988 lediglich 17,7% der Videotheken familienfreundlich. Noch Anfang 2000 wurde von den Ländern Bayern und Hessen eine Bundesratsinitiative angekündigt, nach der Videotheken keine schwer jugendgefährdenden Filme mehr verleihen dürfen. »Gerade der Vertrieb über Videotheken habe dafür gesorgt, daß Kinder und Jugendliche mit Porno-, Horror- und Gewaltvideos (↗Gewalt) konfrontiert würden, sagte die Sozialministerin zur Begründung« (Süddeutsche Zeitung, 2. 2. 2000).

Der Videomarkt hatte Ende der 1980er Jahre mit strukturellen Problemen zu kämpfen. Tochterunternehmen der Hollywoodstudios wie Warner oder RCA/Columbia präferierten Modelle mit stärkerer Kontrolle des Marktes und prozentualer Beteiligung am Umsatz, weil durch den Verkauf der Videokassette dem Anbieter jeder Einfluß genommen wurde. Nachdem es zunächst eine uneinheitliche Preispolitik der Abrechnung zwischen Anbietern und der Videothek gab und verschiedenste Konzepte wie Profit-Sharing, Leasing, Paketkäufe oder Franchising ausprobiert wurden, setzten sich die Videothekare schon früh damit durch, ihre Mietkassetten für durchschnittlich 260,– DM zu kaufen. Damit hatten sie ein ähnliches Problem wie die Kinobetreiber in der Frühphase des Kinos vor 1910 (↗Filmverleih). Denn nach einigen Monaten ließ das Interesse der Kunden nach. Der Videothekar konnte die veraltete Ware entweder sammeln und selbst eine Billigvideothek damit eröffnen oder die Videos an einen Konkurrenten verramschen. Dadurch baute sich ein Berg von rund 20 Mio. an den Handel verkaufter Kassetten auf, die den Videomarkt nachhaltig belasteten. Überdies konnte lediglich jeder zehnte Videorecorderbesitzer als Stammkunde gewonnen werden.

Von aktuellen Spitzentiteln wurden durchschnittlich 10.000 Stück an den Videohandel verkauft. Nicht unerheblich war in dieser Phase der Schaden durch Videopiraterie, das illegale Kopieren von Kassetten, der auf jährlich bis zu 250 Mio. € geschätzt wird. Als Reaktion darauf wurde Ende 1984 die »Gesellschaft zur Verfolgung von Urheberrechtsverletzungen« (GVU) als Selbstorganisation der Videowirtschaft mit eigener Ermittlungsabteilung gegründet.

Kaufkassetten setzen sich durch

Seit den 1990er Jahren hat sich der Markt nachhaltig zu Ungunsten der Videotheken verändert, nämlich von einem Miet- zu einem Kaufmarkt. Der Videomarkt erzielte 2000 einen Gesamtumsatz von 1,827 Mrd. DM. Erwirtschafteten die Videotheken 1988 noch einen Umsatz von 1,2 Mrd. DM und hatten einen Anteil von 64,6 % am Videogeschäft, so halbierte er sich im Jahr 2001 mit 356 Mio. € nahezu auf 36,5 %, während der Verkauf von Kassetten und ab 1999 auch von DVDs den Markt eindeutig dominierte. Die Videotheken bezahlen immer weniger für die Mietkassetten. Lag der Durchschnitt 1991 noch bei 144,– DM, so sank er 1998 auf durchschnittlich 67,– DM. Die Top Ten des Vermietmarktes waren 2000 durchgängig erfolgreiche Kinofilme wie THE SIXTH SENSE, AMERICAN PIE oder DIE MUMIE, die überwiegend aus Hollywood stammen. Der Verleih der Top-Ten-Titel machte 18 % (2001) der Mietvorgänge aus, was für ein ausgeglichenes Filmangebot spricht (Aktuelle Fakten zum Videomarkt: www.bvv-medien.de).

Seit 1988 kontinuierlich gestiegen sind die Bedeutung und der Umsatz von Kaufvideos, die den Konsumenten in Verbrauchermärkten, Direktversand, Elektrohandel und in geringem Maß auch in Videotheken angeboten werden. Wurden 1990 erst 11 Mio. Kassetten verkauft, die für einen Umsatz von 300 Mio. DM sorgten, hat sich der direkte Absatz an den Endverbraucher inzwischen bei sinkenden Preisen fast vervierfacht. 2001 wurde am Videokaufmarkt ein Umsatz von knapp 790 Mio. € erzielt, wobei die VHS-Kassette einen Anteil von 48,5 % hatte und sich der DVD-Verkauf auf 51,5 % steigern konnte. Der Kaufmarkt wird ähnlich wie der Mietmarkt und das Kino dominiert von Tochterfirmen amerikanischer Studios. Unter den Top 100-Titeln fanden sich 2000 nur fünf deutsche Kinoproduktionen; keine davon war eine aktuelle Produktion.

Zukunft heißt DVD

Als neues Medium wurde in Deutschland 1998 die Digital Versatile Disc (DVD), eine Bildplatte in der Größe einer CD, auf dem Markt gestartet, von der im ersten Jahr 300 Titel und 750.000 Stück an den Handel ausgeliefert wurden. Dieses Speichermedium ist wesentlich leistungsstärker als die Videokassette und wird sie mittelfristig ablösen. Auf einer DVD kann der Film in verschiedenen Sprach- und Untertitelungsfassungen hochauflösend gespeichert werden. Oft gibt es zusätzliche Informationen wie »Making-of«-Material, Informationen zum Stab oder Interviews mit den Machern. Von 42 Mio. € in 1999 hat sich der Umsatz dieser Bildtonträger im Jahr 2001 auf 406 Mio. € und über 19,9 Mio. verkaufte DVDs verzehnfacht. Die Videowirtschaft erwartet von diesem neuen Medium nachhaltige Impulse für die Entwicklung des Kaufvideomarktes – der Disc gehört die Zukunft.

Der DVD-Markt ist noch stärker als die Videokassette auf den Spielfilm orientiert. Neun von zehn DVDs gehören in diese Kategorie. Der Markt wird getragen von Intensivnutzern, die für fast 70 % des Umsatzes sorgen und 5,7 Mio. Stück kauften. Dies bedeutet, daß jeder Intensivnutzer über 20 DVDs gekauft hat. (Sie waren überwiegend männlich, vergleichsweise jung und haben die DVD überdurchschnittlich oft im Versandhandel und per ↗Internet gekauft). Im Jahr 2000 wuchs das Angebot auf 2.200 Titel. Erfolgreichster Titel war GLADIATOR, von dem bis Ende des Jahres 350.000 Stück verkauft wurden. Dies ist um so bemerkenswerter, da dieser actiongeladene Historienfilm erst im Dezember veröffentlicht wurde.

Die Videothek steht in Konkurrenz zu neuen Medienangeboten wie immer mehr Fernsehprogrammen, Pay-TV, das auf ↗Sport und Spielfilme setzt, dem Internet und dem in den vergangenen Jahren prosperierenden Kinomarkt. Deshalb werden immer mehr Videotheken in Mediatheken umgewandelt, die mit einem breiteren Sortiment an Unterhaltungsmedien neue Kundengruppen gewinnen wollen. Ob sie so an dem Boom der DVD teilhaben können, ist fraglich.

Literatur

BVV (Hg.): *Video 1982–1995. Zahlen und Fakten*. Hamburg 1995.

BVV (Hg.): *Der deutsche Kaufvideomarkt '98*. Hamburg 1999.

Finzel, P.: *Das DVD Buch*. Potsdam 2000.

Hoffmann, K.: *Am Ende Video – Video am Ende?* Berlin 1990.

Media Perspektiven: *Basisdaten. Daten zur Mediensituation in Deutschland* 2001. Frankfurt a. M. 2001.

Screen Digest Ltd. International Video Federation (Hg.): *European Video Yearbook 1999/2000*.

SPIO (Hg.): *Filmstatistisches Taschenbuch 1999*. Wiesbaden 1999.

Kay Hoffmann

Virtuose

Wort und Begriff des Virtuosen sind aus dem Italienischen entlehnt. »Das Substantiv virtuoso (zu lat. *virtus*: Mannhaftigkeit, Tüchtigkeit, Tugend) bezeichnet im ital. Sprachgebrauch des 16. und 17. Jh. gemäß seiner Endung -oso einen an *virtù* Reichen, d. h. einen durch ungewöhnliche intellektuelle, künstlerische, physische oder ethische Fähigkeiten sich Auszeichnenden« (Reimer 1972, S. 1). Wiewohl die umfassende Bedeutung des Virtuosen nie ganz verloren geht – bzw. immer wieder Bemühungen, etwa durch Gotthold Ephraim Lessing (1729–1781), Johann Gottfried Herder (1744–1803), Friedrich von Schlegel (1772–1829) erkennbar sind, diesen Sinn zurückzugewinnen –, ist im Deutschen schon Ende des 17. Jh. der Virtuose vor allem ein Musiker. Seit 1740 wird besonders der professionelle Musiker als Virtuose bezeichnet, um ihn vom bloßen Musikanten zu unterscheiden. Weil Professionalität die herausragende Stellung des Virtuosen begründet, übernimmt er die Verhaltensmaxime aller Professionals: den Wettbewerb. Aus dem Virtuosen, der sich durch eine Tugend, eine Fähigkeit auszeichnet, wird einer, der durch diese andere übertrifft: »Virtuosen, It. virtuosi, heißen im sittlichen Verstande tugendhaffte Personen; im politischen Verstande aber solche Leute, die in einer gewissen Kunst und Wissenschaft, als in der Musick, Mahlerey, Bildhauerey u. d. g. fürtreflich sind, und andere übertreffen« (Zedler 1995, XLVIII, S. 1789 mit Bezug auf Bronsards *Dictionaire de Musique*, 1703). Diese Festlegung ist ganz auf der Höhe der Zeit, entfaltet sich doch in Deutschland – z. T. nach dem Vorbild des weit vorangeschrittenen englischen Konzertwesens – das durch Subskription finanzierte »›Virtuosenkonzert‹ […] etwa seit Anfang des 18. Jahrhunderts« (Heister 1983, S. 194). Professionalisierung der Musikvirtuosen und Wettbewerb sind aber nicht nur stimuliert durch den sich allmählich etablierenden bürgerlichen Konzertbetrieb. In der ersten Hälfte des 18. Jh. ist hierfür ebenso das höfische Musik- und Konzertwesen verantwortlich. Zum Beispiel treten die Geigenvirtuosen Domenico Ferrari (1748–1752) und Antonio Lolli (1728?-1802), der als Inbegriff des reisenden Virtuosen und Vorläufer Paganinis gilt, in württembergische Dienste.

Im bürgerlichen ↗ Konzert des 19. Jh., das unter einem Refinanzierungsdruck steht, wird die Musik »autonom« (ebd.) dargeboten. Kein geistlicher Anlaß, kein theatraler Rahmen, kein höfischer Repräsentationszweck rechtfertigt die Aufführung. Alles kommt auf die dargebotene ↗ Musik, d. h. auf die darbietenden Musiker, in erster Linie auf den virtuosen Solisten an. (Daher wird im bürgerlichen Konzert die höfische Praxis musikalischer Wettkämpfe – öffentlich organisiert – gerne nachgeahmt; vgl. Mozarts in der ↗ Zeitung annoncierter Wettkampf mit Johann Wilhelm Häßler 1789 in Dresden). Der Solist muß nicht nur musikalisch, sondern auch performativ überzeugen. Und diesem zweifachen Können verdankt der Virtuose seinen Platz in der Geschichte der Populären Kultur. Das Können des Virtuosen verlangt den Kenner, der es wahrnehmen und schätzen, einordnen und vergleichen kann. Zur Populären Kultur haben wir gerade nicht nur einen affektiven (anders Grossberg 1992, S. 79), sondern auch einen kognitiven Zugang. Kennerschaft zu erlangen, wird aber in der Populären Kultur dem Zuhörer vom (bürgerlichen) Virtuosen leicht gemacht.

Die Vermittlung der Musik durch die Darstellungs-Geste des Solisten entlastet das Gehör. Das Auge wird zu einem zweiten musikalischen Wahrnehmungsorgan, erlaubt ein dekonzentriertes, sich ein- und ausklinkendes, eben unterhaltendes, d. h. populäres Hören (vgl. Hügel 1993). Die doppelte Charakterisierung des Virtuosen als eines Künstlers, der etwas kann und dies auf exponierte Weise zeigt, gründet nicht zuletzt auf der in der zeitgenössischen Musik weit verbreiteten Affektenlehre. Die Kritik an den Virtuosen, die bald einsetzt, wirft ihnen folglich entweder Gefühllosigkeit oder – in den selteneren Fällen – falsche Gefühle vor. »Die Sucht bloß zu gefallen, wovon unsere heutigen Virtuosen so sehr angestekt sind, läßt ihre Seele kalt bey jedem Vortrage; und werden sie würklich in Empfindung gesetzt, so treiben sie Galanterie mit ihren Empfindungen« (Sulzer 1967, S. IV, 711). Der Virtuose bleibt auch im Horizont der sich in der zweiten Jahrhunderthälfte durchsetzenden Ausdrucksästhetik einer, der etwas kann *und* es zeigt. Das musikalisch Dargebotene ist eben mehr als Musik, es ist die Präsentation vom Ich des Musikers. Selbstdarstellung und Rollendarstellung gehen beim Virtuosen zusammen. Die Selbstdarstellung wird – neben dem Zeigen von Technik und dem von Gefühlen – zur dritten performativen Aufgabe des Virtuosen.

So zeitgemäß und verbreitet um 1750 die Vorstellung vom Virtuosen, vornehmlich vom Musik-Virtuosen ist, so gering war die Anzahl der Konzerte. Die Zeitgenossen empfinden zwar die Steigerung der Konzerttätigkeit als enorm, im Vergleich zur zweiten Hälfte des 19. Jh. oder gar im Verhältnis zum Musikangebot im öffentlichen Raum des 20. Jh. sind Konzerte aber kein Massenphänomen. Um 1800 gibt es weder in der Musik noch in anderen Kunstsparten (auch nicht in der Literatur trotz der gegenteiligen Klagen zeitgenössischer Kritiker) noch keinen massenmedialen Markt im heutigen Sinn, der dem Populären den Status kultureller Selbstverständlichkeit oder sogar Anerkennung verschafft hätte. Das Populäre erscheint in der Kunstkritik nahezu notwendigerweise nur eine schlechte Ausgabe der Kunst zu sein. Daher kommt das Unterhaltend-Populäre in den Quellen bis ins 19. Jh. zumeist eher in der Form der Virtuosen-Kritik zum Vorschein als in positiver Darstellung. Aus der breiten Virtuosen-Kritik ist also nicht der Schluß zu ziehen, daß der Virtuose ein Phänomen der Hochkultur war. Das Gegenteil ist der Fall. Wenn Antonio Lolli auf der Geige Tierstimmen nachahmt, vergrätzt das die zeitgenössische wie die spätere Kunst-Kritik, es untermauert aber dadurch zugleich seinen populären Status.

Der Virtuose zwischen Hoch- und Populärer Kultur

Die Entwicklung vom ›Musicanten‹ zum Musik-Virtuosen bezieht ihre Durchsetzungskraft nicht allein aus innermusikalischen Prozessen, sondern fußt auf einem komplexen sozial- und ideengeschichtlichen Hintergrund. Die Entstehung des Konzertwesens mit seinen Musikvirtuosen wie generell die Entwicklung der Künstler »vom Handwerker zum Virtuosen« (Conti 1998) wird begleitet und ermöglicht durch bürgerliches Rentabilitäts-Denken und bürgerliches Emanzipationsstreben, bürgerliche – auf Arbeitsteilung rechnende – Wirtschafts-Organisation und bürgerliche – aufs Individuum setzende Humanitäts- und Rollenvorstellungen (vgl. *Wilhelm Meisters Lehrjahre*, 5. Buch, 3. Kap.). »Professionelle Virtuosität fügt sich […] bürgerlichen Prinzipien auch insofern durchaus ein, als der ↗Kult der Höchstleistung – letztlich auch ein Kult der Arbeit – den Idealen aristokratischer Sozialgruppen auf der Basis arbeitsloser Einkommen widerspricht« (Heister 1983, S. 214). Die körperliche Anstrengung des Virtuosen ist dabei dem Bürger Zeichen für die Bewunderungswürdigkeit der »›exorbitanten‹, ›meßbaren Leistung‹« (vgl. Adorno [Quasi una fantasia])« (ebd.). Was für das der Kunst nahestehende Virtuosenkonzert wie für den Kintopp gilt: »Warum ist Harry Piel's Popularität die langjährigste und ehrlichste? Weil der gesunde Instinkt des Publikums den Schweiß der ehrlichen Arbeit wittert« (Günther 1931). Der Virtuose ist also nicht *allein* durch seine organisatorische Stellung im Kunstbetrieb als reisender Darsteller zu fassen (anders Stettner 1999, S. IV), zum Virtuosen gehören stets auch die virtuose Darbietung, der virtuose Stil, seine performative Selbstdarstellung wie seine technisch-artistische Leistung. Der Virtuose

steht daher historisch und systematisch zwischen dem Künstler, der den Status eines Handwerkers hat, und dem, der ein ↗Star ist. Kommt es bei jenen nur auf die Leistung an, die er hervorbringt, geht es bei diesem vor allem um das von ihm hergestellte ↗Image. Wird etwa bei einem höfischen Tafelmusiker vor allem das dargebotene Musikstück rezipiert, kommuniziert man beim Star mit der Kunst-Figur, die dialektisch Selbst- und Rollendarstellung verbindet. Die Analogien zwischen den Stars des 20. Jh. und den Virtuosen (vgl. Brauneck/Schneilin 1966; Mehlin 1969) verkennen diesen Unterschied.

Öffentlichkeitsarbeit des Virtuosen im 19. und 20. Jahrhundert. Das Beispiel Paganini

Die Doppelaufgabe des Virtuosen – Diener der Kunst (was im Falle des Musik-Virtuosen oftmals heißt, Diener eines fremden Genies) und selbständiger Unterhalter zu sein, war in sich widersprüchlich; daher letztlich nicht in Permanenz zu leisten. Um dem von der Kunstkritik gestellten Anspruch das Eigenrecht des populären Vortrags entgegensetzen zu können, beginnen die Virtuosen ihr öffentliches Bild, das vornehmlich durch die Presse bestimmt ist, selbst zu gestalten. Sie fangen an, Öffentlichkeitsarbeit zu betreiben. Der erste, der dies mit großem Erfolg und Nachdruck tut, ist Niccolò Paganini (1782–1840). Ihn kritisiert die Presse nicht mehr post festum, sondern sein Ruf eilt ihm voraus. Paganini präsentiert im wörtlichen Sinn ein Image, indem er eine einprägsame, bildhafte Darstellung von sich erschafft. Er ist mindestens im gleichen Maß ein Bild- als auch ein Höreindruck. Heine hat dieses Bild in den »Florentinischen Nächten« eindringlich in Worte gefaßt, aber auch die Zeitgenossen haben es immer wieder beschrieben (vgl. u. a. Schottky 1830, S. 184, 333, 341, 355). Der Virtuose bietet – wie später im 20. Jh. die Stars – eine Projektionsfläche, die die verschiedenen Vorstellungen, Assoziationen und Empfindungen erlaubt. Sein Bild ist zwar ganz sein eigenes. Es gehört aber ihm nicht ganz, denn es ist ein schon vorgeformtes Medienbild, das er erneut hervorbringt. Was Heine nur andeutet, spricht die Presse aus: »Alles erinnert an Hoffmann's Kapellmeister Kreisler oder Rath Krespel« (ebd., S. 193). Indem Paganini die Figur, die er vorzeigt, mit dem Werk, das er hervorbringt (musikalische Leistung), synthetisiert, erschafft er eine Kunst-Figur. Bei dieser läuft die von der Ausdrucksästhetik initiierte Vorstellung ins Leere, die Innerlichkeit eines Künstlers werde durch etwas Äußeres ausgedrückt bzw. das Äußere, das Werk, werde durch das Ich (Genie) ermöglicht. Paganini hören und sehen heißt, mit einem Image kommunizieren, bei dem Werk und Kunst-Figur nicht mehr zu trennen sind. Paganini steht an der Grenze zwischen Virtuose und Star. Betrachtet man seine Öffentlichkeitsarbeit isoliert, scheint er ein Star zu sein. Er wird aber nicht als solcher rezipiert, denn zentral bleibt auch bei ihm die technische Leistung. Das Zeigen des technischen Könnens kommt zuerst, die Erfindung der Figur ist letztlich (noch) eine Metapher der Aufführungsanalyse. Folgerichtig können die Zeitgenossen zwar das Neue an Paganinis Darstellung bemerken, sie können aber das Phänomen nur umschreiben: »Der Virtuos als solcher, indem er die Absicht hat, seine Kunst zu *zeigen*, wendet sich damit unmittelbar an das Publikum, [...] sein individueller Geist [ist] der einzige Mittel- und Verbindungspunkt seiner Leistungen; diese umfassende, Individualität trägt ihr Recht und ihre Grenze nur in *sich*; [...] ferne sey daher von uns der kindische Versuch [...] einzelne Fehler ihm zum Vorwurfe machen zu wollen; denn um an eine *unbedingte* Unfehlbarkeit eines Virtuosen zu glauben, müßte man etwa, wie einige vom Volke thun, einen Bund mit dem Bösen anzunehmen« (zit. bei ebd., 1830, 90 f.). Der Virtuose zeigt sich und seine Technik, betreibt Selbst- und Rollendarstellung. Beides ist nicht vermittelt über die Komposition, sondern teilt sich im Vortrag unmittelbar mit. Die mitgeteilte Individualität bleibt aber rational unfaßbar, ist nur durch Gegensätze umschreibbar. Faßbar wird sie höchstens im synthetischen Bild des Teufelsgeigers. Daß der Kritiker die Formel, die Paganinis Image kommunizierbar macht, dem Volk in den Mund legt, zeigt die Schwierigkeiten, die er mit dem Vorgang der Verwandlung einer Person in eine populäre Medienfigur hat. Die bürgerliche Vorstellung, daß im Kunstprozeß das Genie, das große Individuum sich mitteilt, das die Kunst aus sich heraus hervorbringt, behält die Oberhand. Allerdings verschwindet die (historische) Person bei Paganini nicht hinter der (Medien)-Figur. Paganini legt vielmehr Wert darauf, daß sein in der Öffentlichkeit hergestelltes Bild den auftretenden Künstler charakterisiert, in den er sich zeitweilig nur verwandelt: »Wenn ich in meinem Conzerte auftrete, bin ich ein ganz anderer Mensch als im Umgangsleben mit Freunden, wo mich die Heiterkeit fast niemals verläßt« (ebd., S. 272).

Paganini, den Robert Schumann als Wendepunkt in der Geschichte der Virtuosen ansieht, setzt mit seiner Auftrittsstrategie Standards für den Virtuosen im 19. Jh. – und nicht nur für den, der auf musikalischem Gebiet brilliert. Er wird, was die Beherrschung virtuoser Darbietungsaufgaben wie seine Öffentlichkeitsarbeit angeht, im 19. Jh. kaum übertroffen,

höchstens variiert. (An die Stelle des eindrucksvollen Bilds des Teufelgeigers und des Schwarz-Weiß-Kontrastes tritt bei Liszt etwa das des Hohepriesters und der Gleichklang von Löwenmähne und Robe).

Schauspiel-Virtuosen und ihre Beziehung zum Publikum

Gegenüber dem Musik-Virtuosen sind die reisenden Schauspieler in der ersten Hälfte des 19. Jh. noch in der Minderzahl. Hierbei haben nicht zuletzt die schlechteren finanziellen Möglichkeiten eine Rolle gespielt. Ein Konzert für reisende Musiker zu organisieren, ist einfacher, als einen Gastschauspieler in ein Ensemble einzubauen. So findet der Virtuose »in den Theaterlexika von Düringer/Barthels 1841 [...] und von Blum/Herlossohn/Maiggraff 1846 noch keinen Platz [...]. Erst um die Mitte des 19. Jh. scheint die deutsche Sprechtheaterbühne vom Virtuosentum heimgesucht zu werden« (Stettner 1999, S. 6). Die Gründe für den Erfolg der reisenden Schauspieler-Virtuosen sind so vielfältig wie bekannt. Auf der Seite der Theaterorganisation ist das Virtuosentum eine Folge der immer schlagkräftiger werdenden Agenturen (die erste professionelle Stellenvermittlung für Schauspieler wird 1832 gegründet). Auf der außertheatralen Seite haben die Virtuosen Anteil an allem, was auch auf anderen Gebieten die Wirtschaft und Volksbildung förderte: die Verstädterung, die Schaffung größerer Wirtschaftsräume (Zollunion), die Ausweitung der Gewerbefreiheit (1848 und 1870) und vor allem die verbesserten Verkehrswege. Der reisende Schauspiel-Virtuose, der, um sein Gastspiel und den hohen Preis zu rechtfertigen, auch einen virtuosen Stil pflegt, gerät (wie seine Musikerkollegen) in das Kreuzfeuer der Kritik. Der Virtuose verstößt mit seiner Selbstdarstellungsaufgabe zum einen gegen den Ensemblegeist, zum anderen gegen die Einheitlichkeit des Kunstwerks, dem er zu dienen hat. Solcher Kritik entziehen sich die Virtuosen, indem sie vornehmlich in »Identifikationsrollen« (ebd., S. 225) auftreten. Sie besetzen ein Rollenfach, das ihrem Körper-Stimmen-Typ entspricht oder sich auf ihn beziehen läßt. Und verringern dadurch die Kluft zwischen ihren Rollen und ihrer Person, so daß »unvertilgbare Spuren der dargestellten Rolle am erinnerten Bild der Schauspielerin [Charlotte Hagn, 1809–1891] haften« bleiben (ebd., S. 239). Solche Typisierungen werden der Zeit so vertraut, daß sie sogar in die Allgemein-Enzyklopädien Eingang finden: »Eine reiche Naturanlage für das Graziös-Neckische und Schalkhaft-Launige« schreibt so Meyers Enzyklopädie 1900 über diese Schauspielerin. Die

Festlegung auf bestimmte Rollen erlaubt es den Virtuosen, ein Gestenrepertoire aufzubauen, das wieder-
erkannt wird. Dadurch werden die Zuschauer zu
Kennern (die etwas wiedererkennen) und entwickeln
ihrerseits ein Verhaltensrepertoire, das die Interaktion zwischen ihnen und dem Virtuosen ermöglicht.
Selbstverständlich hat dieser Prozeß nicht erst in der
zweiten Hälfte des 19. Jh. begonnen. Die Theatergeschichte weiß, daß schon 1774 zum erstenmal ein
Schauspieler »die Ehre des Hervorrufens (während
einer Szene) zuteil wird« (vgl. ebd., S. 169). Aber auf
den Musik- wie Schauspielbühnen erreicht während
der »Periode der Virtuosenschwärmerei« (Hanslick
1869, S. I, 339, über das nachmärzliche Musikvirtuo-
sentum in Wien) diese Kommunikation eine neue
Qualität. Die Übertragung von Eigenschaften der
Rolle auf die Person des Schauspielers steigert »das
neugierige Interesse für die romantischen Lebens-
schicksale, Familienbeziehungen und Herzensge-
schichten jedes Virtuosen« (ebd.). Zum Virtuosen
werden quasi-persönliche Beziehungen aufgebaut.
Junge Damen laufen schwärmend den großen Schauspielern zum Hotel nach (so bei Ludwig Barnay) bzw.
man wirft den Schauspielerinnen Buketts zu (überliefert seit den 1860ern). Es wird öffentlich Partei
genommen, wenn Virtuosen zu regelrechten Wettkämpfen getrieben werden (vgl. z. B. Balk 1994,
S. 53), man schafft sich Bilder des/der Verehrten an
(Stettner 1999, S. 152, weist darauf hin, daß der
Verleger Hermann Costenoble schon 1832 klagt, mit
lithographierten Schauspielerportraits sei kein Geschäft zu machen, da sie zu weit verbreitet seien),
kauft sich, was wir heute Fan-Artikel (↗ Fan) nennen
oder pilgert zu den Wohnungen der Virtuosen: »Die
Industrie bemächtige sich ihrer [Pauline Lucca, geb.
1842;] in ihrer Berliner Zeit; 1861–73: es gab wohl
kaum einen Modeartikel, der nicht ihren Namen
trug. Ihre Parterrewohnung, Viktoriastr. 30, gehörte
zu den Berliner Sehenswürdigkeiten, die in ihrer
Abwesenheit den Enthusiasten gezeigt wurde« (Philippi 1913, S. 20).

Je näher die Enthusiasten gegen Ende des Jahrhunderts kommen, desto deutlicher wird der selbstreflexive Charakter des Kunstenthusiasmus. Man feiert die Virtuosen und feiert sich in ihnen. Diese
selbstreflexive Haltung ist beiden, dem ↗ Publikum
wie den Virtuosen eigen. Die Schauspielerinnen –
zum Teil auch die Schauspieler, etwa Joseph Kainz –
entwickeln sich zu ↗ Diven, für die die Bretter die
Welt bedeuten. »Man jauchzte ihr [Pauline Lucca]
zu, man trug sie auf Händen, man verzieh ihr ihre
Launen, man verhätschelte sie« (ebd.). Die Diva, die
ihre Bühnenauftritte ins Leben hinein verlängert,
bereitet bei aller Virtuosität, die sie zeigt, dem ein-

fühlenden Schauspielstil den Boden. Dieser von
Eleonora Duse (1858–1924) popularisierte Stil be-
inhaltet die These »Kunst [ist] etwas Elementares,
nichts Lehr- oder Erlernbares« (Maurer 1988, S. 22).
Damit entfällt die für das Virtuosentum entscheidende Kategorie der ›Leistung‹. Wenn gilt: »Man ist
Künstler, wie man fühlt« (Duse, zit. n. Balk 1994,
S. 173), ist dem Virtuosentum der Boden entzogen.
Zwar gibt es auch nach der Duse noch Schauspieler,
die als Virtuosen verstanden werden (z. B. Gustaf
Gründgens, 1899–1969) – schon allein, weil der ein-
fühlende Stil, der nur einer von zwei grundsätzlichen
Ansätzen zum Schauspielen ist, keinesfalls verpflich-
tend wird – trotzdem markiert der Auftritt der Duse
eine Zäsur.

Unter der Zirkuskuppel ...

Neben den Theaterbühnen treten im 20. Jh. mehr
und mehr andere Bühnen als für Virtuosen geeignet
ins Bewußtsein: der Filmset, die Sportarena, die Manege und vor allem die Show-Bühnen. Sie bieten
weiterhin Raum für den technischen Surplus, das
jeder virtuosen Darstellung beigegeben ist. Die technische Brillanz, die auf den der Kunst verpflichteten
Bühnen stets Anlaß zur Kritik gibt, hat auf den
Unterhaltungs-Bühnen sozusagen ein Heimrecht.
Der Effekt, das Hervorheben der technischen Schwierigkeiten ist auf den Unterhaltungs-Bühnen nicht
verpönt, sondern gewünscht. Der Jongleur patzt rou-
tinemäßig auf einer frühen Stufe seiner Nummer. Er
läßt den dritten Ball fallen, um zu demonstrieren,
wie schwer es ist, zehn zu beherrschen (was ihm
selbstverständlich gelingt). Der Trapezkünstler –
auch der im ↗ Film (vgl. Burt Lancaster, wenn er in
CRIMSON PIRATE durch die Takelage fliegt) – baut
noch eine zusätzliche Pirouette ein, um die Übung
schwieriger zu machen. Und die Kunstschützen treffen nicht einfach ins Ziel, sondern erschweren sich
ihre Aufgabe, wenn sie vom Pferd schießen, oder
über den Rücken (eine Nummer, die schon von
»Buffalo Bill's Wild West and Congress of Rough
Riders of the World« in Europa 1887–90 gezeigt
wird). Zielt die Kunst auf den Sinnzusammenhang
des Werkganzen, begnügt sich der virtuose Unterhaltungskünstler mit Nummerndramaturgie. Daher
ist der Artist auch der Virtuose schlechthin. So wenig
der Virtuose Künstler ist, so wenig ist er Sportler.
↗ Sport wird erst dann zum virtuosen Spiel, wenn das
agonale Element an Bedeutung verliert. Die Harlem
Globetrotters sind virtuose Basketball-Artisten, spielen aber nicht mehr um eine Meisterschaft. Die
Dunking-Wettbewerbe der NBA stehen wie die All-

star-Games an der Grenze zum virtuosen ↗Zirkus; sie kennen zwar noch Regeln und Sieger, aber beides wird nur augenzwinkernd wahrgenommen. Ähnlich ist Wrestling nur Show-Ringen, eben vorgezeigtes virtuoses Kämpfen. Allerdings ist Artistik nicht identisch mit Virtuosität. Und der Ausdruck ›virtuose Zirkusartisten‹ ist keine Tautologie. Aus der Geschichte des Virtuosen haben die Zirkus-Artisten das Ineinander von Selbst- und Rollendarstellung und sogar das Zeigen der Gefühle – wenn auch in genormter Weise – übernommen (z. B. im Artisten-Lächeln, das andeutet, wie leicht das Virtuose herzustellen ist). Die großen Zirkus-Virtuosen zeichnen sich dadurch aus, daß sie allein einen bestimmten Trick beherrschen. Indem sie eine Nummer erfunden oder weiterentwickelt haben, machen sie sie zur eigenen, verwandeln sich an, wie die virtuosen Schauspieler sich ihre Rollen anverwandelt haben, wobei die Bandbreite solcher Anverwandlung ähnlich groß ist wie bei den Musik- oder Schauspiel-Virtuosen. Steht das Magier-Genre oder die Clownerie schon an sich dem Schauspielen nah, so verstärken Zauberer wie David Copperfield (geb. 1956) oder ↗Clowns wie Grock (1880–1959) den Eindruck, daß ihre Virtuosität auf Einfühlung beruht; während bei Jongleur- oder Trapeznummern das bewußte Herstellen des Gezeigten betont wird, besonders wenn bei ihnen das Risiko, das die Artisten eingehen, sichtbar ist (wie etwa bei der 7-Mann-Pyramide auf dem ungesicherten Hochseil, die die Wallendas zeigten; vgl. hierzu Winkler 1988, S. 161–179). Die Gefährlichkeit der Nummer macht sie nicht einfach sensationeller. Erst ohne Sicherheitsseil wird sie mehr als eine turnerische Hochleistung, wird sie zum anschaulichen Beweis für die Virtuosität der Artisten. Und erst durch ihre Virtuosität wird sie zum »Artistenstolz« (ebd., S. 166). Der Preis aber ist hoch: Während für den Konzert-Virtuosen nach einem Wort von Arthur Rubinstein (1887–1982) gilt, wenn er »nicht ein paar Tropfen Blut und ein paar Pfund verloren [hat], dann war das Konzert nicht gut« (Kaiser 1977, S. 26), verlieren vier der Wallendas ihr Leben.

Der technische Surplus des Virtuosen findet sich im Film vor allem in den ↗Genres, die ihre Geschichten augenzwinkernd erzählen. Der ›Swashbuckler‹, der leichtfüßige ↗Abenteurer der Mantel- und Degenfilme ist ohne Virtuosität nicht zu denken. Ähnlich leben einige späte Italo-Western (etwa die Nobody-Filme) mit ihren Prügel- und Schießarien mehr vom virtuosen Spaß als vom Ernst der Männer im Grenzland. Vom Virtuosen bestimmt sind auch die Kung-Fu-Filme Bruce Lees (1940–1973) und Jakkie Chans (geb. 1954). Jackie Chan hat sein eigenes Genre, halb komisch, halb ernste Action-Kung-Fu-

Krimis (↗Action), erfunden, ist sein eigener Regisseur und Hauptdarsteller. Er stellt den virtuosen Charakter seiner Darstellung besonders heraus, indem er die bei den Aufnahmen mißratenen Stunts im Nachspann anbietet. Diese Szenen beweisen zugleich – wie seine zahlreichen Verletzungen, über die er ausführlich berichtet (vgl. Chan 1999) – die ehrliche Leistung des Virtuosen, was gerade beim Film wegen der professionellen Stuntmen wichtig ist. Vollends zum Virtuosen erklärt sich Jackie Chan durch seinen Anspruch, daß jeder Film eine Steigerung der von ihm erbrachten Action-Stunts zeigen soll. Mit dieser selbstauferlegten Forderung sucht er dem Problem zu entkommen, das jedem Virtuosen gestellt ist, der sich aus dem Kunst-Kontext wegbewegt hat. Ohne den sinnstiftenden Rahmen der Kunst bleibt dem Virtuosen nur der Weg in die Höhe der Zirkuskuppel, wenn er nicht in bloßer Wiederholung erstarren will. Karl Valentin hat dieses Dilemma des Virtuosen auf den Punkt gebracht: »Wenn man was ko, ist es ka Kunst nimmer, und wenn man's nicht ko, erst recht nicht.«

Literatur

Balk, C.: *Theater-Göttinnen. Inszenierte Weiblichkeit. – Clara Ziegler, Sarah Bernhardt, Eleonora Duse.* Basel/Frankfurt a. M. 1994.

Brauneck, M./Schneilin, G. (Hgg): *Theaterlexikon. Begriffe und Epochen, Bühnen und Ensembles.* Reinbek 1966.

Conti, A.: *Der Weg des Künstlers. Vom Handwerker zum Virtuosen.* Berlin 1998.

Chan, J.: *I Am Jackie Chan. My Life in Action.* New York 1999.

Grossberg, L.: *We'll gotta get out of this place. Popular Conservatism and Postmodern Culture.* New York/London 1992.

Günther, F.: »Prinzip Harry Piel«. In: *Berliner Tribüne* 50, 31.12. 1931.

Hanslick, E.: *Geschichte des Concertwesens in Wien.* Wien 1869.

Heister, H.-W.: *Das Konzert. Theorie einer Kulturform.* 2 Bde. Wilhelmshaven 1983.

Hügel, H.-O.: »Die ästhetische Zweideutigkeit der Unterhaltung«. In: *montage/av* 2,1 (1993) S. 119–141.

Kaiser, J.: *Große Pianisten in unserer Zeit.* München/Zürich 1977.

Maurer, D.: *Eleonora Duse.* Reinbek 1988.

Mehlin, U.: *Die Fachsprache des Theaters.* Düsseldorf 1969.

Philippi, F.: *Alt-Berlin. Erinnerungen aus der Jugendzeit.* Berlin 1913.

Reimer, E.: »Virtuose«. In: Eggebrecht, H.H. (Hg.): *Handwörterbuch der musikalischen Terminologie.* Stuttgart 1972.

Schottky, J.M.: *Paganinis Leben und Treiben als Künstler und Mensch mit unpartheiischer Berücksichtigung der Meinungen seiner Anhänger und Gegner.* Prag 1830.

Stettner, A.: ›Wer ist ein Virtuose in der Schauspielkunst?‹ *Das Phänomen des Virtuosentums im deutschen Sprechtheater des 19. Jahrhunderts.* München 1999.

Sulzer, J.G.: *Allgemeine Theorie der schönen Künste. In einzelnen, nach alphabetischer Ordnung der Kunstwörter aufeinanderfolgenden Artikeln abgehandelt.* Hildesheim 1967.

Winkler, G.: »Auf dem hohen Seil durch die Jahrhunderte«. In: Winkler, G./Winkler, D. (Hgg.). *Menschen zwischen Himmel und Erde.* Berlin 1988.

Zedler, J. H.: *Grosses vollständiges Universal-Lexikon.* Graz 1995.

Hans-Otto Hügel

Volksfest

Historische Entwicklung –
Kirchweih und Jahrmarkt

In der ständisch-korporativ verfaßten Gesellschaft Alteuropas hingen Feierabend und Feiertage, kirchliche wie weltliche, an dem durch Arbeit, Glauben und Gemeinschaft vorgegebenen Sinn der Lebenswelten; die Modi geselligen Vergnügens waren sozial gebunden und geboten. Wenn Kirchweih als religiöses oder ein Jahrmarkt als wirtschaftliches Ereignis die Menschen zusammenführten, feierte man im Wirtshaus, um die Dorflinde, auf dem Marktplatz, indem man einen meist kargen und mühsamen Alltag ostentativ durchbrach mit üppigem Essen und Trinken, mit Tanz, der die sinnliche Bewegungslust der Jugend befriedigte und der Eheanbahnung diente, mit dem Ergötzen an Geschicklichkeitsspielen, an Gauklern, Seiltänzern und Bärenführern, an den Sensationen der Bänkelsänger und an Prostituierten. Diese ›Fahrenden‹ kamen schon in die spätmittelalterlichen Städte. Sie fanden in ihnen oder vor den Toren ein zahlreiches ↗ Publikum mit einem durch die stete Kommunikation in den Gassen genährten Spannungs- und Sensationsbedürfnis. Außerdem gab es gehäufte Vergnügungsanlässe und während der warmen Monate mehr Menschen mit freier Zeit in den Städten. So entwickelten sich Ansätze zu einer kollektiven ↗ Unterhaltung, die vorwiegend von ›professionals‹ gegen Geld geboten wurde und über Standes- und Korporationsunterschiede hinweg verband.

Die Gelegenheiten dazu mehrten sich, weil aus unterschiedlichen Anlässen weitere Jahrmärkte mit Tausch und Kauf und Vergnügen entstanden: bei frommem Zusammenlauf am Kirchweihtag, an Heiligenfesten wie ›Kiliani‹ in Würzburg und ›Libori‹ in Paderborn, an Wallfahrtsorten wie ›Pützchens Markt‹ in Bonn, bei der Wintervorsorge vor Weihnachten wie in Nürnberg und Frankfurt, bei weltlichen Stadtfesten, die aus dem ›Vogelschießen‹ der sicherheitswichtigen Schützengilden oder aus Initiations- oder agonalen Riten von Zünften wie Gesellentaufen oder Fischerstechen hervorgingen, bei einem durch Gelöbnis regelmäßig gefeierten Gedenken an Bewahrung in Not wie der ›Dinkelsbühler Kinderzeche‹. Nicht selten verband sich die Anziehungskraft mehrerer Anlässe, etwa bei der Erlanger ›Bergkirchweih‹. Solcher ›Jahrmarktsrummel‹ mit alltagsentrückten, durch Kirchenglanz oder Schützenpomp, durch Verwandtentreffen und reichliches Trinken froh erregten Menschen drang seit dem 16./17. Jh. bis in Pfarrdörfer, die Kirchweihtage nun aufwendiger begingen und städtische Schützenfeste nachahmten. Auch an Höhepunkte des Arbeitsjahres – Erntedank, Weinlese, Viehabtrieb – konnte er sich knüpfen.

Hof-, Staats- und Bürgerimpulse

Neben diese populären Vergnügungen trat ein pädagogisches Angebot der Herrschenden. Aufgeklärte Philanthropen unter Fürsten und Adeligen des 18. und frühen 19. Jh. öffneten, um Gesundheit, Natursinn und harmlose Geselligkeit im Volk stetig zu fördern, Schloßgärten, Parks und Jagdreviere wie Belvedere und Prater in Wien und den Tiergarten in Berlin, oder sie schufen in dieser Absicht neue Parks, etwa den Englischen Garten in München. Auch an solchen Orten etablierten sich rasch kommerzielle Belustigungen, freilich einer noch ständischen Gesellschaft gemäß sozial gestuft. Der Typ ›Wurstelprater‹ zog einfache Leute in billige Wirtsbuden mit ↗ Musik, Tanz und Kegelbahn, auf Hutschen und Karussells, zu Puppenspielern und Seiltänzern. Gehobenes Bürgertum und Adel hörten in den Cafés des Typs ›Nobelprater‹ ↗ Konzerte und genossen beim Promenieren in den Alleen eine anmutig kultivierte Natur.

Der monarchisch-bürokratische Staat des frühen 19. Jh. suchte wirtschaftlichen Nutzen und die Begegnung der Stände und der Provinzen mit gesittetem Vergnügen zu verbinden, als er bei den Leistungsschauen des wichtigsten Produktionssektors, der Landwirtschaft, die nicht selten von dynastischen Feiern ausgingen, außer dem Spektakel eines Pferderennens auch andere Belustigungen zuließ. Wo diese mehr Eigengewicht gewannen, konnten aus den patriotischen Veranstaltungen für Landeswohlfahrt, Loyalität und Staatsintegration überregionale Volksfeste entstehen wie das ›Münchner Oktoberfest‹ und das ›Cannstatter Volksfest‹, die beide auf Fürstenhochzeiten 1810 bzw. 1818 zurückgehen.

Im späten 19. Jh. trugen auch Gewerbe- und Industrieausstellungen, nationale wie regionale, zur Unterhaltungskultur bei, da sie nach dem Vorbild des zur Weltausstellung 1873 in Wien errichteten ›Volkspraters‹ besuchsfördernd um Restaurationen, Fahrgeschäfte und Schaugeschäfte, zum Teil mit exotischen Menschen und Tieren, erweitert wurden. Nicht selten blieben diese Attraktionen nach Ausstellungsende bestehen.

Vauxhalls und Tivolis

Zu den sekundären Vergnügungen, denen Zusammenläufe wirtschaftlicher, religiöser oder politischer Art die Gelegenheiten gaben, kamen seit dem 17. Jh. primäre kommerzielle Belustigungsstätten – zuerst in England, das bei der Entwicklung einer säkularen Bürgerkultur führte. Mit dem 1661 bei London eröffneten ›Vauxhall Garden‹ entstand der Typ der pleasure gardens, ein bürgerliches Gegenstück zum feudalen Park. Die ›bessere Gesellschaft‹ der begüterten Bürger und Adeligen, die genügend freie Zeit, convenable Kleidung und gebildete Umgangsformen besaßen, suchte vor der engen, lärm- und schmutzerfüllten Stadt Erholung und Zerstreuung. Zwischen Tiergehegen, Wasserspielen, Felsen und Grotten, einer inszenierten, auch nachts durch Illuminationen und Feuerwerke belebten Natur, fand man Gaststätten und ↗ Theater, ↗ Musik, Tanz und erotisches Amüsement in versteckten Lauben; später kamen Fahrgeschäfte hinzu.

Während die ›Vauxhalls‹ im 18. Jh. auch auf dem Kontinent Mode wurden, hat man in Frankreich, vor allem um Paris, Landsitze in einer noch stärker vom Adelsstil bestimmten Weise zu ›Folies‹ ausgebaut, zu Gärten, die mit Felspartien, künstlichen Ruinen und Statuen ›Ergötzung‹ boten. In den 1790er Jahren öffnete die Revolution diese Stätten dem Volk und trug mit ›Freiheitsbäumen‹ und ›republikanischen Hainen‹ ihren ↗ Kult hinein. Nach der Revolution, als unter Napoleon der Repräsentationsdrang Neureicher zu attraktiver bürgerlicher Muße drängte, entstand eine Reihe neuer Gärten. Das nach einer antiken Sommerfrische bei Rom mit Renaissance-Villa, Gärten und Wasserspielen benannte ›Tivoli‹ zog bis zu 10 000 Sonntagsbesucher an. Es wurde Vorbild für zahlreiche kommerzielle Unterhaltungsstätten im Europa des 19. Jh., die neben Naturgenuß und Bewirtung von Anfang an vor allem Fahrgeschäfte boten, zunächst hauptsächlich Rutschbahnen. Dazu kamen bald Sommertheater – in Deutschland erhielt Hamburg 1829 das erste und 1841 das größte mit 4000 Plätzen –, Tanzpaläste und später ↗ Varietés. Vieles ähnelte hier den ›music halls‹ im viktorianischen London, ohne daß es freilich so auf die Unterschicht ausgerichtet war wie dort, wo am Anfang Arbeiterpubs standen. Bis zur Mitte des 19. Jh. wurden von Wien bis Berlin, von München bis Bremen

›Tivoli‹ errichtet, zum Teil bereits durch international tätige Unternehmer in standardisierter Form. Dieser bis in das frühe 20. Jh. vorherrschende Typ erweiterte sich – nach dem Vorbild des bekanntesten, des Kopenhagener ›Tivoli‹ mit seinen bis zu 25.000 Besuchern pro Tag – um Fahrgeschäfte neuer Art, um Musikpavillons, Theatersäle und Einkaufskolonnaden, um Restaurants und Schaustellungen. Sie reizten teilweise mit exotischen Formen, die bei einer auf die Meere drängenden und Kolonien erobernden Nation beliebt wurden.

Die Volksgärten als Höhepunkt

Um 1900 gewannen großstädtische Unterhaltungsstätten eine neue Dimension. Der ›Volksgarten Nymphenburg‹ von 1890 am Rande Münchens mit 30 000 Besuchern im Jahr ›Sterneckers Weltetablissement‹ von 1888 in Berlin Weißensee, ›Venedig in Wien‹ von 1895 und mehrere kleinere verbanden bewährte und neueste Attraktionen aus Belustigungsgärten, Ausstellungsparks und Volksfestplätzen, aus Theater, ↗ Zirkus und Sportarena (↗ Stadion) zu ›unerhörter‹, täglich verfügbarer Vielfalt aus Natur, Kultur und Technik. Es gab ein breites »Grundangebot« (Weisser 1998, S. 274) aus Park und Tiergehege, Erlebnisrestaurants im Stil fremder Länder, Exotenschauen, Vergnügungseinrichtungen, die von Grotten bis Seilbahnen reichten, und häufigen Festen mit Musik, Tanz, Feuerwerk. Dazu kam ein üppiges Varietéprogramm und – die Hauptneuerung – eine Konzentration großer, häufig stationärer Fahr- und Schaugeschäfte, mit denen Lärm und Hektik des Volksfestrummels einzogen. Diese komplexen Unterhaltungsstätten, verkehrsgünstig – in München fuhr die erste Dampftrambahn nach Nymphenburg – und nahe bei großen Wohnquartieren und Kasernen gelegen, zogen mit niedrigen Preisen und aggressiver ↗ Werbung massenhaft Menschen der unteren und mittleren Schichten in Stadt und Umland an, aber auch ›bessere Leute‹ und Touristen. Dennoch blieben sie ökonomisch labil, erfuhren durch das ↗ Kino, große Sportveranstaltungen und wachsenden Ausflugsverkehr zunehmend Konkurrenz und litten im Ersten Weltkrieg am Ernst einer ›ehernen Zeit‹ und am Mangel im Volk, so daß mehrere Etablissements eingingen, zumal die Gelände auch als Bauland interessant wurden. Andere florierten in den 1920er Jahren noch, erlagen aber der Reglementierung durch das NS-Regime.

Ein anderer Typ war der ›Luna-Park‹, der nach einem Vorbild auf der Weltausstellung 1893 in Chicago auf Coney Island bei New York entstanden war

und seit 1909 nach Deutschland kam, zuerst nach
Berlin, dann nach Köln, Leipzig usw. Da in diesem
Typ Technik und Show, d. h. die neuesten elektrischen Fahrgeschäfte, grelle Dekoration, Zirkus- und
Sportsensationen dominierten, während Gastronomie, musisches Angebot und Natur zurücktraten,
machte er zwar vor und nach dem Krieg Furore, aber
entsprach den kontinentaleuropäischen Breitenbe-
dürfnissen auf Dauer zu wenig. Als seit der Mitte des
20. Jh. wieder große stationäre Anlagen freien Vergnügens entstanden, lebte er nicht mehr auf.

Struktur und Funktion – Umfang
und Personen

Die Größe der Vergnügungsorte begann bei den 20,
30 m², die Schaukel, Kinderkarussell und Wurfbude
an Ausflugslokalen benötigten, und endete bei den
großen Festwiesen und Vergnügungsparks mit mindestens 100.000 m²; in München z. B. bedeckten
›Oktoberfest‹ wie ›Volksgarten Nymphenburg‹ über
400.000 m². Ihre Dauer reichte von einigen Volksfest-
tagen im Jahr über mehrere Monate, etwa in Verbindung mit ↗ Ausstellungen, bis zu einem ständigen
Betrieb, allenfalls mit Ruhepause, wenn es zumindest
im Sommerhalbjahr einen durchweg hohen Besuch
gab. Daß dies aufgrund des rapiden Städtewachstums
zunehmend der Fall war, nutzte beiden Betreiber-
gruppen der Vergnügungseinrichtungen: Nicht wenige Schausteller konnten nun seßhaft werden, und
es lohnte sich für Berufsfremde, Schaugeschäfte, ja
ganze Ensembles zu errichten. Erstere stammten
meist von den ›Fahrenden‹ und bildeten, da sie, bei
hoher Endogamie, Gewerbe und mobile Lebensweise
oft über Generationen vererbten, ein Außenseiter-
milieu zwischen glamourösem Bild und dubiosem
Ruf. Neben sie traten, als die Schaugeschäfte aufwendiger wurden, bürgerliche Unternehmer wie
Hugo Haase (Hannover) – Wirte, Kaufleute, Fa-
brikanten –, die mehr Kapital, Organisationswissen
und/oder technisches Know-how als die Schausteller besaßen und von diesen viele abhängig machten.

Fahrgeschäfte: vom Karussell
zur Achterbahn

Die Ausstattung der Volksfeste und Vergnügungsparks gewann durch die Industrialisierung seit dem
späten 19. Jh. neue Dimensionen. Bei den Fahrgeschäften vervielfachten, verstetigten und differenzierten Dampfmaschine und Elektromotor die Antriebskraft, Eisen und Stahl ließen die Anlagen haltbarer,

größer und doch aufbaugünstiger werden, die elektrische Beleuchtung steigerte die Erscheinung suggestiv, außerdem erweiterte die Eisenbahn den Ein-
satzbereich.

Weit verbreitet war in der Mitte des 19. Jh. das
transportabel gewordene Karussell, das sich um 1700
aus einer zum höfischen Zeitvertreib gewordenen
ritterlichen Waffenübung, dem Ringstechen, zu einer
mit Menschen- oder Pferdekraft angetriebenen mechanischen Drehvorrichtung mit Sitzen, zum ›Rin-
gelspiel‹ entwickelt hatte. Seit den 1880er Jahren
wurde es durch eine als ›centre truck‹ in der Achse
aufgestellte Dampfmaschine gleichmäßiger, länger
und leistungsstärker angetrieben. Ein Dynamo speiste reiche Beleuchtung. Überdies machte es, da nun
fahrbar, die Schausteller aus eigener Kraft mobil.
Durch Dampfkraft und Metallbau gewannen auch
die seit dem 18. Jh. aus England und Rußland übernommenen ›Russischen Schaukeln‹, vertikal rotierende Holzräder mit Hängesitzen, an Größe und
Kapazität: Bis zu 12 m hohe Räder wurden im späten
19. Jh. Wahrzeichen von ›Tivolis‹ und bedeutenderen
Volksfesten. Den sensationellen Entwicklungssprung
zu stählernen Riesenrädern, die um 1900 in den USA
und in Europa zum Prestigezeichen von großen Vergnügungsstätten oder Weltausstellungen wurden –
Wiener Prater mit 61, Chicago 1893 mit 76, Paris
1898 gar mit 100 m Durchmesser –, hat freilich nur
ein kleiner Teil der Bevölkerung gesehen. Denn erst
in den 1960er Jahren wurden Räder mit über 20 m,
später mit 60 m Höhe transportabel. Vor allem nach
Pariser Vorbildern wurden seit dem frühen 19. Jh.
Rutschbahnen mit kleinen Wagen, die das Gefälle
meist noch eine Gegenbahn hinauftrieb, zu einer
Hauptattraktion der ›Tivolis‹. Sie kamen später, mobil geworden, auch auf große Volksfeste und boten
manchmal, wie auf der Berliner Gewerbeausstellung
1896, als Wasserrutschbahnen zusätzlichen Reiz. Je
mehr sich Materialbeherrschung und Berechnung
verbesserten, stiegen Höhe, Fassungsmenge und
Fahrgeschwindigkeit, bis sie 1908 nach amerikanischen Vorbildern mit Kurven und raschem Höhen-
wechsel in die neue Dimension der transportablen
Achterbahnen vorstießen. Riesige, manchmal noch
durch gewaltige Kulissen verkleidete Gebirgsbahnen
mit einer Grundfläche bis an die 5000 m² beherrschten nun die Silhouette der großen Vergnügungsstätten. Seither sind diese Hochfahrgeschäfte zwar
wieder kleiner geworden, doch – ab den 1960er
Jahren meist ganz aus Stahl – durch raffinierte Schie-
nenführung, etwa als ›Korkenzieher‹ mit einer Reihe
von Loopings, immer ›atemberaubender‹.

Nach dem Ersten Weltkrieg kam Neues hauptsächlich durch die Elektrizität, meist aus den seit Ende

des 19. Jh. in der Vergnügungsindustrie führenden USA. Begeistert wurde in den 1920er Jahren der Autoskooter aufgenommen, der individuelle Geschicklichkeit fordert und zugleich durch ständige Zusammenstöße eine erregte Geselligkeit schafft. Ebenso populär wurden Themenfahrgeschäfte, d. h. geschlossene Anlagen, in denen man – wie schon bei einer ›Electr. Grottenbahn‹ im Wiener Prater – auf Schienen kurvenreich ein aus Figuren, Licht und Geräuschen inszeniertes Thema durchfährt: 1931 stand auf dem ›Hamburger Dom‹ erstmals eine Geisterbahn, die Gruselreiz bot und Körpernähe der Geschlechter in den zweisitzigen Wagen. Skooter und die durch elektronische Steuerung immer raffinierteren Geisterbahnen gehören bis heute zum Standard der Volksfeste.

Neben all dem technischen Fortschritt hat sich überall die älteste Attraktion gehalten: die in allen Kulturen belegte und auf den Vergnügungsplätzen des 18. und 19. Jh. selbstverständliche Schaukel. Sie vergnügt durch die Bewegung aus eigener Kraft, die in der um 1890 aus Amerika eingeführten ›Schiffschaukel‹ am besten gelingt und sich in der Überschlagschaukel aus den 1930ern imponierend kühn steigert.

Geschicklichkeits- und Belustigungsgeschäfte: Toboggan und ›Haut den Lukas‹

Durch die spektakuläre Entwicklung der Fahrgeschäfte gerieten die beiden anderen Gruppen der üblichen Einteilung, die Geschicklichkeitsgeschäfte und die Belustigungsgeschäfte im engeren Sinn, etwas in den Schatten. Doch auch bei letzteren steigerte die Technik die Effekte. Anfang des 20. Jh. wurde das alte Jahrmarktsgaudium, selbst ungewohnte Situationen zu riskieren und damit bei Beobachtern Schadenfreude zu wecken, ›industrialisiert‹: Laufbänder verschiedener Art, besonders der steile Aufstieg zu den Rutschbahnen der Toboggans, ›Teufelsräder‹ genannte Drehscheiben, ›humoristische Wasserfälle‹ u. ä. ließen die Benutzer unter dem Gelächter der Zuschauer zu Dutzenden purzeln. Kaum motorisiert wurden dagegen die seit einem Jahrhundert üblichen Geschicklichkeitsanlagen, in denen man vor Publikum Treffsicherheit oder Kraft zeigte: Schießbuden mit ihrer auf Männergeschmack abgestellten humoristischen oder erotischen Bilderwelt, Wurfgeschäfte, Schlaghämmer à la ›Haut den Lukas‹. Eine ›Aufrüstung‹ mit Dampf- oder Elektroantrieb, etwa für bewegliche Schießscheiben, erleichterte zwar den Betrieb, aber änderte für die Benutzer wenig.

Unterhaltungsräume: Restaurants, Wintergärten, Flora-Paläste

Zu den bisher erwähnten Attraktionen kamen oft als stärkere Anziehungspunkte Gebäude für Gastronomie und für vielerlei Darstellungen. Sie nahmen gleichfalls seit den 1860/70er Jahren an Größe, Vielfalt und dem Aufwand für Funktionen und Effekte erheblich zu: Gaststätten, Musik-, Ball-, Theatersäle, die oft heizbar waren und mehrere tausend Menschen faßten, dazu Ausstellungsräume für Menschen, Tiere und Pflanzen aus fernen Ländern. Statt in Leichtbauweise wurden sie nun zunehmend als feste Prachtbauten in Formen des Historismus oder Exotismus errichtet und imponierten mit Türmen, Freitreppen, reichem Fassadenschmuck und schließlich elektrischer Lichtbrillanz. In den vom Crystal Palace der Londoner Weltausstellung 1851 europaweit initiierten Eisen-Glas-Bauten der Wintergärten – von zierlichen Anbauten bis zu mehrflügeligen Anlagen mit einer weiten Rotunde im Zentrum – fand man ungewohnte Transparenz und das ganze Jahr ein grünes Ambiente, selbst mit tropischen Pflanzen. Spektakulär waren die mit monumentalen Steinfassaden verkleideten ›Flora-Paläste‹ – der erste 1864 in Köln, weitere u. a. in Frankfurt und Berlin –, wo bei hohen Eintrittspreisen ein bürgerliches Publikum speiste, flanierte und konzentrierte Unterhaltung – Musik, Bibliothek, Ausstellungen – genoß. Vorwiegend von einfachen Leuten wurden dagegen folkloristische Lokale wie Almhütten oder ungarische Csárdas besucht, die mit ›stilechten‹ Musik- und Tanzdarbietungen, Bedienungen und Speisen nahe oder ferne Exotik in die Großstadt brachten.

So war bis Anfang des 20. Jh. vor den Naturkulissen der Volksgärten für vielerlei Unterhaltungsbedürfnisse ein breites Angebotsspektrum inszeniert worden. Die Prostitution allerdings, ein altes Element der Vergnügungsstätten, wurde möglichst verdrängt, da die Werbepräsenz der Gärten in der Presse auch zu schärferer Beobachtung führte. Wie in der Schaustellerei setzten sich die Tendenzen der Jahrhundertwende nach dem Ersten Weltkrieg im wesentlichen fort, wenn auch technisch verbessert und im Stil der Vorführungen oft freizügiger, was vom liberalen Recht der Weimarer Demokratie zugelassen, von einem libertinen ›Geist‹, der gegen die kriegserschütterte Bürgerlichkeit vordrang, forciert und von der wachsenden Unterhaltungskonkurrenz nahegelegt wurde. Doch der Höhepunkt war auch auf diesem Sektor in den 1920er Jahren bereits überschritten; nach 1933 erlag vieles der politischen Reglementierung.

Die sozialpsychologische Wirkung –
Freizeit als Voraussetzung

Entscheidend für die gesamte Entwicklung der Vergnügungsstätten war die Entstehung der modernen Freizeit. In Deutschland löste sich seit dem 18. Jh. die Zeit der ›Nicht-Arbeit‹ von den durch Arbeit, Familie, Kirche und lokale Gemeinschaften je lebensweltlich gesetzten kulturellen Mustern. Sie wurde eine tatsächlich freie Zeit, die man unabhängig von Alltagsrollen verleben, über die man individuell verfügen konnte. Das galt zunächst unter Bürgern, für die denn auch in erster Linie die frühen Belustigungsgärten entstanden. Sie emanzipierten sich zunehmend von ihrer soziokulturellen Herkunft. Zugleich besaßen sie genügend Wissen, Geld und Dispositionskompetenz, um Muße selbst zu gestalten. Doch daß aus den Vergnügungsorten eine Vergnügungsindustrie wurde, war erst möglich, als seit der Mitte des 19. Jh. Urbanisierung und Industrialisierung für große Teile der deutschen Gesellschaft Arbeit, Umwelt, soziale Beziehungen tief veränderten und damit auch kleinbürgerlichen und unterbürgerlichen Gruppen jene Freizeit brachten.

Vergnügen im Kollektiv: Distanz zum Alltag

Darunter waren viele, die täglich lange eine eintönige Arbeit verrichteten, doch, da sie physisch leichter wurde, mit weniger Körpererfahrung als früher, die zudem in engen und ungesunden Quartieren wohnten, keinen Urlaub kannten und, was besonders für junge Ledige galt, oft auch wenig Zugang zu Feierabendgesellschaft und Feiertagsvergnügungen hatten. Sie fanden Entspannung, etwas Natur und in Fahrgeschäften ein intensives Körpergefühl, oft mit dem Kitzel scheinbaren Risikos, dazu bunte Gesellschaft, Zirkusspannung sowie leicht faßliche Kunst und Belehrung. Mit vielfältigen ›Rummel‹-Erlebnissen und heiteren Illusionen für alle Sinne bei niedrigen Eintrittspreisen boten große Volksgärten und kleine Volksfeste den ›einfachen Leuten‹ ein Ventil im mühsamen Alltag, Anreiz zu gemeinsamer Lust, Selbstbestätigung in ›traumhaft‹ schönen Erlebnissen. Vor allem in den großen Vergnügungsstätten sah man auch viele ›bessere Leute‹ aus Bürgertum und Adel; außerdem war die Technik neuester Fahrgeschäfte für alle attraktiv. Dazu kamen zahlreiche auf Stadterlebnisse erpichte Landleute. So mischten sich in diesen Freizeitplätzen, auch wenn ihre Besucherprofile durchaus differierten, insgesamt die sozialen Schichten zum Erlebniskollektiv auf Zeit.

Volksfestplätze und Themenparks
im späten 20. Jahrhundert

Noch inmitten der Nachkriegsnöte belebten sich die Volksfestplätze vieler Städte und Märkte – wenn auch mit altersschwachen Fahrgeschäften. Sie wurden während der 1950/1960er Jahre mit den steigenden Ansprüchen im ›Wirtschaftswunderland‹ technisch ständig attraktiver; dehnten sich aus – vor allem ganz große wie das Münchner Oktoberfest gewannen als Touristenmagnet lokal wirtschaftliches Gewicht – und vermehrten sich. Neue kamen verstärkt in den 1970/1980er Jahren hinzu, als Wohlstand, Freizeit und Erlebnisdrang so wuchsen, daß in nicht wenigen Orten aus Vergnügungslust, kommerziellen Interessen und lokalem Identitätsbedarf Traditionen teils wiederbelebt, teils folkloristisch erfunden oder gegenwärtige Vorgänge zu Festthemen gestaltet wurden und dafür über die ↗Medien Publikum auch von auswärts gewonnen werden konnte. In Bayern z. B. sind allein in den drei Jahrzehnten nach dem Zweiten Weltkrieg über 20 Feste entstanden, vom Hallertauer Volksfest über das Zwieseler Grenzlandfest bis zum Volkacher Weinfest. Diese Art des Massenvergnügens scheint in Deutschland, wo sie im 19. Jh. durch einen romantisch-historistischen Blick erregt und im 20. Jh. von Volkstums- und Heimatschutzparolen bestärkt worden war, besonders populär als Ausgleich zum rational gelenkten Alltag einer spätindustriellen Gesellschaft. Mit Gemeindebrauchtum, ob historisch verbürgt oder durch aktuelle Konvention bestimmt, wird kollektive ↗Heimat nicht zuletzt als Kompensation inszeniert.

Seit den 1960er Jahren, später als in England und gar den USA, entstanden Freizeit- und Erlebnisparks. Nach einigen Vorläufern – u. a. Tripsdrill bei Heilbronn 1929 – und frühen Formen wie Märchen-, Wild-, Vogel- oder Safariparks entstanden Anlagen, in denen sich viele der Attraktionen zur aktiven oder inaktiven Vergnügung finden, jedoch die Natur mit ihrer Sinnenanmutung und ihrem Erholungswert weit mehr Raum einnimmt als in den einstigen stadtnahen Vergnügungsstätten. Meist liegen die Freizeitparks auf dem Land, wo große Areale von Unternehmern – teils ›vom Fach‹, teils aus anderen Branchen – günstig erworben werden können oder Adelige ihren Grundbesitz ertragreicher nutzen. Die Massenmotorisierung hat solche Standorte leicht erreichbar gemacht und stärkt sie zudem oft durch vor- oder nachgelagerte Betriebe wie Restaurants, Hotels, Feriendörfer weiter. Zwar wirkte die kontinentale Tradition, die bis zum ersten Themenpark ›Venedig in Wien‹ 1895 zurückging, durchaus nach. Aber Hauptvorbild wurde im Zug der kulturellen Orien-

tierung Westdeutschlands an den USA das 1955 eröffnete Disneyland. Dort wurde in strikt durch-
gestalteten Themenbereichen, die das gewünschte
Publikum ansprechen, in räumlich abgegrenzten Mi-
krowelten mit Belehrung und Amüsement, Illusionen und Abenteuer eine heile und traumhafte Kulisse
gegen den Alltag der Besucher inszeniert. Man
durchstreift in dekorativen Inszenierungen und/oder
Shows räumlich oder zeitlich fremde Welten von
Sauriern über Ritter und Chinesen bis zu galakti-
schen Begegnungen, erlebt Märchen- und Geister-
zauber und erprobt sich in Fahrgeschäften, Wasser-
bahnen und Geschicklichkeitsspielen.

Verordnete Festkultur in der DDR

Eine auffallende, sprunghafte Zunahme von Volksfesten gab es seit den 1970er Jahren in der DDR. Das
geschah freilich nicht aus lokal artikuliertem gesellschaftlichen Bedürfnis, sondern in zentral verord-
neter politischer Absicht. Als Anfang des Jahrzehnts
der zur eigenen Nation erklärten Bevölkerung ein
sozialistisches Nationalbewußtsein vermittelt werden
sollte und dazu weit über die bisher kultivierte Arbei-
tergeschichte hinaus die Pflege des ›kulturellen Erbes‹
verordnet wurde, verbreiteten sich rasch ›Folklore‹
genannte Gemeinschaftsriten um politisch nützliche
Traditionen. In diesem Rahmen wurde von überall
eingerichteten ›Volkskulturkollektiven‹ (↗Volkskul-
tur) in den 1980er Jahren ein sozialistisches Fest- und
Feierwesen entfaltet. Es fand starkes Echo, weil die
nicht von Freizeitattraktionen verwöhnten Menschen
vergnügte Geselligkeit außerhalb des schematischen
politischen Kults fanden, damit trotzdem Loyalität
bekundeten und zudem manch praktischen Gewinn,
etwa Kaufmöglichkeiten, hatten. Doch im Vollzug
solcher Folklore, bei dem Volksfeste ein Hauptele-
ment waren, wuchs, da die regionalen und lokalen
Traditionen ihren ›Eigen-Sinn‹ zur Geltung brachten,
vor allem bei den Trägern häufig eine kleinräumige,
aus der Geschichte gespeiste Identität, die das verordnete DDR-Bewußtsein eher hemmte. Eine gerade
auch im Volksfest-›Rummel‹ unterhaltsam geweckte
Selbstbesinnung konnte zu Selbstbestimmungswün-
schen im zentralistischen Staat führen. Letztlich wirkte so bei nicht wenigen die Inszenierung populärer
Kultur tendenziell gegen das, was sie bezweckte.

Stand und Tendenzen um 2000

Unter den inzwischen über 50 Freizeitparks in der
Bundesrepublik mit mehr als 100.000 Besuchern im
Jahr überwiegen ›Komplexanlagen‹, die Natur, Tiergehege, ↗Shows, Kinderspielzonen, Unterhaltungselektronik und Gastronomie verbinden mit immer
schnelleren Fahrgeschäften von oft enormer Kapazität. Der im Europa-Park Rust als sechste Hoch-
geschwindigkeitsbahn 2002 eröffnete Hypercoaster
›Silver Star‹, Europas größte Achterbahn, befördert
stündlich ca. 1500 Personen. An solcher Großtechnik
wird eine Tendenz zu Sensation und Nervenkitzel
evident; das Abenteuer tritt zunehmend vor das Disney'sche Amüsement. Insgesamt ziehen die meist von
März/April bis Oktober/November geöffneten Parks
nach einer von der Wiedervereinigung ausgelösten
Besuchsteigerung um ein Viertel jährlich rund 22
Millionen an, mehr als doppelt soviel wie die Fußballstadien der 1. Bundesliga. Zwei Drittel fallen auf
die sechs größten Parks mit über 1 Million (Europa-
Park Rust, Hansa-Park Sierksdorf, Heide-Park Sol-
tau, Holiday-Park Haßloch, Phantasialand Brühl,
Warner Bros. Movie World), dreizehn weitere haben
300.000 bis 600.000 Besucher. Überwiegend kommen
Familien, hauptsächlich aus den mittleren Schichten,
für einen Tag aus einem bei den größeren Anlagen
weiten Einzugskreis, in Rust z. B. durchschnittlich
über 80 km. Weil das Arbeitsplätze und Konsum
bringt, aber auch durch die Konzentration von Massenfreizeit andere Gebiete mit empfindlicher Natur
von Ausflugsverkehr entlastet, werden die Freizeitparks von den Behörden, die sie anfangs eher ablehnten, meist gefördert.

Auch kleinere, durch die technischen Spektakel der
großen zeitweise bedrängte Parks finden wieder
mehr Zulauf, indem sie Fahrgeschäfte, Spielflächen
und Tiergehege konsequent auf Familien mit kleinen
Kindern ausrichten. Kinderorientiert mit entsprechend sanften Reizen ist auch der jüngst von der
dänischen Firma Lego begründete Typ der Brand-
Parks (Markenparks). Wie das ›Ravensburger Spiele-
land‹ seit 1998 oder ›Legoland‹ bei Günzburg seit
2002 finden sie mit der suggestiven Demonstration
der Möglichkeiten der Produkte, die auch zu aktiver
Beschäftigung animiert, regen Zulauf.

Welchen Rang die Unterhaltungsform Themenpark als attraktive Vermittlung von ›Welt‹ gewonnen
hat, zeigte die Expo 2000 in Hannover: Als eine der
vier Säulen dieser Weltausstellung wurde das Leitthema ›Mensch – Natur – Technik‹ auf 100.000
Quadratmetern in ›Mitmach-Ausstellungen‹ als Themenpark gestaltet.

Literatur

Blessing, W. K.: »Fest und Vergnügen der ›kleinen Leute‹.
    Wandlungen vom 18. bis zum 20. Jh.«. In: Dülmen, R. v./
    Schindler, N. (Hgg.): *Volkskultur. Zur Wiederentdeckung des*

vergessenen Alltags (16. – 20. Jahrhundert). Frankfurt a. M. 1984.

Dahle, T. N.: *Freizeitparks*. Stuttgart 1992.

Dering, F.: *Volksbelustigungen. Eine bilderreiche Kulturgeschichte von den Fahr-, Belustigungs- und Geschicklichkeitsgeschäften der Schausteller vom 18. Jahrhundert bis zur Gegenwart*. Nördlingen 1986.

Endres, K. (Hg.): *Volksfeste und Märkte. Jubiläumsbuch 100 Jahre DER KOMET*. Pirmasens 1983.

Faber, M.: *Schausteller. Volkskundliche Untersuchung einer reisenden Berufsgruppe im Köln-Bonner Raum*. Bonn 1982.

Fichtner, U./Michna, R.: *Freizeitparks. Allgemeine Züge eines modernen Freizeitangebotes, vertieft am Beispiel des EUROPA-PARK in Rust/Baden*. Freiburg i.Br. 1987.

Gerndt, H. (Hg.): *So feiern die Bayern. Bilder, Texte und Untersuchungen zum öffentlichen Festwesen der Gegenwart*. Ausstellungsbegleitheft d. Instituts für deutsche und vergleichende Volkskunde der Universität München. München 1978.

Gottdiener, M.: »Disneyland. An utopian urban space«. In: *Urban Life. A quarterly Journal of ethnographic research* 11 (1982) S. 139–162.

Hügel, H.-O.: »Zugangsweisen zur populären Kultur. Zu ihrer ästhetischen Begründung und ihrer Erforschung«. In: U. Göttlich/W. Gebhardt/Ch. Albrecht (Hgg.): *Populäre Kultur als repräsentative Kultur*. Köln 2002. S. 52–78.

Kift, D. (Hg.): *Kirmes – Kneipe – Kino. Arbeiterkultur im Ruhrgebiet zwischen Kommerz und Kontrolle (1850–1914)*. Paderborn 1992.

Moritz, M./Demme, D.: *Der ›verordnete‹ Frohsinn. Volksfeste in der DDR*. Begleitheft zur Ausstellung im Museum für Thüringer Volkskunde Erfurt. Erfurt 1996.

Möhler, G.: *Das Münchener Oktoberfest. Brauchformen des Volksfestes zwischen Aufklärung und Gegenwart*. München 1980.

Nahrstedt, W.: *Die Entstehung der Freizeit. Dargestellt am Beispiel Hamburgs*. Göttingen 1972.

Pemmer, H.: *Der Prater. Von den Anfängen bis zur Gegenwart*. Wich/München 1974.

Petzoldt, L.: *Volkstümliche Feste. Ein Führer zu Volksfesten, Märkten und Messen in Deutschland*. München 1983.

Stambolis, B.: »Kiliani und Libori – Geschichte und Wandel zweier bedeutender religiöser Volksfeste im Vergleich«. In: *Würzburger Diözesangeschichtsblätter* 60 (1998) S. 39–87.

Stroheker, H. O./Willmann, G.: *Cannstatter Volksfest – Das schwäbische Landesfest im Wandel der Zeiten*. Stuttgart/Aalen 1978.

Süddeutscher Verband reisender Schausteller und Handelsleute e. v. Sitz Nürnberg (Hg.): *100 Jahre Süddeutscher Schaustellerverband 1888-1988*. Nürnberg 1988.

Weisser, J.: *Zwischen Lustgarten und Lunapark. Der Volksgarten Nymphenburg (1890–1916) und die Entwicklung der kommerziellen Belustigungsgärten*. München 1998.

Wörner, M.: *Vergnügen und Belehrung. Volkskultur auf den Weltausstellungen 1851-1900*. Münster 1999.

http://www.freizeit-und-erlebnisparks.de/d/sites/info/trends.htm

Werner K. Blessing

Volksmusik ↗ Heimat

Volkspädagogik

Volkspädagogik ist die Lehre von der erzieherischen Beeinflussung der ›einfachen‹ Schichten der Bevölkerung. Im Unterschied zur Vermittlung von Wissen durch Schulwesen und Weiterbildung (Volksbildung) setzt man dabei v. a. auf populäre ↗ Medien, um das ›Volk‹ umfassend moralisch, weltanschaulich und ästhetisch zu erziehen.

Die Idee der Volkspädagogik bildete sich in der Volksaufklärung der zweiten Hälfte des 18. Jh. Man wollte den ›gemeinen Mann‹ mit vernünftigen Ideen und nützlichem Wissen versorgen. Das begann mit der Alphabetisierung, doch schnell wurde klar, daß man dafür besondere, auf den Adressaten zugeschnittene Vermittlungsformen brauchte. Einfallsreich verbanden die Autoren belehrende und unterhaltende Elemente. Das Ziel unverkürzter Weitergabe der aufklärerischen Gedanken wich dem Konzept der »verhältnismäßigen Aufklärung« (Böning 1995, S. 435 f.): adressatenspezifische Auswahl und Bearbeitung, letztlich eine für die vermeintlich beschränkte Auffassung und den begrenzten Wirkungskreis der ›Ungebildeten‹ zurechtgestutzte ›Volksausgabe‹.

Weder Volkspädagogik noch Volkserziehung setzten sich als Begriffe durch; ihre Verwendung kennzeichnete eher weltanschauliche Gruppierungen mit missionarischem Geist. In der katholischen Kirche sprach man von Volkspädagogik, ebenso in völkischen Gruppierungen und Anthroposophenzirkeln. Die sozialistische Arbeiterbewegung wollte das ›arbeitende Volk‹ zum Klassenbewußtsein erziehen. Pervertiert klang die Tradition der Volkspädagogik noch einmal an in der Bezeichnung des Goebbels-Ministeriums im Nationalsozialismus als eines für »Volksaufklärung und Propaganda«. In der Gegenwart dient Volkspädagogik v. a. als negativer Kampfbegriff, um breitenwirksam angelegte intellektuelle und künstlerische Interventionen zu disqualifizieren.

Die im Begriff Volkspädagogik gefaßte Einstellung kennzeichnete den Umgang der Bildungsschichten und der erzieherischen Berufe mit populärer Kultur bis weit ins 20. Jh. hinein. Sie wollten zur »Belehrung und Unterhaltung der bildungsbedürftigen niederen Volksschichten [...] gesunde geistige Nahrung in der Form erheiternder und sittlich hebender Unterhaltung« (*Meyers Konversationslexikon* 1890, Bd. 16, S. 269) verbreiten. ›Volksliteratur‹, ›Volkskunst‹, ›Volksunterhaltung‹ hießen entsprechende Konzepte. Allerdings sah man sich im Lauf des 19. Jh. zunehmend in die Defensive gedrängt durch kommerzielle Populärkultur; deren Bekämpfung wurde ein Hauptfeld volkspädagogischen Engagements.

Faßt man den Begriff des Volkspädagogischen sehr weit, dann kann man sogar die gesamte auf Horazens Diktum zurückgehenden Tradition – der Dichter solle sowohl erfreuen (delectare) als auch belehren (docere) – hierunter summieren. Diese Tradition blieb in vielfachen Wandlungen wirksam, bis um 1850 die ↗Unterhaltung begann, sich zu emanzipieren, und damit wurde der Weg frei, das Volkspädagogische als eigenes kulturelles Feld zu etablieren.

Methoden

Volkspädagogische Wirkungsstrategien finden sich seit dem Mittelalter in volkssprachlichen religiösen ↗Genres wie dem geistlichen Spiel oder der Predigt. Beispielhaft für das moderne, weltliche Projekt der Volkspädagogik wurde der Roman *Lienhard und Gertrud. Ein Buch für das Volk* des Schweizer Pädagogen Johann Heinrich Pestalozzi (4 Bde, 1781–1787). Im Kosmos der handelnden Figuren eines armen Dorfes werden aufklärerische Reformvorstellungen anschaulich vorgeführt. Die Grenzen zur sozial oder moralisch engagierten Kunst des 19. Jh., zu Autoren wie Heinrich Zschokke, Jeremias Gotthelf und Berthold Auerbach etwa, sind fließend; auch populäre kommerzielle Genres wie Bänkelsang, Bilderbogen und Kolportageroman stellten die konventionelle Moral meist deutlich heraus. Dabei trug volkspädagogische Arbeit künstlerisch nichtprofessionellen Charakter. Typisch war der belletristisch dilettierende Pädagoge, Pfarrer oder Funktionär.

Als überaus anregend erwiesen sich die von der Volkspädagogik kultivierten Mischformen, die phantasievoll Wissensvermittlung, moralische Ratschläge, religiöse Lebenshilfe und unterhaltende Elemente (Rahmenhandlung, Exempelgeschichten, Dialogisierung usw.) verknüpften. Solche Hybridisierung wurde zum Königsweg der Volkspädagogik. Anstelle rein sachlicher Wissensvermittlung, rein geistlicher Erbauung und rein formbezogener ästhetischer Rezeption schätzte das ›einfache ↗Publikum‹ gerade die spannende und ergreifende Darbietung von Geschichten, die zugleich Informationen über Welt und Menschen vermittelten und durch Rat und Trost die Seele stärkten. Die Kalender, z. B. *Der Rheinländische Hausfreund* (1808–1815 und 1819) von J. P. Hebel wurden im späteren 18. und frühen 19. Jh. zum erfolgreichsten volkspädagogischen Genre. In der Mischung der angesprochenen Bedürfnisse übernahmen ab 1850 regionale Wochenzeitungen (↗Zeitung), die vielfach die Schlüsselbegriffe ›Unterhaltung‹ und ›Belehrung‹ im Titel führten, volkspädagogische Funktionen.

Ein Grundproblem der Volkspädagogik bildete die Materialauswahl. Was die Volkserzieher für volkstümlich hielten, traf einerseits nur selten den Geschmack der Adressaten. Andererseits: Selbst Konservative lehnten die Art und Weise ab, wie gängige Missionstraktate und Bilderbögen, Bänkellieder und moralische Erzählungen sittliche Lehren und christliche Erbauung verbreiteten; das sei zu schematisch, drastisch oder fundamentalistisch. So waren die Volkserzieher zu Abstrichen gezwungen. Autoren wie Friedrich Gerstäcker, Peter Rosegger oder Enrica Handel-Manzetti erhielten das Etikett ›Volksschriftsteller‹, und katholischerseits wurden sogar Karl Mays Winnetou-Romane zunächst als christlich, sittlich und spannend empfohlen. Neben den konfessionellen und klassenspezifischen Blättern für Volksbildung arbeiteten auch kommerzielle Unternehmen (z. B. die aufs ›Herauflesen‹ setzende ›Bibliothek August Scherl‹) mit dem Anspruch, volkspädagogisch zu wirken.

Populäre Künstler mit erzieherischem und belehrendem Anliegen waren nicht auf Hilfe von Volkspädagogen angewiesen, um ihr Publikum zu finden. Im Gegenteil: Ihre Verleger weigerten sich, nicht-kommerziellen Vereinen Lizenzrechte kostenlos oder verbilligt abzutreten. Auch daran scheiterten die Bemühungen, ›gute Literatur‹ zu Preisen unter ›das Volk‹ zu bringen, die mit den Pfennigartikeln der Kolportage (↗Kolportagebuchhandel) konkurrieren konnten.

Entwicklung

Nach der Französischen Revolution, an deren Gewalt sich die gebildeten Geister schieden, und mit der Reaktion seit 1815 versandeten in Deutschland die volksaufklärerischen Impulse bis zum Vormärz. Zwischen 1839 und 1845 entstanden »Volksschriftenvereine«, die belehrende und unterhaltsame Texte unter Bauern, Handwerkern, Dienstboten verbreiten wollten. Sie überlebten aber die Niederlage der Revolution von 1848/49 nur um wenige Jahre. In der Volkspädagogik dominierte nun klar das konservative Element.

Die Reichweite der Volkspädagogik und der ›Volksschriftsteller‹ des 19. Jh. ist schwer zu bestimmen. Sie war wohl am größten im Einflußbereich der Kirchen. Der katholische Borromäusverein (1845), evangelische Missionsvereine und der »Christliche Schriftenverein« (1880) als protestantischer Medienkonzern erreichten in nennenswertem Maß unterbürgerliche Schichten. Der 1890 in Basel, Bern und Zürich gegründete »Verein zur Verbreitung guter

Schriften« brachte bis 1912 ca. 270 Titel für 10–30 Rappen mit einer Gesamtauflage um 10 Mio. heraus. Autoren, die in volkspädagogischen Reihen verbreitet wurden, waren u. a. Gotthelf, Auerbach, W. O. von Horn, Riehl, aber auch Grillparzer, Eichendorff, Keller, Tieck, Stifter, Droste-Hülshoff. Vermutlich fanden diese Schriften dieselben kaufkraftschwachen bildungsorientierten Leser wie die Reclamheftchen: Schüler und Studenten, proletarische Autodidakten und kleinbürgerliche Aufsteiger. Was wirklich ins ›einfache Volk‹ gelangte, wurde nicht selten von wohlmeinenden Volksfreunden verteilt – kostenlos, aber auch unerbeten und mit geringer Aussicht aufs Gelesenwerden. Zum Vergleich: Ein durchschnittlicher Kolportageroman umfaßte mindestens 1 Mio. Lieferungsheftchen; davon erschienen zwischen 1890 und 1914 im deutschen Sprachraum ca. 380.

Lehrer und Pfarrer stellten die kommerziell erfolgreichen ›Volksschriftsteller‹ der zweiten Hälfte des 19. Jh., und einige wurden durchaus volkspädagogisch anerkannt. Autoren wie O. Glaubrecht (d. i. Ludwig Rudolf Oeser; 1807–1859), Franz Hoffmann (1814–1882), Oskar Höcker (1840–1894), W. O. von Horn (d. i. Wilhelm Oertel; 1798–1865), Gustav Nieritz (1795–1876), Christoph von Schmid (1768–1854) erreichten zweifellos viele ›einfache‹ Leser. Doch den Vorkämpfern der Volkspädagogik genügte das nicht. Um 1890 begann eine neue Offensive: Gegen den geistigen Einfluß der Arbeiterbewegung, für ›ästhetische‹ Volkserziehung.

Organisationen wie der »Verein zur Massenverbreitung guter Schriften« (1889) sollten der kommerziellen Populärliteratur das Wasser abgraben, die Konservative für soziale Unzufriedenheit verantwortlich machten. Man bediente sich der Kolportage und gab Familienzeitschriften (↗ Zeitschrift) heraus – ohne nennenswerten Erfolg. Die »Deutsche Gesellschaft zur Verbreitung guter Jugendschriften« (1909) suchte mit Groschenheftserien (*Adler-Bibliothek*) Heranwachsende nationalistisch und militaristisch einzustimmen – vorgeblich als Mittel gegen ›Schund‹.

Ästhetische Erziehung wurde für Jahrzehnte erstrangiges Ziel der Volkspädagogik. Bürgerliche und Sozialdemokraten versuchten, Arbeiter an die große Kunst heranzuführen durch Volkskonzerte (↗ Konzert) und Theateraufführungen (↗ Theater) für Volksschüler, künstlerische Morgenfeiern, Kinderlesehallen, »Volksunterhaltungsabende« und Museumsführungen (↗ Museum) (*Die Erziehung des Volkes* 1900). Schaufensterdekoration und Gestaltung von Gebrauchsgütern sollten zur allgemeinen Geschmacksbildung beitragen. Prüfungsausschüsse der Lehrer rezensierten Jugendliteratur und gaben den Eltern insbesondere der Volksschüler Empfehlungen. 1913 arbeiteten mindestens 200 davon nach Heinrich Wolgasts (1896, S. 21) Credo: »Die Jugendschrift in dichterischer Form muss ein Kunstwerk sein«. Aus dieser Perspektive erschien das kommerzielle Massenkunstangebot – Groschenhefte (↗ Romanheft), ↗ Filme, Schlager, Sammelbildchen – als profitgieriger Feind. Im Kampf gegen ›Schmutz und Schund‹ verband Volkspädagogik sich mit dem ›Jugendschutz‹.

Nach 1918 traten ästhetische Gesichtspunkte zurück, antimoderne und antiliberale Züge hingegen in den Vordergrund. Volkspädagogik richtete sich an nationalistischen und biologisch-rassistischen Vorstellungen aus: Förderung ›deutschen Volkstums‹ und Erziehung zu ›volkhaftem Empfinden‹. Zugleich wurden immer mehr Aufgaben dem Staat übertragen. Er sollte durch Filmzensur (1920) und ›Schutz der Jugend vor Schmutz und Schund‹ (1926) die ↗ Massenkultur regulieren; Rundfunk, Jugend- und Heimatpflege, Erwachsenenbildung, Volksbibliotheken usw. sollten Bildungsbedürftige heben und belehren. Volkspädagogik wurde in der Weimarer Republik ideologisiert; republikanische und aufklärerische Lesarten gerieten ins Hintertreffen gegenüber deutschnationalen und völkischen.

Im Propagandaapparat und in der umfassenden Kultur- und Freizeitlenkung der Nationalsozialisten kulminierte die Tendenz zur Verstaatlichung der Volkspädagogik – radikal antiaufklärerisch und mit mörderischen Konsequenzen. Die DDR beanspruchte daraufhin, Antifaschismus zur Leitlinie staatlich kontrollierter Volkspädagogik zu machen. De facto gingen die problematischen Traditionen des Projekts Volkspädagogik – Selbstermächtigung einer Wissenselite, Ablehnung populärer Unterhaltung und Vergnügung – auf in der ›Erziehungs‹diktatur der kommunistischen Parteiführung. In der Bundesrepublik verlor der missionarische Geist der Volkspädagogik nach 1968 fast jeglichen Einfluß – bis zu dem Punkt, daß mittlerweile schon der Gedanke an aufklärerisch engagierte Populärkultur vielen suspekt ist.

Literatur

Böning, H.: »Volksaufklärung«. In: Schneider, W. (Hg.): *Lexikon der Aufklärung*. München 1995.
Ders./Siegert, R.: *Volksaufklärung*. 4 Bde. Stuttgart 1990ff.
Die Erziehung des Volkes auf den Gebieten der Kunst und Wissenschaft. Berlin 1900.
Knoche, M.: »Volksliteratur und Volksschriftenvereine im Vormärz«. In: *Archiv für Geschichte des Buchwesens* 27 (1986) S. 1–130.
Müller-Salget, K.: *Erzählungen für das Volk. Evangelische Pfarrer als Volksschriftsteller im Deutschland des 19. Jh.* Berlin 1984.

Schenda, R.: *Volk ohne Buch*. Frankfurt a. M. 1970.
Wilkending, G.: »Kritik der Jugendlektüre«. In: Ewers, H.-H./ Nassen, U./Richter, K./Steinlein, R. (Hgg.): *Kinder- und Jugendliteraturforschung 1996/97*. Stuttgart 1997. S. 38–68.
Wolgast, H.: *Das Elend unserer Jugendlitteratur*. Hamburg 1896.

Kaspar Maase

Walkman

›Walkman‹ ist der Markenname einer japanischen Firma; technisch ein Abspielgerät für Compact-Cassetten (seit 1988 auch für Compact Discs (↗ CD) und später für Mini-Discs), stark verkleinert, damit am Körper transportabel, batteriebetrieben, ohne Lautsprecher, dafür mit Kopfhöreranschluß, ursprünglich ohne Aufnahmemöglichkeit.

Der Walkman kam im Sommer 1979 auf den Markt (und ist seither ein geschützter Markenname). Zunächst exotisch-befremdlich, v. a. beim Joggen oder Skaten benützt, wurde er im Lauf weniger Jahre fast selbstverständlich und bildet seither mit privater ↗ Musik und zugleich dadurch heimlich – und häufig – erzeugtem öffentlichem Lärm ein weiteres Element der ›Klanglandschaft‹ im Alltag urbanisierter Weltregionen.

Musik – überall und jederzeit

Der Walkman entspricht technisch einer allgemeinen Tendenz zu fortschreitender Miniaturisierung audiovisueller Medien sowie kultursoziologisch zur individuellen statt kollektiven Musikrezeption (die noch Portables verschiedenen Typs vermitteln). Die Lust auf Allgegenwärtigkeit von privater Musik als eigener Mikro-Welt (vgl. Zielinski 1989, S. 226) mit gleichzeitiger Abschirmung bzw. Ablenkung von der ›äußeren‹ akustischen Umwelt durch solchen spezifischen ›Antischall‹ und ›Maskierungspegel‹ ist eines der grundlegenden Motive für Verwendung und massenhafte Ausbreitung des ›Walkman‹. Die Benutzer verschaffen sich damit akustisch imaginärreale individuelle Erlebnisräume. Der hier einschlägige Markenartikel-Name ›Walkman‹ (1979) ist das eigentlich Innovative und bezeichnet die gegenüber dem früheren *portable* neue Stufe in der Eroberung öffentlicher Räume durch private Musik. Mit diesem patentrechtlich abgesicherten Dreh wird ein ganzes Gebrauchswertspektrum für einen Konzern monopolisiert. Während der Ersatzname ›Bass Booster‹ in Anbetracht des realen Klangs geradezu grotesk ist, erscheint das Ausweichen auf »City Bummler« immerhin originell (Quelle-Katalog Herbst/Winter

1989/90, S. 1215). Übertragungen ins Deutsche als »Wandersmann« (Reklame eines Phonogeräte-Ladens, Der Tagesspiegel, 31. 7. 1984) wirken bloß komisch. Technisch handelt es sich gegenüber dem Kassettenrecorder zunächst sogar um einen ›Rückschritt‹ (Hosokawa 1987, S. 14) (in bezug auf Tonqualität, Aufnahmemöglichkeit u. ä.).

Die Abschottung durch Musik des Walkmans macht Erlebnisse, die sonst dem ›Heim‹ oder besonderen Orten und Zeiten vorbehalten waren, nun zugleich öffentlich und alltäglich. Die Beschallung durch Hintergrundsmusik verschiedener Herkunft und Funktion als fremdbestimmter, äußerer Zwang an allen möglichen sozialen Orten wird ergänzt durch die freiwillige Selbstbeschallung mit Hilfe der »tragbaren Musikdusche« (Die Welt, 11. 1. 1986). Zur durch die Miniaturisierung und Isolierung des Hörens gesteigerten »Mobilität« (vgl. u. a. Bestehorn 1986, S. 479a) gehören schließlich auch Verwendungsweisen für bislang eher musikferne Zwecke und Orte, etwa beim Hochleistungssport; der Walkman ist sozusagen das Autoradio für Fußgänger und Radfahrer. So verständlich der Versuch ist, der Langeweile tagtäglicher Gänge und Fahrten mit Walkman-Musik entgehen zu wollen, so absurd ist das Aufpulvern noch des Nicht-Alltäglichen, etwa von Landschafts- und Naturerlebnissen. Die Realität wird hier zum Kulturfilm und die Musik zur Filmmusik.

Musik-Sucht und Mithör-Zwang

Einen nicht unerheblichen Teil zumal der Jugendlichen nennt Joachim E. Behrendt (1985, S. 154) bei einem Musikkonsum von »durchschnittlich 24 Stunden pro Woche mit um die 100 Dezibel« nicht ohne Grund »walkman-süchtig« und »sound junkies«. Dazu trägt nicht zuletzt auch ein bei vielen erhöhter Reizschutzpegel bei, der daran hindert, Musik intensiver mit Gefühlen zu besetzen. Um überhaupt etwas zu spüren, ergibt sich dann daraus der suchtartige Zwang zu immer häufigeren und immer stärkeren Reizen, d. h. hier vor allem zu längerem und lauterem Musikkonsum. Er erscheint ebenso wie die erhöhte Reizschwelle in Anbetracht der herrschenden Lebensverhältnisse erforderlich und wird seinerseits wieder durch die Medien-Welt gefördert. Besonders aus der Überlautstärke mag auch eine Art Machtgefühl entstehen. Es ist freilich nicht nur illusionär; es kann sich auch noch nicht einmal offen-aggressiv äußern, sondern nur verdeckt und heimlich. Neueren Studien zufolge ist permanente Nebenbei-Musik mindestens ungesund: Musik etwa beim Joggen erhöht u. a. Kortisolspiegel sowie Hauttemperatur und damit den Streßpegel, damit wahrscheinlich auch die kurzzeitige Leistungsfähigkeit, die so an Grenzen geführt wird. Um Schäden zu vermeiden, dürfen laut veränderter bundesdeutscher Straßenverkehrsverordnung vom 1. August 1980 Walkman wie Autoradio nur so laut gehört werden, daß Verkehrssignale noch wahrzunehmen sind.

Genuß und Wirkung des Walkman basieren nicht nur auf einer spezifischen Substanz, d. h. Musik selber; sie sind auch noch abstrakter, relational: Das jeweils Gewohnte, Vertraute, Geliebte ist stets am Körper dabei. Für eine solche Wiederkehr von Körper- und Hörerfahrungen genügt auch eine bescheidene Klangqualität. Der Walkman erscheint somit als eine Art tragbare Mutter. Nicht zuletzt wegen der hier einschlägigen Zentrierung um ein individuelles ›Wunschkonzert‹ blieb die sonst häufige Kassettenrecorder/Radio-Kombination beim Walkman marginal.

Mit dem Walkman werden nicht nur Musik- und Realitätswahrnehmung und Kommunikationsfähigkeit bei seinen Benutzern in Mitleidenschaft gezogen, sondern sehr oft auch Unbeteiligte nachhaltig gestört. Sein Grundübel ist nicht der ›narzißtische‹ Rückzug aufs eigene Ich (anti-kritisch dazu v. a. Schönhammer 1988) und der Ausschluß der anderen, sondern umgekehrt deren Einschluß: so nämlich, daß mittels des Walkman auch, wie beim ›Passivrauchen‹, die Nicht-Benutzenden oft zu unfreiwilligen und unwilligen Mit-Hörenden gemacht werden. Das ist neben seinem Sucht- auch seine Seuchen-Funktion. Das spezielle Problem ist hier in ein allgemeines der Musik im Hintergrund, der Hintergrundsmusik verflochten.

Der Walkman vermittelt zwei polare Realisierungsweisen: Musik als Hintergrund wie als ›↗ Konzert‹, in und durch eine dritte Variante: Musik als Medium zum ›Eintauchen‹. Da mag sogar für den musikalisch ›aktiven‹ Täter die Wirklichkeit, die Umwelt zum nurmehr optisch, haptisch, olfaktorisch usw. wahrgenommenen ›Hintergrund‹ verschwimmen. Für die rezeptiven Opfer, die unfreiwilligen Mithörer, ist der Hintergrunds-Effekt sowieso derselbe wie sonst.

Das Nicht-Mithören-Müssen bzw. -Können für in der Nähe befindliche Personen gehört zu den grundlegenden Illusionen der Walkman-Nutzung, teils als Reklamebehauptung verbreitet, teils geglaubt von Hart- bis Schwerhörigen. Tatsächlich ist es eher die Ausnahme als die Regel: Es gilt nur für teurere und ungebräuchlichere geschlossene Kopfhörer, nicht für die üblichen halboffenen, die noch etwas von der akustischen Umwelt durchlassen sollen. Diese ›dissoziale‹ Verwendungsweise dominiert jedenfalls.

Kommunikations-Apparate

Der Walkman ist Teil eines ganzen Fächers von im weitesten Sinne kommunikativen Geräten. Er antwortet auf ein Bedürfnis, das durch wachsende Miniaturisierung als eine Linie der Technikentwicklung gerade in diesem Bereich der Konsumgüter immer leichter befriedigt werden kann und ist (z. B. Handy). Entsprechend differenziert sind die verschiedenen Derivate. Schon Anfang 1981 taucht eine Schwimmtasche für Kassettengeräte auf, samt Nässeschutz für die Kopfhörer und Stirnband, damit diese beim Tauchen nicht wegschwimmen (kritiklos zu diesem und anderen gadgets Hosokawa 1987, S. 13). Wie neue Orte, so werden auch neue Kundenkreise erobert – etwa mit einem »Radio-Cassetten-Walkman« für Kleinkinder (1989), oder mit den seit 1987 angebotenen »Hörbüchern«, d. h. auf Compact-Cassette gelesene Literatur, wodurch neu gebildeten Kundenkreisen die Mühe des Selberlesens abgenommen wird, allerdings auch die Möglichkeit gegeben wird, Literaturaneignung analog zum Musikhören neben anderen Tätigkeiten herlaufen zu lassen oder statt Kommerzradio Selbstbestimmtes zu hören, ob im Auto usw. oder am (häuslichen) Arbeitsplatz.

Der Walkman als Medium speziell für die Musikkassette (↗ Musikkassette/Tonband) wurde technisch kaum noch weiterentwickelt und war insofern ein »dead-end-Produkt«; Weiterentwicklungen greifen auf andere Speichermedien zurück. Seit Anfang 1988 gibt es den »discman« zum Abspielen von Compact Discs, bald darauf auch für Mini-Discs, wodurch die Geräte wiederum mit Überspiel- bzw. Aufnahmemöglichkeit ausgestattet sind. Seit 1989 gehört der Walkman zu den 751 Güterarten des damals neu gegliederten ›Warenkorbs‹.

Der »watchman«, ein miniaturisiertes Fernsehgerät, schon in den 1980ern propagiert, konnte sich, ebenso wie ein Video-Walkman (um 1989), da weit weniger zum Nebenbei-Rezipieren geeignet, nicht durchsetzen – dafür dringen seit Mitte der 1990er Jahre Monitore mit oder ohne Kopfhörer in den öffentlichen und privaten Transportverkehr ein. Die ›reine‹ Klangseite bedienen simulierte Baßtöner zwecks erhöhter Klangfülle und Wirksamkeit der Verwendung der Knochenleitung des Körpers (2000); es gab jedoch bereits 1983 Prototypen für »Körper-Sound«, bei dem die musikalischen Schwingungen durch die in eine Art Jacke eingebauten Lautsprecher wahrgenommen werden.

Seit 1999 gibt es auf dem Markt eigenständige Walkman-Derivate mit verschiedenen Speichermedien, die weitaus erschütterungsunempfindlicher, also an noch mehr Orten verwendbar sind. Das

Kompressionsverfahren MP3 reduziert die Datenmenge bei einem gewissen Klangqualitätsverlust. Seit Ende 2000 sind entsprechende Geräte auf Zigarettenschachtel- oder sogar Feuerzeuggröße miniaturisiert.

Aufgrund der digitalisierten Speicherung ist es ohne großen technischen Aufwand möglich, neben Klängen auch Bilder zu speichern, nicht nur vom ↗ Internet, sondern auch vom privaten PC oder von CDs; ebenso werden Gerätekopplungen und -verschmelzungen (etwa Handy + MP3-Player, v. a. ab 2000) von den Anbietern forciert. Insgesamt tragen der Walkman und seine Derivate dazu bei, einen Wunschtraum bei der technischen Reproduktion von Musik, das ›Überall und Jederzeit‹, zu erfüllen.

Literatur

Behrendt, J. E.: *Das dritte Ohr. Vom Hören der Welt.* Reinbek 1985.

Bestehorn, W.: »Musik und Technik: Der Walkman«. In: *Musik und Gesellschaft* 36 (1986) S. 479–482.

Braun, W./Kühn, H.: »Musik im Hintergrund. Zur Erkenntnis eines umstrittenen Phänomens«. In: *Neue Zeitschrift für Musik* 133 (1972) S. 619–627.

Elste, M.: *Kleines Tonträger-Lexikon. Von der Walze zur Compact Disc.* Kassel 1989.

Heister, H.-W.: »Prickeln unter der tragbaren Musikdusche. Vom ›Walkman‹ und seiner Verwendung«. In: *Neue Musik-Zeitung* 40, 1 (1991) S. 72–74.

Ders.: »Music in Concert and Music in the Background: two poles of musical realization«. In: *Companion to Contemporary Musical Thought*, Bd 1. London/New York 1992. S. 46–71.

Ders.: »Musik/Geräusch. Soundtrack im Sprechtheater und anderswo«. In: *Zwischen Aufklärung & Kulturindustrie.* Bd. 2. Hamburg 1993. S. 271–286.

Hosokawa, S.: »Der Walkman-Effekt.« In: *Popular Music* 4 (1984) S. 165–180.

Ders.: *Der Walkman-Effekt.* Berlin 1987.

Klausmeier, K.: *Die Lust, sich musikalisch auszurücken. Eine Einführung in sozio-musikalisches Verhalten.* Reinbek 1978.

Liedtke, R.: *Die Vertreibung der Stille. Wie uns das Leben unter der akustischen Glocke um unsere Sinne bringt.* München 1988.

Schönhammer, R.: *Der ›Walkman‹. Eine phänomenologische Untersuchung.* München 1988.

Zielinski, S.: *Audiovisionen. Kino und Fernsehen als Zwischenspiele in der Geschichte.* Reinbek 1989.

Hanns-Werner Heister

Werbung

Der Ausdruck ›Werbung‹ ist für das hier zu analysierende Phänomen eine relativ junge Bezeichnung, die Anfang des 20. Jh. aufkam, sich ansatzweise im ›Dritten Reich‹, endgültig in den 1960er Jahren gegen das ältere Wort ›Reklame‹ durchsetzt (zu den folgenden begriffsgeschichtlichen Ausführungen vgl. Kloepfer/ Landbeck 1991, S. 55 f.). Unter ›Reklame‹ (von gleichbedeutend frz. *réclame*, mit der in der Druckersprache ursprünglich üblichen Bedeutung ›Appell an das Gedächtnis‹) verstand man seit Mitte des 19. Jh. eine bezahlte Buchbesprechung oder allgemein einen Werbehinweis, seit der zweiten Hälfte des 19. Jh. Kundenwerbung (Pfeifer 1997, S. 1111), Heute gilt der Ausdruck zwar als ungebräuchlich (weil veraltet und negativ konnotiert), tatsächlich hat er jedoch einen Bedeutungswandel durchgemacht: Er ist nicht mehr nur negatives Synonym zum heutigen Ausdruck ›Werbung‹ (im Sinne schlecht gemachter, aufdringlicher, marktschreierischer Werbung), sondern trägt inzwischen auch wieder die positive Bedeutung ›(Wirtschafts-)Werbung früherer Zeit‹ – zum Beispiel wenn ›Reklame‹ in Titeln von werbehistorischen ↗ Ausstellungen oder Bildbänden auftaucht (z. B. *Deutsche Reklame. 100 Jahre Werbung 1870– 1970*; *Die Kunst zu werben. Das Jahrhundert der Reklame*).

Auch der Ausdruck ›Propaganda‹ wurde ab der zweiten Hälfte des 20. Jh. als Bezeichnung für kommerzielle Werbung üblich, doch dominierte von Herkunft und Prägung her immer die Bedeutung ›Verbreitung von Ideen‹ (ursprünglich von der katholischen Kirche in der Zeit der Gegenreformation geprägt (*Congregatio de propaganda fide*) und von einer geheimen Jakobiner-Gesellschaft während der Französischen Revolution aufgegriffen und säkularisiert (*club de la propagande*)). Seit Joseph Goebbels den Ausdruck für das *Reichsministerium für Volksaufklärung und Propaganda* monopolisierte, dominiert die Bedeutungsnuance ›politische Beeinflussung‹ und läßt sich die negative Assoziation zur nationalsozialistischen Ideologie kaum mehr ausblenden (Pfeifer 1997, S. 1049).

›Werbung‹ selbst kommt von dem Verb ›werben‹, althochdeutsch *(h)werban*, mittelhochdeutsch *werben, werven*: »Bei der Bedeutungsentwicklung ist von ›(sich) drehen‹ auszugehen, das über ›sich hin und her bewegen, geschäftig sein‹ bereits früh die noch heute üblichen Verwendungen ›sich um etw., jmdn. bemühen, zu erreichen, erlangen suchen, jmdn. für einen Dienst, eine Arbeit, ein Amt gewinnen wollen‹ entwickelt; vgl. ›Soldaten anwerben‹ (17. Jh.), ›Reklame machen‹ (Ende 19. Jh.)« (Pfeifer 1997, S. 1557).

Aus dieser Bedeutungsbeschreibung geht bereits hervor, daß man sowohl für eine Sache als auch um eine Person werben kann. Alltagssprachlich versteht man unter ›Werbung‹ meist ersteres, doch schwingt die zweite Bedeutungsvariante im Grunde selbst bei klassischer Produktwerbung mit: Letztendlich sollen durch Werbung Menschen dazu bewegt werden, etwas Bestimmtes (im Sinne des Werbenden) für richtig und gut zu halten bzw. dementsprechend zu handeln: »*Werbung* wird die geplante, öffentliche Übermittlung von Nachrichten dann genannt, wenn die Nachricht das Urteilen und/oder Handeln bestimmter Gruppen beeinflussen und damit einer Güter, Leistungen oder Ideen produzierenden oder absetzenden Gruppe oder Institution (vergrößernd, erhaltend oder bei der Verwirklichung ihrer Aufgaben) dienen soll« (Hoffmann 1981, S. 10).

Bei einer Begriffsbestimmung von Werbung läßt sich erstens nach unterschiedlichen Absendern (und davon abhängig: nach dem Beworbenen) unterscheiden in Wirtschaftswerbung (d. h. der Werbetreibende ist ein Wirtschaftsunternehmen, in der Regel über eine dazwischen geschaltete Werbeagentur, das für ein Unternehmen als Ganzes, ein Produkt, eine Dienstleistung, um Mitarbeiter oder um Ressourcen, d. h. Material oder Kapital, wirbt) und Werbung für außerwirtschaftliche Zwecke wie politische Werbung von Parteien oder Verbänden (z. B. im Wahlkampf), religiöse Werbung von Glaubensgemeinschaften, kulturelle Werbung von Städten, ↗ Museen oder ↗ Theatern, karitative Werbung sozialer oder kirchlicher Institutionen oder Initiativen (z. B. Aktion Mensch, Brot für die Welt) oder Zwischenformen wie die um Teilnahme oder Unterstützung werbende Volksaufklärung über öffentliche Einrichtungen oder das Gesundheitswesen (z. B. für kostenlose Impfaktionen, Kondomwerbung, Anti-Drogen-Werbung).

Zweitens ist eine Unterscheidung nach Medium bzw. Werbemittel angebracht, d. h. in Plakat-, Anzeigen-, Fernseh-, Hörfunk-, Kino-, Internet-, Schaufenster- und Direktwerbung (wie Verkaufsgespräch, Werbebrief etc.), da jedes Werbemittel seine spezifischen Ausdrucksformen und unterschiedlichen Gestaltungsspielräume hat (↗ Plakat, ↗ Internet, ↗ Radio, ↗ Kino, ↗ Fernsehen).

Geschichte

›Werbung‹ ist bereits aus der Antike bekannt, als zumeist durch Ausrufer, in sehr viel begrenzterem Umfang sogar schon durch Wandschriften (z. B. über Getränkepreise an den Außenwänden von Tavernen in Pompeji) bestimmte Angebote und Wahlaufrufe publik gemacht wurden. Schriftliche Werbung taucht nach dem Untergang des Römischen Reiches erst wieder im 14. Jh. in Form von Wirtshaus- und Handwerkerschildern auf. Werbliche Massenkommunikation wurde durch die Papierherstellung (14. Jh.) und den Buchdruck mit beweglichen Lettern (15. Jh.) möglich: Die Buchdrucker, die nicht zünftisch organisiert und daher auf Erfolg auf dem freien Markt angewiesen waren, nützten den Druck als erste für ihre Zwecke. Daher können als Vorläufer der Anzeige Einblattdrucke mit Buchanzeigen, Bücherplakate und -kataloge sowie Titel- und Vorreden in den Drucksachen gelten. Die Zeitungsanzeige (↗ Zeitung) kommt im 17. Jh. auf, erzielt ihren wirklichen Durchbruch allerdings erst in der zweiten Hälfte des 19. Jh. (historische Werbebeispiele (Aushänge, ↗ Flugblätter und Anzeigen) vom 15.–18. Jh. siehe in Abb. bei Kieslich 1960). Ende des 19. Jh. kommt in Deutschland vermehrt der Markenartikel auf, d. h. das Produkt mit individuellem, unverwechselbarem ↗ Image, repräsentiert durch das Markenzeichen bzw. den Markennamen. Die Professionalisierung der Werbebranche nimmt in den ersten Jahrzehnten des 20. Jh. zu. Aufgrund von Rationierung und Mangel von Rohstoffen und zu bewerbender Ware ab 1939 stagniert die im ›Dritten Reich‹ ideologisch organisierte und kontrollierte Werbebranche.

Die Geschichte der Wirtschaftswerbung in der Bundesrepublik nach 1945 ist von folgenden Phasen geprägt (vgl. Bien in Randa-Campani 2001, S. 28–45): Nach Kriegsende besteht die wichtigste Botschaft der Werbung darin, daß überhaupt wieder Waren zur Verfügung stehen (z. B. Beiersdorf AG (1948): *Endlich wieder Nivea Zahnpasta. Und dazu in Friedensqualität*; Lever GmbH (1949): *Es gibt wieder Sunlicht Seife*). Dies steigert sich in den 1950er Jahren allmählich zum Ausdruck von Wohlstand und Luxus, in eine am ›american way of life‹ orientierte Konsumeuphorie (z. B. *Wenn einem soviel Schönes wird beschert, das ist schon einen Asbach Uralt wert* (1959); *Mach mal Pause …*, Slogan von Coca Cola ab 1955). Die Produktvielfalt nimmt zu, der Wettbewerb wächst: Allmählich wandelt sich der Verkäufermarkt zum Kundenmarkt, was in den 1960er Jahren zu einer ersten Zielgruppendifferenzierung und zur Notwendigkeit professioneller, d. h. kreativer Werbung führt – der westdeutschen Werbewirtschaft gelingt damit der Anschluß an internationales Niveau (z. B. mit der VW-Anzeige (1963) *Der VW läuft … und läuft … und läuft …* oder dem Bahn-Plakat (1966/67) *Alle reden vom Wetter. Wir nicht.*) (Zum damit zusammenhängenden Untergang des langen Werbegedichts als besonderer Gattung der Trivialliteratur vgl. Gries u. a. 1995, S. 109–111).

In den 1970er Jahren wird die Marktforschung zum zentralen Instrument der Werbewirtschaft. Mit neuen Werbefiguren (Meister Proper und Klementine (1967), Milka lila Kuh), wie sie schon seit der Jahrhundertwende üblich und erfolgreich sind (Michelin-Männchen (1891), Salamanders Lurchi

(1908), Sarotti-Mohr (1920)), und Marken-Präsentern (Camel-Mann und Marlboro-Cowboy) sowie originellen Kampagnen (z. B. *Ich trinke Jägermeister, weil ...*) sollen Produkte wiedererkennbar aus der Masse des Angebots herausgehoben werden. Aufgrund des hohen technischen Standards und dem Wandel zur Informationsgesellschaft versprechen in den 1980er Jahren nur noch Zielgruppenzersplitterung (sichtbar u. a. am anwachsenden Markt von Special-Interest-Zeitschriften) und der sog. Zusatznutzen (statt dem früher im Mittelpunkt stehenden Gebrauchswert) einen Werbeerfolg – Werbung vermittelt Lebensgefühl und hedonistische Werte (*Ich bin so frei*, Nestlé-Kaffee; *Der Duft, der Frauen provoziert*, Axe-Deodorant). Gestalterisch dominiert das ›Anything goes‹-Prinzip: Benetton startet den umstrittenen, letztlich aber wohl erfolglosen Versuch, mit provokanten Elends-Bildern auf Werbeplakaten eine Diskussion über brennende Probleme der Zeit auszulösen – die Diskussion beschränkte sich dann allerdings weitgehend auf die Frage nach der Ethik (in) der Werbung.

Seit den 1990er Jahren ist Werbung vor allem ›cool‹ und ↗›Kult‹ und verspricht Vergnügen und Erlebnis (*Sind wir nicht alle ein bißchen Bluna?*; *Visa – die Freiheit nehm ich mir*; *Dann klappts auch mit dem Nachbarn* (Calgonit); *Alles, bloß nicht langweilig* (Volvo), *Entdecke die Möglichkeiten* (Ikea)), nicht zuletzt durch verstärktes Kultur- und Sportsponsoring (↗Sport).

Grenzüberschreitungen

Werbung hat schon immer zu konträren (und nicht selten emotional begründeten) Meinungen herausgefordert (vgl. Überblick bei Kollmann 1994 und Kloepfer/Landbeck 1991, S. 55–78). Der Ausdruck ›Grenzüberschreitung‹ scheint in vielerlei Hinsicht auf Werbung zuzutreffen: Sie ist als eine Form von Populärkultur eine Grenzüberschreitung zwischen Kunst, ↗Unterhaltung und Wirtschaftsinstrument und überschreitet in ihrer Gestaltung selbst immer wieder Grenzen verschiedenster Art.

Seit die Werbung wirtschaftlich von Bedeutung ist, d. h. seit Ende des 19. Jh., steht sie im Spannungsfeld zwischen Kunst und Kommerz, wird sie als Grenzüberschreitung zwischen freier und angewandter Kunst gesehen, setzen sich Künstler und Kunstkritiker mit ihr auseinander, wird sie gelobt, gesammelt, kritisiert und verpönt (vgl. ebd., S. 13–16, Bäumler 1996 (dort bes. Doering)). Künstler wie Henri de Toulouse-Lautrec oder Alfons Mucha wenden sich um die Jahrhundertwende der Gestaltung von Werbeplakaten zu, für Konstruktivismus und Bauhaus war das Gebiet der angewandten Werbegraphik eine zentrale künstlerische Aufgabe. Werbung selbst profitiert von den Kunstformen des Expressionismus und des Dada, die sich gegen die Einbindung in die ↗Massenkultur gesträubt hatten, und inspiriert ihrerseits wieder Künstler wie in den 1950er und 1960er Jahren Vertreter der Pop Art (Robert Rauschenberg, Andy Warhol, Roy Lichtenstein u. a.). Doch Verflechtungen und Intertextualität zwischen Kunst und Werbung beschränken sich nicht auf den Bereich der bildenden Kunst: Mit Vorliebe nimmt Werbung Anleihen an literarischen Formen und Ausdrucksweisen (und dies nicht nur im erwähnten Werbegedicht; z. B. *Und seid Ihr nicht hörig, so braucht Ihr Musik*, Deutschland Radio Berlin), während sich Literaten mit Sprache und Textformen der Werbung auseinandersetzen (vgl. Beispiele in Fix 1997; Hülsmanns/Reske 1973). Werbefilmer wie Adrian Lyne, Alan Parker oder Ridley Scott drehen Erfolgsfilme wie FLASHDANCE, BIRDY oder ALIEN, bekannte Theater- und Filmregisseure widmen sich umgekehrt dem Medium des Werbefilms (wie Roman Polanski/Bier, Claude Chabrol/Medien, Frederico Fellini/Alkohol oder Jean-Luc Godard/Jeans). Werbefilme werden jährlich in Cannes prämiert und in Form der »Cannes-Rolle« dem ↗Publikum vorgeführt. Werber und Werbefiguren werden Filmhelden (wie in Doris Dörries MÄNNER oder CROCODILE DUNDEE = Hommage an den Camel-Mann), Medien berichten über Werbekampagnen und Werbeagenturen (z. B. der Spiegel über die Hamburger Agentur Jung von Matt und ihre provokativsten Kampagnen). Indem Werbung mit einer Mischung aus Anleihe und Verfremdung arbeitet, sich auf einen Kanon (von Formen, Werten, Gestaltungsmustern) stützt und ihn zugleich zwecks Aufmerksamkeitserregung durchbricht, löst sie den lange verweilenden Blick, der die Dinge in ihrer Materialität wahrnimmt, d. h. den ästhetischen Blick aus (Fix 1997, S. 106). Daß Werbung dennoch in erster Linie Unterhaltung und erst in zweiter Linie – unter Umständen – auch Kunst ist, liegt an ihrem Inszenierungscharakter und damit ihrer ästhetischen Zweideutigkeit, wie sie Hügel (1993) charakterisiert hat: Werbung bietet Identifikationsangebote, ↗Idole und Mythen (z. B. mit dem *Geschmack von Freiheit und Abenteuer* (Marlboro), den tropischen Wunschbildern einer Bacardi-, Bounty- oder neuerdings Langnese-Werbung, den Partnerschaftsszenen einer Calvin-Klein-Parfumwerbung oder fröhlichen bis zärtlichen Familienidyllen von Mirácoli bis Nivea), sie gibt ›Antworten auf etwas, was gar nicht gefragt ist‹ (vgl. auch die Beiträge in Horx/Wippermann 1995 zu den verschiedenen Auswirkungen des Markenkults auf die Gesellschaft). Sie ist nicht, wie Werbekritiker oft meinen, Betrug, sondern ein verabredetes Spiel, das ›erfundene Wahrheit‹ hervorbringt und den Rezipienten ästhetische Teilhabe bietet, statt – wie die Kunst – ernsthaftes und respektvolles Verstehen zu fordern. Hierin liegt auch das zentrale Mißverständnis von Benetton-Fotograph Oliviero Toscani, der Botschaften von Bedeutung, die mit Respekt zu rezipieren wären, über ein Medium der Unterhaltung vermitteln wollte, um damit letztendlich über die Art der Botschaften die etablierte Funktion der Werbung zu ändern (vgl. Toscani 1996).

Den Status der Werbung als Teil der Populärkultur kann man auch – statt von der Produktionsseite – von der Rezeptionsseite her bestimmen: »Das gemeinsame Auftreten eines weit verbreiteten Konsums mit einer ebenso weit verbreiteten kritischen Mißbilligung ist ein ziemlich sicheres Anzeichen dafür, daß eine Kulturware oder Praktik populär ist« (Fiske 1997, S. 67). Allerdings scheint die Mißbilligung von Werbung zumindest teilweise ins Gegenteil umgeschlagen zu sein: Werbung wird zwar (laut einer Umfrage von 1999) nur von 21% der Bevölkerung als Einkaufshilfe empfunden und nur 41% bestätigen, sie bringe nützliche Tips. Doch sehen viele in Werbung einen Nutzen für die Wirtschaft (81%) und gestehen ihr zu, daß dadurch Arbeitsplätze (79%) und Medien- bzw. Meinungsvielfalt (78%) gesichert werden. Daß sie auch populär ist, zeigt sich darin, daß immerhin über zwei Drittel Werbung schlichtweg als einen Teil des modernen Lebens (73%) und als etwas »ganz Normales« (69%) ansehen (Leonhard in Randa-Campani 2001, S. 14–17): »Wie das Werben praktisch unsere Gesellschaft überall durchdrungen hat, so wandelt sich sein Wert im kollektiven Bewußtsein auf allen Ebenen« (Kloepfer/Landbeck 1991, S. 16).

Ein Zeichen ihrer Popularität sind neben zahlreichen Ausstellungen über Werbung, Werbekunst und Werbegeschichte (außer den angegebenen Ausstellungskatalogen vgl. die Hinweise bei Gries u. a. 1995, S. 25 f.) und der Einrichtung eines eigenen Werbemuseums in Düsseldorf auch die Sammlermärkte, auf denen Werbeplakate und -schilder, Werbefiguren und Accessoires aller Art mit Werbeaufdrucken zu Höchstpreisen gehandelt werden. Neben der Lust an ›Werbezitaten‹ in der Sachkultur (Markenprodukte haben sich vielfach zu selbstverständlichen Bestandteilen des Alltagsdesigns entwickelt; vgl. ebd., S. 7) dienen Werbeslogans, Werbefiguren und Markenzeichen auch der parodistischen oder ironischen Verfremdung, beispielsweise in Botschaften und Logos der ↗ Subkultur (z. B. *Vorsprung durch*

Techno, Rave aus der Tube; nach Stolz in Horx/Wippermann 1995, S. 161) oder als sog. ›Fake-Logos‹ auf T-Shirts, Postkarten, Stickern u. ä. (Verballhornung bekannter Schriftzüge, Markenlogos oder Slogans, z. B. *Katzen würden Whiskey saufen, Was Lacostet die Welt?*; zu schärferen Formen des ›Anti-Branding‹ vgl. Horx in ebd., S. 430–435). Daß sich eine ganze Generation über Markenprodukte und Slogans definieren kann, scheint das Erfolgsbuch über die Generation der 1980er, ›Generation Golf‹, von Florian Illies zu bestätigen.

Werbestrategien

Rolf Kloepfer und Hanne Landbeck sehen den Fernsehspot der 1980er Jahre in Europa als einen »Indikator einer neuen Kommunikationskultur« (1991, S. 20), weil sich die Spotgestaltung verändert habe und nun die Sympraxis, die Teilhabe des Zuschauers, vor Mimesis und Diskurs dominiere. Da sich Werbung im kollektiven Bewußtsein vom gefährlichen Manipulierer zur »dominanten Quelle ästhetischer Lust« gewandelt habe, habe auch der europäische Fernsehspot einen Genre-Wandel vollzogen: vom parasitären zum symbiotischen ↗ Genre (bzw. in anderer Terminologie: vom zerstreuenden zum unterhaltenden), vom kurzen zum akzelerierenden (d. h. temporeichen und bedeutungsdichten), vom repetitiven zum reproduktiven (durch die geschickte Ausnutzung des Marketing-Mixes), alles in allem also vom rhetorischen zum ästhetischen Genre: »Audiovisuelle Werbung entwickelt lustvoll das Bedürfnis nach einer immer ästhetischeren Kommunikationskultur. Das ist ihr autopoetischer Effekt« (ebd., S. 223–235). Die rezipientenseitige Sympraxis äußert sich denn auch nicht selten in der Übernahme von Werbesprüchen als geflügelte Worte und Alltagsweisheiten in die Umgangssprache (*Wer wird denn gleich in die Luft/an die Decke gehen?* (1950er/1960er); *Wir wissen nicht, was der freundliche Taxifahrer/Tankwart/X empfiehlt …* (1960er/1970er); *Dann klappt's auch mit dem Nachbarn; Nicht immer, aber immer öfter; Dann werden Sie geholfen; Nichts ist unmöglich; Quadratisch, praktisch, gut* u. a.).

Strategien, durch die eine solche Ästhetisierung erreicht wird, sind Autoreflexivität, Fiktionalität bzw. Inszeniertheit, Intertextualität und vor allem Verfremdung. Selbstreflexion und Intertextualität werden dabei oft strategisch miteinander verbunden, indem beispielsweise Werbung in zitathafter, anspielender oder parodistischer Weise nicht nur auf literarische Texte, Musiktitel o. ä., sondern auch auf fremde oder eigene Werbung referiert (*Campari. Was sonst.* → *Lucky Strike. Sonst nichts; Nicht immer, aber immer öfter.* (Clausthaler Alkoholfrei) → *Nicht immer, aber ab und an.* (Deutsche Bahn AG); *Have a break. Have a KitKat.* (KitKat Schokoriegel) → *Have a break. Have a cat.* (Sixt-Budget-Autoverleih; Jaguarmodell im Bild) → *Have a break. Have a book.* (Werbemotto in einem Buchmagazin); vgl. Janich 1997). Die seit 1998 in Deutschland zugelassene vergleichende Werbung (*Lucky Strike. Die raucht man in der West-Kurve; Endlich gibt's im MAC* [= Münchener Airport Center/Anspielung auf *Mc*Donalds] *gute Burger. Burger King*) verstärkt den Hang zur Autoreflexivität ebenso wie Fernseh- und Anzeigenkampagnen zur Imageverbesserung von Werbung (*Werbung schafft Arbeitsplätze*). Der inszenierte Charakter ergibt sich aus der Kommunikationssituation, die keine authentische, sondern eine medial vermittelte und vor allem immer intentionale ist. Werbesprache ist daher immer inszenierte Sprache, ob sie nun Mittel der Jugend- oder Fachsprache nutzt oder auf alltagssprachliche Moden und Tendenzen zurückgreift (vgl. Janich 2001, S. 36 f., 157–173). Ein spielerischer und damit unterhaltender Charakter ergibt sich jedoch genau dadurch, daß der Rezipient um die Intention der Werbetreibenden weiß und der Werbetreibende weiß, daß der Rezipient ihn durchschaut hat, was er wiederum als Kommunikationsprinzip nutzen kann (vgl. Greule/Janich 2001). Auch das Spiel mit der Inszenierung kann daher zu selbstreflexiven Formen führen (z. B. in Anzeigen-Schlagzeilen wie *Dieses eine Mal verzichten wir auf die Abbildung der neuen E-Klasse. Sonst liest das ja doch wieder keiner* (Mercedes-Benz); *Niedriger als das Niveau dieser Anzeige sind nur unsere Preise* (Sixt-Budget)). Zentral ist jedoch das Mittel der Verfremdung, sei es auf der Bild- oder der sprachlichen Ebene. Aufmerksamkeit erringt nur derjenige, der Erwartungen weckt und dann durchbricht, der Regeln, die er sehr wohl kennt, verletzt und dadurch den lange verweilenden, eben den ästhetischen Blick auslöst (vgl. Fiske 1997, Fix 1997, Greule/Janich 2001).

Literatur

Bäumler, S. (Hg.): *Die Kunst zu werben. Das Jahrhundert der Reklame.* München 1996.
Fiske, J.: »Populäre Texte, Sprache und Alltagskultur«. In: Hepp, A./Winter, R. (Hgg.): *Kultur – Medien – Macht. Cultural Studies und Medienanalyse.* Opladen 1997. S. 65–84.
Fix, U.: »Kanon und Auflösung des Kanons. Typologische Intertextualität – ein ›postmodernes‹ Stilmittel? Eine thesenhafte Darstellung«. In: Antos, G./Tietz, H. (Hgg.): *Die Zukunft der Textlinguistik. Traditionen, Transformationen, Trends.* Tübingen 1997. S. 97–108.
Greule, A./Janich, N.: » ... da weiß man was man hat? Verfremdung zum Neuen in der Werbesprache«. In: Stickel, G. (Hg.): *Neues und Fremdes im deutschen Wortschatz. Aktueller lexikalischer Wandel.* Berlin/New York 2001. S. 258–279.
Gries, R./Ilgen, V./Schindelbeck, D.: »*Ins Gehirn der Masse kriechen!*«. *Werbung und Mentalitätsgeschichte.* Darmstadt 1995.
Hars, W.: *Lexikon der Werbesprüche. 500 bekannte deutsche Werbeslogans und ihre Geschichte.* Frankfurt a. M. 1999.
Hoffmann, H.-J.: *Psychologie der Werbekommunikation.* Bd. 2. Berlin/New York 1981.
Horx, M./Wippermann, P.: *Markenkult. Wie Waren zu Ikonen werden.* Düsseldorf 1995.
Hügel, H.-O.: »Ästhetische Zweideutigkeit der Unterhaltung. Eine Skizze ihrer Theorie«. In: montage/av 2, 1 (1993) S. 119–141.
Hülsmanns, D./Reske, F. (Hgg.): *Aller Lüste Anfang. Das 7. Buch der Werbung.* Reinbek 1973.
Janich, N.: »Wenn Werbung mit Werbung Werbung macht ... Ein Beitrag zur Intertextualität«. In: *Muttersprache* 107 (1997) S. 297–309.
Dies.: *Werbesprache. Ein Arbeitsbuch.* Tübingen 2001.
Kieslich, G.: *Werbung in alter Zeit.* Essen 1960.
Kloepfer, R./Landbeck, H.: *Ästhetik der Werbung. Der Fernsehspot in Europa als Symptom neuer Macht.* Frankfurt a. M. 1991.
Kollmann, T.: *Der Wandel der Werbung im Spiegel der Kritik.* Sinsheim 1994.
Pfeifer, W. (Hg.): *Etymologisches Wörterbuch des Deutschen.* München 1997.
Randa-Campani, S.: *WunderbareWerbeWelten. Marken, Macher, Mechanismen.* Berlin 2001.
Reinhardt, D.: *Von der Reklame zum Marketing. Geschichte der Wirtschaftswerbung in Deutschland.* Berlin 1993.
Schmidt, S. J./Spieß, B. (Hgg.): *Werbung, Medien und Kultur.* Opladen 1995.
Toscani, O.: *Die Werbung ist ein lächelndes Aas.* Mannheim 1996.
Weisser, M.: *Annoncen aus der Jahrhundertwende. Die Kunst der Anzeigenwerbung. Beispiele aus der Wochenschrift »Jugend« (1896–1926).* Hannover 1981.
Ders.: *Deutsche Reklame. 100 Jahre Werbung 1870–1970. Ein Beitrag zur Kunst- und Kulturgeschichte.* München 1985.

Nina Janich

Westerner

Der Westerner nimmt in der Populären Kultur eine herausragende Stellung ein. Keine andere Figur ist so unmittelbar mit der Geschichte Amerikas und der Unterhaltung(sindustrie) verknüpft. Während des gesamten 20. Jh. ist der Westerner in der Populären Kultur präsent. Er prägt den Typ des »Homo americanus« (Stammel 1972, S. 7) und damit das westeuropäische Amerikabild. Er ist der Protagonist eines ganzen Mediums, nämlich des ↗ Kinos, das seine frühen Innovationen den Filmerzählungen aus dem Wilden Westen verdankt. Von THE GREAT TRAIN ROBBERY (Edwin S. Porter 1903) über STAGECOACH (1939), den »Film, mit dem John Ford zu sich und zum Western fand und somit der Western zu sich selbst« (Patalas 1965, S. 134), bis hin zum in greller Clipästhetik geschnittenen POSSE (Mario van Peebles

1993) behält stets das Diktum Gültigkeit: »Der Western ist seinem Sujet nach prädestiniert, das Spezifische des Mediums Film sichtbar zu machen.« (Berghoff 1962, S. 4). Madonna ist die jüngste Reinkarnation des Westerners, wenn sie im ↗ Videoclip *Don't Tell Me* (2000) und live als Luxus-Cowgirl auftritt. Der Westerner ist und bleibt eine ureigene Figur Amerikas und der ↗ Unterhaltung. Nicht umsonst behauptet Sergio Leone: »Das Drehen eines Westerns ist für jeden Regisseur eine Art Doktorarbeit« (Leone 1978, S. 6).

Schon in der Frühgeschichte der Figur ist erkennbar, daß der Westerner in alle Bereiche der Populären Kultur ausstrahlt. Er beerbt den Ritter und nimmt als bewaffneter ↗ Held die Tradition des Mantel- und Degenfilms auf, wie vor allem die in den 1930er Jahren populären Serien-Western um die THREE MESQUITEERS zeigen. Vom ↗ Zirkus bringt er die Pferdeakrobatik und die Virtuosität als Scharfschütze mit. Er ist Sänger mit einem Faible für Sciencefiction wie Gene Autry (1907–1998), »der jodelnde Cowboy aus Oklahoma« (vgl. Hembus 1978, S. 68–74), er ist modischer Trendsetter, dessen Exzentrik so elaboriert ist, daß sie der Definition des Cowboys als Arbeitsfigur nahezu entgegensteht: »Hinsichtlich ihrer Ausrüstung waren Cowboys sehr eigenwillig, und in allen Camps konnte man einen in modischen Dingen führenden Stutzer finden. … Natürlich wirkten viele dieser schmucken Männer mehr wie Verzierungen, als daß sie nützlich waren …« (Russell 1967, S. 110). Und John G. Cawelti meint: » But utility is only one of the principles of the hero-outlaw's dress. The other is dandyism, that highly artificial love of elegance for its own sake« (Cawelti 1975, S. 45).

Charakteristik der Figur

Der Westerner wird mal als asketischer Arbeiter beschrieben, der die gigantische »Red River«-Lebensader aus lebendigem Rindfleisch kanalisiert: »Das Longhornrind bewahrte Texas vor dem Staatsbankrott, und seine Wildheit prägte den Charakter des amerikanischen Cowboys schlechthin« (Stammel 1972, S. 247), mal wird betont, daß er ›ein Mann der Muße‹ ist: »Selbst wenn er das Abzeichen des Sheriffs trägt oder, was seltener vorkommt, eine Ranch besitzt, scheint er ohne eigentliche Beschäftigung. Wir sehen ihn an der Bar stehen oder Poker spielen – ein Spiel, bei dem seine Fähigkeit, auch in der stärksten Spannung ganz gelockert zu bleiben, vortrefflich zur Geltung kommt – vielleicht auch auf einem einsamen Lagerplatz in der Prärie, mit einer besonderen Mission beauftragt« (Warshow 1954, S. 640). Dieser

Widerspruch ist nicht aufzulösen, am ehesten läßt sich der Cowboy als Teilzeit-Müßiggänger beschreiben – dessen Sporen zwar »versilbert, vergoldet, handgraviert« (Stammel 1972, S. 360) sind –, keinesfalls jedoch als Taugenichts Eichendorffscher Prägung, denn dafür ist er der Gesellschaft zu eng verbunden und liebt seine Arbeit zu sehr. Mit seinem artistischen Bewegungstalent, der guten Stimme und dem modischen Schick hat der Cowboy von Beginn an alles, was der universale Popstar auch heute noch benötigt. Und Cawelti sieht wegen der fest umrissenen Orte, Situationen und Regeln im Westerner sogar einen Vorläufer des Quarterbacks, der Hauptfigur in dem Raumgewinn-Spiel schlechthin: American Football (vgl. Cawelti 1975, S. 71).

Der Westerner nimmt das Erbe des 19. Jh. auf und gibt es an andere populäre Figuren des 20. Jh. weiter. Robert Warshow hat auf die Verwandtschaft von Westerner und Gangster, »beides Männer mit Pistolen« (Warshow 1954, S. 639), hingewiesen und zugleich die beiden Figuren voneinander abgegrenzt. Das Organisationszentrum des Westerners, in dem sich konstituiert, was der Figur über Geschichts- und Kunstepochen hinweg Bedeutung verliehen hat und verleiht, lokalisiert Warshow in der als kultureller Wert formulierten Gewalt: »Denn diese Werte liegen im Bilde des einzelnen Mannes, der eine Pistole an seiner Hüfte trägt. Die Pistole sagt uns, daß er in einer Welt der Gewalt lebt, ja daß er sogar ›an die Gewalt glaubt‹. Aber das Drama ist das der Selbstbeherrschung: der Augenblick der Gewaltanwendung muss zu seiner Zeit und nach seinem eigenen Gesetz eintreten, sonst ist alles wertlos« (ebd., S. 647).

Der Westerner gibt uns »einen ernsthaften Hinweis auf das Problem der Gewalt, wie man ihn sonst nirgends in unserer Kultur findet« (ebd., S. 646). Der Westerner ist also eine Reflexionsfigur über die Legitimation von Gewalt; sucht die Utopie einer moralisch kontrollierten Gewalt und steht vor Problemen, die wir heute in Bundestagsdebatten zu Militäreinsätzen in Krisengebieten verhandeln sehen.

Die Welt verändert sich, der Westerner geht in die Stadt (MIDNIGHT COWBOY, John Schlesinger 1969), tauscht sein Pferd gegen ein Motorrad (EASY RIDER, Dennis Hopper 1969) oder ein Raumschiff (SPACE COWBOYS, Clint Eastwood 2000) ein, doch er wahrt seine Raison d'être: derjenige zu sein, der auf der Grenze existiert. Mit seiner unbedingten Härte im körperlichen Einsatz ist der Westerner Vorgänger der Actionhelden (↗ Action) des späten 20. Jh. Schon in der frühen Pferde-Oper wie THE PAINTED STALLION (William Witney 1937) mit ihren wesentlichen Komponenten Gewalt, Landschaft, Geschwindigkeit ist bereits alles angelegt, was das Actionkino prägen sollte: Die großen Autoverfolgungsjagden des Kinos, wie in BULLIT (Peter Yates 1968), FRENCH CONNEC-TION (William Friedkin 1971) oder SPEED (Jan de Bont 1994) wären ohne die auf schwarzen Mustangs, Wells-Fargo-Kutschen und Union-Pacific-Zügen geleistete Pionierarbeit undenkbar, die das Fundament für Hollywoods heutige Dominanz im Weltfilmmarkt legte. Die virtuose Choreographie der Pferde-Oper findet sich im zeitgenössischen Kino dort wieder, wo Filmemacher westliche Erzähltradition mit Elementen des Easterns, also des Hongkong-Kinos und der Tradition des westernähnlichen Genres des Samuraifilms (vgl. THE SEVEN SAMURAI, Akira Kurosawa 1954) vereinigen. Typisch hierfür sind John Woos pathetische Schieß- und Prügelballette (z. B. FACE/OFF, 1997).

Tauchen heute auch Charakterzüge des Westerners in vielen ↗ Genres auf, so ist wohl keine andere Figur enger mit ihrem eigenen Genre verknüpft und mehr auf ihren »rechten Rahmen« (Warshow) angewiesen: Anders als der Agent (↗ Spion) oder die ↗ Diva ist ein Westerner außerhalb seines Genres kaum denkbar. Ja, hier besitzt er seit Raoul Walshs IN OLD ARIZONA (1929) sogar seine eigene akustische Signatur: »Das Verdienst seines [Walshs] Films war … die Integration … der dramatischen Geräusche, des Hufgetrappels, der Schüsse, des knisternden Feuers etc.« (Seeßlen 1995, S. 54). Vom ›alten Arizona‹ führt die Ton-Spur in den Marlboro-Werbeclip des Jahres 1999, in dem man die typischen Geräusche – Galopp, Absitzen, Sporenklirren, Knistern – hört, allerdings vor einer schwarzen Leinwand, auf der nur in dem Moment, in dem das Streichholz angerissen wird, das Bild einer Zigarette vor tief zerfurchtem Westerner-Gesicht erscheint. Ein alt bekanntes, ja ein veraltetes Motiv, »aber seine Altertümlichkeit nimmt ihm nichts von seiner Kraft, im Gegenteil, sie erhöht sie noch, indem sie ihn [den Westerner] knapp außerhalb der Grenzen des gesunden Menschenverstandes wie des reinen Gefühls hält, den beiden Hauptimpulsen unserer Kunst « (Warshow 1954, S. 647).

Wie die Weite der amerikanischen Landschaft Offenheit und Freiheit verheißt, so ist auch das Konzept des Westerners ein offenes: Er kann als alter Sheriff, wie Gary Cooper in HIGH NOON (Fred Zinnemann 1952) auf Seiten des Gesetzes stehen, wie Henry Fonda in JESSE JAMES (Henry King 1939) ein junger Outlaw oder wie Kirk Douglas in MAN WITHOUT A STAR (King Vidor 1955) Hobo und Wanderarbeiter sein. Sein Beruf ist nicht eindeutig definiert, am einfachsten ist zu benennen, was er nicht ist, »kein Farmer, kein Siedler, kein Bürger …« (Seeßlen/Roloff/Taube 1979, S. 12).

Er ist eben die Zentralfigur einer im Entstehen begriffenen Gesellschaft, in der noch nicht alle Positionen besetzt sind und die deshalb Raum läßt für Männer, die sich ausprobieren und selbst erfinden können: Anstatt einfach die Regeln des Ostens auf die neue Welt zu übertragen, bringt er im kreativen Umgang mit Land, Menschen und Ressourcen eine neue Gesellschaft hervor. Der Westerner erfährt aber nicht nur »die Freiheit und Expansionsfähigkeit des Lebens an der ›Grenze‹«, sondern auch »seine Beschränkungen, seine materielle Dürftigkeit« (Warshow 1954, S. 643). Für all die Unbilden, die es zu bewältigen gilt, wird er mit dem Finden von »grünen Stellen« belohnt, wie Friedrich Theodor Vischer (1923, S. 177) die »Orte in der eingetretenen Prosa« der Gegenwart nannte, in denen Poesie noch möglich ist, oder mit einem »Augenblick jener Ruhe, die im Western für das Utopische steht« (Seeßlen 1995, S. 173). Im selben Moment jedoch, in dem sich der Westerner darüber bewußt wird, eine grüne Stelle erreicht zu haben, hat er sie auch schon ausgelöscht, weil er zwar ein Einzelgänger, aber kein Außenseiter ist, und seine gesellschaftliche Position darin besteht, ihr als Pionier zu dienen und Raum zu erschließen. Dorthin, wo er jetzt noch frei und einsam reitet, wird die Zivilisation bald folgen und Stacheldraht in der Sonne blinken. So schafft sich der Westerner mit jedem persönlichen Erfolg selbst ab. Stirbt der Westerner nicht jung im Duell, besteht sein Karriereende im Settle-down. Und weil das auch nur eine Notlösung ist, ist der Westerner eine traurige Figur. In seiner Lebensblüte befindet er sich im Interim, so daß es für ihn wie in A MAN CALLED HORSE (Elliot Silverstein 1970) sogar denkbar ist, Indianer zu werden. Wie jedoch der weiße Engländer (Richard Harris) jeden glücklichen Moment ungetrübten indianischen Zusammenlebens mit unvorstellbaren Schmerzen erkauft, so verliert der Westen für ihn niemals seine Doppelfunktion als elysisches Feld und Tal des Todes. Auch deshalb ist John Fords Monument Valley seit STAGECOACH emblematisch für den Westernfilm geworden: weil die Landschaft so deutlich ausspricht, daß sie dem Auge zwar ein Wohlgefallen, dem Körper jedoch eine Marter ist.

Auch das Geschlecht des Westerners ist nicht festgelegt. Wenn meist vom ›Westmann‹ die Rede ist, so spiegelt das allein die historischen Mehrheitsverhältnisse im Westen der USA wider. Weil »im Jahre 1860 in Colorado auf hundert Einwohner 95,37 Männer und 4,63 Frauen kamen« (Blumenberg 1973, S. 59), handeln die Geschichten, die vorrangig erzählt werden, von Männern und ihrer Arbeit. Doch nicht erst mit starken matriarchalen Figuren wie Joan Crawford in JOHNNY GUITAR (Nicholas Ray 1953) oder Barbara Stanwyck in FORTY GUNS (Samuel Fuller

1957) treten weibliche Westerner in den Vordergrund. Wer die Filme zu lesen weiß, entdeckt schon im klassischen Western die tragende Funktion der Frau. Im frühen THE VIRGINIAN (Victor Fleming 1929) hat nicht nur Gary Cooper ein Duell mit Bösewicht Trampas auszutragen, auch seine Frau, die unerfahrene Ostküstenlehrerin, muß im heftigen Konflikt mit der Dorfältesten bestehen: Auch sie, der weibliche Westerner, gewinnt ihr Duell und schafft wie ihr Mann die Grundlage für eine neue Gesellschaft.

Der literarische Westerner

Schon mit den ersten literarischen Erzählungen aus dem amerikanischen Westen um 1830 steht der Westerner im Spannungsfeld von Legende und Wirklichkeit, was von vielen Kommentatoren als dichotomisch begriffen wird. Deswegen widmet sich die Forschung immer wieder der Differenzierung von »Mythos und Realität« (vgl. Maynard 1974). In den künstlerischen Bearbeitungen und vom Westerner selbst wird dies jedoch als produktiver Widerspruch verstanden, der pure Unterhaltung gebiert, denn der Westerner ist eine Figur, die sich selbst erzählt und erfindet. Sein erstes Medium sind die populären Songs, die Lieder des alten Westens: »Die ganze Welt des Westens lebte in den Songs der ›minstrels‹, der fahrenden Sänger des vorigen Jahrhunderts. Troubadours aus dem Volke, erste Schöpfer der Sagas, haben das lyrische Vermächtnis der weiten Ebenen Amerikas hinterlassen, das Lied von der Eroberung und Zivilisierung des Westens« (Rieupeyrout 1963, S. 24). So schrieb Pat Garrett eine Biographie seines Opfers Billy the Kid, »die hauptsächlich dem Zweck diente, seine von allen Seiten heftig kritisierte Tat zu rechtfertigen« (Blumenberg 1973, S. 37). Und von Wyatt Earp heißt es: »Er selbst freilich war klug genug, noch kurz vor seinem Tod seine eigene Legende zu zementieren. 1928 erzählte der greise Held dem Schriftsteller Stuart N. Lake die wechselvolle Geschichte seines Lebens, die jener zu dem Buch ›Wyatt Earp: Frontier-Marshall‹ verarbeitete« (ebd., S. 28).

Am deutlichsten zeigt aber das Beispiel Buffalo Bill, wie sich der Westerner erst in der Schöpfung seiner Legende und deren Rückkoppelung ans eigene Leben konstituiert. Der Grenzsoldat William F. Cody wurde 1869 über Nacht berühmt, als der Autor Ned Buntline seine auf einer Expedition mit Cody basierende Serie *Buffalo Bill, the King of the Border Men* im *New York Weekly* veröffentlichte. Später überredete man Cody, den fiktiven Buffalo Bill selbst auf dem Theater zu verkörpern. Fiktion und Historie vermischen sich: Als Buffalo Bill 1876 gegen den Indianerhäuptling Yellow Hand kämpfte und den ›ersten Skalp für Custer‹ nahm, trug er einen schwarzen Samtanzug ›aus dem Fundus seines Theaters‹ und wurde aus nächster Nähe von Zeitungskorrespondenten beobachtet (vgl. Nash Smith 1974). Dann wiederum folgten Codys weltberühmte »Wild West Show« und seine gründliche Verwandlung in einen Homunkulus des Entertainments, bei dem selbst noch die Aphorismen (»I stood between savagery and civilization most all my early days«) vom persönlichen Ghostwriter und dime novelist Prentiss Ingraham stammten.

Nicht nur an der Ostküste war der Hunger nach Geschichten groß. Auch in den Camps der Goldgräber und Viehtreiber im Westen selbst war der angesehenste Westerner derjenige, der seine Legende am besten – was nicht zwangsläufig am glaubwürdigsten zu bedeuten hatte – erzählen konnte. Mark Twain (1835–1910) führt den Eigenwert des dichterischen Ornaments in seiner komischen *Geschichte vom alten Widder* vor, in dem die Erzählung ihre Wirkung aus dem virtuosen, strudelhaften Kreisen um sich selbst bezieht. Vom Leben auf der Grenze wird eben in ›Tall tales‹ erzählt, weil die Kleinheit des Menschen angesichts der Naturgewalt nach künstlerischer Überhöhung verlangt. Westerner zu sein, bedeutet eine Rolle im Showbusiness zu spielen, denn Kommunikationstalent ist im Westen überlebenswichtig: »Tiefgründiger Humor und phantastische Schwindeleien standen so hoch im Ansehen, daß z. B. ein von Lynchern zum Tode Verurteilter durchaus bei Cowboys – und bei diesen allein – die Möglichkeit hatte, sich regelrecht aus der Schlinge ›herauszureden‹; daher auch die ständige Redensart, jemand müsse sich schon ›allerhand einfallen lassen, um sich durch die Hanfschlinge zu reden‹« (Stammel 1972, S. 247 f.).

Obwohl seine Geschichten im Osten der USA spielen, gilt James Fenimore Cooper (1789–1851) mit seinen »Leatherstocking Tales« wie *The Pioneers* (1823) oder *The Last of the Mohicans* (1826) als Schöpfer der ersten Westernromane. In der zweiten Hälfte des 19. Jh. erschienen die Stories der großen Erzähltalente Bret Harte, *The Luck of Roaring camp and Other Sketches* (1870); Mark Twain, *Roughing It* (1872); und Stephen Crane (1871–1900), *The Open Boat and Other Tales of Adventure* (1898). Parallel zu dieser künstlerisch ambitionierten Weiterentwicklung der Westernerzählung erlebte der Stoff einen Boom im Bereich der Dime novel und des Pulp weekly (z. B. Edward L. Wheelers *Deadwood Dick*). Der Western, wie wir ihn heute kennen, also mit dem Cowboy als Zentralfigur, erblickte 1902 das Licht der

Welt, und zwar mit Owen Wisters *The Virginian*. Dies war »a brilliant synthesis of the romantic and the realistic. In his cowboy hero, Wister combined aspects of the Leatherstocking tradition with the newer image of the heroic horseman of the Great Plains and created a figure and a type of story so successful that it can be called the basis of the modern Western. Wister's novel has sold over two million copies, has served as the basis of several movies and a successful television series« (Cawelti 1975, S. 95).

Wisters Roman ist typisch für den ethnologisch-staunenden Blick des Oststaatenautors auf seine eigenen und doch fremden Landsmänner. In der Folge profilierten sich viele Autoren im Westerngenre. Zane Greys (1875–1939) Roman *Riders of the Purple Sage* (1912) überragte durch brillante, »super-romantische« (Cawelti 1975, S. 96) Landschaftsschilderungen und »purple extravagances« (ebd.); Max Brands Erzählungen (1892–1944), z. B. *Wein in der Wüste* (1940), durch raffiniertes Storytelling. Einen neuen künstlerischen Impuls erhielt die Figur des Westerners mit Louis L'Amours (1908–1988) *Hondo* (1953). L'Amour schuf hier einen Westerner, dem die Härte und Ernsthaftigkeit der Landschaft zum Charakter geworden ist: »He was a big man, wide-shouldered, with the lean, hard-boned face of the desert rider. There was no softness in him. His toughness was ingrained and deep, without cruelty, yet quick, hard, and dangerous. Whatever wells of gentleness might lie within him were guarded and deep« (L'Amour 1997, S. 1). L'Amours Werk bezieht enorme Vitalität aus seiner radikalen »tough-it-out-against-all-odds philosophy« (Tompkins 1992, S. 205): Das Leben ist hart, doch der Westerner ist härter.

Der filmische Westerner als Figur des amerikanischen Gründungsmythos

Der Western erzählt vom Leben auf der Grenze, der ›Frontier‹, die von den Pionieren immer weiter nach Westen in Richtung Pazifik getrieben wurde – bis zu ihrer offiziellen Schließung im Jahre 1890. Der Western handelt von der Eroberung dieses Raumes und ist damit die Saga Amerikas. Deshalb ist der Western »der amerikanische Film par excellence« (André Bazin).

Bis heute wird der Westerner für viele unnachahmlich von John Wayne (1907–1979), genannt ›The Duke‹, verkörpert. Die Karriere des ehemaligen B-Movie-Darstellers ist eng mit der des Regisseurs John Ford (1894–1973) verknüpft. Mit dessen von der Kritik als Meisterwerk gefeiertem STAGECOACH wurde

1939 auch John Wayne zum ↗ Star. Wayne spielt den Cowboy Ringo, der einen repräsentativen Querschnitt der Pionier-Gesellschaft auf einer gefährlichen Postkutschenfahrt beschützt. Der Westerner erlebt hier seine Apotheose als guter Geist des Wilden Westens.

In der heroischen Erzählung von der Landgewinnung, dem Überwinden feindlicher Natur und dem Wachsen einer Nation muß der historisch-faktische Völkermord an den Indianern im Dienst der Unterhaltung ausgeklammert werden: »Unser Blick ist nicht auf die Leiden der Besiegten gerichtet, sondern auf die Haltung des Helden«, stellt Warshow (1954, S. 647) fest. Deshalb ist für den Indianer im Western kein Platz. Nicht nur das indianische Schicksal wird in der filmischen Darstellung des Westens als reinrassig weiße Gesellschaft geleugnet, auch die Rolle der Schwarzen bei der Besiedlung Nordamerikas wird ignoriert. Denn »George W. Saunders, at one time president of the Old Time Trail Drivers Association, estimated that from 1868 to 1895 ›fully 35.000 men went up the trail with herds‹, and of this number ›about one-third were negroes and Mexicans‹« (Durham 1974, S. 19).

Mario Van Peebles' postmoderner Western POSSE zerlegt das in der Westernhistorie konstruierte Geschichtsbild und zeigt dies auch in seiner Ästhetik: In brutal geschnittenen, grellen Bildern erzählt er, wie Schwarze im Kampf für die USA ihr Leben gaben und dafür nur Undank ernteten. Hier, »im ersten wirklich ›schwarzen Western‹« (Seeßlen 1995, S. 217), zeigt das Western-Genre, wie widerstandsfähig und flexibel es ist: Es funktioniert sogar noch, wenn ihm die selbst behauptete Grundlage entzogen wird.

Änderten sich die Probleme der Gegenwart, änderte sich auch die Interpretation des Westerners als amerikanische Zentralfigur, in deren »Tabula-rasa-Landschaft« (Tompkins 1992, S. 74) jede Art von Konflikt verhandelt werden kann. Martin Ritt stellte in HOMBRE (1966) »radikal die *appeasement*- und Heroisierungstendenzen früherer Indianer-Western in Frage« (Seeßlen 1995, S. 142) und bezog damit Stellung zu den Segregationsproblemen der amerikanischen Gesellschaft. Der Edelwestern HOMBRE ist wie John Fords LIBERTY VALANCE schon den Spätwestern zuzurechnen, denn: »Indem der klassische Western seinen Helden opfert, wird er zum späten« (Ebert 1971, S. 359). In LIBERTY VALANCE wird, ähnlich wie in POSSE oder LITTLE BIG MAN (Arthur Penn 1972), der Mythos decouvriert: »Now we have the final debunking and the ultimate irony« (Blumenberg 1979, S. 36).

Auch der zur gleichen Zeit, beginnend mit Sergio

Leones Für eine Handvoll Dollar (1964), populäre Italowestern wurde von manchen europäischen Kommentatoren als – besonders perfide – Spielart des Spätwesterns verstanden. Der Italowestern zehre nur von der »Attraktivität bondscher Brutalität«, so stellt Georg Alexander 1967 die Verbindung zu den seinerzeit ebenfalls unter Sadismus-Verdacht stehenden James-Bond-Filmen und -Romanen her. Dem Italowestern ist nicht daran gelegen, die persönliche Tragik seiner Helden vorzuführen, wie es der amerikanische Spätwestern eindrucksvoll tut (z. B. El Dorado, Howard Hawks 1966). Seine Helden, Django etc., haben keine Vergangenheit oder noch nicht einmal einen Namen, sondern sind Profis, die einen Job zu erledigen haben; und das muß möglichst kunst- und geräuschvoll über die Bühne gehen.

Wie die ab 1962 in Deutschland populären Karl-May-Verfilmungen (Der Schatz im Silbersee, Harald Reinl) bedient sich der Italowestern elegant der genregeschichtlich etablierten Versatzstücke, ohne jedoch, genauso wenig wie Winnetou und Old Shatterhand im deutschen »Schwarzwald-Western« (Cahiers du Cinéma, zit. n. Jeier 1987, S. 191), die Westerner-Figur um wesentliche Inneneinsichten zu bereichern. Der sogenannte deutsche Western kommt ohne Westerner aus. Und was vom Italowesterner bleibt, sind ikonographische Meisterstücke der Verkommenheit, wie Djangos Sarg (Django, Sergio Corbucci 1966), den er hinter sich her zieht, und der Schmutz, der in der Dollar-Trilogie stets an Clint Eastwood zu kleben scheint. Und natürlich Sergio Leones Spiel mir das Lied vom Tod (1969). Denn Leone nimmt hier den amerikanischen Gründungsmythos ernst und erzählt ihn aus europäischer Perspektive nach: »Die Ideen und Bilder dieses Films sind … ein Traum von der amerikanischen, universalen Legende und vom ›amerikanischen Versprechen‹, das nicht einzulösen war. … Im amerikanischen Western sind die Helden tragisch geworden, weil niemand mehr so recht sie brauchen und akzeptieren kann; in Leones … Filmen ist das Leben selber, die historische Existenz tragisch! Der Western ist der Ort, an dem die Tragik des modernen Menschen begonnen hat, als der technologische Fortschritt, und was er im Gefolge hatte, sein Paradies zerstörte« (Seeßlen 1995, S. 158).

Der Westerner ist und bleibt die populäre Figur des amerikanischen Selbstverständnis, die zugleich den europäischen Blick auf Amerika prägt und ebenso der Erschließung neuer Paradiese wie ihrer Weitererzählung harrt.

Literatur

Berghoff, G.: »Zur Topographie des Western. Teil 1«. In: *Filmstudio* 37 (1962) S. 4–24.

Blumenberg, H. C.: *Wanted. Steckbriefe aus dem Wilden Westen.* München 1973.

Blumenberg, R. M.: »The Evolution and Shape of the American Western«. In: *Wide Angle* 1, 1 (1979) S. 30–36.

Cawelti, J. G.: *The Six-Gun Mystique.* Bowling Green 1975.

Durham, P. C./Jones, E. L.: »The Negro Cowboys«. In: Maynard 1974. S. 19.

Ebert, J.: »Spätwestern«. In: *Filmkritik,* 15. Jg. H. 7 (1971) S. 358–367.

Hanisch, M.: *Western. Die Entwicklung eines Filmgenres.* Berlin 1984.

Hembus, J.: *Western von Gestern. Das Buch zu der Fernsehserie über die großen Westernfilme der 30er und 40er Jahre.* München 1978.

Jeier, T.: *Der Westernfilm.* München 1987.

L'Amour, L.: *Hondo.* Toronto 1997.

Leone, S.: »An den Grenzen des Irrealen: Der Western«. In: Hembus 1978. S. 6f.

Maynard, R. A. (Hg.): *The American West on Film. Myth and Reality.* Rochelle Park, NJ 1974.

Nachbar, J. (Hg.): *Focus on The Western.* Englewood Cliffs, N. J. 1974.

Nash Smith, H.: »The Western Hero in the Dime Novel«. In: Maynard 1974. S. 31–40.

Patalas, E. u. a.: »Kommentierte Westernografie II«. In: *Filmkritik* (1965) S. 126–34.

Rieupeyrout, J.-L.: *Der Western. Geschichten aus dem Wilden Westen. Die Geschichte des Wildwest-Films.* Bremen 1963.

Russell, C. M.: »Der Cowboy«. In: Röder, R.: *Der Mann der zuviel sprach und andere Wildwestgeschichten.* Frankfurt a. M./Wien/Zürich 1967. S. 108–113.

Seeßlen, G.: *Western. Geschichte und Mythologie des Westernfilms.* Marburg 1995.

Ders./Roloff, B./Taube, W.: *Die Kunst des Western. Materialien, Bildbeispiele, Dokumentation von 75 Jahren Western-Film.* Schondorf 1979.

Stammel, H. J.: *Der Cowboy. Legende und Wirklichkeit von A-Z. Ein Lexikon der amerikanischen Pioniergeschichte.* Gütersloh 1972.

Tompkins, J. P.: *West of Everything. The Inner Life of Westerns.* New York 1992.

Tuska, J.: *The Filming of the West.* London 1978.

Vischer, F. T.: *Ästhetik oder Wissenschaft des Schönen.* Bd. 6. München 1923.

Warshow, R.: »Helden aus dem Goldenen Westen. Gangster und Cowboys auf der Leinwand«. In: *Der Monat* 66 (1954) S. 639–47.

Christian Kortmann

Wilderer ↗ Räuber

Zapping ↗ Fernsehgerät

Zeitschrift

Für die Zeitschriften gelten die publizistischen Merkmale der ↗Zeitung – Aktualität, Universalität, Publizität, Periodizität – nur in eingeschränktem Maße.

Weder nimmt die Zeitschrift gewöhnlich derart aktuelle Inhalte auf wie die Zeitung noch weist sie ein entsprechend häufiges periodisches Erscheinen auf. Begrenzt ist vielfach ferner die thematische Vielfalt, vor allem bei Fachzeitschriften. Bei grundsätzlich allgemeiner Zugänglichkeit ist der Kreis der angestrebten und erreichten Öffentlichkeit nicht so weit gezogen wie bei der Zeitung. Das Spektrum der Zeitschriften ist so groß, daß diese Merkmale nicht immer streng eingehalten sind. Trotzdem sind schon aus funktionalen Gründen Zeitschriften und Zeitungen getrennt zu betrachten.

Der Begriff ›Zeitschrift‹ findet sich im Deutschen zum ersten Mal 1751 in der Vorrede zu den von Peter Freiherr von Hohenthal herausgegebenen *Oeconomischen Nachrichten*, einem Periodikum, das die wirtschaftlichen Ziele des Kameralismus popularisieren wollte. Bis daraus ein allgemein akzeptierter publizistischer Gattungsbegriff wurde, dauerte es jedoch noch einige Zeit. Zunächst waren für Druckschriften dieser Art in Deutschland andere Begriffe in Gebrauch. Infolge der frz. Abkunft sprach man anfangs von Journalen, verwendete lateinische Titelnamen wie ›Acta‹ oder ›Ephemeriden‹, sodann verschiedene Lehnübersetzungen wie ›Wochenschrift‹ und ›Monatsschrift‹.

Frühgeschichte

Etabliert hat sich die Zeitschrift im 17. Jh. als weiterer Pressetyp nach der Zeitung. Als erste Zeitschrift gilt das *Journal des Sçavans*, das Denis de Sallo seit 1665 in Paris herausbrachte. Dem polyhistorischen Geist der Zeit gemäß, diente es der Unterrichtung aus einer Vielzahl von Wissensbereichen. Handelte es sich hier somit um eine zielgruppenbestimmte Gelehrtenzeitschrift, so folgte in Frankreich schon 1672 mit dem *Mercure galant* (seit 1724: *Mercure de France*) ein anderer Zeitschriftentyp, das ›Salonblatt‹, das Mitteilungen aus der mondänen Gesellschaft enthielt, kulturpolitisch modernistisch war und mit Rätseln, Versen und Erzählungen auch unterhalten wollte. Damit setzte bereits die Funktionserweiterung der Zeitschrift zum Populären hin ein.

Auch in Deutschland begann die Geschichte der Zeitschrift mit dem Gelehrtenjournal (*Acta Eruditorum*, 1682 ff.); ein dem *Mercure galant* entsprechendes Blatt fehlte jedoch. Mit seinen *Monatsgesprächen* (1688 ff.) schuf Christian Thomasius dann eine literarische Zeitschrift in deutscher Sprache, die nicht mehr trocken referieren, sondern durch Inhalt und Form zum Amüsement der Leser beitragen wollte. Im 18. Jh. vermehrte sich die Zahl der Zeitschriften und diversifizierte sich in zahlreiche Typen. Diese spezialisierten sich auf bestimmte fachliche Kommunikationsbedürfnisse. Züge der ↗Popularisierung zeigte die Moralische Wochenschrift, eine durch äußere Aufmachung und inneren Gehalt ausgezeichnete Gattung eigener Art. Sie hatte ihren Ursprung in England. Den größten Erfolg errang der Hamburger *Patriot* (1724 ff.) mit einer Auflage von 5.000 Exemplaren (als Durchschnittsauflage bei Zeitschriften gelten damals 200 bis 500 Exemplare). Ausdrücklich wandten sich die Moralischen Wochenschriften auch an das weibliche Lesepublikum.

Zwar wollten auch andere Zeitschriften des 18. Jh., etwa literarische, dem Nutzen dienen und zugleich, wie es hieß, ›belustigen‹ (z. B. *Neue Beyträge zum Vergnügen des Verstandes und Witzes*, 1744 ff.). Doch blieb man dabei anspruchsvoll. Populäre literarische Unterhaltungsblätter kamen erst später im 18. Jh. vor, ohne daß ihnen übermäßiger Erfolg beschieden gewesen wäre (z. B. *Olla Potrida*, 1778 ff.). Einen Schub an publizistischer Popularisierung zeitigte dann die Deutschland in der zweiten Jahrhunderthälfte erfassende Volksaufklärung (↗Volkspädagogik). In zahllosen Druckschriften, auch solchen periodischer Art, suchten ihr verpflichtete Autoren, der Bevölkerung, auch dem ›gemeinen Mann‹, nützliches Wissen, insbesondere zur Bewältigung des Alltagslebens, zu vermitteln. Landwirtschaft, Haushaltsführung, Gesundheit waren bevorzugte Themen.

Popularisierung der Zeitschriften

Einen Durchbruch zu Popularität und Massenproduktion erlebte die Zeitschrift (wie die Zeitung) in Deutschland erst im Lauf des 19. Jh. Voraussetzungen dafür waren Bevölkerungswachstum und bis in die Unterschichten durchdringende Lesefähigkeit, d. h. die Entstehung eines breiten Lesepublikums, das seine Interessen und Wünsche auch publizistisch befriedigen wollte. Hinzu kommen mußten jedoch technische Innovationen, das wirtschaftliche Fundament und ein politischer Freiraum, an dem es gerade in Deutschland bis 1848 (und auch danach wieder) fehlte. Als Übergangsphänomen erscheint ein Organ, das den Ruf der ersten erfolgreichen Publikumszeitschrift genießt, das *Pfennig-Magazin der Gesellschaft zur Verbreitung gemeinnütziger Kenntnisse* (seit 1833).

Diese Wochenschrift eiferte einem britischen Vorbild nach, ja bestand im wesentlichen aus Übersetzungen des 1832 gegründeten *Penny Magazine of the Society for the diffusion of useful knowledge*, von dem sich der sprichwörtliche Ausdruck ›penny press‹ herleiten läßt. Der Bezugspreis lag auch in Deutschland mit zwei Talern jährlich sehr niedrig. Das *Pfennig-Magazin* war reich mit Holzstichen illustriert, einer von dem Engländer Th. Bewick entwickelten graphischen Technik, welche die Vervielfältigung von Abbildungen in Massenauflagen erlaubte. Auch damit kam man dem Bedürfnis einfacher Leser entgegen. Tatsächlich erreichte die Zeitschrift schon im ersten Jahrgang eine Auflage von 35.000 Exemplaren, bald waren es über 100.000. Ein weiterer Zeitschriftentyp, der sich in Zukunft als publikumsträchtig erweisen sollte, entstand ebenfalls noch im Vormärz. Angelehnt an die *Illustrated News* in England und *Illustration* in Frankreich, brachte der Verleger Johann Jakob Weber in Leipzig die *Illustrirte Zeitung* heraus, die sich die Bildberichterstattung über Tagesereignisse zur Aufgabe machte (↗ Fotografie). Sie erzielte, schon wegen des höheren Preises, aber nicht den Erfolg wie das *Pfennig-Magazin* und brauchte zwei Jahrzehnte, um eine Auflage von 13.000 Exemplaren zu erreichen.

Das Jahr 1848 kann in Deutschland als Auftakt einer neuen Phase in der Geschichte populärer Zeitschriften angesehen werden. Die Märzrevolution bereitete der vorangegangenen Unterdrückung der Presse ein Ende und wirkte als Initialzündung für die Entstehung einer ganzen Reihe von humoristisch-satirischen Zeitschriften, die großenteils mit Karikaturen ausgestattet waren und diese als Mittel öffentlicher Kritik einsetzten. Das Vorbild dafür hatte in Frankreich Anfang der 1830er Jahre, in einer liberalen Phase, *Le Charivari* (1832ff) geliefert, eine Tageszeitung, deren Erscheinungsbild große Karikaturisten wie Honoré Daumier und Grandville prägten. Diesem Beispiel folgten in Deutschland zuerst die Münchener *Fliegenden Blätter* (seit 1844). Sie bestanden ein Jahrhundert lang und fanden 1884 ihre größte Verbreitung (95.000 Ex.).

Den langlebigsten Erfolg der 1848 entstandenen politischen Witzblätter hatte der *Kladderadatsch* (berlinerisch für: Zusammenbruch). Eine ernstzunehmende Konkurrenz erhielt dieser durch die *Berliner Wespen* (1868ff.). Humor und Satire gewidmet war auch *Der Ulk*, der 1872 gratis dem *Berliner Tageblatt* beigefügt wurde, aber auch separat bezogen werden konnte. Nach der Jahrhundertwende betrug seine Auflage 200.000 Exemplare. Diese wurde noch erheblich übertroffen von dem sozialdemokratischen Lach- und Witzblatt *Der Wahre Jacob*, das 1879 zuerst

in Hamburg und – nach einem Verbot – 1884 in Stuttgart verlegt wurde (bis 1933). Mit einer Höchstauflage von 380.000 Exemplaren (1912) ließ *Der Wahre Jacob* den berüchtigten *Simplicissimus* (1896 ff., 90.000 Ex.) aus München, wohin sich um die Jahrhundertwende der Schwerpunkt der Witzblatt-Produktion verlagerte, weit hinter sich.

In der zweiten Hälfte des 19. Jh. stiegen noch andere Typen von Zeitschriften in Deutschland zu Massenerfolgen auf. Dies war insbesondere bei der illustrierten Familienzeitschrift der Fall, als deren Prototyp die von Ernst Keil 1853 gegründete *Gartenlaube* gilt. Die Romane von Eugenie Marlitt und Ludwig Ganghofer, aber auch von Theodor Fontane wurden hier in Fortsetzungen abgedruckt. Die Auflage stieg von mehreren zehntausend in den 1850er Jahren auf über 100.000 in den 1860er und nahezu 400.000 in den 1880ern an. Andere Blätter vom Typ der Familienzeitschrift (u. a. *Daheim* 1864 ff.) folgten, konnten der *Gartenlaube* aber nicht den Vorrang streitig machen.

Illustrierte im 20. Jahrhundert

Nach der Leipziger Vorläuferin erlangte die Zeitschrift, die sich der Bildberichterstattung über Tagesereignisse widmete und dabei in Finanzierung und Vertrieb neue Wege beschritt, ihren Höhepunkt mit der *Berliner Illustrirten Zeitung* (1892 ff.). 1931 wurden davon 1,95 Millionen Exemplare verkauft. Zu diesem Zeitpunkt, am Ende der Weimarer Republik, gab es in Deutschland eine größere Zahl von Illustrierten. Hohe Auflagen erzielten noch die *Münchener Illustrierte Presse* Anfang der 1930er Jahre mit 700.000 Exemplaren, die *Deutsche Illustrierte* mit ca. 600.000. Seine inhaltliche Entwicklung schloß dieser Zeitschriftentyp durch Fotoreportagen mit einem Hang zum Sensationellen ab. Berühmte Fotografen wie Erich Salomon, Alfred Eisenstaedt und Tim N. Gidal haben dazu beigetragen. Während die Mehrzahl dieser Zeitschriften sich an ein breites bürgerliches ↗ Publikum wandte, war die *Arbeiter-Illustrierte Zeitung* ein an proletarische Kreise gerichtetes Organ. Sie pflegte die Sozialreportage und wollte mit populären bildlichen Mitteln kommunistische Propaganda machen. Mit einer halben Million Auflage gehörte die *AIZ*, wie sie abgekürzt hieß, zu den am weitesten verbreiteten Organen der Weimarer Republik.

Während die *Arbeiter-Illustrierte Zeitung* nach der nationalsozialistischen Machtergreifung in Deutschland 1933 ins Exil abwandern mußte, bestanden andere, wie die *Berliner Illustrirte Zeitung*, fort. Nach der Vertreibung der jüdischen Verlegerfamilie Ullstein und der Überführung ihres Besitzes in den Deutschen Verlag, wurde die *B.I.Z.*, zumal in der Kriegszeit, der NS-Propaganda dienstbar gemacht. Anderen erging es nicht besser, sofern sie überhaupt länger durchhielten. Denn die Nationalsozialisten besaßen zur populären Massenpropaganda schon seit Anfang der 1920er Jahre eine eigene Zeitschrift dieses Typs, den *Illustrierten Beobachter* (analog zur amtlichen Parteizeitung *Völkischer Beobachter*). 1927 lag seine Auflage noch bei 40.000, fünf Jahre später aber schon bei über 300.000 Exemplaren, nach der Machtergreifung und dem Zugriff der neuen Machthaber auf die Presse wurden es noch viel mehr. Eine Erscheinung eigener Art war die 1940 ins Leben gerufene Illustrierte *Signal*, die für das Ausland bestimmt war.

In den ersten Jahren nach dem Kriegsende 1945 sind in den alliierten Besatzungszonen neben Tageszeitungen und seriösen Kulturzeitschriften auch Illustrierte und Unterhaltungszeitschriften lizenziert worden. Dazu gehörten Organe wie *Stern* und *Quick* (beide 1948 ff.). Fotografen wie Thomas Höpker, Stephan Moses und Hilmar Pabel prägten ihr Erscheinungsbild. Aus bescheidenen Anfängen hat sich seit den 1950er Jahren in der Bundesrepublik Deutschland ein breiter Zeitschriftenmarkt mit einer Vielzahl von Titeln entwickelt. Dabei werden der populären Presse z.T. alle Arten von Publikumszeitschriften zugeschlagen, d.h. Periodika, »die sich an ein besonders breites Publikum wenden und besonders hohe Auflagen erzielen« (Vogel 1998, S. III). Von weniger als 50 Titeln 1945 und etwa 200 im Jahr 1949, als die Bundesrepublik gegründet wurde, ist die Zahl auf über 1000 gestiegen.

Populäre Zeitschriften heute

Die Zahl der ›klassischen Illustrierten‹, die in den 1950er und 1960er Jahren eine Renaissance erlebten, ist inzwischen zurückgegangen. Sie wird im wesentlichen noch durch den *Stern* (Auflage: 1,1 Millionen Exemplare) und die *Bunte* (820.000 Ex.) repräsentiert. Während sich der *Stern* der Gattung der Nachrichtenmagazine angenähert hat (*Spiegel*, *Focus*), pflegt die *Bunte* mehr noch die Mischung von Prominentengeschichten, Lebenshilfe und anderem Unterhaltungsstoff. Eine eigene Illustrierte hat sich nach der Wiedervereinigung 1990 in den neuen Bundesländern etablieren können (*Super Illu*, 580.000 Ex.).

Eine ganze Reihe von Zeitschriften wendet sich an verschiedene Segmente der weiblichen Leserschaft. Neben Titeln für den exklusiven Geschmack (z.B.

Cosmopolitan, *Elle*) gibt es solche für Frauen mit gehobenem bis zu einfacherem Lebenszuschnitt. In entsprechend unterschiedlicher Themenmischung bieten sie Beiträge zu Lebensfragen und Mode, Partnerschaftsproblemen und Schönheitspflege, Wohnen und Kochen bis zu Beratung und Horoskopen. *Brigitte* (970.000 Ex.) und *Für Sie* (580.000 Ex.) wenden sich eher an eine nach Alter und Ansprüchen mittlere Leserschaft, *Bild der Frau* (1,7 Millionen Ex.) eher auch an ältere und solche mit geringerem finanziellem Spielraum.

Eigens bedient werden junge Leserinnen und Mädchen durch Blätter wie *Maxi* (300.000 Ex.), *Brigitte*, *Young Miss* (205.000 Ex.), *Bravo Girl* (400.000 Ex.) und *Mädchen* (338.000 Ex.). *Bravo*, jahrzehntelang das populär-kommerzielle Leitmedium der Teenager- und ↗ Jugendkultur in Deutschland, hat (in geringerem Anteil) auch männliche Leser. Es hat in den letzten Jahren erheblich an Auflage eingebüßt (745.000 Ex.). Ähnliche Ursachen führten 1998 zur Zusammenlegung von *Pop Rocky* und *Popcorn* (190.000 Ex.), zwei vorrangig den Musikvorlieben Jugendlicher gewidmeten Zeitschriften, worin auch sonst ein thematischer Schwerpunkt der Presse für diese Altersgruppe liegt. Die beliebteste Comic-Zeitschrift (↗Comic) für Kinder ist seit langem *Micky Maus* (500.000 Ex.).

Ein Zeitschriftentyp eigener Art sind unterhaltende Wochenzeitschriften, die wegen ihrer farbigen Aufmachung und bunten Thematik vorzugsweise aus dem Leben von Herrscherhäusern, Politik- und Showprominenz »Regenbogenpresse« genannt werden (*Neue Post*, 1,3 Millionen Ex.; *Das Neue Blatt*, 1 Million Ex., *Freizeit Revue*, 1,1 Millionen Ex.). Diese Blätter sind bevorzugt Lesestoff von älteren Frauen. Mit freizügigerem Sex werben ähnlich aufgemachte Blätter und Erotik-Zeitschriften ihre zumeist männlichen Leser (*Coupé*, 380.000 Ex.).

Programmzeitschriften für ↗Radio und ↗Fernsehen bilden seit längerem ein wichtiges Segment der populären Presse. Außer den Programmen selbst enthalten sie herkömmlich programmbezogene Beiträge, aber auch sonstige unterhaltende Artikel, Lebensberatung, Kochrezepte, Rätsel usw. Jahrzehntelang war die *HörZu* das auflagenstärkste Organ dieser Art (heute noch 2,1 Millionen Ex.), wurde inzwischen jedoch von Programmzeitschriften überholt, die im Zuge der Entstehung des privaten Fernsehens neu gegründet wurden (u.a. *TV Movie*, 2,5 Millionen Ex., *TV Spielfilm*, 2,3 Millionen Ex.).

Populärer Natur sind nicht nur allgemeine Publikumszeitschriften. Auch Zielgruppenzeitschriften dieser Art existieren. Zu nennen sind hier populärwissenschaftliche Zeitschriften (*P.M.*, 416.000 Ex.),

Motorzeitschriften (*Auto Bild*, 800.000 Ex.) und Sportzeitschriften (*Kicker/Sport-Magazin*, 265.000 Ex.).
Durch die zunehmende Spezialisierung entstehen
immer mehr in den Auflagen zwar begrenzte, aber
durch einen entsprechenden Anzeigenmarkt finan-
zierbare Special-Interest-Zeitschriften. Dabei unterliegt der Markt der Zeitschriften einer größeren Dynamik und einem stärkeren Verdrängungswettbe-
werb als der Markt der Zeitungen. Zudem wird
versucht, erfolgreiche Titel in andere Länder zu ex-
portieren. Laufend kommt es zu Neugründungen.
Dabei werden diese ›generalstabsmäßig‹ auf eine bestimmte Leserschaft hin vorbereitet. Doch nicht selten müssen solche Blätter wieder eingestellt werden.
Selbst Massenauflagen von mehreren hunderttausend Exemplaren reichen heute nicht mehr unbedingt hin, eine aufwendige Zeitschrift rentabel zu
machen.

Literatur

Gebhardt, H.: »Illustrierte Zeitschriften in Deutschland am
    Ende des 19. Jahrhunderts«. In: *Buchhandelsgeschichte. Bei-
    lage zum Börsenblatt für den deutschen Buchhandel 39*, 48
    (1983) S. 41–65.
Gidal, T. N.: *Chronisten des Lebens. Die moderne Fotoreportage.*
    Berlin 1993.
Heinrich-Jost, I.: *Die Geschichte eines Berliner Witzblattes von
    1848 bis ins Dritte Reich.* Köln 1982.
Kirchner, J.: *Das deutsche Zeitschriftenwesen. Seine Geschichte
    und seine Probleme.* 2 Bde. Wiesbaden 1958/62.
Kirchner, J.: »Redaktion und Publikum. Gedanken zur Gestal-
    tung der Massenzeitschrift im 19. Jahrhundert«. In: *Pu-
    blizistik 5* (1959) S. 143–155.
Koch, U. E.: *Der Teufel in Berlin. Von der Märzrevolution bis zu
    Bismarcks Entlassung. Illustrierte politische Witzblätter einer
    Metropole 1848–1890.* Köln 1991.
Marckwardt, W.: *Die Illustrierten der Weimarer Zeit. Publizisti-
    sche Funktion, ökonomische Entwicklung und inhaltliche Ten-
    denzen (unter Einschluß einer Bibliographie dieses Pressety-
    pus 1918–1932).* München 1982.
Martens, W.: *Die Botschaft der Tugend. Die Aufklärung im
    Spiegel der deutschen Moralischen Wochenschriften.* Stuttgart
    1968.
Schulz, K.: *Kladderadatsch. Ein bürgerliches Witzblatt von der
    Märzrevolution bis zum Nationalsozialismus. 1848–1944.* Bo-
    chum 1975.
Vogel, A.: *Die populäre Presse in Deutschland. Ihre Grundlagen,
    Strukturen und Strategien.* München 1998.
Wilke, J.: *Literarische Zeitschriften des 18. Jahrhunderts. Teil I:
    Grundlegung. Teil II: Repertorium.* 2 Bde. Stuttgart 1978.
Ders.: *Grundzüge der Medien- und Kommunikationsgeschichte.
    Von den Anfängen bis ins 20. Jahrhundert.* Köln/Weimar/
    Wien 2000.
Willmann, H.: *Geschichte der Arbeiter-Illustrierten Zeitung
    1921–1938.* Berlin 1974.

Jürgen Wilke

Zeitung

In seinem ursprünglichen Sinn bedeutet der Begriff
›Zeitung‹ soviel wie Nachricht, Bericht über ein Ereignis. Es handelt sich um ein im 14. Jh. zuerst in der
kölnisch-flämischen Handelssphäre in der Form *zi-
dinge, zidunge* auftretendes Wort, das als ein Lehn-
wort aus dem mittelniederdeutschen bzw. mittelnie-
derländischen *tidinge* für Botschaft, Nachricht anzusehen ist. Gedruckte Einzelnachrichten sind daher
zunächst als Zeitungen bezeichnet worden. Im
Haupttitel eines Druckwerks findet man den Begriff
erstmals 1508, in der *Copia der Newen Zeytung aus
Presillg land*, einem Bericht über die Entdeckung
Brasiliens. Von da aus verselbständigte sich der Titel
›Newe Zeytung‹ zu einem Gattungsbegriff für informierende Ein- und Mehrblattdrucke, die historisch zu den Vorläufern der periodischen Presse gehören. Die ›Newen Zeytungen‹ besaßen nicht selten
schon einen populären Charakter, so weit sie über
Himmelserscheinungen, Naturkatastrophen, Unglücke, Verbrechen und andere Sensationen berichteten. Sie verwendeten zur Illustration häufig Holzschnitte, die das ›erschröckliche‹ oder ›erbärmliche‹
Geschehen auch für jene anschaulich machten, die
selbst nicht lesen konnten. Solche Illustrationen
dienten damals schon dem Kaufanreiz und machen
aus diesen frühen Druckwerken Vorstufen der späteren ›tabloid papers‹.

Frühgeschichte

Zu Beginn des 17. Jh. ist die neuzeitliche Zeitung voll
ausgebildet mit den Merkmalen der Aktualität (Neu-
igkeitsbezug), der Universalität (thematische Vielfalt), der Publizität (allgemeine Zugänglichkeit) und
der Periodizität (regelmäßiges Erscheinen). Die ältesten Organe, die diese Merkmale aufweisen, sind
nach heutiger Kenntnis die *Relation* (Straßburg
1605 ff.) und der *Aviso* (Wolfenbüttel 1609 ff.). Von
da an entwickelt sich die Zeitung zum Hauptmedium
gesellschaftlicher Information. Da sie sich zunächst
an ein noch begrenztes und gebildetes ⁄ Publikum
wandte, befriedigte sie dessen Bedürfnis nach seriö-
ser Unterrichtung mit Berichten über Staatsaktionen
und das Handeln der politisch-militärischen Elite.
Nachrichten vom (höfischen) Gesellschaftsleben
oder gar Sensationsmeldungen kamen nur vereinzelt
vor.

Erste Anzeichen für eine Popularisierung der Zeitungen gibt es im 18. Jh. Die *Erlanger Real-Zeitung*
(1741 ff.) wollte ihre Leser nicht mehr nur informieren, sondern auch unterhalten und amüsieren. Des-

halb wurde die Berichterstattung vielfach durch im Plauderton gehaltene belehrend-heitere Einschübe aufgelockert. Mit seiner *Zeitung für Städte, Flecken und Dörfer, insonderheit die lieben Landleute* (1786 ff.) suchte der Braunschweiger Pfarrer H. W. D. Braess der einfachen Landbevölkerung das Weltgeschehen verständlich zu machen, gab dazu hilfreiche Erklärungen und nannte Konsequenzen für die eigene Lebenssituation. Weitere Ansätze zur publizistischen Popularisierung finden sich im 18. Jh. in den sog. Intelligenzblättern, worunter damals Anzeigenblätter zu verstehen sind, die nach und nach auch redaktionellen Stoff aufnahmen. Wurden die Anzeigen und amtlichen Bekanntmachungen in den Intelligenzblättern zunächst mit gelehrten, so später mehr mit gemeinnützigen Beiträgen und schließlich auch mit Unterhaltungsstoff (Anekdoten, Rätsel, Novellen, Gedichten u. ä.) angereichert.

Anfänge der Massenzeitung

Die eigentliche Geburtsstunde der populären Massenzeitung schlug jedoch erst im 19. Jh., und zwar nahezu gleichzeitig in den Vereinigten Staaten und in Frankreich. Als amerikanischer Prototyp gilt der 1835 von James G. Bennet herausgebrachte *New York Herald*. Billiger Verkaufspreis – wonach der Begriff ›penny press‹ geprägt wurde – sowie Finanzierung durch Anzeigenwerbung (↗Werbung) einerseits, möglichst spektakuläre Nachrichten in entsprechender Aufmachung andererseits, waren das Kennzeichnende dieser Zeitung. Nach wenigen Wochen hatte sie bereits eine Auflage von 7000, nach einem Jahr von 20.000 Exemplaren, weit mehr als die bis dahin übliche politische Parteipresse. Schon zwei Jahre vorher hatte Benjamin H. Day in New York mit ähnlicher Zielsetzung und für einen Cent pro Stück *The Sun* auf den Markt gebracht, mit dem bezeichnenden Untertitel »It Shines for All«. In Frankreich erschienen 1836 gleich zwei Zeitungen der ›Presse à bon marché‹, wie man sie dort nannte: Emile de Girardins *La Presse* und Armand Dutacqs *Le Siècle*. Auch sie machten den Anzeigenteil zu ihrer wesentlichen Stütze und Finanzierungsquelle, so daß der Verkaufspreis gesenkt und somit Massenabsatz erzielt werden konnte. Durch Verzicht auf einen bestimmten politischen Standpunkt sollte niemand vom Lesen abgehalten werden. Das Interesse größerer Leserschichten suchte man ferner durch den Ausbau des Feuilletons zu gewinnen, insbesondere des Feuilletonromans (u. a. von Honoré de Balzac und Eugène Sue). Ende 1836 besaß *La Presse* eine Auflage von 10.000, zehn Jahre später von 20.000 Exemplaren, in

der Revolution von 1848 waren es zeitweise angeblich über 70 000.

Seit den 1850er Jahren wurde die populäre Tageszeitung auch in Großbritannien heimisch. Auslöser war dafür 1855 die Aufhebung der Zeitungsbesteuerung (*Stamp Duties*). Den Anfang machte der *Daily Telegraph and Courier* im gleichen Jahr, der seine Auflage bis 1880 auf 250.000 Exemplare steigern konnte und sich dadurch ein ganz neues Publikum erschloß. Daß die populäre Massenpresse eine Begleiterscheinung der Urbanisierung war, zeigt sich daran, daß ›penny papers‹ (seit 1870 auch ›halfpenny evening papers‹) in den 1880er Jahren in mehreren größeren britischen Städten herauskamen. Zur erfolgreichsten Zeitung Frankreichs im 19. Jh. wurde *Le petit Journal* (1863 ff.). Sie kostete nur noch einen Sou pro Nummer, halb so viel wie *La Presse* und *Le Siècle*. Die Vermittlung praktischer Kenntnisse, Nachrichten aus der Alltagswelt, insbesondere Vermischtes (sog. ›faits divers‹) sowie ›unter dem Strich‹ (›au rez de chaussée‹) gesetzte Feuilletonromane machten im wesentlichen den Inhalt aus. Nach zwei Jahren wurde die Zeitung bereits in 260.000 Exemplaren gedruckt, 1887 waren es eine Million.

Entwicklung in Deutschland

In Deutschland verlief die Entwicklung zögerlicher. Im Vormärz bis 1848 litt die Presse an ↗Zensur und Unterdrückung. Nach der Revolution bildete sich zunächst die Meinungs- und Parteipresse heraus, deren Verbreitung standpunktbedingt begrenzt blieb. 1850 fiel in Preußen endlich das staatliche Anzeigenmonopol. Jetzt konnten sich Zeitungen ungehindert aus Anzeigen finanzieren. Die wirtschaftlichen Voraussetzungen dazu verbesserten sich vor allem durch die Reichsgründung 1871 und die ihr folgende Wirtschaftskonjunktur (›Gründerjahre‹). So vollzog sich der Übergang zur populären Massenpresse in Deutschland in den 1870er und 1880er Jahren, und zwar in Form der sog. Generalanzeiger. Der Verleger des 1871 gegründeten *Aachener Anzeigers*, Josef La Ruelle, gilt als Schöpfer dieses Zeitungstyps. Außer der 1882 in Aachen herausgebrachten *Billigsten Zeitung für Arm und Reich* ließ er ähnliche Blätter noch an anderen Orten erscheinen. Der *Generalanzeiger der Stadt Köln* (1875 ff.) verzichtete anfangs ganz auf Bezugsgelder und wurde in einer Auflage von 150.000 Exemplaren kostenlos verteilt, erst nach einer gewissen Zeit ging man dazu über, eine Zustellgebühr zu erheben. Die Generalanzeiger waren ganz auf dem Anzeigenteil aufgebaut, wofür man den Inserenten gegenüber eine Verbreitungsgarantie übernahm. Anfänglich redaktionell dürftig, wurde mehr und mehr getan, eine breite Leserschaft auch inhaltlich zu fesseln, weniger durch politischen Stoff – man wollte auch hier neutral sein – als durch lokale Berichte und ein spannendes Feuilleton, durch Informationen zu Haus und Garten, Gesundheitspflege und Populärwissenschaft. Der ›Leser-Blatt-Bindung‹ dienten überdies Preisausschreiben, ein Teil mit Leserbriefen (›Briefkasten‹) und eine ausgedehnte Beratungspraxis etwa zum Abschluß von Versicherungen. In ausgereifter Form verkörperte diesen Typ der *Berliner Lokal-Anzeiger*, der daher als bedeutendstes Organ seiner Art gilt. Der Verleger August Scherl brachte ihn in der Reichshauptstadt im November 1883 zunächst als Wochenblatt heraus, 1884 erschien er bereits dreimal pro Woche, 1885 täglich. Die Auflage von über 150 000 Exemplaren lag für deutsche Verhältnisse damals weit über dem Durchschnitt.

Yellow Journalism

Eine neue Ära der populären Zeitung brach in den Vereinigten Staaten in den 1890er Jahren mit dem Yellow Journalism an. Der Name geht zurück auf die farbig gedruckte Comic-Serie *Yellow Kid* (↗ Comic), die zuerst am 5. Mai 1895 im New Yorker *Sunday Journal* des Verlegers William Randolph Hearst erschien und um die sich eine Art ›Zeitungskrieg‹ mit dem Konkurrenten Joseph Pulitzer und seiner *Sunday World* entspann. Die Bezeichnung ›Yellow Journalism‹ wurde zum Synonym für einen von diesen Verlegern in ihren Blättern forcierten kommerzialisierten Sensationsjournalismus. In entsprechend plakativer Aufmachung (↗ Plakat), mit großen Schlagzeilen und Illustrationen versehen, beschäftigten sich die Artikel bevorzugt mit Kriminalität und Erotik (›Sex and Crime‹), Korruption, Katastrophen, Gesellschaftsklatsch und ↗ Sport. Hinzu kamen farbige Beilagen mit Comics. Die *Sunday World* erreichte damit eine Auflage von 600.000 Exemplaren.

Im Vergleich zum Yellow Journalism war die populäre Presse in Europa noch recht konservativ. Das gilt auch für die Londoner *Daily Mail*, deren Erscheinen unter dem Verleger Harmsworth (später Lord Northcliffe) als einer der Wendepunkte in der britischen Presse angesehen wird. Obwohl in der Aufmachung zunächst noch traditionell, machte sie inhaltlich den Schritt von der hohen Politik zum Trivialen und ließ überhaupt neben dem Anzeigenraum nur wenig Platz für die Redaktion. Für einen halben Penny im Verkauf betrug die Auflage im Jahr 1900 bereits knapp eine Million. Die *Daily Mail* war bis Anfang der 1930er Jahre das auflagenstärkste Blatt Großbritanniens, ihr folgte in den 1940er Jahren der *Daily Express*, der in der Vorrangstellung wiederum vom *Daily Mirror* abgelöst wurde. Diese Organe pflegten zunehmend den im Yellow Journalism der Vereinigten Staaten vorgeprägten Sensationsjournalismus. Dies brachte den Blättern nach dem Zweiten Weltkrieg ganz neue Höchstauflagen ein, beim *Daily Express* 4,2 Millionen (1950) und beim *Daily Mirror* 5,2 Millionen (1967). Neben den genannten Titeln beherrscht heute *The Sun* als ›tabloid-paper‹, das sich im Besitz des australischen Medienmoguls Richard Murdoch befindet, den britischen Zeitungsmarkt.

Boulevardzeitungen in Deutschland

Nach britischem Vorbild erhielt Deutschland eine auf die Massenleserschaft zielende Boulevardzeitung erst nach dem Zweiten Weltkrieg. Dabei steht der Name Boulevardzeitung sowohl für die Vertriebsart (Einzelabsatz im Straßenverkauf) als auch für den ›bunten‹ Inhalt und die aufmerksamkeitsträchtige Aufmachung. Ganz auf den Straßenverkauf zugeschnitten gewesen war in Deutschland zuerst die 1904 vom Verlag Ullstein anfangs als dritte Ausgabe der *Berliner Zeitung* herausgebrachte *BZ am Mittag*. Sie hatte die bis dahin nur in Amerika und England bekannte Reportage und im Unterhaltungsteil die Kurzgeschichte gepflegt. Außerdem betonte man den Sportteil wie damals nirgendwo sonst (eigene Sportbeilage ab 1905). Dennoch war es hierzulande ein Novum, als der Verleger Axel Springer im Juni 1952 die *Bild*-Zeitung startete, die eine unvergleichliche Auflagenexplosion erlebte. Zu Beginn in 250.000 Exemplaren aufgelegt, erreichte sie im September 1953 bereits 1,2 Millionen, 1956 2,5 Millionen, 1964 mehr als vier Millionen und in den 1980er Jahren sogar 5,5 Millionen. Zu dem einzigartigen Erfolg der *Bild*-Zeitung trugen außer dem niedrigen Verkaufspreis (anfangs 10 Pfg.) und der reißerischen Aufmachung die inhaltliche Mischung von ›Sex and Crime‹, von emotionalen ›Human Touch‹-Geschichten und Sportergebnissen bei. Auch die Politik muß sich – so weit sie vorkommt – diesem Programm einfügen.

Der populäre, ja populistische Journalismus der *Bild*-Zeitung war in Deutschland immer umstritten, insbesondere bei Intellektuellen, und wurde von den Anhängern der 68er Bewegung entschieden bekämpft. Die Kritik an ihr berücksichtigt häufig nicht, daß dieses Blatt zumeist als Zweitzeitung neben einer anderen (in der Regel lokalen) gelesen wird und immer wieder neu zum Kauf anreizen muß, was auf

Inhalt und Aufmachung abfärbt. Zwar entstanden in der Nachkriegszeit auch andere Zeitungen dieser Art, doch erreichte keine eine nationale Verbreitung, sondern alle blieben regional verankert und in den Auflagen begrenzt (*Hamburger Morgenpost, Express,* Köln, *Abendzeitung* und *TZ,* beide München). Während einzelne Boulevardzeitungen (*Abendpost/Nachtausgabe* in Frankfurt a. M.) schon vor Jahren eingestellt wurden, mehren sich Krisenerscheinungen bei den anderen in den letzten Jahren. Offenbar wirkt sich die Ausbreitung des privaten ↗ Fernsehens in Deutschland negativ auf diesen Zeitungstyp aus und führt zu Auflageneinbußen, die diese z. T. durch mehr Lokalbezug und verstärkte Kooperation aufzufangen suchen. Der nach der Wiedervereinigung unternommene Versuch, in den neuen Bundesländern eine eigene populäre Straßenverkaufszeitung (*Super! Zeitung*) auf den Markt zu bringen, ist – trotz hoher Auflage – gescheitert.

Kennzeichnend für die Boulevardzeitung sind ebenso sehr ihr Themenmix wie ihr Sprachgestus und ihre formale Aufmachung. Sie interessiert sich vor allem für die Prominenz, zwar auch aus Politik, aber mehr noch aus Sport sowie ↗ Film und Fernsehen. Zum anderen werden Alltagsgeschichten gebracht, mit denen sich der Leser und die Leserin identifizieren können. Personalisierung ist der wichtigste Nachrichtenwert. Immer geht es um das Menschliche, ja das allzu Menschliche. Glück und Pech im Leben sind das, worauf es der Boulevardzeitung ankommt. Beliebt sind insbesondere ↗ Sex und Kriminalität. Der Motivik fiktiver Erzählformen wie dem Märchen steht sie oft näher als faktengetreuer journalistischer Berichterstattung. Verwendet wird eine einfache, zum Teil gefühlsgeladene Sprache und ein blumiger Stil. Emotionen sollen dadurch angerührt und befriedigt werden. Die Boulevardzeitung kommt damit geringer oder nachlassender Lesekonzentration entgegen. Immerhin liest heute rund ein Drittel der Leser die *Bild*-Zeitung exklusiv, d. h. keine andere Zeitung sonst. Sie ist für die flüchtige Lektüre geschaffen, mit ihr lassen sich leicht die erzwungenen oder freiwilligen ›Leerzeiten‹ im Tagesablauf ausfüllen.

In der Aufmachung setzen die Boulevardzeitungen auf starke optische Reize, den Einsatz von Farbe, eine ›knallige‹ Schlagzeile, kräftige Typographie, durchgehende Bebilderung und ein buntes Layout. Die bei herkömmlichen Zeitungen übliche Ressortgliederung ist aufgehoben oder nur noch rudimentär vorhanden. Die Plazierung der zumeist kurzen Beiträge wird bestimmt durch den Sensationsgehalt (im doppelten Wortsinn, als Empfindungen Ansprechendes wie als Aufsehen Erregendes verstanden).

Wegen ihrer großen Reichweite könnte man meinen, eine Boulevardzeitung wie *Bild* sei ein Leitmedium. Zumal auch viele Journalisten sie lesen, wenn auch eher aus professionellem Amüsement und im Glauben, ihr zu entnehmen, was die deutsche ›Volksseele‹ Tag für Tag beschäftigt. Doch normative Vorstellungen eines politischen oder kulturellen Leitmediums sind für *Bild* inopportun, da sich das Blatt ganz den Leserwünschen anbequemt. Dies schließt Wirkungen für die Wert- und Lebensorientierung und die Stimulation modischer Trends nicht aus. Auch folgt daraus, daß sich das Blatt gern zum Fürsprecher insbesondere der ›kleinen Leute‹ macht und dadurch sehr wohl Kampagnen lancieren kann. Der politische Charakter von Boulevardzeitungen ist in Deutschland aber viel weniger stark ausgeprägt als bei den Blättern gleichen Typs in England.

Literatur

Crouthamel, J. L.: *Bennett's New York Herald and the Rise of the Popular Press.* Syracuse 1989.

Dovifat, E.: »Die Anfänge der Generalanzeigerpresse«. In: *Archiv f. Buchgewerbe und Gebrauchsgraphik* 65 (1928) S. 163–184.

Emery, E./Emery, M.: *The Press and America. An Interpretive History of the Mass Media.* Englewood Cliffs 1984.

Engel, M.: *Tickle the Public. One Hundred Years of the Popular Press.* London 1996.

Esser, F.: »Tabloidization of News. A Comparative Analysis of Anglo-American and German Press Journalism«. In: *European Journal of Communication* 14 (1999) S. 291–324.

Hennig, J.: »Geschichte der Boulevard-Zeitung«. In: Leonhardt, J.-F. u. a. (Hgg.): *Medienwissenschaften. Ein Handbuch zur Entwicklung der Medien und Kommunikationsformen.* 1. Teilband. Berlin/New York 1999. S. 955–964.

Koszyk, K.: *Deutsche Presse im 19. Jahrhundert.* Berlin 1966.

Lerg, W. B.: »Die Anfänge der Zeitung für alle. Methodenkritisches zur Geschichte der Massenpresse«. In: Ders./Schmolke, M.: *Massenpresse und Volkszeitung. Zwei Beiträge zur Pressegeschichte des 19. Jahrhunderts.* Assen 1968. S. 5–46.

Palmer, M. B.: *Des petits journaux aux grandes agences. Naissance du journalisme moderne.* Paris 1983.

Pfarr, K.: *Die Neue Zeitung. Empirische Untersuchung eines Informationsmediums der frühen Neuzeit unter besonderer Berücksichtigung von Gewaltdarstellungen.* Diss. Mainz 1994.

Wiener, J. H.: *Papers for the Millions. The New Journalism in Britain 1850s to 1914.* New York 1988.

Wilke, J.: »Leitmedien und Zielgruppenorgane«. In: Ders. (Hg.): *Mediengeschichte der Bundesrepublik Deutschland.* Köln/Weimar/Wien 1999. S. 302–329.

Ders.: *Grundzüge der Medien- und Kommunikationsgeschichte. Von den Anfängen bis ins 20. Jahrhundert.* Köln/Weimar/Wien 2000.

Wolter, H.-W.: *Generalanzeiger – Das pragmatische Prinzip. Zur Entwicklungsgeschichte und Typologie des Pressewesens im späten 19. Jahrhundert mit einer Studie über die Zeitungsunternehmungen Wilhelm Girardets (1838–1918).* Bochum 1981.

Jürgen Wilke

Zensur

Die rasante Entwicklung der Massenmedien im 19 und 20. Jh. wird begleitet vom Konflikt zwischen Äußerungsfreiheit und Zensureingriffen, denn mit jeder kommunikationstechnischen Innovation geht die Angst vor Mißbrauch und der Ruf nach Beschränkungen einher (vgl. Seim 1997). Jedes unsere ↗ Alltagskultur revolutionierende Medium, wie ↗ Fernsehen, ↗ Video, ↗ Computer, ↗ Internet sowie neu etablierte Erzählformen (z. B. ↗ Comic, ↗ Videoclip), verändert nicht nur die Kultur, indem es neue Bedürfnisse, Erwartungshaltungen und Sehgewohnheiten schafft, sondern wird bei seiner Einführung als potentiell schädlich kritisiert und unterliegt Kontrollmechanismen, vor allem wenn politische oder wirtschaftliche Machtinhaber bewährte Strukturen gefährdet sehen. Die weitaus meisten zensierenden Eingriffe betreffen Produkte der sog. Trivialkultur, da anerkannte Kunst einen größeren Freiraum genießt und keine so weite Verbreitung hat.

Kernprobleme des Zensierens sind: Wer definiert die Grenzen zwischen grundgesetzlicher Meinungs-/ Kunstfreiheit und notwendigen Restriktionen? Was kann eine Demokratie hinnehmen; wo ist der freie Zugang zu beschränken; und was muß ganz verboten werden? Wann schlägt Toleranz in Willkür, Liberalität in Libertinage um? Wie kann die Gesellschaft und ihre Wertvorstellungen geschützt werden, ohne daß es zu totalitärer Zensur oder einer Political-Correctness-Geschmackskontrolle kommt?

Definition, Formen und Institutionen

Die obersten Verfassungswerte sind die Menschenwürde und die freiheitliche demokratische Grundordnung. Zensur wird ausgeübt, wenn bestimmte Medieninhalte als gefährlich für das bestehende Herrschafts- und Wertesystem oder die Rezipienten gelten, die davor bewahrt werden sollen (vgl. Post 1998). Entgegen der juristischen Definition, die unter Zensur nur eine formelle Vorzensur versteht, umfaßt der gesellschaftsrelevant ausgelegte Begriff als Teil der sozialen Kontrolle nicht nur die vor einer Veröffentlichung getätigten Präventiveingriffe, sondern alle interdizierenden Fremdeinflüsse auf ↗ Medien.

Zwar soll laut Artikel 5 GG eine (Vor-)Zensur nicht stattfinden; da aber alles Weitere die Gesetze regeln, wird die Äußerungsfreiheit z. B. durch die Paragraphen 86a, 90, 111, 129–131, 140, 166, 184, 185 des Strafgesetzbuches eingeschränkt. Eine Form von Zensur übt die »Freiwillige Selbstkontrolle der Filmwirtschaft« (FSK) aus, die alle ↗ Filme vor ihrer Aufführung prüft, Schnittauflagen verfügt und Altersfreigaben vergibt. Hinsichtlich der Nachzensur sind vor allem die »Bundesprüfstelle für jugendgefährdende Schriften und Medieninhalte« (BPjS) sowie die Gerichte, der Zoll und die Polizei zu nennen. Eine Indizierung durch die BPjS bedeutet ein Jugendverbot mit weitreichenden Vertriebsbeschränkungen. Eine gerichtliche Beschlagnahme/Einziehung bewirkt ein bundesweites Totalverbot. Beides geschieht auf Antrag bzw. Anzeige hin. Zudem gibt es als zivilrechtliche Instrumente Unterlassungsverfügungen, Schmerzensgeld oder Schadenersatz. In allen Medienbereichen existieren Selbstkontrollgremien, die schwer meßbare Formen von Selbstzensur ausüben.

Zensurgründe und -objekte

Viele Moralvorstellungen und Gesetze stammen aus Vorkriegszeiten. Auch wenn sich die Terminologie – von ›Schmutz und Schund‹ zur ›Jugendgefährdung‹, von ›Unsittlichkeit‹ zur ›Pornographie‹ oder von ›Majestätsbeleidigung‹ zur ›Verunglimpfung‹ – geändert hat, sind die meisten Zensurgründe ähnlich geblieben. Sie dienen dem Machterhalt der Herrschenden bzw. dem Schutz mehrheitlicher Normen. Wer verbietet, fordert Gehorsam und demonstriert ein Mehr an Wissen, Erfahrung und Autorität. Zeitgeist, Wertewandel und Medienentwicklungen beeinflussen nicht nur die öffentliche Meinung, sondern auch den Jugendschutz und die Rechtsprechung. Verbotsgründe sind vor allem Pornographie, Gewaltverherrlichung (↗ Gewalt), Verstoß gegen die Menschenwürde, Drogenverharmlosung, Verletzung von Persönlichkeitsrechten oder vom Markenschutz sowie Gefährdung der inneren Sicherheit durch Extremismus.

Bei Erfindung der billigen und vielen Gesellschaftsschichten zugänglichen Massenmedien im späten 19. Jh. bildeten Kolportageromane (↗ Kolportagebuchhandel) und Groschenhefte (↗ Romanheft) das Feindbild früher Sittenwächter. Auch die Cinematographie wurde von Moralhütern in Kaiserreich und Weimarer Republik gebrandmarkt, da sie eine Bedrohung für das Gemeinwohl und den öffentlichen Anstand insbesondere der Jugend sei. Sittlichkeitsvereine wie der »Volkswartbund«, Zensurgesetze und Prozesse zielten gegen vermeintliche Unzüchtigkeit, Gotteslästerung oder Majestätsbeleidigung.

Das sog. ›Dritte Reich‹ installierte ein rigides Netz aus Vor- und Nachzensur einschließlich Schreib- und Berufsverbot bis hin zur Ermordung von Regimekritikern. Schwarze Listen, Bücherverbrennungen und ›Säuberungsaktionen‹ unterbanden alle nicht genehmen Äußerungen. Nach der Kapitulation Hitler-Deutschlands wurden in der jungen Bundesrepublik viele der Zensurparagraphen und sinnverwandten Institutionen der Vorkriegszeit wieder eingeführt. Die 1954 gegründete »BPjS« stand lange unter dem Einfluß der repressiven Moralvorstellung der Adenauer-Zeit. Außer Tageszeitungen und Fernsehsendungen kann diese Behörde Produkte aller Medienbereiche indizieren. Auf ihren Index kamen bislang ca. 15.000 Videos, Bücher, ↗ Zeitschriften, Comics, Tonträger, Computerspiele und Online-Angebote.

Die Eingriffsrelevanz ändert sich. Befanden sich in den 1950er Jahren Comics wie *Tarzan* oder *Akim* im Fadenkreuz der Jugendschützer, so waren es seit den 1960ern vor allem erotische Bücher wie Guillaume Apollinaires *11.000 Ruten*, Leopold von Sacher-Masochs *Venus im Pelz* oder *Josefine Mutzenbacher*. In den 1970er Jahren kamen politische Schriften sowie Drogenliteratur hinzu, z.B. Timothy Learys *Politik der Ekstase* oder William S. Burroughs *Naked Lunch* (vgl. Ohmer 2000). In der DDR unterlag der Kulturbereich umfangreichen Überwachungen. In der Bundesrepublik führte der Video-Boom seit Beginn der 1980er Jahre zu einer Renaissance der Jugendschutzbehörden mit Tausenden von Indizierungen, z.B. von Pier Paolo Pasolinis SALÒ, John Carpenters DAS ENDE oder James Camerons TERMINATOR.

Laut *BPjS Aktuell*, dem amtlichen Mitteilungsblatt der Bundesprüfstelle, unterliegen zudem rund 500 als ›sozialschädlich‹ eingestufte Medien einem gerichtlichen Totalverbot, vor allem als gewaltverherrlichend oder pornographisch eingestufte Videos sowie rechtsextreme Tonträger und Bücher. Unter den 150 wegen Verstoßes gegen die Menschenwürde verbotenen Filmen (vgl. Erdemir 2000) befinden sich auch in ihrem ↗ Genre als wegweisend geltende Werke wie Sam Raimis TANZ DER TEUFEL, Don Coscarellis DAS BÖSE, George A. Romeros ZOMBIE und Peter Jacksons BRAINDEAD, die im liberaleren Ausland frei erhältlich sind. Seit den 1990er Jahren gelten vor allem neue Medien wie Computerspiele und das Internet als viel diskutierte Gefahrenzentren (vgl. Determann 1999). Mit der Informationsglobalisierung im relativ anonymen Web fürchten Kritiker, daß soziale Hemmungen abhanden kommen, da sich dort eine weite und billige Verbreitung auch aller unerwünschten ›contents‹ bei einfacher Handhabung mit kaum zu überwachenden Distributionswegen verbinde.

Faszination des Verbotenen

Allen Indexkatalogen ist eine janusköpfige Doppelfunktion gemein: Zum einen sollen sie anzeigen, was untersagt ist, zum anderen bringen sie erst diese Objekte ins öffentliche Bewußtsein und wecken die Neugier, zu erfahren, was man eigentlich nicht wissen darf (vgl. Seim 1997). Verbote überhöhen die Produkte durch das Hautgout des Skandals. Stets sind Indices auch ›Einkaufslisten‹. Da die Nennung von Adressen indizierter Online-Angebote eine Navigationshilfe im Datenmeer darstellen, will die BPjS künftig auf deren Veröffentlichung verzichten.

Deviante Medien sind in manchen Szene-Kreisen reizvolle, da rare und schwer erhältliche Sammelobjekte mit Liebhaberpreisen. In einer übersättigten Erlebnisgesellschaft verschafft es vielen einen Kick, der Obrigkeit ein Schnippchen zu schlagen und Verbotenes zu rezipieren. Nachfrage erzeugt kriminelle Energie, etwa in Form von Raubkopien, Re-Issues unter Tarnnamen oder Importen ausländischer Fassungen, was bei Inhaltsgleichheit illegal ist.

Keine Gesellschaft kann es sich leisten, jede Information unkontrolliert allen Menschen zugänglich zu machen. Neben negativen Implikationen hat Zensur auch eine Filterfunktion, die von vielen Bürgern gerade bei neuen Medien verlangt wird. Sie soll gefährdete Gruppen wie Minderjährige vor schädlichen Einflüssen schützen. Fraglos richtig ist die Ahndung realer Verbrechen, bei denen Medien nur als Vehikel dienen (z.B. Kinderpornos). Das nachvollziehbare Verbot von rassenhetzerischen Äußerungen soll den sozialen Frieden fördern, die Leugnung historischen Unrechts verhindern und der Wahrheit dienen.

Zensur von Phantasiewerken mutet aber oft fragwürdig an (vgl. Beisel 1997). Da diese durch Verbote ebenso wenig aus der Welt zu schaffen sind, wie die Neugier, führt Zensur zu Umgehungsstrategien, hält die Diskussion um Werte, gesellschaftlichen Wandel und Grenzen des Tolerierbaren in Gang. Der Grat, wann die Bürger- und Menschenrechte, die Meinungs-, Presse- und Kunstfreiheit mit anderen Grundwerten, dem Jugendschutz, dem Strafrecht und den Persönlichkeitsrechten kollidieren, ist variabel und bedarf des aufmerksamen Diskurses. Nicht nur die Medien spiegeln den Zeitgeist wider – auch Zensur ist ein Gradmesser sozio-kultureller Befindlichkeit, die zwischen abgestumpfter Gewöhnung und Hypersensibilität pendelt. Angesichts der irreversiblen Entwicklung zur Informationsgesellschaft erscheint eine Förderung der Medienkompetenz zumeist aber sinnvoller als obsolete Zensureingriffe.

Literatur

Beisel, D.: *Die Kunstfreiheitsgarantie des Grundgesetzes und ihre strafrechtlichen Grenzen*. Diss. Heidelberg 1997.
Determann, L.: *Kommunikationsfreiheit im Internet. Freiheitsrechte und gesetzliche Beschränkungen*. Baden-Baden 1999.

Erdemir, M.: *Filmzensur und Filmverbot. Eine Untersuchung zu den verfassungsrechtlichen Anforderungen an die strafrechtliche Filmkontrolle im Erwachsenenbereich.* Diss. Marburg 2000.

Ohmer, A.: *Gefährliche Bücher? Zeitgenössische Literatur zwischen Kunst und Zensur.* Diss. Baden-Baden 2000.

Post, R.C. (Hg.): *Censorship and Silencing: Practices of Cultural Regulation.* Los Angeles 1998.

Seim, R.: *Zwischen Medienfreiheit und Zensureingriffen. Eine medien- und rechtssoziologische Untersuchung zensorischer Einflußnahmen auf bundesdeutsche Populärkultur.* Diss. Münster 1997.

Ders./Spiegel, J. (Hgg.): *»Ab 18« – zensiert, diskutiert, unterschlagen.* 2 Bde. Münster 2001.

Roland Seim

Zirkus

Der Zirkus (lat. *circus*: Kreis, die Schreibweise *Circus* wird auch heute noch von Zirkusunternehmen angewendet) ist eine unterhaltende Form der darstellenden Kunst, die sich aus Einzelelementen wie Akrobatik, Clownerie und Tierdressur, Ausstattung und ↗ Musik zusammensetzt; die Zirkuskunst ist eine sinnlich erlebbare »Einheit der Vielfalt« (Kusnezow 1970, S. 7). Künstlerisch besteht ein enges Wechselverhältnis zu anderen Formen der darstellenden Kunst, insbesondere dem ↗ Theater.

Im Unterschied zum Theater, das nicht nur Darsteller kennt, sondern – jedenfalls zumeist – darstellend etwas repräsentiert, verweisen die Darbietungen des Zirkus nur auf sich selbst. Nicht zuletzt hieraus begründen sich Sinnlichkeit, Zauber und auch Popularität des Zirkus. Trotzdem haben auch die artistischen Vorführungen der Zirkuskünstler Geschichte und verweisen auf Geschichte. Etwa die Reiterkünste auf die Bedeutung des Militärs, das Streben der Springakrobaten des 16. Jh. nach Perfektion auf die Bedeutung der Mechanik für das damalige Weltbild (vgl. Bose/Brinkmann 1978, S. 16ff.). Ist auf der einen Seite die Körperbezogenheit der zirzensischen Kunst, das Herausstellen des Körpers verantwortlich für die sensuellen Reize der Darbietung, so begründen sie andererseits das geringe Ansehen des Zirkus in der christlich/abendländischen Tradition. Hinzu kommt bis weit ins 19./20. Jh. die sozial niedrige Herkunft der Artisten (das ›Fahrende Volk‹ war im Mittelalter sogar noch vogelfrei; nur wenige Zirkusartisten konnten durch ihre Kunst sozial aufsteigen). Aus dem zweifach (sozial und körperlich) begründeten Charakter des Zirkus als ›niederer Kunst‹ bezieht er jedoch auch seine Wertschätzung. Als Kunst der ›einfachen Leute‹ verwirklicht er nicht nur Sozialromantik (siehe etwa die Zirkusbilder von Chagall), sondern auch etwas Sozialrevolutionäres, weil der Zirkus dem einfachen Volk eine Bühne bot, selbständig produktiv und wirtschaftlich tätig zu sein. Und indem der Zirkusartist die Grenzen des körperlich Möglichen immer weiter hinaustreibt – woraus dann auch eine Krise der Zirkuskunst entstehen kann (vgl. den Titel von A. Kluges Film DIE ARTISTEN UNTER DER ZIRKUSKUPPEL RATLOS) – befragt er beständig die Natur des Menschen.

Der Name ›Zirkus‹ wurde allgemein gebräuchlich, als durch ein Dekret Napoleons I. die Bezeichnung ›Theater‹ für »Raritäten und Kuriositäten« untersagt wurde. Aus diesem Zwang heraus nannten die Brüder Franconi ihr 1807 in Paris eröffnetes Haus »Cirque Olympique«, daraus entstand der Gattungsbegriff des ›Circus‹.

Der Forschungsstand zum Zirkus ist immer noch unzureichend. Einzeldarstellungen untersuchen vor allem die historische Entwicklung des Zirkus in den jeweiligen Ländern oder spezielle Elemente, insbesondere die Clownerie; eine Gesamtdarstellung der ästhetischen Wirkungsprinzipien dieser Kunst und ihrer Relation zu anderen Künsten fehlen fast völlig. Lediglich die Semiotik hat sich in einigen Untersuchungen der Zirkuskunst genähert und eine Reihe grundlegender Arbeiten vorgelegt (Bouissac 1976). Die Rezeption des Sujets ›Zirkus‹ findet in der Literatur, der bildenden und darstellenden Kunst in vielfältiger Weise statt. Zwar werden sehr oft nur Klischeevorstellungen bedient, insbesondere in Literatur und ↗ Film, in denen die lachende Clownmaske tragische Schicksale verbirgt; effektvolle Eifersuchtsdramen oder Verbrecherjagden unterm Zirkuszelt stattfinden oder der ›ewige‹ Konflikt zwischen den fahrenden Fremden und den seßhaften Bürgerlichen ausgetragen wird. Insbesondere in der bildenden Kunst gibt es aber auch Darstellungen des Artisten als antibourgeoises Individuum oder des Zirkus als phantastische Gegenwelt des ↗ Alltags. Das Farbige, Rauschhafte, Ungewöhnliche, einschließlich der besonderen Mensch-Tier-Beziehung, der Gegensatz zwischen schönem Schein und hartem Existenzkampf in dieser in sich geschlossenen Welt des Zirkus faszinierte Künstler zu allen Zeiten. Entsprechend breit gefächert erscheint das Sujet ›Zirkus‹ in ihren Werken.

Spezifik des Zirkus

Zirkus findet vorwiegend im transportablen Zelt, im Chapiteau statt, das Mitte des 19. Jh. aus den USA nach Europa kam. Aber auch in Hallen oder in – nur noch selten zu findenden – eigens errichteten Festbauten werden Zirkusveranstaltungen durchgeführt. Spielort ist die in der Regel 13 m messende kreisförmige Manege, die von einer Begrenzung, der ›Piste‹, umgeben ist. Die noch heute in den USA übliche Form der Präsentation von Darbietungen in drei Manegen gleichzeitig konnte sich in Europa nicht durchsetzen.

Die Saison eines Zirkus ist witterungsabhängig und dauert in Mitteleuropa in der Regel von März bis November, zunehmend werden allerdings in den Sommermonaten Pausen eingelegt und dafür Weihnachtsgastspiele abgehalten. Durchschnittlich besucht ein Zirkus während einer Saison 50 bis 60 Städte. Den Nachwuchs erhält der Zirkus sowohl von Artistenschulen als auch aus dem Amateurbereich. Staatliche Artistenschulen bestehen u. a. in Berlin (Staatliche Ballettschule und Schule für Artistik), Russland (Moskau), Ungarn (Budapest) und Frankreich (Chalons-sur-Marne), daneben gibt es zahlreiche private Ausbildungsstätten.

Die im Zirkus gezeigte Kunst ist von vielfältiger, hoher ästhetischer Ausstrahlungskraft, einer breiten Volkstümlichkeit, aber auch von einer gewissen Romantik des ›Wanderlebens‹ geprägt. Sie wird von allen Altersgruppen und sozialen Schichten der Bevölkerung rezipiert. Bis zu einem gewissen Grad erfüllt der Zirkus bis in die erste Hälfte des 20. Jh. eine Bildungsfunktion durch Vermittlung von ↗ Historie und aktuellen Ereignissen in Pantomimen, die Vorstellung exotischer Tiere und fremder Völker, das Einbeziehen technischer Neuerungen (so wurde der Film unmittelbar nach seiner Erfindung in Zirkusprogramme einbezogen oder das Fahrrad als artistisches Requisit noch vor seiner allgemeinen Verbreitung eingesetzt). Dieser Aspekt ist heute durch das Aufkommen neuer Medien völlig verlorengegangen. Es dominiert die Unterhaltungsfunktion und der Charakter des Zirkus als Kindertraum-, Phantasie- und Gegenwelt.

Das ↗ Varieté als weitere artistische Darstellungsform hat viele Berührungspunkte mit dem Zirkus, ist aber eine Bühnenkunst und bezieht stärker Tanz, Gesang und Vortragskunst in sein Programm ein.

Künstlerische Formen und Vielfalt

Das klassische Zirkusprogramm besteht aus einer annähernd proportionalen Mischung von Akrobatik und Tierdressuren, verbunden durch die Clownerie. Eine spezielle Form der Artistik kam Ende des 19. Jh. aus den USA nach Europa, die Reitershow in Verbindung mit der Präsentation fremder Völker. Die bekannteste, 1882 gegründete »Buffalo Bill's Wild West

and Congress of Rough Riders« begann 1887 ihre Europatournee und beeinflußte durch die Verbindung von Reiterei, neuen artistischen ↗ Genres (Kunstschützen, Lassospiele) und der Vorstellung fremder Kulturen (Indianer) auch die Programmgestaltung europäischer Zirkusse, die nun Indianer und andere ›exotische‹ Nationalitäten in ihre Programme einbezogen (Zirkus Sarrasani). Die reinen – heute wegen ihres kolonialen Hintergrunds umstrittenen – Völkerschauen, wie sie vor allem von Carl Hagenbeck veranstaltet wurden, befriedigten eher ein Schaubedürfnis und trugen keinen artistischen Charakter. In den 1950er und 1960er Jahren setzte eine gewisse Stagnation in der künstlerischen Entwicklung des Zirkus ein, hervorgerufen u. a. auch durch die Ausbreitung des ↗ Fernsehens.

Eine Renaissance des Zirkus erfolgte Mitte der 1970er Jahre insbesondere durch Bernhard Pauls »Circus Roncalli«, der den Zirkus als ›Gesamtkunstwerk‹ gestaltet, also nicht nur das Programm in den Mittelpunkt stellt, sondern auch das äußere Erscheinungsbild, das Interieur, den Umgang mit dem ↗ Publikum als künstlerische Einheit zusammenfügt. Auch der kanadische »Cirque du Soleil« mit seinen eher als akrobatisches Theater einzuordnenden Inszenierungen nahm Einfluß sowohl auf die Gestaltung der Einzeldarbietung wie der Gesamtinszenierung.

Zirkusprogramme werden meist als eine lose Zusammenstellung von Darbietungen gestaltet. Formen der ↗ Theatralisierung, wie sie in den Zirkuspantomimen Ende des 19./Anfang des 20. Jh. üblich waren, hatten sich in Westeuropa nicht weiterentwickelt, im russisch-sowjetischen Zirkus jedoch noch bis in die Gegenwart eine Rolle gespielt und werden heute im »Nouveau Cirque« wieder aufgenommen.

Der »Nouveau Cirque« entstand als Gegenentwurf zum traditionellen Zirkus zu Beginn der 1960er Jahre vor allem in Frankreich. Die Ensembles – vorwiegend von jungen, nicht aus Zirkusfamilien kommenden Artisten gebildet – verbinden akrobatische Elemente, Musik, Clownerie, Tanz, Pantomime, technische Effekte, in Ausnahmefällen auch Dressuren (Pferde) in einer Inszenierung. Dabei liegt der Hauptakzent nicht auf der individuellen Leistung des Akteurs in einer geschlossenen Darbietung, sondern in der theatralischen Gestaltung des Programms (in Frankreich u. a. »Archaos« »Baroque«, »Plume«, in Australien »Oz«).

Im Bereich der Tierdressuren gibt es in den letzten Jahren verstärkte Bemühungen, aus Tierschutzgründen die Vorführung von bestimmten Tieren, vor allem von Elefanten, Raubtieren und Affen, zu unterbinden und Dressurarbeiten maximal auf Haustiere zu beschränken.

Historie

Der Zirkus in seiner heutigen Form entstand um 1770 in England. Als Begründer gilt der englische Kavallerist und Kunstreiter Philip Astley (1742–1814), der in seine Pferdevorführungen auch andere Darbietungen, wie Akrobatik, Clownerie, Dressuren, aber auch Feuerwerk und Wasserspiele einbezog. Astley selbst bezeichnete sein Unternehmen als Pferdetheater, die Spielstätten als Amphitheater. Die Theatergesetzgebungen dieser Zeit untersagten die Verwendung des Dialogs für die Pferdetheater, so daß auf Pantomimen ausgewichen werden mußte. In den Zirkuspantomimen wurden Märchen, klassische Sujets, historische und exotische Stoffe, aber auch aktuelle Begebenheiten dargestellt. Dies kam sowohl dem Unterhaltungs- als auch dem Informationsbedürfnis eines vielschichtigen Publikums in der sich entwickelnden Industriegesellschaft entgegen.

In zahlreichen Quellen wird fälschlich die Tradition des Zirkus von den römischen Zirkusspielen abgeleitet. Aus der Wortanalogie aber ist keine Gemeinsamkeit zwischen den Zirkusspielen des antiken Rom und dem Zirkus der Neuzeit herzuleiten, da weder Inhalt noch Form identisch sind. Gladiatorenkämpfe, Tierhetzen oder Wagenrennen dienten im wesentlichen der Demonstration der Macht der jeweiligen Herrscher, eine Traditionslinie der Circenses läßt sich bestenfalls zu den mittelalterlichen Ritterspielen oder den Tierhetzen im 18. Jh. herstellen. Allerdings gab es sowohl in der Antike wie in anderen Hochkulturen akrobatische Vorführungen. Bekannt sind Felsmalereien von Jongleurinnen aus Ägypten aus der Zeit um 2040 v. Chr., die Plastik eines Bärendompteurs aus China aus dem 6.–5. Jh. v. Chr. oder eines thebanischen Jongleurs aus dem 2. Jh. v. Chr.

Im Mittelalter galten Gruppen von Fahrenden als rechtlos, waren jedoch gern gesehene Gäste höfischer und städtischer Feste. Ein enger Zusammenhang zwischen Gauklern und Markthändlern ist schon in den alten Kulturen vorhanden gewesen. Beide Gruppen fanden bei großen Festen ihr Betätigungsfeld. Im späten Mittelalter differenzierten sich diese Gruppen durch die Entwicklung der Städte, etwa durch die Seßhaftwerdung von Spielleuten, das Entstehen von Gesangs- und Fechtschulen. Die Akrobaten wurden zu Jahrmarktsattraktionen, dabei bildeten sich auch feste Ensembles wie Seiltänzer- und Kunstreitertruppen heraus. In Buden traten Athleten, Jongleure, Springer, Zauberkünstler, Dresseure von Kleintieren, Schwertschlucker, Puppenspieler auf. Bekannte Akrobaten gastierten auch außerhalb von Festen in eigenen Buden oder auf Gasthofsälen (besonders beliebt waren die »starken Männer«).

Exotische Tiere wurden in Menagerien gezeigt, die z. T. einen beachtlichen Tierbestand besaßen und auch Vorführungen mit ihren Tieren veranstalteten.

Eine besondere Stellung nimmt der ↗ Clown ein, der – ob als antiker Mimus, als Arlecchino oder Harlekin der italienischen Commedia dell'arte oder als Pierrot in den französischen Pantomimen, den Funambules – seinen Platz im Theater hatte und ihn, von der Bühne vertrieben, schließlich neu im Zirkus fand. Als die unmittelbaren Vorläufer des Zirkus gelten die Kunstreitergesellschaften. Sie traten bereits Mitte des 18. Jh. in festen Gebäuden auf und gestalteten größere Programme. Zu den bekanntesten gehörten zu Ende des 18. Jh. Thomas Price, John Hyam und Jacob Bates. Aus der Verbindung zwischen Kunstreitern, Jahrmarktsgauklern und Clowns entstand überhaupt erst die neue Kunstform ›Zirkus‹, die »Gemeinsamkeit Zirkus« (Günther/Winkler 1986, S. 15).

Neben der weiterhin vorherrschenden Dominanz des Pferdes in der neuen Institution ›Zirkus‹ wurden nun auch die ehemaligen Jahrmarktsgaukler fester Programmbestandteil. Die Artistik auf den Märkten verlor mehr und mehr an Bedeutung, auch wenn sich in Europa z. T. bis in die 1950er Jahre Rudimente artistischer Vorführungen auf dem Jahrmarkt fanden und andererseits auch Zirkusse auf Märkten gastierten. Heute sind nur noch in Ausnahmefällen solche Vorführungen auf Märkten anzutreffen (Steilwandfahrer) oder in neuen Formen des Freizeitvergnügens (Amusement Parks) zu finden.

Von England aus kam der Zirkus über Frankreich auf das europäische Festland, beginnend mit einem Bau Astleys in Paris 1782, der 1793 an Antoine Franconi überging und für mehrere Jahrzehnte die Entwicklung bestimmte. Die sich dort herausbildende sog. ›Romanische Schule‹ mit ihrer immer stärkeren Hinwendung zum Theater verlor zunehmend an Bedeutung. Die Führung in der Entwicklung der Zirkuskunst ging an Deutschland über, etwa durch den Kunstreiter Christoph de Bach (1768–1834), der 1808 in Wien einen »Circus gymnasticus« eröffnete. Wegbereiter des deutschen Zirkus wurde Ernst Jacob Renz (1815–1892), Seiltänzer und Kunstreiter, der ab 1851/52 in Berlin Fuß fassen konnte und 1888 einen großen Zirkusbau eröffnete, daneben besaß er Bauten in Wien, Hamburg und Breslau. Bei ihm arbeiteten alle bekannten Reiter und Pferdedresseure jener Zeit; er holte die Raubtierdressur in den Zirkus (Thomas Batty) und zeigte bereits Elefanten und Giraffen. Neue akrobatische Genres, etwa das fliegende Trapez (Leotard) hielten ebenfalls bei Renz Einzug. Auch die ›Erfindung‹ des »Dummen

August« (Tom Belling) wird Renz zugeschrieben. 1897 wurde das Unternehmen aufgelöst. Nach Renz' Tod ging die Führung in Deutschland an Paul Busch (1850–1927) über, der auch die Renzschen Zirkusbauten übernahm. Die bis dahin fast ausschließlich genutzten festen Zirkusbauten wurden im 20. Jh. abgelöst von den transportablen Zeltbauten, erstmals in Deutschland 1872 von einem amerikanischen Zirkus vorgestellt. Feste Zirkusgebäude haben sich fast nur in Frankreich und Spanien erhalten. Besondere Bedeutung erlangten in Deutschland die Zirkusunternehmen von Hans Stosch-Sarrasani (1873–1934); der neue, in den USA übliche Werbemethoden anwendete und zweimal in Südamerika gastierte, und Carl Krone (1870–1943), dieser Zirkus besteht heute noch unter Leitung von Christel Sembach-Krone. Geprägt waren diese Jahrzehnte durch einen Stil großer Artisten- und Tiergruppen sowie durch die Vorstellung exotischer Völkerschauen (besonders durch Hagenbeck). Nach 1933 trat im deutschen Zirkus eine Verarmung der Programme durch staatlich verordnete Einschränkungen bei ausländischen Künstlern ein, der Krieg bedeutete für viele Zirkusse das Aus.

Gegenwart und Perspektive

Nach 1945 gab es einen starken Boom an Zirkusunternehmen, bedingt durch ein enormes Nachholbedürfnis im Unterhaltungsbereich. Die Spaltung in zwei deutsche Staaten brachte auch unterschiedliche Entwicklungen im Zirkusbereich mit sich. In der Bundesrepublik Deutschland hatten nach dem anfänglichen Aufschwung viele Zirkusse mit wirtschaftlichen Problemen zu kämpfen und mußten den Betrieb einstellen, so daß nur wenige Großzirkusse bestehen blieben. In der DDR wurden die drei Großzirkusse »Aeros«, »Busch« und »Berolina« nach dem Tod der Besitzer bzw. dem Weggang in die BRD 1952 ›volkseigene Betriebe‹, die 1960 zum VEB Zentral-Zirkus zusammengeführt wurden, der ab 1980 in »Staatszirkus der DDR« umbenannt wurde. Daneben reisten in der DDR eine geringe Anzahl privater Kleinzirkusse. In der Bundesrepublik Deutschland hat sich die Zahl der Großzirkusse seit den 1950er Jahren kontinuierlich reduziert, zu den Spitzenunternehmen gehören heute »Krone«, »Barum«, »Roncalli«, »Busch-Roland«; dazu kommen etwa 300 mittlere bis kleinste Unternehmen.

Die Perspektive des Zirkus wird allgemein als sehr schwierig eingeschätzt, bedingt durch sich ständig verschärfende Vorgaben sowohl im technischen Bereich als auch für die Tierhaltung, Bebauung von Gastspielplätzen in den Zentren der Städte, fehlenden Nachwuchs bei den Artisten, Mangel an technischem Personal für die Reisetätigkeit. Auch international ist ein Rückgang bei führenden Zirkusunternehmen zu beobachten, in Westeuropa, aber auch in Osteuropa; dort vor allem wegen des Wegfalls staatlicher Unterstützungen für die Zirkuskunst. Von Größe und Anzahl der Zirkusse sind die USA dominierend, an erster Stelle der »Ringling Bros. and Barnum & Bailey Circus« mit zwei Shows, die in Hallen gastieren; zu den führenden Zirkussen in Europa zählen »Knie« (CH), »Benneweis« (DK), »Arnardo« (N), »Scott« (S), »Amar«, »Medrano« (F), »Americano«, »Moira Orfei«, »Casartelli« (I), außerhalb Europas der »Cirque du Soleil« (Kanada), »Boswell Wilkie« (Südafrika), »Ashton« (Australien).

Der Zirkus genießt in Deutschland im Gegensatz zu Frankreich und Italien oder den früheren Ostblockländern keine Anerkennung als Kulturinstitution.

Literatur

Berger, R./Winkler, D.: *Künstler, Clowns und Akrobaten.* Stuttgart 1983.

Bose, G./Brinkmann, E.: *Circus.* Berlin 1978.

Bouissac, P.: *Circus and Culture.* Bloomington 1976.

Culhane, J.: *The American Circus. An Illustrated History.* New York 1989.

Ende, S.: *Zum Bedeutungsverlust von Zirkus im kulturellen Leben in der Industriegesellschaft.* Dipl. Hildesheim 1986.

Günther, E.: *Sarrasani wie er wirklich war.* Berlin 1991.

Ders./Winkler, D.: *Zirkusgeschichte. Ein Abriß der Geschichte des deutschen Zirkus.* Berlin 1986.

Halperson, J.: *Das Buch vom Zirkus.* Düsseldorf 1926.

Kürschner, K.-D.: *Von der Menagerie zum größten Zirkus Europas.* Berlin 1998.

Kusnezow, J.: *Der Zirkus der Welt.* Berlin 1970.

Renevey, M. J. (Hg.): *Le grand livre du cirque,* 2 Bde. Genf 1977.

May, E. C.: *The Circus from Rome to Ringling.* New York 1963.

Merkert, J. (Hg.): *Zirkus Circus Cirque.* Berlin 1978.

Nissing, H.: *Strassburger: Geschichte eines jüdischen Zirkus.* Dormagen 1993.

Schulz, K./Ehlert, H.: *Das Circus-Lexikon.* Nördlingen 1988.

Thétard, H.: *La Merveilleuse Histoire du Cirque.* 2 Bde. Paris 1947.

Winkler, G.: *Circus Busch. Geschichte einer Manege in Berlin.* Berlin 1998.

Dies.: »Die Kunst der Raubtierdressur«. In: Winkler, G./Winkler, D. (Hgg.): *Die große Raubtierschau.* Berlin 1974.

Dies.: »Die akrobatischen Künste«. In: Winkler, G./Winkler, D. (Hgg.): *Allez hopp durch die Welt.* Berlin 1977.

Dies.: »Auf dem hohen Seil durch die Jahrhunderte«. In: Winkler, G./Winkler, D. (Hgg.): *Menschen zwischen Himmel und Erde.* Berlin 1988.

Dietmar Winkler

Zukunft

Der Begriff ›Zukunft‹ im Zusammenhang mit ›Populärer Kultur‹ evoziert zunächst Assoziationen mit Science-fiction, deren Codes, Stereotypen und massenmedialen Erscheinungsformen. Diese Vorstellung ist naheliegend und richtig, aber nicht ausreichend. Begreift man Zukunft als eine das menschliche Denken determinierende anthropologische Konstante, so wird das Unzureichende einer solchen Verengung im Hinblick auf die aktuellen medialen Ausdruckweisen, die genretypischen Eigenarten und die historischen Erscheinungsformen deutlich. Dies gilt auch deswegen, weil im Zusammenhang mit dem Konstrukt ›Populäre Kultur‹ Zukunft nur von Belang ist, wenn sie als ein kollektives, d. h. von einer Gruppe getragenes Phänomen auftritt.

Zukunft in Religion und Utopie

Vorstellungen von Zukunft scheinen zunächst durch ihre Einbindung in religiöse Deutungssysteme kollektiviert worden zu sein. Nach gängiger kulturanthropologischer Auffassung (gewonnen durch Analogieschlüsse zu den religiösen Vorstellungen historischer ›Naturvölker‹), zeichneten sich die ersten (vorgeschichtlichen) religiösen Kulte durch eine zyklische Weltsicht aus. Die Zeitvorstellungen waren durch die Wiederholung kreisförmig ablaufender Phasen (Jahreszyklus, Menstruationszyklus, Lebenszyklus) geprägt, aber auch von der Angst, daß die Beständigkeit dieser Zyklen – ohne entsprechende rituelle Sicherungspraktiken – in Gefahr sei. Zukunft ist hier die Erwartung und Sicherung der Wiederkehr des Vergangenen als Bekanntem und Vertrautem.

Die Zeugnisse der in historischer Zeit auftretenden Religionen dokumentieren mehrheitlich bereits lineare Zeitvorstellungen, zumindest in der Weise, daß sie – bei Unterschieden im Detail – eine irdische Geschichtsentwicklung zwischen den göttlich gesetzten Endpunkten Weltanfang und Weltende zulassen. Ob und wie die Entstehung linearer religiöser Zeitvorstellungen mit der wachsenden Naturerkenntnis oder der Entwicklung der linearen Schrift in Zusammenhang stehen, ist umstritten. Als Vorläufer eines irdisch-zukunftsgerichteten Denkens werden die griechischen Mythen von einem verlorengegangenen ›Goldenen Zeitalter‹ und den zu ewiger Ruhe ladenden ›Eulysischen Feldern‹ genannt, aber auch die hebräischen Propheten des Alten Testaments.

Zwar können auch die Glücksversprechen, die die Religion auf eine jenseitige, ewige Zukunft gibt, als ›Vorschein‹ (Ernst Bloch) einer weltlichen Utopie interpretiert werden – Höllenvorstellungen entsprechend als Antizipationen der warnenden Antiutopie (Dystopie) – es bleiben jedoch entscheidende Unterschiede: Während die Utopien als real anzustrebende Entwürfe einer gelungeneren irdischen Zukunft definiert werden (als deren Beginn entweder Platos staatstheoretische Schrift *Politeia* oder der romanhafte Reisebericht *Die Sonneninseln* des hellenistischen Autors Iambulos gelten), zeichnen sich religiöse Zukunftskonstruktionen u. a. dadurch aus, daß

- ihre Gestaltung menschlichem Einfluß entzogen ist;
- sie entweder in der Vergangenheit (z. B. irdisches Paradies) oder in einem gegen-, außer- bzw. nachirdischem (zukünftigen) Jenseits verortet sind;
- man sie nur durch göttliche Gnade, Erlösung, Erleuchtung o. ä. erlangen kann.

Die meisten der zu den Utopievorläufern gerechneten Texte der Antike wie auch die der Gattung den Namen gebende Schrift *Utopia* (1516) von Thomas Morus (gebildet aus griech. *ou*: nicht und *topos*: Ort; etwa: ›nirgendwo‹) intendieren eher eine räumlich-parallele als eine zeitlich-zukünftige Alternative. Die räumlich-exotische Einkleidung der Utopie in die Form eines Reiseberichts ist nicht nur eine gängige Methode, um eine von Verfolgung bedrohte Gegenwartskritik ethnologisch zu tarnen; die sich daraus ergebende zeitliche Parallelität der Existenz des irdischen ›Anderswo‹ kann auch als starkes Argument für seine grundsätzliche Realisierbarkeit gelesen werden.

Im europäischen Mittelalter lassen sich die in der oralen Volksüberlieferung kursierenden Märchen vom Typus ›Schlaraffenland‹ als zumindest potentiell utopisch anführen, zumal in ihnen die Werte des spätmittelalterlichen Stadtbürgertums auf provokante Art umgekehrt werden. Weitere Beispiele bieten die Sagen von einem aus dem Inneren des Kyffhäuser wiederkehrenden Barbarossa oder eines imaginären ›guten Kaisers‹, der Mythos vom Reich eines ›Priesterkönigs Johannes‹ und nicht zuletzt der schon in der Antike belegte, in Märchen, Fabeln, Parabeln und Komödien auftauchende (und auch als Bildmotiv überaus populäre) Topos der ›Verkehrten Welt‹ – oft in Verbindung mit der in der volkstümlichen Festkultur fest verankerten Protestfigur des Narren.

Eine dem Topos der ›Verkehrten Welt‹ vergleichbare zweideutige Zukunftspotenz weist auch das dem Alten Testament entstammende, bis ins 18. Jh. weit verbreitete Gleichnis vom ›Turmbau zu Babel‹ auf:

Zum einen fungiert es als warnendes Symbol für die frevlerische Anmaßung und Maßlosigkeit menschlichen Strebens vor Gott, zum anderen stellt es ein insbesondere bildende Künstler und Handwerker immer aufs neue anziehendes, zur Gestaltung der Maßlosigkeit herausforderndes Motiv dar, das auf diese Weise die Produktion von malerischen, handwerklich-technischen und architektonischen Utopien geradezu provoziert.

In einem noch stärker theologisch-prophetischen Kontext steht das endzeitliche Katastrophen-Szenarium der Johannes-Offenbarung (dem sinnfällig letzten Buch des Neuen Testaments). Von ihm führt eine Linie sich steigernder apokalyptisch-visionärer Schriftauslegung über Augustins Schrift *Civitas Dei* (*Der Gottesstaat*, 425) bis zur »Drei-Reiche-Theorie« des Ordensgründers Joachim di Fiore, die in der eschatologischen Erwartung eines letzten geschichtlichen »Zeitalters des Heiligen Geistes« gipfelt. Ernst Bloch sieht in Joachims eschatologischem Historismus die folgenreichste Sozialutopie des Mittelalters. Der Einfluß Joachimscher Ideen findet sich in den Versuchen fundamentalistischer, chiliastischer und parusistischer (in der Naherwartung eines tausendjährigen Reiches Christi lebender) Subkulturen des späten Mittelalters, die das ›Evangelium aeternum‹ noch zu ihren Lebzeiten verwirklichen wollten, bei den Taboriten, Spiritualisten und Täufern der Reformationszeit, in Thomas Müntzers Kampf um Gottes Reich auf Erden, in den Sozialutopien von Thomas Morus (*Utopia* 1516) und Tommaso Campanella (*Cita del Sole*, 1602), bei den Endzeitpropheten des Dreißigjährigen Krieges, in den mystischen Spekulationen Jakob Böhmes und selbst noch im Pietismus von Friedrich Christoph Oetinger (1702–1782). Die teilweise brachiale Verfolgung, der gerade chiliastische Gruppierungen durch die jeweilige ›Hauptkirche‹ ausgesetzt waren, kann als zusätzliches Indiz für die Popularität solcher Strömungen gelten.

Thomas Nipperdeys These von der grundsätzlichen ›Utopieunfähigkeit‹ des Mittelalters (»Im Mittelalter konnte es keine Utopien geben, denn Gottes Gerechtigkeit war in den Ordnungen des Lebens – wenn auch korrumpiert – gegenwärtig; eine innerweltlich bessere Ordnung konnte darum nicht eine grundsätzlich andere sein«, Nipperdey 1962, S. 364) erscheint insofern zu einseitig und zu pauschal an der – zweifellos so argumentierenden – obrigkeitlichen Theologie der Hauptkirche orientiert. Zumindest sollte die These einer möglichen Gleichzeitigkeit unterschiedlicher, zumindest mehrdeutig besetzbarer Zukunftsvorstellungen auch für das Mittelalter nicht von vornherein verworfen werden.

Utopie wird zur Zukunft – Zukunft wird Fortschritt

Seit der Renaissance ist die zunehmende Verlagerung der räumlichen Plazierung der Utopien von entlegenen irdischen Regionen und Inseln (›Inselutopien‹) in den Weltraum (›Planetenromane‹) feststellbar. Dies mag zum einen der in dieser Zeit durch Kopernikus, Galileo Galilei und Johannes Kepler populär werdenden Astronomie geschuldet sein. Unübersehbar ist aber auch, daß die planetare Szenerie der Utopien – noch mehr als dies schon bei der ethnologisch-exotischen der Fall war – die Autoren zur Produktion skurriler Phantasmen verleitet, die (jenseits möglicher satirischer Bezüge) oft eine Tendenz zum unterhaltsamen Selbstzweck entwickeln. Die diversen utopischen Planetenbewohner sind die (meist friedlichen) Vorläufer der Ende des 19 Jh. aufkommenden ›Aliens‹ der Science-fiction.

Mit dem vorläufigen Abklingen der eschatologischen Bewegungen gegen Ende des 16. Jh. wird auch der Gedanke an ein Morgen im Diesseits eindeutiger. Eine schrittweise von der kirchlichen Autorität sich lösende Naturbetrachtung führte zu der Auffassung, daß die Zukunft rational beeinflußbar und gestaltbar sei. Auch der beginnende Siegeszug kapitalistischen Wirtschaftens (zunächst im Fernhandel) mit seinen im wesentlichen zeitlich-zukünftig orientierten, von der Hoffnung auf Gewinn bestimmten Operationen (Kredite, Investitionen, Zinsen, Gewinnerwartungen, Risikoabschätzung) hat zur Entwicklung und Popularisierung säkularer Auffassung von Zukunft beigetragen.

Die keineswegs erste, aber wohl als erste international erfolgreiche Utopie, die in einer irdischen, exakt datierten Zukunft spielt, ist Louis-Sébastian Merciers *L'an 2440* (1771). Das von Mercier geschilderte Paris der Zukunft ist noch ein bloßes Wunsch- und Gegenbild zur Gegenwart. Die Beantwortung der Frage, wie sich diese Zukunft aus dem Heute entwickeln könnte, bleibt Mercier ebenso schuldig wie die rational-plausible Erklärung dafür, wie sein Held in die Zukunft gelangt ist. Der Aspekt einer kalkulierbaren Machbarkeit der Zukunft scheint weniger zu interessieren als die Ausmalung des Wunschbildes. Überlegungen, wie die Wunscherfüllung zu erreichen wäre und Strategien zur konkreten Machbarkeit, etwa durch Extrapolation des Zukünftigen aus Tendenzen der Gegenwart, entwickeln die Utopien erst, als die wachsende wissenschaftliche Naturbeherrschung zu spektakulären Erfolgen in der Technikentwicklung führten. Francis Bacons *Nova Atlantis* von 1624 ist in dieser Hinsicht ein erstaunlich früher Vorläufer.

Die Begeisterung, die durch Montgolfières 1783 erstmals geglückten Flug eines Heißluftballons ausgelöst wurde, bildete daher einen entscheidenden Anstoß, der zum Durchbruch technikorientierter Zukunftsdarstellungen in den Utopien führte. Die Ballone lieferten nicht nur den Autoren von Planetenromanen ein ebenso plausibles wie modernes Reisevehikel, sondern sie führten europaweit zu einer Ballonhysterie, die sich in skurrilen Frisuren und Kleidermoden, im Porzellandesign, in Theaterstücken, Flugblättern, Broschüren und populären Grafiken niederschlug. In der populären Grafik wurden phantastische Ballonvehikel und nicht weniger phantasievolle Antizipationen eines regelrechten Ballonluftverkehrs zum obligatorischen Erkennungsmerkmal visueller Zukunftsentwürfe – bis zum Ende des 19 Jh., als das Zeppelinmotiv an ihre Stelle trat.

Die zunehmende Fortschrittsorientierung und die damit einhergehende Verliebtheit in das Ausmalen technischer Details begannen spätestens gegen Ende des 18. Jh. in den Planeten- und Zukunftsutopien ein auf sensationelle Verblüffung ausgerichtetes Eigenleben zu führen – in der Regel auf Kosten des sozialutopischen Gehalts. Gleichzeitig verbanden sich die Utopien in dieser Zeit mehr und mehr mit der Dramaturgie der Abenteuerliteratur und den Motiven der Robinsonaden. Damit war der Weg in Richtung auf ein neues, phantastisches Genre der Unterhaltungsliteratur eingeschlagen. An Johann Gottfried Schnabels überaus erfolgreichem vierbändigem Werk *Wunderliche Fata einiger Seefahrer ...*, 1731–1743 (später als *Insel Felsenburg* publiziert), läßt sich die Verwandlung der Utopie in einen Abenteuerroman innerhalb eines einzigen Werkes von Band zu Band nachvollziehen.

Zukunft als abenteuerliche Unterhaltung

Mehr als der Erfolg einzelner in der Zukunft spielender Romane signalisiert der sogenannte ›Moon-Hoax‹ von 1836/37, der sich in Windeseile zu einem internationalen Medienereignis auswuchs, die damalige Zukunftsgestimmtheit eines breiten Publikums: Im August 1836 begann auf der Titelseite der *New York Sun* eine Artikelserie, die vorgab, ein Nachdruck des (in Wahrheit nicht mehr existenten) »Edinburgh Journal of Science« zu sein, in dem über die neuesten Entdeckungen des (tatsächlich lebenden) bekannten britischen Astronomen Sir John Herschel berichtet wurde. Unter anderem sei es Herschel mit einem von ihm selbst entwickelten, völlig neuartigen Teleskop gigantischer Größe gelungen, vom Kap der Guten Hoffnung aus (wo sich Herschel tatsächlich aufhielt)

die Oberfläche des Mondes bis in die kleinsten Einzelheiten zu beobachten. Von Wäldern, Binnenseen, lila Quarzpyramiden, wandernden Bisonherden, Einhörnern und sphärischen Amphibien war die Rede. Schließlich habe Herschel sogar intelligentes Leben auf dem Mond entdeckt. Den Berichten waren jeweils detaillierte Illustrationen beigefügt. Die Serie wurde nicht nur sofort zum New Yorker Stadtgespräch, sondern die Auflage der *New York Sun* stieg innerhalb weniger Tage von 15.000 auf über 19.000 Exemplare. Zahlreiche amerikanische Konkurrenzblätter druckten die Geschichte nach. Und obwohl der Schwindel wenige Wochen später aufflog, erschien noch im Jahr darauf in fast allen europäischen Ländern eine Flut von illustrierten Broschüren, die die Sensation weiterverbreiteten. (Diese rasante publizistische Breitenwirkung eines Science-fiction-Plots wurde erst gut hundert Jahre später durch Orson Welles Invasions-Hörspiel »War of the Worlds« übertroffen).

Die Willkürlichkeit und Irrationalität der biologischen Spekulationen im ›Moon-Hoax‹ machen deutlich, daß damals weder der Autor noch das Publikum eine rationale oder auch nur einigermaßen konsistente Vorstellungen von biologischen Entwicklungsprinzipien hatten. Solche lieferte erst Darwins Evolutionstheorie. Mit den Prinzipien dieser Theorie ließ sich nicht nur eine nach empirischen Gesetzmäßigkeiten verlaufende Entwicklungsgeschichte des Lebens konstruieren, es konnten damit generell biologische Entwicklungen generiert werden – als Rekonstruktion in Richtung Vergangenheit oder als Extrapolation in die Zukunft. Der spekulativen Literatur eröffnete Darwins Theorie damit die Möglichkeit, sowohl alternative Vergangenheiten (etwa in Form der für das 19. Jh. typischen Lost-Race- und Lost-World-Romane, u. a. von C. Doyle) wie Extrapolationen in die Zukunft rational zu begründen. Dabei beriefen sich die Vertreter der unterschiedlichsten politischen Richtungen auf Darwin: die Anhänger eines möglichst unkontrollierten wirtschaftlichen Wettbewerbs (»survival of the fittest«), aber auch die Sozialisten, die mit Darwin die Widernatürlichkeit privilegierter Klassen begründeten. Ebenso legitimierten die Imperialisten mit Darwin die Notwendigkeit von Kriegen, die Rassisten die Existenz von Herrenrassen, vernichtungswerten Untermenschen und die Notwendigkeit einer ›Rassenhygiene‹. Diese Flexibilität der Auslegung bei gleichzeitigem und generellem Anspruch von ›Wissenschaftlichkeit‹ machte den Darwinismus zu einer der wichtigsten, vielfach noch heute virulenten Populartheorien. Für die weitere Entwicklung einer spekulativ-wissenschaftlichen Literatur war er geradezu unentbehrlich.

Weder die Romane von Jules Verne, noch die Werke Herbert George Wells, um nur die beiden wichtigsten Pioniere der Science-fiction zu nennen, sind ohne den Hintergrund der popularisierten Evolutionstheorie denkbar. Diese beiden Autoren entwickelten nahezu alle konstituierenden Topoi des Genres Science-fiction: Verne vor allem die futuristische (aber gleichzeitig realitätsnahe) Verkehrs- und Waffentechnologie, Wells (unter vielem anderen) biologische Experimente, den Topos der Unsichtbarkeit, die Invasion überlegener Aliens und das Vehikel der Zeitmaschine, mit dem alle zeitlichen Begrenzungen aufgehoben werden konnten. Mit den massenhaft auftretenden Plagiateuren von Verne und Wells beginnt die Verfestigung der Science-fiction zu einem seriell produzierten Genre, dessen Hauptleserschaft aus männlichen Jugendlichen besteht.

Eine auffällig geringe Rolle spielen im fortschrittsorientierten 19. Jh. Entwürfe, in denen negative Zukunftsentwicklungen durchgespielt werden. Mary Shelleys romantisch-konservative Wissenschaftskritik in *Frankenstein, or a Modern Prometheus* von 1818 war zwar einige Zeit lang vor allem als Theaterstück erfolgreich, seine eigentliche Wirkung entfaltete der Stoff als schauerlicher Topos und Modell des ›Mad Scientist‹ aber erst in den Filmadaptionen des 20. Jh. Auch bei Jules Vernes, dem ersten weltweit erfolgreichen Autor der frühen Science-fiction, blieben die Auflagen seiner späten, stark pessimistischen Werke deutlich hinter den optimistischen der ersten Jahre zurück. Erst Wells gelang es mit »War of the Worlds« (1898), das Thema einer erbarmungslosen Invasion durch stilistische Brillanz, eine realitätsferne marsianische Staffage, vor allem aber durch ein zwar inkonsequentes, aber witziges Happy End als sensationelle Unterhaltung genießbar zu machen.

Daß auch spekulative Zukunfts- (und Vergangenheits-) Entwürfe als mythisch verkleidete Auseinandersetzungen mit der Gegenwart zu lesen sind, die über ihre Unterhaltungsfunktion hinaus der symbolischen Selbstverständigung der Gesellschaft dienen, wird eindringlich durch die Flut ebenso militaristischer wie chauvinistischer Kriegs- und Kolonialutopien deutlich, die zwischen der zweiten Hälfte des 19. Jh. und dem Beginn des Ersten Weltkrieges vornehmlich in den europäischen Industriestaaten erschienen. Eine dieser Tendenz entgegenstehende Ausnahme stellt Kurd Laßwitz' Roman *Auf zwei Planeten* (1897) dar, in dem eine überraschend friedliche Koexistenz zwischen den Erdlingen und den ethisch wie wissenschaftlich überlegenen Marsbewohnern dargestellt wird. (Die Popularität des Romans war so dauerhaft, daß noch die Nazis es für notwendig hielten, den Bestseller wegen zu unklarer humani-stisch-demokratischer Tendenzen zur unerwünschten Literatur zu erklären.)

Wie ein letzter Abgesang auf die Tradition der Sozialutopisten mutet aus heutiger Distanz der ungeheure internationale Erfolg von *Looking Backward From 2000 to 1887* (erstmals 1888) von Edward Bellamy an. In dieser sozialistischen Utopie berichtet ein im Jahr 2000 in Boston wiedererwachter Amerikaner von den Segnungen des inzwischen realisierten Kommunismus. In Deutschland, wo der Roman innerhalb weniger Jahre in mindestens fünf verschiedenen Ausgaben erschien, gehörte dieses Werk nach dem Zeugnis von Zeitgenossen neben Bebels *Die Frau im Sozialismus* und den *Welträtseln* oder der *Natürlichen Schöpfungsgeschichte* – beide von dem Darwinisten Ernst Haeckel – zur Standardlektüre des bildungs- und klassenbewußten Proletariers der Wilhelminischen Epoche. Es ist für die damalige politische Situation aber bezeichnend, daß Bellamys Erfolg auch eine kaum überschaubare Zahl ebenso erfolgreicher antisozialistischer Repliken provozierte.

In der zwischen 1870 und 1914 in Deutschland quantitativ bei weitem bedeutsamsten Romanform, dem auf die neu alphabetisierten Unterschichten ausgerichteten Kolportage- oder Lieferungsroman, lassen sich – mit der Ausnahme der Werke des für dieses Literaturformat eher untypischen Robert Kraft – allenfalls vereinzelte futuristische Elemente nachweisen. Zudem gehören die meisten der Romane Krafts eher in einen allgemeinen abenteuerlich-phantastischen als einen zukunftsbezogenen Zusammenhang. Aber sehr zum Verdruß der sich zur Bekämpfung dieser »Schund- und Groschenhefte« formierenden Jugendschützer gehörte zu den zehn unter Jugendlichen beliebtesten Heftserien auch die abenteuerlich-phantastische Heftserie *Der Luftpirat und sein lenkbares Luftschiff* (Kapitän Mors). Sie brachte es zwischen 1908 und 1911 auf insgesamt 165 wöchentlich erscheinende Ausgaben (mit mehreren Nachdrucken unter anderen Reihentiteln). Im Ersten Weltkrieg gehörte die Reihe zu den ersten der durch die kriegs-rechtliche Militärzensur für Kinder und Jugendliche verbotenen »verderblichen Schundschriften«.

Was aufgrund der unzureichenden Quellenlage für frühere Epochen kaum mehr möglich sein dürfte, läßt sich für den deutschen Medienmarkt in den beiden letzten Jahrzehnten vor dem ersten Weltkrieg rekonstruieren: Die unterschiedlichen Erfolge und die Verschiedenartigkeit der literarischen Zukunftsbilder sind Indizien für das gleichzeitige Nebeneinander sehr verschiedener Zukunftsentwürfe, deren jeweiliges Publikum (und jeweilige Verächter) sich nach Alter, sozialer Situation und ideologischer Orientierung deutlich unterscheidet.

Völkische Utopien zwischen 1918 und 1945 – ein deutscher Sonderweg

Während man für die Entwicklung und Verbreitung der Utopien und der frühen Science-fiction im 18. und 19. Jh. von einem im großen und ganzen gemeinsamen, zumindest aber sich gegenseitig beeinflussenden europäischen Markt ausgehen kann, beginnt Deutschland bereits in der Weimarer Republik einen politischen und kulturellen Sonderweg, der am stärksten bei der Literatur, am schwächsten im ↗ Film ausgeprägt ist. Vom Medium der ↗ Comics koppelt sich Deutschland in den 1930er Jahren generell ab. Gleichzeitig ist der generelle Rückgang unterhaltender Zukunftsphantasien in den 1930er Jahren auffällig.

Während die politische Linke in Sachen literarischer Zukunftsentwürfe im Vergleich zu den zahlreichen Revanche-, Kolonial- und völkischen Führerphantasien schon in den 1920er Jahren (zumindest außerhalb der Parteipresse) nahezu sprach- und erfolglos blieb, feierten die ›technischen Zukunftsromane‹ völkisch orientierter Autoren wie Otto W. Gail, Edmund Kiss, Karl. A. Laffert ihren Erfolg gleich serienweise. Zu den zeittypischen, teilweise protofaschistischen Ideologien und Mythen, die durch sie verbreitet wurden, gehörten rassistisch-germanische ›Atlantis- und Thulemythen‹, die ›Welteislehre‹ und die ›Hohlwelttheorie‹, die Verherrlichung deutschen Erfindergeistes, antideutsche Weltverschwörungen, ›Lebensraum‹-Eroberungen und völkischer Spiritismus. Symptomatisch ist hierfür vor allem der besonders erfolgreiche Hans Dominik (*Die Macht der Drei*, 1922 u.v.a.). Seine ›technisch-utopischen Abenteuerromane‹ erschienen zunächst meist als Illustriertenromane in der »Woche«, danach als Bücher im Scherl Verlag – beide im Besitz des rechtsorientierten Hugenberg-Konzerns. Zwar wurde erstaunlicherweise keines von Dominiks Werken damals verfilmt, aber seine Popularität war auch in den 1950ern in Westdeutschland noch nahezu ungebrochen. Größere utopisch-phantastische Romanheftserien lassen sich in den in den 1920er Jahren nicht finden. Sie gab es erst wieder in den 1930er Jahren mit *Sun Koh* (1933–1936) und *Jan Mayen* (1936–1938, beide von Paul A. Müller alias »Lok Myler«). Beide Serien waren jeweils als Fortsetzungsroman angelegt und sie enden damit, daß Atlantis bzw. Thule als deutscher Lebensraum wieder auferstehen.

Eine deutsche Besonderheit mit zeitweilig beträchtlicher Öffentlichkeitswirkung stellte der 1927 gegründete »Verein für Raumschiffahrt« (Vereinszeitschrift: *Die Rakete*) dar. Der Verein formierte sich unter dem Eindruck der von Hermann Oberth und Max Valier publizierten real gemeinten Raumfahrt- und Raketenprojekte. Oberths und Valiers Publikationen und die Aktivitäten des Vereins inspirierten wiederum nicht nur zahlreiche Autoren zu Raumfahrtromanen, sondern auch Fritz Lang zu seinem (nach METROPOLIS) zweiten utopischen Film DIE FRAU IM MOND (1929), an dem Oberth als Berater mitwirkte. Dieser Film und die 1928 durchgeführten Experimente mit dem ›Raketenauto‹ von Opel wirkten sich durch die lebhafte Berichterstattung in der Presse und in den Wochenschauen bis auf die ↗ Alltagskultur der Weimarer Republik aus: Mond- und Marsraketen wurden Ende der 1920er Jahre feste Programmnummern in den Umzügen bei Heimatfesten und im Karneval. Karikaturisten, Illustratoren und Atelierfotografen nahmen sich des astronautischen Themas ebenso dankbar an wie der zeitgenössische Schlager. Selbst die Verbindung zur Werbung fehlte nicht: 1930 organisierte der Verein im Berliner Kaufhaus Wertheim eine ›Luftfahrtwoche‹.

Auch wenn die Nazis teilweise gegen die »Verherrlichung eines abstumpfenden Amerikanismus in Zukunfts- und Abenteuerroman[en]« (wie der Nationalsozialistische Lehrerverband in seinen »Richtlinien für die Sichtung des Altbestandes« [in Schulbüchereien] 1933 formulierte) wetterten, ist der auffällige Produktionsrückgang an Zukunftsromanen nach 1933 wohl eher einer Selbstzensur der Verlage und Autoren zu verdanken. Weder gab es eine kontinuierliche und einheitliche Literaturpolitik der Nazis, noch traf der Vorwurf einer Verherrlichung des Amerikanismus auf die mehrheitlich rechtsgerichteten Zukunftsromane der Weimarer Zeit zu. Im Gegenteil: In ihrer Mischung aus Technikbegeisterung und raunend-rassistischem Mystizismus antizipierten die völkischen Zukunftsromane ein wesentliches Charakteristikum der nationalsozialistischen Ideologie verblüffend genau. Der Zukunftsroman gehörte zwar nicht zu den im ›Dritten Reich‹ geförderten Genres, er war aber auch nicht verboten. Deutlicher als auf dem Buchmarkt kam dieses Desinteresse in der Filmpolitik der Nationalsozialisten zum Ausdruck: Zwischen 1933 und 1945 wurde – trotz eingereichter Projekte – kein einziger utopischer Film realisiert. Der entscheidende Grund dafür dürfte darin liegen, daß die militärischen und politischen Pläne der Nazis zur Errichtung eines ›tausendjährigen‹ germanischen Weltreichs so konkret und zum Greifen nahe erschienen, daß daneben (zumindest bis zum Fall von Stalingrad) weniger verbindliche Zukunftsentwürfe weder notwendig noch förderungswürdig erschienen.

Die Formierung des Genres

Für den sich ständig verfeinernden Differenzierungsprozeß, der für die Genres der Popularkultur typisch ist, boten die ›Pulp Magazines‹ in den USA weit bessere Voraussetzungen als die herkömmlichen Buch- und Heftformate. Die Pulp Magazines setzten – wie eine genrebezogene Illustrierte – an die Stelle des Autorenprinzips das Redaktionsprinzip. Die Pulps wurden damit zwar zu periodisch-dauerhaften, gleichzeitig aber flexiblen Plattformen für die unterschiedlichsten belletristischen Formate eines Genres, aber auch für genrerelevante Sachinformationen, für die professionelle Spezialisierung von Autoren und Illustratoren, für Verweise auf Verwandtes in anderen Medien und für den ständigen Kontakt mit den Lesern.

Nicht nur der Name ›Science-fiction‹, auch die Ausdifferenzierung der phantastischen Literatur in die Subgenres Science-fiction, ⟋ Horror und Fantasy ist primär dieser in den 1920er Jahren aufblühenden Publikationsform zu verdanken.

In der heute zur ›Golden Era‹ verklärten Phase der 1930er und 1940er Jahre formierte sich erstmals ein Kreis zunehmend spezialisierter Autoren (Isaac Asimov, John W. Campbell, Robert Heinlein, A. E. van Vogt u. a.), die das Grundrepertoire von Themen, Stereotypen, Formeln, Topoi und Motiven der Science-fiction als eines technisch-utopisch argumentierenden, auf abenteuerlich-spannende Unterhaltung ausgerichteten Genres schufen: Zukunft und Weltraum, spektakuläre Erfindungen, Kriege und Invasionen, Weltkatastrophen, Begegnungen und Auseinandersetzungen mit Außerirdischen, Roboter (⟋ Androide), künstliches Leben, Zeitreisen – aber auch aus der phantastisch-okkulten Literatur entnommene parapsychologische Topoi wie Telepathie oder Telekinese.

Genres funktionieren wie Verträge, die zwischen Autor und Leser geschlossen werden, in denen die Erwartungen des Lesers und die Aufgaben des Autors formuliert sind.

Für das Genre Science-fiction besteht dieser ›Vertrag‹ aus drei Essentials:

1. Science-fiction muß von bisher noch nicht Existierendem oder noch nicht Bekanntem handeln.
2. Sie muß dem Leser eine rationale oder pseudo-rationale plausible Begründung für die phantastischen Elemente anbieten.
3. Sie muß die Erwartung auf eine spannende Unterhaltung einlösen.

Hinsichtlich der rational-plausiblen Begründung des Phantastischen kann von der Gutwilligkeit und hohen Glaubensbereitschaft des Lesers ausgegangen werden. Die Spielregeln verlangen aber zumindest den allgemeinen Verweis auf zukünftig und/oder außerirdisch denkbare Möglichkeiten. Daraus ergibt sich im Umkehrschluß, daß Science-fiction gemeinhin in der Zukunft spielt und/oder im Weltraum angesiedelt ist.

Für andere mediale Ausdrucksformen des Genres (den Film, den Comic oder das Hörspiel) leisteten die Pulp Magazines Schrittmacherdienste. Für die genretypischen, sich gegenseitig aufschaukelnden Medien- und Produktverbünde, die sich in den 1930er Jahren auszubilden begannen, waren allerdings die Comics und vor allem die Film- und Radio-Serials die eigentlich konstituierenden Medien. Nur mit der intensiven Serialität und breiten Publizität dieser Medien konnte der allgemeine, weit über das Kernpublikum der Pulps hinausreichende Bekanntheitsgrad erzielt werden, der notwendig war, um die Serien in der Alltagskultur zu verankern und sie dadurch für die allgemeine Werbung tauglich zu machen: Flash Gordon, Buck Rodgers – und in den 1940er Jahren auch Superman und Batman – konnten nicht nur in allen erdenklichen Medienformaten, sondern beispielsweise auch auf dem Spielzeugmarkt verwertet und erfolgreich zum Bewerben von allgemeinen Konsumartikeln eingesetzt werden.

Um die Magazine des neuen Genres dauerhaft auf dem Markt zu etablieren, kümmerten sich die herausgebenden und für das redaktionelle Umfeld der belletristischen Texte verantwortlichen Redakteure besonders intensiv um den Aufbau und die Pflege einer stabilen Lesergemeinde. Dank des Redaktionsprinzips konnte das ⟋ Publikum in einem bis dahin nicht gekannten Umfang aktiviert und an die Magazine gebunden werden. Gleichzeitig empfanden sich viele Leser als Anhänger eines neuen, in der Öffentlichkeit noch unbekannten oder gar verkannten Genres. Diese Mischung aus Avantgarde-Bewußtsein und Minderheitensituation führte (ähnlich wie beim Jazz) zur Ausbildung einer locker organisierten, aber sehr aktiven Amateurszene (›Fandom‹; ⟋ Fan) mit eigenproduzierten Publikationen (›Fanzines‹) und einem regen Sammlermarkt. Diese subkulturelle Fan-Szene bildete nicht nur ein Rekrutierungspotential für neue Genre-Autoren, sondern konnte auch als Ideenküche und Testmarkt genutzt werden.

Man kann diese Entwicklung als kulturelle Ghettoisierung beklagen oder als Beitrag zu mehr subkultureller Vielfalt begrüßen (⟋ Subkultur). Außer Frage steht, daß das Pulp-Magazin-Format entscheidend zur raschen Verfestigung und Perfektionierung der Genrecodes und zur Formierung eines genrekompetenten Kernpublikums beigetragen hat. Erkauft wurde diese Entwicklung mit einer zunehmenden Tendenz zu stereotyper Routine, dem absoluten Primat der Unterhaltungsfunktion und mit der kulturellen Marginalisierung, da die thematische Spezialisierung zwangsläufig zur Abkoppelung vom genremäßig nicht festgelegten Hauptstrom der Medienkultur führte. So sind bezeichnenderweise – von Ray Bradburys *Fahrenheit 451* abgesehen – alle Antiutopien, die im 20. Jh. in einer breiten Öffentlichkeit Beachtung fanden (etwa Huxleys *Brave New World*, James Hiltons *Lost Horizon*, Orwells *1984*, Nevil Shutes *On the Beach* oder Skinners *Futurum 2*), außerhalb des ›Genre-Ghettos‹ entstanden und publiziert worden.

Die Zukunft wird amerikanisch

In den 1950er Jahren war die Science-fiction ein willkommenes ›neues‹ Genre beim Ausbau des rasch prosperierenden US-amerikanischen Taschenbuchmarktes. Einerseits konnte preiswert das Material der Magazine nachgedruckt werden, andererseits ermöglichte es das umfangreichere Format der Taschenbücher, auch ein älteres und anspruchsvolleres Publikum anzusprechen. Es waren Autoren wie Alfred Bester, Ray Bradbury, Arthur C. Clarke, Robert Sheckley, Theodore Sturgeon, Cordwainer Smith, Kurt Vonnegut, die das bis dahin vorherrschende juvenile, abenteuerlich-eskapistische Themenspektrum um zeitkritische Aspekte erweiterten. Der ›Kalte Krieg‹, die immer konkretere Gestalt annehmende Raketentechnologie (als Raumfahrt- *und* Waffentechnologie), die widersprüchliche Mischung aus Hoffnungen und Ängsten, die das Bewußtsein auslöste, im ›Atomzeitalter‹ zu leben, schufen eine psychische Problem- und Bedürfniskonstellation, für deren symbolische Verhandlung die Science-fiction ein verblüffend treffendes und aktuelles Zeichenrepertoire anbot. Der Siegeszug, in dem die Science-fiction amerikanischer Provenienz damals innerhalb weniger Jahre in allen Ländern – zumindest ›diesseits des Eisernen Vorhangs‹ – ältere nationale Spielarten der Zukunftsliteratur verdrängte, weist auf das globale Ausmaß dieser Stimmungslage hin, und stellt gleichzeitig eine eigene Facette im Spektrums der ›Amerikanisierung‹ Europas und Japans nach dem Zweiten Weltkrieg dar.

Noch mehr als die literarische Science-fiction profitierte der amerikanische Science-fiction-Film von der politischen Situation der 1950er Jahre. Aus der Schmuddelecke Hollywoods, der B-Movie-Produktion, kamen schnell und billig gedrehte, aber gleichzeitig frappant eindringliche Imaginationen der da-

mals aktuellen Obsessionen, Ängste und Sehnsüchte: technizistisch-astronautische Weltraumexpeditionen, Invasions- und Monsterfilme (die vor den Schrecken des Kommunismus sowie vor einer aus dem Ruder laufenden Wissenschaft warnten), aber auch – freilich in der Minderzahl – pazifistische Appelle und Warnungen (THE DAY EARTH THE STOOD STILL, 1951 oder THIS ISLAND EARTH, 1954/55). Von der nach 1945 aufkommenden Ufo-Hysterie hat auch die Science-fiction profitiert und sie ihrerseits angeheizt.

Zukunft in einer avantgardistischen Popkultur

Science-fiction war eine der Quellen, aus der sich in den 1960er Jahren die neue Popkultur speiste. Die von Andy Warhol und anderen ausgerufene und in den eigenen Werken demonstrierte Durchbrechung der Grenzen zwischen Hoch- und Massenkultur, zwischen Werbung und Kunst, wertete nicht nur in der bildenden Kunst, sondern in nahezu allen anderen Kunstsparten, in Comic und Werbung, Mode und Popmusik, im Film und in der Literatur das Populäre auf. Nun wurde es geradezu schick, sich als Konsument oder gar als Kenner solcher Bereiche zu bekennen. Daraus entwickelte sich ein gegenseitiger Diffusionsprozeß zwischen Avantgarde und Popularkultur. Die Science-fiction eignete sich besonders gut für diesen Austausch, weil das für sie typische Zeichenrepertoire aufgrund seines futuristisch-phantastischen Charakters hervorstach. Allerdings war das Interesse der Pop-Art an der Science-fiction keine inhaltliche Frage, sondern eher eine des Designs. Im Kontext der Pop-Art war es gleichgültig, ob das Dargestellte als rationale Extrapolation in der Zukunft denkbar sein konnte oder ob es die Raumfahrt irgendwann tatsächlich geben würde. In den gelungenen Fällen entstand durch die Mißachtung dieser Regel eine grelle Mischung, die nicht mehr genretypisch, sondern eher diffus, irreal-märchenhaft wirkte. Statt des Zukunftsbezugs der Science-fiction herrschte eine irritierende Zeitlosigkeit – durchsetzt mit satirischen Zeitbezügen und einer für das Genre bis dahin völlig unüblichen expliziten, unverschlüsselten Sexualisierung. (Beispiele hierfür: Guy Pellarts Comic »Jodelle« (1966), die Verfilmung des Pop-Comics »Barbarella« mit Jane Fonda (1968) oder der Zeichentrickfilm »Yellow Submarine« (1968) mit den Beatles). Liebhaber der konventionellen Science-fiction fühlten ihr Genre durch einen solchen Umgang nicht ernst genommen und eher denunziert als geehrt.

Durch diese für die Ideologie des Pops typische Unverbindlichkeit der Erwartungshaltung konnte daher auch eine TV-Serie wie *Raumpatrouille* (1967) Kultstatus erlangen, bei der nicht die Glaubwürdigkeit der Darstellung oder die Botschaft entscheidend waren, sondern das Amüsement über die leichte Durchschaubarkeit der angeblich futuristischen Requisiten, die billigen Special Effects sowie die Naivität und Unbeholfenheit von Schauspielern und Dramaturgie – kurz: die mißratene Ernsthaftigkeit.

Zukunft in der Mainstream-Popkultur

In der Pop- und Rockmusik wurden Science-fiction-Bezüge gleich auf mehreren Ebenen eingesetzt: als Cover-Motiv, als Textinhalt, zur Kostümierung der Bands, als Bühnendesign oder als musikalischer Stil (›Space Rock‹, ›Kosmische Musik‹). Pink Floyd, Jimi Hendrix, Magma, Kraftwerk, Can, Tangerine Dream und viele andere könnten hier genannt werden. Die Bandbreite der Science-fiction-Songs reicht von »Life on Venus« (Tornados, 1963), »2000 Light Years From Home« (Rolling Stones, 1967), »In the Year 2525« (Zager & Evans, 1969), »Space Oddity« (David Bowie, 1972) bis zu »Fred vom Jupiter« von Andreas Dorau, 1980, und »Codo« von DAF, 1983. Im Techno der 1990er Jahre ist der Science-Fiction-Bezug geradezu ein konstituierendes Merkmal des Genres. Mit dem Start von MTV kam in den 1980er Jahren als weiteres Medium, in dem Science-fiction-Topoi und -Zitate eine große Rolle spielen, der Videoclip hinzu.

Die Bedeutung, die den Science-fiction-Elementen in solchen Kontexten zukommt, kann sehr unterschiedlich sein: Während die ›Aliens‹ gemeinhin als Projektionsfiguren für Ängste, ethnische Vorurteile und Xenophobien gelten oder der Weltraum Chiffre für das Exotisch-Fremde ist, kann sich, beispielsweise im Kontext afroamerikanischer Ethnizitäts- und Diasporaerfahrungen (bei Sun Ra oder im P-Funk von George Clinton und Bootsy Collins), die Semantik solcher Zeichen in das exakte Gegenteil verkehren: der Alien wird zur Chiffre für die Situation des ethnisch Diskriminierten und Stigmatisierten in der amerikanischen Gesellschaft, der Weltraum zum Symbol für die (verlorene) Heimat und das (auf der Bühne landende) intergalaktische ›Mothership‹ zum zeichenhaften Vehikel für die ersehnte Heimholung aus dem Exil. Die Kontextabhängigkeit der Semantik dürfte auch die Erklärung dafür liefern, weshalb die für das amerikanische Publikum offensichtliche Ethnizitätsthematik in Filmzyklen und TV-Serien wie

Planet of the Apes (ab 1967) oder *Alien Nation* (ab 1989) außerhalb der USA praktisch unbemerkt blieb. In Deutschland demonstriert der Bedeutungswandel, den die Orwellsche Phrase vom ›Big Brother‹ innerhalb weniger Monate erlebte, wie sehr in der Popularkultur immer auch ein Kampf um die semantische Besetzung von Zeichen und Codes stattfindet.

So sehr die Science-fiction in den 1960er und 1970er Jahren als bloßes Zeichenreservoire ausgebeutet wurde – am rigorosesten vielleicht durch Mode und Design (›Space-Design‹, ›Astronauten-Look‹) –, konnte sie ihrerseits als Genre von dieser Popularität profitieren. Science-fiction wurde durch den Pop-Kontext von dem Image erlöst, lediglich eine schlecht geschriebene Fluchtlektüre für pubertierende, kontaktgestörte männliche Jugendliche zu sein. Statt dessen wurde sie – wie die Popmusik – zu einem generellen Code, in dem sich die damals aufblühenden Sub- und Gegenkulturen, aber auch Teile der ästhetischen Avantgarde verständigten. So bestachen die in den 1960er Jahre entstandenen Marvel-Comics durch ihren exzessiven Zeichenstil und eine dynamisch-kontrastive Bild- und Textstruktur. Sie ließen durch das Konzept der ›gebrochenen Helden‹, die ihre Superkräfte eher als Last denn als Lust empfinden, und durch ironische Brechungen keine platte Identifikation des Lesers mehr zu. Die Distanzierung war ihnen sozusagen schon von der Produktionsseite her eingeschrieben (*The Hulk, Spider-man, The Fantastic Four, Silver Surfer* u. a.).

Ästhetisch wurde in der ›New-Wave-Science-Fiction‹ (ihr Zentrum lag bezeichnenderweise in Großbritannien und nicht in den USA) zumindest vereinzelt die Konventionalität der sprachlichen Darstellung überwunden. Thematisch reichte der Kanon von der Ökologie (bereits vor dem einflußreichen 1972 erschienen Club-of-Rome-Report *Die Grenzen des Wachstums*) über Pazifismus, Frauenbewegung oder Manipulation im modernen Überwachungsstaat bis zur Identitätsproblematik von Minderheiten. Zweifellos verstärkte sich durch die Aktualität dieser Themen wieder der konkret-prognostische Zukunftsbezug des Genres, der im eher spielerischen Kontext der Popkultur weitgehend verlorengegangen war. (Vertreter der New Wave sind z. B. Brian W. Aldiss, James G. Ballard, John Brunner, Samuel R. Delany, Harlan Ellison, Philip K. Dick, Philip José Farmer, Ursula LeGuin, Michael Moorcock, Joanna Russ.)

Wie sehr Rezipienten die ›Botschaft‹ der Texte bestimmen können, läßt sich in diesem Zusammenhang an zwei Beispielen zeigen: *Dune* (ab 1963) von Frank Herbert, ein an sich macchiavelistisches, blutrünstiges Werk, wurde in bemerkenswert selektiver

Wahrnehmung zu einem Kultbuch der sich pazifistisch verstehenden Ökologiebewegung. Noch frappierender war der Deutungswandel bei Orwells *1984*: Während des Kalten Krieges als Agitationsschrift und ›ideologische Schutzimpfung‹ gegen den kommunistischen Totalitarismus von westlicher Seite gefördert und eingesetzt (teilweise mit CIA-Finanzierung), wurde der Roman seit den 1970er Jahren immer mehr zu einem Grundtext der außerparlamentarischen linken Opposition, die mit Orwell gegen den ›Atom- und Überwachungsstaat‹ argumentierte.

Den vorerst jüngsten, noch einmal themensetzenden und über das Kernpublikum des Genres hinaus beachteten Innovationsschub erfuhr die literarische Science-fiction in den 1980er Jahren durch die Kreation des sogenannten ›Cyber-Punks‹. In ihm werden New-Age-Ideologeme, Phantasien von Computer-Mensch-Verschmelzungen, Genmanipulation und eine politisch völlig pessimistische Zukunftsperspektive zu einer düsteren, gleichwohl faszinierend eindringlichen Mischung verschmolzen. Die Protagonisten sind nicht mehr problemlösende Helden, sondern die resignativen Losertypen der *Generation X* (William Gibson *Neuromancer*-Trilogie (ab 1984), Bruce Sterling, Neal Stephenson u. a.)

Science-fiction als Produktverbund und Markenzeichen

Das Bild der Science-fiction in der Öffentlichkeit wurde schon immer stark vom Kino bestimmt. In den 1970er Jahren begann der Film auch die Thematisierungsfunktion des Genres an sich zu ziehen. Auslöser dieser Entwicklung war Stanley Kubriks 2001: A SPACE ODYSSEY (USA 1965–68), der vor allem durch die Opulenz seiner tricktechnisch erzeugten Bilder neue Maßstäbe setzte. Hatten Science-Fiction-Filme bis dahin eher zur Billigkategorie des Kinos gehört, so zählten sie (zumindest für Hollywood) von nun an zu den teuersten Produktionen. Dies hatte wiederum zur Folge, daß die Filme zur Absicherung der Investitionen intensiv beworben und inhaltlich auf ein weltweites Publikum hin konzipiert wurden. Gerade für die globale Konsumtion erwies sich das vordergründig künstliche, realitätsabgehobene Zeichensysteme der Science-fiction als idealer, scheinbar kulturneutraler Code. Steven Spielberg (CLOSE ENCOUNTERS OF THE THIRD KIND, 1975/76, E.T. THE EXTRA-TERRESTRIAL, 1982; JURASSIC PARK, 1993), und George Lucas (STAR-WARS-Zyklus ab 1975) waren die Regisseure, die in diesem Code die jedermann verständlichen

und anrührenden Geschichten formulierten. Lucas, ein Kenner der Science-fiction-Serials der 1930er Jahre, ließ sich nicht nur von deren Erzählmustern und Serialität anregen. Er gab den damals bereits florierenden Produktverbünden eine neue Qualität und Dimension, indem er das Produkt-Merchandising bereits bei der Entwicklung des Filmdesigns berücksichtigte. Zeitweise wurde mit dem Merchandising von STAR WARS mehr verdient als mit der Verwertung der Film- und Videorechte. (Daß derartige Verbundsysteme gelegentlich auch ungeplant entstehen können, zeigt das Beispiel »Star Trek«, wo die Bildung einer Fangemeinde erst durch die mehrfach anstehende Absetzung der Serie provoziert wurde).

Science-fiction ist heute kein konsistentes Genre mehr, sondern besteht – zumindest in seinen wirtschaftlich bedeutsamen Bereichen – aus einem lockeren Ensemble von Markenzeichen. In den Markenzeichen ist zwar die Aura des Genres nicht völlig verschwunden, aber primär evozieren sie nur noch die Erinnerung an ein nach festen erzählerischen Regeln funktionierendes System. Die Namen und graphischen Logos von »Superman«, E.T., STAR WARS, »Star Trek« oder »Akte-X« benötigen zu ihrem Funktionieren nicht mehr den Rückbezug auf auratische Chiffren wie ›Zukunft‹, ›Weltraum‹ oder andere typische Konstituenten des Genres. Die Markenzeichen besitzen ihre eigene zumindest teilautonome Aura. Sie verweisen vor allem auf sich selbst. Deshalb sind sie nahezu beliebig einsetzbar und übertragbar.

Die ›reinen‹ Chiffren des Genres (Zukunft, Weltraum, Aliens, Roboter usw.) funktionieren am ehesten noch als Design für PC- und Computerspiele. Der Science-fiction-Code scheint heute nicht nur politisch und kulturell neutral zu sein, sondern die Aura des Futuristisch-Irrealen ist auch ein willkommenes Abwiegelungsargument in den Debatten um mögliche Wirkungen von Mediengewalt.

Die literarische Science-fiction, in der sich das Genre einmal entwickelt hat und die noch in den 1970er Jahren im Begriff war, den Krimi als beliebteste Spannungslektüre zu überflügeln, besitzt heute nur noch eine marginale Bedeutung in der Medienstruktur des Genres. Schon in den 1980er Jahren entstand im Videomarkt eine starke Konkurrenz für die Printmedien. Durch die Entwicklung des Privatfernsehens sind heute täglich mehrere Science-Fiction-Serien abrufbar. Beim jüngeren männlichen Publikum (noch immer der wichtigste Konsumentenstamm des Genres) dominieren heute eindeutig die Spiele im Science-fiction-Gewand. Bei der Lektüre haben inzwischen selbst die Comics (mit Ausnahme der japanischen Mangas) starke Einbußen erlitten. Das Lesepublikum ist zur Fantasy abgewandert.

Heute besetzen das Thema Zukunft – im Sinne eines künftigen Zustands - die PR- und Werbeabteilungen von Versicherung und Telekommunikationskonzernen (»The Future. Together. Now«). Sciencefiction-Topoi sind als Chiffren für Innovation, Avantgarde und ›Zukunftssicherheit‹, aber auch bei Produkten für Kinder beliebt.

In der politischen Öffentlichkeit gibt es heute kaum noch eine Erinnerung an die einst so lautstarke ›Futurologie‹ der ›Denkfabriken‹ (›Think Tanks‹) oder an die ›Zukunftswerkstätten‹, die ein Robert Jungk als deren basisdemokratischer Widerpart gründete. Auf die Beschwörung der Zukunft kann aber anscheinend auch heute nicht verzichtet werden. Sie wird, routiniert und professionell, vor allem von den Public-Relations-Strategen in Verwaltungen und Behörden, bei Parteien und Interessensverbänden gepflegt. In Programmen, Konzepten, Wettbewerben, Denkschriften und Appellen wimmelt es nur so von Wortschöpfungen wie ›Zukunftsforen‹, ›Verwaltung der Zukunft‹, ›Fabrik der Zukunft‹, ›Kommunen der Zukunft‹, ›Dorf der Zukunft‹, ›Regionen der Zukunft‹, ›Haus der Zukunft‹, ›Zukunftsplanung‹, ›Visionen‹, ›Zukunftsstandort‹, ›Zukunftstechnologien‹, ›Zukunftsbranchen‹, ›Zukunftsfähigkeit‹, ›Zukunft der Arbeit‹, ›Bildung schafft Zukunft‹, ›Stiftung, Erinnerung, Verantwortung, Zukunft‹; ›Wir haben die Zukunft! Gemeinsam zum Erfolg‹. Beliebt als Tagungsmotti sind Chiasmen wie ›Zukunft der Arbeit – Arbeit der Zukunft‹.

Die psychische Entsorgung dieser Phraseologie übernimmt die mediale Popularkultur, die sie in ihren Genres – nicht zuletzt in den phantastischen – recycelt. Wer in eine der üblichen Internetsuchmaschinen im Jahr 2002 ›Zukunft‹ eingab, erhielt mit einem Klick über 3 Millionen und mit ›future‹ 43 Millionen Treffer.

Literatur

Berneri, M. L.: *Reise durch Utopia*. Berlin 1982.

Biesterfeld, W.: *Die literarische Utopie*. Stuttgart 1974.

Bloch, E.: *Das Prinzip Hoffnung*. Frankfurt a. M. 1959.

Caspers, M.: *70er – einmal Zukunft und zurück: Utopie und Alltag 1969–1977*. Köln 1997.

Diederichsen, D.: *Loving the Alien. Science-fiction, Diaspora, Multikultur*. Berlin 1998.

Faulstich, W.: *Das Medium als Kult. Von den Anfängen bis zur Spätantike (8. Jahrhundert)*. Göttingen 1997.

Flusser, V.: *Die Schrift*. Göttingen 1989.

Giselbrecht, K./Hafner, M. (Hgg.): *Data, Body, Sex, Machine. Technoscience und Sciencefiction aus feministischer Sicht*. Wien 2001.

Gurjewitsch, A. J.: *Stumme Zeugen des Mittelalters: Weltbild und Kultur der Einfachen Menschen*. Weimar/Köln/Wien 1997.

Heidtmann, H.: *Utopisch-phantastische Literatur in der DDR*. München 1982.

Hermand, J.: *Der neue Traum vom alten Reich. Völkische Utopien und Nationalsozialismus*. Frankfurt a. M. 1988.

Innerhofer, R.: *Deutsche Science-fiction 1870 bis 1914*. Wien 1996.

Kuhn, A. (Hg.): *Alien Zone. Cultural Theory and Contemporary Science-fiction*. London/New York 1990.

Löwith, K.: *Weltgeschichte und Heilsgeschehen. Die theologischen Voraussetzungen der Geschichtsphilosophie*. Stuttgart 1961.

Nagl, M.: *Science-fiction in Deutschland*. Tübingen 1972.

Ders.: *Science-fiction. Ein Segment populärer Kultur im Medien- und Produktverbund*. Tübingen 1981.

Nigg, W.: *Das ewige Reich. Geschichte einer Hoffnung*. Zürich 1954.

Nipperdey, T.: »Die Funktion der Utopie im politischen Denken der Neuzeit«. In: *Archiv für Kulturgeschichte* 44 (1962) S. 129–152.

Pleij, H.: *Der Traum vom Schlaraffenland. Mittelalterliche Fantasien vom vollkommenen Leben*. Frankfurt a. M. 2000.

Schröder, H.: *Science-Fiction-Comics … Bildwelten und Weltbilder*. Hamburg 1982.

Schulz, H.-J.: *Science-fiction*. Stuttgart 1986.

Seeßlen, G./Jung, F.: *Science-fiction. Grundlagen des populären Films*. Marburg 2002.

Seavey, O. (Hg.): *The Moon Hoax, or, a Discovery That the Moon Has a Vast Population of Human Beings*. Boston 1975.

Manfred Nagl

4. Anhang

Bibliographie

Abstracts of Popular Culture. A Quarterly Publication of International Popular Phenomena. 1 (1976/78) bis 3 (1982).

Adorno, T. W.: »Résumé über Kulturindustrie«. In: Ders.: Ohne Leitbild. Parva Aesthetica. Frankfurt a. M. 1967. S. 60–70.

Agentur Bilwet: Medien-Archiv. Bensheim/Düsseldorf 1993.

Albrecht, C./Gebhardt, W./Göttlich, U. (Hgg.): Populäre Kultur als repräsentative Kultur. Die Herausforderung der Cultural Studies. Köln 2002.

Alberts, J. u. a.: Segmente der Unterhaltungsindustrie. Frankfurt a. M. 1974.

Alewyn, R.: Probleme und Gestalten. Essays. Frankfurt a. M. 1974.

Améry, J.: Teenagerstars. Idole unserer Zeit. Rüschlikon/Stuttgart/Wien 1960.

Anders, G.: »Die Welt als Phantom und Matrize. Philosophische Gedanken zu Rundfunk und Fernsehen«. In: Merkur 9 (1955) S. 408–652

Ders: »Maschinelle Infantilisierung. Thesen für ein Rundgespräch über Massenmedien«. In: Merkur 14 (1960) S. 627–635.

Ders.: Die Antiquiertheit des Menschen. Über die Zerstörung des Lebens im Zeitalter der dritten industriellen Revolution. 2 Bde. München 1981.

Arens, W./Montague, S. P.: The American Dimension. Cultural Myths and Social Realities. Port Washington 1976.

Arnold, A./Schmidt, J.: Reclams Kriminalromanführer. Stuttgart 1978.

Baacke, D.: Jugend und Jugendkulturen. Darstellung und Deutung. Weinheim/München 1993.

Baacke, D./Sander, U./Vollbrecht, R.: Lebenswelten sind Medienwelten. Lebenswelten Jugendlicher. 2 Bde. Opladen 1990.

Bachtin, M.: Literatur und Karneval. Zur Romantheorie und Lachkultur. München 1969.

Ders.: Rabelais und seine Welt. Volkskultur als Gegenkultur. Frankfurt a. M. 1998.

Bacon-Smith, C.: »Appendix A. Methodology.« In: Dies.: Enterprising Women. Television Fandom and the Creation of Popular Myth. Philadelphia 1992. S. 299-305.

Baecker, D.: »Beobachtung mit Medien«. In: Liebland, C./Schneider, I. (Hgg.): Medien in Medien. Köln 2002. S. 12–24.

Ders.: Wozu Kultur? Berlin 2000.

Baldauf, A./Weingartner, K. (Hgg.): Lips Tits Hits Power? Popkultur und Feminismus. Wien/Bozen 1998.

Barthes, R.: Mythen des Alltags. Frankfurt a. M. 1974.

Bechtel, H.: Wirtschafts- und Sozialgeschichte Deutschlands. Wirtschaftsstile und Lebensformen von der Vorzeit bis zur Gegenwart. München 1967.

Bennett, A.: Popular Music and Youth Cultur. Music, Identity and Place. Basingstoke u. a. 2000.

Ders.: Cultures of Popular Music. Buckingham u. a. 2001.

Ders. (Hg.): Guitar Cultures. Oxford u. a. 2001.

Bennett, T./Waites, B./Martin, G. (Hgg.): Popular Culture: Past and Present. London/New York 1982.

Bennett, T.: »Popular Culture. A Teaching Object«. In: Screen Education 34 (1980) S. 17–29.

Ders./Mercer, C./Woollacott, J. (Hgg.): Popular Culture and Social Relations. Philadelphia 1986.

Ders. (Hg.): Rock and Popular Music: Politics, Policies, Institutions. London u. a. 1993.

Bentzien, U. u. a.: Deutsche Volksdichtung. Eine Einführung. Frankfurt a. M. 1979.

Berger, A. A.: Popular Culture Genres. Theories and Texts. Newbury Park/London/New Delhi 1992.

Ders.: Narratives in Popular Culture, Media and Everyday Life. Thousand Oaks 1997.

Bibliographies and Indexes in Popular Culture. Westport 1993.

Bigsby, C.W.E.: »The Politics of Popular Culture«. In: Cultures 1, 2 (1973) S. 15–37.

Birch, D. C./Rissover, F. (Hgg.): Mass Media and the Popular Arts. New York 1983.

Ders. (Hg.): Approaches to Popular Culture. Bowling Green 1977.

Ders. (Hg.).: Superculture. American Popular Culture and Europe. Bowling Green 1975.

Bisky, L.: The show must go on. Unterhaltung am Konzernkabel: Film, Rock, Fernsehen, neue Medien. Berlin 1984.

Böckelmann, F.: Theorie der Massenkommunikation. Frankfurt a. M. 1975.

Boer, R.: Knockin' on Heaven's Door. The Bible and Popular Culture. London 1999.

Böhme, H./Matussek, P./Müller, L.: Orientierung Kulturwissenschaft. Was sie kann, was sie will. Reinbek 2000.

Bohn, R./Müller, E./Ruppert, R. (Hgg.): Ansichten einer künftigen Medienwissenschaft. Berlin 1988.

Bohrer, K. H.: »Die ausverkauften Ideen. New Culture, Old Culture, Popular Culture«. In: Merkur 32 (1978) S. 957–977.

Bollenbeck, G. »Die Kulturwissenschaften. Mehr als ein modisches Label?« In: Merkur 51 (1997) S. 259–265.

Bolz, N.: Chaos und Simulation. München 1992.

Bonz, J. (Hg.): Sound Signatures. Pop-Splitter. Frankfurt a. M. 2001.

Bosshart, L./Hoffmann-Riem, W. (Hgg.): Medienlust und Mediennutz. Unterhaltung als öffentliche Kommunikation. München 1994.

Bouchard, R. (Hg.): Culture populaire et litteratures au Québec. Saragota 1980.

Bourdieu, P.: Die feinen Unterschiede. Kritik der gesellschaftlichen Urteilskraft. Frankfurt a. M. 1987.

Ders.: Über das Fernsehen. Frankfurt a. M. 1998.

Braden, D. R.: Leisure and Entertainment in America. Detroit 1988.

Broch, H.: »Zum Problem des Kitsches«. In: Ders.: Der Denker.

Eine Auswahl aus dem essayistischen Werk und aus Briefen. Zürich 1966. S. 110–133.

Brock, B.: *Ästhetik gegen erzwungene Unmittelbarkeit. Die Gottsucherbande. Schriften 1978–1986.* Köln 1986.

Bromley, R./Göttlich, U./Winter, C. (Hgg.): *Cultural Studies: Grundlagentexte zur Einführung.* Lüneburg 1999.

Brown, C. J./Brown, T. R./Rivers, W. L.: *The Media and the People.* New York u. a. 1978.

Ders. (Hg.): *Popular Culture and the Expanding Consciousness.* New York u. a. 1973.

Ders. (Hg.): *Rituals and Ceremonies in Popular Culture.* Bowling Green 1980.

Ders. (Hg.): *Pioneers in Popular Culture Studies.* Bowling Green 1999.

Ders. (Hg.): *The Guide to United States Popular Culture.* Bowling Green 2001.

Ders.: *Popkulturtheorie.* Mainz 2002.

Browne, R. B./Ambrosetti, R.: *Continuities in Popular Culture.* Bowling Green 1993.

Dies.: *Popular Culture and Curricula.* Bowling Green 1970.

Browne, R. B./Browne, P.: *Digging into Popular Culture. Theories and Methodologies in Archeology, Anthropology and Other Fields.* Bowling Green 1991.

Browne, R./Fishwick, M.: *Icons of Popular Culture.* Bowling Green 1970.

Browne, R. B./Fishwick, M./Marsden, M.: *Heroes of Popular Culture.* Bowling Green 1973.

Browne, R. B./Fishwick, M. W./Browne, K. O. (Hgg.): *Dominant Symbols in Popular Culture.* Bowling Green 1990.

Browne, R. B./Grogg, S./Lundrum, L. (Hgg.): *Theories and Methodologies in Popular Culture.* Bowling Green 1976.

Brückner, W.: »Popular Culture. Konstrukt, Interpretament, Realität«. In: *Ethnologia Europea 14* (1984) S. 14–24.

Buhle, P. (Hg.): *Popular Culture in America.* Minneapolis 1987.

Bürger, C./Bürger, P./Schulte-Sasse, J. (Hgg.): *Zur Dichotomisierung von hoher und niederer Literatur.* Frankfurt a. M. 1982.

Burke, P.: *Popular Culture in Early Modern Europe.* Guildford/London/Worcester 1979 (dt. *Helden, Schurken und Narren. Europäische Volkskultur in der Frühen Neuzeit.* Stuttgart 1981).

Ders.: »The ›Discovery‹ of Popular Culture«. In: Samuel, R.: *People's history and Socialist Theory.* London/Boston 1981. S. 216–227.

Ders.: »Popular Culture between History and Ethnology«. In: *Ethnologia Europaea 14* (1984) S. 5–13.

Burner, D./Marcus, R./Tilson, J.: *America Through the Looking Glass. A Historical Reader in Popular Culture.* 2 Bde. Englewood Cliffs 1974.

Buselmeier, M. (Hg.): *Das glückliche Bewußtsein. Anleitungen zur materialistischen Medienkritik.* Darmstadt/Neuwied 1974.

Büsser, M.: *Antipop.* Mainz 2002.

Campbell, N./Kean, A.: *American Cultural Studies. An Introduction to American Culture.* London/New York 1997.

Cantor, N. F./Werthman, M. J. (Hgg.): *The History of Popular Culture.* New York/Toronto 1968.

Carey, J. W.: *Communication as Culture: Essays on Media and Society.* Boston 1989.

Carey, J. W./Kreiling, A.: »Popular Culture and Uses and Gratifications: Notes Toward an Accomodation«. In: Blumler, J. G./Katz, E. (Hgg.): *The Uses of Mass Communication.* Beverly Hills 1974. S. 251–272.

Carlson, L. H./Vichcales, K. B. (Hgg.): *American Popular Culture at Home and Abroad.* Michigan 1996.

Carroll, N.: *A Philosophy of Mass Art.* Oxford 1998.

Cawelti, J.: *Adventure, Mystery and Romance: Formula Stories as Art and Popular Culture.* Chicago 1976.

de Certeau, M.: *Kunst des Handelns.* Berlin 1988.

Chambers, J.: *Popular Culture. The Metropolitan Experience.* London/New York 1993.

Clarke, J. u. a.: *Jugendkultur als Widerstand. Milieus, Rituale, Provokationen.* Frankfurt a. M. 1979.

Cloer, E.: »Widerrede gegen den Tod des Subjekts. Rekonstruktion von Selbstbildungsbewegungen in der Autobiographie von Margarete Hannsmann.« In: Köhler, J./Nolte, J. (Hgg.): *Vernunft und Bildung. Für eine fortgesetzte Aufklärung. Fs. R. W. Keck.* Köln/Weimar/Wien 1997. S. 59–70.

Collins, J.: *Popular Culture and Post-Modernism.* New York/London 1989.

Combs, J. E.: *Polpop: Politics and Popular Culture in America.* Bowling Green 1984.

Cooper, C.: *Noises in the Blood. Orality and the Vulgar Body of Jamaican Popular Culture.* London 1993.

Cooper, B. L./Haney, W. S.: *Rock Music in American Popular Culture: Rock' n' Roll Ressources.* New York u. a. 1995.

Cremer, G.: *Die Subkultur der Rocker. Erscheinungsform und Selbstdarstellung.* München 1991.

Cullen, J.: *The Art of Democracy. A Concise History of Popular Culture in the United States.* New York 1996.

Ders. (Hg.): *Popular Culture in American History.* Malden/Oxford 2001.

Cunningham, P. A. (Hg.): *Dress and Popular Culture.* Bowling Green 1991.

Cultural Studies 1 (1987) –

Dahlgren, P.: »Introduction«. In: Dahlgren, P./Sparks, C.: *Journalism and Popular Culture.* London/Newbury Park/New Delhi 1992. S. 1–23.

Daly, N.: *Modernism, Romance and the Fin de Siècle: Popular Fiction and British Culture, 1880–1914.* Cambridge u. a. 1999.

Daniel, U.: *Kompendium Kulturgeschichte. Theorien, Praxis, Schlüsselwörter.* Frankfurt a. M. 2001.

Danna, S. R. (Hg.): *Advertising and Popular Culture: Studies in Variety and Versatility.* Bowling Green 1992.

Davis, C./Eshun, K./Höller, C.: »Pop? What Pop? Ein Gespräch«. In: Höller, C. (Hg.): *Pop unlimited? Imagetransfer in der aktuellen Popkultur.* Wien 2000. S. 155–171.

Davis, I.: *Cultural Studies and Beyond. Fragments of Empire.* London/New York 1995.

Day, G. (Hg.): *Readings in Popular Culture. Trivial Pursuits?* London 1990.

Dean, J.: *La Culture populaire Américaine.* Nancy 1992.

Ders. (Hg.): *Cultural Studies. Bibliographies on U. S. Public Opinion, U. S. Popular Culture.* Berlin 1996.

Ders. (Hg.): *European Readings of American Popular Culture.* Westport, Conn. 1996.

Deer, I./Deer, H. A. (Hgg.): *The Popular Arts. A Critical Reader.* New York 1967.

Dehm, U.: *Zeitvertreib, Flucht oder Zwang. Eine Studie zum Fernseh-Erleben.* Mainz 1984.

Denisoff, R. S./Peterson, R. A.: *The Sounds of Social Change. Studies in Popular Culture.* Chicago 1972.

Diederichsen, D.: *Freiheit macht arm. Das Leben nach Rock' n' Roll 1990–93.* Köln 1993.

Ders. (Hg.): *Yo! Hermeneutics! Schwarze Kulturkritik. Pop, Medien, Feminismus.* Berlin 1993.

Ders.: *Der lange Weg nach Mitte. Der Sound und die Stadt.* Köln 1999.

Diller, H.-J. (Hg.): *American Popular Culture.* Heidelberg 1985.

Docker, J.: *Postmodernism and Popular Culture: A Cultural History.* Cambridge u. a. 1994.

Dorenkamp, A. G.: *Images of Women in American Popular Culture.* Fort Worth. u. a. 1995.

van Dülmen, R./Schindler, N. (Hgg.): *Volkskultur. Zur Wiederentdeckung des vergessenen Alltags (16.–20. Jahrhundert).* Frankfurt a. M. 1984.

Dumazedier, J.: *Toward a Society of Leisure.* New York 1967.

Ders./Guinchat, C.: »La Sociologie du loisir. Tendences actuelles de la recherche et bibliographie (1945–1965)«. In: *Current Sociology* 16, 1 (1968) S. 1–127.

Dunne, M.: *Metapop: Self-Referentiality in Contemporary American Popular Culture.* Jackson u. a. 1992.

Durham, M. G./Kellner, D. M. (Hgg.): *Media and Cultural Studies. Key Works.* Malden/Oxford 2001.

During, S.(Hg.): *The Cultural Studies Reader.* London/New York 1993.

Dyer, R.: *Only Entertainment.* London 1992.

Dziegel, L. (Hg.): *Popular Culture of Central Europe in the Process of Change.* Krakau 2000.

Ellis, A. (Hg.): *Popular Culture and Acquisitions.* Binghamton 1992.

Engelmann, J. (Hg.): *Die kleinen Unterschiede. Der Cultural Studies-Reader.* Frankfurt a. M./New York 1999.

Engelsing, R.: *Der Bürger als Leser. Lesergeschichte in Deutschland 1500–1800.* Stuttgart 1974.

Fabian, R.: *Idole in unserer Zeit. Das Geschäft mit unerfüllten Wünschen.* Freiburg/Basel/Wien 1967.

Faulstich, W.: *Medientheorien.* Göttingen 1991.

Ders. (Hg.): *Grundwissen Medien.* München 1994.

Fauser, J.: *Blues für Blondinen. Essays zur populären Kultur.* Frankfurt a. M./Wien/Berlin 1984.

Fiedler, L. A.: »Towards a Definition of Popular Literature«. In: Bigsby, C. W. E. (Hg.): *Superculture. American Popular Culture and Europe.* Bowling Green 1975. S. 28–42.

Ders.: »Überquert die Grenze, schließt den Graben!« In: Schröder, J. (Hg.): *Mammut. März Texte 1&2 1969–1984.* Herbstein 1984. S. 673–967.

Fischer, H.-D.: »Entertainment – an Underestimated Central Function of Communication«. In: Fischer, H.-D./Melnik, S. R. (Hgg.): *Entertainment. A Cross-Cultural Examination.* New York 1979. S. 2–19.

Fischer, L.: »Phantom Popularkultur? Unzeitgemäße Reflexionen nach der erneuten Lektüre eines Berlinischen Aufsatzes«. In: Hickethier, K./Zielinski, S. (Hgg.): *Medien/Kultur.* Berlin 1991. S. 73–86.

Fischer, L. (Hg.): *Zur Archäologie der Popularkultur. Eine Dokumentation der Sammlung von Produkten der Massenkunst, Massenliteratur und Werbung.* Berlin 1979.

Fishwick, M.: *Parameters of Popular Culture.* Bowling Green 1974.

Ders.: *Seven Pillars of Popular Culture.* Westport 1985.

Fiske, J.: »Populärkultur. Erfahrungshorizont im 20. Jahrhundert. Ein Gespräch zwischen John Fiske und Eggo Müller«. In: *montage/av* 2, 1 (1993) S. 5–18.

Ders.: *Understanding Popular Culture.* London/New York 1994.

Ders.: *Reading the Popular.* London/New York 1995 (dt.: *Lesarten des Populären.* Wien 2000).

Ders.: *Television Culture. Popular Pleasures and Politics.* London/New York 1995.

Ders.: »Populäre Texte, Sprache und Alltagskultur«. In: Hepp/Winter 1997. S. 65–84.

Ders.: *Introduction to Communication Studies.* London/New York 1998.

Fluck, W.: »Popular Culture as a Mode of Socialization. A Theory About the Social Functions of Popular Cultural Forms«. In: *Journal of Popular Culture* 21, 3 (1987) S. 31–46.

Ders.: *Populäre Kultur. Ein Studienbuch zur Funktionsbestimmung und Interpretation populärer Kultur.* Stuttgart 1979.

Flusser, V.: *Gesten. Versuch einer Phänomenologie.* Bensheim 1993.

Foltin, H. F.: »Die minderwertige Prosaliteratur. Einleitung und Bezeichnungen«. In: *DVjs* 39 (1965) S. 288–323.

Fowles, J.: *Advertising and Popular Culture.* Thousand Oaks u. a. 1996.

Fragonard, M.: *La Culture du 20e siècle.* Paris 1995.

Freccero, C.: *Popular Culture: An Introduction.* New York u. a. 1999.

Freese, P. (Hg.): *Popular Culture in the United States: Proceedings of the German American Conference in Paderborn 1993.* Essen 1994.

Friedman, N.: »Mass Communications and Popular Culture: Convergent Fields in the Study of Mass Media?« In: *Mass Communications Review* 3 (1977) S. 237–246.

Frith, S.: *Jugendkultur und Rockmusik. Soziologie der englischen Musikszene.* Reinbek 1981.

Ders.: *Performing Rites. On the Value of Popular Music.* Oxford 1996.

Frow, J.: *Cultural Studies & Cultural Value.* Oxford 1995.

Früh, W.: *Unterhaltung durch das Fernsehen. Eine molare Theorie.* Konstanz 2002.

Fuchs, T.: *Die Mechanisierung des Herzens. Harvey und Descartes. Der vitale und der mechanische Aspekt des Kreislaufs.* Frankfurt a. M. 1992.

Furniss, G.: *Poetry, Prose and Popular Culture in Hausa.* Edinburgh 1996.

Gabler, N.: *Das Leben, ein Film. Die Eroberung der Wirklichkeit durch das Entertainment.* Berlin 1999.

Gans, H. J.: »Popular Culture in America«. In: Becker, H. S. (Hg.): *Social Problems. A Modern Approach.* New York 1967.

Ders.: »La Politique Culturelle aux Etats-Unis«. In: *Communications* 14 (1969) S. 162–171.

Ders.: *Popular Culture and High Culture. An Analysis and Evalution of Taste.* New York 1974.

Gebhart, W./Zingerle, A.: *Pilgerfahrt ins Ich. Die Bayreuther Richard Wagner-Festspiele und ihr Publikum. Eine kultursoziologische Studie.* Konstanz 1998.

Gehret, J. (Hg.): *Gegenkultur heute: Die Alternativ-Bewegung von Woodstock bis Tunix.* Amsterdam 1979.

Geist, C. D. (Hg.): *The Popular Culture Reader.* Bowling Green 1983.

Gibian, P. (Hg.): *Mass Culture and Everyday Life.* New York/London 1997.

Gilbert, P/Taylor, S.: *Fashioning the Feminine. Girls, Popular Culture and Schooling.* North Sydney 1992.

Giroux, H. A.: *Disturbing Pleasures. Learning Popular Culture.* New York/London 1994.

Gitlin, T.: »Opium fürs Akademikervolk? Der antipolitische Populismus der ›Cultural Studies‹«. In: *Blätter für deutsche und internationale Politik* 3 (1999) S. 344–353.

Gleich, U.: *Parasoziale Interaktionen und Beziehungen von Fernsehzuschauern mit Personen auf dem Bildschirm.* Landau 1997.

Goldbarth, A.: *Popular Culture.* Columbus 1990.

Gorman, P. R.: *Left Intellectuals and Popular Culture in Twentieth-Century America.* Chapel Hill/London 1996.

Gorny, D./Stark, J. (Hgg.): *Popkultur 2002/2003. Das Jahrbuch für Musikkultur, Musikmedien u. Musikindustrie.* Reinbek 2002.

Göttlich, U.: *Kritik der Medien. Reflexionsstufen kritisch-materialistischer Medientheorien am Beispiel von Leo Löwenthal und Raymond Williams.* Opladen 1996.

Ders.: »Zur Kreativität der Medienrezeption«. In: Hasebrink,

U./Jäckel, M./Rössler, P. (Hgg.): *Theoretische Perspektiven der Rezeptionsforschung*. München 2001. S. 1–16.

Ders.: »Die Wahrnehmung der Cultural Studies. Cultural Studies zwischen hilfswissenschaftlicher Vereinnahmung und radikaler Kontextualität«. In: *Sociologia Internationalis* 39, 2 (1999) S. 189–210.

Göttlich, U./Winter, R. (Hgg.): *Politik des Vergnügens. Zur Diskussion der Populärkultur in den Cultural Studies*. Köln 1998.

Göttlich, U./Mikos, L./Winter, R. (Hgg.): *Die Werkzeugkiste der Cultural Studies. Perspektiven, Anschlüsse und Interventionen*. Bielefeld 2001.

Greeley, A.M.: *God in Popular Culture. Religion in der Pop-Kultur: Musik, Film und Roman. Mit Kurzbiographien von Bruce Springsteen, Madonna, Woody Allen*. Graz u.a. 1993.

Greil, M.: *Mystery Train. Rock' n' Roll und amerikanische Kultur*. Berlin 1999.

Ders.: *Lipstick Traces. Von Dada bis Punk. Eine geheime Kulturgeschichte des 20. Jahrhunderts*. Reinbek 1996.

Greiner, M.: *Die Entstehung der modernen Unterhaltungsliteratur. Studien zum Trivialroman des 18. Jahrhunderts*. Reinbek 1964.

Griffin, G. (Hg.): *Outwrite. Lesbian and Popular Culture*. London 1993.

Grossberg, L.: *We Gotta Get out of This Place. Popular Conservatism and Postmodern Culture*. New York/London 1992.

Ders.: *Dancing in Spite of Myself. Essays on Popular Culture*. Durham/London 1997.

Ders.: »Zur Verortung der Populärkultur«. In: Bromley/Göttlich/Winter 1999. S. 215–236.

Ders.: »Neuverortung des Populären«. In: Ders.: *What's going on? Cultural Studies und Popularkultur*. Wien 2000. S. 50–77.

Ders./Nelson, C./Treichler, P. (Hgg.): *Cultural Studies*. New York/London 1992.

Ders./Wartella, E./Whitney, D.C.: *MediaMaking. Mass Media in a Popular Culture*. Thousand Oaks 1998.

Hall, D.: »Introduction«. In: Kaplan 1984. S. 5–18.

Hall, St.: »Leisure, Entertainment and Mass Communication«. In: *Society and Leisure*, 2 (1970) S. 28–47.

Ders.: »Popular Culture, Politics and History«. In: *Popular Culture Bulletin* 1, 3 (1978) S. 1–45.

Ders.: »Notes on Deconstructing ›the Popular‹«. In: Samuel, R. (Hg.): *People's History and Socialist Theory*. London/Boston 1981. S. 227–240.

Ders.: *Critical Dialogues in Cultural Studies*. London/New York 1996.

Ders.: »Kodieren/Dekodieren«. In: Bromley/Göttlich/Winter 1999. S. 92–110.

Ders./Whannel, P.: *The Popular Arts*. New York 1965.

Hallam, J./Moody, N. (Hgg.): *Consuming for Pleasure. Selected Essays on Popular Fiction*. Liverpool 2000.

Hammel, William: *The Popular Arts in America. A Reader*. New York 1972.

Hanke, H.: »Massenkultur, populäre Künste, Unterhaltung.« In: *Informationen der Generaldirektion beim Komitee für Unterhaltungskunst*. Beilage zur Zeitschrift *Unterhaltungskunst* 3 (1986) S. 1–3.

Harrington, C.L./Bielby, D.D.: *Soap Fans. Pursuing Pleasure and Making Meaning in Everyday Life*. Philadelphia 1995.

Harris, C./Williams, J. (Hgg.): *Amistad. Essays on American Black History and Popular Culture*. 2 Bde. New York 1970.

Harris, T. (Hg.): *Popular Culture in England. 1500–1850*. Basingstoke u.a. 1995.

Hartley, J.: »Popular/Popular Culture«. In: O'Sullivan 1994. S. 231–233.

Hartley, J./Pearson, R.E. (Hgg.): *American Cultural Studies. A Reader*. Oxford u.a. 2000.

Hartwig, H.: *Jugendkultur. Ästhetische Praxis in der Pubertät*. Reinbek 1980.

Hasebrink, U.: *Zur Beschreibung der von Rezipienten eines Textes wahrgenommenen Bedeutungsstrukturen*. Hamburg 1986.

Ders./Krotz, F.(Hgg.): *Die Zuschauer als Fernsehregisseure? Zum Verständnis individueller Zuwendungs- und Rezeptionsmuster*. Baden-Baden/Hamburg 1996.

Hawkins, H.: *Classics and Trash. Traditions and Taboos in High Literature and Popular Modern Genres*. Toronto/Buffalo 1990.

Hayes, T.: *The Birth of Popular Culture. Ben Johnson, Maid Marian and Robin Hood*. Pittsburgh 1992.

Hebdige, D.: »Die Bedeutung von Stil« [= *The Meaning of Style*, 1979]. In: Diederichsen, D./Hebdige, D./ Marx, O.-D.: *Schocker. Stile und Moden der Subkultur*. Reinbek 1983. S. 7–120.

Ders.: *Hiding in the Light. On Images and Things*. London/New York 1988.

Hepp, A.: *Cultural Studies und Medienanalyse*. Opladen 1999.

Hepp, A./Winter, R. (Hgg.): *Kultur – Medien – Macht. Cultural Studies und Medienanalyse*. Opladen 1997. S. 65–84.

Herget, W. (Hg.): *Sentimentality in Modern Literature and Popular Culture*. Tübingen 1991.

Hewitt, N./Chapman, R. (Hgg.): *Popular Culture and Mass Communication in Twentieth-Century France*. Lewiston/Queenston 1992.

Hinds jr., H.E./Tatum, C.M. (Hgg.): *Handbook of Latin American Popular Culture*. Westport 1985.

Hinz, R.: *Cultural Studies und Pop. Zur Kritik der Urteilskraft wissenschaftlicher und journalistischer Rede über populäre Kultur*. Opladen 1998.

Hitzler, R.: »Ein bisschen Spaß muß sein! – Zur Konstruktion kultureller Erlebniswelten«. In: Gebhart, W./Hitzler, R./ Pfadenhauer, M. (Hgg.): *Events. Soziologie des Außergewöhnlichen*. Opladen 2000. S. 401–412.

Hoffmann, F.W.: *American Popular Culture. A Guide to the Reference Literature*. Englewood 1995.

Hoggart, R.: *The Uses of Literacy*. London 1957.

Holert, T./Terkessidis, M.: »Einführung in den Mainstream der Minderheiten«. In: Dies. (Hgg.): *Mainstream der Minderheiten. Pop in der Kontrollgesellschaft*. Berlin/Amsterdam 1996. S. 5–19.

Höller, C. (Hg.): *Pop unlimited. Imagetransfers in der aktuellen Popkultur*. Wien 2000.

Ders. (Hg.): *Widerstände. Kunst – Cultural Studies – Neue Medien. Interviews und Aufsätze aus der Zeitschrift springerin 1995–1999*. Wien/Bozen 1999.

Holtzman, L.: *Media Messages. What Film, Television, and Popular Music Tell Us About Race, Class, Gender and Sexual Orientation*. Armonk 2000.

Honegger, C. (Hg.): *Die Hexen der Neuzeit. Studien zur Sozialgeschichte eines kulturellen Deutungsmusters*. Frankfurt a.M. 1978.

Horkheimer, M./Adorno, Th. W.: *Dialektik der Aufklärung. Philosophische Fragmente*. Amsterdam 1955.

Horn, P.L.: *Handbook of French Popular Culture*. New York/Westport/London 1991.

Hörning, K.-H./Winter, R. (Hgg.): *Widerspenstige Kulturen. Cultural Studies als Herausforderung*, Frankfurt a.M. 1999.

Horx, M.: *Trendbüro: Trendbuch 2. Megatrends für die späten neunziger Jahre*. Düsseldorf 1995.

Ders.: *Trendbüro: Trendwörter Lexikon. Von Acid bis Zippies*. Düsseldorf u.a. 1994.

Hübsch, H.: *Alternative Öffentlichkeit. Freiräume der Information und Kommunikation.* Frankfurt a. M. 1980.

Hügel, H.-O.: »Unterhaltungsliteratur«. In: Brackert, H./Stückrath, J. (Hgg.): *Literaturwissenschaft. Ein Grundkurs.* Reinbek 1992. S. 280–296.

Ders.: »Ästhetische Zweideutigkeit der Unterhaltung. Eine Skizze ihrer Theorie«. In: *montage/av* 2,1 (1993) S. 119–141.

Ders.: »Populäres als Kunst. Eigenständigkeit und Internationalität im Musikvideo«. In: Schneider, R. (Hg.): *Musikvermittlung. Beiträge aus Musikpädagogik und Musikwissenschaft.* Kassel 1995. S. 166–194.

Ders.: »Die populäre Figur James Bond«. In: Ders./v. Moltke, J. (Hgg.): *James Bond. Spieler und Spion.* Hildesheim 1996. S. 192–211.

Ders.: »Zugangsweisen zur Populären Kultur. Zu ihrer ästhetischen Begründung und zu ihrer Erforschung«. In: Göttlich, U./Gebhardt, W./Albrecht, C. (Hgg.): *Populäre Kultur als repräsentative Kultur. Die Herausforderung der Cultural Studies.* Köln 2002. S. 52–78.

Hunt, L.: *British Low Culture. From Safari Suits to Sexploitation.* London/New York 1998.

Huyssen, Andreas: *Twilight Memories. Marking Time in a Culture of Amnesia.* New York/London 1995.

Informationen des Ministeriums für Kultur der DDR [ab 1976: *Informationen des Generaldirektoriums beim Komitee für Unterhaltungskunst.* Beilage zur Zeitschrift *Unterhaltungskunst*]. 1 (1964) bis 1 (1988).

Inge, M. T.: *Perspectives on American Culture: Essays on Humor, Literature and the Popular Arts.* West Cornwall 1994.

Inge, T. (Hg.): *Handbook of American Popular Culture.* 3 Bde. Westport 1989.

Inglis, F.: *Popular Culture and Political Power.* Brighton 1988.

Iser, W.: »Die Appellstruktur der Texte«. In: Warning, R. (Hg.): *Rezeptionsästhetik. Theorie und Praxis.* München 1975. S. 228–252.

Jacobs, N. (Hg.): *Culture for the Millions? Mass Media in Modern Society.* Princeton u. a. 1961.

Jameson, F.: »Verdinglichung und Utopie in der Massenkultur«. In: Bürger, C./Bürger, P./Schulte-Sasse 1982. S. 108–141.

Jenkins, H.: *Textual Poachers. Television Fans and Participatory Culture.* New York/London 1992.

Journal of Popular Culture 1 (1967/68) –

Kando, T.: *Leisure and Popular Culture in Transition.* St. Louis 1975.

Kaplan, S. L. (Hg.): *Understanding Popular Culture. Europe from the Middle Ages to the Nineteenth Century.* Berlin/New York/Amsterdam 1984.

Kaschuba, W.: »Mythos oder Eigen-Sinn? ›Volkskultur‹ zwischen Volkskunde und Sozialgeschichte.« In: Jeggle, U. u. a. (Hgg.): *Volkskultur in der Moderne. Probleme und Perspektiven empirischer Kulturforschung.* Reinbek 1986. S. 469–507.

Katz, E.: »Can Authentic Cultures Survive New Media?« In: *Journal of Communication* 27, 2, (1977) S. 113–121.

Ders./Foulkes, D.: »On the Uses of Mass Media as ›Escape‹. Clarification of a Concept«. In: *Public Opinion Quarterly* 26 (1962) S. 377–388.

Kausch, M.: *Kulturindustrie und Populärkultur. Kritische Theorie der Massenmedien.* Frankfurt a. M. 1988.

Kellner, D.: »Kulturindustrie und Massenkommunikation. Die Kritische Theorie und ihre Folgen«. In: Bonß, W./Honneth, A. (Hgg.): *Sozialforschung als Kritik.* Frankfurt a. M. 1982. S. 482–515.

Ders.: *Media Culture. Cultural Studies, Identity and Politics Between the Modern and the Postmodern.* London/New York 1995.

Ders.: »Populäre Kultur und die Konstruktion postmoderner Identitäten«. In: Kuhlmann, A.: *Philosophische Ansichten der Kultur der Moderne.* Frankfurt a. M. 1994. S. 214–239.

Kemper, P./Langhoff, T./Sonnenschein, U. (Hgg.): *Alles so schön bunt hier. Die Geschichte der Popkultur von den Fünfzigern bis heute.* Stuttgart 1999.

Kershner, R. B. (Hg.): *Joyce and Popular Culture.* Gainesville u. a. 1996.

King, M.: »Popular Culture in Cross-Cultural Perspective«. In: Brislin, R. W./Hamnett, M. P. (Hgg.): *Topics In Culture Learning.* Honolulu 1977. S. 83–91.

Kittler, F. A.: *Eine Kulturgeschichte der Kulturwissenschaft.* München 2000.

Klein, G.: *Electronic Vibration. Pop Kultur Theorie.* Hamburg 1999.

Klotz, V.: *Abenteuer-Romane. Sue, Dumas, Ferry, Retcliffe, May, Verne.* München 1979.

Knieper, T./Müller, M. G. (Hgg.): *Kommunikation visuell. Das Bild als Forschungsgegenstand – Grundlagen und Perspektiven.* Köln 2001.

Knilli, F./Reiss, F./Hickethier, K. (Hgg.): *Medienmagazin 1. Im deutschen Reich der Zwerge, Riesen und Schutzengel. Mythen von Kirche und Kapital.* München 1974.

Koestenbaum, W.: *Cleavage. Essays on Sex, Stars, and Aesthetics.* New York 2000.

Kombüchen, S.: *Von der Erlebnisgesellschaft zur Mediengesellschaft. Die Evolution der Kommunikation und ihre Folgen für den sozialen Wandel.* Münster 1999.

Korneck, J. (Hg.): *The Contemporary Study of Culture.* Wien 1999.

Köstlin, K.: »Die Wiederkehr der Volkskultur. Der neue Umgang mit einem alten Begriff«. In: *Ethnologia Europaea* 14 (1984) S. 25–31.

Krenzlin, N. (Hg.): *Zwischen Angstmetapher und Terminus. Theorien der Massenkultur seit Nietzsche.* Berlin 1992.

Kreutzer, H. J.: *Der Mythos vom Volksbuch. Studien zur Wirkungsgeschichte des frühen deutschen Romans seit der Romantik.* Stuttgart 1977.

Kreuzer, H.: »Trivialliteratur als Forschungsproblem. Zur Kritik des deutschen Trivialromans seit der Aufklärung«. In: *DVjs* 41 (1967) S. 173–191.

Kroes, R. (Hg.): *High Brow Meets Low Brow. American Culture as an Intellectual Concern.* Amsterdam 1988.

Krotz, F.: »Kommunikation als Teilhabe. Der ›Cultural Studies Approach‹«. In: *Rundfunk und Fernsehen* 40 (1992/3) S. 412–431.

Ders.: »Fernsehen fühlen. Auf der Suche nach einem handlungstheoretischen Konzept für das emotionale Erleben des Fernsehens«. In: *Rundfunk und Fernsehen* 41 (1993/4) S. 477–496.

Kumar, N.: *The Artisans of Banaras. Popular Culture and Identity 1880–1986.* Princeton 1988.

Laba, M.: »Popular Culture and Folklore. The Social Dimension«. In: Narváez, P./Laba, M. (Hgg.): *The Folklore-Popular Culture Continuum.* Bowling Green 1986. S. 9–18.

Laforse, M. W./Drake, J. A.: *Popular Culture and American Life: Selected Topics in the Study of American Popular Culture.* Chicago 1981.

Lan, J.: »Lacan, handlich gemacht«. In: *Die Zeit,* 24. 2. 2000, S. 56.

Landon, B.: *The Aesthetics of Ambivalence. Rethinking Science Fiction Film in the Age of Electronic (Re-)production.* Westport/London 1992.

Latour, B.: *Iconoclash. Gibt es eine Welt jenseits des Bilderkrieges?* Berlin 2002.

Lavers, N.: *Pop Culture into Art. The Novels of Manuel Puig.* Columbia 1988.

Lefebvre, H.: *Kritik des Alltagslebens.* Frankfurt a. M. 1987.

Levine, L. W.: *Highbrow/Lowbrow. The Emergence of Cultural Hierarchy in America.* Cambridge/London 1990.

Lewis, G. H.: »The Sociology of Popular Culture«. In: *Current Sociology* 26, 3 (1978) S. 1–61.

Ders.: *Side-Saddle on the Golden Calf. Social Structure and Popular Culture in America.* Pacific Palisades 1972.

Lewis, L. A. (Hg.): *Adoring Audience. Fan Culture and Popular Media.* London/New York 1992.

Lilli, J.: »James Bond und die Kritik«. In: del Buono, O./Eco, U. (Hgg.): *Der Fall James Bond 007 – ein Phänomen unserer Zeit.* München 1966. S. 201–234.

Lindner, R./Wiebe, H. H. (Hgg.): *Verborgen im Licht. Neues zur Jugendfrage.* Frankfurt a. M. 1985.

Lipp, C. (Hg.): *Medien populärer Kultur. Erzählung, Bild und Objekt in der volkskundlichen Forschung.* Frankfurt a. M. 1995.

Little, W. K.: »Popular Culture.« In: Levinson, D./Ember, M. (Hgg.): *Encyclopedia of Cultural Anthropology.* New York 1996. S. 984–988.

Livingstone, J.: »Die Rezeption von Unterhaltungsangeboten. Zum Stand der Publikumsforschung.« In: Hasebrink, U./Krotz, F. (Hgg.): *Die Zuschauer als Fernsehregisseure? Zum Verständnis individueller Nutzungs- und Rezeptionsmuster.* Baden-Baden 1996. S. 163–177.

Löwenthal, L.: »Historical Perpectives of Popular Culture«. In: *The American Journal of Sociology* 55, 4 (1950) S. 323–332.

Ders.: »Das Problem der Populärkultur«. In: *Rundfunk und Fernsehen* 6 (1960) S. 21–32.

Ders.: *Literatur und Gesellschaft. Das Buch in der Massenkultur.* Neuwied/Berlin 1964.

Ders.: *Literatur und Massenkultur.* Frankfurt a. M. 1980.

Ders./Fiske, M.: »The Debate Over Art and Popular Culture in Eighteenth Century England«. In: Komaravsky, M. (Hg.): *Common Frontiers of the Social Sciences.* Glencoe 1957. S. 33–96.

Ludes, P.: »Aufstieg und Niedergang von Stars als Teilprozeß der Menschheitsentwicklung«. In: Faulstich, W./Korte, H. (Hgg.): *Der Star. Geschichte, Rezeption, Bedeutung.* München 1997, S. 78–98.

Ders.: *Einführung in die Medienwissenschaft. Entwicklungen und Theorien.* Berlin 1998.

Luger, K.: »Lesarten der Populärkultur«. In: *Medien Journal* 14, 4 (1990) S. 179–190.

Ders.: *Vergnügen, Zeitgeist, Kritik. Streifzüge durch die populäre Kultur.* Wien 1998.

Lutter, C./Reisenleitner, M.: *Cultural Studies. Eine Einführung.* Wien 1998.

Maase, K.: *Bravo Amerika. Erkundungen zur Jugendkultur der Bundesrepublik in den fünfziger Jahren.* Hamburg 1992.

Ders.: »Spiel ohne Grenzen. Von der ›Massenkultur‹ zur ›Erlebniskultur‹. Wandel im Umgang mit populärer Unterhaltung«. In: *Zeitschrift für Volkskunde* 90 (1994) S. 13–35.

Ders.: »Massen, Sinn und Sinnlichkeit. Zur Rolle der kommerziellen populären Künste im 20. Jahrhundert«. In: Bundesvereinigung Kulturelle Jugendbildung e. V. (Hg.): *Ästhetik in der kulturellen Bildung. Aufwachsen zwischen Kunst und Kommerz.* Remscheid 1997. S. 39–48.

Ders.: *Grenzenloses Vergnügen. Der Aufstieg der Massenkultur 1850–1970.* Frankfurt a. M. 1997.

Ders.: »Freizeit«. In: Benz, W. (Hg.): *Die Geschichte der Bundesrepublik Deutschland. Bd. 3. Gesellschaft.* Frankfurt a. M. 1999. S. 345–383.

Ders./Kaschuba, W. (Hgg.): *Schund und Schönheit. Populäre Kultur um 1900.* Köln 2001.

MacCabe, C.: »Defining Popular Culture«, In: Ders. (Hg.): *High Theory/Low Culture. Analysing Popular Television and Film.* Manchester 1986. S. 1–10.

MacKenzie, J. M. (Hg.): *Imperialism and Popular Culture.* Manchester u. a. 1986.

Madden, D.: »The Necessity for an Aesthetics of Popular Culture«. In: *Journal of Popular Culture* 7 (1973) S. 1–13.

Malcolmson, R. W.: *Popular Recreations in English Society 1700–1850.* Cambridge 1973.

Maletzke, G.: *Psychologie der Massenkommunikation. Theorie und Systematik.* Hamburg 1963.

Mamiya, C. J.: *Pop Art and Consumer Culture. American Super Market.* Austin 1992.

Mandrou, R.: *De la Culture populaire aux 17e et 18e siècles.* Paris 1965.

Manuel, P.: *Cassette Culture: Popular Music and Technology in North India.* Chicago 1993.

Martindale, K.: *Un-popular Culture: Lesbian Writings After the Sex Wars.* Albany 1997.

Matlaw, M. (Hg.): *American Popular Entertainment. Papers and Proceedings of the Conference on the History of American Popular Entertainment.* Westport/London 1977.

Matter, M./Grosch, N.: *Lied und populäre Kultur. Jahrbuch für Volksliedforschung.* Münster 2001.

Mayer, M. T. (Hg.): *Globalkolorit. Multikulturalismus und Populärkultur.* St. Andrä 1998.

McRobbie, A.: *Postmodern and Popular Culture.* London/New York 1994.

Mendelssohn, H.: *Mass Entertainment.* New Haven 1966.

Ders./Spetnagel, H. T.: »Entertainment as a Sociological Enterprise«. In: Tannenbaum, P. H. (Hg.): *The Entertainment Functions of Television.* Hillsdale 1980. S. 13-29.

Merton, R. K./Lazarsfeld, Paul F.: »Mass Communication, Popular Taste, and Organized Social Action«. In: Bryson, L. (Hg.): *The Communication of Ideas.* New York 1948. S. 95–118.

Mikos, L.: *Es wird dein Leben! Familienserien im Fernsehen und im Alltag der Zuschauer.* Münster 1994.

Ders.: »Die tägliche Dosis Identität. Daily Soaps und Sozialisation«. In: *medien praktisch* 21, 4 (1997) S. 18–22.

Ders.: »Erinnerung, Popularkultur und Lebensentwurf. Identität in der multimedialen Gesellschaft«. In: *medien praktisch* 23, 89 (1999) S. 4–8.

Miller, T.: *Popular Culture and Everyday Life.* London 1998.

Millière, G./Servat, G.: *Mise a Mort des Cultures »Populaires«.* Paris 1978.

Minc, R. S. (Hg.): *Literature and Popular Culture in the Hispanic World: A Symposium.* Gaithersburg 1981.

Modleski, T. (Hg.): *Studies in Entertainment. Critical Approaches to Mass Culture.* Bloomington 1986.

Morley, D.: *Television, Audiences & Cultural Studies.* London/New York 1992.

Ders.: »Radikale Verpflichtung zu Interdisziplinarität. Ein Gespräch«. In: *montage/av* 6, 1 (1997) S. 38–66.

Motz, M. F./Nachbar, J. G./Marsden, M. T. u. a.: *Eye on the Future. Popular Culture Scholarship into the Twenty-First Century.* Bowling Green 1994.

Mukerji, C./Schudson, M.: *Rethinking Popular Culture: Contemporary Perspectives in Cultural Studies.* Berkeley/Los Angeles/Oxford 1991.

Dies.: »Introduction. Rethinking Popular Culture«. In: Dies.: *Rethinking Popular Culture: Contemporary Perspectives in Cultural Studies.* Berkeley/Los Angeles/Oxford 1991. S. 1–61.

Müller-Doohm, S./Neumann-Braun, K. (Hgg.): *Kulturinszenierungen.* Frankfurt a. M. 1995.

Narváez, P./Laba, M.: »Introduction. The Folklore-Popular

Culture Continuum«. In: Dies. (Hgg.): *The Folklore-Popular Culture Continuum*. Bowling Green 1986. S. 1–8.

Neumann, H.-J./Seßlen, G. (Hgg.): *Bluebox. Magazin zur populären Kultur*. Bd. 1–4. Frankfurt a.M./Berlin 1987–1988.

Neumann-Braun, K. (Hg.): *Viva MTV! Popmusik im Fernsehen*. Frankfurt a.M. 1999.

Nye, R.: *The Unembarrassed Muse. The Popular Arts in America*. New York 1970.

Ders.: »Notes on a Rationale for Popular Culture«. In: Geist C.D./Nachbar J. (Hg.) 1983. S. 21–30.

O'Sullivan, T./Hartley, J./Saunders, D. u.a.: *Key Concepts in Communication and Cultural Studies*. London/New York 1994.

Parsons, T.: *The System of Modern Societies*. Englewood Cliffs 1971.

Pendergast, T./Pendergast, S. (Hgg.): *St. James Encyclopedia of Popular Culture*. 5 Bde. Detroit u.a. 2000.

Plaul, H.: *Illustrierte Geschichte der Trivialliteratur*. Leipzig 1983.

Poschardt, U.: *DJ-Culture. Diskjockeys und Popkultur*. Reinbek 1992.

Poujol, G./Labourie, R. (Hgg.): *Les Cultures Populaires. Permanence et émergence des cultures minoritaires locales, éthniques, sociales et religieuses*. Toulouse 1979.

Prokop, D. (Hg.): *Massenkommunikationsforschung: Produktion – Konsumtion – Produktanalysen*. 3 Bde. Frankfurt a.M. 1972/73.

Ders. (Hg.): *Kritische Kommunikationsforschung. Aufsätze aus der Zeitschrift für Sozialforschung*. München 1973.

Ders.: *Massenkultur und Spontaneität. Zur veränderten Warenform der Massenkommunikation im Spätkapitalismus*. Frankfurt a.M. 1974.

Ders.: *Faszination und Langeweile. Die populären Medien*. Stuttgart 1979.

Ders.: *Medienwirkungen*. Frankfurt a.M. 1981

Ders. (Hg.): *Medienforschung*. 3 Bde. Frankfurt a.M. 1985/86.

Ders.: *Medien-Macht und Massen-Wirkung. Ein geschichtlicher Überblick*. Freiburg 1995.

Prutz, R.: »Über die Unterhaltungsliteratur, insbesondere der Deutschen«. In: Ders.: *Schriften zur Literatur und Politik*. Tübingen 1973. S. 10–33.

Radway, J.A.: *Reading the Romance. Women, Patriarchy and Popular Literature*. Chapel Hill/London 1991.

Ragué Arias, M.J./Eco, U.: *Pop. Kunst und Kultur der Jugend*. Reinbek 1978.

Raisch, I.: *Industrialisierung und Literatur. Buchproduktion, Verlagswesen und Buchhandel in Deutschland im 19. Jahrhundert in ihrem statistischen Zusammenhang*. Berlin 1976.

Reay, B.: *Popular Cultures in England. 1550–1750*. London 1998.

Recki, B.: *Aura und Autonomie. Zur Subjektivität der Kunst bei Walter Benjamin und Theodor W. Adorno*. Würzburg 1980.

Renner, R.G.: *Die postmoderne Konstellation. Theorie, Text und Kunst im Ausgang der Moderne*. Freiburg 1988.

Rigby, B.: *Popular Culture in Modern France*. London/New York 1991.

Roche, D.: *The People of Paris. An Essay in Popular Culture in the 18th Century*. Leamington/Hamburg/New York 1987.

Roloff, B./Seßlen, G. (Hgg.): *Stars. Film, Rockmusik, Comics und andere Themen der populären Kultur*. 3 Hefte. Schorndorf 1978.

Rollka, B.: »Unterhaltung und Kommunikationswissenschaft. Ein Aufriß«. In: Hickethier, K./Zielinski, S. (Hgg.): *Medien-Kultur*. Berlin 1991. S. 87–96.

Rosenberg, B./White, D.M. (Hgg.): *Mass Culture. The Popular Arts in America*. New York 1964.

Ross, A.: *No respect. Intellectuals and Popular Culture*. New York/London 1989.

Roszak, T.: *The Making of a Counter Culture. Reflections on the Technocratic Society and Its Youthful Oppositions*. Garden City 1969.

Roth, K./Roth, J.: »Populare Lesestoffe in Bulgarien. Zur Geschichte der städtischen Popularkultur in Südosteuropa im 19. und 20. Jahrhundert«. In: *Ethnologia Europaea* 14 (1984) S. 80–91.

Rowe, D.: *Popular Cultures. Rock Music, Sports and the Politics of Pleasure*. London/Thousand Oaks/New Delhi 1995.

Rudikoff, S.: »Popular Culture All Around Us«. In: *The American Scholar* 44, 4 (1975) S. 607–617.

Rushkoff, D.: *Media Virus. Hidden Agendas in Popular Culture*. New York 1996.

Schade, S./Tholen, G.C. (Hgg.): *Konfigurationen. Zwischen Kunst und Medien*. München 1999.

Schäfer, F.: *Ich bin dann mal weg. Streifzüge durch die Pop-Kultur*. Berlin 2002.

Schenda, R.: »Der Bilderhändler und seine Kunden im Mitteleuropa des 19. Jahrhunderts«. In: *Ethnologia Europaea* 14 (1984) S. 163–175.

Schmiedke-Rindt, C.: *Express yourself – Madonna be with you. Madonna-Fans und ihre Lebenswelt*. Augsburg 1998.

Schmiedt, H.: *Popularkultur in der Gegenwartsliteratur*. Hagen 1984.

Ders.: *Ringo in Weimar. Begegnungen zwischen Hochliteratur und Popkultur*. Würzburg 1996.

Schmidt, R.: *Pop – Sport – Kultur. Praxisformen körperlicher Aufführungen*. Konstanz 2002.

Scheider, N.: »›Los mit lustig‹. Eine thematische Einführung«. In: Roters, W./Klingler, N./Gerhards, M. (Hgg.): *Unterhaltung und Unterhaltungsrezeption*. Baden-Baden 2000. S. 19–31.

Schulte-Sasse, J.: »Toward a ›Culture‹ for the Masses: The Socio-Psychological Function of Popular Literature in Germany and the U.S., 1880–1920«. In: *New German Critic* 29 (1983) S. 85–105.

Schulze, G.: *Die Erlebnisgesellschaft. Kultursoziologie der Gegenwart*. Frankfurt a.M./New York 1995.

Schurman, L.C./Johnson, D. (Hgg.): *Scorned Literature: Essays on the History and Criticism of Popular Mass-Produced Fiction in America*. Westport/London 2002.

Schwartz, V.R.: *Spectacular Realities. Early Mass Culture in Fin-de-Siècle Paris*. Berkeley/Los Angeles/London 1998.

Schwendter, R.: *Theorie der Subkultur*. Frankfurt a.M. 1973.

Schwier, J.: *Sport als populäre Kultur. Sport, Medien und Cultural Studies*. Hamburg 2000.

Scribner, R.W.: *Popular Culture and Popular Movements in Reformation Germany*. London/Ronceverte 1987.

Seel, M.: *Die Kunst der Entzweiung. Zum Begriff der ästhetischen Rationalität*. Frankfurt a.M. 1985.

Seeßlen, G.: »Blut und Glamour«. In: Filmmuseum Potsdam (Hg.): *Leni Riefenstahl*. Berlin 1999. S. 193–211.

Ders.: *Glatzen und Glamour. Mythen und Monster der populären Kultur*. Hamburg 1999.

Ders.: *Orgasmus und Alltag. Kreuz- und Querzüge durch den medialen Mainstream*. Hamburg 2000.

Seim, R.: *Zwischen Medienfreiheit und Zensureingriffen. Eine medien- und rechtssoziologische Untersuchung zensorischer Einflußnahmen auf bundesdeutsche Populärkultur*. Münster 1997.

Shiach, M.: *Discourse on Popular Culture: Class, Gender and History in Cultural Analysis. 1730 to the Present*. Cambridge 1989.

Shoshan, B.: *Popular Culture in Medieval Cairo*. Cambridge 1993.

Shuker, R.: *Key Concepts In Popular Music*. London 1998.

Shusterman, R.: *Kunst Leben. Zur Ästhetik des Pragmatismus*. Frankfurt a. M. 1994.

Silbermann, A. (Hg.): *Die Massenmedien und ihre Folgen*. München/Basel 1970.

Ders.: »Populärkultur«. In: Ders.: *Handwörterbuch der Massenkommunikation und Medienforschung*. Bd. 2. Berlin 1982. S. 342 f.

Ders.: »Marotten der Massenmedienforschung«. In: Ders.: *Positionen und Provokationen. Zur Massenkommunikation und Kunstsoziologie. Aufsätze und Abhandlungen aus vier Jahrzehnten*. Bochum 1989. S. 236–249.

Simmel, G.: *Philosophische Kultur. Über das Abenteuer, die Geschlechter und die Krise der Moderne. Gesammelte Essais*. Berlin 1983.

Simon, R. K.: *Trash Culture. Popular Culture and the Great Tradition*. Berkeley 1999.

Smith, H. N. (Hg.): *Popular Culture and Industrialism: 1865–1890*. New York 1967.

Snyder, R. W.: *The Voice of the City. Vaudeville and Popular Culture in New York*. New York/Chicago 2000.

Soriano, M.: »Popular Traditions and Consumer Society: The Situation in France«. In: *Cultures* 1, 2 (1974) S. 39–66.

SPoKK (Hg.): *Kursbuch Jugendkultur*. Mannheim 1997.

Suter, B.: *Graffiti. Rebellion der Zeichen*. Frankfurt a. M. 1992.

Stern, J./Stern, M. (Hgg.): *The Encyclopedia of Bad Taste. A Celebration of American Popular Culture at Its Most Joyfully Outrageous*. Toronto 1991.

Storey, J.: *An Introductory Guide to Cultural Theory and Popular Culture*. New York u. a. 1993.

Ders.: *Cultural Studies and the Study of Popular Culture. Theories and Methods*. Edinburgh 1996.

Street, J.: *Politics and Popular Cultur*. Philadelphia 1997.

Strinati, D.: *An Introduction to Theories of Popular Culture*. London/New York 1995.

Ders.: *An Introduction to Studying Popular Culture*. London u. a. 2000.

Stuhlmann, A. (Hg.): *Radio-Kultur und Hör-Kunst. Zwischen Avantgarde und Popularkultur 1923–2001*. Würzburg 2001.

Sturm, H.: »Medienwirkungen. Ein Produkt der Beziehungen zwischen Rezipient und Medium«. In: Groebel, J./Winterhoff-Spark, O.: *Empirische Medienpsychologie*. München 1989. S. 33–44.

Swanson, P.: *The Novel in Latin America: Politics and Popular Culture after the Boom*. Manchester 1995.

testcard. Beiträge zur Popgeschichte. Bde. 1 – Oppenheim (später Mainz) 1995 –

Tetzlaff, David: »Teile und Herrsche. Popularkultur und kapitalistische Herrschaft«. In: *Das Argument* 33, 190 (1991) S. 903–917.

Thallmair, A./Rössler, P.: »Parasoziale Interaktion bei der Rezeption von Daily Talkshows. Eine Befragung von älteren Talk-Zuschauern«. In: Schneiderbauer, Ch. (Hg.): *Daily Talkshows unter der Lupe*. München 2001. S. 179–207.

Thompson, D. (Hg.): *Discrimination and Popular Culture*. Baltimore 1964.

Thompson, J. (Hg.): *Towards a Theory of the Image*. Maastricht 1996.

Thorne, T.: *Dictionary of Popular Culture: Fans, Fashions and Cults*. London 1993.

Turner, G.: *British Cultural Studies. An Introduction*. London/New York 1996.

Varnedoe, K./Gopnik, A.: *High & Low. Moderne Kunst und Trivialkultur*. München 1990.

van Voss, L. H./van Holthoon, F. (Hgg.): *Working-Class and Popular Culture: Contributions to the British-Dutch Conference on Labour History*. Amsterdam 1988.

Wagner, P.: *Pop 2000. 50 Jahre Popmusik und Jugendkulturen in Deutschland*. Hamburg 1999.

Waites, B. (Hg.): *Popular Culture: Past and Present. A Reader*. London 1982.

Waldmann, J.: *Theorie und Didaktik der Trivialliteratur. Modellanalysen, Didaktikdiskussion, literarische Wertung*. München 1973.

Walkerdine, V.: »Subject to change without notice. Psychologie, Postmoderne und Popularkultur«. In: *Das Argument* 39, 223 (1997) S. 763–780.

Weeber, K.-W.: *Panem et circenses. Massenunterhaltung als Politik im antiken Rom*. Mainz 1994.

Wegert, K.: *Popular Culture, Crime and Social Control in 18th-Century Württemberg*. Stuttgart 1994.

Weinzierl, R.: *Fight the Power! Eine Geheimgeschichte der Popkultur und die Formierung neuer Substreams*. Wien 2000.

Weiss, J.: *The Popular Culture of Modern Art*. London 1994.

Weiß, R.: »Praktischer Sinn, soziale Identität und Fern-Sehen. Ein Konzept für die Analyse der Einbettung kulturellen Handelns in die Alltagswelt«. In: Hans-Bredow-Institut (Hg.): *Medien- und Kommunikationswissenschaft*. Baden-Baden/Hamburg 2000. S. 42–63.

Welsch, W.: »Ästhetik außerhalb der Ästhetik – Für eine neue Form der Ästhetik«. In: Ders.: *Grenzgänge der Ästhetik*. Stuttgart 1996. S. 135–177.

Wertheim, A. F. (Hg.): *American Popular Culture. A Historical Bibliography*. Santa Barbara/Oxford 1984.

White, H.: »Structuralism and Popular Culture«. In: *Journal of Popular Culture* 7 (1973) S. 759–775.

Widmar, K.: »The Electric Aesthetic and the Short-Circuit Ethic«. In: *Arts In Society* 10 (1970) S. 87–104.

Williams, R.: *Keywords. A Vocabulary of Culture and Society*. Glasgow 1976.

Williams, R.: *Culture*. London 1981.

Williamson, J.: *Consuming Passions. The Dynamics of Popular Culture*. London/New York 1986.

Willis, P.: *Jugend-Stile. Zur Ästhetik der gewöhnlichen Kultur*. Hamburg 1991.

Ders.: »Shop Floor Culture, Masculinity and the Wage Form«. In: Clarke, J./Critcher, C./Johnson, R. (Hgg.): *Working-Class Culture. Studies in History and Theory*. London 1979. S. 185–198.

Wilmeth, D. B.: *The Language of American Popular Entertainment. A Glossary of Argot, Slang and Terminology*. Westport/London 1981.

Winch, S. P.: *Mapping the Cultural Space of Journalism. How Journalists Distinguish News From Entertainment*. Westport/London 1997.

Winter, R.: *Filmsoziologie. Eine Einführung in das Verhältnis von Film, Kultur und Gesellschaft*. München 1992.

Ders.: *Der produktive Zuschauer. Medienaneignung als kultureller und ästhetischer Prozeß*. München 1995.

Ders.: »Medien und Fans. Zur Konstitution von Fan-Kultur«. In: SPoKK 1997. S. 40–53.

Ders.: *Die Kunst des Eigensinns. Cultural Studies als Kritik der Macht*. Weilerswist 2001.

Winter, R./Eckert, R.: *Mediengeschichte und kulturelle Differenzierung. Zur Entstehung und Funktion von Wahlnachbarschaften*. Opladen 1990.

Ders./Mikos, L. (Hgg.): *Die Fabrikation des Populären. Der John Fiske-Reader*. Bielefeld 2001.

Wuss, P.: »Kunst und Populärkultur. Neun Hypothesen zur Unterhaltungsfunktion des Films«. In: Ders.: *Filmanalyse und Psychologie. Strukturen des Films im Wahrnehmungsprozeß*. Berlin 1993. S. 403–423.

Wyss, B.: *Die Welt als T-Shirt. Zur Ästhetik und Geschichte der Medien*. Köln 1997.

Żyglinski, K.: »Popular Culture and Socialism«. In: *Cultures* 1, 2 (1974) S. 101–120.

Zillmann, D.: »Über behagende Unterhaltung in unbehaglicher Medienkultur«. In: Bosshart/Hoffmann-Riem 1994. S. 41–52.

Zillmann, D./Vorderer, P. (Hgg.): *Media Entertainment. The Psychology of its Appeal.* Mahwah/London 2000.

Žižek, S.: *Mehr-Genießen. Lacan in der Populärkultur.* Wien 1992.

Die Autorinnen und Autoren

Eva Bangerter-Schmidt, Dr. phil., Promotion 1986 mit einer Arbeit über illustrierte Flugblätter der Frühen Neuzeit, seit 1987 Lehrbeauftragte an der Pädagogischen Hochschule Ludwigsburg. (*Flugblatt*).

Constantin von Barloewen, Prof. Dr., geb. 1952. Seit 1993 Lehrstuhl für Anthropologie und vergleichende Kulturwissenschaften an der Staatlichen Hochschule für Gestaltung in Karlsruhe. Letzte Buchveröffentlichungen: *Der Mensch im Cyberspace* (1998), *Der Tod in den Weltkulturen und Weltreligionen* (2002). (*Clown*).

Jens Peter Becker, Dr. phil., geb. 1943. Wiss. Mitarbeiter am Englischen Seminar der Christian Albrechts Universität Kiel. Bücher und Aufsätze zur englischen und amerikanischen Literatur, zum engl. und amerik. Film und zur amerik. Popular Culture. (*Spion*).

Christoph Behnke, Dr., wiss. Mitarbeiter an der Universität Lüneburg im Fachbereich Kulturwissenschaften, Fach Kunst- und Bildwissenschaften. Publikationen in Kunst- und Kultursoziologie u.a. über Kultursponsoring, Ausstellungspublika und zur Soziologie von Kunstinstitutionen. (*Soziokultur*).

Ulrike Bergermann, Dr., wiss. Mitarbeiterin am Studiengang Medienwissenschaft der Universität Paderborn (z.Zt. beurlaubt) und seit 2003 Lise-Meitner-Habilstipendiatin. Publikationen zu Medientheorie, Gender Studies, Popkultur. (*Videoclip*).

Werner K. Blessing, Dr., geb. 1941. Professor für Neuere Geschichte und Landesgeschichte an der Universität Erlangen-Nürnberg. Veröffentlichungen v.a. zur Sozial- und Kulturgeschichte vom 18. zum 20. Jahrhundert. (*Volksfest*).

Andreas Bode, Dr. phil., geb. 1942. Wiss. Bibliothekar an der Internationalen Jugendbibliothek München. Studium der osteuropäischen und neueren Geschichte und der Slavistik in München, Stockholm und Moskau. Publikationen zur Kinderbuchillustration und zur Geschichte des Kinderbuches. (*Bilderbuch*).

Heiner Boehncke, Prof. Dr., geb. 1944. Professor am Institut für Deutsche Sprache und Literatur II der Johann Wolfgang Goethe-Universität in Frankfurt/Main. Mitarbeit bei Radio Bremen und beim Hessischen Rundfunk. (*Räuber*).

Leo Braudy, Ph.D., Professor im Department of English an der University of Southern California. Promotion an der Yale University. Veröffentlichungen zur Kulturgeschichte des 17. und 18. Jahrhunderts, zu Film und Populärer Kultur sowie zur Kritischen Theorie. (*Horror*).

Margit Dorn, Dr. phil., geb. 1963. Kultur- und Medienwissenschaftlerin. Mitinhaberin des Wissenschaftlichen Instituts für Presseforschung und Medienberatung, Köln. Veröffentlichungen zur Film, Fernsehen, Plakat und zur populären Presse. (*Panorama; Plakat*).

Maximilian Eibl, Dr., geb. 1969. Leiter der Internetgruppe an der Außenstelle der GESIS, Lehrbeauftragter an den Universitäten Hildesheim und Koblenz-Landau. Studium der Informationswissenschaft, Geschichte und Philosophie an der Universität Regensburg sowie Computer Science an der University of Illinois, Urbana/Champaign (USA) und der Sheffield University (GB). (*Internet*).

Henning Eichberg, Dr. habil., geb. 1942. Kultursoziologe und Historiker. Forschungsmitarbeiter des IFO, Forschungsinstitut für Sport-, Körper- und Kulturstudien, in Gerlev/Dänemark. (*Sport; Stadion*).

Wolfgang Ernst, PD Dr., geb. 1959. Wiss. Mitarbeiter für Theorie und Archäologie der Medien an der Kunsthochschule Köln. (*Medien*).

Michael Fleischer, Prof. Dr., geb. 1952. Professor für Kultur- und Kommunikationswissenschaft an der Universität Breslau. Buchveröffentlichungen zu Systemtheorie, Semiotik, empirische Kommunikationswissenschaft, Kulturtheorie. (*Kabarett*).

Stephan Füssel, Univ.-Prof. Dr., geb. 1952. Leiter des Instituts für Buchwissenschaft der Johannes Gutenberg-Universität Mainz. (*Buchgemeinschaft*).

Udo Göttlich, Dr. phil., M.A., geb. 1961. Wiss. Mitarbeiter am Rhein-Ruhr-Institut für Sozialforschung und Politikberatung (RISP) an der Gerhard-Mercator-Universität GH Duisburg. Forschungsschwerpunkte: Medien-, Kommunikations- und Kultursoziologie, Cultural Studies Approach, Fernsehnutzung. (*Kulturindustrie; Fan*).

Silke Göttsch, Prof. Dr., geb. 1952. Direktorin des Seminars für Europäische Ethnologie/Volkskunde der Christian-Albrechts-Universität zu Kiel. Forschungsschwerpunkte: Geschlechterforschung, Historische Volkskunde, Kultur um 1900, Bildforschung. (*Volkskultur*).

Hartwin Gromes, Dr., geb. 1941. Professor für Theorie und Praxis des Schauspiels am Institut für Medien- und Theaterwissenschaft der Universität Hildesheim. Seit 1967 Dramaturg u.a. in Wiesbaden, Stuttgart, Heidelberg, Basel und Düsseldorf. (*Theater*).

Lawrence Grossberg, Ph.D., geb. 1947. Professor für Communication Studies an der University of North Carolina/Chapel Hill, USA. Veröffentlichungen zu den Cultural Studies, zur Popular Culture, Medienanalyse, Globalisierung. (*Alltag; E- und U-Kultur*).

Ernst Günther, geb. 1938. Freier Autor, Herausgeber und Fachjournalist für Varieté und Zirkus. Regisseur für artistische Darbietungen und Programme. Mitglied der Gesellschaft für unterhaltende Bühnenkunst e.V. In der DDR Mitglied des Beirats Wissenschaft der Generaldirektion beim Komitee für Unterhaltungskunst. Lebt in Dresden. (*Varieté; Vaudeville*).

Henning Haase, Dr. phil., Professor für angewandte Psychologie an der Universität Frankfurt/Main. Hauptarbeitsgebiete: Markt- und Kommunikationspsychologie, Wirtschaft des Sports und der Freizeit. (*Spiel*).

Uwe Hasebrink, Prof. Dr. phil., geb. 1958. Studium der Psychologie und der Deutschen Philologie in Hamburg, Promotion. Direktor des Hans-Bredow-Instituts für Medienforschung in Hamburg, Professor für Empirische Kommunikationswissenschaft an der Universität Hamburg. Forschungsgebiete: Mediennutzung und -wirkung, europäische Medienentwicklung. (*Radio*).

Hanns-Werner Heister, Dr. phil., geb. 1946. Professor für Musikwissenschaft an der Hochschule für Musik und Theater Hamburg. Veröffentlichungen u.a. zur Methodologie der Musikwissenschaft, zu Musikästhetik und -soziologie, zu politischer, populärer und Neuer Musik, zu Medien und Institutionen der Musikkultur. (*Konzert; Musikbox; Walkman*).

Knut Hickethier, Prof. Dr., geb. 1945. Seit 1994 Professor für Medienwissenschaft an der Universität Hamburg. Fernseh-, Radio- und Filmkritiker. (*Serie*).

Carola Hilmes, Dr. phil., Privatdozentin an der Johann Wolfgang Goethe-Universität Frankfurt/Main. Arbeiten über die Femme fatale und moderne Autobiographien sowie zur Literaturtheorie und zu ästhetischen Konstruktionsprinzipien wie Zufall, Wiederholung und Unterbrechung. (*Femme fatale*).

Dagmar von Hoff, Dr. phil. habil., lehrt Neuere Deutsche

Literatur und ihre Didaktik an der Universität Hannover. Veröffentlichungen zur Literatur des 18.–20. Jahrhunderts; zu Theater, Film und zu den Neuen Medien. (*Gender*).

Kay Hoffmann, Dr., geb. 1959. Filmpublizist und Eventmanager, z.Zt. wiss. Mitarbeiter beim Haus des Dokumentarfilms Stuttgart. Veröffentlichungen zum Medium Video, zur Film- und Fernsehgeschichte und zur Digitalisierung. (*Filmverleih; Sendeanstalt; Videothek*).

Felix Hofmann, geb. 1950. Seit 1973 freier Schriftsteller und Übersetzer. Mitarbeit bei der Zeitschrift *Filmkritik* und bei Dokumentationen für den WDR und das ZDF/Arte. (*Pirat*).

Hans-Otto Hügel, Prof. Dr., geb. 1944. Seit 1983 Professor für Populäre Kultur an der Universität Hildesheim. Kurator von Kultur- und Literaturausstellungen an Museen in Marbach a.N., Karlsruhe, Hildesheim. (*Abenteurer; Computer; Detektiv; Diva; Flipper; Graffiti; Populär; Romanheft; Sammler; Unterhaltung; Verbrechen; Virtuose*).

Georg Jäger, Prof. Dr., geb. 1940. Prof. für Neuere deutsche Literatur und Buchwissenschaft an der Universität München. Veröffentlichungen zur Literatur des 18. bis 20. Jh., zur Buchhandelsgeschichte, zur System- und Zeichentheorie. (*Leihbibliothek; Lesezirkel*).

Nina Janich, Dr. phil., wiss. Assistentin am Lehrstuhl für deutsche Sprachwissenschaft an der Universität Regensburg. Forschungsschwerpunkte: Werbesprache, Fachsprachen und Wissenstransfer, Kommunikation im Internet, Sprachkultur und Sprachkultivierung. (*Werbung*).

Bernd Kiefer, Dr. phil., wiss. Assistent am Seminar für Filmwissenschaft der Johannes-Gutenberg-Universität Mainz. Veröffentlichungen zur Filmgeschichte und zur Literaturtheorie Walter Benjamins. (*Film; Kino*).

Christian Kortmann, geb. 1974. Studium der Kulturwissenschaften an der Universität Hildesheim. Arbeitet als Journalist in München. (*Westerner*).

Klaus Kreimeier, Prof. Dr. phil., geb. 1938. Professor der Medienwissenschaften und Leiter des Medienstudiengangs an der Universität Siegen. Bis 1976 Fernsehdramaturg, »Spiegel«-Redakteur und Dozent an der Dt. Film- u. Fernsehakademie Berlin, danach freier Autor. (*Fernsehen*).

Gabriele Kreutzner, Dr. phil., Kultur- und Medienwissenschaftlerin, freie Autorin. Arbeiten zur Populärkultur, feministischen Medientheorien sowie zur sozialen und partizipativen Technikentwicklung in Zusammenhängen der Globalisierung. Lebt in Stuttgart. (*Publikum*).

Mohini Krischke-Ramaswamy, geb. 1979. Doktorandenstipendiatin der Studienstiftung des deutschen Volkes; Dipl. Kulturwissenschaften (Uni Hildesheim). (*Fan*).

Friedrich Krotz, Univ.-Prof. Dr. phil., Dipl. Math., Dipl.-Soz., geb. 1950. Professor für Kommunikationspsychologie und -soziologie am Institut für Kommunikationswissenschaft der Westfälischen Wilhelms-Universität Münster. Forschungsgebiete: Fernsehnutzung, Medien und Gesellschaft, Neue Medien, Kultursoziologie. (*Interaktives; Kollektive Produktion*).

Hajo Kurzenberger, Prof. Dr., geb. 1944. Seit 1980/81 Professor am Institut für Medien- und Theaterwissenschaft der Universität Hildesheim. Dramaturg und Regisseur u.a. in Hamburg und Berlin. Veröffentlichungen zum Theater im 20. Jahrhundert, zum Chorischen Theater und zur Authentizität als Darstellungsform. (*Theatralität*).

Inga Lemke, Dr. phil., geb. 1960. Freiberufliche journalistische Tätigkeit als Kunstkritikerin. Wiss. Mitarbeiterin des DFG-Sonderforschungsbereichs Bildschirmmedien und Lehrtätigkeit an den Universitäten Siegen und Marburg 1997–1999. Visiting Scholar an der New York University.

Z.Zt. Professur für Medienästhetik an der Universität Paderborn. (*Video*).

Konrad Lischka, geb. 1979. Studium der Journalistik an der Ludwig-Maximilians-Universität München. Arbeitet als freier Journalist in München, schreibt u.a. für die *Frankfurter Rundschau, Neue Züricher Zeitung* über Computerspiele, Film und Design. (*Videospiel*).

Stephen Lowry, Prof. Dr., geb. 1952. Professor für Medien- und Kommunikationswissenschaft an der Hochschule der Medien, Stuttgart. Veröffentlichungen zur deutschen Filmgeschichte, Film und Gesellschaft, Filmstars. (*Image; Rebell; Star; Vamp*).

Kaspar Maase, Dr. phil. habil., geb. 1946. Freiberuflicher Lektor, Publizist, Privatdozent. Arbeitet am Ludwig-Uhland-Institut für Empirische Kulturwissenschaft der Universität Tübingen. Veröffentlichungen zur Kulturanalyse von Freizeit und Lebensweise, Arbeiterkultur, Amerikanisierung, Populärkultur seit dem 18. Jahrhundert. (*Jugendkultur; Massenkultur; Volkspädagogik*).

Ekkehard Mai, Dr., geb. 1946. Studium der Kunstgeschichte, Germanistik, Philosophie in Bonn und Berlin. Mitarbeiter des Instituts für Kunstgeschichte der TH Darmstadt, Kunstkritiker. Seit 1983 stellvertretender Direktor des Wallraf-Richartz-Museums in Köln. Kurator zahlreicher internationaler Ausstellungen, Publikationen zur Kunst und Museologie. (*Ausstellung*).

Thomas Mandl, Dr. phil., M.A. Seit 1998 wiss. Mitarbeiter an der Universität Hildesheim am Institut für Angewandte Sprachwissenschaft. Studium der Informationswissenschaft und Germanistik an der Universität Regensburg und der University of Illinois at Urbana/Champaign. (*CD-ROM*).

Dietrich Mathy, geb. 1943. Lehrbeauftragter an der Universität in Heidelberg und Mitarbeiter am HELP in Wiesbaden. Arbeiten zur Literaturtheorie und Ästhetik der Klassik, Romantik und Moderne sowie der Avantgarde-Bewegungen. Publikationen auch zu kultur- und zivilisationskritischen Themen. (*Kitsch*).

Lianne McTavish, Ph.D., Promotion in Visual and Cultural Studies an der University of Rochester. Lehrt Art History, Visual and Cultural Studies an der University of New Brunswick, USA. Forschungsschwerpunkte: frühmoderne französische visuelle Kultur, kritische feministische und Literaturtheorie, frühmoderne Künstlerinnen, kritische Museumskultur, Cultural Studies, Geschichte des Körperbildes, zeitgenössische Kunst. (*Museum*).

Tobias O. Meißner, M.A., geb. 1967. Studium der Kommunikationswissenschaften. Freiberuflicher Schriftsteller, lebt in Berlin. Romanveröffentlichungen u.a.: *Starfish Rules, HalbEngel, Neverwake, Hiobs Spiel*. (*Videospiel*).

Michael Mikolajczak, seit 1995 wiss. Mitarbeiter und Kurator im Heinz Nixdorf MuseumsForum in Paderborn. Arbeitsschwerpunkte: PC-Geschichte, Hacker und Internet. (*Computer*).

Johannes von Moltke, geb. 1966. Assistant Professor an der University of Michigan. Studium an Dartmouth College und Duke University, wiss. Mitarbeiter an der Universität Hildesheim. Veröffentlichungen zur Geschichte des Films und der populären Kultur in Deutschland. (*Diva; Glamour*).

Eggo Müller, Dr., geb. 1960. Assistenzprofessor am Institut für Medien und Repräsentation an der Universität Utrecht. Von 1989 bis 1993 wiss. Mitarbeiter am Institut für Audiovisuelle Medien an der Universität Hildesheim und von 1994 bis 2000 an der Hochschule für Film und Fernsehen in Potsdam. Veröffentlichungen zu Fernsehen und populärer Kultur. (*Genre; Show*).

Armin Nagel, Studium der Kulturwissenschaften in Hildesheim. Schauspielausbildung an der Ecole Philippe Gaulier, London und der nationalen britischen Zirkustheaterschule, Bristol. Als Comedian »Waldemar Müller« auf den Varieté- und Kleinkunstbühnen der Republik unterwegs. (*Comedy*)

Manfred Nagl, Prof. Dr., geb. 1940, Professor für Medienwissenschaft, Mediengeschichte und Medienkultur im Studiengang Medien- und Kommunikationsmanagement an der Hochschule der Medien in Stuttgart. Forschungsschwerpunkte: Medienwissenschaft, Mediengeschichte, Popularkultur, Leseforschung. Veröffentlichungen u. a. zu Science-fiction, Kolportageroman, Bibliothekswissenschaft. (*Zukunft*).

Britta Neitzel, Dr., Leiterin des Forumsbereichs »Bildung, Medien, Kultur« im Heinz Nixdorf MuseumsForum, Paderborn. Promotion zur Narrativität von Computerspielen. Forschungsschwerpunkt: Intermedialität der populären Kultur und Computerspiele. (*Fotoroman*).

Volker Neuhaus, Prof. Dr., geb. 1943. Seit 1977 Professor für Neuere Deutsche und Vergleichende Literaturwissenschaft an der Universität zu Köln. Forschungsgebiete: Goethe und seine Zeit, Europäisch-amerikanischer Roman einschließlich Detektivroman, Grass und das spätere 20. Jahrhundert. (*Held*).

Klaus Neumann-Braun, geb. 1952. Professor für Soziologie an der Universität Koblenz-Landau, Campus Landau. Lehr- und Forschungsschwerpunkte: Medien- und Kommunikationssoziologie sowie Familien-, Jugend- und Kindheitssoziologie. (*Charts; Musikkassette/Tonband; Schallplatte/CD*).

Jörg-Uwe Nieland, geb. 1965. Diplom Sozialwissenschaftler, wiss. Mitarbeiter am Rhein-Ruhr-Institut für Sozialforschung und Politikberatung an der Gerhard Mercator-Universität Duisburg. Forschungsschwerpunkte: Politische Kommunikation, Multimedia, empirische Medienwissenschaft. (*Infotainment*).

Horst W. Opaschowski, Prof. Dr., geb. 1941. 1968 Promotion zum Dr. phil. an der Universität Köln. Seit 1975 Professor für Erziehungswissenschaft an der Universität Hamburg sowie seit 1979 Gründer und Leiter des B·A·T Freizeit-Forschungsinstituts. Zukunftswissenschaftler und Politikberater, u. a. für Bundesregierung und Bundespräsidialamt. (*Freizeitkultur*).

Rolf Parr, Dr. phil., geb. 1956. Professor für Neuere deutsche Literatur an der Universität Dortmund. Veröffentlichungen zu Medien, Literatur und Kultur des 18.–20. Jhs., insbes. zur Literatursoziologie und Diskurstheorie, zur Mythisierung historischer Figuren, zum literarischen Vereinswesen und zu Spielshows. (*Spielleiter*).

Jürgen Philip, geb. 1944. Fachjournalist und -autor. Mitarbeiter der Deutschen Gesellschaft für Photographie e. V. (DGPh). (*Kleinbildkamera*).

Lothar Pikulik, Prof. Dr., Professor (em.) für Neuere deutsche Literatur an der Universität Trier. Buchveröffentlichungen zur deutschen Literatur des 18. Jahrhunderts bis zur Gegenwart. (*Ästhetik und Moral*).

Andreas Platthaus, geb. 1966. Studium der Rhetorik, Philosophie und Geschichte. Seit 1997 Redakteur im Feuilleton der *Frankfurter Allgemeinen Zeitung*. Lehrbeauftragter an der Johann-Wolfgang-Goethe-Universität in Frankfurt/Main. Ehrenpräsident der Donaldisten. Veröffentlichungen zur Geschichte des Comics. (*Comics*).

Lars Rademacher, M. A., geb. 1972. Lehrauftrag am Zentrum für interdisziplinäre Medienwissenschaft (ZIM) der Universität Göttingen. Veröffentlichungen zur Mediengeschichte, Medienethik und Organisationskommunikation. (*Reihe*).

Heide Riedel, Dr. phil., geb. 1947. Studium der Politischen Wissenschaft. Bis 1990 freiberufliche Journalistin und Wis-

senschaftlerin, zahlreiche Ausstellungen und Publikationen zu rundfunkhistorischen Themen, Hörfunk- und Fernsehproduktionen, Synchronautorin. 1990–98 Leiterin des Deutschen Rundfunk-Museums Berlin. (*Rundfunkgerät*).

Doris Rosenstein, Priv. Doz. Dr. phil., Forschungsstipendium der DFG für das Projekt zur Dokumentation »Deutscher Literaturkritik 1914–45« am Institut für Medienforschung Siegen. Zuvor wiss. Mitarbeiterin im Teilprojekt »Fernsehserie« des DFG-Sonderforschungsbereichs Bildschirmmedien. (*Heimat*).

Jutta Röser, Priv. Doz. Dr. phil., Kommunikationswissenschaftlerin, nach Lehrstuhlvertretungen an den Universitäten Hamburg, Bochum und Lüneburg z.Zt. Gastprofessorin an der Universität Zürich und Privatdozentin am Institut für Journalistik und Kommunikationswissenschaft der Universität Hamburg. Veröffentlichungen u. a. zu Mediengewalt, kommunikationswissenschaftlicher Gender Studies, Rezeptionsforschung, Journalismus. (*Gewalt*).

Axel Schmidt, Dipl.-Soz. Dipl.-Päd., geb. 1968. Wiss. Mitarbeiter am Institut für Soziologie der Universität Koblenz-Landau, Campus Landau. Lehr- und Forschungsschwerpunkte: Medien- und Kommunikationssoziologie sowie Familien, Jugend- und Kindheitssoziologie. (*Charts; Musikkassette/Tonband; Schallplatte/CD*).

Heidemarie Schumacher, Prof. Dr., geb. 1949. Professorin für Medienwissenschaft an der Universität Erlangen-Nürnberg und Privatdozentin am Germanistischen Seminar an der Universität Bonn. Promotion in Sozialphilosophie, Habilitation in Medienwissenschaft. (*Moderator*).

Georg Seeßlen, geb. 1948. Studium der Malerei, Kunstgeschichte und Semiologie in München. Film- und Kulturkritiker, Autor zahlreicher Aufsätze und Bücher zu Film, Fernsehen und populären Phänomenen, Lehraufträge für Filmwissenschaft und Medienkunst. (*Sex*).

Roland Seim, Kunsthistoriker (M.A.) und Soziologe (Dr. phil.), geb. 1965. Lehrbeauftragter am Institut für Soziologie der Universität Münster. Lebt und arbeitet als freier Autor und Verleger in Münster. (*Zensur*).

Kirsten Steffen, Dr. phil., seit 1998 wiss. Assistentin im Studiengang Buchwissenschaft an der Universität München. Ausbildung zur Buchhändlerin, Germanistik-Studium in München, Redakteurin im Synergy Verlag. Veröffentlichungen zur Buch- und Buchhandelsgeschichte. (*Sortimentsbuchhandel*).

Thomas Steinmaurer, Ass. Prof. Dr., Institut für Kommunikationswissenschaft der Universität Salzburg. (*Fernsehgerät*).

Marcus Stiglegger, Dr. phil., wiss. Assistent am Seminar für Filmwissenschaft der Johannes-Gutenberg-Universität Mainz. Veröffentlichungen zur Filmgeschichte und Filmästhetik, regelmäßige Beiträge in Filmdienst und Testcard. Letzte Buchveröffentlichung: *Splitter im Gewebe. Filmemacher zwischen Autorenfilm und Mainstreamkino* (Mainz 2000). (*Film; Kino*).

Mirjam Storim, Dr., geb. 1974. Studium der Germanistik, Geschichte, Politikwissenschaft in Freiburg, Ioannina (Griechenland), München; Veröffentlichungen zu Kolportagebuchhandel und Debatte um ›Schmutz und Schund‹. 2001/02 Unternehmensberaterin bei Mercer Management Consulting, seit 2003 Referentin der Eberhard von Kuenheim Stiftung, Stiftung der BMW AG. (*Kolportagebuchhandel; Lesegesellschaft*).

Yvonne Tasker, Dr. (BA, PhD), Senior Lecturer in Film Studies an der University of East Anglia in Norwich/England. Veröffentlichungen zum zeitgenössischen populären Kino, insbesondere zur Rolle von Gender, Sexualität und Rasse in populären Images. (*Action*).

Matthias Thiele, M.A., geb. 1966, wiss. Mitarbeiter am Institut für deutsche Sprache und Literatur der Universität Dortmund. Veröffentlichungen zur Film- und Fernsehwissenschaft, insbes. in kultur- und diskurstheoretischer Perspektive (*Spielleiter*).

Walter Uka, M.A., geb. 1947, wiss. Mitarbeiter im Fachbereich Kulturwissenschaften der Universität Lüneburg, Leiter der Abteilung ›Medienzentrum‹. Veröffentlichungen zur Film- und Fotografiegeschichte. Dokumentarfilmer. (*Idol/Ikone; Historie*). Hartmut Vinçon, Dr., Professor für Kommunikationswissenschaften (Literatur/Theater/Film u. Fernsehen) an der FH Darmstadt. Veröffentlichungen zur Industriellen Ästhetik, zur Kritik der Alltagskultur, zur Geschichte der Werbung, zu Jean Paul, Theodor Storm, Frank Wedekind und zur Arbeiterliteratur. (*Design*).

Klaus Völker, Prof. Dr., geb. 1938, Rektor der Hochschule für Schauspielkunst »Ernst Busch« in Berlin. Veröffentlichungen u.a. zu Bertolt Brecht und zum Theater des 20. Jahrhunderts. (*Androide*).

Markus Wallenborn, M.A., geb. 1975. Wiss. Hilfskraft am Institut für deutsche Sprache und Literatur der Universität zu Köln. (*Held*).

Ralph Weiß, PD Dr., geb. 1955. Seit 1983 wiss. Referent am Hans-Bredow-Institut für Medienforschung in Hamburg. Arbeitsschwerpunkte: Massenmedien und politische Kommunikation, Rundfunk als Medium der Alltagskultur. (*Alltagskultur*).

Peter Wicke, Prof. Dr., geb. 1951. Professor für Theorie und Geschichte der populären Musik an der Humboldt-Universität Berlin sowie Adjunct Research Professor am Department of Music der Carleton University Ottawa, Kanada. Bücher und Aufsätze zu populärer Musik. (*Musik*).

Kelley E. Wilder, z.Zt. Doktorandin am Department of the History of Art an der University of Oxford. Mitherausgeberin der Korrespondenz von William Henry Fox Talbot an der University of Glasgow. (*Fotografie*).

Jürgen Wilke, Prof. Dr., geb. 1943. Professor für Publizistik an der Johannes Gutenberg-Universität Mainz. Hauptarbeitsgebiete: Struktur und Geschichte der Massenkommunikation, Nachrichtenwesen, Internationale Kommunikation, hierzu zahlreiche Veröffentlichungen. (*Zeitschrift; Zeitung*).

Dietmar Winkler, Dipl.-Ing. ök., geb. 1944. Fachpublizist. 1982–1999 Pressesprecher des Staatszirkus der DDR bzw. der Berliner Circus Union GmbH. Publikationen zur Zirkus- und Artistengeschichte sowie zum Schaustellerwesen, ständige Mitarbeit an verschiedenen Fachzeitschriften. Archiv zur Zirkus-, Artisten- und Schaustellergeschichte. (*Zirkus*).

Rainer Winter, geb. 1960. Psychologe (Diplom) und Soziologe (M.A., Dr. phil., Dr. habil.). Professor für Medien- und Kulturtheorie an der Universität Klagenfurt. (*Erlebniskultur; Kult; »The People«; Popularisierung*)

Ulf Wuggenig, Dr., Akad. Rat und Direktor des Instituts für Kulturtheorie an der Universität Lüneburg. Mitbegründer der Sektion für Kunst- und Musiksoziologie der österreichischen Gesellschaft für Soziologie. (*Subkultur*).

Siegfried Zielinski, Prof. Dr., geb. 1951. Professor für Kommunikations- und Medienwissenschaften an der Kunsthochschule für Medien Köln, Gründungsrektor von 1994 bis 2000. Veröffentlichungen zur Archäologie der audiovisuellen Medien. Mitglied u.a. der European Film Academy und der Akademie der Künste Berlin/Brandenburg. (*Videorecorder*).

Namenregister

Dieses Verzeichnis enthält Namen von Wissenschaftler/innen, Personennamen (ohne Herrscher und Päpste etc.) sowie Namen von Figuren der Populären Kultur. Bei den Wissenschaftler/innen ist die Schlußbibliographie nicht berücksichtigt. Pseudonyme und Künstlernamen (einschließlich die Namen stehender Figuren, z. B. Waldemar Müller für Armin Nagel) sind nicht aufgelöst. Figuren, die nicht an einen Schauspieler gebunden sind (z. B. James Bond) sind im Sachregister erfaßt.

Sachregister

Titelregister

Das Verzeichnis der im weitesten Sinne erzählenden Texte (aus Literatur, Film, Fernsehen, Musik, Video einschließlich Computer- und Videospiele) erfaßt die Titel in der im Text angegebenen Form. Der Nachweis eines Originaltitels erweist sich wegen der komplexen Rezeption in der Populären Kultur als wenig zweckmäßig. Das Verzeichnis hat daher mehr den Charakter eines Findbuches denn eines Registers.